21.85

LANGENSCHEIDTS
TASCHENWÖRTERBÜCHER

LANGENSCHEIDTŮV
KAPESNÍ SLOVNÍK

JAZYKA ČESKÉHO A NĚMECKÉHO

První díl

česko-německý

zpracoval

prof. dr. ROLF ULBRICH

Nové vydání

LANGENSCHEIDT
BERLÍN · MNICHOV · VÍDEŇ · CURYCH

LANGENSCHEIDTS
TASCHENWÖRTERBUCH
DER TSCHECHISCHEN UND DEUTSCHEN SPRACHE

Erster Teil

Tschechisch-Deutsch

von

PROF. DR. ROLF ULBRICH

Neubearbeitung

LANGENSCHEIDT
BERLIN · MÜNCHEN · WIEN · ZÜRICH

Inhaltsverzeichnis
Obsah

Hinweise für die Benutzung des Wörterbuches — *návod k používání slovníku* 9

Abkürzungsverzeichnis — *seznam zkratek* 12

Kurze Erläuterung der tschechischen Aussprache und der verwendeten phonetischen Umschrift — *stručné vysvětlení české výslovnosti a používané fonetické transkripce* 15

Wörterverzeichnis — *abecední seznam hesel* 17

Muster der Deklination und Konjugation — *vzory skloňování a časování* 551

Zahlwörter — *číslovky* 560

Liste der unregelmäßigen oder schwer zu bildenden Imperative — *seznam nepravidelných a nesnadno tvořitelných imperativů* 565

Die wichtigsten tschechoslowakischen Abkürzungen — *nejdůležitější československé zkratky* 568

Zusätzliches Verzeichnis der geographischen Namen — *dodatečný seznam zeměpisných jmen* 573

Tschechische Vornamen — *česká rodná jména* ... 576

Die Nennung von Waren erfolgt in diesem Werk, wie in Nachschlagewerken üblich, ohne Erwähnung etwa bestehender Patente, Gebrauchsmuster oder Warenzeichen. Das Fehlen eines solchen Hinweises begründet also nicht die Annahme, eine Ware oder ein Warenname sei frei.

| *Auflage:* | 8. | 7. | 6. | 5. | 4. | *Letzte Zahlen* |
| *Jahr:* | 1989 | 88 | 87 | 86 | 85 | *maßgeblich* |

© 1978 Langenscheidt KG, Berlin und München
Druck: Graph. Betriebe Langenscheidt, Berchtesgaden/Obb.
Printed in Germany · ISBN 3-468-10360-3

Vorwort

Vor einigen Jahren entschloß sich der Verlag, eine seit langem fühlbare Lücke in seinem Programm zu schließen und die Bearbeitung eines Taschenwörterbuches für die tschechische Sprache in Angriff zu nehmen.

Für den tschechisch-deutschen Teil sind aus der heutigen tschechischen Schrift- und Umgangssprache, deren Wortschatz nicht durch Zusammensetzungen, sondern durch feste Wortverbindungen (z.B. Adjektiv + Substantiv) charakterisiert ist, etwa 33 000 Stichwörter bzw. mit Hilfe der Stichwörter gebildete feste Wortverbindungen ausgewählt und ins Deutsche übersetzt worden. Neben diesen festen Wortgruppen (z.B. **dání zprávy** Berichterstattung, **dání rukou** Handschlag, **požární hlídka** Brandwache, **časopisecká hlídka** Zeitschriftenumschau usw.) haben im Wörterbuch zahlreiche Wendungen und Mustersätze Platz gefunden. Der allgemeine Wortschatz wird durch die wichtigsten Fachwörter aus den Gebieten der Technik, des Sports, der Medizin, der Sozial- und Rechtswissenschaft, der Natur- und anderen Wissenschaften ergänzt. Dabei wurde auch den Veränderungen im politischen und gesellschaftlichen Leben des tschechischen und deutschen Volkes, die in den letzten Jahrzehnten stattgefunden haben, Rechnung getragen.

Um dem Benutzer die Wahl der richtigen Übersetzung zu erleichtern, wurden verschiedene lexikologische Mittel verwendet. Dazu gehören:

Hinweise auf einen engeren Bedeutungsbereich mit Hilfe der Abkürzungen, z.B. *Math*. (= Mathematik), *Tech*. (= Technik) usw., erklärende Zusätze, die den Gebrauch des Wortes in einem häufigen Zusammenhang zeigen, z.B. *j-n zu et.* anleiten usw.

Der deutsche Benutzer kann mit Hilfe eines aus Hinweisen nach den Stichwörtern und Tabellen (im

Anhang) bestehenden Systems jedes tschechische Substantiv, Adjektiv, Pronomen oder Verb flektieren. Besonderheiten der Aussprache werden durch Zeichen der internationalen Lautschrift verdeutlicht.

Neben dem grammatischen Anhang findet der Benutzer am Schluß des Wörterbuches ein Verzeichnis der wichtigsten tschechoslowakischen Abkürzungen, ein zusätzliches Verzeichnis geographischer Namen, deren Schreibung vom Deutschen stark abweicht, sowie eine Liste der tschechischen Vornamen.

Die beiden Hilfsapparate, d. h. die grammatischen und phonetischen Angaben, und die erwähnten Ergänzungen zum Wörterverzeichnis bieten einzigartige Hilfen besonders für den an der Erlernung der tschechischen Sprache interessierten Benutzer.

Das unter Berücksichtigung der Wünsche und Richtlinien der Langenscheidt-Redaktion erarbeitete Wörterbuch ist das Ergebnis einer mehrjährigen Tätigkeit des Verfassers als Übersetzer und Universitätsdozent.

Der Verlag

Předmluva

Před několika lety se nakladatelství rozhodlo vyplnit ve svém programu už dlouhou dobu se vyskytující mezeru a přistoupilo k zpracování kapesního slovníku českého jazyka.

Pro česko-německý díl bylo z dnešního českého spisovného a hovorového jazyka, jehož slovní zásoba není charakterizována složeninami, nýbrž těsným spojením slov (např. adjektivum + substantivum), vybráno a do němčiny přeloženo přibližně 33 000 hesel, resp. vazeb vzniklých spojením hesel. Kromě těchto slovních vazeb (např. **dání zprávy** Berichterstattung, **dání rukou** Handschlag, **požární hlídka** Brandwache, **časopisecká hlídka** Zeitschriftenumschau atd.) byly pojaty do slovníku četná rčení a věty sloužící za vzor. Všeobecná slovní zásoba je doplněna nejdůležitějšími odbornými výrazy z oboru techniky, sportu, lékařství, sociálních, právních, přírodních a ostatních věd. Při zpracovávání se též přihlíželo ke změnám v politickém a společenském životě českého a německého národa v minulých desítiletích.

K usnadnění správného překladu bylo použito různých lexikologických prostředků. K nim patří:

  zkratky poukazující na užší oblast významu slova, např. *Math.* (= matematika), *Tech.* (= technika) atd. doložky vysvětlující, v jaké spojitosti je slovo často používáno, např. *j-n zu et.* anleiten navádět *k-o k č-u* atd.

Pomocí systému, sestávajícího z poukazů za heslem a tabulek (v dodatku), může německý uživatel provádět ohýbání kteréhokoli substantiva, adjektiva, zájmena a slovesa. Zvláštnosti ve výslovnosti jsou vyznačeny znaky mezinárodní fonetické transkripce.

Na konci slovníku najde uživatel vedle gramatického dodatku seznam nejdůležitějších československých zkratek, dodatečný seznam zeměpisných jmen, jejichž české znění a psaní se značně liší od německého, a dále soupis českých rodných jmen.

Oba druhy pomůcek, tj. gramatické a fonetické údaje a uvedené doplňky k seznamu slov poskytují uživateli jedinečnou pomoc, zvláště tomu uživateli, který má zájem naučit se českému jazyku.

Zpracování slovníku bylo provedeno podle pokynů a přání Langenscheidtovy redakce a je výsledkem několikaleté činnosti autora — překladatele a universitního docenta.

Nakladatelství

Vorbemerkungen

Diese Vorbemerkungen sollten sorgfältig durchgelesen werden, denn sie erleichtern das Nachschlagen und erhöhen das Verständnis für den Inhalt des Wörterbuchs.

Alphabetische Anordnung. An ihrem alphabetischen Platz sind gegeben:

a) die wichtigsten Länder- und Völkernamen sowie die davon abgeleiteten Adjektive;
b) die unregelmäßigen Formen der Substantive, Verben, Komparative usw.;
c) die verschiedenen Formen der Pronomina;
d) die perfektiven Formen der Verben, die mit Hilfe der Vorsilben na-, po-, pře-, roz- usw. gebildet sind.

Die wichtigsten Abkürzungen, tschechischen Vornamen sowie Namen der Städte, Flüsse, Berge und Regionen sind im Anhang in gesonderten Verzeichnissen zusammengefaßt.

Ohne Nachteil konnten weggelassen werden:

a) einige Verbalsubstantive auf -í (gebildet aus dem passiven Partizip durch Anhängen der Endung -í an die männliche Form), die im Deutschen meist dem substantivierten Infinitiv oder dem Substantiv auf -ung entsprechen;
b) frequentative Verben auf -ávat, -ívat, die eine sich wiederholende Handlung bezeichnen und durch die Einschiebung von -va- vor die Infinitivendung -t gebildet werden;
c) manche Fremdwörter auf -ovat (= -ieren) und -ce (= -tion);
d) manche Diminutivformen auf -e(če)k, -(eč)ka, -(íč)ko, die den deutschen Formen auf -chen und -lein entsprechen;
e) manche leichtverständliche Adjektivbildungen auf -ský, insbesondere die von Städtenamen abgeleiteten: **kodaňský** = Kopenhagener;
f) leicht zu bildende Adverbien auf -ě, -e (nach l, s, z) oder -o (nach h, ch, k) sowie Steigerungsformen auf -ěji und -eji (nach l, s, z);
g) manche Formen der Substantive, die weibliche Personen bezeichnen, und meist mit Hilfe von Endungen -ka oder -kyně gebildet werden können.

Gruppenartikel (Nester). Wo die Deutlichkeit und Übersichtlichkeit es gestattete, sind Zusammensetzungen und Ableitungen oft der Raumersparnis wegen zu Gruppen vereinigt worden, wobei der senkrechte Strich (|) beim ersten Stichwort einer solchen Gruppe den Teil abtrennt, der allen folgenden Stichwörtern gemeinsam ist:

hornat|ina *f* (1) ...; **~ost** *f* (4) ... = hornatost.

Dieser Strich bedeutet nicht, daß die Wörter an dieser Stelle getrennt werden können!

Beim Nachschlagen ist der Wechsel der Konsonanten und der Ausfall von -e- bei manchen Substantiven zu beachten. Im tschechischen Alphabet steht ch nach h, ebenso č nach c, ř nach r, š nach s und ž nach z; a und á, d und ď, e, é und ě, i und í, n und ň, o und ó, t und ť, u, ú und ů sowie y und ý gelten jeweils als ein Buchstabe.

Aussprache. Ausspracheangabe erfolgt nur in solchen Fällen, in denen sich Schwierigkeiten für den Benutzer ergeben könnten. Erläuterung der verwendeten Umschrift s. S. 15.

Betonung. Da im Tschechischen der Wortton immer auf der ersten Silbe liegt, wird die Betonung nicht angegeben.

Tildierung. Die **halbfette** Tilde (~) vertritt entweder das ganze fettgedruckte Stichwort oder den Teil des Stichwortes, der links vom senkrechten Strich (s. oben) steht. Beim jeweiligen Wechsel von Groß- zu Kleinschreibung oder umgekehrt steht die Tilde mit Kreis (⁔). Die gewöhnliche Tilde (~) ersetzt das ganze vorhergehende Stichwort — auch wenn es mit Hilfe der halbfetten Tilde gebildet wurde — meist dann, wenn keine Endungsänderungen vorkommen. Ändert sich die Endung, so wird der leicht zu ergänzende Teil des Wortes durch Bindestrich ersetzt (-). Beispiele:

> **horní** obere, Ober-; ~ část těla Oberkörper *m*; ⁔ *Lužice Geogr.* Oberlausitz *f* = *horní část těla, Horní Lužice*;
>
> **kolínský** Kölner; *-ká voda* Kölnischwasser *n* = *kolínská voda*.

Der Bindestrich ersetzt ferner das ganze Stichwort bei Verben, deren perfektive Form mit Hilfe einer Vorsilbe gebildet wird und meist in spitzwinkligen Klammern steht:

> **kousat** ⟨po-, roz-⟩ = *pokousat, rozkousat.*

Geschlecht. Das grammatische Geschlecht ist bei allen tschechischen Substantiven angegeben, die als Stichwörter im Wörterverzeichnis aufgeführt sind, bei den Übersetzungen nur dann, wenn die Geschlechtsangabe erforderlich erscheint. Weibliche und sächliche Formen der Pronomen und Zahlwörter wurden ebenfalls entsprechend gekennzeichnet.

Rektion. Wo die Rektion in beiden Sprachen übereinstimmt, sind besondere Hinweise nur in Ausnahmefällen vorhanden. Sonst ist die Rektion durch Kasusangabe (z. B. *A* = Akkusativ) oder durch Hinzufügung anderer Hinweise (z. B. j-m = jemandem, k-o koho) veranschaulicht worden.

Rechtschreibung. Sowohl für das Tschechische, als auch für das Deutsche wurde die neueste Rechtschreibung angewandt. Bei Doppelformen wird auf die gebräuchlichere Schreibung verwiesen.

Bedeutungsunterscheidung. Das Semikolon (;) trennt eine gegebene Bedeutung von einer neuen, wesentlich unterschiedlichen. Besondere Abstufungen der Bedeutung werden oft durch Beispiele veranschaulicht. Die Bedeutungsunterschiede eines und desselben Stichwortes werden näher erklärt durch:

a) vorgesetzte Synonyme, Objekte, Subjekte oder andere erläuternde Wörter;

b) zahlreiche Abkürzungen;

c) Angabe der entgegengesetzten Bedeutung (z. B. Land — *Ggs.* Stadt);

d) Verweise auf ein anderes Wort.

Sinnverwandte Übersetzungen werden durch Komma (,) getrennt.

Wörter mit gleicher Schreibung aber von verschiedener Abstammung und abweichender Bedeutung sind in der Regel als besondere Stichwörter aufgeführt und mit hochstehenden kleinen Ziffern [1], [2] usw. versehen.

Deklination und Konjugation. Bei Substantiven verweisen die Ziffern in runden Klammern (oft in Verbindung mit Buchstaben) auf die Deklinationsmuster im Anhang. Zur Auffindung des richtigen Musters muß auch das Geschlecht des Substantivs berücksichtigt werden, also z.B.: *m* (1), *f* (2), *n* (1). Abweichende Formen werden beim Stichwort angegeben. Bei den Verben beschränken sich die Hinweise auf die Konjugation nur auf einige wenige Angaben (z.B. *3. Pers. Pl.* -ejí/-ejí, *1. Pers. Sg.* -uji, *Part. des Perfekts* -kl, -tl usw.), die zusammen mit den im Anhang enthaltenen Konjugationstabellen und einer Tabelle der abweichenden Formen des Imperativs dem Benutzer die richtige Beugung der Verben erleichtern.

Die Deklination der Adjektive ist aus den Tabellen im Anhang ersichtlich. Besondere Hinweise stehen nur hinter den substantivisch gebrauchten Adjektiven. Abweichende Komparative sind unmittelbar nach dem Stichwort zusammen mit evtl. abweichenden Formen des Adverbs angegeben.

Präpositionen. Bei den tschechischen Präpositionen wird der zugehörige Fall (Kasus) immer angegeben.

Aspekte/Aktionsarten. Nur im perfektiven Aspekt vorkommende Verben werden mit *pf.* bezeichnet. Verben, die sowohl perfektiv als auch imperfektiv sind, haben den Hinweis *(im)pf*. Von diesen Verben können außerdem mit Hilfe von Vorsilben perfektive Formen gebildet werden, die mit *pf.* bezeichnet werden. Bei Verbpaaren steht der Teil, der das Verb perfektiv macht, oft in spitzwinkligen Klammern.

Beispiele:
    jet ⟨po-, za-⟩ = jet — *imperfektiv*, pojet, zajet — *perfektiv*;
    automatizovat *(im)pf.*, z- = automatizovat — *perfektiv* und *imperfektiv*, zautomatizovat — *perfektiv*;
    prozkoumat *pf.* — *perfektiv*.

Imperfektive Verben bleiben unbezeichnet.

Erklärung der im Wörterbuch verwendeten Abkürzungen

Výklad zkratek v slovníku užívaných

†	veraltet — zastaralý výraz	*engS.*	im engeren Sinne — v užším smyslu
A	Akkusativ — 4. pád	*e-r*	*einer*
a.	auch — také	*e-s*	*eines*
Abk.	Abkürzung — zkratka	*Esb.*	Eisenbahnwesen — železniční obor
Adj.	Adjektiv — přídavné jméno	*et.*	etwas — (ně)co
Adv.	Adverb — příslovce		
Agr.	Landwirtschaft — zemědělství	*F*	familiär, umgangssprachlich — výraz důvěrný, hovorový
amtl.	amtlich — úředně		
Anat.	Anatomie — anatomie	*f*	Femininum — ženský rod
Arch.	Baukunst, Bauwesen — architektura, stavebnictví	*Fecht.*	Fechtkunst — šermířství
Art.	Artikel — člen	*fig.*	figürlich — obrazně, přeneseně
Astr.	Astronomie — astronomie	*Fin.*	Finanzwesen — finanč-[nictví]
attr.	attributiv — jako přívlastek	*Flgw.*	Flugwesen — letectví
		Forst.	Forstwesen — lesnictví
Bgb.	Bergbau — hornictví	*Fot.*	Fotografie, Film — fotografie, filmařství
bibl.	biblisch — biblický výraz		
Bio.	Biologie — biologie	*f/pl.*	Femininum Plural — pomnožné jméno ženského rodu
Bot.	Botanik — botanika		
bsd.	besonders — zvláště	*Fut.*	Futurum — budoucí čas
Chem.	Chemie — chemie		
č-o	čeho	*G*	Genitiv — 2. pád
č-u	čemu	*Geogr.*	Geographie — zeměpis
		Geol.	Geologie — geologie
D	Dativ — 3. pád	*Geom.*	Geometrie — geometrie
dem.	demonstrativ — ukazovací	*G/pl.*	Genitiv Plural — 2. pád množ. čísla
dgl.	dergleichen — takový, podobný	*Ggs.*	Gegensatz — opačný význam
d.h.	das heißt — to je	*Gr.*	Grammatik — mluvnice
dial.	dialektisch — nářeční výraz	*Hdl.*	Handel — obchod
Dim.	Diminutiv — zdrobnělé jméno	*hist.*	historisch — historický
		I	Instrumental — 7. pád
ehm.	ehemals — dříve	*Imp.*	Imperativ — rozkazovací způsob
einm.	einmalig — jednorázový		
El.	Elektrotechnik — elektrotechnika	*impf.*	imperfektiv — nedokonavé sloveso
e-e	*eine*	*(im)pf.*	imperfektiv und perfektiv — nedokonavé a dokonavé sloveso
e-m	*einem*		
e-n	*einen*		

Ind.	Indikativ — oznamovací způsob	*m-s*	meines
		mst	meist(ens) — většinou
indekl.	undeklinierbar — nesklonné (jméno)	*Mus.*	Musik — hudební věda
		Myth.	Mythologie — mytologie
Inf.	Infinitiv — infinitiv		
Int.	Interjektion — citoslovce	*n*	Neutrum — střední rod
iron.	ironisch — ironický (výraz)	*N*	Nominativ — 1. pád
		n/pl.	Neutrum Plural — pomnožné jméno středního rodu
iter.	iteratives Verb — opětovací sloveso		
		Num.	Zahlwort — číslovka
Jagdw.	Jagdwesen — myslivectví		
jem.	jemand — (ně)kdo	*o.*	ohne — bez
j-m	jemandem — (ně)komu	*od.*	oder — nebo
j-n, j-s	jemanden, jemandes — (ně)koho	*öst.*	österreichisch — rakouský výraz
Jur.	Rechtswesen — právnictví		
		P	populär, derb — lidový, drsný výraz
Kdspr.	Kindersprache — dětská mluva		
		Parl.	parlamentarischer Ausdruck — parlamentární výraz
Kfz.	Kraftfahrzeugwesen — motorová vozidla		
Kj.	Konjunktion — spojka	*Pass.*	Passivum — trpný rod
k-o	koho	*pf.*	perfektiv — dokonavé sloveso
Kochk.	Kochkunst — kuchařství		
koll.	kollektiv — hromadné jméno	*Pers.*	Person — osoba
		Phil.	Philosophie — filosofie
Komp.	Komparativ — komparativ, druhý stupeň	*Phys.*	Physik — fyzika
		pl., Pl.	Plural — množné číslo
Konj.	Konjunktiv — spojovací způsob	*poet.*	poetisch — básnický (výraz)
k-u	komu	*Pol.*	Politik — politika
		Pr.	Präsens — přítomný čas
L	Lokativ — 6. pád	*präd.*	prädikativ — jako přísudek
Ling.	Sprachwissenschaft — jazykověda		
		Pron.	Pronomen — zájmeno
lit.	literarisch — spisovně	*Prov.*	Provinzialismus — oblastní výraz
m	Maskulinum — mužský rod		
		Prp.	Präposition — předložka
Mal.	Malerei — malířství	*Psych.*	Psychologie — psychologie
Mar.	Schiffahrt — plavba		
Math.	Mathematik — matematika	*Pt.*	Präteritum — minulý čas
Med.	Medizin — lékařství	*Rdf.*	Rundfunk, Fernsehen — rozhlas, televize
m-e	meine		
m/f	Maskulinum und Femininum — mužký a ženský rod	*refl.*	reflexiv — zvratný
		Rel.	Religion — náboženství
Mil.	Militärwesen — vojenství	*s.*	siehe — viz
Min.	Mineralogie — mineralogie	*S.*	Seite — stránka
		scherz.	scherzhaft — žertovný (výraz)
m-m	meinem		
m-n	meinen	*schweiz.*	schweizerisch — švýcarský výraz
m/pl.	Maskulinum Plural — pomnožné jméno mužského rodu		
		s-e	seine
		S-e	Sache — věc
m-r	meiner	*sg., Sg.*	Singular — jednotné číslo
		s-m	seinem

s-n	seinen		V	vulgär — vulgární, hrubý
s-s	seines		v.	von — z(e) [pejorativní]
Sp.	Sport — sportovní výraz		verä.	verächtlich — hanlivý,
Spr.	Sprichwort — přísloví		Vet.	Veterinärmedizin — zvěrolékařství
Su.	Substantiv — podstatné jméno		vgl.	vergleiche — srovnej
Sup.	Superlativ — třetí stupeň		v/i	intransitives Verb — nepřechodné sloveso
Tech.	Technik — technika		Vn.	Vorname — rodné jméno
Tel.	Fernmeldewesen — telekomunikace		Vok.	Vokativ — 5. pád
Thea.	Theater — divadelnictví		v/r	reflexives Verb — zvratné sloveso
Turn.	Turnen — tělocvik		v/t	transitives Verb — přechodné sloveso
Typ.	Druckgewerbe — tiskařství			
			z.B.	zum Beispiel — na příklad
u.	und — a			
unps.	unpersönlich — neosobní		Zo.	Zoologie — zoologie
unv.	unverändert, undeklinierbar — nesklonné (jméno)		zs.-	zusammen
usw.	und so weiter — a tak dále		Zssg(n)	Zusammensetzung(en) — složenina (-ny)

Das tschechische Alphabet

Das tschechische Alphabet besteht aus 34 Buchstaben.

Bei der Benutzung des Wörterbuches ist darauf zu achten, daß **ch** nach **h**, **č** nach **c**, **ř** nach **r**, **š** nach **s**, **ž** nach **z** steht.

Buchstabe		Benennung	Buchstabe		Benennung
A	a, á	a	N	n	än
B	b	bä	Ň	ň	änj
C	c	tsä	O	o, ó	o
Č	č	tschä	P	p	pä
D	d	dä	Q	q	kwä
Ď	ď	djä	R	r	är
E	e, é	ä	Ř	ř	ärsch
Ě	ě	jä	S	s	äss
F	f	äf	Š	š	äsch
G	g	gä	T	t	tä
H	h	ha	Ť	ť	tjä
Ch	ch	cha	U	u, ú, ů	u
I	i, í	i	V	v	wä
J	j	jä	X	x	iks
K	k	ka	Y	y, ý	ipsilon
L	l	äl	Z	z	sät
M	m	äm	Ž	ž	ʒät

Kurze Erläuterung der zur Bezeichnung der tschechischen Aussprache verwendeten phonetischen Umschrift

Stručné vysvětlení české výslovnosti a používané fonetické transkripce

Die Aussprache der tschechischen Laute geht aus der folgenden Übersicht hervor. Die Betonung liegt immer auf der ersten Wortsilbe. Einsilbige Präpositionen ziehen den Ton des Substantivs oder Pronomens auf sich, so daß dann beide Wörter wie ein einziges klingen, z. B.: **na stole, do Prahy, u mne** klingt wie nastole, doprahy, umne. Im Auslaut, d. h. am Wortende, werden alle Konsonanten stimmlos, wie im Deutschen, also: **odjezd** (sprich: odjäst), **dub** (spr. dup), **hrad** (spr. hratt), vergleiche deutsch: Hand (spr. hant). Vor stimmlosen Konsonanten wird der vorangehende Konsonant ebenfalls stimmlos, z. B.: **zpráva** gesprochen wie ßpráva, **ztráta** wie ßtráta. Die mit Längezeichen ′ versehenen Vokale sind besonders **gedehnt** zu sprechen, da sie sich unbedingt von den entsprechenden **kurzen** Vokalen unterscheiden müssen. Es handelt sich hier um keinen Betonungsakzent, da ja die Betonung immer auf der 1. Silbe ruht, unabhängig davon, ob diese lang oder kurz ist. Wo die nach **d, n, t** durch das **i** bzw. **í** bedingte Erweichung — gesprochen dji, nji, tji usw. — in Fremdwörtern wegfällt, wird dies meist angegeben: **filhamonie** [-nɪ-ɛ] (sprich: -niä, ohne j), **infinitiv** [-tɪːf] (sprich: -tiif), **matematika** [-tɪka] (sprich: -tika). **o** wird im Tschechischen immer wie ɔ = offenes o, nicht wie in Ofen, gesprochen, **e** immer wie ä, niemals wie deutsches e. **ž** [ʒ] stimmhaftes ich wie im franz. Garage, gibt es im Deutschen nicht. Wo in einer Silbe kein Vokal steht, dafür aber ein **l** oder **r**, trägt dieses den Silbenton, z. B. Plzeň (spr. pŕ-zänj), Brno (spr. brř-no). **z** ist auch in der Transkription stimmhaft (d. h. als Summlaut) zu sprechen. **ě** wird immer wie jä (kurz) gesprochen. **ou** ist ein Diphthong mit offenem o (= ɔ), der dem deutschen au etwas ähnlich gesprochen wird. Das tschechische **l** weicht vom deutschen l stark ab und wird mit dem unteren Teil der Zungenspitze am Gaumen gesprochen. — Bei der tschechischen Orthographie ist zu beachten, daß nach **h, ch, k** immer **y** od **ý** steht, niemals **i** oder **í**, nach weichen Konsonanten (**c, j** und alle mit einem Häkchen erweichten, einschließlich **ď** und **ť**) niemals **y, ý** oder **ě** stehen darf. Das **ě** steht nur nach **b, d, f, m, n, p, t, v** (und **w**). — Doppelkonsonanten werden wie die entsprechenden einfachen Konsonanten gesprochen.

Zur Aussprache einzelner tschechischer Laute gelten folgende Hinweise:

Vokale: **a** (kurzes *a*), **á** (langes *a*; Umschrift: a:)
- **e** (kurzes *ä*; Umschrift: ɛ), **é** (langes *ä* [ɛː]), **ě** (kurzes *jɛ*, steht nur in der Mitte oder am Ende eines Wortes)
- **i** (kurzes *i*; Umschrift: ɪ), **í** (langes *i*; Umschrift: ɪː) *di, ni, ti* sprich: *dji, nji, tji* *dí, ní, tí* sprich: *djii, njii, tjii*
- **o** (kurzes offenes *o*, **nicht** wie Ofen!; Umschrift: ɔ), **ó** (langes *o* [ɔː])

- **u** (kurzes *u*), **ú** (langes *u* [u:], **ů** (langes *u* [u:], steht nur in der Mitte oder am Ende eines Wortes)
- **y** (kurzes *i*; Umschrift: i)
- **ý** (langes i); y und ý werden in Dialektgebieten und in der Umgangssprache oft abweichend ausgesprochen. Diese Abweichungen können hier nicht berücksichtigt werden.

Konsonanten: b, d, f, g, h, j, m, n, (q), r, (w) wie im Deutschen
- **c** (immer wie ts, auch am Wortende)
- **č** *(tsch)*
- **ď** *(= dj)*
- **h** (stark gehaucht, auch am Wort- und Silbenende zu hören)
- **ch** (ähnlich dem deutschen *ach*-Laut als Kehllaut zu sprechen, **niemals** wie der deutsche *ich*-Laut.
- **k** (**nicht** behaucht, d.h. wie im Franz., Ital., Span. u. a.)
- **l** (mit nach unten gebogener Zungenspitze lose am Gaumen)
- **ň** *(= nj)*
- **p** (**nicht** behaucht, d.h. wie z. B. im Franz.)
- **r** (rollendes Zungen-*rr* wie im Italienischen)
- **ř** (**stimmhaftes** *r*+ʒ stark vermengt: vor Vokalen und stimmhaften Konsonanten mit folgendem Vokal) (**stimmloses** *rsch* gut verbunden, im Auslaut, z. B. pekař)
- **s** (immer **scharf** wie ss, niemals summend)
- **š** *(= sch)*
- **t** (**nicht** behaucht, d.h. wie z. B. im Franz.)
- **ť** *(= tj)*
- **v** (am Wort- oder Silbenanfang wie *w*, am Wortende wie *ff*)
- **z** (**stimmhafter** Summlaut, wie im Deutschen sagen, suchen)
- **ž** (**stimmhafter** *sch*-Laut, Umschrift: ʒ; wie im Franz.: Garage, bonjour).

A

a *Kj.* und; ~ přece doch; ~ to und zwar.
á!, aá! *Int.* ach!, ah!, oh!
à *Prp.* à, je, zu; ~ 10 Kčs. à (zu) 10 Kronen.
abatyše *f* (2) Äbtissin *f*.
abdikace [-dɪ-] *f* (2) Thronverzicht *m*.
abeced|a *f* (1) Alphabet *n*; Morseova ~a Morsealphabet; ~ní alphabetisch.
aberace *f* (2) Aberration *f*.
abiturient *m* (1), ~ka *f* (1c; -tek) Abiturient(in *f*) *m*.
abnorm(ál)ní abnorm, anormal.
abonent *m* (1), ~ka *f* (1c; -tek) Abonnent(in *f*) *m*, Bezieher(in *f*) *m*; ~ní Abonnement-.
abonovat *(im)pf.* (-*nuji*) (*a.* ~ *si*) abonnieren; beziehen; ~ *se* abonniert sein (*na* auf).
abrahámoviny *f/pl.* (1) der Fünfzigste (Geburtstag).
abreviace *f* (2) Abkürzung *f*.
absen|ce [-pse-] *f* (2) Abwesenheit *f*, Fehlen *n in d. Schule, bei d. Arbeit;* ~tér [-pse-] *m* (1; -ři) Bummelant *m*, Bummler *m*.
absolu|ce *f* (2) *Rel.* Absolution *f*; ~tní absolut.
absolvent *m* (1), ~ka *f* (1c; -tek) Absolvent(in *f*) *m*.
absolvovat *pf.* (-*vuji*) absolvieren.
absor|bovat *(im)pf.* (-*buji*) absorbieren; ~pce *f* (2) Absorption *f*; ~pční Absorptions-.
abstinent [-tɪ-] *m* (1) Abstinent *m*, Abstinenzler *m*.
abstrak|ce *f* (2) Abstraktion *f*; ~tní abstrakt.
absurdn|í absurd, widersinnig, ~ost *f* (4) Absurdität *f*, Unsinn *m*.
aby (~*ch*, ~*s*, ~; ~*chom*, ~*ste*, ~) daß, damit (ich, du, er; wir, ihr [Sie], sie); um zu; ~*ch tak řekl* sozusagen; ~ *ne* ohne daß (*od.* zu); ~ *ne!* und ob!; ~ *ses šťastně vrátil!* komm gesund wieder!; ~ *tě čert vzal!* hol dich der Teufel!
acetylén *m* (2a) Azetylen *n*.

ač, ~**koli(v)** obgleich, obwohl, wenn auch; ~**li** falls, wenn.
Adamovo jablko *n* (1b; -lek) Adamsapfel *m*.
adapt|ace *f* (2) Anpassung *f*; *Arch.* Umbau *m für bestimmte Zwecke*; ~ovat *(im)pf.* (-*tuji*) anpassen; umbauen, herrichten (für).
adjutantský Adjutanten-.
administra|ce [-nɪ-] *f* (2) Verwaltung *f*, Administration *f*; ~tiva [-nɪ-tɪ-] *f* (1) Verwaltung(sapparat *m*, -sorgane *n/pl.*) *f*; ~tivní [-nɪ-tɪ-] Verwaltungs-, administrativ.
admir|ál *m* (1; -ové) Admiral *m*; ~alita *f* (1) Admiralität *f*; ~álský Admirals-; -ká loď Flaggschiff *n*.
adop|(ta)ce *f* (2) Adoption *f*; ~tivní [-tɪ- *od.* -tɪ:-] Adoptiv-; ~tovat *pf.* (-*tuji*) adoptieren.
adres|a *f* (1a) Anschrift *f*, Adresse *f*; *na -su* an *j-s* Adresse; ~ář *m* (4) Adreßbuch *n*; ~át *m* (1) Empfänger *m*; ~ní Adressen-, Adreß-; ~ovač *m* (4) Adressiermaschine *f*; ~ovat *(im)pf.* (-*suji*) adressieren, mit e-r Anschrift versehen.
adriatický [-tɪ-] *s.* jaderský.
adsorpce *f* (2) Adsorption *f*.
advent *m* (2; 6. -*u*|-*ě*) Advent *m*; ~ní Advent(s)-.
advokát *m* (1) Rechtsanwalt *m*, Verteidiger *m*.
aero|dynamický aerodynamisch; ~linie [-nɪ-] *f* (2), ~linka *f* (1c; -nek) Fluglinie *f*, -strecke *f*; ~plán † *m* (2; 6. -*u*|-*ě*) Flugzeug *n*.
afektovaný affektiert.
aféra *f* (1d) Affäre *f*.
afg(h)ánský afghanisch, Afghanen-.
afri|cký afrikanisch, Afrika-, Afro-; 2čan *m* (1; -*é*), 2čanka *f* (1c; -nek) Afrikaner(in *f*) *m*; ~kán *m* (2a) Studentenblume *f*; ~kánština (1) Afrikaans *n*.
agen|ce *f*, ~cie *f* (2) Agentur *f*; ~t *m* (1), ~tka *f* (1c; -tek) Agent(in *f*) *m*; ~tský Agenten-, ~tura [-u:ra] *f* (1d) Agentur *f*; ~turní Agentur-.
agit|ace *f* (2) Agitation *f*, Propaganda *f*; ~ační agitatorisch; ~átor

m (1; -ři) Agitator *m;* ~ovat ⟨z-, za-⟩ *(-tuji)* agitieren.
agnusek P *m (2b; -sk-)* Medaillon *n mit Heiligenbild.*
agónie [-nɪ-] *f (2)* Agonie *f*, Todeskampf *m.*
agrární agrarisch, Agrar-.
agregát *m (2; 6. -u/-ě)* Aggregat *n; Tech. a. (Maschinen-)*Satz *m.*
agre|se *f (2)* Aggression *f;* ~**sivita** *f (1)* Aggressivität *f;* ~**sivní** aggressiv; ~**sor** *m (1; -ři)* Aggressor *m.*
agronom *m (1; -ové)* Agronom *m;* inženýr ~ Diplomlandwirt *m.*
agrotechnika [-nɪ-] *f (1c)* Agrotechnik *f.*
aha!, ahá! *Int.* aha!, so!
ahoj! *Int.* ahoi!; hallo! *(Begrüßungsausruf);* hüh! *(Kutscherruf).*
achát *m (2; 6. -u/-ě)* Achat *m.*
aj! *Int.* ei!, sieh(e) da!
akácie *f (2)* Akazie *f.*
akademi|cký akademisch, Akademie-; ~**e** *f (2)* Akademie *f;* ~**k** *m (1a),* ~**čka** *f (1c; -ček)* Akademiemitglied *n,* Akademiker(in *f) m;* Student(in *f) m.*
akát *m (2; 6. -u/-ě) Bot.* Robinie *f.*
akce *f (2)* Aktion *f;* nárazová ~ Sonderaktion.
akceler|ace *f (2)* Beschleunigung *f;* ~**átor** *m (2a)* Gaspedal *n.*
akcent *m (2; 6. -u/-ě)* Akzent *m;* ~**ovat** ⟨pře-⟩ *(-tuji)* betonen, akzentuieren.
akcept|ace *f (2) Hdl.* Wechselannahme *f;* ~**ovat** *(im)pf. (-tuji)* akzeptieren.
akceschopný aktionsfähig.
akcidence *f (2) Typ.* Akzidenz *f.*
akci|e *f (2)* Aktie *f;* ~**onář** *m (3)* Aktionär *m;* ~**onářský** Aktionärs-; ~**ový** Aktien-.
akční Aktions-.
aklamace *f (2)* Zuruf *m;* volit -cí durch Akklamation wählen.
aklimatiz|ace [-tɪ-] *f (2)* Akklimatisierung *f;* ~**ovat** *(im)pf. (-zuji)* akklimatisieren (se sich).
akorát P *Adv.* ausgerechnet, gerade.
akord *m (2a)* Akkord *m;* ~**ní** *s. akordový;* ~**ník** *m (1a)* Akkordarbeiter *m;* ~**ový** Akkord-.
akreditiv [-dɪtɪːf] *m (2a)* Beglaubigungsschreiben *n; Hdl.* Kreditbrief *m.*
akrobacie *f (2):* letecká ~ Kunstflug *m.*

aksamit *m (2; 6. -u/-ě)* Samt *m;* ~**ka** *f (1c; -tek)* Samtmütze *f;* Samtband *n;* ~**ník** *m (2b)* Studentenblume *f.*
akt *m (2; 6. -u/-ě)* Akt *m;* Akte *f.*
aktiv [-tɪː-] *m (2a)* Aktiv *n,* aktive Mitglieder; ~**ita** *f (1)* Aktivität *f;* ~**ní** aktiv; ~**ovat** *(im)pf.,* z- ⟨*-vuji*⟩ aktivieren.
aktovka *f (1c; -vek)* Aktenmappe *f,* -tasche *f.*
aktu|alita *f (1),* ~**álnost** *f (4)* Aktualität *f;* ~**ální** aktuell.
akumul|átor *m (2a)* Akku(mulator) *m;* ~**ovat** *(im)pf. (-luji)* akkumulieren.
akusti|cký [-tɪ-] akustisch; ~**ka** *f (1c)* Akustik *f.*
akutní akut.
akva|lung *m (2b; -zích) (Preßluft-)* Tauchgerät *n;* ~**rel** *m (2a)* Aquarell *n.*
akvárium *n (5)* Aquarium *n.*
Albán|ec *m (3; -nc-),* ~**ka** *f (1c; -nek)* Albaner(in *f) m;* ǂ**ský** albanisch.
ale aber, (je)doch; *nach Verneinung:* sondern.
alergický allergisch.
a(le)spoň wenigstens, zumindest.
alchymista *m (5a)* Alchimist *m.*
aliance *f (2)* Allianz *f.*
alimenty *m/pl. (2)* Alimente *pl.,* Unterhaltskosten *pl.*
alkohol *m (2a)* Alkohol *m;* ~**ický** alkoholisch; ~**ik** *m (1a),* ~**ička** *f (1c; -ček)* Alkoholiker(in *f) m,* Trinker(in *f) m;* ~**ový** *s. alkoholický.*
alkovna *f (1; -ven)* Alkoven *m.*
almara *f (1d) (Kleider-)*Schrank *m.*
almužn|a *f (1; -žen)* Almosen *n;* ~**ík** *m (1a):* mnich ~ Bettelmönch *m.*
alobal *m (2; 6. -u)* Alu(minium)folie *f.*
alpin|ismus [-nɪz-] *m (2; 2, 3, 6. Sg. -smu)* Bergsport *m;* ~**ista** [-nɪ-] *m (5a),* ~**istka** *f (1c; -tek)* Bergsteiger(in *f) m.*
alpín|ka *f (1c; -nek)* Hochgebirgspflanze *f;* ~**ský** alpin; ~**um** *n (5; Pl. 1)* Steingarten *m.*
alp|ský Alpen-, alpin, Berg-; ǂ**y** *f/pl. (2)* Alpen *pl.*
alt *m (2; 6. -u/-ě) Mus.* Alt(stimme *f) n;* ~**istka** [-tɪ-] *f (1c; -tek)* Altistin *f.*
aluviální alluvial.

Alžírsk|o n (1b) Algerien n; **~ý** algerisch.
amarelka f (1c; -lek) Schattenmorelle f.
amatér m (1; -ři), **~ka** f (1c; -rek) Amateur(in f) m; **~ský** Amateur-; Thea. Laien-.
ambulan|ce f (2) Ambulanz f; Krankenwagen m; **~tní** ambulant.
ameri|cký amerikanisch; Amerika-; **2čan** m (1; -é), **2čanka** f (1c; -nek) Amerikaner(in f) m; **~kanizovat** [-nɪ-] (im)pf., po-, z- (-zuji) amerikanisieren.
amnest|ie [-tɪ-] f (2) Amnestie f; **~ovat** (im)pf. (-zuji) amnestieren.
amoletka F f (1c; -tek) s. omeleta.
amortiz|ace [-tɪ-] f (2) Amortisierung f; **~ovat** (im)pf. (-zuji) amortisieren.
ampér m (2a) El. Ampere n.
amplión m (2a) Lautsprecher m.
ampul|e f (2), **~ka** f (1c; -lek) Ampulle f.
amput|ace f (2) Amputation f; **~ovat** (im)pf. (-tuji) amputieren.
amulet m (2a) Amulett n.
an, ~a, ~o † als, indem, wie; da, weil.
anabaptista [-tɪ-] m (5a) Wiedertäufer m.
analfabet m (1), **~ka** f (1c; -tek) Analphabet(in f) m; **~ismus** m [-tɪz-] (2a; -sm-; 2, 3, 6, -smu), **~ství** n (3) Analphabetentum n.
analog|ický analog; **~ový**: ~ počítač Analogrechner m.
anal|ýza f (1a) Analyse f; **~yzovat** (roz-, vy-, z-) (-zuji) analysieren.
ananas m (2; 6. -u/-e) Ananas f; **~ový** Ananas-.
anarchist|a m (5a), **~ka** f (1c; -tek) Anarchist(in f) m; **~ický** [-tɪ-] anarchistisch.
anatomický anatomisch.
ančovička f s. ančovička.
anděl m (1; 5. Sg. -i!; 1. Pl. -é) Engel m; ~ strážce Schutzengel; **~íček** m (1a; -čk-) Englein, Engelchen m; **~íčkářka** f (1c; -řek) Engelmacherin f; **~ský** engelhaft, Engels-.
andílek m (1a; -lk-) s. andělíček.
andulka f (1c; -lek) Wellensittich m.
aneb(o) s. nebo.
anekdota f (1) Anekdote f.
anektovat (im)pf. (-tuji) annektieren.
anémie f (2) Anämie f.

anemónka f (1c; -nek) Anemone f.
anestézie f (2) Anästhesie f.
anexe f (2) Annexion f.
angaž|má n (indekl.) Engagement n; **~ovat** (im)pf. ⟨za-⟩ (-žuji) engagieren.
angli|cký englisch; F zmizet po -ku sich auf französisch empfehlen, verschwinden; **2čan** m (1; -é), **-nka** f (1c; -nek) Engländer(in f) m; **~čtina** f (1) Englisch n; **2šť** f (2) England n; **~kánský** anglikanisch; **~sta** m (5a), **~stka** f (1c; -tek) Anglist(in f) m; **~stika** [-tɪ-] f (1c) Anglistik f.
Anglosas m (1; -ové) Angelsachse m.
angor|a f (1d) Angorawolle f; a. = **~ka** f (1c; -rek) Angorakatze f; **~ský** Angora-.
angrešt m (2; 6. -u/-ě) Stachelbeere f; Stachelbeerstrauch m.
ani mit Verneinung beim Verb: nicht einmal, auch nicht; ~ ... ~ ... weder ... noch ...; ~ slova! kein Wort (mehr)!; ~ dost málo nicht im geringsten; ~ jednou nicht ein einziges Mal; ~ 10 korun keine 10 Kronen, nicht einmal 10 Kronen.
anim|átor [-nɪ-] m (1; -ři) Trickfilmzeichner m; **~írka** f (1c; -rek) Animierdame f.
aniž ohne daß, ohne ... zu (+ Inf.).
anket|a f (1) Enquette f, Umfrage f; **~ní**: ~ lístek od. dotazník Fragebogen m.
ano ja; ~ i ja sogar.
anodový Anoden-.
anonc|e f (2) Annonce f, (Zeitungs-) Inserat m; **~ovat** (-cuji) annoncieren, ein Inserat aufgeben.
anonymní anonym.
ansámbl m (2a) Ensemble n.
ančovička f (1c; -ček) Anchovis f.
anténa f (1) Antenne f.
antický [-tɪ-] antik.
antifašist|a [-tɪ-] m (5a), **~ka** f (1c; -tek) Antifaschist(in f) m; **~ický** antifaschistisch.
antika [-tɪ-] f (1c) Antike f.
anti|komunistický [antɪ-] antikommunistisch; **~koncepční** empfängnisverhütend; **~korozní** Rostschutz-; **2krist** m (1) Antichrist m.
antikva [-tɪ-] f (1) Typ. Antiqua f; **~riát** m (2a) Antiquariat n.
antikv|ární [-tɪ-] antiquarisch; **~ář** m (3) Antiquar m; Antiquitätenhändler m; **~ita** f (1) Antiquität f.

antilopa

antilopa [-tɪ-] *f (1)* Antilope *f.*
Antily [-tɪ-] *f/pl. (-il)* Antillen(inseln) *f/pl.*
anti|militarista [-tɪ-] *m (5a)* Antimilitarist *m;* ~**nacista** *m (5a)* Nazigegner *m;* ~**patie** [-atɪ-] *f (2)* Antipathie *f;* ~**semita** *m (5a)* Antisemit *m;* ~**septický** [-tɪts-] antiseptisch; ~**špionáž** *f (3)* Gegenspionage *f.*
anton: P *dial.* zelený ~ grüne Minna.
anulovat *(im)pf. (-luji)* annullieren.
anýz *m (2;* 6. *-u/-e)* Anis *m.*
aparát *m (2;* 6. *-u/-ě)* Apparat *m;* Vorrichtung *f;* ~**ník** F *m (1a)* Apparatschik *m.*
apartmá *n (indekl.)* Appartement *n.*
apartní F apart.
apatický [-tɪ-] apathisch, teilnahmslos.
apel *m (2a)* Appell *m;* ~**ační** Berufungs-, Appellations-; ~**ovat** *(-luji)* appellieren.
Apenin|y [-nɪ-] *f/pl. (1)* Apenninen *pl.;* ⩾**ský**: ⩾ poloostrov Apenninenhalbinsel *f.*
apolitický [-tɪ-] unpolitisch.
apoplexie *f (2) Med. s.* mrtvice.
apoštol *m (1; -ové)* Apostel *m;* ~**ský** Apostel-; apostolisch.
apretura [-tu:-] *f (1d)* Appretur *f.*
apríl P *m (2 od.* 4; *2. -a/-e;* 6. *-u/-e/-i)* April *m;* vyvést k-o ~em j-n in den April schicken.
apro|bace *f (2)* Approbation *f;* ~**bovat** *(im)pf. (-buji)* genehmigen; zulassen; ~**vizace** *f (2)* Lebensmittelversorgung *f.*
Arab *m (1; -ové),* ~**ka** *f (1c; -bek)* Araber(in *f) m;* ⩾**ský** arabisch; ⩾**ština** *f (1)* Arabisch *n.*
aranž|ér *m (1; -ři)* Veranstalter *m;* ~ výkladních skříní Schaufensterdekorateur *m,* -gestalter *m;* ~**má** *n (indekl.)* Arrangement *n;* ~**ovat** *(z-) (-žuji)* arrangieren; veranstalten, organisieren; *Fest* ausrichten.
arašíd *m (2a)* Erdnuß *f.*
arbitráž *f (3)* Arbitrage *f,* Schiedsgerichtsbarkeit *f;* schiedsrichterliches Verfahren; státní ~ staatliche Schlichtungskommission; ~**ní** Schieds-.
arci allerdings, freilich.
arci- Erz-; ~**biskup** *m (1; -ové)* Erzbischof *m;* ~**kníže** *m s. arcivévoda;* ~**lhář** *m (3)* Erzlügner *m;* ~**vévoda** *m (5)* Erzherzog *m.*

arciže *s. arci.*
aréna *f (1)* Arena *f;* Freilichttheater *n.*
Argentin|a [-tɪ:-] *f (1)* Argentinien *n;* ~**ec** *m (3; -nc-),* ~**ka** *f (1c; -nek)* Argentinier(in *f) m;* ⩾**ský** argentinisch.
arch *m (2b) (Papier-)*Bogen *m;* po arších bogenweise.
archa *f (1b)* Arche *f;* ~ úmluvy Bundeslade *f.*
archaický [-a-i-] archaisch; veraltet.
archanděl *m (s. anděl)* Erzengel *m.*
archeolog *m (1a; -ové)* Archäologe *m;* ~**ický** archäologisch; ~**ie** *f (2)* Archäologie *f.*
architekt *m (1)* Architekt *m;* ~**onický** architektonisch; ~**ura** [-tu:-] *f (1d)* Architektur *f;* bytová ~ Raumgestaltung *f.*
archiv *m (2;* 6. *-u/-ě)* Archiv *n;* ~**ář** *m (3)* Archivar *m;* ~**ní** Archiv-.
archový Bogen-; ~ formát Folio(format) *n.*
árie *f (2)* Arie *f.*
árij|ec *m (3; -jc-),* ~**ka** *f (1c; -jek)* Arier(in *f) m;* ~**ský** arisch.
aristokra|cie *f (2)* Aristokratie *f,* ~**t** *m (1),* ~**tka** *f (1c; -tek)* Aristokrat(in *f) m;* ~**tický** [-tɪ-] aristokratisch.
aritmetika [-tɪ-] *f (1c)* Arithmetik *f.*
arivista *m (5a)* Streber *m.*
arkti|cký [-tɪ:] arktisch; ⩾**da,** ⩾**s** [-tɪs] *f (2; -dy)* Arktis *f.*
arkýř *m (4)* Erker *m.*
armád|a *f (1)* Armee *f;* ⩾ spásy Heilsarmee; ~**ní** Armee-.
Armén *m (1),* ~**ka** *f (1c; -nek)* Armenier(in *f) m;* ~**ie** [-nɪ-] *f (2)* Armenien *n;* ⩾**ský** armenisch.
armovat *(im)pf. (-muji)* armieren, ausrüsten.
arnika [-nɪ-] *f (1c) Bot.* Arnika *f.*
arogan|ce *f (2)* Arroganz *f;* ~**tní** arrogant.
aromatický [-tɪ-] aromatisch.
árón *m (2a) Bot.* Aronstab *m.*
artikl F [-tɪ-] *m (2a) (Handels-)* Artikel *m.*
artikul † [-tɪ-] *m (2a) s.* článek; ~**ovat** *(-luji)* artikulieren.
aršík *m (2b) Dim. zu* arch.
artist|a [-tɪ-] *m (5a),* ~**ka** *f (1c; -tek)* Artist(in *f) m;* ~**ický** artistisch.
artyčok *m (2b)* Artischocke *f.*
as *s. asi.*

autorka

asfalt m (2; 6. -u/-ě) Asphalt m; ~ka F f (1c; -tek) Asphaltstraße f; ~ový Asphalt-.
asi Adv. etwa, ungefähr, gegen, wohl, vermutlich; to se ~ mýlíš du mußt (dürftest) dich irren.
Asi|at [-zi-] m (1) s. Asijec; ~e [a:z-] f (2) Asien n; ~jec m (3; -jc-), ~jka f (1c; -jek) Asiat(in f) m; 2jský asiatisch, Asien-.
asimil|ace f (2) Assimilation f; ~ovat (im)pf. (-luji) assimilieren.
asist|ence f (2) Assistenz f; Beistand m; ~enční Assistenz-, Beistands-; ~ lékař Assistenzarzt m; ~ent m (1), ~tka f (1c; -tek) Assistent(in f) m; ~ovat (-tuji) assistieren.
aske|ta m (5); P m (1; -i/-ové) Asket m; ~ický [-tɪ-] asketisch.
asoci|ace f (2) Assoziation f; ~ál P m (1) Asoziale(r) m; ~ální asozial.
aspoň wenigstens.
astma n (1b; 2, 3, 6. -atu; o. Pl.) Asthma n.
astra f (1d; -ter) Aster f.
astronom m (1; -ové) Astronom m; ~mie f (2) Astronomie f.
ať Kj. 1. mit Indikativ: möge, soll; im Deutschen meist Konjunktiv: ~ žije es lebe; ~ přijde er möge (soll) kommen; 2. = aby mit Konditional, in längeren Sätzen; 3. (si) wenn auch; 4. ~ ... nebo sowohl ... als auch; ~ mladý nebo starý sowohl jung als auch alt.
atak|a f (1c) Attacke f; ~ovat (im)pf. (-kuji) attackieren.
ataše m (indekl.) Attaché m.
ateis|mus [-izm-] m (2; 2, 3, 6. Sg. -smu) Atheismus m; ~ta m (5a) Atheist m.
ateliér m (2a) Atelier n.
atentát m (2; 6. -u/-ě) Attentat n; ~ník m (1a) Attentäter m.
at(h)énský Athener (Adj.).
atlantický [-tɪ-] atlantisch.
atlas m (2; 6. -u/-e) Atlas m; ~ka f (1c; -sek) Eisbonbon m; Atlasband n; ~ový Atlas-.
atlet m (1), ~ka f (1c; -tek) Athlet(in f) m; ~ický [-tɪ-] athletisch; ~ika [-tɪ-] f (1c) Athletik f.
atmosfér|a f (1d) Atmosphäre f; ~ický atmosphärisch.
atom m (2a) Atom n; ~ární atomar; ~ický Atom-; ~izovat (im)pf. (-zuji) atomisieren; ~ovka F f (1c; -vek) Atombombe f; ~ový Atom-.

atonální Mus. atonal.
atra|kce f (2) Attraktion f; ~pa f (1) Attrappe f.
ať si wenn schon, meinetwegen, soll(en) ...
audience [-dɪ-] f (2) Audienz f.
audiovizuální audiovisuell.
augustinián [-tɪnɪ-] m (1) Augustiner(mönch) m.
aukce f (2) Auktion f, Versteigerung f.
Austr|alan m (1; -é), ~álec m (3; -lc-) Australier m; ~álie f (2) Australien n; 2alský australisch.
aušus P m (2; 6. -u/-e) Ausschuß (-ware f) m.
aut m (2; 6. -u/-ě) Sp. Aus n.
auto n (1) Auto n, Kraftwagen m; jezdit autem (mit dem) Auto fahren; řídit ~ Auto fahren od. lenken; ~biografický autobiographisch; ~bus m (2; 6. -u/-e) Autobus m, Omnibus m; ~busový Autobus-, Omnibus-; ~camping m (2) s. autokempink; ~dílna f (1; -len) Auto(reparatur)werkstatt f; ~doprava f (1) Autoverkehr m; ~drožka f (1c; -žek) Autodroschke f; ~garáž f (3) Autogarage f; ~genní autogen; ~gram m (2a) Autogramm n; ~kar m (2a) Reise-(omni)bus m; ~kempink m (2b) Camping n mit dem Wohnwagen; Campingplatz m; ~klub m (2a) Automobilklub m; ~kolona f (2) Autokolonne f; ~kracie f (2) Autokratie f; ~mapa f (1) Straßenkarte f.
automat m (2; 6. -u/-ě) Automat m; Schnellimbiß(stube f) m, Selbstbedienungsrestaurant n; Maschinenpistole f; telefonní ~ Münzfernsprecher m; požární ~ Feuermelder m; ~ický [-tɪ-] automatisch, Automaten-; zcela ~ vollautomatisch; ~izace f (2) Automatisierung f; ~izovat (im)pf., z- (-zuji) automatisieren.
auto|mechanik [-nɪk] m (1a) Automechaniker m; ~mobil m (2; 6. -u/-e) Automobil n; ~mobilní, ~mobilový Auto-; ~montér m (1; -ři) Autoschlosser m.
autonom|ie f (2) Autonomie f; ~ní autonom.
autoportrét m (2; 6. -u/-ě) Selbstbildnis n.
autor m (1; -ři), ~ka f (1c; -rek)

autorita

Verfasser(in *f*) *m*, Autor(in *f*) *m*; *fig.* Urheber(in *f*) *m*.

autori|ta *f* (*1*) Autorität *f*; **~tářský** autoritär; **~zovat** (*im*)*pf.* (*-zuji*) autorisieren.

autorský Autoren-, Verfasser-; *-ké právo* Urheberrecht *n*.

auto|správkárna *f* (*1*; -*ren*) Autoreparaturwerkstätte *f*; **~stop** *m* (*2a*): *cestovat ~em* per Anhalter reisen; **~stráda** *f* (*1*) Autobahn *f*; **~škola** *f* (*1a*) Fahrschule *f*; **~vlak** *m* (*2b*) Lastzug *m*.

avansovat P (*im*)*pf.* (*-suji*) befördert werden.

avšak aber, (je)doch (*an erster Stelle im Satz*).

azalka *f* (*1c*; -*lek*) *Bot.* Azalee *f*.

azbuka *f* (*1c*) kyrillisches Alphabet *n*.

azyl *m* (*2a*) Asyl *n*; *právo ~u* Asylrecht *n*.

až *1.* bis; erst; ~ *na další* bis auf weiteres; ~ *zítra* erst morgen; F ~ *naprší a uschne* Pustekuchen!, denkst du!; *2.* daß, so daß; *3.* sobald, wenn; *4. mit perf. Verb = Futurum exaktum:* ~ *přijdeš* sobald du gekommen sein wirst (= kommst).

ažaž F übergenug, mehr als genug.

ážio *n* (*1*; *6. -u*) *Hdl.* Agio *n*.

ažúr *Adv.* fertig; **~ový** Ajour-.

B

ba ja, freilich; ~ *ano* ja gewiß.
baba¹ *f (1)* altes Weib *n*, *verá*. Vettel *f*; *fig.* Memme *f*.
bába² *f (1; bab)* Alte *f*; Großmutter *f*; F Frau *f*; *slepá* ~ blinde Kuh *(Spiel).*
bab|í Altweiber-; **~ice** *f (2a)* (boshaftes) altes Weib, alte Hexe; **~ička** *f (1c; -ček)* Großmutter *f*, F Oma *f*; **~izna** *f (1; -zen)* s. *babice*; **~ka** *f (1c; -bek)* alte Frau; P Maikäfer *m*; Baumstumpf *m*; Dengelstock *m*; (kleiner) Amboß *m*; F *prodat za -ku* für ein Ei und ein Butterbrot verkaufen; *nestát za -ku* nichts wert sein; *uvázat šátek na -ku* sich ein Kopftuch umbinden.
babočka *f (1c; -ček) Zo.* Eckflügler *m*; ~ *admirál* Admiral *m*.
bábovka *f (1c; -vek)* Napf-, Königskuchen *m*, *öst.* Gugelhupf *m*; *(Napfkuchen-)*Backform *f*.
babr|at se P herumwursteln; herumstöbern; *im Essen* stochern; **~avý** P mühsam, *dial.* pingelig.
babský Weiber-; *Adv. a.* wie ein (altes) Weib; *fig.* feig(e).
babunka *f (1c; -nek)* Oma *f*.
babyka *f (1c)* Feldahorn *m*.
bác! *Int.* bauz!, bums!
bacat ⟨*na-, z-*⟩ *Kdspr.* schlagen.
bacil *m (2a od. 1)* Bazillus *m*; *nositel* ~ů = **~onosič** *m (3)* Bazillenträger *m*; **~ový** Bazillen-.
bacit P *pf.* schlagen, knallen; ~ *něčím (o co)* schleudern *et.* (gegen *A*).
back [bek] *m (1a; -ové) Sp.* Verteidiger *m*.
baculatý pausbäckig.
bača *m (5; 2 Sg., 7 Pl. -i)* Sennhirt *m*, Oberschäfer *m*.
bačkora *f (1d)* Haus-, Filzschuh *m*, P Latschen *m*; *fig. verá.* Memme *f*; F *nataáhnout -ry, zaklepat ~mi* ins Gras beißen.
báda|cí Forschungs-; **~t** ⟨*pro-, vy-*⟩ (er)forschen.
badatel *m (3; -é)*, **~ka** *f (1c; -lek)* Forscher(in *f*) *m*; **~ský** Forscher-.
bádavý forschend.

baf|at ⟨*na-, roz-, vy-*⟩, **~nout** *pf.*, *za-* *(si)* bellen, kläffen; F paffen.
bagovat ⟨*z-*⟩ *(-guji)* Tabak kauen.
bagr *m (2a)* Bagger *m*; **~ista** *m (5a)* Baggerführer *m*; **~ovat** ⟨*pro-, vy-*⟩ *(-ruji)* (aus)baggern; **~ový** Bagger-.
bahen|ík *m (1a)* Thunfisch *m*; **~ní** Sumpf-, Moor-; Schlamm-.
bah|ňák *m (1a)* Watvogel *m*; **~nět** ⟨*z-*⟩ *(3 Pl. -ějí)* versumpfen; **~nice** *f (2a)* Mutterschaf *n*; **~nisko** *n (1b; -s[e]k)*, **~niště** *n (2a)* Sumpf *m*, Moor *n*; **~nit se 1.** ⟨*z-, za-*⟩ versumpfen; **2.** ⟨*o-*⟩ lammen; **~nitý** sumpfig, schlammig; **~no** *n (1; 6. -ě/-u; -hen)* Sumpf *m*, Moor *n*, Morast *m*; *léčivé* ~ Heilschlamm *m*.
bachařit P Schmiere stehen.
bachor *m (2a) Zo.* Pansen *m*; V Wanst *m*.
báchork|a *f (1c; -rek)* Märchen *n*; **~ov(it)ý** märchenhaft.
bachratý F bauchig; dick(leibig).
bachyně *f (2b)* Bache *f*.
baissa [beːsa] *f (1a) Hdl.* Baisse *f*.
báj *f*, **~e** *f (2 od. 3)* Mythe *f*, Sage *f*; **~ečný** fabelhaft, sagenhaft (*a. fig.*); **~esloví** *n (3)* Mythologie *f*; **~eslovný** mythologisch; **~it** ⟨*vy-, z-*⟩ (er)dichten, fabulieren; F schwärmen.
baj|ka *f (1c; -jek)* Fabel *f*; **~kář** *m (3)* Fabeldichter *m*; **~ný** fabel-, märchenhaft.
bajonet *m (2a)* s. *bodák*; **~ový**: ~ *závěr* Bajonettverschluß *m*.
baklažán *m (2a)* Aubergine *f*.
bakteri|ální bakteriell, Bakterien-; **~e** *f (2)* Bakterie *f*; **~ologický** bakteriologisch.
bál F *m (2a)* Ball *m (Fest).*
balad|a *f (1)* Ballade *f*; **~ik** [-dɪk] *(1a; -ové)* Balladendichter *m*.
balamut|ič *m (3)*, **~il** *m (1; -ové)* Schwindler *m*; Aufwiegler *m*; **~it** F ⟨*o-, z-*⟩ *(-cen)* anführen, *j-n* an der Nase herumführen, *j-m* den Kopf verdrehen.
balancovat ⟨*vy-, za-*⟩ *(-cuji)* balancieren.

baldriánový 24

baldriánový: -vé *kapky* Baldriantropfen *m*/*pl*.
balení *n* (3) Verpackung *f*.
balet *m* (2; 6. -*u*/-*ě*) Ballett *n*; ~**ka** *f* (1c; -*tek*) Ballettänzerin *f*; ~**ní** Ballett-; ~**ník** *m* (1a) Ballettänzer *m*.
bal|ící Pack-; ~**íč** *m* (3), ~**íčka** *f* (1c; -*ček*) Packer(in *f*) *m*; ~**íček** *m* (2b; -*čk*-) Päckchen *n*; ~**ík**¹ *m* (2b) Paket *n*; Ballen *m*; ~**ík**² *m* (1a) *vena*. Klotz *m*, Dummkopf *m*; **ʠíkov** *m* (2; 2. -*a*) F Krähwinkel *m*; ~**íkový** Paket-; ~**írna** *f* (1; -*ren*) Packraum *m*, Packerei *f*; ~**it** ⟨*s*-, *za*-⟩ ein-, verpacken.
Balkán *m* (2; 6. -*u*/-*ě*) Balkan *m*; **ʠský** Balkan-.
balkón *m* (2; 6. -*u*/-*ě*) Balkon *m*; *Thea*. Rang *m*. [kosten *pl*.]
balné *n* (*Adj*. 3) Verpackungs-
balón *m* (2; 6. -*u*/-*ě*) Ballon *m*; Gummiball *m*; F *a*. Ballonreifen *m*; ~**ek** *m* (2b; -*nk*-) Luftballon *m*; ~**ový** Ballon-.
bálový Ball-.
bal|šám P *m* (2a) Pfefferminze *f*; *s*. *balzám*; ~**šán** *m* (2a) Krauseminze *f*.
Balt *m* *1*. (2a) Ostsee *f*; *2*. (1; -*ové*) Balte *m*; **ʠický** † [-tɪ-], **ʠský** baltisch; *Baltské moře s*. **Balt** 1.
balvan *m* (2; 6. -*u*/-*ě*) Felsblock *m*; (großes) Stück *n*; F *fig*. Stein *m*; *bludný* ~ Findling *m*.
balz|ám *m* (2a) Balsam *m*; ~**amovat** ⟨*na*-, *z*-⟩ ⟨-*muji*⟩ einbalsamieren.
bambitka *f* (1c; -*tek*) Pistole *f*.
bambul|e *f* (2) Troddel *f*; (*Glas*-) Kugel *f*; ~**ovitý** knollig.
bambus *m* (2a) Bambus *m*; ~**ka** *f* (1c; -*sek*) Rohrstock *m*.
báň *f* (3) *s*. *baňatka*; (*Zwiebel*-) Kuppel *f*; (*Glas*-)Glocke *f*; Gewölbe *n*; F Loch *n*, Knast *m*.
ban|alita *f* (1) Banalität *f*; ~**ální** banal.
banán *m* (2; 6. -*u*/-*ě*) Banane *f*; ~**ek** *m* (2b; -*nk*-) *El*. Bananenstecker *m*; ~**ovník** *m* (2b) Bananenstaude *f*; ~**ový** Bananen-.
baňat|ka *f* (1c; -*tek*) bauchiges Gefäß *n*, bauchige Flasche *f*; ~**ý** bauchig.
banda *f* (1) Bande *f*; Gesindel *n*; (*Volks*-)Musikkapelle *f* F *a*. = ~**ska** *f* (1c; -*sek*) Milchkanne *f*.
bandáž *f* (3) Bandage *f*; ~**ovat** ⟨*za*-⟩ ⟨-*žuji*⟩ bandagieren.

banderole *f* (2) Banderole *f*.
bandit|a [-dɪ-] *m* (5a) Bandit *m*; ~**ský** Banditen-, Räuber-; ~**ství** *n* (3) Bandentum *n*.
band|or, ~**ur** *m* (2a) Semmel *f* *aus dunklem Mehl*.
bandžo *n* (1; 6. -*u*) *Mus*. Banjo *n*.
báně *f* (2) *s*. *báň*.
baník P *m* (1a) Bergmann *m*, Kumpel *m*.
banka *f* (1c) *Hdl*. Bank *f*; *krevní* ~ Blutbank.
baňka *f* (1c; -*něk*) *Chem*. Kolben *m*; Phiole *f*; *Med*. Schröpfkopf *m*.
bank|éř *m* (3) Bankier *m*; (*im Spiel*) Bankhalter *m*; ~**ovka** *f* (1c; -*vek*) Banknote *f*; ~**ovní** Bank-; ~**ovnictví** *n* (3) Bankwesen *n*.
bankrot *m* (2a) Bankerott *m*; ~**ář** *m* (3) Bankrotteur *m*.
báňský Berg(bau)-, Montan-.
bar *m* (2a) Bar *f*; *mléčný* ~ Milchbar.
barabizna *f* (1; -*zen*) Bruchbude *f*.
barák *m* (2b) Baracke *f*; F *a*. Häuschen *n*; ~**ový** Baracken-.
barbar|ský barbarisch; ~**ství** *n* (3) Barbarei *f*.
barborka *f* (1c; -*rek*) *Bot*. Barbenkraut *n*.
barev|nice *f* (2a) Farb(en)kasten *m*; ~**nost** *f* (4) Farbenreichtum *m*; ~**ný** (viel)farbig, bunt; Farb-; -*ná tužka* Farbstift *m*; -*né kovy* Buntmetalle *m*/*pl*.
barchet *m* (2; 6. -*u*/-*ě*) Barchent *m*.
bariéra *f* (1d) Barriere *f*, Schranke *f*; *zvuková* ~ Schallmauer *f*.
barikád|a *f* (1) Barrikade *f*; ~**ník** *m* (1a) Barrikadenkämpfer *m*; ~**ovat** ⟨*za*-⟩ ⟨-*duji*⟩ verbarrikadieren.
bárka *f* (1c; -*rek*) Barke *f*, Kahn *m*; *Arch*. Brückenjoch *m*.
Barma *f* (1) Birma, Burma *n*.
barman *m* (1) Barmixer *m*.
Barmán|ec *m* (3; -*nc*-), ~**ka** *f* (1c; -*nek*) Birmane *m*, -in *f*, Burmese *m*, -sin *f*.
barmanka *f* (1c; -*nek*) Bardame *f*.
barnumský: -*ká reklama* marktschreierische Reklame *f*.
barok *m* (2b), ~**o** *n* (1b) Barock *n*; ~**ní**, ~**ový** Barock-, barock.
baron *m* (1), ~**ka** *f* (1c; -*nek*) Baron *m*, Baronin *f*.
barový Bar-.
barv|a *f* (1; -*rev*) Farbe *f*; *Jagdw*. Schweiß *m*; *dát do -vy* färben lassen; *pouštět -vu* abfärben; *měnit -vu*

bednit

schillern; ~ení n (3) Färben n, Färbung f; ~ičky f/pl. (1c; -ček) Farbstifte m/pl.; ~idlo n (1a; -del) Färbemittel n; ~inek m (2b; -nk-) Bot. Immergrün n; ~írna f (1; -ren) Färberei f; ~íř m (3) Färber m; ~it ⟨na-, o-, pře-, z-⟩ färben; Jagdw. schweißen; ~itost f (4) Buntheit f, Kolorit n; ~itý bunt, farbig; ~ivo n (1) Farbstoff m; ~oslepý farbenblind; ~otisk m (2b) Farbdruck m; ~...ý in Zssgn -farbig.

baryton m (2a) Bariton(stimme f) m; ~ista [-nɪ-] m (5a) Bariton(-sänger) m.

barytový Baryt-.

bařina f s. bažina.

bas m 1. (2a) Baß m (Stimme); 2. (1; -ové) Baß m (Sänger); ~a f (1a) Baßgeige f; F iron. Kittchen n; ~ař m (3) Baßgeiger m.

base f s. báze.

báseň f (3; -sně) Gedicht n.

Basilej f (3) Basel n; 2ský Bas(e)ler (Adj.).

basilika f s. bazilika.

basista m (5a) Bassist m.

Bask m (1a; -ové) Baske m; 2ický baskisch.

básn|ický dichterisch; ~ictví n (3) Dichtkunst f; ~ička f (1c; -ček) kleines Gedicht n; ~ík m (1a), ~nířka f (1c; -řek) Dichter(in f) m; ~ílek m (1a; -lk-), ~íř m (3) iron. Dichterling m; ~it ⟨vy-, z-⟩ dichten; ~ivý dichterisch.

basový Baß-.

bašt|a f (1) Bastei f, Bastion f, Bollwerk m; F a. Delikatesse f; P fein; ~it F ⟨z-⟩ schmausen, sich gütlich tun.

bát se (bojím se) sich fürchten (č-o, k-o v D); fürchten (o co, o k-o um A).

báťa P m (5; 2, 7 Pl. -ti) Tropf m, Tölpel m.

bater|ie f (2) Batterie f; ~ka f (1c; -rek) Taschenlampe(nbatterie) f.

batoh m (2b) Rucksack m.

batol|átko n (1b; -tek), ~e n (4) Kleinstkind n; ~it se ⟨za-⟩ watscheln; ~ivý watschelig.

bav|it ⟨po-, za-⟩ unterhalten; ~ se sich unterhalten; sich die Zeit vertreiben (čím mit D); to mě -ví das macht mir Spaß; to mě nebaví das interessiert mich nicht; nebav se! mach keine Witze!

bavln|a f (1) Baumwolle f; ~ářský Baumwoll(e)-; ~ářství n (3) Baumwollindustrie f; ~ěný baumwollen; ~ík m (2b) Baumwollpflanze f, -staude f; ~ka f (1c; -nek) Stick-, Stopfgarn n.

Bavor m (1c; -ři), ~ák m (1a), ~(áč)ka f (1c; -r[áč]ek) Bayer(in f) m; ~sko n (1b) Bayern n; 2ský bay(e)risch.

bazalka f (1c; -lek) Bot. Basilienkraut n.

bazar m (2a) Basar m.

báze f (2) Basis f; Chem. Base f.

bazén m (2; 6. -u/-ě) Bassin n; ~ pro plavce Schwimmbecken n.

bázeň f (3; -zně) Furcht f, Scheu f (z č-o, před kým vor D), Angst f (o k-o um j-n); z -zně aus Angst; žít v -zni boží ein gottesfürchtiges Leben führen.

bazili|ka f (1c) Basilika f; ~šek m (1a; -šk-; -ové) Basilisk m.

bázliv|ec m (1b; -vc-) furchtsamer Mensch m, F Angsthase m; ~ý furchtsam, ängstlich, scheu.

bažant m (1) Fasan m; ~í Fasanen-; ~ice f (2a) Fasanenhenne f; ~nice f (2a) Fasanerie f.

baže Int. jawohl, freilich.

bažení n (3) Sehnsucht f, Trachten n.

bažina f (1) Sumpf m, Moor n; Marsch f; ~tý sumpfig.

baži|t ⟨za-⟩ streben, trachten (po čem nach D); ~vý sehnsüchtig; lüstern, begehrlich.

bdě|lost f (4) Wachsamkeit f; ~lý wachsam; ~ní n (3) Wachen n; ve ~ in wachem Zustand.

bd|í|cí wach; ~(va)t ⟨pro-⟩ wachen, wach sein.

bečet ⟨roz- se, za-⟩ blöken; Kind: plärren.

beč|ička f (1c; -ček) Fäßchen n; ~ka f (1c; -ček) Faß n, Bottich m.

bečky F Adv. heulend.

běda Adv. wehe; až ~ über alle Maßen, F schrecklich.

bederní Hüft(en)-; Lenden-.

bedla f (1a; -del) Blätterpilz m.

bedliv|ost f (4) Aufmerksamkeit f; Sorgfalt f; ~ý wachsam, aufmerksam; sorgsam.

bedn|a f (1; -den) Kiste f, Kasten m; Verschlag m; ~árna f (1; -ren) Faßbinderei f, Küferei f; ~ář m (3) Böttcher m, Faßbinder m; ~it ⟨o-,

bědný

u-, za-⟩ (ver)schlagen; ~ prkny mit Brettern verschalen; ~ zboží Ware in Kisten verpacken.
běd|ný arm(selig); kläglich; ~ovat ⟨za-⟩ (-duji) jammern, wehklagen (pro k-o, nad kým, čím, o k-o über A).
bedr|a n/pl. (1; -der; 3. -ům|-ám, 6. -ech|-ách, 7. -y|-ami) Lenden pl.; Rücken m, Schultern f/pl.; všechno leží na mých -rech alles liegt auf m-n Schultern; ~ník m (2b) Bot. Pimpinelle f.
běh m (2b) Lauf m; Tech. Gang m; Kurs m; Semester m; ~em č-o im Laufe, innerhalb (G od. D), binnen (G); ~ naprázdno Leerlauf; zpětný ~ Rücklauf; Kfz. Rückwärtsgang; ~ák m (2b) Jagdw. Lauf m; ~ání n (3), ~anice f (2a) Lauferei f; ~at ⟨pro-, roz- se, za- si⟩ laufen, rennen; ~ kolem, semtam herumlaufen; ~ za kým j-m nachlaufen; ~ se Zo. läufig (od. heiß) sein; ~oujn m 1. (1) Rennpferd n; 2. (2; 6. -u|-ě) Läufer m; Laufgewicht n e-r Waage; (Reifen-) Lauffläche f.
bek m (1a; -ové) s. back.
bekaný Kdspr. garstig.
bek|at ⟨za-⟩, ~nout pf., za- blöken; ~ot m (2a) Blöken n; P Geheul n, Heulen n.
bekyně f (2b) Zo. Fichtenspinner m, Nonne f.
běl f (3) Weiß n; Bot. Splint m; Auszug m (Mehl); Jagdw. Feist m; ~ák m (1a) Alpenschneehase m; ~ásek m (1a; -sk-) Zo. Weißling m; zelený ~ Kohlweißling; ~a(dl)at se ⟨za-⟩ weiß schimmern; od. glänzen; ~avý weißlich; s. bílý; ~ený gebleicht; ~et (se) ⟨za-⟩ 3 Pl. -ejí weiß werden; s. a. běl(áv)at se.
beletri|e f (2) Belletristik f; ~stický [-tɪ-] belletristisch; ~ká příloha Literaturbeilage f.
belgi|cký belgisch; 2čan m (1; -é), 2čanka f (1c; -nek) Belgier(in f) m; 2e f (2) Belgien n.
belha|t (se) humpeln, hinken; ~vý hinkend.
běl|ice f (2a) Weißfisch m; Weißkirsche f; ~ič m (3) Bleicher m; ~idlo n (1a; -del) Bleiche f, Bleichplatz m; Bleichmittel n; ~it ⟨vy-, z-⟩ weiß machen; Wäsche bleichen;

~ se weiß schimmern; weiß werden; ~mo n (1; 6. -u) das Weiße im Auge; fig. Augenstern m; Med. grauer Star m; ~ mu spadlo s očí fig. es gingen ihm die Augen auf.
bělo- in Zssgn weiß-, Weiß-; ~ba f (1) Weiß n; ~ zinková Zinkweiß; ~hlavý weißhaarig; ~horský: -ká bitva hist. Schlacht am Weißen Berge; ~ch m (1a), ~ška f (1c; -šek) Weiße m od. f; ~krevnost f (4) Leukämie f; 2rus m (1; -ové) Weißrusse m; ~ruský weißrussisch, bjelorussisch; ~sněžný poet. schneeweiß.
bělost f (4) Weiß n; ~ný schneeweiß, leuchtend weiß.
bělo|šed(iv)ý weißgrau; ~ška f s. běloch; ~tok m (2b) Med. Weißfluß m; ~unký, ~učký F schön weiß; ~uš m (3) Schimmel m (Pferd); ~vlasý weißhaarig; ~vousý weißbärtig; ~vý: -vé dřevo Splintholz n.
běluha f (1b) Weißwal, Beluga-Wal m.
benátský venezianisch.
benefice f (2) Thea. Wohltätigkeitsvorstellung f.
bengál m (2a; 6. -u|-e) Feuerwerk n (a. fig.); 2sko n (1b) Bengalen n; ~ský bengalisch.
benzi|n m (2; 6. -u|-ě) Benzin n; ~ák F m (2b) Benzinmotor m; ~ář F m (3) Tankwart m; ~nka F f (1c; -nek) Benzinmotor m; Treibstoffabrik f; Benzinkanne f; Benzinlampe f; ~noměr m (2a) Benzinuhr f; ~nový Benzin-; s. stanice.
beran m (1) Zo. Widder m; hist. Mauerbrecher m; Ramme f; Tech. Rammbär m; iron. Dickschädel m.
berán|čí Lamm(s)-, Schaf-; F ~ trpělivost Engelsgeduld f; vlk v roušce ~ Wolf im Schafspelz; ~ek m (1a; -nk-) Lamm n, F Lämmchen n; Lammfell n; Schafpelz m; iron. Sündenbock m; Boží ~ Rel. Lamm Gottes; ~nky Pl. (2b) a. Schäfchenwolken f/pl.
beran|í Widder-; ~ice f (2a) Lammfellmütze f, Pelzmütze f; ~idlo n (1a; -del) Ramme f, Fall-, Schlagwerk n; ~ina f (1) Hammelfleisch n; P Dummheit f; ~it ⟨za-⟩ (ein-)ránnen.
beránkový s. beránčí. [rammen.]
bérc|e n (2) Unterschenkel m, Schienbein n; ~ový Unterschenkel-.

berdo: F *dát si* ~ *sich e-n schönen Tag machen.*
berla *f (1a; -rel)* Krücke *f;* Hirtenod. Bischofsstab *m;* chodit *o -lách an Krücken gehen.*
Berlí|n *m (2; 2. -a)* Berlin *n;* **~ňan** *m (1; -é),* **~ňanka** *f (1c; -nek)* Berliner(in *f) m;* **2nský** Berliner *(Adj.).*
bernardýn *m (1)* Bernhardiner *m.*
berní *1.* Steuer-, Finanz-; *2. m (Adj. 4)* Steuereinnehmer *m.*
berný: *fig. brát za -nou minci für bare Münze nehmen.*
Beroun *m (2; 2. -a): fig.* P *být od* ~*a lange Finger machen.*
beru *s. brát;* **~nka** *f (1c; -nek)* P Marienkäfer *m;* Johanniskäfer *m;* Mauerassel *f; a.* = **~ška** *f (1c; -šek)* Schäfchen *n (Wolke, Koseworth).*
běs *m (1)* böser Geist *m;* F ~ *ho posedl* er wurde vom Teufel geritten.
besed|a *f (1)* Gespräch *n,* Unterhaltung *f,* F Schwätzchen *n;* gemütliches Beisammensein *n;* geselliger Kreis *m,* † Verein *m;* Vereinshaus *n;* † Bauernstube *f;* „Beseda" *(tschech. Volkstanz);* Plauderei *f;* **~ní** Unterhaltungs-, **~ník** *m (1a)* Gesellschafter *m;* Gesprächspartner *m;* **~ovat** ⟨*po- si*⟩ *(-duji)* sich unterhalten, F plaudern.
besídk|a *f (1c; -dek) s.* beseda; Gartenlaube *f;* Kindernachmittag *m;* † *a.* Feuilleton *n;* **~ář** *m (3)* Feuilletonist *m.*
beskydský Beskiden-.
běsn|it ⟨*roz- se, z-*⟩ toben, wüten; **~ivý** wild, rasend.
besti|alita [-tia-] *f (1),* **~álnost** *f (4)* Bestialität *f;* **~ální** bestialisch.
Betlém *m (2; 2. -a)* Bethlehem *n;* 2 Weihnachtskrippe *f;* 2ský Bethlehems-.
beton *m (2; 6. -u/-ě)* Beton *m;* P *má to na* ~ die Sache ist ganz sicher; **~árna** *f (1; -ren)* Betonwerk *n;* **~ář** *m (3)* Betonarbeiter *m;* **~ka** P *f (1c; -nek)* Betonstraße *f;* Betonmischmaschine *f;* **~ovat** ⟨*vy-, za-*⟩ *(-nuji)* betonieren; ~ový Beton-.
bez¹ *m (2a)* Holunder *m;* Flieder *m.*
bez², **~e** *1. Prp. (mit 2. Fall)* ohne *(A);* ~ *všeho* ohne weiteres; ~ *žertu* Spaß beiseite; *být* ~ *sebe* sich sein; *2.* -los; -frei; ~ *bolesti* schmerzlos, -frei; ~ *dluhů* schuldenfrei; ~ *počtu* zahllos, unge-

zählt; ~ *práce* arbeitslos; ~ *rodičů* elternlos; ~*e starosti* sorgenlos, -frei; *3.* ~ *meškání,* ~ *prodlení* unverzüglich; ~ *přestání* ununterbrochen, unaufhörlich; *4. Math.* weniger, minus; *čtyři* ~ *dvou* vier weniger zwei; *5.* bez(e)- *als Vorsilbe:* -los(igkeit); un-, Un-.
bez|alkoholní alkoholfrei; **~atomový** atom(waffen)frei; **~barvý** farblos *(a. fig.);* **~bolestný** schmerzlos.
bezbožn|ice *f (2a),* **~ík** *m (1a)* Gottlose(r); **~ost** *f (4)* Gottlosigkeit *f;* Ruchlosigkeit *f;* **~ý** gottlos; ruchlos.
bez|bradý bartlos; **~brankový** *Sp.* torlos; **~brannost** *f (4)* Wehrlosigkeit *f;* **~branný** waffenlos, unbewaffnet; wehrlos; **~celný** zollfrei; **~cenný** wertlos; **~cestí** *n (3)* unwegsame Gegend; Unwegsamkeit *f; fig.* Ausweglosigkeit *f;* Irrwege *m|pl.;* **~cestný** unwegsam; **~citnost** *f (4)* Gefühllosigkeit *f;* Unempfindlichkeit *f;* **~citný** gefühllos; unempfindlich (k č-u gegen *A*); **~četný** *s.* nesčíslný; **~děčný,** **~děky** *Adv.* unwillkürlich; **~dechý** atemlos; **~deští** *n (3)* Dürre *f;* **~dětnost** *f (4)* Kinderlosigkeit *f;* **~dětný** kinderlos; **~domek** *m (1a; -mk-),* **~domka** *f (1c; -mek)* Obdachlose(r); **~domek** *m (3; -vc-) s.* bezdomek; *Jur.* Staatenlose(r); **~dom(ovn)ý** obdachlos, heimatlos; **~drátový** drahtlos; **~dřevý** holzfrei; **~duchý** leblos; seelen-, herzlos; geistlos; **~důvodný** unbegründet, grundlos; **~dýmný** rauchlos, -frei.
beze|ctnost *f (4)* Ehrlosigkeit *f;* **~ctný** ehrlos; schändlich; **~dný** grund-, bodenlos, abgrundtief; **~jmenný** namenlos; **~lstný** arglos, harmlos; **~skvrnný** *lit.* unbefleckt; makellos; **~slov(n)ý** wortlos; **~slunný** sonnenlos, ohne Sonnenschein; **~smluvní** vertraglos; **~snost** *f (4)* Schlaflosigkeit *f;* **~sný** schlaflos; **~sporný** *lit. s.* nesporný; **~srážkový** niederschlagsfrei; **~stopý** spurlos; **~švý** nahtlos; **~zvučný,** **~zvuký** lautlos; klanglos, tonlos.
bez|foremný *s.* neforemný; **~hlas(n)ý** laut-, geräuschlos; stimmlos; **~hlavý** kopflos; **~hlučný** geräuschlos, -arm; **~horečný** fieberfrei;

bezhvězdný 28

~hvězdný sternlos; ~**charakterní** charakterlos; unausgeprägt; ~**ideovost** *f* (4) Ideenlosigkeit *f*; ~**iluzívní** ohne Illusionen.

bezink|a *f* (*1c*; *-nek*) Holunder (-strauch) *m*; *mst Pl. -ky* Holunderbeeren *f*/*pl.*; ~**ový** Holunder-; *-vá duše* Holundermark *n*.

bez|jaderný, ~**jádrý** kernlos; ~**kolejný**, ~**kolejový** schienenlos, nicht schienengebunden; ~**konfes(ij)ní** konfessionslos; ~**konkurenční** konkurrenzlos; ~**kontrolní** unkontrolliert; ~**kořenný** wurzellos; ~**královí** *n* (3) Interregnum *n*; ~**křídlý** flügellos; ~**květ(n)ý** blütenlos; ~**lesk|ý** glanzlos; ~**les(n)ý** waldlos; ~**lidný** menschenleer; unbewohnt; ~**list(n)ý** blattlos; ~**litostný** unbarmherzig, erbarmungslos; ~**mála** *Adv.* beinahe, fast, ~**masý** fleischlos; ~**měsíčný** mondlos; ~**mezný** grenzenlos; ~**mocný** machtlos; kraftlos; ~**motorový** motorlos; ~**mračný**, ~**mraký** wolkenlos, -frei; ~**myšlenkov(it)ý** gedankenlos; ~**naděj(e)** *f* (2) Hoffnungslosigkeit *f*; ~**nadějný** hoffnungslos; ~**nohý** beinlos, ohne Beine; ~**oblačný** wolkenlos; ~**obratlý** wirbellos; ~**obsažný** inhalt(s)los, leer; ~**ocasý** schwanzlos; ~**odkladný** unaufschiebbar, dringend; ~**ohledný** rücksichtslos; ~**oký** ohne Augen, blind; ~**ostýsný** schamlos; unverfroren.

bezový Holunder-.

bezpáteřn|ík *m* (*1a*) Mensch *m* ohne Rückgrat, Opportunist *m*; ~**ý** *Zo.* wirbellos.

bezpeč|í *n* (3) Sicherheit *f*; Geborgenheit *f*; *přivést do* ~ in Sicherheit bringen; *v* ~ sicher, geborgen; ~**it** ⟨*u-, za-*⟩ (ab)sichern, schützen; *s. jistit, ujišťovat*; ~ *se sich verlassen* (*na k-o, co auf A*); ~**nost** *f* (4) Sicherheit *f*; ~ *dopravy* Verkehrssicherheit; ~ *proti lomu* (*od. přetržení, prasknutí*) Bruchsicherheit; Veřejná ~ Staatssicherheitsdienst *m*; *Rada* ~*i* Sicherheitsrat *m* (UNO); ~**nostní** Sicherheits-; ~**ný** sicher; Sicherheits-; *požárně* ~ feuersicher; *-čen svým životem* seines Lebens sicher.

bez|peněžní bargeldlos; ~**plánovitý** planlos; ~**platný** unentgeltlich, frei, kostenlos; *Mitarbeiter a.:* ehrenamtlich; *-ně Adv. a.* gratis; ~**plod(n)ý** unfruchtbar.

bez|počet *m* (*2a*; *-čt-*) Unmenge *f*, Unzahl *f*; ~**počtukrát** *Adv.* mehrmals, unzähligemal, unzählige Male; ~**podmínečný** bedingungslos; ~**podstatný** grund-, haltlos; ~**pochyby** *Adv.* zweifellos, sicher; wohl, vermutlich; ~**poruchový** störungsfrei; ~**prašný** staubfrei.

bezpráv|í *n* (3) Gesetzlosigkeit *f*; Unrecht *n*; ~**nost** *f* (4) Rechtlosigkeit *f*; Gesetzwidrigkeit *f*, Widerrechtlichkeit *f*; ~**ný** widerrechtlich, gesetzwidrig; rechtlos.

bez|proměnný unveränderlich; ~**prostřední** unmittelbar, direkt; ~**předmětný** gegenstandslos; ~**příkladný** beispiellos; ~**příplatkový** zuschlagfrei; ~**přízvučný** *Gr.* unbetont; ~**radnost** *f* (4) Ratlosigkeit *f*; ~**radný** rat-, hilflos; ~**rodý**: *-dé zájmeno Gr.* persönliches Fürwort, Personalpronomen *n*; ~**rohý** (*1 Pl. -zi*) Vieh: hornlos; ~**ruký** armlos, ohne Arme; F unbeholfen; ~**sluneční**, ~**slunný** *s. bezeslunný*; ~**starostný** sorglos, unbekümmert; ~**stoudný** schamlos.

bez|tak *Adv.* ohnedies, -hin, sowieso; ~**taktní** taktlos; ~**taktnost** *f* (4) Taktlosigkeit *f*; ~**tíže** *f* (2) Schwerelosigkeit *f*; ~**tížný** schwerelos; ~**toho** *s. beztak*; ~**trestnost** *f* (4) Straflosigkeit *f*, -freiheit *f*; ~**trestný** straflos, -frei; ~**třídní** klassenlos; ~**třískový** *Tech.* spanlos; ~**tvárný**, ~**tvarý** formlos, amorph; *fig.* unausgeprägt, unbestimmt; ~**účastný** unbeteiligt; teilnahmslos; ~**účelnost** *f* (4) Zwecklosigkeit *f*; ~**účelný** zwecklos; ~**úhonný** unbescholten; ~**uchý** ohne Ohr(en); *Topf:* henkellos; ~**úplatný** kostenlos; ~**úročný** zinsfrei; ~**úspěšný** erfolglos, vergeblich; ~**útěšný** untröstlich; trostlos; ~**uzdnost** *f* (4) Zügellosigkeit *f*; ~**uzdný** *Pferd:* ohne Zügel; *fig.* zügellos, ungezügelt; ~**vadný** tadellos; ~**vědomí** *n* (3) Bewußtlosigkeit *f*; ~**vědomý** bewußtlos; ~**věrec** *m* (*3*; *-rc-*) Ungläubige(r) *m*; Konfessionslose(r) *m*; ~**větří** *n* (3) Windstille *f*; ~**vládí** *n* (3) Anarchie *f*; ~**vládnost** *f* (4) Regungslosigkeit *f*; *fig.* schlaff; ~**vlasý** unbe-

biřmovat

haart, haarlos; ~vodý wasserlos, ohne Wasser; *Chem.* wasserfrei; ~vousý bartlos; ~výhledný aussichtslos; ~výhradní vorbehaltlos; ~východní ausweglos; ~výjimečný ausnahmslos, ohne Ausnahme; ~výrazný ausdruckslos; ~výsledný erfolg-, ergebnislos; ~významný bedeutungslos; ~zákonný gesetzlos; ~zásadový prinzipienlos, ohne feste Grundsätze; ~zemek *m* (*1a*; -*mk*-) landloser Bauer *m*; ~zubý zahnlos; ~životní *n* (*3*) *lit.* Leblosigkeit *f*.

béž F (*indekl.*) s. béžový.

běžec *m* (*3*; -*žc*-) Läufer *m*; *Zo.* Laufvogel *m*; ~ na dlouhé tratě *Sp.* Langstreckenläufer *m*; ~ký *Sp.* Lauf-.

běž|enec *m* (*3*; -*nc*-) Flüchtling *m*, *Pol.* Emigrant *m*; ~et ⟨po-⟩ laufen; rennen, eilen; *Zeit, Arbeit:* verlaufen; ~ *cvalem* galoppieren; ~ *klusem* traben; ~ *pro* k-o schnell j-n holen (gehen); *běží o co* es handelt sich (*od.* geht) um (*A*); ~ící laufend; ~ *lhůta* offene Frist *f*; *výroba na* ~m *pásu* Fließbandproduktion *f*; ~ka *f* (*1c*; -*žek*) *Sp.* Langlaufski *m*; ~kyně *f* (*2b*) Läuferin *f*; ~mo *Adv.* im Laufen, schnell; ~ný üblich, geläufig; gängig; *Jahr, Ausgaben:* laufend; *Zahl:* fortlaufend; ~ *účet* Kontokorrent *n*.

béžový beige(farben).

bibl|e *f* (*2*) Bibel *f*; ~ický biblisch, Bibel-.

biblio|filský bibliophil; ~grafický bibliographisch.

bicí Schlag-; ~ *nástroje* *Mus.* Schlagzeug *n*.

bicykl *m* (*2a*) Zweirad *n*.

bič *m* (*4*) Peitsche *f*; *fig.* Geißel *f*; F *jakoby* ~m mrskal wie am Schnürchen, wie geschmiert; ~ík *m* (*2b*) (kleine) Peitsche *f*; *jezdecký* ~ Reitgerte *f*, -peitsche; ~ *na psa* Hundepeitsche; ~íkovec *m* (*3*; -*vc*-) *Zo.* Geißeltierchen *n*; ~iště *n* (*2a*) Peitschenstiel *m*; ~ování *n* (*3*) Geißelung *f*; ~ovat ⟨u-, z-⟩ -*čuji* (aus)peitschen; geißeln; ~ovitý peitschenförmig.

bíd|a *f* (*2*) Not *f*, Elend *n*; Drangsal *f*, Jammer *m*; ~ *o co* Not (*od.* Mangel) an (*D*); *snášet* (*od. zakoušet*) -*du* Not leiden; *třít* -*du* darben; *Trübsal* blasen; ~ácký niederträchtig, erbärmlich; ~áctví *n* (*3*) Niederträchtigkeit *f*, Schurkerei *f*; ~áček *m* (*1a*; -*čk*-) armer Teufel *m od.* Tropf *m*; ~áčka *f* (*1c*; -*ček*) (elende) Schurkin *f*, Schuftin *f*; ~ák *m* (*1a*) (elender) Schuft *m*, Schurke *m*, Lump *m*; F Habenichts *m*; *s. a. bídáček*.

bid|élko *n* (*1b*; *6. -kách*) kleine Stange *f*; ~lo *n* (*1a*; -*del*) Stange *f*; (*Brunnen-*)Schöpfstange; F *fig.* Bohnenstange.

bíd|nice *f* (*2a*), ~ník *m* (*1a*) *s.* bídačka, bídák; ~ný elend, armselig; *s.* bídácký; ~ *hříšník* armer Sünder *m*.

bidon *m* (*2a*) Benzinkanister *m*.

biftek *m* (*2b*) Beefsteak *n*.

biják *m* 1. P (*1a*) Schläger *m*, Rowdy *m*; 2. (*2b*) (*Dresch-*)Flegel *m*; Schlegel *m*, Klöppel *m*; 3. P (*2b*) Kintopp *m*. [tron *n*.)

bikarbonát *m* (*2a*): ~ *sodný* Na-)

bikinky F *f/pl.* (*1c*; -*nek*) Bikini *m*.

bilan|ce *f* (*2*) Bilanz *f*, ~ční Bilanz-.

bíl|ek *m* (*2b*; -*lk*-) Eiweiß *n*; ~ení *n* (*3*) Weißen *n*; (*Wäsche-*)Bleichen *n*.

biletář F *m* (*3*), ~ka *f* (*1c*; -*řek*) Platzanweiser(in *f*) *m*.

biliár *m* (*2a*) Billard *n*; ~ový Billard-.

bílicí Bleich-.

bílinka F *f* (*1c*) Biliner Mineralwasser *n*.

bilión [-o:-] *m* (*2a*) Billion *f*.

bílit ⟨na-, o-, po-, pře-, vy-, za-⟩ weißen, tünchen; *Wäsche* bleichen; F *fig.* säubern; plündern.

bílkov|ina *f* (*1*) Eiweißstoff *m*; ~itý eiweißhaltig; ~ý Eiweiß-; Ei(er)-.

bílý (*Komp.* bělejší) weiß; ~ *den* heller Tag; *to je na -le dni* das ist sonnenklar; ~ *jako sníh* schneeweiß; *s. Rus, sobota.*

binovačka *f* (*1c*; -*ček*) Osterrute *f*.

bio F *n* (*1*; *6.* -*u*) Kino *n*; ~graf¹ *m* (*1*; -*ové*) Biograph *m*; ~graf² *m* (*2a*) Kino *n*, Lichtspielhaus *n*; ~grafie *f* (*2*) Biographie *f*; ~log *m* (*1*; -*ové*, *6 Pl.* -*zích*) Biologe *m*; ~logický biologisch.

-bírat *in Zssgn iter. v.* brát, *z. B.* dobírat.

biřic *m* (*3*) Büttel *m*, Scherge *m*.

biřmov|ací Firm-, ~anec *m* (*3*; -*nc*-), ~anka *f* (*1c*; -*nek*) *Rel.* Firmling *m*; ~ání *n* (*3*) *Rel.* Firmung *f*; ~at ⟨o-⟩ (-*muji*) firmen; F verdreschen.

biskup

biskup¹ m (2a; 2. -a) (Vogel-) Bürzel m; (Hühner-)Steiß m.
biskup² m (1; -ové) Bischof m; světící ~ Weihbischof; ~ský bischöflich, Bischofs-; ~ství n (3) Bischofswürde f; Bistum n.
bison m s. bizon.
bitevní Schlacht-, Kampf-; ~ čára Gefechtslinie f.
bít ⟨po-, z-⟩ (biji, bil, bit) schlagen, F hauen; pochen, klopfen; Karte stechen; ~ do č-o, k-o auf et., j-s in ein-, losschlagen; ~ na poplach Alarm (od. Lärm) schlagen; ~ na co, k-o anspielen auf (A); ~ do očí ins Auge fallen, stechen; hrom bije der Donner rollt, es donnert; ~ se ⟨pro-, u-, za-⟩ sich schlagen, kämpfen; Farben: sich beißen; ~ se v prsa sich an die Brust schlagen.
bit|í n (3) Schlagen n; Schläge m/pl., Prügel m/pl.; ~ka f (1c; -tek) Schlägerei f; ~va f (1; -tev) Schlacht f; svést -vu eine Schlacht liefern; ~ý geschlagen.
bizon m (1) Zo. Bison m, Büffel m.
bižutérie f (2) Schmuckwarengeschäft n; ⟨Mode-⟩Schmuck m.
bláboleni n (3) Geschwätz n, Gefasel n; Lallen n; ~it ⟨na-, vy-, za-⟩ faseln, phantasieren; lallen; ⟨~⟩ páté přes deváté dummes Zeug reden.
blaf (2a) Quatsch m; V Fraß m; ~al V m (1) Schwätzer m; ~at ⟨vy-⟩, ~nout pf. bellen; P fig. anschnauzen (na k-o/A); quatschen.
blaho n (1b) Wohl n, Heil n; Wohlfahrt f; obecné ~ Gemeinwohl n, -nutz m; veřejné ~ öffentliche Wohlfahrt f; ~byt m (2a) Wohlstand m; ~bytný wohlhabend; ~dárný segensreich; wohltuend; ~přání n (3) Glückwunsch m; ~přát (-přeji) (k-u) j-m Glück wünschen, j-n (od. si sich) beglückwünschen (k č-u zu); ~přejný Glückwunsch-; ~rodí: † Vaše ⚥! Euer Wohlgeboren!; ~řečit (k-u) Gott, Schicksal preisen, segnen; Rel. (k-o) seligsprechen; ~sklonnost f (4) Gewogenheit f; Herablassung f; ~sklonný wohlwollend, wohlgeneigt; ~slavenec m (3; -nc-) Selige(r) m, Seliggesprochene(r) m; ~slavenství n (3) (Glück-)Seligkeit f; ~slavený (glück)selig; selig(gesprochen);

prohlášení n za -ného Seligsprechung f; ~slavit s. blahořečit.
blahost f (4) Glückseligkeit f.
bláhovec F m (3; -vc-) Dummerjan m, dummer Kerl m, Esel m.
blaho|věst † 1. m (1) Glaubensbote m, Apostel m; 2. f (4) frohe Botschaft f; Evangelium n; ~vičník m (2b) Eukalyptus m; ~volnost f (4) s. blahovůle; ~volný wohlwollend.
bláhovost f (4) Albernheit f, Torheit f.
blahovůle f (2) Wohlwollen n.
bláhový töricht, närrisch; -vá naděje eitle Hoffnung.
blahý (blazí, Adv. blaze, Komp. blažší) (glück)selig; Adv. a. wohl; -hé paměti seligen Angedenkens; ~ pocit Wohlgefühl n.
blam|áž F f (3) Blamage f; ~ovat (im)pf. ⟨z-⟩ (-muji) blamieren (se sich).
blána f (2; blan; 7 Sg., 3, 6, 7 Pl. a. blan-) Haut f, Häutchen n; Membrane f; buněčná ~ Zellwand f; mozková ~ Hirnhaut; panenská ~ Jungfernhäutchen; příčná ~ Zwerchfell n; rozmnožovací ⟨Wachs-⟩Matrize f.
blan|itý hautförmig, häutig; ~ka f (1c; -nek) Dim. zu blána; (Oberflächen-)Film m.
blanket m (2a) Vordruck m.
blankyt m (2a) lit. Azur m, Himmelsbläue f; fig. Firmament n; ~ný azur-, himmelblau.
blanokřídlí m/pl. (Adj. 1) Zo. Hautflügler m/pl.
bla|ta n/pl. (1; blat) Sumpfland n, Moor n; Marschland n; ⚥ n/pl. Spreewald m; Blata pl. (Landschaft in Südböhmen); ~ťák m (1a) Sumpfgebietsbewohner m; ⚥ Spreewälder m, Niedersorbe m; ~ťenský: -ké jezero Plattensee m; ~tivý kotig, schlammig; ~tník m (2b) Kotflügel m.
bláto n (1) ⟨Straßen-⟩Kot m, Schlamm m, P Dreck m; z -ta do louže vom Regen in die Traufe.
blatošlap m (1; Pl. -i/-ové) Herumtreiber m, Landstreicher m.
blatouch m (2b) (Sumpf-)Dotterblume f.
blaze s. blahý.
bláz|en m (1; -zn-) Narr m; Irre(r) m, Verrückte(r) m (a. fig.); jako ~ wie ein Verrückte(r); dělat ze sebe

blouznílek

-zna sich zum Narren machen; mít k-o za (od. tropit si z k-o) -zna j-n zum besten (od. zum Narren) halten; být ~ do k-o in j-n vernarrt sein; ty jsi ~! du bist (ja) verrückt!; ~inec m (4; -nc-) Irrenanstalt f, -haus n (a. fig.); ~inek F m (1; -nk-) Dummerjan m, Dummchen n; ~nit ⟨po-, roz- se, za- si, z-⟩ verrückt, närrisch sein od. werden, P spinnen; ~ po kom, čem verrückt sein nach (D); F ~ k-o i-n närrisch machen; co blázníš? bist du verrückt?; ~nivec † m (3; -vc-) s. blázen; ~nivost f (4) Verrücktheit f, Wahnsinn m; ~nivý verrückt, wahnsinnig, ~novský närrisch, verrückt, toll; -ká čepice Narrenkappe f; ~novství n (3) Narrheit f, Verrücktheit f.

blažen|ost f (4) (Glück-)Seligkeit f; ~ý (glück)selig.

blaži|t ⟨o-⟩ beglücken; ~vý beglückend, beseligend.

blb m (1), ~ec m (3; -bc-) Trottel m, Tölpel m, Idiot m; ~nout ⟨o-, z-⟩ verblöden; neblbni! rede (od. mach) k-n Unsinn!; ~ost f (4) Blödsinn m; ~oun m (1) Blödling m, blöder Kerl m; s. blb; ~ý blöd(sinnig), idiotisch.

bledě- in Zssgn blaß-, schwach-.

bled|nička f (1c; -ček) Bleichsucht f; ~nout ⟨vy-, z-⟩ (-dl) blaß (od. bleich) werden; fig. verblassen, Farben: verschießen; ~o- in Zssgn blaß-; ~oličí bleichwangig; ~ost f (4) Blässe f; ~ule f (2) Knotenblume f; ~ý blaß, bleich; ~ na smrt totenbleich; F je to s ním -dé es steht schlimm mit ihm.

blecha f (1b) Floh m; ~atý voll Flöhe.

blejno n (1; -jen) Min. Blende f.

blekot m (2a) Blöken n; Meckern n; Blubbern n; ~at ⟨za-⟩ blöken; meckern; blubbern.

blept m (2a): mst Pl. ~y Geschwätz n; ~at ⟨pro-, vy-, za-⟩ stammeln, lallen; F ⟨na-, roz-⟩ quatschen, quasseln.

blesk m (2b) Blitz m; Glanz m; ~em blitzschnell; ~nout pf., pro- ⟨se⟩, za- ⟨se⟩ (-kl) (auf)blitzen (a. fig.); aufleuchten; ~osvod m (2; 6. -u/-ě) Blitzableiter m; ~ot m (2a) Glitzern n, Funkeln n; ~ovka f (1c; -vek) Fot. Blitzlicht n; Blitzleuchte f;

(Schach-)Blitzturnier n; F Glatze f; ~ový Blitz-; ~urychlý blitzschnell.

bleš|í Floh-; ~ trh Flohmarkt m; ~ka f (1c; -šek) Floh m.

blik|ač m (4) Blinkleuchte f, F Blinker m; ~adlo n (1a; -del) Funzel f; s. blikač; ~ání n (3) Blinken n; Blinzeln n; Flackern n; ~at ⟨za-⟩, ~nout pf., za- (-kl) blinken; blinzeln; flackern; ~avý flackernd; blinkend, Blink-.

blín m (2a) Bilsenkraut n.

blít V ⟨po-, vy-⟩ (bliji, blil) kotzen.

blivanina V f (1) Fraß m.

blíz|ce, ~ko¹ Adv. (Komp. blíž[e]) nahe, in der Nähe; ~ko² Prp. (mit 2. Fall) unweit, nahe (G); ~ko³ n (1b), ~kost f (4) Nähe f; ~ký (Adv. -ko/-ce; Komp. bližší) nahe; být blízek (č-o, [k] č-u) nahe daran sein (zu), nicht weit entfernt sein (von); být blízek mdlobě e-r Ohnmacht nahe sein.

blizna f (1; -zen) Bot. Narbe f.

blizou|čký F (Adv. -o), ~nký (Adv. -o, -nce) ganz nahe, nächst(liegend), kürzest-.

bliž(e) Adv. näher.

blíženec m (3; -nc-) Zwilling(sbruder) m; ~ka f (1c; -nek) Zwillingsschwester f.

blížit se ⟨při-⟩ sich nähern; näher kommen; anrücken, im Anzug sein; Gefahr, Nacht usw.: nahen; ⟨s-⟩ fig. sich näherkommen; blíží se k poledni es geht auf den Mittag zu.

bliž|ní m (Adj. 4) Nächste(r) m; ~ší näher; dozvědět se něco ~ho etwas Näheres erfahren.

blok m (2b) Block m; ~áda f (1) Blockade f.

blokov|ací Sperr-; ~at (im)pf. ⟨za-⟩ ⟨-kuji⟩ blockieren; F Block-.

blon|d (indekl.) blond(haarig, -lockig); ~ďačka f (1c; -ček) s. blondýnka; ~ďák m (1a), ~ďýn m (1) Blonde(r) m, (Kind) Blondkopf m; ~ďýnka f (1c; -nek) Blondine f.

bloud m (1), Dim. ~eček m (1a; -čk-) Narr m, Tor m; ~it ⟨po-, z-, za-⟩ (umher)irren; sich verirren; fig. (sich) irren; Gedanken, Blick schweifen lassen; ~ivý (umher)irrend, schweifend; irrig, Irr-; ~ nerv Anat. Vagus m.

blouzn|ění n (3) (Fieber-)Wahn m, Phantasie f; Schwärmerei f; ~ílek

blouznit

m (1a; -lk-) s. blouznivec; **~it** ⟨po-, za-⟩ irrereden, phantasieren; F ~ o čem schwärmen von et.; **~ivec** *m* (3; -vc-) Schwärmer *m*, Phantast *m*; **~ivost** *f* (4) Schwärmerei *f*, Träumerei *f*; **~ivý** schwärmerisch, träumerisch.

blud *m* (2a) Irrtum *m*; Irrlehre *f*; *uvést do ~u* in die Irre führen, irreleiten; **~ař** *m* (3), **~ařka** (1c; -řek) Irrgläubige(r) *f od. m*, Ketzer(in *f*) *m*; **~ařský** irrgläubig, ketzerisch; **~ařství** *n* (3) Irrglaube *m*; **~ička** *f* (1c; -ček) Irrlicht *n*; V *s. nevěstka*; **~iště** *n* (2a) Irrgarten *m*, Labyrinth *n*; **~ný** irrig, Irr-; irrgläubig; verirrt; (umher)irrend; *~ rytíř* fahrender Ritter; *~ kruh* Circulus vitiosus *m*; *~ balvan* erratischer Block.

bluma *f* (1) (große runde) Pflaume *f*; F Dummkopf *m*.

blůza *f* (1a) Bluse *f*.

blýsk|ač *m* (4) (*Angler*-)Blinker *m*; **~ání** *n* (3) Blitzen *n*; *~ na časy s. blýskavice*; **~at** (se) ⟨za- (se)⟩ blitzen; *fig. a.* glitzern, funkeln, glänzen, schimmern; *~ se čím* mit et. prahlen, protzen; *~ká se es blitzt*; **~avice** *f* (2a) Wetterleuchten *n*; **~avý** glänzend, schimmernd; **~nout** (se) *pf.*, za- (se) ⟨-kl⟩ (auf)blitzen; *s. blýskat*; **~ot** *m* (2a) *s. blýskání*; Glanz *m*; **~otka** *f* (1c; -tek) Flitter *m*, Glitzerschmuck *m*.

blyštět se ⟨za-⟩ glänzen; *s. blýskat*.

bob *m* (2a) 1. Bohne *f*; *vlčí ~* Lupine *f*; 2. Sp. Bob *m*; **~ek** *m* (2b; -bk-) Kügelchen *n*; † Lorbeer *m*; Sp. Hocke *f*; **~bky** Pl. (*Hasen*-, *Ziegen*-) Kot *m*; *seděť na ~bku* hocken, kauern; *Hase*: Männchen machen; **~ista** *m* (5a) Sp. Bobfahrer *m*; **~kový**: *~ list* Lorbeerblatt *n*; **~ový** Bohnen-; Sp. Bob-.

bob|r *m* (1; -ři) Biber *m*; **~rovice** *f* (2a) Biberfellmütze *f*; **~rový**, **~ří** Biber-.

bobtnat ⟨na-, z-⟩ quellen; (an)schwellen.

bobul|e *f* (2) Beere *f*; **~oviny** *f/pl.* (1) Beerenobst *n*; **~ovitý** beerenartig; **~ový** Beeren-.

boč|itý krumm; **~ní** Seiten-, seitlich; Flanken-; **~nice** *f* (2a) Seitenwand *f*, Seite(nteil *n*) *f*.

bod *m* (2a) Punkt *m*; *~ varu, mrazu* Siede-, Gefrierpunkt *m*; *~ za ~em* Punkt für Punkt; *vyhrát na ~y* Sp. nach Punkten siegen; *s. bodnutí*; **~ák** *m* (2b) Seitengewehr *n*, Bajonett *n*; **~ákový** Bajonett-.

bodalka *f* (1c; -lek) Stechfliege *f*.

Bodamské jezero *n* Bodensee *m*.

bod|at ⟨po-, z-, za-⟩ stechen; durchbohren (*a. fig.*); *~ koně ostruhami* dem Pferd die Sporen geben; **~avý** stechend; **~ec** *m* (4; -dc-) Spitze *f*; Stachel *m*.

bodej, **~ť**, **~ž** freilich, wohl, allerdings; **~ž** daß doch; *mit Verneinung*: warum denn nicht; *~ ž tě husa kopla!* scher dich zum Teufel!

bodl|áčí *n* (3) Disteln *f/pl.*; **~ák** *m* (2b) Distel *f*; **~ákovitý** distelartig; **~avý** stach(e)lig; **~ina** *f* (1) Stachel *m*, Dorn *m*; **~inatý** dornig, stach(e)lig; *s. o n* (1a; -del) *s. bodák*.

bod|nout *pf. s. bodat*; **~nutí** *n* (3) Stich *m*; **~ný** Stich-; *-ná zbraň*, *rána* Stichwaffe *f*, -wunde *f*.

bodov|ací: *~ systém* Sp. Punktsystem *n*; **~ání** *n* (3) Sp. Punktwertung *f*, Wertung *f* nach Punkten; **~at** ⟨o-, vy-⟩ (-*duji*) Sp. punkten, nach Punkten werten; **~ý** Punkt-.

bodr|ost *f* (4) Munterkeit *f*; Biederkeit *f*; **~ý** (*Adv.* -*ře*, *Komp.* -*dřejší*) munter; bieder, wacker; jovial.

bodyček *m* (2b) Sp. Aufhalten *n* mit dem Körper, „Bodycheck" *n*.

bahabojný gottesfürchtig.

boh|áč *m* (3) Reiche(r) *m*, reicher Mann; **~ačka** *f* (1c; -ček) Reiche *f*, reiche Frau.

bohaprázdn|ost *f* (4) Gottlosigkeit *f*; **~ý** gottlos.

bohat|ět ⟨z-⟩ (3 *Pl.* -*ějí*) s. bohatnout; **~it** ⟨o-⟩ (-*cen*) bereichern; **~nout** ⟨z-⟩ (-*tl*) reich werden; **~ost** *f* (4) Reichhaltigkeit *f*; *a.* = **~ství** *n* (3) Reichtum *m*; *přírodní ~* Bodenschätze *m/pl.*; **~ý** (*Komp.* -*ší*) reich, wohlhabend; reichhaltig; reich (*čím od. na* co an et.); **~ýr** *m* (1; -*ři*/-*rové*) Held *m*, Recke *m*.

bohdá! *Int.* so Gott will!, hoffentlich! [*f* (1) Bohème *f*.]

bohém *m* (1; -*ové*) Bohème *m*;]

boho|- *in Zssgn* Gott(es)-; **~člověk** *m* (*Sg.* 1a) *Rel.* Gottmensch *m*; **~rodička** *f* (1c; -*ček*) Mutter *f* Gottes; **~slovec** *m* (3; -*vc*-) Theologe *m*; **~sloví** *n* (3) Theologie *f*; **~služba** *f* (1; -*žeb*) Gottesdienst *m*; **~služebný** gottesdienstlich, Gottesdienst-.

bohu|dík(y) *Adv.* Gott sei Dank, gottlob; **~libý, ~milý** gottgefällig; **~žel** *Adv.* leider (Gottes), bedauerlicherweise.
bohyně *f* (2b) Göttin *f*.
boch|ánek *m* (2b; -nk-) (kleiner) Laib *m*; **~ník** *m* (2b) (Brot-)Laib *m*.
boj *m* (4) Kampf *m*; Bekämpfung *f*; ~ o život Daseinskampf; ~ proti hluku Lärmbekämpfung; pustit se do ~e den Kampf aufnehmen; připraven k ~i kampfbereit.
boják|nost *f* (4) Furchtsamkeit *f*; **~ný** furchtsam; schüchtern; scheu.
bóje *f* (2) *Mar.* Boje *f*.
bojelchtivý kampflustig, **~schopný** kampffähig.
bojím se *s. bát se.*
bojínek *m* (2b; -nk-) *Bot.* Lieschgras *n*.
bojiště *n* (2a) Schlachtfeld *n*, Kampfplatz *m*; Kriegsschauplatz *m*; ustoupit z ~a das Feld räumen.
bojkot *m* (2a) Boykott *m*; **~ovat** (-tuji) boykottieren.
bojler *m* (2a) Boiler *m*, Warmwasserbereiter *m*.
bojov|at ⟨pro-⟩ (-juji) kämpfen, streiten (za co für A; s kým, čím mit D; o co um A); ~ proti k-u, č-u a. bekämpfen (A); **~nice** *f* (2a), **~ník** *m* (1a) Kämpfer(in *f*) *m*; **~ný** **nost** *f* (4) Kampf(es)lust *f*; **~ný** kampflustig, kriegerisch; kämpferisch; a. = *š* Kampf-, Streit-.
bok *m* (2b) Seite *f*; Hüfte *f*; (Schiffs-)Bord *m*; Mil. Flanke *f*; po ~u an der Seite; ~em schräg, von der Seite; pravý ~ Steuerbord; levý ~ Backbord; vpravo (vlevo) v ~! rechts (links) um!; † z levého ~u unehelich.
boko|rys *m* (2; 6. -u/-e) Seitenansicht *f*; **~vka** *f* (1c; -vek) Hüftenhalter *m*; **~vý** Seiten-, Flanken-.
bol *m* (2a) Schmerz *m*; **~ák** *m* (2b) Geschwür *n*; **~avý** schmerzend, weh; -vé místo wunder Punkt; **~ehlav** *m* (2a) *Bot.* Schierling *m*; **~ení** *n* (3) Schmerz *m*, Weh *n*; ~ zubů Zahnschmerzen *m*/*pl.*
bolest *f* (4) Schmerz *m*; křičet ~í vor Schmerz(en) schreien; **~ínský** wehleidig; **~ivý** schmerzhaft; *fig.* schmerzlich; **~né** *n* (*Adj.* 3) Schmerzensgeld *n*; **~ný** *s. bolestivý.*
bolet ⟨po-, roz- se, za-⟩ (3 Pl. *-ejí*) schmerzen, weh tun; bolí mě hlava der Kopf tut mir weh, ich habe Kopfschmerzen; bolí mě, že ... es schmerzt mich, daß ...
Bolívie *f* (2) Bolivien *n*.
bolný schmerzlich, schmerzerfüllt.
bolševický bolschewistisch.
bolševník *m* (2b) *Bot.* Bärenklaue *f*.
boltec *m* (4; -tc-) Ohrmuschel *f*.
bomba *f* (1) Bombe *f*; *s. puma.*
bombar|dák P *m* (2b) Bomber *m*; **~dér** *m* (2a) Bombenflugzeug *n*; **~ovací** Bomben-; **~ování** *n* (3) Bombardierung *f*; **~ovat** ⟨vy-, z-⟩ (-duji) bombardieren, F bomben.
bon *m* (2a) Bon *m*, Gutschein *m*.
bonbónka F *f* (1c; -nek) Bonbonfabrik *f*.
bonnský Bonner (*Adj.*).
bonz *m* (1 *od.* 3; -ové) Bonze *m*.
bor *m* (2a) Kiefern-, Föhrenwald *m*.
bór *m* (2a) *Chem.* Bor *n*.
borcení *n* (3) Werfen *n*, Verziehen *n* des Holzes.
bor|ec *m* (3; -rc-), **~kyně** *f* (2b) Sportler(in *f*) *m*, Turner(in *f*) *m*; *fig.* Kämpfer(in *f*) *m*.
bor|ek *m* (2b; -rk-) *Dim. zu bor*; **~ka** *f* (1c; -rek) P Kiefernzapfen *m*; (Baum-)Rinde *f*; Torfziegel *m*; **~oví** *n* (3) *s. bor*; **~ovice** *f* (2a) Kiefer *f*, Föhre *f*; **~ovička** *f* (1c; -ček) kleine Kiefer *f*; Wacholderbranntwein *m*; **~ovina** *f* (1) *s. borový*; **~ový** Kiefern-, Föhren-.
bórový *Chem.* Bor-.
bortit se ⟨pro-, vy-, z-⟩ (-cen) *Holz*: sich werfen; sich krümmen.
borův|čí *n* (3) Heidelbeergestrüpp *n*; **~ka** *f* (1c; -vek) Heidelbeere *f*, Blaubeere *f*; **~kový** Heidelbeer-.
boř|ení *n* (3) Zerstörung *n*, Demolierung *f*; **~icí** Zerstörungs-; **~itel** *m* (3; -é) Zerstörer *m*; **~it** ⟨pro-, z-, za-⟩ zerstören; *Haus* niederreißen, abreißen; ~ se einstürzen; *Eis*: einbrechen, ein-, versinken (v čem, do D); nachgeben; **~ivý** zerstörerisch.
bos, ~a, ~o *s. bosý.*
bos|enský bosnisch; **Ǯna** *f* (1) Bosnien *n*; **Ǯňák** *m* (1a), **Ǯňan** *m* (1; -é), **Ǯňačka** *f* (1c; -nek), **Ǯňačka** (1c; -ček) Bosnier(in *f*) *m*.
bosý barfuß, barfüßig; unbeschlagen; obout se na ~so die Schuhe auf den bloßen Fuß anziehen; **~ma nohama** mit bloßen Füßen.
bota *f* (1) Stiefel *m*; Schuh *m* (*a. Tech.*); F *fig.* Bock *m*; F *prásknout do bot* sich aus dem Staub machen;

botanický 34

teče mu do bot er ist in großer Not; znám ho jako své -ty ich kenne ihn wie meine Westentasche; *udělat -tu* e-n Bock schießen.

botanický [-ni-] botanisch.

botka *f* (*1c*; *-tek*) Stiefelette *f*; *Tech.* Schuh *m*.

boubel *m* (*4*) *Med.* Zyste *f*; *Zo.* Blasenwurm *m*; **~atý** pausbackig.

bouč|ek *m* (*2b*; *-čk-*) junge (*od.* kleine) Buche *f*; **~í** *n* (*3*) Buchenwäldchen *n*.

bouda *f* (*1*; *bud*) Bude *f*, Hütte *f*; Schuppen *m*; (*Gebirgs-*)Baude *f*; *psí* ~ Hundehütte; F *ušit* (*od. udělat*) *na k-o -du* j-n aufs Glatteis führen.

bouch|ačka *f* (*1c*; *-ček*) Knallbüchse *f*; F Schießprügel *m*, Knarre *f*; **~al** P *m* (*1*; *-ové*) schlechter Schütze *m*; **~ání** *n* (*3*) Poltern *n*, Krachen *n*; **~at** ⟨*na-, za-*⟩, **~nout** *pf.*, *za-* (*-chl*) schlagen; krachen; F ballern; ~ *dveřmi* die Tür zuschlagen; ~ *čím o zem et.* auf den Boden knallen; *rána -chla der* Schuß krachte; *-nout se o co* auf et. prallen; **~nutí** *n* (*3*) Knall *m*, Schuß *m* [(*Schwarzwild*).\
boukat se ⟨*o- se*⟩ *Jagdw.* rauschen *f*; *vgl.* bauka.]

boule *f* (*2*) Beule *f*.

boulit F ⟨*vy-* (*se*)⟩: ~ *oči od. očima* die Augen aufreißen, glotzen; ~ *na k-o* j-n anglotzen.

bour|ací Abriß-; **~ačka** *f* (*1c*; *-ček*) Abrißarbeiten *f/pl.*; **~ání** *n* (*3*) Abrißhaus *n*; F (*Auto-*)Zusammenstoß *m*; **~ák** F *m* (*2b*) Straßenkreuzer *m*; **~ání** *n* (*3*) Abriß *m*, Niederreißen *n*; **~at** ⟨*na-, od-, roz-, z-*⟩ *Gebäude* niederreißen, abreißen; *fig.* zerstören.

bourec *m* (*3*; *-rc-*) *Zo.*: ~ *morušový* Seidenspinner *m*.

bouř|e *f* (*2*) Gewitter *n*; Sturm *m*; *fig.* Aufruhr *m*, Tumult *m*; ~ *se blíží* ein Gewitter zieht auf; **~it** ⟨*za-*⟩ *v/i* donnern (*a. fig.*); tosen, brausen; *vor Wut* schäumen; *v/t Blut* in Wallung bringen; aufwiegeln; aufbringen (*proti k-u gegen A*); ~ *se* donnern; tosen, tosen; sich empören; **~ka** *f* (*1c*; *-řek*) Gewitter *n*; Sturm *m*; Unruhen *f/pl.*; steifer Hut *m*, F Melone *f*; **~kový** Gewitter-; **~livá(če)k** *m* (*1a*; [*-čk-*]) Sturmvogel *m*; F Heißsporn *m*; **~livý** stürmisch; *fig. a.* heftig, ungestüm; **~ný** stürmisch; *Beifall*: brausend; *Stimme*: donnernd.

box *m* (*2a*) Box *f*; *Sp.* Boxen *n*; **~er** *m* (*1*; *-ři*) *Sp.* Boxer *m*; (*2a*) Schlagring *m*; **~erský** Box-; **~ovat** ⟨*z-, za-*⟩ ⟨*-xuji*⟩ boxen.

bože! mein Gott!

božec *m* (*4*; *-žc-*) *Med.* Krämpfe *m/pl. bei Kindern*, Fraisen *m/pl.*

boží Gottes, Gottes-; ♀ *hod vánoční* Christtag *m*, erster Weihnachtsfeiertag *m*; ♀ *hod velikonoční* Ostersonntag *m*; ♀ *hod svatodušní* Pfingstsonntag *m*; ~ *muka* Kruzifix *n*, Marterl *n*; ♀ *tělo* Fronleichnam *m*.

bož|skost *f* (*4*) Göttlichkeit *f*; **~ský** (*Komp. božštější*) göttlich; **~ství** *n* (*3*) Göttlichkeit *f*; **~stvo** *n* (*1*; *-stev*) Gott(heit *f*) *m*; Götter *m/pl.*

brad|a *f* (*1*) Kinn *n*; Kinnbart *m*; Vollbart *m*; Schlüsselbart *m*; *Bot.* Bocksbart *m*; *dvojí* ~ Doppelkinn; *kozí* ~ Ziegenbart *m*; Spitzbart *m*; **~áč** *m* (*3*) bärtiger Mann *m*; **~atice** *f* (*2a*) Hellebarde *f*; **~atý** bärtig.

bradav|ice *f* (*2a*), **~ička** *f* (*1c*; *-ček*) *Med.* Warze *f*; **~ičnatý** voll Warzen; **~ka** *f* (*1c*; *-vek*) *Anat.* Warze *f*; *Zo. snovací* ~ Spinndrüse *f*; **~katý**, **~kovitý** warzenartig.

bradka *f* (*1c*; *-dek*) (*Kinn-*)Bärtchen *n*; *vgl.* brada.

bradl|o *n* (*1a*; *-del*) Felsklippe *f*; **~a** *n/pl. Sp.* Barren *m*.

-bradý *in Zssgn* -bärtig, *z. B. černobradý* schwarzbärtig.

brach F *m* (*1a*) Kamerad *m*, Bruder *m*; F *starý* ~ alter Knabe *m*; *milý ~u*! mein Lieber *od.* Bester!

brak *m* (*2b*) Ausschuß(ware *f*) *m*; Schund *m*; **~ovat** ⟨*vy-*⟩ ⟨*-kuji*⟩ auslesen, (aus)sortieren; F plündern; **~ovní** Ausschuß-; *a.* = **~ový** Schund-.

brambor *m* (*2a*; 6 Pl. *-ách*), **~a** *f* (*1d*) Kartoffel *f*; **~ačka** *f* (*1c*; *-ček*) Kartoffelsuppe *f*; **~ák** *m* (*2b*) Kartoffelpuffer *m*; **~ovina** *f* (*1*) Kartoffelkraut *n*; **~ovka** *f* (*1c*; *-vek*) *s.* bramboračka; **~ový** Kartoffel-.

brambor|ík *m* (*2b*) Alpenveilchen *n*; **~iště** *n* (*2a*) Kartoffelfeld *n*.

brána *f* (*1*; *bran*; 7 Sg., *3, 6, 7 Pl. a. bran-*) Tor *n*; Pforte *f*; *vítězná* ~ Triumphbogen *m*; *s. a.* brány.

branec *m* (*3*; *-nc-*) Wehrpflichtige(r) *m*, Rekrut *m*.

branění *n* (*3*) Verteidigung *f*.

braní *n* (*3*) (An-)Nehmen *n*, Annahme *f*; ~ *mzdy* Lohnbezug *m*.

Branibor|sko n (2b) (Mark) Brandenburg; ⟨s⟩ký brandenburgisch.
bránice f (2a) Anat. Zwerchfell n.
bránit ⟨o-, u-, za-⟩ verteidigen, (be)schützen (k-o proti č-u j-n gegen et.); ⟨č-u⟩ verhindern (A); vorbeugen, Einhalt gebieten (D); hindern (k-u v čem j-n an D); co vám v tom brání? was hindert Sie daran?; ~ se ⟨o-, u-⟩ (proti č-u, k-u) sich wehren, verteidigen (gegen A); sich schützen (gegen A); sich widersetzen (D), sich sträuben (gegen A).
brank|a f (1c, -nek) (Garten-)Tor n, Pforte f; Sp. Tor n; **~ář** m, **~ář** m (3) Torwart m; **~oviště** n (2a) Sp. Torraum m; **~ový** Sp. Tor-.
branný bewaffnet; Wehr-, Streit-; -ná moc Streitmacht f; -ná povinnost Wehrpflicht f.
brány f/pl. (1; bran; 3, 6, 7 a. bran-) Egge f.
branže f (2) Branche f; V fig. Pack n.
brašn|a f (1; -šen) (Hand-)Tasche f; **~ář** m (3) Täschner m.
brát ⟨na-, ode-, po-, u-, zabrat⟩ (beru, bral, brán) v/t nehmen; abwegnehmen; mitnehmen; (an)fassen; Medizin einnehmen; Ware, Lohn beziehen; Nutzen ziehen; Sold fassen; Ufer fortschwemmen; v/i Fisch: anbeißen; ~ všemi deseti mit vollen Händen nehmen; ~ na přísahu vereidigen; tichá voda břehy bere stille Wasser sind tief; pivo mu nebere das Bier schmeckt ihm gut; ~ do počtu, ~ v počet in Rechnung stellen; ~ na sebe tloušťku, dicker werden; ~ na sebe šaty Kleider anziehen; ~ na děvče e-m Mädchen nachschauen; ~ na dluh (úvěr) auf Borg (Kredit) nehmen; ~ na lehkou váhu auf die leichte Schulter nehmen; ~ v odpor bestreiten; ~ v úvahu in Erwägung ziehen, erwägen; ~ za ruku an der Hand fassen; ~ za slovo beim Wort nehmen; ~ za své umkommen; ~ zavděk vorliebnehmen (čím mit); ~ za zlé übelnehmen, verübeln; ~ za žert als Scherz auffassen; ~ si (jídlo) sich bedienen (beim Essen); berte si! greifen Sie zu!; ~ si něco k srdci sich et. zu Herzen nehmen; ~ si na mušku aufs Korn nehmen; ~ si za k-o vzor (příklad) sich j-n zum Vorbild nehmen; ~ si za záminku zum Vorwand nehmen; ~ si za ženu zur Frau nehmen; ~ se ⟨dobrat se⟩ sich begeben; sich verheiraten, einander heiraten; (oč) sich einsetzen, ereifern (für A); sich bemühen (um A); odkud se bereš? wo kommst du her?

bratr m (1; -ři; 5 Sg. -ře!) Bruder m; ~ a sestra Geschwister pl.; nevlastní ~ Stiefbruder; **~anec** m (3; -nc-) Vetter m; **~ovrah** m (1a) Brudermörder m; **~ovražda** f (1) Brudermord m; **~ský** (Adv. -y) brüderlich, Bruder-; **~ství** n (3) Brüderlichkeit f; Brüderschaft f; připíjet si na ~ Brüderschaft trinken; **~stvo** n (1; -tev) Bruderschaft f (a. Rel.); Gilde f, Zunft f.
bratří m/pl. (Adj. 4; 2 Pl. -i) Brüder m/pl., Gebrüder pl.; **~ček** m (1a; -čk-) Brüderchen n; **~čkovat se** ⟨s-⟩ (-kuji), **bratřit se** sich verbrüdern.
brav m (2a) Kleinvieh n, Schmalvieh n.
bravník m (1a) Misteldrossel f.
brázd|a f (1) Furche f; Runzel f; Bgb. Schram m; **~ička** f (1c; -ček) Dim. zu brázda; Rille f; Bgb. Schrämmaschine f; **~it** ⟨roz-, z-⟩ Furchen ziehen; fig. durchfurchen; Wasser (durch)pflügen; **~itý** zerfurcht.
Brazil|ec m (3; -lc-), **~ka** f (1c; -lek) Brasilianer(in) m.
Braz|ílie f (2) Brasilien n; ⟨ i⟩lský brasilianisch.
brčál m (2; 6. -u/-e) Bot. Immergrün n.
brdo n (1) (Weberei) Geschirr n; † Waldhügel m; F na jedno ~ gleich, vom gleichen Schlag; dělat všechno na jedno ~ alles über einen Leisten schlagen.
breb|entit ⟨na-, za-⟩ schnattern, plappern; s. brebtat; **~ta** m (5), f (1) Schwätzer(in f) m; Plappermaul n; **~tat** ⟨na-, za-⟩ murmeln, nuscheln, plappern, quasseln.
breč|et F ⟨na-, roz-, za-⟩ Kind: plärren, heulen; **~(t)ivý** weinerlich.
brejl|atý bebrillt; **~e** f/pl. (2) Brille f; **~it** F ⟨za-⟩ (nač) starren (auf A), anstarren (A); **~ovec** m (3; -vc-) Brillenschlange f.
brekot m (2a) Heulen n, Plärren n.
brept|a(t) s. brebta(t); **~avý** nuschelnd.

breviář

breviář *m* (4) Brevier *n*.
brhlík *m* (1a) Kleiber *m*, Spechtmeise *f*.
brigád|a *f* (1) Brigade *f*; (*Arbeits-*)Einsatzgruppe *f*; **~nický** Brigade-; **~ník** *m* (1a) Mitglied *n* e-r Arbeitsbrigade; † *Mil.* Brigadekommandeur *m*.
briket|a *f* (1) Brikett *n*; **~árna** *f* (1; -ren) Brikettfabrik *f*.
brilantní brillant.
Brit *m* (1; -ové) Brite *m*; **~ánie** *f* (2) (*Velká Groß-*)Britannien *n*; **~ka** *f* (1c; -tek) Britin *f*; **~ský** britisch.
brk *m* (2b) Federkiel *m*; **~at** F, **~nout** *pf.*, ~a- F (-kl/-knul) stolpern, strauchein; *Beine*: ein-, zusammenknicken.
brkoslav *m* (1) *Zo.* Seidenschwanz *m* (*Vogel*); *fig.* F Federfuchser *m*.
brlení *n* (3) (*Holz-, Eisen-*)Gatter *n*; Rechen *m*.
brloh *m* (2b) (*Tier-, Laster-*)Höhle *f*; (*Wild-*)Lager *n*, Bau *m*.
brně|ní¹ *n* (3) Panzer *m*, Harnisch *m*; **~ní²** *n* (3) Einschlafen *n der Glieder*, Kribbeln *n*; Brummen *n im Kopf*; **~nský** Brünner (*Adj.*); **~t** (*roz-, za-*) kribbeln, prickeln; *~ní mě hlava* der Kopf brummt mir; *~ní mě noha* der Fuß ist mir eingeschlafen; *až ~ní uši* daß es in den Ohren gellt, daß die Ohren schmerzen.
brnk|at (*pře-, za-*) *auf e-m Instrument* klimpern, **~nout** *pf.*, *pře*- (-kl/-knul, -kla) *s.* brnkat; *~ do strun* in die Saiten greifen; F (*k-u*) anrufen, anläuten (*A*).
brod *m* (2; 6. -ě/-u) Furt *f*; *a.* = **~iště** *n* (2a) Schwemme *f*; **~it** (*pro-, pře-*) *Pferde* schwemmen; *~ se* (*pro-, pře-*) waten (*vodou im Wasser*); stapfen (*sněhem durch den Schnee*); *~ se přes řeku* e-n Fluß durchwaten; **~ivec** *m* (3; -vc-) = **~ivý**: *~ pták* Watvogel *m*.
brojit (*na- se*) hetzen; zu Felde ziehen (*proti č-u gegen A*).
-brojovat *s.* o(d)z-, vyzbrojovat.
brok *m* (2b) Schrotkorn *n*; **~y** *pl.* Schrot *m*.
brokát *m* (2; 6. -u/-ě) Brokat *m*; **~ový** Brokat-.
brokovnice *f* (2a) Schrotflinte *f*.
bronz *m* (2a) Bronze *f*; **~ovat** (*na-, o-, po-*) (-zuji) bronzieren; **~ový** bronzen, Bronze-.
brosk|ev *f* (3; -kv-) Pfirsich *m*; **~voň** *f* (3) Pfirsichbaum *m*; **~vovice** *f* (2a) Pfirsichbranntwein *m*; **~vový** Pfirsich-.
brouček *m* (1a; -čk-) Käfer(chen *n*) *m*; F *milý ~čku!* mein Liebling (Schätzchen, Herzchen *usw.*).
brouk *m* (1a) Käfer *m*; *má ~y v hlavě* er hat Grillen im Kopf; *nasadit k-u ~a do hlavy* j-m einen Floh ins Ohr setzen; **~al** F *m* (1; -ové) Griesgram *m*, Brummbär *m*; **~at** (*po- si*), *za-*(*si*)) brummen, murren; **~avý** brummig, mürrisch; **~nout** *pf.*, *za-*(*-kl*) *~ na k-o* j-n barsch anfahren.
brous|ek *m* (2b; -sk-) Schleif-, Wetzstein *m*; Schlief *m* (*im Brot*); **~it** (*na-, o-, pře-, z-, za-*) (*-šen*) schärfen, wetzen; schleifen; *Sense* dengeln; *Sprache* reinigen; *v/i* (*herum*)schlendern; *~ světem* die Welt durchstreifen; F *~ si jazyk* sich das Maul (*die Mäuler*) zerreißen; *~ si vtip o k-o* über j-n witzeln; *~ si zuby nač* scharf sein auf et.
broušen|í *n* (3) Schleifen *n*; Schliff *m*; **~ý** geschliffen; *~ lak* Schleiflack *m*.
brouzdat (se) (*po-, pro-, pře-, z-*) waten; F (*ziellos*) herumirren; schlendern.
brož *f* (3) Brosche *f*, Fibel *f*.
brož|ovaný broschiert; **~ovat** (*z-*) (-*žuji*) broschieren, heften; **~ura** [-u:-] *f* (1d) Broschüre *f*.
brť *f* (4c; -ti) Klotzbeute *f*.
brtn|ictví *n* (3) Imkerei *f*; **~ík** *m* (1a) Imker *m*, Zeidler *m*; † *Zo.* Honig-, Zeidelbär *m*.
bruč|et (*po- si*), *roz- se*, *za-*) brummen (*a.* F *fig.*); **~ivý** brummend; F brummig; **~oun** F *m* (1) Brummer *m*; *fig. s.* bublák.
brukev *f* (3; -kv-) Kohlrübe *f*, Kohlrabi *m*.
bru|kot *m* (2a) Brummen *n*, Gebrumm *n*; **~mlat** (*za-*) brummen.
brunátný rotbraun; purpurfarben; weinrot.
brunet *m* (1), **~ka** *f* (1c; -tek) Brünette(r) *f u. m.*
brus *m* (2a) Schleif-, Wetzstein *m*; *z ~u nový* funkelnagelneu; **~ič** *m* (3) Schleifer *m*; *fig.* Purist *m*; **~inka** *f* (1c; -nek) Preißelbeere *f*; Preißelbeerstrauch *m*; **~írna** *f* (1; -ren) Schleiferei *f*; **~ivo** *n* (1) Schleifmittel *n*.

brusl|ař m (3), **~ařka** f (1c; -řek) Schlittschuhläufer(in f) m; **~ařský** Eislauf-; **~e** f/pl. (2c) Schlittschuhe m/pl.; kolečkové ~ Rollschuhe m/pl.; **~ení** n (3) Schlittschuhlaufen n, Eislaufen n; **~it** ⟨za- si⟩ Schlittschuh laufen, eislaufen.
brusnice f (2a) s. brusinka; bažinná ~ Moosbeere f.
brusný Schleif-.
brut|alita f (1) Brutalität f; **~ální** brutal.
brva f (1) Wimper(nhaar n) f; **-vy** pl. a. Augenbrauen f/pl.
brýl- s. brejl-.
brynd|a F f (1) Gesöff n; být v -dě in der Patsche sitzen; nechat k-o v -dě j-n im Stich lassen; **~al** P m (1; -ové) Pan(t)scher m; **~at** F ⟨po-, z-, za-⟩ kleckern; Getränke pan(t)schen; ~ se ve vodě im Wasser planschen.
brynza f (1a) Schafkäse m.
brzd|a f (1) Bremse f; záchranná ~ Notbremse; **~ař, ~ič** m (3) Bremser m; **~ící** Brems-, **~it** ⟨za-⟩ bremsen; **~ný**: -ná vzdálenost Bremsweg m; **~ový** Brems-; ~ špalík Hemmschuh m, Bremsklotz m.
brz|ičko F Adv. gar bald; ganz schnell; **~kost** f (4) Bälde f; **~ký** baldig; **~o** Adv. bald; ⟨früh⟩zeitig; **~oučký** s. brzký; **~y** s. brzo.
brzlík m (2b) Thymusdrüse f; (bsd. Kochk.) Bries n.
břečk|a f(1c; -ček) ⟨Schnee-⟩Matsch m; Maische f; F Brühe f, Gesöff n; Brei m; **~ovitý** matschig; breiig.
břečťan m (2a) Bot. Efeu m; **~ový** Efeu-.
břeh m (2b) Ufer n; Küste f; Strand m; fig. Rand m; přistát u ~ anlegen; **~ový** Ufer-, Strand-; **~ule** f (2) Uferschwalbe f.
břemeno n (1; 6. -u od. 2) Last f, Bürde f; -na pl. Sp. Gewichte n/pl.; být ~nem zur Last fallen.
břevn|o n (1; 6. -u/-ě; -ven) Balken m; brankové ~ Sp. Torlatte f; **~oví** n (3) Gebälk n; **~ový** Balken-.
břez|ák m (2b) Birkenpilz m; **~en** m (2a; -zn-; 2. Sg. -zna) März m; **~í** Tier: trächtig, tragend; **~ina** f (1) Birkenwald m; **~ňák** m 1. (1a) Märzhase m; 2. (2b) Märzenbier n; **~nový** März-; **~ový** Birken-.
bři, bří Abk. für bratři, bratří.
břídil F m (1; -ové) Stümper m,

Pfuscher m; **~ilský** stümperhaft; **~ilství** F n (3) Pfuscherei f; **~it** F pfuschen; Wein panschen.
břidl|a f (1a, -del), **~ice** f (2a) Min. Schiefer m; **~icový, ~ičný** Schiefer-.
břich † m (2b) s. břicho; **~áč** F m (3) Dickwanst m, Fettbauch m; **~atět** ⟨z-⟩ (3 Pl. -ějí) e-n Bauch bekommen, dick werden; **~atý** dickbäuchig.
břicho n (1b) Bauch m; **~mluvec** m (3; -vc-) Bauchredner m; **~nožec** m (3; -žc-) Zo. Bauchfüßler m; **~pásek** m (1a; -sk-) Feinschmecker m, F Leckermaul n; **~ový, ~ploutvý**: -vé ryby Zo. Bauchflosser m/pl.; **~řez** m (2a) Bauchschnitt m.
břímě † n (břemene) s. břemeno.
břink! Int. kling!; **~ačka** f (1c; -ček) Klimperkasten m; **~at** ⟨za-⟩, **~nout** pf., za- ⟨klirren; klimpern; **~ot** m (2a) Geklirr n; Geklimper n.
bříško n (1b; -šek) s. břicho; Anat. (Hand-, Fuß-)Ballen m.
břišní Bauch-; Leib-; Unterleibs-.
břit m (2a) Schneide f; Schärfe f; **~kost** f (4) Schärfe f; F Schneid m; **~ký** (Adv. -ce; Komp. břitčí) scharf; **~va** f (1; -tev) Rasiermesser m; ostrý jako ~ messerscharf; F chodit jako na -vách wie auf Nadeln gehen; chytat se -vy sich an einen Strohhalm klammern.
bříza f (1a) Birke f.
bubák m (1a) Schreckgespenst n, Popanz m, F Buhmann m; Eigenbrötler m, Griesgram m.
bub|en m (2a; -bn-) Trommel f; F dát dům na ~ ein Haus unter den Hammer bringen; dát na ~ et. an die große Glocke hängen; -bny pl. a. Schellen f/pl. (Spielkarte); **~eník** m (1a) Trommler m; **~ínek** m (2b; -nk-) kleine Trommel f; Tamburin n; Stickrahmen m; Kanonenofen m; Anat. (ušní) ~ Trommelfell n; **~ínkový** Trommel-.
bubl|ák F m (1a) Murrkopf m, Brummbär m; **~ání** n (3) Murmeln n, Gemurmel n; **~anina** f (1) Kochk. Kirschauflauf m; **~at** ⟨po-, za-⟩ blubbern; Bach: murmeln, plätschern; **~avý** murmelnd; **~ina** f (1) Blase f; **~inatý** blasig; Blasen-.
bubn|ovat ⟨vy-, z-, za-⟩ (-nuji) trommeln; Alarm schlagen; **~ový** Trommel-; ~ král Schellenkönig m.
bubř|et ⟨na-, z-⟩ (3 Pl. -ejí/-i) (an-

bubřina 38

schwellen; sich blähen; ~ina P m (5) Dickbauch m.

buc|ek P m (1a; -ck-; -ckové) Pausback m, Dickerchen n; ~latý pausbäckig; *Gefäß*: bauchig.

bůček m (2b; -čk-) *Dim. zu* bok: Seite f; *Anat.* Weiche f; vepřový ~ Schweinebauch m.

buč|ení n (3) Brüllen n, Muhen n; ~et 〈roz- se, za-〉 brüllen, muhen; hloupý až ~čí stockdumm; ~í n (3), ~ina f (1) Buchenwald m; ~ivý brüllend, muhend.

bud *s.* bouda.

buď *Imp. v.* být: sei; ~ jak ~! was auch geschehen mag!, komme was wolle!; *Imp. v.* budit; *Konj. s.* buďto, buďže.

bud|icí Weck-; Erreger-; ~ič m (3) Erreger m; ~íček m (2b; -čk-) Wecker m; *Mil.* Wecken n, Wecksignal n; ~ík m (2b) Wecker m; ~itel m (3; -é) Volksaufklärer m, (Wieder-)Erwecker m; ~it 〈pro- se〉, vz-〉 〈-zen〉 (auf)wecken; *Vertrauen, Mitleid, Anschein* erwecken; *Abscheu, Furcht* einflößen; *Anstoß, Aufsehen* erregen; *Unwillen* hervorrufen; *El.* erregen.

budiž! *Imp.* es sei (denn)!, es geschehe!, es werde!; also gut!; ~ k ničemu m (indekl.) Taugenichts m.

budka f (1c; -dek) (kleine) Hütte f; ptačí ~ Nistkästchen n; *Thea.* napovědova ~ Souffleurkasten m; strážní ~ Schilderhaus n; telefonní ~ Telefon-, Fernsprechzelle f.

budník m (2b) Vogelhaus n; Taubenschlag m.

budouc|í (zu)künftig; ~ rok kommendes Jahr; ~ umělec angehender Künstler m; *Gr.* ~ skonalý čas Futurum exaktum n, Vorzukunft f; ~nĕ *Adv.* in Zukunft, künftighin, fortan; ferner(hin); ~ dále Fortsetzung folgt; ~no n: hleděť s obavami do -na mit Sorge in die Zukunft blicken; pro ~ in der Folge; ~nost f (4) Zukunft f; hudba ~ Zukunftsmusik f.

budov|a f (1) Gebäude n; ~ání n (3) Bauen n, Errichtung f; Aufbau m; ~atel m (3; -é) Erbauer m; ~at 〈vy-, z-, za-〉 〈-duji〉 (er)bauen, errichten; aufbauen, *fig.* ~ na čem, kom bauen auf (A).

buď|si! mag sein!; ~te(ž)! seid!,

seien Sie!; ~to *Konj.:* ~ (a)nebo entweder oder.

budu *s.* být.

buďže = buď že sei es, daß ..., es sei denn, daß ...

budžet m (2a) Haushaltsplan m, Etat m; státní ~ Staatshaushalt m.

bufet m (2a) Schnellimbiß m, Imbißstube f; Erfrischungsraum m; Büffet n, Anrichte f; ~árka f (1c; -řek) (Imbißstuben-)Verkäuferin f.

bufy F f/pl. (1) Pelzstiefel m/pl.

bůh, *Rel.* 2 (1a; boh-; 5 Sg. Bože!; 1 Pl. -ové) Gott m; dá-li ~ so Gott will; dát k-u s Bohem sich von j-m verabschieden; díky Bohu! Gott sei Dank!; 2 mě chraň! Gott behüte!; chraň 2!, nedej 2!, uchovej 2! Gott bewahre!; zaplať Pán 2! vergelt's Gott!; pro Boha! um Gottes willen!; zdař 2! *Bgb.* Glückauf!; ~ví 〈co, ~kde, ~kdo, ~kdy, ~proč〉 weiß Gott (was, wo, wer, wann, warum).

buch! *Int.* bumm!; bums!; puff!

buch|ar m (2a) *Tech.* (großer) Hammer m; ~at 〈roz-, vy-, za-〉 pochen, hämmern; ~covat P 〈na-〉 〈-cuji〉 (in den Rücken) knuffen; ~nout *pf.*, za- knallen, dröhnen; ~ot m (2) Hämmern n, Pochen n; ~ta f (1; -chet) *Kochk.* Buchtel f (gefülltes Hefegebäck); F Knuff m, Puff m; Tölpel m, Dummkopf m; ~tička f (1c; -ček) *Dim. zu* buchta.

bujar|ost f (4) Lebensfrische f, jugendliches Feuer n; ~ý 〈*Adv.* -ře, *Komp.* bujařejší〉 (lebens-)frisch; feurig.

buj|ení n (3) üppiges Wachstum n, Wuchern n; ~et 〈pře-, roz- se, vy-〉 (3 Pl. -ejí/-í) üppig wachsen, wuchern; ~nět 〈z-〉 (3 Pl. -ějí〉 übermütig werden; ~nost f (4) Üppigkeit f; Übermut m, Mutwille m; ~ný üppig; ungestüm; *Blut:* feurig, heiß; *jugend.* mutwillig; *Fröhlichkeit:* ausgelassen.

buk m (2b) Buche f; zdravý jako ~ kerngesund; ~áč m (3) *Zo.* Rohrdommel f.

buket m (2a) Blumenstrauß m; Blume f, Bouquet n.

buk|ovina f (1) Buchenwald m; ~ový Buchen-; ~vice f (2a) Buchecker m.

bula f (1a) Bulle f.

buldo|k m (1a) Bulldogge f; ~zer m

bystroduchý

(*2a*) *Tech.* Bulldozer *m*, Planierraupe *f.*
Bulhar *m* (*1*; -*ři*), **~ka** *f* (*1c*; -*řek*) Bulgare *m*, -in *f*; **~sko** *n* (*1b*) Bulgarien *n*; **~ský** bulgarisch; **~ština** *f* (*1*) Bulgarisch *n.*
buličí Bullen-; P **~ oko** *Bot.* Rindsauge *n.*
bulík *m* (*1a*) Bulle *m*; F Dummkopf *m*; věšet (*od.* pověsit) k-u **~a na nos** = **~ovat** ⟨z-⟩ (-*kuji*) j-m einen Bären aufbinden.
buližník *m* (*2b*) *Min.* Kieselschiefer *m.*
bulka *f* (*1c*; -*lek*) Beule *f.*
bulva *f* (*1*) Knolle *f*; Augapfel *m.*
bulvár *m* (*2a*) Boulevard *n*; **~ní** Boulevard-; **~** tisk Asphaltpresse *f.*
buly *n* (*indekl.*) *Sp.* Bully *n.*
bumb|**al** *m* (*1*; -*ové*), *Dim.* **~álek** F *m* (*1a*; -*lk-*) Trinker *m*; **~at** ⟨*na- se, pro-, vy-*⟩ *Kdspr.* (gern) trinken.
bund|**a** *f* (*1*) Jacke *f*, Bluse *f*; **~ička** *f* (*1c*; -*ček*) Jäckchen *n.*
bun|**ěčný** *Tech.* Zell(en)-; **~ičina** *f* (*1*) Zellstoff *m.*
buňka *f* (*1c*; -*něk*) Zelle *f*; (Honig-) Wabe *f.*
bunkr *m* (*2a*) Bunker *m.*
buntovat F ⟨*s-, z-*⟩ (-*tuji*) aufwiegeln.
burácet ⟨*roz- se, vy- se, za-*⟩ (*3 Pl. -ejí*) brausen, tosen; *Donner:* rollen.
burák *m* (*2b*) Runkelrübe *f*; F Erdnuß *f.*
bur|**covat** ⟨*vy-, z-*⟩ (-*cuji*) (auf)rütteln, schütteln; **~** svědomí das Gewissen wachrütteln; **~čák** P *m* (*2b*) junger Wein *m.*
burel *m* (*2a od. 4*) *Min.* Braunstein *m.*
bursa *f s. burza.*
buršák *m* (*1a*) *verä.* Burschenschaft(l)er *m.*
burz|**a** *f* (*1a*) Börse *f*; **~ na zboží** Warenbörse; **~ovní** Börsen-; **~ovnictví** *n* (*3*) Börsenwesen *n.*
buržoa *m* (*5*) Bourgeois *m*, (wohlhabender) Bürger *m*; **~zie** *f* (*2*) Bourgeoisie *f.*
buřič *m* (*3*) Ruhestörer *m*, Aufwiegler *m*; Meuterer *m*, Rebell *m*; **~ský** aufrührerisch; **~ství** *n* (*3*) Geist *m* des Aufruhrs, Aufwiegelei *f.*
buřňák *m* (*1a*) Sturmvogel *m.*
buřt F *m* (*2a*; 6. -*u*|-*ě*) *s.* **vuřt.**
busta *f* (*1*) Büste *f.*
bušení *n* (*3*) Klopfen *n*, Pochen *n*, Hämmern *n*; **~ srdce** Herzklopfen *n*; **~it** ⟨*roz- se, za-*⟩ pochen, hämmern.
buvol *m* (*1*) Büffel *m*; **americký ~** Bison *m.*
buzení *n* (*3*) Wecken *n*; *El.* Erregung *n* (*Strom*).
bůž|**e** *n* (*4*) kleine Gottheit; **~ lásky** Liebesgott *m*; **~ek** *m* (*1a*; -*žk-*; -*žkové*) (heidnischer) Gott, Götze *m.*
by *s.* **bych.**
býč|**ek** *m* (*1a*; -*čk-*) Jungstier *m*, Bullenkalb *n*; **~í** Stier-, Bullen-; **~ zápas** Stierkampf *m.*
bydl|**ení** F *n* (*3*) Wohnung *f*; **~et, ~it** ⟨*o-, za- se*⟩ (*3 Pl. -í*|-*ejí*) wohnen; logieren; **~iště** *n* (*2a*) Wohnsitz *m*, Wohnort *m*; **~ změna ~** Wohnungswechsel *m*; **~o** *n* (*1a*; -*dlo*) Leben *n*; Wohlleben *n*; Wohnung *f*; F **dobré ~o ho pálí** es sticht ihn der Hafer, es geht ihm zu gut.
bych (bys, by; bychom ⟨F **bysme**⟩**, byste, by)** *1. bildet mit dem l-Partizip den Konditional* a) *des Präsens:* **byl**(*a*) **bych** ich wäre; **měl**(*a*) **bys du hättest**; **to by bylo hezké** das wäre schön; **kéž by to bylo pravda!** wenn es doch wahr wäre!; b) *des Präteritums:* **byli bychom šli** wir wären gegangen (wir würden gegangen sein); **to by tak hrálo!** das würde (gerade) noch fehlen!; **jak by ne!** warum denn nicht?; F **pozdě bycha honit** die Reue kommt zu spät.
býk *m* (*1a*) Bulle *m*, Stier *m*; **~ovec** *m* (*4*; -*vc-*) Ochsenziemer *m*; **~ovice** *f* (*2a*) Stierhaut *f.*
byl(a) *s.* **být.**
býli *n* (*3*) Unkraut *n.*
bylin|**a** *f* (*1*) Kraut(pflanze *f*) *n*, Staude *f*; **~ářství** *n* (*3*) Kräuterkunde *f*; **~ka** *f* (*1c*; -*nek*) Pflänzchen *n*; **~kář** *m* (*3*) (Heil-)Kräutersammler *m*; **~kový** Kräuter-; **~ný** pflanzlich; Pflanzen-; **~stvo** *n* (*1*; -*tev*) Pflanzenreich *n*, -welt *f.*
bylo *s.* **být.**
byložrav|**ec** *m* (*3*; -*vc-*) *Zo.* Pflanzenfresser *m*; **~ý** pflanzenfressend.
byró *n* (*indekl.*) Büro *n.*
byrokra|**cie** *f* (*2*) Bürokratie *f*; **~t** *m* (*1*; -*é*|-*i*) Bürokrat *m*; **~tický** [-tɪ-] bürokratisch.
bys(te) *s.* **bych.**
bystro|**duchý** (*Adv.* -*še*) scharf-

bystronohý

sinnig; **~nohý** schnellfüßig; **~st** f (4) Schnelligkeit f; Schärfe f; Scharfsinn m.

bystrozrak m (2b) Scharfblick m; **~ost** f (4) Scharfsichtigkeit f; **~ý** scharfsichtig.

bystrý (Adv. -ře; Komp. -třejší) schnell, flink, scharfsinnig; Blick: scharf; Gehör a.: fein; Kopf: F hell, klar; Junge: aufgeweckt, F hell.

bystř|e s. bystrý; **~ice** f (2a), **~ina** f (1) Sturz-, Wild-, Gießbach m; **~it** ⟨z-⟩ Sinne, Verstand schärfen.

byt m (2; 6. -u/-ě) Wohnung f; **~em** wohnhaft; o dvou pokojích Zweizimmerwohnung; letní ~ Sommerwohnung, Sommerfrische f; nouze o ~y Wohnungsnot f.

být ⟨po-⟩ (jsem, jsi, je, jsme, jste, jsou; Prät. byl; Fut. budu s. Anhang) 1. (vorhanden) sein, bestehen: co je? was ist los?, was gibt es?; jsou lidé es gibt Leute; tak je tomu so ist es; je jisto es steht fest; je mi těžko es fällt mir schwer; (verneint) není práce es gibt keine Arbeit; není peněz es fehlt an Geld; to už není das gibt es nicht mehr; nebýt mne wenn ich nicht (gewesen) wäre; je tomu rok es ist ein Jahr her; byl ~ nebylo es war einmal; co je ti? was fehlt dir?; jak je ti? wie geht es dir?; 2. werden; (a to) nějak bude es wird schon (irgendwie) werden; 3. (Passiv) ist zu (+ Inf.); ze střech Sněžku die Schneekoppe ist zu sehen; bylo slyšet hudbu Musik war zu hören; 4. (mit 4. Fall = große Menge) v lese bylo jahod im Wald gab es eine Unmenge (von) Erdbeeren; to je lidí! was für eine Menge Leute!; 5. (mit 7. Fall) gereichen; je mi ctí (potěšením) gereicht mir zur Ehre (zum Vergnügen); (Ursache) to je tím, že ... das kommt davon (daher), daß ...; (Beruf) čím jste? was sind Sie von Beruf?; jsem učitelem ich bin Lehrer; (als Aussage) chrám je středískem města der Dom bildet den Mittelpunkt der Stadt; (Ortsangabe) ~ domovem beheimatet sein; 6. mit Präpositionen: (do + 2. Fall) je mu do pláče (smíchu) er ist dem Weinen (Lachen) nahe; není mi do žertu ich bin nicht zum Scherzen aufgelegt; co je Vám do toho? was geht Sie das an?; to není k ničemu das ist zu nichts nütze, das taugt zu nichts; (na + 6. Fall) co je na tom? was ist dabei?; co na mně je was meine Person (mich) (an)betrifft; jsi na omylu du bist im Irrtum; ~ na schůzi einer Versammlung beiwohnen; (nad + 4. Fall) není nad zdraví nichts geht über die Gesundheit; moc je nad právo Macht geht vor Recht; (o + 4. Fall) o to by nebylo es wäre nicht wichtig; (o + 6. Fall) je o chlebě er nährt sich von Brot; ~ o hladu hungern; (od + 2. Fall) nejsem od toho das ist nicht meine Sache, ich habe nichts dagegen; (po + 6. Fall) nic mi po tom není das geht mich nichts an; ~ po otci dem Vater ähnlich sehen; ~ po hře das Spiel ist aus; je po obědě das Mittagessen ist vorbei; (v + 6. Fall) ~ v platnosti gültig sein, gelten; je v tom něco da steckt et. dahinter; (za + 4. Fall) † zač je ...? was kostet ...?; není (nemáte) zač! keine Ursache!; (za + 7. Fall) ~ za kým hinter j-m her sein; † j-n besuchen; 7. fig. je jako doma er fühlt sich wie zu Hause; je kam vítr tam plášť er hängt den Mantel nach dem Wind; † je nám všem umřít wir müssen alle sterben; byl ten tam (od. tentam) er war auf und davon; 8. (als Hilfsverb) zur Bildung des Prät.: byl jsem ich (m) war; šli jste ihr seid gegangen (ginget); byl jste Sie (m) sind gegangen; zur Bildung des Konditionals (Möglichkeitsform): byla bych ich wäre (würde sein); zur Bildung von Finalsätzen: abych tam byl damit (daß) ich dort bin, um dort zu sein.

byť: ~ i Konj. wenn auch; ~ i sebeméně sei es auch noch so wenig.

byťák F m (2b) Wohnungsamt n.

bytař m (3) Wohnungsdieb m.

byte(če)k m (2b; -t[ě]k-) (hübsche, kleine) Wohnung f.

bytel|nost f (4) Dauerhaftigkeit f, Bestand m; **~ný** dauerhaft, fest.

bytí n (2) Dasein n; Bestand m; jde o ~ a nebytí es geht auf Leben und Tod; boj o ~ Kampf ums Dasein, Daseinskampf m.

byt|ná f (Adj. 2) Wohnungsvermieterin f, F Wirtin f; **~ost** f (4) Sein n, Existenz f; † s. bytost; **~ný** m (Adj. 1) Wohnungsvermieter m, F Wirt m; **~ost** f (4) Wesen n; **~ost-**

ný wesentlich, Wesens-; ~**ovat** ⟨*u-*⟩ (*-tuji*) wohnen, logieren; kampieren; ~**ový** Wohnungs-.
býv|alý ehemalig, einstig, Ex-, gewesen(e), frühere; ~**at** (*It. v. být*) ⟨*o-, za- se*⟩ zu sein pflegen, oft sein; *bývávalo* so war es vor langer Zeit.
byzant|inský [-tɪ-], ~**ský** byzantinisch.
byznys *m* (*2a*) Business *m*, Geschäft *n*.
bzd|ina V *f* (*1*) Furz *m*; *fig.* Scheißdreck *m*; ~**ít** P ⟨*vy- se, za-*⟩ einen fahren lassen, V furzen; schlecht brennen, glimmen (*im Ofen*).
bzik|at ⟨*roz- se, za-*⟩ summen; *Tiere*: scheuen; ~**avka** *f* (*1c*; *-vek*) *Zo.* (*Rinder-*)Bremse *f*; ~**nout** *pf.*, *za- s. bzikat*.
bzuč|ák *m* (*2b*) *El.* Summer *m*; ~**ení** *n* (*3*) Summen *n*; Surren *n*; ~**et** ⟨*rozse, za-*⟩ summen; surren; ~**ivý** summend; surrend.
bzukot *m* (*2a*) Summen *n*, Gesumm *n*.
bžunk! *Int.* plumps!; ~**at**, ~**nout** *pf.* (*-kl*) *ins Wasser* plumpsen.

C

cácorka P *f (1c; -rek)* Bachstelze *f*.
cachtat se ⟨za-⟩ pan(t)schen; *im Schlamm herumwühlen*.
cajk *m (2b)* Zeug *n (Stoff)*.
cák|at ⟨po-, za-⟩, **~nout** *pf.* (herum)spritzen.
cam|ra *m V (5)*, **~ral** V *m (1; -ové)* Schwätzer *m*, Quatschkopf *m*.
canc|al V *m (1; -ové) s.* camra; **~at** V ⟨na-⟩ faseln, quatschen.
cancour F *m (2b)* Fetzen *m*.
candát *m (1)* Zo. Zander *m*.
capart F *m 1. (1)* Fratz *m*, Bengel *m*; *2. (2a)* Kleinigkeit *f*.
cápek P *m (1a; -pk-)* Grünschnabel *m*, grüner Junge *m*.
capouch F † *m (2b) s.* sopouch.
car *m (1; -ové)* Zar *m*.
cár *m (2a)* Fetzen *m*, Lappen *m*; **~at se** ⟨na- se, pro-, za-⟩ schlendern; Umstände machen *(s kým mit j-m)*.
carev|ič *m (3)* Zarensohn *m*, Zarewitsch *m*; **~na** *f (1; -ven)* Zarin *f*.
cars|ký zaristisch; **~tví** *n (3)* (Zaren-)Reich *m*; Zarentum *n*.
cavyk F *m (2b):* **~y** *pl.* Umstände *m/pl.*; *bez ~ů* ohne viel Federlesens.
cecek *m (2b; -ck-; 6 Pl. -ckách/ -ccích)* Zitze *f*.
ceďák *m (2b)* P *s.* cedník; *Tech. a.* Filter *m od. n*.
cedi|cí Filtrier-, Seih-; **~dlo** *n (1a; -del) s.* cedník; **~t** ⟨pro-, vy-⟩ *(cezen)* (durch)seihen; *Blut, Tränen* vergießen; *~ se* rinnen; *prší jen (se) ~dí* es gießt.
cedník *m (2b)* Seiher *m*, Sieb *n*.
cedr *m (2a)* Zeder *f*, **~ový** Zedern-.
cedul|ář *m (3)* Zettelausträger *m*; **~e** *f (2)* Aushang *m*, Plakat *n*; *a.* = *Dim.* **~ka** *f (1c; -lek)* Zettel *m*; **~ový**: *-vá banka* Notenbank *f*.
cech *m (2b)* Zunft *f*; *(Produktions-, Montage-)*Abteilung *f*; † *(Gasthaus-)*Zeche *f*; **~mistr** *m (1; 5 Sg. -ře!, -ři)* Zunftmeister *m*; **~ovní** Zunft-; **~ovnictví** *n (3)* Zunftwesen *n*; **~ovník** *m (1a)* Zunftgenosse *m*.
cejch *m (2b)* Eichstempel *m*; *(Brand-)*Mal *n*, Zeichen *n*; **~ování** *n (3)* Eichung *f*, Eichen *n*; **~ovat**

⟨pře-, vy-⟩ *(-chuji)* eichen; (be-) zeichnen; **~ovní** Eich-.
cejn *m (1) (Zo. ~ velký)* Blei *m*, Brachsen *m*.
cek F *m (2b)* Laut *m*, Mucks(er) *m*; *ani ~!* kein Laut (Wort) mehr!; **~nout** *pf.* F mucksen.
cela *f (1a) (Kloster-, Gefängnis-)* Zelle *f*.
celek *m (2b; -lk-)* Ganze(s) *n*, Komplex *m*.
celer *m (2a)* Sellerie *f*; **~ový** Sellerie-.
celibát *m (2a)* Zölibat *m od. n*.
celičký *s.* celý; *~ den* den ganzen lieben Tag.
celistv|ost *f (4)* Ganzheit *f*; Geschlossenheit *f*; **~ý** ungeteilt, (in sich) geschlossen, ganz.
celit ⟨do-, u-, za- (se)⟩ *Wunde* heilen; *~ se Wunde:* (ver)heilen, sich schließen; † *fig.* verschmelzen *(v/i)*.
celkem *Adv.* im allgemeinen, im großen und ganzen, insgesamt; *~ vzato* alles in allem, im Grunde genommen.
celkov(it)ý ganz; Gesamt-; *~ (zdravotní) stav* Allgemeinbefinden *n*; *~ finanční náklad* Gesamt(kosten)aufwand *m*.
cell|ista *m (5a)* Cellist *m*, **~o** *n (1a) Mus.* Cello *n*.
celní Zoll-; **~nice** *f (2a)* Zollstation *f*, -stelle *f*; **~ník** *m (1a)* Zollbeamter *m*, Zöllner *m*.
celo|- *in Zssgn mst* ganz-; **~denní** ganztägig, Ganztags-; **~hedvábný** ganzseiden; **~láník** *m (1a)* Vollbauer *m*, **~noční** die ganze Nacht dauernd; **~plátěný** ganzleinen; **~roční** ganzjährig.
celost *f (4)* Ganzheit *f*, Gänze *f*; Unversehrtheit *f*; Integrität *f*; *s.* celistvost.
celo|státní gesamtstaatlich, den ganzen Staat betreffend; **~stránkový** *Typ.* ganzseitig; **~vat** ⟨po-, z-⟩ *(-luji)* küssen; **~večerní**: *~ film* abendfüllender Film; **~životní** Lebens-, lebenslang.

celulóza f (1a) Zellulose f.
celý (Adv. -e, zcela, docela) ganz; gänzlich, völlig; **-lá lázeň** Vollbad n; **z -lého srdce** von ganzem Herzen: **pět -lých tři desetiny** fünf Komma drei; **žádná -lá dvě setiny** null Komma null zwei.
cement m (2; 6. -u/-ě) Zement m; **~árna** f (1; -ren) Zementwerk n, -fabrik f; **~ovat** ⟨vy-, za-⟩ (-tuji) zementieren; **~ový** Zement-.
cen|a f (1) Preis m; Wert m; **~ za hotové** Barpreis; **kurzívní ~** Börsenpreis; **putovní ~** Sp. Wanderpreis; **směšně nízká ~** Spottpreis; **střelba o -ny** Preisschießen n; **-nou poctěný** preisgekrönt; **snížení -ny** Preissenkung f; **~ík** m (2b) Preisliste f; **~ina** f (1) (Post-)Wertzeichen n; Wertsache f; **~itel** m (3; -é) Taxator m, Abschätzer m; **~it¹** ⟨do-, o-⟩ schätzen; **~it²** ⟨vy-, za- (se)⟩: **~ zuby die Zähne fletschen**; **~ se Zähne**: blitzen, schimmern; F (an)grinsen; **~nost** f (4) Wert m; **~ný** wertvoll; **~ papír** Wertpapier m; **~ovka** F f (1c; -vek) Wertpaket n; Preisschild n. [~) Doppelzentner.]
cent m (2a) Zentner m; (F a. metrák)
centi|litr [-ti-] m (2a) Zentiliter m; **~metr** m (2a) Zentimeter m; F Zentimetermaß n.
centový zentnerschwer.
centrála f (1a) Zentrale f.
centraliz|ace f (2) Zentralisierung f; **~ační** Zentralisierungs-; **~ovat** ⟨z-⟩ (-zuji) zentralisieren.
centr|ální zentral; **~forvard** m (1) Mittelstürmer m; **~ovat** ⟨od-, vy-⟩ (-truji) zentrieren; Sp. flanken.
cenz|or m (1; -ři/-rové) Zensor m; **~ura** [-zu:-] f (1d) Zensur f; **~urovat** ⟨z-⟩ (-ruji) zensieren, der Zensur unterwerfen.
cep m (2a) Dreschflegel m; hist. Streitkolben m; **F vzít do ~u j-n** in strenge Zucht nehmen.
cepenět ⟨z-⟩ (3 Pl. -ějí/-í) verenden, krepieren, F draufgehen, V verrecken.
cepín m (2a) Sp. Eispickel m.
cepovat F ⟨vy-⟩ (-puji) drillen, abrichten.
cerbulát † P m (2a) Zervelatwurst f.
ceremoni|ální [-nɪa:-] zeremoniell; **~ář** m (2) Zeremonienmeister m; **~e** f (2) Zeremonie f; **~ pl.** F [-mo:-] Umstände m/pl., Umschweife m/pl.

cerkev f (3; -kv-) (orthodoxe) Kirche f.
cesmína f (1) Bot. Stechpalme f.
cest|a f (1) Weg m; Reise f; **~ pro pěší** Fuß(gänger)weg; **~ po souši, vodě, moři** Land-, Wasser-, Seeweg; **~ do ciziny** Auslandsreise; **~ tam a zpět** Hin- und Rückfahrt f, -reise; **být na -tách** unterwegs, verreist sein; **-tou** unterwegs, **-tou necestou** geradewegs, schnurstracks; **mluvit z -ty** vom Thema abschweifen, verworren reden; **na -tě domů auf dem Nachhausewege**; F **být na špatné -tě** auf dem Holzweg sein; **~ář** m (2) Straßenwärter m; **~ička** f (1c; -ček) Pfad m, Steg m; (Haar-)Scheitel m; **~opis** m (2; 6. -e/-u) Reisebeschreibung f; **~ování** n (2) Reisen n; Wanderschaft f; **~ovatel** m (3; -é) (Forschungs-, Handels-, Welt-)Reisende(r) m; **~ovat** ⟨do-, od-, pro-⟩ (-tuji) reisen (po světě durch die Welt; do Norska nach Norwegen); **~ovné** n (Adj. 3) Reisespesen pl.; **~ovní** Reise-; Wander-; **~ující** m (Adj. 4) Reisende(r) m, Fahr-, Fluggast m.
cet|ka f (1c; -tek) Flitter m; F Firlefanz m.
cév|a f (1) Anat. (Blut-, Lymph-) Gefäß n; Ader f; **~ka** f (1c; -vek) Abflußröhrchen n; Med. Katheter m; **~kovat** ⟨vy-⟩ (-kuji) Med. katheterisieren; **~natka** f (1c; -tek) Ader-, Gefäßhaut f; **~natý** gefäßreich; **~ní, ~ový** Gefäß-; **~stvo** † n (1; -tev) Anat. Gefäßsystem n.
cezák m (2b) s. cedník.
cezura [-zu:-] f (1d) Zäsur f.
ch s. Alphabet, nach h!
cibetka f (1c; -tek) Zibetkatze f.
cibul|áček m (1c; -čků) Zwiebelwurst f; **~e** f (2) Zwiebel f; **~ka** f (1c; -lek) (Steck-, Blumen-)Zwiebel f; **~(k)ovitý** zwiebelförmig; **-tá věžka** Zwiebeltürmchen n; **~(k)ový** Zwiebel-.
cíd|ění n (3) Putzen n; **~icí** Putz-; **~ič** m (3), **~ička** f (1c; -ček) (Fenster-, Schuh-)Putzer(in f) m; **-ič stok** Kanalreiniger m; **~idlo** n (1a; -del) Reinigungs-, Putzmittel n; **~it** ⟨o-, pře-, vy-⟩ putzen, reinigen; Schornstein fegen; **~ kartáčem** (aus)bürsten.
cif|erník m (2b) Zifferblatt n; **~ra** f (1d; -fer) Ziffer f.

cigareta

cigaret|a f *(1)* Zigarette f; **~ář** P m *(3)* Zigarettenraucher m; **~ový** Zigaretten-.

cihel|na f *(1; -len)* Ziegelei f; **~ný** s. cihlový.

cihl|a f *(1a; -hel)* Ziegel(stein) m; *pálená ~* Backstein m; **~ář** m *(3)* Ziegeleiarbeiter m; **~ářský** Ziegel(ei)-; **~ička** f *(1c; -ček)* Bügeleisen n; **~ovitý** ziegelförmig; **~ový** Ziegel-; ziegelrot.

cícha f *(1b) (Feder-)*Bettbezug m.

cikáda f *(1) Zo.* Zikade f.

cikán m *(1)*, **~ka** f *(1c; -nek)* Zigeuner(in f) m; **~it** F ⟨*za- si*⟩, **~ovat (se)** ⟨*-nuji*⟩ (herum)zigeunern, ein Zigeunerleben führen; **~ský** *(Adv. -y)* Zigeuner-; zigeunerhaft, nach Zigeunerart.

cikor|ie [-ko:-] f *(2)*, **~ka** f *(1c; -rek)* Zichorie(nwurzel) f.

cíl m *(4; 6 Pl. -ech)* Ziel n; Zweck m; *jít za svým ~em* sein Ziel verfolgen; **~evědomý** zielbewußt; **~it** ⟨*do-, za-*⟩ zielen; **~ový** Ziel-.

cimb|ál m *(2; 6. -u/-e) Mus.* Zymbal n, Hackbrett n; *Tech.* Läutewerk n; **~alista** m *(5a)* Zymbalspieler m.

cimbuří n *(3)* Zinnen f/pl., Mauerkranz m.

cimprcampr F: *rozbít na ~* kurz und klein schlagen; *auto je na ~* der Wagen ist schrottreif.

cimra F f *(1d; -mer)* Stube f, F Bude f.

cín m *(2a)* Zinn n; **~ařství** n *(3)* Zinngießerei f; **~ěný** † zinnern, Zinn-.

cink 1. **~!** *Int.* kling!; 2. † m *(2b)* (grauer) Star m; **~ání** f *(2)* Geklingel n; **~at** ⟨*za-*⟩, **~nout** *pf.*, zaklingeln; *Geschirr:* klirren; F *~ k-u j-m die Leviten lesen;* **~ot** m *(2a)* Klingeln n; Klirren n; **~y** s. cink 1.

cínov|at ⟨*po-*⟩ ⟨*-nuji*⟩ verzinnen; **~atý** zinnhaltig; **~ka** f *(1c; -vek)* Zinngefäß n; **~ý** Zinn-.

cint|ák m *(2b)*, **~áček** m *(2b; -čk-)* *(Kinder-)*Lätzchen n; **~at** ⟨*po- (se)*⟩ geifern, F sabbern.

cíp m *(2a)* Zipfel m, Ecke f, Ende n.

cípal m *(1; -ové)* Meeräsche f.

cípek m *(2b; -pk-) Dim. zu* cíp.

církev f *(3; -kv-)* Kirche(ngemeinde) f; **~ěslovanský** kirchenslavisch; **~ní** kirchlich, Kirchen-; *~ smlouva* Konkordat n.

cirkul|ace f *(2)* Zirkulation f; **~árka** f *(1c; -rek)* Kreissäge f; **~ář** m *(4)* Rundschreiben n; **~ovat** ⟨*-luji*⟩ zirkulieren, umlaufen.

cirkus m *(2; 6. -u/-e)* Zirkus m; **~ák** m *(1a)* Zirkusartist m; **~ový** Zirkus-.

císař m *(3)* Kaiser m, **~ka** f *(1c; -řek)* *Bot.* Kaiserschwamm m; Kaiserbirne f; **~ovna** f *(1; -ven)* Kaiserin f; **~ský** *(Adv. -y)* kaiserlich; **~ství** n *(3)* Kaiserreich n; Kaisertum n.

cisterci|ák m *(1a) Rel.* Zisterzienser m; **~ácký** Zisterzienser-.

cisterna f *(1; -ren)* Zisterne f; Tank-, Kesselwagen m.

cíška f *(1c; -šek)* s. cícha.

cit m *(2a)* Gefühl n; Empfindung f; *~ pro krásno* Schönheitssinn m; *bez ~u* gefühllos.

citadela f *(1a)* Zitadelle f.

citát m *(2; 6. -u/-ě)* Zitat n.

citel|nost f *(4)* Empfindungsvermögen n, Empfindlichkeit f; **~ý** empfindlich, spürbar, fühlbar.

citer|a f *(1d)* Zither f; **~ista** m *(5a)* Zitherspieler m.

cíti|cí Empfindungs-; **~t** ⟨*po-, pro-, u-, v- se, vy-*⟩ fühlen, empfinden; *Kälte, Schmerz usw. a.* (ver)spüren; riechen, wittern; *je ~ plyn* es riecht nach Gas; *je ~ česnekem* er riecht nach Knoblauch; F *leiden können; nemohu ho ani ~* ich kann ihn nicht ausstechen; *~ se* sich fühlen; F *ten se cítí!* der ist ganz schön eingebildet!; *necítil se vzteky* er war außer sich vor Wut.

citliv|ka f *(1c; -vek) Bot.* Mimose f; **~ost** f *(4)* Empfindlichkeit f; Feinfindsamkeit f; **~ůstkář** m *(3)* sensibler, F zartbesaiteter Mensch m; Gefühlsmensch m; **~ůstkářství** n *(3)* Empfindelei f, Gefühlsduselei f; **~ý** empfindlich; empfindsam; gefühlvoll.

citoslovce n *(2) Gr.* Interjektion f.

citov|at ⟨*za-*⟩ ⟨*-tuji*⟩ zitieren; *(nur impf.) Geister* beschwören; **~ka** f *(1c; -vek)* Schnulze f; **~ost** f *(4)* Sensibilität f, Empfindsamkeit f; **~ý** Gefühls-, Gemüts-.

citr|ón m *(2; 6. -u/-ě)* Zitrone f; **~onáda** f *(1)* Zitronenlimonade f; Zitronensirup m.

citrón|ka F f *(1c; -nek)*, **~ovka** f *(1c; -vek)* Zitronenlimonade f; **~ový** Zitronen-; zitronengelb.

citu|plný gefühlvoll; **~prázdný** gefühllos.

citýrovat F *(im)pf.* *(-ruji)* zitieren, vorladen; *(nur impf.)* triezen, plagen.

civět F ⟨pro-, za-⟩ *(3 Pl. -ějí)* gaffen; Zeit vertrödeln; herumlungern.

civil *m (2a)* Zivil(kleidung *f*) *n*; Zivilleben *n*; F *(1)* = ~**ista** *m (5a)* Zivilist *m*; ~**izace** *f (2)* Zivilisation *f*; ~**izační** Zivilisations-; ~**izovaný** zivilisiert; ~**izovat** ⟨z-⟩ *(-zuji)* zivilisieren; ~**ní** zivil.

cívk|a *f (1c; -vek)* Spule *f (a. El.),* Rolle *f*; ~**ový** *El.* Spulen-.

ciz|ácký Fremd-, fremd(ländisch); ~**áctví** *n (3)* fremdes Wesen *n*, Fremdartigkeit *f*; ~**ák** *m (1a)* Fremde(r) *m*, Fremdling *m*.

ciz|í *(Komp. cizejší)* fremd; ausländisch; auswärtig; ~ *jazyk* Fremdsprache *f*; ~ *slovo* Fremdwort *n*; ~**ina** *f (1)* Ausland *n*, Fremde *f*; ~**inec** *m (3; -nc-; 1 Pl. -i),* ~**inka** *f (1c; -nek)* Fremde(r) *m u. f*; ~**inec** *m (3; -nc-; 1 Pl. -i),* ~**inka** *f (1c; -nek)* Fremde(r) *m u. f*; Ausländer(in *f*) *m*; ~ *ruch* Fremdenverkehr *m*; ~*ká legie* Fremdenlegion *f*; ~**it se** ⟨*odse*⟩ sich entfremden.

cizo|jazyčný fremdsprachig, Fremdsprachen-; ~**krajný** fremdländisch, exotisch.

cizolož|it ⟨z-⟩ die Ehe brechen, Ehebruch begehen; ~**ník** *m (1a),* ~**nice** *f (2a)* Ehebrecher(in *f*) *m*; ~**n(ick)ý** ehebrecherisch; ~**ství** *n (3)* Ehebruch *m*.

cizopas|it schmarotzen; ~**nictví** *n (3)* Schmarozertum *n*; ~**ník** *m (1a)* Schmarotzer *m*, Parasit *m*; ~**ný** Schmarotzer-, parasitär.

cizo|rodý fremdartig; ~**ta** *f (1)* Fremdheit *f*, Fremdartigkeit *f*; ~**vláda** *f (1)* Fremdherrschaft *f*; ~**zemec** *m (3; -mc-),* ~**zemka** *f (1c; -mek)* Ausländer(in *f*) *m*; ~**zemsko** *n (1b)* Ausland *n*; ~**zemský** ausländisch.

clít ⟨pro-⟩ *(clil)* verzollen.

clo *n (1; 6. -u/-e; cel)* Zoll *m*; *clu podrobený* zollpflichtig; *cla prostý* zollfrei.

clon|a *f (1)* Vorhang *m*; *fig.* Schleier *m*; *Tech.* Schirm *m*; *Fot.* Blende *f*; *Mil.* (Feuer-)Riegel *m*; ~**it** ⟨*při-, za-*⟩ abschirmen; *Fot.* abblenden; ~**ka** *f (1c; -nek) Fot.* Blende *f*.

cloum|at ⟨za-⟩, ~**nout** *pf.,* zazerren, ziehen *(čím an D)*; rütteln *(čím an D)*; ~ *čím sem tam* et. hin- und herzerren.

cmírat ⟨na-, po-⟩ Wein pan(t)schen.

co *(s. Anhang) 1.* was; *(čím(ž))* wodurch; *fig.* woher; *čím jste?* was sind Sie von Beruf?; *2.* etwas; *mám ~ dělat* ich habe (etwas) zu tun; *3.* seit(dem); sobald; *4. (Dauer, Wiederholung)* den ~ den Tag für Tag; *krok ~ krok* bei jedem Schritt; ~ *živ budu* mein Leben lang; ~ *jen* bis ... nur; *5. (Superlativ)* ~ *nejdřív* so früh *(od.* bald) wie möglich; ~ *nejrychleji* so schnell wie möglich, schnellstens; ~ *možná* möglichst; *6. (in bezug auf, hinsichtlich)* ~ *do správnosti* was die Richtigkeit betrifft; *7. (Vergleich)* † *sladký ~ med* süß wie (der) Honig; *8. (fragend)* ~*?* nicht?, nicht wahr?, was?, wie?; *9.* ~ *za* was für ein(er); *s. a. nač, oč, več, zač*; F ~ *je to zač?* was ist das für einer?; ~**koli(v)** was auch immer.

cop *m (2a)* Zopf *m*.

copak? was denn?

cop|ánek *m (2b; -nk-)* Zöpfchen *n*; ~**ařský** aus der Zopfzeit (stammend); *fig.* zopfig, rückständig.

cos(i) irgend etwas, F irgendwas.

coul *m (2a)* Zoll *m* (Maß).

cour|a *f (1d)* Schlampe *f*; ~**ák** *m (2b)* Bummelzug *m*; (Straßenbahn-) Anhänger *m*; † langer Überrock *m*; ~**at** ⟨*roz-, za-*⟩ schleppen; F ~ *se* (herum-)schlendern; (nach)schleppen; ~**avý** F schleppend; ~**ek** *m (2b; -rk-)* Rinnsal *n*, dünner *(Wasser-)*Strahl *m*.

couv|at ⟨vy-⟩, ~**nout** *pf.,* u- (zurück)weichen *(a. fig.)*; *couvnout o krok* e-n Schritt zurücktreten.

což was; ~*?* nicht?, nicht wahr?, was?, wie?; ~ *o to* das ist das wenigste; F *jen* ~ *was das Zeug hält*; ~*e* was denn?, weshalb?; ~**pak** denn; ~ *mě neslyšíš?* hörst du mich denn nicht?

cpanice *f (2a)* Gedränge *n*; F Fresserei *f*.

cpát ⟨*na-, vecpat*⟩ *(cpu, cpal)* stopfen; (hinein)pferchen; auf drängen; ⟨*vycpat*⟩ ausstopfen; ~ *se* ⟨*nacpat se*⟩ sich vollstopfen *mit Essen*, ⟨*vecpat se*⟩ sich hineindrängen, -zwängen.

crčet ⟨za-⟩, **crk|at** ⟨za-⟩, ~**nout** *(-kl)*⟩ rinnen, rieseln; *s. a. cvrnkat.*

crn- s. cvrn-.
ctěný ⟨*mst in Briefen*⟩ geehrt.
cti s. čest.
ctihodn|ost f (4) Ehrwürdigkeit f; ~ý ehrwürdig, ehrenwert.
ctít ⟨po-, u-⟩ ⟨*ctil, ctěn*⟩ (ver)ehren; beehren; bewirten (čím mit D); ~ barvu (*beim Kartenspiel*) Farbe bekennen.
ctitel m (3; -é), ~ka f (1c; -lek) Verehrer(in f) m.
ctižádost(iv|ost) f (4) Ehrgeiz m; ~ý ehrgeizig.
ctnost f (4) Tugend f; ~ný tugendhaft.
ctný † ehrbar.
cuc|áček m 1. (1a; -čk-) s. cucák¹; 2. (2b; -čk-) (*Baby-*)Saugflasche f; ~ák¹ m (1a) Säugling m; *verä.* Milchbart m; ~ák² f m (2b) Lutscher m, Schnuller m; ~at ⟨vy-⟩ (aus)saugen; ⟨po-⟩ *Daumen, Bonbon* lutschen; ~avý saugend; Lutsch-; ~ky m/pl. (2b) Werg n; na ~ in Fetzen; peněz jako -ků Geld wie Heu; ~nout pf., u-, vy- s. cucat.
cud|nost f (4) Keuschheit f, Sittsamkeit f; ~ný keusch, sittsam, züchtig.
cuch|anice f (2a) Gewirr n; ~at ⟨roz-, z-⟩ durcheinandermengen; *Haar* zerzausen; *Kleider* nicht schonen; ~ta P f (1) Schlampe f.
cuk m (2b) Ruck m; F v ~u letu ruck, zuck; ~at ⟨za- (se)⟩ zucken.
cuker|ín m (2a) Süßstoff m, Saccharin n; ~natý zuckerhaltig; verzuckert; ~ni, ~ný Zucker-.
cuknout pf., za- s. cukat; ~ sebou zusammenzucken.
cukr m (2a) Zucker m; ~árna f (1; -ren) Konditorei f, Zuckerbäckerei f; ~ář m (3) Konditor m, Zuckerbäcker m; ~ářský Konditor-, Zuckerbäcker-; ~ářství n (3) Zuckerbäckerei f; ~átko n (1b; -tek) Bonbon n od. m; ~kandl F m (2a) Kandiszucker m; ~oušek F m (1a; -šk-) Süße f, Schatz m.
cukrovar m (2a) Zuckerfabrik f; ~nictví n (3) Zuckerindustrie f; ~ský Zuckerfabriks-, ~ství n (3) Zuckerindustrie f.
cukrov|at v/t ⟨na-, o-, po-⟩ ⟨-ruji⟩ zuckern, süßen; v/i *Tauben:* girren; F ~ se s kým schnäbeln, schmusen; ~í n (3) Zuckerwerk n; ~inka f (1c; -nek): -ky pl. Süßwaren f/pl.; ~ka f (1c; -vek) Zuckerrübe f; Zuckerkrankheit f; ~ník m (2b) Zuckerrohr n; ~ý Zucker-; zuckersüß.
cukřenka f (1c; -nek) Zuckerdose f, -streuer m.
culík m (2b) Zopf m.
culit se F grinsen.
cum|el m (2 od. 4; -ml-; 6. -u/-e/-i) s. cucák²; ~**lat** lutschen; ⟨u-⟩ ablutschen; ~**lík** m (2b) s. cucák².
cumpl|a f (1a; -pel), ~och m (1a) Schlampe f.
cup *Int.* trapp; ~y dupy trapp trapp.
cupat ⟨po-, za-⟩ *Kind:* trippeln, trampeln, stampfen.
cůpek m (2b) s. cop, culík.
cup|nout pf. (-pl) aufstampfen; s. cupat; ~**ot** m (2a) Trippeln n; Trampeln n, Stampfen n; ~**ovat** ⟨roz-⟩ ⟨-puji⟩ zupfen; zerpflücken; ~**y** s. cup.
cvak|at ⟨za-⟩, ~**nout** pf., za- ⟨-kl⟩ klappern; klicken; knacken; *Uhr:* ticken; ~**ot** m (2a) Klappern n; Ticken n.
cval m (2a) Galopp m; ~em im Galopp.
cválat galoppieren.
cvalík F m (1a) Dickerchen n (*Kind*); Dicke(r) m.
cvičeb|na f (1; -ben) Übungszimmer n, -raum m; ~**nice** f (2a) Übungsbuch n; ~**ný** Übungs-.
cvičen|ec m (3; -nc-) Übungsteilnehmer m; Schüler m; Turner m; ~**í** n (3) Übung f; Schulung f; Turnen n; ~**ka** f (1c; -nek) Übende f; Turnerin f; ~**ost** f (4) Übung f (*Routine*); Dressur f; ~**ý** geübt; geschult.
cvičiště n (2a) Übungsplatz m, Turnplatz m; Exerzierplatz m; ~**t** ⟨vy-⟩ üben; turnen; schulen, ausbilden; abrichten, dressieren; ~**tel** m (3; -é), ~**telka** f (1c; -lek) Sportlehrer(in f) m; Vorturner(in f) m; Instrukteur(in f) m, Ausbilder(in f) m.
cvič|ky f/pl. (2; -ček) Turnschuhe m/pl.; ~**ný** Übungs-.
cvik m (2b) Übung f; vyjít z ~u aus der Übung kommen.
cvikla f (1a; -kel) Runkelrübe f, Mangold m.
cvilink m (2b) Zwillich n; ~**ový** Zwillich-.
cvo|ček m (2b; -čk-) (*Schuh-*)Zwecke f, Nagel m; *fig.* (1a; -čk-;

-čkové) Knirps *m*, Dreikäsehoch *m*; ~k *m* (*2b*) Zwecke *f*; F už nemá ani ~a er ist blank, er hat k-n roten Heller; (*Pl. -ci/-ové*) s. cvoček (*fig.*).

cvrč|ala *f* (*1a*) *Zo.* Rotdrossel *f*; ~ek *m* (*1a*; *-čk-*; *-čkové*) Grille *f*; F Knirps *m*; ~et ⟨*za-*⟩ zirpen; ~ivý zirpend.

cvrk|at ⟨*za-*⟩, ~nout *pf.*, *za-* s. cvrčet; ~ot *m* (*2a*) Zirpen *n*.

cvrlik|at ⟨*za-*⟩ zwitschern; ~ot *m* (*2a*) Gezwitscher *n*, Zwitschern *n*.

cvrn|čet ⟨*za-*⟩, ~kat ⟨*za-*⟩, ~knout *pf.*, *za-* Sporen: klirren; *Geld:* klimpern; ~kot *m* (*2a*) Klirren *n*, Geklirr *n*; (*Gläser-*)Klang *m*.

cyklický zyklisch.

cyklist|a *m* (*5a*), ~ka *f* (*1c*; *-tek*) Radfahrer(in *f*) *m*; ~ický [*-tı-*] Rad(fahr)-; ~ika [*-tı-*] *f* (*1c*) Radsport *m*.

cyklus *m* (*2b*; *-kl-*) Zyklus *m*.

cylindr *m* (*2a*) Zylinder *m*; ~ický zylindrisch; ~ový Zylinder-; zylinderförmig.

cynický [*-nı-*] zynisch.

cypřiš *m* (*4*) Zypresse *f*; ~ový Zypressen-.

cyrilice *f* (*2a*) zyrillische (kyrillische) Schrift *f*.

Č

čabraka f (1c) Schabracke f.
čacký † wacker, brav; bieder.
čad † m (2a) Qualm m; **~it** ⟨na- (se), o-, za-⟩ (-děn/-zen) rauchen, qualmen; **~ivý** qualmend.
čahoun F m (1) Schlaks m, Bohnen-, Hopfenstange f.
čachr F m (2a) Schacher(ei f) m; **~y** pl. a. Machenschaften f/pl.; **~ovat** ⟨za-⟩ (-ruji) schachern.
čaj m (4) Tee m; **~ o páté** Fünfuhrtee; **~ník** m (2b) Teekanne f; **~ovar** m (2a) (elektrische) Teemaschine f; **~ovka** f (1c; -vek) Teerose f; Teewurst f; **~ovna** f (1; -ven) Teestube f; **~ový** Tee-.
čáka f (1c) Hoffnung f, Aussicht f; † *Mil.* Tschako m.
čakan m (2; 6. -u/-ě) Bergstock m; *hist.* Kampfbeil n; † Galgen m.
čalamáda f (1) Mixed Pickles pl., Essiggemüse n.
čaloun m (2a) Tapete f; Wandteppich m; **~ěný** tapeziert; **~ nábytek** Polstermöbel n/pl.; **~ický** Tapezierer-; **~ictví** n (3) Tapeziergewerbe n; Tapezierwerkstatt f; **~ík** m (1a) Tapezierer m; **~it** ⟨o-, vy-⟩ (-ěn), **~ovat** ⟨o-, vy-⟩ (-nuji) tapezieren.
čamara f (1d) *hist.* Schnürrock m.
čamrda f (1) Knopf m; Kreisel m.
čáp m (1) Storch m.
čap|at ⟨na-⟩ erhaschen, schnappen; **~í** Storch(en)-; **~ka** f (1c; -pek) Mütze f, Kappe f; **~nout** pf. (-pl/-pnul, -pla) s. čapat.
čára f (1d; 7 Sg., 3, 6, 7 Pl. a. čár-) Strich m; Linie f; **demarkační ~** Demarkationslinie f; **půlicí ~** *Sp.* Mittellinie f; **sněžná ~** Schneegrenze f; **stavební ~** *Arch.* Bauflucht f; **zlomková ~** *Math.* Bruchstrich f.
čárat s. čmárat.
čár|čička f, **~ečka** f (1c; -ček) (kleiner) Strich m; **~ka** f (1c; -rek) s. čárčička; *Gr.* Komma n; (tschech.) Längezeichen n; Akut m; **~kovaný** gestrichelt; **~kovat** ⟨pře-, vy-, za-⟩ (-kuji) stricheln, schraffieren; liniieren; **~kový** Linien-, Strich-.

čárný *poet.* bezaubernd.
čaro- *in Zssgn* Zauber-.
čaroděj m (3) Zauberer m; **~nice** f (2a) Hexe f; **~nický** Zauber(er)-; **~nictví** n (3) Zauberkunst f; Zauberei f, Hexerei f; **~ník** m (1a) s. čaroděj; **~ný** Zauber-, Wunder-, magisch.
čaro|krásný zauberhaft, bezaubernd (schön); **~kruh** m (2b) Zauberkreis m; **~vání** n (3) Zauberei f; **~vat** ⟨za-⟩ (-ruji) (ver)zaubern; (be)hexen; **~vný** Zauber-, zaubernd, zauberhaft; **~ proutek** Wünschelrute f.
čáry m/pl. (1d) Zauberei f, Hexerei f; **v tom jsou nějaké ~** das geht nicht mit rechten Dingen zu; **~ máry** Hokuspokus m.
čas m (2; 6. -u/-u) 1. Zeit f; *Gr.* budoucí **~** Futur n, Zukunft(sform) f; minulý **~** Präteritum n, Vergangenheit(sform) f; předminulý **~** Plusquamperfekt n, Vorvergangenheit f; přítomný **~** Präsens n, Gegenwart(sform) f; svrchovaný **~** höchste Zeit; **včera těmi ~y** gestern um diese Zeit; **na ~** provisorisch; **na ten ~** einstweilen; **do ~u** auf Zeit, für einige Zeit; **~ od ~u**, **ob ~** zeitweise, von Zeit zu Zeit; **v pravý ~** zur rechten Zeit; **po ~e** verspätet, zu spät; **za onoho ~u** zu jener Zeit; **dát** ⟨od. nechat⟩ **si na ~** sich Zeit lassen; **není ~u nazbyt** es ist keine Zeit zu verlieren; **v ~ potřeby** im Bedarfsfall; **jednou za ~** ab und zu, hie und da; **za ~ů** zur Zeit (G); 2. Wetter n; **deštivý ~** Regenwetter; **dělá se na ~y** es heitert sich auf; P **psí ~** Sauwetter, Hundewetter; **~em** *Adv.* mit (od. im Laufe) der Zeit; von Zeit zu Zeit; **~ně** *Adv.* (früh)zeitig; frühmorgens; **~nost** f (4) Zeitlichkeit f; **~ný** früh, zeitig, zeitlich, vergänglich.
časo|měr m (2a) Chronometer n; **~měřič** m (3) Zeitnehmer m; **~morný** zeitraubend.
časopis m (2; 6. -e/-u) Zeitschrift f; **~ecký** Zeitungs-; **~ectví** n (3) Zeit-

schriftenwesen *n*; ~**ný** Zeitschriften-.

časov|ací *Gr.* Konjugations-; ~**ání** *n* (3) *Gr.* Konjugation *f*; ~**aný**: -*ná bomba* Zeitbombe *f*; ~**at** (-*suji*) ⟨*pro*-, *vy*-⟩ konjugieren; (*im*)*pf.*, *na-Tech.* auf Zeit einstellen; ~**atelný** konjugierbar.

časo|vost *f* (4) Aktualität *f*; ~**vý** Zeit-, zeitlich; zeitgemäß, aktuell; *Gr.* Temporal-; ~ *postup* Zeitenfolge *f*.

část *f* (4) Teil *m*; Partie *f*; ~ *oděvu* Kleidungsstück *n*; *po* ~*ech* ratenweise; *z největší* ~*i* größtenteils, zum größten Teil; ~**ečka** *f* (1c; -*ček*) Teilchen *n*; ~**ečný** Teil-; teilweise, zum Teil.

častěji öfter(s).

část|ice *f* (2a) Teil *m*; *Gr.* Partikel *f*; ~**ka** *f* (1c; -*tek*) *Hdl.* Betrag *m*; (An-)Teil *m*; *po* ~*kách* in Raten, ratenweise.

často *Adv.* (*Komp.* častěji) oft, häufig; ~**krát** oftmals, vielfach.

častovat ⟨*po*-, *vy*-⟩ (-*tuji*) bewirten; ~**el** *m* (3; -*é*), ~**elka** *f* (1c; -*lek*) Gastgeber(in *f*) *m*.

častý häufig, oftmalig.

čečetka *f* (1c; -*tek*) *Zo.* Birkenzeisig *m*, Leinfink *m*; *fig. jako* ~ wie ein Wiesel.

čedič *m* (4) *Min.* Basalt *m*; ~**ový** Basalt-.

čeho *s.* co.

čehý *Int.* hüh! (*Fuhrmannsruf*)

Čech *m* (1a; -*ši*|-*chové*) Tscheche *m*.

čechman *m* (1) *s.* čerchman.

Čechoslov|ák *m* (1a), ~**ačka** *f* (1c; -*ček*) Tschechoslowake *m*, -in *f*.

čechr|adlo *n* (1a; -*del*) (Woll-)Öffner *m*, (Werg-)Wolf *m*; ~**at** ⟨*roz*-, *z*-⟩ (-*ruji*) auflockern; *Wolle* öffnen; *Haar* (zer)zausen.

Čechy *f*/*pl.* (1) Böhmen *n*.

čejka *f* (1c; -*jek*) *Zo.* Kiebitz *m*.

čekl|ací Warte-; ~**an** *m s.* čakan. ~**aná** *f* (*Adj.* 2) *Jagdw.* Anstand *m*; ~**ání** *n* (2) Warten *n*; ~**anka** *f* (1c; -*nek*) *Bot.* Wegwarte *f*, Zichorie *f*; ~**árna** *f* (1; -*ren*) Warteraum *m*, Wartesaal *m*; ~**at** warten; erwarten; *Hdl. j-m et.* stunden; *to se dalo* ~ das mußte zu erwarten; *nedát na se* ~ *fig.* nicht ausbleiben; ~ *se* erwartet werden; *žena se čeká* die Frau erwartet ihre schwere Stunde; *s.a.* dočkat, vyčkat.

čeládka *f* (1c; -*dek*) Gesinde *n*, Dienerschaft *f*; F (Vogel-, Kinder-) Schar *f*; *verä.* Gesindel *n*, Sippe *f*.

čeládka| *s. Zo.* Familie *f*.

čeleď *f* (4d; -*di*|-*dě*, -*děmi*) *s.* čeládka; *Zo.* Familie *f*.

čeled|ín *m* (1) Knecht *m*; ~**ní** Gesinde-, Dienstboten-; ~**ník** *m* (2b) Gesindestube *f*.

čelenka *f* (1c; -*nek*) Stirnband *n*; Diadem *n*.

čelist *f* (4) *Anat.* Kiefer *m*; Kinnlade *f*; *Tech.* Backe *f*; ~**ní** Kiefer-; Backen-.

čel|it trotzen, die Stirn bieten; ~ *k č-u od. nač* auf et. abzielen; ~ *proti č-u* gegen et. gerichtet sein, sich richten gegen (A); ~**mo** *Adv.* frontal; ~**ní** Stirn-; Frontal-, Vorder-; ~**ný** Spitzen-, Haupt-, führend; vornehm; ~**o** *n* (1a) Stirn *f*; Front *f*; *stát v* ~*le* an der Spitze stehen; *postavit v* ~*lo* an die Spitze stellen; ~*lem vzad!* ganze Abteilung kehrt!, *öst.* kehrt euch!

čem *s.* co.

čemeřice *f* (2a) *Bot.* Nieswurz *f*.

čemu *s.* co.

čenich *m* (2b) Rüssel *m*; ~**at** ⟨*pro*-, *vy*-, *za*-⟩ wittern, riechen (*a. fig.*); schnüffeln, schnuppern.

čep *m* (2a) Zapfen *m*, Spund *m*; *pivo od* ~*u* Bier vom Faß; ~**covitý** haubenartig; ~**ec** *m* (4; -*pc*-) Haube *f*; *Zo.* Netzmagen *m*; ~**eček** *m* (2b; -*čk*-) Häubchen *n*.

čepel *m* (4), *mst* *f* (3) Klinge *f*; (Säge-)Blatt *n*; *Bot.* Blattfläche *f*; ~**ka** *f* (1c; -*lek*) Rasierklinge *f*.

čep|ice *f* (2a) Mütze *f*, Kappe *f*; *biskupská* ~ Bischofsmütze *f*; F *mít pod* ~*cí od. v* ~*ci* e-n in der Krone haben; ~**ička** *f* (1c; -*ček*) Käppchen *n*; *Tech.* Kappe *f*; (Vogel-)Haube *f*.

čepo|bití *n* (3) *Mil.* Zapfenstreich *m*; ~**vat** (-*puji*) ⟨*na*-, *vy*-⟩ Bier zapfen; *Tech.* ⟨*s*-, *za*-⟩ verzapfen.

čepýřit ⟨*na*-, *roz*-, *z*-, *za*-⟩ sträuben, aufplustern (se sich); *fig.* ~ *se* in Harnisch geraten.

čerch(m)an P *m* (1) Teufel *m*, Deibel *m*.

čermá|ček *m* (1a; -*čk*-), ~**k** *m* (1a) *Zo.* Gartenrotschwanz *m*.

čerň *f* (3) Schwarz *n*; Schwärze *f*; *tiskařská* ~ Druckerschwärze.

čern|at ⟨*z*-⟩ schwarz werden; ~ *se* ⟨*za*-⟩ schwarz erscheinen; ~**ava** *f* (1) Schwarzerde *f*; schwarze Wol-

černavý 50

ken f/pl.; ~avý schwärzlich; ~ět ⟨3 Pl. -ějí⟩ s. černat; ~idlo n (1a; -del) Schwärze f, Schuhwichse f; ~it ⟨o-, u-⟩ (-ěn) schwarz färben; (an)schwärzen.

černo[1] n (1) Schwarz n; ~[2] Adv. schwarz; dělá se mi ~ před očima es wird mir schwarz vor den Augen; barvit na ~ schwarz färben; P jet (koupit) na ~ schwarz fahren (kaufen); práce na ~ Schwarzarbeit f.

černo|-in Zssgn schwarz-, Schwarz-; ~bílý schwarzweiß; ~bradý schwarzbärtig; ~býl m (2; 6. -u/ -e) Bot. Beifuß m; ~hlávek m (1a; -vk-) Zo. Mönchsgrasmücke f; F Schwarzhaarige(r); (2b; -vk-) Bot. Brunelle f.

Černohor|ec m (3; -rc-), ~ka f (1c; -rek) Montegriner(in f) m; ~ský montenegrinisch.

černohřívý schwarzmähnig, mit schwarzer Mähne.

černoch m (1a) Neger m; F Schwarzarbeiter m.

černokněž|nictví n (3) schwarze Kunst f, Magie f; ~ník m (1a) Schwarzkünstler m, Zauberer m.

černo|lesklý schwarzschimmernd, ~moří n (3) Schwarzmeergebiet n; ~oký schwarzäugig; ~plášťník m (1a) Zo. Trauermantel m; ~st f (4) Schwärze f (Aussehen); ~ška f (1c; -šek) Negerin f, P Schwarze f; ~šský Neger-; ~vlasý schwarzhaarig; ~vousý schwarzbärtig; ~žlutý schwarzgelb; fig. hist. k. u. k. österreichisch.

černý ⟨Adv. -ě, -na -o⟩ schwarz; ~ jako uhel kohlschwarz; -ná hodinka Dämmerstunde f; -ná zvěř Schwarzwild n; -né na bílém schwarz auf weiß; ~ chléb Schwarzbrot n; -né pivo dunkles Bier n; chodit v -ném schwarz gekleidet gehen, Schwarz tragen; ~š m (4) Bot. Wachtelweizen m.

čerp|ací Schöpf-; ~adlo n (1a; -del) Pumpe f; ~ák m (2b) (hölzernes) Schöpfgefäß n; ~at ⟨na-⟩ schöpfen; pumpen.

čerstv|ost f (4) Frische f; ~ý ⟨Adv. -ě/-o, z[a] -a⟩ frisch; munter, flink.

čert m (1) Teufel m; u ~a! zum Teufel!; ~ děvče Teufelsmädchen n; po ~ech těžké verteufelt (verdammt) schwer; ~i ho berou, ~i jím šijí der Teufel reitet ihn; vyhánět ~a ďáblem den Teufel mit (dem) Beelzebub austreiben; bylo mu to ~a platné es nützte ihm nichts; ~ice f (2a) Teufelin f; ~ík m (1a) Teufelchen n; ~ovina f (1), ~ovství n (3) Teufelei f, Teufelswerk n; ~ov(sk)ý Teufels-, teuflisch.

červ m (1) Wurm m, Made f; ~ (zlého) svědomí Gewissenswurm.

červ|ánky m/pl. (2b) Morgen- od. Abendrot n; ~ový Purpur-; purpurrot; ~ec m (3; -vc-) (Koschenille-)Schildlaus f; ~en m (2a; -vn-; 2. -vna) Juni m; ~eň f (2; -vn-) Rot n, Röte f.

červen|at ⟨z-, za-(se)⟩ rot werden; ~avý rötlich; ~cový Juli-; ~ec m (4; -nc-) Juli m; ~ět s. červenat; ~it ⟨na-, za-(se)⟩ rot (ab)färben; rot schimmern; ~ka f (1c; -nek) (Schweine-) Rotlauf m; Zo. Rotkehlchen n; ~o n (1) Rot n.

červeno|-in Zssgn Rot-, rot-; ~bílý rot-weiß; ~hnědý rotbraun; ~lící rotwangig; ~modrý rot-blau; ~nosý rotnasig; ~st f (4) Röte f.

červený ⟨Adv. -o, -ě⟩ rot, Rot-.

červ|íček m (1; -čk-) Würmchen n; ~ivost f (4) Wurmfraß m; Med. Wurmkrankheit f; ~ivý wurmstichig; madig; Zahn: hohl, ~nový Juni-.

červotoč m (3) Holzwurm m; ~ina f (1) Wurmfraß m; Wurmstichigkeit f; Holzmehl n; ~ivý wurmstichig.

červovitý wurmförmig; ~ výběžek slepého střeva Anat. Wurmfortsatz m.

čeřen m (2a) Hamen m; ~ na úhoře Aalreuse f; (Gebirgs-)Kamm m.

čeřit ⟨roz-, z-⟩ kräuseln (se sich); Chem. (ab)klären.

česač m (3) (Obst-)Pflücker m; (Woll-)Kämmer m, ~ka f (1c; -ček) Pflückerin f; Kämmaschine f.

česa|ný gekämmt; Kamm-; -ná příze Kammgarn n; ~t ⟨-šu/-sám⟩ ⟨po-, pro-, vy-⟩ (aus-, durch)kämmen; Pferd striegeln; ⟨na-, s-⟩ Obst, Hopfen (ab)pflücken.

česko|-in Zssgn tschechisch; Geogr. böhmisch; ~bratrský: Č-ká církev Kirche f der Böhmischen Brüder; Böhmische Brüdergemeinde f; Herrnhuter m/pl.; ~německý tschechisch-deutsch.

Československ|o n (1b) Tschechoslowakei f; **ý** tschechoslowakisch.
český (Adv. -y) tschechisch; Geogr. böhmisch. {n.}
česlo n (1a; -sel) (Bienen-)Flugloch
česn|áček m (2b; -čk-) Bot. Knoblauchsrauke f; **~ečka** f (1c; -ček) Knoblauchsuppe f; **~ek** m (2b) Knoblauch m; **~ekový** Knoblauch-.
čest f (4; cti) Ehre f; pokládat si za ~ es sich zur Ehre machen; es als Ehre betrachten; na mou ~ auf Ehre; beze cti ehrlos; ke cti zu Ehren; smysl pro ~ Ehrgefühl n; **~nost** f (4) Ehrenhaftigkeit f; **~ný** ehrenhaft; Ehren-; Sp. fair.
Češ|i s. Čech; **~ka** f (1c; -šek) Tschechin f.
čéška f (1c; -šek) Anat. Kniescheibe f.
češství n (3) Tschechentum n.
čeští m belebt/pl. v. český.
češtin|a f (1) Tschechisch n; **~ář** m (3), **~ářka** f (1c; -řek) Tschechischlehrer(in f) m.
čet|a f (1) (Arbeiter-)Kolonne f, Gruppe f, Mannschaft f; Trupp m; Mil. Zug m; **~ař** m (3) Zugführer m; **~ba** f (1) Lektüre f, Lesestoff m; **~l** s. číst.
četn|ický Gendarmerie-; **~ictvo** n (1) Gendarmerie f; **~ík** m (1a) Gendarm m; **~ost** f (4) (große) Anzahl f; Häufigkeit f; **~ý** zahlreich; -ná rodina kinderreiche Familie.
či Kj. oder.
čí wessen.
či|buk m (2b) (kurze) Pfeife f; **~čerka** f (1c; -rek) Bot. Kronwicke f; **~dlo** n (1a; -del) Sinnesorgan n; Tech. Fühler m; **~hadlo** n (1a; -del) Vogelherd m.
číhaná (Adj. 2) Lauer f; Jagdw. Anstand m; být na -né auf der Lauer liegen.
číhař m (3) Vogelsteller m.
číha|t ⟨po- si⟩ lauern; j-m auflauern; **~ na ptáky** den Vögeln nachstellen; **~vý** lauernd.
čich m (2b) Geruch(ssinn) m; Spürsinn m; (Hund) Witterung f; **~at** ⟨vy-, za-⟩, **~nout** pf., při- ⟨si⟩ riechen; wittern; **~ čertovinu** eine Teufelei vermuten; **~ový** Geruchs-.
čik P m (2b) (Zigaretten-)Kippe f.
čili Kj. oder.
čilimník m (2b) Bot. Geißklee f; Goldregen m.

čílko n (1b; -lek, 6. -ách) Stirn f; s. čelo.
čil|ost f (4) Raschheit f, Beweglichkeit f, Munterkeit f; **~ý** rege, lebhaft; munter; flink; rührig.
čím s. co; ... tím je ... desto.
čimišník m (2b) Erbsenstrauch m, -baum m.
čin m (2a) Tat f, Handlung f; nelidský ~ Untat; ~ pomsty Racheakt m; smělý ~ Handstreich m; místo ~u Tatort m.
Čí|na f (1) China n; **~ňan** m (1; -é) Chinese m; **~ňanka** f (1c; -nek) Chinesin f.
činaný Kdspr. hübsch, niedlich.
činčila f (1a) Chinchilla f.
činely m/pl. (1) Mus. Becken n/pl.
čini|dlo n (1a; -del) Gerbemittel n; Chem. Reagens m; **~t** ⟨u-⟩ 1. tun, machen; Anspruch erheben; Druck ausüben; Hindernisse in den Weg legen; Vorbereitungen treffen; Folgerungen ziehen; Gewalt antun; Gerechtigkeit widerfahren lassen; Hdl. betragen, sich belaufen (auf); 2. F ~ k-u j-n rügen, herunterputzen; 3. toben; 4. Leder gerben; 5. ~ se ⟨při-⟩ sich beeilen, sich bemühen et. zu tun; **~tel** m (4; -él/-e) Faktor m; (3; -é) (Gewerkschafts-, Partei-) Funktionär m; veřejný ~ e-e Persönlichkeit des öffentlichen Lebens; povolání **~é** die berufenen Organe.
čin|ka f (1c; -nek) Sp. Hantel f; **~nost** f (4) Tätigkeit f; s. uvést; **~ný** tätig, aktiv; výdělečně ~ erwerbstätig, ~ rod Gr. Aktiv(um) n, Tätigkeitsform f; ~ život arbeitsreiches Leben f.
čino|hra f (1d; -her) Schauspiel n; **~rodý**: ~ život tatenreiches Leben; **~vník** m (1a), **~vnice** f (2a) Funktionär(in f) m.
čín|ský (Adv. -y) chinesisch; **~ština** f (1) Chinesisch n.
činž|ák F m (2b) Miethaus f, F Mietskaserne f; **~e** f (2) (Miet-)Zins m; **~ovní** Miet(s)-.
čípek m (2b; -pk-) Zäpfchen n; Tech. Stift m.
čiper|a F f (1d) od. m (5), **~ka** F f (1c; -rek) od. m (2b) junge, flinke Person f; **~nost** F f (4) Flinkheit f; **~ný** flink, gewandt.
čiročirý F rein, lauter, klar; völlig.
čir|ost f (4) Lauterkeit f; **~ý** (Adv. -ře) lauter, rein; klar; -rá tma stock-

číryčáry

finster; **-rá** noc tiefe (finstere) Nacht f.
číryčáry F f/pl. (1) Gekritzel n.
číř|ení n (3) Klärung f; **~it** s. čeřit; **~ikat** ⟨za-⟩ zwitschern.
čísel|nice f (2a) (Telefon-)Nummernscheibe f; **~ník** m (2b) Zifferblatt n; **~ný** zahlenmäßig, numerisch.
číslice f (2a) Ziffer f.
číslo n (1a; -sel) Zahl f; Nummer f; Gr. jednotné ~ Einzahl f, Singular m; dvojné ~ Zweizahl f, Dual m; množné ~ Mehrzahl f, Plural m; ~ stránky Seitenzahl f.
číslov|ací Numerier-; ~ stroj m, **~ačka** f (1c; -ček) Numeriermaschine f; **~aný** numeriert; **~at** ⟨o-, pře-, za-⟩ (-luji) numerieren. **~ka** f (1c; -vek) (základní, řadová) Grund-, Ordnungs-)Zahlwort n; **~ý** Zahlen-.
čísnout F pf. (k-o) j-m e-e knallen.
číst s. čistý.
číst ⟨pře-, pro-⟩ ⟨čtu, četl, čten⟩ lesen; (nahlas laut) vorlesen; ablesen (a. fig. z očí von den Augen).
čist|á P f (Adj. 2) Klarer m; **~ící** Putz-, Reinigungs-; ~ stanice Kläranlage f; **~ič** m 1. (3) Reiniger m, Putzer m; ~ bot Schuhputzer; ~ stok Kanalräumer m; 2. (4) Reinigungsapparat m, Reiniger m; Filter m; **~idlo** n (1a; -del) Putzmittel n; **~írna** f (1; -ren) Reinigung(sanstalt) f; Reinigungsanlage f; ~ petroleje Ölraffinerie f; **~it** ⟨o-, pro-, vy-, za-⟩ (-štěn) reinigen, putzen; fig. säubern; Chem. klären, Tech. ⟨z-⟩ raffinieren; **~ka** f (1c; -tek) Pol. Säuberung(saktion) f.
čisto n (1): psát na ~ ins reine schreiben; z -ta jasna aus heiterem Himmel; s. a. čistý; **~krevný** reinblütig, reinrassig; **~pis** m (2; 6. -e/-u) Reinschrift f; **~ta** f (1) Reinheit f; **~tný** reinlich.
čisťou|cký, ~nký F (Adv. -y/-ce) schön sauber, blitzsauber.
čistý (Adv. -ě, na -o, Komp. čistší) rein; sauber, klar; Hdl. Netto-, Rein-.
číš|e f (2) Becher m, Pokal m; **~et** ⟨za-⟩ wehen; ziehen; **~ka** f (1c; -šek) (kleiner) Becher m; **~kovitý** becherförmig; **~ník** m (1a), **~nice** f (2a) Kellner(in f) m.
čištěn|í n (3) Reinigung f, Säuberung f; Chem. Klärung f; Tech. Raffinierung f; **~ý** gereinigt.
čít ⟨u-⟩ (čiji, čij!, čil) s. cítit.
čít|ač m (5) Zähler m; vgl. počítač; **~ací** † Lese-; **~ání** n (3) Lesen n; Zählen n; **~anka** f (1c; -nek) Lesebuch n; **~árna** f (1; -ren) Lesesaal m; **~at** ⟨pro-, přes-⟩ (iter. zu číst) lesen; zählen (v/i).
čitatel m (4; Pl. -é/-e) Math. Zähler m.
čitel|nost f (4) Leserlichkeit f; **~ný** leserlich.
čití n (3) Empfindung f.
čiv m (2a), **~a** f (1) Nerv m; **~ní, ~ový** Nerven-.
čížek m (1a; -žk-; -žci/-žkové) Zeisig m; ⚥ Spottname der Mährer für den Böhmen.
čižma f (1): mst pl. -my (slowak.) Faltenstiefel m/pl.
článek m (2b; -nk-) Element n; (Ketten-, Finger-)Glied n; (Gesetzes-, Zeitungs-)Artikel m; úvodní ~ Leitartikel; ~ víry Glaubenssatz m.
článkov|ání n (3) Gliederung f; Gr. Artikulation f; **~aný** gegliedert; artikuliert; **~at** ⟨roz-⟩ (-luji) artikulieren; s. členit; **~ý** Glieder-.
člen[1] m (1; -ové), **~ka** f (1c; -nek) (strany Partei-)Mitglied n; **~**[2] m (2a) Glied n; Gr. Geschlechtswort n, Artikel m; **~it** ⟨roz-⟩ gliedern; **~itost** f (4) Gliederung f, **~itý** gegliedert; **~ka** f s. člen[1]; **~ovec** m (3; -vc-) Gliedertier n; **~ský** Mitglieder-, Mitglieds-; **~ství** n (3) Mitgliedschaft f; **~stvo** n (1) Mitglieder(zahl f) n/pl.
člověč|e! s. člověk; ~ nezlob se! (Spiel) Mensch ärgere dich nicht!; **~enství** n (3) Menschlichkeit f; **~enstvo** n (1) lit. Menschheit f; **~í** Menschen-; **~ina** f (1) Menschenfleisch n.
člov|ěk m (1a; 5. -ěče!; Pl. lidé) Mensch m; man; to ~ neví das weiß man nicht, das kann man nicht wissen; to musí ~ a pálit das muß einen ärgern; to by ~ utek das ist zum Davonlaufen; **~íček** m (1a; -čk-) Menschlein n; nebylo tam -čka dort war keine Menschenseele.
člun m (2a) Kahn m, Boot n; plachetní ~ Segelboot m; skládací ~ Faltboot; vlečný ~ Schleppkahn; záchranný ~ Rettungsboot; závodní ~ Rennboot; **~ař** m (3) Kahnfahrer m, Ruderer

m; ~ek *m* (*2b*; -*nk*-) Nachen *m*, kleines Boot *n*; (*Weber*-)Schützen *m*; ~ový Boots-.

čmára|l *m* (*1*; -*ové*) Schmierer *m*, Schmierfink *m*; ~nice *f* (*2a*), ~nina *f* (*1*) Gekritzel *n*, Kritzelei *f*; ~t ⟨*na*-, *po*-, *za*-⟩, čmárnout *pf.* (-*rl*/-*rnul*, -*rla*) schmieren, kritzeln.

čmel|ák *m* (*1a*) Hummel *m*, ~ík *m* (*1a*) Hühnerlaus *f*.

čmoud *m* (*2*; *6*. -*u*/-*ě*) Rauch *m*, Qualm; Brandgeruch *m*; ~it *s.* čoudit.

čmouha *f* (*1b*) (Schmutz-)Streifen *m*.

čmuch|álek *m* (*1a*; -*lk*-; -*ové*) Schnüffler *m*; ~at ⟨*pro*-, *vy*-, *za*-⟩ schnüffeln.

čmýra *f* (*1d*) (Monats-)Regel *f*, Periode *f*.

čmýří *n* (*3*) Flaum *m*.

čnělka *f* (*1c*; -*lek*) Bot. Griffel *m*; *Mar.* (Bug-)Spriet *m*.

čnět, čnít (*3 Pl.* -*ějí*/-*i*, -*ěl*) emporragen; heraus- *od.* hervorragen.

čočk|a *f* (*1c*; -*ček*) Linse *f*; ~ovitý linsenförmig; ~ový Linsen-.

čočovice *f* (*2a*): *za* ~*ci*, *za mísu* ~ für ein Linsengericht.

čokl P *m* (*1*; -*ové*) *iron.* Hund *m*, Köter *m*.

čokoláda *f* (*1*) Schokolade *f*; ~ový Schokolade(n)-.

čolek *m* (*1a*; -*lk*-; -*ové*) (Wasser-) Molch *m*.

čou|dit ⟨*na*-, *o*-, *za*-⟩ rauchen, qualmen; ~hat ⟨*vy*-⟩ *s.* čnět.

čpav|ek *m* (*2b*; -*vk*-) Salmiakgeist *m*, Ammoniak *n*; ~kový Ammoniak-; ~ost *f* (*4*) beißender Geruch *m*; ~ý Geruch: beißend.

čpět, čpít ⟨*za*-⟩ (*čpěl*) scharf riechen, F beißen; ~ *česnekem* nach Knoblauch riechen.

črt|a *f* (*1*) Strich *m*; Skizze *f*; ~at ⟨*na*-, *za*-⟩ skizzieren.

čtecí Lese-.

čten *s. číst.*

čtenář *m* (*3*), ~ka *f* (*1c*; -*řek*) Leser(in *f*) *m*; ~ský Leser-; ~stvo *n* (*1*) Leserschaft *f*, Lesepublikum *n*.

čte|š *s. číst*; ~ní *n* (*3*) Lesen *n*; Vorlesung *f*; Lesart *f*, Version *f*; *to stojí za* ~ das ist lesenswert.

čtrnáct (-*i*) vierzehn; ~erák *m* (*1a*) *Jagdw.* Vierzehnender *m*.

čtrnácti|denný vierzehntägig; ~letý vierzehnjährig.

čtrnáct|ka (*1c*; -*tek*) Vierzehn *f*; ~krát vierzehnmal.

čtu *s. číst.*

čtver|- *in Zssgn* vier-; ~ácký schelmisch; ~áctví *n* (*3*) Possen *f*/*pl.*, derbe Streiche *m*/*pl.*; ~ačit ⟨*za*-⟩ Possen treiben; ~ačivý schelmisch; ~ák *m* (*1a*), ~ačka *f* (*1c*; -*ček*) Schelm(in *f*) *m*, Schalk *m*; ~cový quadratisch, Quadrat-; ~če *n* (*4*) Vierling *m*; ~ec *m* (*4*; -*rc*-), *Dim.* ~eček *m* (*2b*; -*čk*-) Quadrat *n*; ~ečkovaný kariert; ~ečný Quadrat-; ~hlasý vierstimmig; ~hran *m* (*2a*) Viereck *n*; ~hranný viereckig; ~ka *f* (*1c*; -*rek*) Vier *f*, Vierer *m*; ~mo *Adv.* vierfach; auf allen vieren; ~násobný vierfach; ~nohý *s.* čtyřnohý; ~nožec *m* (*3*; -*žc*-) Vierfüßer *m*.

čtvero|- *in Zssgn* vier-; ~ *n* (*1*; *6*. -*u*) vier (zusammen); ~ *ročních počasí* die vier Jahreszeiten; ~spřež *f* (*3*) Viergespann *n*.

čtver|y vier; ~ý viererlei, ~ylka *f* (*1c*; -*lek*) Quadrille *f*.

čtveřice *f* (*2a*) Viererreihe *f*.

čtvrcení *n* (*3*) Vierteilung *f*.

čtvrt *f* (*4c*; -*i*/-*ě*) *in Zssgn* viertel-, Viertel-; *ve* ~ *na 7 es ist viertel 5*; *je tři* ~ *na 7 es ist dreiviertel 7*.

čtvrť *f* (*4c*; -*ti*/-*tě*) (Stadt-)Viertel *n*, Teil *m*.

čtvrt|eční Donnerstags-, vom Donnerstag; *Mus.* ~ *nota* Viertelnote *f*; ~ek *m* (*2b*; -*tk*-; *2.* -*tka*) Donnerstag *m*; *Zelený* ~ Gründonnerstag; ~hodina *f* (*1*) Viertelstunde *f*; ~hodinový viertelstündig; ~ina *f* (*1*) Viertel *n*.

čtvrt|it ⟨*roz*-⟩ (-*cen*) vierteilen; ~ka *f* (*1c*; -*tek*) Viertel *n*; Viertelbogen *m*; Viertelliter *m usw.*; ~kař *m* (*3*) Mittelstreckenläufer *m*; ~letí *n* (*3*) Vierteljahr *n*; ~litr *m* (*1c*) Viertelliter *m*; ~ně *n* (*4*), ~ňátko *n* (*1b*; -*tek*) Vierteleimer *m*; Viertelfäßchen *n*; ~ní *m* (*Adj.* 4), ~ník *m* (*1a*) Bezirksinspektor *m*; ~obrat *m* (*2a*) Vierteldrehung *f*.

čtvrto|denní viertägig; ~hory *f*/*pl.* (*1*) *Geol.* Quartär *n*.

čtvrt|roční vierteljährlich; ~tón *m* (*2a*) Viertelton *m*; ~ý vierte(r); *po* -*té* zum vierten Mal; *za* -*té* viertens.

čtyř-, čtyř- *in Zssgn* vier-, Vier-.

čtyrák m (2b) Vierkreuzerstück n; P *otočit se na ~u* entgegengesetzt handeln; im gleichen Atemzug das Gegenteil behaupten.

čtyř|aktovka f (1c; -vek) Thea. Vierakter m; ~**aktový** in vier Akten; ~**boký** vierseitig; vierkantig; ~**ciferný** Math. vierstellig; ~**če** n (4) Vierling m; ~**členný** viergliedrig; ~**čtvrteční** Mus. Vierviertel-; ~**denní** viertägig; ~**dílný** vierteilig; ~**hlasý** vierstimmig; ~**hra** f (1d; -her) Sp. Doppel(spiel) n; ~**hran** m (2a) Viereck n; Vierkant m; ~**hranný** viereckig; vierkantig.

čtyři (G *čtyř* s. Anh.); *hrát na ~ ruce* Mus. vierhändig spielen; *po -řech auf allen vieren*; *je vier*; *ve -řech zu viert*; ~**advacet** vierundzwanzig; ~**apůl** vier(und)einhalb; ~**cátnice** f (2a), ~**cátník** m (1a) Vierziger(in f) m; ~**cátý** vierzigste(r); ~**cet** vierzig; *je mu asi ~ let* er ist Mitte vierzig; ~**cetiletý** vierzigjährig; ~**cetina** f (1) Vierzigstel n; ~**cítka** f (1c; -tek) Vierzig f; ~**krát** viermal; vierfach; ~**jazyčný** viersprachig.

čtyř|ka f (1c; -řek) Vier f, F Vierer m; ~**kolový** vierrädrig, Vierrad-; ~**letí** n (3) Zeitraum m von vier Jahren; ~**letý** vierjährig; ~**listý** Bot. vierblättrig; ~**místný** Math. vierstellig; Kfz. viersitzig; ~ *vůz* Viersitzer m; ~**mocenský** Viermächte-; ~**mocný** Chem. vierwertig; Bot. viermächtig; ~**motorový** viermotorig; ~**nápravový** vierachsig; ~**násobek** m (2b; -bk-) Vierfache(s) n; ~**násobný** vierfach; ~**nedělní** vierwöchig; ~**nohý** vierbeinig; vierfüßig; ~**osý** vierachsig; ~**patrový** vierstöckig; ~**pokojový** Vierzimmer-; ~**poschoďový** vierstöckig; ~**rozměrný** vierdimensional; ~**řadový** vierreihig; ~**sedadlový** viersitzig; ~**spřeží** n (3) Viergespann n; ~**stěžňový** viermastig; ~**stopý** vierfüßig; ~**stup** m (2a) Viererreihe f; ~**stý** vierhundertste(r); ~**třídní** vierklassig; ~**úhelník** m (2b) Viereck n; ~**úhlý** viereckig; ~**válcový** Kfz. Vierzylinder-; ~**válec** m (4; -lc-) Kfz. Vierzylinder m; ~**verší** n (3) lit. Vierzeiler m; ~**veslice** f (2a) Vierer m (Boot).

čub|la f (1), ~**ička** f (1c; -ček), ~**ka** f (1c; -bek) Hündin f; V Hure f.

čubrnět P erstaunt (*od.* dumm) dreinschauen, große Augen machen, gaffen; ~ *na k-o* j-n anstarren, P anglotzen; ~ *na co* et. begaffen.

čučet P gaffen; (herum)lungern.

čudit qualmen; schmauchen.

čuch|at, ~**nout** pf. (k č-u) riechen, (*Hund*) schnuppern (an D), beschnuppern, beschnüffeln (A).

čum|ák m (2b) Schnauze f; ~**ět** F ⟨za-⟩ (3Pl. -ějí/-i) (an)gaffen, (an)glotzen; ~**il** F m (1; -ové) Gaffer m, Maulaffe m.

čundra|čka F f (1c; -ček) Schlitterbahn f; ~**t se** F ⟨po-⟩ schlittern; bummeln, schlendern.

čuně n (4a) Ferkel n (*a. fig.*).

čupr F (*indekl.*) fesch.

čuprina f (1) Haarschopf m, -locke f.

čurat V ⟨po-, vy-se⟩ pinkeln, pissen.

čutora f (1d) Feld-, Reiseflasche f.

čvacht|anice f (2a) Matsch(wetter n) m; ~**at** ⟨po-⟩ (herum)waten, pantschen.

čvaňh|a F m (5) Quatschkopf m, Schwätzer m; ~**at** F ⟨na-, po-⟩ dummes Zeug reden, quatschen.

D

ďábel *m (1; -bl-)* Teufel *m;* **kýho ďábla!** zum Teufel!; **P čert jako ~** Jacke wie Hose, wurscht; **~ský** teuflisch; **~ství** *n (3)* Teufelei *f.*

ďáblice *f (2a)* Teufelin *f.*

dabovat *(im)pf. (-buji) Film* synchronisieren.

dadat *Kdspr.* schlafen, heia machen.

daktylo|gram *m (2a)* **~skopický: ~ otisk** Fingerabdruck *m.*

dal *m (2a) Hdl.* Haben *n; s. dát.*

dál *f (3)* Weite *f; Adv. (Komp. v. daleko)* weiter; **z blízka i z ~i** von nah und fern; **a tak ~e** und so weiter; **(pojďte) ~(e)!** *(nach Anklopfen)* herein!; **příště ~** Fortsetzung folgt.

dalamánek *m (2b; -nk-)* Semmel *f,* Brötchen *n,* Wecken *m.*

dále *f (2) u. Adv. s. dál.*

dalek *jsem ~ toho, abych ...* ich bin weit davon entfernt zu ...; **~o** *Adv. (Komp. dále)* weit(ab), fern; **~ lepší** weit(aus) besser; **z blízka i z ~a** von nah und fern; **široko ~** weit und breit; **do toho je ještě ~** das liegt noch in weiter Ferne; **z ~ka** von weitem, von weither; **bei** weitem.

daleko|hled *m (2a)* Fernglas *n,* Fernrohr *n;* **~nosný** *Mil.* weittragend; **~sáhlý** weitreichend; weitgehend; **~východní** *s.* dálnovýchodní; **~zrakost** *f (4)* Weitsichtigkeit *f;* **~zraký** weitsichtig.

daleký *(Komp. další)* weit, fern; entfernt; entlegen.

dálk|a *f (1c; -lek)* Weite *f,* Ferne *f;* **na ~ku řízená střela** ferngelenktes Geschoß; **z ~ky i z blízka** von fern und nah; **~ař** *m (3)* Fernstudent *m; Sp.* Weitspringer *m.*

dálko|měr *m (2a)* Entfernungsmesser *m;* **~vod** *m (2a)* Fernleitung *f;* **~vý** Fern-.

dalmatský dalmatinisch.

dálnice *f (2a)* Fernverkehrsstraße *f,* Autobahn *f.*

dálno|pis *m (2; 6. -e/-u)* Fernschreiber *m;* **~východní** fernöstlich.

dálný fern.

další *(Komp. v. daleký)* ferner, weiter.

dáma *f (1)* Dame *f;* Damespiel *n;* *(Schach-)*Königin *f;* **hrát ~mu** Dame*(spiel)* spielen; **dělat velkou ~mu** die große Dame spielen.

damascénka *f (1c; -nek)* Damaszener Klinge *f.*

dámský Damen-.

Dán *m (1; -ové)* Däne *m;* **~ka** *f (1c; -nek)* Dänin *f.*

daň *f (3)* Steuer *f,* Abgabe *f;* **~ ze mzdy** Lohnsteuer; **~ ze psů** Hundesteuer; **-ně prostý** steuerfrei; **srážka z -ní** Steuernachlaß *m.*

daně|k *m (1a; -ňk-; -ňkové)* Damhirsch *m;* **~la** *f (1a)* Damtier *n.*

dání *n (3)* Geben *n;* **~ na odpočinek** Versetzung *f* in den Ruhestand; **~ zálohy** Vorschußzahlung *f,* Vorschußleistung *f;* **~ zprávy** Berichterstattung *f;* **~ rukou** Handschlag *m.*

danost *f (4)* Gegebenheit *f.*

Dán|sko *n (1b)* Dänemark *n;* **~ský** dänisch; **~ština** *f (1)* Dänisch *n.*

dar *m (2a)* Gabe *f,* Geschenk *n;* Spende *f;* **~em** als Geschenk, zum Geschenk.

dárce *m (3)* Spender *m,* Geber *m.*

dareb|a *m (5),* **~ák** *m (1a)* Nichtsnutz *m,* Taugenichts *m,* Tunichtgut *m;* **~áctví** *n (3)* Lumperei *f;* **~nost** *f (4)* Schlechtigkeit *f,* Nichtswürdigkeit *f;* **~ný** elend, nichtswürdig; vergeblich, eitel; kränklich.

dáre|ček *m (2b; -čk-),* **~k** *m (2b; -rk-) (kleines)* Geschenk *n;* **~ z lásky** Liebesgabe *f.*

daremný *s.* darebný.

dárk|ový Geschenk-; **~yně** *f (2b)* Spenderin *f; s.* dárce.

darmo *Adv.* umsonst; vergebens; **~jed** *F m (1; -ové),* **~jedek** *F m (1a; -dk-) s.* darmožrout; **~šlap** *F m (1; -ové/-i)* Pflastertreter *m,* Vagabund *m;* **~žrout** *F m (1)* unnützer Esser *m,* P Fresser *m.*

darov|ací Schenkungs-; **~ání** *n (3)* Schenkung *f;* **~at** *⟨po-⟩ (-ruji)* schenken.

dařit se *⟨po-, vy-, z-⟩* gelingen, glücken; gedeihen; **~ se k-u** j-m gut *(od.* schlecht*)* (er)gehen; **jak se ti daří?** wie geht es dir?

ďas *m* (1; -ové) Dämon *m*, Teufel *m*; *s. ďábel*.

dáseň *f* (3; -sn-) Zahnfleisch *n*.

dát *pf.* (*alle Präf.* -dat; *dám, dal*) geben; lassen; *in den Verkehr* bringen; *Brief* aufgeben; *zur Verfügung* stellen; *in die Tasche* stecken, einstecken; *guten Tag* sagen; ~ *do klatby Rel.* bannen, mit dem (Kirchen-)Bann belegen; *nedá mi to* das läßt mir keine Ruhe; *dejme tomu že* angenommen, daß, gesetzt den Fall, daß; ~ *k-u za pravdu* j-m recht geben; *to jsem si dal* da bin ich sehr hereingefallen; ~ *si stříhat vlasy* sich das Haar schneiden lassen; ~ *zavolat* rufen lassen; ~ *hlavičku Sp.* (*den Ball*) köpfen; *dá-li Bůh* so Gott will; *nedejž Bůh!* Gott bewahre!; P ~ *se* (*do č-o*) beginnen, anfangen (mit *D*, zu + *Inf.*); ~ *se oholit sich* rasieren lassen; ~ *se na cestu* sich auf den Weg machen, aufbrechen; ~ *se na útěk* die Flucht ergreifen, fliehen; *dá se* es läßt sich, es ist zu ... (+ *Inf.*); *dalo se do deště* es begann zu regnen; ~ *se do k-o* sich j-n vornehmen, sich über j-n hermachen; *nedá se nic dělat* da kann man (gar) nichts machen.

datel *m* (1; -tl-) Specht *m*.

datl|e *f* (2) Dattel *f*; **~ovník** *m* (2b) Dattelpalme *f*; **~ový** Dattel-.

datovat (*im*)*pf.* (*-tuji*) datieren.

datum *n* (5; -t-; 6. -tu) Datum *n*; **~ka** F *f* (1c; -mek) Datumstempel *m*.

dav *m* (2a) Menschenmenge *f*, Masse *f*; Gedränge *n*; Pöbel *m*.

dávat *impf.* *s. dát*; F ti si dávají! die lassen sich's gut gehen!

dáv|ení *n* (3) Erbrechen *n*, Würgen *n*; **~icí** *Med.* Brech-; **~ič** *m* (3) Würger *m*; **~idlo** *n* (1a, -del) Brechmittel *n*; **~it** ⟨*-kuji*⟩ speien, (er)brechen, P speien; ~ *se v/i* ersticken.

dávk|a *f* (1c; -vek) Portion *f*; Abgabe *f*; *Med.* Dosis *f*; **~ovat** (*im*)*pf.* (*-kuji*) dosieren.

dávn|o *Adv.* lange; *ode -na* seit langem; **~ověk** *m* (2b) Ur-, Vorzeit *f*; **~ý** längst vergangen; *Freund-*⟨

davový Massen-.   [*schaft=* alt.⟩

dbal|ost *f* (4) Achtsamkeit *f*; Genauigkeit *f*; **~ý** achtsam; (*o co, na co*) bedacht (auf *A*); ~ *svých povinností* pflichtbewußt.

dbát (*s. a. nedbat*) (*č-o, na co* auf et.) achten, bedacht sein; (*o k-o, co*) sich kümmern (um *A*), sorgen (für *A*).

dcer|a *f* (1d; 3, 6. -ři) Tochter *f*; **~ka** *f* (1c; -rek) *s.* dceruška; Mädchen *n*, Mädel *n*; **~uška** *f* (1c; -šek) Töchterchen *n*, -lein *n*.

dceřiny: *Biol.* *-ná buňka* Tochterzelle *f*.

debat|a *f* (1) Debatte *f*; **~ovat** ⟨*po-, za-*⟩ (*-tuji*) debattieren.

decentní dezent.

decentraliz|ace *f* (2) Dezentralisierung *f*; **~ovat** ⟨*z-*⟩ (*-zuji*) dezentralisieren.

deci F *n* (*unv.*) = **~litr** *m* (2a) Deziliter *m* od. *n*; **~málka** F *f* (1c; -lek) Dezimalwaage *f*; **~mální** Dezimal-; **~metr** *m* (2a) Dezimeter *n*; **~movat** ⟨*z-*⟩ (*-muji*) dezimieren.

děcko *n* (1b; -cek; 6 *Pl.* -ckách) Kind *n*.

děd *m* (1; -ové) Großvater *m*; *lit.* Ahn *m*, Vorfahr *m*; Greis *m*; **~a** F *m* (5) Opa *m*; ~ *Mráz* Weihnachtsmann *m*; **~eček** F *m* (1a; -čk-) Großpapa *m*, Opa *m*; Alterchen *n*; **~ek** *m* (1a; -dk-; -ové) *verä.* Alte(r) *m*.

dědi|c *m* (3; -ové/-i) Erbe *m*; **~cký** Erb(schafts)-; **~ctví** *n* (3) Erbschaft *f*, Erbe *n*; **~čka** *f* (1c; -ček) Erbin *f*; **~čnost** *f* (4) Erblichkeit *f*; *Med.* Vererbbarkeit *f*; **~čný** erblich, Erb-; *-čně zatížený* erblich belastet.

dedikace [-dɪ-] *f* (2) Widmung *f*.

dědi|na *f* (1) Dorf *n*; **~t** ⟨*z-*⟩ erben (*po kom* von *D*); ~ *se* sich vererben; **~telný** erblich, vererbbar.

dědo|ušek *m* (1a; -šk-; -škové) *s.* děd(eček); **~vský** großväterlich.

deduk|ce *f* (2) Deduktion *f*; **~ční** deduktiv, Deduktions-; **~ovat** ⟨*z-*⟩ (*-kuji*) deduzieren.

defenestrace *f* (2) (Prager) Fenstersturz *m*.

defenzív|a *f* (1) Defensive *f*; *zatlačit do -vy* in die Defensive drängen; **~ní** defensiv, Verteidigungs-.

defin|ice [-nɪ-] *f* (2a) Definition *f*; **~ovat** (*im*)*pf.* ⟨*z-*⟩ (*-nuji*) definieren.

deform|ace *f* (2) Deformierung *f*, Verformung *f*; **~ovat** (*im*)*pf.* (*-muji*) deformieren, verformen (*se* sich); *Stimme* verzerren.

degener|ace *f* (2) Degenerierung *f*,

děloha

Entartung f; ~ovat (im)pf. ⟨z-⟩ (-ruji) degenerieren, entarten.

deh|**et** m (2a; -ht-) Teer n; ~**tárna** f (1; -ren) s. dehtovna; ~**tovat** ⟨na-, po-, vy-, z-⟩ (-tuji) teeren; ~**tovna** f (1; -ven) Teerfabrik f; ~**tový** Teer-.

dech m (2b) Atem m; Atemzug m; jedním ~em in e-m Atemzug; bez ~u atemlos; sotva ~u popadal er schnappte nach Luft; ~**nout** pf., vz- einen Atemzug tun; hauchen.

dechov|**ka** F f (1c; -vek) Blasmusik f, Blaskapelle f; ~**ý** Atem-; -vá hudba Blasmusik f; ~ nástroj Blasinstrument n.

děj m (4) Handlung f; Begebenheit f, Ereignis n; Vorgang m; Tech. Prozeß m.

děje|**pis** m (2; 6. -e/-u) Geschichte f; ~**pisec** m (3; -sc-) Geschichtsschreiber m; ~**pisectví** n (3) Geschichtsschreibung f; ~**pisný** Geschichts-; ~**zpyt** m (2; 6. -u/-ě) Geschichtsforschung f; ~**zpytec** m (3; -tc-) Geschichtsforscher m.

ději|**nný** geschichtlich, historisch; epochal; ~**ny** f/pl. (1) Geschichte f; ~**ště** n (2b) Schauplatz m.

dějství n (3) Thea. Akt m, Aufzug m.

deka[1] f (1c) (Woll-, Tisch-)Decke f; ~[2] n (indekl.) s. deko.

dekáda f (1) Dekade f.

dekaden|**ce** f (2) Dekadenz f, Verfallszeit f; ~**tní** dekadent.

dekagram m (2a) Dekagramm n.

děkan m (1) Dechant m, Dekan m.

deklam|**ace** f (2) Deklamation f; ~**ační** Deklamations-; ~**átor** m (1; -ři) Deklamator m, Vortragskünstler m; ~**ovat** ⟨z-⟩ (-muji) deklamieren.

deklar|**ace** f (2) Deklaration f; (amtliche) Inhalts- od. Wertangabe f; ~**ovat** ⟨z-⟩ (-ruji) erklären; Inhalt, Wert angeben.

deklasovat (im)pf. (-suji) deklassieren.

deklin|**ace** f (2) Deklination f, ~**ovat** ⟨pro-⟩ (-nuji) deklinieren.

deko n (1b; 6 Pl. -ách) Dekagramm n; deset -ka 100 Gramm.

dekolt|**áž** f (2) Dekolleté n, Halsausschnitt m; ~**ovat se** (im)pf. (-tuji) ein Dekolleté tragen.

dekor|**ace** f (2) Dekoration f; Bühnenausstattung f; ~**atér** m (1; -ři) Dekorateur m; Bühnenbildner m; ~**ativní** [-tr:v-] dekorativ; ~**ovat** ⟨vy-⟩ (-ruji) dekorieren.

děkov|**ání** n (3) Danksagung f; ~**at** ⟨po-⟩ (-kuji) j-m danken, sich bei j-m bedanken; ~**ný** Dank-.

dekret m (2a) Dekret n; ~**ovat** (im)pf. (-tuji) dekretieren, verfügen.

děl s. déle.

děl 2 Pl. v. dílo u. dělo; s. a. dít.

dělat ⟨u-⟩ machen, tun; P arbeiten; herstellen, anfertigen; mám co ~ ich habe zu tun; ~ co po kom j-m et. nachmachen, j-n nachahmen; ~ se jakoby sich stellen als ob, tun als ob; ~ se čím sich für et. ausgeben; dělá se krásně es wird schön(es Wetter); dělá se tma es wird dunkel (finster); dělá se mi zle es wird mir übel, es wird mir übel.

dělávat zu tun pflegen.

dělba f (1; -leb) Teilung f.

déle Adv. länger.

deleg|**ace** f (2) Delegation f, Abordnung f; ~**áčenka** F f (1c; -nek) Delegiertenausweis m; ~**át** m (1), ~**átka** f (1c; -tek) Delegierte f u. m; ~**ovat** (im)pf. (-guji) delegieren.

dělen|**ec** m (4; -nc-) Math. Dividend m; ~**í** n (3) Teilung f; Math. Division f.

delfín m (1) Delphin m.

dělicí Teilungs-, Teil-.

delikates|**a** f (1a) Delikatesse f; ~**ní** Delikatessen-, Feinkost-.

delikátní delikat; fein.

dělit ⟨od-, roz-⟩ teilen (se o co sich in et.); trennen, scheiden; Math. dividieren; ~**el** m (4; Pl. -é/-e) Math. Divisor m; ~**elný** teilbar; ~**ítko** n (1b; -tek) Trennungszeichen n.

dělivý Teilungs-; partitiv.

dělk|**a** f (1c; -lek) Länge f; Dauer f; řez po délce Längsschnitt m; ~**ový** Längen-; Längs-.

dělnic|**e** f (2a) (zemědělská Land-) Arbeiterin f; ~**ký** Arbeiter-; ~**tvo** n (1; -tev) Arbeiterschaft f, Arbeiter m/pl.

děl|**ník** m (1a) (průmyslový Industrie-)Arbeiter m; ~**nost** f (4) Leistungsfähigkeit f; ~**ný** werktätig; Arbeits-.

dělo n (1a) Geschütz n, Kanone f; rána z děla Kanonenschuß m; ~**ha** f (1b) Anat. Gebärmutter f; Bot. Keimblatt n, Samenlappen m; ~-

dělostřelec 58

střelec m (3; -lc-) Artillerist m; ~**střelecký** Artillerie-; ~**střelectvo** n (1) Artillerie f; ~**vý**: -vá palba Artilleriefeuer n; -vá koule Kanonenkugel f. [deltaförmig.]
delt|a f (1) Delta n; ~**ový** Delta-;
demagogický demagogisch.
démant m (2a) s. diamant.
dema|rkační Demarkations-; ~**skovat** (im)pf. (-kuji) demaskieren; Pol. entlarven.
dement|i [-tɪ] n (indekl.) Dementi n, Widerruf m; ~**ovat** (im)pf. (-tuji) dementieren.
demilitariz|ace f (2) Entmilitarisierung f; Abrüstung f; ~**ační** Entmilitarisierungs-; Abrüstungs-; ~**ovat** (im)pf. (-zuji) entmilitarisieren; abrüsten.
demobiliz|ace f (2) Demobilisierung f; ~**ovat** (im)pf. (-zuji) demobilisieren.
demokra|cie f (2) Demokratie f; ~**t** m (1) Demokrat m; ~**tický** [-tɪ-] demokratisch; ~**tizovat** [-tɪ-] ⟨z-⟩ (-zuji) demokratisieren; ~ se demokratisch werden; ~**tka** f (1c; -tek) Demokratin f.
demol|ice f (2) Demolierung f, Abbruch m; ~**ični**: ~ práce Abbrucharbeiten f/pl.; ~**ovat** (im)pf. ⟨z-⟩ (-luji) demolieren, niederreißen.
démon m (1) Dämon m; ~**ický** [-nɪ-] dämonisch.
demonstr|ace f (2) Demonstration f; ~**ant** m (1), ~**antka** f (1c; -tek) Demonstrant(in f) m; ~**ovat** (im)pf. ⟨pro-⟩ (-ruji) demonstrieren.
demont|áž f (3) Demontage f; ~**ovat** (im)pf. (-tuji) ab-, demontieren; ausbauen.
demoraliz|ace f (2) Demoralisierung f; ~**ovat** (im)pf. ⟨z-⟩ (-zuji) demoralisieren.
den m (4; dne, dni ... s. Anh.) Tag m; dne ... (G) am, den ... (Datum); ze dne ... (G) vom ... (Datum); přede dnem vor Tagesanbruch; ještě za dne noch bei Tageslicht; ve dne (i) v noci (bei) Tag und Nacht; ~ co ~ Tag für Tag, tagtäglich; ode dne ke dni von Tag zu Tag; ve 14 dnech in 14 Tagen; v těchto dnech dieser Tage; F celý boží ~ den ganzen lieben Tag; ~ po dni, ~ za dnem ein Tag nach dem anderen; za našich dnů in unseren Tagen.

denacifik|ace f (2) Entnazifizierung f; ~**ovat** (im)pf. (-kuji) entnazifizieren.
den|ice f (2a) Morgenstern m; ~**ík** m (2b) Tagebuch n; Tageszeitung f; ~**ní** täglich; Tages-; ~ mzda Tageslohn m.
denunciant m (1), ~**ka** f (1c; -tek) Denunziant(in f) m.
denuncovat (im)pf. (-cuji) denunzieren.
depeše f (2) Depesche f.
depo n (1; 6. a. -tu od. unv.) Depot n; ~**novat** (im)pf. (-nuji) deponieren.
deport|ace f (2) Deportation f; ~**ovat** (im)pf. (-tuji) deportieren.
depres|e f (2) Depression f; Hdl. Stagnation f, Flaute f; ~**ivní** depressiv.
deprimovat (im)pf. ⟨z-⟩ (-muji) deprimieren.
deptat ⟨z-⟩ stampfen, trampeln; fig. mit Füßen treten; zermürben.
deput|ace f (2) Deputation f, Abordnung f; ~**át**[1] m (1), ~**átka** f (1c; -tek) Deputierte m u. f; ~**át**[2] m (2; 6. -u/-ě) Deputat n, Naturallohn m; ~**átník** m (1a) Deputant m.
děr s. díra.
děrav|ět ⟨z-⟩ (3 Pl. -ějí) löcherig werden, Löcher bekommen; ~**ý** löcherig; fig. zerrissen.
děr|noštítkový Lochkarten-; ~**ný**: -ná páska Lochband n; ~ štítek Lochkarte f; ~**ovač** m (2) Lochstanze f; Locher m; ~**ování** n (3) Lochung f, Perforation f; ~**ovat** ⟨z-⟩ (-ruji) lochen, perforieren.
děs m (2a) Entsetzen n, Grau(s)en n.
desátek m (2b; -tk-) hist. Zehent m; P s. desátka.
desater|ák m (1a) Jagdw. Zehnender m; ~**o** n (1; 6. -u) zehn (zusammen); Rel. ~ přikázání (Božích) die zehn Gebote (Gottes); ~**onásobek** m (2b; -bk-) Zehnfache n; ~**onásobný** zehnfach; ~**ý** zehnerlei.
desát|ka F f (1c; -tek) zweites Frühstück n; Lunch m; ~**ník** m (1a) Gruppenführer m, Korporal m; ~**ý** zehnte(r).
desén m (2a) Dessin n, Muster n.
desert m (2a) Dessert n, Nachtisch m; ~**ní** Dessert-.
deset (G -ti/desíti) zehn; od ~ i k pěti immer schlechter od. schlimmer; všemi ~ i mit allen zehn Fingern.
deseti|boj m (4) Sp. Zehnkampf m;

~denní zehntägig; **~haléř** m (4) Zehnhellerstück n; **~koruna** f (1) Zehnkronenstück n; Zehnkronennote f; **~letí** n (3) Jahrzehnt n; **~letý** zehnjährig; **~minutovka** f (1c; -vek) Pol. Zeitungsschau f; kurze Arbeits-, Produktionsbesprechung f.

desetin|a f (1) Zehntel n; **~ný** Dezimal-.

deseti|prstový: -vá metoda psaní Zehnfinger(schreib)system n; **~tuna** F f (1), **~tunka** F f (1c; -nek) Zehntonner m.

deset|krát zehnmal; **~ník** m (2b) Zehnhellerstück n, F Zehner m.

děsit ⟨po-, u-, vy-, z-⟩ (-šen) erschrecken, entsetzen; **~ se** č-o sich entsetzen (über A); erschauern, schaudern (vor D).

desíti- s. deseti-.

desítk|a f (1c; -tek) Zehn f; F Zehner m; F Schankbier n; Zehnergruppe f; Sp. Strafstoß m; **~ář** m (3) Pol. Gruppenleiter m; **~ový** Zehner-.

děsivý furchterregend; entsetzlich, grauenvoll.

desk|a f (1c; -sek) Platte f; (a. gramofonová **~**) Schallplatte f; Einbanddeckel m; Scheibe f; Tafel f; rozvodná **~** Armaturenbrett n; **~ový** Platten-; Tafel-; tafelförmig; **~** koncert Schallplattenkonzert n; **~y** f/pl. (1c; -sek) Mappe f; zemské **~** hist. Landtafel f.

deskriptiv|a [-tɪ-] f (1) darstellende Geometrie n; **~ní** darstellend, deskriptiv.

děsný furchtbar, fürchterlich, entsetzlich; s. děsivý.

despo|cie f (2) Despotie f; **~ta** m (5a; -ové/-i) Despot m; **~tický** [-tɪ-] despotisch.

destička f (1c; -ček) Plättchen n, Täfelchen n; El. Lamelle f.

destil|ace f (2) Destillation f; **~ační** Destillier-, Destillations-; **~ovat** (im)pf. ⟨vy-, z-⟩ (-luji) destillieren.

destruk|ce f (2) Destruktion f; **~ční, ~tivní** [-tɪ-] destruktiv.

dešifrovat (im)pf. (-ruji) dechiffrieren.

dešť, déšť m (4a; -tě) Regen m; z bouře pod okap vom Regen in die Traufe; má se k dešti es wird bald regnen; dalo se na **~** das Regenwetter wird andauern; **~ák** F m (2b) Regenmantel m.

dešť|ěný getäfelt; **~ička** s. destička.

dešť|ík m (2b) feiner (od. kurzer) Regen m; **~ivý** (Adv. -vo, -vě) regnerisch; **~ník** m (2b) Regenschirm m; **~níkový** (Regen-)Schirm-.

dešťo|měr m (2a) Tech. Regenmesser m, Ombrometer m; **~vka** f (1c; -vek) Regenwurm m; F Regenwasser n; **~vý** Regen-.

děťátko n (1b; -tek, 6 Pl. -tkách) kleines Kind n, Baby n.

detektiv [-tɪ-] m (1; -ové) Detektiv m, Geheimpolizist m; **~ka** F f (1c; -vek) Krimi m; **~ní** Detektiv-; Kriminal-.

děti f/pl. (4) s. dítě.

dětin|a m (5) kindischer Mensch m, F Kindskopf m; **~ět** ⟨z-⟩ (3 Pl. -ěji) kindisch werden; **~ný** kindlich, Kindes- (z. B. -liebe); **~ský** (Komp. -štější) kindisch; **~ství** n (3) Kindlichkeit f; Kinderei f.

detonace f (2) Detonation f; **~ovat** (im)pf. ⟨z-⟩ (-nuji) detonieren.

dět|skost f (4) kindliche Art f, kindliches Verhalten n; **~ský** (Komp. -štější) kindlich; **~ství** n (3) Kindheit n; vzpomínky z **~** Kindheitserinnerungen f/pl.

děva f (1) poet. Jungfrau f, Maid f.

devadesát neunzig; **~ina** f (1) Neunzigstel n; -ny pl. neunzigster Geburtstag m; **~ka** f (1c; -tek) Neunzig f; **~krát** neunzigmal; **~ník** m (1a), **~nice** f (2a) Neunziger(in f) m; **~ý** neunzigste(r).

devalv|ace f (2) (Geld-)Abwertung f; **~ovat** (im)pf. (-vuji) abwerten.

devatenáct neunzehn; **~iletý** neunzehnjährig; **~ina** f (1) Neunzehntel n; **~ka** f (1c; -tek) Neunzehn f; **~krát** neunzehnmal; **~ý** neunzehnte(r).

devater|ník m (2b) Bot. Sonnenröschen n; **~ý** neunerlei.

devátý neunte; P páte přes -té drüber und drunter, (wie) Kraut und Rüben.

děvč|átko n (1b; -tek) kleines Mädchen n; **~e** n (4) Mädchen n; **~** k dětem Kindermädchen n.

děvečka f (1c; -ček) (Dienst-)Magd f; poet. Mägdlein n.

devět (2. Fall a. devíti) neun; všech (Kegel u. fig.) alle neun(e); **~krát** neunmal; **~sil** m (2a) Bot. Pestwurz f.

devíti

devít|i s. devět; **~iletý** neunjährig; **~ina** f (1) Neuntel n; **~násobný** neunfach; **~ka** f (1c; -tek) Neun f.
de|víza f (1a) Devise f; **~vizy** f/pl. (1a) Devisen pl.; **~vizní**, **~vizový** Devisen-.
děvk|a f (1c; -vek) Dirne f; † Magd f; **~ář** m (3) Schürzenjäger m.
devótní devot.
diabeti|cký [dɪ-tɪ-] diabetisch; **~k** m (1a; -ové) Diabetiker m, Zuckerkranke(r) m.
dia|dém [dɪ-] m (2a) Diadem n; **~gnóza** f (1a) Diagnose f, Befund m; stanovit (od. provést) -zu e-e Diagnose stellen; **~gram** m (2a) Diagramm n, Schaubild n.
dialekt [dɪ-] m (2a) Dialekt m; mluvit **~em** Dialekt sprechen; **~ický** [-tɪ-] im Dialekt, mundartlich; dialektisch; **~ika** [-tɪ-] f (1c) Dialektik f.
diamant [dɪ-] m (2a) Diamant m; **~ový** Diamant-, diamanten.
diapozitiv [dɪ-tɪːv] m (2a) Diapositiv n, F Dia m.
diblík m (1a) Kobold m.
didakti|cký [dɪ-tɪ-] didaktisch; **~ka** f (1c) Didaktik f.
die|céze [dɪ-] f (2) Rel. Diözese f; **~ta** f (1a) Diät f; -ty pl. Diäten pl., Tagegeld n; **~tní** Diät-; Diäten-.
diferen|ce [dɪ-] f (2) Differenz f; **~ciál** m (2a) Math. Differential n; Tech. Differential-, Ausgleichsgetriebe n; **~covat** (im)pf. (-cuji) differenzieren; **~ční** Differential-; Differenz-, Unterscheidungs-.
difterie [dɪ-] f (2) Med. Diphtherie f.
diftong [dɪ-] m (2b) Diphthong m; **~izace** f (2) Gr. Diphthongierung f. [diffus.]
difúz|e [dɪ-] f (2) Diffusion f; **~ní**
dík m (2b) Dank m; vzdát **~y** Dank abstatten, danken (za co für); zavázán **~em** zu Dank verpflichtet; **~y**! vielen Dank!, danke schön!; **~y** tomu dank diesem Umstand (D); s **~y** dankend, mit Dank.
dikobraz m (1) Stachelschwein n.
dikta|fon [dɪ-] m (2a) Diktiergerät n; **~ndo** † n (1) s. diktát.
diktát [dɪ-] m (2; 6. -ěl-u) Diktat n; **~or** m (1; -ři) Diktator m; **~orský** diktatorisch.
dikt|atura [dɪ-tuː-] f (1d) Diktatur f; **~ovat** [dɪ-] (im)pf. ⟨na-⟩ (-tuji) diktieren (a. fig.).

díků|činění, **~vzdání** n (3) Danksagung f.
díl m (2; 6. -e/-u) Teil m od. n; o dvou **~ech** zweiteilig; větším **~em** größtenteils, zum größten Teil; **~čí** Teil-; **~ec** m (4; -lc-) Teilstück n; Bauteil m; Tech. Einzelteil m; Parzelle f; Agr. Scheffel m; **~ek** m (2b; -lk-) Teilstrich m; **~em** teils.
dílenský Werkstatt-; Abteilungs-; **~** m (Adj. 1) Werkmeister m.
diletant [dɪ-] m (1) Dilettant m; **~ský** dilettantisch.
dílna f (1; -len) Werkstatt f; Betriebsabschnitt m, Meisterbereich m.
díln|ost f (4) Teilbarkeit f; **~ý** teilbar; -ý in Zsggn -teilig.
dílo n (1a; děl) Werk n; Arbeit f; Bgb. Bau m; pustit se do -la sich an die Arbeit machen; přiložit ruce k -lu Hand anlegen; **~vedoucí** m (Adj. 4) Werkführer m, -meister m; Arch. Polier m.
diluviální [dɪ-] diluvial.
dimenze [dɪ-] f (2) Dimension f.
diplom [dɪ-] m (2a) Diplom n; **~acie** f (2) Diplomatie f; **~at** m (1) Diplomat m; **~atický** [dɪ-tɪ-] diplomatisch; Adv. -ky diplomatisch, auf diplomatischem Wege; **~ní**, **~ovaný**, **~ový** Diplom-.
díra f (1d; 7. dírou/děrou; 2 Pl. děr) Loch n (a. fig.); Tech. a. Bohrung f; **~** (Gedächtnis-)Lücke f.
direktiva [dɪ-tɪː-] f (1) Direktive f, Weisung f.
dirig|ent [dɪ-] m (1) Dirigent m; **~entský** Dirigenten-; **~ovat** (im)pf. ⟨za-⟩ (-guji) dirigieren, leiten.
dírk|a f (1c; -rek) (Knopf-, Schlüssel-, Nasen-)Loch n, **~ovací** Tech. Loch-; **~ovač** m (4) Locheisen n; (Büro-)Locher m; **~ovaný** gelocht; perforiert; **~ovat** ⟨pro-⟩ (-kuji) lochen; durchlöchern; **~ovatý**, **~ovitý** löcherig.
disciplína [dɪ-] f (1) Disziplin f.
disciplin|árka [dɪ-] F f (1c; -rek) Disziplinarverfahren n; **~ární** Disziplinar-; (Adv. -ně) disziplinarisch; **~ovaný** diszipliniert.
diserta|ce [dɪ-] f (2) Dissertation f; **~ční** Dissertations-.
disk [dɪ-] m (2b) Sp. Diskus m; Tech. Scheibe f; hod **~em** Diskuswurf m; **~ař** m (3) Diskuswerfer m.
disko|nt [dɪ-] m (2a) Hdl. Diskont

divoký

(-satz) *m*; ~**ntní** Diskont-; ~**téka** *f* (*1c*) Diskothek *f*; ~**vý** Tech., Agr. Scheiben-.

diskrét|ní [dɪ-] diskret; ~**nost** *f* (*4*) Diskretion *f*.

diskrimin|ace [dɪ-] *f* (*2*) Diskriminierung *f*; ~**ovat** (*im*)*pf.* ⟨z-⟩ (*-nuji*) diskriminieren.

disku|se [dɪ-] *f* (*2*) Diskussion *f*; ~**tér** *m* (*1*; *-ři*) Diskutant *m*, Diskussionsteilnehmer *m*; ~**tovat** ⟨po- si, pro-⟩ (*-tuji*) diskutieren; *nelze* ~ nicht diskutierbar.

diskvalifik|ace [dɪ-] *f* (*2*) Disqualifizierung *f*; ~**ovat** (*im*)*pf.* (*-kuji*) disqualifizieren.

disonance [dɪ-] *f* (*2*) Dissonanz *f*.

dispečer [dɪ-] *m* (*1*; *-ři*) Produktionsleiter *m*; Betriebsaufsicht *f* (*Person*); Flgw. Fluglotse *m*; ~**ský**: *-ká věž Flgw*. Kontrollturm *m*.

dispo|novat [dɪ-] (*im*)*pf.* (*-nuji*) disponieren, verfügen (*čím* über *A*); ~**zice** *f* (*2*) Verfügung *f*, Disposition *f*; *Med.* Veranlagung *f*; *být k -ci* zur Verfügung stehen; ~**ziční** Dispositions-; ~ *právo* Verfügungsgewalt *f*.

disputovat [dɪ-] ⟨od-, pro-⟩ (*-tuji*) disputieren, debattieren.

distan|ce [dɪ-] *f* (*2*) Distanz *f*; Abstand *m*, Entfernung *f*; ~**covat** (*im*)*pf.* (*-cuji*) Beamte suspendieren; *Sportler* sperren; ~ *se* sich distanzieren (*od k-o, č-o* von *D*); ~**ční** Distanz-.

distinkce [dɪstɪ-] *f* (*2*) *Mil.* Rangabzeichen *n*.

distribu|ce [dɪ-] *f* (*2*) Distribution *f*, Verteilung *f*; ~**ční** Verteilungs-; ~**tor** *m* (*1*; *-ři*) Verteiler *m*; *filmový* ~ Filmverleih *m*.

dít (*im*)*pf.* (*děl*) † *lit.* sagen, sprechen; *at nedím* um nicht zu sagen.

dít se ⟨*na-, po-*⟩ (*3. Sg. děje se*) geschehen; vor sich gehen, sich zutragen; *co se děje?* was ist los?; *děje se mu křivda* es geschieht ihm unrecht; *děj se co děj* geschehe was (da) wolle; *dějí se tam divné věci* dort geht es sonderbar (*od.* nicht mit rechten Dingen) zu; *doprava se děje* der Verkehr findet statt *od.* geht vonstatten; *kam se to všechno děje!* wo kommt das (nur) alles hin!

dítě *n* (*4a*; *Pl. děti, m;* wie *f 4*) Kind *n*; *nevlastní* ~ Stiefkind; *rodina s mnoha dětmi* kinderreiche Familie;

byla ještě *-tem* sie war noch ein (halbes) Kind; *byl -tem své doby* er war ein Kind seiner Zeit; *naše děti a děti našich dětí* unsere Kinder und Kindeskinder.

dítko *n* (*1b*; *Pl. -ky,* wie *f 1*; *-tek*) *lit.* (kleines) Kind *n*.

div *m* (*2a*) Wunder *n*; *není* ~*u*, *že* kein Wunder, daß; *ký* ~*u* was wunder; *dělat (konat)* ~*y* Wunder wirken (vollbringen); *sedm* ~*ů světa* die sieben Weltwunder; ~ *že ne* ... beinahe, fast, es fehlte nicht viel und ...

diváctvo *n* (*1*) Publikum *n*, Zuschauer *m/pl.*

divad|elní Theater-, Bühnen-; ~*hra* Theaterstück *n*, Schauspiel *n*; ~**elník** *m* (*1a*) Bühnenschaffender *m*, Theaterfachmann *m*; ~**lo** *n* (*1a*; *-del*) Theater *n*, Bühne *f*; *Národní* ~ Nationaltheater; *komorní* ~ Kammerspiele *n/pl.*; ~ *v přírodě* Freilichtbühne; *hrát* ~ *od.* na *-dle* Theater spielen.

divák[1] *m* (*1a*) Zuschauer *m*; ~[2] *m* (*1a*) *Jagdw.* Keiler *m*.

divan [dɪ-] *m* (*2a*) Diwan *m*.

dívat se ⟨*po-, u-*⟩ sich wundern, anschauen, ansehen, anblicken (*na k-o, co* j-n, et.); ~ *mrzutě* mürrisch dreinschauen.

dívč|í Mädchen-, mädchenhaft; ~**ina** *f* (*2*) s. děvče.

diverz|ant [dɪ-] *m* (*1*) Diversant *m*, Störer *m*; (*Volks-*)Schädling *m*; ~**e** *f* (*1*) Diversion *f*, Störaktion *f*.

dividenda [dɪ-] *f* (*1*) Dividende *f*.

divit se ⟨*po-, u-*⟩ sich wundern (*k-u, č-u* über *A*); *nedivím se, že* ... es wundert mich nicht, daß ...

diviz|e [dɪ-] *f* (*2*) Division *f*; ~**ní** Divisions-.

divizna *f* (*1*; *-zen*) *Bot.* Königskerze *f*.

dívka *f* (*1c*; *-vek*) Mädchen *n*, F Mädel *n*.

divný seltsam, sonderbar, merkwürdig; *s. dít se.*

divoč|et ⟨z-⟩ (*3 Pl. -ejí*) wild werden, verwildern; ~**ina** *f* (*1*) Wildnis *f*; Wild *n*; Wildgeruch *m*; *s. divokost*; ~**it** ⟨z-⟩ wild machen; P verrückt machen.

divo|ch *m* (*1a*) Wilde(r) *m*; *fig. a.* Heißsporn *m*; F Wildfang *m*; ~**kost** *f* (*4*) Wildheit *f*; Ausgelassenheit *f*; ~**ký** (*Adv. divoce, -ko*) wild, Wild-;

divoška 62

ungestüm, unbändig; -ká kachna Wildente f; ~ška f (1c; -šek) Wilde f; (Mädchen) Wildfang m, Range f; ~šský Wilden-.
divotvor|ce m (3) Wundertäter m; ~ný wundertätig.
divou|ci: div ~ was für ein Wunder, welch großes Wunder; ~s F m (1) Wilde(r) m (fig.); Griesgram m; (im Volksglauben) Wechselbalg m.
divý wild; F ~ do č-o toll, versessen, erpicht auf (A), verrückt nach (D).
díž(e) f (2 od. 3) Backtrog m; ~ka f (1c; -žek) Melkeimer m.
dlab m (2a) Zapfenloch n; Schlitz m; ~ačka f (1c; -ček) Stichaxt f; Stemmaschine f; ~at ⟨pro-, vy-⟩ ⟨-u/-ám⟩ (aus)höhlen, (aus)meißeln; einritzen; F (herum)stochern.
dlaha, dláha f (1b) Diele f; Med. Schiene f; přiložit (od. upevnit na) ~hy schienen.
dlaň f (3) Handfläche f, hohle Hand n; Handbreit f.
dlask m (1a; -ci/-kové) Zo. Kernbeißer m.
dlaška f (1c; -šek) Hülse f; F tenký jako ~ spindeldürr.
dláto n (1; 6. -ě/-u) Meißel m; Beitel m, Stemmeisen n.
dlažba f (1; -žeb), **dláždění** n (3) (Straßen-)Pflaster n; F vyhodit na -bu an die Luft setzen, hinauswerfen.
dlažd|ice f (2a) (Fußboden-) Fliese f; (Gehsteig-)Platte f; ~icový Fliesen-, Platten-; ~ič m (3) Pflasterer m; Fliesenleger m.
dláždit ⟨vy-⟩ pflastern; fliesen.
dlaž|ební Pflaster-; ~ka, dlážka f (1c; -žek) Fliese f.
dle Prp. (mit 2. Fall) laut, gemäß, nach; ~ dohody laut Vereinbarung; ~ mého mínění meiner Meinung nach, nach meinem Dafürhalten.
dlít ⟨pro-⟩ (3 Pl. -ejí/-í; dlel) (ver)weilen.
dloub|al F m (1; -ové) Wühler m, Nörgler m, Stänkerer m; ~at ⟨vy-⟩ ⟨-u/-ám⟩ stoßen, F puffen, knuffen; Loch graben; F stocheln (do k-o gegen A); grübeln (do č-o, nad čím über A); dloube ho v koleně er hat bohrende Schmerzen im Knie; F ~ se stochern, bohren, (herum)wirtschaften; ~ se v knihách über den Büchern hocken, -bavý Schmerz:

bohrend; ~nout pf. s. dloubat; ~ do žebra e-n Rippenstoß versetzen.
dlouh|án F m (1) baumlanger Kerl, Bohnen-, Hopfenstange f; ~o Adv. lange.
dlouho- in Zssgn lang-; ~dobý langfristig; ~hrající: ~ deska Langspielplatte f; ~letý langjährig; jahrelang; ~nohý langbeinig; ~nos m (1) Zo. Rüsselkäfer m; ~nosý langnasig, mit langer Nase; ~prsťák F m (1a) Langfinger m, Dieb m; ~srstý Tier: langhaarig, Langhaar-; ~trvající lang(an)dauernd; ~uchý mit langen Ohren, langohrig; ~věkost f (4) Langlebigkeit f; ~věký langlebig; ~vlákný langfaserig, Langfaser-; ~vlasý mit langem Haar, F langhaarig, mit langer Mähne (Mensch).
dlouh|ý (Komp. delší) lang; -hé dříví Langholz n; F upadnout jak ~ tak široký der Länge nach hinfallen; odkládat na -hé lokte auf die lange Bank schieben; ~ze Adv. lang(e); ~ a široce lang und breit; ~žit ⟨pro-, z-⟩ verlängern; längen; ~ se länger werden.
dluh m (2b) Schuld f; bez ~ů schuldenfrei; na ~ auf Kredit, F auf Borg, auf Pump; ~opis m (2; 6. -e/-u) Schuldschein m; Schuldverschreibung f.
dluž|en, ~žna, ~žno být ~ schuldig sein; ~it ⟨pro-, za-⟩ schulden (a. fig., Erklärung usw.), schuldig sein; ~ se Schulden machen; ~ si sich ausleihen, ausborgen; ~ní Schuld-; ~ník m (1a), ~nice f (2a) Schuldner(in f) m; ~no Adv.: ~ je es ist nötig, es ist zu (+ Inf.); ~ný s. dlužen; Geld: geschuldet; ~ovat ⟨-uji⟩ nur in Zssgn vy- se, si, za- (se).
dmout se ⟨na-, vy-, vze-⟩ ⟨dmul, dmut⟩ sich (auf)blähen; (an)schwellen; See, Busen: wogen.
dmuchavka f (1c; -vek) Blasrohr n.
dmuchadlo, dmýchadlo n (1a; -del) Gebläse n.
dmýcha|cí Blas-; ~t ⟨roz-, za-⟩ blasen; hauchen; Feuer anfachen.
dna f (1) Med. Gicht f; ~vý gichtkrank.
dne s. den.
dnění n (3) Tagesanbruch m.
dnes, F dneska heute; heutzutage; ~ v noci heute nacht; ~ rok heute vor einem Jahr.

dneš|ek m (2b; -šk-; 2. -a) Heute n; v noci na ~ in der Nacht auf heute, in der heutigen Nacht; do -ška bis heute; bis auf den heutigen Tag; -škem počínaje von heute an (od. ab), ab heute, vom heutigen Tage an; **~ní** heutig; F nejsem ~ ich bin (doch) nicht von gestern.

dnít se ⟨roze-⟩ (dnělo) Tag werden, tagen.

dno n (1; den) (Gefäß-)Boden m; (Fluß-)Grund m; ~ údolí Talsohle f; do -na bis auf den Grund; (leeren) bis zum letzten Tropfen; na -ně duše im Grunde seines Herzens.

do Prp. (mit 2. Fall) in (A); nach (D); ~ Prahy nach Prag; lístek ~ divadla Theaterkarte; plášť ~ deště Regenmantel; bis (zu, in); až ~ noci bis in die Nacht (hinein); až ~ posledního muže bis auf den letzten Mann; až ~ jiného opatření bis auf weiteres; dostat se ~ sebe aneinander (od. F einander in die Haare) geraten; ~ kdy? bis wann?; binnen (G); ~ roka binnen eines Jahres; najíst se ~ sytosti sich satt essen; co je ti ~ toho? was geht dich das an?; co ~ jakosti was die Qualität betrifft; dát se ~ práce er machte sich an die Arbeit; ~ toho! Sp. los!, vorwärts!; hipp hipp hurra!; červený ~ hněda braunrot, ins Bräunliche übergehend.

do- in Zssgn mit Verben deutet die Beendigung od. den Abschluß einer Handlung, Erreichung eines Zieles, Ergänzung einer Sache an.

doba f (1) Zeit f; Dauer f; roční ~ Jahreszeit; ~ platnosti Geltungs-, Gültigkeitsdauer; pracovní ~ Arbeitszeit; v dohledné -bě in absehbarer Zeit; to je ~! das dauert (aber) lange!, das dauert (ja) eine Ewigkeit!; přiměřený -bě zeitgemäß, zeitentsprechend; v každé -bě jederzeit, zu jeder Zeit; v dávných -bách vor unendlichen Zeiten.

dobádat se pf. erforschen (č-o et. A).

ďobat ⟨po-, vy-⟩ picken.

doběh m (2b) Sp. Zieleinlauf m; Tech. Aus-, Nachlauf m; **~nout** pf. (do cíle, k vlaku Ziel, Zug) erreichen; Rest e-r Strecke zurücklegen; Maschine: auslaufen; j-n einholen; F (irgendwohin) flitzen, rennen; j-n übers Ohr hauen.

do|bíhat s. doběhnout. **~bíjet** s. dobít.

dobír|at s. dobrat; **~ka** f (1c; -rek) Nachnahme(gebühr) f; na -ku, -kou per Nachnahme; **~kový** Nachnahme-.

dobít pf. (s. bít) zu schlagen aufhören, den letzten Schlag tun; totschlagen, j-m den Gnaden- od. Todesstoß versetzen; El. Batterie nachladen; hodiny dobily deset die Uhr hat gerade 10 geschlagen.

ďobnout pf., u- s. ďobat.

dobojovat pf. (-juji) Kampf auskämpfen; zu kämpfen aufhören; ~ se sich durchkämpfen; (č-o) Sieg erringen, erkämpfen.

dobový Zeit-, zeitgemäß, aktuell; v ~ch kostýmech in historischen Trachten.

dobr|á f (Adj. 2) „gut" (Schulnote); Adv. F ~! gut!, einverstanden!; **~ácký** (Komp. -áčtější) gutmütig; **~áctví** n (3) Gutmütigkeit f; **~ačka** f (1c; -ček) herzensgute Frau f, gute Seele f; **~ák** m (1a) gutmütiger Mensch m, guter Kerl m.

dobrat pf. (s. brát) den Rest nehmen; ~ se erreichen; ~ se č-o ergründen (A), den Sinn erfassen (von D), F dahinterkommen, entdecken (A); ~ si k-o necken, F aufziehen, foppen (A).

dobré n (Adj. 3) Gute(s), Wohl n; po ~m im guten; být za ~ s kým mit j-m auf gutem Fuße stehen.

dobro n (1; 6. -u) Gute(s); Heil n, Wohl n; obecné ~ Gemeinnutz m, Gemeinwohl n; mimo ~ a zlo jenseits von Gut und Böse; je ti to k -ru das kommt dir zugute; připsat k -ru Hdl. gutschreiben; na ~ gänzlich, total.

dobro- in Zssgn gut-, wohl-; **~činnost** f (4) Wohltätigkeit f; **~dinec** m (3; -nc-) Wohltäter m; **~diní** n (3) Wohltat f; **~dinka** f (1c; -nek) Wohltäterin f; **~druh** m (1a) Abenteurer m; **~družný** abenteuerlich; **~družství** n (3) Abenteuer n; **~dušný** gutherzig; **~myslnost** f (4) Gutmütigkeit f; **~myslný** gutmütig; **~pis** m (2; 6. -e/-u) Hdl. Gutschrift f; **~řečit** v/g j-n lobpreisen, segnen; **~srdečnost** f (4) Gutherzigkeit f; **~srdečný** gutherzig; **~ta** f (1) Güte f; F Leckerbissen m; dělat -tu Gutes tun; nedělá to -tu

dobrotisko

es tut nicht gut; *žaludek mu nedělá -tu* er hat mit dem Magen zu tun; **~tisko** F *n (1b; -s[e]k) s. dobrák, dobračka;* **~tivý** gütig; *-vé nebe!* (ach) du lieber Himmel!; **~volník** *m (1a)* Freiwillige(r) *m;* **~volnost** *f (4)* Freiwilligkeit *f;* **~volný** freiwillig; ehrenamtlich; *~zdání n (3)* Gutachten *n; podat ~* Gutachten abgeben.

dobrý *(Komp. lepší; Adv. dobře, Komp. lépe)* gut; *po -rém* im guten, auf gütliche Weise.

dobř|e *Adv.* gut; *mějte se ~!* lebt wohl!, laßt es euch gut gehen!; *stalo se ti ~!* es ist dir recht geschehen!; *dělá mi to ~* das tut mir wohl; *(Essen)* es bekommt mir (gut); **~it** ⟨*u-*⟩ besänftigen.

dobudovat *pf.* ⟨*-duji*⟩ den (Auf-)Bau beenden, mit dem (Auf-)Bau fertig werden.

dobýt *pf.* ⟨*-budu, -byl*⟩ Land, Märkte erobern; *Stadt* (ein)nehmen; *Festung* (er)stürmen; *(č-o) Freiheit* erringen; *Macht* ergreifen; *Ruhm* erlangen; *(co z k-o)* j-m *Schuldbekenntnis* entlocken; *~* se eindringen, einbrechen.

dobyt|čák *m (2b)* Viehwagen *m;* **~če** *n (3) (Stück)* Vieh *n;* **~čí** Vieh-; **~ek** *m (2b; -tka;* 2. *-tka)* Vieh *n (Tiere); chov -tka* Viehzucht *f; krmný ~* Mastvieh; **~kář** *m (3)* Viehhändler *m;* Viehzüchter *m;* **~kářství** *n (3)* Viehzucht *f;* **~(el)ný** einnehmbar.

dobytí *n (3)* Eroberung *f,* Erstürmung *f;* opětné *~* Wiedergewinnung *f,* Wiedererlangung *f.*

dobýv|ací *Bgb.* Abbau-; *Mil.* Belagerungs-; **~ačný** eroberungssüchtig, eroberungslustig; **~ání** *n (3) Bgb.* Abbau *m; Jur.* Eintreibung *f; Mil.* Eroberung *f; ~ černého uhlí* Steinkohlenbergbau *m; ~ rud* Erzbergbau *m; ~ povrchové* Tagebau *m.*

dobýv|at *s. dobýt; Bgb.* abbauen, gewinnen; *Stöcke* roden; *Kartoffeln* graben, ernten; *Torf* stechen; *Hdl.* einbringen; *Jur.* eintreiben; *nehospodárně ~* Raubbau treiben; *~ se na k-o* bei j-m einzubrechen *(od.* einzudringen) versuchen.

dobyvatel *m (3; -é)* Eroberer *m.*

docela *Adv.* ganz (und gar), gänzlich, vollkommen, völlig, vollständig; *~ nic* überhaupt nichts; *~ vymy-*

šleno glatt erfunden; *~ by chtěl* er möchte sogar.

doce|nit *pf.,* **~ňovat** ⟨*-ňuji*⟩ (gebührend) würdigen.

docent *m (1),* **~ka** *f (1c; -tek)* Dozent(in *f*) *m;* **~ura** [-u:-] *f (1d)* Dozentur *f,* Dozentenstelle *f.*

do|časný vorübergehend, zeitweilig; **~česná** *f (Adj. 2)* Fest *n* zum Abschluß der Hopfenernte.

doč|íst *pf. (s. číst),* **~tat** auslesen, zu Ende lesen; *~ se* lesen über *(A),* erfahren.

dočista *Adv.* ganz (und gar), völlig.

dočkat se *pf.* ⟨*č-o*⟩ warten (bis); (noch) erleben; *nedočkal se ho* er hat vergebens auf ihn gewartet; *~ se radosti na dětech* an seinen Kindern Freude erleben.

doda|cí Liefer-; Empfangs-, Zustellungs-; **~t** *pf.* (da-, hin)zutun, -zugeben, -zulegen; hinzufügen; liefern; *(poštou* mit der Post) zustellen, steigern, stärken; *Kraft, Glanz, Schönheit usw.* verleihen; *to mu -alo* das hat ihm den Rest gegeben; *~ si odvahy* Mut fassen, sich ein Herz fassen; **~tečný** zusätzlich, nachträglich, Nach-; *-ná objednávka* Nachbestellung *f; objednat -ně* nachbestellen; **~tek** *m (2b; -tk-)* Nachtrag *m,* Zusatz *m;* **~telný** lieferbar; **~tkový** Ergänzungs-, Zusatz-.

dodávat *s. dodat.* [Zusatz-.]

dodavatel *m (3; -é)* Lieferant *m;* **~ský:** *-ká firma* Lieferfirma *f.*

dodávk|a *f (1c; -vek)* Lieferung *f; Agr.* Ablieferung *f;* F *a.* Lieferauto *n,* Lieferwagen *m; povinná ~* Ablieferungssoll *n;* **~ový** Liefer(ungs)-.

dodejna *f (1; -jen)* Paketannahme *f.*

doděl|(áv)at fertigstellen, beenden, vollenden, P *j-n* fertigmachen; im Sterben liegen, sterben; *Tier:* verenden; *~ se č-o* sich erarbeiten, erlangen *(A)* (*nur impf.*) *Versäumtes* nacharbeiten, aufarbeiten; **~ávka** *f (1c; -vek)* das letzte Stück Arbeit.

dodnes bis heute, bis zum heutigen Tag.

dodrat *pf.* ⟨*-deru*⟩ herunterreißen, vollkommen zerreißen; *~ se* sich (hin)durch-*od.* hineindrängen.

dodrž|et *pf.,* **~ovat** ⟨*-žuji*⟩ *Frist, Termin* einhalten; *Versprechen* halten; *Vorschriften* beachten; *Disziplin* streng wahren.

dodých(áv)at den letzten Atemzug tun, den Geist aufgeben, *poet.* die Seele aushauchen.

doga *f* (*1b*) Dogge *f*.

dogma *n* (*1; 2, 3, 6. -atu; Pl. -ata*) Dogma *n*; ~**tický** [-tɪ-] dogmatisch.

do|had *m* (*2a*) Vermutung *f*, Mutmaßung *f*; ~**hádat se** *pf.* mit Zanken aufhören; (č-o) erraten (*A*); ~**hadovat se** (*-duji*) Vermutungen anstellen; (č-o) zu erraten suchen (*A*); (s kým) verhandeln (mit).

dohán|ěcí Zwangs-; ~**ět** (*3 Pl. -ějí*) einzuholen versuchen; nachholen; treiben (*o*, bis); *Jur.* zwingen; *vgl.* dohonit, dohnat.

dohasnout *pf.* (*-sl*) erlöschen, ausgehen.

dohazova|č *m* (*3*) († Heirats-) Vermittler *m*; Makler *m*; ~**čka** *f* (*1c; -ček*) Heiratsvermittlerin *f*, *verä.* Kupplerin *f*; ~**t** (*-zuji*) *s.* dohodit.

dohled *m* (*2a*) Sicht(weite) *f*; Aufsicht *f*, Überwachung *f*; bez ~u unbeaufsichtigt; ztratit z ~u aus den Augen verlieren; jít na ~ in Sicht kommen; země v ~u! Land in Sicht!

dohléd|ací Aufsichts-, Überwachungs-; ~ *úřadovna* Überwachungsstelle *f*; ~**nout** *pf.* (*-dl*) blicken, sehen (können) bis (*D*); (na k-o, nač) beaufsichtigen, kontrollieren (*A*); überprüfen, kontrollieren (*A*); konce nedohlédneš ein Ende ist nicht abzusehen; pokud lze ~ soweit das Auge reicht; -ni na děti! schau nach den Kindern!; přísně ~ nač ein wachsames Auge auf et. haben.

dohledný absehbar.

dohlí|dka *f* (*1c; -dek*) Aufsicht *f*; ~**dnout** *pf.*, ~**žet** *pf.* (*3 Pl. -eji*) *s.* dohlédnout; ~**žitel** *m* (*3; -e*), ~**žitelka** *f* (*1c; -lek*) Aufseher(in *f*) *m*, Kontrolleur(in *f*) *m*.

dohmat *m* (*2a*) *Sp.* Nachgriff *m*, Nachfassen *n*; ~**at se** *pf.* (č-o) sich herantasten (an *A*); F *Wahrheit* herauskommen.

dohnat *pf.* (*-ženu*) j-n einholen; treiben (*A*); ~ *zpoždění* eine Verspätung aufholen; *s.* dohonit.

dohod|a *f* (*1*) Vereinbarung *f*, Übereinkommen *n*; Abkommen *n*; po -dě im gegenseitigen Einvernehmen; v -dě im Einvernehmen (s kým mit *D*); obchodní ~ Handelsabkommen; *Malá* ~ *hist.* Kleine Entente; *Postupimská* ~ Potsdamer Abkommen; ~**ce** *m* (*3*) Makler *m*; ~**it** *pf.* (-zen) werfen (bis); F ~ k-u co j-m vermitteln, verschaffen (*A*); co by kamenem -dil e-n Steinwurf entfernt, nur ein Katzensprung; ~**né** *n* (*Adj. 3*) Maklergebühr *f*; ~**nout** *pf.* vereinbaren, verabreden; ~ se sich verständigen, sich einigen (s kým mit *D*; o, na, v čem über *A*); ~**nutí** *n* (*3*) Vereinbarung *f*, Abmachung *f*; ~**nutý** vereinbart, ausgemacht.

doho|la *Adv.* kahl; ostříhat ~ kahlscheren; ožraný ~ kahlgefressen; ~**nit** *pf.* j-n einholen; *Zeit, Lehrstoff* nachholen; ~**řet** *pf.* ausbrennen; *Feuer:* ausgehen, erlöschen; ~**spodařit** *pf.* abwirtschaften; ~**tovit** *pf.*, ~**tovovat** (*-vuji*) fertigstellen; *Plan* erfüllen; *s.* dodělat.

dohovo|r *m* (*2a*) Absprache *f*, Verabredung *f*; Unterredung *f*, Rücksprache *f*; ~**řit** *pf.* ausreden, zu Ende sprechen; verabreden (co s kým et. mit *D*); ~ se sich verständigen (o čem über *A*); -řili jsme wir haben unser Gespräch beendet; ~ si schůzku sich verabreden.

dohr|a *f* (*1d; -her*) Nachspiel *n*; ~**á(va)t** (*pf. -hraji*) zu Ende spielen; -ál svou úlohu er hat (seine Rolle) ausgespielt.

dohromady *Adv.* zusammen; ~ nic durchaus nichts, fast gar nichts; strkat hlavy ~ die Köpfe zusammenstecken; dát ~ *Mannschaft* zusammenstellen; *Feier* ausrichten; *et.* in Ordnung bringen; dát hlavy ~ sich zusammensetzen.

dohř|át *pf.* (*-hřeji*), ~**ívat** anwärmen; F j-n aufbringen, wütend machen; ~ se in Harnisch geraten, wütend werden.

dohustit *pf.* (*-štěn*) *Rad* aufpumpen.

docház|et (*3 Pl. -eji*) sich nähern, besuchen; *Ware:* eintreffen; *Brief:* eingehen; *Frist:* ablaufen; *Obst:* reifen; *Geld, Vorrat:* ausgehen; *Ruhe, Verständnis* finden; zu *m Streit, zu e-m Ergebnis* kommen; *s. dojít;* ~**ka** *f* (*1c; -zek*) (*Schul-*) Besuch *m*; Erscheinen *k zum Dienst*.

dochodit *Schule* absolvieren, beenden; ein Kind austragen; nicht (mehr) kommen (ke k-u zu *D*).

dochov(áv)at heran-, großziehen, pflegen, betreuen; ~ se erhalten bleiben; überliefert werden.

5 TW Tschech. I

dochvilnost

dochviln|ost f (4) Pünktlichkeit f; **~ý** pünktlich.
do|jačka f (1c; -ček) = **ják¹** m (2b) Melkeimer m; **~ják²** P m (2b) Schnulze f; **~jatý** bewegt, gerührt.
dojedn(áv)at Verhandlungen abschließen; abmachen, vereinbaren (s kým mit D).
dojem m (2a; -jm-) Eindruck m; -jmy z cest Reiseeindrücke; působit -jmem beeindrucken; **~ný** rührend, rührselig.
dojet pf. (-jedu, -jel) (do + 2. Fall) kommen, fahren bis (zu, nach); ankommen, eintreffen (in D); j-n einholen, erreichen; (pro k-o, co) (ab)holen (A).
dojetí n (3) Ergriffenheit f, Rührung f; plakat ~m vor Rührung weinen.
dojezd m (2a) Sp., Tech. Auslauf m.
dojí|cí Melk-; **~čka** f (1c; -ček) Melkerin f.
dojíma|t s. dojmout; **~vý** rührend, ergreifend.
dojíst pf. (s. jíst) zu Ende essen; ~ se sich satt essen.
dojista Adv. (ganz) sicher, gewiß.
dojit ⟨po-⟩ melken.
dojít pf. (s. jít) (do + 2. Fall) kommen, gehen bis (zu, nach); ankommen, eintreffen (in D); j-n einholen; et. erlangen, erreichen; (pro k-o, co) (herbei)holen (A); ~ k cíli od. do cíle ans Ziel kommen; dojde k tobě du bist an der Reihe; ne ~ ausbleiben; s. a. docházet. [trag m.]
dojivost f (4) Milchleistung f, -er-]
do|jíždět (3 Pl. -ějí) s. dojet; **~jmout** pf. (s. jmout) fig. rühren, ergreifen; (seelisch) erschüttern.
dojn|ice f (2a) melkende Kuh, Melkkuh f; Milchkuh f; **~ý** melkend, Melk-.
dok m (2b) Dock n; **~ař** m (3) Dockarbeiter m.
dokaz|atelný be-, nachweisbar; **dokázat** pf. (-žu/-ži), **~ovat** (-zuji) be-, nachweisen; zustande bringen, F fertigbringen, schaffen, durchsetzen.
doklad m (2; 6. -u/-ě) Urkunde f, Unterlage f; Beleg m, Nachweis m; ~em als Beweis (č-o/G, für A); na ~ zum Beweis.
dokládat (da-, hin)zulegen; beifügen; belegen, be-, nachweisen; Zitat, Beispiel anführen; ~ se sich berufen (kým auf A); beteuern.

dokladový Beweis-.
dokola Adv. ringsherum, ringsumher; stále ~ immer dasselbe; kolem ~ weit und breit.
dokonal|ost f (4) Vollkommenheit f, Vollendung f; **~ý** vollkommen, vollendet; Arbeit: tadellos; Niederlage: völlig, vollständig; v -lé úctě mit vorzüglicher Hochachtung.
dokon(áv)at v/t be-, vollenden, vollbringen; Mord a. verüben; v/i sterben, verscheiden; **~avý** Gr. (Verb) perfektiv, vollendet.
dokon|ce Adv. selbst, sogar; vollends; **~čit** pf., **~čovat** (-čuji) beenden; vollenden.
dokořán: ~ otevřený (sperr)angelweit offen.
do|koupit pf. den Rest kaufen; (hin)zukaufen; **~kračovat** (-čuji) auftreten; fig. einschreiten, vorgehen (na k-o, co gegen A); **~kreslit** pf. zu Ende zeichnen; fig. verdeutlichen; **~kročit** pf., **~kročovat** (-čuji) s. dokračovat.
doktor m (1; -ři) Doktor m; **~át** m (2a) Doktorwürde f, Doktorat n; **~ka** f (1; -rek) (Frau) Doktor; F Doktorin f; **~ovat** (-ruji) als Arzt tätig sein; F (herum)doktern; laborieren; **~ský** Doktor-.
doktr|ína f (1) Doktrin f; **~inářský** doktrinär.
dokud solange; ~ ne bis.
dokument m (2; 6. -u/-ě) Dokument n, Urkunde f; osobní **~y** Ausweispapiere n/pl.; **~ace** f (2) Dokumentation f; **~ační** Dokumentations-; **~ární** dokumentarisch, Dokumentar-; **~ovat** (im)pf. (-tuji) dokumentieren; **~ový** Urkunden-, Dokumenten-.
do|kupovat (-puji) s. dokoupit; **~květat**, **~květ** pf. (s. květ) (voll) aufblühen; verblühen.
dolar m (2a) Dollar m; **~ový** Dollar-.
dole Adv. (Komp. **~ji**) unten.
doléčení n (3) Nachbehandlung f, Nachkur f; **~hat** fest anliegen; (dicht) schließen; Laute: dringen, zu hören sein; (na k-o) bedrängen (A); zu schaffen machen (D); **~havý** dringend.
dole|hnout pf. s. doléhat; **~ji** weiter unten od. abwärts; **~jšek** m (2b; -šk-) untere(r) Teil, Unterteil m od. n; **~jší** untere(r); **~k** m (2b;

domýšlivý

-*lk*-) *s.* vdolek; ~m *Adv.* unten; horem ~ über Stock und Stein.
dolet *m* (*2a*) Flugbereich *m*, Flug-, Reichweite *f*; ~**ět** *pf.*, **dolétat**, ~**ovat** (-*tuji*) fliegen (bis), (fliegend) erreichen; *Laute*: dringen (bis).
doleva (nach) links.
dolé|vat zugießen, nachfüllen; ~**zat** F (*za kým*) sich aufdrängen (*D*), belästigen (*A*); *děti* -*zají* die Kinder sind zudringlich.
dolez|avý F auf-, zudringlich, lästig; ~**t** *pf.* (*s. lézt*) kriechen (bis); sich (mühsam) schleppen (bis).
dolíč|ek *m* (*2b*; -*čk*-) Grübchen *n*; ~**kovaný**, ~**kovatý**: -*ná* (*od.* -*tá*) *tvář* pockennarbiges Gesicht.
doličný *Jur.*: -*ná věc* Beweisstück *n*, -mittel *n*.
dol|ík *m* (*2b*) (kleines) Loch, Vertiefung *f*, Mulde *f*; ~**ina** *f* (*1*) Niederung *f*, Tal *n*; *Geol.* Doline *f*.
dolí|(va)t (*pf. s. lít*) *s.* dolévat; ~**zat** *s.* dolézat.
dolní untere(r), Unter-; *Geogr.* Nieder-.
dolno- *in Zssgn* Unter-; *Geogr.* Nieder-; ~**lužický** Niederlausitzer (*Adj.*); ~**saský** niedersächsisch; ~**slezský** niederschlesisch.
dolov|at (-*luji*) *Bgb.* fördern; F kramen; ~**ý** *s. důlní*.
dolózní *Jur.* vorsätzlich.
dolož|ení *n* (*3*) Nachtrag *m*, Zusatz *m*; ~**it** *pf. s.* dokládat; ~**itelný** belegbar, beweisbar; ~**ka** *f* (*1c*; -*žek*) Klausel *f*, Zusatz *m*; Vermerk *m*.
dolů nach unten, abwärts; her-, hinunter; ~! nieder!; ~ *po svahu* bergab; talwärts; *klobouk* ~! Hut ab!
doly *s. důl*.
dóm *m* (*2*; 6. -*u*/-*ě*) Dom *m*.
doma zu Hause, daheim; F *teď jsem* ~! jetzt geht mir ein Licht auf!; *buďte tu jako* ~ fühlen Sie sich wie zu Hause.
domácí[1] Haus-; hausgemacht; *Brot*: hausbacken; häuslich; (ein)heimisch; ~ *strava* Hausmannskost *f*; *pan* ~ = ~[2] *m* (*Adj.* 4) Hausbesitzer *m*, -herr *m*.
domác|ký Haus-, Heim-; häuslich; familiär; hausbacken (*fig.*), -ky, -po-ku wie zu Hause; ~**nět** (*z*-) (*3 Pl.* -*ějí*) heimisch werden; ~**nost** *f* (*4*) Haushalt *m*; ~**nostní** Haushalts-; ~ *hospodářství* Hauswirtschaft *f*.
do|máhat se Recht fordern; *s.* do-

moci se; ~**makat se**, ~**maknout se** *pf. s.* dohmatat se.
dome|k *m* (*2b*; -*mk*-), ~**ček** *m* (*2b*; -*čk*-) Häuschen *n*.
doměření *n* (*3*) zusätzliche (Steuer-) Veranlagung *f*.
dominikán [-nɪ-] *m* (*1*) Dominikaner(mönch) *m*; ~**ský** Dominikaner-.
domkář *m* (*3*) Häusler *m*, Kleinbauer *m*.
domlouvat ausreden, zu Ende sprechen; *j*-*m* zureden; (*a. se*) abmachen, vereinbaren, (sich) verabreden.
domluv|a *f* (*1*) Zureden *n*; *s.* dohoda, dohovor; ~**it** *pf. s.* domlouvat.
domně|lý angeblich; vermeintlich, mutmaßlich; -*lé mrtvý* scheintot; ~**ní** *n* (*3*) Annahme *f*, Meinung *f*; *v* ~ *že ...* in der Annahme, daß ...; ~**nka** *f* (*1c*; -*nek*) Vermutung *f*, Mutmaßung *f*.
domnívat se vermuten, annehmen.
domobran|a *f* (*1*) Landsturm *m*, Land-, Heimwehr *f*; ~**ec** *m* (*3*; -*nc*-) Landsturm-, Landwehrmann *m*.
domoci se *pf.* (-*mohu*) (*č*-*o*) *Macht* erringen; *Einfluß, Ansehen* erlangen; *zu Geld* kommen.
domorod|ec *m* (*3*; -*dc*-) Eingeborene(r) *m*; Ortsansässige(r) *m*, Einheimische(r) *m*; ~**ý** eingeboren, Eingeborenen-; einheimisch.
domov *m* (*2*; 2. -*a*, 6. -*ě*/-*u*) Heimat *f*; (Kinder-, Studenten-)Heim *n*; *být* ~*em* beheimatet sein (*na Moravě* in Mähren); *bez* ~*a* heimatlos; ~**ina** *f* (*1*) Heimat(land *n*) *f*; F Eigenbau *m* (*Tabak*); ~**ní** Haus-; ~ *prohlídka*, *řád* Haussuchung *f*, -ordnung *f*; ~**nice** *f* (*2a*) Hausmeisterin *f*; ~**nictví** *n* (*3*) Hausmeisterstelle *f*; ~**ník** *m* (*1a*) Hausmeister *m*; ~**ský** heimatlich, Heimat-.
domu *s. dům*.
domů nach Hause, heim(wärts); *cesta* ~ Heimweg *m*; Heim-, Rückreise *f*; *návrat* ~ Heimkehr, Rückkehr *f*.
domysl|et, ~**it** *pf.* (-*šlen*) *s.* domýšlet.
domýšl|et (*3 Pl.* -*ejí*) zu Ende denken, durchdenken; daran denken; ~ *se* (*č*-*o*) vermuten, erraten (*A*); ~ *si* sich vorstellen, hinzudenken; sich einbilden; ~**ený** durchdacht; ~**ivec** *m* (*3*; -*vc*-) eingebildeter Mensch *m*, F Angeber *m*; ~**ivý** eingebildet, F aufgeblasen.

donašeč *m* (3) Zuträger *m*, Denunziant *m*; ~**ství** *n* (3) Denunziantentum *n*, Zuträgerei *f*.

donáš|et (3 Pl. *-eji*) bringen; holen; *Waren, Post* zustellen; *Geschütz:* reichen; F *j-m et.* hinterbringen, zutragen; *(na k-o)* j-n denunzieren, verpetzen; ~**ka** *f* (1c; *-šek*) *(Post-, Zeitungs-)*Zustellung *f*; *(Haus-)*Lieferung *f*; ~**kový** Zustell-; Liefer-.

done|dávna bis vor kurzem; ~**konečna** bis ins Unendliche, ohne Ende.

do|nést *pf.* (*s. nést*) *s.* donášet; ~**nosit** *pf.* (*-šen*) zu Ende tragen; *Kind* austragen; *Schuhe, Kleider* abtragen; ~**nosnost** *f* (4) Reichweite *f*.

donu|cení *n* (3) Zwang *m*; z ~ zwangsweise; ~**covací** Zwangs-; ~ *nutnost* zwingende Notwendigkeit; ~**covat** *(-cuji)*, ~**tit** *pf.* *(-cen)* zwingen; *Jur. a.* nötigen.

doobjedn|(áv)at nachbestellen; ~**návka** *f* (1c; *-vek*) Nachbestellung *f*.

doopravdy wirklich, in der Tat, wahrhaft(ig); ernsthaft, im Ernst.

dop. *Abk. für* dopoledne.

dopad *m* (2a) Aufschlag *m* (*a. Sp.*); Aufsetzen *n* (*a. Flgw.*); *(Geschoß-)* Einschlag *m*; *Phys.* Einfall *m*; *úhel* ~*u* Einfallswinkel *m*; ~**at**, ~**nout** *pf.* *(-den)* fallen; aufschlagen; *Bombe usw.:* einschlagen; *Sache:* ausfallen, ausgehen; *j-n* ertappen, F erwischen *(při činu* auf frischer Tat); ~**ový** Einfall(s)-.

do|pal F *m* (2a) Wut *f*, Zorn *m*; ~**pálený** F wütend; ~**pálit** *pf.* *(-len)* verbrennen; F *j-n* in Wut bringen, aufbringen; ~ *se* in Wut geraten; ~**pátrat se** *pf.* *(č-o)* erforschen, F herausfinden, -bekommen *(A)*; ~**pí(je)t** *(impf. 3 Pl. -eji; pf. s. pít)* austrinken, leeren.

dopis *m* (2; 6. *-e/-u*) Brief *m*; ~**ní** Brief-; ~**nice** *f* (2a) Postkarte *f*; ~**ování** *n* (3) Briefwechsel *m*, Korrespondenz *f*; ~**ovat** *(-suji)* zu Ende schreiben; schreiben (k-u an *A*); ~ *si* im Briefwechsel stehen, korrespondieren (s kým mit *D*); ~**ovatel** *m* (3; *-é*), **-lka** *f* (1c; *-lek*) Korrespondent(in *f*) *m*; ~**ový** brieflich, schriftlich, Brief-.

do|pít *pf. s.* dopíjet; ~**plácet** (3 Pl. *-eji*) nach-, zuzahlen; zusetzen, draufzahlen; *mit dem Tod* bezahlen.

doplat|ek *m* (2b; *-tk-*) Nachzahlung *f*; Zuzahlung *f*, Zuschlag *m*; ~**it** *pf.* *(-cen) s.* doplácet; ~**kový** Nachzahlungs-; *-vá jízdenka* Zuschlagkarte *f*; *-vá porto* *n*. ~**né** *n* (*Adj.* 3) Nachgebühr *f*, -porto *n*.

doplavit *pf.* auf den Wasserweg befördern; verschiffen; *Holz* flößen.

dopln|ěk *m* (2b; *-ňk-*) Ergänzung *f*; Zusatz *m*, Nachtrag *m*; Anhang *m*; *Gr.* attributives Prädikat; *módní ~ňky* modisches Zubehör, Accessoires *n/pl.*; ~**ění** *n* (3) *s.* doplňování.

doplnit *pf. s.* doplňovat.

doplň|kový Ergänzungs-, Zusatz-; *Math.* Komplementär-; ~ *sport* Ausgleichssport *m*; ~**ovací** Ergänzungs-; Nachtrags-; ~ *volby* Nachwahlen *f/pl.*; ~**ování** *n* (3) Vervollständigung *f*, Ergänzung *f*; Auf-, Nachfüllen *n*; ~**ovat** *(-ňuji)* ergänzen, vervollständigen; auf-, nachfüllen.

do|plou(va)t *(pf. s. plout)* fahren, segeln bis *(D)*; ~ *do přístavu* in den Hafen einlaufen; ~**pnout** *pf.* *(s. pnout)* zuknöpfen; ~**počítat** *pf.* ausrechnen; (zusammen)zählen; ~ *se* (č-o) *et.* errechnen, ermitteln; ~**podrobna** bis ins einzelne, mit allen Einzelheiten, F haargenau; ~**pola** halb, zur Hälfte.

dopoledn|e[1] *n* (2) Vormittag *m*; ~**e**[2] *Adv.* vormittags, am Vormittag; ~**í** Vormittags-.

dopom|áhat, ~**oci** *pf.* *(s. pomoci)* verhelfen (k-u k č-u j-m zu *D*); ~**oc** *f* (4) *Sp.* Hilfestellung *f*.

doporuč|eně *adv.* eingeschrieben; ~**!** Einschreiben!; ~**ení** *n* (3) Empfehlung *f*; ~**ený** empfohlen; *Brief:* eingeschrieben; ~**it** *pf. s.* doporučovat; ~**itelný** empfehlenswert; ~**né** *n* (*Adj.* 3) Einschreibegebühr *f*; ~**ovat** *(-čuji)* empfehlen; ~**ující** Empfehlungs-.

dopo|savad, ~**sud** bisher, bis jetzt.

dopouštět (3 Pl. *-ěji*) zulassen, gestatten; dulden; *(co na k-o)* heimsuchen, schlagen (mit); *nedopustit nic na k-o* nichts auf j-n kommen lassen; ~ *se* (č-o) begehen (*A*).

dopo|vědět *pf.* (*s. vědět*) ausreden; *a.* = ~**vídat** *(im)pf.* zu Ende erzählen.

dopracov|(áv)at *(pf. -cuji)* die Arbeit beenden; ~ *se* č-o sich *et.* er-

arbeiten; (durch Arbeit) gelangen (k + 3. Fall zu D).
doprava¹ (nach) rechts.
doprav|a² f (I) Beförderung f, Transport m; Verkehr m; Speditionswesen n; *námořní ~* Seeschiffahrt f; **~ák** F m (1a) Transportbediensteter(r) m, Eisenbahner m; **~ce** m (3) Spediteur m; **~it** pf. s. dopravovat; **~ní** Verkehrs-; Transport-, Beförderungs-; Speditions-; **~nictví** n (3) Verkehrs-, Transportwesen n; Spedition(sfirma) f; **~ník** m (2b) Tech. Förderer m; **~ovat** (-vuji) befördern, transportieren; liefern.
doprod|at pf. ausverkaufen; **~ej** m (4) Ausverkauf m.
dopro|sit pf. (-šen), **~šovat se** (-šuji) (č-o) erbitten, durch Bitten erlangen (A).
doprovázeč m (3) Begleiter m; **~et** (3 Pl. -ejí) begleiten; lit. geleiten, das Geleit geben.
doprovod m (2a) Begleitung f; Geleit n; **~it** pf. s. doprovázet.
do|přá(va)t (pf. s. přát) gönnen; **~předu** vorwärts, nach vorn; vor-; postupovat **~** vorrücken; **~psat** pf. s. dopisovat.
dopu|stit pf. (-štěn) s. dopouštět; **~štění** n (3) Zulassen n; Fügung f (Gottes); P je boží **~** es sind alle Teufel los.
do|razit pf. (-žen) einschlagen; **~** k-o j-m den Todesstoß (F den Rest) geben, P j-m den Garaus machen, j-n erledigen; **~** kam ankommen, anlangen (in, an D); **~ražení** n (3) Stichelei f, Neckerei f; **~rážet** (3 Pl. -ejí) angreifen, necken; j-m hart zusetzen; j-n (mit Fragen) bestürmen.
dorost m (2a) Nachwuchs m; Sp. Jugendklasse f; **~enec** m (3; -nc-) Jugendliche(r) m; Sp. Angehöriger m einer Jugend- od. Nachwuchsmannschaft; **~enecký** Sp. Nachwuchs-; **~lý** erwachsen.
dorozum|ění n (3) Verständigung f, Einvernehmen n; **~ět se** pf. (3 Pl. -ějí), **~ívat se** sich verständigen, sich über et. einigen, übereinkommen; **~ívací** Verständigungs-; **~** řeč Verkehrssprache f.
dort m (2; 6. -u/-ě) Torte f; **~ový** Torten-.
doruč|ení n (3) Zustellung f; Aushändigung f; **~it** pf., **~ovat** (-čuji) zustellen; überbringen, aushändigen; **~itel** m (3; -é) Überbringer m; **~né** n (Adj. 3) Zustellgebühr f; **~ování** m (3; -é) Zustelldienst m; **~ovatel** m (3; -é) (Post-)Zusteller m; **~** peněz Geldbriefträger m, Geldbote m.
do|růst(at) pf. (pf. s. růst) heranwachsen; **~řešit** pf. Problem restlos lösen; **~sadit** pf. (-zen) einsetzen.
do|sah m (2b) Reichweite f; Bereich m; fig. Tragweite f; **~sáhnout** pf. (dosažen), **~sahovat** (-huji) reichen bis (zu); (č-o) erreichen, erwirken (A). [herig.)
dosavad bisher, bis jetzt; **~ní** bis-)
do|sázet pf. (3 Pl. -ejí) Kartoffeln setzen, pflanzen; Typ. absetzen; **~sazovat** (-zuji) einsetzen; Geld zuschießen; **~sazení** n (3) Einsetzung f; **~sazovací** Einstellungs-; **~sažení** n (3) Erlangung f, Erreichung f; **~sažitelný** erreichbar.
dosed|at pf. sich (nieder)setzen; aufs Pferd steigen, aufsitzen; Thron besteigen; **~ět** pf. ausbrüten; **~nout** pf. s. dosedat.
dosíci pf. s. dosáhnout.
doskoči|ště n (2a) Sp. Sprunggrube f; (Ski) Aufsprungbahn f; **~t** pf. springen (bis); **~** pro k-o j-n (schnell) holen.
do|skok m (2b) Sprung(weite f) m; Sp. Aufsprung m; fig. Katzensprung m; **~slat** pf. (-šlu, -slán) nachsenden.
doslech m (2b) Hörweite f; Hören n; z **~u** vom Hörensagen; **~nout** pf. (-nut) erfahren, vernehmen, hören.
doslov m (2a) Nachwort n; **~a** Adv., **~ný** wörtlich, wortgetreu; buchstäblich.
do|slýchat s. doslechnout; **~spat** pf. (s. spát): **~** se (sich) ausschlafen.
dospěl|ost f (4) Reife f; Jur. Mündigkeit f; Hdl. Fälligkeit f (Wechsel); **~ý** erwachsen; Jur. mündig; Hdl. fällig.
dosp|ět pf. (3 Pl. -ějí), **~ívat** zu et. gelangen; heranwachsen; Hdl. Wechsel: fällig werden; **~ívající:** **~** mládež heranwachsende Jugend f.
dospodu nach unten.
dost (č-o) genug (von et.); ziemlich; mám už **~**! genug damit!, davon habe ich genug!; **~** a **~** übergenug; ani **~** málo nicht im geringsten; to je **~** možná das ist wohl möglich.

dostačit

dostač|it *pf.*, **~ovat** (-*čuji*) genügen, (aus)reichen; **~ující** hinreichend, hinlänglich.
dost|ání *n* (3): to je k ~ das ist zu bekommen, erhältlich; **~at** *pf.* (-*stanu*, -*stal*) bekommen, erhalten, P kriegen; ~ se (einander) heiraten; ~ kam (wohin) geraten, gelangen, kommen; ~ č-o et. zuteil werden; **~át** *pf.* (-*stojím*, -*stál*) (č-u) Genüge tun (D); ~ povinnosti der Pflicht nachkommen; ~ slovu Wort halten.
dostat|ečný genügend, ausreichend; *Jur.* hinreichend (*Beweis*); **~ek** *m* (2b; -*tk*-) Genüge *f*, Fülle *f*; je ~ č-o et. ist in Hülle und Fülle vorhanden; zboží je ~ Ware ist in ausreichender Menge vorhanden.
dostávat s. dostat.
dostavba *f* (1; -*veb*) Ausbau *m*; Vollendung *f* eines Baues.
dostavení *n* (3) Erscheinen *n* (z. B. vor Gericht); **~čko** *n* (1b; -*ček*) Stelldichein *n*, Rendezvous *n*; *Mus.* Ständchen *n*; *dát si* ~ sich verabreden.
dostav|ět *pf.* (3 Pl. -ějí) zu Ende bauen; ausbauen; **~it** *pf.*: ~ se sich einfinden, erscheinen, eintreffen; ne~ se fernbleiben (D); **~ník** *m* (2b) Stellwagen *m*.
dosti s. dost.
dostih|nout *pf.* (-*žen*), **~ovat** (-*huji*) einholen, erreichen; **~ový** Renn-; ~y *m/pl.* (2b) Pferderennen *n*; ~ ve zbrojení Wettrüsten *n*.
dostiučin|ění *n* (3) Genugtuung *f*; **~it** *pf.* Genüge tun; Genugtuung leisten.
dostiž|ení *n* (3) Erreichung *f*; **~itelný** erreichbar.
dostoupit *pf.* (č-o) erreichen (A).
dostředj|ivost *f* (4) *Phys.* Zentripetalkraft *f*; **~ivý** Zentripetal-; **~ný** *Phys., Math.* radial, Radial-.
do|střel *m* (2a) Schußweite *f* Reichweite *f*; **~studovat** *pf.* (-*duji*) zu Ende studieren.
dostup *m* (2a) Zutritt *m*; *Flgw.* Gipfelhöhe *f*; **~nost** *f* (4) Zugänglichkeit *f*; Erschwinglichkeit *f*; **~ný** zugänglich; *Preis*: erschwinglich; *Ort*: erreichbar; **~ovat** (-*puji*) s. dostoupit.
dosud bisher, bis jetzt.
dosvědč|it *pf.*, **~ovat** (-*čuji*) bekräftigen; *Jur.* bezeugen.

dosypat *pf.* (-*u/-ám*) nachfüllen, nachschütten.
dosyt|a satt, bis zur Sättigung; **~it** *pf.* (-*cen*) satt machen; ~ se sich satt essen.
doširoka *Adv.* breit, in die Breite.
doškový: -*vá střecha* Strohdach *n*.
do|škrabat *pf.* (-*u/-ám*) schälen; *Gemüse* putzen; F ~ se sich schleppen (bis); **~šlápnout** *pf.* (*Fuß*) auftreten; P ~ se k-o zur Rede stellen (A); **~tad** bisher, bis zu diesem Augenblick; **~táhnout** *pf.* (-*tažen*), **~tahovat** (-*huji*) ziehen (bis); *Schraube* anziehen, nachziehen; *Sp.* einholen; **~tavad** s. dotad.
dotaz *m* (2; 6. -*u/-e*) Anfrage *f*: *mám k tobě* ~ ich habe eine Frage an dich zu richten; ~y *pl.* Auskunft(sstelle) *f* (*Aufschrift*).
dotázat *pf.* (-*žu/-ži*): ~ se k-o (nač) bei j-m nachfragen (wegen G), sich erkundigen (nach D), Erkundigungen einholen (über A).
dotaz|ník *m* (2b) Fragebogen *m*; **~ovat** (-*zuji*) s. dotázat; **~ovatel** *m* (3; -*é*) Fragesteller *m*; **~ovna** *f* (1; -*ven*) Auskunftsstelle *f*, Auskunftsbüro *n*.
dotčen berührt; *Ehre*: gekränkt; **~ý** besagt, betreffend; *svrchu* ~ oben erwähnt.
dotek *m* (2b) Berührung *f*; *El.* Kontakt.
dotěr|a F *m* (5) zudringlicher Mensch *m*, Plagegeist *m*; **~avý** zudringlich, aufdringlich; **~nost** *f* (4) Zudringlichkeit *f*; **~ný** zudringlich, lästig.
dotírat: ~ na k-o j-m hart zusetzen; ~ se sich aufdrängen.
dotisk *m* (2b) Typ. Nachdruck *m*; **~nout** *pf.* (-*tištěn*) nachdrucken.
dotknout se *pf.* (-*tčen/-tknut*) (č-o) berühren, anrühren (A).
dotlouci *pf.* (s. *tlouci*) Uhr: soeben schlagen, aufhören zu schlagen; ~ se sich *mit letzter Kraft durch*schlagen.
do|trmácet se *pf.* (3 Pl. -*ejí*) erschöpft ankommen; **~trpět** *pf.* aufhören zu leiden, ausleiden; -*ěl!* er hat es überstanden!; **~třít** *pf.* (s. *třít*) (zu Ende) reiben; ~ se sich einschleichen; **~tud** bis hierher; solange.
dotv|ářet (3 Pl. -*ejí*), **~ořit** *pf.* die endgültige Form geben, F letzte Hand anlegen.

doživotní

dotvr|dit *pf.* (*-zen*), **~zovat** (*-zuji*) bestätigen, bekräftigen; ~ se sich vervollkommnen; **~zení** *n* (3) Bekräftigung *f*.
doty|čný betreffend; **~k** *m s. dotek; Mil.* Fühlung *f*.
dotýk|ání *n* (3) *s.* dotčení; **~aný** *Rel.* geweiht; **~at** *s.* dotknout.
doub|ek *m* (2b; *-bk-*) junge Eiche *f*; **~rava** *f* (1) Eichenwald *m*.
douč|it *pf.*: ~ se auslernen; **~ovací**: ~ hodina Nachhilfestunde *f*.
doudit [do-u-] *pf.* (*-uzen*) (*český*) richtig (*od.* ganz) räuchern.
douf|ání *n* (4a) Hoffen *n*; **~at** (*za-*) (v k-o, v co) hoffen (auf A); **přestávat** ~ die Hoffnung aufgeben.
doup|ě *n* (4a) Höhle *f*; (Tier-)Bau *m*; **~ňák** *m* (1a) *Zo.* Ringeltaube *f*.
doušek *m* (2b; *-šk-*) Schluck *m*; Trunk *m*; *jedním -škem* in einem Zug(e).
dout (*na-, po-, za-*) (*duji, dul, dut*) wehen, blasen; **~nák** *m* (2b) Zündschnur *f*, † Lunte *f*; **~nat** (*za-*) glimmen, schwellen; **~ník** *m* (2a) Zigarre *f*.
dováď|ět (*po-, za-* (si)) (3 Pl. *-ějí*) herumtollen; **~ivý** mutwillig.
dovař|ený gar (gekocht); **~it** *pf.* gar kochen, fertig kochen.
dováž|ení *n* (3) Zuführen *n*, Zufuhr *f*; *Hdl.* Einfuhr *f*, Import *m*; **~et** (3 Pl. *-ejí*) zuführen, bringen; *Hdl.* einführen, importieren; **~it** *pf.* das volle Gewicht geben, F auswiegen; **~ka** *f* (1c; *-žek*) Zufuhr *f*.
dovědět se *pf.* (*-vím*) (č-o) erfahren (A), Kenntnis erhalten (von D).
doveden|ost *f* (4) Geschicklichkeit *f*, Gewandtheit *f*, Fertigkeit *f*; **~ý** geschickt, gewandt.
do|vést *pf.* (*s. vést*) (hin)führen (bis) können, F treffen, fertigbringen, schaffen, P hinkriegen; **~větek** *m* (2b; *-tk-*) *Jur.* Kodizill *n*; *Mus.* Coda *f*; **~vézt** *pf.* (*s. vézt*) (*mit einem Fahrzeug*) befördern, (hin-)schaffen, hinein, ins Tonnere, nach innen; **~vol(áv)at se** (č-o) sich berufen (auf A).
dovolen|á *f* (*Adj.* 2) Urlaub *m*; ~ na zotavenou Erholungsurlaub; *na -né* in Urlaub, beurlaubt; **~ec** *m* (3; *-nc-*) Urlauber *m*; **~ka** *f* (1c; *-nek*) Urlaubsschein *m*.
dovol|ení *n* (3) Erlaubnis *f*; s ~m!

erlauben Sie!, gestatten Sie!; **~ený** erlaubt, zulässig; **~it** *pf.*, **~ovat** (*-luji*) erlauben, gestatten; *-lit se* um Erlaubnis bitten; beurlaubt werden.
dovoz *m* (2a) Einfuhr *f*, Import *m*; povolení k ~u Einfuhrbewilligung *f*; **~ce** *m* (3) Importeur *m*; **~né** *n* (*Adj.* 3) Fracht(gebühr) *f*; ~ a clo vyplaceno fracht- und zollfrei; **~ní** Einfuhr-; **~ovat** (*-zuji*) begründen folgern.
dovrchu bergauf, bergan.
dovrš|ení *n* (3) Vollendung *f*; **~it** *pf.* (*Maß*) voll sein; vollenden.
dovtípit se *pf.* begreifen, F kapieren.
dóza *f* (1a) Dose *f*.
doza|du nach hinten, nach rückwärts; **~jista** ganz bestimmt, ganz sicher, F totsicher.
dozírat (*na k-o j-n*) beaufsichtigen; Durchführung überwachen.
dozn|ání *n* (3) Geständnis *n*, *fig.* Bekenntnis *n*; **~(áv)at** (ein)gestehen, bekennen; **~it** *pf.* (3 Pl. *-ějí/i, -ěl*) verklingen; *Echo*: verhallen; *El.* nachschwingen.
dozor *m* (2a) Aufsicht *f*, Beaufsichtigung *f*; **~ce** *m* (3) Aufseher *m*; *školní* ~ Schulinspektor *m*; **~čí** Aufsichts-, Überwachungs-; ~ úřadovna Überwachungsstelle *f*; **~kyně** *f* (2b) Aufseherin *f*.
do|zvěp *m* (2a) Schlußgesang *m*; **~zpívat** *pf.* zu Ende singen; **~zrá(va)t** (*pf. s.* zrát) reif werden; *fig.* heranreifen; **~zvědět** *s.* dovědět.
dozvu|čet *pf.* ausklingen; verhallen; **~k** *m* (2b) Nachklang *m*; **~y** *pl. a.* Nachfeier *f*.
dož|ádání *n* (3) Ersuchen *n*; **~ádat** *pf.* erbitten, um et. ersuchen; **~adovat** (*-duji*) (č-o) beanspruchen (A), Anspruch erheben (auf A); *Jur.* fordern (A).
dožatá P *f* (*Adj.* 2) Erntefest *n*.
dóže *m* (*Sg.* wie *n* 4, Pl. a. *m* 3; *-ové*) Doge *m*.
dožínky *f/pl.* (2; *-nek*) Ernte(dank)fest *n*; **~t¹** *pf.* (*s. žít²*) abmähen.
do|žít² *pf.* (*s. žít¹*) sein Leben beenden, *s-e* Tage beschließen; ~ se (č-o) erleben (A); **~žití** *n* (3) Erleben *n*; **~žívat** *s.* žít².
doživot|í *n* (3) Lebensdauer *f*; *Jur.* na ~ lebenslänglich; **~ní** auf Lebenszeit; *Jur.* lebenslänglich.

dožrat *pf.* (*s. žrát*) auffressen; *fig.* in Wut bringen.
dráb *m* (*1*; *-ové*/*-i*) Büttel *m*, Scherge *m*, Häscher *m*.
drabant F *m* (*1*) Trabant *m*; ~i P *pl.* Kinder(schar *f*) *n*/*pl.*
drabař *m* (*3*) *Zo.* Trampeltier *n*.
drabčík *m* (*1a*) *Zo.* Raubkäfer *m*.
dracéna *f* (*1*) *Bot.* Drachenbaum *m*.
dracoun *m* (*2a*) Flittergold *n*.
dráče *n*, *f*) *fig.* ausgelassenes Kind *n*, F Schlingel *m*.
drač|í Drachen-; ~ice *f* (*2a*) *fig.* Furie *f*.
drač|ka *f* (*1c*; *-ček*) Federnschleißen *n*; Holzspan *m*; † Kienspan *m*; P Rauferei *f*; *jít na* ~ku *Ware*: F weggehen wie warme Semmeln; ~ky *f*/*pl.* (*1c*; *-ček*) Federnschleißen *n*.
dragoun *m* (*1*) Dragoner *m*; ~ský Dragoner-.
dráh|a *f* (*1b*) Bahn *f*; Eisenbahn *f*; (*a. jízdní* ~) Fahrbahn *f*, Fahrdamm *m*; *Sp.* Strecke *f*; *fig.* Laufbahn *f*; *jízda -hou* Bahnfahrt *f*; ~ *letu* Flugbahn; *Mléčná* ~ *Astr.* Milchstraße *f*; *závodní* ~ *Sp.* Rennbahn.
drahn|ý beträchtlich; ~ě *Adv.* viel.
draho- *in Zssgn s. drahý*; ~**cennost** *f* (*4*) Kostbarkeit *f*; ~**cenný** kostbar; ~**kam** *m* (*2a*) Edelstein *m*; ~**ta** *f* Teuerung *f*; F *dělat -tu* sich zieren, sich bitten lassen; ~**tní** Teuerungs-.
dra|houšek *m* (*1a*; *-šk-*) Liebling *m*; ~**hý** (*Komp.* dražší, *Adv.* *-ho*, draze, *Komp.* dráže) teuer, kostbar; kostspielig; *Mensch:* lieb, teuer; *to ti přijde -ho!* das kommt dir teuer zu stehen!; *draze zaplatil* er hat *dafür* teuer bezahlt, *es* teuer erkauft.
drak *m* (*1a*) Drache(n) *m*; (*Kind*) Wildfang *m*; *Flgw.* Zelle *f*; F *je do práce jako* ~ er arbeitet wie ein Wilder; *vzít* ~*a* Reißaus nehmen; *pouštět* ~*y* Drachen steigen lassen.
drama *n* (*1*; *-at-*; *2, 3, 6. -atu*) Drama *n*; ~**tický** [-tɪ-] dramatisch; ~**tik** [-tɪk] *m* (*1*; *-ové*) Dramatiker *m*, Bühnendichter *m*; ~**tizovat** [-tɪ-] <z-> (*im*)*pf.* (*-zuji*) dramatisieren; ~**turg** *m* (*1a*; *-ové*) Dramaturg *m*, Spielleiter *m*.
dranc- *na* ~ zerfetzt; ~**ování** *n* (*3*) Plünderung *f*; Raubbau *m*; ~**ovat** <vy-> (*-cuji*) plündern; Raubbau treiben.
drap (*indekl.*) trapp (*Farbe*).

dráp *m* (*2a*) Kralle *f*, Klaue *f*; *Jagdw.* Griff *m*.
drapák *m* (*2b*) *Tech.* Greifer *m*.
dráp|al F *m* (*1*; *-ové*) Schmierer *m*; ~**anice** F *f* (*2a*), ~**anina** F *f* (*1*) Schmiererei *f*, Kritzelei *f*; ~**at**[1] <po-, za-> (*-u*/*-ám*), ~**nout** *pf.* kratzen; F *fig.* schmieren; kritzeln; *Dieb* erwischen, schnappen; ~**at**[2] *se* <na-, vy-> klettern; ~**nutí** *n* (*3*) Krallenhieb *m*; Kratzer *m*; ~**ek** (*2b*; *-pk-*) *Dim. zu* dráp.
drás|at <po-, v-, za-> ritzen, kratzen; *Nerven* zerrütten; ~**avý**: ~ *výkřik* herzzerreißender Schrei.
dras|eln(at)ý kalihaltig, Kali-; ~**lík** *m* (*2b*) Kalium *n*; ~**lo** *n* (*1a*; *-sel*) *Chem.* Kali *n*; Pottasche *f*; ~**lovka** *f* (*1c*; *-vek*) Kaliwerk *n*.
drastický [-tɪ-] drastisch.
drát ⟨podrat, vy-, za-⟩ (*deru*, dral, *drán*) reißen; *Federn* schleißen; ~ *se* sich drängen; *Tränen:* hervorstürzen.
drát *m* (*2*; *6. -ě*/*-u*) Draht *m*; *bez* ~*u* drahtlos; ~**ař** *m* (*3*), ~**eník** *m* (*1a*) Drahtbinder *m*, herumziehender Handwerker *m*; ~**ek** *m* (*2b*; *-tk-*) kleiner (*od.* kurzer) Draht *m*; F *jako na -tku* wie am Schnürchen; ~**ěnka** *f* (*1c*; *-nek*) Drahtstift *m*; Drahtnetz *n* (*für Geschirr*); Drahtmatratze *f*; ~**ěný** Draht-; *-ná síť* Drahtgitter *n*; *-ná sítka* Metallsieb *n*; *-ná překážka Mil.* Drahtverhau *m*, Drahthindernis *n*.
dratev *f* (*3*; *-tv-*) Schusterdraht *m*.
drát|ovat ⟨za-⟩ (*-uji*) mit Draht flicken; ~**ovky** *f*/*pl.* (*1*; *-vek*) Drahtzange *f*; ~**ovna** *f* (*1c*; *-ven*) Drahtfabrik *f*.
drav|čí Raubtier-; ~**ec** *m* (*3*; *-vce*) Raubtier *n*; Raubvogel *m*; P gewalttätiger Mensch *m*, Unhold *m*; ~**ost** *f* (*4*) Raubgier *f*; (*Jugend*-) Ungestüm *m*; ~**ý** räuberisch, raubgierig; *Zo.* Raub-; *Strom:* reißend; *Trieb:* wild.
draze *s. drahý.*
dražba *f* (*1*; *-žeb*) Versteigerung *f*, Auktion *f*; *prodat v -bě* versteigern.
drážd|ění *n* (*3*) Reiz *m*, (*Auf-*) Reizung *f*; ~ *ke kašli* Hustenreiz; ~**it** ⟨na-, po-, vy-, za-⟩ reizen; ~**ivost** *f* (*4*) Reizbarkeit *f*; *fig.* Reiz *m* (*z. B. des Neuen*); ~**ivý** reizbar.
dráže *s. drahý.*
dražé *n* (*indekl.*) Dragée *n*.

dražební Versteigerungs-, Auktions-; ~it ⟨po-, z-⟩ versteigern; také ~ mitbieten.

drážk|a f (1c; -žek) Falz m; Rille f; Nut f; zvuková ~ Tonrille; ~ovat ⟨vy-⟩ (-kuji) nuten, Nuten stoßen; ~ovník m (2b) Tech. Nuthobel m.

dráž|ní (Eisen-)Bahn-; bahneigen; Bestimmungen: bahnamtlich.

dražší s. drahý.

drb m (2a) Klatsch m, F Tratsch m; ~at ⟨po-, vy-⟩ (-u/-am) kratzen, reiben; (herum)klatschen; ~na f (1; -ben) Klatschbase f, Klatschtante f; ~nout pf., z- (k-o) einen Stoß versetzen (D).

drc|at ⟨po-, za-⟩, ~nout pf. (-cl/-cnul) bes. einen Stoß versetzen (D); ~ do k-o anrempeln (A); ~nutí n (3) Stoß m, F Schubs m, Puff m.

drd|at P ⟨po-, roz-⟩ rupfen; schwanken; ~ol m (2; 6. -u/-e) Haarschopf m.

drén m (2a) Entwässerungsgraben m; Entwässerungsrohr n.

dren|áž f (3) Entwässerungsanlage f; ~ovat, drénovat (-nuji) entwässern.

drezina f (1) Draisine f.

drez|írovat ⟨při-, vy-⟩ (-ruji) dressieren, abrichten; drillen; ~úra f (1d) Dressur f, Abrichtung f.

drhnout ⟨vy-⟩ (-hl/-hnul, -hnut) scheuern, reiben; Spitzen klöppeln; Flachs rüffeln.

drchat ⟨roz-, z-⟩ Haar zerzausen.

drk(ot)at ⟨na-, za-⟩ v/i rütteln, schütteln; holpern; Zähne: klappern; ~ot m (2a) Rütteln n; Klappern n, Geklapper n.

drmolit F ⟨na-, za-⟩ plappern; lallen, murmeln.

drn m (2; 6. -u/-ě) Rasen m; ~ák m (2b) Bot. Wintereiche f.

drn|cat ⟨za-⟩, ~cnout pf. (-cl/-cnul) Wagen: holpern; ~čet ⟨za-⟩ Wagen: rasseln; Fenster: klirren; Glocke: schrillen; ~da f (1) Tratschweib n; verä. Dirne f.

drnitý mit Rasen bedeckt od. bewachsen.

drnk|ací: ~ nástroj Mus. Zupfinstrument n; ~ačka f (1c; -ček) Brummeisen n; ~at ⟨po-, za-⟩ Mus. zupfen, Zupfinstrument spielen; ~ot m (2a) Geklimper n.

drnovačka f (1c; -ček) Rasenstecher m, -heber m.

drob|átko ein wenig, ein bißchen; ~(eč)ek m (2b; -b/eč/k-) Brösel m, Krümel m; Rel. † Brosamen m; ~ chleba Brotkrume f; ~ečky m/pl. (2b) Kochk. Gänseklein n; ~enka f (1c; -nek) Reibteig m, Streusel m; ~et m (2; -bt-; 6. -u/-ě) Brocken m, Krümel m; ~it ⟨roz-⟩ Brot krümeln, bröckeln, bröseln; Tech. körnen; ~ se (ab)bröckeln; ~ivý bröckelig, brüchig.

drobné m/pl. (Adj. 1) Kleingeld n.

drobn|ě, ~o Adv. klein, fein; nakrájet na -no kleinschneiden, in kleine Stücke (zer)schneiden; ~ohled m (2a) Mikroskop n; † Vergrößerungsglas n; ~ohledný mikroskopisch; ~olistý Bot. kleinblättrig; ~omalba f (1; -leb) Kleinmalerei f, Miniatur f.

drobno|st f (4) Zierlichkeit f (der Gestalt); Kleinigkeit f; ~zrnný feinkörnig.

drobnůstka f (1c; -tek) Kleinigkeit f; Nippsache f.

drobný (Adv. -ně, -no) klein, winzig; fein; ~ déšť Sprühregen m; ~ dobytek Kleinvieh n; -ná válka Kleinkrieg m; -ní lidé fig. kleine Leute; s. a. drobné.

drob|ot(in)a f (1) kleines Zeug n, Kleinigkeiten f/pl.; P kleine Kinder n/pl.; ~ounký klein, zierlich, zart; ~y m/pl. (2b) Kochk. Innereien f/pl.; öst. Beuschel n; Jagdw. Jägerrecht n.

drog|a f (1b; -ze) Droge f; ~erie f (2) Drogerie f; ~ista m (5a) Drogist m.

droli|na f (1) Steingeröll n; ~t ⟨roz-⟩ krümeln, bröseln; Korn schroten; Steine brechen; ~ se bröseln (v/i); abbröckeln; zrno se -lí die Körner fallen aus.

drop m (1) Zo. Trappe f.

drozd m (1) Zo. Drossel f.

drož|dí n (3) Hefe f; těsto s ~m Hefeteig m; ~ďový Hefe-.

drožk|a f (1c; -žek) Droschke f; Taxi n; ~ář m (3) Droschkenkutscher m; Taxifahrer m.

drsn|atý rauh; ~ost f (4) Rauheit f; ~ý rauh; barsch, hart; oslovit -ně barsch anreden, anfahren.

dršťk|a f (1c; -těk) Zo. Feistmagen m; fig. verä. loses Maul n, (große) Klappe f; P mít na k-o -ku j-n anschnauzen; ~ový Kochk. Kuttel-

dršťky 74

fleck-; ~y f/pl. (1c; -těk) Kochk. Kuttelflecke m/pl.
drť f (4c; -ti/-tě) Splitt m; dřevěná ~ Sägemehl n, Sägespäne m/pl.; papírová ~ Papiermasse f.
drt|ící zermalmend; Brech-; ~ič m (4), ~ička f (1c; -ček) Tech. Brechmaschine f, Brecher m.
drti|ny f/pl. (1) Sägemehl n, Sägespäne m/pl.; P mít v hlavě ~ Stroh im Kopf haben; ~t ‹roz-, z-› (-cen) zertrümmern, zermalmen; zerkleinern, zerreiben; ~vý vernichtend; Übermacht: erdrückend.
dru s. dřít.
drůbež f (3) Geflügel n; ~árna f (1; -ren) Geflügelfarm f; ~ní Geflügel-; ~nictví n (3) Geflügelzucht f. [Gänseklein n.]
drůbky m/pl. (2b) Kochk. (a. husí ~)
druh[1] m (1a) Gefährte m, Kamerad m; ~ dětských her Spielkamerad m; ~ z mládí Jugendfreund m.
druh[2] m (2b) Art f, Gattung f; (Waren-)Sorte f; (Menschen-)Schlag m; všeho ~u aller Art; podle ~ů gattungsweise; jiného ~u anders geartet; ~ zboží Hdl. Artikel m; ~dy manchmal; einst.
druho|hory f/pl. (1d) Geol. Mesozoikum n; ~pis m (2; 6. -e/-u) Zweitschrift f, Doppel n; ~řadý zweitrangig; minderwertig; ~tný sekundär; ~vý Gattungs-.
druhý zweite(r); der andere (von zweien); ~ od konce zweitletzte; po -hé zum zweitenmal; za -hé zweitens; ~ největší zweitgrößte; jedno do -hého eins übers andere; půl -hé halb zwei (Uhr).
druž|ba[1] m (5) † Brautführer m; Brautwerber m; ~ba[2] f (1; -žeb) Pol. Freundschaft f; ~ebný gesellig; Rel. Družebná neděle der vierte Fastensonntag.
druži|ce f (2a) Astr. Satellit m, Trabant m; ~ země Erdsatellit; ~čka f (1c; -ček) Brautjungfer f; ~na f (1) Gefolge n; Kindertagesstätte f, Kinderhort m; ~nářka f (1c; -řek) Kindergärtnerin f, Kinderbetreuerin f.
druž|it se ‹při-, z-› (ke k-u) sich gesellen (zu D); dazukommen; ~ka f (1c; -žek) Gefährtin f, Kameradin f; ~nost f (4) Geselligkeit f; ~ný gesellig; ~stevní Genossenschafts-, genossenschaftlich; **~stevnictví** n

(3) Genossenschaftswesen n; **~stevnice** f (2a) Genossenschaftsbäuerin f; **~stevník** m (1a) Genossenschaftsbauer m; **~stvo** m (1; -stev) Genossenschaft f; Mil. Gruppe f; Sp. (Turner-)Riege f, (Fußball-)Mannschaft f; Jednotné zemědělské ~ Landwirtschaftliche Einheitsgenossenschaft.
drvoštěp m (1; -ové) Holzfäller m.
dryáčnic|ký marktschreierisch; ~tví n (3) Marktschreierei f.
drz|ost f (4) Frechheit f, Dreistigkeit f, Unverfrorenheit f; ~oun m (1) frecher Mensch m od. Kerl m, freche Person f; ~ý frech, dreist, unverfroren; -ze mi lže er lügt mir frech ins Gesicht.
drž|adlo n (1a; -del) Tech. Griff m, Handgriff m; Haltegriff m; ~ák m (2b) (Hand-)Griff m; Tech. Halter m; ~átko n (1b; -tek) Federhalter m; ~ava f (1) (überseeische) Besitzung f, Dominion n.
držba f (1; -žeb) Besitz m; neobmezená ~ Jur. Vollbesitz; společná ~ Mitbesitz, Mitinhaberschaft f.
držebn|í Besitz-; ~ost f (4) Besitztum n; Besitzstand m.
držení n (3) Halten n; (Körper-)Haltung f; Jur. Besitz m; mít v ~ in Besitz haben, im Besitz sein (von D).
držet ‹po-, u-, z-, za-› halten; ~ za ruku an der Hand halten; ~ na k-o von j-m et. (od. viel) halten, P auf j-n große Stücke halten; ~ nač auf et. halten od. achten; ~ s kým zu j-m halten, F es mit j-m halten; ~ se č-o sich an et. (fest)halten; fig. sich beherrschen, an sich halten; **držte se vpravo!** halten Sie sich rechts!
drž|grešle P m (3; -ové), f (2) Geizhals m; ~itel m (3; -é), ~itelka f (1c; -lek) Besitzer(in) f m; ~ moci Machthaber m; ~ motorového vozidla Kraftfahrzeughalter(in f) m.
dřeň f (3) Anat., Bot. Mark m; jablečná ~ Apfelmus m.
dřep m (2a) Kniebeuge f; Sp. Hocke f; v ~u in Hockstellung; podpor ~em Sp. Hockstütz m; ~at ‹po-, za-› Kniebeugen machen; ~čík m (1a) Zo. Erdfloh m; ~ět P ‹po-› (herum)hocken, sitzen; ~mo Adv. hockend; ~nout pf., za- si (a. -pl.) sich in e-n Sessel fallen lassen.

dřev|ák m (2b) Holzschuh m; **~ař** m (3) Holzfäller m, Holzarbeiter m; Holzhändler m; **~ařit** als Holzfäller arbeiten; **~ařský**: ~ průmysl Holzindustrie f, holzverarbeitende Industrie; **~ařství** n (3) Holzhandel m; **~ce** n (2) Lanzenschaft m; boží ~ Bot. Eberwurz f.

dřev|čnět ⟨z-⟩ (3 Pl. -ějí) zu Holz werden; fig. Finger: erstarren, klamm werden; **~ění** n (3) Holzeinbauten m/pl.; Bgb. Schachtzimmerung f; **~ěnka** f (1c; -nek) Holzschuh m; Holzpfeife f; **~ina** f (1) Holzbestand m; **~itý** Holz- (z. B. -wolle).

dřevnat|ět ⟨z-⟩ (3 Pl. -ějí) holzig werden; **~ý** holzig.

dřev|ní Holz-; † ehemalig, früher; **~ník** m (2b) Holzschuppen m; **~ný** Holz-; ~ ocet Holzessig m.

dřevo n (1; 6. -u/-ě) Holz n (Material); ~ mp. Mus. Holzblasinstrumente n/pl.; F spí jako ~ er schläft wie ein Murmeltier; učiněné ~ ungeschickt, dumm; sladké ~ Süßholz.

dřevo- in Zssgn Holz-; **~kaz** m (1) Zo. Holzwurm m; **~morka** f (1c; -rek) Bot. Holzschwamm m; **~obráběcí** Holzbearbeitungs-; **~plyn** m (2a) Holzgas m; **~průmysl** m (2a) Holzindustrie f; **~rubec** m (3; -bc-) Holzfäller m; **~ryt** m (2a), **~rytina** f (1) Holzschnitt m; **~řezba** f (1; -zeb) Holzschnitzerei f; Holzschnitt m; **~vina** f (1) Holzmasse f.

dřez m (2a) Kübel m; Spülbecken n.

dříč F m (3) Rackerer m, Arbeitspferd n; Büffler m.

dřík m (2b) Schaft m; Anat. Rumpf m; Bot. Stamm m.

dřím|at ⟨po-, vy-, z-⟩ (-u/-ám), **~nout** pf., z-, za- si schlummern; **~ota** f (1) Schlummer m; jde na mne ~ der Schlaf überkommt (od. übermannt) mich.

dřín m (2a) Bot. Hartriegel m.

dřina F f (1) Schinderei f, Plackerei f; úmorná každodenní ~ die tägliche Tretmühle.

dřínka f (1c; -nek) Bot. Kornelkirsche f.

dřípatka f (1c; -tek) Bot. Alpenglöckchen n.

dřišťál m (2; 6. -u/-e) Bot. Sauerdorn(strauch) m.

dřít ⟨do-, na-, o-, z-⟩ (dřu, dřel, dřen) reiben, scheuern; P schinden; F ~ se sich plagen, sich abrackern, schuften; büffeln, ochsen.

dřív, ~e früher, eher; vorher; ~ než bevor, ehe; **~ějšek** m (2b; -šk-; 2. -ška) frühere Zeit f, früher; od -ška von früher her; **~ější** früher(e), ehemalig.

dřív|í n (3) Holz n; dlouhé ~ Langholz; obchod s ~m Holzhandlung f; **~ko** n (1b; -vek) Hölzchen n.

dštít lit., poet. (herab)regnen.

duál m (2a) Gr. Dual m, Zweizahl f.

dub m (2; 6. -u/-ě) Eiche f; **~en** m (2a; -bn-; 2.- bna) April m; v -bnu im April; **~ěnka** f (1c; -nek) Bot. Gallapfel m; **~ina** f (1) Eichenwald m.

ďubka f (1c; -bek) Grübchen n.

dubnový April-.

dubov|ina f (1) Faßdaube f; **~ý** Eichen-.

duc|at ⟨po-, za-⟩, **~nout** pf. mit dem Kopf (an)stoßen.

dud|ák m (1a) Dudelsackpfeifer m; **~at** ⟨za-⟩ auf dem Dudelsack blasen, dudeln.

dudek m (1a; -dk-) Zo. Wiedehopf m.

dudl|at ⟨po-, za-⟩ dudeln; Kdspr. lutschen; **~ík** m (2b) Schnuller m, Lutscher m.

dudy f/pl. (1) Dudelsack m; † Sackpfeife f.

duel m (2a) Duell n; **~ovat se** (im)pf. (-luji) sich duellieren.

duet m (2a), **~o** n (1; 6. -u) Mus. Duett n.

duh: F jde mi to k ~u es bekommt mir gut, es ist mir zuträglich.

duh|a f (1b) Regenbogen m; F pije jako ~ er trinkt wie ein Bürstenbinder; **~ovitý** regenbogenförmig; **~ovka** f (1c; -vek) Anat. Regenbogenhaut f; **~ový** Regenbogen-.

duch m (1a; -ové; 6. Pl. -ách) Geist m; bystrého ~a scharfsinnig, geistreich; omezeného ~a schwer von Begriff, beschränkt; **~em nepřítomný** geistesabwesend; sklesly na ~u niedergeschlagen, mutlos; **~ času** Zeitgeist; hodina ~ů Geisterstunde f; král ~ů Erlkönig m.

ducha|morný geisttötend; **~plnost** f (4) Scharfsinn m, Witz m; **~plný** geistreich, geistvoll; Spruch, Tat: sinnvoll; **~prázdný** geistlos; **~pří-**

duchapřítomnost

tomnost f (4) Geistesgegenwart f; **~přítomný** geistesgegenwärtig.
ducharství n (3) Geisterbeschwörung f, Spiritismus m.
duchna F f (1; -chen) Oberbett n.
důchod m (2; 6. -u/-ě) Einkommen n; (Alters-)Rente f; **~ce** m (3), **~kyně** f (2b) Rentner(in f) m; **~ka** f (2b; -dk-) Hdl. (Preis-)Gefälle n; **~kový** Renten-; **~ový** Einkommen-; **-vá daň** Einkommensteuer f; **-vé zabezpečení** Rentenversorgung f.
duchověd|**a** f (1) Geisteswissenschaft f; **~ný** geisteswissenschaftlich.
dochov|**enstvo** n (1) Rel. Geistlichkeit f; **~ní¹** Adj. geistig; geistlich; **~ správa** Rel. Seelsorge f; **~ní²** m (Adj. 4) Geistliche(r) m, Priester m; **~ost** f (4) Geistigkeit f; **~ý** Geistes-, geistig; **~ proud** geistige Strömung.
duji s. dout.
dukát m (2a) Dukaten m; **~ový** Dukaten-.
důkaz m (2; 6. -u/-e) Beweis m; **na ~** zum Beweis; **~ opaku** Gegenbeweis; **pádný ~** schlagender Beweis; **~ statečnosti** Mutprobe f; **~ listinami** urkundlicher Nachweis; **vedení ~u** Beweisführung f; **~nost** f (4) Beweiskraft f; **~ný** beweiskräftig.
důkladný gründlich; fig. ordentlich, tüchtig.
důl m (2a; dol-) Bgb. Grube f, Schacht m, Zeche f; Tal n; **rudný ~** Erzbergwerk n; **zlatý ~** fig. Goldgrube; **přes hory a doly** über alle Berge; **slibovat hory doly** goldene Berge versprechen; **~ek** m (2b; -lk-) Grübchen n; Sp. Kerbe f; **oční ~** Anat. Augenhöhle f; **~ po neštovicích** Pockennarbe f.
důležit|**ost** f (4) Wichtigkeit f; **věc velké ~i** e-e Sache von großer Wichtigkeit, von Belang; **věc nemá ~i** eine belanglose Sache; **dodávat si ~i** verä. wichtig tun; **~ý** wichtig.
důlní¹ Bgb. Bergwerks-, Gruben-, Zechen-; **~ dozorce** Bgb. Steiger m; **výbuch ~ch plynů** Schlagwetterexplosion f; **~²** F m (Adj. 4) Bgb. Steiger m.
dům m (2; dom-) Haus n; fig. Haushalt m, Familie f; **~ od domu** von Haus zu Haus; **rodný ~** Vater-, Elternhaus; **vykřičený ~** öffentliches Haus; **s dodáním do domu** Hdl. frei

Haus; **číslo domu** Hausnummer f; **mimo ~** außer Haus; **z dobrého domu** aus gutem Hause; **~ vedle domu** Haus an Haus.
dum|**a** f (1) Grübeln n, Träumen n; **~at** ⟨po-, za-⟩ grübeln, (nach)sinnen, träumen; **~avý** nachdenklich; grüblerisch, träumerisch; **~ka** f (1c; -mek) (slawisches) Klagelied n.
důmysl m (2a) Scharfsinn m; **~ný** scharfsinnig; sinnvoll.
dun|**a** f (1) Düne f; **~ový** Dünen-.
dun|**ění** n (3) Dröhnen n; **~ děl** Kanonendonner m; **~ hromu** Rollen n des Donners; **~ět** ⟨po-, za-⟩ dröhnen; Kanonen: donnern; Donner: rollen; **~ivý** dröhnend.
dup|**árna** P f (1; -ren) schlechtes Tanzlokal n; **~at** ⟨na-, po-, za-⟩ trampeln, mit den Füßen stampfen; **~ do taktu** (mit dem Fuß) den Takt schlagen.
duplikát m (2a) Duplikat n.
dup|**nout** pf. s. dupat; **~ot** m (2a) Trampeln n, Getrampel n; **~y: cupy ~!** tripp trapp!
dur [du:r] n (indekl.) Mus. Dur f; **stupnice ~** Dur-Tonleiter f.
důra f (1d) verä. dumme Gans f.
dural m (2a) Tech. Duraluminium n.
důraz m (2; 6. -u/-e) Nachdruck m, Betonung f, Schwergewicht n; Gr. Akzent m, Betonung f, Ton m; **~nost** f (4) Nachdruck m; **~ný** nachdrücklich, (ein)dringlich; **~ně ~ žádám** ich ersuche dich dringend.
durdi|**t** ⟨roz-⟩: **~ se na k-o** j-m zürnen, P auf j-n Wut haben; schmollen; **~vý** trotzig, schmollend.
durman m (2a) Bot. Stechapfel m.
durový [du:-] Mus. Dur-.
durynský Thüringer, thüringisch.
duřet ⟨na-, z-⟩ (3 Pl. -ejí/-í) Med. (an)schwellen.
dus|**adlo** n (1a; -del) Stampfer m, Stampfklotz m; **~at** ⟨při-, za-⟩ (fest)stampfen.
důsaž|**nost** f (4) fig. Tragweite f; **~ný** von großer Tragweite; Reformen: tiefgreifend.
dusič|**nan** m (2a) Chem. Nitrat n; **~ník** m (2b) Stickgas n.
dusík m (2b) Chem. Stickstoff m; **~atý** stickstoffhaltig.
dusit ⟨u-, za-⟩ ⟨-šen⟩ v/t würgen, ersticken; dämpfen, unterdrücken; Kochk. dünsten, dämpfen; **~ se** ersticken (v/i); würgen (čím an D).

dusit|an m (2a) Chem. Nitrit n; **~ý** Chem. salpet(e)rig.

dus|ítko n (1b; -tek) Mus. Dämpfer m, Sordine f; **~ivý** erstickend; Luft-: stickig; ~ kašel Keuchhusten m.

důsled|ek m (2b; -dk-) Folge(rung) f, Konsequenz f; v -dku toho infolgedessen; v -dku životního postavení seinen Lebensumständen entsprechend od. nach; **~nost** f (4) Folgerichtigkeit f, Konsequenz f; **~ný** folgerichtig, konsequent; **-ně** Adv. a. prinzipiell.

dus|no n (1; 6. -u) Schwüle f; je ~ es ist schwül; **~nost** f (4) drückende Stimmung f, Beklemmung f; **~ný** schwül, stickig.

dusot m (2a) Gestampfe n; ~ kopyt Pferdegetrappel n.

důstoj|enství n (3) Würde f, Rang m; **~nice** f (2a) weiblicher (Sanitäts-) Offizier m; **~nický** Offiziers-; -ká hodnota Offiziersrang m; **~nictvo** n (1) Offizierskorps n; **~ník** m (1a) Offizier m (ve službě vom Dienst); **~nost** f (4) Würde f; Vaše ~i! Rel. (Euer) Hochwürden!; **~ný** würdig, würdevoll; Rel. hochwürdig; ~ pane! Hochwürden!

duše f (2) Seele f; Bot. (Holunder-) Mark n; (Auto-)Schlauch m; ~ houslí Mus. Stimmstock m; na mou -ší! bei meiner Seele!; tělem a -ší mit Leib und Seele; celou -ší mit ganzem Herzen; z ~ mit Lust und Liebe; nenávidět z ~ aus ganzer Seele hassen.

dušen|í n (3) Ersticken n, Würgen n; Kochk. Dünsten n, Dämpfen n; **~ý** fig. Seufzer: erstickt; Kochk. gedünstet.

duševn|í seelisch, Seelen-; geistig, Geistes-; **~klid** Seelenruhe f; ~ práce geistige Arbeit; ~ pracovník Geistesschaffende(r); ~ stav Geisteszustand m; Gemütsverfassung f; -ně chorý geisteskrank; **~o** n (1) Seelenleben n; Psych. seelische Sphäre f.

dušičk|a f (1c; -ček) Seelchen n; **2y** f/pl. (1c; -ček) Rel. Allerseelen(tag m) n; na ~ zu Allerseelen, am Allerseelentag; **~ový**: ~ den kalter trüber Tag.

dušn|ost f (4) Atemnot f; **~ý**: ~ kašel asthmatischer Husten, Keuchhusten m.

dušov|ání n (3) Beteuerungen f/pl.; **~at se** (-šuji) beteuern.

dutin|a f (1) Höhle f, Hohlraum m; břišní ~ Anat. Bauchhöhle; **~ka** f (1c; -nek) kleine Höhlung f; ~ na cigarety Zigarettenhülse f.

důtk|a f (1c; -tek) Rüge f, Verweis m; **~livý** (ein)dringlich, nachdrücklich.

dutky, důtky f/pl. (1c; -tek) Geißel f; mrskat -kami geißeln.

dut|ost f (4) Hohlheit f; **~ý** hohl; konkav.

důvěr|a f (1d) Vertrauen n, Zuversicht f; nebudí -ru er ist nicht sehr vertrauenerweckend; otázka -ry Vertrauensfrage f, Vertrauensvotum n; věc -ry Vertrauenssache f; **~ník** m (1a) Vertrauensmann m; úsekový ~ Abteilungs-Gewerkschaftsleiter m; ~ skupiny Gruppenorganisator m; **~nice** f (2a) Vertraute f; **~nost** f (4) Vertraulichkeit f; Vertrautheit f; **~ný** vertraut, intim; -né přátelství innige Freundschaft; -ně Adv. vertraulich, im Vertrauen; přísně ~! streng vertraulich!

důvěry|hodnost f (4) Vertrauenswürdigkeit f; **~hodný** vertrauenswürdig; **~plný** vertrauensvoll.

důvěřiv|ost f (4) Leichtgläubigkeit f, Vertrauensseligkeit f; Zutraulichkeit f; **~ý** leichtgläubig, vertrauensselig; vertrauensvoll, mit Vertrauen.

důvěř|ovat ⟨po-⟩ (-řuji) j-m vertrauen; -řuje na co im Vertrauen auf (A).

důvod m (2a) Grund m; právní ~ Jur. Rechtstitel m; **~y** pro a proti Gründe und Gegengründe, Für und Wider; beze všech ~ů ohne jeden Grund, grundlos; z toho ~u aus diesem Grund; **~ný** stichhaltig; **~ový** Motiv-; -vá věta Gr. Kausalsatz m.

důvtip m (2a) Scharfsinn m, F Mutterwitz m; **~ný** scharfsinnig.

duž|ina f (1) Faßdaube f; Bot. Fruchtfleisch n; **~natý** Obst: fleischig.

dva m, **dvě** f u. n (2; 6. -ou; 3, 7. -ěma) zwei; po dvou zu zweit, paarweise.

dva|advacet zweiundzwanzig, **~cet** zwanzig; **~cetiletý** zwanzigjährig; **~cetina** f (1) Zwanzigstel n; **~cítka**

dvakrát 78

f (1c; -tek) Zwanzig *f*; ~**krát** zweimal.
dvanáct zwölf; ~**erník** *m (2b) Anat.* Zwölffingerdarm *m*; ~**ka** *f (1c; -tek)* Zwölfer *m*; P zwölfgrädiges Bier *n (Pilsner)*; ~**ý** zwölfte(r).
dvé *lit.* zwei, Paar *n*.
dvě *s. dva.*
dveř|e, dveře *f|pl. (2)* Tür *f*; ~ *do sklepa* Kellertür; *za -řmi* vor der Tür; ~**ej** *f (3)* Türflügel *m*; ~**ní** Tür-; ~**ník** † *m (1a)* Türsteher *m*.
dvířka *f (1c; -řek)* Türchen *n*; *(Feuer-, Ofen-)*Tür *f*.
dvoj- *in Zssgn* zwei-, Doppel-; ~**ák** *m (2b)* Zweimaster *m*; zweiteilige Leiter *f*; doppelläufiges Gewehr *n*; ~**akost** *f (4)* Doppeldeutigkeit *f*; Doppelzüngigkeit *f*; ~**aký** doppeldeutig; doppelt; ~**arch** *m (2b)*, ~**arší** *n (3) Typ.* Doppelbogen *m*; ~**atý** Doppel-; ~ *kříž* Doppelkreuz *m*; ~**barevný** zweifarbig; ~ *tisk Typ.* Zweifarbendruck *m*; ~**če** *n (4)* Zwilling(skind *n*) *m*; ~**činný** doppelt wirkend *od.* wirksam; ~**číslo** *n (1a; -sel)* Doppelnummer *f*; ~**čitý** *Tech.* Zwillings-; ~**člen** *m (2a) Math.* Binom *n*; ~**členný** zweiglied(e)rig; *Math.* binomisch; ~**čtvrtina** *f* Zweiviertel-; ~**děložný** *Bot.* zweikeimblätt(e)rig; ~**dílný** zweiteilig; ~**domek** *m (2b; -mk-)* Zweifamilienhaus *n*; ~**domý** *Bot.* zweihäusig.
dvoje zwei *(Zahlwort für Mehrzahlwörter)*; ~**nec** *m (3; -nc-)* Doppelgänger *m*.
dvoj|fázový *Tech.* Zweiphasen-; ~**hlas** *m (2a)* zweistimmiger Gesang *m*; Gesangsduo *n*; ~**hláska** *f (1c; -sek) Gr.* Diphthong *m*, Zwielaut *m*; ~**hlas|itý n)** zweistimmig; ~**hlavý** doppelköpfig; ~ *orel* Doppeladler *m*; ~**hmat** *m (2a)* Doppelgriff *m*; ~**hvězdí** *n (3) Astr.* Doppelstern *m*; ~**chroman** *m (2a) Chem.* doppelchromsaures Salz *n*, Bichromat *m*.
dvojí zweierlei; Doppel-; ~ *tvář fig.* zwei(erlei) Gesichter; ~ *zdanění* Doppelbesteuerung *f*.
dvojice *f (2a)* Paar *n*; zamilovaná ~ Liebespaar *n*; *v -cích* paarweise, zu Paaren.
dvojit|ost *f (4)* Doppelsinnigkeit *f*; ~**ý** doppelt, zweifach, Doppel-; ~

lom Phys. Doppelbrechung *f*; *látka má -tou šíř* der Stoff liegt doppelt *(breit)*; ~ *provaz drží pevněji* doppelt hält besser.
dvoj|jazyčný zweisprachig; doppelsprachig; ~**ka** *f (1c; -jek)* Zwei *f*, F Zweier *m*; *(Auto)* zweiter Gang *m*; doppelläufiges Gewehr *n*; *(Arbeit)* Zweischichtensystem *n*; *Sp.* Zweier *m (Boot, Bob usw.)*; ~**párová** ~ Doppelzweier *m*; *dej tam -ku!* schalte den zweiten Gang ein!; ~**kolejný** zweigleisig; ~**kolí** *n (3) Tech.* Radsatz *m*; ~**kolka** *f (1c; -lek)* Zweirad *n*; ~**křídlý** zweiflüg(e)lig; ~**křížek** *m (2b; -žk-) Mus.* Doppelkreuz *n*; ~**mo** *Adv.* zweifach, doppelt; in doppelter Ausfertigung.
dvojmoc|nina *f (1) Math.* Quadratzahl *f*; ~**ný** *Chem.* zweiwertig.
dvojnásob *Adv.* doppelt, zweifach; ~**ek** *m (2b; -bk-)* das Doppelte, das Zweifache; ~**ný** doppelt, zweifach, Doppel-.
dvoj|ník *m (1a)* Doppelgänger *m*; ~**nohý** *Zo.* zweibeinig; ~**ný** zweifach; *-né číslo s. duál*; ~**plošník** *m (2b) Flgw.* Doppeldecker *m*; ~**ramenný** zweiarmig; ~**rozměrný** *Math.* zweidimensional; ~**ručka** *f (1c; -ček) Tech.* Zugsäge *f*; ~**řad** *m (2a)* Doppelreihe *f*; ~**sečný** zweischneidig; ~**slabičný** zweisilbig.
dvojmysl|nost *f (4)* Doppelsinn *m*, Doppeldeutigkeit *f*; *fig.* Zweideutigkeit *f*; ~**ný** doppeldeutig; *Witz*: zweideutig.
dvoj|spolek *m (2b; -lk-) Pol.* Zweibund *m*; ~**spřeží** *n (3)* Zweigespann *n*; ~**stěnný** *Tech.* doppelwandig; ~**stupem** *Adv.* paarweise, zu zweit; ~**stupňový** *Tech.* zweistufig; *Haus*: zweistöckig; ~**sytný** *Chem.* zweibasisch; zweisäurig; ~**tečka** *f (1c; -ček)* Doppelpunkt *m*; ~**třídný** zweiklassig; ~**tvar** *m (2a)* Doppelform *f*; ~**uhličitan** *m (2a) Chem.* Bikarbonat *n*; ~**uchý** *Gefäß*: mit zwei Henkeln; ~**verší** *n (3)* Distichon *n*, Zweizeiler *m*; ~**veslice** *f (2a) Sp.* Zweier(boot *n*) *m*; ~**značný** doppeldeutig, unklar; ~**zpěv** *m (2a) (Gesangs-)*Duett *n*; ~**zvuk** *m (2b)* Zweiklang *m*; ~**ženství** *n (3)* Doppelehe *f*.
dvor- *s. dvůr*; ~**ana** *f (1)* Halle *f*; † Prunksaal *m*; *příjezdová* ~ Ankunftshalle *f*; ~**ec** *m (4; -rc-)* Meierhof *m*,

Gehöft *n*; *Sp.* Platz *m*; mistrovství na krytých ~rcích Hallenmeisterschaft(en); ~(eč)ek (*2b*; -r[eč]k) *Dim.* zu dvůr; ~ní Hof-; ♀ divadlo (*Wiener*) Burgtheater *n*; ~nost *f* (*4*) Höflichkeit *f*, Galanterie *f*; ~ný höflich; ~ský höfisch, Hof-.

dvořan *m* (*1*; -é) Höfling *m*; ~ka *f* (*1c*; -nek) Hofdame *f*; Quadrille *f*; ~stvo *n* (*1*) Hofstaat *m*.

dvořit se den Hof machen.

dvou– in *Zssgn* zwei-; ~aktovka *f* (*1c*; -vek) *Thea.* Zweiakter *m*; ~článkový zweigliedrig; *El.* mit zwei Elementen; ~čtvrteční *Mus.* Zweiviertel-; ~denní zweitägig; ~dílný zweiteilig; ~dobý *Tech.* Zweitakt-; *Mus.* zweiteilig; ~hlavňový *Gewehr:* doppelläufig; ~hodinný, ~hodinový zweistündig; ~hra *f* (*1d*; -her) *Sp.* Einzelspiel *n*; pánská ~ Herreneinzel *n*; ~hrbý *Zo.* zweihöckerig; ~kolejný zweigleisig; doppelgleisig; ~kolka *f* (*1c*; -lek) zweirädriger Wagen *m*, Karren *m*; ~komorový: ~ systém *Pol.* Zweikammersystem *n*; ~kopytník *m* (*1a*) *Zo.* Paarhufer *m*; ~letí *n* (*3*) Zeitraum *m* von zwei Jahren; ~letka *f* (*1c*; -tek) Zweijahresplan *m*; ~letý zweijährig; ~měsíční zweimonatig; zweimonatlich; ~metrový zwei Meter lang (*od.* hoch, breit); ~miliónový Zweimillionen-; ~místný *Math.* zweistellig; zweisitzig; ~motorový *Flgw.* zweimotorig; ~nápravový *Tech.* zweiachsig; ~nedělní zweiwöchig; ~ný zweibeinig; ~ocasý: ~ český lev der doppelschwänzige böhmische Löwe; ~patrový, ~poschoďový zweistöckig; ~pokojový Zweizimmer-; ~půlový: ~ takt *Mus.* Zweihalbetakt *m*; ~ramenný zweiarmig; ~roční zweijährig; ~ruční *Mus.* zweihändig; ~řadový *Anzug:* zweireihig; ~sedadlový zweisitzig; ~setletý zweihundertjährig, zweihundert Jahre alt; ~stopý *Vers:* zweifüßig; *Tech.* zweispurig; ~stranný zweiseitig; *Pol. a.:* bilateral; ~stý zweihundertste(r); ~svazkový zweibändig, in zwei Bänden; ~třetinový: ~vdvětšina Zweidrittelmehrheit *f*; ~uchý mit zwei Henkeln; ~válcový *Tech.* zweizylindrig; ~válec *m* (*4*; -lc-) *Tech.* Zweizylinder *m* (*Motor*).

dvůr (*2*; dvor-; *2.* -a; *6.* -ře) Hof *m*; byt do dvora Hofwohnung *f*; u dvora bei Hofe; být dvorem Hof halten; na dvoře auf dem Hof, im Hof.

dýh|a *f* (*1b*) Furnier(holz) *n*; ~ovat ⟨vy-⟩ (-*huji*) furnieren.

dých|ací Atem-; Atmungs- (*z. B. Organ*); ~ přístroj Atemschutzgerät *n*; ~ otvor *Zo.* Atemloch *n*; ~adlo *n* (*1a*; -del) *Anat.* Atmungsorgane *n/pl.*; ~ánek *m* (*2b*; -nk-) geselliges Beisammensein *n*, (heitere) Gesellschaft *f*; ~ání *n* (*3*) Atmen *n*; *Med.* Atmung *f*; ~at ⟨na-, po-, vz-⟩ atmen, (tief) Atem holen; ~avičnost *f* (*4*) Atemnot *f*; ~avičný *Med.* asthmatisch; ~nout *pf.*, *vz-* (*na k-o j-n*) anhauchen; *s.* dýchat.

dycht|ění *n* (*3*) Streben *n*, Gier *f*, Verlangen *n*; ~ po penězích Geldgier; ~ po slávě Ruhmsucht *f*; ~it ⟨*za-*⟩ streben, trachten (*po čem* nach *D*); *fig.* dürsten, Flechzen; ~ivost *f* (*4*) Begierde *f*, Gier *f*; ~ivý gierig; ~ moci machthungrig; ~ vědění wißbegierig; ~ slávy, zábav ruhm-, vergnügungssüchtig.

dýk|a *f* (*1c*) Dolch *m*; ~ovitý dolchartig.

dým *m* (*2a*) Rauch *m*, Qualm *m*; ~ací *Tech.* Blas-; ~adlo *n* (*1a*; -del) Blasebalg *m*; ~at ⟨po-, vz-, za-⟩ rauchen, qualmen; ~ do ohně Feuer anfachen; ~avý rauchig, verqualmt; ~ěj *f* (*3*) *Med.* Pestbeule *f*; ~ka *f* (*1c*; -nek) (Tabaks-)Pfeife *f*; ~kař *m* (*3*) Pfeifenraucher *m*; ~kový Pfeifen-; ~nice *f* (*2b*) Räucherkammer *f*; ~ník *m* (*2b*) Rauchabzug *m*; ~ný Rauch-.

dýna *f* (*1*) Düne *f*.

dynami|cký dynamisch; ~ka *f* (*1c*) Dynamik *f*; ~t *m* (*2a*) Dynamit *n*; ~tka F *f* (*1c*; -tek) Dynamitfabrik *f*; ~ový Dynamit-.

dynamo *n* (*1*; *6.* -u) *El.* Dynamo (-maschine *f*) *m*.

dynasti|cký [-tɪ-] dynastisch; ~e *f* (*2*) Dynastie *f*.

dýně *f* (*2b*; *2 Pl.* -í) Kürbis *m*.

dýnko *n* (*1b*; -nek; *6 Pl.* -nkách) (*Hut-*)Boden *m*.

dynov|a|cí *f* (*1c*; -ček) Ostergerte *f*, Osterrute *f*; ~at † (-*huji*) mit der Ostergerte schlagen; Ostergeschenke einsammeln.

dyňovitý kürbisförmig.

dyšna f (1; -šen), **dýza** f (1a) s. tryska.
dyzenterie f (2) Med. Ruhr f.
džbán m (2a), Dim. ~e(če)k m (2b; -n[eč]k-) Krug m; politika u -nku Stammtischpolitik f; ~**kovitý** krugförmig.
džber m (2a) (Wasser-)Eimer m.
džem m (2a) Konfitüre f.

džez m (2a) Jazz m; ~**ový** Jazz-.
džínsy m/pl. (2) Blue jeans pl.
džíp m (2a) Jeep m.
džiu-džitsu n (indekl.) Jiu-Jitsu n.
džudo n (indekl.) Sp. Judo n.
džungle f (2) Dschungel m; horečka z -lí Dschungelfieber n.
džunka f (1c; -nek) Dschunke f.

E

eben *m* (2a) Ebenholz *n*; ~ový Ebenholz-.
edém *m* (2a) *Med.* Ödem *m*; ~atický [-tɪ-] ödematös.
edice [-dɪ-] *f* (2a) Ausgabe *f*, Edition *f*.
efekt *m* (2a) Effekt *m*, Wirkung *f*; ~y *m*/*pl.* (2) *Hdl.* Effekten *m*/*pl.*, Wertpapiere *n*/*pl.*; *Jur.* bewegliche Habe *f*; ~ivita [-tɪ-] *f* (1) Effektivität *f*; ~tivní [-tɪ-] effektvoll.
egalizovat (*im*)*pf.* ⟨z-⟩ (-*zuji*) egalisieren; *Pol.* gleichschalten.
Egejský: -ké moře Ägäisches Meer.
egois|mus [-zm-] *m* (2a; -*ism*-) Egoismus *m*; ~ta *m* (5a), ~tka *f* (1c; -*tek*) Egoist(in *f*) *m*; ~tický [-tɪ-] egoistisch.
Egypt *m* (2; 2. -a) Ägypten *n*; ~ťan *m* (1; -é), ~ťanka *f* (1c; -*nek*) Ägypter(in *f*) *m*; ~tský ägyptisch.
echo *n* (1b; 6 *Pl.* -*ách*) Echo *n*; F **mám o tom** ~ ich habe davon et. (läuten) gehört; *dát* k-u ~ j-m e-n Tip geben.
eidam *m* (2a) = ~ský sýr Edamer (Käse) *m*. [sieh da!)
ej! *Int.* ei!; ~ co! ach was!; ~hle!ʃ
eklatantní eklatant.
ekonom *m* (1; -*ové*) Ökonom *m*, Volkswirtschaftler *m*, Wirtschaftswissenschaftler *m*; (*Guts*-)Verwalter *m*; ~ický ökonomisch, wirtschaftlich; *fig.* sparsam; ~ie *f* (2) Ökonomie *f*, Wirtschaftswissenschaft *f*; Wirtschaftlichkeit *f*; Wirtschaftslehre *f*.
elasti|cký [-tɪ-] elastisch; ~čnost *f* (4) Elastizität *f*.
eleg|án *m* (1) eleganter Mensch *m*; *verä.* Stutzer *m*; ~ance *f* (2) Eleganz *f*; ~antní elegant; ~ický elegisch; ~ie *f* (2) Elegie *f*.
elektr|árna *f* (1; -*ren*) Elektrizitätswerk *n*, Kraftwerk *n*; *atomová* ~ Atomkraftwerk *n*; *tepelná* ~ Heizkraftwerk; ~ický elektrisch, Elektro-; Elektrizitäts-; *na* ~ *pohon* elektrisch betrieben; ~ *motor* Elektromotor *m*; ~ *šok Med.* Elektroschock *m*.

elektrifik|ace *f* (2) Elektrifizierung *f*; ~ovat (*im*)*pf.* ⟨z-⟩ (-*kuji*) elektrifizieren.
elektrik|a *f* (1c) Elektrizität *f*, elektrischer Strom *m*; elektrisches Licht *n*, Stromanschluß *m*; (elektrische) Straßenbahn *f*, *öst.* Elektrische *f*, Tram *f*; *Phys.* Elektrisiermaschine *f*; *přístroj na* -*ku* Elektrogerät *n*; ~ář *m* (3) Elektriker *m*; F Straßenbahner *m*.
elektriz|ace *f* (2) Elektrisieren *n*; Elektrifizierung *f*; ~ovat (*im*)*pf.* ⟨z-⟩ (-*zuji*) elektrifizieren; *Med.*, *fig.* elektrisieren.
elektro|analýza *f* (1a) Elektroanalyse *f*; ~da *f* (1) Elektrode *f*; ~inženýr *m* (1; -*ři*) Elektroingenieur *m*; ~litický [-tɪ-] elektrolytisch; ~mechanik [-nɪk] *m* (1a) Elektromechaniker *m*; ~montér *m* (1; -*ři*) Elektromonteur *m*, Elektriker *m*.
elektron *m* (2a) Elektron *n*; ~ik [-nɪk] *m* (1a) Elektroniker *m*; ~ika [-nɪ-] *f* (1c) Elektronik *f*; ~ka *f* (1c; -*nek*) Elektronenröhre *f*; ~ový elektronisch, Elektronen-.
elektro|spotřebič *m* (3) Stromverbraucher *m*; ~svářeč *m* (3) Elektroschweißer *m*; ~technický [-nɪ-] elektrotechnisch; ~ *průmysl* Elektroindustrie *f*; ~technik [-nɪk] *m* (1a) Elektrotechniker *m*; ~technika [-nɪ-] *f* (1c) Elektrotechnik *f*; ~vodič *m* (4) *El.* Leiter *m*; ~vodný *El.* leitend.
elektřina *f* (1) Elektrizität *f*.
element *m* (2a) Element *n*; ~y *pl.* a. Anfangsgründe *m*/*pl.*; ~árka F *f* (1c; -*rek*) Grundschulklasse *f*; ~ární elementar, Elementar-, Grund-.
elf *m* (1; -*ové*) Elfe *f*.
elimin|ace *f* (2) Eliminierung *f*; ~ovat (*im*)*pf.* (-*nuji*) eliminieren.
elip|sa *f* (1a) Ellipse *f*; ~tický [-tɪ-] elliptisch.
elit|a *f* (1) Elite *f*; ~ní Elite-.
email *m* (2a) Email *n*; ~ovat (*im*)*pf.*

emailový

⟨na-⟩ (-luji) emaillieren; ~ový Email-.

emancip|ace f (2) Emanzipation f; **~ační** Emanzipations-; **~ovat** (im)pf. (-puji) emanzipieren.

emeritní emeritiert.

emigr|ace f (2) Emigration f; **~ační** Emigrations-; **~ant** m (1), **~antka** f (1c; -tek) Emigrant(in f) m; **~antský** Emigranten-; **~ovat** (im)pf. (-gruji) emigieren.

eminence f (2) Eminenz f.

emoc|e f (2) Emotion f; **~ionální** emotional.

empirický empirisch.

empírový: ~ sloh Empire(stil m) n.

encyklopedi|cký [-dɪ-] enzyklopädisch; **~e** f (2) Enzyklopädie f.

energ|etický [-tɪ-] energetisch; **~ický** (Komp. -ičtější; Adv. -y; -ičtěji) energisch; **~ie** f (2) Energie f; hospodaření ~í Energiewirtschaft f; potřeba ~ Tech. Energiebedarf m; zdroj ~ Tech. Energiequelle f.

Enšpígl m (1) Eulenspiegel m; **Enšpíglovský**: ~ kousek Eulenspiegelei f, Eulenspiegelstreich m.

epický episch.

epidemi|cký epidemisch; **~e** f (2) Epidemie f.

epik m (1a; -ové) Epiker m; **~a** f (1c) Epik f.

epištola f (1a) Epistel f.

epoch|a f (1b) Epoche f; **~ální** epochal, epochemachend.

epo|pej(e) f (3 od. 2) † Epopöe f, Epos n; **~s** m (2a) Epos n.

éra f (1d) Ära f.

erb m (2a) Wappen n; nauka o ~ech Wappenkunde f, Heraldik f; **~ovní** Wappen-.

eroti|cký [-tɪ-] erotisch; **~ka** f (1c) Erotik f.

eroz|e f (2) Erosion f; **~ivní** Erosions-.

erup|ce f (2) Eruption f; **~tivní** [-tɪ-] eruptiv.

esej m (1) Essay n; **~ista** m (5a) Essayist m.

esenbák P m (1a) Sicherheitspolizeibeamte(r) m, Geheimpolizist m.

esesák P m (1a) SS-Mann m.

eskadr|a f (1d; -der) Mil. Geschwader n; **~ona** f (1) Mil. Schwadron f.

eskamot|áž f (3) Taschenspielerei f; **~ér** m (1; -ři) Taschenspieler m.

eskont m (2a) Diskont m; **~ní** Diskont-.

eskym|ácký Eskimo-; **~áčka** f (1c; -ček) Eskimofrau f; **~ák** m (1a) Eskimo m.

eso n (1; 6. -e/-u) As n; červené ~ Herzas; fig. Sp. As n, P Kanone f; Trumpf m; P (Schülersprache) die schlechteste Note, Peng m.

esperanto n (1; 6. -ě/-u) Esperanto n.

est|ét m (1; -ové) Ästhet m; **~etika** [-tɪ-] f (1c) Ästhetik f.

Eston|ec m (3; -nc-) Este m; **~ka** f (1c; -nek) Estin f; **~sko** n (1b) Estland n; **Estský** estnisch; **Estština** f (1) Estnisch n.

estrád|a f (1) Estradenkonzert n, bunte Bühne f; **~ní** Estraden-.

etap|a f (1) Etappe f; po ~ách etappenweise; **~ní** Etappen-.

etáž f (3) Etage f; **~ový** Etagen-.

éter m (2a) Äther m; **~ický** ätherisch.

eti|cký [-tɪ-] ethisch; **~ka** f (1c) Ethik f; **~keta** f (1) Etikette f; Hdl. Etikett n, Preiszettel m.

Etiop|ie [-tɪ-] f (2) Äthiopien n; **Etiopský** äthiopisch.

etnografie f (2) Ethnographie f.

étos m (2a) Ethos n.

etuda [-tɪ:-] f (1) Mus. Etüde f.

etymolog m (1a; -ové) Etymologe m; **~ický** etymologisch.

eukalypt [e-u-] m (2a) Bot. Eukalyptus m.

evaku|ace f (2) Evakuierung f; **~ovat** (im)pf. (-kuuji) evakuieren.

evangel|ický evangelisch; **~ictví** n (3) evangel. Bekenntnis n od. ev. Glaube m; **~ík** m (1a), **~ička** f (1c; -ček) Protestant(in f) m; **~ium** n (5) Evangelium n.

eventuální eventuell.

evolu|ce f (2) Evolution f; **~ční** Evolutions-.

Evrop|a f (1) Europa n; **~an** m (1; -é) Europäer m; **~anka** f (1c; -nek) Europäerin f; **Evropský** europäisch, Europa-.

exaktní exakt.

excelence f (2) Exzellenz f.

exeku|ce f (2) Exekution f; Jur. Zwangsvollstreckung f; Hinrichtung f; **~tor** m (1; -ři) Gerichtsvollzieher m.

exemplář m (4) Exemplar n.

exil m (2a) Exil n.

existen|ce f (2) Existenz f; **~ční** Existenz-.

ex|komunikace [-nɪ-] f (2) Ex-

kommunizierung f, Exkommunikation f; ~**kurze** f (2) Exkursion f.
expanz|e f (2) Expansion f; ~**ívní** expansiv.
expedi|ce [-dī-] f (2a) Expedition f; ~**ční** Expeditions-.
experiment m (2; 6.- -u/-ě) Experiment n; ~**ální** Experimental-, experimentell; ~**ovat** (-tuji) experimentieren.
explo|dovat (im)pf. (-duji) explodieren; ~**ze** f (2) Explosion f; ~**zívní** explosiv; Explosions-.

expo|nát m (2a) Ausstellungsstück n, Exponat n; ~**novat** (im)pf. (-nuji) exponieren; Fot. belichten; ~**zice** f (2a) Fot. Belichtung f; ~**zimetr** m (2a) Fot. Belichtungsmesser m.
expres[1] Adv. expreß; poslat dopis ~ als Eilbrief schicken; ~[2] m (2a) Eilsendung f; Expreß(zug) m; ~**ní** Eil-, Expreß-.
exteritoriální exterritorial.
extremist|a m (5a), ~**ka** f (1c; -tek) Pol. Extremist(in f) m.
extrémní extrem.

F

fábor m ⟨2a⟩ Band n, Schleife f.
fabri|čka f ⟨1c; -ček⟩ P verä. Fabrikarbeiterin f; kleine Fabrik f; **~ka** P f ⟨1c⟩ Fabrik f; **~kant** P m ⟨1⟩ Fabrikant m; **~kát** m ⟨2; 6. -u/-ě⟩ Fabrikat n; **~kovat** ⟨-kuji⟩ fabrizieren.
fack|a P f ⟨1c; -cek⟩ Ohrfeige f; P koupit za -ku für e-n Pappenstiel kaufen; jasné jako ~ klar wie dicke Tinte; **~ovat** ⟨na-, z-⟩ ⟨-kuji⟩ ohrfeigen; P pfuschen, schludern.
fáč m ⟨4⟩ Med. Binde f.
fádní fad(e).
fagot m ⟨2a⟩ Mus. Fagott n; **~ista** [-ti-] m ⟨5a⟩ Fagottist m; **~ový** Fagott-.
fajáns f ⟨3⟩ Fayence f.
fajf|ka P f ⟨1c; -fek⟩ (Tabaks-) Pfeife f; **~kovat** P ⟨o-, od-, za-⟩ ⟨-kuji⟩ abhaken.
fakan P m ⟨1⟩ Fratz m, Range m od. f.
fakt m ⟨2a⟩ Tatsache f, Faktum n; **~or¹** m ⟨2a⟩ Faktor m; **~or²** m ⟨1; -ři⟩ Typ. Faktor m, Werkmeister m; **~orie** f ⟨2⟩ Faktorei f; **~ura** [-u:-] f ⟨1d⟩ Faktura f; **~urovat** ⟨za-⟩ ⟨-ruji⟩ fakturieren.
fakult|a f ⟨1⟩ Fakultät f; **~ativní** [-ti:-] fakultativ; **~ní** Fakultäts-.
falc f ⟨3⟩ hist. (Kaiser-)Pfalz f; **~ko** n ⟨1b⟩ Geogr. Pfalz f; **~krabě** m (wie n 4a), **~krabí** m (Adj. 4; 2 Pl. -í) Pfalzgraf m.
fald m ⟨2a⟩ Falte f.
faleš f ⟨3; -lš⟩ Falsch n; Sp. (Ball-) Abfälschen n; **~ník** m ⟨1a⟩ falscher Mensch m, Heuchler m; **~nice** f⟨2a⟩ falsche Person f, Heuchlerin f; **~nost** f ⟨4⟩ Falschheit f; **~ný** falsch, unaufrichtig.
falzifik|átor m ⟨1; -ři⟩ Fälscher m; **~ovat** ⟨z-⟩ ⟨-kuji⟩ fälschen.
famózní P famos.
fanati|cký [-ti-] fanatisch; **~k** m ⟨1a; -ové⟩ Fanatiker m; **~smus** [-tizm-] m ⟨2a; -ism-⟩ Fanatismus m.
fand|a P m ⟨5⟩ s. fanoušek; **~it** P ⟨za- si⟩ schwärmen für (A), begeisterter Fan sein (von).
fanfár|a f ⟨1d⟩ Fanfare f; **~ový** Fanfaren-.

fanfrnět F ⟨z-⟩ ⟨3 Pl. -ějí⟩; ~ se za kým od. po čem nach et. (od. j-m) verrückt sein, in et. (od. j-n) vernarrt sein.
fangl|e F f ⟨2⟩ Fahne f; **~ičkářství** n ⟨3⟩ Hurrapatriotismus m.
fanoušek F m ⟨1a; -šk-⟩ (Sport-, Film-)Fan m, Narr m.
fant F m ⟨2a⟩ Pfand n; hra na **~y** Pfänderspiel n.
fantast|a m ⟨5a⟩ Phantast m; **~ický** [-ti-] phantastisch.
fantaz|ma ⟨2a⟩ Fiebertraum m, Delirium n; **~ie** f ⟨2⟩ Phantasie f; **~írovat** ⟨vy-, za- si⟩ ⟨-ruji⟩ phantasieren. [fanfrnět se.]
fantit F ⟨po-, z- se⟩: ~ po čem s.}
fantóm m ⟨2a⟩ Phantom n.
fanynka f ⟨1c; -nek⟩ s. fanoušek.
far|a f ⟨1d⟩ Pfarrhaus n, Pfarrei f; † Pfründe f; **~ář** m ⟨3⟩ Pfarrer m.
fárat ⟨pře-, s-, vy-⟩ Bgb. einfahren; fahren.
fariz|ej m ⟨3⟩, **~eus** m ⟨1; 2. -ea usw.; -eové⟩ Pharisäer m, Heuchler m; **~ejský** heuchlerisch; **~ství** n ⟨3⟩ Pharisäertum n, Heuchelei f.
farma f ⟨1⟩ Farm f.
farmaceut [-e-ut] m ⟨1⟩ Pharmazeut m; **~ický** [-ti-] pharmazeutisch.
farmacie f ⟨2⟩ Pharmazie f.
farm|ář m ⟨3⟩ Farmer m; **~ářský** Farmer-.
far|ní Pfarr-; **~ník** m ⟨1a⟩ Pfarrkind n; **~nost** f ⟨4⟩ Pfarrgemeinde f; **~ský** Pfarr-.
fasád|a f ⟨1⟩ Fassade f; **~ník** m ⟨1a⟩ Fassadenkletterer m.
fascin|ovat (im)pf. ⟨z-⟩ ⟨-nuji⟩ faszinieren; **~ující** faszinierend.
faset|a f ⟨1⟩ Facette f; **~ový** Facetten-; -vé oko Zo. Facettenauge n.
fasovat¹ F ⟨na-, vy-⟩ ⟨-suji⟩ Essen fassen; **~²** F ⟨o-, za-⟩ einfassen.
fasuněk P m ⟨2b; -ňk-⟩ Leiterwagen m.
faši|smus [-izm-] m ⟨2a; -ism-⟩ Faschismus m; **~sta** m ⟨5a⟩ Faschist m; **~stický** [-ti-] faschistisch; **~zovat** ⟨z-⟩ ⟨-zuji⟩ im Geist des Faschismus gestalten od. erziehen.

fatalista m *(5a)* Fatalist m.
fáze f *(2)* Phase f.
fazol|e f *(2)* Bohne f; **~ový** Bohnen-.
federa|ce f *(2)* Föderation f; **~tivní** [-ti-] föderativ.
fedrovat ⟨na-⟩ ⟨-ruji⟩ fördern, begünstigen; *Bgb.* fördern.
fejeton m *(2a)* Feuilleton n; **~ista** [-ni-] m *(5a)* Feuilletonist m.
fén m *(2a)* Föhn m; Haartrockner m, Fön m.
fena f *(1)* Hündin f; Füchsin f, Fähe f; Wölfin f.
Fénicie [-ni-] f *(2)* Phönizien n.
fenik [-nik] m *(2b)* Pfennig m; **~ový** Pfennig-.
fenykl m *(2a) Bot.* Fenchel m.
feriální Ferien-; ~ osada Ferienkolonie f.
ferina F m *(5) iron.* Schelm m; lišák ♀ Reineke Fuchs.
fermež f *(3)* Firnis m; **~ovat** *(im)pf.* ⟨na-⟩ ⟨-žuji⟩ firnissen.
fěrtoch † m *(2b)* Schürze f.
festival [-ti-] m *(2a)* Festspiele n/pl., Festival n.
feš|ácký P fesch; **~ačka** F f *(1c; -ček)* fesches Mädel n; **~ák** F m *(1a)* fescher Kerl m; **~anda** F f *(1)* fesches Mädchen n, fesche Frau f.
feud|ál [-e-u-] m *(1; -ové)* Feudalherr m; **~alistický** [-ti-] feudalistisch; **~ální** feudal, Feudal-.
fez m *(2a)* Fez m, Fes m.
fi! *Int.* pfui!
fiakr † m *(2a)* Fiaker m; **~ista** † m *(5a)* Fiaker m *(Kutscher)*.
fial|a f *(1a) Bot.* Veilchen n; šedá ~ *Bot.* Levkoje f; žlutá ~ *Bot.* Goldlack m; **~ový** violett, lila.
ficka P f *(1c; -cek) (Küchen-)*Hilfe f, Gehilfin f.
fičet ⟨pro-, roz- se, za-⟩ *Kugel, Wind:* pfeifen; *Auto:* sausen.
fidl|átko n *(1b; -tek) s.* fidlovačka; *fig. -ka pl.* Sachen f/pl., Zeug n; *†* sebral svá *-ka* er packte s-e sieben Sachen zusammen; **~ovačka** f *(1c; -ček) (Schuhmacher-)*Putzholz n; *hist.* Frühlingsfest n der Prager Schuster.
fiflena F f *(1)* aufgeputztes Dämchen n, Puppe f.
figur|a f *(1d)* Figur f; *titulní* ~ Titelheld m, -gestalt f; **~ka** f *(1c; -rek)* kleine Figur f; *iron.* Person f; Marionette f.

fík m *(2b)* Feige f.
fik|aný F durchtrieben, gerieben, mit allen Wassern gewaschen; **~at** ⟨pro-, u-⟩ schneiden.
fikce f *(2)* Fiktion f.
fiknout *pf. s.* fikat.
fíkov|ník m *(2b)* Feigenbaum m; **~ý** Feigen-.
filatel|ie f *(2)* Philatelie f, Briefmarkensammeln n; **~ista** m *(5a)* Philatelist m, Briefmarkensammler m.
fílek m *(1a; -lk-) (beim Kartenspiel)* Ober m, Dame f.
filharmoni|e [-ni-] f *(2)* Philharmonie f; **~cký** philharmonisch.
filiál|ka f *(1c; -lek)* Filiale f, Zweigstelle f; **~ní** Filial-, Zweig-.
filip F m *(1)* Grütze f, Köpfchen n; *mít ~a* Köpfchen haben; s ~em mit Verstand.
Filipíny f/pl. *(1)* Philippinen f/pl.
filipojakubský: *-ká noc* Walpurgisnacht f.
film m *(2a)* Film m; *barevný* ~ Farbfilm; *úzký* ~ Schmalfilm; **~ař** m *(3)* Filme(mache)r m; *-ři pl. a.* Filmleute pl.; **~ařina** F f *(1)* Filmerei f; **~ovací** Dreh-, Aufnahme-; **~ovat** ⟨na-, z-⟩ ⟨-muji⟩ filmen, (e-n Film) drehen; in e-m Film spielen; **~ový** Film-.
filolog m *(1a; -ové)* Philologe m; **~ický** philologisch; **~ie** f *(2)* Philologie f.
filozof m *(1; -ové)* Philosoph m; **~ický** philosophisch; **~ie** f *(2)* Philosophie f; **~ovat** ⟨po- si, vy-, za- si⟩ ⟨-fuji⟩ philosophieren.
filtr m *(2a)* Filter m; *žlutý* ~ *Fot.* Gelbfilter; **~ace** f *(2)* Filtrieren n, Filtrierung f; **~ovat** ⟨pře-, z-⟩ ⟨-truji⟩ filtern, filtrieren.
filuta F m *(5; -ové)* Spitzbube m, Filou m.
Fin m *(1; -ové)* Finne m; **~ka** f *(1c; -nek)* Finnin f.
finál|e n *(indekl.)* Finale n; **~ní** End-; final; ~ věta *Gr.* Finalsatz m; ~ *produkt* Endprodukt m; **~ový** *Sp.* Final-.
financ|e f/pl. *(2)* Finanzen f/pl.; *ministr -cí* Finanzminister m; **~ovat** *(im)pf.* ⟨-cuji⟩ finanzieren.
finanč|ní Finanz-; finanziell; **~ictví** n *(3)* Finanzwesen n; **~ík** m *(1a)* Finanzmann m; *† a.* Zollbeamter m.
finda F f *(1)* Heller m, Pfennig m;

nemít už ani -du keinen roten Heller (mehr) haben.
fingov|at *(im)pf.* ⟨z-⟩ *(-guji)* fingieren; **~aný** fingiert.
finiš [-nɪʃ] *m* (4) *Sp.* (End-)Spurt *m*; *Tech.* letzter Schliff *m*; **~ovat** *(-šuji) Sp.* spurten.
Fin|sko *n* (1b) Finnland *n*; **ǫský** finnisch; **~štìna** *f* (1) Finnisch *n*.
finti|dlo F *n* (1a; -del) Modenarr *m*, Geck *m*; **~lka** *f* (1c; -lek) verä. Modepuppe *f*; **~t** ⟨na-, vy-⟩ (heraus)putzen, schniegeln (se sich).
fir|emní Firmen-; **~ma** *f* (1; -rem) Firma *f*. [Fistelstimme *f*.]
fistule *f* (2) *Med.* Fistel *f*; *Mus.*
fix|ace *f* (2) Fixierung *f*; **~ační** *Fot.* Fixier-; **~áž** *f* (3) Fixieren *n*, Fixierung *f*; **~ní** fix.
fízl P *m* (1; -ové) verä. Spitzel *m*, Schnüffler *m*.
fládr *m* (2a) (Holz-)Maserung *f*; Maserholz *n*.
flák P *m* (2b) großes Stück *n*; Schlag *m* auf die Hand; **~ač** F *m* (3) Bummelant *m*, Bummler *m*; **~at** F ⟨*nase, pro- se, vy- se-* ⟩ schlagen; ~ se bummeln, herumlungern.
Flám *m* (1; -ové) Flame *m*; **~ka** *f* (1c; -mek) Flämin *f*.
flám F *m* (2a) Bummel *m*; jít na ~ bummeln (gehen); eine Sause machen.
flamend|r P *m* (1; -ři), **~řice** *f* (2a) Herumtreiber(in *f*) *m*, Bummler(in *f*) *m*, Gammler(in *f*) *m*.
flámovat ⟨*pro-, za- si*⟩ *(-muji)* bummeln, e-e Nacht durchbringen; ein unstetes Leben führen.
flám|ský flämisch; **~ština** *f* (1) Flämisch(e) *n*.
flašinet † *m* (2a) Leierkasten *m*, Drehorgel *f*; **~ář** † *m* (3) Leierkastenmann *m*.
flaška F *f* (1c; -šek) Flasche *f*; Säuglingsflasche *f*.
flegmatický [-tɪ-] phlegmatisch.
flek *m* (2b) Fleck *m*; (Kartenspiel) Kontra *n*; F nejde to z ~u das geht nicht vom Fleck; na ~u, od ~u! auf der Stelle!; dal mu ⟨*a*⟩ er hat ihm Kontra gegeben; **~nout** *f* ⟨-*kl*/ -*knul*⟩ hinwerfen, P hinhauen; ~ sebou hinstürzen.
fle|ktovat *(-tuji) Gr.* flektieren; **~xe** *f* (2) *Gr.* Flexion *f*.
flíček *m* (2b; -ček-) Fleckchen *n*; -čky *pl.* Schinkennudeln *f/pl.*

flinkat se *s. flákat.*
flinta P *f* (1) Flinte *f*; (jen) pomalu s tou -tou! (nur) schön langsam!
flirt *m* (2a) Flirt *m*; **~ovat** ⟨*po-, za- si*⟩ *(-tuji)* flirten.
flobertka *f* (1c; -tek) Kleinkalibergewehr *n*.
flok P *m* (2b) Pflock *m*, Holznagel *m*.
flór *m* (2a) Flor *m*; být ve ~u in Blüte stehen; F přijít do ~u zu Ansehen kommen; **~a** *f* (1d) Flora *f*.
florent(in)ský [-tɪː-] Florentiner *(Adj.)*.
flotila *f* (1a) Flotille *f*.
floutek F *m* (1a; -tk-; -tkové) Stutzer *m*, Geck *m*, verä. Laffe *m*, Fatzke *m*.
fluktu|ace *f* (2) Fluktuation *f*; **~ovat** *(-uuji), dial. fluktovat (-tuji)* fluktuieren, den Arbeitsplatz häufig wechseln.
fluores|cence *f* (2) Fluoreszenz *f*; **~kovat** *(-kuji)* fluoreszieren.
fňuk|al F *m* (1; -ové) Miesmacher *m*, Nörgler *m*; **~at** F ⟨*po-, za- si*⟩ jammern, flennen.
fond *m* (2a) Fonds *m*; základní slovní ~ Grundwortschatz *m*.
fondán *m* (2a) Fondant *m*.
foneti|cký [-tɪ-] phonetisch; **~ka** *f* (1c) Phonetik *f*.
fólie *f* (2) Folie *f*.
fontána *f* (1) Fontäne *f*.
fór F *m* (2a) Spaß *m*, Jux *m*; dělat ~y Flausen machen; **~ek** F *m* (2b; -rk-) Flause *f*; pro ~ zum Spaß; **~ista** F *m* (5a) Flausenmacher *m*.
forma *f* (1; -rem) Form *f*; obsah a ~ Gehalt und Gestalt; **~ce** *f* (2) Formation *f*.
formali|smus [-ɪzm-] *m* (2a; -ism-) Formalismus *m*; **~sta** *f* (5a) Formalist *m*; **~stický** [-tɪ-] formalistisch; **~ta** *f* (1) Formalität *f*.
formál|ní formell; *Jur.* formal; **~nost** *f* (4) Formalität *f*, Förmlichkeit *f*.
forman *m* (1; -é/-i) Fuhrmann *m*, Kutscher *m*; **~ka** † *f* (1c; -nek) Schenke *f*; **~ský** Fuhrmanns-.
form|át *m* (2; 6. -u/-ě) Format *n*; **~ička** *f* (1c; -ček-) (kleine) Form *f*; Backform *f*; **~ovat** ⟨*vy-, z-*⟩ *(-muji)* formen, bilden; *Mil.* formieren; **~ování** *n* (3) Formung *f*, Gestaltung *f*.
formul|ace *f* (2) Formulierung *f*; **~ář** *m* (4) Formular *n*, Formblatt *n*, Vordruck *m*; **~e** *f* (2), *Dim.* **~ka** *f*

(*1c*; *-lek*) Formel *f*; F uvést všechno na stejnou *-ku* alles auf gleichen Nenner bringen; ~**ový** formelhaft; ~**ovat** (*im*)*pf.* ⟨z-⟩ (*-luji*) formulieren.

fornýr *m* (*2a*) s. **furnýr**.

forsírovat ⟨pře-, vy-⟩ (*-ruji*) forcieren.

fortel F *m* (*4 od. 2a*) Kunstgriff *m*, Kniff *m*; na to se musí s ~**em** das muß (nur) richtig angefaßt werden, man muß (nur) wissen, wie es gemacht wird; ~**ný** geschickt, gewandt; P gerissen; *Möbel:* solide.

fórum *n* (*5*; *2. -ra*) Forum *n*.

forvard *m 1.* (*2a*) *Sp.* Stürmerreihe *f*; *2.* (*1*) *Sp.* Stürmer *m*.

fořt † *m* (*1*) Förster *m*; ~**ovna** † *f* (*1*; *-ven*) Försterhaus *n*.

fosfor *m* (*2a*) Phosphor *m*; ~**eskovat** ⟨za-⟩ (*-skuji*) phosphoreszieren.

fošna *f* (*1*; *-šen*) dickes Brett *n*, Bohle *f*; Pfosten *m*.

fotbal *m* (*2*; *6. -u/-e*) Fußball(spiel *n*) *m*; ~**ista** *m* (*5a*) Fußballspieler *m*, F Fußballer *m*; ~**ový** Fußball-.

fot|**it** F ⟨vy-⟩ knipsen, fotografieren; ~**ka** F *f* (*1c*; *-tek*), ~**o** F *n* (*1*) Foto *n*.

fotograf *m* (*1*; *-ové*) Fotograf *m*; ~**ický** fotografisch; ~**ie** *f* (*2*) Fotografie *f*; ~**ovat** ⟨na-, s-, vy-⟩ (*-fuji*) fotografieren.

fotonka *f* (*1c*; *-nek*) Photozelle *f*.

fouk|**ací** Blas-; ~ harmonika Mundharmonika *f*; ~**ač** *m* (*3*) (Glas-)Bläser *m*; ~**ačka** *f* (*1c*; *-ček*) *Tech.* Blasrohr *n*; ~**at** ⟨za-⟩ blasen; F ~ si sich aufblasen, großtun; ~**nout** *pf.*, za- blasen; *fig.* F sich davonmachen, verduften.

fouň|**a** P *m* (*5*; *-ni, 3. -ňovi*; *-ňové*) Protz *m*; ~**ovství** *n* (*3*) Protzerei *f*, F Angabe *f*.

frajer *m* (*1*; *-ové*) Freier *m*, Liebhaber *m*; F kecker Bursche *m*; *verä.* Faulpelz *m*; ~**ka** *f* (*1c*; *-rek*) Geliebte *f*; *verä.* Zierpuppe *f*, Modedämchen *n*; ~**ský** geckenhaft; keck; leichtsinnig.

frajeřina *f* (*1*) Großtuerei *f*; Leichtsinn *m*.

frak *m* (*2b*) Frack *m*; F dostal na ~ er hat Prügel bekommen *od.* bezogen; jaképak ~**y**! wozu erst lange Geschichten machen!

frak|**ce** *f* (*2*) *Pol.* Fraktion *f*; ~**ční** *Pol.* Fraktions-; *fig.* spalterisch; *Chem.* fraktioniert, Fraktionier-; ~**tura** [-tu:-] *f* (*1d*) *Typ., Med.* Fraktur *f*.

Francie *f* (*2*) Frankreich *n*.

francký s. **franský**.

Francouz *m* (*3*) Franzose *m*; ~**ka** *f* (*1c*; *-zek*) Französin *f*; **⁑ský** französisch; **⁑ština** *f* (*1*) Französisch(e) *n*.

francovka *f* (*1c*; *-vek*) Franzbranntwein *m*.

frančina P *f* (*1*) s. **francouzština**.

fran|**k** *m* (*2b*) Franc *m*; Franken *m*; **⁒** *m* (*1a*; *-ové*) Franke *m*; ~**ko** *Hdl.* franko, (porto)frei; ~**kovat** ⟨o-⟩ (*-kuji*) frankieren, freimachen; ~**kový** Frank-; ~**ský** fränkisch.

františ|**ek** *m* (*2b*; *-šk-*) Räucherkerze *f*; ~**kán** *m* (*1*) Franziskaner (-mönch) *m*; ~**kánský** Franziskaner-.

frašk|**a** *f* (*1c*; *-šek*) *Thea.* Posse *f*, Schwank *m*; *fig.* Komödie *f*; tropit šašky *-ky* allerlei Schabernack treiben; ~**ovitý** possenhaft.

fráz|**e** *f* (*2*) Phrase *f*, (leere) Redensart *f*; mlít (*od.* odříkávat) ~ Phrasen dreschen; ~**ista** *m* (*5a*) Phrasendrescher *m*; ~**ovitý** phrasenhaft; *fig.* inhalt(s)los, hohl.

frč|**et** ⟨za-⟩ schwirren; ~**ka** F *f* (*1c*; *-ček*) *Mil.* Stern *m* (*Rangabzeichen*).

fregata|**a** *f* (*1*) Fregatte *f*; ~**ní** Fregatten-.

frekven|**ce** *f* (*2*) Frequenz *f*; (*Publikums-*)Verkehr *m*; ~**tovat** (*-tuji*) frequentieren, regelmäßig besuchen; ~**tovaný** frequentiert, (stark) besucht.

frenetický [-tɪ-] *Beifall:* frenetisch.

fresk|**a** *f* (*1c*; *-sek*) Freske *f*; ~**ový** Fresken-.

fretka *f* (*1c*; *-tek*) *Zo.* Frettchen *n*.

fréz|**a** *f* (*1a*) Fräse *f*; ~**ař** *m* (*3*) *Tech.* Fräser *m*; ~(**ovač**)**ka** *f* (*1c*; *-[ovač]ek*) Fräsmaschine *f*; ~**ovací** Fräs-; ~**ovat** ⟨o-, vy-, za-⟩ (*-zuji*) fräsen. [tät *f.*)

frivol|**ní** frivol; ~**nost** *f* (*4*) Frivoli-⌐

frk V *m* (*2b*) dummes Gerede *n*, Quatsch *m*; ~**ačka** *f* (*1c*; *-ček*) Schnarrpfeife *f*; ~**at** ⟨po-, za-⟩, ~**nout** *pf.* schnauben, schnaufen; ~**ot** *m* (*2a*) Schnauben *n*.

frň|**ák** V *m* (*2b*) Schnauze *f*; ten má ~! der hat einen guten Riecher!; ~**ous** *m 1.* (*1*) *verä.* grüner Junge *m*, Grünschnabel *m*; *2.* (*2a*) *Zo.* Bartfaden *m*; *Bot.* Wurzelfaser *f*; ~**ou-**

frňousy

sy † *m/pl.* (2) Schnurrbart *m*, Schnauzbart *m*.
front|a *f* (1) Front *f*, (lange) Reihe *f*; P *stát ve -tě* Schlange stehen; **~ální** frontal, Frontal-; **~ový** *Mil.* Front-.
fuč! *Int.* futsch!
fučet ⟨*na-, za-*⟩ *Wind*: brausen, sausen, pfeifen.
fuj! *Int.* pfui!
fujara † *f* (1d) (große) Hirtenpfeife *f*.
fuk! *Int.* husch!; F *to je mi ~!* das ist mir egal *od.* wurs(ch)t, schnuppe!; *dělat ~y* wichtig tun, Flausen machen; *nemá ani ~u* er hat keinen roten Heller.
fundament *m* (2; 6. *-u/-ě*) Fundament *n*; **~álky** *f/pl.* (1c; *-lek*) *hist.* Fundamentalartikel *m/pl.*; **~ální** fundamental, grundlegend.
funět ⟨*za-*⟩ schnaufen, schnauben, P pusten.
fungovat (*-guji*) fungieren; *Tech.* funktionieren.
funk|ce *f* (2) Funktion *f*; **~cionář** *m* (3), **~cionářka** *f* (1c; *-řek*) Funktionär(in *f*) *m*; **~ční** Funktions-; *Gr.* funktional; *Med.* funktionell; **~čnost** *f* (4) Zweckmäßigkeit *f*.

funus P *m* (2; 6. *-u/-e*) Begräbnis *n*; *přijít s křížkem po ~e* zu spät kommen.
fůra *f* (1d; *for/fůr*) Fuhre *f*; F *fig.* Haufen *m*, Menge *f*.
furiant *m* (1) Stutzer *m*; aufgeblasener (*od.* übermütiger) Mensch *m*, P Protz *m*; Furiant *m* (*tschech. Volkstanz*); **~ský** protzig, geckenhaft; übermütig; **~ství** *n* (3) Übermut *m*, hochmütiger Eigensinn *m*.
fúrie *f* (2) Furie *f*; P Übermut *m*; *vjela do něho ~* ihm schwillt der Kamm, es juckt ihm das Fell.
furnýr P *m* (2a) Furnier *n*; **~ový** Furnier-.
furunk|l *m* (2a) Furunkel *m*; **~ulóza** *f* (1a) Furunkulose *f*.
fuš|er P *m* (1; *-ové*) Pfuscher *m*; **~ovat** P ⟨*z-, za-*⟩ (*-šuji*) pfuschen.
fúze *f* (2) *Phys.* Fusion *f*.
fyskultura [-uːra] *f* (1d) Leibeserziehung *f*.
fyzi|cký physisch; **~k** *m* (1a; *-ové*) Physiker *m*; **~ka** *f* (1c) Physik *f*; **~kální** physikalisch.
fyziolog|ický physiologisch; **~ie** *f* (2) Physiologie *f*.

G

gajdoš m (3) dial. Dudelsackpfeifer m.

galán F m (1) Galan m, Freier m; **~ka** f (1c; -nek) dial. Schatz m, Liebchen n.

galant|érie f (2) Galanterie f; Hdl. Galanteriewaren f/pl.; **~ní** galant.

galej|e f (2) Galeere f; **~ní** Galeeren-; **~ník** m (1a) Galeerensträfling m; **~ský** Galeeren-.

galerie f (2) Galerie f; sedadlo na -rii Galerie(sitz)platz m.

galilejský aus (od. von) Galiläa.

Gall m (1; -ové) hist. Gallier m.

galon m (2a) Gallone f.

galuska f (1c; -sek) Sp. Rennradreifen m.

galvani|cký [-nɪ-] Tech. galvanisch; **~zovat** (im)pf. ⟨z-⟩ (-zuji) Tech. galvanisieren.

galvanometr m (2a) Galvanometer n.

gama n (indekl.) Gamma n; paprsky ~ Phys. Gammastrahlen m/pl.

gangster m (1; -ři) Gangster m; **~ský** Gangster-; **~ství** n (3) Gangstertum n.

garan|cie f (2) Garantie f; **~ční** Garantie-; **~tovat** (im)pf. (-tuji) garantieren.

garáž f (3) Garage f; **~ovat** (im)pf. (-žuji) Auto parken, abstellen.

garda f (1) Garde f.

garderob|a [-rɔ:-] f (1) Garderobe f; **~iérka** f (1c; -rek) Garderobenfrau f.

gard|ista [-dɪ-] m (5a) Gardist m; **~ový** Garde-.

garnýrovat (im)pf. (-ruji) garnieren.

gauč m (4) Couch f.

gáz m (2a), **~a** f (1a) Gaze(verband m) f.

gazd|a m (5) dial. Hauswirt m; Kleinbauer m; **~iěna** f (1) Hauswirtin f; Bäuerin f, **~ovat** (-duji) wirtschaften.

gazela f (1a) Gazelle f.

gáže f (2) Gage f.

genera|ce f (2) Generation f; **~ční** Generations-.

generál m (1; -ové) General m.

generali|ta f (1) Generalität f; **~zace** f (2) Generalisierung f; **~zovat** (im)pf. ⟨z-⟩ (-zuji) generalisieren.

generál|ka F f (1c; -lek) Generalin f; Generalüberholung f; Generalprobe f; Generalstabskarte f; **~ní** General-; **~plukovník** m (1a) Generaloberst m; **~poručík** m (1a) Generalleutnant m; **~ský** Generals-.

geni|alita [-nɪ-] f (1) Genialität f; **~ální** genial; **~tální** genital, Geschlechts-.

geo|dezie f (2) Geodäsie f; **~fyzika** f (1c) Geophysik f; **~grafický** geographisch; **~grafie** f (2) Geographie f; **~metrický** geometrisch; **~metrie** f (2) Geometrie f.

germaniz|ace [-nɪ-] f (2) Germanisierung f; **~ovat** (im)pf. ⟨z-⟩ (-zuji) germanisieren.

germánský germanisch.

gestapá|cký verä. Gestapo-; **~k** m (1a) verä. Gestapomann m, Gestapoagent m.

gesto n (2; 6. -u) Geste f, Gebärde f.

gilotina [-tɪ:-] f (1) Guillotine f.

giro s. žiro.

glazur|a [-zu:-] f (1d) Glasur f; **~ovat** (im)pf. (-ruji) glasieren.

glejt m (2a) hist. Geleitbrief m.

glos|a f (1a) Glosse f; **~ář** m (4) Glossar m; **~ovat** (im)pf. ⟨o-⟩ (-suji) glossieren; fig. Randbemerkungen machen.

gól m (2a) Sp. Tor n.

golf¹ m (2a) Golf m (-spiel) n; hráč **~u** Golfspieler m; **~ky** f/pl. (1c; -fek) Golfhosen f/pl.; **²ský**: ~ proud Geogr. Golfstrom m.

Goliáš m (3) Goliath m.

gondol|a f (1a) Gondel f; **~iéra** f (1d) Gondellied n, Barkarole f.

goril|a f (1a) Zo. Gorilla f; **~í** Gorilla-.

Gót m (1; -ové) Gote m.

goti|cký [-tɪ-] Stil: gotisch; **~ka** f (1c) Gotik f.

gótský Goten-, gotisch.

graf m (2a) Diagramm n, graphische Darstellung f; Abbildung f; **~ický**

grafik

graphisch; ~**ik** m (1a) Graphiker m; ~**ika** f (1c) Graphik f.
grafolog m (1a; -ové) Graphologe m; ~**ický** graphologisch; ~**ie** f (2) Graphologie f.
gram m (2a) Gramm n.
gramati|cký [-tɪ-] grammatisch, grammatikalisch; ~**ka** f (1c) Grammatik f.
gramo|deska F f (1c; -sek) (Schall-) Platte f; ~**fon** m (2a) Plattenspieler m; ~**měnič** m (4) Plattenwechsler m; ~**rádio** n (1; 6. -iu) Musiktruhe f.
gramot|nost f (4) Kenntnis f des Schreibens und Lesens; ~**ný** j-d der schreiben und lesen kann.
granát m (2; 6. -u/-ě) Granat m; Mil. Granate f; střepina ~u Granatsplitter m; ~**nický** Grenadier-; ~**ník** m (1a) hist. Grenadier m; ~**ný**: -né jablko Bot. Granatapfel m; ~**omet** m (2a) Granatwerfer m; ~**ový** Granat-; Granaten-.
gratul|ace f (2) Gratulation f; ~**ační** Gratulations-; ~**ovat** ⟨po-⟩ (-luji) gratulieren.
grázl V m (1) Halunke m, Lump m.
grémium n (5) Gremium n.
grešle P f (2) Groschen m; nestojí to za zlámanou -li das ist keinen Pfifferling wert.
gril m (2a) Grill m; pečený na ~u gegrillt.
Grónsk|o n (1b) Grönland n; ~**ý** grönländisch.
groš m (4) Groschen m; F známý jako falešný ~ bekannt wie ein falscher Sechser od. wie ein bunter Hund; slušný ~ ein schönes Geld, eine schöne Stange Geld; do posledního ~e bis auf den letzten Pfennig; ~**ák** m (1a) Apfelschimmel m; ~**ovatý** scheckig.
grunt P m (2; 6. -u/-ě) Grund m; na vlastním ~ě auf eigenem Grund und Boden; z ~u im Grunde genommen; z ~u dobrý seelensgut, herzensgut; z ~u falešný grundfalsch.
Gruz|ie f (2) Geogr. Georgien n; **Qínský** (Adv. -y) georgisch, grusinisch.
guláš m (4) Gulasch n.
gum|a f (1) Gummi m; (Rad-) Gummireifen m; arabská ~ Gummiarabikum n; tvrdá ~ Hartgummi; ~ na podpatcích Gummiabsatz m; ~ (do prádla) Wäschegummi, Gummizug m; F jako z -my flink, geschmeidig; ~**ák** m (2b) Gummimantel m; ~**árna** f (1; -ren) Gummiwerk n, Gummifabrik f; ~**ička** f (1c; -ček) Gummiband n; ~**ovat** ⟨vy-⟩ (-muji) gummieren; radieren; ~**ovitý** gummiartig; ~**ovky** P f/pl. (1c; -vek) Gummischuhe m/pl.; ~**ový** Gummi-; fig. elastisch.
gusto F n (1; 6. -u) Geschmack m; proti -tu žádný disputát über den Geschmack läßt sich nicht streiten.
gutaperča f (1a; 2. -i, 3, 6. -e/-i) Guttapercha n.
gymnas|ium [-a:-] n (5; -ia) s. gymnázium; ~**ta** m (5a) Sp. Gymnast m, Turner m; ~**tický** [-tɪ-] gymnastisch, Turn-; ~**tika** [-tɪ-] f (1c) Gymnastik f, Turnen n.
gymn|azijní Gymnasial-; ~**azista** m (5a), -**istka** f (1c; -stek) Gymnasiast(in f) m; ~**ázium** n (5; -ia) Gymnasium n.
gynekolog m (1a; -ové) Gynäkologe m.
gyps m (2a) Gips m; ~**ový** Gips-.

H

haažský Haager; **-ká konvence Haager Abkommen** n.
habaděj F sehr viel; ~ **peněz** Geld wie Heu; ein Heidengeld.
habán F m (1) baumlanger Kerl m, (langer) Lulatsch m.
Habeš f (2) Abessinien n; **~ský** abessinisch.
habilit|ace f (2) Habilitation f; **~ační** Habilitations-; **~ovat** (im)pf. (-tuji): ~ **se** sich habilitieren.
hab|r m (2a) Weiß-, Hainbuche f; **~rový** Hainbuchen-; **~ří** n (3), **~řina** f (1) Weißbuchengehölz n.
habsburský habsburgisch, Habsburger.
hačat Kdspr. sitzen.
háček m (2b; -čk-; 6. Pl. a. -čkách) Häkchen n; Haken m (am Kragen od. Kleid), öst. Haftel n; Häkelnadel f; Schwierigkeit f, F Haken m; F Sp. **na háčku** am Bug.
háčkov|ací Häkel-; **~ání** n (3) Häkeln n, Häkelarbeit f; **příze na** ~ Häkelgarn n; **~at** ⟨ob-, u-, v-, za-⟩ (-kuji) häkeln.
hačnout pf. (-čnul/-čl) s. hačat.
had m (1) Schlange f.
hadač, hádač m (3) Wahrsager m; Rätsellöser m; **~ství** n (3) Wahrsagerei f.
hád|ání n (3) Raten n; Wahrsagen n; Zank m, Wortstreit m; **~anice** f (2a) (Wort-)Streit m, Gezänk n; **~anka** f (1c; -nek) Rätsel n; **~ankář** m (3) Rätsellöser m, Rater m; **~ankářský** Rätsel-; ~ **koutek** Rätselecke f.
háda|t ⟨pro-, pře-⟩ raten; glauben, vermuten; schätzen, für et. halten; wahrsagen, lit. weissagen; ~ **na ko-j-n** in Verdacht haben; ~ **tak i onak** hin und her raten; **kolik let mi hádáte?** wie alt schätzen Sie mich?; **to by do kluka nikdo nehádal** das würde dem Jungen niemand zutrauen; ~ **z ruky** aus der Hand lesen; ~ **se** ⟨na-, po-, z-⟩ streiten, sich zanken (**o** um A); **mit dem Schicksal hadern**; F ~ **se o kozí chlup** um des Kaisers Bart streiten; **když se dva -ají, třetí se směje** wenn zwei streiten, freut sich der dritte; **co se hádá, rádo se má** was sich liebt, das neckt sich; **~vost** f (4) Streitsucht f; **~vý** streitsüchtig. [(a. fig.).\
háďata n|pl. (4a) Schlangenbrut ff
hadec m (4; -dc-) Min. Serpentin m.
hádek m (1a; -dk-) kleine Schlange f.
had|í Schlangen-; **~ice** f (2a) (Gummi-)Schlauch m; Zo. Schlangenweibchen n.
hadimrška 1. F m (5) scherz. Schlaumeier m; 2. F f (1c; -šek) alter (Tatra-)Wagen, alte Karre.
hadinec m (4; -nc-) Bot. Natternkopf m.
hádka f (1c; -dek) Streit m, Streitigkeiten f|pl., Händel m|pl.; Zwist m, Zwistigkeiten f|pl.; **dostat se do -ky** in Streit geraten; **učená** ~ Disput m, Streitgespräch n; **začít -ku bez příčiny** einen Streit vom Zaun brechen.
hadov|itý schlangenförmig; ~ **vrták** Tech. Schlangenbohrer m; **~ka** f (1c; -vek) Bot. Stinkmorchel f.
hadr m (2a) Lumpen m, Fetzen m; Scheuertuch n, öst. Hader m; verä. Wisch m (z. B. Dokument); Waschlappen m (weichlicher Mann); ~ **na holi** Windbeutel m (charakterloser Mann); Sp. Null f, P Niete f, Pfeife f; ~ **k čištění** Putzlappen m; ~ **na mytí** Waschlappen m; verä. **kus** ~**u** ein Fetzen Papier; **~y** m|pl. Lumpen m|pl.; Kram m; **chodit v -rech zerlumpt gehen**; P **rozpadat se na** ~ **Kleider**: in Fetzen gehen; **roztrhat na** ~ in Stücke reißen, zerfetzen; **~ář** m (3) Lumpensammler m; **~ník** (1a) m Lumpenhändler m; verä. Lump m; **~ovina** V f (1) Lumpenzeug n, Lumpenkram m; **~ový** aus Lumpen; **-vá panenka** Stoffpuppe f.
hadř|ík m (2b), **~íček** m (2b; -čk-) kleiner Fetzen m, Läppchen n.
haf|an m (1) Kläffer m, Köter m; Kdspr. Wauwau m; **~at** ⟨po-, za-⟩ bellen, kläffen.
háj m (4) Hain m; **jdi do ~e!** scher dich weg!, hau ab!
Hajany m|pl. (2; -an): **jdi do hajan!**

hajat

geh schlafen!, P hau dich in die Falle!
haj|at ⟨vy- se⟩ *Kdspr.* schlafen; **~i** (*indekl.*) *Kdspr.* heia machen, in die Heia gehen.
hajdalácký *dial.* schlampig, liederlich.
hajduk *m* (*1a*; *-ové*) *hist.* Heiducke *m*; † (*bewaffneter*) Diener *m*; Gemeindediener *m*.
hajdy! *Int.* marsch!, schnell!, auf!; P verschwinde!, zieh ab!, hau ab!
háje|ček *m* (*2b*; *-čk-*), **~k** *m* (*2b*; *-jk-*) Wäldchen *n*; **~čka** *f s. hájička*; **~mství, ~nství** *n* (*3*) (*Jagd-*)Revier *n*, Gehege *n*; **~ní** *n* (*3*) Verteidigung *f*; *Jur.* Wahrung *f* (*von Interessen*); (*Forst-, Wild-*)Hege *f*; *doba* ~ (*Wild-*)Schonzeit *f*.
háj|ička *f* (*1c*; *-ček*) Warnzeichen *n*; **~it** ⟨*ob-, u-*⟩ verteidigen; beschützen; *Ansicht* vertreten, verfechten; eintreten (*für A*); *Interessen, Recht* wahren; *Wild, Wald* hegen; **~itel** *m* (*3; -é*) Beschützer *m*.
haj|nout *pf.*: ~ *si s. hájit*; **~ný** *m* (*Adj. 1*) *Jagdw.* Heger *m*.
hájovna *f* (*1*; *-ven*) Forst-, Hegerhaus *n*.
hajzl P *m* (*2a*) Klo *n*, V Scheißhaus *n*; V (*Mensch*) Schuft *m*, Schweinkerl *m*; F *peníze jsou v ~u* das Geld ist futsch *od.* im Eimer.
hák *m* (*2b*) Haken *m*; *hist.* Hakenpflug *m*; *~ na maso* Fleischhaken; *startovací ~ Flgw.* Schleppklinke *f*; *brát co ~em* et. ganz schnell machen.
hákov|itý hakenförmig; *~ zobák Zo.* Hakenschnabel *m*; **~nice** † *f* (*2a*) Hakenbüchse *f*, Arkebuse *f*; **~ý** Haken-; *~ kříž* Hakenkreuz *n*.
hala *f* (*1a*) (~ *hotelu, závodní* ~) Hotel-, Werks-)Halle *f*.
halabala *dial.* schlampig, P schludrig.
halama *m* (*5*) *verä.* Lümmel *m*, Bengel *m*, Schlingel *m*.
halapartna *f* (*1*; *-ten*) *hist.* Hellebarde *f*.
halas *m* (*2*; *6. -u/-e*) Lärm *m*; **~it** ⟨*za-*⟩ lärmen; **~ný** lärmend.
halda *f* (*1*) Haufen *m*, Menge *f*; *Bgb.* Halde *f*.
halekat ⟨*za-*⟩ jodeln.
halena *f* (*1*) Kittel *m*.
haléř *m* (*4*) Heller *m*; *do posledního ~e* bis auf den letzten Heller; *na ~* auf den Pfennig (genau).

half *m* (*1*) *Sp.* Läufer *m*; *na ~u* in der Läuferreihe.
Halič *f* (*3*) *Geogr.* Galizien *n*; **Qský** galizisch.
halíř *m* (*4*) *dial. s. haléř.*
halit ⟨*za-*⟩ verhüllen; (ein)hüllen (*se sich*; *do č-o in A*); **~ se v mlčení** sich in Schweigen hüllen.
halo!, haló! *Int.* hallo!
halušky *f/pl.* (*1c*; *-šek*) *Kochk.* (*Schinken-*)Fleckerln *n/pl.*; Nudeln *f/pl*; *dial.* Kartoffelpuffer *pl.*
haluz, ~e *f* (*3 od. 2*) Zweig *m*, Ast *m*; **~na** F *f* (*1*; *-zen*) unfreundliches großes Zimmer *n*.
halv *m s. half.*
hambalek *m* (*2b*; *-lk-*) Hängeboden *m*; † Hahnenbalken *m*; *dial.* Wäschestange *f*.
hamburský Hamburger (*Adj.*).
hamiž|ník *m* (*1a*) habgieriger Mensch *m*; **~nost** *f* (*4*) Habgier *f*, Geldgier *f*; **~ný** habgierig.
hamonit ⟨*na-, u-*⟩ geizen, knausern.
hampejz V *m* (*2*; *6. -u/-e*) Bordell *n*; Spelunke *f*; P *dial.* Kegelbahn *f*.
hamr *m* (*2a*) *Tech.* Hammerwerk *n*.
hana *f* (*1*) Tadel *m*; Schimpf *m*; *bez -ny* tadellos; *rytíř bez bázně a -ny* Ritter ohne Furcht und Tadel.
hanb|a *f* (*1*; *-neb*) Schande *f*, *lit.* Schmach *f*; Scham *f*; ~ *mu!* Schande über ihn!; *volání -by* Schmährufe *m/pl.*, Pfuirufe *m/pl.*; *rdívat se -bou* schamrot werden, vor Scham erröten; *není ti ~?* schämst du dich (denn gar) nicht?; *ceny jsou vysoké až ~* die Preise sind unverschämt hoch; *až ~ málo* F unverschämt wenig; *lhát až ~* F lügen, daß sich die Balken biegen; *zima až ~* F schrecklich (*od.* fürchterlich) kalt; *líný až ~* F stinkfaul; ~ *hanbouci ~e* Schande ohnegleichen; ~ *mluvit!* man schämt sich, davon zu sprechen!; **~ář** F *m* (*3*) gemeiner Kerl *m*; **~ářka** F *f* (*1c*; *-řek*) schamloses Weib *n*; **~it** ⟨*za-*⟩: ~ *se před kým, za k-o* sich vor j-m, für j-n schämen.
handicapovat [-dɪke-] (*-puji*) *Sp.* behindern, benachteiligen.
handl F *m* (*2a od. 4*) Handel *m*, Schacher *m*; Tausch *m*; **~íř** *m* (*3*) *dial.* Händler *m*; **~ovat** ⟨*pro-, vy-, za-*⟩ (*-luji*) handeln, tauschen, schachern.
handrkovat ⟨*vy-*⟩ (*-kuji*) *dial.*: ~ *se o co* um et. feilschen.

hanebn|ík m (1a), **~ice** f (2a) schändliche Person f; **~ost** f (4) Niedertracht f, Schändlichkeit f; **~ý** niederträchtig, schändlich; *Niederlage*: schmählich; *Zustand*: erbärmlich; *Frieden*: schmachvoll; *Übersetzung, Fiasko*: jämmerlich; *fig.* F furchtbar, schrecklich; *-ně dlouho* schrecklich (*od.* furchtbar) lang(e).

hanět ⟨po-, z-⟩ (3 *Pl. -ěji*) tadeln.

hangár m (2a) Flugzeughalle f, Hangar m.

han|it (3 *Pl. -i*) *s.* hanět; **~livý** Schmäh-, Spott- (*z. B. Lied*); spöttisch, abfällig; *slovo -vého významu* Schmähwort n.

hano|bit ⟨z-⟩ schmähen, verunglimpfen; *fig.* schänden, P verschandeln; **~pis** m (2; 6. *-e*/*-u*) Schmähschrift f.

hansa f s. hanza.

hantýrka f (1c; -rek) Jargon m, Argot n, Slang m; *zlodějská* **~** Gaunersprache f, Rotwelsch n; F *mluvit -kou* (ein) Kauderwelsch (zusammen)reden.

hanza f (1a) *hist.* Hansa f; **~ovní** Hanse-, Hansa-, hanseatisch.

hapat *pf.* Kdspr. (hin)fallen.

haprovat P (3. *-ruje*) hapern.

hara|burdí, ~mpádí, ~mpátí n (3) Gerümpel n, Kram m.

harant F m (1) Balg n, Fratz m.

haras m (2; 6. *-u*/*-e*) Rasch m, Harras m (*Faser, Gespinst*).

haraši|t ⟨za-⟩ *Papier, Maus*: rascheln; *Sand*: knirschen; knistern; *fig.* **~** *zbraněmi* mit dem Säbel rasseln; **~vý** raschelnd; rasselnd; *fig.* polternd.

hára|t ⟨roz-, za-⟩ *Flamme*: lodern, brennen; **~vý** *poet.* lodernd, brennend.

harcký Harz-, Harzer; F **~** *kanárek* Harzer Roller m (*Kanarienvogel*).

harcov|at ⟨za-⟩ ⟨*-cuji*⟩ † kämpfen, angreifen; *lit.* (dahin)jagen; *Pferd*: galoppieren; *dial.* schlecht (*od.* unbequem) fahren; **~** *se* herumwandern; **~ník** m (1a) Vorkämpfer m, Bahnbrecher m.

harém m (2a) Harem m; **~ový** Harems-.

harf|a f (1) Harfe f; **~ový** Harfen-.

harlekýn m (1) Harlekin m.

harmoni|cký [-ni-] harmonisch; **~e** f (2) Harmonie f; **~ka** f (1c) Mus. Harmonika f; *tahací* **~** Ziehharmonika f; **~kář** m (3) Ziehharmonikaspieler m; **~um** n (5) Harmonium n; **~zace** f (2) Harmonisierung f; **~zovat** ⟨*im*⟩*pf.* ⟨z-⟩ (-*zuji*) harmonisieren.

harmonovat (-*nuji*) harmonieren; *fig.* aufeinander abgestimmt sein, zusammenpassen.

harpun|a f (1) Harpune f; **~ovat** ⟨*im*⟩*pf.* (-*nuji*) harpunieren, mit Harpune(n) jagen.

hartusit ⟨za-⟩ schelten (*v/t*); poltern (*v/i*); (*na k-o*) (be)drängen, antreiben (*A*).

hasák m (2b) Rohrzange f; Einbrecherwerkzeug n.

hasicí Lösch-; **~** *nástroj* Feuerlöscher m.

hasič m (3) Feuerwehrmann m; *verä.* Pfuscher m; **~i** *pl.* Feuerwehr f; **~ský** Lösch-, Feuerwehr-; **~** *sbor* Feuerwehr(mannschaft) f; Feuerschutzpolizei f; **~** *žebřík* Feuerleiter f.

has|idlo n (1a; -*del*) Löschmittel n; **~it** ⟨*u-, vy-, z-*⟩ (-*šen*) *Feuer, Licht, Kalk* löschen; *hašené vápno* gelöschter Kalk, Löschkalk m; **~nout** *pf.*, *vy-, z-* (-*sl*) (er)löschen; *Licht*: F ausgehen, *fig. Ruhm*: vergehen, verblassen; *oko -ne das Auge bricht*; F *tím to -ne!* Schluß damit!, genug davon!

hastrman m (1) Wassermann m, *Myth.* Nöck m, Nix m.

hastroš m (4) Vogelscheuche f.

hašé n (*indekl.*) Haschee n, Hackfleisch n.

hašiš m (4) Haschisch n.

hašteři|t ⟨po-, roz-⟩: **~** *se* streiten, P sich herumzanken, **~vec** m (3; -*vc*-) Händelsucher m, P Streithammel m; **~vost** f (4) Streitsucht f, Zanksucht f; **~vý** streitsüchtig, zänkisch.

hať f(4c) Reisigbündel n, Faschine f.

hatit ⟨z-⟩ (-*cen*/-*těn*) durcheinanderbringen; *fig.* verderben (*v/t*); *Plan* durchkreuzen; **~** *k-u co* j-m einen Strich durch die Rechnung machen; **~** *se* mißlingen, scheitern, fehlschlagen, F danebengehen, schiefgehen; *počasí se -tí* das Wetter wird schlecht.

hat|lanina P f (1) Mischmasch m; **~matilka** f (1c; -*lek*) Kauderwelsch n.

háv *m* (2a) Gewand *n*.
Havaj *f* (3) *Geogr.* Hawaii *n*; ⟨ský hawaiisch, Hawaii-.
havana F *n* (*indekl.*) Havanna (-zigarre) *f*.
hav|árie *f* (2) Havarie *f*; Defekt *m*, Schaden *m*, Panne *f*; ~arijní Havarie-; Schaden(s)-; ~arovat ⟨-ruji⟩ havarieren; *Tech.* e-n Schaden haben; *Kfz.* e-e Panne haben; ~arovaný havariert, beschädigt; *Kfz.* unfallbeschädigt, Unfall-.
havěť † *f* (4c; -ti) Geflügel *n*; Ungeziefer *n*, Getier *n*; *verä.* Gesindel *n*, Pack *m*, Brut *f*; červí ~ Gewürm *n*.
havíř *m* (3) Bergmann *m*, Hauer *m*, F Kumpel *m*; ~ský Bergmanns-; ~kahanec Grubenlampe *f*; ~ství *n* (3) Bergbau *m*; ~stvo *n* (1; -stev) *Bgb.* Knappschaft *f*.
havran *m* (1) Rabe *m*; ~í Rabenrabenschwarz.
hazard *m* (2a) Hasard *m*; ~ér *m* (1; -ři) Hasardeur *m*, Hasardspieler *m*; ~ní Hasard-; ~ovat ⟨po-, za-⟩ ⟨-duji⟩ *fig.* aufs Spiel setzen; ~ se zdravím mit der Gesundheit Raubbau treiben; ~ životem mit dem Leben spielen.
házeč *m* (3) *Sp.* Werfer *m*.
házen|á *f* (*Adj.* 2) *Sp.* Handball (-spiel *n*) *m*; ~kář *m* (3) Handballspieler *m*.
házet ⟨od-, na-, s-, za-⟩ (3 *Pl.* -eji) werfen; ~ *lopatou* schaufeln; P ~ *nohama* mit den Beinen schlenkern; ~ *rukama* die Hände ringen; ~ *sebou* sich wälzen; F ~ *zappeln*; *Wagen:* schleudern, ins Schleudern geraten; ~ *po kom* (čím) j-n bewerfen (mit *D*); ~ *penězi kolem sebe* mit Geld um sich werfen; *fig.* ~ *flintu do žita* die Flinte ins Korn werfen; ~ *klacky pod nohy* Knüppel zwischen die Beine werfen; ~ *k-u co na krk* j-m et. aufhalsen, et. an den Hals hängen; ~ *všechno do jednoho pytle* alles in einen Topf werfen; ~ *po kom okem* j-m verliebte Blicke zuwerfen, F schöne Augen machen; ~ *k-u písek do očí* j-m Sand in die Augen streuen; ~ *perly sviním* Perlen vor die Säue werfen.
hazuka *f* (1c) (Mönchs-)Kutte *f*; Kittel *m*.
hbit|ost *f* (4) Flinkheit *f*, Gewandtheit *f*, Behendigkeit *f*; *Mus.* Geläufigkeit *f*; ~ý flink, gewandt, behend(e); *Mus.* geläufig; F má ~ *jazyk* er ist nicht auf den Mund gefallen, er hat ein loses Mundwerk.
heb|kost *f* (4) Geschmeidigkeit *f*, Weichheit *f*; ~ký (*Komp.* -čí; *Adv.* -ce, *Komp.* -čeji) weich; geschmeidig; ~oučký, ~ounký samtweich; sehr geschmeidig.
hebrej|ský (*Adv.* -ky) hebräisch; ~ština *f* (1) Hebräisch(e) *n*.
heč! *Int.* ätsch!, schau!
hedváb|í *n* (3) Seide *f*; ~ *na šití, šicí* ~ Nähseide; ~nický Seiden-; ~nictví *n* (3) Seidenraupenzucht *f*; Seidenerzeugung *f*; ~ník *m* (1a) *Zo.* Seidenraupe *f*; Seidenspinner *m*; ~ný Seiden-, seiden(weich).
hej! *Int.* ha!, hallo!; F *jemu je* ~ der hat gut reden, der ist gut dran; *teď už bude* ~ jetzt wird es schon (wieder) gehen; *o výdělek je* ~ für guten Verdienst ist gesorgt; F *je všeho* ~ alles ist (in Hülle und Fülle) vorhanden; ~ *rup!* hau ruck!; ~ *Slovane!* Auf, ihr Slawen! (Lied).
hejduk *m* s. *hajduk*.
hejl *m* (1; -ové) *Zo.* Gimpel *m* (*a. fig.*); *chytat* ~*y* gaffen, Maulaffen feilhalten; begaffen (*v/t*); F ~ *na nose* rote Nase.
hejno *n* (1; 6. -u/-ě) Schwarm *m*, Schar *f*, *iron.* Haufen *m*; (*Vogel-, Fisch-*)Zug *m*, (*Rebhühner-*)Kette *f*; ~ *much* Fliegenschwarm; ~ *hus* Gänseherde *f*; ~ *dětí* Kinderschar, *v -nech* scharenweise.
hejsa(sa)! *Int.* heißa(ssa)!
hejsek *m* (1a; -sk-) *verä.* Geck *m* Stutzer *m*.
hejtman *m* (1) *hist.* Hauptmann *m*.
hekat ⟨po-, za-⟩ ächzen, stöhnen.
hektar *m* (2a) Hektar *m*; ~ový: ~ *výnos* Hektarertrag *m*, Ertrag *m* pro Hektar.
hektický [-tɪ-] hektisch.
hektolitr *m* (2a) Hektoliter *m od. n*.
hele!, *dial.* **helé!, heleď!** *Int.* schau her!, sieh da!, da hast du!; *heleďte!* schauen Sie her!, da haben Sie!
helikoptéra *f* (1d) Hubschrauber *m*.
helm|a *f* (1; -lem), ~ice *f* (2a) Helm *m*; ~ s bodcem Pickelhaube *f*.
helvet|, helvít *m* (1) Kalvinist *m*, Protestant *m*; ~ský *Rel.* helvetisch; *fig.* verbohrt, verstockt.
hemoroidy *f/pl.* (1) *Med.* Hämorrhoiden *f/pl.*
hemž|ení *n* (3) Gewimmel *n*; ~it

⟨za-⟩: ~ se čím vor et. wimmeln; F ~ chybami vor Fehlern strotzen.
heraldi|cký [-dɪ-] heraldisch, wappenkundlich; **~ka** f (1c) Heraldik f.
herbář m (4) Bot. Herbarium n.
herberk P m (2b) Herberge f; F iron. Durcheinander n, Unordnung f.
herda P f (1) Stoß m, Schubs m.
herec m (3; -rc-) Schauspieler m; **~ký** schauspielerisch, Schauspieler-; **-ká společnost** Schauspielertruppe f; **-ké umění** = **~tví** n (3) Bühnenkunst f, Schauspielkunst f; **~tvo** n (1) Bühnenpersonal n, Schauspieler m/pl.
herečka f (1c; -ček) Schauspielerin f.
hereti|cký [-tɪ-] Rel. häretisch, ketzerisch; **~k** m (1a; -ové) Häretiker m, Ketzer m; **~ka** f (1c) Häresie f, Irrlehre f.
herka f (1c; -rek) (alter) Gaul m, Mähre f.
herma f (1; -rem) (Büsten-)Sockel m.
hermelín m 1. (1) Zo. Hermelin n; 2. (2; 6. -u/-ě) Hermelinfell n; Hermelinpelz m.
hermetický [-tɪ-] hermetisch.
hern|a f (1; -ren) Spielzimmer n; Spielbank f; **~í** Spiel-.
heroický heroisch, heldenhaft.
heryn(e)k P m (1a; -nk-) Hering m.
heřmánek m (2b; -nk-) Bot. Kamille f; Med. Kamillentee m.
hesl|ář m (4) Stichwortverzeichnis n; **~o** n (1a; -sel) Losung f; Kennwort n; Pol. Parole f, Wahlspruch m; Gr. Stichwort n; Schlagwort n; lit. Motto n; transparent s -lem Spruchband n; vůdčí ~ Leitsatz m; Leitmotiv n; **~ovitý** schlagwortartig; Schlagwort-; **~ový**: ~ seznam Stichwortverzeichnis n.
hesenský hessisch, Hessen-.
hever m (2a) Tech. Hebewinde f, F Heber m; F jít s ~em (na co) entschlossen anpacken (A), P rangehen (an A).
hez|ký (Komp. -čí; Adv. -y, Komp. -čeji) schön, hübsch, F nett; ~ jako obrázek bildschön, bildhübsch; to je čím dál tím -zčí! iron. das wird ja immer schöner!; dělá se -ky es wird schön (Wetter); F je -ky zima es ist (ganz) schön kalt; je tomu -kých pár let es sind eine Menge Jahre vergangen, es ist (schon) ein paar Jahre her; F měj se -ky! mach's gut!; **~oučký**, **~ounký** hübsch; niedlich; **~oun** m (1) verä. feiner Kerl m.
hierarch|ický hierarchisch; **~ie** f (2) Hierarchie f.
hihňat ⟨roz-, za-⟩ P: ~ se kichern.
hind m (1; -ové) Hindu m.
histor|ický historisch, geschichtlich; Geschichts-; **~ie** f (2) Geschichte f; **~ik** m (1a; -ové) Historiker m; **~ka** f (1c; -rek) Histörchen n, Geschichte f (fig.).
hlad m (2a) Hunger m (a. fig.); Hungersnot f; ~ jako vlk Bärenhunger; trpět ~(em), † být o ~u Hunger leiden; nechávat o ~u hungern lassen; smrt z ~u Hungertod m; třít ~ a nouzi am Hungertuch nagen; umřít ~y vor Hunger sterben.
hladce Adv. s. hladký.
hlad|icí Tech. Polier-, Glätt-; **~ič** m (3; 4) Glattschleifer m; Glätthobel m; **~idlo** n (1a; -del) Polier-, Glättholz n; **~ík** m (2b) Schlichthobel m.
hladin|a f (1) (glatte) Fläche f; Phys. Flüssigkeitsspiegel m; fig. Höhe f, Niveau n, Ebene f; cenová ~ Preisniveau; spodní ~ Grundwasserspiegel; vodní ~ Wasserfläche, Wasserspiegel; F udržet se nad -nou sich über Wasser halten.
hlad|it ⟨o-, po-, vy-⟩ (-zen) glätten; polieren; streicheln; ~ **proti srsti** fig. gegen den Strich fahren; **~ítko** n (1b; -tek) Polier-, Glätteisen n; Falzbein n; Typ. Glätter m.
hlad|kosrstý Tier: glatthaarig; Fell: glatt; **~kost** f (4) Glattheit f, Glätte f; Politur f; **~ký** (Komp. -ší; Adv. -ce, Komp. -čeji) glatt; Kleider a.: schlicht; Boden a.: glitschig; ~ jako zrcadlo spiegelglatt; ~ jako úhoř fig. aalglatt; s ~mi vlasy glattgekämmt.
hladomor m (2a) Hungersnot f; **~na** f (1; -ren) hist. Hungerturm m.
hlado(mři)vec m (3; -vc-) Hungerleider m; F Geizhals m.
hladov|ý a s. hladový; **~ět** ⟨vy-⟩ (3 Pl. -ěji) hungern, Hunger leiden; **~ka** f (1c; -vek) Hungerstreik m; zahájit ~u in den Hungerstreik treten; **~ý** hungrig; Hunger-; ~ rok Hungerjahr n; -vá půda Agr. magerer Boden m.
hlahol m (2a) Schall m; Hall m; ~ zvonů Glockengeläut n; ~ trub Trompetenschall; **~ice** f (2a) gla-

hlaholit 96

golitische Schrift *f*, Glagoliza *f*; ~it ⟨roz-, za-⟩ (er)schallen, hallen; ~ivý, ~ný schallend; ~ský glagolitisch.

hlas *m* (2; 6. -e/-u) Stimme *f*; být při ~e (*gut od. schlecht*) bei Stimme sein; *ani ~u!* keinen Laut (mehr)!; ~ z tisku Pressestimme; *poměr ~ů Parl.* Stimmenverhältnis *n*; *rovnost ~ů* Stimmengleichheit *f*; *většina ~ů* Stimmenmehrheit *f*.

hlásat (-ám) *Rel.* verkündigen.

hlasatel *m* (3; -é), ~ka *f* (1c; -lek) Verkünder(in *f*) *m*; *Rdf.* Ansager(in *f*) *m*, Sprecher(in *f*) *m*; ~ míru Friedensbote *m*.

hlás|ek *m* (2b; -sek-) Stimmchen *n*; *ani -sku* kein Laut (mehr); ~ič *m* (4) Warngerät *n*; *požární* ~ Feuermelder *m*.

hlásit ⟨o-, při-, vy-⟩ (-*šen*) melden (se sich); fordern (*o co/A*); ~ se nemocným sich krank melden; ~ se k č-*u* sich zu et. bekennen; ~ se o slovo sich zu Wort melden; *povinnost ~ se* Meldepflicht *f*.

hlasitost *f* (4) Lautstärke *f*; ~ý laut, vernehmlich; *příliš* ~ überlaut.

hlasiv|ka *f* (1c; -vek) *Anat.* Stimmband *n*; ~ový Stimm-.

hlás|ka¹ *f* (1c; -sek) *Gr.* Laut *m*; ~ka² *f* (1c; -sek) Wachtturm *m*; Meldeposten *m* (*a. Esb.*).

hláskosloví *n* (3) Lautlehre *f*; ~ný phonetisch; ~ zákon *Gr.* Lautgesetz *n*.

hlás|kovat (-*kuji*) buchstabieren; ~nice *f* (2a) Wachtturm *m*; Megaphon *n*; Signalhorn *n*; *fig.* Sprachrohr *n*; ~ný¹ Melde-, Signal-; -*ná trouba, věž s. hlásnice*; ~ný² *m* (*Adj. 1*) Turmwächter *m*.

hlasný laut, tönend.

hlasov|ací Stimm-; ~ *lístek* Stimmzettel *m*; ~ání *n* (3) Abstimmung *f*; *oprávněný k ~ání* stimmberechtigt; ~at ⟨od-⟩ (-*suji*) abstimmen (für *A*); (*pro k-o*) ~ý *Mus.* Stimm-; stimmlich; *Pol.* Stimmen-; *má -vé nadání* er ist stimmbegabt.

-hlasý *in Zssgn Mus.* -stimmig.

hlášení *n* (3) Meldung *f*; *Rdf.* Durchsage *f*; *Mil.* Rapport *m*; *povětrnostní* ~ Wetterbericht *m*; *povinnost* ~ Meldepflicht *f*.

hlava *f* (1) Kopf *m* (*a. Tech.*); Haupt *n*; *Pol.* Oberhaupt *n*; (*Buch-*) Kapitel *n*; (*Bett-*) Kopfende *n*; (*Rad-*)Nabe *f*; (*Pilz-*)Kappe *f*; -*vu vzhůru!* Kopf hoch!; ~ *na -vě* Kopf an Kopf; -*vou dolů* kopfüber, mit dem Kopf nach unten; *lit. v -vách zu Häupten*; *pro to* (*od. z toho*) *mě* ~ *nebolí!* darüber werde ich mir nicht den Kopf zerbrechen!; *dát si klobouk na -vu* den Hut aufsetzen; *Sp.* hrát -*vou Ball* köpfen; *s obnaženou -vou* mit bloßem Kopf, *lit.* entblößten Hauptes; *od -vy k patě* von Kopf bis Fuß; *běží jako by mu ~ hořela* er rennt, als sei der Teufel hinter ihm her; *nemá -vu ani patu* das hat weder Hand noch Fuß; ~ *obce* Gemeindevorsteher *m*, ~ *státu* Staatsoberhaupt; *spotřeba na -vu* Pro-Kopf-Verbrauch *m*; *stít -vu* köpfen, den Kopf abschlagen; *do -vy* i *do Kopf, zu Kopf steigen*; *tlouci se do -vy* sich vor den Kopf schlagen; ~ *válce Tech.* Zylinderkopf; *i kdyby se na -vu postavil!* und wenn er sich auf den Kopf stellt!; *kolik hlav, tolik smyslů Sprw.* wieviel Köpfe, soviel Meinungen; *P mít zabedněnou -vu* ein Brett vor dem Kopf haben.

hlaváč F *m* (3) *fig.* Dickkopf *m*, Dickschädel *m*; Bonze *m*; ~ek *m* (2b; -čk-) *Bot.* Adonisröschen *n*.

hlavat|ice *f* (2a) P Kohlpflänzling *m*; ~ka *f* (1c; -tek) (*Art*) Zimmermannsbeil *n*; *Zo.* Huchen *m* (*Fisch*); ~ý mit großem Kopf; eigensinnig.

hlav|eň *f* (3; -*vn*-) (*Gewehr*-)Lauf *m*, F Rohr *n*; ~ice *f* (2a) *Tech.* Kopfstück *n*; *Arch.* Kapitell *n*; (*Säbel-, Degen-*)Knauf *m*; *Mus.* Schnecke *f* (*am Geigenhals*); *Mil.* Sprengkopf *m*; ~ *rakety* Raketenkopf *m*; ~ička *f* (1c; -ček) (*Nagel-*) Kopf *m*; *Sp.* Kopfball *m*, Kopfstoß *m*; *chytrá* ~! ein kluger Kopf!; ~iště *n* (2a) (*Gewehr-*)Kolben *m*.

hlávka *f* (1c; -vek) (*Salat-, Kohl-*) Kopf *m*; ~ *chmele* Hopfendolde *f*.

hlavn|ě *Adv.* hauptsächlich, in erster Linie, vornehmlich; vorwiegend; ~í Haupt-; hauptsächlich; *to je ~!* das ist die Hauptsache!; ~ *stan* Hauptquartier *n*. [Typhus *m*.

hlavnička P *f* (1c; -ček) Fieber *n*;]

hlavo|lam *m* (2a) Denksportaufgabe *f*, Rätsel *n* zum Kopfzerbrechen; *to je ~!* das ist zum Kopfzerbrechen!; ~nožec *m* (3; -žc-) *Zo.* Kopffüßer *m*.

hlazení *n* (3): ~ rukou Streicheln *n*.
hle! *Int.* schau, schau!, sieh mal an!
hleda|cí Such-; **~č** *m* (3) Sucher *m*; ~ min Minensuchboot *n*; ~ pokladů Schatzgräber *m*.
hledá|ček *m* (2b; -čk-) *Fot.* Sucher *m*; (*Auto*-)Suchscheinwerfer *m*; **~ní** *n* (3) Suchen *n*, F Suche *f*; ~ bytu Wohnungssuche; *na ~ místa* auf der Suche nach einer Stelle; *bez ~* ohne zu suchen.

hled|aný gesucht; *Ware*: stark gefragt; *Ausdrucksweise*: geziert, gekünstelt, geschraubt; **~at** ⟨*po-, pro-, vy-*⟩ suchen; *j-m et.* zumuten; *Bgb.* suchen, graben; *~ v knize* im Buch nachschlagen; *vrána k vráně sedá, rovný rovného si ~dá* gleich und gleich gesellt sich gern; *to by v něm nikdo nehledal* das würde ihm niemand zutrauen; **~ě:** ~ k tomu in Anbetracht dessen, mit Rücksicht darauf; *nehledě k tomu* abgesehen davon, ungeachtet dessen; **~ět** ⟨*nase, po-, za- se*⟩ sehen, schauen, blicken; trachten; (*na k-o, co j-n, et.*) ansehen, anschauen; (*na co*) beurteilen, streng nehmen; liegen, gelegen sein (*an D*); berücksichtigen (*A*), Rücksicht nehmen (*auf A*); *~ před sebe* vor sich hin blicken; *~ vstříc č-u* e-r Sache entgegensehen; *~ za kým* j-m nachblicken; *~ tam* hinschauen, hinsehen; *~ jinam* wegschauen, wegsehen; *~ zamračeně finster* dreinschauen; *~ upřeně* starren; *~ se každému zachovat* sich Mühe geben, es jedem recht zu machen; F *~ úkosem* über die Schulter ansehen; *~ na sebe* auf sich halten; *nehledíme-li k tomu* abgesehen davon; *Mil.* vpravo hleď! Augen rechts!; vlevo hleď! die Augen links!; *přímo hleď!* Augen geradeaus!; *~ si č-o* bedacht sein (auf *A*); *~ si své práce* seiner Arbeit nachgehen; *~ si pití* sich dem Trunk ergeben; *hleď si svého!* kümmere dich um deine eigenen Angelegenheiten!; **~ený** † gepflegt; **~í** *n* (3) *hist.*, *Mil.* Visier *n*; **~íc** *s.* hleděc; **~isko** *n* (1b; -sek) Gesichtspunkt *m*, Standpunkt *m*; **~iště** *n* (2a) Zuschauerraum *m*; **~ítko** *n* (1b; -tek) *Tech.* Schauloch *n*, Schauglas *n*; Guckloch *n*.

hlemýžď|m *m* (4d; -dě) Schnecke *f* (*a. Anat.* Gehör-); zahradní ~ Weinbergschnecke; **~dí** Schnecken-.

hlen *m* (2a) Schleim *m*; **~ový** schleimig.

hles *m* (2a) Laut *m*; *bez ~u* lautlos; *ani ~u o tom!* kein Wort darüber (*od.* davon)!; *není po něm ani slechu ani ~u* von ihm ist keine Spur zu finden; **~nout** *pf.*, *za-* (*-sl*) einen Laut von sich geben, F mucksen.

hlezenní *Anat.*: ~ kloub Sprunggelenk *n*.

hlída|cí Wach-; **~č** *m* (3) Wächter *m*, Wärter *m*, Hüter *m*; *noční ~* Nachtwächter; *~ trati* Streckenwärter; *polní ~* Feldhüter; **~čský** Wächter-.

hlíd|at ⟨*o-, po-, u-*⟩ wachen; bewachen; *Kinder, Haus* hüten; *~ v noci* Nachtwache halten; **~ání** *n* (3) Bewachung *f*; **~ka** *f* (1c; -dek) Wache *f*, Wachposten *m*; *Typ.* Rubrik *f*; požární *~* Brandwache; stávková *~* Streikposten; časopisecká *~* Zeitschriften(um)schau *f*; *Rdf.* Zeitungsschau *f*; **~kovat** (*-kuji*) Wache halten; patrouillieren; *Mil. a.* Wache stehen *od.* F schieben.

hlína *f* (1) Lehm *m*, Ton *m*; hrnčířská *~* Töpfererde *f*.

hli|ňák *m* (2b) Tontopf *m*; Lehmgrube *f*, **~něný** Ton-, tönern; *-né nádobí* Tongeschirr *n*; *střelba na -né holuby* Tontaubenschießen *n*; **~ník** *m* (2b) *Chem.* Aluminium *n*; *s.* hliniště; **~níkový** Aluminium-.

hlini|ště *n* (2a) Ton-, Lehmgrube *f*; **~tý** lehmig, tonartig; *Chem.* Aluminium-; octan *~* essigsaure Tonerde.

hlinka *f* (1c; -nek) *Chem.* Kaolin *n*, Porzellanerde *f*; Farberde *f*; červená (*od.* tesařská) *~* Rötel(stift) *m*.

hlíst *m* (1), **~a** *f* (1) Spulwurm *m*; Bandwurm *m*; **~ivost** *f* (4) Wurmkrankheit *f*.

hlíza *f* (1c) *Bot.* Knolle *f*; *Med.* Abszeß *m*, Eiterbeule *f*; morová *~* Pestbeule.

hliznatý *Bot.* Knollen-.

hlíz|ovitý *Bot.* knollenartig, Knollen-; *-tá muchomůrka* Knollenblätterpilz *m*; **~ový** *Med.* beulenartig; *~ mor* Beulenpest *f*.

hloda|t ⟨*na-, o-, za-*⟩ (ab)nagen; *-dá ho svědomí* das Gewissen plagt ihn; **~vec** *m* (3; -vc-) Nagetier *n*; **~vý** nagend.

hloh *m* (2b) *Bot.* Hagedorn *m*, Weißdorn *m*; **~ový** Hagedorn-.

hlohový

hlomoz

hlomoz m (2a) Lärm m, Getöse n; ~it ⟨za-⟩ lärmen, poltern; ~ se ⟨po-⟩ sich plagen, P schinden.

hlošina f (1) (wilder) Ölbaum m.

hloub f (4) Tiefe f; v -bi duše od. srdce im Grunde seines Herzens; z -bi duše aus tiefster Seele.

hloub|al m (1; -ové) Grübler m; ~at ⟨na- se, pro-, v- se, za- se⟩ (nach-)grübeln ⟨o čem, nad čím über A⟩; ~avost f (4) Hang m zum Grübeln, ~avý grüblerisch; ~ člověk Grübler m; ~ duch Forschergeist m.

hloubí n (3) s. hloub.

hloub|icí Abteuf-; ~ bagr Tiefbagger m; ~it ⟨pro-, v-, vy-, za-⟩ tief machen, vertiefen; Tech. austiefen; Flußbett ausbaggern; Brunnen graben, Schacht abteufen; ~ka f (1c; -bek) Tiefe f; Fot. Tiefenschärfe f; (Schiff) Tiefgang m; (U-Boot) Tauchtiefe f; v -bce 10 metrů in einer Tiefe von 10 Metern; tisk z -bky s. hlubotisk; ~kař F m (3) Tiefflieger m; ~koměr m (2a) Tiefenmesser m; ~kový Tiefen-; ~ let Tiefflug m.

hlouček m (2b; -čk-) Häuflein n, kleine Schar f.

hloup|nout ⟨z-⟩ dumm werden, verdummen; ~ost f (4) Dummheit f; ~oučký albern, einfältig; ~ý dumm, töricht; ~ jako boty od. necky dumm wie Bohnenstroh, V saudumm; dělat -pého dem Dummen spielen, sich dumm stellen; mít za -pého für dumm halten od. verkaufen; ~ Honza Dummerjan m; (Märchen) Hans im Glück.

hloží n (3) Dorngebüsch n.

hlt m (2a) Schluck m; jedním ~em in einem Zug (leeren); ~an m (2a) Rachen m, Schlund m; ~anový Rachen-; ~ dutina Anat. Rachenhöhle f; ~at ⟨na-, z-⟩, ~nout pf., z- (-tl/-tnul) (ver)schlucken; verschlingen; ~av m (3; -vc-) Vielfraß m; F Nimmersatt m; ~avost f (4) Gefräßigkeit f; ~avý gefräßig, gierig (a. fig.); ~oun m (1) s. hltavec.

hlubi|dlo n (1a; -del) Bagger m; ~na f (1) Tiefe f; Abgrund m; -ny pl. a. die tiefsten (od. letzten) Geheimnisse; ~nný Tief(en)-.

hlubo|ce Adv. s. hluboký; ~komorský Tiefsee-; ~komyslný tiefsinnig; ~ký (Komp. hlubší; Adv. -ko, -ce, Komp. hloub[ěji]) tief, Tief-; působit -kým dojmem e-n tiefen (od. nachhaltigen) Eindruck machen; v -ké úctě, s výrazem nejhlubší úcty hochachtungsvoll; -ká tma stockdunkel, stockfinster; -ko do lesa tief in den Wald hinein; -ko do noci bis tief in die Nacht hinein; F podíval se -ko do džbánku er hat zu tief ins Glas geschaut; -ce dojat tief ergriffen, zutiefst gerührt; -ce urazit schwer beleidigen.

hluč|et ⟨za-⟩ lärmen; Sturm: toben, tosen, brausen; ~ně Adv. laut (-stark); poet. mit Sang und Klang; ~nost f (4) Lärm m; fig. Lautstärke f; ~ný laut; Verkehr, Leben: rege; Beifall: tosend; Gelächter: schallend; Hochzeit: prachtvoll, prunkvoll; Fest: rauschend; Umgebung: lärmvoll; je -no es geht laut zu.

hluch|avka f (1c; -vek) Bot. Taubnessel f; ~nout ⟨o-⟩ (-chl) taub werden, das Gehör verlieren; ~oněmý taubstumm; ~ota f (1) Taubheit f; ~ý (Komp. hlušší; Adv. hlucho/hluše, Komp. hlušeji) taub (a. fig.); Wald: still; Stimme: hohl, dumpf; F ~ jako pařez stocktaub; dělat se ~m sich taub stellen; ~m kázat bibl. tauben Ohren predigen; být ~ ke všem prosbám (radám) gegen alle Bitten (Ratschläge) taub sein od. bleiben; P má ~ týden er sitzt auf den Ohren; -ché fráze leere (od. hohle) Phrasen; výzva vyzněla hluše der Aufruf fand keinen Widerhall; je -cho es herrscht tiefe Stille, es ist nichts zu hören.

hluk m (2b) Lärm m; Geräusch n; bez ~u geräuschlos; mnoho ~u, málo zvuku viel Lärm um nichts; pro ~ nic neslyšet vor Lärm nichts hören (können); boj proti ~u Lärmbekämpfung f; F fig. nadělat mnoho ~u viel Staub aufwirbeln; to bylo ~u! das war ein Rummel!

hlup|ácký dumm, albern; ~áctví n (3) Dummheit f, Albernheit f; ~áček m (1a; -čk-), ~ák m (1a) Dummkopf m, Tölpel m, Trottel m, dial. Dussel m, Depp m; ~u jeden! du dummer Kerl!

hluš|e Adv. s. hluchý; ~ec m (3; -šc-) Zo. Auerhahn m; ~ina f (1) Bgb. taubes Gestein n; Agr. unfruchtbarer Boden m.

hmat m (2a) Tastsinn m; Griff m; jediným ~em mit e-m Griff; jít po ~u sich vorwärtstasten; ~at ⟨do- se, na-, o-, za-⟩ tasten, greifen (po čem nach D); ~ník m (2b) Mus. Griffbrett n; ~nout pf., do-, za- (-tl) s. hmatat; ~ný Med. fühlbar, tastbar; ~ový Tast-.

hmot|a f (1) Materie f, Stoff m; Substanz f; Tech. a. Masse f; umělá ~ Kunststoff; lepkavá ~ klebrige Masse; pevná ~ Phys. fester Körper; šedá ~ Med. graue Substanz; P fig. graues Zeug; -ty pl. a. koll. Material n; sběrné -ty Altmaterial; ~nost f (4) Stofflichkeit f; ~ný materiell; physisch; Phil. körperlich; -né prostředky finanzielle Mittel, Geldmittel n/pl.; -né potřeby materielle Bedürfnisse n/pl.

hmožd|ík m (2b), ~inka f (1c; -nek) Tech. Dübel m; ~íř m (4) Mörser m; ~it ⟨na-⟩: ~ se čím sich mit et. abplagen.

hmyz m (2a) Insekt n; koll. Insekten n/pl.; Ungeziefer n; štípnutí ~u Insektenstich m; ~í Insekten-; ~ožravec m (3; -vc-) Zo. Insektenfresser m.

hna|cí Tech. Trieb-, Treib-; ~ síla Triebkraft f; ~ ústrojí Flgw. Triebwerk n; Tech. Getriebe n; ~ zařízení Kraftwerk n; ~nec m (3; -nc-) hist. Verbannte(r) m, Verfemte(r) m.

hnát ⟨in Zssgn -hnat; za-⟩ ženu, hnal, hnán⟩ treiben; Wild hetzen; j-n zu et. zwingen; Pferd antreiben; Feind vertreiben; ~ do úzkých in die Enge treiben; ~ postrkem schieben; ~ do krajnosti fig. auf die Spitze treiben; ~ před soud vor Gericht laden, vorladen; ~ k odpovědnosti zur Verantwortung ziehen; ~ útokem na nepřítele gegen den Feind stürmen; ~ útokem na pevnost e-e Festung berennen; ~ kořeny Wurzeln treiben; fig. Wurzeln schlagen; ~ do natě ins Kraut schießen; ~ se rennen, (dahin) jagen, stürmen; Zug: dahinbrausen; ~ se do č-o sich in et. stürzen; ~ se na k-o, po kom auf j-n zustürzen; ~ se za kým j-m nacheilen, F nachlaufen; F ~ se za čím e-r Sache nachjagen, sich et. reißen; ~ se kolem vorbeisausen, vorbeisausen; ~ se kupředu vorwärtsausen; ~ se od-

tud davonjagen, F abhauen; žene se déšť es wird Regen geben; žene se bouře ein Gewitter zieht auf; žene se velká voda es kommt Hochwasser.

hned gleich, sofort, sogleich; bald, sogar; ~ tenkrát schon damals; ~ napřed im voraus, im vorhinein; ~ u zdi dicht (od. direkt) an der Mauer; tak ~ so bald; F to není tak ~ das geht nicht im Handumdrehen; ~ potom, ~ nato gleich danach, unmittelbar darauf; ~ ... ~ bald ... bald.

hněd f (4d; -di; -dmi) braune Farbe f, Braun n.

hněd|ák m (1a) Braune(r) m (Pferd); ~avý bräunlich; ~el m (4 od. 2a) Min. Brauneisenstein m; ~ina f (1) Med. Leberfleck m; ~ka f (1c; -dek) Braune f (Stute).

hned|ka dial. s. hned; ~le P gleich; beinahe, fast.

hnědnout ⟨po-, z-⟩ (-dl) braun werden.

hnědo|černý braunschwarz; ~červený braunrot; ~oký braunäugig; ~st f (4) braune Färbung f, Bräune f; ~uhelný Braunkohlen-.

hněďouš m (3) s. hněďák.

hnědo|vlasý braunhaarig; fig. braun; ~žlutý braungelb.

hnědý (Komp. -ší; Adv. -ě, -o, Komp. -ěji) braun; ~dě pruhovaný braungestreift; obarvit na -do braun färben; opálený do -da braungebrannt.

hnět|ačka f (1c; -ček), ~adlo n (1a; -del) Knetmaschine f; ~ení n (3) (Teig-)Kneten n; Med. Massage f; fig. Gewissensbisse m/pl.; ~enka f (1c; -nek) Knetkuchen m, Brotkuchen m; ~u s. hníst.

hněv m (2a) Zorn m, Groll m (nad čím über A); výbuch ~u Zornesausbruch m; pojal ho ~ er geriet in Zorn; vzkypět ~em in Wut geraten; ~y pl. a. Streit m; ~at ⟨po-, roz-⟩ erzürnen F ärgern; ~at ⟨po-, roz-⟩ na k-o pro co j-m wegen et. zürnen, F böse sein, schmollen; sich über j-n ärgern; nehněvej se! sei nicht böse!; oni se ~vají sie sind miteinander böse; -vá se na celý svět er kann sich selbst nicht leiden, ihn ärgert die Fliege an der Wand.

hnid|a f (1) Nisse f; hledat -dy Läuse suchen; fig. Haarspalterei treiben; ~ař m (3), ~opich m (1a; -ové)

hnidopišský

Wortklauber m, Pedant m; ~opišský pedantisch, kleinlich; ~opišství n (3) Haarspalterei f, Pedanterie f.
hnilička f (1c; -ček) Teigbirne f; P fig. Schwächling m, Weichling m; F vařit vejce na -ku ein Ei halbweich kochen.
hnilob|a f (1) Fäulnis f, Fäule f; je cítit -bou es riecht faulig; ~ný faulig; ~zápach Fäulnisgeruch m.
hnil|oplod m (2a) Zo. Faulbrut f (der Bienen); ~ý faul(ig), verfault.
hnípat P ⟨vy- se⟩ pennen.
hnis m (2a) Eiter m; fig. Abschaum m; odtok ~u Eiterabsonderung f; ~ání n (3) Eitern n, Eiterung f; ~at ⟨vy-, z-⟩ eitern; ~avý eitrig; ~nádor Eiterbeule f, ~otok m (2b) Eitern n, Eiterabsonderung f.
hníst ⟨vy-, z-⟩ (hnětu, -tl, -ten) kneten; formen; Med. massieren; fig. bedrücken; svědomí ho hněte das Gewissen plagt ihn.
hnít ⟨na-, pro-, za-⟩ (3. hnije, hnil) faulen, faulig werden; Obst: verfaulen; Fleisch: verwesen; iron. faulenzen.
hnití n (3) Fäulnis f; Verwesung f.
hnízd|ečko n (1b; -ček) s. hnízdo; ~ění n (3) Nisten n; Paaren n, verä. Hecken n; doba ~ Zo. Paarungszeit f; ~iště n (2a) Nistplatz m; ~it ⟨u-, za-⟩ nisten; sich paaren; fig. verä. hausen.
hnízdo n (1) Nest n; (Raubvogel-) Horst m; mravenčí ~ Ameisenbau m; ~ odporu Widerstandsnest; ~š m (3) Zo. Nesthocker m; ~ský F fig. Schoßkind n, Nesthäkchen n; ~vý Nest-.
hnoj|ák m (2b) Jauchewagen m; ~ení n (3) Düngung f; ~icí Dünge-; ~iště n (2a) Dünger-, Misthaufen m; to patří na ~ das gehört auf den Misthaufen; ~it ⟨po-, vy-, za-⟩ düngen; ~ivo n (1) Düngemittel n; strojené ~ Kunstdünger m; ~ivý Dünge-; ~ní Mist-; ~ chrobák Mistkäfer m; ~nice f (2a) Jauche f; ~ník m (2b) s. hnoják; ~ný Mist-; -né vidle f/pl. Mistgabel f; ~ůvka f (1c; -vek) Jauche f.
hnout pf. ~, na-, po-, za- ⟨hnu, hnul, hnut⟩ bewegen, rühren ⟨čím/A⟩; von der Stelle rücken; von der Stelle kommen; Stunde verschieben; Sache ins Rollen (od. in Gang) bringen; Gewissen auf-, wachrütteln; F nehne z místa das rührt sich nicht (vom Fleck); nehnul ani brvou er verzog keine Miene; to jím nehne das läßt ihn kalt; ani mě nehne! das fällt mir nicht im Traum ein!; ~ se ⟨po-, za-⟩ sich rühren; Zug, Festzug: sich in Bewegung setzen; Heer: aufbrechen; F hni sebou! beeil dich!, mach schon!; nechce se ~ er will nicht weg von hier; nehne se od něho er weicht nicht von s-r Seite.
hnůj m (4; hnoj-) Mist m, Dung m; Dünger m; vykydat ~ z chléva den Stall ausmisten; mokrý jako ~ patschnaß.
hnul s. hnout.
hňup m (1) s. hlupák.
hnus m (2a) Ekel m, Abscheu m; ~it ⟨z-⟩ verekeln (co k-u j-m A); ~ si verabscheuen; ~ se ji-n anekeln; ~í se mi das widert mich an; ~nost f (4) Abscheulichkeit f; ~ný ekelhaft, widerlich.
hnut s. hnout.
hnutí n (3) Bewegung f (a. Pol.), Regung f; ~ mysli Gemütsbewegung; ~ srdce Herzensregung; dělnické ~ Arbeiterbewegung; světové mírové ~ Weltfriedensbewegung; Revoluční odborové ~ (ROH) Gewerkschaft f (in der ČSSR); údernické ~ Aktivistenbewegung; bez ~ regungslos; nebylo ~ man konnte sich nicht rühren (vor).
ho ihn; s. on.
hobl|ice f (2a) Tech. Hobelbank f; ~ík m (2b) Hobel m; ~iny f/pl. (1) Hobelspäne m/pl.; ~ovací Hobel-; ~ov(ač)ka f (1c; -[č]ek) Hobelmaschine f; ~ovačky f/pl. (-ček) s. hobliny; ~ovat ⟨o-, s-⟩ (-luji) hobeln.
hoboj m (4) Mus. Oboe f.
hod[1] m (2a) Sp. Wurf m, Werfen n; (Kegeln) Schub m; ~ diskem Diskuswurf; Diskuswerfen; ~ oštěpem Speerwurf; Speerwerfen; ~[2] m (2a; 6. -ě/-u) Rel. hoher Festtag m; Boží ♀ vánoční erster Weihnachtsfeiertag m; Boží ♀ velikonoční, svatodušní Oster-, Pfingstsonntag m; s. a. hody.
hoden (hodna f, hodno n) (č-o e-r Sache) würdig; ~ důvěry vertrauenswürdig; ~ politování bedauerns-, beklagenswert; neuznal ho za -dna odpovědi er würdigte ihn keiner Antwort; s. hodný.

hodina f (1) Stunde f; ein Uhr (Zeitangabe); za -nu in einer Stunde; ~ za -nou e-e Stunde nach der anderen, Stunde um Stunde; ~ přes čas Überstunde f; ~ cesty, duchů, klavíru, němčiny, odpočinku, vyučování Weg-, Geister-, Klavier-, Deutsch-, Muße-, Unterrichtsstunde; ordinační, policejní ~ Sprech-, Polizei- od. Sperrstunde; čtvrt -ny Viertelstunde f; půl -ny halbe Stunde; propustit na -nu auf der Stelle entlassen; výpověď na -nu fristlose Kündigung; dvě -ny zwei Stunden; zwei Uhr (Zeitangabe); po druhé -ně nach zwei Uhr; vgl. hodiny.

hodinář m (3) Uhrmacher m; **~ský** Uhrmacher-; **~ství** n (3) Uhrmacherwerkstatt f; Uhrengeschäft n.

hodink|a f (1c; -nek) Stündchen n, Stunde f; černá ~ Dämmerstunde f; poslední ~ udeřila die letzte Stunde hat geschlagen; slabá ~ e-e schwache Stunde f; v kolik ~, řetízek Uhrkette f; -vé sklíčko Uhrglas n; **~y** f/pl. (1c; -nek) Uhr f; kapesní, náramní ~ Taschen-, Armbanduhr.

hodinový einstündig, e-e Stunde dauernd; -vá mzda Stundenlohn m; -vá rychlost Stundengeschwindigkeit f; ~ přístroj Uhrwerk n; ~ in Zssgn -stündig.

hodiny f/pl. (1) Uhr f; nástěnné, přesýpací, stojací, věžní ~ Wand-, Sand-, Stand-, Turmuhr; ptát se na ~ nach der (genauen) Zeit fragen; kolik je hodin? wie spät ist es?, wieviel Uhr ist es?; v kolik (hodin) um wieviel Uhr ist es?; do kolika hodin bis um wieviel Uhr; ve dvě (tři, čtyři) ~ um zwei (drei, vier) Uhr; v pět hodin um fünf Uhr; vgl. hodina.

hodit[1] pf., do-, na-, v- (-zen) (čím, co) werfen, P schmeißen; ~ co po kom j-m et. nachwerfen; ~ kamením Steine (od. mit Steinen) werfen; ~ čím kolem sebe mit et. um sich werfen; ~ kotvu Anker werfen, vor Anker gehen; ~ hlavou den Kopf herumwerfen; ~ oprátkou na krk j-m die Schlinge um den Hals legen; F ~ očkem po kom auf j-n ein Auge werfen, j-m schöne Augen machen; ~ sebou na zem sich zu Boden werfen; hoď sebou! beeil dich!, mach schnell!

hodit[2] ⟨na-, při-⟩: ~ se passen (k sobě zueinander); sich zu et. eignen; zu et. taugen; sich treffen, sich schicken, P hinhauen; to se mi -dí das paßt mir, das ist mir recht, das kommt mir gelegen; to se sem nehodí das gehört nicht hierher; to se k ničemu nehodí das taugt zu nichts, das ist zu nichts zu gebrauchen; -dí se ke všemu er ist zu allem zu gebrauchen; to se -dí jako dárek das ist als Geschenk geeignet; nehodí se za mistra er ist als Meister ungeeignet; to se na dívku nehodí das schickt sich nicht für ein Mädchen; to se -dí na rozličné účely das dient verschiedenen Zwecken; jak se to -dí wie es (eben) manchmal zugeht; wie es der Zufall will; -dil jsem se právě k tomu, když ...; ich kam gerade dazu, als ...; F ~ se do parády sich in Schale (od. Gala) werfen; ~si očko, mariáž usw. Kartenspielen, ein Spielchen machen (od. wagen).

hodlat ⟨od- se⟩ (co) beabsichtigen, gedenken, gewillt sein et. zu tun, et. vorhaben, im Begriff sein et. zu tun; nehodlal to déle trpět er hatte nicht die Absicht, es länger zu ertragen; -ám odjet ich habe die Absicht (od. bin im Begriff) abzureisen.

hodně Adv. mit G. viel; sehr; recht, F tüchtig; ~ peněz viel Geld; o ~ lepší um vieles besser; ~ mnoho sehr viel, sehr viel; ~ brzo recht bald; ~ nevkusně iron. reichlich geschmacklos; ~ přes 10 metrů weit über 10 Meter. [schätzung f.]

hodnocení n (3) Bewertung f, Ein-⌋
hodnost f (4) Würde f, Rang m; Mil. a. Dienstgrad m; akademická ~ akademischer Grad; důstojnická ~ Offiziersrang m; podle své ~i rangmäßig, podle ~i nejstarší důstojník der rangälteste Offizier; pořadí podle ~i Rangordnung f; **~ář** m (3) Würdenträger m; **~ní** Rang-.

hodnot|a f (1) Wert m; Hdl. Gegenwert m; Agr. Güte f; jmenovitá ~ Nennwert; místní ~ Math. Stellenwert; úhrnná ~ Gesamtwert; **~it** ⟨z-⟩ (-cen) (be)werten, einschätzen; würdigen; **~nost** f (4) Hochwertigkeit f (e-s Produktes); **~ný** Produkt: hochwertig, wertvoll; Ware: preiswert.

hodnověrnost

hodnověr|nost f (4) Glaubwürdigkeit f; **~ný** glaubwürdig; glaubhaft.
hodný brav, ordentlich, anständig; F nett, freundlich; fig. schön; (č-o e-r Sache) würdig; *-né dítě* braves Kind; **~** *člověk* guter Mensch; *to jsi ~!* das ist nett von dir!; *buďte tak ~!* seien Sie so nett (gut, freundlich)!; *~ kus cesty* ein schönes Stück Wegs; *za -nou chvíli* nach e-r längeren Weile, nach einiger Zeit; **~** *mráz* strenger Frost; **~** *zmínky* erwähnenswert; **~** *pozornosti* bemerkenswert; *vgl.* hoden.
hodo|kvas † m (2; 6. *-u/-e*) Festgelage n, Gastmahl n; **~vat** ⟨*do-, na- se, po-, pro-*⟩ (*-duji*) schmausen, tafeln; **~vna** † f (1; *-ven*) Bankettsaal m; **~vní** Gast-, Speise-; **~vník** m (1a) Zecher m, Gast m.
hody m/pl. (2) Festmahl n, Schmaus m; † a. Kirchweih f.
hoch m (1a) Junge m, † Knabe m, *dial.* Bub m; *fig.* Bursche m, Geselle m; Freund m; **~** *k posílkám* Laufbursche; *čiperný ~* flinker Bursche, fixer Bengel; *už chodí s ~em* sie hat schon e-n Freund.
hojení n (3) Heilung f.
hojí|cí *Med.* Heil-; **~t** ⟨*vy-, z-, za-*⟩ heilen (*se v/i*); F **~** *se na kom* sich an j-m schadlos halten; **~vost** f (4) Heilkraft f, Heilwirkung f; **~vý** Heil-, heilkräftig; **~** *prostředek* Heilmittel n.
hojn|ě *Adv.* häufig (vorkommend); zahlreich; (č-o) reichlich, sehr viel, F *e-e* (große) Menge; *je ~ ovoce* es gibt reichlich Obst; **~ost** f (4) Fülle f, Menge f, Überfluß m, Übermaß n; **~** *jídla* reichlich zu essen; *všeho ~* alles in Hülle und Fülle; **~** *myšlenek* Gedankenreichtum m; *roh ~i Myth.* Füllhorn n; **~ý** reichlich; häufig; *fig.* reich; *Diskussion:* rege; *Nachfrage:* lebhaft; **~** *počet* große Zahl (Menge); **~ná** *úroda* reiche Ernte.
hokej m (4) *Sp.* Hockey(spiel) n; **~ista** m (5a) Hockeyspieler m; **~ka** f (1c; *-jek*) Hockeyschläger m; **~ový** Hockey-; **~** *puk od. touš* Hockeyscheibe f, Puck m.
hokynář † m (3), **~ka** † f (1c; *-řek*) Höker(in f) m, *öst.* Greißler(in f) m; **~ský** : **~** *krám* *iron.* Kramladen m.
hol- s. hůl.
hola! *Int.* holla!, heda!
Holanďan m (1; *-é*), **~ka** f (1c; *-nek*) Holländer(in f) m; *Bludný ~ der Fliegende Holländer.*
holandr m s. *holendr.*
Holand|sko n (1b) Holland n, Niederlande *pl.*; **~ský** (*Adv. -y*) holländisch; **~ština** f (1) Holländisch(e) n, Niederländisch(e) n.
holátko n (1b; *-tek*) Nestling m; F Vögelchen n, Piepmatz m.
holba † f (1; *-l[e]b*) Halbe(r) m (= 0,7 l).
holči|ce F f (2a), **~čka** f (1c; *-ček*) Mädchen n; **~čkář** m (3) *s.* holkář.
hold m (2a) Huldigung f; **~ovací** Huldigungs-, **~ovat** ⟨*-duji*⟩ j-m huldigen; **~** *pití* sich dem Trunk ergeben; **~** *vášním* den Leidenschaften frönen.
holeček m (1a; *-čk-*; *-čkové*) (*Anrede*) Liebling m, Herzchen n, Herzenskind n; Bruder m, Freund m.
holedb|at: **~** *se* sich brüsten, prahlen (*nad čím* mit D), F viel Aufhebens machen (*um A od.* von D); **~avý** prahlerisch.
holeň f (3) *Anat.* Schienbein n; Stiefelschaft m.
holendr m (2a) *Tech.* Holländer m; *pije jako ~* er trinkt (V säuft) wie ein Bürstenbinder. [*holeček.*]
holenek m (1a; *-nk-*; *-nkové*) *s.*)
holenice f (2a) Stiefelschaft m.
holenní Schienbein-.
holicí Rasier-; **~** *přístroj* Rasierapparat m.
holič m (3) Friseur m, † Barbier m; **~ka** f (1c; *-ček*) Friseuse f; **~ky** f/pl. (1; *-ček*): *být na -kách* am Ende sein, in der Patsche sitzen; *nechat na -kách* im Stich lassen; **~ský** Friseur-, Rasier-; **~ství** n (3) Friseurgewerbe n; Friseurgeschäft n.
holina f (1) *Forst.* Kahlschlag m; kahle Stelle f.
holínka f (1c; *-nek*) Schaftstiefel m, Reitstiefel m.
holírna f (1; *-ren*) Friseurstube f, † Barbierstube f.
holit ⟨*o-*⟩ rasieren.
holk|a F f (1c; *-lek*) Mädchen n, Mädel n; *verá.* Dirne f; *čertova ~ scherz.* Teufelsmädel n; **~ář** m (3) Schürzenjäger m.
holo|brádek F m (1a; *-dk-*; *-dkové*) Grünschnabel m, Milchbart m, Milchgesicht n; **~brádý** bartlos; **~hlavec** F m (3; *-vc-*) Kahlkopf m; **~hlavý** kahl(köpfig).

holomek *m* (*1a*; *-mk-*) Halunke *m*; *hist.* Scherge *m*; *katův ~* Henkersknecht *m*.

holo|mráz *m* (*2a*; *-mraz-*) Frost *m* ohne Schnee; **~seč** *f* (*3*) *Forst.* Kahlschlag *m*; **~st** *f* (*4*) Kahlheit *f*; **~ta** *f* (*1*) *verä.* Gesindel *n*, Pack *n*, Bande *f*.

holoub|átko *n* (*1b*; *-tek*; *6 Pl. -tkách*) Täubchen *n*; **~ě** *n* (*4a*) junge Taube *f*.

holub *m* (*1*) Taube *f*; Täuberich *m*; *divoký, poštovní, hliněný ~* Wild-, Brief-, Tontaube; *chov ~ů* Taubenzucht *f*; *s. a. hliněný;* **~ář** *m* (*3*) Taubenzüchter *m*; *(sich)* **~ařit** Tauben züchten, (sich) Tauben halten; **~ářství** *n* (*3*) Taubenzucht *f*; **~í** Taubenice *f* (*3*) Taube *f*; *mírová ~* Friedenstaube; **~ičí** taubenartig; **~ičí povaha** sanftes Gemüt; **~ička** *f* (*1c*; *-ček*) Täubchen *n*; **~inka** *f* (*1c*; *-nek*) *Bot.* Täubling *m*; **~ník** *m* (*2b*) Taubenschlag *m*.

holý *adj.* kahl; bloß, nackt; entblößt; *fig.* rein, absolut; *-lá brada* bartloses Kinn; F *~ jako koleno* ratzekahl; *s -lýma rukama* mit leeren Händen (*kommen*); mit bloßen Händen (*anfassen*); *s -lou hlavou* ohne Kopfbedeckung, mit bloßem Kopf; *-lá nemožnost* absolute Unmöglichkeit; *-lá bída* nacktes Elend; *-lá zbraň* blanke Waffe; *-lá věta Gr.* einfacher Satz; *do -la kahl* (*scheren, fressen*).

homeopatický [-ti-] *Med.* homöopathisch.

homol|e *f* (*2*) Kegel *m*; *~ cukru* Zuckerhut *m*; **~ka** *f* (*1c*; *-lek*) Quarkkäse *m*, *öst.* Quargel *m*; **~ovitý** kegelförmig; *~ cukr* Hutzucker *m*.

hon *m* (*2*; *6. -ě/-u*) Jagd *f* (*a. fig.*, *za čím nach D*); Rummel *m*, Rennen *n*; Strecke *f*; *kruhový ~* Kesseltreiben *n*; *~ na zajíce* Hasenjagd; *na ~y daleko fig.* meilenweit; F *vyhnout se k-u na sto ~ů* e-n großen Bogen machen um j-n; **~ák** *m* (*1a*) Viehtreiber *m*; **~ba** *f* (*1*; *-neb*) *s.* hon; *~ na vysokou zvěř* Hochwildjagd *f*.

honeb|né *n* (*Adj. 3*) Jagdgebühr *f*; **~ní** Jagd-; *~ lístek* Jagdschein *m*; *~ pych* Jagdfrevel *m*.

honec *m* (*3*; *-nc-*) *Jagdw.* Treiber *m*.

honem F *Adv.* schnell, geschwind.

honěn|á *f* (*Adj. 2*) Haschen(spiel) *n*; *hrát si na -nou* Haschen spielen; **~ice** F *f* (*2a*) Lauferei *f*, Hetzerei *f*; **~ý** *in e-r Sache* bewandert, F beschlagen; gewiegt, durchtrieben, gerissen, mit allen Wassern gewaschen.

honi|cí: *~ pes* Jagdhund *m*; **~čka** *f* (*1c*; *-ček*) Haschen *n*; *Sp.* Fangspiel *n*; (*Polizei-*)Razzia *f*; P Lauferei *f*, Hetzerei *f*; *~ za liškou* Fuchsjagd *f*; **~mír** F *m* (*1*; *-ři*) *dial.* Prahlhans *m*, Flunkerer *m*.

honit ⟨*do-, po-, u-*⟩ *Wild* jagen, hetzen; *Vieh* treiben; *Menschen* antreiben; *Räuber* verfolgen; *~ dva zajíce najednou* zwei Fliegen mit e-r Klappe schlagen; P *~ davida* sich übergeben, erbrechen; P *~ kotzen*; *~ parádu* sich in Schale werfen, sich herausputzen; *~ vodu* großtun, sich aufspielen; *~ se* ⟨*na-, po-, u-*⟩ *Kinder:* herumtollen, F toben; Haschen spielen; *Wolken:* dahinjagen; sich abhetzen; F flunkern, Flausen machen; *Zo.* läufig (*od.* heiß) sein; *~ se za čím* nachjagen (*D*); **~ba** *f* (*1*; *-teb*) Jagen *n*; Jagdrecht *n*; Jagdrevier *n*; *nájemce -by* Jagdpächter *m*.

honor|ace *f* (*2*) Honorationen *m/pl.*; **~ární** Honorar-; **~ář** *m* (*3*) Honorar *n*; *řádkový ~* Zeilenhonorar; **~ovat** (*im*)*pf.* (*-ruji*) honorieren.

honos|it: *~ se čím* sich e-r Sache rühmen, mit *et.* prahlen, sich brüsten; **~ivost** *f* (*4*) Prahlsucht *f*; **~ivý** prahlerisch; **~ný** prunkvoll; *Phrasen, Titel:* hochtrabend.

honza *m* (*5*) Trottel *m*.

hop! *Int.* hopp!; *neříkej ~, dokud jsi nepřeskočil* man soll den Tag nicht vor dem Abend loben; **~em** P schnell; *brát k-o ~* j-n prellen; *vzal to ~* er hat die Sache energisch angepackt; *er machte Schluß damit*.

hop|kat, ~sat, ~sovat ⟨*do-, zasi*⟩ (*-suji*) hüpfen, P hopsen, *Hase:* hoppeln.

hor|a *f* (*1d*) Berg *m*; *chlap jako ~* baumlanger Kerl; *úbočí -ry* Berghang *m*; *s. a. důl*; *Černá ♀ Geogr.* Montenegro *n*; *-ry pl. a.* Gebirge *n*; *vysoké ~* Hochgebirge; *jet do hor* ins Gebirge fahren; *v -rách* im Gebirge; F *je už za -rami* er ist schon über alle Berge; **~ácký**: *~ kroj* Gebirgstracht *f*; **~ák** *m* (*1a*), **~ačka** *f* (*1c*; *-ček*) Bergbewohner(in *f*) *m*;

horal

~al m ⟨1; -é⟩ s. horák; Tatrabewohner m, Gorale m.

horčej|í, ~ší s. horký.

horda f ⟨1⟩ Horde f.

horeč|ka f ⟨1c; -ček⟩ Fieber n; cestovní ~ Reisefieber; nemocný -kou fieberkrank; bez -ky fieberfrei; ~natý fieberhaft; ~ný Med. fiebrig; fig. fieberhaft.

horem Adv. von oben; oben herum; pojď ~ geh oben herum, nimm den oberen Weg; ~pádem Hals über Kopf, P holterdiepolter.

horentní horrend.

horizont m ⟨2a⟩ Horizont m; ~ála f ⟨1a⟩ Horizontale f; ~ální horizontal.

horko 1. n ⟨1b⟩ Hitze f; 2. Adv. (Komp. horčeji) heiß; ~ k zalknutí e-e Hitze zum Ersticken, drückende Hitze; bylo mi ~ a zima es lief mir heiß und kalt über den Rücken; citlivý na ~ hitzeempfindlich; mně je ~ mir ist heiß; kuj železo za -ka schmiede das Eisen, solange es heiß ist; s. horký.

horkokrev|ný f ⟨4⟩ Heißblütigkeit f; ~ný heißblütig.

hork|ost f ⟨4⟩ dial. Fieber n, Hitze f; ~ý (Komp. -čejší; Adv. -ko, Komp. -čeji) heiß; -ké víno Glühwein m; -ká hlava F Hitzkopf m; vzduch Tech. Heißluft f; zásobník -ké vody Warmwasserspeicher m; vytápění -kou vodou Warmwasserheizung f; cítil -kou půdu pod nohama fig. der Boden wurde ihm (unter den Füßen) zu heiß.

horl|it ⟨roz- (se)⟩ (sich er)eifern (proti č-u gegen A); sich erwärmen, begeistern (pro co für A); ~itel m ⟨3; -é⟩ Eiferer m; ~ivec m ⟨3; -vc-⟩ eifriger Mensch m; ~ivost f ⟨4⟩ Eifer m; ~ivý eifrig; ~ vlastenec glühender Patriot m; ~ ve službě diensteifrig, dienstbeflissen.

hornat|ina f ⟨1⟩ Bergland n, Hochland n; ~ost f ⟨4⟩ gebirgiger Charakter m.

horní obere, Ober-; ~ část těla Oberkörper m; ~ ret Oberlippe f; ~ tok Oberlauf m (e-s Flusses); ~ sněmovna Parl. Oberhaus n; ♀ Lužice Geogr. Oberlausitz f.

hornic|ký Bergmanns-; Berg-; ~ kahanec Bgb. Grubenlampe f; po -ku nach Bergmannsart; ~tví n ⟨3⟩ Bergbau m; Bergmannsarbeit f;

~tvo n ⟨1⟩ Bergarbeiter(schaft f) m/pl.

hor|ník m ⟨1a⟩ Bergmann m, Bergarbeiter m, F Kumpel m; ~nina f ⟨1⟩ Gestein n; Min. Gebirgsformation f; vyvřelá ~ Eruptivgestein.

hornista [-nɪ-] m ⟨5a⟩ Hornist m.

horno|lužický Oberlausitzer; ~německý oberdeutsch; ~slezský oberschlesisch.

horolez|ec m ⟨3; -zc-⟩, ~kyně f ⟨2b⟩ Bergsteiger(in f) m; ~ecký ~ sport Bergsport m; -ké lano Kletterseil n; ~ špičák Eispickel m; ~ectví n ⟨3⟩ Bergsport m, Bergsteigen n, Alpinistik f.

horouc|í (Komp. -nější; Adv. -ně, Komp. -něji) brennend, glühend (a. fig.); feurig, inbrünstig; ~ peklo Höllenglut f; posílat k-o do ~ch pekel (od. do ~ho pekla, na ~ skálu) j-n zum Teufel wünschen; líčat o ~ch peklech F sich weiß Gott wo herumtreiben; ~ ctitel glühender Verehrer; ~ modlitba inniges (od. inbrünstiges) Gebet; ~nost f ⟨4⟩ Inbrunst f, Glut f.

horov|ání n ⟨3⟩ Schwärmerei f, Begeisterung f; ~at ⟨na- se⟩ ⟨-ruji⟩ schwärmen, sich begeistern (pro co für A); schwärmen (o čem von D); ~atel m ⟨3; -é⟩, ~atelka f ⟨1c; -lek⟩ Schwärmer m, Enthusiast(in f) m.

horsk|ý Berg-, Gebirgs-; ~ hřbet Bergrücken m; -ké pásmo Berg-, Gebirgskette f; -ká záchranná služba Bergrettungsdienst m, Bergwacht f; -ké slunce Med. Höhensonne f.

horstvo n ⟨1; -stev⟩ Gebirge n.

horš|í Komp. schlimmer, schlechter; böser; Ware: minderwertig; čím dál, tím ~ es wird immer schlimmer; sebe ~ noch so schlecht; ~it ⟨po-, při-, roz-, z-⟩: ~ se sich verschlechtern, schlechter (od. schlimmer) werden; ~ se na k-o j-m zürnen, grollen; j-m et. übelnehmen.

hortenzie f ⟨2⟩ Hortensie f.

hory s. hora.

hořák m ⟨2b⟩ Tech. Brenner m.

hořavka f ⟨1c; -vek⟩ Zo. Bitterling m.

hořce (Adv. zu hořký) bitter(lich).

hořči|ce f ⟨2a⟩ Senf m, Mostrich m; Bot. Ackersenf; stolní ~ Tafelsenf; ~čný Senf-.

hořčík m ⟨2b⟩ Chem. Magnesium n.

hoře n (2) Leid n, Kummer m, Gram m, Jammer m; život plný ~ ein jammervolles Leben; *mít* ~, *trápit se* ~*m* sich grämen; *zemřel* ~*m (nad čím)* er starb aus Gram (über A).

hořec m (4; -řc-) Bot. Enzian m.

hořej|šek m (2b; -šk-; 2. a. -ška) Oberteil n, oberer Teil m; ~**ší** obere(r), Ober-; ~ *část těla* Oberkörper m; ~ *čelist* Anat. Oberkiefer m; ~ *poschodí* Obergeschoß n; ~ *zmínka* obige Erwähnung.

hořek|ování n (3) (Weh-)Klagen n, F Jammern n; ~**ovat** 〈*na- se, za-*〉 (-*kuji*) jammern, wehklagen, P lamentieren (*nad čím* über A).

hoře|ní n (3) Brennen n; Adj. s. *hořejší*; ~**t** 〈*za-*〉 brennen; *fig.* glühen; *in Liebe* entbrennen; *hoří!* Feuer!; F *vždyť nehoří!* es brennt doch nicht!, nur keine Eile!; ~ *zvědavostí* vor Neugierde brennen; F *všecko na klukovi jen hoří* der Junge zerreißt alles.

hořk|á f (Adj. 2) Magenbitter m, F Bittere(r) m; ~**nout** 〈*na-, při-, z-, za-*〉 (-*kl*) bitter werden; ~**ost** f (4) Bitterkeit f; Unwille m, Erbitterung f; ~**ý** (Komp. -čejší; Adv. -ce/-ko, Komp. -čeji) bitter; bitterlich; ~ *jako pelyněk (od. žluč)* gallebitter; ~**ká sůl** Med. Bittersalz n; *mít* ~*ko v ústech* e-n bitteren Geschmack im Mund haben; *bylo mu* ~*ko* ein Gefühl der Bitterkeit kam in ihm auf.

hořla|vina f (1) Brennstoff m; Tech. leicht brennbarer (od. feuergefährlicher) Stoff m; ~**vost** f (4) Brennbarkeit f; ~**vý** brennbar, feuergefährlich.

hospit|ace f (2) Hospitation f; ~**alizovat** (-*zuji*) im Krankenhaus unterbringen; ~**ovat** (-*tuji*) hospitieren.

hospoda f (1) Wirtshaus n, Gastwirtschaft f; *vesnická* ~ Dorfschenke f.

hospodář|nost f (4) Sparsamkeit f, Wirtschaftlichkeit f; ~**ný** sparsam; *Betriebsführung:* wirtschaftlich; *Arbeitsweise:* rationell.

hospodář m (3) (Haus-)Wirt m; Familienvater m; Landwirt m; Wirtschaftsreferent m; *spolkový* ~ Vereins(vermögens)verwalter m; *národní* ~ Volkswirtschaftler m.

hospodař|ení n (3) Wirtschaften n, Wirtschaftsführung f; Bewirtschaftung f; *lesní* ~ Forstwirtschaft f; ~ *devizami* Devisenbewirtschaftung f; ~**íček** P m (1a; -čk-) Hausgeist m; ~**it** 〈*za-*〉 wirtschaften; Gut bewirtschaften; die Wirtschaft führen; haushalten, sparen (*s čím* D); F ~*ří od deseti k pěti* es geht mit ihm bergab; ~ *s vodou* mit dem Wasser sparsam umgehen; *zle* ~ hausen, sein Unwesen treiben.

hospodář|ský wirtschaftlich; Wirtschafts-; landwirtschaftlich; -**ké** *zájmy* wirtschaftliche Interessen; ~ *řád* Pol. ökonomische Struktur f; ~**ství** n (3) (Bauern-)Hof m, Gut n; Wirtschaft f; *domácí, lesní, plánované, polní, špatné* ~ Haus-, Forst-, Plan-, Feld-, Mißwirtschaft f; *zemědělské* ~ Agrikultur f; *iron.* čisté (*od. pěkné*) ~! e-e feine Wirtschaft!; *národní* ~ Volkswirtschaftslehre f.

Hospodin m (1) Gott der Herr.

hospod|ská f (Adj. 2) (Gast-)Wirtin f; ~**ský** m (Adj. 1) (Gast-)Wirt m; Adj. Wirtshaus-; ~**yně** f (2b) Hausfrau f, F Hausmutter f; Wirtschafterin f, Haushälterin f; ~**yňka** F f (1c; -něk) Hausmütterchen n; ~**yňský** Haushaltungs-.

hospůdka F f (1c; -dek) kleine Schenke f od. Kneipe f.

host m (1; -é; 2, 4, 7 Pl. *wie* f [4], 3 Pl. -*ům*/-*im*) Gast m; *letní* ~ Ferien-, Sommergast, Sommerfrischler m; *lázeňský* ~ Kurgast; *vítaný* ~ gern gesehener Gast; *nevítaný* ~ ungebetener Gast; *být* ~*em* zu Gast sein, als Gast (*wo*) sein; *to jsou k nám* ~*é!* wie schön, daß Sie gekommen sind!, das sind aber liebe Gäste!; *denní* (*od. stálý*) ~ Stammgast.

hostec m (4; -tc-) Med. Rheuma(tismus m) n.

hostin|a f (1) Festessen n, Gastmahl n; *svatební* ~ Hochzeitsmahl; *(vy)strojit* ~*nu* ein Festessen geben; ~**ec** m (4; -nc-) Gasthaus n, Wirtshaus n; *zájezdní* ~ Einkehrhaus n, Rasthaus n; ~**nost** f (4) Gastfreundschaft f; ~**ný** gastfreundlich; *Haus:* gastlich; ~**ská** f (Adj. 2) Gastwirtin f; ~**ský** m (Adj. 1) (Gast-)Wirt m; Adj. ~ *pokoj* Fremden-, Gästezimmer n; ~**ství** n (3) Gaststättengewerbe n.

hostit ⟨po-, u-⟩ (-štěn) bewirten; freihalten; *Gast* beherbergen.

hostitel *m* (3; -é), **~ka** *f* (1c; -lek) Gastgeber(in *f*) *m*; **~ský** *Biol.* Wirts-.

hostovat (-*tuji*) gastieren.

hoší|ček *m* (1a; -čk-), **~k** *m* (1a) kleiner Junge, Bübchen *n*, *a. iron.* Bursche *m*, Knabe *m*; *mein* Lieber *m*; *P* ty jsi mi **~**! du bist mir ein schöner Bursche! [*a. iron.*] hoch.

hotel *m* (2a; 6 Pl. -ich/-ech) Hotel *n*; *lázeňský* ~ Kurhotel; *hodinový* ~ Absteigequartier *n*; **~ový** Hotel-.

hotov ⟨**~a** *f*, **~o** *n* präd. zu hotový⟩ jsem s ním ~ ich will mit ihm nichts mehr zu tun haben; ~ *k pochodu* (ab)marschbereit; ~ *k odjezdu* reisefertig; ~ *k boji* kampfbereit; ~ *mu pomoci* bereit, ihm zu helfen; *úplně* ~ *fig.* fix und fertig; -vo! fertig!, los!; *s chutí do toho půl je* -vo frisch gewagt ist halb gewonnen; **~it** ⟨vy-, z-⟩ anfertigen, herstellen; ~ se *k č-u* sich zu et. anschicken; **~ka** *P f* (1c; -vek) abgemachte Sache *f*; ~! das ist klar!, abgemacht!; **~ost** *f* (4) Vollendung *f*; Bereitwilligkeit *f*; *Mil.* Bereitschaft *f*; Bargeld *n*, Barschaft *f*; *pokladní* ~ Kassenbestand *m*; *placení v* ~ Barzahlung *f*; *v* ~*i* bar, in bar; **~ý** fertig; bereit; bereitwillig, geneigt, entschlossen; ausgemacht; *Hdl.* bar; *-vé zboží* Fertigware *f*; -vá *věc* vollendete Tatsache *f*; *F* abgemachte Sache; *postavit před* -vou *věc j-n* vor vollendete Tatsachen stellen; *přišel k* -vému *er kam gerade recht* (*zum gedeckten Tisch*); *Typ.* ~ *k tisku* druckreif, druckfertig; ~ *k použití* gebrauchsfertig; ~ *k boji* kampfbereit; *Mil.* gefechtsklar; ~ *k střelbě* schußbereit; ~ *umělec* ein wahrer Künstler; ~ *blázen* ein vollkommener Narr; ~ *nesmysl* reiner Unsinn; ~ *podvod* vollendeter Betrug, F ausgesprochener Schwindel; *platit* ~*mi* bar zahlen; *cena za* -vé Kassenpreis *m*; *vyplácet k-o* ~*m j-m* Schläge geben; *brát z* -vého vom Kapital nehmen.

hotýlek *m* (2b; -lk-) kleines Hotel *n*.

houba *f* (1; *hub*) Schwamm *m*; Pilz *m*; Schimmelpilz; *látací* ~ Stopfpilz; *jít na* -by Pilze suchen gehen; *domy rostou jako* ~ by die Häuser schießen wie Pilze aus dem Boden; P -by *pl. fig.* Quark *m*, öst. Schmarren *m*, V Dreck *m*; -by *ti do toho* das geht dich einen alten Hut (V e-n Dreck) an; -by *víš*! du weißt davon überhaupt nichts!; -by *dostaneš*! nichts bekommst du!, *man* wird dir et. husten!

houbař *m* (3), **~ka** *f* (1c; -řek) Pilzsammler(in *f*) *m*, öst. Schwämmesucher(in *f*) *m*.

houbec: *z toho si* ~ *dělám*! da schere ich mich nicht im geringsten darum!, P das ist mir wurscht!

houbo|vitý pilzartig; **~vý** Pilz-; *-vá polévka* Pilzsuppe *f*; öst. Schwammerlsuppe *f*; *-vá P f* (*Adj.* 2) *iron.* Gardinenpredigt *f*.

houf *m* (2a) Haufen *m*, Schar *f*, Trupp *m*; *v* ~*ech* scharenweise, **~nice** *f* (2a) *hist.* Haubitze *f*; **~ný** massenhaft; **~ovat** ⟨s-⟩ (-*fuji*): ~ *se* sich sammeln, sich scharen (*um j-n*).

houk|ačka *f* (1c; -ček) (*Auto-*)Hupe *f*; Sirene *f*; *tlačítko* -ky Kfz. Hupenknopf *m*; **~at** ⟨roz-, za-⟩, **~nout** *pf.*, za- (si) (-*kl*) Sirene: heulen; *Auto:* hupen; *Kanone:* donnern, dröhnen; ~ *na k-o j-n* anschreien, anfahren.

houně *f* (2b; -í) Pferdedecke *f*, † Kotze *f*.

houpací Schaukel-.

houpačka *f* (1c; -ček) Schaukel *f*, Wippe *f*; *veřa.* Schaukelei *f*; P Schwindel *m*; -ky *pl. a.* Luftschaukel *f*, Schifferschaukel *f*.

houpa|t ⟨po-, roz-, za-⟩ (-*u/-ám*) schaukeln; *Kind* wiegen; *Tech.* kippen; *Turn.* schwenken; (*k-o jím*) foppen; F *j-m* et. vormachen; ~ *nohama* mit den Beinen baumeln *od.* schlenkern; ~ *se* schaukeln, (sich) wiegen; (hin und her) wippen; *Boden:* wanken; P *am Galgen* baumeln; F *obchod se* -*pá* das Geschäft geht nicht mehr recht; **~vý** schaukelnd; *Gang, Schritt:* wiegend.

hous|átko *n* (1b; -tek; 6 Pl. -tkách), **~e** *n* (4) junge Gans *f*, (*a. fig.*) Gänschen *n*.

housen|čí Raupen-; **~ík** *m* (2b) *Tech.* Raupeneisen *n*; (*Gärtnerei*) Raupenschere *f*; **~ka** *f* (1c; -nek) Raupe *f*; **~kový** *Tech.* Raupen-; ~ *traktor* Raupenschlepper *m*.

hous|er *m* 1; -ři) Gänserich *m*; P *Med.* Hexenschuß *m*; **~ka** *f* (1c; -sek) Semmel *f*, Brötchen *n*, öst. *a.* Wecken *m*; *Tech.* Massel *f*; *strouhaná* ~ Semmelbrösel *pl.*; F *to je* jako ~ na krámě das liegt auf der Hand.

housl|ař m (3) Geigenbauer m; **~le** f/pl. (2) Geige f, Violine f; hrát na ~ Geige spielen; pouzdro na ~ Geigenkasten m; přišel k tomu jako slepý k -lím e-e blinde Henne findet auch ein Korn; **~ista** m (5a) Geiger m; **~ový** Violin-, Geigen-; ~ klíč Mus. Violinschlüssel m; ~ koncert Violinkonzert n.

houst † (hudu, -dl, -den) geigen, F fiedeln; P hude stále jednu (od. stejnou) er leiert immer dasselbe herunter.

houstička f (1c; -ček) s. houska.

houstnout ⟨z-, za-⟩ (-tl) dicht(er) werden; Soße: dicker werden; mraky -nou die Wolken ballen sich zusammen; tma -ne die Finsternis nimmt zu.

houšť[1] f (4c; -tě), **houští** n (3), **houština** f (1) Dickicht n, Gebüsch n. [zu!; s. a. hustý.]

houšť[2]: jen ~! nur so weiter!, nur]

houšťka f (1c; -štěk) Dichte f.

houžev f (3; -žev-) Wiede f; Hanfseil n; tuhý jako ~ Fleisch: zäh wie Leder.

houževnat|ost f (4) Zähigkeit f; **~ý** zäh; fig. a. standhaft; beharrlich; Kampf: erbittert; -tě lpět od. trvat zäh festhalten (an D); -tě zapírat hartnäckig leugnen.

houžvička 1. m (5) iron. Geizhals m; 2. f (1c; -ček) Tech. kleine Winde f.

hovadina P f (1) Blödsinn m.

hovádko n (1b; -dek) s. hovado; fig. P boží ~ Hornvieh n; jako boží ~ wie das liebe Vieh.

hovad|o n (1) Vieh n; fig. veä. Stück Vieh, Rindvieh n; **~ský** viehisch; **-ká** práce verdammt schwere Arbeit; **-ství** n (3) Bestialität f; Blödsinn m.

hovění n (3) Begünstigung f; Nachsicht f; (si) Behaglichkeit f.

hovět ⟨po- si, vy-⟩ (3 Pl. -ějí) nachgeben; Leidenschaften frönen; e-r Bitte, e-m Wunsch nachkommen, entsprechen; e-m Gesuch, Antrag stattgeben; dem Wunsch Rechnung tragen; P verstehen, einleuchten; ~ si gütlich tun (an D), es sich bequem machen, sich behaglich ausruhen; F ~ si práci es sich bei der Arbeit nicht zerreißen, P sich keinen wegbrechen.

hověz|í Rind(s)-, Rinder-; ~ dobytek Agr. Vieh n; ~ guláš Rindsgulasch n; ~ jazyk Kochk. Rinderzunge f; ~ maso Rindfleisch n; ~ pečeně Rinderbraten m; ~ polévka Fleischbrühe f; **~ina** f (1) Rindfleisch n; Rindsleder n.

hovnivál P m (1) Zo. Mistkäfer m.

hovno V n (1) Scheiße f, Dreck m.

hovor m (2a) Gespräch n; Aussprache f; Reden n; místní ~ Ortsgespräch; mezíměstký ~ Ferngespräch; pilný ~ dringendes Gespräch; není mu dnes do ~u er ist heute wenig gesprächig; ~ ne a ne se rozproudit das Gespräch wollte nicht in Gang kommen; **~na** f (1; -ren) Sprechzimmer n; (Telefon-)Sprechstelle f; fig. Tribüne f; **~né** n (Adj. 3) Sprechgebühr f; **~nost** f (4) Gesprächigkeit f; **~ný** gesprächig, redselig; **~ový** Gesprächs-, -vá řeč Umgangssprache f; -vý výraz Ausdruck m aus der Umgangssprache, umgangssprachlicher Ausdruck.

hovořit ⟨po- si, roz- (se), za-⟩ sprechen, reden (o čem von D); besprechen (A); ein Gespräch führen.

hr! Int. (ritsch!) ratsch!; P ~ na ně! nichts wie ran!; jen ne tak ~! nicht so schnell!

hra f (1d; her) Spiel n; Thea. Stück n; ~ na housle, na slepou bábu, v karty, v šachy Geigen-, Blindekuh-, Karten-, Schachspiel; míčová ~ Ballspiel; pohostinská ~ Gastspiel; Sp. Freundschaftsspiel; nastrojená ~ abgekartetes Spiel; divadelní ~ Theaterstück; loutková, rozhlasová ~ Puppen-, Hörspiel; ~ na schovávanou se zpěvy Versteck-, Singspiel; vgl. a. hrát (si); teorie her Math. Spieltheorie f.

hraba|l F m (1; -ové) raffgieriger Mensch m, P Raffke m; **~nka** f (1c; -nek) Agr. Streu f; **~t** ⟨po-, za-⟩ (-u/-ám) scharren, graben; rechen, harken; F Geld scheffeln; ~ pro sebe an sich raffen, F zusammenscharren; ~ se v čem in et. herumwühlen; (neugierig) herumstöbern; F v knihách schmökern; sotva se -be er kann kaum kriechen; kam se na něj -beš? wo willst du hin? kam se na něj -beš gegen den kommst du nicht auf, mit dem kannst du es nicht aufnehmen.

hrab|átko n (1b; -tek) (Kinder-)

hrabavý

Rechen *m*; *s.* hrábě; ~avý: ~ pták *Zo.* Scharrvogel *m*.

hrab|ě *m* (wie n 4a; 4 Sg. -ěte, -ě!) Graf *m*; ~ěcí gräflich; ~ěnka *f* (1c; -nek) Gräfin *f*.

hrábě *f/pl.* (2b; 2 Pl. hrabí) Rechen *m*, Harke *f*.

hrabi|ce *f* (2a) Sensenkorb *m*, Reff *n*; kosa s -cí Reffsense *f*; ~ště *n* (2a) Rechenstiel *m*; ~vec *m* (3; -vc-) habgieriger Mensch *m*, Hamster(er) *m*, Geizhals *m*.

hráb|nout *pf.* (-bl) scharren; ~ (rukou) nach et., (einmal) schnell greifen nach et., zugreifen; F ~ hluboko do kapsy tief in die Tasche greifen; ~ si hřebenem do vlasů sich mit dem Kamm durch das Haar fahren.

hraboš *m* (3) *Zo.* Wühlmaus *f*; polní ~ Feldmaus *f*.

hrabství *n* (3) Grafschaft *f*.

hrací Spiel-; ~ doba *Sp.* Spielzeit *f*; ~ karty Spielkarten *f/pl.*

hráč *m* (3) Spieler *m*; ~ šachu, karet, na klavír Schach-, Karten-, Klavierspieler; profesionální, falešný od. podvodný ~ Berufs-, Falschspieler; ~ka *f* (1c; -ček) Spielerin *f*.

hračka (1c; -ček) Spielzeug *n*, Spielsache *f*; *fig.* Kleinigkeit *f*, Tand *m*; Spielerei *f*, Spaß *m*; to je ~ das ist kinderleicht, das ist ein Kinderspiel; -ky *pl. a.* Spielwaren *f/pl.*; s tím nejsou -ky damit ist nicht zu spaßen.

hračkář *m* (3) Spielwarenerzeuger *m*; Spielwarenhändler *m*; ~ský Spielwaren-; ~ průmysl Spielwarenindustrie *f*; ~ství *n* (3) Spielwarenhandlung *f*, Spielwarengeschäft *n*; *fig.* Spielerei *f*, Tändelei *f*.

hráčský Spiel-; Spieler-; -ká vášeň Spielleidenschaft *f*; to není -ké das verstößí gegen die Spielregel.

hrad *m* (2) Burg *f*; ♀ *s.* Hradčany; rytířský ~ Ritterburg; *s. a.* hrady; ~ba *f* (1; -deb) Schanze *f*, Wall *m*, vozová ~ (hussitische) Wagenburg; -by *pl.* Festungswerke *n/pl.*; městské -by Stadtmauern *f/pl.*; Stadtbefestigungen *f/pl.*; ♀čany *m/pl.* (2; 2. -an) Hradschin *m* (*Prager Burg*).

hradeb|ní Wall-, Schanz-; ~ příkop Wallgraben *m*; ~ zeď Schanzmauer *f*; ~nický: -ká práce Schanzarbeit(en *pl.*) *f*; ~nictví *n* (3) Schanzenbau *m*.

hrádek *m* (2b; -dk-) kleine Burg *f*, Kastell *n*.

hradi|ště *n* (2a) *hist.* Burganlage *f*; Burgwall *m*; ~t ⟨na-, o-, pře-, u-, vy- (si), za-⟩ (-zen) Lager verschanzen; Stadt befestigen; (plotem, ohradou) einzäunen, umzäunen, *lit.* umfrieden; Weg sperren, verlegen; Wasser stauen, eindämmen; Kosten, Auslagen decken, tragen; Bedarf decken; Unterhalt bestreiten; Schaden ersetzen, vergüten; hrazené město befestigte Stadt; ~ škodu Schaden ersetzen; sich an j-m schadlos halten; ~ se proti č-u sich gegen et. verwahren.

hrad|lař *m* (3) *Esb.* Blockwärter *m*, Stellwerkaufseher *m*; ~lo *n* (1a; -del) *Esb.* Stellwerk *n*, Blockwerk *n*; ~lový Block-, Stellwerk-; ~ jez Nadelwehr *n*; ~ní Burg-; ~ nádvoří Burghof *m*; ~ *m* (Adj. 4) Burgvogt *m*, Kastellan *m*; ~y *m/pl.* (2f) Gewitterwolken *f/pl.*

hrách *m* (2b; hrach-, 1, 4 Pl. -a-/-á-) Erbse *f*; *Kochk.* Erbsen *f/pl.*; (ve) velikosti hrachu, velký jako ~ erbsengroß; F házet ~ na stěnu tauben Ohren predigen.

hrachor *m* (2a) *Bot.* Platterbse *f*; vonný ~ Edelwicke *f*.

hrachov|ina *f* (1) Erbsenstroh *n*; ~iště *n* (2a) Erbsenfeld *n*; ~ka *f* (1c; -vek) Erbsensuppe *f*; Erbsensieb *n*; ~ý Erbs-.

hrana[1] *f* (1) Kante *f*; uhodit se o ~ sich an e-r Kante stoßen; otesat do hran *Tech.* kantig behauen; F položit na -nu auf die hohe Kante legen.

hrana[2] *f* (1), oft pl. -ny Sterbeglocke *f*.

hranáč F *m* (3) *iron.* vierschrötiger Mensch *m*.

hranat|ost *f* (4) Kantigkeit *f*, eckiges Aussehen *n*; *iron.* Ungelenkigkeit *f*, ungehobeltes Benehmen *n*; ~ý kantig, abgekantet; Mensch: plump, ungelenk; Bewegungen: ungeschickt; Stil: holp(e)rig; Schrift: eckig; -té dřevo *Tech.* Kantholz *n*.

hraní *n* (3) Spielen *n*; šatečky ke ~ Spielanzug *m*.

hranice *f* (2a) Grenze *f*; Holzstoß *m*, Holzstapel *m*; *hist.* Scheiterhaufen *m*; státní, věková ~ Staats-, Altersgrenze; ~ sektorů Sektorengrenze; na -cích an der Grenze, an den Grenzen; za -cemi jenseits der

Grenze, im Ausland; *tomuto úsilí jsou vytčeny* ~ diesen Bestrebungen sind Grenzen gesetzt; *smrt na -ci hist.* Feuertod *m.*

hranič|ář *m* (3) Grenzsoldat *m,* F Grenzer *m;* Grenzlandbewohner *m;* ~*i pl.* Grenztruppen *f/pl.;* ~**ářský** Grenzschutz-; ~**it** ⟨o-, roz-⟩ grenzen (*s čím an A*); *to -čí s nemožným* das grenzt ans Unmögliche; ~**ka** *f* (*1c; -ček*) kleiner Holzstoß *m;* Haufen *m* Holzspäne; ~**ní** Grenz-; ~ *čára* Grenzlinie *f;* ~**ník** *m* (2b) Grenzstein *m; fig.* Markstein *m.*

hranit ⟨vy- (se)⟩ kantig machen, abkanten; ~ (s) *lyžemi Sp.* Skierkanten.

hranol *m* (2; 6. -u/-e) Prisma *n;* ~**ový** Prismen-; ~**ovitý** prismenförmig.

hranostaj *m* (3) *Zo.* Hermelin *m;* ~**ový** Hermelin-.

hráš|ek *m* (2b; -šk-) *s.* hrách; *zelený* ~ grüne Erbsen; ~ *růžence* Rosenkranzperle *f;* ~**kový** Erbs(en)-; -*vě zelený* erbsgrün.

hrát ⟨na-, ode-, po- si, se-, za- (si)⟩ (*hraji, hrál, hrán*) spielen; *fig. a.* mimen; ~ *míčem, karty, šachy, kopanou, o peníze, na burze, na klavír, na čtyři ruce, z listu, podle sluchu* Ball, Karten, Fußball, um Geld, an der Börse, Klavier, vierhändig, vom Blatt, nach dem Gehör spielen; ~ *pravé křídlo Sp.* am rechten Flügel spielen; ~ *zápas Sp.* e-n Wettkampf austragen; ~ *něco na nástroji et.* auf e-m Instrument (vor)spielen; ~ *prim* die erste Geige spielen (*a. fig.*); ~ *na kolovrátek* Leierkasten drehen; ~ *divadelní hru* ein Theaterstück aufführen; ~ *roli fig.* e-e Rolle spielen; *co se dnes hraje?* was wird heute gespielt *od.* gegeben?; *všechno na ní jen hraje* alles an ihr ist in Bewegung; *krev mu hraje v žilách* das Blut kocht ihm in den Adern; ~ *všemi barvami* in allen Farben leuchten, schillern; ~ *duhovými barvami* irisieren; F *povídali že mu hráli!* das glaubt ihm keiner!, das nimmt ihm keiner ab!; *to by tak hrálo!* das fehlte gerade noch!

hrát si spielen (*a. fig.*); ~ *na honěnou, na schovávanou, na vojáky, s panenkou* Haschen, Versteck(en), Soldaten, mit e-r Puppe spielen; ~ *s ohněm, na velkého pána, na uraženého* mit dem Feuer, den großen Herrn, den Beleidigten spielen; F *se mnou si nehraj!* mit mir kannst du das nicht machen!

hrátky *f/pl.* (1; -tek) Plauderstündchen *n; mládežnické* ~ Jugendveranstaltung *f.*

hrav|ost *f* (4) Spieltrieb *m,* Spiellust *f;* ~**ý** spielend, spielerisch; -*vé dítě* verspieltes Kind; -*vým způsobem,* -*vě* spielend (leicht).

hráz *f* (3) Damm *m,* Deich *m;* Staudamm *m;* Wall *m; lit. fig.* Wehr *f; ochranná* ~ Schutzwall; *přístavní* ~ Hafenmole *f; železniční* ~ Eisenbahndamm; *průtrž* ~**e** Damm-, Deichbruch *m.*

hrazd|a *f* (1) *Turn.* Reck *n; visutá* ~ Trapez *n; cvičit na* -*dě am* Reck turnen; ~**ěný**: -*ná stavba* Fachwerkbau *m.*

hrazen|á, ~o *s.* hradit; ~**í** *n* (3) Barriere *f;* Befestigung *f,* Verschanzung *f;* (*Wasser-*)Eindämmung *f,* Stauen *n; Hdl.* Vergütung *f;* (*Kosten-*)Deckung *f.*

hráz|ka *f* (*1c; -zek*) *Anat.* Damm *m;* ~**ný** *m* (*Adj. 1*) Dammwächter *m.*

hrb *m* (2; 6. *-u/-ě*) Buckel *m,* Höcker *m;* F *dostat na* ~ Dresche bekommen; *dát k-u na* ~ j-n verprügeln, verdreschen; P *lez mi na* ~! steig mir auf den Buckel!, rutsch mir den Buckel runter!; ~**áč** *m* (3) Bucklige(r) *m.*

hrbat|ět ⟨z-⟩ (3 *Pl.* -ějí) buckelig werden; ~**it** ⟨na-⟩: ~ *se* gebückt gehen; ~**ost** *f* (4) bucklige (*od.* gebückte) Haltung *f;* ~**ý** bucklig.

hrbit ⟨na-, při-, s-⟩ krümmen, beugen; ~ *se* sich krümmen, sich beugen, sich ducken; katzbuckeln.

hrbol *m* (2a) Buckel *m,* Höcker *m; Med.* Auswuchs *m; Bot.* Knollen *m;* (*Weg-*)Unebenheit *f; cesta je samý* ~ der Weg ist sehr holp(e)rig; ~**atost** *f* (4) Holp(e)rigkeit *f,* holp(e)rige Beschaffenheit *f;* ~**atý** holp(e)rig.

hec! *Int.* ratz!

hrč|et ⟨za-⟩ *Wagen, Räder:* rollen; *Maschine:* rattern; *Wasser:* rauschen; *Bächlein:* murmeln, rieseln; *Spinnrad:* schnurren; ~**ivý** rauschend; rasselnd; *Stimme:* schnarrend.

hrdeln|í, ~ý Kehl-; *Jur.* Kriminal-;

hrdelnice 110

-ní hlas Fistelstimme *f*; *-ná hláska Gr.* Kehllaut *m*; *-ní soud* Kriminalgericht *n*; *-ní zločin* Kapitalverbrechen *n*; ~**ice** *f* (2a) Kehllaut *m*
hrdin|a *m* (5) Held *m*; *národní* ~ Nationalheld; ~ *práce* Held der Arbeit (*UdSSR*); ~**ka** *f* (1c; *-nek*) Heldin *f*; *děvče* ~ heldenhaftes Mädchen, Heldenmädchen; ~**nost** *f* (4) Heldenmut *m*, Heldentum *n*; ~**ný** heldenmütig, heldenhaft, heroisch, Helden-; ~ *čin* Heldentat *f*; *-ná smrt* Heldentod *m*; ~ *duch* heldische Gesinnung; ~**ský** *s.* hrdinný; ~ *zpěv* Heldengesang *m*; *-ky zemřít* den Heldentod (*od.* als Held) sterben; ~**ství** *n* (3) Heldenmut *m*; Heldentat *f*.
hrdl|ička *f* (1c; *-ček*) *Zo.* Turteltaube *f*; ~**it** ⟨*na-, vy-*⟩: ~ *se s kým* sich mit j-m zanken; ~**o** *n* (1a; *-del*) Kehle *f*, P Gurgel *f*; *fig.* Hals *m*, *iron.* Kragen *m*; *Tech.* Stutzen *m*; (*am Rohr*) Muffe *f*; *křičet z plna -la od. co* ~ *stačí* aus Leibeskräften schreien; ~ *láhve* Flaschenhals; *co* ~ *ráčí* nach Herzenslust, was das Herz begehrt; *lhát v* ~ frech ins Gesicht lügen; F *jde o* ~ es geht um Kopf und Kragen; *odvážit se -la* sein Leben aufs Spiel setzen; † *pod ztrátou -la* bei Todesstrafe; *propadnout -lem* sein Leben verwirken; *trestat na -le* mit dem Tode bestrafen; ~ *se mi uží es schnürt mir die Kehle zu*; *srdce mu tlouklo až v -le* das Herz schlug ihm bis zum Halse; *chytit za* ~ an der Kehle (F am Kragen) packen; *nasadit k-u nůž na* ~ j-m das Messer an die Kehle setzen; *Tech. plnicí* ~ Füllstutzen; *přípojné* ~ Anschlußstutzen; ~**ořez** *m* (1; *-ové*; 6. *-ich/-ech*) Halsabschneider *m*; ~**ovat** (*-luji*) *v/t* schelten; ausschimpfen; bedrängen, plagen, quälen; ~ *se s.* hrdlit se.
hrdo|pýšek *m* (1a; *-šk-*; *-ové*) eingebildeter (P aufgeblasener, hochnäsiger) Mensch; ~**pyšný** eingebildet, P aufgeblasen, hochnäsig; ~**st** *f* (4) Stolz *m*.
hrdý stolz (*na co, k-o* auf et., j-n).
hrk! *Int.* ruck!; ~**ačka** *f* (1c; *-ček*) Ratsche *f*; *verä.* Klapperkasten *m*, alte Kiste *f*; ~**at** ⟨*za-*⟩ schnarren; *Motor*: rattern; *Auspuff*: knattern; *Karren*: holpern; ~**nout** *pf.*, *za-*

(*-kl/-knul*) rucken; ~**klo ve mně** ich fuhr zusammen; ~**klo v hodinách** die Uhr hat ausgesetzt; *slzy jí -kly do očí* die Tränen traten ihr in die Augen.
hrkot *m* (2a) Rucken *n*, Rasseln *n*; ~ *potůčku* das Murmeln des Baches; ~**at** ⟨*za-*⟩ rattern, rasseln, holpern; ~**avý** rasselnd, ratternd.
hrma *f* (1) *Anat.* Venusberg *m*, Schamhügel *m*.
hrnčírna *f* (1; *-ren*) Töpferwerkstatt *f*, Töpferei *f*.
hrnčíř *m* (3) Töpfer *m*; Topfwarenhändler *m*; ~**ský** Töpfer-; *-ká hlína* Töpferton *m*; ~ *kruh* Töpferscheibe *f*; ~**ství** *n* (3) Töpferhandwerk *n*.
hrn|ec *m* (4; *-nc-*) Topf *m*; *hliněný* ~ Tontopf; ~ *na vaření* Kochtopf; ~ *mléka od.* na *mléko* Topf Milch; ~ *s uchy* Henkeltopf; *jídlo z jednoho -nce* Eintopf(gericht *n*) *m*; ~**eček** *m*, ~**íček** *m* (2b; *-čk-*) Töpfchen *n*, kleiner Topf; ~**ek** *m* (2b; *-nk-*) *s.* hrnec; (*große*) Tasse *f*, *öst.* Häferl *n*; Blumentopf *m*.
hrnout ⟨*na-, s-, za-*⟩ *v/t* (zusammen)scharren; ~ *se v/i Steine, Tränen*: rollen; *Wasser*: strömen; sich drängen, eilen; sich auf et. stürzen, über et. herfallen; *krev se mu -ne do hlavy* das Blut steigt ihm in den Kopf; F *peníze se mu jen -nou* das Geld fliegt ihm nur so zu; *pocty, zakázky se jen -nuly* es regnete Ehrungen, Bestellungen; ~ *se do práce* sich in die Arbeit stürzen; ~ *se zpět* zurückfluten.
hrob *m* (2) Grab *n*, Grabstätte *f*; *rodinný* ~ Familiengrab; *Boží* ~ Heiliges Grab; *řeč nad* ~*em od. u* ~*u* Grabrede *f*; *nápis na* ~*ě* Grabinschrift *f*; F *od kolébky až k* ~*u* von der Wiege bis zur Bahre; *až za* ~ bis über das Grab hinaus; *za* ~*em* jenseits des Grabes, im Jenseits; *nad* ~*em a.* mit e-m Fuß im Grab; *doprovodit k* ~*u* das letzte Geleit geben; *přivážíš mě ještě do* ~*u!* du bringst mich noch ins Grab!; *obrátil by se v* ~*ě* er würde sich im Grabe umdrehen; *ticho jako v* ~*ě* Grabes-, Totenstille *f*; *fig. to je jeho* ~ das ist sein Tod.
hrobař *m* (3) Totengräber *m*; ~**ík** (1a) *Zo.* Totengräber *m*; ~**ský** Totengräber-.
hrob|eček *m* (2b; *-čk-*) kleines

Grab, Kindergrab(stätte f) n; ~ka f (1c; -bek) Gruft f; ~ní Grab-; ~ník m (1a) Totengräber m; ~ový Grab(e)s-; -vé ticho Grabes-, Totenstille f.

hroch m (1a) Fluß-, Nilpferd n.

hrom m (2a) Donner m; Blitz m; jako ~ wie der Blitz; riesengroß, Riesen-; ~ burácí der Donner rollt; ~ udeřil der Blitz hat eingeschlagen; jde to, jako když ~ bije fig. das geht Schlag auf Schlag; ~e! (zum) Donnerwetter!; ~ do toho, ~ aby do toho uhodil! da soll doch gleich ein Donnerwetter dreinfahren!; ~ do něho! der Schlag soll ihn treffen!; tisíc ~ů! Himmeldonnerwetter!

hromada f (1) Haufen m, Menge f; Pol. Versammlung f; ~ rašeliny Torfhalde f; složená ~ papíru ein Stoß Papier; ~ dříví Holzstoß m; F ~ peněz, lidu ein Haufen (od. e-e Menge) Geld, Leute; je na ~dě fig. er ist (damit) am Ende, er ist auf den Hund gekommen; valná ~ Vollversammlung.

hromad|ění n (3) Häufung f; Anhäufung f, Ansammlung f; ~ slov Wortschwall m; ~ úřadů Ämterhäufung f; Tech. ~ energie Energiespeicherung f; ~it ⟨na-⟩ (an)häufen; (auf)speichern; Waren a. stapeln; Geld a. horten; Beispiele aneinanderreihen; ~ se sich häufen, sich ballen, sich stauen.

hromádka f (1c; -dek) Häufchen n, Häuflein n; krtčí ~ Maulwurfshügel m; ~ neštěstí scherz. ein Häufchen Unglück.

hromadn|ě Adv. massenhaft, massenweise, F haufenweise; ~ý massenhaft, Massen-; kollektiv; ~é protesty zahllose Proteste; zbraň -ného ničení Massenvernichtungswaffe f; -né onemocnění Massenerkrankung f; -ná výroba Massenproduktion f; zboží -né spotřeby Massenbedarfsartikel m; -né pojištění Kollektivversicherung f; podstatné jméno -né Sammelname m, Kollektivbezeichnung f.

Hromni|ce f/pl. (2a) Rel. Mariä Lichtmeß f, o -cích zu Lichtmeß; 2ce f (2a), ~ička f (1c; -ček) Lichtmeßkerze f.

hromo|bití n (3) Donnerschläge m/pl., Donnern n; F fig. Donnerwetter n; spustit ~ j-n zusammenstauchen; ~svod m (2; 6. -u/-ě) Blitzableiter m; ~tluk m (1a; -ové) Kraftmensch m, P Bulle m, Kleiderschrank m; ~vat ⟨za-⟩ (-muji) fluchen, wettern; ~vládce m (3) Donnergott m; ~vý Donner-; donnernd, tosend; Gelächter: schallend; -vá rána Donnerschlag m.

hromský verflucht, verteufelt; ~ chlap Teufelskerl m.

hroší Flußpferd-, Nilpferd-; mít ~ kůži fig. ein dickes Fell haben.

hrot m (2; 6. -u/-ě) Spitze f; Zinke f; Zacken m; ~ nože Messerspitze f; plicní ~ Anat. Lungenspitze; ~ek m (2b; -tk-) Typ. Spieß m; P a. Melkeimer m; ~it ⟨na-, při-, za-⟩ (-cen) (an-, zu)spitzen; ~itý spitz, Spitz-; ~ovník m (2b) Tech. Spitzbohrer m; ~ový Spitzen-; ~ soustruh Spitzendrehbank f.

hroud|a f (1; hrud) (Erd-)Scholle f; Batzen m, Klumpen m; rodná ~ lit. heimatliche Scholle; ~ másla Butterwecke f; ~ sněhu Schneeball m; ~ovat (-duji) s. hrudovat.

hroutit ⟨z-⟩ (-cen) v/t brechen; ~ se einstürzen, zusammenbrechen (v/i); Preise: fallen.

hrou|žit, ~zit ⟨po-, v-⟩ v/t versenken, untertauchen; ~ se sich vertiefen, sich versenken, F sich vergraben (in D).

hroz|ba f (1; -zeb) Drohung f; ~ trestem Strafandrohung; ~ světovému míru Bedrohung des Weltfriedens; plané -by leere Drohungen; ~ebný drohend, bedrohlich; ~en m (2a; -zn-) Traube f; vinný ~, ~ vína Weintraube; ~ící drohend; ~ nebezpečí drohende Gefahr; ~ nebezpečím gefahrdrohend; ~inka f (1c; -nek) Rosine f; ~it ⟨na-, o-, po-, za-⟩ (-žen) drohen (čím mit D); bedrohen (k-u čím j-n mit D); ~ prstem mit dem Finger drohen; ~ trestem se e Strafe androhen; ~ válkou mit Krieg drohen; ~ se (č-o vor D) erschrecken, schaudern, grauen; scheuen (A); ~zím se toho mir graut davor; ~itánský P riesig, Riesen-; ~ivý drohend, bedrohlich, fig. gefährlich.

hrozn|atý traubenreich; ~íček m (2b; -čk-) s. hrozen; ~ovitý traubenförmig; ~ový Trauben-; ~ý schrecklich, furchtbar, entsetzlich; P abscheulich, schauderhaft; fig.

hroznýš 112

riesig, gewaltig; ~čin Greueltat f; ~hlad Riesenhunger m; F to je od tebe -ně hezké das ist furchtbar nett von dir; ~ýš m (3) Riesenschlange f; královský ~ Königsschlange.

hrst f (4) (hohle) Hand f; Handvoll f; F smát se do ~i sich (eins) ins Fäustchen lachen; vzít rozum do ~i gut überlegen, sich anstrengen; ~ka f (1c; -tek) Dim. zu hrst; Häufchen n, Häuflein n, ein paar; ~ peněz etwas Geld.

hrtan m (2a) Anat. Kehlkopf m; ~ový Kehlkopf-.

hrub|ě Adv. grob; spustit ~ in Grobheit ausarten; ~ mletý grob gemahlen; ~ se mýlit sich schwer irren; není ~ zdráv er ist leicht anfällig; ~ č-o zneužít mit et. schweren Mißbrauch treiben; nebyla ~ bohatá sie war nicht besonders reich; ani ~ nevím, zda ... ich weiß nicht recht, ob ...; ~ec m (3; -bc-) s. hrubián; ~ější s. hrubý.

hrubián m (1) Grobian m, grober Kerl m; ~ský grob, wie ein Grobian; ~ství n (3) Grobheit f.

hrub|ka f (1c; -bek) grober Fehler m; ~nout ⟨z-⟩ (-bl) grob werden; Stimme, Hände: rauh werden.

hrubo|srstý rauhhaarig, Rauhhaar-; ~st f (4) Grobheit f; ~vat Tech. Schrupp-; ~vat (-buji) Tech. schruppen; ~zrnný grobkörnig.

hrub|ství n (3) Grobheit f; ~ý (Komp. -ší; Adv. -ě, Komp. -ěji) grob, Grob-; Roh-; barsch, derb; Hdl. Brutto-; Adv. a. na -bo od. nahrubo grob; Rel. -bá mše Hochamt n; -bá stavba Rohbau m.

hrud s. hrouda.

hruď f (4d; -di; -dmi) Brust f; Anat. Brustkorb m; přivinout na ~ an die Brust drücken; ~ proti hrudi Brust an Brust.

hrudí n (3) Kochk. Brust(stück n) f; telecí ~ Kalbsbrust; nadívané ~ gefüllte Brust.

hrud|ka f (1c; -dek) kleine (Erd-) Scholle f, kleiner Klumpen m, Klümpchen n; Tech. Rötel m; Bgb. (Renn-)Luppe f; bez -ek klumpenfrei; ~kování n (3) Tech. Rennverfahren n; ~kovna f (1; -ven) Bgb. Rennanlage f.

hrudní Anat. Brust-; ~ kost Brustbein n; ~k m (2b) Brustkorb m.

hrudov|at (-duji) mit Schneebällen (be)werfen; ~ se e-e Schneeballschlacht machen, F (sich) schneeballen; ~itý klumpig.

hruš|eň f (3; -šn-) Birnbaum m; ~ka f (1c; -šek) Birne f; Birnbaum m; planá ~ Holzbirne; raná ~ Jakobsbirne; ~ planička wilder Birnbaum; jako ~ v širém poli mutterseelenallein; skleněná ~ Tech. Glaskolben m; ~ u kordu, ~ u sedla Degen-, Sattelknauf m; ~kovice f (2a) Birnenmost m; ~kovitý birnenförmig; ~kový Birn(en)-; -vé dřevo Birnbaumholz n; ~tička f (1c; -ček) kleine Birne f, Birnchen n.

hrůza f (1a) Schreck(en) m, Grauen n, Entsetzen n, F Graus m; Greuel m; Schau(d)er m; ~ jde po mně ~ es überläuft mich eiskalt; ~ mi projela celým tělem der Schreck fuhr mir in die Glieder, F es ging mir durch Mark und Bein; lehká ~ ein leises Gruseln; ~ smrti Todesangst f; jat -zou schreckerfüllt, angsterfüllt; bledý -zou schreckensbleich, bleich vor Schreck; s -zou mit Entsetzen, voll Entsetzen; ~ pomyslit allein der Gedanke daran ist schrecklich; je mi ~ už jen při pomyšlení es schaudert mich, wenn ich nur daran denke; až ~ schrecklich, furchtbar (a. F fig. groß, viel usw.); ó ~! welch ein Graus!; stojí to ~u peněz das kostet e-e Menge (od. schrecklich viel) Geld; křičí až ~ er schreit entsetzlich; lidí až ~ schrecklich viele Menschen; unaven až ~ furchtbar müde.

hrůz|ný grauenhaft; ~ostrašný grauenvoll, schrecklich, F schauderhaft; ~ příběh Schauer-, Gruselgeschichte f; ~oucí hrůza ~ fürchterlicher Schreck(en).

hrůzovlád|a f (1) Schreckensherrschaft f; ~ce m (3) Tyrann m, Gewaltherrscher m.

hrůzyplný schrecklich; schreckerfüllt, voller Schrecken; -ná noc Schreckensnacht f.

hryz|at ⟨o-, za-⟩ (-žu/-zám) nagen (co an D); Fingernägel kauen; Gewissen: plagen, quälen; to mě hryže das ärgert mich, das wurmt mich; ~ se s kým sich mit j-m herumzanken, F sich beißen; ~avý nagend; ~ení n (3) Bauchschmerzen m/pl., P Bauchkneifen n; fig. nagender

hřivnáč

Kummer *m*; ~ svědomí Gewissensbisse *m/pl*.
hrýzt (*hryzu, -zl; -zen*) *s.* hryzat.
hřad *m* (*2; 6. -u/-ě*), **~a** *f* (*1*) Hühnerstange *f*, Sitzstange *f für Hühner*; **~ovat** ⟨*u- se, za-*⟩ (*-duji*) auf der (*Hühner-*)Stange sitzen.
hřát ⟨*o-, pro-, při-, za-*⟩ (*hřeji, hřál; hřán*) wärmen; *v/t a.* erwärmen; erfreuen, *j-m* wohltun; ~ *se na slunci* (*u kamen*) sich an der Sonne (am Ofen) wärmen; ~ *si ruce* sich die Hände wärmen; ~ *se v čí přízni* sich *j-s* Gunst erfreuen.
hřbet *m* (*2; 6. -ě/-u*) Rücken *m*, Buckel *m*; *Geogr.* Kamm *m*; Grat *m*; ~ *ruky* Handrücken; *ostrý* ~ (*Fels-*)Grat; ~ *knihy* Buchrücken, *srnčí, vepřový* ~ *Kochk.* Reh-, Schweinsrücken; *selský* ~ *verä.* Bauernlümmel *m*; *fig.* má tvrdý ~ er hat e-n breiten Rücken; F *dostat na* ~ Dresche bekommen; *svrbí tě* ~ es juckt dich das Fell; **~ní** Rücken-; **~ovice** *f* (*2a*) *Tech.* Rückenleder *n.*
hřbílko *n* (*1b; -lek*) Striegel *m*; **~vat** ⟨*o-, vy-*⟩ (*-kuji*) *Pferd* striegeln.
hřbitov *m* (*2; 2. -a*) Friedhof *m*, Kirchhof *m*; **~ní** Friedhofs-.
hřeb *m* (*2a*) Nagel *m*; *drátěný* ~ Drahtstift *m*; *okování* **~y** *Sp.* Benagelung *f*; *zlatý* ~ *sezóny* Schlager *m* der Saison.
hřebčín *m* (*2; 2. -a*), **~ec** *m* (*4; -nc-*) Gestüt *n*; **~ský** *-ká stanice* Deckstation *f.*
hřebe|c *m* (*3; -bc-*) Hengst *m*; **~lcovat** ⟨*o-, vy-*⟩ (*-cuji*) *Pferd* striegeln.
hřeben *m* (*4 od. 2a*) Kamm *m*; *řídký* ~ Kamm mit weiten Zähnen, grober Kamm; *horský* ~ Gebirgskamm, Bergkamm; ~ *střechy* Dachfirst *m*; ~ *přílby hist.* Helmstutz *m*; **~ář** *m* (*3*) Kammacher *m*; **~atka** *f* (*1c; -tek*) *Zo.* Kammuschel *f*; **~ovitý** kammartig; **~ový** Kamm-.
hřeb|í *Stute:* trächtig; **~ice** *f* (*2a*) *weibl.* Fohlen *n.*
hřebíček *m* (*2b; -čk-*) *Dim. zu* hřebík; kleiner Nagel *m*; *Bot.* Nelke *f*; Gewürznelke *f.*
hřebík *m* (*2b*) Nagel *m*; *přibít* **~em** annagelu; *vlasy jako* **~y** Haare wie Borsten; *udeřit* (*uhodit*) ~ *na hlavičku* den Nagel auf den Kopf treffen (*a. fig.*); F *pověsit na* ~ an den Nagel hängen.

hřeb|íkář, ~ikář *m* (*3*) Nagelschmied *m.*
hřebílko *n* (*1b; -lek*) *s.* hřbílko.
hřebínek *m* (*2b; -nk-*) (*Taschen-*) Kamm *m*, Kämmchen *n*; *kohoutí* ~ Hahnenkamm; *roste mu* ~ *fig.* es schwillt ihm der Kamm.
hřebit ⟨*o- se*⟩ Fohlen bekommen, fohlen.
hřeblo *n* (*1a; -bel*) Schüreisen *n*, -haken *m*; Rührarm *m*; Kratzeisen *n*; Striegel *m.*
hřebný *Stute:* trächtig.
hřeji, -ješ *usw. s.* hřát; **~vý** wärmend; *fig.* wohltuend.
hřeš|it ⟨*na- se, pro- se, z-, za-* (si)⟩ sündigen; sich versündigen; sich *an et.* vergehen; F fluchen; ~ *proti č-u* gegen *et.* verstoßen; **-ší** *na svém zdraví* er versündigt sich an s-r eigenen Gesundheit; **-ší** *na čí shovívavost* er verläßt sich zu sehr auf *j-s* Nachsicht.
hřib *m* (*2a*) Steinpilz *m*; F *zdravý jako* ~ kerngesund.
hřib|átko *n* (*1b; -tek*), **~ě** *n* (*4a*) Fohlen *n*, Füllen *n*; **~ěcí** Fohlen-.
hříbek *m* (*2b; -bk-*) *Dim. zu* hřib; *látací* ~ Stopfpilz *m.*
hřička *f* (*1c; -ček*) (kleines) Spiel *n*, Spielchen *n*; *slovní* ~ Wortspiel; ~ *osudu* Spielball *m* des Schicksals.
hřídel *m* (*4*) *Tech.* Welle *f*; *kloubový* ~ Gelenkwelle; *zalomený* ~ Kurbelwelle; ~ *pluhu Agr.* Pflugbaum *m.*
hřích *m* (*2b*) Sünde *f*; *všední* ~ lässliche Sünde, leichte Sünde; *dědičný, smrtelný* ~ Erb-, Todsünde; ~ *mládí* Jugendsünde.
hřím|ání *n* (*3*) Donnern *n*; ~ *děl* Kanonendonner *m*; **~at** ⟨*do-, za-*⟩ donnern; *Musik:* laut spielen; *fig.* schimpfen, wettern; **~avý** donnernd; *Beifall:* tosend.
hříšek *m* (*2b; -šk-*) kleine Sünde *f*; *vgl.* hřích.
hříšn|ík *m* (*1a*) Sünder *m*; **~ice** *f* (*2a*) Sünderin *f*; **~ost** *f* (*4*) Sündhaftigkeit *f*; **~ý** sündig, sündhaft; F *-né peníze* Riesensumme *f*, Heidengeld *n*; *-ně drahý* sündhaft teuer.
hřiště, hřiště *n* (*3*) Spielplatz *m*; *sportovní* ~ Sportplatz; *fotbalové* ~ Fußballplatz.
hříva *f* (*1*) Mähne *f.*
hřivn|a *f* (*1; -ven*) *bibl.* Pfund *n*, Talent *n*; *přispět svou -nou* sein Scherflein beitragen; **~áč** *m* (*3*) *Zo.*

8 TW Tschech. I

hřivnatý 114

Ringeltaube f; ~**atý** Zo. Mähnen-; -tá ovce Mähnenschaf n.
hříženec m (4; -nc-) Bot. Setzling m, Steckling m.
hřížit ⟨po-⟩ senken; ~ se do č-o sich in et. vertiefen.
hřm|ět, ~ít ⟨za-⟩ (3 Pl. -í, -ělo) donnern; -mí es donnert; děla -mí die Kanonen donnern.
hřmot m (2a) Lärm m, Getöse n, Gepolter n; ~**it** ⟨za-⟩ lärmen, poltern; ~**ný** polternd, lärmend; Stimme: dröhnend, Donner-; Musik: sehr laut, überlaut; Gestalt: stämmig, robust; Phrasen: tönend.
hub s. huba, houba.
huba f (1; hub) Maul n, Schnauze f; (Wolfs-)Rachen m; P Klappe f, öst. Gosche(n) f; V Fresse f, iron. Mundwerk n; P dostat na -bu eins aufs Maul bekommen; u -by vor der Nase; zlá (od. nevymáchaná) ~ loses Mundwerk, Lästermaul; držet -bu Mund (V Maul) halten; pořád mele -bou sein Mundwerk steht niemals still; klapnout -bou das Maul aufmachen (et. sagen); hrdina -bou Maulheld m; nevidí si do -by er redet drauflos od. wie ihm der Schnabel gewachsen ist; F je od -by er ist nicht auf den Mund gefallen; vzít k-u slovo od -by j-m das Wort aus dem Munde nehmen; lže až se mu od -by práší er lügt wie gedruckt od. daß sich die Balken biegen; utřít (suchou) -bu leer ausgehen; žít z ruky do -by von der Hand in den Mund leben; utrhnout si od -by sich vom Munde absparen; -by pl. Gerede n; Schelte f; přivést k-o do lidských hub j-n ins Gerede bringen; F dostat -by e-n Rüffel bekommen.
hub|áč m (3) verä. Großmaul n, ~**atka** f (1c; -tek) Schnabelkanne f; ~**atost** f (4) Großsprecherei f, vorlautes Wesen n; ~**atý** großsprecherisch; vorlaut, naseweis; zänkisch.
hube|nět ⟨z-⟩ (3 Pl. -ějí) mager werden, abnehmen; ~**ní** n (3) Vertilgung f; ~**nost** f (4) Magerkeit f, ~**noučký** F sehr mager, schmächtig; ~**ný** mager, Mager- (a. Kost); spärlich, dürftig, gering; ~ jako lunt od. tyčka spindeldürr; ~ beton Magerbeton m.
hubertus m (2; 6. -u/-e) Lodenmantel m, öst. Hubertusmantel m.

hubice f (2a) Schnauze f, Schnabel m, Tülle f, öst. Schnäuzel n; Tech. Düse f.
hubičk|a f (1c; -ček) Kuß m, öst. Busserl n, Bussi n; Mäulchen n, Mündchen n; s. hubice; špulit -ku den Mund spitzen; dali si po -čce sie küßten einander; ~**ovat** ⟨o-, po-, z-⟩ (-kuji) küssen (se sich).
hubit ⟨po-, vy-, z-, za-⟩ vertilgen, ausrotten; Land verwüsten, verheeren; ~**el** m (3; -é), ~**elka** f (1c; -lek) Vertilger(in f) m.
hubka f (1c; -bek) Schwämmchen n; Zündschwamm m.
hubn|out ⟨po-, vy-, z-⟩ (-bl) s. hubenět; ~**utí** n (3) Abmagerung f.
hubovat ⟨na- se, po- (si), vy-, za-⟩ (-buji) schimpfen (na k-o über A), schelten; P maulen; ~ na k-o a. j-n ausschimpfen; ~ se (sich) zanken.
huče|ní n (3) Brausen n, Sausen n, Tosen n; Singen n der Telegrafendrähte; ~ v uších Ohrensausen; ~**t** ⟨roz- se, za-⟩ dröhnen; brausen, Sturm, Meer: tosen, toben; Wasser, Bach: rauschen; Wind: pfeifen, heulen; Menschen: lärmen; in den Ohren sausen; F brumme(l)n.
hučka P dial. f (1c; -ček) schlechter (od. alter) Hut m.
hudba f (1; -deb) Musik f; lit. a. Tonkunst f; F Musikkapelle f; učitelka -by Musiklehrerin f; vyučování -bě Musikunterricht m; učí se -bě er nimmt Musikunterricht; složit -bu k básni ein Gedicht vertonen; ~ budoucnosti fig. Zukunftsmusik.
hudbymilovný musikliebend.
hudebn|í Musik-, musikalisch; ~ skladatel Komponist m, Tondichter m; ~ skladba Komposition f, Musikstück n; ~**ický** Musik-; Musiker-, ~**ík** m (1a) Musiker m; ~**iny** f/pl. (1) Musikalien f/pl.; ~**ost** f (4) Musikalität f.
hudlař m (3) Stümper m, Pfuscher m; ~**ina** f (1) Stümperei f, Pfuscherei; ~**it** ⟨z-⟩ (ver)pfuschen, hudeln, pf. P a. versauen; ~**ský** stümperhaft, Stümper-; -ká práce Pfuscherarbeit f, P Pfuscherei f, verä. Murks m, V Mist m.
hudrovat ⟨roz- se, za-⟩ (-ruji) Truthahn: kollern, schreien; fig. schimpfen.
hudu s. houst.

huhlat ⟨za-⟩ brummen, murren.
huhň|a m (5; -ni), **~al** m (1; -ové) F Nuschler m; **~at** ⟨za-⟩ durch die Nase sprechen, näseln; nuscheln; **~avý** näselnd.
hukot m (2a) s. hučení.
hůl f (3; hol-) Stock m; (Hirten-, Pilger-, Marschall-)Stab m; (Besen-) Stiel m; (Hockey-)Schläger m; lyžařská ~ Schistock; vycházková ~ Spazierstock; chodit s holí od. o holi am Stock gehen; dostat holí Stockschläge bekommen; trest holí Prügelstrafe f; fig. přijít na žebráckou ~ an den Bettelstab kommen.
hulák|ání n (3) Grölen n, Gejohle n; **~at** ⟨na-, roz- se, za-⟩ grölen, johlen, lärmen.
hulán m (1) Mil. Ulan m; **~ský** Ulanen-.
hůlčička f (1c; -ček) Stäbchen n, Stöckchen n.
hulit ⟨na-, vy-, za- si⟩ stark rauchen, qualmen.
hůlk|a f (1c; -lek) Stäbchen n, Stöckchen n; kouzelná ~ Zauberstab m; **~ový** Stab-; -vé písmo Blockschrift f.
hulvát m (1) Flegel m, Rüpel m, Lümmel m; **~ský** flegelhaft, rüpelhaft; **~ství** n (3) Rüpelhaftigkeit f, Flegelei f.
humani|smus [-nɪz-] m (2a; -sm-) Humanismus m; **~sta** m (5a) Humanist m; **~stický** [-tɪ-] humanistisch; **~ta** f (1) Humanität f, Menschlichkeit f; **~tní** humanitär.
humánní human, menschlich.
humbuk F m (2b) Humbug m, Schwindel m; Werbetrick m.
humno n (1; -men) Tenne f; za -ny hinter der Scheune; fig. ganz nahe, nicht weit.
humor m (2a) Humor m; **~eska** f (1c; -sek) Humoreske f; **~ista** m (5a) Humorist m; **~istický** [-tɪ-] humoristisch; **~ný** humorvoll, voll Humor.
humpol|ácký F plump, ungeschickt; **~ák** F m (1a) Tolpatsch m.
humr m (1; -ři) Zo. Hummer m; **~ový** Hummer-.
humus m (2; 6. -u/-e) Humus m; **~ovitý** humushaltig, humusreich.
Hun m (1; -ové) Hunne m.
huň|a m (3) zottiges Tier; Mensch m mit zottigem Haar, P iron. Zottelbär m; **~atý** zottig.
hunský hunnisch, Hunnen-.

hunt[1] m (2) Bgb. Hunt m.
hunt[2] F m (2): být na ~ě auf den Hund kommen.
huntovat F ⟨z-⟩ (-tuji) kaputt machen.
hup! Int. hopp!, schwupp!; **~kat** s. hopkat; **~kem**, **~ky** hopp!, husch!; ~ do postele! husch ins Bett!; **~nout** pf. (-pl.) hüpfen, springen.
hurá (indekl.) Hurra(ruf m) n; **~!** hurra! [boden m.⟩
hůra f (1d) dial. Hügel m; P Dach-⟨
hurávlastenec m (3; -nc-) Hurrapatriot m.
hůrka f (1c; -rek) Hügel m.
hurt|em P eilig, hurtig; **~ovat** ⟨za-⟩ (-tuji) j-n drängen, zur Eile antreiben; eilen.
hůř(e) Adv. (s. zle, špatně) schlechter, schlimmer, ärger.
hus|a f (1a) Gans f; pečená ~ Gänsebraten m; chov hus Gänsezucht f; aby tě ~ kopla! hol dich der Kuckuck!; **~ák** m (1a) Gänsehirt m; Zo. Gänserich m.
husar m (1; -ři) Husar m; **~ský** Husaren-; ~ kousek Husarenstreich m.
husí Gänse-; ~ prsíčka n/pl. Gänsebrust f; ~ nožičky f/pl. Gänsefüßchen n/pl., Anführungszeichen n/pl.; naskakuje mu ~kůže er bekommt e-e Gänsehaut; ~m pochodem im Gänsemarsch.
husi|čka f (1c; -ček) Gänschen n (a. F fig.); **~nec** m (4; -nc-) Gänsestall m; V Gänsedreck m.
husit|a m (5a) Hussit m; **~ský** hussitisch, Hussiten-; **~ství** n (3) Hussitentum n.
husopas m (1) Gänsehirt m; **~ka** f (1c; -sek) Gänsemagd f.
husovský Adj. Hus-, über Jan Hus.
huspenin|a f (1) Gallert(e) f, Gelee n; Sülze f, öst. Sulz m; Aspik m; **~ovitý** gallertartig; **~ový** Sülz-.
husti|č m (4) Tech. Verdichter m; **~lka** f (1c; -lek) Kfz. Luftpumpe f; **~t** ⟨na-, z-, za-⟩ (-štěn) (ver)dichten; Ball, Reifen aufpumpen, aufblasen; Soße eindicken; P Wissen eintrichtern, einpauken.
husto|listý dichtbelaubt; **~měr** m (2a) Tech. Dichtemesser m, Densimeter m; **~ta** f (1) Dichte f (a. Phys.); ~ obyvatelstva, dopravy Bevölkerungs-, Verkehrsdichte.

hustý

hustý ⟨Komp. -tší; Adv. -tě, Komp. houšť od. hustěji⟩ dicht; Flüssigkeit: dick; Schrift: eng; Augenbrauen: buschig; ~ hřeben feiner Kamm; -tě pletený Gewebe: engmaschig; -té případy zahlreiche Fälle; vyvařit do -ta dick einkochen.

huť f ⟨4c⟩ Tech. Hütte f, (a. hutě pl.) Hüttenwerk n; sklářská ~ Glashütte; **~mistr** † m ⟨1; -ři⟩ Hüttenmeister m.

hutní Tech. Hütten-; ~ pec Schmelzofen m; ~ kombinát Eisenhüttenwerk n.

hutnic|ký Tech. Hütten-, hüttentechnisch; Chem. metallurgisch; **~tví** n ⟨3⟩ Hüttenwesen n; Hüttenbetrieb m. [tenarbeiter m.⟩

hutník m ⟨1a⟩ Metallurg m; Hüt-⟨

hutnost f ⟨4⟩ Tech. Dichte f, Konsistenz f; Kompaktheit f.

hutný Tech. dicht; kompakt; Formen: fest ausgeprägt; Abhandlung: inhaltsreich; Stil: gedrängt, knapp; Nahrung: gehaltvoll.

hvězd|a f ⟨1⟩ Stern m; (Film-)Star m; fig. Leuchte f; Turn. Rad n; posety ~mi sternbedeckt, bestirnt; to je v -dách das steht in den Sternen (geschrieben); **~árna** f ⟨1; -ren⟩ Sternwarte f.

hvězdář m ⟨3⟩ Astronom m; **~ský** astronomisch; **~ství** n ⟨3⟩ Astronomie f, Sternkunde f.

hvězdi|ce f ⟨2a⟩ Stern m, Rosette f; Zo. Seestern m; **~cový** sternförmig; -vá jízda Sp. Sternfahrt f; **~čka** f ⟨1c; -ček⟩ Sternchen n, Sternlein n; (an der Uniform, als Fußnote u. a.) Stern m.

hvězdn|atý mit Sternen bedeckt, sternübersät; -tá obloha Sternenhimmel m; -tá noc sternklare Nacht; **~ý** Stern(en)-; -ná mapa Himmelskarte f; ~ rok astronomisches Jahr; -né světlo Sternenschimmer m, Sternenglanz m.

hvězdo|pravec m ⟨3; -vc-⟩ Sterndeuter m, Astrologe m; **~vitý** sternförmig, Stern-; **~vý** Stern-.

hvizd m ⟨2⟩ Pfiff m.

hvízda|t ⟨na-, po-, za-⟩ pfeifen; ~ si vor sich hin pfeifen; **~vý** pfeifend.

hvízd|nout pf., za- ⟨-dl⟩ e-n Pfiff ausstoßen, (einmal) pfeifen; **~nutí** n ⟨3⟩, **~ot, hvizdot** m ⟨2a⟩ Pfeifen n.

hvozd m ⟨2; 6. -u/-ě⟩ (dichter) Wald m, Hochwald m, Forst m; Tech. Malzdarre f; **~ík** m ⟨2b⟩ Bot. Nelke f; **~it** ⟨u-⟩ Hopfen, Malz darren.

hý! Int. hü!

hyacint m ⟨2a⟩ Bot. Hyazinthe f.

hybaj! P fort!; ~ pryč! fort mit dir!, weg da!; teď ~ do práce! (jetzt) marsch an die Arbeit!; ~ do lesa! hinaus (od. hinein) in den Wald!

hýbat ⟨roz-⟩ ⟨-u/-ám⟩ bewegen, in Bewegung setzen (A); fig. ~ s čím rühren (an A); ~ nohama die Beine bewegen; ~ stolem den Tisch rücken; nehýbejme s tím! lassen wir die Sache ruhen!; ~ ocasem mit dem Schwanz wedeln; ~ se sich bewegen, sich regen; ~ sebou sich rühren.

hybnost f ⟨4⟩ Rührigkeit f, Beweglichkeit f; Phys. Bewegungsmoment n, Bewegungsimpuls m.

hýbnout pf. ⟨-bl⟩ s. hýbat.

hybný rührig, flink, wendig; -ná síla treibende Kraft, Triebkraft f; Tech. Antriebskraft f; -né soustředí Bewegungsmechanismus m.

hybrid m ⟨2a⟩, **~a** f ⟨1⟩ Zo. Hybrid m; **~ní** hybrid.

hýčkat ⟨roz-, z-⟩ Kind schaukeln, wiegen; j-n verwöhnen, iron. verhätscheln.

hydrant m ⟨2a⟩ Hydrant m.

hydrát m ⟨2a⟩ Hydrat n.

hydro|centrála f ⟨1a⟩, **~elektrárna** f ⟨1; -ren⟩ Wasserkraftwerk n; **~plán** m ⟨2; 6. -u/-ě⟩ Wasserflugzeug n; **~vací** Hydrier-.

hyena f ⟨1⟩ Hyäne f.

hygien|a f ⟨1⟩ Hygiene f; **~ický** [-ni-] hygienisch.

hyje! s. hý.

hýkat ⟨roz- se, za-⟩ wie ein Esel schreien, Kdspr. i-a machen; ~ blahem vor Wohlbehagen grunzen.

hýl s. hejl.

hymna f ⟨1; -men⟩ Hymne f; fig. Lobgesang m, Loblied n.

hynout ⟨z-, za-⟩ ⟨-nul⟩ zugrunde gehen; Pflanze: eingehen; alte Grundsätze: schwinden; (sittlich) verkommen; ~ čím vergehen vor (z. B. Sehnsucht, Hunger), poet. verschmachten; ~ hladem verhungern; ~ žízní verdursten.

hynutí n ⟨3⟩ Untergang m, Verfall m; (Ver-)Schmachten n.

hyperbol|a f ⟨1a⟩ Hyperbel f, Übertreibung f; Geom. Kegelschnitt m; **~ický** hyperbolisch; übertrieben.

hyper|produkce f (2) Überproduktion f; **~trofie** f (2) Med. Hypertrophie f.
hypnóza f (1a) Hypnose f.
hypnoti|cký [-tɪ-] hypnotisch; **~zér** m (1; -ři) Hypnotiseur m.
hypo|fýza f (1a) Anat. Hypophyse f, Hirnanhang(drüse f) m; **~chondr** m (1; -ři/-rové) Hypochonder m, eingebildeter Kranker m; **~teční** hypothekarisch, Hypothekar-; ~ banka Hypothekenbank f; **~téka** f (1c) Hypothek f; vypůjčit si peníze na -ku e-e Hypothek aufnehmen; bez hypoték hypothekenfrei; **~t(h)etický** [-tɪ-] hypothetisch; **~téza** f (1a) Hypothese f.
hýř|ení n (3) ausschweifendes Leben n, Schwelgerei f, Prasserei f; **~il** m (1; -ové) Schwelger m, Prasser m.
hýři|t ⟨na- se, po-, za-⟩ in Saus und Braus leben, schwelgen; prassen, verschwenden; ~ silou vor Kraft strotzen; ~ všemi barvami in allen Farben leuchten od. schillern; **~vý** ausschweifend, schwelgerisch, verschwenderisch.
hister|ický hysterisch; **~ie** f (2) Hysterie f; válečná ~ Kriegspsychose f.
hyzd|it ⟨z-⟩ (-žděn) verunstalten, entstellen, P verschandeln; Kleid usw.: j-n häßlich machen.
hýž|dě f/pl. (2b; -í) Anat. Gesäß n; **~ďový** Gesäß-.

Ch

chab|nout ⟨o-, z-⟩ (*-bl*) schlaff werden; ermatten; *fig.* nachlassen (*v/i*); **~ost** *f* (*4*) Schlaffheit *f*; Mattigkeit *f*; *Med.* Schwäche *f*; ~ *vůle* Willensschwäche; **~oučký** sehr schwach *od.* matt; schwächlich; **~ý** schlaff, schwach, matt; *fig.* lässig, schlecht; *obchody jsou ~bé* das Geschäft geht schlecht; *~bá odpověď* e-e dürftige Antwort; *~bé vědomosti* mangelhafte Kenntnisse.

chajda F *f* (*1*) (armselige) Hütte *f*; ~ *na spadnutí* baufällige Bude.

chaloupka *f* (*1c*; *-pek*) kleine Hütte *f*, Häuschen *n*.

chaluh|a *f* (*1b*) Seegras *n*, Tang *m*; *Bot.* Blasentang; ~ *pilovitá* Sägetang; *Zo.* Raubmöwe *f*; **~ovitý** Tang-.

chalup|a *f* (*1*) Hütte *f*, Kate *f*, (Bauern-)Haus *n*; **~nický** Häusler-, Kleinbauer-; **~ník** *m* (*1a*) Kleinbauer *m*, Häusler *m*.

chám[1] *m* (*1*) Bauernlümmel *m*; V Schurke *m*.

chám[2] *m* (*2a*) *Bio.* Sperma *n*, Samen *m*.

chameleón *m* (*1*) Chamäleon *n* (*a. fig.*).

chámo|tok *m* (*2b*) *Med.* Samenfluß *m*; **~vod** *m* (*2a*) *Anat.* Samenleiter *m*; **~vý** *Bio.* Samen-; *~vá tělíska n/pl.* Samenzellen *f/pl.*, Spermien *n/pl.*

chamra|ď *f* (*4d*; *-di*), **~dina** *f* (*1*) Gerümpel *n*, Kram *m*; *verä.* Brut *f*; *všechno stejná ~* alle von der gleichen Sorte.

chamti|t ⟨*na-*⟩ (zusammen)raffen, F hamstern; knausern; **~vec** *m* (*2*; *-vc-*) habgieriger Mensch *m*, Geizhals *m*, P Raffer *m*, Raffke *m*; **~vost** *f* (*4*) Habgier *f*, Habsucht *f*, Raffgier *f*; **~vý** habgierig, raffgierig.

chao|s *m* (*2a*) Chaos *n*; **~tický** [-tɪ-] chaotisch.

chápa|cí Fang-, Greif-; ~ *hák* Fanghaken *m*; ~ *schopnost Med.* Greiffähigkeit *f*; **~dlo** *n* (*1a*; *-del*) *Tech.* Greifer *m*; *Zo.* Fangarm *m*.

cháp|ání *n* (*3*) Erfassen *n*, Auffassung *f*; **~at** (*-u*) (*co, po čem*) (er)greifen (*A*), greifen *od.* fassen (nach *D*); (*geistig*) begreifen, erfassen, F kapieren; *chápete? chápete?* ist das klar?, verstehen Sie?; ~ *se č-o* in Angriff nehmen (*A*); ~ *se té(to) příležitosti* die Gelegenheit ergreifen; ~ *se práce* sich an die Arbeit machen, ans Werk gehen.

chápav|ost *f* (*4*) Auffassungsgabe *f*, -vermögen *n*; **~ý** aufnahmefähig; *Lächeln:* verständnisvoll; *Kind:* aufgeweckt, begabt; *Zo.* Greif-.

charakter *m* (*2a*) Charakter *m*; **~istický** [-tɪ-] charakteristisch; **~ističnost** *f* (*4*) Eigenart *f*; **~istika** [-tɪ-] *f* (*1c*) Charakteristik *f*; *Math.* Kennziffer *f*; *Tech.* Kennlinie *f*; **~izovat** (*im*)*pf.* ⟨*z-*⟩ (*-zuji*) charakterisieren; **~ní** Charakter-; *Person:* charakterfest; *Tat:* von Charakter zeugend.

Charvát *m* (*1*), **~ka** *f* (*1c*; *-tek*) Kroat|e *m*, -in *f*; **~sko** *n* (*1b*) *Geogr.* Kroatien *n*; **Ꝗský** kroatisch; **Ꝗština** *f* (*1*) kroatische Sprache, Kroatisch(e) *n*.

chasa *f* (*1a*) Gesinde *n*; Dorfjugend *f*; *verä.* Gesindel *n*, Bande *f*.

cháska *f* (*1c*; *-sek*) (*Künstler-, Kinder-*)Schar *f*; *verä. s. chasa.*

chasník *m* (*1a*) (junger) Bursch(e) *m*; Geselle *m*, Knecht *m*; † Junggeselle *m*.

chassis ['ʃasi:] *n* (*indekl.*) (*Auto-*) Fahrgestell *n*; *Rdf.* Grundplatte *f*.

chat|a *f* (*1*) Hütte *f*; *horská ~* Berghütte, -hotel *n*, Baude *f*; *víkendová ~* Wochenendhaus *n*; **~ař** *m* (*3*) Wochenendhausbesitzer *m*; Herbergsvater *m*.

chátra *f* (*2d*; *-ter*) Gesindel *n*, Pack *n*, Pöbel *m*; **~at** ⟨*z-*⟩ *Mensch:* herunterkommen, verkommen; *Dinge:* verfallen; *Haus:* baufällig werden.

chatr|č *f* (*3*) (*kleine und elende*) Hütte *f*, Baracke *f*; **~nost** *f* (*4*) ärmliches Aussehen *n* (*e-s Menschen*); Gebrechlichkeit *f*; *Med.* Schwäche *f*; Schadhaftigkeit *f*, Baufälligkeit *f*;

Lückenhaftigkeit f, Dürftigkeit f; ~ně Adv. schlecht, mangelhaft, dürftig; notdürftig (*bekleidet*); ~ný *Kleider:* abgenutzt, abgetragen, schäbig; *Haus:* baufällig; *Zustand, Ergebnis:* erbärmlich, dürftig; *Ware:* minderwertig; *Essen:* mager, karg; *Leistung:* schwach, unzureichend; *Mensch:* schwächlich, gebrechlich.

chce, chci *s.* chtít.

chcíp|ácký P elend, miserabel; **-ká kobyla** Schindmähre f; **~at** verenden, V verrecken, krepieren; **~lý** verendet, V verreckt, krepiert; schlaff; **~nout** *pf.* (*-pl*) *s.* chcípat; **~otina** f (1) Kadaver m, Aas n.

Chebsko n (1b) *Geogr.* Egerland n.

chechtat ⟨roz-, za-⟩: ~ **se** laut lachen (č-u über A); unanständig lachen; kichern; ~ **se k-u do očí** j-m frech ins Gesicht lachen; ~ **se do vousů** sich ins Fäustchen lachen; **~avý** kichernd; ~ **racek** Lachmöwe f; **~ot** m (2a) Gelächter n, Lachen n.

chemic|ký chemisch; **~čka** f (1c; *-ček*) Chemikerin f; F *a.* chemische Fabrik f.

chemie f (2) Chemie f.

chemik m (1a) Chemiker m; **~álie** f (2) Chemikalie f.

chichot m (2a) Kichern n, Gekicher n; **~at se** ⟨roz-, za-⟩ kichern.

Chil|e [tʃi:-] n (*indekl.*) *Geogr.* Chile n; **~ský** chilenisch; ~ **ledek** Chilesalpeter m.

chiméra f (1d) Chimäre f; *Zo.* Seedrachen m.

chin|in m (2a) Chinin n; **~ovník** m (2b) Chinarindenbaum m; **kůra ~u** Chinarinde f.

chirurg m (1a; *-ové*) Chirurg m; **~ický** chirurgisch.

chlad m (2a) Kühle f; *Phys.* Kälte f; **ochrana proti ~u** Kälteschutz m; **třást se ~em** vor Kälte zittern; (u)**chovat v ~u** kühl lagern.

chládek m (2b; *-dk-*) angenehme Kühle f; F *a.* Arrest m; **sednout si do ~dku** sich in den Schatten setzen; F **sedět v ~dku** (im Knast) sitzen, brummen.

chlad|icí Kühl-; ~ **zařízení** Kühlanlage f; **~ič** m (4) (*Auto-*)Kühler m; **~írna** f (1; *-ren*) Kühlraum m, Kühlhaus n, Kühlanlage f; **~it** ⟨vy-, z-, za-⟩ (*-zen*) (ab)kühlen; *Speisen* kalt stellen; ~ **se** sich abkühlen; **~ivý**

kühl; *Tech.* Kühl-; **~ně** *Adv. fig.* kühl; **chovat se ~** (ke k-u) kühl behandeln (*A*), F die kalte Schulter zeigen (*D*); **~nička** f (2a; *-ček*) Kühlschrank m; **~no** n (1) Kühle f, Frische f; *Adv.* kühl, frisch; **je mi ~** mir ist kalt; **~nost** f (4) Kühle f, (*Luft-*)Kälte f; Gefühlskälte f; *pohlavní ~* *Med.* Frigidität f.

chlad|nout ⟨vy-, z-⟩ (*-dl*) kalt werden, erkalten; sich abkühlen; *fig.* absterben; **~ný** kühl, kalt; *-ná vlna* Kaltwelle f.

chlácholení n (3) Besänftigung f, Beschwichtigung f; **~it** ⟨u-⟩ besänftigen, beschwichtigen; *Zorn* mildern; **~ivý** besänftigend, beschwichtigend.

chlamst|at ⟨po-⟩, **~nout** *pf.*, *s-* (*-tl*/*-tnul*) gierig fressen *od.* saufen; *Hund:* schlabbern; ~ **po čem** schnappen nach *D.*

chlap m (1) Kerl m; *verä.* Mannsbild m; *hist.* Leibeigene(r) m; **~ácký** (*Adv. -y*) prächtig, tüchtig, (*fig.*) ordentlich; F ~ **kousek** Prachtstück n; **~ák** F m (1a) Prachtkerl m; **~ec** (3; *-pc-*) Junge m, † Knabe m, *dial.* Bub m, P Bursch(e) m; Liebhaber m, Freund m.

chlape|ckost f (4) Knabenhaftigkeit f; **~cký** (*Adv. -ky*) knabenhaft, Knaben-; ~ **kousek** Bubenstreich m; **~ctví** n (3) Knabenalter n; **~ček** m (1a; *-čk-*) Knäblein n, Büchchen n; *-čku!* Kleiner!, Bürschchen!

chlapík m (1a) Prachtkerl m, Mordskerl m; P **v tom je ~** davon versteht er etwas; **čertův ~** Teufelskerl m; **pěkný ~** *iron.* sauberer Geselle m; **veselý ~** lustiger Bruder, fideler Kumpel m; **z toho bude ~** aus dem wird noch etwas werden.

chlapisko n (1b; *-sek*) kräftiger Mensch m, *verä.* ungeschlachter Kerl m.

chlapský Mannes-, männlich; mannhaft; rüstig; *fig.* tüchtig, gewaltig; grob; † Bauern-; **to je ~ké** das ist echte Mannesart; F ~ **kus práce** ein schönes Stück Arbeit; **~m hlasem** mit rauher Stimme; **~ká pýcha** Bauernstolz m.

chlast V m (2a) Saufen n; Suff m; Gesöff n, Brühe f; **~ na ~** ⟨na- se, o-, pro-⟩ saufen; *pf.* na- **se sich** besaufen; **~oun** m (1) Säufer m, Trinker m, Trunkenbold m.

chlazení 120

chlazen|í *n (3)* Kühlung *f*; ~ý gekühlt; ~ vzduchem luftgekühlt.
chléb *m (2; chleb-; 2. -a; 6. -ě/-u)* Brot *n*; bílý, černý, formový, samožitný ~ Weiß-, Schwarz-, Kasten-, Vollkornbrot; ~ s máslem Butterbrot; žít o chlebě a vodě von Wasser und Brot leben; ~ z milosti Gnadenbrot; krušný ~ *fig.* sauer verdientes Brot; *f přijít o chleba* s-n Broterwerb verlieren; ~ Páně *Rel.* Abendmahl *n*; ~ náš vezdejší *bibl.* unser täglich(es) Brot; *svatojanský* ~ Johannisbrot. [Fresse *f*.]
chlebárna V *f (1; -ren)* Maul *n*;
chleb|ař *m (2b)* Profitmacher *m*, Geschäftemacher *m*; ~enka *f (3; -nek)* Brotkarte *f*; ~íček *m (2b; -čk-)* das (liebe, tägliche) Brot *n*; Broterwerb *m*; obložený ~ Sandwich *n*, Appetitshappen *m*; *perný* ~ *fig.* saures Brot; ~ník *m (2b)* Brotbeutel *m*; Brotkasten *m*; ~ný *s. chlebový*.
chlebo|dárce *m (3; chlub-)* Brotgeber *m*, Brotherr *m*; ~vina *f (1)* Brotgetreide *n*; ~vka P *f (3; -vek)* Brotsuppe *f*; ~vník *m (2b) Bot.* Brotbaum *m*; ~vý Brot-.
chlem(s)tat *s. chlamstat*.
chlév *m (2; 2. -a)* (Kuh-)Stall *m*; ~ní, ~ský Stall-; -ská mrva Stalldung *m*.
chlíp|ět (heraus)fließen; schlaff herabhängen; ~ník *m (1a)* (Wol-)Lüstling *m*; ~nost *f (4)* Begierde *f*, Geilheit *f*; ~ný lüstern, begehrlich.
chlíst|at, ~nout *pf.*, vy- sich ergießen, spritzen; *v/t* begießen, bespritzen; *f venku -tá* draußen gießt es wie aus Kannen.
chlívek *m (2b; -vk-)* (Ziegen-, Gänse-)Stall *m*; *scherz.* Rubrik *m (e-s Formblattes)*; F pěkný ~ (richtiger) Saustall.
chlop|eň *f (3; -pn-)* Klappe *f*; ~enní: ~ vada *Med.* Klappenfehler *m*.
chlor [-ɔːr] *m*, **chlór** *m (2a)* Chlor *n*.
chlor|ečnan *m (2a) Chem.* Chlorat *n*; ~istan *m (2a) Chem.* Perchlorat *m*; ~nan *m (2a)* Hypochlorit *n*.
chloro|fyl *m (2a) Bot.* Chlorophyll *n*; ~vodík *m (2b)* Chlorwasserstoff *m*; ~vý, **chlórový** Chlor-.
chlouba *f (1; chlub-)* Prahlerei *f*, Stolz *m*; bez -by ohne zu prahlen; to je moje ~ das ist mein (ganzer) Stolz.

chloupek *m (2b; -pk-)* Haufen *m*; *Bot.* Haarfaser *f*; ve všem najde ~ *fig.* er findet immer ein Haar in der Suppe; *s. chlup*.
chlub|ení *n (3)* Prahlen *n*, Prahlerei *f*; ~il *m (1; -ové)* Prahlhans *m*, Aufschneider *m*; ~it se ⟨na-, po-⟩ *(čím)* prahlen mit *(D)*, sich *e-r Sache* rühmen; -bí se cizím peřím er schmückt sich mit fremden Federn; ~ivost *f (4)* Prahlsucht *f*; ~ivý prahlerisch; ~ný Prahl-.
chlum *m (2a)* Hügel *m*.
chlup *m (2a)* (kurzes) Haar *n*; *pouštět* ~y Haare *(od. Federn)* lassen (müssen); sežrat s ~y mit Haut und Haar auffressen; o ~ um ein Haar; na ~ aufs Haar *gleichen*; zbavovat ~ů enthaaren; ~áč *m (3)*: pes ~ zottiger Hund; F s. vousáč; ~atý behaart; *Tier*, *Fell*: zottig, struppig; Pelz-; *Witz*: schlüpfrig, F nicht (ganz) stubenrein; naschhaft; F ~ jazýček Leckermaul *n*, Naschkatze *f*.
chmat *m (2a) s. hmat*; P je za pět prstů a ~ das ist geklaut; ~ák F *m (1a)* Langfinger *m*.
chmel *m (2 od. 4)* Hopfen *m*; ~árna *f (1; -ren)* Hopfenboden *m*; ~ař *m (3)* Hopfenpflücker *m*, Hopfenbauer *m*; ~ařský Hopfen-; ~nice *f (2a)* Hopfengarten *m*, Hopfenfeld *n*; ~ovina F *f* † *f (1)* Gerstensaft *m*, Bier *n*; ~ovka *f (1c; -vek)* Hopfenstange *f*; ~ový Hopfen-.
chmura *f (1d)* schwarze Wolke *f*, Regenwolke *f*; Stirnfalte *f*; -ry *pl.* trübe Gedanken, Trübsal *f*; ~ný finster, trüb(e); *Himmel*: bewölkt; ~ mrak schwarze Wolke; -ná nálada trübe *(od.* gedrückte) Stimmung.
chmuřit ⟨po-, z-, za-⟩ *v/t* verdüstern, umwölken; *Stirn* runzeln; ~ se sich verdüstern, sich verfinstern; *Himmel*: sich bewölken.
chmýří *n (3)* Flaum *m*; *Bot.* Fruchtwolle *f*; ~ na bradě *iron.* Milchbart *m*.
chňap! *Int.* schnapp!; ~at (-ám/-u), ~nout *pf. (-pl)* schnappen (co, po čem *A od.* nach *D*).
chobot *m (2; 6. -u/-ě) Zo.* Rüssel *m*; *Geogr.* Bucht *f*, (Meer-)Busen *m*; *(Land-)*Zipfel *m*, Spitze *f*; ~natec *m (3; -tc-)* Rüsseltier *f*; ~nice *f (2a) Zo.* Krake *m*.
chod *m (2a)* Gang *m*; Gangart *f*;

Tech. a. Lauf *m*; Betrieb *m*, Tätigkeit *f*; Verlauf *m*; *mrtvý ~, ~ naprázdno* Leerlauf *m*; *zpětný ~* Rücklauf; Rückwärtsgang; *nepřetržitý ~* Dauerbetrieb; *~ událostí* Lauf der Ereignisse; *být v ~u* im Gange sein; *uvést do ~u* in Betrieb nehmen; *Maschine* in Gang setzen; *Motor* anlassen; *Hochofen* anblasen; *dát č-u volný ~* e-r Sache freien Lauf lassen; *oběd o třech ~ech* Mittagessen *n* mit drei Gängen; *~ba f (1; -deb) Arch.* Gang *m*; *(Haus-)*Flur *m*; *Bgb.* Strecke *f*; *~bař m (3)* Kalfaktor *m*.

chodě *Adv.* im Gehen.

chodec *m* (3; *-dc-*) Fußgänger *m*, Passant *m*; *Sp.* Geher *m*; *je dobrý ~* er ist gut zu Fuß; *~ký* Geh-; *-ké závody Sp.* Wettgehen *n*.

chodidlo *n* (1*a*; *-del*) Fußsohle *f*; *(Strumpf-)*Sohle *f*, Füßling *m*.

chodit ⟨*na-* se, *od-*, *roz-*⟩ (*iter. zu* jít) (*oft*) gehen; herumgehen, auf und ab gehen; *Post:* ankommen, eingehen; sich kleiden, gekleidet gehen; *~ do č-o Schule, Theater usw.* besuchen; *~ ke k-u j-n* häufig besuchen, (*a. s kým*) Umgang pflegen mit (*D*), verkehren bei (*D*), *fig.* aus- und eingehen; *~ na lup* auf Raub ausgehen; *~ na procházku* spazieren gehen; *~ (kam) o radu* Rat suchen; *~ po zapovězených cestách fig.* krumme Wege gehen; *~ po čtyřech* auf allen vieren gehen; *~ po hospodách* sich in Wirtshäusern herumtreiben; *~ k-u po hlavě fig.* j-m auf der Nase herumtanzen; *~ po kraji* im Land herumziehen; *~ po městě* die Stadt ablaufen; *~ po nemocných* Krankenbesuche machen; *~ po pokoji* im Zimmer auf und ab gehen; *~ po světě* die Welt durchwandern; *~ po žebrotě* betteln (gehen); *~ pro vodu* Wasser holen (gehen); *~ přes co* überschreiten (*v/t*); *~ přestala s ním ~* sie geht nicht mehr mit ihm; *~ v černém* schwarz gekleidet gehen; *F umět v čem ~* bewandert sein in (*D*); *~ za školu* die Schule schwänzen; *~ za děvčaty* den Mädchen nachlaufen; *tudy se nechodí* hier führt kein Weg; *~ si* einherstolzieren.

chodí|tko *n* (1*b*; *-tek*, *6. Pl. -ách*) Laufställchen *n*; *~vat* (*frequentativ*) häufig gehen, zu gehen pflegen; hie und da (hin)gehen.

chodník *m* (2*b*) Gehsteig *m*, *-weg m*, Bürgersteig *m*; *lit.* Pfad *m*, Fußweg *m*; *pohyblivý ~* Rolltreppe *f*.

chochol *m* (2; 6. *-u/-e*) (Haar-)Schopf *m*; Federbusch *m*; *Zo.* Haube *f* (*der Vögel*); *~atý Zo.* Hauben-, Schopf-; *~ík m* (2*b*) *Bot.* Doldentraube *f*; *~ka f* (3; *-lek*) Büschel *n*; Schopfhenne *f*; *~ouš m* (3) Haubenlerche *f*.

choler|a *f* (1*d*) Cholera *f*; *~ický* cholerisch; *~ový* Cholera-.

chomáč *m* (4) Büschel *n*; Klumpen *m*; (*Schnee-*)Flocke *f*; *~ovitý* büschelartig; *~ek m* (2*b*; *-čk-*) (*Watte-*)Bausch *m*.

chomout *m* (2; 6. *-u/-ě*) Kum(me)t *n*; *fig.* Joch *n*; *verá.* Tölpel *m*, Tolpatsch *m*.

chopit *pf.* anfassen, ergreifen, anpacken; *~ se č-o* greifen nach (*D*); *~ se zbraní, pera* zu den Waffen, zur Feder greifen; *~ se příležitosti* die Gelegenheit ergreifen.

chór *m* (2*a*) Chor *m* (*a. Arch.*); Chorgesang *m*.

chorál *m* (2*a*) Choral *m*; *~ní* Choral-.

chorob|a *f* (1) Krankheit *f*, Leiden *n*; *pro ~bu* krankheitshalber; *~inec m* (4; *-nc-*) Siechenhaus *n*, Hospital *n*; *~nost f* (4) Siechtum *n*; Krankhaftigkeit *f*; *~ný* kränklich, elend; krankhaft; *~ záchvat* (*Krankheits-*)Anfall *m*; *~opis m* (2; 6. *-u/-e*) *Med.* Krankheitsbild *n*, Krankheitsgeschichte *f*; *~oplodný* krankheitserregend.

choromysl|nost *f* (4) Geisteskrankheit *f*, Irrsinn *m*; *~ný* geisteskrank, irrsinnig; *ústav pro -né* Nervenheilanstalt *f*, Irrenanstalt *f*.

choroš *m* (4) *Bot.* Löcherpilz *m*; *troudový ~* Zündschwamm *m*.

chorovod *m* (2*a*) Reigen *m*.

chórový Chor-.

Chorvat *m s.* Charvát.

chorý krankhaft, leidend, siech; *duchem* geistes-, gemütskrank; *~ na plíce* lungenkrank; *~ na srdce* herzkrank, herzleidend; *~ tělem i duchem* krank an Leib und Seele.

choť *m* (3*a*; *-tě*), *f* (4*c*; *-ti*) Gemahl *m*, Gemahlin *f*.

choulit ⟨*při-*, *s-*, *za-*⟩ (an)drücken; *~ se* sich drücken, sich anlehnen;

choulostivec 122

sich ducken; ~ se do č-o sich hüllen in (A); ~ se k č-u sich (an)schmiegen an (A); ~ se pod co sich verkriechen unter (A).

choulostiv|ec m (3; -vc-) Weichling m, empfindlicher Mensch m; **~ět** ⟨z-⟩ (3 Pl. -ějí) verweichlichen (v/i), empfindlich werden; **~ost** f (4) Empfindlichkeit f, F Zimperlichkeit f; Bedenklichkeit f (e-r Sache); **~ý** empfindlich, weichlich; Kind: verzärtelt; Angelegenheit, Frage: heikel; Lage: bedenklich, P verzwickt; ~ na zimu kälteempfindlich.

choutka f (1c; -tek) Gelüst n; hovět svým ~kám o-s Lüsten frönen.

chov m (2a) Zucht f; ~ dobytka Viehzucht.

chova|nec m (3; -nc-), **~nka** f (1c; -nek) Zögling m; ~ v káznici Zuchthäusler(in f) m.

chování n (3) Verhalten n (a. Chem.); Benehmen n; Manieren f/pl., Lebensart f; Auftreten n, Haltung f; (Schule) Betragen n; (Lebens-) Wandel m; Aufbewahren n; mravné ~ sittliches Betragen; společné ~ Umgangsformen f/pl.; přímé ~ gerade Haltung; celé jeho ~ sein ganzes Tun und Lassen, sein ganzer Lebenswandel; ~ v dobrém stavu, v čistotě Instand-, Reinhaltung f.

chovat ⟨u-, za-⟩ (auf)bewahren; Tiere, Ordnung halten; Tiere a. züchten; Kinder aufziehen, betreuen; Verdacht, Freundschaft hegen; im Andenken behalten; ~ v teple warm halten; ~ v zajetí gefangen halten; ~ v úctě in Ehren halten; ~ v tajnosti geheimhalten; P bude ~ sie erwartet ein Kind; ~ se sich benehmen, sich betragen; sich verhalten; (ke k-u j-n) behandeln; ~ se hloupě sich dumm anstellen; ~ se pánovitě herrisch auftreten; ~ se zdvořile sich höflich benehmen; j-n höflich behandeln.

chovatel m (3; -é), **~ka** f (1c; -lek) Züchter(in f) m; (Tier-)Halter(in f) m; **~ský** Züchter-; **~ství** n (3) Züchten n, Züchtung f.

chovný Zucht-.

chození n (3) Gehen n, Herumgehen n.

chozrasčot m (2a) wirtschaftliche Rechnungsführung f.

chrab|rost f (4) Tapferkeit f, Kühnheit f; **~rý** (Komp. -řejší; Adv. -ře, Komp. -řeji) tapfer, wacker, kühn; brav.

chrám m (2; 6. -u/-ě) Kathedrale f, Dom m; Tempel m (a. fig.); Svatovítský ~, ~ svatého Víta Veitsdom; ~ Panny Marie Marienkirche f; ~ Páně Gotteshaus n; **~ový** Kirchen-.

chráně|nec m (3; -nc-), **~nka** f (1c; -nek) Schützling m; **~ní** n (3) Schutz m (G); jur. Wahrung f; ~ lovné zvěře Wildhege f; **~ný** geschützt; ~ před větrem windgeschützt; -ná oblast Schutzgebiet n; -no zákonem gesetzlich geschützt.

chrání|cí Schutz-; **~čm** (4) Schoner m; Tech., Sp. Schützer m; El. Schutzschaltung f; **~čka** f (1c; -ček) Tech. Mantelrohr n; -ky pl. Med. Pockenimpfstellen f/pl., -wunden f/pl.; **~t** ⟨o-, u-, za-⟩ (be)schützen, bewahren (před čím od. č-o vor D); F chraň! beileibe nicht!, bewahre!; ~ se sich hüten, sich in Acht nehmen, auf der Hut sein (č-o, k-o vor D).

chranítko n (1b; -tek; 6 Pl. -tkách) Schoner m, Schützer m; Schutzvorrichtung f; Schutzhülle f, Schutztuch n; Schutzschild m; Tech. (Schutz-)Schirm m; ~ na uši Ohrenschützer; kožené ~ Sp. Schutzleder n.

chrápa|l m (1; -ové) iron. Langschläfer m, P Penner m; **~t** ⟨po-, za-⟩ (-u) schnarchen, P sägen; ~ jako sysel schlafen wie ein Murmeltier od. Dachs.

chrap|lavý heiser; **~ot** m (2a) Heiserkeit f; mám velký ~ ich bin sehr heiser; **~oun** P m (1) verä. protziger Bauer m, Lümmel m; **~tět** ⟨o-, za-⟩ heiser sein; **~tivost** f (4) Heiserkeit f; **~tivý** heiser.

chrast m (2a) od. f (4) Reisig n.

chrást m (2a) Krautblätter n/pl.; řepný ~ Rübenblätter, -kraut n.

chrastav|ec m (4; -vc-) Bot. Witwenblume f; polní ~ Grundkraut n; **~ý** räudig, mit Grinden bedeckt.

chrast|í n (3) Gestrüpp n; Reisig n; **~it** ⟨za-⟩ Ketten: rasseln; Laub, Stroh, Papier: rascheln; hubený až kostmi -tí klapperdürr, spindeldürr; **~ítko** n (1b; -tek) Rassel f, Klapper f; **~ivý** rasselnd; raschelnd.

chrče|ní n (3) Röcheln n; **~t** ⟨rozse, za-⟩ röcheln.

chrch|el m (2 od. 4; -chl-) Med. Auswurf m; ~lat ⟨od-, za-⟩ sich räuspern, hüsteln; (aus)husten; ~lavý räuspernd; heiser.

chrl|ení n (3) Speien n; ~ krve Blutsturz m; ~ič m (4) Arch. Wasserspeier m; ~it ⟨vy-⟩ Blut, Feuer speien; Vulkan: hervorspeien, auswerfen; Flüche ausstoßen; ~ nápady Einfälle (nur so) aus dem Ärmel schütteln; ~ se hervor-, herausstürzen.

chrnět P ⟨na- se⟩ pennen, (fest) schlafen.

chrobák m (1a) Mistkäfer m.

chrochtat ⟨za-⟩ grunzen.

chrom, chróm m (2a) Chem. Chrom n.

chrom|at P lahmen, hinken; ~ět, ~nout ⟨o-, z-⟩ ⟨-ml⟩ lahm werden.

chromo|vaný verchromt; ~vý, **chrómový** Chrom-.

chromý lahm; Baum: krumm gewachsen; ~ na jednu nohu auf e-m Bein lahm.

chrop|ot m (2a) Röcheln n; ~tět ⟨za-⟩ röcheln; ~tivý röchelnd.

chroupa|t ⟨za-⟩ ⟨-u/-ám⟩ knabbern (co an D); Schnee: knirschen; ~vý Gebäck: knusprig, -vá mandle Knackmandel f, öst. Krachmandel f.

chroust m (1) Maikäfer m (4c, z-⟩ knabbern; ~ek m (1b; -tk-) Junikäfer m, dial. Sonnenwendkäfer m.

chrout ⟨s-, za-⟩ ⟨chruji, chrul⟩: ~ se sich (herum)wälzen; ~ se do peřin sich ins Federbett (hinein)kuscheln.

chrp|a f (1) Kornblume f; ~ový Kornblumen-; -vě modrý kornblumenblau.

chrst[1] Int. patsch!; ~[2] m (2a) Spritzen n (mit e-r Flüssigkeit); ~at ⟨vy-⟩, ~nout pf. ⟨-tl/-tnul⟩ j-n bespritzen, anspritzen; ~nutí n (3) s. chrst[2].

chrt m (1) Windhund m; F fig. Geizhals m, Knauser m.

chrup ⟨a⟩ m (2a) Gebiß n; ~at ⟨roz-, za-⟩ ⟨-u/-ám⟩ knabbern (an D); Schnee: knirschen; knacken; scharnchen; F schlafen; houska -pe die Semmel ist knusprig; ~avčitý knorpelig, Knorpel-; ~avka f (1c; -vek) Knorpel m; ~avý knusprig; Schnee: knirschend; ~ka f (1c; -pek) Bot. Knorpelkirsche f; ~nout pf., za- ⟨-pl⟩ knacken, krachen; ~ot m (2a) Knacken n, Krachen n; Schnarchen n.

chryzantéma f (1) Bot. Chrysantheme f.

chřad|nout ⟨z-⟩ ⟨-dl⟩ ⟨čím⟩ dahinsiechen (an D); sich verzehren; verschmachten; vergehen (vor D); Pflanze: verwelken, eingehen; -ne žalem er verzehrt sich vor Gram; ~nutí n (2) Siechtum n, Abmagerung f.

chřapáč m (4) Bot. Lorchel f.

chřaplavý klappernd.

chřástal m (1) Zo. Wasserhuhn n, Rohrhuhn n.

chřest m (2a) Spargel m; ~it ⟨za-⟩ rasseln, klirren; ~idlo n (1b; -tek) Rassel f, Klapper f; ~ot m (2a) Rasseln n; ~ový Spargel-; ~ýš m (3) Klapperschlange f.

chřip|ě f (2b; -i), ~í n (3) Nasenflügel m; (b. Tier) Nüster f.

chřipk|a f (1c; -pek) Grippe f; ~ový Grippe-.

chřoupat s. chroupat.

chřtán m (2; 6. -u/-ě) Rachen m, Schlund m; verä. Gurgel f.

chřupat s. chroupat.

chtě(j) nechtě(j) ob man will oder nicht, wohl oder übel.

chtěl, chtěn s. chtít.

chtěn|í n (3) Wollen n, Begehren n; ~ost f (4) Geziertheit f; ~ý gewollt; Tat: beabsichtigt; geziert, gewählt.

chtíč m (4) Gier f, Begierde f, Trieb m; ~ pomsty Rachgier; ~ krve Blutdurst m, Mordgier.

chtít ⟨za-⟩ ⟨chci, chtěl, chtěn⟩ wollen (co na kom, od k-o, po kom et. von D); mögen; chce se mi ich habe Lust; nechce se mu do toho er hat keine Lust dazu; nechtěl(a) byste möchten Sie gern; F to by se mi tak chtělo! das hat mir (gerade) noch gefehlt!; snad nechceš stonat du willst doch nicht etwa krank werden; co mu chceš? was willst du von ihm?; okolnosti tomu chtějí die Umstände erfordern es; chtě nechtě s. chtě(j).

chtiv|ost f (4) Begier(de) f, Lust f; ~ boje Kampf(es)lust; ~ slávy Ruhmsucht f; ~ý begierig (č-o nach D); být č-o ~ gierig (F erpicht) sein auf (A); ~ boje kampflustig; fig. streitbar; ~ moci machtgierig, machthungrig; ~ vlády herrschsüchtig.

chudáček 124

chu|dáček m (1a; -čk-; -ové) Dim. zu chudák = **~dák** m (1a), **~ďas** m (1; -ové) Arme(r) m, armer Mensch m, F armer Kerl od. Schlucker m; chudák otec! armer Vater!
chuděř|a F f (1d) od. m (5) armer Teufel m, armer Schlucker m; **~ka** F m od. f (1c; -rek): **~malá!** armes Würmchen!, armes Hascherl!
chudi|čký, ~nký (Adv. -čče/-nce) bettelarm; Wohnung: armselig; Kost: mager; Kleider: ärmlich; **~na** f (1) koll. armes Volk n, die Armen m/pl., die armen Leute pl.; městká ~ Stadtproletariat n; **~nka** f (1c; -nek) s. chuděra; **~nský** Armen-, **~nství** † n (3) Armenpflege f.
chudnout 〈z-〉 (-dl) arm werden, verarmen; abmagern (v/i).
chudob|a f (1) Armut f; vysvědčení -by Armutszeugnis n; **~inec** † m (4; -nc-) Armenhaus n; **~ka** f (1c; -ček) Bot. Gänseblümchen n, Maßliebchen n; **~ný** ärmlich, dürftig, elend; ~ lid das arme Volk.
chudokrev|nost f (4) Blutarmut f; **~ný** blutarm.
chudost f (4) Armut f; Dürftigkeit f.
chudozubý: -bí m/pl. Zo. die Zahnarmen m/pl.
chudý (Komp. -ší; Adv. -ě, Komp. -eji) arm (čím an D); armselig, elend, dürftig; Boden, Kost: karg, mager; Nachricht: spärlich; péče o -é Armenfürsorge f; ~ tukem fettarm; ~ na vápno kalkarm; -dě oděný ärmlich gekleidet.
chůdy f/pl. (1) Stelzen f/pl.
chuchvalec m (4; -lc-) Klumpen m; (Watte-)Bausch m.
chuligán m (1) Rowdy m, Flegel m; **~ský** Rowdy-; **~ství** n (3) Rowdytum n.
chumáč m s. chomáč.
chumel m (2a; -ml-) Knäuel m; fig. Gedränge n, Gewimmel n; ~ kouře Rauchwolke f; ~ sněhu f (2a) Schneegestöber n, **~it se** Schnee: stöbern, dicht fallen, wirbeln; fig. Menschen: wimmeln; -lí se lidí es wimmelt vor Menschen.
chumla|nice f (2a) Gewirr n, Wirrwarr n; **~t** 〈za-〉 verwirren; verfilzen; Kleider zerknittern; Papier zerknüllen; F ~ se (do č-o) sich kuscheln (in A).
chundel F m (4) (Haar-)Büschel m, Locke f, iron. Zottel f; **~áč** m (3) verá. Zottelkopf m; zottiges Tier n; **~atý** zottig; wollhaarig.
churav|ec m (3; -vc-) Sieche(r) m; **~ění** n (3) Siechtum n; **~ět** 〈o-〉 (3 Pf. -ěji) krank sein; kränkeln, (dahin)siechen; **~ost** f (4) Unpäßlichkeit f, Indisponiertheit f; **~ý** (Kurzformen ~, -a, -o) kränklich, siech; unwohl, unpäßlich; ~ na duchu, na plíce geistes-, lungenkrank; je dnes trochu churav er fühlt sich heute nicht (recht) wohl.
chuť f (4c; -ti) Geschmack m; Beigeschmack m; Geschmackssinn m; Appetit m; Lust f, Gefallen m; Verlangen n; bez -ti geschmacklos; ~ ke koupi Kauflust; na jídlo Eßlust; vzít k-u ~ k jídlu j-m den Appetit nehmen od. verderben; je vždy při -ti er hat er-n gesunden Appetit; kousek jídla pro ~ Kostprobe f; dobrou ~! guten Appetit!, P Mahlzeit!; ~ k životu Lebenslust; nemá do toho ~ er hat keine Lust dazu; měl bych sto -tí ... ich hätte große Lust ...; divné -ti sonderbare Wünsche; to je mi po -ti das ist nach meinen Geschmack; podle od. po -ti nach Herzenslust; dělat co s -tí mit Vergnügen et. tun; an e-r Sache Gefallen finden; přijít na ~ auf den Geschmack kommen.
chut|ě Adv. frisch; schnell; gern; ~ do toho! frisch drauf los!, hurtig ans Werk!; **~nací** Geschmacks-; **~nání** n (3) Schmecken n; Appetit m; **~nat** 〈o-, po-, za-〉 schmecken, † munden; Appetit haben; dejte si ~! lassen Sie sich's gut schmecken!; **~nost** f (4) Schmackhaftigkeit f, Wohlgeschmack m.
chuťový Anat. Geschmacks-.
chůva f (1) Kindermädchen n, Kinderfrau f; stará ~ Amme f.
chůze f (2) Gehen n; Gang(art f) m; v -zi im Gehen; zvolnit -zi den Schritt verlangsamen; závody v -zi Sp. Wettgehen; vratká ~ schwankender Gang; hodina ~ e-e Stunde zu gehen od. Wegs.
chvála f (1a; chval) Lob n; pět o kom -lu Lobeshymnen anstimmen über (A); rozplývat se samou -lou über alle Maßen loben; **~bohu**! gottlob!, Gott sei Lob und Dank!
chvalitebný lobenswert; z matematiky -nou, -ně in Mathematik lobenswert (Note).

chválit ⟨na-, po-⟩ loben; *Rel.* (lob-)preisen; ~ k-o do nebes *od.* na výsost j-n über alle Maßen loben.

chvalný *lit.* löblich, rühmlich; -ně známý wohlbekannt, bestens bekannt.

chvalořeč f ⟨4⟩ Lobrede f; **~it** (k-u) lobpreisen (A); **~ník** m ⟨1a⟩ Lobredner m.

chvalozpěv m ⟨2a⟩ Lobgesang m, Loblied n.

chvast, chvást m ⟨2a⟩ Prahlerei f.

chvást|al m ⟨1; -ové⟩ Prahler m, F Aufschneider m, P Prahlhans m; **~alství** n ⟨3⟩ Prahlerei f; **~at** ⟨na-⟩: ~ se prahlen (čím mit D), aufschneiden; **~avost** f ⟨4⟩ Prahlsucht f, Prahlerei f. [kerer m.]

chvastoun m ⟨1⟩ Prahler m, Flun-⟩

chvat m ⟨2a⟩ Hast f, (große) Eile f; *Sp.* Griff m; v ~u hastig, in (aller) Eile.

chvátat ⟨u- se⟩ eilen; sich beeilen, F sich sputen; drängen auf (A); ~ k-u vstříc j-m entgegeneilen; ~ za kým j-m nacheilen.

chvatný hastig, eilig, hurtig; ~ pochod Eilmarsch m; -ná práce flüchtige Arbeit.

chvě|jný bebend, zitternd; **~ní** n ⟨3⟩ Beben n, Zittern n; *Phys.* Schwingung f; *Rdf.* ~ obrazu Flattereffekt m.

chvět ⟨roze-, za-⟩ (chvěji): ~ se beben, zittern (čím vor D); *Phys.* schwingen, vibrieren; (im Fluge) schwirren.

chvíle f ⟨2; chvil⟩ Weile f; Augenblick m; *fig.* Stunde f; Zeit f; dlouhá ~ Lang(e)weile f; vhodná ~ günstiger Augenblick; volná ~ Muße f, Freizeit; ~ nebezpečí Stunde der Gefahr; slabá ~ schwache Stunde; to trvá -li das dauert e-e Weile; počkej -li! warte e-n Augenblick!; na -li für e-e Weile; za -li nach e-r Weile, nach einiger Zeit; za hodnou -li nach geraumer (*od.* längerer) Zeit; ~mi bisweilen, ~ od času Zeit zu Zeit; co -li, každou -li jeden Augenblick; teď na to není ~ jetzt ist keine Zeit dazu; aby ušla ~ zum Zeitvertreib; do dnešní ~ bis heute; do této ~ bis jetzt; od této ~ von da ab, seitdem; v této -li im Augenblick, augenblicklich; v tu -li im Augenblick, zur Stunde.

chvil|ečka f, **~ička** f ⟨1c; -ček⟩, **~in-** **ka** f ⟨1c; -nek⟩, **~ka** f ⟨1c; -lek⟩ *Dim.* zu chvíle; **~kový** augenblicklich, momentan; *Bekanntschaft:* flüchtig.

chvoj f ⟨3⟩, **~í** n ⟨3⟩ Nadelholzreisig n; **~ka** f ⟨1c; -jek⟩ *Bot.* P Sadebaum m; Wolfsmilch f; *klášterská* ~ Jungfernpalme f.

chvost m ⟨2a⟩ Schweif m, Schwanz m; (*Licht-*)Streifen m; **~natý** geschweift, mit langem Schwanz; buschig.

chyba[1] f ⟨1⟩ Fehler m, Mangel m; Versehen n, P Schnitzer m; *Jur.* Verstoß m; s. a. lávka; tisková ~ Druckfehler; ~ v měření Meßfehler; početní ~ Rechenfehler; ~ proti pravidlům Verstoß gegen die Regeln; ~ při čtení Lesefehler; bez -by fehlerfrei, fehlerlos; ~ na -bě Fehler an Fehler; ~mi se člověk učí durch Schaden wird man klug; ~[2] *Adv.* schade; bylo by ~, kdyby ... es wäre bedauernswert, wenn ...; ~, že ... schade, daß ...

chyb|ět ⟨3 *Pl.* -ějí⟩ fehlen; -bějí mu peníze es fehlt (*od.* mangelt) ihm an Geld; málo -bělo ... es fehlte nicht viel ...; **~ička** f ⟨1c; -ček⟩ kleiner Fehler m, kleines Versehen n; **~it** *pf.*, po- e-n Fehler begehen *od.* machen (v čem in D); (co) Ziel verfehlen; *Schuß:* fehlgehen; ~ se verfehlen (č-o, k-o/A); ~ se povoláním s-n Beruf verfehlen; **~ně** *Adv.* falsch, unrichtig; přečíst ~ sich verlesen; střelit ~ vorbeischießen; účtovat ~ falsch abrechnen; **~ný** fehlerhaft, Fehl-; *Ansicht:* irrig, falsch; ~ krok Fehltritt m; ~ závěr Fehlschluß m; -né zboží Ware mit Fehlern; být ~ na řeč e-n Sprachfehler haben; -né cesta falscher Weg, F Holzweg; **~ovat** (-buji) *iter.* s. chybit; -buješ, že ... du machst e-n Fehler, wenn ...; ~ je lidské irren ist menschlich; **~ující** fehlerhaft; jsme lidé ~ kein Mensch ist ohne Fehler.

chycen(ý) s. chytit; *Fleisch:* nicht mehr ganz frisch *od.* einwandfrei; *Lunge usw.:* angegriffen.

chýlit ⟨na-, od-, při-⟩ neigen, beugen, senken; ~ se sich neigen; *Vorräte:* zur Neige gehen; *Feier:* zu Ende gehen; slunce se -lí k západu die Sonne geht bald unter; -lí se k bouři in Gewitter zieht auf.

chystat ⟨na-, při-, u-⟩ vorbereiten

(se k č-u, nač sich auf *A od.* zu), F zurechtmachen; *Essen, Überraschung* bereiten; ~ *si výmluvu* sich e-e Ausrede zurechtlegen; ~ se k č-u beabsichtigen, vorhaben, sich anschicken, im Begriff sein (*et. zu tun*); *-tá se k dešti* es wird bald regnen; *něco se -tá!* es liegt et. in der Luft; *-tají se na něho* man hat es auf ihn abgesehen.

chýše *f* (2) Hütte *f*.

chyta|cí Fang-; ~**č** *m* (3) Fänger *m*; ~**čka** *f* (1c; *-ček*) verfängliche Frage *f*, Falle *f* (*fig.*); Fangspiel *n*, F Haschen *n*.

chyta|t ⟨*na-, po-, za-*⟩ *v/t* fassen, greifen (*zač* nach *D*); fangen; *Flüssigkeit* auffangen; F *Worte* aufschnappen; *Verbrecher* verfolgen; *v/i Farbe*: haften; *Mörtel*: binden; *Krankheit*: befallen; ~ *se* Haschen spielen; (*č-o*) greifen (nach *D*); sich klammern (an *A*); haften bleiben (an *D*); *chleba se -tá plíseň* das Brot fängt an zu schimmeln; *-tá se ho slunce* er wird leicht (von der Sonne) braun; ~**it** *pf.*, *u-, za-* (*-cen*) (*zač*) fassen, F packen (an *D*), (er)greifen (*j-n* an *D*); F erwischen, kriegen;

Fot. treffen; *Nagel, Keil*: eindringen; *Buch, Film*: ergreifen, bewegen; ~ *do náručí* umarmen, in die Arme schließen; *chyť rozum!* nimm (doch) Vernunft an!; ~ *se* sich fangen; (*č-o*) fassen, greifen (nach *D*); *e-e Tätigkeit* beginnen, ergreifen; *e-r Sache* verfallen; *Wurzel* fassen; *s. a.* chytnout.

chytla|vost *f* (*4*) Entzündlichkeit *f*; ~**vý** leicht entzündlich; F *jem.* der sich leicht verliebt; *Frage*: verfänglich; *Beispiel*: verführerisch; *-vá hlava!* ein kluger Kopf!

chytnout *pf.* (*-tl*) *s.* chytit; ~ *dech* nach Luft schnappen, F japsen; *dát se* ~ sich erwischen lassen; ~ *se s kým* aneinander geraten.

chytrác|kost *f* (*4*) Schlauheit *f*, Pfiffigkeit *f*; ~**ký** schlau, pfiffig; spitzfindig; ~**tví** *n* (*3*) *s.* chytráckost.

chyt|rák *m* (*1a*) Schlaukopf *m*, F Schlauberger *m*, Schlaumeier *m*, Pfiffikus *m*; ~**rost** *f* (*4*) Klugheit *f*; ~**rý** (*Komp. -třejší*; *Adv. -tře*, *Komp. -třeji*) klug, gescheit; schlau, F pfiffig; verschmitzt; F *po čtyřech* ~ verdammt klug; *jít na co s -rou* et. geschickt anpacken.

I

i *Konj.* und, und auch; selbst, sogar; da, aber; *Int.* ei!, oh!, ach!; *ba ~ ja sogar*; *~ ... ~* sowohl ... als auch; *~ když* auch wenn, wenn auch; *~ s* samt, mitsamt; *~ hleďme!* da schaut her!; *~ co!* ach was!; *~ ty* auch du; *~ at'!* mag er schon!; *~ kdepak!* keine Spur!, wo denkst du hin!; *F ~ namouť* bei meiner Seele; *~ s radostí!* aber mit Vergnügen!

ibiš|ek *m* (2b; -šk-) *Bot.* Eibisch *m*; **~kový** Eibisch-.

ide|a *f* (1, 2; 2. -y/-je, 3, 6. -ji, 4. -u; 2 Pl. -ji) Idee *f*; **~ál** *m* (2a) Ideal *n*.

ideali|sta *m* (5a) Idealist *m*; **~zace** *f* (2) Idealisierung *f*; **~zovat** ⟨pře-, z-⟩ (-zuji) idealisieren.

ideální ideal.

identi|cký [-ti-] identisch; **~fikace** *f* (2) Identifizierung *f*; **~fikovat** (im)pf. (-kuji) identifizieren, **~ta** *f* (2) Identität *f*.

ideov|ost *f* (4) Ideenreichtum *m*; Prinzipientreue *f*; **~ý** ideell.

idyl|a *f* (1a) Idyll *n*, Idylle *f*; **~ický** idyllisch.

ihned sofort.

ikona *f* (1) Ikone *f*.

ileg|alita *f* (1) Illegalität *f*; **~ální** illegal.

ilumin|ace *f* (2) Illumination *f*; **~ovat** (im)pf. ⟨z-⟩ (-nuji) illuminieren.

iluz|e *f* (2) Illusion *f*; **~orní** illusorisch.

ilustr|ace *f* (2) Illustration *f*; **~ovat** (im)pf. ⟨z-⟩ (-ruji) illustrieren.

imit|ace *f* (2) Imitation *f*; **~ovat** (im)pf. (-tuji) imitieren.

imperiali|smus [-izm-] *m* (2a; -ism-) Imperialismus *m*; **~sta** *m* (5a) Imperialist *m*.

imponovat ⟨za-⟩ (-nuji) imponieren.

improviz|ace *f* (2) Improvisation *f*; **~ovat** ⟨z-, za-⟩ (-zuji) improvisieren.

imuni|ta [-ni-] *f* (1) Immunität *f*; **~zace** *f* (2) Immunisierung *f*; **~zovat** (im)pf. (-zuji) immunisieren.

Ind *m* (1; -ové) Inder *m*.

Indián [-di-] *m* (1), **~ka** *f* (1c; -nek) Indianer(in *f*) *m*; ♀ Indianergeschichte *f*; ♀**ský** Indianer-.

indi|cký [-di-] indisch; ♀**e** *f* (2) Indien *n*.

Indka *f* (1c; -dek) Inderin *f*.

individuali|ta *f* (1) Individualität *f*; **~sta** *m* (5a), **~stka** *f* (1c; -tek) Individualist(in *f*) *m*.

individuální individuell.

indoevropský indoeuropäisch; indogermanisch.

Indonés|an [-zan] *m* (1; -é), **~anka** *f* (1c; -nek) Indonesier(in *f*) *m*; **~ie** [-zıe] *f* (2) Indonesien *n*; ♀**ký** indonesisch.

induk|ce *f* (2) Induktion *f*; **~ční** Induktions-; induktiv.

industrializa|ce *f* (2) Industrialisierung *f*; **~ční** Industrialisierungs-.

industri|alizovat (im)pf. ⟨z-⟩ (-zuji) industrialisieren; **~ální** industriell, Industrial-.

infámní infam.

infek|ce *f* (2) Infektion *f*; **~ční** Infektions-, ansteckend.

infikovat (im)pf. (-kuji) infizieren.

infiltr|ace *f* (2) Infiltration *f*; **~ovat** (im)pf. (-ruji) infiltrieren.

infla|ce *f* (2) Inflation *f*; **~ční** Inflations-.

informa|ce *f* (2) Information *f*, Auskunft *f*; Belehrung *f*; Aufschluß *m*; **~ční** Auskunfts-, Informations-; *~ středisko* Auskunftstelle *f*; **~tivní** [-ti-] informativ.

informovat (im)pf. (-muji) informieren, benachrichtigen (*o čem* über *A*); *~ se* sich informieren (über *A*), sich erkundigen (nach *D*).

iniciativ|a [ɪnɪ-tɪ-va] *f* (1) Initiative *f*; *dát -vu k č-u* den Anstoß geben zu *D*; *chopit* (od. ujmout) se -vy die Initiative ergreifen; *z vlastní -vy* aus eigenem Antrieb; **~ní** initiativ, Initiativ-; *být ~* Initiative entfalten; **~nost** *f* (4) Initiative *f*, Unternehmungsgeist *m*.

injek|ce *f* (2) Injektion *f*; **~ční** Injektions-.

injikovat (im)pf. (-kuji) injizieren.

inkoust

inkoust m (2; 6. -u/-ě) Tinte f; **~ový** Tinten-.
inkvizice f (2a) Inquisition f.
insemina|ce f (2) Besamung f; **~ční** Besamungs-.
inspek|ce f (2) Inspektion f; **~ční** Inspektions-.
inspir|ace f (2) Inspiration f; **~ovat** (im)pf. (-ruji) inspirieren.
instala|ce f (2) Installation f; Tech. a. Einrichtung f, (Motor-)Einbau m; Einsetzung f (v úřad in ein Amt); **~ční** Installations-; **~ náklady** Einrichtungskosten pl.; **~tér** m (1; -ři) Installateur m.
instalovat (im)pf. (-luji) installieren; Tech. a. einrichten; Apparat einbauen; Maschine aufstellen; in ein Amt einsetzen; unterbringen.
instan|ce f (2) Instanz f; **~ční** Instanzen-; **~ cestou** auf dem Instanzenweg.
instruk|ce f (2) Instruktion f; služební **~** Dienstanweisung f, Dienstvorschrift f; podle -cí nach Anweisung, weisungsgemäß; proti -cím entgegen den Anweisungen; vorschriftswidrig; **~táž** f (3) Anleitung f, Anweisung f; výrobní **~** Arbeitsunterweisung f; **~tivní** [-tɪ-] aufschlußreich, lehrreich; **~tor** m (1; -ři) Instrukteur m; Ausbilder m; Sportlehrer m.
instrument m (2; 6. -u/-ě) Instrument n; **~ální** Instrumental-; **~ovat** (im)pf. (z-) (-tuji) Mus. instrumentieren.
instruovat (im)pf. (-uuji) j-n anleiten (k č-u zu D); j-n unterweisen (o čem in D); instruieren.
integr|ace f (2) Integration f; **~ál** m (2a) Math. Integral n; **~ita** f (1) Integrität f; **~ovat** (-ruji) integrieren.
intelekt m (2a) Intellekt m; **~uál** m (1; -ové) Intellektuelle(r) m; **~uální** intellektuell, geistig.
inteligen|ce f (2) Intelligenz f; **~ční** Intelligenz-; **~tní** intelligent.
intenz|ita f (1) Intensität f; **~ivní** intensiv.
interna|ce f (2) Internierung f; **~cionála** f (1a) Internationale f; **~ční** Internierungs-.
intern|í intern, **~ista** [-nɪ-] m (5a) Med. Internist m; **~ovat** (im)pf. (-nuji) internieren.
interpel|ace f (2) Interpellation f, Anfrage f; **~ovat** (im)pf. (-luji) interpellieren, anfragen.
interval m (2; 6. -u/-e) Mus. Intervall n; Zwischenraum m; Abstand m; časový **~** Zeitspanne f, Zeitabschnitt m.
interven|ce f (2) Interyention f; **~ční** Interventions-; **~ovat** (za-) (-nuji) intervenieren.
interview [-vju:-] n (indekl.) od. m (2a) Interview n; **~ovat** (im)pf. (-wuji) interviewen.
intimní [-tɪ-] intim.
inton|ace f (2) Intonation f; **~ovat** (im)pf. (za-) (-nuji) intonieren.
intravenózní Med. intravenös.
intrik|a f (1c) Intrige f; **~án** m (1), **~ánka** f (1c; -nek) Intrigant(in f) m; **~ánský** intrigant; **~ovat** (-kuji) intrigieren; **~ový** Intrigen-.
inu nun ja; (unbetont) eben, halt; **~!** mein Gott!
inundační: **~ oblast** Überschwemmungsgebiet n.
invalid|a m (5) Invalid(e) m; válečný **~** Kriegsbeschädigte(r) m; **~ita** f (1) Invalidität f; **~ní** Invaliden-.
invaz|e f (2) Invasion f; **~ní** Invasions-.
invent|ář m (4) Inventar n; Bestandsliste f; **~ovat** (im)pf. (z-, za-) (-tuji) inventarisieren; **~ura** [-u:-] f (1d) Inventur f.
investi|ce [-tɪ-] f (2a) Investition f; **~iční** Investitions-; **~ovat** (im)pf. (-tuji) investieren.
inzer|át m (2; 6. -u/-ě) Inserat n; **~ovat** (-ruji) inserieren, ein Inserat aufgeben; **~tní** Inseraten-.
inženýr m (1; -ři) Ingenieur m; **~ský** Ingenieur-; **~ství** n (3) Ingenieurwesen n.
ion, iont m (2a) Chem. Ion n.
Ir m (1; -ové) Ire m; **~ka** f (1c; -rek) Irin f.
iracionální irrational.
irá|cký irakisch; **2k** m (2b) Irak m.
Írán m (2a) Iran m; **~ec** m (2; -nc-) Iraner m; **2ský** iranisch.
ireálni irreal.
iron|ický [-nɪ-] ironisch; **~izovat** (z-) (-zuji) ironisieren.
Irsk|o n (1b) Irland n; **2ý** irisch.
islám m (2a) Islam m; **~ský** islamisch.
Islan|d m (2; 6. -ě/-u) Island n; **~ďan** m (1; -é) Isländer m.

Ital *m (1; -ové)*, ~**ka** *f (1c; -lek)* Italiener(in *f*) *m*.
Itálie *f (2)* Italien *n*.
italský italienisch.
izol|ace *f (2)* Isolation *f*; Isolierung *f*; ~**ační** *El.* Isolier-; *Med.* Isolations-; ~**ovat** *(im)pf.* ⟨*od-, za-*⟩ *(-luji)* isolieren.
Izrael *m (4) Geogr.* Israel *n*; ~**ec** *m (3; -lc-)* Israeli *m*; ~**ita** *m (5a) Rel.* Israelit *m*; ⩙**ský** israelisch.

J

já ich.
jabl|(e)čák m (2b) Apfelwein m, Apfelmost m; **~ečník** m (2b) Apfelmost m; Apfelkuchen m; Bot. Andorn m; **~ečný** Apfel-; **~íčko** n (1b; -ček; 6 Pl. -čkách) Äpfelchen n; rajské ~ Tomate f, öst. Paradeiser m.
jablko n (1b; -lek; 6 Pl. -lkách) Apfel m; (Degen-, Sattel-)Knauf m; hist. Reichsapfel m; těšínská -ka fig. leere Versprechungen; **~vitý** apfelartig; **~vý** Apfel-.
jabloň f (3) Apfelbaum m.
jablonecký Gablonzer (Adj.).
jadérko n (1b; -rek) Dim. zu jádro.
jader|ník m (2b) Kerngehäuse n; **~ný** Kern-.
Jaderský: -ké moře Adriatisches Meer.
Jadran m (2; 6. -u/-ě) Adria f.
jadrn|ost f (4) Kernigkeit f; **~ý** kernig, Kern-; Brot: kräftig, Rede: inhaltsvoll; Ausdruck: prägnant; drastisch; Stil: nervig, lapidar; Witz: derb.
jádro n (1; 6. -ře/-ru; jader) Kern m, fig. a. Innerste(s) n; Lebensnerv m; je v -ře dobrý im Grunde ist er gut; je z jiného -ra er ist aus anderem Holz geschnitzt; **~** vojska Kerntruppe f; **~vitý** kernförmig; **~vý** Kern-; -vé mýdlo Kernseife f.
jádřinec m (4; -nc-) Bot. Kerngehäuse n.
jahelník m (2b) Hirseauflauf m; **~ý** Hirse-.
jáhen m (1; -hn-) Rel. Diakon m.
jáhl|a f (1a; jahel/jáhel) Hirsekorn n; -ly pl. Kochk. Hirse f; **~ový** Hirse-.
jahod|a f (1) Erdbeere f; **~(in)í** n (3) Erdbeerbeet n; **~ník** m (2b) Erdbeerpflanze f; **~ový** Erdbeer-.
jahůdka f (1c; -dek) Dim. zu jahoda.
jacht|etní Jacht-; **~a** f (1; -cht/-chet) Jacht f.
jak Adv. wie (Fragewort od. Adv. der Art und Weise, P vergleichend; als; s. jako); obwohl, wenn auch; so wahr, so ..., F sobald; ~ ... tak so ... wie, sowohl ... als auch; podle toho ~ je nachdem wie; ~ se máte? wie geht es Ihnen?; ~ to? wieso?, wie kommt das?; ~ bych ho neznal! und ob ich ihn kenne!; běžte ~ můžete! laufen Sie, so schnell Sie können!; ~ se patří wie es sich gehört; den ~ den Tag für Tag; ~ přijde sobald er kommt; ~ nezaplatí wenn er nicht bezahlt; ~ je Bůh nade mnou! so wahr Gott lebt!; **~koli** wie, so sehr auch; **~mile** sobald.
jako wie (vergleichend); als; wie (zum Beispiel, = aufzählend); nämlich; oči ~ rys Augen wie ein Luchs; chytrák ~ on klug wie er ist; ~ když nic neví als ob er nichts wüßte; ~ by als ob, wie wenn; ~ by byl nemocen als ob er krank wäre; tak ~ tak sowieso, ohnedies; kovy ~ měď, olovo ... Metalle wie (z. B.) Kupfer, Blei ...; mladí ~ staří jung und alt; F to je pěšky ~ za vozem, prašť ~ uhoď gehupft wie gesprungen, Jacke wie Hose; to páchne ~ plyn das riecht nach Gas; tak to bychom ~ měli! das hätten wir also, das wär's also; ~ by sozusagen, gewissermaßen, gleichsam.
jakost f (4) Qualität f; kontrola ~i Gütekontrolle f; **~ní, ~ný** qualitativ; Qualitäts-.
jakož: **~i** sowie auch, als auch; **~to** als (z. B. Freund).
jak|pak wie(so) denn; **~sepatří** tüchtig, ordentlich, gebührend; **~si** gewissermaßen; einigermaßen; **~ se mi to nelíbí** das will mir nicht recht gefallen; není mi ~ dobře ich fühle mich nicht recht wohl; **~těživ** sein Leben lang, sein Lebtag; jemals.
jaký Adj. wie (beschaffen); was für ein(e, -er); welcher(lei); F irgendein(e, -er); dergleichen; (ausrufend) was für ein(e)!, lit. welch ein!; -ké bude počasí? wie wird das Wetter?; ~ strom je to? was für ein Baum ist das?; **~m právem?** mit welchem Recht?; F s ~kou jdeš? was hast du angestellt?; ~ div, že ... kein Wunder, daß ...; **-ká pomoc?** was kann man da (noch) tun?; -ké strachy!

keine Angst!; *ať je* ~ *wie immer er auch sein mag;* ~**pak** *wie denn, welcher denn;* -**képak strachy!** *nur keine Angst!;* F -**képak fraky?** *wozu (noch) lange Geschichten machen!;* ~**si** *irgendein, ein gewisser; einige; má -kousi zkušenost er hat einige Erfahrung;* -**kýs takýs** *leidlich; po -kéms takéms váhání nach einigem Zögern.*

jakž *wie;* ~ *takž so leidlich, nicht besonders (gut); so ziemlich;* ~**e?** *wieso (denn)?;* ~**iv** *s.* **jaktěživ.**

jal *s.* **jmout.**

jalov|cový Wacholder-; ~**čí** *n* (3) Wacholdersträucher *m/pl.;* ~**činka** *f* (1c; -*nek*) Wacholderbeere *f;* ~**ec** *m* (4; -*vc-*) Wacholder *m.*

jalov|ět ⟨*z-*⟩ (*3 Pl. -ějí*) unfruchtbar werden; ~**ice** *f* (2a), ~**ička** *f* (1c; -*ček*) *Zo.* Kalbe *f,* Färse *f;* ~**ina** *f* (1) Jungvieh *n;* Färsenhaut *f; Bgb.* taubes Gestein *n; fig.* leeres Geschwätz *n;* ~**ost** *f* (4) Unfruchtbarkeit *f (des Viehs); Bgb.* Taubheit *f,* Leere *f;* ~**ý** unfruchtbar, gelt; *Gestein* taub; *Blüte, Drohung, Gerede:* leer; *Hoffnung:* eitel; *Alarm:* blind; *Gründe:* nichtig; *Ausrede, Witz:* faul; ~ *kotouč Tech.* Leerlaufscheibe *f.*

jáma *f* (1; *jam*) Grube *f;* Fallgrube *f;* Schlucht *f; Bgb.* Schacht *m;* (Bomben-)Trichter *m; fig.* Massengrab *n;* těžná ~ *Bgb.* Förderschacht; ~ *na smetí* Müllgrube; ~ *po granátu* Granattrichter.

jamb *m* (2a) Jambus *m;* ~**ický** jambisch; ~**us** *m* (2a; -*mb-*) *s.* **jamb**.

jam|ka *f* (1c; -*mek*) Grübchen *n; Anat.* Höhle *f;* ~**ník** *m* (1a) Dachshund *m,* F Dackel *m.*

jančit ⟨*z-*⟩ Dummheiten machen, F herumalbern; *Kinder:* herumtollen, eigensinnig sein; *Tiere:* e-n Koller bekommen, störrisch sein; *v/t* toll machen; F ~ *se (za kým)* toll (*od.* verrückt) sein (nach *D*).

janek *m* (1a; -*nk-;* -*ové*) Dummkopf *m,* Narr *m;* F Starrkopf *m,* Dickschädel *m* störrisches Pferd *n; scherz.* Hase *m,* Meister Lampe *m.*

janičár *m* (1; -*ři*) *hist.* Janitschare *m;* ~**ský** Janitscharen-.

jankov|at ⟨-*kuji*⟩ Dummheiten treiben, ausgelassen sein; *Tiere:* störrisch sein; ~**atět** ⟨*z-*⟩ (*3 Pl. -ějí*) störrisch werden; ~**itost** *f* (4) Widerspenstigkeit *f;* ~**itý** widerspenstig, halsstarrig; *Pferd:* störrisch.

janovec *m* (4; -*vc-*) *Bot.* Besenginster *m.*

jantar *m* (2a) Bernstein *m;* ~**ový** Bernstein-; -*vě žlutý* bernsteingelb.

japan *m* (2a) Japanpapier *n.*

Japon|ec *m* (3; -*nc-*), ~**ka** *f* (1c; -*nek*) Japaner(in *f*) *m;* ~**sko** *n* (1b) Japan *n;* 2**ský** japanisch; 2**ština** *f* (1) Japanisch *n* (*Sprache*).

jarka *f* (1c; -*rek*) Sommerweizen *m.*

jarmareční Jahrmarkts-; marktschreierisch; ~**ík** *m* (1a) Jahrmarkthändler *m; verä.* Marktschreier *m.*

jarmark *m* (2b) Jahrmarkt *m.*

jarní Frühlings-; ~ *obilí Agr.* Sommergetreide *n.*

jaro *n* (1; 6. -*u/*-*ře*) Frühling *m,* Frühjahr *n, poet.* Lenz *m; na jaře* im Frühling; *z* -*ra* im Frühling, im Frühjahr.

jar|ost *f* (4) Lebensfrische *f;* ~**ý** frisch (*z. B. Mut*); munter.

jař *f* (3), ~**ina** *f* (1) *Agr.* Sommergetreide *n.*

jářku P *Int.* nun; he!, heda!

jařmo *n* (1; 6. -*ě/-u;* -*řem*) Joch *n* (*a. fig.*); ~**vý kost**, -*vá kost Anat.* Jochbein *n.*

jas *m* (2; 6. -*u/-e*) Glanz *m,* Helle *f; Phys.* Leuchtstärke *f; poet.* Freude *f,* Heiterkeit *f; denní* ~ Taghelle *f.*

jasan *m* (2a) *Bot.* Esche *f;* ~**ový** Eschen-.

jása|t ⟨*roz-, za-*⟩ (*nad čím*) jauchzen, jubeln (über *A*); *Rel.* frohlocken; ~ *k-u vstříc* zujubeln (*D*); ~**vý** jubelnd, jauchzend, Jubel-; *Farbe:* lebhaft.

jasmín *m* (2; 6. -*u/-ě*) *Bot.* Jasmin *m.*

jasně *Adv.* klar, deutlich; *Farbe:* hell; ~ *modrý* hellblau.

jasn|ět ⟨*z-*⟩ (*3 Pl. -ějí*) hell werden; *Wetter:* sich aufheitern; ~**it** ⟨*roz-, z-*⟩ erhellen; aufhellen; ~ *se* klärt sich auf; es tagt; ~**o** *n* (1) Helle *f; z čista* -*na* wie ein Blitz aus heiterem Himmel; *zjednat si* ~ (*o čem*) sich Klarheit verschaffen (über *A*); ~**obarevný** hellfarbig; ~**ost** *f* (4) Klarheit *f;* (*Licht-*)Helligkeit *f;* (*Titel*) Durchlaucht *f.*

jasnovid|ec *m* (3; -*dc-*) Hellseher *m;* ~**ecký** hellseherisch; ~**ka** *f* (1c; -*dek*) Hellseherin *f;* ~**ný** hellseherisch; hellsichtig.

jasnozření

jasnozř|ení n (3), ~ivost f (4) Hellsichtigkeit f; ~ivý fig. weitblickend.
jasný klar; Licht, Farbe: hell; Wetter: heiter; † erlaucht; nad slunce ~ sonnenklar; úplně ~ klipp und klar.
jásot m (2a) Jubel m, Jauchzen n.
jáství n (3) Phil. Ich n; Ichbewußtsein n.
jat s. jmout.
jatečn|í, ~ý Vieh: Schlacht-, zum Schlachten (geeignet).
jater|ní Leber-; ~nice f (2a) Leberwurst f; ~ník m (2b) Bot. Leberblümchen n.
jatk|y f/pl. (1; -tek), ~a n/pl. (1; -tek) Schlachthof m, Schlachthaus n; fig. Blutbad n.
játr|a n/pl. (1; jater) Leber f; ~ový Leber-.
javo|r m (2a) Bot. Ahorn m; ~rový Ahorn-; ~ří n (3), ~řina f (1) Ahornwald m.
jazýč|ek m (2b; -čk-) Zünglein n (a. an der Waage); (Gewehr-)Abzug m; (Kochk. u. am Schuh) Zunge f; Bot. Blatthäutchen n; fig. být -čkem na váze das Zünglein an der Waage sein; ~kový Mus. Zungen-.
jazyčný Gr. Zungen-; ...sprachig; -ná hláska Zungenlaut m; dvou~ zweisprachig.
jazyk m (2b; 2. -a; 6. -ku/-ce) Zunge f; Sprache f; verä. chlubný ~ Großmaul n; kousat si do ~a fig. sich auf die Zunge beißen; cizí, spisovný ~ Fremd-, Schriftsprache; u zámku Sperrhaken m (im Schloß).
jazykověd|a f (1) Sprachwissenschaft f; ~ec m (3; -dc-) Sprachwissenschaftler m; ~ný sprachwissenschaftlich.
jazykový Anat. sprachlich, Sprach-; -vě správný sprachlich richtig.
jazykozpyt m (2a) Sprachforschung f; ~ec m (3; -tc-) Sprachforscher m; ~ný sprachforschend; -né bádání Sprachforschung f. [bein n.⌋
jazylka f (1; -lek) Anat. Zungen-⌉
jdu, jdeš usw. s. jít.
je ist; s. být; sie A/pl.; s. on.
ječ|en|r m (3) Tosen n, Brausen n; Heulen n; Plärren n; Schrillen n; ~et (roz- se, za-) Schrei: gellen; Meer: tosen, brausen; Wind: heulen; Stimme: kreischen; Kind: plärren; Glocke: schrillen; ~ivý schrill, gellend; heulend, tosend.

ječ|men m (4 od. 2) Gerste f; ~meniště, ~niště n (2a) Gerstenfeld n; ~ný Gersten-.
jed m (2a) Gift n; hadí ~ Schlangengift; ~ na myši Mäusegift; zvolna působící ~ schleichendes Gift; s. omamný.
jeden (-dna, -dno) ein(e); eine(r); der (die, das) eine; ein und derselbe; der (die, das) gleiche; koll. lauter, voller, -dni (m/pl. belebt), -dny (m/pl. unbel. u. f/pl.), -dna n/pl. die einen; ~ na druhým übereinander; ~ za druhým hintereinander; ~ přes druhého durcheinander; ~ a čtvrt eineinviertel; ~ a půl eineinhalb, anderthalb; -dna (hodina) ein Uhr; půl -dné halb ein Uhr (F halb eins); dvacet ~ žák einundzwanzig Schüler; sto -dna kniha hundertein Buch; -dna a -dna jsou dvě eins und eins ist zwei; číslo -dna Nummer eins; -dna dvě eins, zwei; fig. sofort; ~ (na) druhého einander (A); ~ druhému einander (D); ~ jediný der einzige; do -dnoho bis auf den letzten Mann; ~ z vás eine(r) von euch; strom byl ~ květ der Baum stand in voller Blüte; v -dnom domě jako ~ im gleichen (od. F selben) Haus wie ...; to je (všecko) -dno das ist (alles) gleich od. egal, öst. eins; po -dnom einzeln (hintereinander); F jd ti -dnu seknu ich haue dir eine herunter; s. a. jednou.
jedenáct elf.
jedenácti- in Zssgn elf-; ~letka f (1c; -tek) Elfjahresschule f.
jedenáct|ka f (1c) Elf f; Sp. Fußballelf f; ~ky F f/pl. (1) lange Beine n/pl.; ~ý elfte(r).
jeden|apůl eineinhalb, anderthalb; ~krát einmal.
jedeš s. jet.
jedin|áček F m (1a; -čk-) einziges Kind n, Einzelkind n; ~ě Adv. nur, einzig und allein; ~ec m (3; -nc-) Individuum n, Einzelwesen n; každý ~ jeder einzelne; ~ečnost f (4) Einzigartigkeit f, Einmaligkeit f; ~ečný einzigartig, einmalig.
jediný einzig; allein; Hdl. alleinig, Allein-; voll(er), lauter; ~ výrobce Alleinhersteller m; on ~ er allein; má nohy ~ puchýř s-e Füße sind voll(er) Blasen.
jedl|e f (2) Tanne f, poet. Tannenbaum m; ~ičí n (3) Tannenreisig n.

jedlík m (1a) Esser m.
jedl|oví n (3) Tannenbestand m; ~ový Tannen-.
jedlý eßbar, genießbar.
jedna s. jeden.
jednací Geschäfts-; Jur. Verhandlungs-; ~ číslo laufende Nummer; Ziffer; ~ řád Parl. Geschäftsordnung f.
jednak: ~ ... ~ einerseits ... andererseits.
jednání n (3) Handeln n; Tun n; Handlung n; Benehmen n, Verhalten n; Vorgehen n; Jur. Verhandlung f; Amtshandlung f; Verfahren n; Thea. Akt m, Aufzug m; lit. Dingen n (von Arbeitern); mít ~ et. zu erledigen (od. zu besprechen) haben; nerozvážné ~ unüberlegte Handlung; ~ proti (č-u) Zuwiderhandeln n; protiprávní ~ rechtswidriges Verhalten; soudní ~ Gerichtsverhandlung; gerichtliches Verfahren; pořád ~ Tagesordnung f; k dalšímu úřednímu ~ zur weiteren Erledigung; ~ se stranami Parteienverkehr m; ~ o smlouvě Vertragsverhandlung(en); ~ o mír, mírové ~ Friedensverhandlungen f/pl.
jednat ⟨s-, u-, vy-, z-⟩ handeln (v/i); ~ s kým behandeln (A); ~ oč verhandeln über (A); ~ o čem handeln von (D); behandeln (A, z. B. Thema); ~ proti č-u zuwiderhandeln (D); ~ k-o k č-u od. nač dingen j-n zu (D); ~ se o co sich handeln um (A); Parl. zur Behandlung kommen, behandelt (od. erörtert, besprochen) werden.
jednatel m (3; -é) Geschäftsführer m; (Vereins-)Schriftführer m; Hdl. Vertreter m; Vermittler m, Makler m, Agent m; Parl. Bevollmächtigte(r) m; ~ský Geschäfts-; -ská zpráva Geschäftsbericht m, Tätigkeitsbericht m; ~ství n (3) Agentur f, Vermittlungsstelle f; Geschäftsführung f. [ser m.]
jednička f (1c; -ček) Eins f, F Ein-
jedno s. jeden.
jedno|- in Zssgn ein-, Ein-, ~**aktovka** f (1c; -vek) Einakter m; ~**aktový** einaktig, in einem Akt; ~**barevný** einfarbig; ~**denní** eintägig; ~**domý** Bot. einhäusig; ~**duchost** f (4) Einfachheit f; ~**duchý** einfach; ~**hlasný** einstimmig; ~**hodinový** einstündig; ~**hrbý** Zo. einhöckerig; ~**jazyčný** einsprachig; ~**kolejka** F f (1c; -jek) eingleisige Bahn f; ~**kolejný** eingleisig; ~**komorový** Parl. Einkammer-; ~**kopytník** m (1a) Zo. Einhufer m; ~**letý** einjährig; ~**litý** einheitlich, wie aus einem Guß; -litě Parl. geschlossen (hinter j-m stehen); ~**lůžkový** Einbett-; ~**markový** Einmark-; ~**místný** Math. einstellig; Flgw. einsitzig; ~**mocný** Chem. einwertig; ~**motorový** Flgw. einmotorig; ~**myslnost** f (4) Einmütigkeit f, Eintracht f; ~**myslný** einmütig, † einträchtig; ~**nohý** einbeinig; ~**oký** einäugig; ~**patrový** einstöckig; ~**plošník** m (2b) Flgw. Eindecker m; ~**poschoďový** einstöckig; ~**ramenný** einarmig; ~**rázový** einmalig; ~**roční** einjährig; ~**rohý** mit e-m Horn; ~**rožec** m (3; -žc-) Myth. Einhorn n; ~**ruký** einarmig; ~**řadový** einreihig; ~**sedadlový** einsitzig; ~**slabičný** einsilbig; ~**směrný** Einbahn-; -ná ulice Einbahnstraße f; ~**vypínač** El. Einwegschalter m; ~**spřežní** einspännig; ~ vůz Einspänner m; ~**stěžník** m (2b) Mar. Einmaster m; ~**stopý** Fahrzeug: einspurig; ~**strannost** f (4) Einseitigkeit f; ~**stranný** einseitig; ~**svazkový** einbändig.
jednot|a f (1) Einheit f; Einigkeit f; Verein m; v -tě je síla Einigkeit macht stark; tělocvičná ~ Turnverein m; ♃ bratrská Rel. Böhmisch-Mährische Brüdergemeine („Herrnhuter"); ~**it** ⟨s-⟩ ¦(-cen¦ (ver)einigen; ~ řepu Agr. Rüben einzeln verziehen; ~**ka** f (1c; -tek) Math. Einer m; Einheit f (Maß-, Verwaltungs-, Mil.); F (Schulnote) Einser m; ~ délky Längeneinheit; ~**kový** Einheits-; ~ obchod Geschäft n mit Einheitspreisen.
jednotliv|ec m (3; -vc-) Einzelne(r) m, Individuum n; ~**ost** f (4) Einzelheit f; do všech ~í bis in alle Einzelheiten; co se týče ~í im einzelnen; ~**ý** einzeln, Einzel-; ~ svazek Einzelband m; hlasovat -vě einzeln abstimmen.

jednot|nost f (4) Einheitlichkeit f; ~**ný** einheitlich, Einheits-; -ná fronta Einheitsfront f; -ná škola Einheitsschule f; jednotné zemědělské družstvo, JZD landwirtschaft-

jednotřídka 134

liche Einheitsgenossenschaft, (*in der DDR*) Landwirtschaftliche Produktionsgenossenschaft, LPG; *jednotná socialistická strana Německa* Sozialistische Einheitspartei Deutschlands, SED; **~né číslo** *Gr.* Einzahl *f.*

jednotříd|ka F *f* (*1c; -dek*) Einklassenschule *f*; **~ní** einklassig.

jednotvár|nost *f* (*4*) Einförmigkeit *f*; **~ný** einförmig; eintönig.

jednou *Adv.* einmal; *pro ~ nebude tak zle* einmal ist keinmal; *~ za rok* einmal im Jahr; *~ provždy* ein für allemal.

jedno|uchý *Gefäß*: einhenkelig, mit e-m Henkel; **~válec** F *m* (*4; -lc-*) *Kfz.* Einzylindermotor *m*; **~veslice** *f* (*2a*) *Sp.* Einer(boot *n*) *m*; **~značný** eindeutig; **~vratný** *Hebel*: einarmig; **~ženství** *n* (*3*) Monogamie *f*, Einehe *f.*

jedovat|ina *f* (*1*) Giftstoff *m*; **~ost** *f* (*4*) Giftigkeit *f*; **~ý** giftig (*a. fig.*), Gift-.

jedový Gift-, gifthaltig; *Med.* virulent; *~ zub* *Zo.* Giftzahn *m.*

jedu s. *jet.*

jedva(že) kaum, mit Mühe.

jehelníček *m* (*2b; -čk-*) Nadelkissen *n*, Nadelbüchse *f.*

jehl|a *f* (*1a; -hel*) Nadel *f*; *Tech. a.* Pfahl *m*; *stát jako na -lách fig.* wie auf Nadeln sitzen; *šít co horkou -lou* übereilt tun (*A*); *stavba na -lách* Pfahlbau *m*; **~an** *m* (*2a*) *Geom.* Pyramide *f*; **~ancovitý** pyramidenförmig, pyramidenartig.

jehlic|e *f* (*2a*) Nadel *f*; *~ na pletení* Stricknadel *f*; *~ do vlasů* Haarnadel *f*; **~ovitý** nadelförmig.

jehličí *n* (*3*) (*Tannen-*)Nadeln *f/pl.* (*koll.*); Nadelreisig *n*; **~ina** *f* (*1*) Nadelbaum *m*; Nadelholzbestand *m*; **~ka** *f* (*1c; -ček*) kleine Nadel *f*; **~nan** *m* (*2a*) Nadelbaum *m*; **~natý** *Bot.* Nadel-.

jehl|ovka *f* (*1c; -vek*) *Mil. hist.* Zündnadelgewehr *n*; **~ový** Nadel-; *Arch.* Pfahl-.

jeh|ňátko *n* (*1b; -tek; 6 Pl. -tkách*) Lämmchen *n*; **~ně** *n* (*4a*) Lamm *n*; **~něčí** *a.* (*1c; -ček*) Lamm-; **~něčina** *f* (*1*) Lammfleisch *n*; Lammfell *n*; **~něda** *f* (*1*) *Bot.* Weidenkätzchen *n.*

jeho *Pron.* sein; *a. dessen*; *každému co ~ jest* jedem das Seine; *z ~ strany* seinerseits; **~ž** dessen.

jechat F ⟨*po-, u-, za-*⟩ rennen, hetzen.

jej ihn; *s. on*; *Int.* ei!, oh!

jej|í *Pron.* ihr; **~ich** ihr (*mehrere Besitzer*); **~ichž** deren (*mehrere Besitzer*); **~íž** deren (*weibl. Besitzer*).

jek *m* (*2b*), **~ot** *m* (*2a*) *s. ječení*. **~nout** *pf.*, *za-* e-n gellenden Schrei ausstoßen.

jek(o)tat ⟨*roz-, za-*⟩ (mit den Zähnen) klappern; stammeln (*z. B. Ausreden, Entschuldigungen*); stottern; *~ se zimou* vor Kälte zittern.

jelec *m* (*3; -lc-*): *~ tloušť* Döbel *m* (*Fisch*); *~ jesen* Aland *m* (*Fisch*).

jelen *m* (*1*) Hirsch *m*; **~í** Hirsch-; **~ice** *f* (*2a*) Hirschleder *n*; *f/pl.* Hirschlederhandschuhe *m/pl. od.* -hosen *f/pl.*; **~ka** *f* (*1c; -nek*) *Bot.* Stinkmorchel *f.*

jelikož *lit.* weil, da.

jelínek *m* (*1a; -nk-*) *Dim. zu jelen.*

jelito *n* (*1*) Blutwurst *f*, P *dial.* Plunze *f*; *Med.* bluntunterlaufene Strieme *f*, Wulst *f.*

jemin|áčku, **~e**! *Int.* oh!, herrjeh!

jemn|ě *Adv. s. jemný*; **~ět** ⟨*z-*⟩ (*3 Pl. -ějí*) sanft *od.* milde werden; *Haar*: sich lichten, schütter werden; **~it** ⟨*z-*⟩ verfeinern, veredeln.

jemno- *in Zssgn* fein-, Fein-.

jemnocit *m* (*2a*) Feingefühl *n*, Zartgefühl *n*; **~nost** *f* (*4*) Feinfühligkeit *f*, Feingefühl *n*; **~ný** feinfühlend, zartfühlend.

jemnost *f* (*4*) Feinheit *f*; (*Beobachtungs-*)Schärfe *f*; **~pán** *m* (*1*) F † gnädiger Herr, **~paní** *f* (*wie n* [3], *7. -í*) F † gnädige Frau.

jemňoučký sehr (*od.* F ganz) fein, zart.

jemn|ozrnný feinkörnig; *Fot.* Feinkorn-; **~ý** fein; *Haut, Teint*: zart; *Haar*: weich; *Schneide, Spitze*: scharf; *Vorwurf*: leise; *-ně mletý* feingemahlen; *-ně se dotknout* (*č-o*) sanft berühren (*A*).

jemu *Pron.* ihm.

jen nur, lediglich, F bloß; allein; (so)eben; sobald; nur so; *~ což* was das Zeug hält; *daß es e-e Freude ist*; *~ a* einzig und allein; *~ a trápí* er quält andauernd *od.* in e-m fort; *~ co je pravda!* alles was recht ist!; *~ tak tak* mit knapper Not, knapp; *~ odešel, ... er war soeben weggegangen, ...*; *~ co budu hotov* sobald ich fertig bin; *vůz ~ letěl der Wagen sauste nur so dahin; *prší ~ se leje es regnet in Strömen; ~ *kdyby přišel!* wenn er nur käme!; ~ *do toho!* nur zu!, P immer fest(e)!; *stůl povede, ~ do něho strčit* es genügt ein Stoß und der Tisch fällt um.

jenjen (nur) mit knapper Mühe.

jenom s. jen; *~že* nur daß, doch, aber.

jenský Jenaer *(Adj.)*.

jenž der *(relativ)*, *lit.* welcher; *~e* nur, aber, doch, *lit.* allein.

jepi|ce f *(2a)* Eintagsfliege f; *~cový, ~čí* ephemer, schnell vergänglich.

jeptiška f *(1c; -šek)* Nonne f.

jeřáb m *(1)* Zo. Kranich m; *(2; 6. -u/-ě)* Tech. Kran m; *Bot.* Eberesche f, Vogelbeerbaum m; *~ek* m *(1b; -bk-)* Zo. Haselhuhn m; *~í* Kranich-.

jeřabin|a f *(1)* Ebereschbeere f, Vogelbeere f; *~ka* f *(1c; -nek)* Ebereschenschnaps m.

jeřáb|ník m *(1a)* Kranführer m; *~ový* Tech. Kran-.

jeseň f *(3) poet.* Herbst m.

jesep m *(2; -sep-/-sp-)* Sandbank f, Düne f.

jeseter m *(1; -tr-; -tři)* Zo. Stör m.

jeskyn|ě f *(2b)* Höhle f, Grotte f; *~í* Höhlen-.

jesl|e f/pl. *(2)* Krippe f; *(Futter-)* Raufe f; Heim n; *dětská ~* Kinderkrippe; *celodenní ~* Kindertagesstätte f; *~ičky* f/pl. *(1c; -ček) (Weihnachts-)*Krippe f; Krippenspiel n; *~ový* Krippen-; *~ krmelec Jagdw.* Futterkrippe f.

jestli P wenn, ob; *~že* wenn, falls; *~ se to bude opakovat Jur.* im Wiederholungsfall; *~ se zásilka nepřijme* bei Nichtannahme der Sendung.

jestřáb m *(1)* Zo. Habicht m; *~í* Habichts-; *~ník* m *(2b) Bot.* Habichtskraut n.

jesuita m *s.* jezuita.

ješit|a f *(5), ~ník* m *(1b)* eingebildeter Mensch m; *~nost* f *(4)* Eitelkeit f, Dünkel m, Selbstgefälligkeit f, Einbildung f; *~ný* eitel, eingebildet, selbstgefällig.

ještě noch; wenigstens; *~ kdybych z toho něco měl* wenn ich wenigstens davon et. hätte; *~že* zum Glück.

ještěr m *(1; -ři) Myth.* Drache m; *Zo.* Echse f; *~čí* Eidechsen-; *~ plemeno fig.* Schlangenbrut f, *bibl.* Otterngezücht n; *~ka* f *(1c; -rek) Zo.* Eidechse f; *scherz.* flinkes Mädchen n; *verä.* falsche Person f; *Tech.* Elektrokarren m.

jet ⟨*po-, za-*⟩ *(jedu, jel)* fahren; *(gefahren)* kommen; gleiten, rutschen; *fig.* schmecken, zusagen; *~ na koni* reiten; *~ autem* (im) Auto fahren; *~ na kole* radfahren, F radeln; *~ na lyžích* Schi laufen; *~ naproti j-m* entgegenfahren; *~ podél* vorüberfahren *(č-o, k-o an D)*; *~ před kým* j-m voranfahren; *~ krokem* Schritt fahren; *~ cvalem* (im) Galopp reiten; *~ za kým* j-m nachfahren; *~ po trati* e-e Strecke befahren; *~ zpět zurückfahren*; *~ po svých scherz.* auf Schusters Rappen reiten; *tramvaj už jede!* die Straßenbahn kommt schon!; *odkud jedete?* woher kommen Sie?; *~ po břiše* auf dem Bauch rutschen; P *jedeš odsud!* hau ab!; *tak jedem!* also los!; *učení mu nejede* das Lernen macht ihm keinen Spaß; *~ pro co* (ab)holen *(mit e-m Fahrzeug)*.

jetel m *(4)* Klee m; *hořký ~* Bitterklee; *~ina* f *(1a)* Kleefeld n; *~oviny* f/pl. *(1)* Futterklee m; *~ový* Klee-; *~ čtvrtlístek* vierblättriges Kleeblatt n.

jev m *(2a)* Erscheinung f; *(seelischer usw.)* Vorgang m.

jevišt|ě n *(2a) (otáčecí* Dreh-*)* Bühne f; Schauplatz m; *provedení na -ti* Bühnenaufführung f; *~ v přírodě* Freilichtbühne; *~ války* Kriegsschauplatz; *~ní* Bühnen-; *~ řeč* Bühnensprache f.

jevit ⟨*ob-, pro-, vy-, z-*⟩ offenbaren, äußern, zeigen, zu erkennen geben, aufweisen; *~ obavy* Befürchtung äußern; *~ účast* Teilnahme bekunden; *~ zájem (o co)* Interesse zeigen *(für A*, an *D)*; *~ známky života* in Lebenszeichen geben; *~ nepokoj* Unruhe verraten; *~ se sich* äußern, sich zeigen, sich bemerkbar machen, erscheinen; *~ se čím od. jako co* sich erweisen als *(N)*; *jeví-li se toho třeba Jur.* nötigenfalls.

jevnosnubný *Bot.* offenblütig, phanerogam.

jevový *Phil.* Erscheinungs-.

jez[1] m *(2a)* Wehr n; *~*[2] *s.* jíst.

jezdec m *(3; -dc-)* Reiter m; *Mil.*

jezdecký

Kavallerist *m*; *Kfz.* Fahrer *m*; (*Schach-*)Springer *m*, Rössel *n*; *cesta pro -dce* Reitweg *m*; ~**ký** Reit(er)-; *Mil.* Kavallerie-; ~ *bičík* Reitgerte *f*, -peitsche *f*; ~ *kůň* Reitpferd *n*; ~ *pluk* Reiterregiment *n*; *po -ku nach* Reiterart; ~**tvo** *n* (*1*; *6. -u*) Kavallerie *f*, † Reiterei *f*.

jezdit (*iter. zu* jet) (oft) fahren *od.* reiten; gleiten; verkehren; ~ *na bruslích* Schlittschuh laufen; ~ *na saních* rodeln; ~ *po této cestě se zakazuje* das Befahren dieses Weges ist verboten; ~ *po světě* die Welt bereisen; *jezdí se vpravo!* rechts fahren!; ~ *očima* den Blick schweifen lassen; F ~ *po kom* aufsässig sein j-m. [Fahrerin *f*.]

jezdkyně *f* (*2b*) Reiterin *f*; *Kfz.*⏎
jezer|**natý** seenreich; ~**ní** See-; ~**o** *n* (*1*; *6. -ře*/*-ru*) See *m*.

jezev|**čí** Dachs-; ~ *doupě* Dachsbau *m*; ~**čík** *m* (*1a*) Dachshund *m*, F Dackel *m*; ~**ec** *m* (*3*; *-vc-*) Dachs *m*.

jezinka *f* (*1c*; *-nek*) Waldhexe *f*, böse Fee *f*; P böses Weib *n*.

jezovitský *verä.* Jesuiten-, jesuitisch.

jezuit|**a** *m* (*5a*) Jesuit *m*; ~**ský** Jesuiten-, jesuitisch; ~ *řád* Jesuitenorden *m*; ~**ství** *n* (*3*) Jesuitentum *n*.

Jezul|**átko** *n* (*1b*, *-tek*), ~**e** *n* (*4*) Jesu(s)kind(lein) *n*, Christkind(lein) *n*.

jezusmarjá! *Int.* um Gottes willen!, *öst.* Jesus Maria!

jež welche (*relativ A*/*pl.*); *s. on.*

ježat|**ec** *m* (*3*; *-tc-*) Struwwelkopf *m*; *verä.* mürrischer Mensch *m*; ~**ý** stach(e)lig; *Haar:* struppig, borstig; *fig.* rauh, mürrisch, borstig.

ježčí Igel-.

ježdík *m* (*1a*) *Zo.* Kaulbarsch *m*.

ježek *m* (*1b*; *-žk-*) *Zo.* Igel *m*; F Bürstenhaarschnitt *m*; *Agr.* Stachelwalze *f*; *mořský* ~ Seeigel.

ježibaba *f* (*1*) *Myth.* Knusperhexe *f*; *verä.* alte Hexe *f*.

Ježíš *m* (*3*) Jesus *m*; ~**ek** *m* (*1a*; *-šk-*) Christkind *n*; Christtag *m*; Weihnachtsgeschenk *n*; ⌓**kote**!, ⌓**marjá** (*-józef*)! *Int. s.* jezusmarjá.

ježit ⟨*na-, roz-, z-*⟩ *v*/*t* sträuben; *kočka -ží* hřbet die Katze macht einen Buckel; ~ *se* sich sträuben; *Haare:* zu Berge stehen; F sich aufregen, in Wut geraten.

ježovka *f* (*1c*; *-vek*) Seeigel *m*.

ježto *lit.* weil, da.

jho *n* (*1b*; *jeh*; *6 Pl. jhách*) Joch *n*; *ve jhu* im Joch.

ji *Pron.* sie (*f*/*A*); **jí** ihr (*f*/*D*); *s. ona*.

jícen *m* (*2a*; *-cn-*) Schlund *m*, Rachen *m*; *Anat.* Speiseröhre *f*; ~ *sopky* Vulkankrater *m*.

Jidáš *m* (*3*) *bibl.* Judas *m*; ⌓**ek** P *m* (*2b*; *-šk-*) Judaskuchen *m*; ⌓**ský** Judas-; *fig.* schändlich; ⌓**ství** *n* (*3*) Heuchelei *f*, Verräterei *f*.

jídat (*iter. zu* jíst) zu essen pflegen.

jídelna *f* (*1*; *-len*) Speisesaal *m*, Eßzimmer *n*; *důstojnická* ~ Offiziersmesse *f*; *studentská* ~ Mensa *f*; *závodní* ~ Werkskantine *f*.

jídelní Speise-, Eß-; ~ *lístek* Speise(n)karte *f*; ~ *příbor* Eßbesteck *n*; ~ *vůz* Speisewagen *m*; ⌓**ek** F *m* (*2b*; *-čk-*) Speisekarte *f*, Speiseplan *m*.

jídlo *n* (*1a*; *-del*) Essen *n*, Speise *f*; Gang *m*, Gericht *n*; *masité* ~ Fleischgericht; *studené* ~ kalte Platte, kalte Speisen, kalte Küche; ~ *na cestu* Mundvorrat *m*, Reiseproviant *m*; *bez -la* ohne gegessen zu haben; *něco k -lu et.* zu essen; *to není k -lu* das ist ungenießbar; *pozvat k -lu* das ist zum Essen einladen; *po -le* nach dem Essen, nach Tisch; *při -le* bei Tisch.

jih *m* (*2b*) Süden *m*; *na* ~*u* im Süden; *na* ~*u od Prahy* südlich von Prag; *k* ~*u* gegen Süden; *na* ~ nach Süden; *z* ~*u* vom Süden, aus dem Süden.

jihnout ⟨*roz-, z-*⟩ *Schnee*: tauen, schmelzen; *fig. Herz*: weich werden.

jiho|- *in Zssgn* süd-, Süd-; ~**africký** südafrikanisch; ~**americký** südamerikanisch; ~**český** südböhmisch; ⌓**slovan** *m* (*1*; *-é*), ⌓**slovanka** *f* (*1c*; *-nek*) Südslawe *m*, -in *f*; ~**slovanský** südslawisch; ~**východ** *m* (*2*) Südosten *m*; ~**východní** südöstlich, Südost-; ~**západ** *m* (*2*) Südwesten *m*; ~**západní** südwestlich, Südwest-.

jich *Pron.* G/*pl. v. on.*

jícha *f* (*1b*) *Chem.* Brühe *f*; † *Kochk.* Brühe *f*, Tunke *f*; *Agr.* Jauche *f*.

jíkavec, jikavec *m* (*3*; *-vc-*) *Zo.* Bergfink *m*.

jikr|**a** *f* (*1d*; *-ker*) Fischei *n*; *-ry f*/*pl.* Rogen *m*; ~**áč** *m* (*3*) Rogenfisch *m*, F *dial.* Rogener *m*; ~**natý** Rogen-, rogenhaltig; ~**ový** Rogen- (*z. B. Suppe*).

jíl *m* (2a) (*Töpfer-*)Ton *m*, Lehm *m*, Lette *f*.

jilec *m* (4; -lc-) (*Degen-*)Griff *m*, Knauf *m*.

jílek *m* (2b; -lk-) *Bot*. Lolch *m*.

jilm *m* (2a) *Bot*. Ulme *f*, Rüster *f*; ~ový Ulmen-.

jíl|natý tonhaltig; ~**ovat** ⟨*za-*⟩ (-*luji*): ~ *zlato* Gold schürfen; *právo* ~ *zlato* Schürfrecht *n*; ~**ovec** *m* (4; -vc-) *Min*. Tonschiefer *m*; ~**ový** Ton-, Lehm-, Letten-; -*vá zemina* Tonerde *f*.

jim *Pron*. ihnen (*D/pl.*); *s*. on.

jím *s*. jíst; *Pron*. *s*. on.

jíma|č *m* (4) *Tech*. Sammler *m*; ~**dlo** *n* (1a; -del) *Chem*. Rezipient *m*, Vorlage *f*; *Tech*. Schlammfang *m*.

jím|at ⟨*po-, zau-*⟩ (er)greifen, fassen; (*seelisch*) rühren; gefangennehmen; ~ *v okovy* in Fesseln legen; -*má ho strach* er bekommt Angst, F er bekommt es mit der Angst zu tun; -*má mě závrať* mir wird schwindlig; ~ *srdce* zu Herzen gehen; ~ *vodu* Wasser auffangen; ~**avost** *f* (4) das Rührende (*e-r Geschichte*); *Tech*. Kapazität *f*; ~**avý** *lit.* rührend; ~**ka** *f* (1c; -mek) *Tech*. Behälter *m*, Reservoir *n*; (*Wasser-, Jauchen-*)Grube *f*.

jiná P anders; *to je* ~ *das ist et. anderes*; *zpívat* -*nou* in e-m anderen Ton reden *mit j-m*.

jináč, ~**e** *Adv. s*. jinak.

jinač|í P anders(artig); *to už nebude* ~ *das ist nun einmal nicht anders*; ~**it** ⟨*z-*⟩ ändern, F anders machen.

jinak *Adv*. anders; sonst; oder; *Jur*. alias; widrigenfalls; *Hdl*. billiger; ~ *naložit s čím* anderweitig verfügen über (*A*); ~ *nic* sonst nichts; *kdo* ~? wer sonst?; ~ *to nemohu prodat billiger kann ich es nicht verkaufen*; ~**ý** andersartig, anders (*aussehend*); *všecko je teď* -*ké* alles ist jetzt anders (geworden).

jinam *Adv*. woandershin; *kam* ~ wohin sonst; *někam* ~ woandershin; *už nikam* ~ nirgendshin mehr; *poslat* ~ *Beamten* versetzen.

jinde *Adv*. woanders, anderswo.

jindy *Adv*. ein anderes Mal, ein andermal; einst; sonst; ~ *a nyní* einst und jetzt; ~ *tak příjemný* sonst nie so angenehm; *je mi lépe než* ~ ich fühle mich wohler denn je (*od*. als je) zuvor.

jíní *n* (3) (*Rauh-*)Reif *m*; *poet*. silbergraues Haar *n*.

jinobarevný andersfarbig, von anderer Farbe.

jinoch *m* (1a) Jüngling *m*.

jino|jazyčný anderssprachig; ~**národní** von anderer Nationalität.

jinoš|ský Jünglings-; jünglingshaft; ~**ství** *n* (3) Jünglingsalter *n*.

jinotaj *m* (4) Allegorie *f*; ~**ný** allegorisch.

jinovatka *f* (1c; -tek) (*Rauh-*)Reif *m*.

jinověr|ec *m* (3; -rc-), ~**ka** *f* (1c; -rek) Andersgläubige(r) *m/f*; ~**ecký** andersgläubig.

jinší P ein (ganz) anderer.

jinud: *odkud* ~ anderswoher; *odnikud* ~ von keiner anderen Seite.

jiný andere(r); *Jur*. anderweitig; *mezi* ~*m* unter anderem; *něco* -*ného et*. anderes; *nic* -*ného* sonst nichts, nichts anderes; *někdo* ~ j-d anderes; *byl poučen o* -*ném* er wurde e-s anderen belehrt; -*né barvy* in anderer Farbe; *kdo* ~? wer ander(e)s?; -*ní a* -*ní* viele andere; *nad* -*né dobrý* besser als viele andere; ~*m způsobem* auf andere Weise; *k* -*nému použití zwecks* (*od*. zu) anderweitiger Benutzung.

jirch|a *f* (1b) Weißleder *n*; ~**árna** *f* (1; -ren) Weißgerberei *f*; ~**ář** *m* (3) Weißgerber *m*.

jírovec *m* (4; -vc-) *Bot*. Roßkastanie *f*.

jiři|čka *f* (1c; -ček) *Zo*. Hausschwalbe *f*; ~**na** *f* (1) *Bot*. Georgine *f*, Dahlie *f*.

jisk|erka *f* (1c; -rek) Fünkchen *n*; ~**ra** *f* (1d; -ker) Funke(n) *m*; ~ *soucitu* ein Funken Mitleid; ~ *naděje* Hoffnungsschimmer *m*; F *děvče jako* ~ ein flinkes Mädchen; ~**rný** funkelnd; *fig*. munter, P *dial*. dufte; *Witz*: sprudelnd, sprühend; ~**rový** *El*. Funken-; ~**ření** *n* (3) Funkeln *n*; *Tech*. Funkenbildung *f*.

jiskři|čka *f* (1c; -ček) *s*. jiskerka; ~**ště** *n* (2a) *Tech*. Funkenstrecke *f*; ~**t** ⟨*za-*⟩ funkeln; *El*. Funken bilden; (*čím*) *fig*. sprudeln (vor *D*), sprühen; ~ *se* Funken sprühen; *Sterne*: funkeln; *Schnee*: glitzern; ~**vý** funkelnd; glitzernd; *Stil*: geistreich, brillant.

jíst ⟨*na-se, po-, sníst*⟩ (*jím, jedl, 3 Pl. jedí*) essen, speisen; ~ *dosyta* sich satt essen; *dávat k-u* (*co*) ~ j-m zu

jistě 138

essen geben; *nechce se mi ~ ich habe keinen Appetit;* ~ *přes moc sich überessen;* ~ *k-o očima fig.* j-n mit den Augen verschlingen; *nemá co ~ er* hat nichts zu essen.
jistě s. *jistý.*
jistin|a f *(1)* Hdl. Kapital n; **~ný** Kapital-.
jistit ⟨u-, z-, za-⟩ *(-štěn)* behaupten; ~ *se o čem* sich e-r Sache versichern *od.* vergewissern; ~ *se před čím* sich sichern vor *(D).*
jistojistý ganz sicher, todsicher.
jistot|a f *(1)* Sicherheit f, Gewißheit f; *Jur.* Gewähr f; *Hdl.* Kaution f; *pro -tu* sicherheitshalber; *sirotčí* ~ Mündelsicherheit; **~ný** zuverlässig, sicher.
jistý sicher, gewiß; bestimmt; *Einkommen:* fest, gesichert; irgendein, ein gewisser; *jsem si tím jist* ich bin mir dessen sicher; *-tá věc* abgemachte Sache; *-tí lidé* gewisse Leute; *za -tých okolností* unter gewissen Umständen; *do -té míry* bis zu einem gewissen Grad; *s -tým zájmem* mit einigem Interesse; ~ *den* an e-m bestimmten Tag; ~ *na koni* sattelfest, fest im Sattel; ~ *životem s-s* Lebens sicher; *je si jist úspěchem* er ist sich s-s Erfolges sicher; *-tě Adv.* sicher(lich), bestimmt, gewiß.
jiška f *(1c; -šek) Kochk.* Einbrenne f.
jít ⟨do-, po-, za-⟩ *(jdu; šel, šla, šlo)* gehen, kommen; *už jdu* ich gehe schon (fort), ich komme schon (hin); *oč jde?* worum geht es?, worum handelt es sich?; *jde na mne spaní* ich werde schläfrig; *jdi pryč!* geh weg!; *pojď sem!* komm her!; *odkud jdete?* woher kommen Sie?; ~ *na ryby* angeln *(od.* fischen) gehen; ~ *na učitelství* Lehrer werden wollen; ~ *od k-o* weggehen von *(D);* ~ *po hlase* der Stimme nachgehen; ~ *pro co od.* pro k-o et. *od.* j-n holen (gehen); ~ *k-u za kmotra* j-m Pate stehen; ~ *za kým* j-m nachgehen; ~ *za svým chlebem* sein Brot verdienen; ~ *za cílem* sein Ziel verfolgen; *plat mu jde stále* ten sein Gehalt läuft weiter; *klíč jde do zámku* der Schlüssel paßt ins Schloß; *opona jde vzhůru Thea.* der Vorhang geht auf; *jde na něho úzkost m* er bekommt er hat vor der Angst zu tun, es wird ihm angst und bange; *to jde na mne das betrifft mich;* ~ *kolem vorübergehen;* F *hlava mi jde kolem* ich weiß nicht, wo mir der Kopf steht, ich weiß weder ein noch aus; *nejde mi to do krámu* das paßt mir nicht in den Kram; *jde do tuhého* nun wird es ernst; ~ *na pivo* ein Bier trinken gehen; ~ *za školu* die Schule schwänzen; ~ *se: zde se jde dobře* hier geht es sich gut; P *jde se! los!,* vorwärts!; *tudy se jde k ...* hier kommt man zu ...
jitrnice s. *jaternice.*
jitro n *(1; 6. -tře; -ter)* Morgen m; *Agr.* (Feldmaß) Morgen m, Joch n; *dobré ~!* guten Morgen!; *z(a) -ra* frühmorgens; *od -ra do večera* von früh bis abend, vom Morgen bis zum Abend; **~cel** m *(4) Bot.* Spitzwegerich m.
jitřen|í n *(3) Med.* Eitern n; P Aufruhr m; **~ka** f *(1c; -nek)* Morgenstern m; *poet.* Morgenrot n *(z. B. der Freiheit);* ⚢ *Myth.* Aurora f.
jitř|it ⟨roz-, z-⟩ *Wunden* aufreißen; zum Eitern bringen; zu Herzen gehen; reizen; *Volk* aufwiegeln; ~ *se* eitern; *Volk:* in Aufregung geraten; **~ivý** eiternd, eitrig; *Schmerz:* bohrend; *Nachricht:* aufsehenerregend; *Zeit:* aufregend, schlimm; **~ní**[1] Morgen-; **~ní**[2] f *(Adj. 4) Rel.* Frühmesse f.
jíva f *(1) Bot.* Salweide f.
jizb|a f *(1; -zeb)* Stube f; *kulturní* ~ Kulturraum m; **~ička** f *(1c; -ček)* Stübchen n.
jízd|a f *(1)* Fahrt f, Fahren n; *hist.* Reiterei f; ~ *na koni* Ritt m, Reiten n; ~ *tam a zpět* Hin- und Rückfahrt; *okružní* ~ Rundfahrt; *hvězdicová* ~ *Sp.* Sternfahrt; ~ *na černo* Schwarzfahrt; *doba -dy* Fahrzeit f; ~ *dvojic Sp.* Paarlauf(en *n) m; přerušení -dy* Fahrtunterbrechung f; ~ *na kole* Radfahren n; ~ *zakázána!* Fahrverbot!; *dej přednost v -dě!* Vorfahrt beachten!; ~ *o závod* Wettfahren n; ~ *po železnici* Eisenbahnfahrt; ~ *parníkem* Dampfschiffahrt; **~árna** f *(1; -ren)* Reitschule f; **~ecký** s. *jezdecký.*
jízdenka f *(1c; -nek)* (volná, zpáteční Frei-, Rück-)Fahrkarte f, *(přestupní* Umsteige-)Fahrschein m; *měsíční, traťová* ~ Monats-, Streckenkarte f.
jízd|mo *Adv.* rittlings; zu Pferd,

junák

lit., *scherz.* hoch zu Roß; ~né n (*Adj. 3*) Fahrgeld n; ~ní Fahr-; Reit-; *Mil.* beritten; ~ řád Fahrplan m; Kursbuch m.
jizliv|ec, jízliv|ec m (3; *-vc-*) boshafter (*od.* hämischer) Mensch m; ~ost f (4) Boshaftigkeit f; ~ý boshaft, hämisch.
jizva f (1; *-zev*) Narbe f; † Schmiß m; (längliche) Schramme f; ~ po neštovicích Pockennarbe.
již schon, bereits; ~ ne nicht mehr; *vlak* ~ *nejezdí* der Zug verkehrt nicht mehr; ~ *nikdo* niemand mehr; ~ *nikdy* nie(mals) mehr; ~**již** *Adv.* fast, beinahe; nahezu.
jižní südlich, Süd-; ~ *ovoce* Südfrüchte f/pl.; *-ně* nach Süden, in südlicher Richtung; *-ně od Prahy* südlich von Prag.
jmel|í n (3) *Bot.* Mistel f; ~ový Mistel-.
jmění n (3) Vermögen n, † Habe f; ~ *na hotovosti* Barvermögen; *celé* ~ das ganze Hab und Gut, ganzer Besitz.
jmen|iny f/pl. (1) Namenstag m; ~ný Namen-; *Gr.* Nominal-.
jméno n (1; *6. -u/-ě*; *jmen*) Name m; *Gr.* Nomen n; *-nem* im Namen, namens; *-nem zákona* im Namen des Gesetzes; *znát k-o -nem* j-n namentlich kennen; *změna -na* Namensänderung f; *podle -na* dem Namen nach; *hlasování podle jmen* namentliche Abstimmung; *pro* ~ zum Schein, pro forma; *osobní* ~ Personenname; *vlastní* ~ Eigenname; *podstatné* ~ *Gr.* Hauptwort n, Substantiv n; *přídavné* ~ *Gr.* Eigenschaftswort n, Adjektiv n; *mít špatné* ~ in üblem Ruf stehen; *světového -na* von Weltruf.
jmenov|ací *Jur.* Anstellungs-, Ernennungs-; ~ání n (3) Ernennung f; Anstellung f; Bestallung f; ~ *ministrem* Ernennung zum Minister; ~ *úředníka* (An-)Stellung als Beamter; ~ *lékaře* Bestallung als Arzt; ~aný genannt; *často* ~ vielgenannt; ~at ⟨po-, vy-⟩ (-*nuji*) nennen; ernennen (*čím zum D*); *Jur.* Gründe angeben, anführen; *k-o čím* j-m e-n Namen geben; ~ *jménem* beim Namen nennen; ~ *poručníka* e-n Vormund bestimmen; ~ *se* heißen; lauten; e-n Namen führen; *jak se jmenujete?* wie hei-

ßen Sie?, wie ist Ihr Name?; *jak se to jmenuje česky?* wie heißt das tschechisch?; ~atel m (4; *-é*) *Math.* Nenner m; *Hdl.* Kennziffer f; ~ec m (3; *-vc-*) Namensvetter m; ~itý Nenn-; *Gr.* Nominal-; *-é úkoly* getrennte Aufgaben; *-tě* *Adv.* namentlich, besonders; ~ka f (1c; *-vek*) Namensschild n; ~kyně f (2b) Namensschwester f.
jmout pf. ⟨po-, za-⟩ (*jmu, jal, jat*) ergreifen, fassen (*za co an D*); gefangennehmen; *fig.* fesseln, hinreißen; ~ *se* beginnen, anfangen zu (*Inf.*); *jal se vyprávět* er begann zu erzählen.
Jobův: Hiobs-; *Jobova zvěst* Hiobsbotschaft f.
jod, jód m (2a) *Chem.* Jod n; ~ovat ⟨na-, po-, za-⟩ (*-duji*) mit Jod betupfen; *Chem.* Jod zusetzen, jodieren.
jódlovat ⟨za-⟩ (-*luji*) jodeln.
jodový Jod-.
Jordán|sko n (1b) Jordanien n; ♀ský jordanisch.
jotace f (2) *Gr.* Jotation f.
jsem, jsi ... jsme, jsou s. **být**.
jsoucno n (1), ~st f (4) *Phil.* Sein n, Dasein n, Wesenhaftigkeit f.
jste s. **být**.
jubil|ant m (1), ~antka f (1c; *-tek*) Jubilar(in) m; ~ejní Jubiläums-; ~eum n (5) Jubiläum n; ~ovat (-*luji*) jubilieren, jubeln.
Jugosláv|ec m (3; *-vc-*), ~ka f (1c; *-vek*) Jugoslawe m, Jugoslawin f; ~ie f (2) Jugoslawien n; ♀ský jugoslawisch.
juchat ⟨za-⟩ jauchzen.
jucht|a f (1; *jucht/juchet*) Juchten n; ~ovina f (1) Juchtenleder n; ~ový Juchten-.
juka|ná f (*Adj. 2*) *Kdspr.* Versteckspiel n, F Versteckenspielen n; ~t ⟨vy-⟩ Verstecken spielen; hervorschauen, -lugen.
juliánský *hist.* julianisch.
junác|kost f (4) Lebensfrische f; *lit.* Heldenmut m, Tapferkeit f; ~ký wacker, heldenmütig; jugendfrisch; *-ká mysl* Heldenmut m, *lit.* heldische Gesinnung; *-ká píseň* (*jugoslawischer*) Heldengesang m; ~tví n (3) Heldenmut m; Pfadfindertum n.
junák m (1a) stattlicher Bursche m; *hist.* Held m; Pfadfinder m.

junda P *f (1)* Jux *m*, Spaß *m*.
jupka P *f (1c; -pek)* Joppe *f*.
Jur|a *f (2d) Geogr.* Jura *m*; ⚯ *Geol.* Jura(formation *f*) *n*; ⚯**ský** *Geol.* jurassisch; *Geogr.* Jura-.
juri|dický [-dɪ-] juristisch, *öst.* juridisch; ⚯**sta** *m (5a)* Jurist *m*; ⚯**stický** [-tɪ-] juristisch.
jury [ʒɪrɪ, dʒu-] *f (indekl.)* Jury *f*.
justament *Int.* ausgerechnet; ⚯ P *m (2; 6. -u/-ě)* Eigenwilligkeit *f*, *iron.* Dickschädel *m*, -kopf *m*.
justi|ce † [-tɪ-] *f (2)* Justiz *f*; ⚯**ciár** *m (1; -ové)* Gerichtsbeamte(r) *m*; ⚯**ční** Justiz-.
jut|a *f (1)* Jute *f*; ⚯**ový** Jute-.
Jut|sko *n (1b)* Jütland *n*; ⚯**ský** jütländisch.
JZD (= *Jednotné zemědělské družstvo*) s. *jednotný*.

K

k, ke (vor *Konsonantengruppen*), **ku** (vor *pr-, př-*) Prp. (*mit 3. Fall*) zu (*D*); an (*A*) (*Richtung*); gegen (*A*) (*Richtung, Uhrzeit*); gegenüber (*D*); k nádraží zum Bahnhof; k jihu gegen Süden; k čertu! zum Teufel!; k ránu gegen Morgen; k páté (*hodině*) gegen fünf (Uhr); ke stu an die hundert, ungefähr hundert; přistoupit k oknu ans Fenster treten; k čemu je to? wozu dient das?, was soll das?; není k ničemu das taugt zu nichts, das ist (zu) nichts nütze; k smíchu zum Lachen; k smrti unaven todmüde; k rozkazu zu Befehl; k tomu ke všemu zu alledem; den ke dni Tag für Tag; to není k dostání, k mání das ist nicht zu bekommen, zu haben; ku Praze in Richtung Prag.

kabar *m* (*1a*; -*ři*) *Zo.* Moschustier *n*.
kabaret *m* (*2a*) Kabarett *n*.
kabát *m* (*2*; *6.* -*u*/-*ě*) Rock *m*, Jacke *f*, Sakko *n*; Mantel *m*; kožený ~ Lederjacke; bez ~u im bloßen Hemd, in Hemdsärmeln; ~ec † *m* (*4*; -*tc*-) Wams *n*; *Mil.* Waffenrock *m*; ~ek *m* (*2b*; -*tk*) Jäckchen *n*, (*Damen*-)Jacke *f*; kostýmový ~ Kostümjacke; pletený ~ Strickjacke.
kabel *m* (*2a*) Kabel *n*.
kabel|**a** *f* (*1a*) (*Reise*-)Tasche *f*; ~**ka** *f* (*1c*; -*lek*) Handtasche *f*.
kabel|**ovat** (-*luji*) kabeln; ~**ový** Kabel-.
kabina *f* (*1*) Kabine *f*; ~ pro cestující Fahrgastraum *m*; ~ pro pilota *Flgw.* Pilotenkanzel *f*; převlékací ~ Umkleidekabine; telefonní ~ Telefonzelle *f*.
kabinet *m* (*2*; *6.* -*u*/-*ě*) Kabinett *n*; zasedání ~u Kabinettssitzung *f*; ~**ní** Kabinett(s)-.
kabonit ⟨z-, za-⟩ trüben; *Stirn* runzeln; ~ se sich trüben; *Himmel*: sich verdüstern; *Person*: finster dreinblicken, P ein saures Gesicht machen.
kabrňák P *m* (*1a*) Prachtkerl *m*, Prachtexemplar *n*.
kacabajka P *f* (*1c*; -*jek*) Joppe *f*.

kácení *n* (*3*) Fällen *n* (*von Bäumen*); Stürzen *n*.
kaceřovat (-*řuji*) verketzern; *lit.* schmähen.
kácet ⟨po-, s-; vy-⟩ (*3 Pl.* -*ejí*) *v*/*t* stürzen; *Bäume* fällen; *Forstw.* *Wald* abholzen, schlagen; ~ se (nieder)stürzen, umfallen; *iron.* *fig.* wanken.
kacíř *m* (*1b*) Ketzer *m*; ~**ský** ketzerisch; ~**ství** *n* (*3*) Ketzerei *f*.
káča *f* (*1a*; -*i*) *s.* kačena; Kreisel *m*.
kač|**ena** P *f* (*1*) Ente *f*; ~**er** *m* (*1*; -*ři*) Enterich *m*, Erpel *m*; ~**ka** P *f* (*1c*; -*ček*) Krone *f* (*Geldstück*).
káď *f* (*4d*; -*dě*; -*děmi*) Bottich *m*, Tonne *f*, Bütte *f*; koželužská ~ Gerbgrube *f*; vystírací ~ (*Brauerei*-) Würztrog *m*.
kadečka *f* (*1c*; -*ček*) kleiner Bottich *m*, kleine Tonne *f*; *scherz.* dicke Frau *f*.
kadence *f* (*2*) *Mus.* Kadenz *f*; *Mil.* Feuergeschwindigkeit *f*.
kadění *n* (*3*) Räuchern *n*; *fig.* Beweihräuchern *n*; V Kacken *n*.
kadeř *f* (*3*) (*Haar*-)Locke *f*; ~**e** *f*/*pl.* Lockenhaar *n* (*koll.*); ~**ávek** *m* (*1a*; -*vk*-) Lockenkopf *m*; (*2b*) *Bot.* Krauskohl *m*; ~**avět** ⟨z-⟩ (*3 Pl.* -*ejí*) (se) sich kräuseln, ~(**av**)**it** ⟨na-⟩ *Haar* kräuseln, eindrehen; ~**avý** lockig, gewellt; ~**nice** *f* (*2a*) Friseuse *f*; ~**nictví** *n* (*3*) Friseurgeschäft *n*; Friseurberuf *m*; ~**ník** *m* (*1a*) Friseur *m*.
kadet *m* (*1*) Kadett *m*; ~**ka** F *f* (*1c*; -*tek*) Kadettenschule *f*; ~**ní** Kadett-.
kadi|**cí** Räucher-, Rauch-; ~**delnice** *f* (*2a*) *Rel.* Rauchfaß *n*; ~**dlo** *n* (*1a*; -*del*) Weihrauch *m*; vykuřovat -lem be(weih)räuchern.
kádinka *f* (*1c*; -*nek*) *Chem.* Becherglas *n*.
kad|**it** ⟨po-, za-⟩ Weihrauch streuen; *fig.* P beweihräuchern (*A*), schmeicheln (*D*); V kacken; ~**ítko** *n* (*1b*; -*tek*) Räucherkerze *f*.
kadlub *m* (*2a*) *Tech.* (*Gieß*-)Form *f*; Holzgefäß *n*.

kádr m (2a) Pol. Kader m; rozvoj ~ů Kaderentwicklung f; služba v ~u P Militärdienst m; stranický ~ Parteikader; **~ový** Kader-; Su. m (Adj. 1) Kaderleiter m; -vé oddělení Personalabteilung f; -ově Adv. personal-, kaderpolitisch.

kaf|áč P m (2) Kaffeetopf m; **~e** F n (indekl.) Kaffee m; to je jiné ~ das ist was ganz anderes; **~íčkářka** f (1c; -řek) Kaffeetante f; **~íčko** F n (1b; -ček) Kaffee m.

kafr m (2a) Kampfer m; **~at** P <na-, vy-, za-> (allerlei) Unsinn reden, quasseln; **~ový** Kampfer-.

kaftan m (2; 6. -u/-ě) Kaftan m.

kahan m (2a), **~ec** m (4; -nc-) Lampe f; Tech. Brenner m; hornický ~ Bgb. Grubenlampe; plynový ~ Gasbrenner.

kahán|ek m (2b; -nk-) Lämpchen n; na -nku fig. gleich; P má na -nku er pfeift auf dem letzten Loch.

kach|el m (4; -chl-), **~lík** m (2b) Kachel f; **~l(ík)ový** Kachel-.

kach|na f (1; -chen) Ente f; divoká ~ Wildente; pečená ~ Entenbraten m; novinářská ~ Zeitungsente; **~ně** n (4a), Dim. **~ňátko** (1b; -tek) junge Ente f; **~ní** Enten-; **~nička** f (1c; -ček) Dim. zu kachna.

kajak m (2b) Paddelboot n; skládací ~ Faltboot; **~ář** m (3) Paddler m; **~ářský** Paddelboot-.

kajda P f (1) Jacke f.

kajíc|í bußfertig, reu(müt)ig; **~nice** f (2a) Büßerin f, **~nost** f (4) Bußfertigkeit f; **~ný** s. kající; Buß-, Büßer-.

kajka f (1c; -jek) Zo. Eiderente f.

kajut|a f (1) Mar. Kajüte f; **~ový** Kajüten-.

kakabus m (1; -ové) verä. P Griesgram m, Brummbär m.

kakao n (1; 6. -u) Kakao m; **~vník** m (2b) Kakaobaum m; **~vý** Kakao-.

kakat <po- (se), vy- (se)> Kdspr. V kacken.

kakost m (2a) Bot. Storchschnabel m.

kaktus m (2; 6. -u/-e) Kaktus m; **~ář** m (3) Kakteenzüchter m; **~ový** Kakteen-.

kal m (2a) Schlamm m, Kot m; (Kaffee-)Satz m, Rückstand m; Pfütze f, Lache f; Abwässer n/pl.; Bgb. Trübe f; lovit v ~u fig. im trüben fischen.

kalafuna f (1) Kolophonium n.

kalamář m (4) Tintenfaß n.

kale Adv. s. kalý.

kalendář m (4) Kalender m; **~ík** m (2b) Taschenkalender m; **~ní, ~ový** Kalender-.

kalen|í n (3) Trüben n; Tech. Härten n; **~ý** gehärtet; Glas: matt.

kálet <po-, z-, za-> (3 Pl. -ejí) besudeln, beflecken; s-e Notdurft verrichten; Tiere: misten; Jagdw. losen.

kalhot|ky f/pl. (1c; -tek) Höschen n; dámské ~ (Damen-)Schlüpfer m; punčoškové ~ Strumpfhose f; **~y** f/pl. (1) Hose f, Hosen f/pl.; jezdecké ~ Reithosen; spodní ~ Unterhose(n); P měl ~ (strachu) plné fig. er hatte die Hosen voll.

kalibr m (2a) Kaliber n; velkého ~u großkalibrig; **~ovaný** -ná nádoba Chem. Meßglas n.

kalicí Tech. Härte-, Härtungs-.

kalif m (1; -ové) Kalif m; **~át** m (2; 6. -u/-ě) Kalifat n.

kalich m (2b) Kelch m, Becher m; fig. Hussitentum n; **~ovitý** kelchförmig; **~ový** Kelch-.

kalina f (1) Bot. Schneeball m.

kalíšek m (2b; -šk-) (Likör-, Schnaps-)Glas n; kleiner Kelch m; ~ na vajíčka Eierbecher m.

kališn|í Kelch-; **~ický** hist. hussitisch, kalixtinisch; **~ictví** n (3) Hussitentum n, Utraquismus m; **~ík** m (1a) Kalixtiner m, † Kelchner m.

kaliště n (2a) Tümpel m; Lache f, Pfütze f; Jauchengrube f, Senkgrube f.

kalit <z-, za-> trüben; fig. verderben (v/t); Stahl härten; ~ se sich trüben; Stahl: gehärtet werden; Augen: brechen.

kalkant † m (1) Balkentreter m (bei der Orgel).

kalkul m (2a) Kalkül n; Hdl. Festsetzung f (von Preisen); **~ace** f (2) Hdl. Kalkulation f; předběžná ~ Vorkalkulation; **~ační** Kalkulations-; **~ovat** <v-, vy-, z-, za-> (-luji) kalkulieren.

kal|nost f (4) Trübheit f; Tech. Mattierung f; **~ný** trüb; Himmel: bedeckt, verhangen; düster; -né tušení dunkle Ahnung; -ná mysl Trübsinn m.

kalo|jem m (2a) Tech. Schlamm-

kancelář

grube f; ~lis m (2; 6. -u/-e) Tech. Schlammfilter m.
kaloň m (3a; 2. -ně) Zo. Flughund m.
kalor|ický Phys. kalorisch; ~ie f (2) Kalorie f.
kaloun m (2; 6. -u/-ě) Zwirnband n; Borte f; Mil. Tresse f.
kalous m (1) Zo. (Wald-, Sumpf-) Ohreule f.
kalový Tech. Schlamm-.
kalup P m (2a) Galopp m; fig. Eile f; ~em schnell, im Galopp.
kaluž f (3), ~ina f (1) Pfütze f, Lache f; ~ vody Wasserlache, Wasserpfütze; ~ krve Blutlache.
Kalvárie f (2) bibl. Kalvarienberg m; ♀ Rel. Kreuzigungsgruppe f; fig. Leiden n/pl., Leidensweg m.
kalvín m (1), **kalvinista** [-nɪ-] m (5a) Rel. Kalvinist m; ~ský kalvin(ist)isch; ~ství n (3) Kalvinismus m.
kalý P gut; fig. tüchtig; -le Adv. recht; fig. tüchtig; tomu ~le nerozumím daraus werde ich nicht recht klug, das verstehe ich nicht recht.
kam wohin; F a. irgendwohin; neví kudy ~ er weiß weder aus noch ein; ~ to hodí, tam to hodí er wirft es einfach irgendwohin.
kamarád m (1), **~ka** f (1c; -dek) Freund(in) f m, Kamerad(in f) m; P ~ z mokré čtvrti Saufbruder m; ~it ⟨s-⟩ (se) Freundschaft pflegen, befreundet sein; **~ský** freundschaftlich, kameradschaftlich; ~ství n (3) Freundschaft f, Kameradschaft f.
kamaše f (2) Gamasche f.
kambala f (2a) Zo. Scholle f, Butt m.
kamej(e) f (3) Kamee f.
kamélie f (2) Bot. Kamelie f.
kámen m (4; kamen-) Stein m; mlýnský ~ Mühlstein; ~ mudrců Stein der Weisen; F co by kamenem dohodil to e-n Katzensprung (weit); fig. nezůstal ~ na kameni kein Stein blieb auf dem anderen, ~ úrazu Stein des Anstoßes f; tvrdý jako ~ steinhart; cesta samý ~ steiniger Weg.
kamen|áč m (4) Bot. Steinnuß f; Steinpilz m; **~ář** m (3) Steinbrucharbeiter m; Steinschleifer m; ~cový Alaun-; **~ec** m (4; -nc-) Alaun(stein m) m; **~ět** ⟨z-⟩ (3 Pl. -ějí) versteinern, zu Stein werden; **~í** n (2) Gestein n, Steine m/pl.; **~ina** f (1) Steinzeug n; **~inový** Steinzeug-; **~itý** steinig; **~ný** steinern, Stein-, aus Stein; **~otisk** m (2b) Steindruck m **~ouhelný** Steinkohlen-; **~ovat** ⟨u-⟩ ⟨-nuji⟩ steinigen; fig. verfolgen.
kamera f (1d) Fot. Kamera f; televizní ~ Fernsehkamera; ~ na malý formát Kleinbildkamera; **~man** m (1) Aufnahmeleiter m (beim Film); Kameramann m.
kamín|ek m (2b; -nk-) Steinchen n; psací ~ (Schreib-)Griffel m; **~ka** n/pl. (1; -nek) kleiner Ofen m, Öfchen n; železná ~ F Kanonenofen.
kamión m (2a) Lastwagen m, P Laster m.
kamkoli(v) wohin auch immer; ~ pohlédneš wohin man auch schaut.
kamn|a n/pl. (1; -men) Ofen m; stáložárná ~ Dauerbrandofen; roura od kamen Ofenrohr n; **~ář** m (3) Ofensetzer m; **~ovec** m (4; -vc-) Wasserkessel m (eingebaut im Herd); **~ový** Ofen-.
kampak wohin denn.
kampaň f (3) Kampagne f; Feldzug m.
kampelička f (1c; -ček) Raiffeisenkasse f.
kamsi irgendwohin.
kamufláž f (3) Mil. Tarnung f.
kamz|ičí Gemsen-, Gems-, Gams-; **~ík** m (1a) Zo. Gemse f.
Kana|da f (1) Kanada n; P ♀ Sp. Eishockey n; Spaß m, Hetz f; **ďan** m (1; -é), **ďanka** f (1c; -nek) Kanadier(in f) m; ♀**ský** kanadisch.
kanafas m (2; 6. -u/-e) Kanevas m (Gewebe); buntkariert; F už je v ~u er ist schon im Bett.
kanál m (2; 6. -u/-e) Kanal m; Tech. Graben m; **~ek** m (2b; -lk-) Tech., Med. Kanal m; Bot. Kanälchen n.
kanaliz|ace f (2) Kanalisation f; **~ační** Kanalisations-; Entwässerungs-, **~ovat** (im)pf. ⟨z-⟩ ⟨-zuji⟩ kanalisieren.
kanape n (2) Sofa n.
kanár m (1; -ři), **~ek** m (1a; -rk-) Kanarienvogel m; **~kový** Kanarien-; kanariengelb; ♀**ský:** -ké ostrovy Kanarische Inseln.
kancelář f (2) Büro m, Kanzlei f; Mil. Schreibstube f; cestovní ~ Reisebüro; dopravní ~ Verkehrsamt n; informační ~ Auskunftsbüro; tisková ~ Pressebüro; Pressedienst

kancelářský 144

m, Nachrichtenagentur *f;* ~ský Büro-, Kanzlei-; ~ nábytek Büromöbel *pl.;* ~ zaměstnanec Büroangestellter *m;* ~ prach *iron.* Aktenstaub *m.*

kancelista † *m (5a)* Kanzlist *m; verá.* Schreiber(seele *f) m.*

kancionál *m (2a) Rel.* Gesangbuch *n.*

kancléř *m (3)* Kanzler *m;* spolkový ~ Bundeskanzler; ~**ství** *n (3) (Staatsod. Reichs-)*Kanzlei *f,* Kanzleramt *n.*

kanč|í Eber-; ~**ík** *m 1. (1a) Dim. zu kanec; 2. (2b) Tech.* Schraubenbohrer *m,* Schneckenbohrer *m; Mil.* Patronenzieher *m;* Riemenpeitsche *f.*

kandelábr *m (2a) (Gas-)*Laternenpfahl *m,* Lichtmast *m.*

kandidát [-dɪ-] *m (1)* Kandidat *m;* ~**ka** *f (1c; -tek)* Kandidatin *f;* P Kandidatenliste *f;* ~**ní,** ~**ský** Kandidaten-; ~**ura** [-u:-] *f (1d)* Kandidatur *f.*

kandidovat [-dɪ-] *(-duji)* kandidieren.

kand|ovat *(-duji) Kochk.* kandieren; ~**ys** *m (2; 6. -u/-e)* Kandis(zucker) *m;* ~**ysový** Kandis-, *öst.* Kandel-.

ká|ně¹ *f (2b; -í) Zo.* Bussard *m;* lesní ~ Mäusebussard; ~**ně²** *n (4a)* junger Bussard *m;* -ňata *n/pl. fig.* Nachwuchs *m.*

kanec¹ *m (3; -nc-)* Eber *m, Jagdw.* Keiler *m;* V Schweinkerl *m;* ~² F *m (4; -nc-)* Tintenklecks *m.*

kaňh|a *m (5),* ~**al** *m (1; -ové) verá.* Kleckser *m;* ~**anina** *f (1) verá.* Kleckserei *f;* ~**at** *(po-, z-, za-)* klecksen.

kanibal [-nɪ-] *m (1; -ové)* Kannibale *m;* ~**ský** kannibalisch; ~**ství** *n (3)* Kannibalismus *m.*

kaňka *f (1c; -něk)* Klecks *m,* Fleck *m.*

kanoe, kánoe *f (2) od. n (indekl.) Sp.* Kanu *n.*

kano|ista *m (5a),* ~**istka** *f (1c; -tek) Sp.* Kanufahrer(in *f) m;* ~**istika** [-tɪ-] *f (1c)* Kanusport *m.*

kanón P *m (2; 6. -u/-ě)* Kanone *f;* s. dělo*; jít s* ~*em na vrabce* auf Spatzen mit Kanonen schießen.

kánon *m (2a)* Kanon *m.*

kanon|áda *f (1)* Kanonade *f;* ~**ický** [-nɪ-] kanonisch; ~**izovat** [-nɪ-] *(im)pf. (-zuji)* kanonisieren.

kanout ⟨*u-, vy-*⟩ *(-nul)* tropfen, rinnen.

kanov|nický *Rel.* Domherren-; ~**nictví** *n (3)* Domherrenstelle *f,* Kanonikat *n;* ~**ník** *m (1a)* Domherr *m,* Kanonikus *m.*

kantáta *f (1) Mus.* Kantate *f.*

kanton *m (2; 6. -u/-ě)* Kanton *m;* ~**ální** Kantonal-; ~ rada Kantonsrat *m.*

kantor *m (1; -ři)* Schullehrer *m;* † *Mus.* Kantor *m; verá.* Schulmeister *m;* ~**ka** *f (1c; -rek)* Lehrersfrau *f;* ~**ovat** *(-ruji) v/i* Schulmeister sein; *v/t verá.* schulmeistern; ~**ský** P Lehrer(er)-; ~**sky** *Adv. verá.* schulmeisterlich, pedantisch.

kant|ýna *f (1)* Kantine *f;* ~**ýnský** *1.* Kantinen-; *2. m (Adj. 1)* Kantinenwirt *m,* Kantinenbesitzer *m.*

kanyla *f (1a) Med.* Kanüle *f.*

kanystr *m (2a)* Kanister *m.*

kapací *Tech., Med.* Tropf-.

kapacita *f (1)* Kapazität *f,* Fassungsvermögen *n.*

kapalin|a *f (1)* (tropfbare) Flüssigkeit *f;* ~**ný,** ~**ový** Flüssigkeits-; *-ný tlak Phys.* Flüssigkeitsdruck *m;* *-ová brzda* Flüssigkeitsbremse *f.*

kapal|nit ⟨*z-*⟩ *Tech.* verflüssigen; ~**nost** *f (4) Phys.* flüssiger Zustand *m; Chem.* Tropfbarkeit *f;* ~**ný** flüssig; *Chem.* tropfbar.

kapán|ek *m (2b; -nk-) Kochk.* Tropfteig *m; Adv.* ein bißchen; ~**í** *n (3)* Tröpfeln *n; Med.* Träufeln *n; Kochk.* Tropfteig *m;* polévka s ~m = kapanka P *f (1c; -nek)* Tropfteigsuppe *f.*

kapar|a *f (1d) Kochk.* Kaper *f;* ~**ový** Kapern-.

kap|at ⟨*po-, u-, za-*⟩ *(-u/-ám) v/t* tropfen, träufeln; *Regen:* tröpfeln; P *Hdl.* hereinkommen, abfallen; *Vieh:* verenden; ~**átko** *n (1b; -tek)* P *Hdl.* Tropfröhrchen *n,* Pipette *f;* ~**avka** *f (1c; -vek) Med.* Tripper *m.*

kápě *f (2b; -í)* Kapuze *f;* Kappe *f.*

kapel|a *f (1a) Mus.* Kapelle *f;* ~**ník** *m (1a)* Kapellmeister *m.*

kapénk|a *f (1c; -nek) Med.* Tröpfchen *n;* ~**ový** Tröpfchen-.

kapes|né *n (Adj. 3)* Taschengeld *n;* ~**ní** Taschen-; ~**ník** *m (2b)* Taschentuch *n.*

kapičk|a *f (1c; -ček) Dim. zu kapka;* ~*u* ein klein wenig.

kapilár|a *f (1d)* Kapillare *f,* Kapillargefäß *n; Phys.* Kapillarröhrchen *n;* ~**ní** kapillar.

kapitál m (2a) Kapital n.
kapitali|sta m (5a) Kapitalist m; **~stický** [-tɪ-] kapitalistisch; **~zovat** (im)pf. ⟨pře-, z-⟩ (-zuji) kapitalisieren.
kapitál|ní P kapital, fig. gewaltig, Kapital-; ~ *chlapík* toller Bursche, Mordskerl m; **~ový** Hdl. Kapital-.
kapitán m (1) Mar., Sp. Kapitän m; Mil. a. Hauptmann m; ~ *sportovního družstva* Mannschaftskapitän; **~ský** Kapitäns-; Hauptmanns-.
kapit|ola f (1a) Kapitel n; **~ula** f (1a) Rel. Domkapitel n.
kapitula|ce f (2) Kapitulation f.
~ční Kapitulations-.
kapitul|ní Dom-; Kapitel- (z. B. Psalter); **~ovat** (im)pf. (-luji) kapitulieren.
kapka f (1c; -pek) Tropfen m; fig. ein wenig; *do poslední -ky* bis zum letzten Tropfen; *po -kách* tropfenweise; *-ku* ein wenig.
kaplan m (1) Kaplan m; **~ka** F f (1c; -nek) Kaplanwohnung f; **~ský** Kaplan-; **~ství** n (3) Kaplanstelle f.
kapl|e f (2), **~ička** f (1c; -ček) Rel. Kapelle f.
káp|nout ⟨u-⟩ (-pl) (einmal) tropfen; P *k č-u, nač* treffen auf (A), unerwartet finden (A); d(a)raufkommen; *tys na to -pl!* du hast es erraten!, du hast den Nagel auf den Kopf getroffen!; *-pli mu do noty das* paßt ihm gerade, das haben sie ihm recht gemacht.
kapota f (1) Kfz. Motorhaube f.
kapoun m (1) Kapaun m.
kapr m (1; -ři) Karpfen m; *hladký ~ bez šupin* Spiegelkarpfen m.
kapra|ď f (4d) Bot. Farn m; **~dí** n (3), **~dina** f (1) Farnkraut n.
kaprál P m (1) Korporal m; **~ský** Korporal-. [zu kapr.]
kapř|í Karpfen-; **~ík** m (1a) Dim.
kaps|a f (1a; -pes) (Jacken-)Tasche f; **~ář** m (3) Taschendieb m; **~ička** f (1c; -ček) Dim. *zu kapsa.*
kapsle f (2) Kapsel f; Zündhütchen n.
kapuc|e f (2) Kapuze f; **~ín** m (1) Rel. Kapuziner m; **~ínský** Kapuziner-.
kapust|a f (1) Bot. Blattkohl m; *růžičková ~* Rosenkohl; **~ový** (Blatt-)Kohl-; *-vá polévka* Kohlsuppe f.

kaput P (indekl.) entzwei, kaputt, im Eimer.
kára f (1d) Karren m; Karre f (a. F *für Wagen*).
karabáč m (4) Riemenpeitsche f, Karbatsche f; **~ovat** ⟨u-⟩ (-čuji) (aus)peitschen, mit der Peitsche schlagen.
karabin|a f (1) Mil. Karabiner m; Tech. Haken m; (1c) Karabinerhaken m; **~ík** m (1a) † (*französ.*) leichter Reiter m; (*ital.*) Carabinieri m.
karaf|iát m (2; 6. -u/-ě) Bot. Nelke f; **~inka** f (1c; -nek) kleine Karaffe f (*für Essig und Öl*).
karambol m (2a) Zusammenstoß m.
karamel|a f (1a) Karamelle f; **~ový** Karamell-.
káranec m (3; -nc-) Zwangsarbeiter m, Insasse m e-s Zwangsarbeitslagers, † Sträfling m.
karantén|a f (1) Quarantäne f; **~ní** Quarantäne-.
kar|as m (1) Karausche f; **~ásek** m (1b; -sk-) Goldfisch m; Kochk. Schrippe f; kleiner Zopf m (*aus Teig*).
kára|t ⟨po-, vy-⟩ tadeln, rügen (*pro co wegen G*); **~vý** tadelnd; *Blick:* strafend.
karban m (2a) (leidenschaftliches) Kartenspiel n, fig. Spielteufel m; **~átek** m (2b; -tk-) Fleischkloß m, Klops m, *dial.* Boulette f, *öst.* Karbonadel n; **~ický** P Spiel-; *-ké doupě* Spielhölle f; **~ík** m (1a) leidenschaftlicher Kartenspieler m, **~it** ⟨na- se, pro-⟩ leidenschaftlich Karten spielen.
karbovačka f (1c; -ček) Rührscheit n; (*Maurer-*)Kalkschaufel f; (*Bäcker-*)Kerbholz n.
karbunkl m (2a) Furunkel m; Min. Karfunkel m.
karburátor m (2a) Kfz. Vergaser m.
kardinál [-dɪ-] m (1; -ové) Kardinal m; **~ní** Kardinal- (z. B. Fehler); **~ský** Kardinals-; **~ství** n (3) Kardinalswürde f.
karetní Karten-.
karfiól m (2a) Blumenkohl m, *öst.* Karfiol m; **~ový** Blumenkohl-.
karhan † m (2a) Tongefäß n; 2. m (1) ungezogenes Kind n, Lümmel m.
kariér|a f (1d) Karriere f; **~ista** m (5a) Karrieremacher m, Streber m.

karikatu|ra [-tu:-] f (1d) Karikatur f; **~rista** m (5a) Karikaturist m.
karikovat ⟨pře-, z-⟩ (-kuji) karikieren; fig. lächerlich machen.
karkul|e f (2) Haube f; **~ka** f (1c; -lek) Häubchen n; Červená ♀ Rotkäppchen n.
Karlova: Universita ~ (Prager) Karls-Universität.
karlo|varský Karlsbader; ♀vy **Vary** m/pl. (2; 2. Var) Karlsbad n.
karmelitán m (1) Rel. Karmeliter m.
kárný strafend; Straf-; Disziplinar-; **~ pracovní tábor** Zwangsarbeitslager n; -né řízení Disziplinarverfahren n.
karosérie f (2) Kfz. Karosserie f.
Karpaty m/pl. (2; -pat) Geogr. Karpaten pl.
karta f (1; -ret) (Spiel-)Karte f; dům z karet Kartenhaus n.
kartáč m (4) Bürste f; † Mil. Kartätsche f; **~ na šaty, na vlasy, na drhnutí** Kleider-, Haar-, Scheuerbürste; **~ek** m (2b; -čk-) (kleine) Bürste f; **~ na zuby** Zahnbürste f, **~ník** m (1a) Bürstenbinder m; **~ovat** ⟨pře-, vy-⟩ (-čuji) (aus)bürsten; **~ový** Typ. Bürsten-; † Mil. Kartätschen-.
kartářka f (1c; -řek) Kartenlegerin f.
kartel m (2a) Kartell n; **~izovat** (im)pf. ⟨z-⟩ (-zuji) kartellieren.
kart|ička f (1c; -ček) s. karta; Karteikarte f; **~ka** f (1c; -tek) Karte f, Kärtchen n.
kartón m (2; 6. -u/-ě) Karton m.
kartonáž f (3) Kartonage f; **~ka** F f (1c; -žek) Kartonagenfabrik f.
kartoté|ční Kartei-; **~ka** f (1c) Kartei f, -kasten m, -schrank m; **~ přihlášených** Meldekartei f; **~kový** Kartei-.
kartoun. m (2; 6. -u/-ě) Kattun m; **~ka** F f (1c; -nek) Kattunfabrik f; **~ový** Kattun-.
kart|ouzek m (2b; -zk-) Bot. Kartäusernelke f; **~uzián** m (1) Kartäuser(mönch) m; **~uziánský** Kartäuser-.
kasa|ce f (2) Jur. Kassation f; Mus. Ständchen n; **~ční** Kassations-.
kasár|enský Kasernen-; **~na** n/pl. s. kasárny; **~nický** Kasernen-; **~ník** F m (2b) Kasernenarrest m; **~ny** f/pl. (1; -ren) Kaserne f.
kasař m (3) Geldschrankknacker m.
kasat ⟨na-, pod-, za-⟩ (auf)schürzen; Ärmel hochkrempeln; Segel aufgeien; **~ se sich** aufspielen, aufschneiden; **~ se** (nač) sich anschicken (zu D); (proti k-u) sich wappnen (gegen A).
kaseta f (1) Kassette f.
kasička F f (1c; -ček) Sparbüchse f.
kaskáda f (1) Kaskade f; **~ smíchu** Lachsalve f; **~ slov** Wortschwall m.
kasovní Kassen-.
Kaspický: -ké moře Kaspisches Meer.
kasta f (1) Kaste f.
kastaněta f (1) Kastagnette f.
kastel m (2a) Kastell n; **~án** m (1) Kastellan m.
kastov|ní, ~nický Kasten-; **~nictví** n (3) Kastenwesen n; Kastengeist m.
kastr|ace f (2) Kastration f; **~át** m (1) Kastrat m, Verschnittener m. [kastrieren.
kastrovat (im)pf. ⟨vy-⟩ (-ruji)]
kastrol m (2; 6. -u/-e) Kasserolle f, (Schmor-)Topf m; scherz. Melone f (Hut).
kaše f (2) Brei m, Mus m; F Matsch m; Patsche f; **bramborová ~** Kartoffelbrei; fig. navařit k-u pěknou -ši j-m e-e schöne Suppe einbrocken; F on jídal vtipnou -ši er hat Köpfchen; foukat k-u do -še sich in fremde Angelegenheiten mischen; jsme v -ši wir sitzen in der Patsche.
kašel m (4; -šl-) Husten m; černý ~ Keuchhusten; drží ho to ke kašli er hat Hustenreiz.
kašička f (1c; -ček) Breichen n; F unterste Volksschulklasse f.
kašlat ⟨od- si, vy- se, za-⟩ (-lu) husten.
kašna † f (1; -šen) Marktbrunnen m.
kašovitý breiartig, breiig.
kašpar m (1; -ři) Narr m, Hanswurst m; dělat si **~a** z k-o j-n zum Narren halten.
Kašpár|ek m (1; -rk-) Kasper m, Kdspr. Kasperl n od. m; ♀**kovský** Kasper-, Narren-; -ké šprýmy Narrenspäße m/pl., lit. Hanswurstiaden f/pl.; F Kasperei f.
kaštan m (2a) Kastanie f; Kastanienbaum m; divoký (od. koňský) ~ Roßkastanie; jedlý ~ Edelkastanie, Marone f; ~ový Kastanien-; -vě hnědý kastanienbraun.
kat m (1) Henker m.
kát ⟨od-, po-⟩ (1. kaji): **~ se z č-o** Buße tun für (A), bereuen (A).
katakomby f/pl. (1) Katakomben f/pl.

katalog m (2b) Katalog m; ~izace f (2) Katalogisierung f; ~izovat ⟨z-, za-⟩ (-zuji) katalogisieren.

katan m (1) Henker(sknecht) m, Peiniger m; ~ský Henker(s)-, grausam.

katar m (2a) Katarrh m; ~ průdušek Bronchialkatarrh.

katastr m (2a) Kataster m od. n.; ~ální Kataster-, Katastral-.

katastro|fa f (1) Katastrophe m; letecká ~ Flugzeugabsturz m; ~fální katastrophal.

katedr|a f (1d; -der) (Universitäts-) Lehrstuhl m; Katheder m od. n, Lehrerpult n; ~ála f (1a) Kathedrale f; ~ový Katheder-; ~ učenec Stubengelehrter m.

kategor|ický kategorisch; ~ie f (2) Kategorie f.

katech|eta m (1; -ové/-i) Katechet m, Religionslehrer m; ~ismus [-izm-] m (2a; -ism-) Katechismus m.

Kateřinky f/pl. (1c; -nek) ein Irrenhaus bei Prag; P zralý pro ~ irrenhausreif.

katétr m (2a) Med. Katheter m.

katit ⟨roz-⟩: ~ se na k-o wütend werden, F schimpfen auf (A).

katol|ický katholisch; ~ictví n (3) Katholizismus m; ~ík m (1a), ~ička f (1c; -ček) Katholik(in f) m.

katovna f (1; -ven) Haus m (od. Wohnung f) e-s Henkers; Folterkammer f.

katuše, kaťuše f (2) F Mil. Stalinorgel f.

kau|ce f (2) Kaution f; na -ci gegen Kaution; ~ční Kautions-.

kaučuk m (2b) Kautschuk m; ~ový Kautschuk-.

káva f (1) Kaffee m; černá ~ schwarzer (mst Bohnen-)Kaffee m; zrnko -vy Kaffeebohne f; zrnková ~ Bohnenkaffee m; jít na -vu e-n Kaffee trinken gehen.

kavalec P m (4; -lc-) (eiserne) Bettstelle f; Mil. Pritsche f; fig. Lager n.

kavalír m (1; -ři) Kavalier m; ~ský (Adv. -y) wie ein Kavalier; Kavaliers-.

kavár|enský Kaffeehaus-; ~na f (1; -ren) Café n, † Kaffeehaus n; taneční ~ Tanzcafé; ~ník m (1a) Kaffeehausbesitzer m.

kavč|e n (4) junge Dohle f; ~í Dohlen-.

kavent m (1) Bürge m.

kaviár m (2a) Kaviar m.

kavka f (1; -vek) Zo. Dohle f; P Gimpel m.

Kavkaz m (2) Geogr. Kaukasus m.

kávo|var m (2a) Kaffeemaschine f; ~vina f (1) Kaffee-Ersatz m; ~vník m (2b) Kaffeebaum m; ~vý Kaffee-; -vá sedlina Kaffeesatz m; -vě hnědý kaffeebraun.

kaz m (2a) (kleiner) Fehler m, Schaden m, Defekt m, Makel m; schadhafte Stelle f; zubní ~ Med. Zahnfäule f, Karies f; je bez ~ů er ist ohne Fehler, makellos.

kazajka f (1c; -jek) Leibchen n, Jacke f; svěrací ~ Zwangsjacke.

kázání n (3) Predigt f; ~ na hoře bibl. Bergpredigt; ~čko n (1b; -ček) manželské ~ Gardinenpredigt f.

kázat ⟨při-, roz-⟩ (kážu/-ži) Rel. predigen; befehlen; tobě se hezky káže du hast gut reden; povinnost káže die Pflicht gebietet; jak zákon káže wie es sich gehört, wie es im Buche steht.

kazatel m (3; -é) Prediger m; ~na f (1; -len) Kanzel f; Jagdw. Hochsitz m; spadnout s ~ny Brautpaar: aufgeboten werden; ~ský Prediger-; Kanzel-.

kázeň f (3; -zn-) Zucht f, Disziplin f; ~ský Disziplinar-, Straf-; ~ řád Disziplinarordnung f.

kazi|svět m (1) (Alles-)Verderber m; (Kleider) Reißteufel m; ~t ⟨po-, z-⟩ (-žen) verderben, ruinieren; entzwei (F kaputt) machen; Aufenthalt verleiden; Plan vereiteln, durchkreuzen; ~ se verderben (v/i); Obst, Früchte: (ver)faulen; Zahn, Wetter: schlecht werden; Plan: fehlschlagen, F danebengehen; ~vec m (4; -vc-) Min. Flußspat m.

káznice f (2a) Zuchthaus n, Strafanstalt f.

kazový schadhaft, fehlerhaft; -vé zboží Ausschuß(ware f) m.

každ|ičký ein jeder; ~odenní (tag-)täglich; ~opádně P Adv. auf jeden Fall; ~oroční alljährlich; ~ý jeder; ~ zvlášť jeder einzelne; -dé dvě hodiny alle zwei Stunden; -dé dva kroky alle zwei Schritte; po -ch pěti krocích immer nach fünf Schritten; ~ kdo bude majitelem der jeweilige Besitzer; po -dé jedesmal.

kažení *n* ⟨3⟩ Verderb(en *n*) *m*; ~ vlhkostí Stockigwerden *n*.

kbelí|ček *m* ⟨2b; -čk-⟩, ~k *m* ⟨2b⟩ Eimer *m*, öst. Kübel *m*; ~ *na odpadky* Abfalleimer; ~ *na smetí* Mülleimer; ~ *na vodu* Wassereimer; ~**kový** Eimer-, Kübel-.

kdáka|t ⟨*na*-, *roz*- se, *za*-⟩ *Hühner*: gackern; P *fig.* quasseln, quatschen; ~**vý** gackernd.

kde wo; woher; P irgendwo; ~ *jinde* anderswo; sonstwo; ~ *ses tady vzal?* wie bist du hierhergekommen?; ~ *na to brát a nekrást?* woher nehmen und nicht stehlen?; *musím to mít ber* ~ *ber* ich muß das um jeden Preis (*od.* unter allen Umständen) haben; ~**co** alles (mögliche); ~**jaký** jeder (einzelne); *Pl.* alle; *odstranit* -*kou pochybnost* auch den geringsten Zweifel beseitigen; ~**kdo** jedermann, F alle Welt; *znal* -*koho er kannte alle möglichen Leute*, P Hinz und Kunz; ~**koli** an jedem beliebigen Ort, wo (auch) immer; ~**který** jeder nur mögliche; *Pl.* alle möglichen; ~**pak** wo denn; *als Verneinung*: woher denn!, wo denkst du hin!, P keine Spur, *dial.* nicht die Bohne!; ~**si** irgendwo; ~ ~ *cosi* dies und jenes, allerlei; ~**že?** wo denn?

kdežto während (*adversativ*); wogegen.

kdo ⟨2, 4. koho, 3. komu, 6. kom, 7. kým⟩ wer; man, P *a.* jemand; ~ *ten* derjenige welcher; ~**koli** jeder beliebige, wer auch immer, P der erste beste; ~**pak?** wer denn?; ~**si** irgend jemand.

kdoul|e *f* ⟨2⟩ *Bot.* Quitte *f*; ~**ový** Quitten-.

kdoví wer weiß, weiß Gott; ~**co**, ~**jak**, ~**kde**, ~**kdo** *usw.* wer weiß was, wie, wo, wer *usw.*

kdy wann; jemals; je; *nemám* ~ ich habe keine Zeit; *jak* ~ je nachdem; *zřídka* ~ sehr selten.

kdyby ⟨-ch, -s; -chom, -ste⟩ wenn (*in Bedingungssätzen*); *kdybych to byl věděl* ... wenn ich es gewußt hätte ...; ~**ste** ... wenn ihr (*od.* Sie) ...; ~ *tomu tak bylo* gegebenenfalls, wenn dem so wäre; ~ *se přihodilo, že* ... gesetzt den Fall, daß ..., sollte der Fall eintreten, daß ...; ~ *se kdo provinil Jur.* im Übertretungsfall; ~ *jen přišel!* wenn er doch käme!; *i* ~ wenn auch, selbst wenn; *jako* ~ als ob; *a* ~! wenn schon!

kdy|koli sooft, jedesmal wenn, immer wenn; ~ *ke mně přijde*, ... immer wenn er zu mir kommt, ...; *přijďte* ~! kommen Sie, wann Sie wollen!; ~**pak?** wann denn?; ~**si** einmal, einst; *byl* (-a, -o) ~ ... es war einmal ...

když wenn (*bedingend und gleichzeitig*); als (*erzählend*); nachdem (*vorzeitig*); sobald (*zukünftig*); da (*begründend*); ~ *pracuji* wenn ich arbeite; ~ *jsem tam byl* als ich dort war; ~ *jsem mu to řekl* nachdem ich ihm das gesagt hatte; ~ *byl nemocen, nepracoval* da (*od.* als) er krank war, arbeitete er nicht; *i* ~ auch wenn, wenn auch; *jako* ~ als wenn, als ob; *jen* ~ wenn nur; ~ *ona tak ráda mlsá!* sie nascht eben (*od.* halt) so gern!; ~**už**, *tak už* wenn schon, denn schon; ~**e** wann denn.

ke *s. k.*

kebule *f* ⟨2⟩ *Bot.* Fischtod *m*; F Kopf *m*, Birne *f*.

kec[1] *Int.* bums!; ~[2] *m* ⟨2a⟩ breiartige Flüssigkeit *f*; *mst* ~**y** *pl.* leeres Gerede *n*, Geschwätz *n*; ~**al** *m* ⟨1; -ové⟩ Schwätzer *m*; † Brautwerber *m*, Hochzeitsbitter *m*; ~**at** ⟨*na*-, *po*-, *za*-⟩ schwätzen, Unsinn reden; P verpatzen; klecksen.

kecky *f/pl.* ⟨1c; -cek⟩ *Sp.* Handballod. Korbballschuhe *m/pl.* (*Leinenschuhe mit Gummisohlen*).

kecnout *pf. s. kecat*; P herausplatzen mit (*D*); F ~ *si* hinschlagen.

kedlub|en *m* ⟨2a; -bn-⟩, ~**na** *f* ⟨1; -ben⟩ Kohlrabi *m*.

kejhák *m* ⟨2b⟩ P: *jde mu o* ~ es geht ihm an den Kragen.

kejchnout P *pf. s. kýchnout.*

kejkl|at ⟨*za*-⟩ (*čím*) wackeln (mit *D*); schlenkern (mit *D*); ~ *se* wackeln (*v/i*), locker sein; ~**avý** wack(e)lig; ~**el** *m/pl.* ⟨-ě⟩ *od. f/pl.* ⟨2⟩ Gaukelei *f*; F Schwindel *m*, Mogelei *f*; ~**íř** *m* ⟨3⟩ Gaukler *m*; ~**ířství** *n* ⟨3⟩ Gaukelei *f*.

kejta *f* ⟨1⟩ *s. kýta.*

kel *m* ⟨2a; kl-⟩ *Zo.* Hauer *m*; (*Elefanten-*)Stoßzahn *m*; *Bot.* Keim *m*.

kelímek *m* ⟨2b; -mk-⟩ Tiegel *m*.

keltský keltisch.

kerami|cký keramisch; ~**ka** *f* ⟨1c⟩ Keramik *f*.

keř *m* ⟨4⟩ Strauch *m*; Busch *m*;

(Rosen-, Wein-)Stock m; **~íček** m (2b; -čk-) (kleiner) Strauch m; (Kartoffel-)Staude f; **~ovitý** strauchartig, Strauch-.

keser m (2a) Kescher m; F běží jako s ~em er rennt wie ein Besessener.

keťas m (1) Schwarzhändler m, P Schieber m; **~it** ⟨za-⟩, **~ovat** ⟨-suji⟩ Schwarzhandel treiben, P schieben (čím mit D); **~(ovs)ký** Schwarzhandels-, Schieber-; Wucher- (z.B. Preis); **~tví** n (3) Schwarzhandel m, P Schieberei f; (Preis-)Wucher m.

kéž wenn doch, daß doch (Wunsch); ~ bych byl doma! wenn ich doch zu Hause wäre!

kilo n (1; 6. -e/-u) Kilo n; na -la kiloweise; **~gram** m (2a) Kilogramm n.

kilometr m (2a) Kilometer m; **~áž** f (3) Kilometermarkierung f; **~ovné** n (Adj. 3) Kilometergeld n; **~ovník** m (2b) Kilometerstein m.

kilo|vka F f (1c; -vek) Kilogewicht n; **~watt** m (2a) Kilowatt n; **~watthodina** f (1) Kilowattstunde f.

kino n (1) Kino n; Lichtspieltheater n, Filmtheater n; **~hvězda** f (1) Filmstar m; **~operatér** m (1; -ři) Filmvorführer m.

klábos|ení n (2) Geplapper n; Plauderei f; **~it** ⟨na-, za-⟩ plaudern; plappern; **~ivý** schwatzhaft.

klac|ek[1] m (2b; -ck-) Knüttel m, Knüppel m; **~ek**[2] P m (1a; -ck-) grober Kerl m, Flegel m; **~kovat se** ⟨pro-⟩ ⟨-kuji⟩ herumlungern; **~kovitost** f (4) Flegelhaftigkeit f; **~kovitý**, **~kovský** flegelhaft, Flegel-.

klad m (2a) Vorteil m, Vorzug m; Erfolg m, Ergebnis n, Wert m; Phil. These f; lit. Thesis f, Senkung f; Gr. Bejahung f; ~y a zápory Vor- und Nachteile, Licht- und Schattenseiten; ~y a nevýhody Vorzüge und Mängel; to je ~ das ist ein Plus; ~ práce Wert e-r Arbeit; ~ a protiklad These und Antithese; ~ a dvih Thesis und Arsis.

kláda f (1) Balken m; Klotz m; (Baum-)Stamm m; hist. (Folter-)Block m.

klade s. klást.

klad|élko n (1b; -lek) Zo. Legeröhre f, Legestachel m; **~ení** n (3) Legen n; ~ základního kamene Grundsteinlegung f; ~ otázek Fragestellung f;

~ina f (1) Turn. Schwebebaum m; vysoká ~ Schwebebalken m.

klad|ivář m (3) Sp. Hammerwerfer m; **~ívko** n (1b; -vek) kleiner Hammer m, Hämmerchen n; Tech. Handhammer m, **~ivo** n (1) Hammer m; úder -vem Hammerschlag m; hod -vem Sp. Hammerwerfen n; **~ka** f (1c; -dek) Rolle f, Scheibe f; El. Stromabnehmer m, (Straßenbahn-)Bügel m; **~kostroj** m (4) Flaschenzug m.

klad|nost f (4) das Positive an e-r Sache; (Lebens-)Bejahung f; **~ný** positiv; Bescheid: günstig; Beitrag: wertvoll; ~ výsledek erfolgreiches Ergebnis.

kládový Block-.

kladu s. klást.

klam m (2a) Täuschung f; Wahn m; Betrug m; Trug m; ~ a mam Lug und Trug; **~ání** n (3) Hintergehung f; ~ úřadů Irreführung f der Behörden **~at** ⟨z-⟩ ⟨-u⟩ täuschen, trügen; hintergehen; Behörde irreführen; zdání -me der Schein trügt; žena ho -me s-e Frau betrügt ihn; ~ se sich irren; **~avý** täuschend, trügerisch, **~nost** f (4) das Trügerische; **~ný** Schein-; Trug-, trügerisch, falsch; ~ závěr Trugschluß m.

klan|ění n (3) Ref. Anbetung f; **~ět** ⟨od-, při-, u-, za-⟩ (3 Pl. -ějí) sich (ver)neigen (in Ehrfurcht); (k-u) huldigen (D); Gott anbeten; Komplimente machen (D).

klání n (3) hist. Turnier n; Scharmützel n. [gespalten.)

klan|ice f (2a) Esb. Runge f; **~ý** Bot.)

klap|ačka f (1c; -ček) Klappe(r) f; P Mundwerk n; **~at** ⟨vy-, za-⟩ ⟨-u/-ám⟩, **~nout** pf., s-, za- Mühle, Storch: klappern; Pferdehufe: trappeln; F klappen; to neklape! das klappt nicht!; **~ka** f (1c; -pek) Klappe f; (Augen-)Lid n; (Klavier-)Taste f; -ky na očích Scheuklappen f/pl.; **~kový** Klappen-; **~ot** m (2a) Klappern n, Geklapper n.

klarinet m (2; 6. -u/-ě) Mus. Klarinette f; **~ista** [-tɪ-] m (5a) Klarinettist m.

klas m (2; 6. -e/-u) Ähre f; (Mais-)Kolben m.

klasi|cký klassisch; **~čnost** f (4) Klassizität f, das Klassische.

klasifik|ace f (2) Klassifizierung f; **~ovat** ⟨o-⟩ ⟨-kuji⟩ klassifizieren.

kláskovat (-*kuji*) Ähren lesen.
klas|natý ährenreich; *Agr.* mit großen Ähren; **~obrání** *n* (3) Ährenlese *f*; *lit.* Blütenlese *f*.
klást ⟨na-, vy-⟩ (*kladu, -dl, -den*) legen; *Grenzsteine, Hoffnung* setzen; *Teller, Fragen, Bedingungen* stellen; *Farbe* auftragen; *Widerstand* leisten; *Maßstab* anlegen; ~ *počet z č-o* Rechnung ablegen über (*A*); ~ *na roveň* gleichstellen; ~ *otázku* e-e Frage stellen; ~ *si za čest* sich als Ehre anrechnen; sich beehren zu (*Inf.*); ~ *se* sich legen; *Gr.* (*Zeitwort*) setzen.
klášter *m* (2; *2. -a, 6. -ře*) Kloster *n*; **~ní** Kloster-; **~nice** *f* (2a) Klosterschwester *f*; **~ník** *m* (1a) Klosterbruder *m*. [nen-)Stock *m*.⟩
klát[1] *m* (2; *6. -u/-ě*) Klotz *m*; (Bie-⟩
klát[2] ⟨*roz*(e)-⟩ (*klám/† kolu*) † stechen; ~ *dříví* Holz hacken.
klatba *f* (1; *-teb*) (*Kirchen-*)Bann *m*; (*Reichs-*)Acht *f*; *dát do -by Rel.* mit dem Bann belegen; *Jur.* ächten, † verfemen.
kláti|t ⟨*po-, za-*⟩ ⟨*-cen*⟩ (*čím*) schütteln (*A*); schlenkern (mit *D*); ~ *se* hin- und herwackeln, schwanken; (*am Galgen*) baumeln; umherwandern; **~vý** schwankend.
klauzule *f* (2) Klausel *f*.
kláves|a *f* (1a) *Mus.* Taste *f*; **~nice** *f* (2a) *Mus.* Tastatur *f*, Klaviatur *f*; *Typ.* Tastbrett *n*; **~ový** Tasten-.
klavír *m* (2a) Klavier *n*; *učitel na ~* Klavierlehrer *m*; **~ista** *m* (5a) Klavierspieler *m*, Pianist *m*; **~ní** Klavier-.
klec *f* (3) Käfig *m*; (*Fahrstuhl-*)Kabine *f*; *Bgb.* (*Förder-*)Korb *m*; P Kittchen *n*, Knast *m*.
kleč *f* (3) *Bot.* Knieholz *n*; Latschenkiefer *f*; *Agr.* (*Pflug-*)Sterz *m*; **~e** *Adv.* kniend; auf den Knien, kniefällig; **~et** ⟨*po-*⟩ knien.
klejí *s. klít.*
klek *m* (2b) Knien *n*; *Turn.* Knielage *f*; **~ání** *n* (3) Morgen- *od.* Abendläuten *n*; **~at** ⟨*po-, za-*⟩ (nieder-)knien; **~átko** *n* (1b; *-tek*) Betschemel *m*; **~nout** *pf.*, *po-, za- s. klekat*; **~tat** ⟨*za-*⟩ klappern; *Knie:* schlottern.
klel *s. klít.*
klempíř *m* (3) Klempner *m*; **~ský** Klempner-; **~ství** *n* (3) Klempnerei *f*, Spenglerei *f*.

klen *m* (2a) *Bot.* Bergahorn *m*.
klenb|a *f* (1; *-neb*) Gewölbe *n*; *Anat.* Dach *n*, Decke *f*; **~ový** Gewölbe-.
klenec *m* (4; *-nc-*) *Min.* Rhomboeder *n*.
klenot *m* (2a) Kleinod *n*, Juwel *n*; **~nice** *f* (2a) Schatzkammer *f*; **~nický** Juwelier-; Juwelen-; **~nictví** *n* (3) Juweliergeschäft *n*; **~nička** *f* (1c; *-ček*) Schatzkästlein *n*; **~ník** *m* (1a) Juwelier *m*, Goldschmied *m*.
klen|out ⟨*pře-, z-, za-*⟩ ⟨*-nul*⟩ wölben; **~utí** *n* (3) Wölbung *f*; Gewölbe *n* (*Raum*).
klep *m* (2a) Klatsch *m*, Tratsch *m*; P Klaps *m*; **~ací** Klopf-; **~ání** *n* (3) Klopfen *n*; *vstupte bez ~!* eintreten ohne anzuklopfen!; **~áč** *m* (4) *s. klepadlo*; **~ačka** *f* (1c; *-ček*) Klapper *f*; Ausklopfer *m*; **~adlo** *n* (1a; *-del*) Türklopfer *m*; ~ *na koberce* Teppichklopfstange *f*; **~árna** P *f* (1; *-ren*) Klatschnest *n*.
klepař *m* (3) Gerüchtemacher *m*; **~it** Gerüchte verbreiten, P (herum-)klatschen; **~ka** *f* (1c; *-řek*) Klatschbase *f*; **~ský** schwatzhaft, klatschsüchtig, Klatsch-; **~ství** *n* (3) Klatscherei *f*.
klep|at ⟨*za-*⟩ ⟨*-u/-ám*⟩ klopfen; klappern; ~ *se* (*čím*) klappern (vor, *z. B. Kälte*), schlottern; **~átko** *n* (1b; *-tek*) *s. klepadlo*; **~eto** *n* (1) (*Krebs-*)Schere *f*; Pranke *f*, Klaue *f*; **~na** *f* (1; *-pen*) Klatschbase *f*, Klatschmaul *n*; **~nout** *pf. s. klepat*; *Kugel, Schlag:* treffen; **~ot** *m* (2a) Klappern *n*, Geklapper *n*.
klerik *m* (1a) Kleriker *m*; **~ál** *m* (1; *-ové*) Klerikaler *m*; **~ální** klerikal.
klérus *m* (2a; *-ru*) Klerus *m*, Geistlichkeit *f*.
kles|ání *n* (3) Sinken *n*, Fallen *n*; Rückgang *m*, Abnahme *f*; ~ *teploratury* Temperaturrückgang; ~ *cen* Preissturz *m*; **~at** ⟨*po-*⟩, **~nout** *pf.*, *s-, za- Temperatur, Druck, Preise:* sinken, fallen; umfallen (*čím vor, z. B. Müdigkeit*), zusammenbrechen; *Knie:* einknicken; *Zahl, Interesse:* abnehmen, zurückgehen; *Sitten:* in Verfall geraten; *Gelände:* abfallen; ~ *na čem, čím fig.* sinken lassen (*A*); ~ *v čem* verlieren, einbüßen an (*D*); ~ *hlady* vor Hunger umfallen; ~ *ve vážnosti* an Ansehen verlieren.
klest *m* (2a) *od. f* (4), **~í** *n* (3) Reisig

kloboučník

n; **~it** ⟨o-, vy-⟩ (-štěn/-stěn) stutzen; Bäume, Hecke beschneiden; Tiere verschneiden; Weg bahnen; Wald lichten.

kleště f/pl. (2b; -i) Zange f; kombinované ~ Kombinationszange.

kleštěn|ec m (3; -nc-) Verschnittene(r) m, Kastrat m; **~í** n (3) Verschneiden n, Kastrieren n.

kleštičky f/pl. (1; -ček) kleine Zange f; ~ na cukr Zuckerzange.

klet s. klít.

klet|ba f (1; -teb) Fluch m; **~ý** poet. unselig, vermaledeit.

klevet|a f (1) üble Nachrede f, Klatsch m; **~it** ⟨na-, za- si⟩ (o kom) j-m Übles nachreden, klatschen, tratschen (über A); **~ivost** f (4) Klatschsucht f; **~ivý** geschwätzig, klatschsüchtig; **~nice** f (2a) Klatschbase f, **~ník** m (1a) Verleumder m.

klička f (1c; -cek) Dim. zu klec.

klicmo Adv. Turn. im Beugestütz.

klíč m (4) Schlüssel m; ~ od domu, ke dveřím Haus-, Türschlüssel; houslový ~ Mus. Violinschlüssel; zavřít na ~ zuschließen, zusperren; rozdělit podle ~e Hdl. aufschlüsseln; **~ek** m (2b; -čk-) kleiner Schlüssel m; Bot. Keim m; Anat. Schlüsselbein m; **~it** ⟨vz-⟩ keimen; Saat: aufgehen; **~ivý** keimfähig; **~ka** f (1c; -ček) Schleife f, Schlinge f; (Fenster-)Griff m; Schlüssel m (z. B. für Schlittschuhe); P Kniff m, Ausflucht f; dělat -ky s. kličkovat; chystat -ky fig. Schlingen legen; hledat -ky Ausflüchte suchen.

kličkovat ⟨za-⟩ (-kuji) im Zickzack laufen; Hase: Haken schlagen; fig. Ausflüchte machen, nach Ausreden suchen; Sp. dribbeln.

klíč|ní Schlüssel-; ~ kost Schlüsselbeinknochen m; **~nice** f (2) Beschließerin f; **~ový** Schlüssel-; -vá dírka Schlüsselloch n; -vé místo Schlüsselstellung f; ~ závod Schwerpunktbetrieb m.

klid m (2a) Ruhe f; ~ zbraní Waffenruhe; den pracovního ~u Ruhetag m; s ~em in aller Ruhe; s důstojným ~em gelassen, mit Gelassenheit; s největším ~em saj ~! nur schön ruhig!, F immer mit der Ruhe!; bod ~u Phys. Ruhepunkt m.

klidas P m (1): je ~ er ist die Ruhe selbst, er hat die Ruhe weg.

klid|it ⟨o-, u-⟩ (-zen) ernten (a. fig.), die Ernte einbringen; ~ se sich davonmachen, verschwinden, P abhauen; **~nost** f (4) Ruhe f, Gelassenheit f; **~ný** ruhig; **~ový** Ruhe-.

klih, klíh m (2b) Leim m, **~ovat** (-huji) leimen; **~ovatina** f (1) Gelatine f; **~ovatý** leimig; **~ový** Leim-.

klik m (2b) Turn. Beugestütz m.

klika[1] f (1c) Klinke f, (Hand-)Kurbel f; **~**[2] f (1c) Clique f; Glück n, P Schwein n; **~řeni** n (3) Cliquenwirtschaft f; **~tit** ⟨z-, za-⟩ schlängeln; Linie: in Zickzackform verlaufen; **~tost** f (4) Zickzack n; **~tý** in Zickzackform, Zickzack-.

kliko|roh m (1a) Zo. Rüsselkäfer m; **~vý** Tech. Kurbel-.

klikva f (1; -kev) Bot. Moosbeere f.

klikyháky m/pl. (2b) Gekritzel n.

klima [kli:-] n (1; -mat-, 2, 3, 6. -atu) Klima n; F a. Klimaanlage f.

klímat ⟨po- si, za-⟩ einnicken, ein Nickerchen machen.

klimatický [-tɪ-] klimatisch, Klima-.

klín m (2a; 2. -a) Keil m; Schoß m; Agr. Feldzipfel m; **~ek** m (2b; -nk-) kleiner Keil m; (Hosen-)Zwickel m.

klini|cký [-nɪ-] klinisch; **~ka** f (1c) Klinik f.

klínov|ý keilförmig; **~ka** f (1c; -vek) Arch. Keilziegel m; **~ý** Keil-.

klisna f (1; -sen) Stute f.

klišé n (indekl.) Klischee n; Typ. Druckstock m.

klíš|tě n (2a) Zo. Zecke f; **~ťky** f/pl. (1; -těk) s. kleštičky.

klít ⟨pro-, za-⟩ (kleji, klel, klet) fluchen.

klížit ⟨při-, s-, za-⟩ (ver)leimen; F oči se mi -ží die Augen fallen mir zu.

klížka f (1c; -žek) Kochk. Haxe f; Agr. Speckweizen m.

klk m (2b) Tech. Flocke f; Anat. Zotte f; **~ovitý** flockig; Anat. zottig.

klnout (-nul) (k-u, č-u) verfluchen, verwünschen (A), fluchen (D); ~ Bohu Gott lästern.

klobás m (2a), **~a** f (1a) Bratwurst f; **~ový** Wurst-.

klobat s. klovat.

kloboučj|ek m (2b; -čk-) Hütchen n; (Lampen-)Schirm m; **~nictví** n (3) Hutgeschäft n; **~ník** m (1a) Hutmacher m.

klobouk 152

klobouk m (2b) Hut m; (Lampen-)Schirm m; Bgb. Haube f, Glocke f; ~ovitý hutförmig; ~ový Hut-.
klof|at ⟨vy-⟩ (-u/-ám), ~nout pf., na-, u-, vy- picken.
klokan m (1) Känguruh n.
klokot m (2a) Brodeln n, ~em brodelnd; ~at ⟨za-⟩ brodeln; Nachtigall: schlagen.
klokt|adlo n (1a; -del) Gurgelwasser n; Med. Gurgelmittel n; ~at ⟨vy-⟩ gurgeln.
klonit ⟨na-, po-, s-, vy-, za-⟩ neigen; Nacken beugen; ~ se sich (ver-)neigen; ~ se k názoru zu e-r Ansicht neigen.
klopa f (1) Klappe f; (Rock-)Aufschlag m.
klopit ⟨pře-, s-, za-⟩ Kiste stürzen; Wagen kippen; Augen niederschlagen; Kopf hängen lassen; P Geld herausrücken; blechen.
klopot|a f (1) Plage f, F Schinderei f; ~it se ⟨na-⟩ sich plagen, sich abmühen; ~ný mühsam.
klopýt|at ⟨za-⟩, ~nout pf., zastolpern (o co über A); wanken.
kloub m (2a) Gelenk n; P přijít č-u na ~ e-r Sache auf den Grund kommen, dahinterkommen.
klouče n (4), ~k m (1b; -čk-) s. klučík.
kloudný anständig, recht; Mädchen: hübsch.
klouz|ačka f (1c; -ček) Rutschbahn f; Eisbahn f; ~ání n (3) Gleiten n; ~ po křídle Flgw. seitliches Abrutschen; ~at ⟨pro-, u-, vy-⟩ (-žu/-zám) gleiten, rutschen; venku klouže es ist glatt draußen; ~ po křídle Flgw. über den Flügel abrutschen, F abschmieren; ~ se schleifen (v/i), rutschen; P můžeme se jít ~ wir sind fertig; wir können baden gehen; ~avost f (4) Gleitfähigkeit f; ~avý gleitend, Flgw. Gleit-; glitschig, schlüpfrig; ~ek m (2b; -zk-) Bot. Butterpilz m; ~nout pf., na-, u-, vy- picken; fig. nippen; ~ se aus dem Ei schlüpfen.
klovatina f (1) Harz n; (Kleb-)Gummi m.
klozet m (2; 6. -u/-ě) Klosett n; ~ový Klosett-.
klub m (2a) Klub m; Verein m.
klub(íč)ko m (1b; -[íč]ek) Knäuel m.
klubov|ka f (1c; -vek) Klubsessel m; ~na f (1; -ven) Klubzimmer n; ~ní

Klub- (z. B. Raum); ~ový Klub-(z. B. Einrichtung).
klůček m (2b; -čk-) Lappen m.
kluč|ík m (1a), ~ina m (5) Bübchen n, Bürschlein n.
kluk m (1a) Junge m, dial. Bub m; (Spielkarte) Bube m; Freund m (e-s Mädchens); ~ovina f (1) Bubenstreich m; ~ský Buben-; ~ství n (3) Knabenalter m; Bubenstreich m.
klus m (2a) Trab m; ~ácký Trab-; ~ák m (1a) Traber m; ~at ⟨po-, za-⟩ (-šu/-sám) traben; P trotten; ~ot m (2a) Traben n.
kluz m (2a) Sp. Gleiten n (Ski); Forst. Gleitbahn f; ~ák m (2b) Gleitflugzeug n; Gleitboot n; ~avky f/pl. (1c; -vek) Rutschbahn f; ~iště n (2a) Eislaufplatz m, Eisbahn f; ~kost f (4) Schlüpfrigkeit f; ~ký schlüpfrig; je -ko es ist glatt; ~nice f (2a) Tech. Gleitbacke f; ~ný Gleit-.
klystýr m (2a) Klistier n.
kmen m (4 od. 2a) Stamm m.
kmeno|sloví n (3) Gr. Stammbildungslehre f; ~stup m (2a) Gr. Ablaut m; ~tvorný Gr. stammbildend; ~vost f (4) Stammescharakter m; ~vý Stamm(es)-; ~vá příslušnost Stammeszugehörigkeit f.
kment m (2a) Batist m; ~ový Batist-.
kmet m (1) lit. Greis m; Stammesältester m; Jur. Schöffe m; † hist. (unfreier) Bauer m; ~ství n (3) lit. Greisenalter n.
kmih m (2b) Turn. Schwung m.
kmín m (2a) Kümmel m; ~ka f (1c; -nek) Kümmelbranntwein m, F Kümmel(schnaps) m.
kmit m (2a) Schwingung f; poet. Schein m; ~ání n (3) Phys. Schwingung f; Flimmern n; Flackern n; ~at ⟨pro-, roz-, za-⟩, ~nout pf., za- Phys. schwingen; Licht: schimmern; Film: flimmern; Feuer: flackern; Blitz: zucken, aufleuchten; ~avý Phys. schwingend; flimmernd; signálové zařízení s ~m světlem Blinklichtanlage f.
kmitočet m (2a; -čt-) Phys. Schwingungszahl f, Frequenz f.
kmoch m (1a), Dim. P a. ~áček m (1a; -čk-), ~ánek m (1a; -nk-), **kmošek** m (1a; -šk-) s. kmotr.
kmotr m (1; -tři) Pate m; Gevatter m; P -tře! (Anrede a.) Herr Nachbar!; ~ při křtu Taufpate; být ~em

kocábka

Pate stehen; ~a f *(1d; -ter)* Gevatterin f; ~ Zubatá Gevatter Tod, Freund Hein; ~ovat *(-ruji)* Pate stehen *(k-u* bei *D);* ~ovský Patenství n *(3)* Patenschaft f.
kmotř|ence m *(3; -nc-),* ~enka f *(1c; -nek)* Patenkind n; ~íčkovat se ⟨s-⟩ *(-kuji),* ~it se ⟨s-⟩ *(s kým)* sich anfreunden (mit *D); verä.* sich anbiedern (bei *D).*
knedlí|ček m *(2b; -čk-),* ~k m *(2b)* Knödel m, Kloß m; s -í(č)ky = ~kový Knödel-.
kně|z m *(3; Pl. -ží m [n 3]; 4 Pl. -ze),* ~žka f *(1c; -žek)* Priester(in f) m; ~žna f *(1; -žen)* Fürstin f; ~žour m *(1; -ové) verä.* Pfaffe m; ~žourství n *(3)* Pfaffentum n; ~žský priesterlich, Priester-; ~žství n *(3)* Priestertum n *(Amt);* ~stvo n *(1)* Geistlichkeit f, Klerus m.
kniha f *(1b)* Buch n; *Zo.* Blättermagen m; *pozemková* ~ Grundbuch; ~ stížností Beschwerdebuch; *v třech -ách* in drei Bänden; *zapsat do knih* (ver)buchen; *vedení knih* Buchführung f.
knihař m *(3)* Buchbinder m; ~ský Buchbinder-; ~ství n *(3)* Buchbinderei f.
knihkupec m *(3; -pc-)* Buchhändler m; ~ký Buchhändler-; Buch- *(z. B. Laden);* ~tví n *(3)* Buchhandlung f.
kniho|mil m *(1; -ové)* Bücherfreund m; ~mol m *(1; -ové)* Bücherwurm m; ~pis m *(2; 6. -e/-u)* Bibliographie f; Bücherkunde f; ~vat ⟨z-, za-⟩ *(-huji)* (ver)buchen.
knihov|na f *(1; -ven)* Bibliothek f, Bücherei f; Bücherschrank m, Bücherregal n; ~ní[1] Buch-; *Jur.* Grundbuch-, Tabular-; ~ *úřad* Grundbuchamt n; ~ní[2] m *(Adj. 4; Pl. n 3)* Grundbuchführer m, Katasterbeamter m; ~nice f *(2; 4; Pl. n 3)* Bibliothekarin f; ~nictví f *(3)* Bibliothekswesen n; ~ník m *(1a)* Bibliothekar m.   [wurm m.]
knihožrout m *(1) iron.* Bücher-
knihtisk m *(2b)* Buchdruck m; ~árna f *(2; -ren)* Buchdruckerei f; ~ař m *(3)* Buchdrucker m; ~ařství n *(3)* Buchdruckerei f.
knik|at ⟨za-⟩, ~nout *pf.,* za- wimmern, winseln; ~ot m *(2a)* Wimmern n, Gewimmer n.
knír m *(2a),* ~ek m *(2b; -rk-)* Schnurrbart m.

kníž|átko n *(1b; -tek) iron.* Duodezfürst m; ~e m *(n 4; 4sg. -ete; Pl. n)* Fürst m; ~ecí fürstlich, Fürsten-; ~ectví n *(3)* Fürstentum n; Würde f *e-s* Fürsten.
knížka f *(1c; -žek)* kleines Buch n, Büchlein n; *spořitelní* ~ Spar(kassen)buch.
knižní Bücher-, Buch-; *-ně Adv.* in Buchform, als Buch.
knoflí|ček m *(2b; -čk-)* Knöpfchen n; ~k m *(2b)* Knopf m; *Tech.* Druck-, Drehknopf m; Taste f; Knauf m; ~ *k manžetám* Manschettenknopf; ~ *od košile* Hemdknopf; ~kárna f *(1; -ren)* Knopffabrik f; ~kový Knopf-.
knot m *(2; 6. -u/-é)* Docht m; † Lunte f *(Zündschnur);* F a. Knirps m; ~ovka f *(1c; -vek) Bot.* Lichtnelke f; ~ový Docht-.
kňour m *(1; -ři) Jagdw.* Eber, Keiler m.
kňour|al m *(1; -ové)* Wimmerer m, Jammerer m; ~ání n *(3)* Wimmern n; ~at ⟨za-⟩ wimmern; ~avý wimmernd; weinerlich.
kňuč|et ⟨roz- se⟩ wimmern; *Tier:* winseln; ~ivý wimmernd.
knuta f *(1)* Knute f.
knůtek m *(2b; -tk-) s.* knot.
koal|ice f *(2a)* Koalition f; ~iční Koalitions-; ~ovat ⟨z-⟩ *(-luji)* koalieren.   [balt-.]
kobalt m *(2a)* Kobalt n; ~ový Ko-]
kober|cový Teppich-; ~ec m *(4; -rc-), Dim.* ~eček m *(2b; -čk-)* Teppich m; F *vzít k-o na -ček* sich j-n vornehmen; ~ečník m *(1a)* Teppichwirker m.
kobka f *(1c; -bek)* Zelle f.
kobliha f *(1b)* Pfannkuchen m, *öst.* Krapfen m.
kobrt|at ⟨za-⟩, ~nout *pf.,* o- *(-tl/ -tnul)* stolpern (über *A).*
kobyl|a f *(1a)* Stute f; *Tech.* Eisbrecher m; ~ice f *(2a)* Schlagbaum m; Sägebock m; ~inec m *(4; -nc-)* Pferdemist m; ~ka f *(1c; -lek)* junge Stute f; Heuschrecke f, F Grashüpfer m; *Mus.* Steg m; *Anat.* Brustbein n *(bei Vögeln);* P *dostat se k-u na -ku* auf die Pelle rücken; ~kář m *(3) iron.* Junker m, Krautjunker m; Pferdenarr m; ~na f *(1; -len)* Gestüt n.
kocábka f *(1c; -bek)* Kahn m, Barke f.

kocour m (1; -ři) Kater m; ~ v botách der gestiefelte Kater; ♀kov m (2; 2. -a) Krähwinkel m; Posemuckel n; **kovský** Schildbürger-.
koco|uří Kater-; **~vina** f (1) iron. Kater m, Katzenjammer m.
kočár m (2; 6. -ře/-ru) Kutsche f; **~ek** m (2b; -rk-) Kinderwagen m; ~ pro panenku Puppenwagen m; **~ník** m (1a) Wagenbauer m.
koč|í m (Adj. 4; Pl. n 3) Kutscher m; **~ičí** Katzen-; **~ičina** f (1) scherz. Katzenmusik f; Katzengeruch m; Katzenfleisch n; **~ička** f (1c; -ček) Kätzchen n, F Mieze f.
kočk|a f (1c; -ček) Katze f; divoká ~ Wildkatze; to je pro -ku das ist für die Katz; **~odan** m (1a) Meerkatze f; **~ovat se** F ⟨po-⟩ ⟨-kuji⟩ sich necken; **~ovitý** katzenartig.
kočov|at ⟨-čuji⟩ umherziehen, nomadisieren; **~nický** Nomaden-; **~nictví** n (3) Nomadentum n; **~ník** m (1a) Nomade m; **~ný** nomadisch, nomadisierend; Wander-; Nomaden-; **~ský** Kutscher-.
kočující Wander-.
kód m (2a) Kode m, Code m.
Kodaň f (3) Kopenhagen n.
kodifik|ace f [-dɪ-] f (2) Kodifizierung f; **~ovat** ⟨z-⟩ ⟨-kuji⟩ kodifizieren.
kodrca|t (se) ⟨za-⟩ wanken, F rumpeln, holpern; **~vý** holp(e)rig.
koexisten|ce [-egz-] f (2) Koexistenz f; **~ční** Koexistenz-.
kofií|ček F m (2b; -čk-) Täßchen n, Schälchen n; **~k** m (2b) Tasse f.
koho s. kdo.
kohout m (2) Zo. Hahn m; **~ek** m (2b; -tk-) Tech. Hahn m; Anat. Widerrist m; Bot. Kuckuckslichtnelke f; **~í** Hahnen-; **~it se** P ⟨roz-, za-⟩ zornig (od. wütend) sein.
koch|ánek m (1a; -nk-) Liebling m; **~at se** ⟨na-, za-⟩ ⟨čím⟩ schwelgen (in D); sich ergötzen (an D); ~ se v rozkoších sich dem Genuß hingeben.
kojen|ec m (3; -nc-) Säugling m; **~í** n (3) Stillen n; Zo. Säugen n.
kojit ⟨na-, u-⟩ Kind stillen; Zo. säugen; ~ se marnými nadějemi sich eitlen Hoffnungen hingeben.
kok m (2b) Med. Kokke f.
kokain m (2a) Kokain n.
kokarda f (1) Kokarde f; Hoheitszeichen n.

kokeš dial. m (3; -k[e]š-) Hahn m, F Gockel m.
koket|a f (1) Kokette f; fig. leichtes Mädchen n; **~ní** kokett; **~nost** f (4) Koketterie f; **~ovat** ⟨za- si⟩ ⟨-tuji⟩ kokettieren; (s kým) sich einlassen (mit D).
kokon [-ɔːn] m (2a) Zo. Kokon m.
kokos m (2a) Kokosnuß f; F Kokosläufer m; P iron. Schädel m, Dach n; **~ka** f (1c; -sek) Kokosgebäck n; **~ovník** m (2b) Kokospalme f; **~ový** Kokos-.
kokoška f (1c; -šek) Hirtentäschel (-kraut) n.
kokot m (1) dial. für kohout; **~ice** (2a) Flachsseide f, wilder Flachs m.
kokrh|ání n (3) Krähen n, Hahnenschrei m; **~at** ⟨za-⟩ krähen; **~el** m (4 od. 2a) Bot. Hahnenkamm m; P fig. häßlicher Damenhut m, Deckel m.
koks m (2a) Koks m; **~árna** f (1; -ren) Kokswerk n, Kokerei f; **~ovat** ⟨z-⟩ ⟨-suji⟩ Tech. verkoken; **~ovna** f (1; -ven) s. koksárna; **~ový** Koks-.
kokta|t ⟨vy-, za-⟩ stottern; Worte stammeln; **~vý** stotternd; stammelnd.
kol s. kolem.
kolabor|ant m (1), **~antka** f (1c; -tek) Kollaborateur(in f) m, Kollaborant(in f) m; **~ovat** ⟨-ruji⟩ (mit dem Feind) zusammenarbeiten, kollaborieren.
kolac|e f (2), **~ionování** n (3) Kollation f; **~ionovat** ⟨z-⟩ ⟨-nuji⟩ Jur. vergleichen.
koláč m (4) (s mákem Mohn-)Kuchen m; **~ek** m (2b) Kuchen m; ~ citrónu e-e Scheibe Zitrone; **~ový** Kuchen-.
kol|árna f (1; -ren) Wagnerei f; **~ař** P m (3) Radfahrer m; Fahrraddieb m; **~ář** m (3) Wagner m; **~ářství** n (3) Wagnerei f; Wagenbau m.
kolatura [-uː-] f (1d) Rel. Kirchsprengel m.
kolaud|ace f (2) Kollaudation f, Baugenehmigung f; **~ační** Kollaudations-; **~ovat** (im)pf. ⟨z-⟩ ⟨-duji⟩ kollaudieren, genehmigen.
kolb|a f (1) Kolben m; (2 Pl. -leb) hist. Turnier n, Ritterspiel n; **~iště** n (2a) Turnierplatz m; vstoupit na ~ fig. in die Schranken treten.
kolčav|a f (1), **~ka** (1c; -vek) Zo. Wiesel n; **~ina** f (1) Wieselfell n.

koldokola *Adv.* rings(her)um.
koléb|adlo *n* (*1a*; *-del*) Schaukel *f*; **~ání** *n* (*3*) Wiegen *n*, Schaukeln *n*; **~at** ⟨po-, u-, za-⟩ *v/t* wiegen, schaukeln; ~ **se** sich wiegen; schaukeln (*v/i*); *Ente:* watscheln; **~avý** schwankend; **~ka** *f* (*1c*; *-bek*) Wiege *f*; Wiegemesser *n*; ~ **s pijákem** Löschwiege.
kolečko *n* (*1b*; *-ček*) Rädchen *n*, Rolle *f*; Schubkarren *m*; (*Wurst-, Zitronen-*)Scheibe *f*; křeslo na ~kách Rollstuhl *m*; do ~ka im Kreis (herum); F má o ~ více bei ihm ist eine Schraube locker; ostrouhat -ka fig. leer ausgehen; **~vý** Roll-; *s.* brusle.
koled|a *f* (*1*) Weihnachtslied *n*; † *a.* Weihnachtsgeschenk *n*; Weihnachtszeit *f*; **~ník** *m* (*1a*) Sternsinger *m*, Weihnachtssänger *m*; **~vat** ⟨po-, za-⟩ (*-duji*) Weihnachtslieder singen.
koleg|a *m* (*5*) Kollege *m*; **~iální** kollegial; **~iálnost** *f* (*4*), **~ialita** *f* (*1*) Kollegialität *f*; **~ium** [-le:g-] *n* (*5*) Kolleg(ium) *n*; **~yně** *f* (*2b*) Kollegin *f*.
kolej *f* (*3*) Esb. Gleis *n*; *Kfz.* Fahrspur *f*; Studenten(wohn)heim *n*; rozvod ~í Esb. Spurweite *f*; vyšinout z ~í entgleisen; F vrátit se do ~í ins alte Gleis zurückkehren; **~iště** *n* (*2a*) Gleisanlage *f*; **~né** *n* (*Adj. 3*) Kolleggeld *n*; **~nice** *f* (*2a*) Esb. Schiene *f*; o jedné -ci Esb. eingleisig; **~ový** Schienen-, schienengebunden.
kolek *m* (*2b*, *-lk-*) Gebühren-, Stempelmarke *f*.
kolekce *f* (*2*) Kollektion *f*.
kolektiv [-tɪːv] *m* (*2a*) Kollektiv *n*; **~izace** *f* (*2*) Kollektivierung *f*; **~izovat** (*im*)*pf*. ⟨z-⟩ (*-zuji*) kollektivieren; **~ní** Kollektiv-, kollektiv.
kolem *Prp.* (*mit 2. Fall*) um (*A*); *Adv.* um ... herum; vorbei *od.* vorüber (an *D*); ungefähr, etwa; ~ dokola ringsumher; ~ světa (rund) um die Welt; plížit se ~ umschleichen (*A*); F mít ~ krku am Halse haben; padnout ~ krku j-m um den Hals fallen; hlava mi jde ~ der Kopf dreht sich mir, ich weiß nicht, wo mir der Kopf steht; ~ deváté (hodiny) gegen neun Uhr; **~jdoucí** *m* (*Adj. 4*) Passant *m*.
kolenice *f* (*2a*) Kniewärmer *m*; *Bgb.* Knieleder *n*.

kolénko *n* (*1b*; *-nek*) *Dim. zu* koleno; *Bot.* Knoten *m*.
kolen|ky *f/pl.* (*1*; *-nek*) Kniehose *f*; **~ní** Knie-; **~o** *n* (*1*; *2*, *6. Dual: -ou*) Knie *n*; *Tech.* Knie(stück) *n*, Krümmer *m*; *fig.* Stamm *m*, Geschlecht *n*; až do třetího -na bibl. bis ins dritte Glied; na stará -na auf die alten Tage.
koles|ka *f* (*1c*; *-sek*) Kalesche *f*; **~na** *f* (*1*; *-sen*) Mil. Protze *f*; **~o** *n* (*1*; *6. -u/-e*) Schaufelrad *n*.
kolchoz *m* (*2*; *6. -u/-e*) Kolchose *f*, Kolchos *m*; **~ní** Kolchos-; **~ník** *m* (*1a*), **~nice** *f* (*2a*) Kolchosbauer *m*, -bäuerin *f*.
kolí *n* (*3*) Pfahlwerk *n*, Palisade *f*.
koliba *f* (*1*) Sennhütte *f*, Almhütte *f*.
kolíbat *s.* kolébat.
kolibřík *m* (*1a*) Zo. Kolibri *m*.
kolíček *m* (*2b*; *-čk-*) Stift *m*; Holznagel *m*; Wäscheklammer *f*; *Mus.* Wirbel *m*.
kolidovat (*-duji*) kollidieren, zusammenstoßen.
koliha *f* (*1b*) Zo. Brachschnepfe *f*.
kolik (*č-o*) wieviel; ~ *je hodin?* wie spät ist es?; ~ *je Vám let?* wie alt sind Sie?; ~ *já vím* soviel ich weiß; *už* ~ *let* schon seit Jahren.
kolík *m* (*2b*) Stift *m*; Pflock *m*; Stöpsel *m*; *Typ.* Setzholz *n*; *Mus.* Wirbel *m*.
kolika[1] *f* (*1c*) *Med.* Kolik *f*.
kolika-[2] *in Zssgn* mehr-, viel-; **~denní** mehrtägig; **~násobný** mehrmalig, -fach.
kolik|átý wievielte(r); F soundsovielte; *-tého je dnes?* der wievielte ist heute?; *po -té wiederholt*, so oft; **~ero** wievielerlei?; vielerlei, **~eronásobný** wievielfach?; vielerlei; **~erý** wievielerlei, wievielfach; **~ost** *f* (*4*) Quantität *f*.
kolikrát wievielmal; einigemal; sooft; ~ *za týden* wie oft in der Woche, wievielmal wöchentlich.
Kolín *m* (*2*; *2. -a*) Köln *m* (*am Rhein*); Kolin *n* (*an der Elbe*).
kolínko *n* (*1b*; *-nek*) Knie *n*; *Tech.* Kniestück *n*; *Kochk.* Eisbein *n*; *Bot.* Knoten *m*.
kolínský Kölner; *-ká voda* Kölnischwasser *n*.
kolís|ání *n* (*3*) Schwanken *n*, Wanken *n*; Schlingern *n*; ~ *cen* Preisschwankungen *f/pl.*; **~at** (**se**) ⟨za-⟩ wankelmütig werden, wanken,

kolísavost

Preise: schwanken, ins Wanken geraten; ~avost *f* ⟨4⟩ Schwanken *n*; Wanken *n*; Wankelmut *m*, Unentschlossenheit *f*; ~avý schwankend; wankelmütig.

kolize *f* ⟨2⟩ Kollision *f*.
koljuška *f* ⟨1c; -šek⟩ *Zo.* Stichling *m*.
kolkolem ringsumher, ringsherum.
kolkov|at ⟨na-, o-, pře-⟩ ⟨-kuji⟩ mit Stempeln versehen; ~**na** *f* ⟨1; -ven⟩ (ČSSR, öst.) Stempelbehörde *f*; ~**né** *n* (*Adj.* 3) Stempelgebühr *f*.
kolm|ice *f* ⟨2a⟩ senkrechte Linie *f*; *Geom.* Senkrechte *f*; ~**ý** (*Adv.* -o) senkrecht; vertikal.
kolna *f* s. **kůlna**.
kolník *m* ⟨2b⟩ *Bot.* Steckrübe *f*, Kohlrübe *f*.
kolo *n* ⟨1a⟩ Rad *n*; *Tech. a.* Scheibe *f*; Kreis *m*, Ring *m*; *fig.* Gesicht *n*; (*Tanz*) Reigen *m*; *Sp.* Runde *f*, (*Mond*-)Hof *m*; *jízda na* -le Radfahren *n*, ~ *Štěstěny* Glücksrad *n*; v -le im Kreis; *smát se na celé* ~ über das ganze Gesicht lachen; *zpěv do* -la Rundgesang *m*; ~**běh** *m* ⟨2b⟩ Kreislauf *m*; ~**běžka** *f* ⟨1c; -žek⟩ (*Tritt*-) Roller *m*; ~**děj** *m* ⟨4⟩ *Bot.* Hexenpilz *m*; ~**hnát** F *m* ⟨1⟩ baumlanger Mensch *m*, (langer) Lulatsch *m*.
kolokv|ijní Kolloquium-; ~**ium** *n* ⟨5⟩ Kolloquium *n*; ~**ovat** ⟨od-⟩ ⟨-kvuji⟩ Kolloquium halten.
kolomaz *f* ⟨4⟩ Wagenschmiere *f*; ~**nice** *f* ⟨2a⟩ *Tech.* Schmierbuchse *f*.
kolon|a *f* ⟨1⟩ Kolonne *f*; *Typ.* Spalte *f*; *Math.* Zahlenreihe *f*; ~**áda** *f* ⟨1⟩ Säulengang *m*, Kolonnade *f*.
koloni|ál † [-nɪ-] *m* ⟨2; 6. -u/-e⟩ Kolonialwarenhandlung *f*; ~**ální** Kolonial-, kolonial; ~**e** *f* ⟨2⟩ Kolonie *f*; *dělnická* ~ Arbeitersiedlung *f*; ~**zace** *f* ⟨2⟩ Kolonisierung *f*; Besiedlung *f*; ~**zační** Kolonisations-; ~**zovat** (*im*)*pf.* ⟨z-⟩ ⟨-zuji⟩ kolonisieren; ~**sta** *m* ⟨5a⟩ Siedler *m*.
koloratur|a [-tu:-] *f* ⟨1d⟩ *Mus.* Koloratur *f*; ~**ní** Koloratur-.
kolor|it *m* ⟨2a⟩ Kolorit *n*; ~**ovat** (*im*)*pf.* ⟨o-⟩ ⟨-ruji⟩ kolorieren.
kolos *m* ⟨2a⟩ Koloß *m*; ~**ální** kolossal.
kolo|tat se ⟨roz-, za-⟩ sich im Kreis drehen, kreisen; *fig.* wirbeln; ~**toč** *m* ⟨4⟩ Karussell *n*.
kolouch *m* ⟨1a⟩ *Zo.* Hirschkalb *n*; Rehkitz *n*.
kolov|á *f* (*Adj.* 2) *Sp.* Radball *m*; ~**adlo** *n* ⟨1a; -del⟩ *Turn.* Rundlauf *m*; ~**at** ⟨za-⟩ ⟨-luji⟩ kreisen, umlaufen, zirkulieren; *Tech.* rollen; in Umlauf sein; die Runde machen; *pověst koluje* ein Gerücht geht um.
kolo|vrat *m* ⟨2; 6. -u/-ě⟩ Spinnrad *n*; ~**vratec** *m* ⟨4; -tc-⟩ *Bot.* Wolfsmilch *f*; ~**vrátek** *m* ⟨2b; -tk-⟩ Drehorgel *f*, Leierkasten *m*; kleines Spinnrad *n*; *Tech.* Bohrwinde *f*; ~**vrátkář** *m* ⟨3⟩ Leierkastenmann *m*; ~**vý** *Tech.* Rad-; *Arch.* Pfahl-; Rund- (*z. B. Tanz*); *Sp. in Zssgn* -runden-; ~**zubec** *m* ⟨4; -bc-⟩ *Tech.* Winde *f*; ~**zubý** *Zo.* zahnlos; mit Zahnlücken.
kolport|áž *f* ⟨3⟩ Kolportage *f*; Hausierhandel *m* (*mit Büchern oder Zeitungen*); ~**ér** *m* ⟨1; -ři⟩ Kolporteur *m*; ambulanter Händler *m*.
kolumbárium *n* ⟨5⟩ Urnenhalle *f*.
Kolumbův: -*bovo vejce* das Ei des Kolumbus.
kom(u) *s.* **kdo**.
komand|ant *m* ⟨1⟩ Kommandant *m*; ~**ér** *m* ⟨1; -ři⟩ Kommandeur *m*; ~**itní** [-dɪt-] *Hdl.* Kommandit-; ~**o** *n* ⟨1⟩ Kommando *n*; ~**ovat** (*im*)*pf.* ⟨za-⟩ ⟨-duji⟩ kommandieren.
komá|r *m* ⟨1; -ři⟩ Mücke *f*, *dial.* Schnake *f*, *öst.* Gelse *f*; ~**ří** Mücken-.
kombajn *m* ⟨2; 6. -u/-ě⟩ Mähdrescher *m*; ~**ér** *m* ⟨1; -ři⟩, ~**ista** [-nɪ-] *m* ⟨5a⟩ Mähdrescherführer *m*.
kombin|ace *f* ⟨2⟩ Kombination *f*; ~**ačka** *f* ⟨1c; -ček⟩ *s.* **kombiné**; -*ky pl.* Kombinationszange *f*; ~**átní** Kombinations-; ~**át** *m* ⟨2; 6. -u/-ě⟩ Kombinat *n*; ~**é** *n* (*indekl.*) Unterrock *m*; ~**éza** *f* ⟨1a⟩ Arbeitsanzug *m*, Overall *m*; ~**ovat** (*im*)*pf.* ⟨z-, za-⟩ ⟨-nuji⟩ kombinieren.
komediant [-dɪ-] *m* ⟨1⟩, ~**ka** *f* ⟨1c; -tek⟩ Komödiant(in *f*) *m*; ~**ský** Komödianten-.
koment|ář *m* ⟨4⟩ Kommentar *m*; ~**ovat** (*im*)*pf.* ⟨-tuji⟩ kommentieren.
komerciální kommerziell, Kommerzial-.
kometa *f* ⟨1⟩ Komet *m*.
komi|cký komisch; ~**čnost** *f* ⟨4⟩ Komik *f*, das Komische e-r Sache.
komíhat ⟨roz-, za-⟩ *Turn.* schwingen.
komik *m* ⟨1a⟩ Komiker *m*; ~**a** *f* ⟨1c⟩ Komik *f*.
komín *m* ⟨2; 2. -a⟩ Schornstein *m*, Schlot *m*, *öst.* Kamin *m*; ~**ek** *m* ⟨2b;

-nk-) Ofenrohr *n*; *Tech.* Abzug *m*; Luftloch *n*.

komin|ický Schornsteinfeger-, *öst.* Kaminfeger-; **~ík** *m* (*1a*) Schornsteinfeger *m*, *öst.* Rauchfangkehrer *m*, Kaminfeger *m*.

komínový Schornstein-, Kamin-.

komis|árek F *m* (*2b*; -rk-) Kommißbrot *n*; **~ař** *m* (*3*) Kommissar *m*, *öst.* Kommissär *m*; zkušební **~** Examinator *m*, Prüfungsleiter *m*; **~ařství** *n* (*3*) Kommissariat *n*; **~e** *f* (*2*) Kommission *f*; *brát zboží do* **~** *Hdl.* Ware in Kommission nehmen; **~ionář** *m* (*3*) Kommissionär *m*; **~ionářství** *n* (*3*) Kommissionsgeschäft *n*; **~ní** F Kommiß-.

komité *n* (*indekl.*), **~t** *m* (*2a*) Komitee *n*.

komnata *f* (*1*) *lit.* Gemach *n*.

komodor *m* (*1*; -ři) *Mar.* Kommodore *m*.

komol|it ⟨z-⟩ verstümmeln, entstellen, P verschandeln; *e-e Sprache* radebrechen; **~ý** abgestumpft; *Jagdw.* ohne Geweih; **~** kužel Kegelstumpf *m*.

komo|ň *m* (*3a*) Roß *n*; **~nstvo** *n* (*1*) *hist.* Gefolge *n*.

komor|a *f* (*1d*) Kammer *f*; *Fot.* Kamera *f*; *obchodní* **~** Handelskammer, *podkrovní* **~** Dachkammer; *horní*, *dolní* **~** *Parl.* Ober-, Unterhaus *n*; *temná* **~** *Fot.* Dunkelkammer; **~ná** *f* (*Adj. 2*) Kammerzofe *f*; **~ní** Kammer-; **~ník** *m* (*1a*) Kämmerer *m*; *hist.* Kammerherr *m*; **~ový** *Tech.* Kammer-.

kompanie [-ni-] *f* (*2*) *Hdl.* Kompanie *f*, Gesellschaft *f*; *vzít k-o do* **~** j-n als Kompagnon aufnehmen.

kompars [-rz-] *m* (*1 od. 3*) *Thea.* Statist *m*, Komparse *m*.

kompas *m* (*2*; *6.* -*u*/-*e*) Kompaß *m*.

kompenz|ace *f* (*2*) Kompensation *f*; Ersatz *m*, Entschädigung *f*; **~** Kompensations-; **~ovat** (*im*)*pf.* ⟨vy-⟩ (-*zuji*) kompensieren.

kompeten|ce *f* (*2*) Zuständigkeit *f*, Kompetenz *f*; **~ční** Kompetenz-; **~tní** zuständig, kompetent.

kompil|ace *f* (*2*) Kompilation *f*; **~ovat** ⟨z-⟩ (-*uji*) kompilieren.

komplementární Komplementär-.

komplet (*indekl.*), **~ní** *Adj.* komplett, vollständig; *fig.* völlig; **~ovat** (*im*)*pf.* ⟨z-⟩ (-*tuji*) vervollständigen.

komplex *m* (*2a*) Komplex *m*; **~ní** Komplex-; *Math.* komplex.

komplik|ace *f* (*2*) Komplikation *f*; **~ovaný** kompliziert, F verzwickt; **~ovat** (*im*)*pf.* ⟨z-⟩ (-*kuji*) komplizieren.

komplot *m* (*2a*) Komplott *n*.

kompon|ent *m* (*2a*), **~enta** *f* (*1*) Komponente *f*; **~ista** [-nı-] *m* (*5a*) Komponist *m*; **~ovat** ⟨*do-*, *pro-*, *z-*⟩ (-*nuji*) komponieren.

kompost *m* (*2*; *6. -u*/-*ě*) Kompost *m*.

kompot *m* (*2*; *6. -u*/-*ě*) Kompott *n*; **~ový** Kompott-.

kompozice *f* (*2*) Komposition *f*; Anordnung *f*, Aufbau *m*; F Klassenarbeit *f*, Aufsatz *m*.

kompres *m* (*2a*) Umschlag *m*, Kompresse *f*; **~e** *f* (*2*) Kompression *f*; **~ní** Kompressions-; **~or** *m* (*2a*) Kompressor *m*, Verdichter *m*.

komprimovat ⟨z-⟩ (-*muji*) komprimieren.

kompromis *m* (*2*; *6. -u*/-*e*) Kompromiß *m*, **~nický** *Pol.* kompromißlerisch; **~ník** *m* (*1a*) *Pol.* Kompromißler *m*.

kompromit|ovat (*im*)*pf.* ⟨z-⟩ (-*tuji*) kompromittieren; **~** *se sich e-e* Blöße geben; **~ující** kompromittierend. [Komteß *f*.]

komtes|a *f* (*1a*), **~ka** *f* (*1c*; -*sek*)

komun|a [-mu:-] *f* (*1*) Kommune *f*; **~ál** P *m* (*2*; *6. -u*/-*e*) städtischer (*od.* kommunaler) Betrieb *m*; **~ální** Kommunal-, gemeindeeigen; **~ard** *m* (*1*) Kommunarde *m*.

komuni|kace [-nı-] *f* (*2*) Verkehr *m*; Verbindung *f*; *pl. a.* Verkehrswesen *n*; Verkehrsmittel *n*/*pl.*; **~kační** Kommunikations-; **~ké** [*a.* -mını-] *n* (*indekl.*) Kommuniqué *n*; **~smus** [-nızm-] *m* (*2*; *2.*, *3.*, *6. -smu*) Kommunismus *m*; **~sta** *m* (*5a*), **~stka** *f* (*1c*; -*tek*) Kommunist(in *f*) *m*; **~stický** [-stıts-] kommunistisch.

komůrka *f* (*1c*; -*rek*) Kämmerlein *n*; Zelle *f*.

komže *f* (*2*) *Rel.* Rochett *n*.

kóna F *f* (*1*) Klassenarbeit *f*.

koňadra *f* (*1d*; -*der*) *Zo.* Kohlmeise *f*.

koňak *m* (*2b*) Kognak *m*, Weinbrand *m*.

koň|ák *m* (*1a*) Pferdeknecht *m*; **~ař** *m* (*3*) Pferdehändler *m*; **~ařství** *n* (*3*) Pferdehandel *m*.

kon|ání *n* (*3*) Abhaltung *f*; *Jur.* Vornahme *f*; **~** *služby* Dienstleistung *f*;

konat 158

~**at** ⟨do-, vy-⟩ (ab)halten; machen, tun; *Reise* a. unternehmen; machen; *Besuch* a. abstatten; *Pflicht* a. erfüllen; *Arbeit* a. verrichten; *Vorstellung* geben; *Vorbereitungen* treffen; *Dienst* a. ausüben, tun; *j-m e-n Dienst* erweisen; *Erhebungen* anstellen; *Verhör* durchführen; ~ **se** stattfinden; *Zahlungen:* erfolgen; *Handlung:* vor sich gehen.

koncedovat (im)pf. ⟨-duji⟩ zugestehen.

koncentr|ace f (2) Konzentration f; ~**ační** Konzentrations-; ~**ák** P m (2b) Konzentrationslager n, KZ n; ~**ický** konzentrisch; ~**ovat** (im)pf. ⟨z-⟩ ⟨-truji⟩ konzentrieren, fig. *Kräfte* sammeln.

koncep|ce f (2) Auffassung f; *Biol.* Empfängnis f; ~**ční** Empfängnis-; ~**t** m (2; 6. -u/-ě) Konzept n; *přivést z* ~**u** aus dem Konzept bringen; ~**ní** Konzept-.

koncern m (2a) Konzern m; ~**ový** Konzern-.

koncert m (2; 6. -ě/-u) Konzert n; *jít na* ~ ins Konzert gehen; *na -tě* im Konzert; ~**ní** Konzert-; ~**ovat** ⟨za-⟩ ⟨-tuji⟩ konzertieren, ein Konzert geben.

konces|e f (2) Konzession f; Lizenz f; *činit* ~ Zugeständnisse machen; ~**ivní** [-si:v-] *Gr.* konzessiv, einräumend; ~**ovaný** lizenziert, konzessioniert.

koncil m (2a) Konzil n; ~**iantní** entgegenkommend, konziliant.

koncipovat (im)pf. ⟨z-⟩ ⟨-puji⟩ konzipieren.

koncízní konzis; gedrängt, kurzgefaßt.

koncov|ka f (1c; -vek) *Gr.* Endung f; Endsilbe f; F *Sp.* Endspiel n; ~**ý** End-; Schluß-; ~*vé světlo* Schlußlicht n.

končetiny f/pl. (1) Gliedmaßen pl.

končina f (1) Gegend f; *Geogr.* Gebiet n; *ze všech končin světa* aus allen Himmelsrichtungen.

končíř m (4) *Sp.* Florett n; † Stoßdegen m.

končit ⟨do-, s-, u-, za-⟩ beenden; (be)schließen, F Schluß machen; ~ *se něčím* (čím mit); zu Ende gehen; F aus sein; *Gr.* ausgehen (*z. B. auf e-n Laut*); *Sache:* e-n (guten od. schlechten) Ausgang nehmen; *Vertrag:* ablaufen; *konče Jur.* bis (zu).

kondenz|ace f (2) Kondensation f; ~**ační** Kondensations-; ~**átor** m (2a) Kondensator m; ~**ovat** (im)pf. ⟨z-⟩ ⟨-zuji⟩ kondensieren.

kondi|ce [-dɪ-] f (2) Kondition f; † *nur pl.* Privatunterricht m, Stundengeben n; ~**cionál** m (2a) *Gr.* Konditional m; ~**cionální** Konditional-; ~**ční** *Sp.* Konditions-.

kondol|ence f (2) Kondolenz f; ~**enční** Beileids-, Kondolenz-; ~**ovat** (im)pf. ⟨po-, za-⟩ ⟨-luji⟩ kondolieren.

kondor m (1; -ři) Kondor m.

konduktér m (1; -ři) Schaffner m, Kondukteur m.

konec m (4; -nc-) Ende n, Schluß m; Zweck m; *na -nci* am Ende; *začátek -nce* der Anfang vom Ende; ~ *týdne* Wochenende; ~ *semestru* Semesterschluß; ~! Schluß damit!; ~ *písničky fig.* das Ende vom Lied; ~ *vše napraví* Ende gut, alles gut; *nemá to* ~ es nimmt kein Ende; *nechat na* ~ *bis zum Schluß aufheben; je u -nce er ist am Ende; jde ke -nci es geht dem Ende entgegen od. zu Ende; je se svým rozumem v -ncích er ist mit s-r Weisheit am Ende; k tomu -nci* zu diesem Zweck; -*ncem -nců* letzten Endes, schließlich.

koneč|ek m (2b; -ček-) Endchen n; Spitze f; ~ *jazyka* Zungenspitze; ~**ník** m (2b) Mastdarm m; ~**ně** *Adv.* endlich, schließlich; ~**nost** f (4) Endlichkeit f; ~**ný** End-; Schluß-; endgültig; *Math.* endlich.

konejši|t ⟨u-, za-⟩ beruhigen; *Zorn, Menschen* besänftigen, beschwichtigen; *Streit* beilegen; *Schmerz* lindern; ~**vý** beruhigend.

konev f (3; -nv-) Kanne f; *scherz.* Birne f, Kopf m; *kropicí* ~ Gießkanne; ~ *na mléko* Milchkanne; *s. lít.*

konexe *mst f/pl.* (2) Beziehungen f/pl.

konfek|ce f (2) Konfektion f; ~**ční** Konfektions-.

konferen|ce f (2) Konferenz f; ~**ciér** m (1; -ři) Conferencier m; ~**ční** Konferenz-.

konferovat ⟨po-⟩ ⟨-ruji⟩ konferieren.

konfes|e f (2) *Rel.* Konfession f, Bekenntnis n; ~(**ij**)**ní** konfessionell, Konfessions-.

konfety m/pl. (2) Konfetti n/pl.

konfisk|ace f (2) Konfiszierung f;

~ovat *(im)pf.* ⟨z-⟩ *(-kuji)* konfiszieren.
konflikt *m* (2a) Konflikt *m*.
konformní konform.
konfront|ace *f* (2) Gegenüberstellung *f*, Konfrontation *f*; **~ovat** *(im)pf.* ⟨z-⟩ *(-tuji)* gegenüberstellen, konfrontieren.
konfúz|e *f* (2) Konfusion *f*; **~ní** konfus.
Kong|o *n* (1b) Kongo *m*; **2ský** Kongo-, kongolesisch.
kongregace *f* (2) Kongregation *f*.
kongres *m* (2; 6. -u/-e) Kongreß *m*; **~ový** Kongreß-.
koní|ček *m* (1a; -čk-), **~k** *m* (1a) Pferdchen *n*; Heuschrecke *f*; Grashüpfer *m*; Seepferdchen *n*; *fig.* Steckenpferd *n*, Hobby *n*; *(Rätsel)* Rösselsprung *m*; *(Schach)* Springer *m*, Rössel *n*; *Tech.* Reitstock *m*, -čky P *pl.* Karussell *n*; **~čkovat** ⟨vy-⟩ *(-kuji)* Sp. treideln.
koni|na *f* (2) Pferdefleisch *n*; Pferdegeruch *m*; *fig.* Dummheit *f*; **~pas** *m* (1) *Zo.* Bachstelze *f*.
konírna *f* (2; -ren) Pferdestall *m*.
konjug|ace *f* (2) *Gr.* Konjugation *f*; **~ovat** *(-guji)* s. *časovat*.
konjunktura [-u:ra] *f* (1d) Konjunktur *f*.
koňka † *f* (1c; -něk) Pferdebahn *f*.
konkávní *Phys.* konkav, Konkav-.
konkretizovat [-tɪ-] *(im)pf.* ⟨z-⟩ *(-zuji)* konkretisieren.
konkuren|ce *f* (2) Konkurrenz *f*; **~ční** Konkurrenz-; **~t** *m* (1) Konkurrent *m*.
konkur|ovat *(-ruji)* konkurrieren; **~s** [-rz-] *m* (2; 6. -u/-e) Konkurs *m*; **~sní** Konkurs-.
koňmo *Adv.* zu Pferd; *lit., iron.* hoch zu Roß; *jet* ~ reiten.
konop|ěf *(2b; -i)*, **~í** *n* (3) Hanf *m*; **~iště** *n* (2a) Hanffeld *n*, **~ka** *f* (1c; -pek) *Zo.* Hänfling *m*; **~ný** Hanf-.
kons- s. a. *konz-*.
koňský Pferde-; **-ká síla** Pferdestärke *f*; **-ké léčení** Roßkur *f*; **-ká noha** *Med.* Klumpfuß *m*.
konsolid|ace *f* (2) Konsolidierung *f*; **~ovat** *(im)pf.* ⟨z-⟩ *(-duji)* konsolidieren.
konspir|ace *f* (2) Verschwörung *f*; **~ovat** ⟨z-⟩ *(-ruji)* konspirieren, sich verschwören.
konstant|a *f* (1) *Math.* Konstante *f*; **~ní** konstant.

konstatovat *(im)pf.* ⟨z-⟩ *(-tuji)* konstatieren.
konstelace *f* (2) Konstellation *f*.
konstitu|ce [-tɪ-] *f* (2) Konstitution *f*; **~ční** konstitutionell, verfassungsmäßig; **~ovat** *(im)pf.* ⟨z-⟩ *(-uuji)* konstituieren; **~tivní** [-tɪtutɪ:v-] grundlegend.
konstruk|ce *f* (2) Konstruktion *f*; *Tech. a.* Bauart *f*, Bauweise *f*; *Arch. a.* Gerippe *n*; *Anat.* Bau *m*; **~ční** Konstruktions-; **~tér** *m* (1; -ři) Konstrukteur *m*; **~tivní** [-tɪ:v-] konstruktiv.
konstruovat ⟨vy-, z-⟩ *(-uuji)* konstruieren.
konšel *m* (1; -[ov]é) *hist.* Ratsherr *m*; *Jur.* Schöffe *m*.
kontakt *m* (2a) Kontakt *m*; *El. a.* Schalter *m*; Steckdose *f*; **~ní** Kontakt-.
kontejner *m* (2a) *Tech.* Container *m*.
kontempla|ce *f* (2) Kontemplation *f*; **~tivní** [-tɪ:v-] kontemplativ.
kontinent [-tɪ-] *m* (2; 6. -ě/-u) Kontinent *m*; **~ální** kontinental.
kontingent [-tɪ-] *m* (2; 6. -u/-ě) Kontingent *n*, Anteil *m*; *(Höchst-)* Menge *f*; **~ovat** *(im)pf.* *(-tuji)* kontingentieren; die Höchstmenge festsetzen.
kontinuita *f* (2) Kontinuität *f*.
konto *n* (1; 6. -ě/-u) Konto *n*.
kontrabas *m* (2; 6. -u/-e) *Mus.* Kontrabaß *m*.
kontrakt *m* (2a) Kontrakt *m*; **~ace** *f* (2) *Agr.* Vertragssystem *n*; **~ovat** *(-tuji) Hdl., Agr.* durch ein Vertragssystem erfassen.
kontrarevolu|ce *f* (2) Konterrevolution *f*; **~ční** konterrevolutionär.
kontrasignovat *(im)pf.* *(-nuji)* gegenzeichnen.
kontrast *m* (2a) Kontrast *m*; **~ovat** ⟨z-⟩ *(-tuji)* (s *čím*) kontrastieren (mit *D*); in Gegensatz stehen (zu *D*).
kontribuce *f* (2) Kontribution *f*.
kontrol|a *f* (1a) Kontrolle *f*; ~ *jakosti* Güntekontrolle *f*; *pro -lu* zur Kontrolle; **~ka** F *f* (1c; -lek) Kontrollkarte *f* (*od.* -lampe *f*, -abteilung *f usw.*); **~ní** Kontroll-; **~or** *m* (1; -ři) Kontrolleur *m*, Aufsichtsbeamte(r) *m*; **~ovat** ⟨pře-, z-⟩ *(-luji)* kontrollieren; überwachen.
kontro|vat ⟨za-⟩ *(-ruji)* *Sp.* kontern; **~verze** *f* (2) Kontroverse *f*.

kontryhel m (2a) Bot. Frauenmantel m.

kontuma|ce f (2) Sp. Sperre f; Jur. Kontumaz f, Versäumung f e-s Verhandlungstermins; öst. ~ psů Hundesperre f; **~ční** Jur. Kontumazial-.

kontura [-tu:-] f (1d) Kontur f, Umriß m.

konvalinka f (1c; -nek) Bot. Maiglöckchen n.

konvejer m (2a) Förderband n.

konven|ce f (2) Konvention f; a. = **~ience** f (2) Herkommen n; Förmlichkeit f; verä. Schablone f; společenská ~ gesellschaftlicher Zwang; **~cionální, ~ční** konventionell; Hdl. Konventional-; **~ovat** F (-nuji) j-m zusagen, passen.

konvent m (2; 6. -u/-ě) Konvent m.

konvert|ita [-tɪ-] m (5a) Konvertit m; **~or** m (2a) Tech. Konverter m; El. Umformer m; **~ovat** (im)pf. ⟨z-⟩ (-tuji) konvertieren.

konverz|ace f (2) Konversation f; Rel. Konversion f; Hdl. Konvertierung f; **~ovat** (-zuji) Konversation treiben.

konvexní Phys. konvex, Konvex-.

konvi|ce f (2a) Kanne f; ~ na čaj Teekanne f; kávová ~ Kaffeekanne f; **~čka** f (1c; -ček) Kännchen n.

konvoj m (4) Mar. Mil. Geleitzug m.

konzerv|a f (1) Konserve f; **~ace** f (2) Konservierung f; **~árna** f (1; -ren) Konservenfabrik f; **~ář** m (1) Konservator m; **~ativec** [-tɪ-] m (3; -vc-) Pol. Konservative(r) m; **~ativní** [-tɪ:-] konservativ; **~átoř** f (3) Konservatorium n.

konzervov|ací Konservierungs-, **~adlo** n (1a; -del) Konservierungsmittel n; **~at** (im)pf. ⟨z-⟩ (-vuji) konservieren.

konzist|oriální Konsistorial-; **~oř** f (3) Konsistorium n.

konzul m (1; -ové) Konsul m; **~át** m (2; 6. -u/-ě) Konsulat n; **~tace** f (2) Konsultation f.

konzum m (2a) Konsum m.

kooperace f (2) Zusammenarbeit f, Kooperation f.

koordin|ace [-dɪ-] f (2) Koordinierung f; **~ační** Koordinierungs-, **~ovat** (im)pf. ⟨z-⟩ (-nuji) koordinieren.

kop m (2a) Sp. Stoß m; volný ~ Freistoß m; ~ z rohu Eckball m.

kopa f (1) Schock n (= 60 Stück); P fig. Haufen m, Menge f; veselá ~ lustiger Geselle.

kop|ací Fußball-; **~áč¹** m (3) Bgb. Hauer m; Gräber m; **~áč²** m (4) Hacke f, Haue f; **~ačka** F f (1c; -ček) Fußballschuh m; **~aná** f (Adj. 2) Fußballspiel n; hrát -nou Fußball spielen; hráč -né Fußballspieler m, F Fußballer m; **~anec** m (4; -nc-) Fußtritt m; **~anice** f (2a), **~anina** f (1) Rodeacker m; **~at** ⟨na-, vy-, za-⟩ (-u/-ám) v/t graben; Kohle fördern; Grab schaufeln; e-n Fußtritt versetzen (k-o/D), Fußtritten traktieren; Pferd: ausschlagen (nach D); F verpatzen; v/i Sp. Fußball spielen.

kop|covitý hügelig; **~ec** m (4; -pc-) Hügel m; (niedriger) Berg m; Haufen m; do -pce bergauf, bergan; s -pce bergab; P mít z -pce (na k-o) es abgesehen haben (auf A); dívat se z -pce (na k-o) von oben herab ansehen (A); **~eček** m (4; -čk-) kleiner Hügel m.

kopejka f (1c; -jek) Kopeke f.

kopí n (3) Lanze f; Spieß m.

kopie f (2) Kopie f; Abschrift f; Durchschlag m; Fot. Abzug m; Math. Nachbildung f.

kopinat|ec m (3; -tc-) Zo. Lanzettfischchen n; **~ý** lanzettförmig.

kopír|ovací Kopier-, **~ovat** ⟨pro-, v-, z-⟩ (-ruji) kopieren.

kopist f (4) od. m (2a) Rührscheit n.

kopit ⟨z-⟩ häufeln; Heu schobern.

kopnout pf., po-, z- (-pl) e-n Fußtritt versetzen (k-o/D); vgl. kopat, husa; e-n Spatenstich tun; **~nutí** n (3) Fußtritt m; Spatenstich m.

kopr m (2a) Bot. Dill m.

kopretina f (1) Bot. Wucherblume f.

koprnět ⟨z-⟩ (3 Pl. -ějí) erstarren; Glieder: einschlafen.

kopřiva f (1) Brennessel f; mráz -vu nespálí Unkraut vergeht (od. verdirbt) nicht.

kopt m (2a) (Kien-)Ruß m.

Kopt m (1; -ové) Rel. Kopte m; 2**ský** koptisch.

kopul|e f (2) Kuppel f; **~ovitý** kuppelförmig.

kop|ýtko n (1b; -tek; 6. Pl. -tkách) (kleiner) Huf m; čertovo ~ fig. Pferdefuß m; P vyhodit si z -ka sich e-n schönen Tag machen; **~ýtnatec** m (3; -tc-) Huftier n; **~yto** n (1)

Huf *m*; (*Schuster-*)Leisten *m*; narážet všechno na jedno ~ *fig.* alles über e-n Kamm scheren; F *na jedno* ~ vom gleichen Schlag.

koráb *m* (*2a*) *poet.* Schiff *n*; *s. loď.*

korál *m* (*1*; *-ové*) Koralle *f*; **~ový** Korallen-.

korba *f* (*1*; *-rb/-reb*) Wagenkasten *m*; *vozík se sklopnou -bou* Kipplore *f.*

korbel *m* (*4*) Humpen *m.*

korčák *m* (*2b*) (*Mühlen-*)Trichterkasten *m.*

kord *m* (*2a*) Degen *m*; Kord *n* (*Gewebe*); *jsou spolu na* ~ sie stehen miteinander auf Kriegsfuß.

kordón *m* (*2*; *6. -u/-ě*) *Mil.* Postenkette *f.*

Korea *f* (*1*; *2. a. -je*, *3.*, *6. -ji*, *7. -ji*) Korea *n.*

korec *m* (*4*; *-rc-*) Scheffel *m*, † Strich *m* (*Maß*).

koreč|ek *m* (*2b*; *-čk-*) *Tech.* Eimer *m*, Becher *m*; **~kový** *Tech.* Eimer-; Becher-.

Korej|ec *m* (*3*; *-jc-*), **~ka** *f* (*1c*; *-jek*) Koreaner(in*f*) *m*; **~ský** koreanisch.

korek *m* (*2b*; *-rk-*) Kork(en) *m.*

korekt|ní korrekt; **~nost** *f* (*4*) Korrektheit *f*; **~or** *m* (*1*; *-ři*) Korrektor *m*; **~ura** [-u:-] *f* (*1d*) Korrektur *f. Typ. a.* Korrigenda *m/pl.*, -fahne *f*; **~urní**, **~urový** [-u:-] Korrektur-.

korelace *f* (*2*) Korrelation *f.*

korespond|ence *f* (*2*) Korrespondenz *f*; gesammelte Briefe *m/pl.*; *Phys.* Übereinstimmung *f*; **~enční** Korrespondenz-; ~ *lístek* Postkarte *f*, *öst.* Korrespondenzkarte *f*; **~ent** *m* (*1*) Korrespondent *m*; *člen* ~ korrespondierendes Mitglied; **~ovat** ⟨*vy-*⟩ (*-duji*) korrespondieren.

korigovat (*im*)*pf.* ⟨*vy-*, *z-*⟩ (*-guji*) korrigieren.

korint|ka *f* (*1c*; *-tek*) Korinthe *f*; **~ský** korinthisch.

korkový Kork-.

kormidel|ní *Mar.* Steuer-, Ruder-; **~ník** *m* (*1a*) Steuermann *m*; *kabina pro* ~*a* Steuermannshaus *n*; *sedačka pro* ~*a Sp.* Steuersitz *m.*

kormidlo *n* (*1a*; *-del*) Steuer *n*, Ruder *n*; *bez -la* steuerlos; **~vat** ⟨*pro-*, *vy-*, *za-*⟩ (*-luji*) steuern.

korm|outit ⟨*z-*⟩ (*-cen*) betrüben, verärgern; ~ *se* (*čím*) sich ärgern (*über A*); sich grämen; **~utlivý** betrüblich.

kornout *m* (*2*; *6. -u/-ě*) Tüte *f.*

koropt|ev *f* (*3*; *-tv-*) Rebhuhn *n*; **~ví** Rebhuhn-.

korouh|ev *f* (*3*; *-hv-*) Banner *m*, Fahne *f*; *hist.* Schwadron *f*; **~evník** *m* (*1a*) Bannerträger *m*; **~vička** *f* (*1c*; *-ček*) Fähnlein *n*, Wimpel *m*; *větrná* ~ Wetterfahne *f.*

koroze *f* (*2*) Korrosion *f.*

korpora|ce *f* (*2*) Korporation *f*; **~tivní** [-tı:v-] korporativ.

kors|ický [-rz-] korsisch; 2**ičan** *m* (*1*; *-é*) Korse *m*; 2**ika** *f* (*1c*) Korsika *n.*

korumpovat (*im*;*pf.* ⟨*z-*⟩ (*-puji*) korrumpieren.

korun|a *f* (*1*) Krone *f*; **~ka** *f* (*1c*; *-nek*) (*Aufzieh-*, *Zahn-*)Krone *f*; **~ní** Kron-; *Bot.* Blüten-.

korunov|ace *f* (*2*) Krönung *f*; **~ační** Krönungs-; **~aný** gekrönt; *iron.* ~ *osel* richtiger Esel; **~at** (*im*)*pf.* ⟨*o-*⟩ (*-nuji*) krönen (*za krále od. králem* zum König).

korup|ce *f* (*2*) Korruption *f*; **~ční** Korruptions-.

Korutany *m/pl.* (*2*; *-an*) Kärnten *n.*

korveta *f* (*1*) Korvette *f.*

koryfej *m* (*3*; *-ové*) Koryphäe *f.*

koryš *m* (*3*) Krustentier *n.*

korýtko *n* (*1b*; *-tek*) kleiner Trog *m*; Rinne *f*; Mulde *f*; F *má výš na* ~ man hat ihm den Brotkorb höher gehängt; **~vý** U-förmig; **~vé** *železo* U-Eisen *n.*

koryto *n* (*6. -u/-ě*) (*Futter-*)Trog *m*; Mulde *f*; *fig.* Krippe *f*; Flußbett *n*; *je u -ta* er sitzt an der Krippe; *řeka vystoupila z -ta* der Fluß ist über die Ufer getreten.

korzár *m* (*1*; *-ři*) Korsar *m.*

kořal|eční Branntwein-, Schnaps-; **~ečník** *m* (*1a*) Branntweinhändler *m*; *verä.* Schnapsbruder *m*; **~ka** *f* (*1c*; *-lek*) Branntwein *m*, Schnaps *m*; **~na** F *f* (*1*; *-len*) Schenke *f.*

koření *n* (*3*) Wurzelwerk *n.*

kořen *m* (*4 od. 2a*; *Pl. 2*) Wurzel *f*; *jít věci na* ~ wider e-r Sache auf den Grund gehen; **~áč** *m* (*4*) Blumentopf *m*; **~árka** *f* (*1c*; *-řek*) Kräuterfrau *f*; **~ářství** *n* (*3*) Gewürzhandel *m*; **~atý** wurzelreich; **~í** *n* (*3*) Gewürz *n*; **~it** ⟨*o-*, *pře-*⟩ würzen; ~ (*se*) ⟨*v-*, *za-*⟩ Wurzeln schlagen *od.* fassen; wurzeln; **~itý** gewürzt; Gewürz-; **~ka** *f* (*1c*; *-nek*) Gewürz-

kořenný büchse f; **~ný** würzig; Gr. Wurzel-; **~ový** Wurzel-.

kořín|ek m (2b; -nk-) s. kořen; fig. má dobrý ~ er hat e-n guten Kern; Kochk. telecí ~ Kalbsbeuschel n; **~kářka** f s. kořenářka.

kořist f (4) Beute f; fig. Ausbeute f; vyjít si za ~í auf Beute ausgehen; **~it** ⟨na-, vy-⟩ (-štěn) Beute machen; (z č-o) Gewinn (od. Vorteil) herausholen (aus D); **~ník** m (1a) Beutemacher m, Profitgeier m; **~ný** beutegierig, Beute-; **-né** právo Mar. Prisenrecht n.

kořit ⟨po-⟩: ~ se k-u sich demütigen vor (D); huldigen (D), anbeten, verehren (A).

kos m (1) Amsel f; F a. Schlaumeier m.

kosa f (1a) Sense f; Geogr. Nehrung f.

kosatec m (4; -tc-) Bot. Schwertlilie f.

kosí Amsel-.

kosinka f (1c; -nek) Federwirk m, Fittich m; Arch. Keilstein m.

kosíř m (4) Gartenmesser n; Schusterkneip m; Schnitzmesser n.

kosiště n (2a) Sensenstiel m; **~t** ⟨na-, po-, s-, z-⟩ mähen; fig. hinwegraffen; niedermähen; Tech. schrägen.

kosmatý zottig.

kosmeti|cký [-tɪ-] kosmetisch; **~ka** f (1c) Kosmetik f.

kosmický kosmisch; ~ let Raumflug m; -ká loď Raumschiff n.

kosmo|naut m (1) Astronaut m, Kosmonaut m; **~polita** m (5a) Kosmopolit m; **~s** m (2a; -sm-; 2, 3, 6. -smu) Kosmos m.

kosočtver|ec m (4; -rc-) Rhombus m, Raute f; **~cový** rautenförmig; **~ečný** rhombisch.

koso|dělník m (2b) Rhomboid n; **~dřevina** f (1) Berg-, Zwerg-, Latschenkiefer f; **~úhelník** m (2b) Trapezoid n; **~úhlý** Geom. schiefwink(e)lig.

kost f (4) Knochen m; Anat. a. Bein n; (Fisch-)Gräte f; holenní ~ Schienbein n; tvrdý jako ~ knochenhart; až do ~i bis ins Mark; pronikat až do ~í durch Mark und Bein gehen; F na ~ vyhubly spindeldürr; ~i pl. a. Gebeine n/pl.

kostel m (2; 2. -a; 6. -e; 6 Pl. -ich/-ech) Kirche f (Gebäude); cesta do ~a Kirchgang m; je po ~e die Kirche ist aus; **~ík** m (2b) Kirchlein n; **~ní** Kirch-, Kirchen-; ~ věž Kirchturm m; **~ník** m (1a) Kirchendiener m, Küster m.

kostěný beinern, Bein-; Horn-.

kosti|ce f (2a) Fischbein n; **~čka** f (1c; -ček) kleiner Knochen m, Knöchelchen n; kleiner Würfel m; **~val** m (2a) Bot. Beinwurz f; **~žer** m (2a) Med. Knochenfraß m.

kost|ka f (1c; -tek) Würfel m; (Pflaster-, Bau-, Spiel-)Stein m; hrát v -ky würfeln; **~kovaný** gewürfelt, Stoff: kariert; **~kový** Würfel-, **~livec** m (3; -vc-) Gerippe n; Knochen-, Sensenmann m; **~natět** ⟨z-⟩ (3 Pl. -ějí) verknöchern, abmagern; **~natý** knochig; fig. verknöchert; **~ní** Knochen-; **~nice** f (2a) Beinhaus n; 2 Konstanz n (Stadt); **~nický** Konstanzer, von Konstanz; **~ra** f (1d; -ter) Skelett n, Gerippe n; fig., Tech. a. Gerüst n.

kostrhatý Weg: holp(e)rig; Haar: struppig.

kostrč f (3) Anat. Steißbein n.

kostým m (2a) Kostüm n; zkouška v ~ech Thea. Kostümprobe f; látka na ~ Kostümstoff m; **~ní** Kostüm-; **~ovat** (im)pf. ⟨o-⟩ (-muji) kostümieren; **~ový** Kostüm-.

kosý schief; schräg.

koš m (4) Korb m; ~ na papír Papierkorb; F dát (od. dostat) ~em e-n Korb geben (od. bekommen).

košat|ět ⟨z-⟩ (3 Pl. -ějí) sich belauben; **~ina** f (1) Wagenkorb m; Hürdengeflecht n; **~ka** f (1c; -tek) Strohschüssel f; **~ý** dicht belaubt; Baumkrone: dicht.

košer (indekl.) koscher; F fig. sauber; **~ák** m (1a) Rel. Schächter m; **~ovat** (im)pf. ⟨za-⟩ (-ruji) schächten.

koší|ček m (2b; -čk-) Körbchen n; ~ na chléb Brotkorb m; **~k** m (2b) Korb m; ~ pro psa Maulkorb m, öst. Beißkorb.

košikář, košíkář m (3) Korbflechter m; Sp. Korbballspieler m; **~ský** Korbwaren-; **~ství** n (3) Korbflechterei f.

košíková f (Adj. 2) Sp. Korbball-, Basketball(spiel n) m.

košil|atý F im bloßen Hemd; hemd(s)ärmelig; Witz: unanständig; **~e** f (2a) Hemd n; **~ovina** f (1) Hemdenstoff m; **~ový** Hemd-.

košin|a f (*1*) Wagenkorb *m*; ~**ový** Korb-.

košťál *m* (*2*; *6. -u/-e*) Kohlstrunk *m*; Krautstengel *m*.

košť|atář *m* (*3*) Besenbinder *m*; ~**átko** *n* (*1b*; *-tek*) Handfeger *m*.

koště *n* (*4a*; *Pl. -tat-*) Besen *m*.

ko|tě *n* (*4a*; *Pl. -tat-*), ~**ťátko** *n* (*1b*; *-tek*) Kätzchen *n*, junge Katze *f*.

kotel *m* (*4 od. 2*; *-tl-*; *6 Pl. -tlich/-tlech*) Kessel *m*; *Mus.* (Kessel-)Pauke *f*; ~ **na prádlo** Waschkessel; ~**na** *f* (*1*; *-len*) Kesselhaus *n*; ~**ní** Kessel-.

kotevní Anker-.

kotit ⟨o-⟩ (*-cen*): ~ **se** *Katze*: Junge werfen; P ~ **s kým** schmusen mit (*D*).

kotl|árna *f* (*1*; *-ren*) Kesselschmiede *f*; ~**ář** *m* (*3*) Kesselschmied *m*; ~**ářství** *n* (*3*) Kesselbau *m*.

kotlavý hohl.

kotleta *f* (*1*) *Kochk.* Kotelett *n*; Kotelette *f* (*Bart*).

kotl|ík *m* (*2b*) kleiner Kessel *m*; ~**ina** *f* (*1*) Vertiefung *f*; *Geogr.* (Tal-)Kessel *m*; *Jagdw.* Kessel *m*; ~**ový** Kessel-.

kotník *m* (*2b*) *Anat.* Knöchel *m*.

kotouč *m* (*4*) *Tech.* Scheibe *f*; (Papier-)Rolle *f*; (Staub-, Rauch-)Wolke *f*; ~**ový** Scheiben-; ~**vá píla** Kreissäge *f*; ~ **papír** Rollenpapier *n*.

kotoul *m* (*2a*) *Turn.* Rolle *f*, Überschlag *m*.

kotr|ba P *f* (*1*) *iron.* Schädel *m*, Kopf *m*; ~**č** *f* (*3*) *Bot.* Glucke *f*, Ziegenbart *m*; ~**melec** *m* (*4*; *-lc-*) Purzelbaum *m*; P *Hdl.* Pleite *f*.

kotv|a *f* (*2*; *-tev*) Anker *m*; ~**iště** *n* (*2a*) Ankerplatz *m*; Reede *f*; ~**it** ⟨za-⟩ ankern, vor Anker liegen; *fig.* verankert sein (*v čem* in *D*).

koudel *f* (*3*) Werg *n*; F **hoří mu** ~ **der Boden wird ihm zu heiß**.

kouk|at (se) ⟨*na-, o-, za-*⟩, ~**nout (se)** *pf.* (her-, hin)sehen, schauen, F gucken; hervorschauen, F -gukken; ausschauen nach (*D*).

koukol *m* (*2 od. 4*; *6. -u/-e/-i*) Kornrade *f*.

koul|ař *m* (*3*) *Sp.* Kugelstoßer *m*; ~**e** *f* (*2*) Kugel *f*; P schlechteste Note *f* (*in der Schule*); ~**et** ⟨*roz-* se, *vy-, za-*⟩ (*3 Pl. -ejí*) rollen; *Kegel* schieben; ~ **se** rollen (*v/i*); ~ **se smíchy** sich vor Lachen wälzen; ~**ovačka** *f* (*1c*; *-ček*) Schneeballschlacht *f*; ~**ovat** (*-luji*) mit Schneebällen werfen.

koup|ací Bade-; ~**aliště** *n* (*2a*) Bad(eanstalt *f*) *n*, Schwimmbad *n*; ~**ání** *n* (*3*) Baden *n*; *zákaz* ~ Badeverbot *n*; *voda na* ~ Badewasser *n*; ~**at** ⟨vy- (se), z- (se)⟩ (*-ám/-u*) baden; ~ **se** baden (*v/i*), ein Bad nehmen.

koupě *f* (*2b*; *-i*) Kauf *m*; Einkauf *m* (*Ware*); ~**chtivý** kauflustig; ~**chtivost** *f* (*4*) Kauflust *f*; ~**schopný** kaufkräftig.

koupel *f* (*3*) Bad *n*; *vzdušná* ~ Luftbad; *vylít dítě s* ~ *i fig.* das Kind mit dem Bade ausschütten; ~**na** *f* (*1*; *-len*) Bad(ezimmer) *n*; ~**nový** Bade-.

koupit *pf.* (*kup!*), *na-, za-* kaufen; *Fahrkarte a.* lösen; *-pí* **se zu kaufen gesucht**; *to lze* ~ (*u k-o*) das ist erhältlich (*bei D*).

kouř *m* (*4*) Rauch *m*; *mračna* ~**e** Rauchwolken *f/pl.*; ~**ení** *n* (*3*) Rauchen *n*; ~**it** ⟨*po-, za-*⟩ *Zigaretten* rauchen; ~ **se** dampfen; *Ofen*: rauchen, qualmen; ~**mo** *n* (*1*) Dunst *m*; ~**ový** Rauch-; *odvod* ~**ch plynů** *Tech.* Abzugrohr *n*.

kous|at ⟨*po-, roz-*⟩ (*-šu/-ši/-sám*; *-šen*) beißen; P *a.* kauen; ~**avý** bissig; *Spott*: beißend; ~**ek** *m* (*2b*, *-sk-*; *6. Pl. -scích/-skách*) Stück (*-chen*) *n*; (böser) Streich *m*; *na* ~**sky** in Stücke; *po* ~**scích** stückweise; ~**kovat** ⟨*roz-*⟩ (*-kuji*) zerstückeln; ~**ový** Stück-; ~**nout** *pf. s. kousat*.

kouštíček *m* (*2b*; *-čk-*) Stückchen *n*.

kout[1] (*kuji, kut*) schmieden; hämmern; F *něco se kuje* es liegt et. in der Luft.

kout[2] *m* (*2*; *2. -a*) Winkel *m*, Ecke *f*; P *a.* Wochenbett *n*; ~**ek** *m* (*2b*; *-tk-*; *2. -tku/-tka*) Winkel *m*, F Plätzchen *n*; *jazykový* ~ Sprachecke *f*.

kouzeln|ice *f* (*2a*) Hexe *f*; ~**ický** Zauber-; ~**ictví** *n* (*3*) Zauberei *f*; ~**ík** *m* (*1a*) Zauberer *m*; ~**ý** Zauberhaft; *K-ná flétna* Zauberflöte *f*; ~ **proutek** Wünschelrute *f*.

kouz|lit ⟨*na-, vy-*⟩ zaubern; ~**lo** *n* (*1a*; *-zel*) Zauber *m*; Bann *m*; (unwiderstehlicher) Reiz *m*.

kov *m* (*2a*) Metall *n*; *poet.* Erz *n*; *barevné, lehké, vzácné* ~**y** Bunt-, Leicht-, Edelmetalle; ~**adlina** *f* (*1*) (*Schmiede-*)Amboß *m*; ~**adlinka** *f* (*1c*; *-nek*) (kleiner) Amboß *m*;

kovák *Anat.* Amboß *m*; **~ák** F *m* (*1a*) Metallarbeiter *m*; **~ání** *n* (*3*) Schmieden *n*; (*Pferde-, Schrank-*)Beschlag *m*; **~anost** *f* (*4*) *fig.* Beschlagenheit *f*; **~aný** geschmiedet, Schmiede-; *fig.* beschlagen; *iron.* Stock-, Erz-; **~árna** *f* (*1; -ren*) Schmiede *f*.

kovář *m 1.* (*3*) Schmied *m*; *2.* (*4*) *Bot.* Schusterpilz *m*; **~ík, kovařík** *m* (*1a*) Schmiedelehrling *m*; *Zo.* Schnellkäfer *m*, Schmied *m*; **~ský** Schmiede-; **~ství** *n* (*3*) Schmiedehandwerk *n*.

kovat ⟨o-, pod-, za-⟩ schmieden; *Pferde* beschlagen.

kovboj *m* (*3*) Cowboy *m*; **~ka** F *f* (*1c; -jek*) Wildwestroman *od.* -film *m*, Western *m*.

kov|kop *m* (*1; -ové*) Bergmann *m*; **~natý** metallhaltig.

kovo|dělník *m* (*1a*) Metallarbeiter *m*; **~lijec** *m* (*3; -jc-*) Metallgießer *m*; **~obráběcí** metallverarbeitend; **~průmysl** *m* (*2a*) Metallindustrie *f*; **~vý** Metall-, aus Metall; metallisch; **-vé peníze** Hartgeld *n*; **-vě šedý** stahlgrau.

koza *f* (*1a*) Ziege *f*, *dial.* Geiß *f*; *Tech., Turn.* Bock *m*; ~ **mostu** (*Brücken-*)Eisbrecher *m*.

kozák *m* (*1a*) Kosak(e) *m*.

kozel *m* (*1; -zl-*) (Ziegen-)Bock *m*; P *fig.* Teufel *m* (*1 od. 2a; -zl-*) Bockbier *n*; ~ **z pušek** *Mil.* Gewehrpyramide *f*; **~ec** *m* (*4; -lc-*) Purzelbaum *m*.

koz|í Ziegen-; ~ *list Bot.* Geißblatt *n*; **hádat se o** ~ **chlup** um des Kaisers Bart streiten; **~ina** *f* (*1*) Ziegenleder *n*, Chevreau *n*; Ziegenfleisch *n*.

kozl|átko *n* (*1b; -tek*), **~e** (*4*) Zicklein *n*, *öst.* Zickel *n*; **~ečí**: ~ **kůže** Ziegenfell *n*; **~ík** *m 1.* (*1a*) (Ziegen-)Böckchen *n*; *2.* (*2b*) Kutschbock *m*; *Tech.* Bock *m*; *Med.* Baldrian *m*; ~ **na řezání dříví** Sägebock; **~íkový** Baldrian-; **~ovina** *f* (*1*) Ziegenleder *n*; Bocksgeruch *m*.

kozo|doj *m* (*3*) *Zo.* Ziegenmelker *m*; **~noh** *m* (*1a*) *Myth.* Satyr *m*; **~roh** *m* (*1a*) *Zo.* Steinbock *m*, ♑**rožec** *m* (*3; -žc-*) *Astr.* Steinbock *m*.

kož|ařský, ~edělný Leder-.

koželu|h *m* (*1a*) Gerber *m*; **~žna** *f* (*1; -žen*), **~žství** *n* (*3*) Gerberei *f*; **~žský** Gerber-.

kožen|áč *m* (*4*) Lederapfel *m*; **~ka** *f* (*1c; -nek*) Kunstleder *n*; **-ky** *pl. a.* Lederhose(n *f*/*pl.*) *f*; **~ý** Leder-, ledern.

kož|ešina *f* (*1*) Pelzwerk *n*; **~ešinový** Pelz-; **~ich** *m* (*2b*) Pelz *m*; **~íšek** *m* (*2b; -šk-*) Pelz(jacke *f*) *m*; **~išina** *f s.* kožešina; **~išnictví** *n* (*3*) Kürschnerei *f*; **~išník** *m* (*1a*) Kürschner *m*; Pelzhändler *m*; **~ka** *f* (*1c; -žek*) (*Hasen-, Kaninchen-*)Fell *n*, Pelz *m*.

kožnat|ět ⟨z-⟩ (*3 Pl. -ějí*) zu Leder werden, *Med.* verledern; **~ý** lederartig.

kožní Haut-.

kra *f* (*1d; ker*) Eisscholle *f*.

krab *m* (*1*) *Zo.* Krabbe *f*.

krabat|ina *f* (*1*) Hügellandschaft *f*; *Mil.* hügeliges Gelände *n*; **~it** ⟨z-, za-⟩ (*-cen*): ~ **se** sich in Falten legen, sich runzeln; schrumpfen; **~ost** *f* (*4*) Unebenheit *f*; **~ý** uneben, holp(e)rig; *Gesicht*: faltig, runz(e)lig.

krab|ice *f* (*2a*) Schachtel *f*, Dose *f*; Büchse *f*; **~ička** *f* (*1c; -ček*) (kleine) Dose *f*, (*Zigaretten-, Streichholz-*)Schachtel *f*.

krácení *n* (*3*) Kürzung *f*.

kráč|et ⟨*na-, vy-, roz- se* ⟩ (*in Zssgn -kračovat*) schreiten; einhergehen, † wandeln; ~ **s dobou** mit der Zeit gehen; **~ivý** *Tech.* Schreit-.

krádež *f* (*3*) Diebstahl *m*; **pro** ~ wegen Diebstahl.

krad|í, ~mý (*Adv. -mo*) heimlich, verstohlen; **~l, ~u s krást**.

krahujec *m* (*3; -jc-*) *Zo.* Sperber *m*.

krach *m* (*2b*) (*Börsen-*)Krach *m*; Bank(e)rott *m*; Fiasko *n*.

kraj *m* (*4*) Rand *m*, Ende *n*; Kante *f*; Gebiet *n*, Gegend *f*, Land(strich *m*) *n*; Flachland *n*, flaches Land *n*; *Pol.* Bezirk *m*; *öst.* Kreis *m*; *fig.* Anfang *m*; ~ **světa** Ende der Welt; **lesnatý** ~ Waldlandschaft *f*; **z ~e** vom (*od. am*) Anfang; *s. a.* krajíček.

krajáč *m* (*4*) Milchtopf *m*.

kraj|an *m* (*1; -é*), **~ánek** F *m* (*1a; -nk-*) Landsmann *m*; **~anka** *f* (*1c; -nek*) Landsmännin *f*; **~anský** landsmännisch; ~ **spolek** *Pol.* Landsmannschaft *f*.

kráj|ecí Schneid(e)-; **~eč** *m* (*3*) *Tech.* Schneider *m*; **~ení** *n* (*3*) Schneiden *n*; **strojek na** ~ **chleba** Brotschneidemaschine *f*; **~et** ⟨*na-, od-, po-*⟩ (*3 Pl. -ejí*) (ab)schneiden;

krátkonohý

Braten zerlegen, tranchieren; *Rasen*, *Torf* stechen.
krají|c m (4) Schnitte m (*Brot*); **~ček** m (2b; -čk-) Rand m; *vgl. kraj*; **mít slzy** (*od. pláč*) **na ~čku** den Tränen (*od.* dem Weinen) nahe sein.
krajin|a f (1) Gegend f; Landschaft f; (*Holz-*)Schwarte f, Schwartbrett n; **~ář** m (3) Landschaftsmaler m; **~ka** f (1c; -nek) Landschaft(sbild n) f; **~ný** landschaftlich; **~ský** Provinz-, regional; **-ké město** Provinzstadt f.
krajk|a f (1c; -jek) (Häkel- *od.* Klöppel-)Spitze f; **~ářství** n (3) Spitzenklöppelei f; **~ový** Spitzen-.
kraj|ní Rand-; äußerst, höchst; *Gehorsam*: unbedingt; *Pol.* radikal, extrem; **~ník** m (1a) *Turn., Mil.* Flügelmann m; **~nost** f (4) das Äußerste, Extrem n; Spitze f; **do ~i bis zum äußersten**; *hnát do ~i* auf die Spitze treiben; **~ový** Rand-; **~ský** Bezirks-; *öst.* Kreis-.
krajta f (1; 2 Pl. -jt/-jet) Riesenschlange f.
kráka|t ⟨roz- se, za-⟩ *Rabe:* krächzen; P *a.* zupfen; **~vý** krächzend.
Krakonoš m (3) Rübezahl m.
krákor|at ⟨po-, za-⟩ krächzen; *Huhn:* gackern; **~ec** m (4; -rc-) *Arch.* Kragstein m; *Sp.* Ausleger m.
král m (2; -ové) König m; **na Tři ~e** am Dreikönigstag; **~evic** m (3) Königssohn m; **~íčí** Kaninchen-; **~ík** m (1a) Kaninchen n; **~íkárna** f (1; -ren) Kaninchenstall m; **~íkář** m (3) Kaninchenzüchter m.
králová † f (*Adj.* 2) *s.* královna.
kralovat ⟨do-⟩ (-luji) als König herrschen.
králov|na f (1; -ven) Königin f; **~ krásy** Schönheitskönigin; **včelí ~** Bienenkönigin; **~ský** königlich, Königs-; **~ství** n (3) Königreich n; *fig.* Reich n; **nebeské ~** Himmelreich.
krám m (2; 6. -u/-ě) Laden m; P Kram m; *fig.* Geschichte f; *jaký pán, taký ~* wie der Herr, so das Gescherr.
kram|ář m (3) Krämer m; **~ařit** ⟨za-⟩ (herum)kramen (*v čem* in *D*); F schachern (*s čím* mit *D*); **~ářský** Krämer-; **-ká písnička** Bänkelsängerlied n; **~ářství** n (3) Krämerei f; *verä.* Krämergeist m.
kramflek m (2b) Schuhabsatz m.

krámský Laden-.
krápat ⟨na-, po-⟩ (3. -e) tröpfeln (v/i); *když neprší, aspoň -pe* Kleinvieh macht auch Mist.
krap|et m (2a; -pt-) Tropfen m; **~ínek** m (2b; -nk-), **~ítek** m (2b; -tk-) ein Tröpfchen, ein wenig, ein bißchen.
krápník m (2b) Tropfstein m; **~ový** Tropfstein-.
krápnout *pf.*, *za- s.* krápat.
kras m (2; 6. -u/-e) *Geol.* Karst m.
krása f (1a) Schönheit f; P **~!** wundervoll!; **pěstění -sy** Schönheitspflege f.
krasav|ec m (3; -vc-) schöner Mann m; **~ice** f (2a) Schönheit f, schöne Frau f.
kraslice f (2a) (bemaltes) Osterei n.
krás|nět ⟨po-, z-⟩ (3 Pl. -ějí) schön werden; **~no** n (1; 6. -u) Schöne n; *cit pro ~* Schönheitsgefühl n; *nauka o -nu* Ästhetik f; **~** in *Zssgn* Schön-; **~noočko** n (1b; -ček) *Zo.* Augentierchen n; **~ný** schön.
krasobrusl|ař m (3), **~ařka** f (1c; -řek) Eiskunstläufer(in f) m; **~ařský** Eiskunstlauf-; **~ení** n (3) Eiskunstlauf m.
kraso|cit m (2a) Schönheitssinn m; **~duchý** schöngeistig; **~jezdec** m (3; -dc-) Kunstreiter m; **~pis** m (2; 6. -e/-u) Schönschreiben n; **~pisný** kalligraphisch; **~řečník** m (1a) Schönredner m.
krasový Karst-.
krást ⟨po-, u-⟩ (kradu, -dl, -den) stehlen, *lit., Jur.* entwenden; *nepokradeš! bibl.* du sollst nicht stehlen!
krášl|icí Schönheits-; **~it** ⟨na-, o-, z-⟩ schmücken, verschönern; F **~ se** sich schönmachen.
-krát in *Zssgn* -mal.
kraťas m 1. P (1; -ové) kleiner Mensch m, F Knirps m; 2. P (2; 2. -u/-a; 6. -u/-e) kurze Zigarre f; *El.* Kurzschluß m.
krátce *Adv. s.* krátký.
kráter m (2a) Krater m.
krati|čký F, **~nký** F sehr (*od.* ganz) kurz.
krátit ⟨u-, z-, za-⟩ (-cen) (ver)kürzen; *(si čas sich die Zeit)* vertreiben; **~ se** kürzer werden; *fig.* zu Ende gehen; *Gr.* gekürzt werden.
krátko|dechý kurzatmig; **~dobý** kurzfristig; **~nohý** kurzbeinig;

krátkosrstý

~srstý *Zo.* kurzhaarig; ~st *f* (4) Kürze *f;* v ~i in aller Kürze; *pro ~ času* aus Zeitmangel; ~věký kurzlebig; ~vlnný *Rdf.* Kurzwellen-; ~zrakost *f* (4) Kurzsichtigkeit *f;* ~zraký kurzsichtig.

krátký (*Komp.* kratší; *Adv.* krátce, *na -ko*) kurz, Kurz-; *-ké spojení El.* Kurzschluß *m; -ké zboží* Kurzwaren *f/pl.; -tce předtím* kurz vorher; *mluvte -tce!* fassen Sie sich kurz!; *-tce a jasně* kurz und bündig; *-tce zatočit s kým* kurzen Prozeß machen mit (*D*); *stříhat vlasy na -ko* das Haar kurz schneiden.

kratochvíle *f* (1*b*) Kurzweil *f;* ~ilný kurzweilig.

kraul *m* (2*a*) *Sp.* Kraul(stil *m*) *n;* ~ovat ⟨-luji⟩ kraulen.

kráva *f* (1; 2, 3, 6, 7 *Pl.* krav-) Kuh *f; P a.* Rindvieh *n.*

kravál, ~al *m* (2; 6. -u/-e) Krawall *m.*

kravata *f* (1) Krawatte *f,* F Schlips *m.*

kraví Kuh-; ~ín *m* (2; 2. -*a*) Kuhstall *m;* ~ina *f* (1) Kuhhaut *f;* Kuhleder *n; V a.* dummes Zeug, Blödsinn *m;* ~inec *m* (4; -nc-) Kuhfladen *m;* ~ský Kuh-.

krážem *s.* kříž.

krb *m* (2*b*) Herd *m.*

krcálek F *m* (2*b;* -lk-) kleine Mühle *f;* kleine Bude, Hütte *f.*

krček *m* (2*b;* -čk-) *s.* krk; *zubní ~ Anat.* Zahnhals *m.*

krčit ⟨*na-*⟩ Stirn runzeln; ⟨*po-*⟩ Nase rümpfen; *mit d.* Schultern zucken; ⟨*s-*⟩ *Rücken* krümmen; *Knie* beugen; *Kopf* einziehen; sich ducken; sich (hin)kauern; *Kleid:* Falten werfen.

krčma *f* (1; -čem) Schenke *f,* Kneipe *f;* ~ář *m* (3) (Schank-)Wirt *m.*

krční Hals-.

kreatura [-tu:-] *f* (1*d*) Kreatur *f.*

kredit [-dɪt] *m* (2*a*) Kredit *m;* ~ní Kredit-.

krecht *m* (2; 6. -u/-ě) *Agr.* Miete *f.*

krejcar *m* (2*a*) Kreuzer *m; fig.* Heller *m,* Pfennig *m; do posledního ~u* bis auf den letzten Heller; ~ový Kreuzer-.

krejčí *m* (*Adj.* 4; *Pl. n* 3) Schneider *m;* ~ová *f* (*Adj.* 2) Schneidersfrau *f;* Schneiderin *f;* ~ovat ⟨-čuji⟩ schneidern; ~ovina *f* (1) Schneiderhandwerk *n;* ~ovna *f* (1; -ven) Schneiderwerkstatt *f;* ~ovský Schneider-; ~ovství *n* (3) Schneiderei *f.*

krejón *m* (2*a*) Drehbleistift *m.*

krejzlík *m* (2*b*) Halskrause *f.*

krém *m* (2*a*) Creme *f,* Krem *f u.* F *m* (*a. Kochk.*); ~ *na boty* Schuhkrem; ~ový cremefarben, -farbig, beige.

krempa *f* (1) Krempe *f.*

krep *m* (2*a*) Krepp *m.*

kresba [-zb-] *f* (1; -seb) Zeichnung *f;* ~ebný Zeichen-; zeichnerisch; ~lení *n* (3) Zeichnen *n;* ~licí Zeichen-; ~ *prkno* Reißbrett *n;* ~lič *m* (3) Zeichner *m;* ~lírna *f* (1; -ren) Zeichensaal *m;* ~líř *m s.* kreslič; ~lířský Zeichen- (*z. T. Talent*); ~lit ⟨*na-, po-*⟩ zeichnen; *fig.* schildern; ~ *od ruky* mit freier Hand zeichnen.

Kréta *f* (1) Kreta *n;* ⟨_ský kretisch.

krev *f* (3; krv-) Blut *n; do krve* bis aufs Blut; *ztlouci do krve* blutig schlagen; *je má ~ fig.* es ist mein Fleisch und Blut; *zelená ~ fig.* Jägerblut; *krví podlitý* blutunterlaufen; *kapka krve* Blutstropfen *m.*

krevel *m* (4 *od.* 2) *Min.* Bluteisenstein *m;* ~natý vollblütig; ~ní Blut-; ~ *sůl Chem.* Blutlaugensalz *n; -ně příbuzný* blutsverwandt.

krhavý triefäugig; *Augen:* triefend.

krída F *f* (1) Bankrott *m,* Konkurs *m.*

kriminál P *m* (2; 6. -*e*) Gefängnis *n,* Knast *m, öst.* Kriminal *n;* ~alita *f* (1) Kriminalität *f;* ~ální Kriminal-; kriminell; ~álník P *m* (1*a*) Kriminelle(r), Knastbruder *m.*

kristiánie *f* (2), ~ka *f* (1*c;* -nek) *Sp.* Kristiania *m,* Querschwung *m.*

Kristus *m* (1; *-sta usw.*) Christus *m; před -tem* vor Chr.; F *pro -ta Pána!* um Gottes willen!

kritický [-tɪ-] kritisch; ~k *m* (1*a*), ~čka *f* (1*c;* -ček) Kritiker(in *f*) *m;* ~ka *f* (1*c*) Kritik *f; pod(e) vší -ku* unter aller Kritik; ~kář *m* (3) Kritikaster *m;* ~kaření F *n* (3) Kritisiererei *f,* Herumkritisieren *n;* ~kařit bekritteln, P Herumkritisieren; ~zovat ⟨*z-*⟩ ⟨*-zuji*⟩ kritisieren.

krize *f* (2) Krise *f; bytová ~* Wohnungsnot *f;* ~ový Krisen-.

krk *m* (2*b*) Hals *m; vzít kolem ~u* um den Hals fassen; *na ~u* am Hals(e); *an der Kehle; (až) po ~* bis zum Hals; *mám to z ~u* ich habe mir das vom Hals geschafft; *to mi leze z ~u*

das hängt mir zum Halse heraus; *proto si nedám nohu za ~* darüber lasse ich mir keine grauen Haare wachsen; *jde o ~* es geht um Kopf und Kragen; *sázím ~ na to* dafür wette ich meinen Kopf; *pět hladových ~ů* fünf hungrige Mäuler.

krkat *(po-, za-)* rülpsen.

krkav|čí Raben-; **~ec** *m* (3; *-vc-*) Rabe *m*; *iron.* habgieriger Mensch *m*.

krkavice *f* (2a) Halsschlagader *f*.

krk|nout *pf., za- s. krkat;* **~nutí** *n* (3) Rülpsen *n*; Rülpser *m*; **~olomný** halsbrecherisch.

krkoun *m* (1) Geizhals *m*.

krm|ě *f* (2b; *-i*) *lit.* Speise *f*; **~elec** *m* (4; *-lc-*) Futtertrog *m*; **~ení** *n* (3) Füttern *n*, Fütterung *f*; Futter *n*; *Agr.* Mast *f*; **~ený** gefüttert; *Agr.* gemästet, Mast-; **~it** *(na-, po-, z-)* füttern; *Kind* nähren, stillen; *Vieh* mästen; *(čím)* verfüttern (*A*); *fig.* abspeisen, vertrösten (mit); auftischen (*A*); *nekrmte prosím!* Füttern verboten!; *~ se* gefüttert werden; (*A*) sich nähren (von *D*); *iron.* gut essen, F futtern; **~ítko** *n* (1b; *-tek*) Futterplatz *m*; Futterhäuschen *n*; **~ivo** *n* (1) Futter (-mittel) *n*; **~ivový** Futter-; **~ník** *m* (1a) Mastschwein *n*; (2b) Schweinestall *m*; *na ~u* zur Mast; **~ný** Futter-; Mast-.

krnět *(z-)* (3 *Pl. -ějí*) verkümmern.

krocan *m* (1) Truthahn *m*, Puter *m*; *červený jako ~* puterrot.

kročej *m* (4) *lit.* Schritt *m*.

kroj *m* (2b) Schnitt *m* (*es Kleides*); Tracht *f*; **~ovaný** einheitlich gekleidet; in Uniform; in Volkstracht; *-ná skupina* Trachtengruppe *f*; **~ový** Trachten-.

krok *m* (2b) Schritt *m*; *křivý (od. chybný)* ~ Fehltritt *m*; *~em* (im) Schritt; *stejným ~em* in gleichem Schritt, *poet.* in gleichem Schritt und Tritt; *ani ~* kein (einzigen) Schritt; *není vidět ani na ~* man sieht nicht die Hand vor den Augen; *na každém ~u* bei jedem Schritt; *v každém ~u* auf Schritt und Tritt; *vhodné ~y fig.* geeignete Schritte; *špatný ~ Mil.* falscher Tritt.

kroket *m* (2a) *Sp.* Krocket *n*; **~a** *f* (1) *Kochk.* Krokette *f*.

krokev *f* (3; *-kv-*) Dachsparren *m*; Setzwaage *f (der Maurer).*

krokodýl *m* (1) Krokodil *n*; **~í** Krokodil-; **~í slzy** Krokodilstränen *f/pl.*

krokoměr *m* (2a) Schrittmesser *m*.

krokus *m* (2; 6. *-u/-e*) Krokus *m*.

krom(ě) *Prp. (mit 2. Fall)* außer · (*D*); ausgenommen (*A*); ~ *toho* außerdem; *lit.* überdies; ~ *nadání od.* očekávání wider Erwarten.

kromobyčejný außergewöhnlich.

kroni|ka [-ni-] *f* (1c) Chronik *f*; **~kář** *m* (3) Chronist *m*; **~kářství** *n* (3) Chronographie *f*.

krop|áč *m* (2) Gießkanne *f*; Brause *f*; *Rel.* Weihwedel *m*; **~enatý** gesprenkelt; **~enka** *f* (1c; *-nek*) *Rel.* Weihwasserbecken *n*; **~icí** Spreng-; Gieß-; **~ička** *f* (1c; *-ček*) Gießkanne *f*; **~it** *(na-, po-)* (be)sprengen, spritzen; *Wäsche* einsprengen; *mit Tränen* benetzen.

krosna *f* (1; *-sen*) *dial.* Tragkorb *m*, Kiepe *f*.

krotit *(po-, u-, z-)* (*-cen*) zähmen; bändigen; besänftigen; ~ *se sich* beherrschen; **~el** *m* (3; *-é*) Bändiger *m*, Dompteur *m*.

krot|kost *f* (4) Zahmheit *f*; Zutraulichkeit *f*; **~ký** (*Komp. -čejší*; *Adv. -ko, Komp. -čeji*) zahm; sanft, F kirre; *verä.* ungeniert; **~nout** *(z-)* zahm werden, F kirre werden; *fig. a.* klein beigeben; *Zorn:* verrauchen.

kroucený gedreht; *Rede:* gewunden.

krouhačka *f* (1c; *-ček*) Krauthobel *m*.

kroup|a *f* (1; *krup*) Graupe *f*; Hagelkorn *n*, Schloße *f*, *öst.* Graupel *f*; *padají -py* es hagelt, *öst.* es graupelt; **~ový** Graupen-.

krouti|t *(na-, s-, z-)* (*-cen*) (co, čím) drehen (*A, an D*); *Augen* verdrehen; *Mund* verziehen; P schuften, ackern; *Mil.* dienen; ~ *se sich* drehen; sich winden, sich schlängeln; *Haar:* sich kräuseln; *Holz:* sich verziehen; P *a.* sich herausreden, sich drehen und wenden; **~vý** drehend.

krouž|ek *m* (2b; *-žk-*) (kleiner) Kreis *m*; (kleiner) Ring *m*; *fig. a.* Zirkel *m*, Gruppe *f*; Lehrgang *m*, Kurs *m*; *Tech.* Scheibe *f*; Öse *f*; ~ *řetězu* Kettenglied *n*; *zájmový ~* Interessengemeinschaft *f*; ~ *lidové tvořivosti* Volkskunstgruppe *f*; ~ *na klíče*

kroužit
Schlüsselring; *pístní* ~ Kolbenring; ~**it** ⟨*na-, vy-, za-*⟩ kreisen; zirkulieren, umlaufen; *Turn.* schwingen; *Tech.* drechseln; *myšlenka mi -ží hlavou* ein Gedanke geht mir durch den Kopf; ~**ivý** kreisend; ~**kovaný** geringelt, Ringel-; *-né u Gr.* u. mit Ring; ~**kovat** ⟨*o-, vy-, za-*⟩ (*-kuji*) ringeln; *Vögel* beringen; ~**kový** Ring-; ~ *steh* Zierstich *m.*

krov *m* (*2a*) Dachstuhl *m*; *poet.* Dach *n*; *otcovský* ~ Vaterhaus *n*; ~**ka** *f* (*1c*; *-vek*) *Zo.* Flügeldecke *f.*

krpec *m* (*4*; *-pc-*) *hist.* Bundschuh *m.*

krsek *m* (*2b*; *-sk-*) Zwergbaum *m.*

krt|čí Maulwurfs-; ~**ek** *m* (*1a*; *-tk-*) Maulwurf *m*; ~**ičinec** P *m* (*4*; *-nc-*) *s. krtina*; ~**ičnatý** † skrofulös; ~**ina** *f* (*1*), ~**inec** *m* (*4*; *-nc-*) Maulwurfshügel *m*; ~**onožka** *f* (*1c*; *-žek*) *Zo.* Maulwurfsgrille *f.*

kruci(fix)! *Int.* verdammt!, verflucht!

krůček *m* (*2b*; *-čk-*) kleiner Schritt *m*, Schrittchen *n.*

kručet ⟨*za-*⟩ knurren.

kručinka *f* (*1c*; *-nek*) *Bot.* Ginster *m.*

kruh *m* (*2b*) Kreis *m*; Ring *m*; (*Mond-*)Hof *m*; (*Töpfer-*)Scheibe *f*; *záchranný* ~ Rettungsring; ~**ovitý** kreis-, ringförmig; ~**ový** Kreis-, Ring-, ringförmig; Rund-.

kruchta *f* (*1*; *a. -chet*) *Arch.* Chor *m* (*od. n*).

kruchý brüchig, bröckelig.

krumpáč *m* (*4*) Spitzhacke *f.*

krunýř *m* (*4*) Harnisch *m*, Rüstung *f*, (*a. Zo.*) Panzer *m.*

krup *s. kroupa.*

krůpěj *f* (*3*) *lit.* Tropfen *m*; *častá ~ i kámen prorází* steter Tropfen höhlt den Stein.

krupi|ce *f* (*2a*) Grieß *m*; Grütze *f*; ~**cový** Grieß-; *-vá mouka* griffiges Mehl; ~**čka** *f* (*1c*; *-ček*) feiner Grieß; Körnchen *n*; Tröpfchen *n*; ~**čkovitý**, ~**čnatý** körnig, grießig; ~**čný** Grieß-.

krup|ka *f* (*1c*; *-pek*) *s. kroupa*; ~**obití** *n* (*3*) Hagelschlag *m.*

kruš|cový körnig, Knollen-; *-vá sůl* Steinsalz *m*; ~**ec** *m* (*4*; *-šc-*) (*Bruch-*)Stück *m*, Klumpen *m*; ~**ina** *f* (*1*) Brocken *m*; *Bot.* Faulbaum *m*; ~**it** ⟨*roz-, z-*⟩ zerbröckeln; zermalmen; *fig. a.* zermürben; ~**nohorský** erzgebirgisch; ~**ný** brüchig; mühsam, *fig.* schwer, bitter; *Krušné hory* Erzgebirge *n.*

krůta *f* (*1*) Truthenne *f*; *fig.* (dumme) Pute *f.*

krut|ost *f* (*4*) Grausamkeit *f*; ~**ovláda** *f* (*1*) Gewaltherrschaft *f*; ~**ý** grausam; *Feind a.*: grimmig; *Kampf a.*: erbittert; *Los, Urteil a.*: hart; *Schmerz a.*: heftig; *Winter, Frost*: streng; *Verlust a.*: schmerzlich.

kruž|ba *f* (*1*; *-žeb*) *Arch.* Maßwerk *n*; ~**idlo** *n* (*1a*; *-del*), ~**ítko** *n* (*1b*; *-tek*) Zirkel *m*; ~**nice** *f* (*2a*) Kreislinie *f.*

krvác|ení *n* (*3*) Blutung *f*, (*Nasen-*)Bluten *n*; ~**et** ⟨*do-, vy-, za-*⟩ (*3 Pl. -eji*) bluten; ~**ivost** *f* (*4*) Bluterkrankheit *f.*

krva|vět ⟨*z-, za-*⟩ (*3 Pl. -ějí*) blutig werden; ~**vit** ⟨*z-, za-*⟩ blutig machen; ~**vý** Blut-, blutig; blutbefleckt; blutrünstig; blutrot; *Augen*: blutunterlaufen; F *fig.* sauer verdient; *-vo: ztlouci do -va* blutig schlagen; *zardívat se do -va* blutrot werden.

krvelač|nost *f* (*4*) Blutdurst *m*; ~**ný** blutdürstig, -gierig, -rünstig.

krve|prolití *n* (*3*) Blutvergießen *n*; ~**smilstvo** *n* (*1*) Blutschande *f*; ~**tvorný** blutbildend; ~**žíznivý** blutrünstig. [chen *n*.]

krvinka *f* (*1c*; *-nek*) Blutkörper-]

krvotok *m* (*2b*) Blutung *f*; † *a.* blutiger Ausfluß *m.*

krycí Deck-; *Mil.* Deckungs-; *Arch.* Dach-.

krychl|e *f* (*2*) Würfel *m*; *Geom. a.* Kubus *m*; ~**ový** Kubik-; würfelförmig, *Geom.* kubisch.

kryji, kryl *s. krýt.*

krys|a *f* (*1a*) *Zo.* Ratte *f*; ~**ař** *m* (*3*) Rattenfänger *m*; ~**í** Ratten-.

krystal *m* (*2a*) Kristall *m*; ~**ický** Kristall-, kristallin(isch).

krystaliz|ace *f* (*2*) Kristallisation *f*; ~**ační** Kristallisations-; ~**ovat** ⟨*vy-, z-*⟩ (*-zuji*) kristallisieren.

krystalový Kristall-.

kryt *m* (*2a*) *Sp., Mil.* Deckung *f*; † Unterstand *m*; *Arch.* Bedachung *f*, Verdeck *n*; (*Motor-*)Haube *f*; (*Fechten*) Parade *f*.

krýt ⟨*pře-, u-, za-*⟩ (*kryji, kryl, kryt*) decken; bedecken (*čím* mit *D*); schützen; verbergen; ~ *se* sich decken, übereinstimmen.

kry|tí n (3) *Hdl.* Deckung f; ~tina f (1) *Arch.* Bedachung f; Dachhaut f; ~tosemenný *Bot.* bedecktsamig; ~tý gedeckt; -té *lázně* Hallenbad n.
křapat ⟨na-, za-⟩ (-u/-ám) knirschen; scheppern.
křápat ⟨na-, za-⟩ (-u/-ám) knirschen; knarren; klirren; F *mit der Tür* knallen; P *fig.* schwatzen, quatschen.
křeč f (3) Krampf m.
křeček m (1a; -čk-) *Zo.* Hamster m.
křečov|itý krampfhaft; ~ý Krampf-.
křeh|kost f (4) Zerbrechlichkeit f; Gebrechlichkeit f; ~ký (*Komp.* -čí; *Adv.* -ce) zerbrechlich; gebrechlich, schwach; *Gebäck*: mürbe; ~nout ⟨z-⟩ (-hl) erstarren.
křehotinka F f (1c; -nek) Fräulein Rührmichnichtan n.
křemelák m (2b) *Bot.* Sommereiche f.
křemen m (4) Quarz m; Kiesel (-stein) m; ~itý quarz-, kieselhaltig; ~ný Quarz-.
křemičit|an m (2a) *Chem.* Silikat n; ~ý Quarz-; *Chem.* Kiesel-.
křemík m (2b) *Chem.* Silizium n; ~ový Silizium-.
křen m (2a) Meerrettich m, *öst.* Kren m; ~ový Meerrettich-.
křepčit P ⟨za- si⟩ hopsen, das Tanzbein schwingen.
křepel|ák m (1a) Wachtelhund m; ~čí Wachtel-; ~ka f (1c; -lek) Wachtel f.
křep|kost f (4) Flinkheit f; *fig.* Frische f, Kraft f; ~ký (*Komp.* -č[ejš]í; *Adv.* -ce, *Komp.* -čeji) flink, behend(e); *Schritt:* federnd.
křes|ací Feuer-; ~adlo n (1a) Feuerzeug n; ~at ⟨o-, vy-, za-⟩ (-šu/-sám) *Feuer* schlagen; *Mühlstein* schleifen.
křeslo n (1a; -sel) Lehnstuhl m, (Arm-)Sessel m; (*Operations-, Rasier-*)Stuhl m; (*Kino-*)Sperrsitz m; *ministerské* ~ Ministersessel m.
křest m (2a; *křt-*) Taufe f; ~ *ohněm* Feuertaufe.
křesťan m (1; -é), ~ka f (1c; -nek) Christ(in f) m; ~ský christlich; ~ství n (3) Christentum n; ~stvo n (1) Christenheit f.
křestní Tauf-.
křičet ⟨o-, pře-, roz- se, vy-, za-⟩ schreien (*a. fig.*); ⟨na k-o⟩ anschreien (A); ⟨za kým⟩ nachrufen (D).

křída f (1) Kreide f; *bledý jako* ~ kreidebleich; P *na -du* auf Pump.
křídelní Flügel-; *Sp.* Außen-; ~k m (1a) Flügelmann m.
křídlatý beflügelt.
křídlo n (1a; -del) Flügel m; *poet.* Schwinge f, Fittich m; *Flgw.* Tragfläche f; *Sp.* Außenstürmer m; *pravé od. levé* ~ *Sp.* Rechts- *od.* Linksaußen m; ~vka f (1c; -vek) *Mus.* Flügelhorn n; ~vý Flügel-.
křídov|at ⟨po-, za-⟩ (-duji) mit Kreide beschmieren; ~ý Kreide-.
křik m (2b) Geschrei n; ~lavý schreiend; *Farbe a.:* grell; *Ton:* schrill; ~loun m (1) Schreier m; ~nout *pf.*, roz-, vy-, vz-, za (-kl) schreien, e-n Schrei ausstoßen; ~nutí n (3) Schrei m.
křís m (1; -ové) *Zo.* Zikade f, Baumgrille f; ~at zirpen.
křís|it ⟨vz-⟩ (-šen) wiedererwecken; *Med.* wiederbeleben; ~itel, křísitel m (3; -é) (Wieder-)Erwecker m.
křísnout *pf.* (-sl; -nut) (k-o) e-n Hieb versetzen, F *a.* e-e kleben, langen (D); (*čím*) schleudern (A, o zem zu Boden).
křísení n (3) *Med.* Wiederbelebungsversuch(e *pl.*) m; Wiedererweckung f.
křišťál m (2; 6. -u/-e) Kristall n *u. m*; ~ový Kristall-; -*vě jasný* kristallklar.
křiv|ák m (2b) Schnappmesser n; ~atec m (4; -tc-) *Bot.* Gelbstern m.
křivd|a f (1) Unrecht n, Ungerechtigkeit f, Leid n; ~it ⟨u-⟩ (k-u) Unrecht tun, Leid antun (D); ~ivý un(ge)recht, unbillig.
křivi|ce f (2a) *Med.* Rachitis f, † englische Krankheit f; ~čný rachitisch; ~t ⟨na-, z-, za-⟩ krümmen; *Mund, Gesicht* verziehen; ~ se ⟨na-, po-, z-, za-⟩ sich krümmen, krumm werden.
křivítko n (1b; -tek) Kurvenlineal n.
křivka f (1c; -vek) Kurve f; *Zo.* Kreuzschnabel m; ~ *výkonnosti* Leistungskurve.
křivo- *in Zssgn* krumm-; ~laký gewunden, geschlängelt; ~nohý krummbeinig; ~noska f (1c; -sek) *Zo.* Kreuzschnabel m; ~nosý mit e-r krummen Nase; ~oký schielend.
křivopřís|aha f (2b), ~ažení n (3) Meineid m; ~ežník m (1a) Meineidige(r) m; ~ežný meineidig.

křivost

křiv|ost f ⟨4⟩ Krümmung f; **~ule** f ⟨2⟩ Retorte f; **~ý** krumm; fig. falsch; -vá přísaha Meineid m; -vé zracadlo Zerrspiegel m; na -vo Adv. schief.

kříž m ⟨4⟩ Kreuz n; **~em** kreuzweise, übers Kreuz; **~ krážem** kreuz und quer.

křiž|ácký hist. Kreuzritter-; **~ák** m 1. ⟨1a⟩ Kreuzfahrer m; Kreuzritter m; Zo. Kreuzspinne f; 2. ⟨2b⟩ Tech. Kreuzkopf m.

kříž|ala f ⟨1a⟩ (Apfel-)Viertel n; -ly pl. Dörrobst n; **~atý** Bot. kreuzblütig; **~ek** m ⟨2b; -žk-⟩ Kreuzchen n; fig. Kreuz n; lézt ke **~ku** zu Kreuze kriechen; **~enec** m ⟨3; -nc-⟩ Zo. Bastard m, Mischling m; **~ení** n ⟨3⟩ Kreuzung f; **~it** ⟨pře-, z-⟩ kreuzen; Pláně durchkreuzen; **~ový** Kreuz-.

kříž|mo n ⟨1⟩ Rel. Chrisma n, Salböl n; **~ník** m ⟨2b⟩ Mar. Kreuzer m; **~ovat** ⟨u-⟩ ⟨-žuji⟩ Rel. kreuzigen; kreuzen; Plan durchkreuzen; **~ se** sich kreuzen; Blitze: durchzucken (v/t); **~ovatka** f ⟨1c; -tek⟩ Kreuzung f; fig. Kreuzweg m; Math. Kreuzungspunkt m.

křížov|itý kreuzförmig; **~ka** f ⟨1c; -vek⟩ Kreuzworträtsel n; **~nický** Rel. Kreuzherren-; **~ník** m ⟨1a⟩ Kreuzherr m.

křoup|at ⟨roz-, za-⟩ ⟨-u/-ám⟩ knabbern; Schnee: knirschen; **~avý** knusp(e)rig.

Křovák m ⟨1a⟩ Buschmann m; ⚲ verä. Strauchdieb m, Strolch m.

křov|í n ⟨3⟩, **~ina** f ⟨1⟩ Gebüsch n, Gestrüpp n; **~inatý** buschig.

křt̓e̓/nec m ⟨3; -nc-⟩ Rel. Täufling m; **~ní** n ⟨⟩ Taufen n; **~ný** getauft; fig. echt.

křti|cí Tauf-; **~ny** f/pl. ⟨1⟩ Taufe f.

křtít ⟨po-, pře-⟩ ⟨-ím, křtěn⟩ taufen.

křtitel m ⟨3; -é⟩ Täufer m; **~nice** f ⟨2a⟩ Taufbecken n.

křup|at s. křoupat; **~nout** pf., roz-, s-, za- ⟨-pl⟩ v sich krachen, knacken.

kšanda f ⟨1⟩ Hosenträger m.

kštice f ⟨2a⟩ Haarschopf m.

kterak Adv. wie.

který der (relativ); welch(er); irgendein; det betreffende; jeder einzelne; **~koli** jeder beliebige; der erste beste; welcher auch immer; **~si** irgendein.

ku s. k(e).

kuběna † f ⟨1⟩ Konkubine f.

kub|ický Kubik-, kubisch; **~ík** F m ⟨2b⟩ Kubikmeter m; Med. Kubikzentimeter m.

kuckat ⟨za-⟩ hüsteln; **~ se** sich verschlucken.

kučera f ⟨1d⟩ Haarlocke f; **~vět** ⟨z-⟩ ⟨3 Pl. -ějí⟩ lockig werden; **~vý** lockig.

kudla f ⟨1a; -del⟩ Klappmesser n; **~nka** f ⟨1c; -nek⟩ Zo. Fangheuschrecke f; nábožná **~** Gottesanbeterin f; **~t** F ⟨o-, u-⟩ (ab)säbeln.

kudr|linka f ⟨1c; -nek⟩ Locke f; Arch. Schnörkel m; **~na** f ⟨1⟩ Locke f; **~náč** m ⟨3⟩ Lockenkopf m; **~natý** Haar: lockig, kraus.

kudy Adv. auf welchem Wege, wohin; wie; irgendwie; neví **~** kam er weiß weder aus noch ein.

kuf|r m ⟨2a⟩ Koffer m; **~řík** m ⟨2b⟩ Köfferchen n; Handkoffer m.

kuchař m ⟨3⟩ Koch m; **~ka** f ⟨1c; -řek⟩ Köchin f; **~ství** n ⟨3⟩ Kochkunst f; **~ský** Koch-.

kuchat ⟨roz-, vy-⟩ Kochk. ausnehmen; Wild ausweiden.

kucht|a f ⟨1; -chet⟩ verä. Küchenmagd f; **~ík** m ⟨1a⟩ Küchenjunge m.

kuchy|ně f ⟨2b; a. kuchyň⟩ Küche f; **~ňský** Küchen-; Koch-.

kujný schmiedbar, Schmiede-.

kukač|čí Kuckucks-; **~ka** f ⟨1c; -ček⟩ Kuckuck m.

kukaň f ⟨3⟩ Hühnerkorb m; F fig. komischer Hut m, Deckel m; Bude f.

kukat ⟨na-, za-⟩ Kuckuck rufen.

kukátko n ⟨1b; -tek⟩ Opernglas n; Guckloch n; Tech. Schauloch n; † a. Guckkasten m; polní **~** Feldstecher m.

kukl|a f ⟨1a; -kel⟩ Haube f, Kappe f; Kapuze f; Zo. Puppe f; potápěčská **~** Taucherhelm m; **~it se** sich vermummen; Zo. sich verpuppen.

kukuč! Int. guck!, schau!

kukuři|ce f ⟨2a⟩ Mais m, öst. Kukuruz m; **~čný** Mais-.

kůl m ⟨2a; kůl-/kol-⟩ Pfahl m.

kul|actvo n ⟨1⟩ Kulakentum n; **~ak** m ⟨1a⟩ Kulak m, Großbauer m.

kulant|ní kulant; **~nost** f ⟨4⟩ Kulanz f.

kulat|ět ⟨z-⟩ ⟨3 Pl. -ějí⟩ sich runden, rund werden; **~ina** f ⟨1⟩ Rundholz n; **~it** ⟨o-, za-⟩ ⟨-cen⟩ (ab)runden, rund machen; **~ý** rund, Rund-; -tá odpověď unverbindliche Antwort.

kule f ⟨2⟩ s. koule; pl. Schellen pl.

kůrka

(*Farbe im Kartenspiel*); ~čník *m* (*2b*) Billard *n*.

kulha|t ⟨*za-*⟩ hinken; ~ *na jednu nohu* auf e-m Fuß hinken; ~**vec** *m* (*3*; *-vc-*) Lahme(r) *m*, Hinkende(r) *m*; ~**vka** *f* (*1c*; *-vek*) Klauenseuche *f*; ~**vý** hinkend.

kuličk|a *f* (*1c*; *-ček*) Kügelchen *n*; (*Glas-*)Murmel *f*; *Tech.* (*Lager-*) Kugel *f*; ~**ový** Kugel-; *-vé pero* Kugelschreiber *m*.

kulihrášek F *m* (*1*; *-šk-*) Kleine(s) *n*, Küken *n*, Knirps *m*.

kulich *m* (*1a*) Kauz *m* (*a. fig.*).

kulík *m* (*1a*) Zo. Regenpfeifer *m*.

kulis|a *f* (*1a*) Kulisse *f*; ~**ový** Kulissen-.

kulit ⟨*do-*, *s-*, *za-*⟩ (*-ím*, *-en*) rollen, wälzen; ~ *se* rollen (*v/i*), kullern.

kulka *f* (*1c*; *-lek*) Kugel *f*, Geschoß *n*.

kůlna *f* (*1*; *-len*) Schuppen *m*.

kuloár *m* (*2a*) Wandelgang *m*.

kulomet *m* (*2a*) Maschinengewehr *n*; ~**čík** *m* (*1a*) Maschinengewehrschütze *m*, MG-Schütze *m*; ~**ný** Maschinengewehr-, MG-.

kulo|vitý kugelförmig; ~**vý** Kugel-; (*Kartenspiel*) Schelle(n)-, Karo-.

kůlový Pfahl-.

kult *m* (*2a*) Kult *m*; *mariánský* ~ Marienverehrung *f*; ~ *osobnosti* Personenkult; ~**ický** [-tɪ-] kultisch; ~**ivovaný** [-tɪ-] kultiviert; ~**ivovat** [-tɪ-] ⟨*z-*, *za-*⟩ (*-vuji*) kultivieren.

kultur|a [-tu:-] *f* (*1d*) Kultur *f*; *bytová* ~, ~ *bakterií* Wohn-, Bakterienkultur; *dům -ry* Kulturhaus *n*, *-zentrum n*; ~**nĕhistorický** kulturgeschichtlich; ~**ní** Kultur-, kulturell; ~**nost** *f* (*4*) Kultur(höhe) *f*, Bildung *f*, Gesittung *f*.

kumbálek F *m* (*2b*; *-lk-*) (kleine) Kammer *f*, Kämmerlein *n*.

kumšt P *m* (*2a*) Kunst *f*.

kumul|ace *f* (*2*) Kumulation *f*, Anhäufung *f*; ~**ovat** (*-luji*) anhäufen.

kůň *m* (*3*; *kon-*; *pl. koně s. Anh.*) Pferd *n*; (*Schach-*)Springer *m*, Rössel *n*; *na koni* zu Pferde; *jezdit na koni* reiten.

kuna *f* (*1*) Marder *m*.

kuňka *f* (*1c*; *-něk*) Unke *f*; *fig.* = ~**l** F *m* (*1*; *-ové*) Flenner *m*; ~**t** ⟨*za-*⟩ unken; *Frosch*: quaken; F *fig.* jammern, flennen.

kup *m* (*2a*) Kauf *m*.

kupa *f* (*1*) Haufen *m*; Haufenwolke *f*; *Geogr.* Bergkuppe *f*.

kup|cová *f* (*Adj. 2*) Kaufmannsfrau *f*; ~**čit** handeln (*čím* mit *D*); schachern, Schacher treiben (*s čím* mit *D*).

kupé *n* (*indekl.*) *Esb.* Abteil *n*.

kupec *m* (*3*; *-pc-*) Käufer *m*; *hist.* Kaufmann *m*, Kaufherr *m*; Händler *m*; ~**ký** Kaufmanns-, kaufmännisch; ~**tví** *n* (*3*) Kaufladen *m*.

kup|it ⟨*na-*, *s-*⟩ (an)häufen, auftürmen; *Tech. a.* (auf)speichern; ~ *se Vorfälle*: sich häufen; *Waren*: sich (auf)türmen; *Zuhörer*: sich scharen; *Massen*: sich stauen; *Wolken*: sich zusammenballen; ~**ka** *f* (*1c*; *-pek*) Häufchen *n*, Häuflein *n*.

kuplet *m* (*2a*) Couplet *n*.

kuplíř *m* (*3*), ~**ka** *f* (*1c*; *-řek*) Kuppler(in *f*) *m*; ~**ství** *n* (*3*) Kuppelei *f*.

kuplov|at F ⟨*s-*, *za-*⟩ (*-luji*) kuppeln, (zusammen)koppeln; *fig.* verkuppeln; ~**a** *f* (*1*; *-ven*) Kupolofen *m*.

kupn|í Kauf-; ~ *schopnost*, ~ *síla* Kaufkraft *f*; ~**ý** käuflich.

kupole *f s. kopule*.

kupón *m* (*2*; *6. -u/-ě*) Abschnitt *m*, † Kupon *m*.

kupovat ⟨*na-*, *s-*⟩ (*-puji*) *iter.* kaufen; *s. koupit*.

kupředu *Adv.* vorwärts; *naklonit se* ~ sich vorbeugen; *pronikat* ~ vordringen.

kupříkladu zum Beispiel.

kupující *m* (*Adj. 4*) Käufer *m*.

kur *m* (*1*; *-ové*) Zo. Huhn *n*; ~**ové** *pl.* Hühnervögel *m/pl.*

kůr *m* (*2a*) Chor *m*.

kúra *f* (*1d*) *Med.* Kur *f*; † *a.* Cour *f*.

kůra *f* (*1d*) Rinde *f*, Borke *f*; Kruste *f*; (*Frucht-*)Schale *f*.

kuratela *f* (*1a*) *Jur.* Kuratel *f*, Vormundschaft *f*; *dát pod -lu* unter Kuratel stellen.

kuráž *f* (*3*) Courage *f*, Mut *m*; *bez* ~*e nic se nedokáže* dem Mutigen gehört die Welt; *dodat si* ~*e* sich ein Herz fassen; ~**ný** mutig.

kurděje *f/pl.* (*2*) *Med.* Skorbut *m*.

kurev|nický V liederlich, zuchtlos; ~**ský** V Huren-; *-ká matka* Puffmutter *f*; ~**ství** V *n* (*3*) Hurerei *f*.

kurfiřt *m* (*1*) Kurfürst *m*; ~**ství** *n* (*3*) Kurfürstentum *n*.

kurie [ku:-] *f* (*2*) Kurie *f*.

kuri|ozita *f* (*1*) Kuriosität *f*; ~**ózní** kurios.

kůrka *f* (*1c*; *-rek*) (*Brot-*)Rinde *f*, Kruste *f*.

kur|ník m (2b) Hühnerstall m; _schůdky do ~u_ Hühnerleiter f; **~opění** n (3) Hahnenschrei m.

kůrovec m (3; -vc-) Borkenkäfer m.

kurs [-rz-] m (2; 6. -u/-e) Kurs m; Lehrgang m, Kursus m; (Geld-) Umlauf m, **~ista** [-zi-] m (5a), **~istka** f (1c; -tka) Lehrgangsteilnehmer(in f) m; **~ovní**, **~ový** Kurs-; Kursus-, Lehrgangs-.

kurt m (2) Tennisplatz m.

kurv|a V f (1; -rev) Hure f; **~it se** V huren.

kurýr m (1; -ři/-rové) Kurier m; **~ní** Kurier-, Eil-.

kuř|ácký Raucher-; **~ák** m (1a), **~ačka** f (1c; -ček) Raucher(in f) m; **~árna** f (1; -ren) Rauchzimmer n, † Rauchsalon m.

kuřátko n (1b; -tek) Küken n, F Küchlein n; _-ka pl._ Bot. Keulenpilze m/pl.; Ziegenbart m; P a. Pfifferling m; Zipperlein n; _Kuřátka pl. Astr._ Plejaden pl.

kuře n (4) Huhn n; _pečené ~_ Brathähnchen n, Brathuhn; _neublíží ani ~ti_ er tut keiner Fliege et. zuleide; **~cí** Hühner-.

kuří Hühner-; _~ oko_ Hühnerauge n.

kuř|ivo n (1) Raucherbedarf m, Raucherartikel m/pl.; **~lavý** Rauch-.

kus m (2; 6. -u/-e) Stück n; _po ~e_ stückweise; _~ po ~e_ Stück für Stück; _od ~u pro_ Stück, für das Stück; _na ~y_ in Stücke; _mzda od ~u_ Stücklohn m. [zeuge n/pl.]

kusadlo n (1a; -del) Zo. Freßwerk-]

kus|ovitý in Stücken; Stück-; **~té dílo** Stückwerk n; **~tě** Adv. bruchstückweise; **~ový** Stück-, **~vé zboží** Stückgut n.

kůstka f (1c; -tek) Knöchelchen n; _rybí ~_ Fischgräte f.

kustovnice f (2a) Bot. Bocksdorn m.

kusý unvollständig, lückenhaft; Rumpf-; dürftig; P _Tier:_ gestutzt, schwanzlos.

kuš! Int. kusch!

kuše f (2) Armbrust f.

kušovat (-šuji) kuschen.

kutací Bgb. Schürf-.

kutál|et ⟨s-, vy-, za-⟩ (3 Pl. -ejí) v/t wälzen, rollen; _~ se_ sich (herum-) wälzen; rollen (v/i); **~ka** f (1c; -lek) (marschierende) Musikkapelle f.

kut|ání n (3) Bgb. Schürfen n, Schurf m; **~at** ⟨pro-, vy-, za-⟩ Bgb. schürfen.

kutě F n (2) Bett n, Falle f; _už je na ~tích_ er pennt schon.

kutil F m (1), **~ka** f (1c; -lek) Bastler m, Bastlerin f; öst. Gschaftlhuber m; **~ka** Zo. Sandwespe f.

kutiště n (2a) Schürffeld n.

kutit F ⟨u-⟩ (co) basteln, sich zu schaffen machen, (herum)fummeln (an D); treiben (A); aushecken (A); _~tí se_ es tut sich etwas; _co tu ~tíš?_ was treibst du hier?

kutna f (1; -ten) Kutte f.

kutr m (2a) Kutter m.

kůzl|átko s. kozlátko; **~ečí** Zickel-.

kůže f (2) Haut f; Zo. Fell n; Leder n; Jagdw. Balg m; _slaninová ~_ Speckschwarte f; F _líná ~_ Faulpelz m.

kužel m (4 od. 2a) Geom. Kegel m; Turn. Keule f; † a. Spinnrocken m; **~ka** f (1c; -lek) (Spiel-)Kegel m; _hrát -ky_ Kegel spielen; _hra v -ky_ Kegeln n; **~kář** m (3) Kegelspieler m, Kegler m; **~ník** m (2b) Kegelbahn f; **~ovitý** kegelförmig, konisch; **~ový** Kegel-.

kůžička f (1c; -ček) Häutchen n; (Frucht-)Schale f; s. kůže.

kvádr m (2a) Quader m.

kvadr|át m (2a) Quadrat n; **~átek** m (2b; -tk-) kleines Quadrat n; Rel. Birett n, **~atický** [-tɪ-], **~átní** quadratisch, Quadrat-; **~atura** [-tu:-] f (1d) Quadratur f.

kvák|ání n (3) Quaken n; **~at** ⟨na-, za-⟩ (-kám/-ču), **~nout** pf. ⟨za-⟩ (-kl) quaken; _verä._ Unsinn quasseln; **~ot** m (2a) Gequake n.

kvalifik|ace f (2) Qualifikation f, Eignung f; _podle ~_ (je) nach Eignung; **~ační** Qualifikations-; **~ovaný** qualifiziert; gelernt, Fach-; **~ovat** (im)pf. (-kuji) qualifizieren.

kvalit|a f (1) Qualität f; **~ář** m (3) Gütekontrolleur m; **~ativní** [-tɪ:-] qualitativ; **~ní** Qualitäts-.

kvalt P m (2a) Eile f.

kvantita [-tɪ-] f (1) Quantität f; **~tivní** [-tɪ:-] quantitativ, mengenmäßig.

kvant|ový Phys. Quanten-; **~um** n (5; 2, 3, 6. -tu) Quantum n, Menge f.

kvap m (2a) Eile f; _~em_ eilig, schnell; **~ík** m (2b) Mus. Galopp m; **~it** ⟨u- se⟩ eilen; sich beeilen (s čím mit D); drängen (na k-o/A); **~ně** schleunigst; **~nost** f (4) Hast f; **~ný**

kymácet

eilig, hastig, schnell; *-né rozhodnutí* voreilige Entscheidung.
kvart|a *f (1)* Quarta *f*; *Mus.* Quart *f*; **~ál** *m (2; 6. -u/-e)* Quartal *n*; **~ální** Quartal-; **~ér** *m (2a) Geol.* Quartär *n*; **~et** *m (2a)*, **~eto** *n (1; 6. -u)* Quartett *n*; **~ový** *Typ.* Quart-.
kvas *m (2a)* Sauerteig *m*; Gärung *f (a. fig.)*; Kwaß *m (Sauerbier)*; **~idlo** *n (1a; -del)* Gärmittel *n*, Ferment *n*; **~inka** *f (1c; -nek)* Hefepilz *m*; **~írna** *f (1; -ren)* Gärkammer *f*; **~it** ⟨*na-, pro-, z-, za-*⟩ *(-šen)* gären, fermentieren; **~ivo** *n (1)* Gärmittel *n*; **~nice** *f (2a)* Hefe *f*; **~nicový** Hefe-; **~ný** Gär(ungs)-.
kvaše|ní *n (3) Chem.* Gärung *f*; **~ný** vergoren.
kvedl|ačka *f (1c; -ček)* (Küchen-)Quirl *m*; **~at** ⟨*pro-, za-*⟩, **~ovat** *(-luji)* (ver)quirlen.
kvést ⟨*roz-, vz-, za-*⟩ *(3. kvete, kvetl)* blühen; *fig.* Blüten treiben; strotzen *(čím/vor)*.
květ *m (2a)* Blüte *f (a. fig.)*; Blütenpracht *f*; *fig.* Blume *f*; **~ák** *m (2b)* Blumenkohl *m*, *öst.* Karfiol *m*; **~ákový** Blumenkohl-; **~el** *m (4) Bot.* Leinkraut *n*; **~en** *m (2a; -tn-; 2. -tna)* Mai *m*; **~ena** *f (1)* Flora *f*; **~enství** *n (3) Bot.* Blütenstand *m*.
květin|a *f (1)* Blume *f*; **~áč** *m (4)* Blumentopf *m*; **~ář** *m (3)* Blumenhändler *m*; **~ářka** *f (1c; -řek)* Blumenmädchen *n*, -verkäuferin *f*; **~ářský** Blumen-; **~ářství** *n (3)* Blumengeschäft *n*, -handlung *f*; Blumenzucht *f*; **~ka** *f (1c; -nek)* Blümchen *n*, Blümlein *n*; **~ový** Blumen-.
květ|natý blumenreich, mit Blumen bedeckt; *fig.* blumig; **~ní** *Bot.* Blumen-; **~nový** Mai-; **~ný** Blüten-; **~omluva** *f (1)* Blumensprache *f*; **~oucí** geblümt.
kvetoucí blühend; *lit.* in Blüte
kvíč|ala *f (1a) Zo.* Wacholderdrossel *f*; **~et** ⟨*za-*⟩, **kvikat**, **kvíkat**, **kviknout** *pf. (-kl)* quieken.
kvikot, **kvíkot** *m (2a)* Quieken *n*.
kvíl|et, **~it** ⟨*pro-, za-*⟩ *(3 Pl. -ejí/-í)* jammern, wehklagen; *Kind:* wimmern; *Wind:* heulen; **~ivý** jammernd, wimmernd.
kvinde F *n (indekl.)*: *dát ~* den Laufpaß geben; *dostat ~* e-n Korb bekommen.

kvint|a *f (1)* Quinta *f*; *Mus., Sp.* Quinte *f*; **~esence** *f (2)* Quintessenz *f*; **~et** *m (2a)*, **~eto** *n (1; 6. -u)* Quintett *n*.
kvíst *s.* kvést.
kvitance *f (2)* Quittung *f (nač* über *A)*; *na -ci* gegen Quittung.
kvít|ek *m (2b; -tk-)* Blümchen *n*; **~í** *n (3) koll.* Blumen *f/pl.*; **~ko** *n (1b; -tek) s.* kvítek; *iron.* Früchtchen *n*; **~kovaný** *s.* květovaný.
kvitovat *(im)pf.*, ⟨*vy-*⟩ *(-tuji)* quittieren.
kviz *m (2a)* Quiz(sendung *f) n*.
kvo|čna *f (1; -čen)* Glucke *f*; **~kat** ⟨*za-*⟩ *Henne:* glucken; F *fig.* glucksen.
kvorum [kvɔ:-] *n (5; -ra, -ru usw.)* Quorum *n*.
kvóta *f (1)* Quote *f*.
kvůli *(mit 3. Fall)* wegen *(G)*; *~ mně* mir zuliebe; meinetwegen.
ký welch ein; *~ div, že...* was wunder, daß ...; *~ho výra!* zum Teufel!
kyan *m (2a) Chem.* Zyan *n*.
kyanovodík *m (2b)* Zyanwasserstoff *m*; *-vový: -vá kyselina* Blausäure *f*.
kyberneti|cký [-tɪ-] kybernetisch; **~ka** *f (1c)* Kybernetik *f*.
kýč *m (4)* Kitsch *m*; **~ař** *m (3)* Kitschmaler *m*; Kitschproduzent *m*; **~ařit** ⟨*za-*⟩ Kitsch produzieren; **~ařský** kitschig, Kitsch-.
kyč|el *m (4; -čl-) Anat.* Hüfte *f*; **~elní** Hüft-; **~le** *f (2) s.* kyčel.
kýčovitý kitschig.
kydat ⟨*na-, roz-, za-*⟩ werfen; *hnůj ausmisten;* F *fig. ~ hanu, bláto (na* k-o) j-n in den Schmutz zerren, mit Dreck bewerfen.
kých|ací Nies-; **~at** ⟨*za-*⟩ niesen; **~avice** *f (2a) Bot.* Germer *m*; **~avka** *f (1c; -vek)* (häufiges) Niesen *n*; **~nout** *pf.*, *od- si, za- (-chl)* niesen; **~nutí** *n (3)* Niesen *n*.
kychta *f (1) Tech.* (Ofen-)Gicht *f*.
kyj *m (4)* Keule *f*; Knüttel *m*; **~anka** *f (1c; -nek) Bot.* Keulenpilz *m*; **~ovitý** keulenförmig; **~ovka** *f (1c; -vek) Zo.* Keulenmuschel *f*.
kýl *m (2a) Mar.* Kiel *m*; **~em vzhůru** kieloben.
kýl|a *f (1a) Med.* Bruch *m*; *tříselná ~* Leistenbruch; **~ní** *Med.* Bruch-; *Mar., Arch.* Kiel-.
kým *s.* kdo.
kymácet ⟨*roz-, za-*⟩ *(3 Pl. -ejí)* hin- und herbewegen *(čím/A);* ~ *se*

kynout 174

wanken, taumeln; wackeln, schwanken; *Wagen*: rütteln (v/i); *Schiff*: schaukeln, *Mar.* stampfen; *Flgw.* kippen.

kynout[1] ⟨po-, za-⟩ (-nul) **e-n** Wink geben, zuwinken (k-u/D); *mit dem Kopf* nicken; ~[2] ⟨po-, za-⟩ bevorstehen, beschieden sein; ~[3] ⟨pře-, na-⟩ *Těsto*: aufgehen; *fig.* wachsen, gedeihen.

kypět ⟨roz-, vz-, za-⟩ v/i kochen, sieden; brodeln; *fig.* F *krev (od. žluč) mu -pí hněvem* in ihm kocht es, die Galle läuft ihm über; ~ *zdravím* strotzen vor Gesundheit.

Kypr m (2a) *Geogr.* Zypern n.

kyp|rý locker; *Moos*: weich; *Wuchs, Busen*: üppig; ~**řit** ⟨na-, z-⟩ lockern; *Agr.* aufhacken.

kyrilice f s. cyrilice.

kyrys m (2; 6. -u/-e) *hist.* Küraß m, Harnisch m; ~**ar** m (1; -ři), ~**ník** m (1a) *hist. Mil.* Kürassier m.

kysat ⟨na-, pro-, z-, za-⟩ (3 Sg. -še/-sá) gären, säuern, sauer werden.

kysel|ina f (1) Säure f; ~**it** ⟨o-, od-, za-⟩ v/t säuern, F sauer machen; ~**ka** f (1c; -lek) Säuerling m (*Wasser*); *Agr.* saure Wiese f; ~**o** F n (1a) Brotteigsuppe f; ~**ost** f (4) Säuerlichkeit f; *fig.* Groll m, Verdrießlichkeit f; ~**ý** (*Adv.* -e) sauer; -lé *zelí* Sauerkraut n.

kysličník m (2b) Oxyd n, *Chem.* Oxid n; ~ *uhelnatý* Kohlen(mon)oxyd; ~ *uhličitý* Kohlendioxyd, P Kohlensäure f.

kyslík m (2b) Sauerstoff m; *obsahu-*

jící ~ sauerstoffhaltig; *chudý* ~**em** sauerstoffarm; ~**atý** sauerstoffhaltig; ~**ový** Sauerstoff-; ~ *dýchací přístroj* Sauerstoffgerät n, Atemgerät n.

ky|snout ⟨na-, z-, za-⟩ (-sl) sauer werden; ~**ška** P f (1c; -šek) Sauermilch f.

kyt m (2a) s. tmel.

kýta f (1) *Kochk.* Keule f, Schlegel m.

kytar|a f (1d) Gitarre f, ~**ista** f (5a) Gitarrist m, Gitarrenspieler m.

kyt|ice f (2a) (Blumen-)Strauß m; *fig. lit.* Blütenlese f; ~**ička** f (1c; -ček), ~**ka** f (1c; -tek) Sträußchen n.

kytl|e f (2), ~**ice** f (2a) Kittel m, Bluse f.

kytovat ⟨vy-, za-⟩ (-tuji) kitten.

kytovec m (3; -vc-) *Zo.* Wal m.

kyv m (2a) *Tech.* Schwingung f; *Turn.* Schwung f; P † Wink m; † Pendelschlag m; ~**adlo** n (1a; -del) Pendel n; ~**adlový** Pendel-.

kýv|al m (1; -ové) *iron.* Jasager m; ~**ání** n (3) Nicken n; Pendeln n, Schwingen n; P *a.* Wackeln n; ~**at** ⟨při-, roz-, za-⟩, ~**nout** pf., vy- (-vl) nicken; (k-u) zuwinken (D); (čím) (hin und her) bewegen (A); wackeln (mit); (k č-u) zustimmen (D); ~ *se* pendeln, schwingen (v/i); (sch)wanken, F wackeln; ~**avý** pendelnd, Pendel-; ~**nutí** n (3) Wink m.

kyz m (2a) *Min.* Kies m; *železný* ~ Pyrit m; ~**ový** Kies-.

kýžený *lit.* erhofft; erwünscht, ersehnt.

L

Labe n (2) Elbe f.
labiální labial.
labil|ita f (1) Labilität f; **~ní** labil; **~nost** f (4) Labilität f.
laborant m (1), **~ka** f (1c; -tek) Laborant(in f) m.
labor|atorní Laboratoriums-, Labor-; **~atoř** f (3) Labor(atorium) n; **~ovat** (za-) (-ruji) laborieren; im Labor(atorium) arbeiten.
labský Elbe-.
labu|ť f (4c) Schwan m; **~těnka** f (1c; -nek) junger Schwan m; Puderquaste f; **~tí** Schwanen-.
labužni|cký feinschmeckerisch; **~ník** m (1a) Feinschmecker m.
labyrint m (2; 6. -u/-ě) Labyrinth n.
láce f (2) Billigkeit f.
laci|nět ⟨z-⟩ (3 Pl. -ějí) billig(er) werden; **~ný** billig.
láčkov|ec m (3; -vc-) Zo. Schlauchtier n, Hohltier n, a. Polyp m; **~itý** schlauchartig, Schlauch-.
lačn|ět ⟨vy-, z-⟩ (3 Pl. -ějí) hungern; fig. (po čem) lechzen (nach); **~ost** f (4) Hunger m (a. fig.), Gier f, **~ peněz** od. po penězích Geldgier; **~ý** ⟨č-o, po čem⟩ (be)gierig (nach); **~ moci** machthungrig; **~ senzace** sensationslüstern; **~ zábav** vergnügungssüchtig.
lad m (2a) Ordnung f; **bez ~u** durcheinander; F **bez ~u a skladu** drunter und drüber, wie Kraut und Rüben.
lada pl. v. **lado**.
ladem: **ležet ~** brachliegen.
lad|ění n (3) Stimmen n, Mus. Einstimmen f, Rdf. Abstimmung f; **~icí** Mus. Stimm-; **~ič** m (3) Stimmer m; **~ička** f (1c; -ček) Mus. Stimmgabel f; **~it** ⟨na-, pře-, z-⟩ stimmen (A); Farben abstimmen; Rdf. a. richtig einstellen; **~ítko** n (1b; -tek) Mus. Stimmschlüssel m.
lad|nost f (4) Niedlichkeit f, Anmut f; **~ný** niedlich; Bewegungen: harmonisch.
lado n (1): **mst pl. ~a** Brachfeld n, -land n; **ležet ~dem** brachliegen.
lágr P m (2a) ⟨Arbeits-, Gefangenen-⟩ Lager n.

láhev f (3; -hv-; 7 Sg., 2, 3, 6, 7 Pl. lahv-) Flasche f; **sací ~** ⟨Säuglings-⟩ Milchflasche; **~ na zavařování** Einmachglas n.
lahod|a f (1) Lieblichkeit f, Anmut f; Leckerbissen m; fig. Wonne f; **~it** ⟨z-, za-⟩ (k-u) schmeicheln, wohltun (D); **~ivý** wohltuend; **~nost** f (4) s. **lahoda**; **~ný** lieblich; angenehm; Speise: wohlschmeckend, köstlich.
lahůdk|a f (1c; -dek) Leckerbissen m, Delikatesse f, P Leckerei f; **~ky** pl. a. Feinkost f; **~ář** m (3) Delikatessenhändler m; **~ářský** Feinkost-, Delikatessen-; **~ářství** n (3) Feinkosthandlung f.
lahv|ice f (2a), **~ička** f (1c; -ček) Fläschchen n; **~ovitý** flaschenförmig; **~ový** Flaschen-.
lachtan m (1) Zo. Seebär m, Löwenrobbe f.
lai|ckost f (4), **~ctví** n (3), **~čnost** f (4) Laientum n; Laienhaftigkeit f; **~cký** Laien-, laienhaft; **~k** m (1a) Laie m; Rel. Laienbruder m.
lajd|a f (1) Schlampe f; **~ácký** liederlich, schlampig; **~áctví** n (3) Schlamperei f, Liederlichkeit f; **~ák** P m (1a) Strolch m; **~at (se)** ⟨pro-⟩ (herum)lungern.
laji s. **lát**.
lak m (2b) Lack m.
lák m (2b) Lake f, Pökelbrühe f; **maso v ~u** Pökelfleisch n; **naložit do ~u** einpökeln.
lák|adlo n (1a; -del) Lockmittel n; **~ání** n (3) Verlockung f, Lockungen f/pl.; **~at** ⟨od-, vy-, z-⟩ locken; fig. a. reizen; **~avý** (ver)lockend; Speisen: appetitlich; Thea. **~ kus** Zugstück n, Kassenfüller m.
lakmus m (2; 6. -u/-e) Lackmus n; **~ový** Lackmus-.
lakom|ec m (3; -mc-) Geizhals m; **~ět** ⟨z-⟩ (3 Pl. -ějí), **~it** (čím) geizen (mit D); **~ost** f (4), **~ství** n (3) Geiz m, Habsucht f.
lakot|a f (1), **~nost** f (4) Geiz m, Habsucht f; **~it** ⟨na-se, z-se⟩ ([s] čím) geizen, kargen, F knausern

lakotník 176

(mit); ~ník m (1a) s. lakomec; ~ný gierig, geizig.

lakov|ání n (3) Lackieren n; Lackarbeit f; ~aný lackiert, Lack-; ~at ⟨na-, pře-, za-⟩ (-kuji) lackieren; P a. betrügen, übers Ohr hauen; ~ka f (1c; -vek) Lackschuh m; ~na f (1; -ven) Lackiererei f; ~ý Lack-.

lakýr|ka f (1c; -vek) s. lakovka; ~nický Lackier(er)-; ~nictví n (3) Lackierergewerbe n; F fig. Schönfärberei f; ~ník m (1a) Lackierer m.

lalo|čnatý gelappt, lappig; ~k m (2b) Anat. Lappen m; Zo. Wamme f; Doppelkinn n.

lám|ací Brech-; ~ání n (3) Tech. Brechen n; Typ. Umbruch m; F Med. Gliederreißen n; ~ hlavy Kopfzerbrechen n; ~aný gebrochen, Bruch-; ~at ⟨pro-, roz-, z-⟩ (1 Sg. -u) (zer)brechen (se sich od. v/i); ~ si hlavu (nad čím) sich den Kopf zerbrechen (über A); ~avý zerbrechlich, spröde; brüchig.

lamela f (1a) Lamelle f.

lamp|a f (1) Lampe f; Rdf. Röhre f; ~ář m (3) Laternenanzünder m; Lampenputzer m; ~ička f (1c; -ček) Lämpchen n; ~ión m (2; 6. -u/-ě) Lampion m od. n; ~ový Lampen-; Rdf. Röhren-.

lamželezo P m (1; -ové) kräftiger Kerl m, Kraftprotz m.

lán m (2; 6. -u/-ě) Agr. Hufe f; fig. großes Feld n; poet. Gefilde n.

laň f (3) Hirschkuh f.

lanař m (3) Seiler m; F Sp. Abwerber m; ~it F Sp. abwerben.

lanceta f (1) Lanzette f.

langusta f (1) Languste f.

lání n (3) Schimpfen n, Fluchen n.

lanko n (1b; -nek) El. Litze f.

lankrab|ě m (wie n 4), ~í m (Adj. 4; Pl. n 3; 1. -í/-ové) Landgraf m.

lano n (1) Seil n; Mar. Tau n; ~ví n (3) Mar. Takelwerk n, Takelung f; ~vka f (1c; -vek) (Draht-)Seilbahn f; ~vý Seil-, Tau-.

lanýž m (4) Bot. Trüffel f od. F m.

lapa|cí Fang-; ~ loď Kaperschiff n; ~č m (3, Tech. 4) Fänger m; ~čka f (1c; -ček) Fängerin f; Falle f a. Fangfrage f; ~ na mouchy Fliegenfänger m; ~dlo n (1a; -del) (Tier-)Falle f.

lapák m (2b) Tech. Fänger m, Fangvorrichtung f.

lapálie f (2) Lappalie f.

lapat ⟨na-, z-, za-⟩ fangen; Mar. kapern; (po čem) haschen (nach D); ~ nach Atem ringen, P japsen; ~ vzduch (nach) Luft schnappen.

lapidární lapidar.

lápis m (2a) Med. Höllenstein m.

lap|it pf., po-, u-, nout pf. (-pl; -pnut) ergreifen, F erwischen; ~ při činu auf frischer Tat ertappen.

Lapon|ec m (3; -nc-) Lappländer m; ~sko n (1b) Lappland n; ℒský lappländisch.

larva f (1) Larve f.

láryfáry! F larifari!, Quatsch!

lasi|ce f (2a), ~čka f (1c, -ček) Zo. Wiesel n.

láska f (1c; -sek) (ke k-u, č-u) Liebe f (zu); ~kou vor (od. aus) Liebe; ~ k bližnímu Nächstenliebe; hoře -ky Liebeskummer m.

laskání n (3) Liebkosung(en pl.) f; ~at ⟨po- (se)⟩ (k-o, s kým) liebkosen (A).

laskav|~a, ~o s. laskavý; ~ec m (-vc-) Bot. Tausendschön n; ~ost f (4) Freundlichkeit f, Liebenswürdigkeit f, fig. Güte f; ~ý liebenswürdig, freundlich, F nett.

laskominy f/pl. (1) Gelüst n; dělat k-u ~ fig. j-m den Mund wässerig machen.

láskyplný liebevoll.

laso n (1; 6. -u/-ě) Lasso n od. m.

lastur|a f (1d) Muschel f; ~ový Muschel-, muschelförmig.

šašk|ování n (3) Tändelei f, Flirt m; ~ovat ⟨za- (si)⟩ (-kuji) scherzen, P schäkern mit Mädchen; ~ový neckisch, schelmisch.

lát ⟨za-⟩ laji, lál (k-u, na k-o) schimpfen (mit D); beschimpfen (A).

laťf (4c; -tě) Latte f.

lata f (1) † Flicken m; Bot. Rispe f.

láta|cí Stopf-; ~čka f (1c; -ček) Kunststopferin f, Stopfmaschine f; Stopfgarn n; ~nina f (1) Flickwerk n; ~t ⟨s-, za-⟩ Strümpfe stopfen; Hosen flicken.

latentní latent.

láteř|ení n (3) Schimpfen n, Fluchen n; P fig. Donnerwetter n; ~it ⟨po-, vy-, za-⟩ schimpfen, wettern.

latin|a f (1) Latein n; hodina -ny Lateinstunde f; ~ář m (3) Lateinlehrer m; fig. Lateiner m; ~ka f (1c; -nek) Lateinschrift f; ~ský lateinisch, Latein-.

látka f (1c; -tek) Stoff m; ~ k hovoru Gesprächsstoff; ~ na šaty Kleiderstoff.

laťka f (1c; -těk) kleine Latte f; Sp. Latte f.

látkový Stoff-.

lať(k)ový Latten-.

laureát m (1) Preisträger m; ~ státní ceny Nationalpreisträger.

láva f (1) Geol. Lava f.

lavi|ce f (2a) (Sitz-)Bank f; **~čka** f (1c; -ček) (kleine) Bank f.

lavin|a f (1) Lawine f; **~ovitý** lawinenartig; **~ový** Lawinen-.

lávka f (1c; -vek) Steg m; Bank f; Tech. Laufbank f; chyba -ky! weit gefehlt!

lávový Lava-.

lazaret m (2; -u/-ě) Lazarett n; **~ní** Lazarett-.

lazeb|na † f (1; -ben) Barbierstube f; **~nický** Bader-; **~ník** † m (1a) Bader m, Barbier m.

lázeň f (3; -zn-) Bad n; krvavá ~ Blutbad; -ně pl. (Heil-)Bad, Kurort m; Badeanstalt f; kryté -zně Hallenbad; pobyt v -zních Kuraufenthalt m; **~ská** f (Adj. 2) Badefrau f; **~ský** Adj. Bade-, Kur-; ~ dům Kurhaus n; -ké místo Kur-, Badeort m; -ké období Badesaison f; -ká taxa Kurtaxe f; Su. m (Adj. 1) Bademeister m.

lazur m (2a) Lasur(blau n) f; **~ový** Lasur-; a. -vě modrý azurblau.

lebeční Anat. Schädel-.

lebed|a f (1) Bot. Melde f; **~it** F (posi) es sich (P sich's) gut gehen lassen.

lebka f (1c; -bek) Anat. Schädel m, Hirnschale f.

lec|co(s) manch, allerlei; **~jak** auf verschiedene Weise, verschiedenartig; **~jaký** mancherlei, allerlei; **~kam** hierhin und dorthin; **~kde** hie und da, mancherorts; **~kdo** mancher, dieser und jener; **~kdy** manchmal, des öfteren; **~který** so mancher, manch ein(er).

leč aber, doch, jedoch; außer; Jur. ausgenommen; es sei denn (daß).

léč, leč f (3) Jagdw. Falle f, Schlinge f; Kessel(jagd f) m.

léčba f (1; -ceb) Kur f, Heilverfahren n; ~ elektřinou Elektrotherapie f; ~ hladověním, odtučňovací, pitím Hunger-, Entfettungs-, Trinkkur.

léčeb|na f (1; -ben) Heilanstalt f;

~né n (Adj. 3) Heilkosten pl., Behandlungskosten pl.; **~ný** Heil-; pro -né účely für Heilzwecke, zu Behandlungszwecken.

léč|ení n (3) (ärztliche) Behandlung f; Therapie f; Heilung f; s. léčba; na ~ zur Kur; zur (ärztlichen) Behandlung; **~it** <vy-> heilen, kurieren, behandeln; ~ se sich behandeln lassen; e-e Kur machen.

léči|telný heilbar; **~vo** n (1) Heilmittel n; s. lék; **~vost** f (4) Heilkraft f, -wirkung f; **~vý** heilkräftig, Heil-; fig. heilsam.

léčka f (1c; -ček) Schlinge f, Falle f (a. fig.); Hinterhalt m.

led m (2; 6. -ě/-u) Eis n; odchod ~u Eisgang m; dát k ~u auf Eis legen; prostý ~u eisfrei; studený jako ~ eiskalt.

leda Adv. außer, höchstens (daß); nur; in Zssgn s. lec-.

ledaby|lost f (4) Nachlässigkeit f, P Schlamperei f; **~lý** (Adv. -e, -o) nachlässig, P liederlich, schlampig.

ledárna f (1; -ren) Eisfabrik f; Eiskeller m.

ledaže Konj. außer, daß ..., es sei denn, daß ...

ledek m (2b; -dk-) Chem. Salpeter m.

leden m (2a; -dn-; 2. -dna) Januar m, öst. Jänner m.

ledk|árna f (1; -ren) Salpeterwerk n; **~ovač** m (4) Streumaschine f für Salpeterdünger; **~ovat** ⟨po-⟩ ⟨-kuji⟩ mit Salpeter düngen; **~ový** Salpeter-.

led|ňáček m (1a; -čk-) Eisvogel m; **~náři** m/pl. (3) die Eisheiligen m/pl., öst. Eismänner m/pl.; **~ní** Eis-; **~nice** f (2a) Eiskeller m; **~nička** f (1c; -ček) Kühlschrank m; **~nový** Januar-; **~oborec** m (4; -rc-) Mar. Eisbrecher m; **~olom** m (2a) (Brücken-)Eisbrecher m.

ledovat|ět ⟨z-⟩ (3 Pl. -ějí) zu Eis werden, vereisen (v/i); **~ina** f (1), **~ka** f (1c; -tek) Glatteis n; Eisschicht f; **~ý** Eis-; eiskalt, eisig.

ledov|cový Gletscher-; **~ec** m (4; -vc-) Gletscher m; Eisberg m; **~itý** eisförmig; **~ka** f (1c; -vek) Eisschicht f; **~ý** Eis-; eiskalt, eisig (a. fig.).

leduprostý eisfrei.

ledva Adv. kaum, F mit Mühe und Not.

ledví n (3) Lenden f/pl.; zkoumat čí

ledvina 178

~ *fig. j-n* auf Herz und Nieren prüfen.
ledvin|a *f (1)*, **~ka** *f (1c; -nek)* Niere *f*; **-ky** *pl. Kochk.* Nieren *pl.*; **~ný**, **~ový** Nieren-.
legali|ta *f (1)* Legalität *f*; **~zace** *f (2)* Legalisierung *f*; **~zovat** *(im)pf. (-zuji)* legalisieren; beglaubigen.
legál|ní legal; **~nost** *f (4)* Legalität *f*.
legát[1] *m (1)* Legat *m*; **~**[2] *(2a) Jur.* Legat *n*, Vermächtnis *n*.
legend|a *f (1)* Legende *f*; **~ární** legendär.
legi|e *f (2)* Legion *f*; **~onář** *m (3)* Legionär *m*.
legitim|ace [-tɪ-] *f (2) (Personal-)* Ausweis *m*; *(Mitglieds-)*Karte *f*; *(Partei-)*Buch *n*; *Jur.* Legitimation *f*; **~ovat** *(im)pf. (-muji)* legitimieren, berechtigen; ~ se sich ausweisen.
legra|ce F *f (2)* Spaß *m*; **~ční** lustig, spaßig; *fig.* komisch, drollig.
lehárna *f (1; -ren)* Liegehalle *f*; Schlafsaal *m*.
lehat, ~ se sich (hin)legen; ~ ke *spaní* sich schlafen legen, schlafen gehen.
lehátko *n (1b; -tek)* Liege *f*; **~vý** Liege-; ~ vůz Liegewagen *m*.
leh|ce, **~ko** *Adv. (Komp. -čeji)* leicht; *jít na* -ko leicht bekleidet gehen; F *to se ti* -ko *řekne* du hast gut reden.
lehko|atletický [-tɪ-] leichtathletisch; **~myslnost** *f (4)* Leichtsinn *m*; **~myslný** leichtsinnig; **~nohý** leichtfüßig; **~st** *f (4)* Leichtigkeit *f*, **~vážnost** *f (4)* Leichtfertigkeit *f*, Leichtsinn *m*; **~vážný** *s. lehkomyslný*; **~věrnost** *f (4)* Leichtgläubigkeit *f*.
lehký *(Komp. -čí; Adv. -ce, -ko)* leicht; *-ká atletika* Leichtathletik *f*; ~ *jako pírko* federleicht; *jemu je všechno* -*ké* ihm fällt alles leicht.
lehnout (si) *pf. (-hl) s. lehat (si)*; ~ *popelem* in Schutt und Asche sinken.
lehou|čký, **~nký** ganz leicht; F *fig.* kinderleicht; *po -čku* allmählich, nach und nach.
lecha *f (1b) Bot.* Walderbse *f*.
lecht|ání *n (3)* Kitzeln *n*; **~at** *(po-, za-)* kitzeln; **~ivý** kitz(e)lig *(a. fig.)*.
leji *s. lít*.
lejno *n (1; 6. -u/-ě)* Kot *m*, *Med.* Exkrement *n*, P Dreck *m*.

lejsek *m (1b; -sk-) Zo.* Fliegenschnäpper *m*.
lejstro F *n (1; 6. -u; -ter)* Papier *n*, Schrieb *m*, Wisch *m*.
lek *m (2b)* Schrecken *m*.
lék *m (2b)* Medikament *n*, Arznei *f*, F Medizin *f*; ~ *pro spaní* Schlafmittel *n*.
lékár|enský Apotheken-; **~na** *f (1; -ren)* Apotheke *f*; **~nice** *f (2a)* Apothekerin *f*; **~nický** Apotheker-; **~nictví** *n (3)* Pharmazie *f*; **~nička** *f (1c; -ček)* Hausapotheke *f*; *cestovní* ~ Reiseapotheke; **~ník** *m (1b)* Apotheker *m*.
lékař *m (3)* Arzt *m*; **~ka** *f (1c; -řek)* Ärztin *f*; **~ský** ärztlich, Ärzte-, medizinisch; *-ká pomoc* ärztliche Hilfe; **~ství** *n (3)* Heilkunde *f*, Medizin *f*.
leka|t[1] *(na-, po-, u-)* (er)schrecken *(A)*, Angst einjagen *(D)*; ~ se erschrecken *(v/i; č-o vor D, über A)*; scheuen *(A)*; **~t**[2] *(po-, z-) Fische:* abstehen, sterben; **~vost** *f (4)* Schreckhaftigkeit *f*; **~vý** furchtsam, schreckhaft.
lekce *f (2)* Lektion *f*.
leklý *Fische:* abgestanden, tot.
leknín *m (2; 6. -u/-ě) Bot.* Seerose *f*.
lekn|out *pf. (-kl) s. lekat*; **~utí** *n (3)* Schreck(en) *m*; ~ *m* vor Schreck.
lékopis *m (2; 6. -e/-u)* Arzneibuch *n*.
lékořice *f (2a) Bot.* Süßholz *n*.
lektor *m (2; -ři)*, **~ka** *f (1c; -rek)* Lektor(in *f*) *m*; **~át** *m (2; 6. -u/-ě)* Lektorat *n*; **~ský** Lektoren-.
lektvar F *m (2a) (Volks-)*Medizin *f*, Mittel *n*.
lel|ek *m (1b; -lk-) Zo.* Ziegenmelker *m*; F *chytat -lky* = **~kovat** *(po-, za-) (-kuji)* gaffen; (herum)lungern.
lem *m (2a)* Saum *m*, Besatz *m*; **~ování** *n (3)* Einfassung *f (Pelz-)* Verbrämung *f*; **~ovat** *(o-, za-) (-muji)* einsäumen; *mit Pelz* verbrämen; *mit Borten* einfassen; **~ovka** *f (1c; -vek)* Borte *f*; *Mil.* Biese *f*, Paspel *f*.
len *m (2a; ln-)* Flachs *m*; *plavý jako* ~ flachsblond.
leník *m (1a) hist.* Leh(e)nsmann *m*.
leniv|ec F *m (3; -vc-)* Faulenzer *m*, Faulpelz *m*; **~ět** *(z-) (3 Pl. -ějí)* faul *(od.* träge*)* werden; **~ost** *f (4)* Faulheit *f*, Trägheit *f*; **~ý** faul, träg(e); *Bewegung:* lässig.
lenní Lehens-.

léno n (1; 6. -u/-ě) hist. Lehen n; -nem, v -nu als Lehen; dát k-u (co) v ~ j-n belehnen (mit).

lenoch¹ m (1a) Faulenzer m; ~² (2b) (Stuhl-)Lehne f; Linienblatt n, öst. Faulenzer m.

lenochod m (1) Faultier n.

leno|st f (4) Faulheit f, Trägheit f; ~šení n (3) Faulenzen n; ~šit ⟨posi, pro-, za- si⟩ faulenzen, F sich auf die faule Haut legen; ~šivý faul(enzerisch), träge; ~ život Faulenzerleben n; ~ška f (1c; -šek) Lehnstuhl m; ~šný s. lenošivý.

lep m (2a) Leim m; Kleister m; fig. sedl na ~ er ist auf den Leim gegangen.

lépe Adv. besser; tím ~ um so besser.

lepen|ka f (1c; -nek) Pappe f; Pappdeckel m; Klebeband n, krycí, vlnitá ~ Dach-, Wellpappe; ~kový Papp-; Dachpappen-.

lep|icí Klebe-; ~ič m (3) Kleber m; -ič plakátů Plakat(an)kleber; ~idlo n (1a; -del) Klebstoff m, Klebemittel n; ~it ⟨na-, za-⟩ kleben (A); ~ se kleben (v/i), haften bleiben; fig. (nač, ke k-u) sich hängen (an A); ~ivost, ~kavost f (4) Klebrigkeit f; ~ivý, ~kavý klebrig.

lepo|st f (4), ~ta f (1) Schönheit f, Anmut f.

lepší Adj. Komp. besser; něco ~ho et. Besseres; k ~mu zum Besseren; dát co k ~mu et. zum besten geben.

lepšit ⟨po-, z-⟩ bessern; besser machen; ~ se sich bessern, besser werden; (~ nur impf.) sich auf den Weg der Besserung befinden.

lept m (2a) Radierung f; ~ací Ätz-; Radier-; ~adlo n (1a; -del) Ätzmittel n; Beize f; ~at ⟨za-⟩ ätzen; beizen; Zeichnung radieren; ~avý ätzend, Ätz-.

lepý poet. schön, lieblich.

les m (2; 2. -a, 6. -e, 6 Pl. -ích) Wald m, † Forst m; vysoký ~ Hochwald; správa ~ů Forstverwaltung f; fig. nevidí pro stromy ~ er sieht den Wald vor lauter Bäumen nicht; ~ák m (1a) Waldmensch m = F für Waldarbeiter m, Förster m, Student m e-r Forstschule usw.; ~ík m (2b) Wäldchen n; ~ina f (1) Waldung f; Forst. Waldbestand m; Waldland n, Waldfläche f; Jagdw. Schonung f.

lesk m (2b) Glanz m (a. fig.); (Licht-) Schimmer m; Tech. Politur f; Feuer n e-s Brillanten; ~lý (Adv. -e) glänzend, Glanz-; Geldstück: blank; F blitzblank; ~nout se ⟨za-⟩ (-kl) glänzen; Wasser a.: glitzern; Waffen: blitzen; Edelsteine: funkeln.

les|mistr † m (1; -ři) Forstmeister m; ~natý bewaldet, waldreich; ~ní¹ Wald-; Forst-; poet. Waldes-; ~ hospodářství Forstwirtschaft f; ~ správa Forstverwaltung f; ~ní² m (Adj. 4) Förster m; ~nický Forst-; Förster-; ~nictví n (3) Forstwesen n; F Försterhandwerk n; ~nictvo n (3) Forstpersonal n; ~ník m (1a) Förster m; ~ovna f (1; -ven) Forsthaus n.
[Finte f.)

lest f (4; 3, 6 Pl. a. 4a; lst-) List f;)

lešení n (3) Gerüst n; popravní ~ Schafott n; trubkové ~ Stahl(rohr)-gerüst.

lešt|ěnec m (4; -nc-) Min. Bleiglanz m; antimonový ~ a. Schwefelantimon n; stříbrný ~ Glanzsilber n; ~ní n (3) Polieren n; prostředek na ~ Poliermittel n; ~ný poliert, Glanz-, Politur-.

lešt|icí Polier-, Glanz-; ~ič¹ m (3) Polierer m; ~ obuvi Schuhputzer m; ~ič² m (4), ~ička f (1c; -ček) Bohner(maschine) f; Fot. Hochglanz-Trockenpresse f; ~idlo n (1a; -del) Glanz-, Poliermittel n; (Bohner-) Wachs n; (Schuh-)Wichse f; ~írna f (1; -ren) Polierwerkstätte f; ~it ⟨na-, za-⟩ polieren; Schuhe putzen; Fußboden bohnern.

let m (2a) Flug m; doba ~u Flugzeit f, -dauer f; směr ~u Flugrichtung f; výška ~u Flughöhe f; připraven k ~u startbereit; v ~u fig. in Eile, im Flug.

létací Flug-; fig. fliegend.

letadlo n (1a; -del) Flugzeug n; -lem mit Luftpost; cesta -lem Flugreise f; ~vý Flugzeug-; mateřská -vá loď Flugzeugmutterschiff n.

leták m (2b) Flugblatt n; Jagdw. Flügel m; (Bienen-)Ausflug m.

létat iter. zu letět.

letav|ice f (2a) Sternschnuppe f; ~ý fliegend, Flug-.

letec m (3; -tc-) Flieger m; ~ z povolání Berufspilot m; ~ký Flieger- (z. B. Alarm); Luft- (z. B. Angriff, Aufnahme, Krieg, Schutz, Waffe, Post); Flug- (z. B. Gesellschaft, Technik, Verkehr, Strecke); ~tví n (3) Flugwesen n, F Fliegerei f.

lete|m im Flug; *fig.* flugs; **~nka** *f* (1c; -nek) Flugschein *m*, Flugticket *n*.
letět ⟨do-, po-, za-⟩ fliegen; *Zug, Auto:* rasen; *Zeit:* dahineilen, wie im Fluge vergehen; ~ kolem č-o vorüberfliegen an (D); ~ na k-o F losstürzen auf (A).
letiště *n* (2a) Flugplatz *m*, Flughafen *m*.
letit|ost *f* (4) hohes (*lit.* gesegnetes) Alter *n*; **~ý** (hoch)betagt.
let|ka *f* (1c; -tek) Zo. Schwungfeder *f*; *lit.* Schwinge *f*, Fittich *m*; *Flgw.* Staffel *f*; **~kyně** *f* (2b) Fliegerin *f*, Pilotin *f*; **~mo** *Adv.* im Flug(e); flugs; *fig.* flüchtig; skok ~ *Sp.* Hechtsprung *m*; **~mý** *fig.* flüchtig; s ~m startem *Sp.* mit fliegendem Start.
letn|í Sommer-, sommerlich; ~ byt Sommerfrische *f*; **~ice** *f/pl.* (2a; 3. -*ům*/[-*im*]) Pfingsten *n*, Pfingstfest *n*.
léto *n* (1; 1, 4, 5 *Pl.* léta, 2. let, *sonst* le-) Sommer *m*; -ta *pl. a.* Jahre *n/pl.*; P *a.* Jahresringe *m/pl.*; v zimě v -tě Sommer und Winter; kolik je Vám let? wie alt sind Sie?; do dvou let binnen (*od.* innerhalb von) 2 Jahren; před lety vor Jahren; v sedmdesátých letech in den siebziger Jahren; do let in die Jahre (kommen); na svá -ta für sein Alter; vyrůst z dětských let den Kinderschuhen entwachsen; za mladých let in jungen Jahren; † -ta Páně im Jahr des Herrn; právní -ta *Jur.* Volljährigkeit *f*.
leto|hrádek *m* (2b; -dk-) Lustschloß *n*; **~kruh** *m* (2b) *Bot.* Jahresring *m*.
letopis *m* (2; 6. -*e*/-*u*) Chronik *f*; **~y** *pl. a.* Annalen *f/pl.*; **~ec** *m* (3; -*sc*-) Chronist *m*; **~ný** chronographisch.
letopočet *m* (2a; -čt-) Zeitrechnung *f*; Jahreszahl *f*; před naším -čtem vor unserer Zeitrechnung.
letora *f* (1d) Temperament *n*, Gemütsart *f*. [Schößling *m*.]
letorost *m* (2a) *Bot.* Trieb *m*,⌋
leto|s in diesem Jahr, *öst.* heuer; **~šek** *m* (2b; -šk-; 2. -ška) das laufende Jahr, dieses Jahr; **~šní** diesjährig, *öst.* heurig.
letoun[1] *m* (1) *Zo.* Flattertier *n*; fliegender Fisch *m*; **~**[2] *m* (2a) Flugzeug *n*.

letov|ací *Tech.* Löt-; **~ačka** *f* (1c; -ček) Lötkolben *m*; **~at** ⟨s-, za-⟩ (-tuji) löten; **~isko** *n* (1b; -sk/-sek) Sommerfrische *f*; † *a.* Sommersitz *m*.
let|ový Flug-; **~uška** *f* (1c; -šek) Stewardeß *f*.
-letý *in Zssgn* -jährig.
leukémie [-eu-] *f* (2) *Med.* Leukämie *f*.
lev *m* (1; lv-) Löwe *m*; (Geld) Leva *f*, Lei *m*; hostinec U lva Gasthaus zum Löwen.
lev|ačka *f* (1c; -ček) Linkshänderin *f*; linke Hand *f*, Linke *f*; **~ák** *m* (1a) Linkshänder *m*.
levandul|e *f* (2) *Bot.* Lavendel *m*; **~ový** Lavendel-.
levhart *m* (1) *Zo.* Leopard *m*; **~í** Leoparden-.
levi|ce *f* (2a) linke Hand *f*; *lit. u. Pol.* Linke *f*; po -ci an der linken Seite, zur Linken; **~cový** *Pol.* Links-, linksgerichtet; **~čák** *m* (1a) Linkshänder *m*; *Pol.* Mitglied *m* der Linken, F Linke(r) *m*; **~čka** *f* (1c; -ček) linkes Händchen *n*.
levita *m* (5a): číst -ty Leviten lesen.
levkoje *f* (2) *Bot.* Levkoje *f*.
levný billig, † wohlfeil.
levo|boček *m* (1b; -čk-) unehelicher (*od.* † natürlicher) Sohn *m*, verä. Bastard *m*; **~boční, ~bočný** unehelich, † natürlich; **~stranný** einseitig; **~točivý** *Tech.* linksläufig, Links-.
levý linke(r); P *a.* ungeschickt.
lexikon *m* (2; 6. -*u*/-*ě*) Lexikon *n*.
lez|avý Kälte: durchdringend; **~ec** *m* (3) Kletterer *m*; **~ecký** Kletter-, Berg(steiger)-; **~enice** *f* (2a) Kletterei *f*, F Kraxelei *f*.
lézt ⟨po-, za-⟩ (lezu, lezl) kriechen; (hinauf)klettern; *Kinder, kleine Tiere:* krabbeln; P ~ za kým j-m nachsteigen; F brambory mu nelezou die Kartoffeln schmecken ihm nicht; to mu neleze do hlavy das will ihm nicht in den Kopf; to leze do peněz das geht ins Geld, kommt teuer; to mu leze z krku das hängt ihm (schon) zum Hals heraus.
lež *f* (4b; lž-) Lüge *f*; ~ z nouze Notlüge; a klam Lug und Trug.
lež|ácký Faulenzer-; **~ák**[1] P *m* (1a) Faulenzer *m*; **~ák**[2] *m* (2b) Lagerbier *n*; F Ladenhüter *m*; **~atý** liegend; -té písmo Kursiv-, Schrägschrift

lidožroutství

f; ~ límec Umlegkragen *m*; ~e *Adv.* liegend, in liegender Stellung *od.* Haltung; ~ení *n* (3) Liegen *n*; *Mil.* Lager *n*; ~et ⟨po-, pro-, zasi⟩ liegen; lagern; *jak to stojí a -ží fig.* in Bausch und Bogen; ~ící liegend; gelegen; ~mo *Adv.* liegend; *podpor* ~ Liegestütz *m*.

lhaní *n* (3) Lügen *n*.

lhář *m* (3), **~ka** *f* (1c; *-řek*) Lügner *m*, Lügnerin *f*.

lhát ⟨za-⟩ (*lžu, lhal, lhán*) lügen; ~ *do očí* frech ins Gesicht lügen; ~ *k-u* anlügen *A*; *lže jako když tiskne* er lügt wie gedruckt.

lhav|ost *f* (4) Lügenhaftigkeit *f*; ~ý lügenhaft.

lhostejn|ost *f* (4) Gleichgültigkeit *f*; ~ý gleichgültig.

lhůta *f* (1) Frist *f*; *Jur., Hdl. a.* Termin *m*; *dodací* ~ Lieferfrist; *ve -tě* termingemäß; *před -tou* vorfristig; *s krátkou -tou* kurzfristig.

-li wenn, falls; (*in Fragesätzen*) ob.

liána *f* (1) *Bot.* Liane *f*.

líb|ání *n* (3) Küssen *n*; **~ánky** *f/pl.* (1; *-nek*) Flitterwochen *f/pl.*; **~at** ⟨o-, (z)u-⟩ küssen.

libela *f* (1a) *Zo.* Libelle *f*; *Tech.* Wasserwaage *f*.

liberál *m* (1; *-ové*) Liberale(r) *m*; **~ní** linear; **~nost** *f* (4) Liberalität *f*.

líbez|nost *f* (4) Anmut *f*, Lieblichkeit *f*; **~ný** lieblich, (*a. Gestalt*) anmutig.

líb|it se ⟨za- (se, si)⟩ gefallen, belieben; *to si nedám* ~ das lasse ich mir nicht gefallen; *nelíbit se* mißfallen; **~ivý** ansprechend, angenehm.

libo *Adv.* angenehm, gefällig; *jak je Vám* ~ (je) nach Belieben; **~st** *f* (4) Belieben *n*, F Herzenslust *f*; *podle -i* nach Belieben, F nach Herzenslust; **~vat si** ⟨po-, za-⟩ (*-buji*) (k-o, co) sich loben (*j-n, A*); (v čem, kom) Gefallen finden an (*D*); e-e Vorliebe haben für (*A*); **~volnost** *f* (4) Willkür *f*; **~volný** willkürlich; *Sache, Menge:* beliebig; **~vonný** wohlriechend; **~vůle** *f* (2) Willkür *f*; **~vý** mager; **~zvučnost** *f* (4) Wohlklang *m*; **~zvučný** wohlklingend; **~zvuk** *m* (2b) *s. libozvučnost*.

libra *f* (1d; *-ber*) Pfund *n*; ~ *sterlinků* Pfund Sterling.

libreto *n* (1; 6. *-u/-ě*) Libretto *n*, Operntext *m*; *filmové* ~ Drehbuch *n*.

libůstka *f* (1c; *-tek*) Lieblingsbeschäftigung *f*, F Steckenpferd *n*, Hobby *n*, Passion *f*, Marotte *f*.

libý lieb(lich), angenehm; sanft; *Lächeln a.*: hold.

libyjský libysch, Libyen-.

líc¹ *m* (4) Vorderseite *f*; *rub a* ~ Vorder- und Rückseite; *fig.* Licht- und Schattenseiten; **~²** *f* (3), **~ en** (2) Wange *f*, Backe *f*; *poet.* Antlitz *n*; *přiložit k -ci Gewehr* anlegen, in Anschlag bringen.

licen|ce *f* (2) Lizenz *f*, **~covat** (*im*)*pf.* (*-cuji*) e-e Lizenz erteilen (*D*); lizenzieren (*A*), **~ční** Lizenz-.

lící Guß-.

lícit ⟨při-, za-⟩ anlegen, zielen (*na k-o auf A*).

licit|ace *f* (2) Versteigerung *f*; **~ační** Versteigerungs-; **~ovat** ⟨z-⟩ (*-tuji*) versteigern.

lícní Wangen-, Backen-; ~ *strana* Vorder- *od.* Oberseite *f*.

licoměr|ník *m* (1a), **~nice** *f* (2a) Heuchler(in *f*) *m*; **~nost** *f* (4) Heuchelei *f*, **~ný** heuchlerisch, scheinheilig.

licousy *m/pl.* (2) Backenbart *m*.

líčen|í *n* (3) Schilderung *f*, Darstellung *f*; *Jur.* Verhandlung *f*; **~ý** affektiert, gekünstelt; Schein-, falsch; geschminkt.

líčí|dlo *n* (1a; *-del*) Schminke *f*; **~t** ⟨na-, vy-, za-⟩ schminken; schildern, darstellen; *fig.* vorspiegeln; (*na k-o*) e-e Falle stellen (*D*).

líčko *n* (1b; *-ček*) (*Kinder-*)Wange *f*, Bäckchen *n*.

lid *m* (2a) Volk *n*; P Leute *pl.*; *pracující* ~ die Werktätigen *m/pl.*; *venkovský* ~ Landbevölkerung *f*, **~é**, ~i *m/pl.* (*wie f* 4) Leute *pl.*, Menschen *m/pl.*; man; *mezi -di* unter das Volk, unter die Leute, unter Menschen; **~ičky** F *m/pl.* (*wie f* 1; *-ček*) liebe Leute *pl.*; **~natost** *f* (4) Bevölkerungsdichte *f*; **~natý** dicht bevölkert *od.* besiedelt.

lido|jed *m* (1) Menschenfresser *m*; **~morna** *f* (1; *-ren*) Hungerturm *m*; **~op** *m* (1) Menschenaffe *m*; **~pisný** ethnographisch; **~vláda** *f* (1) Volksherrschaft *f*; **~vost** *f* (4) Volkstümlichkeit *f*; **~vý** volkstümlich, Volks-.

lidovýchov|a *f* (1) Volksbildung *f*; **~ný** Volksbildungs-.

lidožrout *m* (1) Menschenfresser *m*; **~ství** *n* (3) Kannibalismus *m*.

lid|skost f (4) Menschlichkeit f, Humanität f; **~ský** (Komp. -štější) Adv. -sky, Komp. -štěji) menschlich, Menschen-; v -ké podobě in Menschengestalt; **~ství** n (2) Menschlichkeit f; **~stvo** n (1) Menschheit f, koll. Menschen m/pl.
lidumil m (1; -ové) Menschenfreund m; **~nost** f (4) Menschenfreundlichkeit f; **~ný** menschenfreundlich.
lidupráždný menschenleer.
lift m (2a) Fahrstuhl m, Lift m.
lig|a f (1b) Liga f; první ~ Sp. Oberliga; **~ový** Sp. Liga-.
líh m (2b; -lih-) Spiritus m, Alkohol m, Weingeist m.
líh|at iter. zu ležet; **~eň** f (3; -hn-) Brutapparat m; Brutofen m; fig. Brutstätte f; **~niště** n (2a) Brutplatz m; **~nout se** ⟨vy-⟩ (-hl) ausgebrütet werden, aus dem Ei schlüpfen; **~nutí** n (3) Brüten n; doba ~ Brutzeit f.
liho|měr m (2a) Alkoholmesser m; **~palna** f (1; -len) = **~var** m (2a) Spiritusfabrik f, Brennerei f; **~vina** f (1) geistiges Getränk n; -ny pl. a. Spirituosen pl.; **~vý** Chem. Spiritus-, Alkohol-.
lícha f (1b) poet. Acker m, Feld n.
lichevní Wucher-.
lichoběžník m (2b) Geom. Trapez n; **~ový** Trapez-.
lichocení n (3) Schmeichelei f.
lichost f (4) Math. Ungeradheit f; Jur. Haltlosigkeit f, Nichtigkeit f.
lichot|it ⟨v-, za-⟩ ⟨-cen⟩ schmeicheln; ~ se ke k-u sich einschmeicheln bei (D); **~ivý** schmeichelhaft; Worte, Reden: schmeichlerisch; **~ka** f (1c; -tek) Schmeichelei f, Kompliment n; **~nice** f (2a) Schmeichlerin f; **~nický** schmeichlerisch; **~ník** m (1a) Schmeichler m; **~ný** schmeichelhaft.
lichv|a f (1; -chev) Wucher m; **~ář** m (1b) Wucherer m; **~ářský** wucherisch, Wucher-; **~ářství** n (1) Wucher m.
lichý Math. ungerade; Zo. unpaarig; Anlaß: nichtig, geringfügig; Hoffnungen, Scham: falsch; Behauptungen: unzutreffend, haltlos; Jur. hinfällig; Drohung, Gerede: leer.
li|ják m (2b), **~javec** m (4; -vc-) Platzregen m, (Regen-)Guß m; **~jec** m (3; -jc-) Gießer m; **~ji** s. lít.
likér m (2a) Likör m; **~ový** Likör-.

liknav|ec m (3; -vc-) Zauderer m, saumseliger Mensch m; F Faulpelz m; **~ý** (nach)lässig; träge, faul; Schuldner: säumig.
likvid|ace f (2) Liquidierung f, (Geschäfts-)Auflösung f; **~ační** Liquidations-; **~ní** liquide, flüssig; **~ovat** (im)pf. ⟨z-⟩ ⟨-duji⟩ liquidieren.
lila F (indekl.) lila; P fig. ziemlich schlecht.
lilek m (2b; -lk-) Bot. Nachtschatten m.
lili|e f (2) Lilie f; **~ový** Lilien-; lilienweiß.
lilkovitý Bot. Nachtschatten-.
limb m (2a) fig.: být v ~u schlafen; verloren (od. F hin) sein.
limba f (1) Zirbelkiefer f.
líme|c m (4; -mc-) Kragen m; ~ u košile Hemdkragen; číslo -mce Kragenweite f; **~ček** m (2b; -čk-) (kleiner) Kragen m.
limita f (1) Grenzwert m, Limit n.
limonád|a f (1) Limonade f; F fig. Kitsch m; **~ový** Limonaden-.
limuzína f (1) Limousine f.
lín m (1) Zo. Schleie f.
lín|ání n (3) Zo. Fellwechsel m; **~at** ⟨vy-⟩ (sich) haaren.
lind|a f (1) Bot. Silberpappel f; **~uška** f (1c; -šek) Zo. Wiesenlerche f.
lineární Math. linear.
lingvist|a m (5a) Linguist m; **~ika** [-tɪ-] f (1c) Linguistik f.
linie [-nɪ-] f (2) Linie f, Strich m.
linka f (1c; -nek) Linie f; letecká, autobusová ~ Flug-, Omnibuslinie.
linkova|cí Liniier-; **~ný** liniiert; **~t** ⟨na-, vy-⟩ ⟨-kuji⟩ liniieren.
linout ⟨roz- se, vy-⟩ poet. fließen, strömen.
líný faul, träg(e); ~ myslit denkfaul; ~ na psaní schreibfaul; ~ na slovo F maulfaul; F ~ jako veš stinkfaul.
lípa f (1; 2 Pl. lip; 3, 6, 7 Pl. lip-) Linde f.
lipan m (1) Zo. Äsche f.
líp|at, ~nout pf. (-pl; -pnut) ankleben; F fig. (hin)klatschen.
lipnice f (2a) Bot. Rispengras n.
lípový Linden-.
Lipsk|o n (1b) Leipzig n; **~ý** Leipziger (Adj.).
líra f (1d) Lira f (Geld).
lis m (2; 6. -u/-e) Presse f; ~ na víno Kelter f.

lísa f (1a) Hürde f.

lís|al m (1; -ové) Schmeichler m; *verā.* Speichellecker m; **~ání** n (3) Schmeichelei f; **~at se** ⟨při-, za-⟩ (ke k-u) schmeicheln (D), umschmeicheln (A); **~avý** schmeichelhaft; *Benehmen:* kriecherisch; F -vé koťátko Schmeichelkätzchen n.

lísk|a f (1c; -sek) Hasel(nuß)strauch m; Hürde f; **~nout** P pf. (k-o) j-m e-e schmieren; **~oví** n (3) Haselgebüsch n; **~ovice** f (2a), **~ovka** f (1c; -vek) Haselrute f; **~ový** Hasel-.

lisov|ací Preß-; **~ač** m (3) Presser m; **~at** ⟨pro-, vy-, z-, za-⟩ (-suji) (aus)pressen; *Blech* walzen; **~na** f (1; -ven) Presserei f; Kelterei f; **~ní** Preß-.

list m (2; 6. -u/-ě) Blatt n; Zeitung f; Brief m, Schreiben n; Schein m, Urkunde f; *nákladní, vyučovací ~* Fracht-, Lehrbrief; *podací, rodný ~* Einlieferungs-, Geburtsschein; **~árna** f (1; -ren) Briefkasten m der Redaktion; **~ář** m (4) Dokumentensammlung f.

líste|k m (2b; -stk-), dim. **~ček** m (2b; -čk-) Blättchen n; Briefchen n; Zettel m; Schein m; (Eintritts-, Fahr-, Post-)Karte f; dünne Scheibe Speck usw.

list|en m (2a) Deckblatt n; Blattwerk n; **~í** n (3) Laub n, Blätter n/pl.; **~ina** f (1) Urkunde f; Liste f; **~inný** Urkunden-, urkundlich, dokumentarisch.

lístkový Blatt-; Karten-; Zettel-; -vé těsto Blätterteig m.

list|náč m (4) Laubbaum m; **~natý** Laub-.

listo|noš m (3) Briefträger m; **~pad** m (2a) November m; **~vat** ⟨pro-, pře-, za-⟩ (-tuji) blättern; **~ví** n (3) Blattwerk n; **~vní** Adj. Brief-; *Su.* m (Adj. 4) hist. Grundbuchführer m; **~vý** Blatt-, Laub-.

listr m (2a) Lüster m.

lišá|cký (Komp. -čtější; Adv. -cky, Komp. -čtěji) schlau; *Lachen:* verschmitzt; **~ček** m (1a; -čk-) kleiner (od. junger) Fuchs m, Füchslein n.

lišaj m (3) Z. Kiefernschwärmer m.

lišák m (1a) Fuchs m (a. fig.); **~čí** Fuchs-.

lišej m (4) *Med.* Flechte f; **~ník** m (2b) *Bot.* Flechte f.

lišit ⟨od-, roz-⟩ unterscheiden (se sich); *~ se a.* verschieden sein.

liška f (1c; -šek) Fuchs m (a. fig.); *Bot.* Pfifferling m.

líšt|a f (1) Leiste f; **~ička** f (1c; -ček) Füchslein n; kleine (dünne) Leiste f.

lít ⟨na-, po-, za-⟩ (liji/leji, lil, lit) gießen; *leje jako z konve es gießt wie aus Kannen.*

líta|čka f (1c; -ček), **~nice** F f (2a) Lauferei f.

litanie [-nɪ-] f (2) *Rel.* Litanei f.

lítat *iter.* zu letět.

litec m (3; -tc-) Gießer m.

liter|a f (1d) Buchstabe m; Typ. Letter f; **~ární** literarisch, Literatur-; *~ně historicky* literaturgeschichtlich; *~ historik* Literarhistoriker m; **~át** m (1) Literat m; **~atura** [-u:-] f (1d) Literatur f; **~ní** Typ. Lettern-; Geistes-; *~ předměty* bildende (Schul-)Fächer.

liteřina f (1) Letternmetall n.

Litev|ec m (3; -vc-), **~ka** f (1c; -vek) Litauer(in f) m; **~sko** n (1b) s. *Litva;* **²ský** litauisch; **²ština** f (1) litauische Sprache f, Litauisch m.

litice, lítice f (2a) Furie f.

litin|a f (1) Gußeisen n; **~ový** Guß-.

litkup P m (2a) Lei(t)kauf m; Reugeld n.

lítnout pf. (-tl) s. letět.

líto: *je mi ~* es tut mir leid (č-o um A; že daß).

litograf m (1; -ové) Lithograph m; **~ický** lithographisch; **~ie** f (2) Lithographie f.

lítost f (4) Reue f; Kummer m; poet. Wehmut f; Bedauern n; Mitleid n; ke své velké (od. hluboké) ~i mit dem (od. zu meinem) tiefsten Bedauern; ~í a hořem vor Kummer und Leid; *bez ~i* mitleidlos; schonungslos; **~ivost** f (4) Reue f; Wehmut f; **~ivý** kläglich; reumütig, lit. reuig; **~ný** schmerzlich, wehmütig.

litovat ⟨po-⟩ (-tuji) (č-o, k-o) bedauern (A); bemitleiden (j-n); bereuen (A); *Mühe, Kosten* scheuen.

litr m (2a) Liter m; *čtvrt ~u* Viertelliter; **~ovka** f (1c; -vek) Literflasche f od. -glas n; **~ový** Liter-.

liturgický *Rel.* liturgisch.

Litva f (1) Litauen n.

litý *1. Tech.* gegossen, Guß-; *2.* grausam; *Kampf:* grimmig.

lívane|c m (4; -nc-) *Kochk.* gegossener Talken m, Gießkuchen m; **~čník** m (2b) Talkenpfanne f.

livrej

livrej f (3) Livree f; **~ovaný** livriert.
liz m (2a) Lecksalz n; Salzleck(stell)e f.
lizák m (2b) Jagdw. Zunge f, Lecker m.
líz|at ⟨o-, u-⟩ (-žu/-zám), **~nout** pf., o[b]- (-zl; -znut) (be)lecken; P Honig schlecken; **~átko** n (1a; -tek) Stielbonbon m, F Lutscher m; **~avý** naschhaft.
-liž(e) s. -li.
lužina f (1) (Faß-)Lagerholz n; Faßleiter f.
lká|ní n (3) (Weh-)Klagen n, F Stöhnen n, Jammern n; **~t** ⟨zalkat⟩ (lkal) (weh)klagen, F jammern, stöhnen; ⟨nad čím⟩ beklagen, betrauern (A).
ln- s. len.
lnář m (3) Flachsbauer m; **~ský** Flachs-; **~ství** n (3) Flachs(an)bau m.
lněný leinen, Leinen-; Lein-.
lniště n (2a) Flachsfeld n.
lnout ⟨při-⟩ (lnul) (k č-u, nač) kleben, haften (an D); fig. (ke k-u) hängen (an D).
loaj|alita f (1) Loyalität f; **~ální** loyal; **~álnost** f (4) Loyalität f.
locika f (1c) Bot. Lattich m.
loď f (4d) Schiff n; lodí mit dem (oder per) Schiff, Hdl. auf dem Seeweg; s dodáním na ~ Hdl. frei an Bord (fob); vstoupit na ~ an Bord gehen; **~ař** m (3) Schiffbauer m; Schiffer m, Reeder m; **~ařství** n (3) Schiffbau m.
lodenový Loden-.
lod|ěnice f (2a) (Schiffs-)Werft f; Bootshaus n; **~ice** f (2a) Boot n; Mar. Zille f; **~ička** f (1c; -ček) Schiffchen n, schweiz. Käppi m; **~ičky** f/pl. Pumps m/pl.; **~ivod** m (1) Lotse m.
loďk|a f (1c; -děk) Boot n, Kahn m; Schiffchen n, poet. Nachen m; půjčovna loděk Bootsverleih m; **~ař** m (3) Boot(s)verleiher m.
lodní Schiff(s)-; ~ plavba Schiffahrt f; ~ deník Mar. Logbuch n; ~ bagr Schwimmbagger m.
lodnic|ký Schiffer-; **~tví** n (3) Schiffswesen n; **~tvo** n (1; -tev) Schiffsmannschaft f.
lodník m (1a) Schiffer m, Matrose m.
loďstvo n (1; -tev) Flotte f.
lodyha f (1b) Stengel m.

logaritm|ický Math. logarithmisch, Logarithmen-; **-ké pravítko** Rechenschieber m; **~ovat** ⟨vy-, z-⟩ (-muji) logarithmieren.
logi|cký (Adv. -cky) logisch; **čnost** f (4), **~ka** f (1c) Logik f.
loj|natý, **~ovitý** talgig; Kochk. a. fett; **~ovka** f (1c; -vek) Talgkerze f; **~ový** Talg-.
lok m (2b) Schluck m.
lokaj m (3) Lakai m; **~ský** lakaienhaft, Lakaien-.
lokál m (2; 6. -u/-e) Lokal n; Gr. Lokativ m, 6. Fall m; **~ka** f (1c; -lek) Klein-, öst. Lokalbahn f; Lokalnachricht f; **-ky** pl. Lokalchronik f.
lokat ⟨na-⟩ schlucken; gierig trinken; einatmen, frische Luft schnappen.
loket m (2 od. 4; -kti-; 6. -i/-u/-ě) Ell(en)bogen m; Elle f (Maß); fig. Maß n; fig. na loktech auf dem Arm, in den Armen; dvojím loktem mit zweierlei Maß; odkládat na dlouhé lokte auf die lange Bank schieben; **~ní** Ell(en)bogen-.
loknout pf. (-kl) s. lokat.
lokomotiv|a [-tı:-] f (1) Lokomotive f, F Lok f; **~ní** Lok(omotiv)-.
loktuše P f (2) großes Kopftuch n.
lom m (2a) Steinbruch m; Phys. Brechung f; Bruchfläche f; **~ař** m (3) Steinbrucharbeiter m.
lombard m (2a) Hdl. Lombard m od. n; Pfand(darlehen) n; **~ní** Lombard-.
lomcovat ⟨za-⟩ (-cuji) ⟨čím, kým⟩ schütteln (A), rütteln (an D).
lomen|í n (3) Phys. Brechung f; ~ rukama Händeringen n; **~ice** f (2a) (Dach-)Giebel m; **~ý** gebrochen, Bruch-.
lom|ikámen m (4 od. 2; -ka-) Bot. Steinbrech m; **~it** ⟨pro-, u-, z-⟩ brechen; ~ rukama die Hände ringen; **~ivý**, **~ný** brüchig; brechbar; **~ový** Bruch-.
lomoz m (2a) Lärm m, Poltern n; **~it** ⟨za-⟩ lärmen, poltern; **~ivý** lärmend, polternd; **~ný** laut, geräuschvoll.
londýnský Londoner (Adj.).
loni Adv. voriges Jahr, im vorigen Jahr, im Vorjahr.
loňsk|o n (1b) Vorjahr n; z -ka vom vorigen Jahr; **~ý** vorjährig, Vorjahrs-.
lopat|a f (1) Schaufel f, dial.

Schippe *f; Jagdw.* Geweih *n;* ~ na uhlí Kohlenschaufel; *fig. podávat po* -tě mundgerecht machen, *iron.* vorkauen; *říci co po* -tě e-n Wink mit dem Zaunpfahl geben; ~**ář** *m (3) Jagdw.* Schaufler *m;* ~**ka** *f (1c; -tek)* kleine Schaufel *f; Tech.* Schaufel *f; Anat.* Schulterblatt *n; Jagdw.* Blatt *n;* ~**kovitý** schaufelförmig; ~**kový** Schaufel-; *Anat.* Schulterblatt-; ~**ový** Schaufel-.

lopo|cení *n (3),* ~**ta** *f (1)* Plage *f,* P Plackerei *f;* ~**tit (se)** *(na-, u-)* sich (ab)plagen, P sich (ab)schinden; ~**tný** mühsam.

lopuch *m (2b) Bot.* Klette *f.*

lornět *m (2a)* † Lorgnette *f,* Stielbrille *f.*

los[1] *m (1) Zo.* Elch *m, Jagdw. a.* Elen(tier) *n;* ~[2] *m (2a)* Los *n;* ~**em** durch das Los; *číslo* ~**u** Losnummer *f;* ~**í** Elen-.

losos *m (1) Zo.* Lachs *m;* ~**ovitý** lachsartig; ~**ový** Lachs-; lachsfarben, lachsrot.

losov|ací Los-; ~**ání** *n (3)* Verlosung *f,* Auslosung *f;* ~**at** *(vy-) (-suji)* (ver-, aus)losen; durch das Los entscheiden.

loter|ie *f (2)* Lotterie *f;* (Zahlen-) Lotto *n; hrát v* -rii Lotto *(od.* in der Lotterie) spielen; ~**ní** Lotterie-, Lotto-.

loto *n (1)* Lotto *n.*

lotos *m (3; 6. -u/-e)* Lotos(blume *f) m;* ~**ový** Lotos-.

lotr *m (1; -ři/-rové)* Lotterbube *m; bibl.* Schächer *m (am Kreuz).*

Lotrinsk|o *n (1b)* Lothringen *n;* ~**ý** lothringisch.

lotrov|ina *f (1),* ~**ství** *n (3)* Schurkerei *f,* Schurkenstreich *m;* ~**ský** schurkisch, Buben-.

lotynka P *f (1c; -nek) s.* loterie.

Lotyšš|ko *n (1b)* Lettland *n;* ~**ký** lettisch.

loubí *n (3)* Laube(ngang *m) f,* Arkaden *f/pl.*

louč *f (3)* Kienspan *m.*

louč|ení *n (3)* Abschied *m,* Trennung *f, poet.* Scheiden *n;* ~**it se** *(roz-)* (s kým) sich verabschieden, Abschied nehmen (von *D).*

louč|ka *f (1c; -ček)* kleine Wiese *f; s. louč;* ~**ový** Kien-.

loud|a *m (5),* ~**al** *m (1; -ové)* Zauderer *m,* langsamer Mensch *m; fig.* Träumer *m;* ~**ání** *n (3)* Zaudern *n,*

F Trödeln *n;* Bummeln *n,* Schlendern *n;* ~**at se** *(na-)* gemächlich gehen, F schlendern, bummeln; trödeln; ~**avec** *m (3; -vc-) s. louda;* ~**avý** zaudernd; langsam, gemächlich.

loud|it *(vy-) (co na kom)* entlocken (j-m *A),* F betteln (um *A);* ~**se** *poet.* sich (ein)schleichen; ~**ivý** lockend.

louh *m (2b)* Lauge *f; jako* ~ *Wasser:* lauwarm; ~**ovat** *(vy-) (-huji)* (aus)laugen; ~**ový** Laugen-.

louka *f (1c; 2 Pl. louk/louk)* Wiese *f.*

loukoť *f (4c; -tě) (Rad-)*Felge *f.*

loup|ací Schäl-; ~**áč** *m (4)* Schäler *m;* ~ *bramborů* Kartoffelschäler; ~**áček** *m (2b; -čk-)* Blätter(teig)hörnchen *n, öst.* -kipfel *m, Art* Splitterbrötchen *n; Agr.* Vorschäler *m;* ~**ačka** *f (1c; -ček)* Schälmaschine *f; brambory na* -čku Schälen, Pellkartoffeln *f/pl.;* ~**ák** *m (2b) (3)* Schälmesser *n,* Schäleisen *n;* ~**ání** *n (3)* Schälen *n; (v údech* Glieder-) Reißen *n;* ~**aný** geschält; ~**at** *(na-, o-, vy-) (-u/-ám)* (ab)schälen (se sich); *(-pnout) Schmerz:* stechen; ~ *očima* Blicke zuwerfen *(po kom/ D).*

loupení *n (3)* Rauben *n.*

loupež *f (3)* Raub *m;* ~**it** *v/i* rauben, plündern; ~**ivost** *f (4)* Raubgier *f;* ~**ivý** *s.* loupežný; ~**nický** Räuber-; ~**nictví** *n (3)* Räuberei *f;* ~**ník** *m (1a)* Räuber *m;* ~**ný** räuberisch, Raub-; *-né přepadení* Raubüberfall *m; -ná vražda* Raubmord *m.*

loup|it *(o-, u-, vy-) v/i s. loupežit; v/t* (aus)plündern; ~**nout** *pf. (-pl) s. loupat.*

lousk|áček *m (2b; -čk-)* Nußknacker *m;* ~**at** *(vroz-, vy-, za-),* ~**nout** *pf., za- (-kl) v/t* knacken *(a. fig.);* F *a.* pauken, büffeln.

loutk|a *f (1c; -tek)* Marionette *f,* Puppe *f;* ~**ář** *m (3)* Puppen-, Marionettenspieler *m;* Puppenmacher *m;* ~**ový** Puppen-, Marionetten-.

loutn|a *f (1; -ten) Mus.* Laute *f;* ~**ista** [-nı-] *m (5a)* Lautenspieler *m.*

louž|e *f (2),* ~**ička** *f (1c; -ček)* Pfütze *f,* Lache *f;* ~**it** *(vy-)* laugen, beizen; *Leder* äschern.

lov *m (2a)* Jagd *f;* (Fisch-, Vogel-) Fang *m;* ~*u zdar!* Weidmannsheil!; *doba* ~*u* Jagdzeit *f; jít na* ~ auf die Jagd gehen; ~**čí**[1] *Adj.* Jagd-; ~**čí**[2] *m*

lovec (*Adj. 4*) Jägermeister *m*; ~ec *m* (*3*; -*vc-*) Jäger *m*, Weidmann *m*; (*Walfisch-*)Fänger *m*; ~ecký Jagd-; weidmännisch; ~ tesák Hirschfänger *m*; ~ectví *n* (*3*) Weidwerk *n*; ~iště *n* (*2a*) Jagdrevier *n*, poet. Jagdgründe *m/pl.*; ~it 〈*u-, z-, za-*〉 jagen; *Mäuse, Fische, Vögel* fangen; *fig.* ~ *v kalných vodách* im trüben fischen; ~kyně *f* (*2b*) Jägerin *f*; ~ný jagdbar; -*ná zvěř* Jagdwild *n*.
loyální s. *loajální*.
lože *n* (*2*) Lager *n*, Bett *n*; *Mil.* Lafette *f*; *Tech.* Bettung *f*; *smrtelné* (*od. úmrtní*) ~ Totenbett, Sterbelager; *manželské* ~ Ehebett.
lóže *f* (*2*) *Thea.* Loge *f*.
ložisko *n* (*1b*; -*sk*|-*sek*) *Bgb.* Lager *n*, Lagerstätte *f*; *Tech.* (*kuličkové* Kugel-)Lager *n*; *Med.* Herd *m*; ~vý Lager-; *Med.* Herd-.
ložn|í Bett-; ~ice *f* (*2a*) Schlafzimmer *n*; ~ý Lade-.
lpět, lpít 〈*u-*〉 (*lpěl*) *v*|*i* (*k* č-*u*) kleben, haften (*an* D); *fig.* ~ *na čem, kom* hängen an (*D*).
lst|**ivost** *f* (*4*) Hinterlist *f*, *lit.* Arglist *f*; ~ivý, ~ný (hinter)listig, arglistig.
lub *m* (*2a*) Spanholz *n*; ~ *síta* Siebkranz *m*; *Mus.* Zarge *f*; † *fig.* *mít něco za* ~em er führt et. im Schilde.
Lucembur|**čan** *m* (*1*; -*é*) Luxemburger *m*; ~k *m* (*2b*) Luxemburg *n* (*Stadt*); ~sko *n* (*1b*) Luxemburg *n* (*Land*); ~ský luxemburgisch, Luxemburger (*Adj.*).
lucerna *f* (*1*; -*ren*) Laterne *f*.
lucifer, † **luciper** *m* (*1*; -*řil-rové*) Luzifer *m*; F *fig.* Teufel *m*, Wildfang *m*.
lucinka *f* (*1c*; -*nek*) *Bot.* Luzerne *f*.
lučavka *f* (*1c*; -*vek*) *Chem.* Scheidewasser *n*.
lučebn|**í**|**cký** chemisch, Chemie-; ~ny *f/pl.* (*1*) Chemikalien *f/pl.*
lučin|**a** *f* (*1*) Wiese *f*, *poet.* Wiesengrund *m*; ~atý reich an Wiesen, Wiesen-.
lučišť|**ě** *n* (*2a*) (*Pfeilbogen-*)Bügel *m*; ~ník *m* (*1a*) Bogenschütze *m*.
lučn|**atý** s. *lučinatý*; ~í Wiesen-.
ludra|**cký** P liederlich; ~k P *m* (*1a*) Liederjan *m*, liederlicher Mensch *m*.
lufťák F *m* (*1a*) Sommerfrischler *m*, Urlauber *m*.
luh *m* (*2b*) *lit.* Au(e) *f*, *poet.* Gefilde *n*/*pl.*; s. *louh*.

lůj *m* (*4*; *loj-*) Talg *m*; V *být v loji* in der Tinte sitzen.
luk *m* (*2b*) (*Pfeil-*)Bogen *m*; ~a *f* (*1c*) s. *louka*; ~ař *m* (*3*) Wiesenbauer *m*; Bogner *m*, Bogenmacher *m*.
lukostřel|**ba** *f* (*1*) Bogenschießen *n*; ~ec *m* (*3*; -*lc-*) Bogenschütze *m*.
lulka *f* (*1c*; -*lek*) kurze Pfeife *f*.
lumbágo *n* (*1*; *6.* -*u*) *Med.* Lumbago *f*, Hexenschuß *m*.
lumčík *m* (*1a*) *Zo.* Schlupfwespe *f*.
lumík *m* (*1a*) *Zo.* Lemming *m*.
lump *m* (*1*) Lump *m*, Gauner *m*; ~ácký Lumpen-, lumpig; ~áctví *n* (*3*), ~ačina *f* (*1*), ~árna *f* (*1*; -*ren*) Lumperei *f*; ~ovat F 〈-*puji*〉 ein liederliches Leben führen.
luna *f* (*1*) *poet.* Mond *m*, Luna *f*.
luňák *m* (*1a*) *Zo.* Hühnergeier *m*.
lun|**ární** lunar, Mond-; ~**atik** [-tɪ-] *m* (*1*) Mondsüchtige(r) *m*; ~ní *poet.* mondhell, Mond-.
lůno *n* (*1*) Mutterleib *n*; Schoß *m*; *v* ~*ně rodiny* im Schoß der Familie.
lup[1] *m* (*2a*) Raub *m*; Beute *f*; ~y *pl. a.* (*Kopf-*)Schuppen *f*/*pl.*
lup[2]! *Int.* bums!, krach!
lupa *f* (*1*) Lupe *f*; (*pod*) -*pou* durch die Lupe; *brát na něco* -*pu od. něco pod* -*pu* et. unter die Lupe nehmen.
lupat 〈*na-, za-*〉 (-*u*/-*ám*) *v*|*i* knacken; knallen; s. *loupat*.
lupek *m* (*2b*; -*pk-*) *Geol.* Schieferton *m*.
lupen *m* (*2a*) *Bot.* Blatt *n*; ~tý blätt(e)rig; *Min.* Blätter-; ~í *n* (*3*) Blattwerk *n*, Laub *n*; ~itý Blatt-; ~ka *f* (*1c*; -*nek*) Laubsäge *f*; *Med.* Schuppenflechte *f*; ~kářský, ~kový Laubsäge-; ~ovitý blattförmig, Blatt-.
lupič *m* (*3*) Räuber *m*; Einbrecher *m*; ~ský räuberisch, Raub-; Einbrecher-; ~ství *n* (*3*) Räuberei *f*, Raub *m*. [Schuppe *f*.]
lupina *f* (*1*) *Bot.* Lupine *f*; *Med.*)
lupín|**ek** *m* (*2b*; -*nk-*) Blättchen *n*, dünne Scheibe *Speck* usw.; *Anat.* Fontanelle *f*; ~kovitý blätterartig; ~kový schuppig, Schuppen-.
lupnout *pf.* (-*pl*) s. *lupat*.
lusk *m* (*2b*) *Bot.* Schote *f*, Hülse *f*; ~at 〈*po-*〉, ~nout *pf.*, *za-* (-*kl*) *v*|*t* knacken.
luskovi|**na** *f* (*1*) *Bot.* Hülsenfrucht *f*; ~tý schoten-, hülsenförmig.
lustr *m* (*2a*) Kronleuchter *m*, Lüster *m*.

luštěn|í *n (3)* (*Rätsel-*)Lösen *n*; *Bot.* Enthülsen *n*; **~ina** *f (1)* Hülsenfrucht *f*.
luštin|a † *f (1) s. luštěnina*; **~atý** *Bot.* hülsentragend; **~ec** *m (4; -nc-) Bot.* Hahnenkamm *m*, Klapperkraut *n*.
luštit ⟨*roz-*⟩ (auf)lösen; **~el** *m (3; -é)* (*Rätsel-*)Löser *m*.
luterán *m (1)*, **~ka** *f (1c; -nek) Rel.* Lutheraner(in *f*) *m*; **~ský** lutherisch.
luxovat F ⟨*vy-*⟩ (-*xuji*) staubsaugen.
luxus *m (2; 6. -u/-e)* Luxus *m*.
lůza, luza *f (1a)* Pöbel *m*, Gesindel *n*, *verá.* Pack *n*.
luzný *poet.* reizend.
Luži|ce *f (2a) Geogr.* Lausitz *f*; **~cký** (*Adv. -y, -o*) Lausitzer (*Adj.*); *Gr.* sorbisch, wendisch; **~čan** *m (1; -é)* Sorbe *m*, Wende *m*; **~čanka** *f (1c; -nek)* Sorbin *f*, Wendin *f*.
lůžko *n (1b; -žek)* Bett *n*; Schlafstelle *f*; *Bot.* Samenboden *m*; *Tech.* Lager *n*, Gehäuse *n*; *Med.* Nachgeburt *f*; *visuté ~* Hängematte *f*; *pokoj s dvěma -y* Zweibettzimmer *n*; **~vý** Bett(en)-; *~ vůz Esb.* Schlafwagen *m*.
lví Löwen- (*a. fig.*).
lvice *f (2a)* Löwin *f*.
lvíče *n (4)* Löwenjunge(s) *n*.
lvoun *m (1)* Seelöwe *m*.
lyce|jní Lyzeums-, Lyzeal-; **~um** *n (5)* Lyzeum *n*.
lý|čí *n (3)*, **~ko** *n (1b)* Bast *m*.
lyko|vec *m (4; -vc-) Bot.* Seidelbast *m*; **~žrout** *m (1)* Borkenkäfer *m*.
lymfa *f (1) Med.* Lymphe *f*; **~tický** [-tɪ-] Lymph-, lymphatisch.

lynčovat (*im*)*pf.* ⟨*z-*⟩ (*-čuji*) lynchen.
lyra *f (1d)* Lyra *f*, Leier *f*.
lyri|cký lyrisch; **~k** *m (1)* Lyriker *m*; **~ka** *f (1c)* Lyrik *f*.
lys|ák *m (1a)* Blesse *f* (*Tier*); † *a.* Glatzkopf *m*; **~at** ⟨*o-, z-*⟩ kahl werden; **~ina** *f (1)* Glatze *f*; kahle Stelle *f*; Blesse *f*; **~ka** *f (1c; -sek)* Blesse *f* (*Pferd od. Kuh*); Bleßhuhn *n*; **~ost** *f (4)* Kahlheit *f*; **~ý** kahl; *-sá hlava iron.* Kahlkopf *m*.
lýtko *n (1b; Pl. 2. -tek, 3. -ům/-ám, 6. -ách, 7. -y/-ami)* Wade *f*; *křeč do -tek* Wadenkrampf *m*; **~vý** Waden-.
lyžař *m (3)*, **~ka** *f (1c; -řek)* Schiläufer(in *f*) *m*; *vodní ~* Wellenreiter *m*, Wellenreiterin *f*; **~ení** *n (3)* Schilauf(en *n*) *m*; **~it** ⟨*za- si*⟩ Schi laufen *od.* fahren; **~ský** Schi-, Ski-; **~ství** *n (3)* Schisport *m*.
lyž|e *f (2)* Schi *m*, Ski *m*; F *pl. a.* Bretter *n/pl.*; **~ování** *n (3) s. lyžaření*; **~ovat** (*-žuji*) *s. lyžařit*.
lze *lit.* man kann, das läßt sich (tun).
lži *s. lež*; *~- in Zssgn* falsch, Falsch-, Pseudo-.
lžíc|e *f (2a; 7 Sg., 2, 3, 6, 7 Pl. a. -ic-)* Löffel *m*; (*Maurer-*)Kelle *f*; **~ovitý** löffelförmig; *Bot.* Löffel-.
lžič|ka *f (1c; -ček)* (*na kávu* Kaffee-) Löffel *m*; *po -kách* löffelweise; **~ník** *m (2b)* Löffelkorb *m*; *Bot.* Löffelkraut *n*.
lživ|ost *f (4)* Verlogenheit *f*; **~ý** verlogen, lügenhaft; *Nachricht, Prophet:* falsch; *-vě a lstivě* mit Lug und Trug.

M

macarát *m* (*1*): *Zo. jeskynní* ~ Grottenolm *m*.
macatý P fett, dick, gut beisammen.
Macedon|ec *m* (*3*; *-nc-*), **~ka** *f* (*1c*; *-nek*) Mazedonier(in *f*) *m*; **~ský** mazedonisch, makedonisch.
macecha *f* (*1b*) Stiefmutter *f*.
macek F *m* (*1a*; *-ck-*) Kater *m*; Hase *m*; Bär *m*; (Riesen-)Kerl *m*; (*2b*; *-ck-*) Rauhbankhobel *m*.
maces *m* (*2a*) Matze(n *m*) *f*.
maceš|ka *f* (*1c*; *-šek*) Stiefmütterchen *n*; Teewurst *f*; **~ský** stiefmütterlich.
mač *m* (*4*) *Sp.* Wettkampf *m*.
máček *m* (*2b*; *-čk-*) Mohnkörnchen *n*; P *fig. na to je* ~ darin ist er ein Meister.
máče|ní *n* (*3*) Einweichen *n*; **~t** ⟨*na-*⟩ (*3 Pl. -ejí*) einweichen; Leder netzen; *Flachs* rösten.
mačk|adlo *n* (*1a*; *-del*) Presse *f*; ~ *na brambory* Kartoffelstampfer *m*; **~anice** P *f* (*2a*) Gedränge *n*; **~at** ⟨*pro-*, *s-*, *z-*⟩ (zusammen)drücken, pressen; (hinein)stopfen; ~ *se s. tlačit se*; **~átko** *n* (*1b*; *-tek*) (Küchen-)Presse *f*; ~ *na citróny* Zitronenpresse.
máčknout *pf.* (*-kl*; *-knut*) *s. mačkat*.
maďal *m* (*2a*) Roßkastanie *f*.
Maďar *m* (*1*; *-ři*), **~ka** *f* (*1c*; *-rek*) Ungar(in *f*) *m*; **~sko** *n* (*1b*) Ungarn *n*; **~ský** ungarisch; **~ština** *f* (*1*) Ungarisch *n*.
maděra *f* (*1d*) Madera *m* (*Tanz*); F Trottel *m*; P *na -ru* ganz und gar; *rozbít na -ru* in Stücke schlagen.
madlo *n* (*1a*; *-del*) Geländer *n*; *Turn.* Holm *m*.
madon|a *f* (*1*), **~ka** *f* (*1c*; *-nek*) Madonna *f*, Marienbild *n*.
mág *m* (*2b*; *-ové*; *6 Pl. -zích*) Magier *m*.
magi|cký magisch, Zauber-; **~e** *f* (*2*) Magie *f*.
magistr *m* (*1*; *-ři*) Magister *m*; **~ála** *f* (*1a*) Hauptverkehrsstraße *f*; *Esb.* Hauptstrecke *f*; **~át** *m* (*2*; *6. -u/-ě*) Magistrat *m*; **~átní** Magistrats-.
magnet *m* (*2*; *6. -u/-ě*) Magnet *m*.

magne|tický [-tɪ-] magnetisch; **~tičnost** *f* (*4*) Magnetismus *m*; **~tizovat** ⟨*na-*, *z-*⟩ (*-zuji*) magnetisieren; *fig.* anziehen, reizen; **~tka** *f* (*1c*; *-tek*) Magnetnadel *f*; **~tofon** *m* (*2a*) Tonbandgerät *n*; **~tovat** (*-tuji*) *s. magnetizovat*; **~tovec** *m* (*4*; *-vc-*) Magnetit *m*, Magneteisenstein *m*; **~tový** Magnet-.
magor P *m* (*1*; *-ři*) Narr *m*, Verrückte(r) *m*.
mahagon [-ɔn] *m* (*2*; *6. -u/-ě*) Mahagoni *n*.
mách|ací Spül-; **~at** ⟨*roz-*, *za-*⟩ (*čím*) schwenken (*A*); *Lanze*, *Schwert* schwingen; *mit den Händen* (herum)fuchteln; (co) *Wäsche* schweifen; baden (*v/t*); ~ *se Kinder:* plan(t)schen.
machl|anice *f* (*2a*), **~anina** *f* (*1*) Gewirr *n*; **~e** *f/pl.* (*2*) Machenschaften *pl.*
machna P *f* (*1*; *-chen*) dickes Weib *n*, *verä.* Kasten *m*.
mách|nout *pf.*, *roz-*, *za-* (*-chl*) schwenken (*čím/A*); ~ *rukou* abwinken; **~nutí** *n* (*3*) Hieb *m*; (*Ruder-*)Schlag *m*.
machr P *m* (*1*; *-ové*) Meister *m*; *verä.* Macher *m*, Intrigant *m*.
máj[1] *m* (*4*) Mai *m*; *oslava Prvního* **~e** Maifeier *f*; **~**[2] *f* (*3*) Maibaum *m*.
maják *m* (*2b*) Leuchtturm *m*.
majáles *m* (*2a*) *Prager Maifestspiele.*
majestát *m* (*2*; *6. -u/-ě*) Majestät *f*; *hist.* Majestätsbrief *m*; **~ní** majestätisch.
majetek *m* (*2b*; *-tk-*) Besitz *m*, Eigentum *n*; Vermögen *n*; F Habe *f*; *národní* ~ Volksvermögen; *soukromý* ~ Privateigentum, -besitz; *bez -tku* besitzlos.
majetko|právní besitzrechtlich; **~vý** Besitz-, Eigentums-; Vermögens-; ~ *delikt* Eigentumsdelikt *n*.
majet|nický Eigentums-, **~ník** *m* (*1a*), **~nice** *f* (*2a*) Besitzer(in *f*) *m*, Eigentümer(in *f*) *m*; **~nost** *f* (*4*) Wohlhabenheit *f*; **~ný** wohlhabend.
mající habend; *s. mít*; ~ *převahu*

überlegen; ~ se k životu lebenslustig.

majitel m ⟨3; -é⟩, **~ka** f ⟨1c; -lek⟩ Besitzer(in f) m; (Firmen-)Inhaber(in f) m; **~ský** Besitzer-.

majka f ⟨1c; -jek⟩ Öl- od. Pflasterkäfer m, F Maiwurm m.

májka f ⟨1c; -jek⟩ Maibaum m.

majo|lika f ⟨1c⟩ Majolika f; **~néza** f ⟨1a⟩ Mayonnaise f.

majorán m ⟨2a⟩, **~ka** f ⟨1c; -nek⟩ Majoran m.

majorit|a f ⟨1⟩ Majorität f; **~ní** Majoritäts-.

májový Mai-, poet. Maien-.

majuskule f ⟨2⟩ Typ. Majuskel f.

mák m ⟨2b⟩ Mohn m; Kochk. s ~em Mohn-.

makadlo n ⟨1a; -del⟩ Zo. Fühler m.

makaróny m/pl. ⟨2⟩ Makkaroni pl.

mak|at ⟨do- se, na-, za- si⟩ tasten, fühlen; P umhertappen; P schuften, ackern; **~avý** s. hmotný; fig. offensichtlich, -kundig.

Makedonec m s. Macedonec.

makléř m ⟨3⟩ Makler m.

máknout pf. ⟨-kl/-knul⟩ anfassen, anrühren ⟨na k-o, co/A⟩.

makov|ec m ⟨4; -vc-⟩ Mohnkuchen m; **~ice** f ⟨2a⟩ Mohnkapsel f; Arch. Turmknauf m; P iron. Birne f, Schädel m; **~iště** n ⟨2a⟩ Mohnfeld n; **~ý** Mohn-; P není to takové, ani -vé es ist nichts Halbes und nichts Ganzes.

makrela f ⟨1a⟩ Makrele f.

makul|ář m ⟨4⟩ Konzept n; **~atura** [-tu:-] f ⟨1d⟩ Makulatur f.

malagský Malaga-; -ké víno Malaga (-wein) m.

Malaj|ec m ⟨3; -jc-⟩, **~ka** f ⟨1c; -jek⟩ Malaie m, -in f; **~ský** malaiisch, Malaien-; **~ština** f ⟨1⟩ Malaiisch n.

malarický Malaria-.

malári|e f ⟨2⟩ Malaria f; **~ový** Malaria-.

malarik m ⟨1a⟩ Malariakranke(r) m.

malátn|ět ⟨z-⟩ ⟨3 Pl. -ějí⟩ ermatten, erlahmen, schwach werden; erschlaffen; **~ý** matt, kraftlos, F schlapp; abgespannt; Hitze usw. ermüdend, quälend.

malba f ⟨1; -leb⟩ Malerei f; Gemälde n; Anstrich m; Wandbemalung f.

malebn|ost f ⟨4⟩ Malerische(s) f; Farbenreichtum m; **~ý** malerisch.

málem Adv. beinahe, fast.

malíček m ⟨2b; -čk-⟩ s. malík.

maličk|o Adv. sehr wenig; ein (klein) wenig; kurze Zeit, F ein Weilchen; od -ka von klein auf; **~ost** f ⟨4⟩ Kleinigkeit f; fig. Kindheit f; † moje ~ meine Wenigkeit; **~ý** (sehr, ganz) klein, winzig; gering(fügig).

malicher|nost f ⟨4⟩ Kleinlichkeit f; Geringfügigkeit f; Belanglosigkeit f; verä. Nichtigkeit f, P Kleinkram m; **~ný** kleinlich; geringfügig.

malík m ⟨2b⟩ kleiner Finger m; kleine Zehe f.

malili|čký, **~nký** F s. maličký.

malin|a f ⟨1⟩ Himbeere f; **~í** n ⟨3⟩ Himbeergestrüpp n.

malininký F s. maličký.

malinov|í n ⟨3⟩ s. maliní; **~ovka** F ⟨1c; -vek⟩ Himbeersaft m od. -limonade f; **~ový** Himbeer-.

malírna f ⟨1; -ren⟩ Malerwerkstatt f.

malíř m ⟨3⟩, **~ka** f ⟨1c; -řek⟩ Maler m, Malerin f; **~ský** Maler-; **~ství** n ⟨3⟩ Malerei f.

málo n ⟨1a⟩ das Wenige f; Adv. wenig; kurz ⟨před vor⟩; tuze ~ allzuwenig; ~ dobrého wenig Gutes; začít s -lem klein anfangen; bez -la fast, beinahe.

malo- in Zssgn klein-, Klein-.

málo|co selten etwas; **~kde** selten wo; **~kdo** selten jemand; **~kdy** selten (einmal); **~který** selten ein.

malo|listý Bot. kleinblättrig; **~městský** kleinstädtisch; **~měšťácký** kleinbürgerlich; **~měšťák** m ⟨1b⟩ Kleinbürger m; **~měšťan** m ⟨1; -é⟩ Kleinstädter m.

málomluv|nost f ⟨4⟩ Wortkargheit f; **~ný** wortkarg.

malomoc f ⟨4⟩ Ohnmacht f; **~enství** n ⟨3⟩ Med. Aussatz m; **~ný** ohnmächtig; Med. aussätzig.

malomysl|nět ⟨z-⟩ ⟨3 Pl. -ějí⟩ verzagen, den Mut verlieren; **~nost** f ⟨4⟩ Verzagtheit f, Kleinmut m; **~ný** verzagt, kleinmütig.

maloobchod m ⟨2; 6. -ě/-u⟩ Kleinhandel m; **~ník** m ⟨1a⟩ Kleinhändler m.

malo|rážka f ⟨1c; -žek⟩ Kleinkalibergewehr n; **~rolník** m ⟨1a⟩ Kleinbauer m; **~ský** f ⟨4⟩ Kleinheit f; **~stranský** aus (od. in) Malá Strana (Prager Stadtteil „Kleinseite").

malou|čký, **~nký** F s. maličký.

malování 190

malov|ání n (3) Malen n, Malerei f; ~**aný** gemalt; ~**at** ⟨na-, po-, vy-⟩ (-luji) malen.
malo|věrný kleingläubig; ~**výrobce** m (3) Kleinproduzent m.
malta f (1) Mörtel m.
malt|án m (1), ~**éz** m (1; -ové) Malteser(ritter) m; ~**(éz)ský** Malteser-.
malůvka f (1c; -vek) Volksmalerei f.
malvaz m (2a) Malvasier(wein) m.
malý (Komp. menší) klein, Klein-; Wert: gering; Schuhe: eng; Stunde: knapp; ~ **mozek** Anat. Kleinhirn n.
mam m (2a) Trug m, Täuschung f.
mám s. mít.
máma F f (1) Kdspr. Mutti f, Mama f.
mám|ení n (3) Täuschung f; ~**idlo** n (1a; -del) Blendwerk n.
maminka F f (1c; -nek) Mutter f, Kdspr. Mutti f.
mámi|t ⟨o-⟩ betrügen; ~**vý** täuschend; trügerisch.
mamka F f (1c; -mek) s. matka.
mamlas m (1; -ové) verä. Lümmel m.
mamon m (2a) Mammon m; ~**it** dem Mammon dienen, F Geld zusammenscharren.
mamut m (1) Mammut n; ~**í** Mammut-.
man m (1; -ové) Vasall m, Lehensmann m.
maňas P m (2) Puppe f.
manda P f (1) Dicke f (Frau).
mandant m (1), ~**ka** f (1c; -tek) Jur. Mandant(in) f) m.
mandarínka f (1c; -nek) Mandarine f.
mandát m (2; 6. -u/-ě) Mandat n.
mandel m (4) Mandel f (= 15 Stück); Getreidepuppe f; F fig. a. Haufen m; ~**inka** f (1c; -nek) Blattkäfer m.
mandl m (2a) (Wäsche-)Mangel f, Rolle f; ~**e** f (2) Anat. Mandel f; zánět -**lí** Mandelentzündung f; ~**oň** f (3) Mandelbaum m.
mandlov|at ⟨vy-, z-⟩ (-luji) Wäsche mangeln, durch die Rolle drehen; ~**itý** mandelförmig.
mandolína f (1) Mandoline f.
maně, maní Adv. zufällig, unwillkürlich.
manekýn m (1) Dreßman m; ~**ka** f (1c; -nek) Mannequin n, Vorführdame f.

manévr m (2a) Manöver n; fig. Kunstgriff m; ~**ovací** Manövrier-; ~**ovat** ⟨vy-, za-⟩ (-ruji) manövrieren; ~**ový** Manöver-.
manéž f (3) Manege f.
mangan m (2a) Mangan n.
mánie f (2) Med. Manie f.
manifest [-nɪ-] m (2a) Manifest n; ~**ace** f (2) Kundgebung f, Demonstration f; ~**ační** Manifestations-; ~ **přísaha** Jur. Offenbarungseid m; ~**ovat** (im)pf. (-tuji) v/t manifestieren, offenbaren; v/i demonstrieren, an e-r Kundgebung teilnehmen.
manikúr|a [-nɪ-] f, **manikýr|a** f (1d) Maniküre f; ~**ovat** (-ruji) maniküren.
manipul|ace [-nɪ-] f (2) Manipulation f; Handhabung f, a. Machenschaft f; ~**ovat** ⟨vy-, z-⟩ (-luji) manipulieren.
mansard|a f (1) Mansarde f; ~**ní**, ~**ový** Mansarden-.
mans|ký Lehens-; ~**tví** n (3) Lehen n.
manufaktura [-tu:-] f (1d) Manufaktur f.
manýra f (1d) Manier f; F -ry pl. a. Benehmen n.
manžel m (1; -[ov]é; 4 Pl. -y/-e) Gatte m, Gemahl m; nur pl. ~**é** Eheleute pl., Ehepaar n; ~**ka** f (1c; -lek) Gattin f, Gemahlin f; ~**ský** Ehe-; ~ **slib** Eheversprechen n, Jur. Ehegelöbnis n; ~**ství** n (3) Ehe f, lit. Ehestand m; ~ **na oko** Scheinehe.
manžet|a f (1) Manschette f; Stulpe f; ~**ový** Manschetten-.
map|a f (1) (Land-)Karte f; Mappe f; ~**ovat** ⟨z-, za-⟩ (-puji) kartographisch aufnehmen.
marasmus [-zm-] m (2a; -sm-) Altersschwäche f.
marast m (2; 6. -u/-ě) Morast m.
maratón m (2a) = ~**ský**: ~ **běh** Sp. Marathonlauf m; ~**ec** m (3; -nc-) Marathonläufer m.
marcipán m (2; 6. -u/-ě) Marzipan n.
margarín m (2; 6. -u/-ě) Margarine f; ~**ový** Margarine-.
mariánský Geogr., Rel. Marien-.
mar|ína f (1) Marine f; ~**iňák** F m (1a) Marinesoldat m, Matrose m.
marin|áda f (1) Marinade f; ~**ovat** (im)pf. (-nuji) marinieren.
marjánka f (1c; -nek) s. majoránka.

mark|a f (1c; -rek) Mark f (Geld); ~ový Mark-.
markrab|ě m (wie n 4a, Pl. a. m 1; -ové) Markgraf m; ~ěnka f (1c; -nek) Markgräfin f.
marketán m (1), ~ka f (1c; -nek) Marketender(in f) m.
markýz m (1 od. 3) Marquis m; ~a f (1a) Marquise f; Markise f.
marmeláda f (1) Marmelade f.
marně vergebens, umsonst.
márnice f (2a) (Friedhofs-)Leichenhalle f.
marn|it ⟨pro-, z-⟩ verschwenden, vergeuden; ~ivec m (3; -vc-) eitler Mensch m; ~ivost f (4) Eitelkeit f; ~ivý eitel; ~ost f (4) Erfolglosigkeit f, Zwecklosigkeit f.
marnotratn|ík m (1a) Verschwender m; ~ost f (4) Verschwendung(ssucht) f; ~ý verschwenderisch.
marný vergeblich; lit. eitel.
maro|cký marokkanisch; ~čan m (1; -é) Marokkaner m.
marod P krank, † Mil. marode.
Maroko n (1b) Marokko n.
Mar|s m (1; -rt-) Myth. Mars m; Astr. (2a; -rs-) Mars m; obyvatel -su Marsbewohner m, ~sovský, ~tovský Mars-.
marš P m (4) Marsch m; Int. marsch!; ~ál m (1; -ové) Marschall m; ~álový Marschall-; ~e f (2) Geogr. Marsch(landschaft) f.
martin|ka P f (1c; -nek) Tech. Martinsofen m; ~ský (Sankt-) Martins-; Tech. Martin-.
marxis|mus [-zm-] m (2a; -ism-) Marxismus m; ~ta m (5a), ~tka f (1c; -tek) Marxist(in f) m; ~tický [-tī-] marxistisch.
máry f/pl. (1) Totenbahre f.
mařinka f (1c; -nek) Bot. Waldmeister m.
mařit ⟨z-⟩ v/t verderben; Plan vereiteln; Zeit vergeuden.
masa f (1a) Masse f; (Volks-) Menge f.
masakr m (2a) Massaker n, Gemetzel n; ~ovat ⟨im⟩pf. ⟨z-⟩ ⟨-ruji⟩ massakrieren, niedermetzeln.
masař|it ⟨z-⟩ morden; P Sp. roh spielen, holzen; ~ka f (1c; -řek) Schmeißfliege f.
masáž f (3) Massage f; ~ní Massage-.
másel|natý butterhaltig; ~nice f (2a) Butterfaß n; ~ník m (2b) But-

tertopf m; Bot. Butterpilz m; ~ný Butter-.
masér (1; -ři) Masseur m; ~ka f (1c; -rek) Masseurin f, Masseuse f; ~ský Massage-.
masíčko F n (1b; -ček) s. maso; gutes, schmackhaftes Fleisch.
masírovat ⟨pro-, z-⟩ ⟨-ruji⟩ massieren.
masit|ost f (4) Fleischigkeit f; ~ý fleischig, Fleisch-.
masiv, masív m (2a) Massiv n; ~ní massiv; Tech. Massiv-.
mask|a f (1c; -sek) Maske f; fig. Schein m, Heuchelei f; ~ér m (1; -ři) Thea. Maskenbildner m; ~ovací Tarn-; ~ovat ⟨na-, za-⟩ ⟨-kuji⟩ maskieren; verbergen; Mil. tarnen.
másl|árna f (1; -ren) Butterfabrik f; ~o n (1a) Butter f; ~ovka f (1c; -vek) Bot. Butterbirne f; ~ový Butter-; -vé těsto Butter- od. Blätterteig m.
masný Fleisch-.
maso n (1a) Fleisch n; čerstvé ~ Frischfleisch; škrabané ~ Schabefleisch; strojek od. mlýnek na ~ Fleischwolf m; ~jed m (1), ~jídek m (1a; -dk-) leidenschaftlicher Fleischesser m; P Zo. Neuntöter m, Würger m.
masopust m (2; 6. -u/-ě) Karneval m, Fasching m, Fastnacht f; ~ní Karnevals-; Faschings-.
masový¹ Massen-; massenhaft.
masový² Fleisch-; fleischfarben; být ~ gern Fleisch essen.
masožrav|ec m (3; -vc-) Zo. Fleischfresser m; ~ý fleischfressend.
mast f (4) Salbe f; ~ na rány, na spáleniny Wund-, Brandsalbe; fig. všemi ~mi mazaný mit allen Wassern gewaschen.
mást ⟨po-, z-⟩ ⟨matu, matl, maten⟩ irreführen, verwirren, F den Kopf verdrehen; nedám se ~ ich lasse mich nicht beirren; ~ (co) verwechseln, F durcheinanderbringen; ~ se sich irren; irre werden.
mastek m (2b; -tk-) Min. Speckstein m, Talk m.
masticí Einfett-, Schmier-.
mastičkář m (3) Quacksalber m; Kurpfuscher m; ~ství n (3) Kurpfuscherei f.
mast|idlo n (1a; -del) (Schmier-) Fett n; Tech. Schmiermittel n; s. omastek; ~it ⟨na-, za-⟩ ⟨-štěn⟩ Kochk. mit Fett (od. Butter) an-

mastkový 192

machen; *Tech.* schmieren; *Schuhe, Haar* einfetten; P ~ karty Karten spielen; ~ si kapsu sich die Taschen füllen; ~**kový** *Min.* Talk-; ~**nota** *f* (*1*) Fett(igkeit *f*) *n*; *zbavit -ty Tech.* entfetten; entölen; ~**ný** Fett-, fett; fettig; F *fig.* gesalzen, gepfeffert; *Arbeit*: schwierig.

máš *s.* mít.

mašin|a A F *f* (*1*) Maschine *f*; Lok(omotive) *f*; Wagen *m*, Schlitten *m* (*Auto*); ~**érie** *f* (*2*) Maschinerie *f*, Getriebe *n*.

mašírovat P ⟨*do-, za-*⟩ (*-ruji*) marschieren.

maškar|a *f* (*1d*) Maske *f* (*Person*); Maskenkostüm *n*; *verä.* häßliches Weib *n*; ~**áda** *f* (*1*) Maskerade *f*, Maskenzug *m*; *iron.* Aufzug *m* (*Kleid*); ~**ní** Masken-.

mašl|e *f* (*2*), *Dim.* ~**ička** *f* (*1c; -ček*) Schleife *f*; ~**ovat** ⟨*po-*⟩ (*-luji*) *Kochk.* bestreichen.

maštal P *f* (*3*) Pferdestall *m*; *hist.* Marstall *m*.

maštění *n* (*3*) *s.* mastit.

mat *m* (*2a*) Matt *n* (*Schachspiel*).

máta *f* (*1*) *Bot.* Minze *f*; peprná ~ Pfefferminze.

matador *m* (*1; -ři*) Matador *m*; *iron. a.* Manager *m*, Chef *m*, Boß *m*.

matčin, ~**a**, ~**o** (*Possessiv-Adj.*) Mutter-, mütterlich; *z* ~*y strany* mütterlicherseits.

matečn|í *s.* matečný; ~**ík** *m* (*2b*) Weiselzelle *f*; ~**ý** Mutter-; Zucht-.

matěj F *m* (*3*) Dummkopf *m*; *Jagdw.* Hase *m*.

matemati|cký [-tɪ-] mathematisch; ~**k** *m* (*1a; -ové*), ~**čka** *f* (*1c; -ček*) Mathematiker(in *f*) *m*; ~**ka** *f* (*1c*) Mathematik *f*.

maten|í *n* (*3*) Verwirrung *f*; ~ *pojmů* Begriffsverwirrung; ~**ice** † *f* (*2a*), ~**ina** † *f* (*1*) Gewirr *n*.

materiál *m* (*2; 6. -u/-e*) Material *n*, Stoff *m*.

materialis|mus [-izm-] *m* (*2a; -ism-*) Materialismus *m*; ~**ta** *f* (*5a*), ~**tka** *f* (*1c; -tek*) Materialist(in *f*) *m* (*a. fig.*); † *a.* Drogist(in *f*) *m*; ~**tický** [-tɪ-] materialistisch.

materiál|ní Material-; materiell; ~**ový** Material-.

matérie *f* (*2*) Materie *f*.

mateřídouška *f* (*1c; -šek*) *Bot.* Quendel *m*.

mateř|ský mütterlich, Mutter-; Stamm-; ~**ká škola** Kindergarten *m*; ~ *ústav* Stamminstitut *n*; ~**ství** *n* (*3*) Mutterschaft *f*; ~**ština** *f* (*1*) Muttersprache *f*.

máti *f* (*3; mateř-*) P *u. lit.* Mutter *f*.

mati|ce *f* (*2a*) Schraubenmutter *f*; *Math.* Matrize *f*; (*oft* ♀) (*nationaler Kultur-*) Verein *m*, Fonds *m*; ~**čka** *f* (*1c; -ček*) Mütterlein *n*, Mütterchen *n*; *skákavá -ko!* F du heiliger Bimbam!; ~**ční** Vereins-; ~**nka** *f* (*1c; -nek*) *s.* matička.

matka *f* (*1c; -tek*) Mutter *f*; Schraubenmutter *f*; (*Bienen*-)Königin *f*; *Anat.* Gebärmutter; *Bot.* Keimlager *n*; *nevlastní* ~ Stiefmutter; F *krkavčí* ~ Rabenmutter; ♀ *boží* Mutter Gottes; *Den -tek* Muttertag *m*.

matkovrah *m* (*1a; -ové/-zi*) Muttermörder *m*.

matla|fous F *m* (*1*) Tolpatsch *m*, Trottel *m*; ~**nina** *f* (*1*) Durcheinander *n*; Kauderwelsch *n*; ~**t se** F ⟨*po-, za-*⟩ (*v čem*) herumstochern (*in D*); pantschen; (*s čím*) (herum)hantieren *od.* -basteln (*an D*).

matn|ice *f* (*2a*) *Fot.* Mattscheibe *f*; ~**ost** *f* (*4*) Mattheit *f*; ~**ý** matt; trüb; undeutlich; *Schritt, Lächeln*: müde; *-ně na to vzpomínám* ich erinnere mich dunkel.

mátoha *f* (*1b*) Gespenst *n*; Trugbild *n*; *nur pl. -hy* Dämmerzustand *m*, Trance *f*; *jako v -hách* wie im Traum, geistesabwesend.

matoliny *f/pl.* (*1*) Trester *m/pl.*

matov|at ⟨*z-*⟩ (*-tuji*) mattieren; ~**ý** *s.* matný.

mátový Pfefferminz-.

mátožn|ost *f* (*4*) Unklarheit *f*; (*körperlich*) Mattigkeit *f*, Schwäche *f*; ~**ý** gespensterhaft; undeutlich; matt, schwach.

matrace *f* (*2*) (*žíněná Roßhaar-*) Matratze *f*.

matri|ce *f* (*2a*) Matrize *f*, Mater *f*; ~**ční** standesamtlich, Standesamt-, *öst.* Matrikel-.

matrik|a *f* (*1c*) Personenstandsregister *n*, *öst.* Matrikel *f*; ~**ář** *m* (*3*) Standesbeamter *m*, *öst.* Matrikelführer *m*; ~**ový** Matrikel-; *fig.* Schein-, nominell.

matróna *f* (*1*) Matrone *f*.

matróz *m* (*1*) Matrose *m*; ~**ový** Matrosen-.

matur|a P *f* (*1d*) *s.* maturita; ~**ant** *m*

(*1*), **~antka** *f* (*1c*; *-tek*) Abiturient *m*, Abiturientin *f*, öst. Maturant *m*, Maturantin *f*; **~ita** *f* (*1*) Abitur *n*, Reifeprüfung *f*, öst. Matura *f*; **~itní** Abitur-; **~ovat** (*im*)*pf*. (*-ruji*) das Abitur machen, die Reifeprüfung ablegen, öst. maturieren, die Matura machen.

Maur *m* (*1*; *-ové/-ři*) Maure *m*; **~etánie** *f* (*2*) Mauretanien *n*; **~ský** maurisch.

mauzoleum *n* (*5*) Mausoleum *n*.

máv|ání *n* (*3*) Winken *n*; Schwingen *n*; **~at** ⟨*roz-, za-*⟩, **~nout** *pf.* (*-vl*) winken (*čím* mit *D*); schwenken (*A*); *Schwert, Lanze* schwingen; ~ odmítavě abwinken; *-at rukama* mit den Händen (herum)fuchteln; **~nutí** *n* (*3*) *s.* mávání.

maxim|a *f* (*1*) Maxime *f*; **~ální** maximal, Maximal-, Höchst-.

maz *m* (*2a*) Schmiere *f*; (*Stärke-*) Kleister *m*; *ušní* ~ Ohrenschmalz *m*.

máz *m* (*2*; *6. -u/-e*) Maß *f* (*Bier*).

maz|acf Schmier-; **~ačka** F *f* (*1c*; *-ček*) Schmiervorrichtung *f*; **~adlo** *n* (*1a*; *-del*) Schmiermittel *n*; (*Wagen-*)Schmiere *f*; **~ák** F *m* (*1a*) alter Haudegen *m*; **~al** *m* (*1*; *-ové*) Schmierer *m*, Kleckser *m*; **~anec** *m* (*4*; *-nc-*) Osterbrot *n*, -kuchen *m*; **~ánek** F *m* (*1a*; *-nk-*) Schoßkind *n*; *maminčin* ~ Muttersöhnchen *m*; **~ání** *n* (*3*) *Tech.* Schmierung *f*; *Med.* Einreibung *f*, Salbe *f*; *Kochk.* Füllung *f*.

mazan|ice *f* (*2a*), **~ina** *f* (*1*) Geschmiere *n*, Gekritzel *n*; Lehmboden *m*; P *a.* Schlägerei *f*; **~ost** F *f* (*4*) Gerissenheit *f*, Raffiniertheit *f*; **~ý** geschmiert; *fig.* gerissen, gerieben.

mazat ⟨*na-, po-, za-*⟩ ⟨*-žu/-ži*⟩ schmieren (*a. fig.*); einreiben; (ein)ölen; beschmieren; *Tonaufnahme* löschen; *Tafel* abwischen; P *a.* hauen, prügeln; *vgl. mastit;* P *koukej* ~! hau ab!, verschwinde!; ~ *se* schmierig sein; sich beschmutzen.

mazav|ka F *m* (*5*) Zechbruder *m*, Trinker *m*; **~ý** schmierig.

mázdra *f* (*1d*; *-der*) dünne Haut *f*, Häutchen *n*.

mazivo *n* (*1*) Schmiermittel *n*, -stoff *m*.

mazl|avý schmierig; klebrig; *-vé mýdlo* Schmierseife *f*; **~íček** *m* (*1*;

-čk-) Liebling *m*; *s. mazánek*; **~it se** ⟨*po-*⟩ (*s kým*) F schmusen (mit), liebkosen, herzen (*A*); (*s čím*) sich beschäftigen, spielen (mit); *bei der Arbeit* trödeln; **~ivý** zärtlich, (liebkosend; *Kose-* (*z. B. Name*).

mazni|ce *f* (*2a*) Schmiergefäß *n*, -topf *m*; Öler *m*; Fettbüchse *f*, **~čka** *f* (*1c*; *-ček*) Ölkännchen *n*, Handöler *m*.

máznout *pf.*, *o-, po-* (*-zl*; *-znut*) *s.* mazat.

mazurka *f* (*1c*, *-rek*) Mazurka *f*.

mdl|ít ⟨*o-*⟩ (*3 Pl. -ejí*; *-el*) *e-n* Schwächeanfall bekommen; ohnmächtig werden, in Ohnmacht fallen; **~oba** *f* (*1*) Schwäche *f*; *oft Pl. -by* Ohnmacht *f*; *jdou na něj -by* er wird ohnmächtig; **~ý** schwach, matt; *Geschmack:* fad(e).

mé *s. můj*.

mě mich; *s. já*.

meandr *m* (*2a*) Mäander *m*.

mecenáš *m* (*3*) Mäzen *m*.

meč *m* (*4*) Schwert *n*; *po ~i hist.* in männlicher Linie.

mečet ⟨*roz- se, za-*⟩ *Ziege:* meckern.

meč|ík *m* (*2b*) (*Kurz-*)Schwert *n*; *Bot.* Schwertlilie *f*; **~oun** *m* (*1*) Schwertfisch *m*; **~ovitý** schwertförmig; **~ový** Schwert-.

med *m* (*2a*) Honig *m*; *sladký jako* ~ honigsüß; *fig. to není žádný* ~ das ist kein Honiglecken.

měď *f* (*4d*; *-di*, *-dmi*) Kupfer *n*.

medail|e *f* (*2*) Medaille *f*; **~ón** *m* (*2a*) Medaillon *n*.

medák P *m* (*1a*) Hummel *f*.

měďá|k *m* (*2b*) Kupfermünze *f*; **~rna** *f* (*1*; *-ren*) Kupferhütte *f*, -werk *n*.

měděn|ka (*1c*) Grünspan *m*; **~ý** Kupfer-, kupfern.

medi- *in Zssgn* Kupfer-.

mediální [*-dɪ-*] Medial-, medial.

mediatiz|ace [*-dɪatɪ-*] *f* (*2*) *Pol.* Einverleibung *f*; **~ovat** (*im*)*pf*. (*-zuji*) *Pol.* einverleiben; *Jur.* mediatisieren.

medi|cína [*-dɪ-*] *f* (*1*) Medizin *f*; **~cinální** Medizinal-; **~čka** *f* (*1c*; *-ček*) Medizinerin *f*; **~k** *m* (*1*) Mediziner *m*.

mědi|kovec *m* (*3*; *-vc-*) Kupferschmied *m*; **~nosný** kupferhaltig; **~ryt** *m* (*2a*), **~rytina** *f* (*1*) Kupferstich *m*; **~rytec** *m* (*3*; *-tc-*) Kupferstecher *m*.

medit si P ⟨*po-*⟩ an e-r Sache Gefallen finden.
medit ⟨*po-*⟩ verkupfern.
meditace [-dɪ-] *f* (2) Meditation *f*.
měditisk *m* (2b) Kupfer(tief)druck *m*.
meditovat [-dɪ-] ⟨*za- si*⟩ (*-tuji*) meditieren.
médium [-dɪ-] *n* (5) Medium *n*.
medle † nun, denn.
měďnatý kupferartig; kupferhaltig; -tě červený kupferrot.
med|ník *m* (2b) *Bot.* Honigkelch *m*; (*Imkerei*) Honigraum *m*; ~ný Honig-.
medo|met *m* (2a) Honigschleuder *f*; ~nosný honighaltig; ~vina *f* (1) Met *m*; ~vitý honigartig; ~vka *f* (1c; -vek) Honigbiene *f*; ~vý Honig-; honigfarben; *fig.* honigsüß.
meduňk|a *f* (1c; -něk) *Bot.* Melisse *f*; ~ový Melissen-; ~ líh Melissengeist *m*.
medvěd *m* (2a) Bär *m*; *Astr. Malý, Velký ~* Kleiner, Großer Wagen; ~í Bären-; ~ice *f* (2a) Bärin *f*; ~ina *f* (1) Bärenfell *n*; Bärenfleisch *n*.
medvíd|ě *n* (4a; *Pl. -ďat-*) junger Bär *m*, (*Bären-*)Junge(s) *n*; ~ek *m* (1; *-dk-*) kleiner Bär *m*; Teddybär *m*; *Zo.* Waschbär *m*.
megafon *m* (2a) Megaphon *n*.
megaloman *m* (1) größenwahnsinniger Mensch *m*; ~ie [-nɪ-] *f* (2) Größenwahn *m*.
mého *s. můj*.
mech *m* (2b) Moos *n*.
měch *m* (2b) Blasebalg *m*; *Tech.* Gebläse *n*; *Jagdw.* Sacknetz *n*; ~ na víno Weinschlauch *m*.
měchačka *f* (1c; -ček) Kochlöffel *m*; Rührlöffel *m*.
mechani|cký [-nɪ-] mechanisch; ~k *m* (1) Mechaniker *m*; ~ka *f* (1c) Mechanik *f*; *jemná ~* Feinmechanik; ~zace *f* (2) Mechanisierung *f*; ~zovat ⟨z-⟩ (*-zuji*) mechanisieren.
mecho|rost *m* (2a) Moospflanze *f*; ~vatý mit Moos bewachsen; ~vina *f* (1), ~viště *n* (2a) Moosfläche *f*; ~vitý moosartig; ~vý Moos-; ~vka *f* (1c; -vek) *Bot.* Moosröschen *n*; *Zo.* Moostierchen *n*.
měch|uřina *f* (1) Tabak(s)beutel *m*; ~ýř *m* (1) *Anat.* Blase *f*.
mejdan P *m* (2a) (*Tanz-*)Vergnügen *n*.
mekat *s. mečet*.

měk|čení *n* (3) *Gr.* Erweichung *f*; *Tech.* Enthärtung(sverfahren *n*) *f*; ~čit ⟨*roz-, z-*⟩ weich machen; *Gr.* erweichen; lockern; *Wasser* enthärten; ~kost *f* (4) Weichheit *f*; ~ký (*Komp. -čí*; *Adv. -ce, -ko, Komp. -čeji*) weich; na -ko *Ei*: weichgekocht; *Gr. -ce vyslovit* weich aussprechen; F ~ *jako máslo* butterweich; ~kýš *m* (3) Weichtier *n*, Molluske *f*; ~nout ⟨z-⟩ (*-kl*) weich werden; *fig.* gerührt werden; ~nutí *n* (3) (*mozku* Gehirn-)Erweichung *f*.
mekot *m* (2a) Meckern *n*.
měkou|čký, ~nký F (*Adv. -ce*) sehr (*od.* ganz) weich.
měl[1] *s. mít;* ~[2] *f* (4) Schrot *m*; (*Torf-*)Mull *m*; *Geogr.* Nehrung *f*.
mela *f* (1a) Tumult *m*, Getümmel *n*; *fig.* Spaß *m*, *öst.* Hetz *f*; Prügelei *f*; *fig.* Spaß *m*, *öst.* Hetz *f*.
melanchol|ický melancholisch; ~ie *f* (1) Melancholie *f*; ~ik *m* (1) Melancholiker *m*.
melanž *f* (3) Mischung *f*; ~ér *m* (2a) *Tech.* Mischmaschine *f*.
melasa *f* (1a) Melasse *f*.
mělčina *f* (1) seichte Stelle, Untiefe *f*; Sandbank *f*.
melhuba P *m* (5) Schwätzer *m*, Maulheld *m*.
melior|ace *f* (2) *Agr.* Melioration *f*; ~ovat ⟨z-⟩ (*-ruji*) meliorieren.
melisa *f* (1a) *Bot.* Melisse *f*.
mělivo *n* (1) Mahlgetreide *n*, Mahlgut *n*.
měl|kost *f* (4) Seichtheit *f*; *fig. a.* Oberflächlichkeit *f*; ~ký (*Komp. -čí/-čejší*) seicht; *fig. a.* oberflächlich.
melodi|cký [-dɪ-] melodisch; ~e *f* (2) Melodie *f*.
melodram *m* (2a) Melodrama *n*.
melouch F *m* (2b) Schwarzarbeit *f*, Nebenbeschäftigung *f*; ~ář *m* (3) Schwarzarbeiter *m*; ~ařit F schwarzarbeiten.
meloun *m* (2; 6. *-u/-ě*) Melone *f*; ~ový Melonen-.
melu *s. mlít*.
mém *s. můj*.
memoáry *m/pl.* (2) Memoiren *f/pl.*
memoriál *m* (2; 6. *-u/-e*) *Hdl.* Merkbuch *n*; *Sp.* Gedenkwettspiel *n*; *Pol.* Denkschrift *f*.
membrána *f* (1) Membrane *f*; *Anat.* Häutchen *n*.
mému *s. můj*.
měna *f* (1) (*Geld-*)Währung *f*; Än-

meškání

derung *f*, Wechsel *m*; zlatá ~ Goldwährung; ~ měsíce Mondphase *f*.
měňavý (bunt)schillernd.
menáž *f* (3) Menage *f*, Verpflegung *f*.
menažérie *f* (2) Menagerie *f*.
méně weniger; (*Eigenschaft*) minder; *co nej~* so wenig wie möglich, möglichst wenig; *více ~* mehr oder weniger; **~cennost** *f* (4) Minderwertigkeit *f*; **~cenný** minderwertig.
měn|ění *n* (3) Änderung *f*; (*Geld-*) Wechsel *m*, Umtausch *m*; Schillern *n*; **~ič** *m* (4) *El.* Wandler *m*, Umformer *m*; ~ desek Plattenwechsler *m*; **~idlo** *n* (1a; *-del*) Tauschmittel *n*; **~írna** *f* (1; *-ren*) *El.* Umspannwerk *f*, **~it** ⟨pro-, vy-, z-, za-⟩ (ab)ändern, verändern; *Stimme, Wohnsitz, Kleider, Beruf usw.* wechseln; ~ *co v co* verwandeln et. in (*A*); ~ *co zač* tauschen et. gegen (*A*), *s kým* mit (*D*); ~ *se* sich (ver)ändern; *Wetter*: umschlagen; *Bühne*: sich verwandeln; **~itel** *m* (4; *1 Pl. -é/-e*) *Math.* Reduktionszahl *f*; Umrechnungswert *m*, **~ivost** *f* (4) Veränderlichkeit *f*; **~ivý** veränderlich, wandelbar, unbeständig; *Herzen*: † trügerisch; *Seide*: schillernd; **~ný**, **~ový** Währungs-.
menstru|ace *f* (2) Menstruation *f*; **~ační** Menstruations-.
menš|enec *m* (4; *-nc-*) *Math.* Minuend *m*; **~ení** *n* (3) Verminderung *f*, Verkleinerung *f*; **~i s. malý*; **~ina** *f* (1) Minderheit *f*; **~inový** Minderheits- (*z. B. Regierung*); **~it** ⟨u-, z-⟩ vermindern, verkleinern, F kleiner machen; **~itel** *m* (4; *1 Pl. -é/-e*) *Math.* Subtrahend *m*, **~itko** *n* (1b; *-tek*) *Math.* Minuszeichen *n*.
mentalita *f* (1) Mentalität *f*.
ment|em, **~inou** P *Adv.* ganz und gar, völlig.
mentor *m* (1; *-ři*) Mentor *m*, Betreuer *m*; **~ovat** (*-ruji*) schulmeistern.
menuet *m* (2a) Menuett *n*.
měr s. *míra*.
merenda † *f* (1) Tanzvergnügen *n*, (Masken-)Ball *m*.
mergle P *f/pl.* (2) Kröten *f/pl.*, Piepen *f/pl.* (*Geld*).
měrka *f* (1c; *-rek*) *Tech.* Lehre *f*, Schablone *f*.

mermo(mocí) *Adv.* um jeden Preis, unbedingt.
měrný meßbar; Maß-, Meß-; *Phys.* spezifisch.
meruňk|a *f* (1c; *-něk*) Aprikose *f*; **~ový** Aprikosen-.
meruzalka *f* (1c; *-lek*) Johannisbeere *f*.
měř|ení *n* (3) Messen *n*; *Tech.* Messung *f*; ~ *půdy* Landvermessung; **~ice** † *f* (2a) Metze *f* (*Maß*); **~ící**, **~ický** Meß-; geometrisch; **~ictví** *n* (3) Raumlehre *f*; **~ič¹** *m* (3) Landvermesser *m*; **~ič²** *m* (4) Meßgerät *n*; ~ *rychlosti* Geschwindigkeitsmesser *m*; **~ičský** Vermessungs-; **~idlo** *n* (1a; *-del*) Meßinstrument *n*; **~it** ⟨na-, roz-, vy-, z-, za-⟩ messen; *Fläche* ausmessen; *Raum* durchmessen; *Mar.*, *Flgw.* peilen; **~itelný** meßbar; **~ítko** *n* (1b; *-tek*) Maßstab *m*; stupnicové ~ Gradmesser *m*; *brát přísné ~* figen strengen Maßstab anlegen.
mesiáš *m* (3) *Rel.* Messias *m*.
měsíc *m* (4) Monat *m*; (*Astr.* ☾) Mond *m*; *plný ~*, ~ *v úplňku* Vollmond; *nový ~* Neumond; srpek ~ Mondsichel *f*; *po celé ~* monatelang; *za dva ~* e in zwei Monaten.
měsíč|ek *m* (2b; *-čk-*) F lieber (*od.* guter) Mond *m*; *Bot.* Ringelblume *f*; *Med.* Nagelblüte *f*, Halbmond *m*; *při -čku* bei Mondschein; **~čky** *pl. Med.* (Monats-)Regel *f*, F Tage *m/pl.*; **~ní** Mond-; ~ *sonáta Mus.* Mondscheinsonate *f*; *je -no* es ist mondhell; monatlich, Monats-; einmonatig; **~ník** *m* (2b) Monatsschrift *f*; **~ný** Mond-.
měsidlo *n* (1a; *-del*) Mischmaschine *f*; *Kochk.* Knetmaschine *f*.
mest s. *mošt*.
mést ⟨s-, vy-, za-⟩ (*metu, metl, meten*) (aus)kehren, fegen.
městečko *n* (1b; *-ček*) Städtchen *n*.
mestic [*-ti-*] *m* (3) Mestize *m*.
měst|ka *f* (1c; *-tek*) Krampfader *f*; **~nání** *n* (3) *Med.* Stauung *f*; **~nat se** ⟨po-, s-⟩ *Med.* sich stauen.
měst|o *n* (1) Stadt *f*; *hlavní, malé, rodné, venkovské ~* Haupt-, Klein-, Heimat-, Provinzstadt; **~ský** städtisch, Stadt-; **~ys** *m* (4) Marktflecken *m*.
měšec *m* (4; *-šc-*) Beutel *m*.
mešita *f* (1) Moschee *f*.
mešk|ání *n* (3) Säumen *n*, Zögern *n*;

meškat 196

bez ~ unverzüglich; ~at ⟨pro-, z-⟩ zögern (s čím mit D); (kde) verweilen, bleiben, P stecken; † *a. j-n* aufhalten, hindern; **~avý** *Arbeit:* langweilig, endlos.
mešní *Rel.* Meß-.
měšťá|cký kleinstädtisch; bürgerlich; **~ctví** *n* (3) bürgerliche Gesinnung *f*; **~ctvo** *n* (1) (Klein-)Bürgertum *n*, Bourgeoisie *f*; **~k** *m* (1a) Städter *m*, Bürger *m*; Bourgeois *m*.
měšťan *m* (1; -é), **~ka** *f* (1c; -nek) Bürger(in *f*) *m* (e-r *Stadt*); **~ský** bürgerlich, Bürger-; **~ství** *n* (3) Bürgerrecht *n*; **~stvo** *n* (1) Bürgerschaft *f*. [frau *f*.\
měšťka *f* (1c; -těk/-tek) Bürgers-⌟
met *m* (2a) *Turn.* Schwung *m*.
meta *f* (1) Ziel *n*; *Sp.* Mal *n*.
metací *Mil.* Wurf-; *Sp.* Schwung-; **~ stůl** Sprungtisch *m*.
metafyzický metaphysisch.
metal|ický metallisch; **~urgie** *f* (2) Metallurgie *f*.
metan *m* (2a) *Chem.* Methan *n*, Sumpfgas *n*.
met|ání *n* (3) Schleudern *n*, Werfen *n*; **~ař** *m* (3) Straßenkehrer *m*; **~at** ⟨vy-, za-⟩ (co, čím) schleudern, werfen (*A*); **~ los** losen, das Los werfen; *s. mést.*
meteli|ce *f* (2a) Schneegestöber *n*; **~t** F rennen; **~ se** *Schnee:* stöbern.
meteor *m* (2a) Meteor *m*; Sternschnuppe *f*; **~ologický** meteorologisch, Wetter-.
metl|a *f* (1a; -tel) Rute *f*, Gerte *f*; *fig.* Geißel *f*; *Kochk.* Schneeschläger *m*; *dial.* Kehrbesen *m*; **~ice** *f* (2a) *Bot.* Schmielgras *n*.
metod|a *f* (1) Methode *f*; **~ický** [-dr-] methodisch; **~ika** [-dr-] *f* (1c) Methodik *f*; **~ista** [-dr-] *m* (5a) Methodist *m*.
metr *m* (2a) Meter *m od. n*; F *a.* Meister *m*; *skládací* ~ Zollstock *m*; **~ák** F *m* (2b) Meterzentner *m*; **~esa** † *f* (1a) Mätresse *f*, **~ický** metrisch; **~ika** *f* (1c) Metrik *f*, Verslehre *f*.
metro *n* (1b) Untergrundbahn *f*, U-Bahn *f*; **~pole** *f* (2) Metropole *f*; **~polita** *m* (5a) Metropolit *m*.
metrov|ka F *f* (1c; -vek) Metermaß *n*; **~ý** meterlang *od.* -hoch.
metský ~ *salám* Mettwurst *f*.
metu *s. mést.*
metuzalémský ~ *věk* biblisches Alter *n*.

metyl *m* (2a) Methyl *n*; **~én** *m* (2a) Methylen *n*.
mexi|cký mexikanisch; **2čan** *m* (1; -é) Mexikaner *m*; **2ko** *n* (1b) Mexiko *n*.
mez *f* (3) (Feld-)Rain *m*; *fig.* (mst *pl.* ~e) Grenze(n *pl.*) *f*; *v ~ích* im Rahmen, innerhalb (der Grenzen); *klást ~e* Grenzen setzen; *vybočit z ~í* über die Schnur schlagen.
mezanín *m* (2a) *Arch.* Zwischengeschoß *n*.
mezdní Lohn-.
mezek *m* (1b; -zk-) Maultier *n*; *fig. verä.* Esel *m*, Trottel *m*.
mezer|a *f* (1d) Zwischenraum *m*, Lücke *f*; (Zeit-)Intervall *n*; **~ovitý** lückenhaft.
mezi *Prp.* (4. *Fall auf die Frage wohin?/wann?*; 7. *Fall auf die Frage wo?/wann?*) zwischen (*A od.* D), unter (*A od.* D); ~ *okna* zwischen die Fenster; ~ *to* dazwischen; *jít* ~ *lid(i)* unter (die) Menschen gehen; *den padne* ~ *dva svátky* der Tag fällt zwischen zwei Feiertage; ~ *vánocemi a Novým rokem* zwischen Weihnachten und Neujahr; ~ *nebem a zemí* zwischen Himmel und Erde; *číst* ~ *řádky* zwischen den Zeilen lesen; ~ *námi* unter uns; ~ *čtyřma očima* unter vier Augen; *smlouva* ~ *dvěma sousedy* ein Vertrag zwischen zwei Nachbarn; ~ *sebou* miteinander, untereinander; ~ *jídlem* während des Essens; ~ *řečí* im Laufe des Gesprächs; ~ *týdnem* im Laufe der Woche; ~ *psaním* beim Schreiben.
mezi- *in Zssgn* Zwischen-, zwischen-; inter-; **~aktí** *n* (3) *Thea.* Zwischenakt *m*; **~běh** *m* (2b) *Sp.* Zwischenlauf *m*; **~buněčný** interzellular; **~dobí** *n* (3) Zwischenzeit *f*; **~hra** *f* (1d; -her) Intermezzo *n* Zwischenspiel *n*; **~kolo** *n* (1a) *Sp.* Zwischenrunde *f*; **~kontinentální** interkontinental; **~kruží** *n* (3) *Geom.* Kreisringfläche *f*; **~městský** zwischen zwei Städten, interurban; *Tech.* Überland-; *Telefongespräch, Verkehr:* Fern-; **~mozek** *m* (2b; -zk-) *Anat.* Zwischenhirn *n*; **~národní** international; **~obchod** *m* (2) Zwischenhandel *m*; **~paluba** *f* (1), **~palubí** *n* (3) Zwischendeck *n*; **~parlamentární** interparlamenta-

risch; ~**pásmový** Interzonen-; ~**patří** n (3), ~**patro** n (1; 6. -tře; 2 Pl. -ter) Zwischengeschoß n; ~**planetární** interplanetarisch; ~**plodina** f (1) Agr. Zwischenfrucht f; ~**přistání** n (3) Flgw. Zwischenlandung f; ~**řádkový** interlinear, zwischen den Zeilen; ~**říčí** n (3) Land n zwischen zwei Flüssen, Zwischenstromland n; ~**státní** zwischenstaatlich; ~**stěna** f (1) Zwischenwand f; ~**tím** inzwischen, währenddessen; ~**tímco** während; ~**vládí** n (3) Interregnum n.

mezk|ař, ~ář m (3) Mauleseltreiber m.

mez|ní Grenz-; Agr. Rain-; ~**ník** m (2b) Grenzstein m; fig. Meilenstein m; ~**ný** Tech. Grenz-.

mhou|rat ⟨za-⟩ blinzeln; Licht: flackern; ~**ravý** blinzelnd; flakkernd; ~**řit** ⟨při-, za-⟩: ~ oči blinzeln; fig. (před něčím vor D) die Augen verschließen.

mi mir; s. já.

míca F f (1a; 2. -i), **micka** F f (1c; -cek) Mieze(katze) f.

míč m (4) Ball m; Sp. plný (od. těžký) ~ Medizinball; vysoký ~ Kerze f; ~**ový** Ball-.

migréna f (1) Migräne f.

mih m (1b) lit. Augenblick m; ~**em**, v ~**u** augenblicklich, im Nu.

míha|t s. mihnout; ~**vý** flimmernd.

mih|nout pf., pro-, za- (-hl) (vorüber)huschen; Auto, Zug: vorbeisausen; Licht: flackern; Blitz: zucken; Gedanke: durch den Kopf schießen, plötzlich kommen; ~**otat se** ⟨za-⟩ Licht: flackern; Sterne: schimmern; Film: flimmern; ~**otavý** flackernd; schimmernd.

mihule f (2) Zo. Flußneunauge n.

mícha f (1b) Anat. Rückenmark n.

mícha|cí Misch-; Kochk. Rühr-; ~**čka** f (1c; -ček), ~**dlo** n (1a; -del) Mischmaschine f, Mischer m.

mích|ání n (3) Mischen n; Rühren n; ~**anice** f (2a), ~**anina** f (1) Gemisch n; Chem. Gemenge n; ~**aný** gemischt; Kochk. gerührt; -ná vejce Rührei(er pl.) n; ~**at** ⟨pro-, s-, za-⟩ mischen; Eier, Teig rühren; (k-o do č-o j-n in A) hineinziehen; ~ se do č-o sich einmischen in ⟨A⟩.

míj|et (3 Pl. -ejí) s. minout; ~**ivost** f (4) Vergänglichkeit f; ~**ivý** flüchtig, vergänglich.

mikádo n (1) Bubikopf m.

mikrob m (2a od. 1) Mikrobe f.

mikro|fon m (2a) Mikrophon n; ~**skop** m (2a) Mikroskop n.

mikter m (2a) Anat. Bauchspeicheldrüse f.

Mikuláš m (3): svatý ~ Sankt Nikolaus, Weihnachtsmann m.

milá f (Adj. 2) Geliebte f; F Liebste f; F s mou -lou! meiner Treu!; ~**ček** m (1b; -ček-) Liebling m; F ~ Štěstěny Glückskind n, Glückspilz m; -čku! mein Lieber!

milánský Mailänder (Adj.).

milař m (3) Sp. Mittelstreckenläufer m.

mile Adv. angenehm, freundlich s. milý.

míle f (2; mil) Meile f; na ~ meilenweit.

milec m (3; -lc-) Günstling m; Geliebte(r) m.

milen|ec m (3; -nc-), ~**ka** f (1c; -nek) Geliebte(r) m/f; -nci pl. Liebespaar n.

milerád, ~a, ~o herzlich gern, von Herzen gern.

miliard|a f (1) Milliarde f; ~**ář** m (3) Milliardär m; ~**ový** Milliarden-.

mili|ce f (2a) Miliz f; hist. Bürgerwehr f; závodní ~ Betriebsschutz m; ~**cionář** m (2a) Betriebssoldat m; Betriebsschutzangehöriger m; Polizist m; ~**ční** Miliz-.

mili|gram m (2a) Milligramm n; ~**metr** m (2a) Millimeter n od. m; ~**ón** m (2a) Million f; ~**onář** m (3) Millionär m; ~**onový** Millionen-; ~**ónský** F ungewöhnlich, verteufelt, Teufels-; ~**óntina** f (1) Millionstel n; ~**óntý** millionste(r).

milíř m (2) Meiler m.

miliskovat se ⟨po-⟩ (-kuji) liebkosen; F ~ se s děvčaty mit den Mädchen schäkern.

militari|smus [-zm-] m (2b; -ism-) Militarismus m; ~**sta** m (5a) Militarist m; ~**stický** [-ti-] militaristisch; ~**zovat** ⟨z-⟩ (-zuji) militarisieren.

milius P m (1) freundlicher (od. liebenswürdiger) Mensch m; Schmeichler m, Heuchler m.

milk|ování n (3) Liebelei f; ~**ovat se** ⟨na-, po-⟩ (-kuji) (s kým) tändeln, F poussieren (mit D).

milník m (2b) Meilenstein m; fig. a. Markstein m.

milo Adv. angenehm, lieb; lit. až ~

milodar 198

daß es e-e (wahre) Lust ist; ~dar m (2a) Liebesgabe f; Almosen n, milde Gabe f; ~srdenství n (3) Barmherzigkeit f; ~srdný barmherzig.

milost f (4) Gnade f; hist. Vorrecht n, Privileg n; být v ~i in Gnaden stehen; udělit k-u ~ j-n begnadigen; † Vaše ~i! Euer Gnaden!; cesta ~i Jur. Gnadenweg m; z boží ~i hist. von Gottes Gnaden; Kochk. boží ~i pl. Schneeballen m/pl., Krauskuchen m; ~ivý gnädig; Rel. gnadenvoll; ~ivost f (4) Huld f, Güte f; ~nice f (2a) Geliebte f; † a. Mätresse f; ~ný hold, liebreich; Liebes- (z. B. Brief, Abenteuer, Dichtung); ~pán m (1) gnädiger Herr m; ~paní f (3; 7 Sg. -i) gnädige Frau f.

milou|čký F, ~nký F (Adv. -čce, -nko, -nce) allerliebst.

milo|uš m (3; -ové) s. miláček; ~vání n (3) Lieben n; ~vaný geliebt; ~vat ⟨za-⟩ (-luji) lieben; ~ se einander lieben; ~vnice f (2a) Geliebte f; ~vník m (1b) Geliebte(r) m; Liebhaber m, F Freund m; ~vný liebend.

mílový Meilen-; -vé boty Siebenmeilenstiefel m/pl.

milý (Komp. -ejší; Adv. -e, -o, Komp. -eji) lieb; F nett; angenehm, -le překvapen angenehm überrascht; je -lo ho poslouchat es ist angenehm, ihm zuzuhören; až -lo daß es e-e Freude ist.

mimi|cký mimisch; ~ka f (1c) Mimik f, Mienenspiel n.

mimo Prp. (mit 4. Fall) außer (D), ausgenommen (A); (Ort) außerhalb (G); Adv. vorüber, vorbei (an D); ~ službu außer Dienst; ~ dům am Haus vorbei; rána šla ~ der Schuß ging fehl; ~ obyčej gegen s-e Gewohnheit; ~ očekávání wider Erwarten; ~ pochybnost außer Zweifel; jen tak ~ nur so nebenbei; ~ to außerdem.

mimo|- in Zssgn außer-; ~děk Adv. unwillkürlich; ~evropský außereuropäisch; ~chod m (2a) Paßgang m (des Pferdes); ~chodem Adv. im Vorbeigehen; flüchtig, nebenbei; beiläufig; ~chodník m (1a) Paßgänger m; ~jdoucí m (Adj. 4) Passant m; Adj. vorübergehend; ~manželský außerehelich; ~opa-

tření n (3) Ausnahmeverfügung f; ~parlamentární außerparlamentarisch; ~plánovaný außerplanmäßig; ~řádný außergewöhnlich; außerordentlich, Sonder-; ~ výkon Sonderleistung f; ~služební außerdienstlich; ~soudní außergerichtlich; ~stranický außerparteilich; ~školní außerschulisch, außerhalb der Schule; ~tní Neben-; ~to außerdem; ~vlak P m (2b) Sonderzug m; ~volný unwillkürlich.

mimóza f (1a) Bot. Mimose f.

míň s. méně.

mína f (1) Mil. Mine f.

minaret m (2; 6. -u/-ě) Minarett n.

minc|e f (2) Münze f; s. berný; ~íř m (4) Schnellwaage f; ~ovna f (1; -ven) Münz(stätt)e f; ~ovní Münz-.

mínění| n (3) Meinung f, Ansicht f; podle mého ~ m-r Meinung nach; být jiného ~ anderer Meinung (od. Ansicht) sein; ~ý gemeint, gedacht; dobře ~ gutgemeint.

minerál m (2; 6. -u/-e) Mineral n; ~ka F f (1c; -lek) Mineralwasser n; ~ní Mineral-.

mineral|ogický mineralogisch; ~ogie f (2) Mineralogie f.

miniatur|a [-tu:-] f (1d) Miniatur f; ~ní Miniatur-.

minimální minimal, Minimal-, Mindest-; ~ cena Mindestpreis m.

minister|iální † Ministerial-; ~ský [-nɪ-] Minister(ial)-; ~ předseda Ministerpräsident m; ~stvo n (1) Ministerium n; ~ dopravy, financí Verkehrs-, Finanzministerium.

ministr [-nɪ-] m (1; -ři) Minister m; ~ financí, vnitra, zahraničních věcí Finanz-, Innen-, Außenminister; ~ant m (1) Rel. Ministrant m; ~ovat (-ruji) Rel. ministrieren; ~yně f (2b) Ministerin f, Frau Minister.

mínit meinen; denken (o čem über A); vorhaben (A), lit. et. zu tun gedenken.

mino|lovka f (1c; -vek) Mar. Minenräumboot n; ~met m (2a) Mil. Granatwerfer m; ~metný Granatwerfer-, † Minenwerfer-; ~noska f (1c; -sek) Mar. Minenleger m.

minorita 1. m (5a) Rel. Minorit m; 2. f (2) Minorität f.

minout pf., po-, u-, za- v/i vergehen, vorübergehen; v/t vorüberfahren, -gehen, F vorbeikommen an (D); (a. ~ se s čím) verfehlen (A); (a. ~

minov|ač m (4) *Mil.* Minenleger m; ~ý Minen-.

minul|e *Adv.* vor kurzem, kürzlich; ~ost f (4) Vergangenheit f; *Jur.* Vorleben n; ~ý vergangen; s. čas.

minut|a f (1) Minute f; za pět minut in fünf Minuten; ~ka F f (1c; -tek) *fig.* Augenblick m; Gericht n à la carte; ~ový Minuten-; minutenlang, e-e Minute dauernd.

mír m (2a) Friede(n) m; in Zssgn ... ~u Friedens-; uzavření ~u Friedensschluß m; bojovník za ~ Friedenskämpfer m.

míra f (1d; 7. a. měrou; 2 Pl. měr) Maß n; Laune f, Stimmung f; *fig.* Grad m; † a. Art f; do jisté -ry bis zu e-m gewissen Grade; nejvyšší měrou in höchstem Grade; byl z -ry er war außer sich; v dobré míře in (od. bei) guter Laune, gutgelaunt; nezná -ru er kennt kein Maß; v té míře dermaßen; plnou měrou in vollem Maße; úroková ~ *Hdl.* Zinsfuß m. [belle f.\]

mirabelka f (1c; -lek) *Bot.* Mira-\]

mírka f (1c; -rek) kleines Maß n, Achtel n.

mírn|it ⟨z-⟩ mäßigen; Stoß dämpfen; Wirkung abschwächen; Person besänftigen, beruhigen; ~ se sich mäßigen, (im Essen) Maß halten; ~ivý mildernd, besänftigend; ~ost f (4) Mäßigkeit f; Friedfertigkeit f; ~ý mäßig, gemäßigt; genügsam; sanft; -ná zima milder Winter; -né pásmo *Geogr.* gemäßigte Zone.

mírový Friedens-.

mírumilov|nost f (4) Friedensliebe f; ~ný friedliebend.

míř|ení n (3) Zielen n; ~icí Ziel-; ~ič m (3) Richtkanonier m; ~idlo n (1a; -del) Ziel-, Visiervorrichtung f, Zielgerät n.

miřík m (1b) *Bot.* Sellerie f.

mířit ⟨na-, za-⟩ zielen; (kam) s-e Schritte lenken, steuern (wohin); (na co) abzielen auf (A).

mísa f (1a) Schüssel f; *Kochk.* a. Platte f; (Klosett-)Becken n.

misál m (2; 6. -u/-e) *Rel.* Meßbuch n.

mísčitý schüsselförmig.

mise f (2) Mission f.

misi|e f (2) *Rel.* Mission f; ~jní Missions-; ~onář m (3) Missionar m.

mísit ⟨pro-, s-, za-⟩ (-šen) mischen, vermengen; *Teig* kneten; ~ se (do č-o) sich einmischen (in A); ~elný mischbar; (Metalle) legierbar.

misk|a f (1c; -sek) Schüssel(chen n) f, Napf m; (Waag-, Seifen-)Schale f; ~ovitý schüsselförmig; ~ový Schüssel-; *Tech.* Schalen-.

misník F m (2b) Geschirrschrank m.

míst|ečko m (1b; -ček) Plätzchen n, Fleckchen n; ~enka f (1c; -nek) *Esb.* Platzkarte f; ~ní örtlich, Orts-, Lokal-; ~nost f (4) Raum m, Lokal n; klubní ~ Klubraum; ~o¹ n (I) Ort m, Platz m, Stelle f; Posten m, Stellung f; Stätte f, † Statt f; ~ k sezení, k stání Sitz-, Stehplatz; ~ ke spaní Schlafplatz, -stelle-; ~ určení, činu, narození Bestimmungs-, Tat-, Geburtsort; ~ vojenské přehlídky Paradeplatz; udání -ta Ortsangabe f; na -tě auf der Stelle; na samém -tě an Ort und Stelle; z -ta von der Stelle (weg); -tem, -ty stellenweise; bez -ta stellungslos; ~o² *Prp.* (mit 2. Fall) statt (G), anstelle (G); ~ toho statt dessen; ~ přísahy *Jur.* an Eides statt; ~ aby pracoval, ... statt zu arbeiten ...

místo|- *in Zssgn* Vize-; ~admirál m (1; -ové) Vizeadmiral m; ~držitel m (3; -é) Statthalter m; ~kancléř m (3) Vizekanzler m; ~král m (3) Vizekönig m; ~pis m (2; 6. -e|-u) Ortsbeschreibung f, Topographie f; ~pisný topographisch; ~předseda m (5) Vizepräsident m; ~přísežný *Jur.* eidesstattlich.

mistr m (1; -ři) Meister m; *Tech.* Werkmeister m; (Titel) Magister m; ~ světa, Evropy *Sp.* Welt-, Europameister; ~ost f (4) Meisterschaft f; ~ný meisterhaft.

mistrov|á (Adj. 2) Meisterin f; ~at ⟨pře-, z-⟩ (-ruji) v/i Meister sein; v/t meistern; iron. schulmeistern; ~ský meisterhaft, Meister-; *Sp.* Meisterschafts-; ~ství n (3) Meisterschaft f.

mistryně f (2b) Meisterin f.

míšek m (2b; -šk-) (kleiner) Beutel m, Säckchen n.

míšen|ec m (3; -nc-) Mischling m; ~í n (3) Mischen n; (Teig-)Kneten n; (Metall-)Legierung f; Bio. Kreuzung f; ~ina f (1) Gemisch n.
míšeňský Meiß(e)ner (Adj.).
míšní Anat. Rückenmarks-.
mišpule f (2) Bot. Mispel f.
mít (mám, měl) haben; sollen; halten (za co für A); ~ k-o k č-u j-n drängen zu (D); ~ se sich befinden; fig. sich fühlen; ~ se k č-u sich anschicken et. zu tun, sich vorbereiten auf (A); ~ ve vlastnictví Jur. besitzen, in Besitz haben; ~ před sebou vorhaben, (noch) vor sich haben; ~ na sobě Kleider anhaben; F mám to s tím es ist eine Qual mit ihm; ~ za ušima es (faustdick) hinter den Ohren haben; ~ přednášku e-n Vortrag (od. e-e Vorlesung) halten; měl jsem co ho těšit ich gab mir alle Mühe, ihn zu trösten; nemáte zač! keine Ursache!; ~ zálibu v čem Geschmack finden an (D); ~ zřetel na co, na k-o sein Augenmerk richten auf (A); F ~ vroubek et. auf dem Kerbholz haben; ~ za zlé et. übelnehmen; ~ po starosti die Sorge los sein; měl po hodinkách er war seine Uhr los, er hatte keine Uhr mehr; s-e Uhr war entzwei; co Vás nemá! was Ihnen nicht einfällt!; jak se máte? wie geht es Ihnen?, F wie geht's?; mějte se dobře! leben Sie wohl!, lassen Sie sich's gut gehen!; má se u nich dobře er hat es bei ihnen gut; měl se k odchodu er wollte gerade (weg)gehen; musíte se k tomu více ~ Sie müssen der Sache mehr Interesse entgegenbringen; má se k dešti es wird bald regnen, es sieht nach Regen aus; má se k práci die Arbeit macht ihm Spaß; jak se to má? wie verhält sich das?; F vy se máte euch geht's gut; mějte se na pozoru! nehmen Sie sich in acht!
mítink [-ti-] m (2b) Kundgebung f; (Belegschafts-)Versammlung f; Sp. Wettkämpfe m/pl.
mitra f (1; -ter) Rel. Mitra f.
mív(áv)at (frequ. zu mít) oft haben, zu haben pflegen.
mix|ér¹ m (1; -ří/-rové) (Bar-)Mixer m; (Film) Toningenieur m; ~ér² m (2a) Mixgerät n, Mixer m; ~ovací Mix-; ~ovat ⟨za-⟩ (-xuji) mixen; ~tura [-tu:-] f (1d) Mixtur f, Mischung f.

míza f (1a) Bot. Saft m; Med. Lymphe f; Körpersaft m; životní ~ Lebenskraft f, -frische f.
mízdř|ící Kožk. Schabe- (z. B. Fleisch); Streich- (z. B. Wurst); ~it Kožk. entfleischen, das Fleisch entfernen.
mizení n (3) Schwund m.
miz|era m (5) elender Kerl m, Schuft m; ~érie f (2) Armseligkeit f, F Misere f; ~ernost f (4) Erbärmlichkeit f, Niedertracht f; ~erný elend, erbärmlich, lumpig.
miz|et ⟨vy-, z-⟩ (3 Pl. -ejí/-í) verschwinden; Hoffnungen, Vorräte: schwinden; ~ina f (1) Elend n, Verderben n; přijít na -nu herunterkommen, P auf den Hund kommen; být v -ně heruntergekommen sein; ~ivý verschwindend.
míz|natý saftvoll; ~ní Med. Lymph-; Bot. Saft-; grün; ~nice f (2a) Anat. Lymphgefäß n; ~otok m (2b) Bot. Saftfluß m; ~ový Med. Lymph-; Bot. Saft-.
mlácení n (3) Dreschen n.
mlád, ~a s. mladý.
mláď f (4d; -di) † poet. Jugend f; ~átko n (1b; -tek) (Tier-)Junge(s) n; (svátek) Mláďátek Rel. Fest n der Unschuldigen Kindlein.
mláďě|ě n (4a; Pl. -dat-) Junge(s) n; ~ek m (1a; -dk-) Braugehilfe m; Müllergeselle m; Jungknecht m.
mládenec m (3; -nc-) Jüngling m; (alter) Junggeselle m; Hdl. Gehilfe m; † a. Brautführer m; F -nci! Jung(en)s!; ~ký Jünglings-; Junggesellen-; ~tví n (3) Jünglingsalter n; Junggesellentum n.
mládež f (3) Jugend f, junge Leute pl.; literatura pro ~ Jugendliteratur f; ~nice f s. mládežník; ~nický Jugend-; ~ník m (1a), ~nice f (2a) Jugendfunktionär(in f) m; Mitglied n e-r Jugendorganisation.
mládí n (3) Jugend(zeit) f.
mlad|ice f (2a) junge Frau f, junges Mädchen n; není už ~ sie ist nicht mehr die jüngste; ~ický jugendlich, Jugend-; ~ičký F ganz (od. sehr) jung, blutjung; ~ík m (1a) junger Mann m; Jagdw. Jung- od. Märzhase m; ~ina f (1) Bierwürze f; Jungwald m; ~inký s. mladičký; ~istvost f (4) jugendliches Aussehen n, Jugend(frische) f; ~istvý jugendlich, jung; m (Adj. 1) Ju-

mlynářství

gendliche(r) m; ~it ⟨o-, z-⟩ (-zen) jung machen, verjüngen.
mládnout ⟨o-, z-⟩ (-dl) jünger werden.
mlado- in Zssgn jung-, Jung-.
mladost f (4) Jugend(zeit) f; jugendliches Aussehen n.
mlaďou|čký, ~nký s. mladičký.
mladý (Komp. -ší; Adv. -ě, Komp. -ěji) jung; za -da in s-r Jugend, als er noch jung war; staří -dí jung und alt; -dí m/pl. junges Ehepaar n, junge Eheleute pl.
mlask m (2b), **~ání** n (3) Schnalzen n; Schmatzen n; **~at** ⟨po-, za-⟩, **~nout** pf., po-, za- mit der Zunge schnalzen; beim Essen schmatzen; **~nutí** n (3), **~ot** m (2a) s. mlask(ání).
mlaštět P s. mlaskat.
mlat m (2; 6. -u/-ě) Agr. Tenne f; hist. Hammer m; **~ec** m (3; -tc-) Drescher m; F jí jako ~ er ißt wie ein Scheunendrescher.
mlát|ek m (2b; -tk-) Tech. Schlägel m; **~icí** Dresch-; **~ička** f (1c; -ček) Dreschmaschine f; žací ~ Mähdrescher m; **~it** ⟨na-, pro-, z-, za-⟩ (-cen) dreschen (a. F fig.); fig. a. hauen; verdreschen; ~ sebou sich wälzen; ~ do č-o dreinschlagen.
mláto n (1; 6. -u/-ě) Treber m/pl.
mlází n (3) Jungwald m.
mlče|ní n (3) Schweigen n; pominout ~m mit Stillschweigen übergehen; **~(n)livost** f (4) Verschwiegenheit f; Schweigsamkeit f; **~(n)livý** verschwiegen; schweigsam; **~t** ⟨po-, za-⟩ schweigen.
mlčky Adv. (still)schweigend.
mlecí Mahl-.
mleč m (3) Mahlgast m.
mléč|enka f (1c; -nek) (im Krieg) Milchkarte f; **~ňák** m s. mlíčňák; **~nan** m (2a) Chem. Laktat n; **~natý** milchig; reich an Milch; **~nice** f (2a) Bot. Milchsaftgefäß n, -röhre f; Milchkeller m; **~ný** Milch-; milchig.
mlékář|enský Molkerei-, **~na** f (1; -ren) Molkerei f; Milchhandlung f; Milch(trink)halle f.
mlékař m (3) Milchmann m; **~ka** f (1c; -řek) Milchfrau f; **~ský** Milch- (z. B. Handel); **~ství** n (3) Milchwirtschaft f.
mléko n (1; 6. -ku/-ce) Milch f; **~vitý** milchartig.
mlet|í n (3) Mahlen n; **~ý** gemahlen.

mlezivo n (1) Med. Biestmilch f, P Hexenmilch f.
mlha f (1b) Nebel m; F jako v mlhách benommen, wie im Traum; jako v mlze fig. nebelhaft, verschwommen; **~vět** ⟨z-⟩ (3 Pl. -ěji) neb(e)lig werden; fig. verschwimmen; **~vost** f (4) Nebelhaftigkeit f; **~vý** neb(e)lig; Vorstellungen: nebelhaft, dunkel.
mlhov|ina f (1) Astr. Nebelfleck m; **~itý** neblig; nebelhaft; **~ka** f (1c; -vek) Kfz. Nebelscheinwerfer m; **~ý** nebelhaft.
mlíč|í n (3) (Fisch-)Milch f; **~ko** f (1b; -ček) Milch f; **~(ň)ák** m (1a) Zo. Milch(n)er m; fig. iron. Milchbart m.
mlít ⟨roz-, se-, vy-, za-⟩ (melu, mlel, mlet) mahlen; F (čím) ständig in Bewegung halten (A); ~ hubou, ~ jazykem quasseln, schwatzen; Gedicht herunterleiern; ~ se hin- und herrutschen, P raufen; co se tu mele? was ist hier los?
mlok m (1a) Zo. Molch m.
mls m (2a) Naschwerk n; **~ák** F m (1a), **~al** m (1; -ové) Leckermaul m, F Naschkatze f; **~at** ⟨po-, s-, z-⟩ naschen; **~avost** f (4) Naschsucht f; **~avý** naschhaft; **~ek** m (2b; -sk-) Leckerbissen m; **~nout** pf., s- (si) (-sl/-snul) s. mlsat; **~ný** naschhaft; F **~ná hubička** Leckermäulchen n; **~oun** m (1) s. mlsal.
mluv|a f (1) Sprache f; Sprechweise f; rodná ~ Muttersprache f; **~čí** m (Adj. 4) Sprecher m; **~icí** Sprach-; **~idla** n/pl. (1a; -del) Sprechwerkzeuge n/pl.; **~it** ⟨pro-⟩ sprechen, reden; ~ do k-o j-n bereden; ~ do toho dreinreden; ~ k sobě mit sich selbst sprechen; ~ ze spaní im Schlaf sprechen; vám se to -ví ihr habt gut reden; ~ve man sagt; **~ítko** n (1b; -tek) Sprechapparat m; (Telefon-)Sprechmuschel f; **~ka** m (5) Schwätzer m; **~ní** Sprach-, Sprech-; **~nice** f (2a) Grammatik f; **~nický** grammat(ikal)isch; **~ný** f (4) Redseligkeit f; **~ný** redselig, gesprächig.
mlýn m (2; 2. -a) Mühle f; Sp. Gedränge n.
mlynář m (3), **~ka** f (1c; -řek) Müller(in f) m; **~ík** m (1a) Zo. Blaumeise f; **~ský** Müller-; **~ství** n (3) Müllerhandwerk n.

mlýnek

mlýnek *m* (2b; -nk-) (kleine) Mühle *f*; Mühlespiel *n*; ~ na kávu, kávový ~ Kaffeemühle; točit ~ *fig.* Daumen drehen.
mlýnský Mühl-; Mahl-.
mlž *m* (3) *Zo.* Muschel *f*.
mlži|dlo *n* (1a; -del) Zerstäuber *m*; ~na *f* (1) *lit.* Nebelstreifen *m*; ~t ⟨o-, za-⟩ vernebeln, verschleiern; ~ se neb(e)lig erscheinen, sich verschleiern.
mlžný neb(e)lig, nebelhaft.
mne, mně *s. já.*
mnich *m* (1) Mönch *m.*
Mnichov *m* (2; 2. -a) München *n*; ~an *m* (1; -é) Münch(e)ner *m*; ~ský Münch(e)ner (Adj.).
mník *m* (1a) *Zo.* Aalquappe *f.*
mniš|ka *f* (1c; -šek) Nonne *f* (a. *Zo.*); ~kový Mönchs-; ~ *Zo.* Nonnen-; ~ství *n* (3) Mönchtum *n.*
mnít ⟨do- se⟩ (-im, mněl; 3 Pl. -ěji/-í) *lit.* meinen, glauben.
mnoha *s. mnoho;* ~**denní** mehrtägig, ~**letý** mehr-, vieljährig.
mnoh|de an manchen Orten, mancherorts; ~**dy(krát)** häufig, manchmal; ~**em** viel (+ *Komp.*), bei weitem; ~ více viel mehr.
mnoho *G* (2, 3, 6, 7 -ha) viel; příliš ~ (all)zuviel; před -ha lety vor vielen Jahren; v -ha případech in vielen Fällen; ~ *in Zssgn* viel-; ~**barevný** vielfarbig; ~**člen** *m* (2a) *Math.* Polynom *n*; ~**dětný** kinderreich; ~**hlas(n)ý** vielstimmig; ~**jazyčný** vielsprachig; ~**krát(e)** vielmals; ~**místný** *Math.* mehrstellig; ~**mluvný** geschwätzig; ~**molekulární** *Chem.* polymer; ~**národní** Vielvölker-; ~**násobný** vielfach; *Tech.* Vielfach-; ~**násobné** *n* (*Adj.* 3) ein Vielfaches *n*; ~**nožka** *f* (1c; -žek) *Zo.* Tausendfüßler *m*; ~**patrový**, ~**poschoďový** mehr-, vielstöckig; ~**slibný** vielversprechend; ~**směrný** nach vielen Richtungen führend; ~**smyslný** vieldeutig; ~**stěn** *m* (2a) *Geom.* Polyeder *n*, ~**stranný** vielseitig; *fig.* vielfach; ~**svazkový** vielbändig; ~**tisíckrát** vieltausendmal; ~**tvárnost** *f* (4) Vielgestaltigkeit *f*; *Geom.* Polymorphie *f*; ~**úhelník** *m* (2b) Vieleck *n*; ~**úhelníkový**, ~**úhlý** vieleckig; *Geom.* polygonal; ~**významný**, ~**významný** ~**značný** vieldeutig; ~**ženství** *n* (3) Vielweiberei *f*.
mnoho|st *f* (4) Vielheit *f*, Quantität *f*, Menge *f*; ~**tnost** *f* (4) Vielheit *f*, Vielfältigkeit *f*.
mnohý viel, zahlreich; mancher(lei).
mňoukat ⟨za-⟩ miauen.
mnout ⟨po-, za-⟩ (mnul) *v/t* reiben.
množi|na *f* (1) *Math.* Summe *f*, Gesamtzahl *f*; Menge *f*; *nauka o* -*nách* Mengenlehre *f*; ~**t** ⟨roz-, z-⟩ (ver)mehren; ~ se sich vermehren; sich mehren, sich häufen; ~**tel** *m* 1. (3; -é) Vermehrer *m, hist.* Mehrer *m*; 2. (4) *Math.* Vermehrungszahl *f*; ~**telský** *Agr.* Vermehrungs-, Zucht-.
množ|ivý fortpflanzungsfähig; *Fort-pflanzungs-*; ~**ný** vielfach; *s. číslo*; ~**ství** *n* (3) Anzahl *f*, Menge *f*; nesmírné ~ Unmenge; ~ lidu Menschenmenge.
mobiliář *m* (4) Mobiliar *n*.
mobiliz|ace *f* (2) Mobilisierung *f*; ~**ační** Mobilmachungs-; ~**ovat** ⟨z-⟩ (-zuji) mobilisieren.
mobilní mobil, beweglich.
moc[1] *f* (4 od. 4b; 7 Pl. -emi) Macht *f*; Gewalt *f*; plná ~ Vollmacht *f*; *právní* ~ Rechtskraft *f*; zákon nabývá (pozbývá) ~*i* das Gesetz tritt in (außer) Kraft; být u ~ *i* an der Macht sein; přes ~ übermäßig viel; to není v mé ~*i* das steht nicht in m-r Macht; ~*í* mit Gewalt; *fig.* um jeden Preis; *námořní* ~ Seemacht.
moc[2] P viel (*Menge*); sehr (*Grad*); co je ~, to je ~! was zuviel ist, ist zuviel; ~ všeho škodí allzuviel ist ungesund.
mocens|ký Gewalt-, Macht-; ~**tví** *n* (3) *Chem.* Wertigkeit *f*.
moci (P *dial.* moct) ⟨z-⟩ (mohu/F můžu, 2. můžeš, 3 Pl. mohou/F můžou, mohl) können, imstande sein (zu + *Inf.*); (ver)mögen; ~ za *a co* die Verantwortung tragen, haften für (*A*); ~ za to dafür können.
mocnář *m* (3), ~**ka** *f* (1c; -řek) Monarch(in *f*) *m*, Regent(in *f*) *m*; ~**ství** *n* (3) Monarchie *f*.
mocn|ěnec *m* (4; -nc-) *Math.* Basis *f*; ~**ina** *f* (1) *Math.* Potenz *f*; ~**inový** Potenz-; ~**itel** *m* (4; *Pl.* -e/-é) *Math.* Exponent *m*; ~**it** ⟨u-⟩ potenzieren; ~**ost** *f* (4) *Pol.* Macht *f*; ~**ý** mächtig, gewaltig; (č-o) fähig (*G*); *der Sinne, der Sprache* mächtig.
moč *f* (4) *od.* **moč** *m* (4) Harn *m*, Urin *m*.
močál *m* (2; 6. -u/-e) Sumpf *m*, Morast *m*; ~**(ov)isko** *m* (1b; -sk/

-sek⟩, ~(ov)iště n (2a) Sumpfland n, Moorboden m; ~ovitý sumpfig; ~ový Sumpf-, Moor-.

močan m (2a) Chem. Urat n, harnsaures Salz n.

moč|idlo n (1a; -del) (Flachs-)Röste f; ~it ⟨na-⟩ naß machen; Flachs rösten; Erbsen quellen; ⟨po-, vy-se⟩ harnen, urinieren; ~ka f (1c; -ček) Tabaksaft m; ~opohlavní Med. urogenital; ~opudný harntreibend; ~ovina f (1) Harnstoff m; ~ovod m (2a) Harnleiter m; ~ový Harn-; ~ůvka f (1c; -vek) Jauche f; ~ůvkovat ⟨po-⟩ (-kuji) jauchen.

móda f (1) Mode f.

model m (2a) Modell n; ~ace f (2) Modellieren n; ~ační Modellier-; ~ář m (3), ~ářka f (1c; -řek) Modellbauer(in f) m; ~ér m (1; -ři) Modelleur m; ~ka f (1c; -lek) (Maler-)Modell n; ~ovat ⟨z-⟩ (-luji) modellieren; ~ový Modell-.

modern|a f (1) Moderne f; ~í modern; ~izace [-nɪ-] f (2) Modernisierung f; ~izovat [-nɪ-] ⟨z-⟩ (-zuji) modernisieren.

modifikovat [-dɪ-] ⟨z-⟩ (-kuji) modifizieren.

modist|ka [-dɪ-] f (1c; -tek) Modistin f; ~ství n (3) (Damen-)Hutgeschäft n, † Putzmacherei f.

modl|a f (1a; -del) Götze m; fig. Abgott m; ~ák m (2b) Gebetsteppich m; ~ář m (3) verä. Frömmler m, Betbruder m; ~ářka f (1c; -řek) verä. Betschwester f; ~ářství n (3) Götzendienst m; Frömmelei f, ~ení n (3) Beten n; Gebet n; ~ící Gebet-; Bet-.

modlit: ~ se ⟨po-⟩ (ke k-u) beten (zu D); anbeten (A); ~ba f (1; -teb) Gebet n; ~ebna f (1; -ben) Bethaus n; ~ební Gebet-; Bet-.

modloslu̇ž|ba f (1; -žeb), ~ebnictví n (3) Götzendienst m.

módní modisch, Mode-.

modr|áček m 1. (1a; -čk-) blauer Falter m; 2. F (2b; -čk-) Kornblume f; Birkenpilz m; ~ačka P f (1c; -ček) blaue Schürze f; ~ák m (2b) (blaues) Durchschlagpapier n; Kornblume f; Birkenpilz m; ~y pl. (blauer) Arbeitsanzug m; ~at ⟨na-se, pro-, z-, za- (se)⟩ blau werden; ~avý bläulich.

modrchat ⟨z-, za-⟩ verwirren, F verfitzen.

modro n (1b) s. modrost; Adv. blau; ~- in Zssgn blau-, Blau-; ~bílý blau-weiß; ~jasný hellblau; ~oký blauäugig, mit blauen Augen.

modro|st f (4), ~ta f (1) Blau n, Bläue f; ~vous m (1) Blaubart m; ~zelený blaugrün.

modrý (Komp. -řejší; Adv. -ře/-ro) blau; světle ~ hellblau; -rá punčocha verä. Blaustrumpf m; -ře pruhovaný blaugestreift; barvit na -ro blau färben; pstruh na -ro Kochk. Forelle blau.

modř f (4 od. 3) blaue Farbe f, Blau n; ~idlo n (1a; -del) Waschblau n; ~ín m (2; 6. -u/-ě) Bot. Lärche f; ~ina f (1) blauer Fleck m; ~inka f (1c; -nek) Blaumeise f; ~ínový Lärchen-; ~it ⟨na-, z-, za-⟩ blau färben; Wäsche bläuen.

modul|ace f (2) Modulation f; ~ovat ⟨z-⟩ (-luji) modulieren.

módy f/pl. (1) Modezeitschrift f.

mohamedán m (1), ~ka f (1c; -nek) Mohammedaner(in f) m; ~ský mohammedanisch.

mohér m (2a) Mohär m, Mohair m.

mohouc|í mächtig; vermögend; ~nost f (4) Macht f; Leistungsfähigkeit f, (schöpferische) Kraft f.

mohovit|ost f (4) Habe f, Gut n; ~ý vermögend, wohlhabend.

mohu s. moci.

mohutn|ět ⟨z-⟩ (3 Pl. -ějí) kräftig werden, erstarken, an Stärke zunehmen; ~ost f (4) Macht f, Stärke f; fig. Kraft f; ~ý mächtig, gewaltig.

mohyl|a f (1a) Grabhügel m; ~ník m (2b) Gräberfeld n.

mochna f (1; -chen) Fingerkraut n.

moj|e, ~i s. můj.

Mojžíš m (3) Moses m; ǫský mosaisch.

mok m (2b) Flüssigkeit f, poet. Naß n.

moka n (indekl.) od. P f (1c) Mokka m. [werden.]

moknout ⟨pro-, z-⟩ (-kl) naß

mokr|avý feucht; ~o n (1b) Nässe f; Adv. naß; ~ost f (4), ~ota f (1) Nässe f, Feuchtigkeit f; ~ý (Komp. -křejší; Adv. -ře/-kro) naß.

mokřit ⟨po-, z-⟩ v/t naß machen; v/i nässen.

mokva|t ⟨za-⟩ naß werden; nässen; ~vý Med. nässend.

mol m (1) Motte f; F opilý na ~ total betrunken, P sternhagelvoll.

moldánky f/pl. (1; -nek) Mundharmonika f; P nabírat, natahovat, spustit ~ zu heulen anfangen.
Mold|avsko n (1b), ~ávie f (2) Moldau f (Land); ℒavský moldauisch.
molekul|a f (1a) Molekül n; ~ární molekular; ~ový Molekular-, Molekül-.
molo n (1; 6. -u) Mole f.
molovina f (1) Mottenfraß m.
moment m (2; 6. -ě/-u) Moment m u. n; ~ální, ~ánní momentan; ~ka f (1c; -tek) Fot. Momentaufnahme f; ~ní Fot. Moment-; -ně Adv. momentan, im Augenblick; ~ový Math. Momenten-.
monarch|a m (5; 6 Pl. -ších) Monarch m; ~ický monarchisch; ~ie f (2) Monarchie f; ~ista m (5a) Monarchist m; ~istický [-tıts-] monarchistisch.
monastýr m (2a) (orthodoxes) Kloster n.
Mongol m (1; -ové), ~ka f (1c; -lek) Mongole m, Mongolin f; ~sko n (1b) Mongolei f; ℒský mongolisch.
mono|grafie f (2) Monographie f; ~gram m (2a) Monogramm n.
monokl m (2a) Monokel n.
mono|log m (2b; 6 Pl. -zích) Monolog m; ~pol m (2a) Monopol n; ~polní Monopol-; ~tónní monoton.
monstrance f (2) Rel. Monstranz f.
monstr(u)ózní lit. monströs.
montánní Montan-, montan.
montáž f (3) Montage f; ~ní Montage-; ~ník F m (1a) Monteur m.
montér m (1; -ři) Monteur m; ~ky f/pl. (1c; -rek) Arbeitsanzug m od. -hose f.
montgomerák m (2b) (wasserdichter grüner) Sportmantel m.
montov|ací Montage-; ~at ⟨při-, s-, za-⟩ (-tuji) montieren; ~na f (1; -ven) Montagehalle f.
monumentální monumental.
mor m (2a) Seuche f; Pest f; stižený ~em pestkrank.
morák dial. m (1a) Truthahn m.
moral|istický [-tı-] moralistisch, Moral-; ~ita f (1) Moralität f; ~izovat ⟨z-⟩ (-zuji) moralisieren.
morál|ka f (1c; -lek) Moral f; Sittenlehre f; ~ní moralisch, sittlich, Moral-; ~nost f (4) Moral f.
Morav|a f (1) Geogr. Mähren n (Land); March f (Fluß); ℒský mährisch.
morče n (4) Meerschweinchen n; pokusné ~ fig. Versuchskaninchen n.
morda f (1) Maul n; Jagdw. Fang m; V Fresse f.
morek m (2b; -rk-) (Knochen-)Mark n; do -rku kostí durch Mark und Bein.
moréna f (1) Moräne f.
morf|iový Morphium-; ~inista [-nı-] m (5a) Morphinist m; ~ium n (5) Morphium n; ~ologický morphologisch.
morka dial. f (1c; -rek) Truthenne f.
morkový Mark-.
mormon m (1) Mormone m.
morna f (1; -ren) Hungerturm m, P Kerker m; fig. Loch n.
morous m (1) Griesgram m; ~ovitý mürrisch.
morový Pest-.
morózní mürrisch.
morse|ovka [-zɛ-] f (1c; -vek) Morsealphabet n; vysílat -kou morsen, funken; ℒův: Morseova značka Morsezeichen n.
mortadela f (1a) Mortadelle f.
mortalita f (1) Sterblichkeit(sziffer) f.
moruš|e f (2) Maulbeere f; ~ovník m (2b) Maulbeerbaum m; ~ový Maulbeer-.
morzakor m (2a) Schundroman m, Groschenroman m.
moře n (2) Meer n, See f; Baltské ~ Ostsee; Ledové ~ Eismeer; 600 m nad ~m 600 m über dem Meeresspiegel; F ~ lidí Menschenmenge f.
mořena f (1) Bot. Krapp m, Färberröte f.
mořeplavba lit. f (1; -veb) See(schiff)fahrt f; ~plavec lit. m (3; -vc-) Seefahrer m; ~třesení n (3) Seebeben n.
mořicí Beiz-; ~idlo n (1a; -del) Beize f, Beizmittel n.
mořit ⟨u-, z-⟩ foltern; fig. plagen, quälen; Tech. beizen; ~el m (3; -é) Quälgeist m.
mořský Meer(es)-, See-; -ká voda Meer-, Seewasser n; ~ lupič Seeräuber m; -ká nemoc Seekrankheit f; -ké lázně Seebad n.
mosaik|a [-za-] (1c) Mosaik n; ~ový Mosaik-.
mosaz f (4b) Messing n; ~it ⟨po-⟩

mit Messing überziehen; ~n(ick)ý Messing-.
moselský [-zel-] Mosel-.
moskevský Moskauer *(Adj.)*.
Moskva *f (1)* Moskau *n;* Moskwa *f (Fluß);* ~n *m (1; -é)* Moskauer *m.*
moskyt *m (1)* Moskito *m;* ~**iéra** *f (1d)* Moskitonetz *n.*
moslem, moslim *s.* muslim.
most *m (2a)* Brücke *f;* ♀ *Geogr.* Brüx *n;* ~**ař** *m (3)* Brückenbauer *m;* ~**ařský** Brückenbau-; ~**ecký** Brücken-; ~**ina** *f (1)* Bohle *f,* Balken *m;* ~**né** *n (Adj. 3)* Brückengeld *n;* ~**ní** Brücken-; ~**nice** *f (2a)* (Brücken-) Balken *m;* ~**ovka** *f (1c; -vek)* Brückenbelag *m;* ~**ový** Brücken-.
mošn|a *f (1; -šen)* Beutel *m,* Sack *m; přijit na žebráckou -nu fig.* an den Bettelstab kommen; ~**ička** *f (1c; -ček)* Säckchen *n; školácká ~* Schulmappe *f,* -tasche *f.*
mošt *m (2a)* Most *m;* ~**ový** Most-.
mot|ací Haspel-; ~**ák** *m (2b)* Haspel *f;* F Kassiber *m.*
motani|ce *f (2a),* ~**na** *f (1)* Gewirr *n,* Durcheinander *n.*
motat ⟨na-, po-, s-, u-, z-⟩ *Garn* haspeln; (auf)wickeln; *Zigarette* drehen; F *a.* verwechseln, durcheinanderbringen; ~ *se nohama* (sch)wanken; ~ se taumeln; *fig.* durcheinandergeraten, P drüber und drunter gehen.
moteto *n (6. -u)* Motette *f.*
motiv [-tɪ:f] *m (2a)* Motiv *n;* ~**ace** [tɪ-] *f (2)* Motivierung *f;* ~**ovat** [-tɪ-] *(im)pf.* ⟨z-⟩ *(-vuji)* motivieren.
motocykl *m (2a)* Motorrad *n;* ~**ista** *m (5a)* Motorradfahrer *m.*
motolice *f (2a) Zo.* Drehwurm *m;* Drehkrankheit *f,* Schwindel *m.*
motomechanizovaný [-nɪ-] *Mil.* motorisiert.
motor *m (2a)* Motor *m;* ~**ák** *m (2b)* Triebwagen *m;* ~**ický** motorisch; Motor-; ~**izace** *f (2)* Motorisierung *f;* ~**izovat** *(im)pf.* ⟨z-⟩ *(-zuji)* motorisieren; ~**ka** *f (1c; -rek)* Motorrad *n;* Motorboot *n;* ~**ový** Motor-; *-vé vozidlo* Kraftfahrzeug *n.*
motostřelecký *Mil.* Panzergrenadier-.
motouz *m (2; 6. -u/-e)* Bindfaden *m.*
motovidlo *n (1a; -del)* Haspel *f; iron.* Tolpatsch *m.*

moty|ka *f (1c),* Dim. ~**čka** *f (1c; -ček)* Hacke *f.*
motýl *m (1)* Schmetterling *m,* Falter *m;* ~**ek** *m 1. (1a; -lk-) Dim. zu motýl;* 2. *(2b; -lk-) Sp.* Schmetterlingsstil *m (Schwimmen);* Fliege *f,* Schleife *f (am Anzug);* ~**í** Schmetterlings-; ~**ice** *f (2a) Zo.* Wasserjungfer *f;* ~**okvětý:** *-té rostliny* Schmetterlingsblütler *m/pl.;* ~**ový** Schmetterlings-.
mouč|ka *f (1c; -ček) Dim. u. Tech. zu mouka;* (Streu-)Pulver *n;* ~**kový** Staub- *(z. B. Zucker);* ~**natý** mehlig; ~**ník** *m (2b)* Mehlspeise *f;* ~**ný** mehlig; Mehl-.
moud|rost *f (4)* Weisheit *f;* ~**rý** (*Komp.* -řejší; *Adv.* -ře, *Komp.* -řeji) weise; ~**řet** ⟨z-⟩ *(3 Pl. -ejí)* weise (*od.* F schlau) werden.
moucha *f (1b; much)* Fliege *f.*
mouka *f (1c)* Mehl *n.*
moul|a¹ P *f (1a)* Maul *n;* ~**a**² *m (2?)* Dummkopf *m;* ~**at** langsam kauen.
mour *m (2a)* Kohlenstaub *m;* Ruß *m;* ~**ek** *m (1a; -rk-)* schwarzgrauer Kater *m od.* Hengst *m;* ~**ovatý** schwarzgrau.
mouřenín † *m (1)* Mohr *m;* ~**ský** † Mohren-.
moutvice *f (2a)* Stößel *m.*
movit|ost *f (4)* bewegliche Güter *n/pl. od.* Habe *f;* ~**ý** beweglich, reich.
moze|ček *m (2b; -čk-) Anat.* Kleinhirn *n; Kochk.* Hirn *n;* ~**k** *m (2b; -zk-)* Gehirn *n,* Hirn *n; bystrý ~ fig.* (ein) kluger Kopf.
mozko|míšní, ~**míchový** *Anat.* zerebrospinal; ~**vý** Gehirn-, Hirn-.
mozol *m (2; 6. -u/-e)* Schwiele *f;* ~**it se** ⟨na-, z-⟩ *(s čím)* sich (ab)plagen (mit *D*); ~**n(at)ý,** ~**ovitý** schwielig, *fig.* hart.
moždíř *m (4)* Mörser *m.*
mož|ná, ~**no** *Adv.* möglich; möglicherweise; *co -no brzy* möglichst bald; ~**nost** *f (4)* Möglichkeit *f;* ~**rý** möglich.
mráček *m (2b; -čk-)* Wölkchen *n.*
mrač|it ⟨na-, s-, za-⟩ *Stirn* runzeln; ~ *se* sich verfinstern; (finster drein-) blicken; ~**ivý** finster; bewölkt; ~**no** *n (1; -čen)* Wolke *f; bez -na* wolkenlos; ~**ný** finster, düster; Wolken-.
mrak *m (2b)* Wolke *f;* ~**odrap** *m (2a)* Hochhaus *n,* Wolkenkratzer *m.*
mrákot|a *f (1); mst.* -ty *pl.* Ohn-

mrákotný

macht *f*; *lit.* Dunkelheit *f*; ~ný schwindlig; dunkel; Dämmer-.
mrakov(it)ý wolkenartig; Wolken-.
mramor *m* (2a) Marmor *m*; ~ový Marmor-.
mrav *m* (2a) Sitte *f*; ~y *pl.* Betragen *n*.
mraven|cový, ~čí Ameisen-; ~čan *m* (2a) *Chem.* Formiat *n*; ~čení *n* (3) Kribbeln *n*; ~čit se wimmeln, sich tummeln; ~ec *m* (3; *-nc-*) Ameise *f*; ~ečník *m* (1a): *hřivnatý* ~ Ameisenbär *m*; ~iště *n* (2a) Ameisenhaufen *m*.
mravkolev *m* (1; *-lv-*) Ameisenlöwe *m*.
mravn|í sittlich, moralisch; ~ost *f* (4) Sittlichkeit *f*; ~ostní Sitten-, Sittlichkeits-; ~ý gesittet.
mravo|kárce *m* (3) Sittenrichter *m*; ~počestnost *f* (4) Sittsamkeit *f*, Sittlichkeit *f*; *zločin proti* ~i Sittlichkeitsdelikt *n*; ~počestný sittsam, gesittet; ~učný Moral-; ~uka *f* (1c) Sittenlehre *f*.
mráz *m* (2; *mraz-*; 6. *-u/-e*) Frost *m*, Kälte *f*; *fig.* Schauer *m*; *vlna mrazu* Kältewelle *f*; *mrazy pl.* Frostwetter *n*, Kälteperiode *f*; *s. bod.*
mraz|ený tiefgekühlt, Tiefkühl-, Gefrier-; *-ná káva* Eiskaffee *m*; ~ící Kühl-; Gefrier-; ~ík *m* (2b) schwacher Frost *m*; ~írenský Kühl-; ~írna *f* (1; *-ren*) Kühlhaus *n*; ~it ⟨z-, za-⟩ gefrieren lassen; frösteln; ~ivý eiskalt; eisig, frostig; ~otvorný Kühl-, Gefrier-; ~ový Frost-; Eis-; ~ovzdorný, ~uvzdorný frostbeständig.
mražený *s.* mrazený.
mrc|asitý faserig; ~ásek *m* (2b; *-sk-*) Wurzelfaser *f*.
mrhač *m* (3), ~ka *f* (1c; *-ček*) Verschwender(in *f*) *m*; ~ství *n* (3) Verschwendung *f*.
mrha|t ⟨pro-, z-⟩ (*čím*) *Zeit, Kräfte* vergeuden; *Geld* verschwenden; *Gesundheit* zerrütten; ~vý verschwenderisch.
mrholi|t ⟨za-⟩ nieseln; ~vý fein, Niesel- *(Regen).*
mrch|a *f* (1b) Aas *n*; *fig. verä.* Luder *n*; ~oviště *n* (2a) Schindanger *m*; ~ožrout *m* (1) Aasgeier *m*.
mrka|t ⟨pro-⟩ blinzeln, zwinkern; P *velké oči dělat* große Augen machen; *Licht*: flackern; *Sterne*: schimmern; ~vý schimmernd, flackernd.

mrkev *f* (3; *-kv-*) Möhre *f*, Karotte *f*.
mrkn|out *pf.* (*-kl/-knul*) *s.* mrkat; ~utí *n* (3) Blick *m*; *fig.* Wink *m*.
mrkv|ička *f* (1c; *-ček*) *Dim. zu* mrkev; *Kochk.* junge Karotten *f/pl.*; ~ový Möhren-.
mrň|avý F winzig, klein; ~ous *m* (1) *iron.* Knirps *m*, Kleine(r) *m*.
mroucí *lit.* (er)sterbend; *fig.* schwach.
mrož *m* (3) Walroß *n*.
mrsk|ač *m* (3) *hist.* Geißler *m*, Flagellant *m*; ~at ⟨z-, za-⟩ geißeln, (aus)peitschen; (*čím*) hin- und herbewegen (*A*); *mit dem Schwanz* wedeln; *mit den Beinen* zappeln *od.* schlenkern; ~ se zappeln; ~nout *pf.* (*-kl/-knul*) e-n Hieb versetzen (*k-o/D*); ~ se emporschnellen; F *-ni sebou!* mach schnell!
mrš|í Aas-; ~ina *f* (1) Aas *n*; Aasgeruch *m*.
mršt|it ⟨*od-*, *vy-*⟩ (*čím*) werfen, schleudern (*A*); ~nost *f* (4) Gewandtheit *f*; ~ný flink, gewandt.
mrt|ev, ~va *s.* mrtvý.
mrtv|ět ⟨z-⟩ (3 *Pl. -ějí*) absterben, erstarren, F einschlafen; ~ice *f* (2a) Schlaganfall *m*, F Schlag *m*; *srdeční* ~ Herzschlag; ~icový, ~ičný: ~ *záchvat* Schlaganfall *m*; ~o *s.* mrtvý; ~ola *f* (1a) Leiche *f*, Leichnam *m*; *fig. a.* toter Mann *m*; ~olný Leichen-; *-né ticho* Totenstille *f*; ~ý tot; leblos; *Su.* Tote(r) *m*.
mručet *s.* bručet.
mrv|a *f* (1) Dung *m*, Stallmist *m*; *fig. iron.* Nichtsnutz *m*; ~iště *n* (2a) Misthaufen *m*; ~it ⟨*po-, za-*⟩ düngen; P kaputt machen, Mist bauen, murksen; *et.* treiben.
mrz|ácký verkrüppelt; *fig.* elend; ~ačit ⟨z-⟩ verstümmeln, zum Krüppel machen; ~ák *m* (1a) Krüppel *m*; ~et ⟨*roz-, za-*⟩ j-n ärgern; *j-m* zuwider sein, *j-n* anekeln; ~ se (*na k-o*) sich ärgern (über *A*); ~kost *f* (4) Schändlichkeit *f*; ~ký (*Komp. -čejší*; *Adv. -ce*, *Komp. -čeji*) schändlich, schnöde.
mrznout ⟨z-, za-⟩ (*-zl*) frieren; erfrieren.
mrzout *m* (1) Griesgram *m*; ~ský griesgrämig, mürrisch.
mrzut|ost *f* (4) schlechte Laune *f*; Verdruß *m*; ~ý mürrisch; *Sache*: ärgerlich, peinlich.

mřen|ek m (1a; -nk-), **~ka** f (1c; -nek), **mřín** m (1) Zo. Grundel f.
mřít ⟨u-, ze-⟩ (mru/mřu, mřel) (čím) sterben (an D); vergehen, verschmachten (vor D); Laut: verklingen.
mříž(e) f (3 [od. 2]) Gitter n.
mřížkov|aný vergittert; Stoff: kariert; **~at** ⟨o-, za-⟩ (-kuji) vergittern; karieren; **~itý** gitterartig; **~ý** Gitter-.
mřížov|at (-žuji) s. mřížkovat; **~ec** m (3; -vc-) Strahlentierchen n; **~í** n (3) Gitter(werk) n; **~ý** Gitter-.
mst|a f (1) Rache f; **~ít** ⟨po-⟩ (-íl, -ěn) rächen (na čem an D); **~ se** sich rächen, Rache nehmen; **~itel** m (3; -é), **-lka** f (1c; -lek) Rächer(in f) m; **~ivost** f (4) Rachsucht f; **~ivý** rachsüchtig.
mše f (2) Rel. Messe f; sloužit mši Messe lesen.
mšice f (2a) Blattlaus f.
mučedn|ický Märtyrer-, Marter-; **~ictví** n (3) Märtyrertum n; Martyrium n; **~ík** m (1a), **~ice** f (2a) Märtyrer(in f) m.
muče|ní n (3) Folter f; **~nka** f (1c; -nek) Passionsblume f; **~ný** gequält.
muč|icí Folter-; **~idlo** n (1a; -del) Folterwerkzeug n; vložit (od. napnout) k-o na -la fig. j-n auf die Folter spannen; **~írna** f (1; -ren) Folterkammer f; **~it** ⟨po-, z-⟩ foltern; **~ se** (čím) sich (ab)quälen (mit D); geplagt werden (von D); **~itel** m (3; -é) Peiniger m; † a. Folterknecht m; **~itelský** Folter-; **~ivý** quälend, qualvoll.
mudrc m (3) Weise(r) m; fig. Philosoph m; iron. Neunmalkluge(r) m; **~ký** weise; spitzfindig.
mudrlant P m (1) Besserwisser m, Neunmalkluge(r) m; **~ský** spitzfindig; naseweis, vorlaut; **~ství** n (3) Besserwisserei f, iron. Weisheit f.
mudro|sloví n (3) (Volks-)Weisheit n, Spruchweisheit f; **~vání** n (3) Klugschwätzerei f; **~vat** ⟨na-, z- si⟩ (-ruji) (herum)klügeln, tüfteln (nad čím, o čem an D).
mufle f (2) Tech. Muffel f.
much s. moucha.
muchlani|ce f (2a), **~na** f (1) Durcheinander n.
muchl|at, ~ovat ⟨s-, z-, za-⟩ (-luji) Kleid, Papier zerknittern; j-n

drücken, liebkosen; **~ se** Stoff: knittern; (einander) liebkosen; fig. sich necken.
mucho|lapka f (1c; -pek) Fliegenfänger m; **~můrka** f (1c; -rek) Fliegenpilz m.
můj (s. Anhang) mein; P **~** mein Mann.
muk Int.: ani **~!** kein Wort (mehr)!
muka f (1c) Qual f, Marter f; boží **~** Kruzifix n; Bildstock m, öst. Marterl n.
muk|at ⟨za-⟩, **~nout** pf. (-kl) mucksen.
mukyně f (2b) Vogelbeerbaum m.
mul[1] m (2a) Med. Mull m.
mul[2] m (1; -ové) Maultier n.
mulat m (1), **~ka** f (1c; -tek) Mulatte m, -in f.
muláž f (3) Abguß m, Abdruck m.
mulový Mull-.
multiplikovat [-tɪ-] ⟨z-⟩ (-kuji) multiplizieren.
mumi|e f (2) Mumie f; **~fikovat** (im)pf. ⟨z-⟩ (-kuji) mumifizieren; **~ov(it)ý** Mumien-, mumienhaft.
muml|al m (1; -ové) iron. Brummbär m; **~at** ⟨za-⟩ murmeln, brummen; **~avý** murmelnd.
mumraj m (4) Maskerade f; Trubel m; F Fe(e)z m, Gaudi f od. n.
muna f (1) Zo. Maki m.
mundúr † m (2a) Montur f.
muni|ce [-nɪ-] f (2a) Munition f; **~ční** Munitions-.
muňka f (1c; -něk) Filzlaus f.
můra f (1d) Alpdrücken n; fig. Alptraum m; Nachtfalter m; verä. Luder n, Biest n.
muréna f (1) Zo. Muräne f.
můří, muří Nachtfalter-; **~** noha Drudenfuß m; iron. Gekritzel n.
musit, muset (3 Pl. -ejí/-í) müssen, brauchen od. haben zu (+ Inf.).
muslim m (1; -ové) Moslem m.
můstek m (2b; -tk-) (kleine) Brücke f; Med., El., Mar. Brücke f; Sp. odrazový **~** Sprungbrett n; lyžařský **~** Sprungschanze f.
mustr P m (2a) Muster n; **~ovat** ⟨z-⟩ (-ruji) mustern.
mušelín m (3; 6. -u/-ě) Musselin m.
muš|í Fliegen-, **~ka** f (1c; -šek) (kleine) Fliege f (a. Bart); (Visier-) Korn n.
muškát m (2; 6. -u/-ě) Muskat(nuß f) m; **~ový** Muskat-; -vé víno Muskateller(wein) m.

mušl|e f (2) Muschel f; ~ový Muschel-.
múza f (1a) Muse f.
muze|jní Museums-; ~um n (5) Museum n.
muzik|a P f (1c) Musik f; ~ální musikalisch; ~ant m (1) Musikant m.
muž m (3) Mann m; sto ~ů hundert Mann; ~atka f (1c; -tek) Mannweib n.
může s. moci.
muž|íček m (1a; -čkové/-čci) Männlein n, Männchen n; ~isko n (1b; -sek/-sk) Mannsbild n; ~nět ⟨z-⟩ (3 Pl. -ějí) zum Mann (heran)reifen; ~nost f (4) Männlichkeit f; Mannbarkeit f; ~ský männlich, Mannes-, ~ství n (3) Männlichkeit f; Mannesalter n; ~stvo n (1; -tev) Mannschaft f.
my wir.
mycí Wasch-; abwaschbar.
myč m (3) Wäscher m; ~ka f (1c; -ček) Reinemachefrau f; Spül-, Waschmaschine f.
mýdel|natý seifenhaltig; Seifen-; ~ník m (2b) Seifenschale f; ~ný Seifen-.
mydl|árna f (1; -ren) Seifenfabrik f; ~ář m (3) Seifensieder m; Seifenhändler m; ~ina f (1) Seifenblase f; -ny pl. a. Seifenschaum m; Seifenwasser n; ~inový Seifen-; ~it ⟨na-⟩ einseifen; P fig. prügeln.
mýdl|o n (1a; -del) Seife f; ~ovatý seifenartig; ~ový Seifen-.
myji s. mýt.
mykat ⟨za-⟩ krempeln; Wolle kämmen.
myl s. mýt.
mýl|it ⟨z-⟩ irreführen; beirren; ~ se (sich) irren, sich täuschen; ~ si verwechseln (k-o s kým j-n mit D); ~ivý irreführend; trügerisch; ~ka f (1c; -lek) Irrtum m.
myl|nost f (4) Irrtümlichkeit f; Unrichtigkeit f; ~ný irrtümlich, täuschend; irrig, falsch.
myrha f (1b) Myrrhe f.
myriáda f (1) Myriade f.
myrt|a f (1) Myrte f; ~ový Myrten-.
mys m (2a) Kap n, Vorgebirge n.
mysl f (4b) Sinn m; Mut m; Gemüt n; mít na ~i im Sinn haben; s klidnou ~i in aller (Seelen-)Ruhe; veselá ~ froher Mut; ~et s. myslit; ~ící Denk-; ~it ⟨po-⟩ (-šlen) (nač, na k-o) denken (an A); (co) meinen, glauben (A); jak to -íte? wie meinen Sie das?; nemyslete, že ... glauben Sie (ja) nicht, daß ...; ~itel m (3; -é) Denker m; ~itelný denkbar.
mysliv|ec m (3; -vc-) Jäger m; ~ecký weidmännisch, ~ectví n (3) Jagdwesen n, F Jägerei f; ~na f (1; -ven) Jagdhaus n; Försterhaus n; ~ost f (4) 1. Jagdwesen n, Jagdsport m; 2. Denkvermögen n; ~ý denkfähig, Denk-.
mystéri|e f (2), ~um n (5) Mysterium n.
mysti|cký [-tɪ-] mystisch; ~fikace f (2) Irreführung f; ~fikátor m (1; -ři) Betrüger m, Schwindler m; ~k m (1a) Mystiker m; ~ka f (1c) Mystik f.
myš f (4a) Maus f; německá ~ Ratte f; ~ák m (1a) Mäuserich m; ~árna F f (1; -ren) Mauseloch n; ~í Mäuse-; ~ička f (1c; -ček) Mäuschen n; ~ilov m (1) Mäusebussard m; ~ina f (1) Mäusegeruch m; a. = ~inec P m (4; -nc-) Mäusedreck m; ~ka f (1c; -šek) Mäuschen n; F tiše jako ~ mäuschenstill.
myšlen|í n (3) Denken n; ~ka f (1c; -nek) Gedanke m; ~kový gedanklich, Gedanken-.
mýt ⟨po-, u-⟩ (myji, myl, myt⟩ waschen.
mytí f (4c; -tě), **mýtí** n (3) Holzschlag m.
mytí n (3) Waschen n; voda na ~ Waschwasser n.
myt(h)ický mythisch.
mýt|ina f (1) Lichtung f; ~it ⟨vy-, z-⟩ (-cen) roden.
mýt|né n (Adj. 3) Brückenzoll m, öst. Maut f; ~ní, ~ný Maut-; ~nice f (2a) öst. Mauthaus n; ~o n (1) s. mýtné.
mytologi|cký mythologisch; ~e f (2) Mythologie f.
mýtus m (2a; mýt-) Mythos m, Mythus m.
mýval m (1) Waschbär m.
mzd|a f (1; mezd) Lohn m; ~ový Lohn-.
mžení n (3) Nieseln n.
mžik m (2b) Augenblick m, Nu m; ~em im Nu, ~at ⟨za-⟩ blinzeln, zwinkern; Licht: flimmern; ~avý flimmernd; ~nout pf. (-kl) blinzeln, fig. mit der Wimper zucken;

schnell vorbeifliegen; ~ový *Fot.* Moment-.
mžít ⟨po-, za-⟩ (*mží, mžilo*) nieseln.
mžitka *f* (*1c*; *-tek*): *mst.* *-ky pl.* Augenflimmern *n*; *dělají se mu -ky před očima* es wird ihm schwarz (*od.* es flimmert ihm) vor den Augen.
mživý *Regen*: fein; *Tag*: neb(e)lig.
mžourat s. mhourat.
mžurka *f* (*1c*; *-rek*) Augenlid *n*; *Zo.* Nickhaut *f*.

N

na¹ *Prp. (mit 6. Fall auf die Frage wo?; mit 4. Fall auf die Frage wohin?)* auf *(D od. A)*, an *(D od. A)*; ~ poli auf dem Feld; ~ pole auf das (F aufs) Feld; ~ stěně an der Wand; ~ stěnu an die Wand; ~ týden für e-e Woche; ~ ruku an die Hand; *fig.* zur Hand *(gehen); jít ~ vzduch* an die Luft gehen; ~ slunci an der Sonne; ~ světlo ans Licht; *fig.* an den Tag; ~ podzim im Herbst; ~ chvilku für e-e Weile; *hrát ~ housle* Geige spielen; ~ šest set se na *(od.* gegen) sechshundert; *dávat si ~ čas* sich Zeit lassen; ~ kauci gegen Kaution; *peníze ~ cestu* Reisegeld *n;* ~ pozdrav zum Gruß(e); ~ dno bis auf den Grund; *fig.* bis zur Neige; *zaplatil ~ haléř* er hat bis auf den letzten Heller bezahlt; ~ jihu im Süden; ~ moři an der See; *dům ~ domě* Haus an Haus; ~ tom daran; ~*²! Int.* da hast du!

na- (+ *Subst. mst.* **ná-**) auf-; an- (= *Beginn*); genug ...

nabád|ání *n* (3) Anstiftung *f;* ~**at** anstiften; ermahnen *(j-n* zu *D);* ~**avost** *f* (4) Ermunterung *f*.

nabal|it *pf.,* ~**ovat** (-luji) einpacken.

na|balzamovat *pf.* (-muji) einbalsamieren, ~**bančit** (k-u) (ver-) prügeln *(A);* e-e Ohrfeige geben *(D);* ~**barvit** *pf.* färben; ~**baštit** *pf.:* F ~ **se** sich anessen, sich vollstopfen.

nabaž|ený blasiert, abgestumpft; satt; ~**it** *pf.:* ~ **se** (č-o) überdrüssig werden *(G),* F satt bekommen *(A).*

náběh *m* (2b) Anlauf *m.*

náběh|at *pf.:* ~ **se** viel herumlaufen, sich müde laufen; ~**lina** *f (1),* ~**lost** *f* (4) Schwellung *f;* ~**lý** geschwollen; ~**nout** *pf.* (-hl) anrennen *(na k-o* gegen *A); Med.* anschwellen, anlaufen.

nábĕr *m* (2a), ~**ka** *f* (1c; -rek) Faltenwurf *m,* Rüsche *f.*

náběr|ací Schöpf-; ~**ač** *m* (4) *Tech.* Aufnehmer *m;* ~**ačka** *f* (1c; -ček) Kelle *f; Kochk.* Schöpflöffel *m;* ~**adlo** *n* (1a; -del) Schöpfgefäß *n;* ~**ák** *m* (2b) *Tech.* Aufzugeimer *m;* *(Textil)* Fadenleiter *m.*

nabíd|ka *f* (1c; -dek), ~**nutí** *n* (3) Angebot *n;* ~**nout** *pf.* (-dl) anbieten.

nabíhat *iter. s.* **naběhnout**.

nabiják *m* (2b) † Ladestock *m; Jagdw.* Patronensetzer *m.*

nabíje|cí Lade-; ~**č** *m* (3) *Mil.* Ladeschütze *m;* ~**čka** *f* (1c; -ček) Lademaschine *f;* ~ **na jitrnice** Wurstfüllmaschine *f;* ~**ní** *n* (3) Laden *n; s. pf. -ejí s.* **nabít**.

nabí|ledni F sonnenklar; ~**lit** *pf.* weißen, weiß anstreichen.

nabír|ací Schöpf-; ~**aný** faltig; ~**at** *s.* **nabrat;** ~ **dech** Atem holen; ~ **do pláče** *od.* **k pláči** das Gesicht zum Weinen verziehen, ein weinerliches Gesicht machen; ~ **rychlost** an Geschwindigkeit zunehmen; ~ **výšku** an Höhe gewinnen.

nabít *pf. (s.* **bit)** *Mil., El.* laden; *Wurst, Kassette* füllen; (k-u) (ver-) prügeln *(A).*

nabit|í *n* (3) Ladung *f;* ~**ý** vollgestopft; *Mil.* geladen.

nabíze|cí Angebots-; ~**č** *m* (3) *Hdl.* Offerent *m;* ~**t** (3 *Pl.* -ejí) *s.* **nabídnout**.

na|bláznit se *pf.* Dummheiten machen; F *(za kým)* verrückt sein (nach *D);* ~**blízku** in der Nähe; ~**bloudit se** *pf.* lange herumirren; ~**blouznit se** *pf.* (o čem, o kom) *fig.* schwärmen (von *D).*

nabobtn|alý angeschwollen; *Holz:* gequollen, ~**(áv)at** anschwellen; *Holz usw.:* quellen.

nabod|(áv)at, ~**nout** *pf.* (-dl; -dnut) anspießen, aufspießen.

náboj *m* (4) *Mil., El.* Ladung *f; (Rad-)*Nabe *f;* ~**ka** *f* (1c; -jek) Patrone *f;* ~**nice** *f* (2a) Patronenhülse *f;* ~**(nic)ový;** ~ *pás* Patronengurt *m;* ~**ový** Patronen-; *El.* Ladungs-.

nábor *m* (2a) Werbung *f;* ~**ový** Werbe-.

na|boso *Adv.* barfuß; ~**botnat** *s.* **nabobtnat**, ~**bouchat** F *pf.* (k-u) (ver)prügeln *(A);* (co) füllen, F vollstopfen; ~bourat *pf.* teilweise demolieren; ~ *pokladnu* e-n Geldschrank knacken; ~ se *Kfz.* e-n Zusammenstoß haben.

nábožensk|ost *f* (4) Religiosität *f*; ~ý Religions-, Glaubens-, religiös; -*ká obec* Kultusgemeinde *f*.

nábož|enství *n* (3) Religion *f*; ~nost *f* (4) Frömmigkeit *f*; ~nůstkář *m* (3) *verä.* Frömmler *m*; ~ný fromm.

nabrat *pf.* (-*beru*) nehmen, schöpfen (*a. Luft*); F *j*-*n* foppen; *Stoff* kräuseln, bauschen; ~ se auftauchen, kommen; *Wasser, Sand:* eindringen; ~ *si* sich nehmen, füllen.

nabrousit *pf.* (-*šen*) schärfen, schleifen; F ~ se viel auf den Beinen sein.

nábřeží *n* (3) Ufer(straße *od.* -promenade *f*) *n*; *Mar.* Kai *m*; ~ní Ufer-, Kai-.

nabřinkat F *pf.* (k-u) (ver)prügeln (*A*).

nábřišník *m* (2b) *Agr.* Bauchriemen *m*, -gurt *m*.

nabubř|elý (an)geschwollen; ~et *pf.* (3 *Pl.* -*eji*) anschwellen; *Kochk.* quellen; *Med.* sich blähen.

nabumbat se F *pf.* sich vollaufen lassen.

nabýt *pf.* (*s. být*) (č-o) erwerben, gewinnen (*A*); zunehmen; *fig.* bekommen, annehmen; ~ *vědomí* das Bewußtsein wiedererlangen.

nábytek *m* (2b; -*tk*-) Möbel *n/pl.*

nabytí *n* (3) *Jur.* Erlangung *f*.

nábytk|árna *f* (1; -*ren*) Möbelfabrik *f*; ~ář *m* (3) Möbeltischler *m*; ~ový Möbel-.

nabývat *s. nabýt*.

nácek F *m* 1. (2b; -*ck*-) Bauch *m*; 2. (1a; -*ck*-; -*ové*) Dummkopf *m*; *verä. a.* Nazi *m*.

nacionál *m* (1; -*ové*) Nationale(r) *m*; ~ní national.

nacp|áv)at (*pf.* -*u*) (hinein)stopfen; vollstopfen.

nactiutrhač *m* (3) Ehrabschneider *m*.

nacuc|áv)at se F (*čím*) sich vollsaugen (mit).

nacvič|it *pf.*, ~ovat (-*čuji*) einüben (*A*).

nač (= *na co*) worauf, wozu.

nača|dit *pf.* (-*děn*/-*zen*) vollqualmen (*A*); ~tý angefangen; *s. načít.*

nače|chr(áv)at auflockern; *Bett* aufschütteln; ~kat se *pf.* lange warten.

náčel|ek *m* (2b; -*lk*-), ~ka *f* (1c; -*lek*) Stirnband *n*; ~ní Haupt-; *Agr.* Stirn-; ~nice *f* (2a) (An-)Führerin *f*; ~nictví *n* (3) oberste Leitung *f*; ~ník *m* (1a) Anführer *m*; (*Stammes*-)Häuptling *m*; (*Vereins*-)Obmann *m*; (*Bahnhofs*-)Vorsteher *m*; *Sp.* Turnwart *m*; (*Generalstabs*-) Chef *m*; ~ný führend, Führungs-.

nače|povat *pf.* (-*puji*) anzapfen; ~pýřit *pf.* sträuben.

načer|nalý schwärzlich; ~nit *pf.* anschwärzen; ~p(áv)at (co, č-o) schöpfen (*A*); ~vavělý wurmstichig; ~venalý rötlich; ~venit *pf.* rot färben.

nače|s(áv)at (*pf.* -*šu*/-*sám*) kämmen; *Beeren* pflücken; ~tí *n* (3) Anfang *m*; *s. načít.*

načež worauf, wonach.

načich|(áv)at, ~nout *pf.* (-*chl*) den Geruch annehmen *od.* anziehen (*čím von D*).

načínat *s. načít.*

náčin|ek *m* (2b; -*nk*-) Umschlag *m*; ~í *n* (3) Gerät *n*, Geräte *n/pl.*; Geschirr *n*; *Med.* Besteck *n*.

načíst se (*im*)*pf.* (*s. číst*) viel lesen (č-o/*A*).

načisto P *Adv.* ganz und gar.

načí|t *pf.* (-*čnu*, -*čal*, -*čat*) anfangen, beginnen (zu + *Inf.*); *Thema, Brot* anschneiden; *Faß* anzapfen; *Flasche* anbrechen; ~tat *pf.* zählen; ~ se (*im*)*pf.* viel lesen.

načmárat *pf.* (hin)kritzeln, schmieren.

náčrt *m* (2a), ~ek *m* (2b; -*tk*-) Skizze *f*, Entwurf *m*; Abriß *m*.

načrtat *pf. s. načrtnout.*

náčrt|(k)ový Skizzen-; ~ník *m* (2b) Skizzenbuch *od.* -heft *n*.

načrtnout *pf.* (-*tl*; -*tnut*) skizzieren, entwerfen.

nad, ~e *Prp.* (*mit* 4. *Fall auf die Frage wohin?, mit* 7. *Fall auf die Frage wo?*) über (*A od. D*); oberhalb (*G*); (*bei Flüssen u. Seen*) an (*D*); ~ *tím* darüber; ~ *Labem* an der Elbe; ~ *ín Zssgn* (dar)über-, zuvor-.

nada|ce *f* (2) Stiftung *f*; ~ční Stiftungs-.

na|dál(e) weiterhin, in Zukunft; ~dání *n* (3) Begabung *f*; ~daný begabt, talentiert; ~darmo *Adv.* vergeblich, umsonst; ~dat *pf.* (-*dám*, -*dán*) ausstatten; vy~ (k-u) ausschimpfen (*A*); ~dát se *pf.* (-*dám*;

nadávání 212

3 *Pl.* -dají, -dál) (č-o) hoffen (auf *A*), erwarten (*A*); vermuten.
nadáv|ání *n* (3) Schimpfen *n*, Beschimpfungen *f/pl.*; ~at ⟨vy-⟩ (k-u, na k-o, nač) schimpfen (auf *A*), beschimpfen (*A*).
nádavek *m* (2b; -vk-) Zugabe *f*.
nadávka *f* (1c; -vek) Schimpfwort *n*.
nad|běh *m* (2b) Vorsprung *m*; ~**běhnout** *pf.* (-hl), ~**bíhat** zuvorkommen (k-u/*D*); ~ si den Weg abkürzen.
nadbyt|ečný überschüssig; überflüssig; ~**ek** *m* (2b; -tk-) Überschuß *m*; Überfluß *m*.
nadce|nit *pf.*, ~**ňovat** (-ňuji) überschätzen.
nadčlově|cký übermenschlich; ~**k** *m* (1a; *Pl.* -lidé wie *f* 4) Übermensch *m*. [lich).⟩
nad(e)dveřní über der Tür (befind-
nadehnat *pf.* s. *nadhánět*.
nádech *m* (2b) Anflug *m*; (Farbe) Stich *m*.
nadech|lý hingehaucht, angehaucht; ~**nout** *pf.* (-chl) anhauchen; ~**nutý** s. *nadechlý*.
naděje *f* (2) Hoffnung *f* (nač, v co, do č-o auf *A*); ~ do budoucna Zukunftsaussichten *f/pl.*
nadejít *pf.* (s. *jít*) s. *nadběhnout*.
nadějný hoffnungsvoll.
nadél *Adv.* der Länge nach; *Turn.* kůň ~ Langpferd *n*.
naděl|aný *f* kräftig; ~**at** *pf.* machen; *fig.* anrichten; ~ se viel (*od.* lange) arbeiten; ~**ení** *n* (3) Bescherung *f*; ~**it** *pf.*, ~**ovat** (-luji) bescheren (k-u co j-m *A*).
náden|ice *f* (2a) Tag(e)löhnerin *f*; ~**ický** Tag(e)löhner-; ~**ictví** *n* (3), ~**ičina** *f* (1) Tag(e)löhnerarbeit *f*, *iron.* Schinderei *f*; ~**ík** *m* (1a) Tag(e)löhner *m*.
nadepsat *pf.* (s. *psát*) überschreiben, betiteln.
nadhá|něč *m* (3) *Jagdw.* Treiber *m*; ~**nět** (3 *Pl.* -ějí) zutreiben; ~**ňka** *f* (1c; -něk) Treibjagd *f*.
nadhazovat (-zuji) s. *nadhodit*.
nádher|a *f* (1d) Pracht *f*; ~**nost** *f* (4) Pracht *f*; ~**ný** prachtvoll; ~**ymilovný** prunksüchtig.
nad|hlavník *m* (2b) *Astr.* Zenit *m*, Scheitelpunkt *m*; ~**hled** *m* (2a) *fig.* Vogelperspektive *f*; ~**hodit** *pf.* (-zen) leicht in die Höhe werfen (*A*); *Frage* aufwerfen; *fig.* zu verstehen geben.

nadhodnot|a *f* (1) Mehrwert *m*; ~**it** *pf.* (-cen) überbewerten, zu hoch ansetzen.
nádcha *f* (1b) *Med.* Rotlauf *m*.
nadcház|ející bevorstehend; ~**et** (3 *Pl.* -ejí) zuvorkommen (k-u/*D*); kommen; ~ si e-n kürzeren Weg nehmen; ~ si k-o sich um j-s Gunst bemühen; ~**ka** *f* (1c; -zek) kürzerer Weg *m*, Abkürzung *f*.
nadchnout *pf.* (*nadšen*) begeistern (se sich; čím, pro k-o für *A*).
nadiktovat *pf.* s. *diktovat*.
nadíl|et (3 *Pl.* -ejí) s. *nadělit*; ~**ka** *f* (1c; -lek) Bescherung *f*.
nadindustrializovaný [nat·in-/ nad·in-] überindustrialisiert.
nadít[1] *pf.* (-diji, -dil, -dit) *Kochk.* füllen; *Nadel* einfädeln.
nadít[2] **se** (im)*pf.* (-ději, -dál) s. *nadát* se.
naditý *Kochk.* gefüllt; *fig.* zu warm angezogen.
nadív|aný *Kochk.* gefüllt; ~**at**[1] s. *nadít*[1]; ~**at**[2] **se** (im)*pf.* sich satt sehen.
nadivit se *pf.* (č-u) sehr staunen (über *A*); nemohl se dost ~ er kam aus dem Staunen nicht heraus.
nádivka *f* (1c; -vek) *Kochk.* Füllung *f*.
nad(e)jet *pf.* (-jedu, -jel), ~**jížděť** (3 *Pl.* -ějí) ein- *od.* überholen (k-u/*A*); ~ si den Weg abkürzen.
nadlehč|it *pf.*, ~**ovat** (-čuji) (ein wenig) anheben; (ein wenig) erleichtern (k-u v čem j-m *A*).
nadlepš|it *pf.*, ~**ovat** (-šuji) *Lohn* aufbessern; *Verhältnisse* bessern.
nad|lesní *m* (*Adj.* 4) Oberförster *m*; ~**lidský** übermenschlich; *fig.* gewaltig; ~**loktí** *n* (3) Oberarm *m*.
nadlouho für lange Zeit.
nadměr|ek *m* (2b; -rk-) Übermaß *n*; ~**nost** *f* (4) Übergröße *f*; ~**ný** übermäßig, übergroß.
nadmír|a *f* (1d) Übermaß *n*; ~**u** *Adv.* überaus, über alle Maßen.
nadmořský See-; ~**ká výška** Höhe *f* über dem Meeresspiegel.
nadm|out *pf.* (-dmul) aufblasen, blähen; ~**utí** *n* (3) *Med.* Blähung *f*; ~**utý** (auf)gebläht; ~**ychat** *pf.*, ~**ychovat** (-chuji) s. *nadmout*.
nadn|ášet se (3 *Pl.* -ejí) sich erheben; schweben; ~**esený** *fig.* gehoben; ~**ést** *pf.* (s. *nést*) ein wenig (an)heben; *vgl.* *nadnášet se*.

nádob|a f (1) Gefäß n; **~í** n (3) koll. Geschirr n; **~ka** f (1c; -bek) kleines Gefäß n.
nadobro Adv. ganz und gar.
nadobyčejný außergewöhnlich.
nadojit pf. melken.
nádor m (2a) Geschwulst f; **~ovitý** geschwulstartig.
na|dosmrti sein Leben lang; **~dout** pf. (-duji, -dul, -dut) s. nadmout; **~dovádět se** pf. (3 Pl. -ějí) (viel od. genug) herumtollen.
nadpis m (2; 6. -e/-u) Aufschrift f, Überschrift f; Schlagzeile f; **~ovat** (-suji) überschreiben, betiteln.
nadplánový über- od. außerplanmäßig.
nadpočet m (2a; -čt-) Überschuß m; **~ný** überschüssig, überzählig.
nad|poloviční über die Hälfte; Mehrheit: absolut; **~poručík** m (1a) Oberleutnant m; **~pozemský** überirdisch; **~práce** f (2) Mehrarbeit f; **~práví** n (3) Vorrecht n; **~produkce** f (2) Überproduktion f; **~průměrný** überdurchschnittlich; **~přirozený** übernatürlich.
ňadra n/pl. (1; -der) Busen m, Brust f.
nadranc P ganz zerrissen, in Fetzen; **~ovat** pf. (-cuji) rauben.
nadr|at pf. (-deru) (č-o) Federn schleißen; **P ~ se = ~átovat se** P pf. (-tuji) sich besaufen.
nádraž|í n (3) Bahnhof m; **~ní** Bahnhofs-.
nádrh m (2b) Tech. Reißnadel f.
nadrobit pf. einbrocken.
nadrozumný übersinnlich, lit. jenseits der Vernunft.
nádrž f (3) Behälter m; Kfz. Tank m; Becken n.
nadržet pf. aufhalten; zurückhalten; Wasser stauen.
nádržka f (1c; -žek) s. nádrž.
nadržo|vání n (3) Bevorzugung f, Begünstigung f, **~vat** (-žuji) (k-u) begünstigen, bevorzugen (A); Vorschub leisten (D); (co) s. nadržet.
nádrž(k)ový Tank-, Kessel-.
nadřa|děný übergeordnet; **~dit** pf. (-děn/-zen), **~ďovat** (-duji), **~zovat** (-zuji) (co č-u, co nad co) überordnen (et. D); **~zený** s. nadřaděný.
nadřít P pf. (-dřu, -dřel, -dřen) (a. se) (ein)pauken, büffeln; **~ se** sich abrackern.
nadřízený m (Adj. 1) Vorgesetzte(r) m; Adj. übergeordnet; vorgesetzt.

nadsa|dit pf. (-zen) übertreiben; **~zený** übertrieben; **~zování** n (3) Übertreibung f; **~zovat** (-zuji) s. nadsadit.
nadsklep|í n (3) Kellergeschoß n; **~ní** m (Adj. 4) Kellermeister m.
nad|skočit pf. (k-u) e-n Vorsprung gewinnen (vor D); **~skutečný** übernatürlich; **~smluvní** Agr. Übersoll-; **~smyslný** übersinnlich; **~stavba** f (1; -veb) Phil. Überbau m; **~stranický** überparteilich; **~střešek** m (2b; -šk-) Arch. Dachreiter m.
nadsvět|í n (3) Oberwelt f; **~ní, ~ný, ~ový, ~ský** überweltlich.
nadšen, ~a, ~o s. nadšený; **~ec** m (3; -nc-) Enthusiast m, Schwärmer m; **~í** n (3), **~ost** f (4) Begeisterung f; **~ý** begeistert.
nadto überdies, außerdem; **~ž** und erst recht; (verneint) und noch (viel) weniger.
nad|třídní über den Klassen stehend; **~učitel** m (3; -é) Oberlehrer m.
nadulý s. nadutý.
nadúroda f (1) (über)reiche Ernte f.
naduř|elost f (4) Aufgeblasenheit f; **~elý** s. nadutý; **~et** pf. (3 Pl. -ejí/-i) (an)schwellen.
nadut|ec m (3; -tc-) verä. aufgeblasener Mensch m, **~ost** f (4) Hochnäsigkeit f, Protzentum n; **~ý** aufgeblasen (a. fig.); Segel: gebläht.
nadvlád|a f (1), **~í** n (3) Vorherrschaft f.
nádvo|rní Hof-; **~rník** † m (1a) Hofknecht m; **~ří** n (3) (Burg-)Hof m.
nadvý|dělek m (2b; -lk-) Mehrverdienst m; **~kon** m (2a) Mehrleistung f; **~roba** f (1) Überproduktion f; **~robek** m (2b; -bk-) Mehrprodukt n; **~živa** f (1) Überernährung f.
nadých|aný eingeatmet; angehaucht; Kochk. flaumig; Kleid: hauchdünn; **~at** pf., **~nout** pf. (-chl) anhauchen (A); **~ se** (č-o) einatmen (A); fig. Luft schöpfen; **~nutý** s. nadýchaný.
nadým|ačnost f (4) iron. Aufgeblasenheit f; **~at** s. nadmout.

nadzdvihnout 214

nadzdvih|nout *pf.* (-žen), **~ovat** (-huji) ein wenig (an)heben.
nadzem|ní überirdisch; *Tech., Esb.* Hoch-; *El.* oberirdisch, Luft-; *Bgb.* Tage-; **~ský** überirdisch.
nad|zvukový *Flgw.* Überschall-; **~životního** überlebensgroß.
nafackovat *pf.* (-kuji) kräftig ohrfeigen (k-u/A).
ňafat *Hund:* kläffen.
nafilmovat *pf.* (-muji) filmen, F drehen.
nafint|ěný (auf)geputzt; **~it se** *pf.* sich putzen.
naflákat *pf.* hinwerfen; (k-u) verprügeln (A).
nafouk|anec *m* (3; -nc-) aufgeblasener Mensch *m*; **~aný** aufgeblasen; **~at** *pf.* aufblasen; **~lý** aufgebläht; *fig.* aufgeblasen; **~nout** *pf.* (-kl; -knut) aufblasen; *s.* nafoukat.
nafuk|ovací aufblasbar, Luft-; **~ovat** (-kuji) *s.* nafoukat.
naft|a *f* (1) Erdöl *n*; **~alín** *m* (2a) Naphthalin *n*; **~onosný** erdölhaltig; **~ový** Erdöl-.
naháč *m 1.* (3) Nackte(r) *m*; *Zo.* Spiegelkarpfen *m*; *2.* (4) *Bot.* Herbstzeitlose *f*; **~ek** F *m* (1a; -čk-) Nackedei *m*, Nacktfrosch *m*.
nahajka *f* (1c; -jek) Nagaika *f*.
nahá|něč *m* (3) Zutreiber *m*; *Pol.* Helfershelfer *m*; **~nět** (3 *Pl.* -ejí) zutreiben; *Furcht* einflößen; **~ňka** *f* (1c; -něk) Treibjagd *f*; P *fig.* angst und bange.
nahatý splitternackt, im Adamskostüm.
nah|ázet *pf.* (3 *Pl.* -ejí), **~azovat** (-zuji) (hin)werfen; *Erdwall* aufwerfen; **~lopatou** schaufeln.
nahlas *Adv.* laut.
náhlav|ek † *m od. n* (2b;-vk-) Halfter *n*; **~ní** Kopf-.
náhle *Adv.* plötzlich.
náhled *m* (2a) Einsicht *f*; Ansicht *f*.
nahledat *pf.* (e-e Menge) finden; **~ se** (im)*pf.* (č-o, k-o) lange suchen (A).
nahléd|at *it.*, **~nout** *pf.* (-dl) hineinschauen, e-n Blick hineinwerfen; **~nutí** *n* (3) Einsicht(nahme) *f*.
nahlíd|at, ~nout *pf.* (-dl) *s.* nahlédat; **~at se** *pf.* lange hüten (A).
náhli|t ⟨pře- se⟩ eilen, drängen; **~vý** voreilig, rasch.
nahlížet (3 *Pl.* -ejí) *s.* nahlédnout.

nahlod|aný angenagt; **~(áv)at** annagen.
náhlost *f* (4) Plötzlichkeit *f*; *fig.* Jähzorn *m*.
nahltat se *pf.* (č-o) hastig (*od.* viel) schlucken (A).
nahluchl|ost *f* (4) Schwerhörigkeit *f*; **~ý** schwerhörig.
náhlý plötzlich; *Abhang:* steil; P *a.* jähzornig; **~** *soud* Standgericht *n*.
nahm|at(áv)at, ~átnout *pf.* (-tl; -tnut) ertasten, tastend finden.
nahnat *pf.* (naženu) (hin)treiben; **~** k-u strach j-m Angst einjagen.
nahnědlý bräunlich.
nahněv|aný zornig; **~at** *pf.* erzürnen; **~ se** (na k-o, na co) sich aufregen (über A).
nahn|ilý angefault; **~í(va)t** (*s.* hnít) anfaulen.
nahn|out *pf.* (-ul; -ut) beugen, neigen; **~ se** z okna sich zum Fenster hinauslehnen; P **~** si sich betrinken; **~utý** gebeugt, geneigt.
náhod|a *f* (1) Zufall *m*; -dou zufällig; **~ička** *f* (1c; -ček) glücklicher Zufall *m*.
nahod|ilost *f* (4) Zufälligkeit *f*; **~ilý** zufällig; **~it** *pf.* (-zen) anwerfen; **~ se** *fig.* sich treffen; zufällig dazukommen.
náhod|nost *f* (4) Zufälligkeit *f*; **~ný** zufällig, gelegentlich; -ná *koupě* Gelegenheitskauf *m*; **~ou** *s.* náhoda.
náhon *m* (2; 6. -u/-e) Wassergraben *m*; Zuleitungskanal *m*; *Tech.* Antrieb *m*; *přední* **~** Vorderradantrieb; **~čí** *m* (*Adj.* 4) *Jagdw.* Treiber *m*; *Pol.* Helfershelfer *m*.
nahonit se *pf.* viel (an)treiben; F *a.* viel herumlaufen.
náhorní Berg-, Hoch-.
naho|ru hinauf, herauf, nach oben; **~ře** oben.
nahořklý bitterlich.
nahosemenný *Bot.* nacktsamig.
nahospodařit *pf.* ersparen.
naho|st *f* (4), **~t(in)a** *f* (1) Nacktheit *f*, Blöße *f*; **~učký** F splitternackt.
nához *m* (2; 6. -u/-e) Anwurf *m*.
nahozený angeworfen; *Skizze:* flüchtig hingeworfen.
nahrabat *pf.* (-u) zusammenscharren; F **~** si viel Geld machen.
náhrad|a *f* (1) Ersatz *m*; *Hdl.* Vergütung *f*, Entschädigung *f*; *válečná* **~** Kriegsentschädigung *f*.
~ nahradit *pf.* (-zen) ersetzen; *Hdl.*

vergüten; ~el *m* (3; -*é*) Entschädiger *m*; ~elný zu ersetzen.
náhrad|né *n* (*Adj.* 3) Entschädigung(sgeld *n*) *f*; ~ní Ersatz-; ~nice *f* (2*a*) Vertreterin *f*; ~ník *m* (1*a*) Ersatzmann *m*; ~ový Entschädigungs-.
nahrá|t *pf.* (*s. hrát*) Ton aufnehmen, aufzeichnen; (*k-u*) in die Hände arbeiten (*D*); ~vací *Rdf.* Aufnahme-; ~vat *s. nahrát*; ~vka *f* (1*c*; -*vek*) Ton(band)aufnahme *f*; *Sp.* Paß *m*.
nahrazov|ací Vergütungs-; ~at (vy-) (-zuji) ersetzen; *Hdl.* vergüten.
náhražk|a *f* (1*c*; -*žek*) Ersatz *m*; ~ový Ersatz-.
nahrbený gebückt.
náhrdelní Hals-; ~k *m* (2*b*) Halskette *f*, Kollier *n*.
nahrn|out *pf.* (-*nut*), ~ovat (-*nuji*) anhäufen; ~ se zusammenströmen; *fig.* überhäufen; ~ si vollfüllen.
náhrob|ek *m* (2*b*; -*bk*-) Grabstein *m*, Grabmal *n*; ~ní Grab-.
nahroma|dění *n* (3) Anhäufung *f*; ~děný (auf)gespeichert; ~dit *pf.*, ~ďovat (-*duji*) anhäufen; *Energie* (auf)speichern; ~ se sich (an)häufen.
nahryz|at *pf.* (-*žu*/-*zám*), ~nout *pf.* (-*zl*; -*znut*), ~ovat (-*zuji*) annagen, F anknabbern.
nahř|á(va)t (*s. hřát*), ~ívat (an-)wärmen.
náhřbetník *m* (2*b*) Rückengurt *m*.
náhubek *m* (2*b*; -*bk*-) Maulkorb *m*; *Mus.* Mundstück *n*.
nahu|stit *pf.* (-*štěn*) *Ball, Reifen* aufpumpen; F vollstopfen; ~štěný aufgepumpt; F vollgestopft (*čím* mit *D*).
nahý (*Adv.* naze) nackt; svléci se do -*ha* sich nackt ausziehen.
nahýb|at, ~nout *pf.* (-*bl*; -*bnut*) beugen, neigen; ~ se sich hinauslehnen.
nach *m* (2*b*) Purpur *m*.
nacházet (vy-) (3 *Pl. -eji*) finden, antreffen; ~ se sich befinden, vorkommen.
nachlad|it se *pf.* (-*zen*), ~nout se *pf.* (-*dl*) sich erkälten, sich verkühlen.
nachlazen|í *n* (3) Erkältung *f*; ~ý erkältet, verkühlt.
nachl|astat se *pf.*, ~em(s)tat se *pf.* V sich vollaufen lassen.

nachmel|ený F angeheitert; ~it se *pf.* sich betrinken.
nacho|dit se (*im*)*pf.* viel (*od.* lange) gehen; ~mýtnout se P *pf.* (-*t*[*nu*]*l*) in den Wurf kommen, zufällig dazukommen; ~vec *m* (3; -*vc*-) Purpurschnecke *f*; ~vý purpurrot, Purpur-.
nachválit se (*im*)*pf.* (*k-o*) über alle Maßen loben (*A*).
nachvat *Adv.* eilig, in aller Eile.
nach|ýlený geneigt; *vom Alter* gebeugt; ~ýlit *pf.*, ~ylovat (po-) (-*luji*) neigen, beugen (se sich).
náchyln|ost *f* (4) Neigung *f*; *fig. a.* Hang *m* (zu *D*); ~ý (k *č*-*u*) geneigt (zu *D*); *Med. a.* empfänglich (für *A*), anfällig (gegen *A*).
nachy|stat *pf.* vorbereiten; ~tat *pf.* (*co, č-o*) viel fangen; *Wasser* auffangen; F (dran)kriegen.
naivn|í naiv; ~ost *f* (4) Naivität *f*.
najatý gemietet; gedungen; *Land*: gepachtet; *s. najmout*.
najeden|í *n* (3) Sättigung *f*; ~ý gesättigt, satt. [Mal.⟩
najednou auf einmal, mit einem⟩
nájem *m* (2*a*; -*jm*-) Miete *f*; Pacht *f*; ~ce *m* (3), ~kyně *f* (2*b*) Vermieter (-in *f*) *m*, Verpächter(in *f*) *m*; ~né *n* (*Adj.* 3) Miete (zins *m*) *f*; ~ní Miet-; Pacht-; ~ník *m* (1*a*) Mieter *m*; ochrana ~ů Mieterschutz *m*; ~ný Miet(s)-.
najet *pf.* (*s. jet*) (*na k-o, co*) anfahren (*A*); *Mar.* auflaufen (auf *A*).
najev|ě offensichtlich, F klar auf der Hand; ~o: dát ~ offenbaren; *Jur.* kundtun; vyjít ~ zum Vorschein kommen; z toho vychází ~ daraus geht hervor.
nájezd *m* (2*a*) Streifzug *m*; *Mil.* Ausfall *m*; *Sp.* Anlauf *m*, Anfahrt *f*.
najezdit se *pf.* viel fahren *od.* reiten.
nájezd|ník *m* (1*a*) Freibeuter *m*; ~ový *Sp.* Anlauf-.
naježený gesträubt; *fig.* gereizt.
najím|ání *n* (3) Mieten *n*; Pachten *n* *Mil.* Anwerben *n*; ~at mieten; pachten; *Mil.* (an)werben; ~atel *m* (3; -*é*) Mieter *m*; Pächter *m*; † *Mil.* Werber *m*.
najíst se *pf.* (*s. jíst*) sich satt essen (č-o an *D*).
najisto *Adv.* sicher, mit Sicherheit.
nají|t *pf.* (*s. jít*) *s. nacházet*; ~ždět (3 *Pl. -ějí*) (her)anfahren; ~ na start *Flgw.* zum Rollen bringen.

najmě *lit.* besonders, namentlich.

na|jmout *pf.* (*s. jmout*) mieten; pachten; *Arbeiter* einstellen; *Thea.* engagieren; *Mil.* (an)werben; ~**kabonĕný**: ~ *obličej* finsteres Gesicht; ~**kadeřit** *pf.* (-*u*/-*ám*) locken, kräuseln; ~**kapat** *pf.* (-*u*/-*ám*), ~**kápnout** *pf.* (-*pl.*; -*pnut*) (ein)träufeln.

nákaza *f* (*1a*) Ansteckung *f*; Seuche *f*.

na|kázat *pf.* (-*žu*/-*ži*), ~**kazovat** (-*zuji*) einschärfen, streng befehlen; † *a.* viel predigen; ~**kazit** *pf.* (-*žen*); *Med.* anstecken.

nakaž|ení *n* (*3*) Ansteckung *f*; ~**ený** infiziert, angesteckt; verseucht; ~**livina** *f* (*1*) Infektionserreger *m*; ~**livost** *f* (*4*) *Med.* Übertragbarkeit *f*, Infektionsmöglichkeit *f*; ~**livý** ansteckend, Infektions-.

nakdy für wann, für welche Zeit.

náklad *m* (*2a*) Last *f*; Fracht *f*; Aufwand *m*; *Typ.* Auflage *f*; ~*y pl.* Kosten *pl.*; *peněžní* ~*y* Geldaufwand; *provozní, vlastní, životní* ~*y* Betriebs(un)-, Selbst-, Lebenshaltungskosten; *vlastním* ~*em* im Selbstverlag.

nakláda|cí Lade-, Verladungs-; ~**č** *m* (*3*) Packer *m*, Auflader *m*; ~**čka** *f* (*1c*; -*ček*) Einlegegurke *f*.

naklád|ání *n* (*3*) Auflagen *n*, Verladen *n*; *Kochk.* Einlegen *n*; (*s kým*) Behandlung *f* (*G*); *zlé* ~ Mißhandlung *f*; ~**aný** *Kochk.* eingelegt, eingemacht; ~**at** ⟨*vy*-⟩ aufladen, verladen; *Truppen* einschiffen; *Kochk.* einlegen, einmachen, einwecken; *fig.* (*k-u co*) aufbürden (j-m *A*); (*s kým*) behandeln (*A*); (*s čím*) verfügen (über *A*).

nakladatel *m* (*3*; -*é*) Verleger *m*; ~**ský** Verlags-; ~**ství** *n* (*3*) Verlag *m*.

náklad|iště *n* (*2a*) Verladeplatz *m* *od.* -rampe *f*; ~**ka** *f* (*1c*; -*dek*) Verladung *f*; ~**ní** Fracht-, Last-; ~ *list* Frachtbrief *m*; ~ *vlak* Güterzug *m*; ~**nost** *f* (*4*) Kostspieligkeit *f*; ~**ový** Last(en)-; *Esb.* Güter-.

na|klánět (*3 Pl.* -*ějí*) *s.* naklonit; ~**klepat** *pf.* (-*u*/-*ám*) klopfen; *Sense* dengeln; F (*k-u*) verprügeln (*A*); ~**klíčit** *pf.* keimen.

náklon *m* (*2a*), **naklonění** *n* (*3*) Neigung *f*.

naklon|ěný geneigt; *Phys.* schief; ~**it** *pf.* neigen, beugen; ~ *si k-o* für sich gewinnen (*A*).

náklonnost *f* (*4*) *fig.* Neigung *f*, Hang *m*.

nákolenice *f* (*2a*) *Sp.* Knieschützer *m*.

nakolik inwieweit.

nakomandovat *pf.* (-*duji*) befehlen; F abkommandieren.

nako|nec schließlich, am Ende; ~**pat** *pf.* (-*u*/-*ám*) ausgraben; (*k-u*) mit Fußtritten traktieren (*A*); ~**řistit** *pf.* (-*štěn*) erbeuten (*co, č-o*/*A*).

nakouk|at se P *pf.*, **vy-**, ~**nout se** *pf.* (-*kl*/-*knul*) sich satt sehen; (*do č-o*) e-n Blick werfen (auf *A*).

nakou|pený (ein)gekauft; ~**pit** *pf.* einkaufen; ~**řit** *pf.* anrauchen; *Raum* vollrauchen, -qualmen; ~ *se* (*im*)*pf.* viel rauchen; ~**snout** *pf.* (-*sl*; -*snut*) anbeißen; ~**snutí** *n* (*3*) Anbeißen *n*.

nákovek *m* (*2b*; -*vk*-) *Tech.* Ansatz *m*.

nakradený *iron.* zusammengestohlen.

nakr|ájet *pf.* (*3 Pl.* -*ejí*), ~**ajovat** (-*juji*) einschneiden, aufschneiden; ~**ájený**: ~ *chléb* geschnittenes Brot; -*ná pečené* Braten *m* in Scheiben.

na|krátko für kurze Zeit; ~**krčit** *pf. s.* krčit.

nákrční Hals-; ~**k** *m* (*2b*) Halstuch *n*.

nákres *m* (*2*; *6.* -*e*/-*u*) Entwurf *m*; *Geom.* Aufriß *m*.

nakreslit *pf.* (auf)zeichnen.

nakrm|ení *n* (*3*) Fütterung *f*; ~**it** *pf.* satt füttern.

nakroč|it *pf.*, ~**ovat** (-*čuji*) einschreiten (*proti k-u, na k-o* gegen *A*).

nákrojek *m* (*2b*; -*jk*-) *Tech.* Anschnitt *m*.

nakro|jit *pf. s.* nakrájet; ~**pit** *pf.* (be)sprengen.

nakřáp|lý, ~nutý angeschlagen; *fig.* gesprungen; *Stimme*: krächzend.

nakřiv|ený gekrümmt; ~**it** *pf. s.* křivit; ~**o** *Adv.* schief.

nákup *m* (*2a*) Einkauf *m*; ~ *za hotové* Bar(ein)kauf *m*; ~ *ve velkém* Großeinkauf.

nakup|ení *n* (*3*) Anhäufung *f*; Agglomeration *f*; *Hdl.* Akkumulation *f*; ~**it** *pf. s.* kupit.

nákup|na *f* (*1*; -*pen*) Einkaufsstelle *f*; ~**ní** Einkaufs-; ~ *oddělení* Beschaffungsstelle *f*.

nakupova|č *m* (3) Einkäufer *m*; **~t** (*-puji*) einkaufen.
na|kuřovat (*-řuji*) *s.* **nakouřit**; **~kvap** eilig, in aller Eile; **~kvasa** *f* (1a) Gärstoff *m*; **~kvasit** *pf.* (*-šen*) einsäuern; F *fig.* erzürnen (se sich).
nakvašen|ec *m* (3; *-nc-*) Hitzkopf *m*; **~ost** *f* (4) Erregung *m*; **~ý** eingesäuert; F *fig.* gereizt, sauer.
ňáký *dial. s. nějaký*.
naky|dat *pf.* werfen; **~nout** (*-dl*) *Teig:* aufgehen.
nákyp *m* (2a) *Kochk.* Auflauf *m*.
nakypřit *pf.* (auf)lockern.
nakys|at (*im*)*pf.*, **~ávat** *s. kysat*; **~elo** *Adv. Kochk.* sauer; **~lost** *f* (4) saurer Geschmack *m*; **~lý** säuerlich; **~nout** *pf.* (*-sl*) *s. kysnout*.
nalačno *Adv.* auf nüchternen Magen.
nálada *f* (1) Stimmung *f*, Laune *f*.
nala|dění *n* (3) *s.* ladění; **~děný** gestimmt; *Rdf.* eingestellt; **~dit** *pf.*, **~ďovat** (*-ďuji*) *s.* ladit.
náladov|ost *f* (4) Launenhaftigkeit *f*; **~ý** launenhaft; *Bild:* stimmungsvoll.
na|lakovat *pf.* (*-kuji*) lackieren; **~lámat** *pf.* (*-u*) brechen; *Brot* einbrocken; **~** *si hlavu fig.* sich den Kopf zerbrechen.
náled|í *n* (3) Glatteis *n*; **~ník** *m* (2b) (*Huf-*) Eisstollen *m*; (*Bergsport*) Steigeisen *n*.
naléh|ání *n* (3) Drängen *n*; **~at** ⟨*za-*⟩ (na k-o, na co) drängen (*A*); dringen auf (*A*); **~avost** *f* (4) Dringlichkeit *f*; **~avý** dringend.
naleh|ko leicht *gekleidet*; **~nout** *pf.* (*-hl*) *s.* naléhat.
nalejvárna F *f* (1; *-ren*) Schnellkurs *m*.
nálepek *m* (2b; *-pk-*) Aufklebeschild *n*.
nalep|it *pf.*, **~ovat** (*-puji*) aufkleben; *Plakate* (an)kleben.
nálepka *f* (1c; *-pek*) Aufklebezettel *m*, Etikett *n*.
nálet *m* (2a) Luftangriff *m*; Anflug *m*.
na|létat *pf.* (herein- *od.* hineinfliegen; (fliegend) zurücklegen; F **~** se viel herumrennen (müssen); **~letět** *pf.* (3 Pl. *-i*), **~létnout** *pf.* (*-tl*) hereinfliegen (do č-o in *A*); (*nač*) fliegen gegen (*A*); F *fig.* (k-u) auf den Leim gehen (*D*), hereinfallen auf *A*); **~letovat** *pf.* (*-tuji*) anlöten.
nálev *m* (2a) Aufguß *m*.

nalév|ací Einfüll-, Eingieß-; **~árna** *f* (1; *-ren*) *s.* nálevna; Abfüllraum *m*; **~at** eingießen, -füllen; *Wein* einschenken; **~** se sich füllen.
nálev|ka *f* (1c; *-vek*) Trichter *m*; **~kový** trichterförmig; **~na** *f* (1; *-ven*) Schankraum *m*; **~ní** (Aus-) Schank-; **~ník** *m* (1a) Aufgußtierchen *n*.
nalevo (nach) links.
nález *m* (2a) Fund *m*; *Jur.* Entscheidung *f*, Erkenntnis *n*; *Med.* Befund *m*.
nalézat finden; **~** se vorkommen; *s.* nalézt.
nálezce *m* (3) Finder *m*.
nalez|enec *m* (3; *-nc-*) Findelkind *n*; **~iště** *n* (2a) Fundort *m*.
nálezné *n* (*Adj.* 3) Finderlohn *m*.
nalézt *pf.* (*-leznu, -zl, -zen*) finden.
nálež|et (3 Pl. *-i|-ejí*) gehören; *Jur.* gebühren, obliegen; **~itost** *f* (4) Erfordernis *n*; *fig.* Gebühr *f*; **~itý** gebührend.
nalh|at *pf.* (*-lžu*), **~ávat** *j-m et.* vorlügen.
naličený geschminkt; *Jagdw.* gestellt; **~it** *pf.* (se sich) schminken; *a.* = **nalíknout** *pf.* (*-kl.*; *-knut*) e-e Falle stellen (na k-o/*D*).
nalíp|at, **~nout** *pf.* (*-pl*; *-pnut*) *s.* nalepit.
nalí|va)t (*s. lít*) *s.* nalévat.
nalít|at *s.* nalétat; **~nout** (*-tl*) *s.* naletnout.
nalíz|nout se P *pf.* (*-zl*) sich einen antrinken; **~nutý** angeheitert, F benebelt.
nalo|dit *pf.*, **~ďovat** (*-ďuji*) einschiffen; *Ware* mit dem Schiff versenden; **~kat se** *pf.* (č-o) schöpfen; *Wasser* schlucken; **~mit** *pf.* (č-o) anbrechen, knicken.
nálož *f* (3) *Tech.* Ladung *f*.
naložený beladen; *Hdl.* verfrachtet; *Kochk.* eingelegt, eingekocht; *fig.* gelaunt; **~it** *pf. s.* nakládat.
na|lupat P *pf.* (*-u|-ám*) (k-u) verprügeln (*A*); **~máčet** (3 Pl. *-ejí*) *s.* namočit; **~mačkat** *pf.*, **~máčknout** *pf.* (*-kl*; *-knut*) hineinpferchen, vollstopfen.
námaha *f* (1a) Mühe *f*, Anstrengung *f*.
namáh|ání *n* (3) Anstrengung *f*; *Tech.* Beanspruchung *f*; **~at** anstrengen; *Tech.* beanspruchen; **~avý** anstrengend.

na|makat *pf.*, ~máknout *pf.* (*-kl/ -knul*) ertasten; ~mále *Adv.* wenig; beinahe; ~malovat *pf.* (*-luji*) (auf-)malen.

nama|nout se *pf.* zufällig dazukommen; ~stit *pf.* (*-štěn*) (ein)fetten; F verprügeln.

namátk|a *f* (*1c*; *-tek*) Zufall *m*; *-kou* durch Stichproben; zufällig; ~ový: *-vá zkouška* Stichprobe *f*.

na|mátnout se (*-tl*) *s. namanout se*; ~mazat *pf.* (*-žu/-ži*), ~máznout *pf.* (*-zl*; *-znut*) (ein)schmieren; *Butter aufs Brot* streichen; prügeln (k-u/*A*); P ~ se sich besaufen.

namék|ko *Adv.* weich; ~lý aufgeweicht; ~nout *pf.* (*-kl*) weich werden.

námel *m* (*4 od. 2*) *Bot.* Mutterkorn *n*.

naměř|it *pf.*, ~ovat (*-řuji*) abmessen.

náměsíčn|ík *m* (*1a*) Nachtwandler *m*, Mondsüchtige(r) *m*; ~ý mondsüchtig.

namést *pf.* (*s. mést*) zusammenkehren.

náměstek *m* (*1a*; *-stk-*; *-ové*) Stellvertreter *m*, Vize-.

náměstí *n* (*3*) (Markt-)Platz *m*.

náměst|kyně *f* (*2b*) Stellvertreterin *f*, Vize-; ~ný stellvertretend.

námět *m* (*2a*) Thema *n*, Sujet *n*; Entwurf *m*.

námezd|ní Lohn-; ~ník *m* (*1a*) Lohnarbeiter *m*; *Mil.* Söldner *m*; ~ný *s. námezdní*.

namích|at *pf.* (hinein)mischen; ~nout P *pf.* (*-chl*; *-chnut*) j-n aufbringen.

namí|řit *pf.* zielen; richten (*co k č-u* et. *auf A*); *Schritte* lenken; ~sit *pf.* (*-šen*) mischen (*do č-o in A*); ~sto statt; *s. místo*.

namít|at, ~nout *pf.* (*-tl*; *-tnut*) einwenden, vorbringen.

námitka *f* (*1c*; *-tek*) Einwand *m*, Einspruch *m*.

naml|átit *pf.* (*-cen*) (aus)dreschen; F (k-u) verdreschen (*A*); ~ít *pf.* (*-melu*) *e-e Menge* mahlen; F (k-u) verhauen (*A*).

namlouv|ač *m* (*3*) Freier *m*; ~ání *n* (*3*) Werben *n*, *lit.* Freien *n*; ~at einreden, F weismachen (*j-m A*); ~ si *děvče* sich ein Mädchen anlachen.

námluvčí *m* (*Adj. 4*) Brautwerber *m*.

namluvit *pf. s. namlouvat*.

námluvy *f/pl.* (*2*) Brautwerbung *f*, F Brautschau *f*.

namnoze *Adv.* oft, häufig.

namo|ci se *pf.* (*-mohu*) sich verheben; ~čit *pf.* benetzen; eintauchen; *Wäsche* einweichen; ~dralý bläulich.

namok|lý durchnäßt; ~nout *pf.* (*-kl*; *-knut*) naß werden; ~řit *pf.* naß machen.

namol P sternhagelvoll.

namontovat *pf.* (*-tuji*) anmontieren.

námoří *n* (*3*) Küstengebiet *n*.

namořit *pf.* quälen; ~ se (*im*)*pf.* sich abplagen.

námoř|ní See-; ~nický Matrosen-, Seemanns-, seemännisch; ~nictvo *n* (*1*) Marine *f*; ~ník *m* (*1a*) Matrose *m*, Seemann *m*; ~ský See-, Meer-.

namotat *pf.* aufwickeln.

námotek *m* (*2b*; *-tk-*) Haspel *f*.

namož|en müde, F kreuzlahm; *mít ~é svaly* Muskelkater haben; ~ení *n* (*3*) Überanstrengung *f*.

námraz|a *f* (*1a*), ~ek *m* (*2b*; *-zk-*) Glatteis *n*, ~(k)ový Eis-.

namrz|lý angefroren, ~nout *pf.* (*-zl*) anfrieren.

na|mydlit *pf.* einseifen; F (k-u) verprügeln (*A*); ~myslit se *pf.* (*-šlen*) viel nachdenken (*nač über A*); ~nášet (*3 Pl. -ejí*) Farben auftragen.

nandat P *pf.* (hinzu)geben; *Holz* anlegen; *fig. my jsme jim* (*to*) *-ali* (das) haben wir ihnen aber gegeben.

Nanebe|vstoupení *n* (*3*): ~ Páně Christi Himmelfahrt *f*; ~vzetí *n* (*3*): ~ *Panny Marie* Mariä Himmelfahrt *f*.

nanej|déle spätestens, ~méně mindestens; ~výš(e) höchstens.

nanést *pf.* (*-nesu*) zusammentragen; anschwemmen.

nanic: *je mi ~* mir ist übel; ~ovatý nichtsnutzig; nichtssagend.

nános *m* (*2*; *6. -u/-e*) Anschwemmung *f*, Ablagerung *f*.

nano|sit *s. nanést*; ~vo von neuem; neuerdings.

nánožník *m* (*2b*) Fußsack *m*.

nanynka F *f* (*1c*; *-nek*) Unschuld *f* vom Lande.

na|obědvat se *pf.* zu Mittag essen; ~očkovat *pf.* (*-kuji*) pfropfen; *fig.* einimpfen.

náočnice *f* (*2a*) Scheuklappe *f*.

náojník *m* (*2b*) Deichselkette *f*.

na|oko zum Schein; **~olejovat** *pf.* (*-juji*) einölen; **~opak** im Gegenteil; **~ostro** *Adv.* scharf; **~ostřit** *pf.* (*-en*) schärfen, schleifen; *Bleistift* (an)spitzen.

nápad *m* (*2a*) Einfall *m.*

napad|at¹ hinken; *j-n* anfallen; *Med.* befallen; *Jur.* anfechten; (*k-o*) einfallen (*D*); co tě -*dá?* was fällt dir ein?; **~at²** (in Mengen) fallen; **~avý** hinkend; **~ení** *n* (*3*) Befall *m*; Anrempelung *f*; **~lý** *Schnee:* gefallen.

nápad|itý einfallsreich; **~nice** † *f* (*2a*) Anwärterin *f*; **~ník** *m* (*1a*) Freier *m*; † *a.* Anwärter *m*; **~nost** *f* (*4*) Anfälligkeit *f.*

napadnout *pf.* (*-dl; -den*) s. napadat.

nápadný auffallend, auffällig.

napadrť F: rozbít ~ in Stücke schlagen.

napáj|ecí Tränk-; *Anat., Tech.* Speise-; **~eč** *m* (*4*) *Tech.* Speisevorrichtung *f od. El.* -leitung *f*; **~ečka** *f* (*1c; -ček*) *Tech.* Speisepumpe *f.*

napajedlo *n* (*1a; -del*) Tränke *f.*

napáj|et (*3 Pl. -ejí*) tränken; *Kessel* speisen; *a.* = **~kovat** *pf.* (*-kuji*) auf-, anlöten.

na|pálit *pf.*, **~palovat** (*-luji*) anzünden; *Haare* brennen; *Ball* schlagen; F *j-n* anschmieren; **~parádění** aufgeputzt, Herausgedonnert; **~parovač** *m* (*3*) Wichtigtuer *m.*

napař|it *pf.*, **~ovat** (*-řuji*) dämpfen; F *Strafe* aufbrummen; **~ se** ein Dampfbad nehmen; F *a.* sich betrinken.

na|péci *pf.* (*s. péci*) *e-e Menge* backen; **~pěchovat** *pf.* (*-chuji*) vollstopfen; **~pětí** *n* (*3*) Spannung *f*; vysoké ~ *El.* Hochspannung; silné ~ *Tech.* Hochdruck *m.*

nápěv *m* (*2a*) Singweise *f*, Melodie *f.*

na|pichnout *pf.* (*-chl; -chnut*), **~pichovat** (*-chuji*) anstechen, aufspießen; **~pilno** *Adv.* eilig; **~pilý** F angeheitert.

napín|ací Spann-; **~áček** *m* (*2b; -čk-*) Reißnagel *m*; **~at** spannen, strecken; **~avost** *f* (*4*) Spannkraft *f*; *fig.* Spannung *f*; **~avý** spannend.

nápis *m* (*2; 6. -e*) Überschrift *f*; Aufschrift *f*; Inschrift *f.*

napískat *pf.* einreden (*k-u co j-m A*).

nap|ít se *pf.* (*s. pít*) sich satt trinken (*č-o an D*); **~itý** betrunken; **~ití** *n* (*3*) Trunk *m.*

napjat|ost *f* (*4*) Spannung *f*; **~ý** gespannt.

na|plácat P *pf.* klecksen; (*k-u*) verprügeln (*A*); **~plano** *Adv.* zwecklos, ins Blaue hinein.

náplast *f* (*4*) Pflaster *n.*

naplat: co ~? was kann man da machen; *nic* ~ da hilft nichts.

naplatit se *pf.* (*-cen*) viel (*od. lange, e-e Menge*) zahlen.

náplav *m* (*2a*) Anschwemmung *f*; Schwemmland *n*; *Geol.* Alluvium *n.*

naplav|enina *f* (*2*) s. náplav; **~ený** angeschwemmt, Treib-; **~it** *pf.* anschwemmen.

náplavní Schwemm-; Alluvial-.

napleskat F *pf.*: ~ toho viel (*Unsinn*) zusammenreden; (*k-u*) verprügeln (*A*).

napl|ít *pf.* (*s. plít²*), **~plivat** (*na co*) bespucken (*A*); (*do č-o*) *j-n* anspucken, *j-m* spucken (in *A*).

náplň *f* (*3*) Füllung *f*; *fig.* Gehalt *m*; *Tech.* Ladung *f.*

napl|nit *pf.* (*-ěn*), **~ňovat** (*-ňuji*) erfüllen; **~no** mit voller Kraft; **~vat** *pf. s.* naplít.

na|pnout *pf.* (*s. pnout*) spannen; *Kräfte* anspannen; **~počítat** *pf.* aufzählen.

nápodoba *f* (*2*) Nachahmung *f.*

napodob|ení *n* (*3*) Nachahmung *f*, Imitation *f*; **~enina** *f* (*2*) Nachbildung *f*; **~it** *pf.* nachahmen; **~itel** *m* (*3; 1 Pl. -é*) Nachahmer *m*; **~ivost** *f* (*4*) Nachahmungstrieb *m.*

nápodobně gleichfalls.

napodob|ovací Nachahmungs-, **~ovat** (*-buji*) nachahmen.

napod|ruhé ein andermal; **~sed** *Adv.* links von der Deichsel.

nápoj *m* (*2a*) Getränk *n.*

napoj|ení *n* (*3*) Tränken *n*; *El.* Anschluß *m*; **~it** *pf.* (durch)tränken; imprägnieren.

napo|kos *Adv.* schief; **~lo(vic)** *Adv.* halb, zur Hälfte.

napomáh|ač *m* (*3*) Helfer *m*; *Jur.* Helfershelfer *m*; **~ání** *n* (*3*) Hilfeleistung *f*; *Jur.* Beihilfe *f*; Vorschubleistung *f*; **~at** (*k-u*) behilflich sein (*D*); fördern (*A*); unterstützen (*A*).

napomen|out *pf.* ermahnen; **~utí** *n* (*3*) Mahnung *f*, Ermahnung *f.*

napomín|at *s.* napomenout; **~a-**

napomínatel

tel *m (3; -é)* Mahner *m*; ~avý mahnend.
nápomoc *f (4)* Hilfe *f*; Beihilfe *f*; ~ný behilflich, hilfsbereit.
napo|nejprv, ~prvé zum erstenmal.
nápor *m (2a)* Ansturm *m*; *(Wind-)* Stoß *m*; *Sp.* Bestürmen *n*.
napo|řád in einem fort, durchwegs; ~sled(y) zuletzt; zum letztenmal; ~slouchat se *(im)pf.* genug hören (č-o von *D*); ~smívat se *pf.* (k-u) verspotten *(A)*; ~spas auf Gnade und Ungnade; ~tit se *pf.* viel schwitzen.
napotom danach; ~ní nachmalig.
napoušt|ěcí Imprägnier-; ~ěný imprägniert; ~ět *(3 / Pl. -ějí)* imprägnieren; tränken; *Teich* anlassen.
nápov|ěď *f (4d; -di)* Andeutung *f*; *Thea.* Stichwort *n*; ~ěda *s.* nápověda.
nápov|ěda *m (5), f (2)* Souffleur *m*, Souffleuse *f*; ~ědět *pf. (s. vědět)* vorsagen; andeuten; ~ídat vorsagen; *Thea.* soufflieren; (č-o) viel erzählen (von).
napr|acovat *pf. (-cuji)* aufarbeiten; ~ se *(im)pf.* viel arbeiten; ~áskat F (k-u) verprügeln *(A)*; ~ se sich vollstopfen *(čím/mit D)*; ~askly *Glas:* gesprungen; ~ášit *pf.* stauben; F *fig.* (k-u) verhauen *(A)*; et. vorlügen *(D)*; ~at *pf. (-peru)* F (k-u) verhauen, durchprügeln *(A)*; P ~ si *břicho* sich den Bauch vollschlagen; ~ se viel *Wäsche* waschen; V sich vollfressen.
náprava[1] *f (2)* Besserung *f*; Abhilfe *f*; ~ škody Wiedergutmachung *f*.
náprava[2] *f (2) (Wagen-)*Achse *f*.
napravit *pf.* bessern; *Schaden* wiedergutmachen; *Knochen* einrenken; F *Kopf* zurechtsetzen; ~elný besserungsfähig.
náprav|ník *m (1a) hist.* Leh(e)nsmann *m*; ~ný Besserungs-; *Med.* Korrektions-.
napravo *Adv.* rechts.
napravovat *(-vuji) s.* napravit; ~el *m (3; -é) iron.* Weltverbesserer *m*.
naprázdno unnütz; *Ruf:* ungehört; *Tech.* leer.
napro|sit se *pf.* viel *(od.* lange) bitten (müssen); ~sto *Adv.* ganz und gar, durchaus; ~stý unbedingt, absolut; ~ti *(č-u)* gegenüber *(D)*; (k-u) entgegen *(D)*; ~ tomu demgegenüber.

naprs|enka *f (1c; -nek)* Vorhemd *n*; ~ní Brust-; ~ník *m (2b)* Brusttuch *n*; Brustriemen *m*.
náprst|ek *m (2b; -stk-)* Fingerhut *m*; ~ník *m (2b) Bot.* Fingerhut *m*.
napršet *pf.* (hinein)regnen; stark regnen.
např. = *například.*
nápřah *m (2b) Sp.* Ausholen *n*, Schwung *m*.
např|ahat, ~áhnout *pf. (-hl; -přažen),* ~ahovat *(-huji) v/t* ausholen (mit *D*); vorstrecken; *Waffe* richten (proti k-u, na k-o gegen, auf *A*).
na|před voraus, voran; vorn, (zu)erst, vorher; *Hdl.* im voraus; ~přesrok F übers Jahr; ~příč quer; schräg gegenüber; ~ přes pole querfeldein; ~příklad zum Beispiel; ~přímit *pf.,* ~přimovat *(-muji)* aufrichten; *Straße* begradigen; ~příště in Zukunft; ~psat *pf. (-píši)* (auf)schreiben; *Gedanken* niederschreiben; *Bescheinigung* ausstellen; ~ si co sich et. notieren, ~pudrovat *pf. (-ruji)* (ein)pudern.
napuch|lý (an)geschwollen; ~nout *(-chl) pf.* anschwellen.
napůl *s.* napolo.
napu|mpovat *pf. (-puji)* aufpumpen; ~stit *s.* napouštět; ~tovat se *pf. (-tuji)* viel (herum)wandern, reisen.
narafičit F *pf.* schlau anstellen.
nárám|ek *m (2b; -mk-)* Armband *n*; ~eník *m (2b) Mil.* Schulterstück *n*; ~kový Armband-; ~ení Arm-.
náramný ungeheuer, gewaltig.
naráz auf einmal.
náraz *m (2; 6. -u/-e)* Stoß *m*; Aufprall *m*; ~ větru Windstoß; ~iště *n (2a) Bgb.* Füllhöhe *f*, -ort *m*.
narazit *pf. (-zen)* (an, auf *od.* gegen *A*) stoßen (an, auf *od.* gegen *A*); aufspießen; aufstülpen.
náraz|ník *m (2b) Esb.* Puffer *m*; Prellbock *m*; *Kfz.* Stoßstange *f*; *Rdf.* Anschlagstrift *m*; ~ový Stoß-, Anschlag-; *Med.* Schock-; ~vě *Adv.* ruck-, stoßweise.
naráž|ecí Anschlag-; ~et *(3 Pl. -ejí)* (an)stoßen; *(nač)* anspielen (auf *A*); ~ka *f (1c; -žek)* Anspielung *f*; *Tech.* Anschlag *m*.
narcis *m (2a)* Narzisse *f*.
narezavělý angerostet; rostbraun.
narkóza *f (1a)* Narkose *f*.

náročný anspruchsvoll.
národ m (2; 2 Sg. -a) Nation f, Volk n; *Spojené ~y* die Vereinten Nationen; *Společnost ~ů* Völkerbund m.
narodit se pf. (-zen) geboren werden.
národ|ní National-, Volks-; **~nost** f (4) Nationalität f; **~nostní** Nationalitäten-.
národohospodářs|ký volkswirtschaftlich; **~tví** n (3) Volkswirtschaft f.
národo|pis m (2; 6. -e/-u) Völkerkunde f; Volkskunde f; **~pisný** völkerkundlich, ethnographisch; **~vec** m (3; -vc-) Patriot m.
nárok m (2b) Anspruch m; *činit si ~ (nač)* Anspruch erheben (auf A).
narovn|ání n (3) Jur. Vergleich m; **~(áv)at** geraderichten; *fig.* vergleichen.
narozen|í n (3) Geburt f; **~iny** f/pl. (2) Geburtstag m; **~ý** geboren.
nárož|í n (3) (Straßen-)Ecke f; **~ní** Eck-; **~ník** m (2b) Eckstein m.
nárt m (2; 6. -u/-ě) Anat. Spann m, Rist m; Oberleder n.
narub(y) Adv. verkehrt, mit der Rückseite nach oben.
náruč f (4), **~í** n (3) (beide) Arme m/pl.; Armvoll m.
nárůdek m (2b; -dk-) Völkchen n.
narukovat P (-kuji) Mil. einrücken.
narůst|at pf. s. růst[²] (auf)wachsen; *Kapital:* (an)wachsen.
naruš|it pf., **~ovat** (-šuji) stören, verletzen.
narůzno Adv. verschieden(tlich); verschiedenartig.
náruživ|ec m (2; -vc-) leidenschaftlicher Mensch m; **~ost** f (4) Leidenschaft(lichkeit) f; **~ý** leidenschaftlich.
narůžovělý rosa(farben).
narval m (1; -ové) Zo. Narwal m.
narychlo Adv. in aller Eile.
nárys m (2; 6. -u/-e) Entwurf m, Skizze f; Abriß m.
na|rýsovat pf. (-suji) aufzeichnen, entwerfen; **~rýt** pf. (s. rýt) aufgraben.
nářadí n (3) Gerät n.
nařčen|í n (3) Beschuldigung f; **~ý** beschuldigt.
nářeč|í n (3) Mundart f; **~ní** mundartlich.
nářek m (2b; -řk-) Jammern n, Klagen n.

nářez m (2a) Kochk. Aufschnitt m; Tech. Anschnitt m; F Tracht f Prügel.
na|řezat pf. (-žu/-zám) (viel) schneiden; F (k-u) verprügeln (A); **~řídit** pf. (-zen) anordnen; Uhr stellen; Apparat einstellen; **~řídlý** etwas dünn.
nařík|ání n (3) Jammern n, Wehklagen n; **~at** jammern, klagen (nač über A); **~ si** sich beklagen; **~atelný** Jur. anfechtbar; **~avý** jammernd, kläglich.
nařízení n (3) Anordnung f, Verordnung f.
naříznout pf. (-zl; -znut) anschneiden; ansägen.
nařizo|vací Verordnungs-; **~vat** (-zuji) s. nařídit; **~vatel** m (3; -é) Auftraggeber m.
nařknout pf. (-řkl; -řčen/-řknut) v/t (z č-o) beschuldigen (G).
nařvaný V vollgefressen, dick.
nás uns; s. my.
násad|a f (2) Stiel m, Griff m; (Fisch-)Brut f; **~ec** m (4; -dc-) Tech. Ansatz m.
nasadit pf. (-zen) einsetzen; Hut aufsetzen; Knospen ansetzen; Seitengewehr aufpflanzen; F Hörner aufsetzen; Huhn brüten lassen; **~** k-u nůž na krk j-m das Messer an die Kehle setzen.
násadka f (1c; -dek) Federhalter m; Bleistifthalter m.
nasák|lý getränkt; **~nout** pf. (-kl; -knut) feucht werden (čím von), Feuchtigkeit anziehen.
nasazen|í n (3) Ansatz m; (Kräfte-) Einsatz m; **~ý** s. nasadit.
nasáz|ený gesetzt, gepflanzt; **~et** pf. (3 Pl. -ejí) (an)pflanzen; Kartoffeln setzen; (hin)einsetzen, hineintun.
na|sazovat (-zuji) s. nasadit; **~sbírat** pf. (ein)sammeln.
nased|at (do č-o, nač) einsteigen (in A), besteigen (A); **~ělý** Ei: angebrütet; **~ět** pf. (s. sedět) Ei anbrüten; **~ se** lange sitzen, F hocken.
násek m (2b) Einschnitt m, Kerbe f.
nasek|at pf. (č-o) Gras mähen; Holz hacken; F (k-u) verprügeln (A); **~nout** pf. ankerben, anschneiden.
násep m (2a; -sp-) Damm m, Erdwall m; Schanze f.
na|set pf. (-seji), **~sévat** (aus)säen; **~shromáždit** pf. (-děn) anhäufen,

naschvál 222

ansammeln; ~schvál *Adv.* absichtlich; *Jur.* vorsätzlich.
násil|í *n* (3) Gewalt *f*; Notzucht *f*; ~nický gewalttätig; ~nictví *n* (3) Gewalttätigkeit *f*; ~ník *m* (1a) gewalttätiger Mensch *m*; ~nost *f* (4) Gewaltsamkeit *f*, Tätlichkeit *f*; ~ný gewaltsam; -né *smilstvo* Notzucht *f*.
nasí(va)t *s. naset.*
nask|ákat *pf.*, ~akovat (-*kuji*), ~očit *pf.* (hinein)springen; (hin)aufspringen; *Med.* anschwellen; *Kfz.* anspringen; *s. husí.*
náskok *m* (2b) Vorsprung *m*.
naskrz(e) durch und durch.
naskyt|at se, ~nout se (-*tl*), ~ovat se (-*tuji*) vorkommen, sich darbieten.
nasládlý süßlich.
násled|ek *m* (2b; -*dk*-) Folge *f*; -dkem (*č*-o) infolge (*G*); ~nický Nachfolge-; ~nictví *n* (3) Nachfolge *f*; ~ *trůnu* Thronfolge *f*; ~nost *f* (4) Zeitfolge *f*; ~ný Folge-, (nach)folgend; ~ování *n* (3) Nachfolge *f*; Nachahmung *f*.
následov|at (-*duji*) *v*/*t* (nach)folgen (*D*); befolgen; folgen (*po kom* auf *A*); ~ *za* sebou aufeinanderfolgen; ~atel *m* (3; -*é*) Nachfolger *m*; Nachahmer *m*; ~ně *Adv.* folgendermaßen; ~ník *m* (1a), ~nice *f* (2a) Nachfolger(in *f*) *m*; Nachahmer(in *f*) *m*.
následující (nach)folgend.
naslep|ý halb blind; ~o *Adv.* blind.
na|slibovat *pf.* (-*buji*) viel (*od.* e-e Menge) versprechen (*č*-*o*/*A*); ~slinit *pf.*, ~sliňovat (-*ňuji*) mit Speichel anfeuchten.
naslouch|ací Abhör-; Horch-; ~ hlídka Horchposten *m*; ~ač *m* (3) Horcher *m*; ~at (*č*-*u*) zuhören, lauschen (*D*); horchen; ~ *kradmo* (heimlich) belauschen; ~átko *n* (1b; -*tek*) Hörgerät *n*.
náslov|í *n* (3) *Gr.* Anlaut *m*; ~ný: ~ *rým* Stabreim *m*.
na|smát se (*1m*)*pf.* (-*směji*) viel lachen (*č*-*u* über *A*); ~smolit *pf.* pichen, mit Pech überziehen; F *fig. Brief* zusammenhauen, -kriegen; ~smradit F *pf.* (-*én*) verstänkern; ~smrádlý F stinkend; ~snadě *Adv.* naheliegend; ~snědlý bräunlich; ~snídat se *pf.* frühstücken.
násob|ek *m* (2b; -*bk*-) *Math.* Vielfaches *n*; ~enec *m* (4; -*nc*-) Multi-

plikand *m*; ~ení *n* (3) Multiplikation *f*; Vervielfältigung *f*; ~ilka *f* (1c; -*lek*) Einmaleins *n*; ~it ⟨z-⟩ multiplizieren; vervielfältigen; ~itel *m* (4) Multiplikator *m*; ~itko *n* (1b; -*tek*) Multiplikationszeichen *n*; ~ný mehrfach; -*ná číslovka Gr.* Vervielfältigungszahlwort *n*.
...násobný -fach.
nasolit *pf.* einsalzen.
násoska *f* (1c; -*sek*) (Saug-)Heber *m*; *přímá ~* Stechheber.
naspěch *Adv.* eilig, in Eile.
naspod (nach) unten; ~*u* unten, zuunterst.
na|spořit *pf.* auf-, zusammensparen; ~stále auf die Dauer; ~stalý eingetreten, entstanden; ~startovat *pf.* (-*tuji*) *Motor* anlassen; ~st(áv)at (*s. stát*[2]) entstehen, eintreten, beginnen; ~stát se *pf.* (-*stojím*) lange stehen; ~stávající zukünftige(r).
nástav|ba *f* (1; -*veb*) Aufbau *m*, Aufstockung *f*; ~ec *m* (4; -*vc*-), ~ek *m* (2b; -*vk*-) *Tech.* Ansatz *m*.
nastav|ět *pf.* (3 Pl. -*ějí*) viel hin(ein)stellen; (*č*-*o*) vollstellen (mit); *Häuser a.* viel bauen; ~it *pf.*, ~ovat (-*vuji*) hinstellen; *Hand* hinhalten; *Kleid* ansetzen, F anstückeln; *Bein* stellen; *Ohren* spitzen; ~itelný einstellbar.
nastěhovat se *pf.* (-*huji*) einwandern; *in e-e Wohnung* einziehen.
nástěn|ka *f* (1c; -*nek*) Wandzeitung *f*; ~ný Wand-.
nástin *m* (2a) Entwurf *m*, Skizze *f*, Umriß *m*.
nast|ínit *pf.*, ~iňovat (-*ňuji*) entwerfen, skizzieren; ~lat *pf.* (-*stelu*) streuen.
nastoj!, ~te! *lit.* hört!
nasto|krát hundertmal; ~lit *pf.* auf den Thron erheben; *fig.* einführen.
nástolní Tisch-.
nastoup|ení *n* (3) Antreten *n*; ~ *na trůn* Thronbesteigung *f*; ~it *pf.* einsteigen (*do č*-*o in A*); *Stellung, Urlaub usw.* antreten.
nástraha *f* (1b) Nachstellungen *f*/*pl*; Hinterhalt *m*; *Jagdw.* Köder *m*.
nastra|šit *pf.* erschrecken (*A*), Angst einjagen (*D*); ~žit *pf.* (*na k*-*o*) e-e Falle stellen, nachstellen (*D*).
nastrč|ený vorgehalten, vorgeschoben; -*ná osoba* Strohmann *m*; ~it *pf. Brille* aufsetzen; *Ring* anstecken;

(ein)stecken; hinhalten; *Bein* stellen; *j-n* vorschieben.
nástrč|ek *m* (2b; -čk-) *Tech.* Ansatzstück *n*; ~**ný** Ansatz-.
nastrkat *pf.* hin(ein)stecken; F *j-m et.* zustecken.
nástroj *m* (4) Werkzeug *n*; *Mus.* Instrument *n*; ~**árna** *f* (1; -ren) Werkzeugschlosserei *f*; ~**ář** *m* (3) Werkzeugmacher *m*.
nastroj|it *pf.*, ~**ovat** (-juji) anstellen; *Garn* einfädeln; *Verschwörung* anzetteln; F herausputzen.
nástropní Decken-.
na|strouhat *pf.* (an)reiben, schaben; F ~**střádat** *pf.* auf-, zusammensparen.
nástřel *m* (2a) Anschuß *m*; Einschießen *n* e-r *Waffe*.
nastřel|it *pf.*, ~**ovat** (-luji) *Waffe* einschießen.
nástřešní Dach-.
nastříhat *pf.* zuschneiden; viel schneiden; F (k-u) verprügeln (*A*).
nastřih|nout *pf.* (-hl; -žen), ~**ovat** (-huji) anschneiden; *Stoff* zuschneiden.
nastř|íkat *pf.*, ~**íknout** *pf.* (-kl; -knut), ~**ikovat** (-kuji) (an)spritzen; F ~ se sich e-n antrinken; ~**ílet** *pf.* (3 *Pl. -eji*) schießen.
nastud|it se *pf.* (-zen) sich erkälten, sich verkühlen; ~**ovat** *pf.* (-duji) einüben.
nástup *m* (2a) Antreten *n*; *Esb.* Einsteigen *n*; *Mil., Sp.* Aufmarsch *m*; ~**ce** *m* (3), ~**kyně** *f* (2a) Nachfolger(in *f*) *m*; ~**iště** *n* (2a) Bahnsteig *m*; ~**ní** Antritts-; ~**nický** Nachfolge-; ~**nictví** *n* (3) Nachfolge *f*; ~**ný** Folge-.
nastup|ování *n* (3) *Esb.* Einsteigen *n*; ~**ovat** (-puji) s. *nastoupit*.
nástupový *Mil.* Aufmarsch-.
nast|uzení *n* (3) Erkältung *f*, öst. Verkühlung *f*; ~**uzený**, ~**ydlý** erkältet, verkühlt; ~**ydnout** *pf.* (-dl) *nastudit se*.
nasucho *Adv.* trocken.
nasvačit se *pf.* e-n Imbiß einnehmen, öst. jausen.
nasvědč|it *pf.*, ~**ovat** (-čuji) (č-u) bezeugen (*A*), hindeuten (auf *A*).
nasyc|en gesättigt; ~**ení** *n* (3) Sättigung *f*; ~**ený** *s*. *nasycen*; ~**ovat** (-cuji) *s*. *nasytit*.
násyp *m* (2a) Aufschüttung *f*, Wall *m*; *Bgb.* Füllung *f*.

nasypat *pf.* (-u/-ám) (auf)schütten; *Hochofen* beschicken.
násyp|ka *f* (1c; -pek) Fülltrichter *m*; ~**ník** *m* (2b) Schüttwagen *m*; ~**ný** Füll-, Schütt-.
nasytit *pf.* (-cen) sättigen; ~ se (č-o) satt bekommen (*A*); ~ se *pohledem* sich satt sehen (*nač* an *D*).
náš, naše unser(e); *naši* die Unsrigen.
našed(ivě)lý grau getönt, (ein wenig) grau, (leicht) ergraut.
našel *s*. *najít*.
našept|(áv)at *j-m et.* zuflüstern; ~**ávání** *n* (3) Einflüsterungen *f/pl.* ...**nášet** *s*. ...*nést*.
nášev *m* (2a; -šv-), ~**ek** *m* (2b; -vk-) angenähtes Stück *n*, Ansatz *m*.
našinec *m* (3; -nc-) unsereiner, -eins; Landsmann *m*.
naší|t *pf.* (-šiji) an- *od.* aufnähen; viel nähen; ~**vaný** an-, aufgenäht.
nášivka *f* (1c; -vek) *s*. *nášev*.
naškr|abat, ~ábat *pf.* (-u/-ám), ~**ábnout** *pf.* (-bl; -bnut) schaben; P *Aufgabe* hinschmieren; *Wort* hinkritzeln; ~**obit** *pf.* *Wäsche* stärken.
našlapat *pf.* (-u/-ám) (ein)stampfen; *Schmutz in die Wohnung* (her)einschleppen.
nášlapek *m* (2b; -pk-) angetretener Schmutz *m* (*an den Schuhen*).
našpi|čatělý (ein wenig) spitz, zugespitzt; ~**čovat** *pf.* (-kuji) *Kochk.* spicken; ~**nit** *pf.* (-ěn) an-, beschmutzen.
na|špulit *pf.* *Mund* spitzen; ~**šroubovat** *pf.* (-buji) anschrauben; ~**štípat** *pf.* (-u/-ám) viel spalten (č-o/*A*).
naštv|aný aufgehetzt; ~**at** *pf.* (-štvu) aufhetzen.
našupat P *pf.* (-u/-ám) verprügeln (k-u/*A*).
nať *f* (3; -tě, -ti *usw.*) Blattwerk *n*, Kraut *n*.
natáč|ení *n* (3) Aufrollen *n*; ~ *filmu* Filmaufnahme *f*, Dreharbeiten *f/pl.*; ~**et** (3 *Pl. -ejí*) *s*. *natočit*.
na|tahat *pf.* schleppen; ~**táhnout** *pf.* (-hl; -tažen), ~**tahovat** (-huji) strecken, dehnen, spannen; *Uhr* aufziehen.
natalita *f* (1) Geburtenziffer *f*.
nate! F da habt ihr's!, da haben Sie es!
naté|ci *pf.* (-teku/-teču), ~**kat** *iter.* hineinfließen.

nátělník *m* (2b) Unterhemd *n*.
nátepn|íček *m* (2b; -čk-), **~ička** *f* (1c; -ček), **~ík** *m* (2b) Pulswärmer *m*.
nátěr *m* (2a) Anstrich *m*; P *fig.* Prügel *m/pl.*, Abreibung *f*.
natěra|cí Anstreich-; **~č** *m* (3) Anstreicher *m*; **~čský** Anstreicher-; **~čství** *n* (3) Anstreicherhandwerk *n*.
na|těsnaný zusammengepfercht; **~tírat** *s. natřít.*
nátisk *m* (2b) Bedrückung *f*; *Typ.* Aufdruck *m*.
na|tisknout *pf.* (-kl.; -štěn) viel drucken; **~tít** *pf.* (*s. tít*) anschneiden, ansägen; **~tlačit** *pf.* hineinzwängen; **~tlachat** *pf.* viel (zusammen)schwätzen.
nátlak *m* (2b) Druck *m*, Zwang *m*.
natlou|ci *pf.* (*s. tlouci*) Nägel einschlagen; *Pfähle* einrammen; kleinschlagen, zerkleinern; vollstopfen (čím/mit); **~** si sich stoßen (co an D); F (k-u) verwamsen (A); **~stlý** dicklich, rundlich.
nato darauf(hin).
nato|čit *pf.* aufwickeln; *Motor* ankurbeln; *Kopf, Film* drehen; (č-o) *Bier, Wein* einschenken; füllen (mit); **~lik** soweit, soviel.
nátoň *m* (4a; -ně, -ni usw.) Holzplatz *m*; Holzstock *m*.
na|tož(pak), **~tož** geschweige denn; **~trefit** *pf.* antreffen; **~** se dazukommen; **~trhat** *pf.* pflücken; *Papier* zerreißen; **~trhnout** *pf.* (-hl; -tržen) anreißen; **~trousit** *pf.* (-šen) viel verstreuen (č-o/A); **~trpklý** etwas herb *od.* bitter.
nátrubek *m* (2b; -bk-) *Mus.* Mundstück *n*; *Tech.* Muffe *f*, Stutzen *m*.
natrvalo *Adv.* auf die Dauer.
natržen|í *n* (3) Einriß *m*; *Med.* Rißwunde *f*; **~** šlachy Sehnenzerrung *f*; **~ý** an-, eingerissen.
natřást *pf.* (*s. třást*) (auf)schütteln.
natře|ný (an)gestrichen; čerstvě **-no** frisch gestrichen; **~pat** *pf.* (-u/-án) aufschütteln; F (k-u) verprügeln (A); **~** (dränge *n.*)
nátřesk *m* (2b) Andrang *m*; Ge-
natřísk|at *pf.*, **~nout** *pf.* (-kl; -knut) zerschlagen, entzwei machen; F (k-u) verhauen (A); **~aný**, **~nutý** P gerammelt voll.
natřít *pf.* (-třu) anstreichen; teeren; *Med.* einreiben.
natuch|lý muffig; **~nout** *pf.* (-chl) muffig werden.

nátura P *f* (1d) Natur *f*, Charakter *m*.
naturali|sta *f* (5a) Naturalist *m*; **~zovat** (*im*)*pf.* (-zuji) einbürgern.
na|turální natürlich, Natur-; **~tvrdlý** etwas hart; schwerhörig; F *a.* begriffsstutzig; **~tvrdo** *Adv.* hart (*gekocht*).
nauč|ení *n* (3) Lehre *f*, Belehrung *f*; **~it** *pf.* (k-o č-u, co) lehren (j-n A), beibringen (j-m A); **~** se (č-u, co) (er)lernen (A); **~ný** belehrend, Lehr-; **~** slovník Konversationslexikon *n*.
nauk|a *f* (1c) Lehre *f*, Kunde *f*; **~ový** Lehr-, wissenschaftlich.
náušnice *f* (2a) Ohrring *m*.
naváděč *m* (3) Anstifter *m*; **~ění** *n* (3) Anstiftung *f*; **~ět** (3 Pl. -ějí) *s. navést.*
nával *m* (2a) Andrang *m*; *fig.* Anwallung *f*.
na|válet *pf.* (3 Pl. -ejí) (hin)wälzen; *Teig* kneten; P **~** se faulenzen; **~valit** *pf.* wälzen; *fig.* aufbürden; **~vařený** gekocht; angeschweißt; **~vářet** (3 Pl. -ejí) anschweißen; **~vařit** *pf.* (viel) kochen.
navát *pf.* (3. -věje) anwehen; **~ý:** **~** *písek* Flugsand *m*.
na|vázat *pf.* (-žu/-ži), **~vazovat** (-zuji) anbinden; *Gespräch* anknüpfen; **~vážet** (3 Pl. -ejí) *s. navézt;* **~vážit** *pf.*, **~važovat** (-žuji) abwiegen; *Wasser* schöpfen; **~večer** am Abend, abends; **~večeřet se** *pf.* (3 Pl. -ejí/-í) zu Abend essen; **~vedení** *n* (3) Anleitung *f*; *Jur.* Anstiftung *f*.
návěj *f* (3) Schneewehe *f*; **~** *písku* Düne *f*.
na|věky auf ewig, für alle Zeit(en); **~** věků *Rel.* in (alle) Ewigkeit; **~venek** nach außen(hin); **~verbovat** P *pf.* (-buji) anwerben.
náves *f* (4b; -vs-) Dorfplatz *m*.
návěs *m* (2a) *Kfz.* Sattelanhänger *m*.
navěsit *pf.* (-šen) aufhängen.
naveskrz durch und durch, durchaus.
návěst *f* (4 *od.* 4a) *Esb.* Signal *n*; *Phil.* Prämisse *f*; **~idlo** *n* (1a; -del) Signalanlage *f*; *Esb.* Signal *n*; **~it** (-štěn/-stěn) signalisieren; **~ní** Signal-.
navěš|et *pf.* (3 Pl. -ejí), **~ovat** (-šuji) aufhängen.

návěšt|í n (3) Aviso n; *Esb.* Signal n; ~**né** n (*Adj.* 3) *Hdl.* Avisogebühr f.
návět|rný *Mar.* Luv-; ~**ří** n (3) Luv f.
na|větřit *pf. Jagdw.* anwittern; ~**vézt** *pf.* (*s. vézt*) (her)anfahren; F fig. *j-n* in *e-e* Lage bringen; ~**vězit** *pf. lit.* auftürmen; ~**víc** noch dazu, überdies.
navidět liebhaben.
naviják m (2b) *Tech.* Winde f; Haspel f; Trommel f.
navíj|ecí Wickel-; ~**eč** m (4) Haspel f; Trommel f; m (3) Wickler m; ~**ečka** f (1c; -ček), ~**edlo** n (1a; -del) Haspel f, Rolle f; ~**et** (3 *Pl. -ejí*), **navinout** *pf.* (*-nul*), **navít** *pf.* (*-viji*, *-vit*) aufwickeln.
navinulý säuerlich.
návladní m (*Adj.* 4) Anwalt m.
navlas F *Adv.* haargenau, aufs Haar.
navlé|ci *pf.* (*s. vléci*) auf- *od.* einfädeln; *Handschuhe* anziehen; *Reifen* aufziehen; *Ring* anstecken.
návlečka f (1c; -ček) *Tech.* Muffe f, Kappe f; Schnürnadel f.
navlék|at, ~**nout** *pf.* (-kl; -čen/-knut) *s.* navléci.
navlh|čit *pf.*, ~**nout** *pf. s.* vlhčit, vlhnout. [*s.* navléci.)
navlík|at, ~**nout** *pf.* (-kl; -čen/-knut))
návnada f (1) Lockspeise f, Köder m.
navna|dit *pf.*, ~**ďovat** (-ďuji), ~**zovat** (-zuji) (an)locken, ködern.
návní: ~ *kost Med.* Überbein n.
návod m (2; 6. -u/-ě) Anleitung f, Anweisung f; *Jur.* Anstiftung f; ~**ce** m (3) Anstifter m.
navodit *pf.* (*-děn/-zen*) herbeiführen; *j-n* veranlassen.
návo|dní Ufer-; ~**dný** Anleitungs-; ~**jník** m (2b) Deichselkette f.
navo|lat se *pf.* lange rufen; ~**ňavkovat** *pf.* (-kuji), ~**nět** *pf.* (3 *Pl. -ějí/-í*) parfümieren; ~**skovat** *pf.* (-kuji) (ein)wachsen.
návoz m (2; 6. -u/-e) Aufschüttung f.
navozit *pf.* (her)anfahren; ~ *se* sich herumfahren lassen.
navráce|nec m (3; -nc-) Heimkehrer m; ~**ní** n (3) Rückgabe f, Rückerstattung f; Heimkehr f.
navr|acet (3 *Pl. -ejí*), ~**átit** *pf.* (-cen) zurückgeben, (rück)erstatten; ~ *se* zurück-, heimkehren.
návrat m (2a) Rückkehr f, Heimkehr f; ~**ek** m (2b; -tk-) Rückzahlung f; Rückerstattung f.

navrát|ilec m (3; -lc-) Heimkehrer m; ~**it** *pf. s.* navracet.
navrat|ní, ~**ný** Rück-.
návrh m (2b) Vorschlag m, Antrag m; Entwurf m.
navrh|nout *pf.* (-hl; -žen), ~**ovat** (-huji) vorschlagen, beantragen; entwerfen; ~**ovací** Antrags-; ~**ovatel** m (3; -é) Antragsteller m.
navrch oben(auf); ~**u** oben.
navrstv|it *pf.*, ~**ovat** *pf.* (-vuji) aufschichten.
návrší n (3) Anhöhe f.
navrš|it *pf.*, ~**ovat** *pf.* (-šuji) anhäufen, auftürmen.
navrt|(áv)at anbohren; vorbohren; ~**ět** *pf.*, ~**it** *pf.*: ~ *máslo* Butter schlagen, F buttern; ~ *se* sich oft umdrehen, F kein Sitzfleisch haben.
navržen *s.* navrhnout.
navřít *pf.* (3. -vře) *Kochk.* überlaufen; (čím) den Geruch anziehen (von D).
návsí P n (3) Dorfplatz m.
návštěv|a f (1) Besuch m; *doba -těv* Besuchszeit f; *Med.* Sprechstunde (-n *pl.*) f; Visite f; *jít na* ~*vu zu* Besuch gehen; *být na* ~*vě zu* Besuch sein; ~**ní** Besuchs-, Empfangs-; ~**nice** f (2a), ~**ník** m (1a) Besucher (-in f) m.
navštěvovat ⟨po-⟩ (-vuji) *s.* navštívit.
navštív|ení n (3) Besuch m; Ω Panny Marie Mariä Heimsuchung f; ~**enka** f (1c; -nek) Visitenkarte f; ~**ený** viel (*od.* gut) besucht; *Rel.* heimgesucht; ~**it** *pf.* besuchen.
návyk m (2b) Gewohnheit f.
navyk|at, ~**nout** *pf.* (-kl) gewöhnen (k-o č-u/j-n an A; si č-u/sich an A); ~**lý** (č-u) gewöhnt (an A); gewohnt.
na|vyptávat se (im)*pf.* (aus)fragen; ~**výsost** äußerst, außerordentlich; ~**vzájem** gegenseitig, einander.
navzdor, ~**y** zum Trotz; trotz (č-u/G).
na|vzpomínat se (im)*pf.* (č-o) oft zurückdenken (an A); ~**vztekaný** wütend; ~**vždy** für immer; ~**zad** zurück; ~**zahálet se** (im)*pf.* viel faulenzen; ~**zapřenou** unter fremdem Namen, inkognito; ~**zbyt** überschüssig, im Überfluß; ~**zdar!** Servus!, grüß dich!; † *a.* Heil!; ~**zdařbůh** aufs Geratewohl.
nazdv|íhat, ~**ihnout** *pf.* (-hl; -žen), ~**ihovat** *iter.* (-huji) anheben; *Hut*

naze 226

lüften; ~ se sich *im* Bett aufrichten.
naze *Adv. s. nahý.*
nazejtří Tags darauf.
nazelen|alý grünlich; ~it *pf.* grün färben.
název *m* (2a; -zv-) Bezeichnung *f*, Name *m*; (Buch-, Film-)Titel *m*.
nazír|ací intuitiv; **~ání** *n* (3) Anschauung *f*; **~at** (*nač*) anschauen, betrachten (A); **~avost** *f* (4) Anschauungsvermögen *n*; Intuition *f*.
na|zítří *s.* nazejtří; **~zkoušet se** (im)pf. (3 Pl. -ejí) (č-o) lange prüfen; **~zlobený** verärgert, ärgerlich; **~zmar** zugrunde.
naznač|ení *n* (3) Andeutung *f*; **~it** *pf.*, **~ovat** (-*čuji*) andeuten, bezeichnen.
naznak rücklings.
náznak *m* (2b) Anzeichen *n*; Andeutung *f*; **~em** andeutungsweise.
naznamen(áv)at be-, kennzeichnen, markieren; *fig.* andeuten.
názor *m* (2a) Ansicht *f*, Anschauung *f*; **~nost** *f* (4) Anschaulichkeit *f*; **~ný** anschaulich, Anschauungs-; **~ový** Meinungs-.
nazpaměť, **~t** auswendig.
nazp|átek, **~ět** zurück; **~ívat** *pf.*: ~ *na desky* e-e (Schall-)Platte besingen.
nazrz(avě)lý angerostet; rotblond.
naz(ý)vat (*pf. -zvu*) nennen (*čím*/A); ~ *se* heißen; *nur pf.* e-e Menge, viele *Leute* (*od. Gäste usw.*) einladen.
nazved|(áv)at, **~nout** *pf.* (*-dl*; *-dnut*) anheben, lüften.
názvisko *n* (1b) Spitz-, Spottname *m*.
názvoslov|í *n* (3) Terminologie *f*, Fachsprache *f*; **~ný** terminologisch.
názvuk *m* (2b) Anklang *m*.
nažít *s. nažnout.*
naživu am Leben.
nažka *f* (1c; -žek) *Bot.* Schließfrucht *f*.
nažl|outlý gelblich; **~uklý** ranzig.
nažrat *pf.* (-*žeru*) anfressen; ~ *se geruhg* fressen; P sich vollfressen.
nažva|nit *pf.*, **~stat** *pf.*, **~tlat** *pf.*: ~ *toho* viel (zusammen)schwätzen, quasseln.
ne nein; nicht; *ba ~!* aber nein!; *jakby ~!* natürlich!; *no ~?* nicht wahr?; ~ *a* ~ auf keine Weise; *nikdy ~* niemals.
ne- un-, nicht-.

ně *s.* on (*Anhang*).
ne|aktuální nicht aktuell; unzeitgemäß; **~alkoholický** alkoholfrei; **~artikulovaný** unartikuliert.
neb oder; † da, denn.
ne|balený unverpackt, lose; **~barevný** farblos; *-ná fotografie* Schwarzweißfotografie *f*.
nebe *n* (2; Pl. -sa *n* [1], 6. -sich) Himmel *m*; **~ský** himmlisch; **~tyčný** himmelhoch (aufragend).
nebezpeč|í *n* (3) Gefahr *f*; **~nost** *f* (4) Gefährlichkeit *f*; **~ný** gefährlich.
nebíčko F *n* (1b) (du) lieber Himmel.
neblah|ost *f* (4) Mißgeschick *n*; **~ý** (*Adv. -ze*) unglückselig, verhängnisvoll, unheilvoll.
nebo oder.
nebo|hý arm(selig), elend; **~jácný** furchtlos, wacker; **~jovný** unkriegerisch; **~li** oder.
neboť denn.
neboz|ez *m* (2a) (Holz-)Bohrer *m*; **~ízek** *m* (2b; -zk-) Handbohrer *m*.
nebožá|k *m* (1a) armer Kerl *m*, armer Teufel *m*; **~tko** F *n* (1b; -tek) armes Geschöpf *n*.
nebož|ka *f* (1c; -žek), **~tík** *m* (1a) Verstorbene(r *m*) *f*, Selige(r *m*) *f*.
ne|broušený ungeschliffen; **~bydlící** wohnungs-, obdachlos.
nebýt (*nejsem*; *s. Anh.*: *být*) nicht sein; ~ *mne* wenn ich nicht (gewesen) wäre.
ne|bytí *n* (3) Nichtsein *n*; **~bývalý** ungewöhnlich; **~celý** nicht ganz; *zeitl. a.* knapp.
neceśer *m* (2a) Necessaire *n*.
necesta *f* (1) schlechter Weg *m*.
necit|a *m* (5) gefühlloser Mensch *m*; **~elnost** *f* (4) Gefühllosigkeit *f*; **~elný** gefühllos, herzlos.
necítit se *pf.* (*čím*) außer sich sein (vor *D*).
necit|livost *f* (4) Unempfindlichkeit *f*; **~livý** unempfindlich; **~nost** *f* (4) *s.* necitlivost.
necky *f/pl.* (2; -cek) Mulde *f*, Trog *m.*
něco etwas.
nect|nost *f* (4) Untugend *f*; **~ný** ehrlos; *-ná huba* loses Mundwerk.
necud|a F *m* (5) schamlose Person *f*; **~nost** *f* (4) Schamlosigkeit *f*; **~ný** schamlos, unzüchtig.
necvičený ungeübt.
nečas *m* (2; 6. *-i/-e*) Unzeit *f*; Unwetter *n*; *v* ~ zur Unzeit, zur unrechten Zeit; **~ový** unzeitgemäß.

ne|častý (*Adv.* -o) ziemlich selten; ~čekaný unerwartet; ungeahnt; ~česaný ungekämmt; *fig.* ungehobelt; ~český untschechisch, nichttschechisch.

nečest *f* (4; -ct-) Unehre *f*; ~nost *f* (4) Ehrlosigkeit *f*; ~ný unehrenhaft, ehrlos.

nečetný nicht sehr zahlreich, spärlich.

něčí jemandes, von irgend jemandem.

nečin|nost *f* (4) Untätigkeit *f*, Nichtstun *n*; ~ný müßig, untätig.

nečisto: *psát na* ~ ins unreine schreiben; ~ta *f* (1) Unreinlichkeit *f*; Unzucht *f*; Unrat *m*, P Dreck *m*; ~tný unsauber.

ne|čistý unsauber, P dreckig; *Chem., Rel.* unrein; ~čítaný ungezählt; ~čitelný unleserlich; ~člen *m* (1; -ové) Nichtmitglied *n*; ~člověk *m* (1; 1 Pl. nelidé) Unmensch *m*.

nedalek|o (č-o) unweit (*G od.* von); ~ý nahe (gelegen).

nedat *pf.* nicht (nach)geben; ~ se nicht nachgeben *od.* nachlassen.

nedávn|o *Adv.* vor kurzem, unlängst; ~ý neu(er)lich, jüngst.

nedbaje (č-o) ungeachtet (*G*).

nedbal|ec *m* (3; -lc-) nachlässiger Mensch *m*; ~ky *f*/*pl.* (3; -lek) Hauskleid *n*, Negligé *n*; ~ost *f* (4) Nachlässigkeit *f*, Fahrlässigkeit *f*; ~ý nachlässig, fahrlässig, schlampig.

nedb|ání *n* (3) Nichtbeachtung *f*, Außerachtlassung *f*; ~at *pf.* (č-o) nicht beachten, vernachlässigen (*A*).

neděle *f* (2) Sonntag *m*; F a. Woche *f*; Květná ~ Palmsonntag; *za pět neděl* in 5 Wochen.

nedělitel|nost *f* (4) Unteilbarkeit *f*; ~ný unteilbar.

neděl|ňátko *n* (1b; -tek) Sonntagskind *n*; ~ní Sonntags-, sonntäglich, -wöchig, -wöchentlich; ~nost *f* (4) Arbeitsunfähigkeit *f*; ~ný arbeitsunfähig.

nedíl|nost *f* (4), ~ný *s. nedělitelnost*.

nediskrét|ní [-dɪ-] indiskret; ~nost *f* (4) Indiskretion *f*.

nedlouh|o nicht lange; ~ý nicht sehr lang, ziemlich kurz.

ne|dobrovolný unfreiwillig; ~dobrý nicht gut, schlimm; ~dobytný *Mil.* uneinnehmbar; *Hdl.* uneinbringlich; ~ *proti vloupání* einbruchssicher.

nedocenit *pf.* unterschätzen; ~elný unschätzbar.

nedočkav|ost *f* (4) Ungeduld *f*; ~ý ungeduldig.

nedoděl|aný halbfertig; ~ávka *f* (1c; -vek), ~ek *m* (2b; -lk-) Arbeitsrückstand *m*.

nedodrž|ení, ~ování *n* (3) Nichteinhaltung *f*; ~et *pf.*, ~ovat (-žuji) nicht (ein)halten.

nedo|hledný unabsehbar, unübersehbar; ~chůdče *n* (2b) Frühgeburt *f*; Mißgeburt *f*; ~jedky *m*/*pl.* (2b) Speisereste *m*/*pl.*, *öst.* Überbleibsel *n*/*pl.*; ~kázaný unbewiesen, unerwiesen.

nedokon|alost *f* (4) Unvollkommenheit *f*; ~alý unvollkommen; ~aný unvollendet; *Jur.* versucht; ~avý *Gr.* unvollendet, imperfektiv; ~čený nicht beendet, unvollendet.

nedokrev|nost *f* (4) Blutarmut *f*; ~ný blutarm.

nedo|ložený nicht belegt, unbewiesen; ~měrek *m* (2b; -rk-) Bemessungsrückstand *m*; ~mrlý, ~mřivý kränklich, siech.

nedomyšle|nost *f* (4) Unüberlegtheit *f*; ~ný unüberlegt, unbedacht.

nedo|nošený *Kind:* nicht ausgetragen, zu früh geboren; ~palek *m* (2b; -lk-) (Zigarren-)Stummel *m*; ~patření *n* (3) Versehen *n*; ~pečený nicht durchgebacken *od.* -gebraten.

nedopit|a F *m* (5) Trunkenbold *m*, P Saufbruder *m*; ~ek *m* (2b; -tk-) (Schnaps-, Bier-)Rest *m* im Glas.

nedopla|cený noch nicht ganz bezahlt; ~tek *m* (2b; -tk-) (Zahlungs-)Rückstand *m*; *Hdl.* Saldo *n*.

nedorozumění *n* (3) Mißverständnis *n*.

nedoručitel|nost *f* (4) Unzustellbarkeit *f*; ~ný unzustellbar.

nedosažitelný unerreichbar.

nedoslýcha|t schwer hören; ~vost *f* (4) Schwerhörigkeit *f*; ~vý schwerhörig.

nedospěl|ost *f* (4) Minderjährigkeit *f*; ~ý minderjährig; unmündig.

nedost *Adv.* nicht genug.

nedosta|čitelný, ~čující unzureichend; ~tečnost *f* (4) Mangelhaftigkeit *f*; ~tečný mangelhaft, nicht genügend; ~tek *m* (2b; -tk-) Mangel *m* (č-o, v čem/an *D*); *Hdl.* Manko *n*.

nedost|ávat se fehlen, mangeln (č-o/an D); **~avení** n (3) Nichterscheinen n; **~í** s. nedost.
nedostiž(itel)nost f (4) Unerreichbarkeit f; **~ný** unerreichbar.
nedo|stupný unersteigbar; fig. unerschwinglich; **~sytný** s. nenasytný; **~tčený** unberührt; **~tknutelnost** f (4) Unantastbarkeit f; **~tknutelný** unantastbar; **~ucký** halbgebildet; **~učenec** m (3; -nc-) Halbgebildete(r) m; **~učený** s. nedoucký; **~uk** m (1a; 1 Pl. -ové) s. nedoučenec; **~vařený** halbgekocht, noch nicht gar; **~važek** m (2b; -žk-) Untergewicht n; **~volený** unerlaubt.
nedovtip|a m (5) Dummkopf m; **~ný** begriffsstutzig, F schwer von Begriff.
nedo|vzdělanec m s. nedoučenec; **~zírný** unabsehbar; **~zralý** unreif.
nedoživen|ost f (4) Unterernährung f; **~ý** unterernährt.
neduh m (2b) Gebrechen n, Leiden n.
nedů|ležitý unwichtig; **~slednost** f (4) Inkonsequenz f; **~sledný** inkonsequent; **~stojný** unwürdig.
nedůtkliv|ost f (4) Überempfindlichkeit f; **~ý** (über)empfindlich, F zimperlich.
nedůvě|ra f (1d) Mißtrauen n; **~řivost** f (4) Mißtrauen n, Argwohn m; **~řivý** mißtrauisch; **~řovat** (-řuji) mißtrauen (D).
nedů|vodný unbegründet; **~vtipný** s. nedovtipný; geistlos, dumm.
neduživ|ost f (4) Siechtum n; **~ý** gebrechlich, kränklich.
ne|estetický [-tɪ-] unästhetisch; **~falšovaný** unverfälscht; **~foremný** unförmig.
neg|erka f (1c; -rek), **~r** m (1a; Pl. -ři) Neger(in f) m.
negramot|nost f (4) Analphabetentum n; **~ný** des Schreibens (und Lesens) unkundig; **~ člověk** Analphabet m.
něha f (1b) Anmut f, Zärtlichkeit f.
nehašený ungelöscht (Kalk).
nehet m (2; -ht-; 6. -u/-ě) (Finger-) Nagel m.
nehezký unschön.
nehl|asný Gr. stimmlos; **~edaný** fig. natürlich, ungezwungen; **~edě, ~edíc** (k č-u) abgesehen von (D), ohne Rücksicht auf (A); **~učný** geräuschlos.

ne|hmotný unkörperlich; Jur. immateriell; **~hnutý** regungslos.
něho s. on (Anhang).
nehod|a f (1) Unfall m; **~ný** unwürdig; Kind: ungeraten; **~ovost** f (4) Unfallhäufigkeit f, -quote f.
nehoráz|nost f (4) Ungeheuerlichkeit f; **~ný** ungeheuerlich.
ne|hospodárný unwirtschaftlich; **~hostinný** ungastlich; unwirtlich; **~hotový** unfertig; (k č-u) nicht vorbereitet (für, zu); **~hovornost** f (4) Wortkargheit f, Einsilbigkeit f.
něhož s. jenž.
nehrubě nicht besonders, nicht sehr.
nehtový Nagel-.
ne|hudební unmusikalisch; **~hybný** unbeweglich, regungslos; **~hynoucí** unvergänglich; **~chápavý** s. nedovtipný.
nech(áv)at ⟨po-, vy-, za-⟩ lassen; zurücklassen; (č-o) aufhören (mit); ablassen (von D); **~ si** (für sich) behalten.
nechť soll, mag; meinetwegen.
nicht|ě, ~íc unwillkürlich, ohne es zu wollen; **~ěný** ungewollt, unbeabsichtigt.
nechu|ť f (4c; -ti) (k č-u) Unlust f (zu D), Abneigung f (gegen A); **~tenství** n (3) Appetitlosigkeit f; **~tnost** f (4) Geschmacklosigkeit f; **~tný** unappetitlich; geschmacklos; widerlich.
nechvalný unrühmlich.
nej- in Zssgn aller-, am ...sten.
něj s. on (Anhang).
nějak irgendwie; **~ý** irgendein(er).
nejapný unbeholfen.
nejas|nost f (4) Unklarheit f; **~ný** unklar, undeutlich.
nej|blíž(e) am nächsten; **~děl(e)** am längsten; **~dřív(e)** zuerst; ehestens; **co ~ so** bald wie möglich.
nejed|en (so) manch(er); **~lý** ungenießbar; **~notnost** f (4) Uneinigkeit f; Uneinheitlichkeit f; **~notný** uneinig, uneins; uneinheitlich; **~nou** nicht (nur) einmal, manchmal.
nejen(om) nicht nur; **~ nýbrž i, ~ ale i** nicht nur, sondern auch.
nejist|ota f (1) Unsicherheit f; Ungewißheit f; **~ý** unsicher; ungewiß.
nejméně am wenigsten; **co ~ so** wenig we möglich.
nejmenovaný ungenannt.
nej|prve zuerst; **~raději** am liebsten; **~sem** s. být; **~spíš(e)**

(höchst)wahrscheinlich; ~světější allerheiligste; ~víc(e) am meisten, meist-; co ~ so viel wie möglich, möglichst viel; ~výš(e) am höchsten, höchst; co ~ so hoch wie möglich; ~vyšší höchste(r), Höchst-; oberste(r), Oberst-; *Phys.* Maximal-; ~zazší hinterste.

nějž *s.* jenž.

nekalý unlauter, *fig.* anrüchig.

někam irgendwohin.

nekatolík *m (1a)* Nichtkatholik *m.*

nekázan|ost *f (4)* Ungezogenheit *f*; ~ý ungezogen.

nekázeň *f (3;* -zn-) *s.* nekázanost.

ně|kde irgendwo; ~ jinde anderswo, woanders; ~kdejší ehemalig; ~kdo (irgend) jemand; ~kdy manchmal; irgendwann.

neklamný untrüglich.

neklid *m (2a)* Unruhe *f*; ~ný unruhig.

neklopit! nicht stürzen!

nekňuba F *m (5)* ungeschickter Mensch *m.*

několik einige, mehrere.

několika|barevný mehrfarbig; ~denní mehrtägig; ~hlasý mehrstimmig; ~letý mehrjährig; ~místný *Math.* mehrstellig; ~násobný mehrfach; ~nedělní mehrwöchig; ~patrový mehrstöckig; ~sytný *Chem.* mehrbasisch.

několik|átý der wievielte, der soundsovielte; ~erý, -ro (č-o) mehrerlei, allerlei; ~rát mehrmals, einigemale.

nekomp|etentní nicht zuständig; ~romisní kompromißlos.

nekoneč|no *n (1)* Unendliche(s) *n*; do -na ins Unendliche; ~ost *f (4)* Unendlichkeit *f*; ~ý unendlich, endlos.

ne|konvenční unkonventionell; ~korektní unkorrekt, inkorrekt; ~kov *m (2a)* Nichtmetall *n*; ~krytý ungedeckt (*a. Hdl.*); ~křesťanský unchristlich.

nekrtě|ňátko *n (1b;* -tek) ungetauftes Kind *n*; ~ný ungetauft.

některý|ak irgendwie; ~ý irgendein, mancher.

někudy irgendwo (hin)durch.

nekuřák *m (1a)* Nichtraucher *m.*

nekvašený ungesäuert.

nelad *m (2a)* Unordnung *f*; ~ný unordentlich.

neláska *f (1c;* -sek) Lieblosigkeit *f.*

nelaskav|ost *f (4)* Unfreundlichkeit *f*; ~ý unfreundlich.

nelenit nicht säumen, nicht zögern.

nelesklý glanzlos, matt.

ne-li wenn nicht.

neli|b|ost *f (4)* Mißfallen *n,* Unlust *f*; ~ozvuk *m (2b)* Mißklang *m*; ~ý unangenehm.

nelíčený ungeschminkt; aufrichtig.

nelid|a *m (5)* Unmensch *m*; ~skost *f (4)* Unmenschlichkeit *f*; ~ský unmenschlich.

nelítostný unbarmherzig.

nelogi|cký unlogisch; ~čnost *f (4)* Unlogik *f.*

nelze es ist nicht möglich, man kann nicht.

něm *s.* on *(Anhang).*

nemajet|nost *f (4)* Mittellosigkeit *f*; ~ný mittellos.

ne|málo nicht wenig; ~manželský unehelich; ~mastný fettarm; *fig.* nichtssagend.

Němč|ík *m (1a) s. Němčour*; 2ina *f (1)* Deutsch *n (3)* 2inář *m (3)* Deutschlehrer *m*; 2it ⟨po-, za- si⟩ *v/i verä.* deutsch sprechen; *v/t* germanisieren; ~our V *m (1; 1 Pl. -ři) verä.* deutsches Schwein *n,* elender Deutscher *m.*

Němec *m (3;* -mc-) Deutsche(r) *m*; ~ko *n (1b)* Deutschland *n*; 2kost *f (4)* Deutschtum *n,* deutsche Art *f*; 2ký *(Adv. -y)* deutsch; 2tví *s.* německost; ~tvo *n (1)* die Deutschen *m/pl.*

ne|mehlo F *n (1a;* -hel) Tolpatsch *m*; ~méně nicht weniger, nicht minder; ~měn(itel)ný unveränderlich, unwandelbar.

nemilo|srdný unbarmherzig; ~st *f (4)* Ungnade *f*; ~stivý ungnädig.

nemilý *(Adv. -le)* unlieb(sam); *Gast:* ungebeten.

nemír|a *f (1d)* Übermaß *n*; ~nost *f (4)* Unmäßigkeit *f,* Maßlosigkeit *f*; ~ný unmäßig.

nemístný unstatthaft.

Němk|a *f (1c;* -mek), ~yně *f (2b)* Deutsche *f.*

nemluv|a *m (5)* wortkarger Mensch, F Muffel *m (1a)*; ~ňátko *n (1b;* -tek), ~ně *n (4a)* kleines Kind *n*; ~nost *f (4)* Wortkargheit *f*; ~ný wortkarg.

nemnoh|o nicht viel; ~ý selten.

nemoc *f (4 od. 4b)* Krankheit *f*; ~en *s.*
nemocný; ~enské *n (Adj. 3)* Krankengeld *n*; ~enský Kranken-; ~-

nemocnice 230

nice f (2a) Krankenhaus n; ~niční Krankenhaus-; ~ný krank; erkrankt, leidend (*na čem* an D); *Su. m* (*Adj. 1*) Kranke(r) m.

nemod|erní unmodern; ~lenec m (3; *-nc-*) Gottlose(r) m.

nemohouc|í machtlos; impotent; ~nost f (4) Unvermögen n; Impotenz f.

němo|hra f (1d; *-her*) Pantomime f; Gebärdenspiel n; ~st f (4), ~ta f (1) Stummheit f.

nemotor|a m (5) *od.* f (1d) ungeschickter Mensch m; ~nost f (4) Ungeschicklichkeit f; ~ný ungeschickt, plump.

nemoudrý unklug.

nemovit|ost f (4) Liegenschaft f; ~ý unbeweglich.

nemož|nost f (4) Unmöglichkeit f; ~ný unmöglich.

nemrav m (2a) Unsitte f; ~a m (5) unsittlicher Mensch m, Sittenstrolch m; ~nost f (4) Unsittlichkeit f; ~ný unsittlich.

nemužný unmännlich.

němý stumm. [unerdenkbar.]

nemysl|ící gedankenlos; ~itelný }

ne|nabitý *Waffe:* ungeladen; ~nadálý unverhofft; ~náhlý allmählich, langsam; ~nahraditelný ersetzlich; ~náležitý ungebührlich; ~nápadný unauffällig; ~napodobitelný unnachahmlich; ~napravitelný unverbesserlich; ~náročný anspruchslos; ~naříkatelný unanfechtbar; ~násilný gewaltlos.

nenasyt|a F m (5) Nimmersatt m; ~nost f (4) Unersättlichkeit f; ~ný unersättlich.

nenávid|ěný verhaßt; ~ět hassen.

nenávist f (4) Haß m; ~ník m (1a) gehässiger Mensch m; *lit.* Hasser m; ~ný haßerfüllt; gehässig.

nenávrat|no n (1) *lit.* Jenseits n; ~ný unwiederbringlich.

nenažravý P gefräßig.

nenecha|t *pf.* (*č-o*) nicht ablassen (von D), nicht (in Ruhe) lassen (A); ~vý diebisch.

není er (sie, es) ist nicht; (*a. č-o*) es gibt kein ...; nein.

nenormál|ní nicht normal, abnorm, ano(r)mal; ~nost f (4) Abnormität f.

nenucen|ost f (4) Zwanglosigkeit f, Ungeniertheit f; ~ý ungezwungen, ungeniert.

neob|alený unverhüllt; ~dělaný *Agr.* unbebaut, brach, Brach-; ~ezřelý unvorsichtig; ~jasněný unaufgeklärt; ~líbený unbeliebt; ~lomný unerschütterlich; ~mezený unbegrenzt, unbeschränkt; ~ratný ungeschickt; ~sáhlý unermeßlich; ~sažný inhaltslos, leer; ~vyklý ungewohnt, ungewöhnlich.

neoby|čejný ungewöhnlich; ~dlený unbewohnt; ~tný unbewohnbar.

neo|bývaný s. neobydlený; ~byvatelný s. neobytný; ~cenitelný unschätzbar; ~čekávaný unerwartet, unverhofft.

neod|borník m (1a) Nichtfachmann m, Laie m; ~bytný zudringlich; *Hdl.* unabsetzbar; ~hodlaný unentschlossen; ~kladný unaufschiebbar; ~lučitelný untrennbar; ~olatelný unwiderstehlich; ~povědný unverantwortlich; ~pustitelný unverzeihlich; ~ůvodněný unbegründet, grundlos; ~vislý s. nezávislý; ~volatelný unwiderruflich; ~vrat(itel)ný unabwendbar.

neo|ficiální inoffiziell; ~hebný steif, starr; ~hrabaný unbeholfen, plump; ~hrožený unerschrocken; ~chotný ungefällig; ~chvějný unerschütterlich, unbeirrbar; ~kázalý unauffällig, schlicht; ~malený unverschämt, derb; ~mezený unbeschränkt.

neomluv|ený unentschuldigt; ~itelný unverzeihlich.

neo|mrzelý unverdrossen; ~mylný unfehlbar; *Zeichen:* untrüglich; ~patrný unvorsichtig; ~peřený ungefiedert; ~právněný unberechtigt, unbefugt.

neorganický [-nɪ-] anorganisch.

neo|sobní unpersönlich; ~stýchavý unverfroren, dreist; ~tesaný *fig.* ungehobelt; ~zdobný schmucklos.

nepaměť: *od -ti* seit Menschengedenken, seit jeher; ~tný undenklich.

ne|párový unpaar(ig); ~patrný geringfügig; unansehnlich; ~pěkný unschön; ~platný ungültig; ~plavec m (3; *-vc-*) Nichtschwimmer m; ~plecha f (1b) Unfug m; ~plnění n (3) Nichterfüllung f; ~plnoletý s. nezletilý; ~plodný unfruchtbar.

nepo|ctivý, ~čestný unehrlich; ~čítajíc nicht inbegriffen, ausschließlich; ~dařený mißlungen.

nepod|dajný unnachgiebig; **~jatý** unvoreingenommen; *jur.* unbefangen; **~měněný** unbedingt; **~platný** unbestechlich; **~statný** unwesentlich.

nepo|hnut(eln)ý unbeweglich, regungslos; **~hoda** f (1) Unwetter n; **~hodlný** unbequem; **~hodnout se** pf. (s kým) sich entzweien (mit D); **~hyblivý** unbeweglich; **~chodit** pf. nichts erreichen, F schlecht ankommen (bei j-m).

nepochop|ení n (3) Verständnislosigkeit f, Unverständnis n; **~ený** unverstanden; **~itelný** unbegreiflich.

nepo|chybný untrüglich, nicht zu bezweifeln(d); **~jatelný** unfaßbar.

nepokoj m (4) Unruhe f; **~nost** f (4) Ruhelosigkeit f; **~ný** unruhig, ruhelos.

nepo|lepšitelný unverbesserlich; **~litický** [-ti-] unpolitisch, apolitisch.

nepoměr m (2a), **~nost** f (4) Mißverhältnis n; **~ný** unverhältnismäßig.

nepomíj|ející, ~itelný unvergänglich.

nepo|píratelný unbestritten, unanfechtbar; **~psatelný** unbeschreiblich; **~pulární** unpopulär; **~rovnatelný** unvergleichlich.

neporuš|ený unversehrt; unverfälscht; unverletzlich.

nepořád|ek m (2b; -dk-) Unordnung f; **~ný** unordentlich.

nepořízená: s *-nou* unverrichteter Dinge, leer (*fig.*).

neposed|a m (5) unruhiger Mensch m; **~ět** pf. keine Ruhe (F kein Sitzfleisch) haben; **~ný** unruhig.

neposkvrněný unbefleckt.

neposlu|cha m (5) unfolgsamer Mensch m; **~šnost** f (4) Ungehorsam m; **~šný** ungehorsam.

nepostač|itelnost f (4) Unzulänglichkeit f, **~itelný, ~ující** unzulänglich.

nepostižitelný unergründlich.

nepotřeb|a f (1): *to je k -bě* das ist unbrauchbar; **~nost** f (4) Unbrauchbarkeit f; **~ný** unbrauchbar; unnötig.

nepo|užitelný unbenutzbar; **~vedený** mißlungen; **~vědomý** (č-o) unkundig (G); **~vinný** unverbindlich; nicht obligatorisch, frei,

Wahl-; **~volaný** unberufen, unbefugt; **~volný** unnachgiebig.

nepozn|ání n (3) Unkenntlichkeit f; **~atelný** nicht erkennbar.

nepozor|ný unaufmerksam; **~ovaný** unbeobachtet, unbemerkt; **~ovatelný** unmerklich.

nepoživatelný ungenießbar.

nepraktic|ký [-ti-] unpraktisch; **~nost** f (4) Ungeschicktheit f; Unzweckmäßigkeit f.

neprašný staubfrei.

nepravd|a f (1) Unwahrheit f; **~ěpodobný** unwahrscheinlich; **~ivost** f (4) Unwahrhaftigkeit f; **~ivý** unwahr.

ne|právem zu unrecht, unrechtmäßig; **~pravidelný** unregelmäßig; *Mil.* irregulär; **~právo** n (1; 6 Sg. -u) Unrecht n.

neprav|ost f (4) Unechtheit f; Falschheit f; Laster n; **~ý** unecht; falsch, unrichtig.

nepro|dejný unverkäuflich; **~dleně** *Adv.* unverzüglich; **~duktivní** [-ti-] unproduktiv; **~dyšný** luftdicht, hermetisch; **~měn(itel)ný** unveränderlich; **~míjitelný, ~minutelný** unverzeihlich; **~mlčitelný** unverjährbar; **~mokavý** wasserdicht; **~myšlený** unüberlegt; **~niknutelný** undurchdringlich; **~pustný** undurchlässig.

neprospě|ch m (2b) Nachteil m, Schaden m; *v ~* zuungunsten; **~šný** nachteilig, unnütz.

npro|stupný undurchdringlich; **~vdaná** *Mädchen:* ledig, unverheiratet; **~veditelný** undurchführbar; **~zíravý, ~zřetelný** unbedacht, voreilig.

neprů|bojný nicht durchschlagkräftig, *fig.* zu weich; **~dušný** luftdicht, hermetisch; **~hledný** undurchsichtig; **~střelný** kugelsicher.

nepružný unelastisch.

nepřátel|e *m/pl. s.* **nepřítel; ~ský** (*Adv. -y*) feindlich, feindselig, Feind(es)-; **~ství** n (3) Feindschaft f.

nepřeberný unerschöpflich.

nepřed|ložený unüberlegt; **~pojatý** unvoreingenommen; *jur.* unbefangen; **~stavitelný** unvorstellbar.

nepředstiž|ený, ~itelný unübertroffen.

nepředvíd|aný unvorhergesehen; **~atelný** nicht vorauszusehend.

nepře|hledný *Land:* unübersehbar;

Plan: unübersichtlich; ~jícnost *f* (4) Neid *m*, Mißgunst *f*; ~klenutelný unüberbrückbar; ~konatelný unüberwindlich; ~kročitelný unüberschreitbar; ~ložitelný unübersetzbar; ~možitelný unmöglich, unbesiegbar; ~rušený ununterbrochen.
nepřes|nost *f* (4) Ungenauigkeit *f*; ~ný ungenau.
nepřetržit|ost *f* (4) Kontinuität *f*; ~ý ununterbrochen, unaufhörlich.
nepřevodný nicht übertragbar.
nepří|četný unzurechnungsfähig; ~hodný ungelegen, unpassend.
nepřijatelný unannehmbar.
nepříjem|nost *f* (4) Unannehmlichkeit *f*; ~ný unangenehm.
nepři|jetí *n* (3) Annahmeverweigerung *f*, Ablehnung *f*; ~měřený unangemessen, unpassend.
ne|přímý (*Adv*. -mo) indirekt; ~přípustný unzulässig; ~přirozený unnatürlich, widernatürlich; ~příslušný nicht zuständig; ~přístojný ungebührlich; ~přístupný unzugänglich.
nepřítel *m* (3; *Pl*. nepřátelé, -tel, -é!); ~kyně *f* (2b) Feind(in *f*) *m*; *Sp*. Gegner(in *f*) *m*.
nepřítom|nost *f* (4) Abwesenheit *f*; ~ný abwesend.
nepří|větivý unfreundlich; ~zeň *f* (3; -zně, -zni *usw*.) Ungunst *f*, Mißgunst *f*; ~znivý ungünstig.
ne|přiznaný nicht anerkannt; *Jur*. aberkannt; ~přízvučný unbetont, tonlos; ~působivý unwirksam, wirkungslos; ~půvabný reizlos.
nerad, ~a, ~o ungern; ~no nicht ratsam.
neradostný freudlos (*Leben*); unerfreulich (*Nachricht*).
nere|álný irreal; ~elní unreell; ~gulární irregulär.
nerez P *m* (2a) rostfreier Stahl *m*.
nerost *m* (2a) Mineral *n*; ~ný Mineral-; ~opis *m* (2; 6. -u/-e) Mineralogie *f*.
nerov|noměrný ungleichmäßig; ~ný *Boden*: uneben; *Lohn*: ungleich.
neroz|bitný unzerbrechlich; ~borný unzerstörbar, unlöslich; *lit*. unverbrüchlich; ~dělitelný unteilbar; ~eznání *n* (3) Unkenntlichkeit *f*; ~hodný unentschieden, unentschlossen; ~luč(itel)ný un-
zertrennlich, unlösbar; ~luštitelný unauflöslich; ~pustný *Chem*. unlöslich.
nerozřeš|ený ungelöst; ~itelný unlösbar.
nerozum *m* (2a) Unvernunft *f*; ~ný unvernünftig.
nerozváž|livý, ~ný unbedacht, unüberlegt.
nerud|a P *m* (5) Griesgram *m*; ~ný griesgrämig, mürrisch.
nerv *m* (2a) Nerv *m*; ~ový Nerven-; ~óza *f* (1b), ~ozita *f* (1) Nervosität *f*; ~óznět ⟨z-⟩ (3 *Pl*. -ějí) nervös werden; ~ózní nervös; ~óznost *f* (4) *s*. nervóza; ~stvo *n* (1; -stev) Nervensystem *n*.
nerýmovaný ungereimt.
neřád *m* 1. (2a) Unrat *m*, F Dreck *m*; 2. P (1) Schweinehund *m*; ~ný unflätig, P schweinisch; ~stvo F *n* (1) Mist *m*, Dreck *m*; Ungeziefer *n*.
neřest *f* (4) Laster *n*, Unzucht *f*; ~nost *f* (4) Lasterhaftigkeit *f*; ~ný lasterhaft.
neřešitelný unlösbar.
neřku(li) geschweige denn, um nicht zu sagen.
nesamostat|nost *f* (4) Unselbständigkeit *f*; ~ný unselbständig.
ne|sčetný, ~sčíslný unzählig, zahllos.
nesdíl|nost *f* (4) Wortkargheit *f*, Verschlossenheit *f*; ~ný wortkarg, verschlossen.
nesesaditelný unabsetzbar.
neshod|a *f* (1) Uneinigkeit *f*; ~ný uneinig.
neschop|nost *f* (4) Unfähigkeit *f*; ~ný (č-o, k č-u) unfähig (zu); *Mil*. untauglich (zu, für).
ne|schůdný unpassierbar; *fig*. ungangbar; ~sjednocený nicht vereinigt; *Rel*. nicht uniert; ~sjízdný unbefahrbar; ~skladný verbaut, sperrig; ~sklonný *Gr*. indeklinabel, nicht deklinierbar; ~skonalý unendlich; ~skromný unbescheiden; ~skutečný unwirklich, irreal; ~slaný ungesalzen; *slaný* ruhmlos; ~slíbatelný *Lippenstift*: kußecht; ~slučitelný unvereinbar; *Tech*. nicht legierbar.
nesluš|nost *f* (4) Unanständigkeit *f*, Ungehörigkeit *f*; ~ný unanständig, ungebührlich.
ne|slýchaný unerhört; ~slyš(itel)ný geräuschlos, unhörbar; ~smělý

schüchtern; ~**smírný** unermeßlich; *fig.* gewaltig; ~**smiřitelný** unversöhnlich.
nesmlouvav|ost *f* (4) Kompromißlosigkeit *f*, Unnachgiebigkeit *f*; ~**ý** kompromißlos, unnachgiebig.
nesmrtel|nost *f* (4) Unsterblichkeit *f*; ~**ný** unsterblich.
nesmysl *m* (2a) Unsinn *m*; ~**nost** *f* (4) Unsinnigkeit *f*; ~**ný** unsinnig.
nesmytelný unabwaschbar, wasserfest.
nesnad|nost *f* (4) Schwierigkeit *f*; ~**ný** schwierig.
nesnáše(n)liv|ost *f* (4) Unverträglichkeit *f*; ~**ý** unverträglich.
nesnáz *f* (3) Schwierigkeit *f*, Verlegenheit *f*.
nesnes|ení *n* (3): *to je k* ~ das ist unerträglich; ~**itelnost** *f* (4) Unerträglichkeit *f*; ~**itelný** unerträglich.
ne|sobecký selbstlos; ~**soucitný** mitleid(s)los; ~**soudný** kritiklos.
nesouhlas *m* (2; 6. -e/-u), ~**nost** *f* (4) Meinungsverschiedenheit *f*, Zwiespalt *m*; ~**ný** nicht übereinstimmend; heterogen.
nesou|lad *m* (2a) Disharmonie *f*, Mißverhältnis *n*; ~**měrný** unsymmetrisch, unebenmäßig; ~**rodý** verschiedenartig; ~**stavný** planlos, systemlos; ~**středěný** unkonzentriert, zerfahren; ~**vislý** zusammenhanglos, unzusammenhängend; ~**zvuk** *m* (2b) Mißklang *m*; s. *nesouhlas*.
nespa|l|(itel)ný unbrennbar; feuerbeständig, feuerfest; ~**vost** *f* (4) Schlaflosigkeit *f*; ~**vý** an Schlaflosigkeit leidend; *Nacht*: schlaflos.
nesplnitelný unerfüllbar.
nespokojen|ost *f* (4) Unzufriedenheit *f*; ~**ý** unzufrieden.
nespo|lečenský ungesellig; ~**lehlivý** unzuverlässig; ~**rný** unbestritten; ~**rtovní** unsportlich.
nespravedl|ivost *f* (4), *selt.* ~**nost** *f* (4) Ungerechtigkeit *f*; ~**ivý** ungerecht.
ne|správný unrichtig; ~**srovnatelný** unvergleichlich; ~**srozumitelný** unverständlich.
nést ⟨do-, po-⟩ (*nesu, nesl, nesen*) tragen; bringen; *Eier* legen; *Nutzen* abwerfen; *Karte* ausspielen; ~ *se* fliegen, schweben.
nestál|ost *f* (4) Unbeständigkeit *f*; ~**ý** unbeständig.

nestejno|měrný ungleichmäßig; ~**ramenný** *Geom.* ungleichschenk(e)lig; *F* heterogen; *F* zusammengewürfelt.
nestej|nost *f* (4) Ungleichheit *f*; ~**ný** ungleich.
nestoud|nice *f* (2a), ~**ník** *m* (1a) schamlose Person *f*; ~**nost** *f* (4) Unverschämtheit *f*; Schamlosigkeit *f*; ~**ný** unverschämt; schamlos.
nestran|ický parteilos; ~**ík** *m* (1a) *Pol.* Parteilose(r) *m*; ~**nost** *f* (4) Unvoreingenommenheit *f*, unparteiische Art *f*; ~**ný** unparteiisch, objektiv, neutral.
ne|stravitelný unverdaulich; ~**strojený** ungekünstelt, schlicht; ~**střežený** unbewacht; ~**střídmý** unmäßig.
nestvůr|a *f* (1d) Ungeheuer *n*, Mißgestalt *f*; ~**ný** ungeheuerlich, mißgebildet.
nestyd|a *m* (5) unverschämter Mensch *m*; ~**atost** *f* (4) Unverschämtheit *f*; ~**atý** unverschämt.
ne|svár *m* (2a) Uneinigkeit *f*, Zwietracht *f*; ~**svědomitý** gewissenlos, ~**svornost** *f* (4) *s.* nesvár; ~**svůj** fremd; *fig.* verändert, nicht (mehr) derselbe; ~**sympatický** [-ti-] unsympathisch, ~**šetrný** rücksichtslos.
nešik|a F *m* (5; 6 Pl. -ách) ungeschickter Mensch *m*; ~**ovnost** *f* (4) Ungeschicklichkeit *f*; ~**ovný** ungeschickt.
ne|škodný unschädlich; ~**školák** *m* (2b), ~**školačka** *f* (1c; -ček) Vorschulkind *n*; ~**šlechetný** niederträchtig, ruchlos.
nešpory *m/pl.* (2) *Rel.* Vesper *f*.
ne|šťastný unglücklich; *Tat*: unglückselig; ~**štěstí** *n* (3) Unglück *n*; ~**štovice** *f/pl.* (2a) Pocken *f/pl.*, Blattern *f/pl.*; ~**švar** *m* (2a) Unfug *m*.
neť *f* (2; *neti!, sonst neteř-*) *s.* neteř.
ne|tajený unverhüllt, *fig.* offen; ~**taktní** taktlos; ~**tečný** gleichgültig; ~**tělesný** unkörperlich.
neteř *f* (3) Nichte *f*.
netěsný undicht; *Mar.* leck.
netknut|ost *f* (4) Unversehrtheit *f*; ~**ý** unversehrt; *Tech.* intakt.
netoliko nicht nur.
netopýr *m* (1; *1 Pl. -ři*) Fledermaus *f*.
netrhnout se F (-*hl*) ununterbrochen in Bewegung sein.

netrpělivost 234

netrpěliv|ost f (4) Ungeduld f; ~ý ungeduldig.
ne|třeba (es ist) nicht nötig; ~třesk m (2b) Bot. Hauswurz f. ~tříděný unsortiert; ~tříštivý Glas: unzerbrechlich, splittersicher; ~tušený ungeahnt; ~tvárný unförmig.
netvor m (1; 1 Pl. -ří/-rové) Ungeheuer m; ~ný ungeheuer(lich).
ne|týkavka f (1c; -vek) Springkraut n; ~úcta f (1), ~úctivost f (4) Respektlosigkeit f; ~úctivý respektlos.
neúčast f (4), ~enství n (3) Nichtbeteiligung f; Fernbleiben n; Med. Teilnahmslosigkeit f; ~ný Blick: teilnahmslos; Mensch: unbeteiligt.
ne|účelný unzweckmäßig; ~účinný unwirksam; ~udržitelný unhaltbar; ~uhasitelný unlöschbar; Durst: unstillbar; ~úhledný unansehnlich; ~úhonný unbescholten; ~uhrazený Hdl. ungedeckt; ~úchylný unverrückbar, unentwegt; ~ukojitelný, ~úkojný unstillbar; ~ukrotitelný un(be)zähmbar; ~umělkovaný ungekünstelt; ~umělý ungeübt; ~úměrný unverhältnismäßig.
neúmor|nost f (4) Rastlosigkeit f; (Natur) Unverwüstlichkeit f; ~ný rastlos; unverwüstlich.
ne|úmyslný unabsichtlich; ~úplatný unbestechlich; ~úplný unvollständig; ~upotřebitelný unbrauchbar; ~upravený ungeregelt, unordentlich; ~úpravný ungefällig, nicht ansprechend; ~úprositelný, ~úprosný unerbittlich, unnachsichtig.
neupřím|nost f (4) Unaufrichtigkeit f; ~ný unaufrichtig.
neurčit|elný unbestimmbar; ~ost f (4) Unbestimmtheit f; ~ý unbestimmt; -tý tvar Gr. Infinitiv m.
neúrod|a f (1) Mißernte f; ~ný unfruchtbar.
ne|urvalý rabiat; ~uskutečnitelný undurchführbar; ~úslužný ungefällig.
neúspě|ch m (2b) Mißerfolg m; ~šnost f (4) Erfolglosigkeit f; ~šný erfolglos.
neuspokoj|ený unbefriedigt; ~ivý unbefriedigend.
ne|ustálý ununterbrochen, ständig; ~ústavní verfassungswidrig; ~ústrojný unorganisch; Chem. anorganisch; ~ústupný unnachgiebig,

big; ~utěšený unerfreulich; ~útočení n (3) Nichtangreifen n; pakt o ~ Nichtangriffspakt m.
neutr|ál m (1; -ové) Neutrale(r) m; ~alita f (1) Neutralität f; ~ální neutral.
neuvědoměl|ost f (4) Unbewußtheit f; Pol. Mangel m an Bewußtsein; ~ý unbewußt.
neuvěřitelný unglaublich.
neuzna|lost f (4) Mangel m an Einsicht; Undankbarkeit f; ~lý einsichtslos; undankbar; ~ný nicht anerkannt; verkannt.
neuži|lý F karg, knauserig; ~tečný unnütz, nutzlos.
ne|užívaný unbenutzt; ungebräuchlich; ~vábný wenig verlockend; ~vadnoucí fig. unvergänglich; ~valný karg, unbedeutend; nicht besonders.
nevázan|ost f (4) Zügellosigkeit f; Ausgelassenheit f; ~ý zügellos, ungebunden; Kinder: ausgelassen.
nevážn|ost f (4) Mißachtung f, Geringschätzung f; ~ý geringschätzig.
nevčas ungelegen, zur unrechten Zeit; ~ný ungünstig; fig. unrecht.
nevdaná Mädchen: unverheiratet.
nevděčn|ice f (2a) Undankbare f; ~ík m (1a) Undankbare(r) m; ~ost f (4) Undankbarkeit f; ~ý undankbar.
nevděk m (2b) Undank m.
nevědom|ec m (3; -mc-) Unwissende(r) m, Ignorant m; ~ky Adv. unbewußt, unwissentlich; ~ost f (4) Unwissenheit f; ~ý unwissend; unbewußt.
nevel(i)ký nicht groß, ziemlich klein.
nevěr|a f (1d) Unglaube f, Untreue f; ~ec m (3; -rc-) Ungläubige(r) m; ~nice f (2a) Un(ge)treue f; ~ník m (1a) Un(ge)treue m; ~nost f (4) Untreue f; ~ný un(ge)treu, treulos; ~ohodnost f (4) Unglaubwürdigkeit f; ~ohodný unglaubwürdig.
ne|věřící hist. ungläubig; Su. m (Adj. 4) Ungläubige(r) m; ~veselý freudlos; unerfreulich.
nevěst|a f (1) Braut f; ~inec m (4; -nc-) Freudenhaus n; ~ka f (1c; -tek) Dirne f.
nevhod Adv. ungelegen, zur unrechten Zeit; ~ný ungelegen; unschicklich, unangebracht.

nevíd|áno! unerhört!; was liegt daran!; **~aný** nie dagewesen, einzig dastehend.

nevid|ět nicht sehen; *co* ~ in Kürze, jeden Augenblick; **~itelný** unsichtbar; **~omost** *f* (4) Blindheit *f*; ~ *barev* Farbenblindheit; **~omý** blind.

nevi|na *f* (1) Unschuld *f*; **~ňátko** *n* (1*b*; *-tek*) unschuldiges Kind *n*, *fig.* Unschuld *f*; **~nnost** *f* (4) Unschuld *f*; **~nný** unschuldig; **~ňoučký** F ganz unschuldig.

ne|víra *f* (1*d*) Unglaube *m*; **~vkusný** geschmacklos; **~vlastní** Stief-; uneigen(tlich); **~vlídný** unfreundlich; **~vměšování** *n* (3) Nichteinmischung *f*; **~vnímavý** unempfänglich; **~vod** *m* (2a) Schleppnetz *n*; **~vodič** *m* (4) *El.* Nichtleiter *m*; **~vojenský** unmilitärisch.

nevol|e *f* (2) Unwille *m*; **~ky** *Adv.* unwillkürlich; **~nice** *f* (2a) Leibeigene *f*; **~nický** leibeigen, hörig; **~nictví** *n* (3) Leibeigenschaft *f*; **~ník** *m* (1a) Leibeigene(r) *m*; **~no** *Adv.* unwohl; **~nost** *f* (4) Unfreiheit *f*; Unbehagen *n*; **~ný** unfrei; leibeigen.

ne|vonný geruchlos; **~vratný** nicht umkehrbar.

nevraž|it (*na* k-o) hassen (*A*); **~ivost** *f* (4) Gehässigkeit *f*; **~ivý** gehässig.

nevrl|ec F *m* (3; *-lc-*) Griesgram *m*, F Miesepeter *m*; **~ost** *f* (4) Mißmut *m*, Verdrießlichkeit *f*; **~ý** mürrisch.

ne|všední nicht alltäglich, außergewöhnlich; **~všímavý** unachtsam, teilnahmslos; **~vůle** *s.* nevole; **~výbojný** friedfertig; **~výbuchlý**, **-lá** *střela* Blindgänger *m*; **~výbušný** explosionssicher, nicht explosiv; **~vycepovaný** flegelhaft; **~vyclený** unverzollt; **~vycválaný** ungezogen; **~vycvičený** ungeübt; *Mil.* unausgebildet; **~vyčerpatelný** unerschöpflich; **~vydělaný** roh, ungegerbt; **~výdělečný** unentgeltlich; nicht gewerbsmäßig; **~vyhladitelný** unauslöschbar; *Jur.* untilgbar; unausrottbar; **~vyhnutelný** unvermeidlich.

nevýhod|a *f* (1) Nachteil *m*; **~nost** *f* (4) Unvorteilhaftigkeit *f*; **~ný** unvorteilhaft, nachteilig.

nevy|hojitelný, **~léčitelný** unheilbar; **~líčitelný** unbeschreiblich; **~máchaný** *s. huba*; **~placený** nicht gezahlt; unbezahlt; *Brief*: unfrankiert; **~plnitelný** unerfüllbar; **~počitatelný** unberechenbar; **~pověditelný** unkündbar; **~psatelný** unbeschreiblich.

nevýrazný ausdruckslos.

nevyrovna|ný unausgeglichen; **~telný** unvergleichlich.

nevy|řešený ungelöst, offen (*fig.*); **~slovitelný**, **~výslovný** unaussprechlich, *fig.* namenlos; **~soký** nicht hoch, niedrig; **~spalý** unausgeschlafen, übernächtig; **~spělý** unreif; **~stižitelný** unergründlich, unbegreiflich.

nevýstižný unzutreffend.

nevysvětl|ený unaufgeklärt; **~itelný** unerklärlich.

nevy|užitý ungenutzt; **~vinutý** un(ter)entwickelt; **~vratitelný**, **nevývratný** unwiderlegbar; **~zpytatelný** unerforschlich; **~žádaný** unverlangt (eingesandt), unerbeten.

nevzdělan|ec *m* (3; *-nc-*) Ungebildete(r) *m*; **~ost** *f* (4) Mangel *m* an Bildung; **~ý** ungebildet.

nevzhledný unansehnlich.

neza|bavitelný unpfändbar; **~datelný** unveräußerlich; **~držitelný** unaufhaltsam; **~hladitelný** unauslöschlich; **~chová(vá)ní** *n* (3) Nichteinhaltung *f* e-r Frist; Nichtbefolgung *f*.

nezájem *m* (2a; *-jm-*) Interesselosigkeit *f*, Mangel *m* an Interesse.

nezákon|itý, **~ný** ungesetzlich, *Jur.* gesetzwidrig.

nezaložený *Hdl.* ungedeckt, schwebend.

nezaměstnan|ost *f* (4) Arbeitslosigkeit *f*; **~ý** arbeitslos, erwerbslos.

nezámožný unbemittelt.

neza|opatřený unversorgt; **~placený** unbezahlt; *Hdl.* unbeglichen, ausständig; **~pomenutelný** unvergeßlich; **~ručený** unverbürgt; **~sloužený** unverdient; **~svěcený** uneingeweiht; **~tížený** unbelastet; **~ujatý** unvoreingenommen.

nezá|vadný anstandslos, unbeanstandet, einwandfrei; **~vazný** unverbindlich; **~važný** unwesentlich, unerheblich, belanglos.

nezaviněný unverschuldet.

nezávisl|ost *f* (4) Unabhängigkeit *f*; **~ý** unabhängig.

nezáživný unverdaulich.

nezbadatelný unerforschlich.

nezbeda

nezbed|a F *m* (5) ausgelassener Junge *m*; ~**nice** *f* (2a) ausgelassenes Mädchen *n*; ~**ník** F *m* (1a) s. *nezbeda*; ~**ný** ausgelassen.
nezběhlý unerfahren.
nezbyt|í *n* (3) Not(wendigkeit) *f*; ~**nost** *f* (4) Unerläßlichkeit *f*; ~**ný** unabwendbar, unvermeidlich.
nezcizitelný unveräußerlich.
nezdar *m* (2a) Mißerfolg *m*; ~**a** F *m* (5) *od. f* (1d) Tunichtgut *m*; Sorgenkind *n*.
nezdárný ungeraten.
nezdař|ený, ~**ilý** mißlungen; ~**it se** *pf.* mißlingen, fehlschlagen.
nezdol|nost *f* (4) Unbeugsamkeit *f*, Unbesiegbarkeit *f*; ~**ný** unbeugsam, unüberwindlich.
ne|zdravý ungesund, gesundheitsschädlich; ~**zdůvodněný** unbegründet.
nezdvoř|ácký unhöflich, grob; ~**ilý** unhöflich.
ne|zhojitelný unheilbar; ~**zištný** uneigennützig; ~**zkalený** ungetrübt; ~**zkrácený** ungekürzt; ~**zkrocený** ungezähmt; ~**zkrotný** un(be)zähmbar, unbezwinglich; ~**zkušený** unerfahren.
nezletil|ost *f* (4) Minderjährigkeit *f*; ~**ý** minderjährig.
nezlomný unzerbrechlich, *fig.* unverbrüchlich.
nezma|r *m* (1a; *1 Pl. -rové-ři*), ~**ra** P *m* (5) unverwüstlicher Mensch *m*; *Zo.* Polyp *m*; ~**řitelný** unverwüstlich.
nezměnitelný unveränderlich.
nezna|lost *f* (4) Unkenntnis *f*, Unwissenheit *f*; ~**lý** (*č-o*) unkundig (*G*), nicht vertraut (mit *D*).
neznám|o¹ *Adv.* unbekannt; ~**o²** *n* (1) Unbekannte *n*; *jízda do -ma* Fahrt *f* ins Blaue; ~**ý** unbekannt.
ne|znatelný unkenntlich, unmerklich; ~**znělý** *Gr.* stimmlos; ~**zničitelný** unzerstörbar, *fig.* unverwüstlich; ~**zodpovědný** unverantwortlich; ~**zoraný** ungepflügt.
nezpůsob *m* (2a) Unart *f*; ~**ilost** *f* (4) Unfähigkeit *f*, Nichteignung *f*; ~**ilý** unartig.
nezral|ost *f* (4) Unreife *f*; ~**ý** unreif.
ne|zranitelný unverwundbar; ~**zručný** ungeschickt; ~**zrušitelný** unauflöslich; ~**zřídka** *Adv.* nicht selten, des öfteren; ~**zřízený** ungeregelt, ungeordnet; ~**ztenčený** unvermindert; *Jur.* ungeschmälert; ~**zúčastněný** unbeteiligt; *Pol.* bündnisfrei; ~**zúročitelný** unverzinsbar; ~**zužitkovaný** un(aus)genutzt; ~**zvaný** ungeladen, ungebeten; ~**zvedený** ungezogen, ungeraten; ~**zvěstný** verschollen; ~**zviklaný** unerschüttert; ~**zvratný** unwiderlegbar; ~**zvučný** *Gr.* tonlos; ~**zvyklý** ungewohnt.
než(li) als (*a. bei Komp.*); (*dřív*) ~ bevor, ehe.
ne|žádoucí unerwünscht; ~**ženatý** *Mann:* unverheiratet.
nežit *m* (2a) Geschwür *n*, Furunkel *m*.
neživ|otný *Gr.* unbelebt; ~**ý** leblos, lebensfremd.
něžn|ost *f* (4) Zärtlichkeit *f*; ~**ý** zart; zärtlich.
ni weder; s. *ani.*
nic (2. *ničeho*; s. *Anh.*) nichts; *pro ~ za ~* um nichts und wieder nichts.
nicka F *f* (1c; *-cek*) Null *f*, F Niete *f*.
nicméně nichtsdestoweniger, immerhin.
nicot|a *f* (1), ~**nost** *f* (4) Nichtigkeit *f*; *Phil.* Nichts *n*; ~**ný** nichtig, wertlos.
ničem|a *m* (5) Taugenichts *m*, Nichtsnutz *m*; ~**nice** *f* (2a) nichtsnutziges Weib *n*; ~**ník** *m* (1a) s. *ničema*; ~**nost** *f* (4) Niedertracht *f*; ~**ný** niederträchtig, nichtsnutzig.
ničení *n* (3) Massenvernichtung *f*; *hromadné ~* Massenvernichtung.
ničí niemandes, niemandem gehörig.
niči|t ⟨*z-*⟩ vernichten, verwüsten; ~**tel** *m* (3; *-é*) Vernichter *m*, Vertilger *m*; ~**vost** *f* (4) Zerstörungswut *f*; Zerstörungskraft *f*; ~**vý** zerstörend, verheerend.
nihilista *m* (5a) Nihilist *m*.
ni|jak keineswegs, in keiner Weise; ~**jaký** keinerlei; ~**kam** nirgendshin; ~**kde** nirgends; ~**kdo** niemand; ~**kdy** nie(mals).
nikl *m* (2a) Nickel *n*; ~**ovaný** vernickelt; ~**ovat** ⟨*po-*⟩ (-*luji*) vernickeln; ~**ový** Nickel-.
ni|koli(v) keineswegs, keinesfalls; ~**kterak** *Adv.* keinesfalls, gar nicht; ~**kudy** auf keinem Weg, auf keine Weise.
nimr|a F *m* (5) *od. f* (1d), ~**al** F *m* (1; *-ové*), ~**alka** F *f* (1c; *-lek*) langsamer Mensch *m*; ~**at se** F ⟨*po-*⟩

trödeln (*s čím mit*); (*herum*)wühlen (*v čem in D*); *im Essen herumstochern*; ~avý langweilig, trödelig.
Nisa *f* (*1a*) Neiße *f*.
nístěj *f* (*3*) Feuerstätte *f*; *Tech.* Rost *m*; ~**ka** *f* (*1c*; *-jek*) Herdplatte *f*; ~**ní** *Tech.* Herd-.
nit *f* (*4c*; *2. -i/-ě*) Faden *m*; Zwirn *m*.
niťárna *f* (*1*; *-ren*) Zwirnerei *f*.
nitěný Zwirn-.
niterný innerlich.
nitk|a *f* (*1c*; *-tek*) dünner Faden *m*, F Fädchen *n*; ~**ovitý** fadenähnlich; ~**ový** Faden-.
nitro *n* (*1b*; *-ter*) Innere(s) *n*; ~**barvivo** *n* (*1*) Nitrofarbstoff *m*; ~**zemí** *n* (*3*) Binnenland *n*; ~**zemský** Binnen-.
niva *f* (*1*) Flur *f*, Au *f*; *-vy pl. lit.* Gefilde *n/pl.*
niveč *s.* **vniveč**.
nivel|ace [nɪ-] *f* (*2*) Nivellierung *f*; ~**ační** Nivellier-; ~**ovat** (*im*)*pf.* (*-luji*) nivellieren.
nivó *n* (*indekl.*) Niveau *n*.
nízko *Adv.* niedrig; ~**frekvenční** *El.* Niederfrequenz-; ~**kmenný** *Agr.* niederstämmig; ~**st** *f* (*4*) Niedrigkeit *f*; Niedertracht *f*; ~**tepelný** Tieftemperatur-; ~**tlaký** *Tech.* Niederdruck-.
nízký (*Komp.* nižší; *Adv.* nízko, -ce, *Komp.* níž[e]) niedrig, nieder.
nizou|cký, ~nký (*Adv.* -ko) sehr niedrig, F ganz niedrig.
Nizozem|ec *m* (*3*; *-mc-*), ~**ka** *f* (*1c*; *-mek*) Niederländer(in *f*) *m*; ~**í** *n* (*3*), ~**sko** *n* (*1b*) Niederlande *n/pl.*; 2**ský** niederländisch; 2**ština** *f* (*1*) Niederländische(n) *n*.
nižádný gar kein.
níž(e) *Adv.* niedriger, tiefer; *s.* **nízký**.
níže *f* (*2*) (*Wetter-*)Tief *n*; ~**uvedený** unten angeführt.
níží|na *f* (*1*) Tiefebene *f*, Niederung *f*; ~**t** (*po-, s-*) (*-žen*) niedriger machen, senken; ~ **se** niedriger werden, sich senken.
nižší nieder(e); niedriger(e), Nieder-; *s.* **nízký**.
no! aber!, nun!, F na!
Nobelova cena Nobelpreis *m*.
nóbl F (*indekl.*) vornehm, nobel.
noc *f* (*4b*) Nacht *f*; ~ **co** ~ Nacht für Nacht; *ve dne v -ci* Tag und Nacht; *dobrou ~!* gute Nacht!; ~**leh** *m* (*2b*) Nachtlager *n*, Herberge *f*, F Bleibe *f*; ~**lehárna** *f* (*1*; *-ren*) Herberge *f*,

Hospiz *n*; ~**lehovat** ⟨*po-*⟩ (*-huji*) übernachten; (*Kranken-*)Nachtwache halten; ~**ležné** *n* (*Adj. 3*) Übernachtungsgeld *n*; ~**ležník** *m* (*1a*) Übernachtungsgast *m*; ~**ovat** ⟨*pře-*⟩ (*-cuji*) übernachten, nächtigen.
noční Nacht-, nächtlich; ~**k** *m* (*2b*) Nachtgeschirr *n*. [*m.*\]
noh *m* (*1a*; *1 Pl. -ové*) *Myth.* Greif]
noh|a *f* (*1b*; *2 Pl. a. -ou, 7 Pl. -ama*) Fuß *m*; (*u stolu* Tisch-) Bein *n*; F *vzít -hy na ramena* die Beine in die Hand nehmen; ~**atý** langbeinig; ~**avice** *f* (*2a*) Hosenbein *n*; ~**sled** *m* (*1*) Jünger *m*, Anhänger *m*.
nok *m* (*2b*) *Kochk.* Nocke *f*, *öst.* Nockerl *n*.
nomád *m* (*1*) Nomade *m*.
Nor *m* (*1*; *-ové*), ~**ka** *f* (*1c*; *-rek*) Norweger(in *f*) *m*.
nora *f* (*1d*) Erdloch *n*, Höhle *f*; (*Tier-*)Bau *m*.
nordický [-dɪ-] nordisch.
norek *m* (*1a*; *-rk-*) Nerz *m*.
norimberský Nürnberger (*Adj.*).
norkový Nerz-.
norma *f* (*1*; *-rem*) Norm *f*; Arbeitssoll *n*; ~**lizace** *f* (*2*) Normalisierung *n*; ~**lizovat** (*im*)*pf.* ⟨*z-*⟩ (*-zuji*) normalisieren.
normál|ní normal; ~**nost** *f* (*4*) Normalität *f*.
norm|ativ [-tɪːf] *m* (*2a*) Richtwert *m*, Richtsatz *m*; ~**ovat** (*im*)*pf.* ⟨*z-*⟩ (*-muji*) normen, e-e Norm aufstellen; ~**ový** Norm-.
Nor|sko *n* (*1b*) Norwegen *n*; 2**ský** norwegisch; 2**ština** *f* (*1*) Norwegisch *n*.
nořit ⟨*po-, v-, za-*⟩ (*-řen*) tauchen; ~ **se** *fig.* sich vertiefen.
nos *m* (*2*; *6. -e/-u*) Nase *f*; ~**ák** *m* (*2b*) Spitzhacke *f*; ~**ík** *m* (*2b*) Näschen *n*; ~**atec** *m* (*3*; *-tc-*) Rüsselkäfer *m*; ~**atý** mit e-r großen Nase; ~**ec** *m* (*4*; *-sc-*) Vorderteil *m*, F Nase *f*.
nosič *m* (*3*), ~**ka** *f* (*1c*; *-ček*) Träger (-in *f*) *m*; ~ *zavazadel* Gepäckträger *m*; *öst.* (*Person a.*) Dienstmann *m*.
nosit *iter.* (*-šen*) tragen; bringen; *s.* **nést**; ~**el** *m* (*3*; *-é*) *fig.* Träger *m*.
nosítka *n/pl.* (*1*; *-tek*; *6 Pl. -tkách*) Trage *f*; (*Toten-*)Bahre *f*; Sänfte *f*; ~ *na jídlo* Servierbrett *n*.
nosní Nasen-.
nos|ník *m* (*2b*) Träger *m*, Trag-

nosnost 238

balken m; ~nost f (4) Tragfähigkeit f; ~ný Trag-; Agr. Lege- (Henne).
noso|hltan m (2a) Anat. Nasenrachenraum m; ~rožec m (3; -žc-) Nashorn n; ~vka f (1c; -vek) Gr. Nasal(laut) m; ~vý Nasal-.
nošení n (3) Tragen m.
nota f (1) Mus. Note f.
nóta f (1) Pol. Note f; výměna politických nót Notenaustausch m.
notář m (3) Notar m; ~ský (Adv. -y) Notariats-; notariell; ~ství n (3) Notariat n.
not|es m (2; 6. -u/-e) Notizbuch n; ~ace f (2) Notierung f; ~icka [-tɪ-] f (1c; -cek) Notiz f, Anmerkung f; ~ný F tüchtig, ordentlich; ~ovat si ⟨za-⟩ (-tuji) notieren; F ~ si s kým j-m nach dem Mund reden; ~ový Noten-.
ňouma dial. m (5) Tölpel m.
nouz|e f (2) Not f; ~ový Not-; Notstands-.
nov m (2; 6. -u/-ě) Neumond m.
nová|ček m (1; -čk-, -ové) Neuling m; Mil. Rekrut m.
novátor m (1; 1 Pl. -ři) Neuerer m; ~ství n (3) Neuererbewegung f.
novel|a f (1a) Novelle f; ~ista f (5a) Novellist m; ~istický [-tɪ-] novellenartig.
novic m (3) Novize m; ~ka f (1c; -cek) Novizin f; ~iát m (2; 6. -u/-ě) Noviziat n.
novin|a f (1) Neuigkeit f; Agr. Neuland n; ~s noviny; ~ář m (3) Journalist m; ~ářský Zeitungs-; ~ářství n (3) Journalistik f, Zeitungswesen n; ~ka f (1c; -nek) Neuheit f; ~ový Zeitungs-; ~y f/pl. (1) Zeitung f.
novo|- neu-; ~dobý neuzeitlich; ~křtěnec m (3; -nc-) Wiedertäufer m; ~luní n (3) Neumond m; ~manželé m (1; -é/-ové) Neuvermählte(n) pl.; ~módní neumodisch; ~pečený F frischgebacken; ~ročenka f (1c; -nek) Neujahrskarte f; ~roční (Adj. 3) Neujahrsgratifikation f; ~roční Neujahrs-; ~rozeňátko n (1b; -tek), ~rozené n (4a) Neugeborene(s) n; ~rozený neugeboren; ~řecký neugriechisch.
novost f (4) Neuheit f.
novo|stavba f (1; -veb) Neubau m; ~ta f (1) Neuerung f; ~tář m (3) Neuerer m; ~tářský neuerungssüchtig; ~tářství n (3) Neuerungssucht f; ~tvar m (2a) Neubildung f; ~usídlenec m (3; -nc-) Neusiedler m; ~věk m (2b) Neuzeit f; ~věký neuzeitlich; ~věrec m (3; -rce-) Neubekehrte(r) m; ~zákonní Rel. neutestamentlich.
nový neu; ~ měsíc Neumond m; ♀ rok Neujahr n; -vá úprava Neuregelung f; -vě koupená věc Neuanschaffung f.
nozdra f (1d; -der) Nasenloch n; Zo. Nüster f.
nožička f (1c; -ček) Beinchen n, Füßchen n; Kochk. Fuß m.
noží|ček m (2b; -čk-), ~k m (2b) kleines Messer n, F Messerchen n; ~ř m (3) Messerschmied m.
nož|ka f (1c; -žek) Füßchen n; Bot. Stiel m; ~ní Fuß-.
nožový Messer-.
nu! nun!
nuanc|e [nɪans-] f (2) Nuance f; ~ovat (im)pf. (-cuji) nuancieren.
nucen|í n (3) Zwang m, Drang m; ~ost f (4) Gezwungenheit f, Unnatürlichkeit f; ~ý gezwungen, Zwangs-.
nud|a f (1) Lang(e)weile f; ~it ⟨z-⟩ (-děn) langweilen (se sich).
nudl|e f (2) Nudel f; ~ový Nudel-.
nud|nost f (4) Langweiligkeit f; ~ný langweilig.
ňuhňat s. huhňat.
nukleární Nuklear-, Kern-.
nul|a f (1a) Null f; ~átko n (1b; -tek) Nullenzirkel m; ~ový Null-; ~tý Geogr. Null-.
ňuma dial. f (5) Tölpel m.
ňůsek m (2b; -sk-) F Näschen n.
nůš|e f (2), ~ka f (1c; -šek) Tragkorb m.
nut|it ⟨do-, při-⟩ (-cen), ~kat zwingen, nötigen; ~kání n (3) Zwang m; ~kavý zwingend, dringend; ~no Adv. notwendig; je ~ man muß; ~nost f (4) Notwendigkeit f; ~ný notwendig, dringlich.
nuzá|cký armselig, elend; ~ctví n (3) Elend n; ~k m (1a) armer Mensch m, F armer Teufel m.
nuz|nost f (4) Dürftigkeit f; ~ný dürftig, armselig, elend; ~ota f (1) Notstand m, Armut f; koll. arme Leute pl.; ~ovat se F ⟨na-⟩ (-zuji) darben.
nůž m (4; nož-) Messer n.
nuže! Int. wohlan!, nun!

nůž|ky *f/pl.* *(2; -žek)* Schere *f*;
~tičky *f/pl.* *(2; -ček)* kleine Schere *f*.
nýbrž sondern.
nyjící schmachtend.
nylon [naj-] *m (2a)* Nylon *n*; **~ka** F *f (1c; -nek)* Nylonstrumpf *m*; **~ový** Nylon-.
nymfa *f (1)* Nymphe *f*.
nynat *Kdspr.* schlafen.
nynčko *Adv.* eben jetzt.

nynějš|ek *m (2b; -šk-; 2. -a)* jetzige Zeit *f*, Gegenwart *f*, Heute *n*; *od -ška* von heute an, von jetzt ab; *do -ška* bis jetzt, bis heute; **~í** jetzig, gegenwärtig.
nýt¹ *m (2; 6. -u/-ě)*, **~ek** *m (2b; -tk-)* *Dim.* Niete *f*, Stift *m*.
nýt² *(1. nyji, nyl)* schmachten.
nytí *n (3)* Schmachten *n*.
nýtovat ⟨s-⟩ *(-tuji)* nieten.
nyvý schmachtend.

O

o *Prp.* (*mit 4. od. 6. Fall*) um (*A*); an (*A*, *D*); gegen (*A*); von, über (*D*); *volat ~ pomoc* um Hilfe rufen; *oč běží?* worum handelt es sich?; *~ metr větší* (um) e-n Meter größer; *opírat se ~ hůl* sich auf e-n Stock stützen; *loď se rozbila ~ skálu* das Schiff zerschellte an e-m Felsen; *tlouci ~ zeď* gegen die Mauer schlagen; *mluvit ~ čem* von (= über) et. sprechen; *~ vánocích* zu Weihnachten; *~ prázdninách* in den Ferien; *~ holi* am Stock gehen; *s. zajímat se.*

oáza *f* (1a) Oase *f*.

ob *Prp.* (*mit 4. Fall*) um, jede(r) zweite; *~ dům* jedes zweite Haus; ein Haus weiter.

oba *m*, **obě** *f*, *n* (*s. Anh.*) beide; *~ dva* alle beide; *po obou stranách* zu beiden Seiten.

obahnit se *pf. Zo. Agr.* lammen.

obal *m* (2; 6. -u/-e) Hülle *f*, Umschlag *m*; *Hdl.* Verpackung *f*; *bez ~u* unverpackt; *fig. mluvit bez ~u* offen sprechen, kein Blatt vor den Mund nehmen.

obalamutit *pf.* (-*cen*) betrügen, F anschmieren.

obal|eč *m* (3) *Zo.* Wickler *m*; *~ený* eingehüllt; *~it* *pf.*, *~ovat* ⟨*za*-⟩ (-*luji*) (ein)hüllen, einwickeln (*čím* in *A*); *~ovaný Kochk.* paniert.

obálka *f* (1c; -*lek*) Briefumschlag *m*, *křížová ~* Kreuzband *n*.

obal|né *n* (*Adj.* 3) Verpackungskosten *pl.*; *~ovací* Pack-, Verpackungs-.

obapol|nost *f* (4) Gegenseitigkeit *f*; *~ný lit.* gegenseitig; *~ně* *Adv. a.* einander.

obarv|it *pf.*, *~ovat* (-*vuji*) färben.

obava *f* (1) Furcht *f*, Befürchtung *f*; Besorgnis *f*, Bedenken *n*.

obáv|aný gefürchtet; *~at se v/t* befürchten (*A*), sich fürchten (vor *D*).

obcov|ací Umgangs-; *~ání* *n* (3) Umgang *m*, Verkehr *m*; *~at* (-*cuji*) (*s kým*) Umgang pflegen, verkehren (mit *D*); (*č-u*) beiwohnen (*D*).

občan *m* (1; -*é*), *~ka* *f* (1c; -*nek*) (Staats-)Bürger(in *f*) *m*; *~ský* Bürger-, bürgerlich; Zivil-; *~ství* *n* (3): *státní ~* Staatsbürgerschaft *f*; *~stvo* *n* (1; -*stev*) *koll.* Bürgerschaft *f*, Bürger *m*/*pl.*

občas zeitweise, von Zeit zu Zeit; *~nost* *f* (4) regelmäßige Wiederkehr *f*, Periodizität *f*; *~ný* zeitweilig, periodisch.

občerstv|ení *n* (3) Erfrischung *f*; *~it* *pf.*, *~ovat* (-*vuji*) erfrischen; *~ující* erfrischend, Erfrischungs-.

občina *f* (1) Gemeindeland *n*.

občísl *n* (3) periodischer Dezimalbruch *m*.

obda|rovat (-*ruji*), *~řit* *pf.* beschenken.

obděl|(áv)at *Boden* bestellen, bebauen.

obdélník *m* (2b) Rechteck *n*; *~ový* rechteckig.

obdélný länglich.

obdiv *m* (2a) Bewunderung *f*; *~ovat* (-*vuji*) (*co*), *~ovat se* (*k-u*, *č-u*) bewundern (*A*); *~ovatel* *m* (1; -*é*) Bewunderer *m*; *~uhodný* bewundernswert, erstaunlich.

obdo|ba *f* (1) Analogie *f*; *~bí* *n* (3) Zeit(abschnitt *m*) *f*, Periode *f*; *roční ~* Jahreszeit *f*; *zimní ~* Wintersaison *f*; *~bný* analog, sinngemäß.

obdrž|ecí Empfangs-; *~ení* *n* (3) Empfang *m*; *~et* *pf.* erhalten, bekommen, F kriegen.

obduk|ce *f* (2) Obduktion *f*; *~ční* Obduktions-.

obě beides.

obě *s.* oba.

obec *f* (3; -*bc*-) Gemeinde *f*; *~enstvo* *n* (1; 2 *Pl.* -*stev*) Publikum *n*; *~ní* Gemeinde-, Kommunal-; *~nost* *f* (4) Allgemeinheit *f*; *~ný* allgemein.

oběd *m* (2; 2. -*a*) Mittagessen *n*.

obedn|ění *n* (3) Holzverschlag *m*; *~it* *pf.* verschalen.

oběh *m* (2b) Kreislauf *m*; (Geld-)Umlauf *m*; (Wechsel-)Laufzeit *f*; *doba ~u* Umlaufzeit *f*; *~(áv)at* ablaufen (*A*).

obehn|aný umzäunt, eingezäunt; *~at* *pf.* (*obženu*) umgeben, umzäunen.

oběhnout *pf. v/t* herumlaufen (um *A*).
obehrá(va)t (*pf. s. hrát*) *v/t j-m* alles abgewinnen, im Spiel abnehmen.
obejda *m* (5) *verä.* Strolch *m*.
obe|jít *pf.* (*s. jít*) *v/t* herumgehen (um *A*); umgehen (*A*); abschreiten (*A*); vorsprechen (bei *D*); *Grauen: j-n* überkommen; ~ se *bez* č-o entbehren (*A*), auskommen (ohne *A*); F ~ si (co) erwirken, erreichen; *vgl. obcházet*; **~jmout** *pf.* (*s. jmout*) umarmen; **~lh(áv)at** (*pf. s. lhát*) belügen, anlügen.
obelstěný überlistet, hintergangen; **~ít** *pf.* überlisten, hintergehen.
obemknout *pf.* (*-kl; -knut*) umschließen, umfassen.
obepl|out *pf.* (*-pluji*) umsegeln; **~utí** *n* (3) Umsegelung *f*.
obepnout *pf.* (*-pjal*) umklammern.
obes|lání *n* (3) Vorladung *f*; **~laný** vorgeladen; **~lat** *pf.* (*-šlu*), **~ílat** vorladen.
oběsit *pf.* (*-šen*) (auf)hängen; ~ se sich erhängen.
oběšen|ec *m* (3; *-nc-*) Erhängte(r) *m*; Gehenkte(r) *m*; **~í** *n* (3) Erhängen *n*.
oběť *f* (4 *od.* 4a; *-ti*, 7 *Pl. -tmi*) Opfer *n*.
obět|avost *f* (4) Opferwilligkeit *f*, Aufopferung *f*; **~ina** *f* (1) Opfergabe *f*; **~iště** *n* (2a) Opferstätte *f*; **~ní** Opfer-; **~ování** *n* (3) (Auf-)Opferung *f*; *Rel.* Offertorium *n*; **~ovat** (*im*)*pf.* (*-tuji*) (auf)opfern.
obezdít *pf.* (*s. zdít*) ummauern.
obezlička *f* (1c; *-ček*) Verantwortungslosigkeit *f*.
obezn|alý (v čem) bewandert (in *D*), vertraut (mit *D*); **~ámit** *pf.* (s čím) bekannt (*od.* vertraut) machen (mit *D*); **~ámený** *s.* obeznalý.
obezře|lost *f* (4) Umsicht *f*; **~lý**, **~tný** umsichtig, vorsichtig.
obezřít *pf.* (*-zřel*) besichtigen, besehen; anschauen.
oběž|ivo *n* (1) in Umlauf befindliches Geld *n*; **~nice** *f* (2a) Planet *m*; Satellit *m*; **~ník** *m* (2b) Rundschreiben *n*; **~ný** Umlauf-.
obháj|ce *m* (3) *Jur.* Verteidiger *m*, **~ení** *n* (3) *Jur.* Verteidigung *f*; **~it** *pf.* verteidigen; *Interessen* wahren.
obhaj|oba *f* (1) Verteidigung *f*; **~ovací** Verteidigungs-; **~ovat** (*-juji*) *s. obhájit*; **~ovatelka** *f* (1c; *-lek*) Verteidigerin *f*.

objasnění

ohlédnout *pf. s. ohlédnout.*
obhlíd|at *s. ohlížet*; **~nout** *pf.* (*-dl; -dnut*) besichtigen, sich ansehen; ~ se sich umsehen; **~ka** *f* (1c; *-dek*) Besichtigung *f*; *Mil.* Erkundung *f*.
obhlížet (3 *Pl. -ejí*) *s. obhlédnout.*
obhodit *pf. s. ohodit.*
obhospodař|ování *n* (3) Bewirtschaftung *f*; **~ovat** (*-řuji*) bewirtschaften.
obhroublý derb, grob.
obcház|ení *n* (3) Umgehung *f*; **~et** (3 *Pl. -ejí*) *v/t* umgehen; *Strecke* begehen; *Grauen: j-n* überlaufen; von Haus zu Haus gehen, hausieren.
obchod *m* (2) Handel *m*; Geschäft *n*, Laden *m*, Handlung *f*; **~ní** Handels-, Geschäfts-, kaufmännisch; **~nice** *f* (2a) Geschäftsfrau *f*, Händlerin *f*; **~nický** Kaufmanns-, geschäftsmäßig, Handels-; **~nictvo** *n* (1) Geschäftsleute *pl.*, Geschäftswelt *f*; **~ník** *m* (1a) Kaufmann *m*, Geschäftsmann *m*, Händler *m*; ~ ve *velkém* Großhändler, Grossist *m*; **~ování** *n* (3) Geschäftsgebaren *n*; **~ovat** 〈*za- si*〉 (*-duji*) Handel treiben, handeln; **~vedoucí** *m* (*Adj.* 4) Geschäftsführer *m*.
obchů|dek *m* (2b; *-dk-*) kleines Geschäft, (*Kram-*)Laden *m*; **~zka** *f* (1c; *-zek*) Rundgang *m*, Runde *f*; *Mil.* Streife *f*.
obchvat *m* (2a) *Mil.* Umgehung *f*.
obchvíli *Adv.* von Zeit zu Zeit.
obí|dek F *m* (2b; *-dk-*) kleines (*n*. besonders gutes) Mittagessen *n*; **~hat** herumlaufen; *Gerücht:* umgehen; *Astr.* umkreisen; F ablaufen (*A*); **~jet** *s. obít.*
obilí *n* (3) Getreide *n*; **~čko** F *n* (1b) schönes Getreide *n*.
obilnář|ský Getreideanbau-; **~ství** *n* (3) Getreideanbau *m*.
obil|ní, ~ný Getreide-; **~nice** *f* (2a) (*Getreide-*)Speicher *m*; Kornkammer *f*; **~niny, ~oviny** *f/pl.* (2) Getreide *n*.
obinadlo *n* (1a; *-del*) Binde *f*, Bandage *f*.
obír|ání *n* (3) Abklauben *n*; Beraubung *f*; **~at** 〈*na- se*, *za- se*〉 abklauben; berauben; ~ se (čím) sich befassen (mit *D*).
obít *pf.* (*s. bít*) beschlagen.
objas|nění *n* (3) Erläuterung *f*,

objasnit 242

Klärung *f*; ~nit *pf.* (*-něn*), ~ňovat (*-ňuji*) aufklären; erklären; *Standpunkt* klarmachen.

objedn|ací Bestell-; ~aný bestellt, reserviert; ~(áv)at bestellen; ~ávatel *m* (*3*; *-é*) Besteller *m*; ~ávka *f* (*1c*; *-vek*) Bestellung *f*, Auftrag *m*.

objektiv [-tι:f] *m* (*2a*) Objektiv *n*; ~ita *f* (*1*), ~nost *f* (*4*) Objektivität *f*; ~ní objektiv.

objem *m* (*2a*) Umfang *m*; ~ný umfangreich; sperrig; ~ový Volum(en)-.

objet *pf.* (*-jedu*) (*co, kolem č-o*) umfahren, umreiten, umsegeln (*A*); ~í *n* (*3*) Umarmung *f*; Umseglung *f*.

objev *m* (*2a*) Entdeckung *f*; ~ení *n* (*3*) Entdeckung *f*; Erscheinen *n*, Auftauchen *n*; ~it *pf.*, ~ovat (*-vuji*) entdecken; ~ se erscheinen, zum Vorschein kommen; ~itel *m* (*3*; *1 Pl. -é*) Entdecker *m*; ~itelský, ~ný Entdecker-; *-ká cesta* Entdeckungsreise *f*.

objezdit *pf.* umreiten; *Pferd* zureiten.

objím|at *s. obejmout*; ~ka *f* (*1c*; *-mek*) *Tech.* Hülse *f*; (*Lampen-*) Fassung *f*; ~kový Hülsen-, Muffen-.

objížďět (*3 Pl. -ějí*) *s. objet, objezdit*; ~ďka *f* (*1c*; *-děk*) Runde *f*, Rundfahrt *f*; Umleitung *f* (*Straße*).

obklad *m* (*2a*) *Med.* Umschlag *m*; *Tech.* Verkleidung *f*.

obkládat verkleiden, täfeln; *s. obložit*.

obklíč|ení *n* (*3*) Einschließung *f*; *Mil. a.* Einkesselung *f*; *Pol.* Einkreisung *f*; ~ený eingeschlossen, umzingelt, eingekreist; ~it *pf.* umringen; *Mil.* einschließen, einkesseln; *Pol.* einkreisen; *Haus* umstellen; *Wild* stellen.

obkličova|cí Einkreisungs-; ~t (*-čuji*) *s. obklíčit*.

obklop|it *pf.*, ~ovat (*-puji*) umgeben, umringen.

obkresl|it *pf.*, ~ovat (*-luji*) abzeichnen, kopieren.

obkroč|it *pf.* umschreiten; ~mo *Adv.* mit gespreizten Beinen, rittlings.

oblač|no *n* (*1*) trübes, wolkiges Wetter *n*; *Adv.* bewölkt; ~nost *f* (*4*) Bewölkung *f*; ~ný wolkig, bewölkt.

oblak *m* (*2b*) Wolke *f*.

oblast *f* (*4*) Gebiet *n*, Bereich *m*,

Region *f*; ~ní Gebiets-, Kreis-, Regional-.

obláz|ek *m* (*2b*; *-zk-*) Kieselstein *m*; ~ky *m/pl.* (*2b*) Geröll *n*; ~kový Kiesel-.

oblaž|it *pf.*, ~ovat (*-žuji*) beglücken, glücklich machen; ~ující beglückend.

oblbený V verblödet, (ganz) blöde (*čím vor D*).

obléci *pf.* (*-eku/-eču*; *-ekl*; *-ečen*) v/t anziehen (*k-o do č-o* j-m et.), (an-) kleiden (*se sich*).

oblečen|í *n* (*3*) Anziehen *n*; Kleidung *f*; ~ý gekleidet, angezogen.

obléh|ací Belagerungs-; ~ání *n* (*3*) Belagerung *f*, Blockade *f*; ~at, **oblehnout** *pf.* (*-hl*; *-žen*) belagern.

oblek *m* (*2b*) Anzug *m*.

oblék|árna *f* (*1*; *-ren*) Ankleideraum *m*; ~at *s. obléci*.

ob|lenění *n* (*3*): ~ střev Darmträgheit *f*; ~lepit *pf.*, ~lepovat (*-puji*) bekleben; ~letovat (*-tuji*) umfliegen; *fig.* umschwärmen; ~leva *f* (*1*) Tauwetter *n*.

oblévat umfließen; *fig.* umspülen.

ob|levit *pf.*, ~levovat (*-vuji*) nachlassen; ~lezlý kahl; *Pelz*: abgeschabt; *Hund*: räudig; ~ležení *n* (*3*) Belagerung *f*; *stav* ~ Belagerungszustand *m*.

obliba *f* (*1*) Beliebtheit *f*; Vorliebe *f*, Wohlgefallen *n*.

oblíben|ec *m* (*3*; *-nc-*), ~ka *f* (*1c*; *-nek*) Liebling *m*, Günstling *m*; ~ost *f* (*4*) Beliebtheit *f*; ~ý beliebt.

oblíbit si (*co, k-o*) liebgewinnen (*A*), Gefallen finden an (*D*).

obličej *m* (*4*) Gesicht *n*, Antlitz *n*; Miene *f*; ~ový Gesichts-.

oblig|ace *f* (*2*) Verpflichtung *f*; *Jur.* Schuldverschreibung *f*; ~ační Obligations-; ~átní obligat; ~atorní obligatorisch, pflichtmäßig.

oblíkat *s. obléci*.

oblina *f* (*1*) Rundung *f*; *Geom.* Mantelfläche *f*.

oblít *pf. s. oblévat*.

oblitina *f* (*1*) *Med.* Ausschlag *m*.

obliza *m* (*5*) *iron.* Topflecker *m*; F Schürzenjäger *m*.

obl|ízat *pf.* ~íznout *pf.*, ~izovat *s. olízat*.

obloha *f* (*1b*) Himmelsgewölbe *n*, *poet.* Firmament *n*, Himmelszelt *n*.

oblomit *pf.* (*-en*) biegsam machen,

erweichen; ~ se *fig.* Erfahrung(en) sammeln; ~elný nachgiebig.
oblost *f* (4) Rundung *f*, runde Form *f*.
oblouč|ek *m* (2b; -čk-) kleiner Bogen *m*; ~**nice** *f* (2a) Bogensäge *f*.
obloudit *pf.* (-zen) täuschen, F hinters Licht führen.
oblouk *m* (2b) Bogen *m*; *Geom.* Segment *n*; ~**ovitý** bogenförmig; ~**ovka** *f* (1c; -vek) Bogenlampe *f*; ~**ový** Bogen-.
oblož|ení *n* (3) Verkleidung *f*, Täfelung *f*; ~**ený** verkleidet; *Kochk.* belegt; ~**it** *pf.* verkleiden; belegen.
obluda *f* (1) Ungeheuer *n*; ~**it** *pf. s. obloudit*; ~**ný** *pf.* (4) Ungeheuerlichkeit *f*; ~**ný** ungeheuer(lich), F scheußlich.
obluzovat (-zuji) *s.* obloudit.
oblý rund, Rund-.
obměkč|it *pf.*, ~**ovat** (-čuji) erweichen, weich machen; ~ **se** weich werden.
obmě|na *f* (1) Abänderung *f*, Variante *f*; ~**nit** *pf.*, ~**ňovat** (-ňuji) abändern, variieren.
obmešk|ání *n* (3) *Jur.* Versäumnis *n*; ~**(áv)at** ver(ab)säumen; ~ **se** (lange) aufhalten; sich verspäten.
obmysl *m* (2a) Arglist *f*, Hinterlist *f*; ~**it** *pf.* (-šlen) bedenken, beschenken (*čím* mit *D*); ~**nost** *f* (4) *s. obmysl*; ~**ný** heimtückisch, arglistig.
obmýšl|ený beabsichtigt; ~**et** (*3 Pl. -ejí*) beabsichtigen, F im Schilde führen.
obnaž|ený entblößt; ~**it** *pf.*, ~**ovat** (-žuji) entblößen.
obno|s *m* (2; 6. -u/-e) Betrag *m*; ~**sit** *pf.* (-šen) *Kleider* abtragen; ~**šený** abgetragen, schäbig.
obnov|a *f* (1), ~**ení** *n* (3) Erneuerung *f*, Wiederherstellung *f*, Wiederinstandsetzung *f*; *Jur.* Wiederaufnahme *f e-s Verfahrens*; ~**it** *pf.* erneuern; renovieren; (3; -é) Erneuerer *m*; ~**ovací** Renovierungs-; *Jur.* Wiederaufnahme-; ~**ovat** (-vuji) *s.* obnovit.
obočí *n* (3) Augenbrauen *f/pl.*
oboha|cení *n* (3) Bereicherung *f*; ~**covat** (-cuji), ~**tit** *pf.* (-cen) bereichern.
obojak|ost *f* (4) Doppelzüngigkeit *f*; *Zo.* Zwitterhaftigkeit *f*; ~**ý** doppelsinnig; *Zo.* Zwitter-.
oboje beides; ~ **dvoje** alle beide.

obojek *m* (2b; -jk-) (*Hunde-*)Halsband *n*.
obojet|ník *m* (1a) Achselträger *m*; Doppelspieler *m*; *Zo.* Zwitter *m*; ~**nost** *f* (4) Zweideutigkeit *f*; Doppelzüngigkeit *f*; ~**ný** zweideutig, doppelsinnig; zwitterartig, doppelgeschlechtig; *-ná souhláska* Gr. mittlerer Konsonant.
obojí beiderlei.
oboj|stranný beiderseitig; ~**živelník** *m* (1a) Amphibium *n*, Lurch *m*; ~**živelný** amphibisch; *Tech. Mil.* Amphibien-.
obol|avělý wund; ~**avět** *pf.* (*3 Pl. -ějí*) wund werden; ~**ený** schmerzhaft, wund; ~**et** *pf.* (*3 Pl. -í/-ejí*) wund werden; *Verlust* verschmerzen.
obor *m* (2a) Bereich *m*, Fach *n*, Gebiet *n*; *Hdl.* Branche *f*; ~ *působnosti* Wirkungsbereich, *öst.* Ressort *n*; *vědní* ~ Disziplin *f*.
obora *f* (1d) Tiergarten *m*, Wildgehege *n*.
obor|ávač *m* (4) Kultivator *m*; ~**(áv)at** *Agr.* umackern; *Kartoffeln* häufeln.
obořit se *pf.* (*na k-o*) *j-n* (grob) anfahren; angreifen.
obou *s. oba*; ~**jazyčný** zwei-, doppelsprachig; ~**nož** *Turn.* mit beiden Beinen; ~**ruč** *Turn.* mit beiden Armen; ~**ruční** beidarmig, mit beiden Händen; ~**sečný** zweischneidig; ~**směrný** mit zwei Fahrbahnen; ~**stranný** beiderseits.
obou|t *pf.* (*obuji, -ul*), ~**vat** *v/t* die Schuhe anziehen (*D*; *se* sich); *fig.* Schuhe kaufen (*D*); F ~ **se do k-o** *j-n* grob anfahren.
oboz *m* (2; 6. -u/-e) *Mil.* Troß *m*.
obr *m* (1; *1 Pl. -ři*) Riese *m*.
obrábě|cí Bearbeitungs-; Werkzeug-; ~**č** *m* (3) Bearbeiter *m*; ~**čka** *f* (1c; -ček) Werkzeugmaschine *f*; ~**ní** *n* (3) Bearbeitung *f*; ~**t** (*3 Pl. -ějí*) bearbeiten.
obrac|e: ~ *a hladce* links und rechts (*stricken*); ~**eč** *m* (4) Heuwendemaschine *f*; ~**ení** *n* (3) Wenden *n*; Umblättern *n*.
obrác|ení *n* (3) Wenden *n*, Wendung *f*, Umkehr *f*; *Rel.* Bekehrung *f*; ~**ený** umgekehrt, verkehrt.
obracet (*3 Pl. -ejí*) *s.* obrátit.
obrana *f* (1) Verteidigung *f*, Abwehr *f*; *fig.* Schutz *m*.

16*

obránce

obrán|ce m (3) Verteidiger m; ~ míru Friedenskämpfer m; ~it pf., **obraňovat** (-ňuji) verteidigen, beschützen.

obran|ný Abwehr-, Verteidigungs-; **-ý** beraubt.

obranyschop|nost f (4) Wehrkraft f; **-ý** wehrfähig.

obrat¹ m (2a) Wendung f; (Wetter-)Umschlag m; Hdl. Umsatz m; ~em im Handumdrehen; ~em pošty postwendend.

obrat² pf. (s. brát) berauben; abklauben; ~ si něco za úkol sich et. zur Aufgabe machen.

obratel m (4; -tl-) Anat. Wirbel m.

obrátit pf. (-cen) wenden, umdrehen; richten; Rel. bekehren; ~ na útěk in die Flucht schlagen; ~ se sich umdrehen, lit. sich umwenden; Rel. sich bekehren (na A zu D); ~ se na k-o sich an j-n wenden; ~ se ke k-u sich j-m zuwenden; ~ se v co sich verwandeln in (A).

obrátk|a f (1c; -tek) Tech. Umdrehung f; **-oměr** m (2a) Tourenzähler m.

obrat|lovec m (3; -vc-) Wirbeltier n; **-lový** Anat. Wirbel-; **-ník** m (2b) Wendekreis m; **-nost** f (4) Gewandtheit f; **-ný** gewandt; **-ový**: -vá daň Umsatzsteuer f.

obraz m (2; 6. -e/-u) Bild n; **-árna** f (1; -ren) Bildergalerie f; **-ec** m (4; -zc-) Muster n; Geom. Figur f.

obrázek m (2b; -zk-) Bildchen n; Abbildung f.

obraz|it pf. (-žen): ~ si sich stoßen, quetschen; ~ se sich (wider)spiegeln; **-ivost** f (4) Einbildungskraft f.

obrázkový Bilder-, illustriert.

obraz|nost f (4) Symbolik f; Einbildungskraft f; **-ný** bildlich; **-oborec** m (3; -rc-) Bilderstürmer m; **-otvornost** f (4) Einbildungskraft f; **-ovka** f (1c; -vek) Bildschirm m; **-ový** Bild(er)-.

obrážecí Tech. Stoß-.

obrážen|ina f(2) Med. Quetschung f.

obrážet se (3 Pl. -eji) s. obrazit se.

obrna f (1) Lähmung f.

obrně|nec m (3; -nc-) hist. gepanzerter Soldat m; (4; -nc-) Panzerschiff n; Panzerzug m; **-ný** gepanzert, Panzer-.

obrn|ět pf. Glieder: einschlafen; **-it** (-ěn) panzern; ~ se sich wappnen (a. fig.).

obrobek m (2b; -bk-) Werkstück n.

obročí n (3) Pfründe f.

obrod|a f (1) Wiedergeburt f; **-it** pf. (-zen) erneuern, wiedererwecken; ~ se wiedergeboren werden, wiedererwachen; **-itel** m (3; 1 Pl. -é) Wiedererwecker m.

obrok m (2b) Futter n.

obrostlý bewachsen.

obrou|bení n (3) Einfassung f; **-bený** eingefaßt; Kleid: besetzt; **-bit** pf. einfassen, einsäumen; **-ček** m (2b; -čk-)), **-čka** f (1c; -ček) s. obruč; **-sit** pf. (-šen) (ab)schleifen; **-šený** abgewetzt.

obrov|itý, -ský riesig, gewaltig.

obroz|ení n (3) Wiedergeburt f; **-ený** wiedergeboren, neu entstanden; **-ovat** (-zuji) s. obrodit.

obrtlík m (2b) Kreisel m; Tech. Reiber m, Wirbel m.

obrub|a f (1) Einfassung f; Besatz m; (Brillen-)Gestell n; **-eň** f (3; -bně, -bni usw.) (Tür-)Einfassung f; (Brunnen-, Becken-)Rand m; **-ní** Rand-, Bord-; **-ník** m (2b) Bordstein m; **-ovat** (-buji) s. obroubit.

obruč f (3) Reifen m.

obrůst(at) pf. (-rostu) bewachsen, bedecken.

obrušovat (-šuji) s. obrousit.

obrví n (3) Augenwimpern f/pl.

obrýlený mit e-r Brille, bebrillt.

obryně f (2a) Riesin f.

obrys m (2; 6. -u/-e) Umriß m.

obrysovat (-suji) umreißen, entwerfen.

obrýt pf. (-ryji, -ryl) mit dem Spaten umgraben.

obřad m (2; 6. -u/-ě) Zeremonie f; Rel. Ritus m; **-ník** m (1a) Zeremonienmeister m; **-nost** f (4) Zeremoniell n; **-ný** feierlich, zeremoniell; förmlich.

obřez|anec m (3; -nc-) Beschnittene(r) m; **-ání** n (3) s. obřízka; **-at** pf. Rel. beschneiden.

obřez|lý Zo. trächtig; **-nout** pf. pf. trächtig werden.

obří Riesen-.

obřitek m (2b; -tk-) Jagdw. Spiegel m.

obřízka f (1c; -zek) Beschneidung f.

obsadit pf. (-zen) besetzen.

obsah m (2b) Inhalt m.

obsáh|lost f (4) Umfang m; **-lý** um-

fangreich; ~nout pf. (-hl; -sažen/-sáhnut) umfassen; fig. enthalten; begreifen.
obsah|ovat (-huji) enthalten; **~ovost** f (4) Inhaltsreichtum m; **~ový** inhaltlich; **~ující** enthaltend (A), -haltig.
obsaz|ení n (3) Besetzung f; **~ený** besetzt.
obsázet pf. s. osázet.
obsa|zovat (-zuji) s. obsadit; **~žený** enthalten; **~žnost** f (4) Reichhaltigkeit f; Tech. Fassungsvermögen n; **~žný** reichhaltig; umfangreich, umfassend.
obse|dnout pf. (-dl; -dnut) v/t sich herumsetzen (um A), **~k⟨áv⟩at** behauen; Feld abmähen.
observa|ční Beobachtungs-; **~toř** f (3) Sternwarte f.
obsese f (2) Besessenheit f.
obsíl|ací Vorladungs-; **~at** vorladen; **~ka** f (1c; -lek) Vorladung f.
obs|kakovat ⟨na- se⟩ (-kuji) herumspringen; **~loužit** (s)f. bedienen.
obsluh|a f (1b) Bedienung f; Wartung f; **~ovač** m (3) Wärter m; **~ovat** (-huji) bedienen.
obstar|⟨áv⟩at besorgen, beschaffen; Kinder versorgen; **~avatel** m (3; -é) Vermittler m; Hdl. Kommissionär m; **~avatelství** n (3) Vermittlungsstelle f; **~ávka** f (1c; -vek) Besorgung f.
obst|árlý, ~arožní, ~arší ältlich, älter, betagt.
obstát pf. (-stojím) bestehen (při zkoušce e-e Prüfung); ~ s kým auskommen mit j-m.
obstav|ení n (3) Pfändung f; **~it** pf., **~ovat** (-vuji) pfänden, beschlagnahmen; Wild stellen.
obstávka f (1; -vek) Pfändung f, Beschlagnahme f.
obstojn|ost f (4) Erträglichkeit f; **~ý** erträglich; Preis: annehmbar.
obst|oupit⟨-upovat⟩ (-puji) umringen; Haus umstellen.
obsyp⟨áv⟩at pf. (s. sypat) bestreuen, überschütten.
obšír|nost f (4) Ausführlichkeit f; fig. Breite f; Umständlichkeit f; **~ný** ausführlich, umständlich, breit.
obší|t pf. (s. šit) umnähen, besetzen; **~vaný** besetzt; **~vka** f (1c; -vek) Besatz m.
obšťast|nit pf. (-něn), **~ňovat** (-ňuji) beglücken.

ob|táčet (3 Pl. -ejí) s. obtočit; **~tah** m (2b) Typ. Abzug m; **~táhnout** pf. (-hl; -tažen), **~tahovat** (-huji) abziehen; mit Tusche nachziehen; **~tahový, obtahovací** Abzieh-; **~tékat** umfließen, umspülen.
obtěžk|ací Belastungs-; **~aný** belastet; -ná schwanger; **⟨áv⟩at** belasten; † schwängern; schwanger werden.
obtěžov|ání n (3) Belästigung f; bez ~ unbehelligt; **~at** ⟨na- se⟩ (-žuji) belasten; belästigen; ~ se sich bemühen.
obtisk m (2b) Abdruck m; Abziehbild n; **~nout** pf. (-kl; -štěn/-knut), **~ovat** (-kuji) abdrucken; **~ovací** Abzieh-.
obtíž f (3) Schwierigkeit f, Beschwerde f; **~ení** n (3) Belastung f; **~ený** beladen, belastet; **~it** pf. beladen, belasten; **~nost** f (4) Beschwerlichkeit f; **~ný** beschwerlich, schwer.
obtloustlý beleibt, etwas dick.
obtočit pf. umwinden; umwickeln.
obuch m (2b) Knüttel m.
obůrka f (1c; -rek) s. obora.
obušek m (2b; -šk-) Knüttel m, Knüppel m. [Bereifung f.⟩
obutí n (3) Schuhwerk n; F Kfz.⟩
obuv f (4) Schuhwerk n; Schuhwaren f/pl.; **~nický** Schuhmacher-; **~nictví** n (3) Schuhmacherhandwerk n; **~ník** m (1a) Schuhmacher m.
obvaz m (2; 6. -u/-e), **~ek** m (2b; -zk-) Med. Verband m.
obvázat pf. (-vážu) Wunde verbinden.
obvaz|iště n (2a) Mil. Verbandplatz m; **~ivo** n (1) Verbandmaterial n; **~ovat** (-zuji) s. obvázat.
obvesel|ení n (3) Belustigung f; **~it** pf., **~ovat** ⟨po-⟩ (-luji) erheitern, belustigen; ~ se sich vergnügen, sich ergötzen; **~ující** erheiternd.
obvětí n (3) † Gr. Periode f.
obvíjet † s. ovinout.
obvi|nění n (3) Beschuldigung f; **~nit** pf. (-ěn), **~ňovat** (-ňuji) beschuldigen (z č-o j-n G), zur Last legen (j-m A).
obvod m (2; 6. -u/-ě) Gebiet n, Bereich m, Bezirk m; Geom. Umfang m; **~ní** Bezirks-; Pol. Gebiets-.
obvykl|ost f (4) Gewohnheit f; **~ý** gewöhnlich, gewohnt.

obyčej *m* (4) Gewohnheit *f*, Brauch *m*; ~nost *f* (4) Gewöhnlichkeit *f*; ~ný gewöhnlich; gebräuchlich; ~ový Gewohnheits-.

obydl|ený bewohnt, besiedelt; ~í *n* (3) Wohnung *f*, Wohnsitz *m*; ~it *pf*. bewohnen; besiedeln; ~itelný bewohnbar.

obytný Wohn-.

obýv|ací Wohn- (*z. B. Zimmer*); ~ání *n* (3) Wohnen *n*; *povolení k* ~ Wohngenehmigung *f*; ~aný bewohnt; ~at bewohnen.

obyvatel *m* (3; -é) Bewohner *m*, Einwohner *m e-s Landes*; ~ný bewohnbar; ~stvo *n* (1; 2 Pl. -stev) Einwohner(schaft *f*) *m*/*pl*.

obzír|a t *s*. obezřít; ~vost *f* (4) Umsicht *f*; ~vý umsichtig.

obzor *m* (2a) Horizont *m*; (*Zeitschrift*) Rundschau *f*; ~ka *f* (1c; -rek) Sehrohr *n*; ~ník *m* (2b) *Geogr*. Gesichtskreis *m*.

obzvlášť, ~tě *Adv*. besonders, insbesondere; ~tní besondere.

obžalo|ba *f* (1) Anklage *f*; ~bce *m* (3) Ankläger *m*; ~vací Anklage-; ~vaný *m* (*Adj. 1*) Angeklagte(r) *m*; *lavice* ~ch Anklagebank *f*; ~vat (-*luji*) anklagen.

obžer|a F *m* (5) Vielfraß *m*; Trunkenbold *m*; ~ný gefräßig; ~ství *n* (3) Völlerei *f*, V Fresserei *f*.

obžinkový Ernte-; ~y *f*/*pl*. (1c; -nek) Erntefest *n*.

obživ|a *f* (1) Lebensunterhalt *m*, Nahrung *f*, Brot *n*; ~it *pf*. *s*. obživovat; ~lý neu belebt; ~nout *pf*. (-vl) *s*. ožít¹; ~nutí *n* (3) Wiederaufleben *n*; ~ovat (-*vuji*) ernähren; *s*. oživovat.

ocákat *pf*. abspritzen, wegspritzen.

ocas *m* (2; 6. -*e*/-*u*) Schwanz *m*; (*Kometen*-)Schweif *m*; ~atý geschwänzt.

ocás|ek *m* (2b; -sk-) Schwänzchen *n*; ~kovat F (-*kuji*) herumscharwenzeln (*za kým* um A).

ocas|ní, ~ový Schwanz-.

oceán *m* (2; 6. -*e*/-*u*) Ozean *m*; ~ský ozeanisch, Ozean-.

ocejchovat *pf*. (-*chuji*) eichen; *fig*. brandmarken.

ocel *f* (3/4b) Stahl *m*; ~árna *f* (1; -ren) Stahlwerk *n*; ~ář *m* (3) Stahlarbeiter *m*; ~ek *m* (2b; -lk-) Eisenspat *m*; ~it ⟨*po-, z-*⟩ stählen; ~orytina *f* (1) Stahlstich *m*; ~ový Stahl-, stählern.

oce|něni *n* (3) Schätzung *f*, Würdigung *f*; ~nit *pf*. (-*ěn*) (ein)schätzen; würdigen; ~nitelný schätzbar; ~ňovací Schätzungs-; ~ňovat (-*ňuji*) *s*. ocenit.

ocet *m* (2j; oct-; 2. octa, 6. -*ě*/-*u*) Essig *m*.

ocílka *f* (1c; -lek) Feuerstahl *m*; Wetzstahl *m*.

ocit|at se, ~nout se *pf*. (-*tl*) geraten, sich finden; ~ovat *pf*. (-*tuji*) zitieren.

oct|an *m* (2a) Azetat *n*; *hlinitý* ~ essigsaure Tonerde *f*; ~árna *f* (1; -ren) Essigfabrik *f*; ~ářství *n* (3) Essigerzeugung *f*.

octnout se *pf*. (-*tl*) *s*. ocitat se.

octový Essig-.

ocu|c(áv)at *v*/*t*, ~ml(áv)at *v*/*t* ablutschen (*A*); lutschen (an *D*).

ocún *m* (2a) *Bot*. Herbstzeitlose *f*.

oč = *o co* um et. (*A*).

očad|it *pf*. (-*děn*/-*zen*) schwärzen; ~nout *pf*. von Ruß schwarz werden.

očaloun|it *pf*. (-*ěn*), ~ovat (-*nuji*) *s*. čalounit.

očar|ovaný bezaubert; ~ovat *pf*. (-*ruji*) bezaubern, behexen.

očekáv|ání *n* (3) Erwartung *f*; *mimo* ~ wider Erwarten; ~at erwarten.

oče|rňovat (-*ňuji*) *s*. černit; ~s(áv)at *s*. česat.

oči *f*/*pl*. (2; 7. -*ima*) Augen *n*/*pl*.

očich(áv)at beriechen, beschnüffeln.

očísl|it *pf*., ~ovat (-*luji*) numerieren.

očist|a *f* (1) Reinigung *f*; *hist*. Gottesgericht *n*; ~ec *m* (4; -tc-) *Rel*. Fegefeuer *n*; ~it *pf*. (-*štěn*) reinigen, säubern.

očiš|tění, ~ťování *n* (3) *Pol*. Säuberung *f*; ~ťovat (-*tuji*) *s*. očistit.

očitý Augen- (*z. B. Zeuge*).

očko *n* (1b; -*ček*) F Äuglein *n*; Öse *f*; Masche *f*; ~vací Impf-; ~vanec *m* (3; -*nc*-) Impfling *m*; ~vání *n* (3) Impfung *f*; ~vaný geimpft; ~vat ⟨*na-, pře-*⟩ (-*kuji*) impfen.

očmuch(áv)at *s*. očich(áv)at.

očn|í Augen-; ~ice *f* (2a) Augenhöhle *f*; *Phys*. Okular *n*.

od, ~e *Prp*. (*mit 2. Fall*) von (her), von (ab); seit; *klíč* ~ *domu* Hausschlüssel; ~ *srdce rád* von Herzen gern; *platit* ~ *kusu* stückweise bezahlen; *slovo* ~ *slova* Wort für Wort.

od- weg-, ab-.

óda *f* (1) Ode *f*.

odbarv|ený gebleicht; ~it *pf.*, ~ovat (-*vuji*) bleichen.
odbav|ení *n* (3) Abfertigung *f*; ~it *pf.*, ~ovat (-*vuji*) abfertigen.
odběhnout *pf.* (-*hl*) weglaufen, F davonlaufen; ~ si *pro co* schnell et. holen.
odbelhat se *pf.* forthumpeln.
odběr *m* (2a) Bezug *m*, Abnahme *f*; *Phys.* Entnahme *f*.
odběratel *m* (3; -é), ~ka *f* (1c; -lek) Bezieher(in *f*) *m*, Abnehmer(in *f*) *m*; ~ský Kunden-, Abnehmer-; ~stvo *n* (1) Kundenkreis *m*, Abnehmer *m/pl*.
od|běrní, ~běrný Abnahme-, Bezugs-; ~bíhat *s.* odběhnout.
odbíj|ená *f* (*Adj.* 2) Volleyball(spiel *n*) *m*; ~ení *n* (3) Abschlagen *n*; (*Uhr*) Stundenschlag *m*; ~enkář *m* (3) Volleyballspieler *m*; ~et (3 *Pl.* -*ejí*) *v/i Uhr*: schlagen; *v/t* Ball abschlagen. [*s.* odbíjet.)
od|bírat *s.* odebrat; ~bít *pf.* (-*bijí*)}
odbla|nit *pf.* (-*něn*), ~ňovat (-*ňuji*) Tier abhäuten.
odboč|it *pf.* abbiegen, abzweigen; *vom Thema* abschweifen; ~ka *f* (1c; -*ček*) Abzweigung *f*; Zweigstelle *f*, Filiale *f*; *Turn.* Flanke *f*; Abschweifung *f*; F Abstecher *m*; ~mo *Adv. Sp.* seitwärts; ~ný Seiten-, Abzweig-; Zweig-; ~ovat (-*čuji*) *s.* odbočit.
odbod *m* (2a) *Sp.* Riposte *f*.
odboj *m* (4) Auflehnung *f*, Aufruhr *m*; *Pol.* Widerstandsbewegung *f*; *s. výboj*; ~nický aufrührerisch, Rebellen-; ~ník *m* (1a), ~nice *f* (2a) Aufrührer(in *f*) *m*; *Pol.* Widerstandskämpfer(in *f*) *m*; ~nost *f* (4) Widerspenstigkeit *f*, Widersetzlichkeit *f*; ~ný aufrührerisch; widerspenstig; ~ový Widerstands-.
odbor *m* (2a) Fach *n*, Zweig *m*, Abteilung *f*; Gewerkschaft *f*; ~ář *m* (3) Gewerkschaft(l)er *m*; ~ářský gewerkschaftlich; ~ářství *n* (3) Gewerkschaftswesen *n*; ~nice *f* (2a) Facharbeiterin *f*; ~nický fachmännisch, Fach-; ~ník *m* (1a) Fachmann *m*; ~nost *f* (4) Fachkenntnis *f*; ~ný fachmännisch, fachlich, Fach-; ~ *znalec* Sachverständige(r) *m*; ~ový Abteilungs-; Gewerkschafts-.
odbour(áv)at ab-, niederreißen; *fig.* abbauen; *Preise* senken.

odbreb|entit *pf.*, ~tat *pf. Gedicht* herunterleiern.
od|bručet *pf.* (herunter)brummen; ~ *si* F *Strafe* abbrummen; ~byrokratizovat [-ti-] *pf.* (-*zuji*) entbürokratisieren; ~byt *m* (2a) *Hdl.* Absatz *m*; *jít na* ~ Absatz finden; ~být *pf.* (*s. být*) abfertigen; *Hdl.* absetzen; *Dienst* ableisten; *Arbeit* oberflächlich tun; *Prüfung* ablegen; *Bittsteller* abweisen.
odbyt|í *n* (3) Erledigung *f*; Abfertigung *f*; (*Straf-*)Verbüßung *f*; ~ý *Sache*: erledigt, abgetan; ~tiště *n* (2a) Absatzgebiet *n*, -markt *m*; ~né *n* (*Adj.* 3) Abfindung(ssumme) *f*; ~ný absetzbar, verkäuflich; ~ový *Hdl.* Absatz-.
odbývat *s.* odbýt.
odce|dit *pf.* (-*zen*) abseihen; ~stovat *pf.* (-*tuji*) abreisen, verreisen; ~zovat (-*zuji*) *s.* odcedit.
odciz|it *pf.*, ~ovat (-*zuji*) entfremden; *Jur.* entwenden.
od|clánět (3 *Pl.* -*ějí*), ~clonit *pf.* (-*ěn*) *Vorhang* zurückschieben, -ziehen; *Schleier* abnehmen; zeigen, entblößen; *Fot.* abblenden; ~čarovat *pf.* (-*ruji*) wegzaubern; ~čerp(áv)at abschöpfen.
odči|nění *n* (3) Wiedergutmachung *f*; ~nit *pf.* (-*něn*) *Schaden* beseitigen; wiedergutmachen; ~nitelný reparierbar; *Schuld* tilgbar; ~ňovat (-*ňuji*) *s.* odčinit.
odčí|st *pf.* (-*ečtu*, -*ečten*) abrechnen, subtrahieren; *Hdl.* abziehen; ~tání *n* (3) Subtraktion *f*; ~tat *s.* odčíst.
odčitatel *m* (4; -é) *Math.* Subtrahend *m*; ~ný abziehbar.
oddací: ~ *list* Trauschein *m*, Heiratsurkunde *f*.
oddál|ení *n* (3) Entfernung *f*; Aufschub *m*; ~ený entfernt; ~it *pf.*, **oddalovat** (-*luji*) entfernen; aufschieben.
odda|nost *f* (4) Ergebenheit *f*; ~ný ergeben; ~t *pf.* trauen, vermählen; ~ *se sb. čemu* sich ergeben (*D*).
od|dávací Trau(ungs)-; ~dávat *s.* oddat; ~davky *f/pl.* (2; -*vek*) Trauung *f*.
oddech *m* (2b) Aufatmen *n*; Ruhepause *f*, Rast *f*; *bez* ~*u* ohne Pause, ununterbrochen; ~nout si *pf.* aufatmen; sich erholen; rasten; ~nutí *n* (3) Aufatmen *n*; Atemzug *m*; Er-

oddechovat

holung *f*; ~ovat si ⟨po-⟩ (-*chuji*) atmen; ~ový Atem-.
odděl|(áv)at abarbeiten; entfernen P beseitigen; ~ se sich (los)lösen; P sich umbringen; ~ení *n* (3) Abteilung *f*; *Esb.* Abteil *n*; ~ený getrennt, *öst.* separat; ~it *pf.* abteilen; absondern, -trennen; zuteilen; ~ se sich trennen; **~itelnost** *f* (4) Teilbarkeit *f*; **~ovací** Trennungs-; **~ovat** (-*luji*) s. oddělit.
od|denek *m* (2b; -nk-) Wurzelstock *m*; ~díl *m* (2; 6. -e/-u) Turn., Mil. Abteilung *f*; (Sport-)Verein *m*; (Buch-)Abschnitt *m*; ~dílový Abteilungs-; ~diskutovat F [-dɪ-] (-*tuji*) wegdiskutieren, -leugnen; ~dlužit *pf.* schuldenfrei machen; ~dola *Adv.* von unten; ~drmolit *pf.* herunterleiern.
oddro|bit *pf.*, ~bovat (-*buji*), ~lit *pf.*, ~lovat (-*luji*) abbröckeln (se *v*/*i*).
oddvojmoc|nit *pf.*, ~ňovat (-*ňuji*) die Quadratwurzel ziehen.
oddych *m s.* oddech.
ode|brat *pf.* (-*beru*) abnehmen, wegnehmen; ~ se sich begeben; ~číst *s.* odčíst; ~dávna *Adv.* seit langer Zeit, seit jeher; ~hnat *pf.* (-*ženu*) vertreiben, F davonjagen, ~hrá(va)t *pf.* (-*hraji*) ab-, herunterspielen; F *má -áno!* er hat ausgespielt!; ~ se *Thea.* spielen (*v*/*i*) sich abspielen; ~jet *s.* odjet; ~jít *pf.* (*s. jít*) fort-, weggehen; *Unwetter:* vorübergehen; *fig.* sich zurückziehen; ~jmout *pf.* (*odňal*; *odňat*) wegnehmen; ~kdy seit wann; ~mknout *pf.* (-*kl*; -*knut*/-*čen*) aufschließen, aufsperren; ~mlít *pf.* (*s. mlít*) wegschwemmen; F *Gedicht* herunterleiern.
oděn|ec *m* (2; -*nc*-) *hist.* Soldat *m* in voller Rüstung; ~í *n* (3) Ankleiden *n*; *hist.* Rüstung *f*, Harnisch *m*.
ode|pírat *s.* odepřít; ~pisovat *s.* odepsat; ~pnout *pf.* (*s. pnout*) abschnallen, abknöpfen; *Esb.* abhängen; *El.* abschalten; ~prat *pf.* (-*peru*) vorwaschen.
odepř|ení *n* (3) Ablehnung *f*, Verweigerung *f*; ~ít *pf.* (-*přu*, -*přel*) ablehnen; *Annahme* verweigern; *Recht* absprechen; *Bitte* abschlagen; ~ si co sich et. versagen.
odeps|ání *n* (3) Abschreibung *f*; *Hdl.* Nachlaß *m*; ~at *pf.* (-*píši*) zurückschreiben, beantworten; *Schuld* abschreiben.
oděr|ač *m* (3) *verä.* Schinder *m*; ~ek *m* (2b; -*rk*-), ~ka *f* (1c; -*rek*) Abfall *m* (beim Reiben); Hautabschürfung *f*.
oderský *Geogr.* Oder-.
odervat *pf.* (-*rvu*) abreißen, wegreißen; ~ se sich losreißen.
odesí|lací Versand-, Absende-; ~lání *n* (3) *s.* odeslání; ~latel *m*, odesilatel *m* (3; -*é*), ~lka *f* (1c; -*lek*) Absender(in *f*) *m*.
ode|slání *n* (3) Ver-, Absendung *f*, Versand *m*; ~slaný abgesandt; ~slat *pf.* (-*šlu*) ab-, versenden, -schicken; *Telegramm* aufgeben; ~stát se *pf.* (-*stojím*) ungeschehen (*od.* rückgängig) gemacht werden; ~stlat *pf.* (-*stelu*) das Bett machen, *lit.* aufbetten; ~střít *pf.* (-*střu*, -*střen*) aufdecken; *ein wenig* wegziehen; ~stýlat *s.* odestlat.
oděv *m* (2a) Kleidung *f*, Kleider *n*/*pl.*; (Herren-)Anzug *m*; ~né *n* (*Adj.* 3) Geld *n* für Bekleidung; ~ní Kleider-, Bekleidungs-; ~nický Konfektions-; ~nictví *n* (3) Konfektion *f*.
odevšad *Adv.* von allen Seiten, von überallher.
odevzd|ací Übergabe-; ~á(vá)ní *n* (3) Übergabe *f*; Abgabe *f*; Ablieferung *f*; ~aný *fig.* ergeben; ~(áv)at abgeben; übergeben; *lit.* überliefern; ~ se sich ergeben; sich fügen; ~ se k-u sich j-m hingeben; ~ávatel *m* (3; -*é*) Überbringer *m*.
ode|vždy *Adv.* von jeher, seit eh und je; ~zní(va)t verklingen; *Med.* abklingen; ~zva *f* (1) Widerhall *m*; Antwort *f*.
odfouk|at *pf.* wegblasen, ~nout *pf.* (-*kl*; -*knut*) weg-, fortblasen, -hen; F ~ si tief ausatmen; schnaufen; ~ se abspringen, -splittern, -blättern.
odfrčet *dial. pf.* davonsausen.
odfrk|ávat, ~ovat (-*kuji*), ~nout *pf.* (-*kl*/-*knul*) schnauben.
odhad *m* (2a) Schätzung *f*; ~ nákladů Kostenvoranschlag *m*; ~ce *m* (3) Schätzungsbeamte(r) *m*; ~né *n* (*Adj.* 3) Schätzungsgebühr *f*; ~ní, ~ovací Schätzungs-; ~nout *pf.* (-*dl*; -*dnut*), ~ovat (-*duji*) (ab-)schätzen.
odhal|ení *n* (3) Enthüllung *f*; *Jur.*

Aufdeckung f; *Pol.* Entlarvung f; ~**ený** entblößt; enthüllt; aufgedeckt; *Pol.* entlarvt; ~**it** pf., ~**ovat** (-*luji*) entblößen; *Denkmal* enthüllen; *Verbrechen* entdecken, *Verschwörung* aufdecken; *Pol.* entlarven.

odhá|nět (*3 Pl. -ějí*) s. odehnat; ~**zet** (*3 Pl. -ejí*) s. odhodit.

odhl|ásit pf. (-*šen*) abmelden; ~**asovat** pf. (-*suji*) abstimmen (*co über A*); beschließen; *Gesetz* verabschieden; ~**ášení** n (3) Abmeldung f; ~**áška** f (1*c*; -*šek*) Abmeldung f; ~**ašovací** Abmelde-; ~**ašovat** (-*šuji*) s. odhlásit.

odhodit pf. (-*zen*) wegwerfen, abwerfen; *Mar.* über Bord werfen; *fig.* ablegen.

odhodl|ání n (3) Entschluß m; ~**anost** f (4) Entschlossenheit f; ~**aný** entschlossen; ~**at se** pf. sich entschließen.

odhra|b(áv)at (pf. s. hrabat) (weg)fegen; ~**dit** pf. (-*zen*) öffnen.

odhrn|out pf., ~**ovat** (-*nuji*) wegstreichen, zurückschieben.

odcházet (*3 Pl. -ejí*) s. odejít.

odchlíp|it pf., ~**nout** pf. (-*pl*; -*pnut*) loslösen; *Med.* ablösen; ~**lý** abstehend.

odchlupování n (3) Enthaarung f.

odchod m (2*a*) Weggehen n; Aufbruch m; *Mil.* Weggehen n; (*Schule*) Abgang m; ~ ledů Eisgang m; vysvědčení na ~**ou** Abgangszeugnis n.

odchov m (2*a*) *Zo.* Aufzucht f; ~**anec** m (*3; -nc-*), ~**anka** f (1*c*; -*nek*) Zögling m; ~**aný** Zucht-; ~**(áv)at** *Kinder* großziehen; *Tiere* züchten, aufziehen.

od|chrchlat (si) F pf. sich räuspern; ~**chvátat** pf. davoneilen, F davonlaufen.

odchýl|ení n (3) *Phys.* Abweichung f; ~**it** pf. ablenken; ~ **se** abweichen; *vom Thema* abschweifen.

odchyl|ka f (1*c*; -*lek*) Abweichung f; (*Pendel-*, *Zeiger-*)Ausschlag m; *Geom.* Neigungswinkel m; ~**nost** f (4) Abweichung f, Unterschied m, Verschiedenheit f; ~**ný** abweichend, unterschiedlich, verschieden; regelwidrig; ~**ovat** (-*luji*) s. odchýlit.

odiózní widerwärtig; gehässig.

odírat s. odřít.

odít pf. (odě*ji*, -*ěl*, -*ěn*) (an)kleiden, anziehen (se sich).

odiv m (2*a*) Schau f; stavět co na ~ et. zur Schau stellen.

odív|at ⟨*prě-*, *při-*⟩ s. odít; ~**ka** f (1*c*; -*vek*) Umhang m.

odjakživa *Adv.* seit jeher, seit Menschengedenken; zeitlebens.

odje|t pf. (-*jedu*, -*jel*) fortfahren, davonfahren; abreisen; *Zug*: abfahren; ~**zd** m (2; 6. -*u*/-*ě*) Abfahrt f; Abreise f.

odjinud *Adv.* anderswoher.

odji|stit pf. (-*štěn*), ~**šťovat** (-*tuji*) *Waffe* entsichern.

odjíždět (3 *Pl. -ějí*) s. odjet.

odkal m (2*a*) Abschaum m; ~**it** pf., ~**ovat** (-*luji*) *Abwässer* klären; ~**ovací** Klär-.

odkap| m s. okap; ~**(áv)at** (pf. s. kapat), **odkápnout** pf. (-*pl*; -*pnut*) tropfen; abtropfen lassen, Tropfen abschütteln.

odkašl|(áv)at (pf. -*u*) sich räuspern, hüsteln.

odkaz m (2; 6. -*u*/-*e*) Vermächtnis n; Hinweis m.

odk|ázaný (*na k-o, k-u*) angewiesen (*auf A*); ~**ázat** pf. (-*žu*/-*ži*) *Erbe* hinterlassen, F vermachen; (*nač*) hinweisen (*auf A*); ~**azatel** m (3; -*é*) Erblasser m; ~**azovat** (-*zuji*) s. odkázat; ~**azovník** m (1*a*) *Jur.* Vermächtnisnehmer m.

odkdy seit wann, von wann ab.

odklad m (2; 6. -*u*/-*ě*) Aufschub m; *Hdl.* Stundung f; bez ~u unverzüglich.

odkládací aufschiebend, Aufschub-; Ablage- (*z. B. Tisch*); ~**at** s. odložit; ~**avost** f (4) Saumseligkeit f; *Hdl.* Säumigkeit f; ~**avý** saumselig; *Schuldner*: säumig.

odkladný aufschiebbar, Aufschub-; *Pol.* Vertagungs-.

odklánět (*3 Pl. -ějí*) s. odklonit.

odkláp|ěcí Klapp-; ~**ět** (*3 Pl. -ějí*) *Deckel* aufklappen.

odklep|(áv)at (pf. -*u*/-*ám*), ~**nout** pf. (-*pl*; -*pnut*) abklopfen.

odkl|idit pf. (-*zen*), ~**ízet** (*3 Pl. -ejí*) wegräumen; *Tisch* abräumen; ~**iz** m (2*a*) *Bgb.* Abraum m; ~**ízecí**, ~**izovací** Aufräumungs-, Räum-; ~**izení** n (3) Beseitigung f, Räumen n.

odkl|ížit pf., ~**ižovat** (-*žuji*) *Etikett* ablösen.

odklon m (2*a*) Abkehr f; *Phys.* Ab-

odklonit 250

lenkung f; Pol. Abschwenken n; ~it pf. (-ěn) ablenken; Kopf abwenden; ~ se sich abwenden, abrücken; Pol. abschwenken.

odklop|it pf., ~ovat (-puji) Deckel (hoch)heben.

odklusat pf. davontraben.

odkoj|enec m (3; -nc-) (liebes) Kind n; ~ení n (3) Entwöhnung f; ~it pf. Kinder abstillen; großziehen.

odko|lesnit pf. (-ěn) Mil. abprotzen; ~mandovat pf. (-duji) abkommandieren.

odkop m (2a) Sp. Schuß m; Bgb. Abgraben n; ~(áv)at (pf. -u/-ám) Bgb. abgraben; mit dem Fuß wegstoßen; ~ se Kind: sich bloßstrampeln, sich aufdecken; ~ávka f (1c; -vek) Ausgrabungen f/pl.; ~nout pf. (-pl; -pnut) s. odkopat.

odkor|ek m (2b; -rk-) Schwarte f; ~kovat pf. (-kuji) entkorken.

odkou|kat pf., ~knout pf. (-kl) abschauen (k-u co j-m A); ~pit pf. abkaufen; ~sat pf. (-šu/-sám) abbeißen.

odkrájet (3 Pl. -ejí) s. odkrojit.

odkrá|dat se, ~st se pf. (s. krást) sich davonstehlen, F verschwinden.

od|krevnit pf. s. odkrvit; ~kročit pf. (-il), wegtreten, zur Seite treten.

odkroj|ek m (1b; -jk-) fig. Stückchen n; ~it pf., ~ovat (-juji) Brot abschneiden; wegschneiden.

odkroutit pf. (-cen) abdrehen; P Zeit abdienen; iron. Strafe absitzen.

odkrv|ení n (3) Blutleere f; ~ený blutleer; ~it pf., ~ovat (-vuji) Blutleere erzeugen.

odkrýt pf. (s. krýt) entdecken, freilegen; Mängel aufdecken; Grube abdecken; ~ se sich erschließen, sich öffnen.

odkryt|í n (3) Aufdeckung f, Enthüllung f; ~ý aufgedeckt, entblößt.

odkrývka f (1c; -vek) Bgb. Abraum m.

odkud woher; ~koli(v) woher auch immer; ~pak woher denn; ~si irgendwoher.

odkulit pf. Stein wegrollen (se v/i).

odkup m (2a) Rückkauf m; ~né n (Adj. 3) Lösegeld n; ~ovat pf. (-puji) abkaufen.

od|kutálet se (3 Pl. -ejí) fortrollen, dial. wegkollern; ~kvapit pf. davoneilen, weglaufen.

odkv|ést pf. (s. kvést) verblühen; ~ět m (2a) Verblühen n, Abblühen n; ~ětání n (3) Verblühen n; ~ětat s. odkvést; ~ětlý verblüht; ~ist pf. s. odkvést.

odkyslič|ení n (3) Desoxydation f; ~it pf., ~ovat (-čuji) desoxydieren; Boden entsäuern.

od|kývat pf. ohne Widerspruch gutheißen, billigen; fig. klein beigeben; ~laďovač m (4) Rdf. Sperrkreis m; ~lákat pf. weglocken, F abspenstig machen; ~lakovač m (4) Nagellackentferner m; Lackauflösungsmittel n; ~lámat pf. (-u), ~lamovat (-muji) abbrechen; Felsen absprengen.

odlehč|ení n (3) Erleichterung f; ~it pf. erleichtern, entlasten, F leichter machen; ~ovací Entlastungs-; ~ovat (-čuji) s. odlehčit.

odlehl|ost f (4) Entfernung f, Abgeschiedenheit f; ~ý entlegen.

odlehnout pf. (-hl) sich wohler fühlen, erleichtert aufatmen.

odlep|it pf., ~ovat (-puji) ablösen; ~ se sich (los)lösen; ~t(áv)at se abätzen, ausradieren.

od|lesk m (2b) Abglanz m; ~lesnit pf. abholzen, lit. entwalden; ~let m (2a) Abflug m; Zo. Fortziehen n.

odl|état, ~etět pf., ~étnout pf. (-tl), ~etovat¹ (-tuji) abfliegen; Vögel: fortfliegen; Knopf abgehen.

odletovat² pf. (-tuji) ablöten.

odlév|ání n (3) Abgießen n; ~at s. odlít.

odlev|it pf., ~ovat (-vuji) erleichtern, leichter machen; F ~ si s-m Herzen Luft machen, sein Herz ausschütten.

odléz(a)t (pf. s. lézt) fort-, davonkriechen.

odlež|elý abgelegen; Wein: gut abgelagert; ~et pf. mit e-r Krankheit bezahlen (müssen); ~ se abliegen (v/i); nechat ~ lagern (od. liegen) lassen.

odličit pf. abschminken.

odlid|nit pf. (-ěn), ~ňovat (-ňuji) entvölkern.

odlípnout pf. (-pl; -pnut) s. odlepit.

odliš|ení n (3) Unterscheidung f; Absonderung f; ~it pf. unterscheiden; absondern; ~itelný zu unterscheiden; ~nost f (4) Unterschied m, Verschiedenheit f, Unterschiedlichkeit f; ~ný unterschiedlich, abweichend, verschieden; ~ovat (-šuji) s. odlišit.

odlít- s. odlét-.
od|lít *pf.* (s. *lít*) abgießen; wegschütten, -gießen; **~litek** *m* (2b; *-tk-*) Abguß *m*; **~liv** *m* (2a) Ebbe *f*; *fig.* Abnahme *f*; **~lívat** s. *odlít*; **~livka** *f* (1c; *-vek*) (*Trink-*)Glas *n*; Gläschen *n*.
odlom|ek *m* (2b; *-mk-*) Bruchstück *n*, Bruchteil *m*; **~it** *pf.* abbrechen.
odlouč|ení *n* (3) Trennung *f*; Absonderung *f*; Abgeschiedenheit *f*; **~enost** *f* (4) Abgeschiedenheit *f*; *Med.* Isolierung *f*; **~ený** getrennt, abgesondert, isoliert; **~it** *pf.* trennen, absondern (se sich).
odloud|at se *pf.* zögernd weggehen; **~it** *pf.* (*k-u co*) weglocken, F abspenstig machen (j-m *A*).
odloup|at *pf.*, **~nout** *pf.* (*-pl*; *-pnout*) abschälen, ablösen; **~ se** sich ablösen, abblättern, absplittern.
odlov *m* (2a) Fischfang *m*.
odlož|ení *n* (3) Weglegen *n*; Aufschub *m*; Vertagung *f*; **~ený** abgelegt; *Kind:* ausgesetzt; **~it** *pf.* weglegen, ablegen; *Termin* verschieben.
odluč|itelný (ab)trennbar; **~né** *n* (*Adj.* 3) Trennungsgeld *n*; **~ovací** Trennungs-; **~ování** *n* (3) Trennung *f*; **~ovat** (*-čuji*) s. *odloučit*.
odlu|ka *f* (1c) Trennung *f*; **~povat** (*-puji*) s. *odloupat*.
odma|stit *pf.* (*-štěn*), **šťovat** (*-tuji*) entfetten; **~šťovací** Entfettungs-.
odměk *dial. m* (2b) Tauwetter *n*.
odmě|na *f* (1) Belohnung *f*; **~něný** belohnt; **~nit** *pf.* (*-ěn*), **~ňovat** (*-ňuji*) belohnen; *Arbeiter* entlohnen; **~ se** *k-u* vergelten.
odměř|ka *f* (1c; *-rek*) Meßbecher *m*; **~ný** Meß-.
odměř|enost *f* (4) Gemessenheit *f*, Zurückhaltung *f*; **~ený** gemessen (*Schritt*); zurückhaltend (*Benehmen*); **~it** *pf.* (ab)messen; **~itelný** meßbar; **~ovat** (*-řuji*) s. *odměřit*.
odmést *pf.* (s. *mést*) wegfegen.
odměš|ek *m* (2b; *-šk-*) Sekret *n*; **~ování** *n* (3) Absonderung *f*; **~ovat** (*-šuji*) absondern.
odmetat s. *odmést*.
odmít|ání *n* (3) Ablehnung *f*, Abweisung *f*; Verweigerung *f*; **~at** ablehnen, zurückweisen; *Bitte* abschlagen; **~avost** *f* (4) ablehnendes Verhalten *n*; **~avý** ablehnend; *Bescheid:* abschlägig; **~nout** *pf.* (*-tl*,

-tnut) s. *odmítat*; **~nutí** *n* (3) s. *odmítání*.
odml|čet se *pf.* verstummen; **~ka** *f* (1c) kurzes Schweigen *n*, Pause *f*.
odmlouvač *m* (3) Widersacher *m*; **~nost** *f* (4) Widerspruchsgeist *m*; **~ný** widersprechend.
odmlouv|ání *n* (3) Widerspruch *m*; **~at** *pf.* widersprechen; **~avý** widersprechend.
odmluva *f* (1) Widerrede *f*.
odmoc|něnec *m* (4; *-nc-*) *Math.* Grundzahl *f*; **~nina** *f* (1) *Math.* Wurzel *f*; **~nit** *pf.* (*-ěn*) *Math.* die Wurzel ziehen; **~nítko** *n* (1b; *-tek*) Wurzelzeichen *n*; **~ňovat** (*-ňuji*) s. *odmocnit*.
odmo|čit *pf.* abweichen, loslösen; **~ntovat** *pf.* (*-tuji*) *Teile* abmontieren; *Fabrik* demontieren; **~t(áv)at** abwickeln, abspulen.
odmraz|it *pf.*, **~ovat** (*-zuji*) enteisen, vom Eis befreien, auftauen.
odmršť|ění *n* (3) Zurückweisung *f*; Ablehnung *f*; **~it** *pf.* (*-ěn*) wegschleudern, zurückschleudern; ablehnen.
odmy|kat s. *odemknout*; **~slit** *pf.* (*-šlen*) wegdenken, *sich et.* aus dem Sinn schlagen.
odnaproti *dial.* von drüben.
odnárod|nění *n* (3) Entnationalisierung *f*; **~nit** *pf.* (*-ěn*), **~ňovat** (*-ňuji*) entnationalisieren.
odnášet (3 *Pl. -ejí*) s. *odnést*; **~ se** *k č-u* sich beziehen auf (*A*).
odňat s. *odejmout*.
odnauč|it *pf.*, **~ovat** (*-čuji*) abgewöhnen (*k-o č-u* j-m *A*; se *č-u* sich *A*).
od|navykat s. *odnaučit*; **~někud** (von) irgendwoher; **~nést** *pf.* (s. *nést*) wegtragen; (*a. si*) davontragen, büßen (*co* für *A*); **~nětí** *n* (3) Wegnahme *f*, Entziehung *f*; **~nikud** nirgends(wo)her; **~ni(mat)** s. *odejmout*; **~nosit** (*-šen*) s. *odnést*.
odnož *f* (3) *Bot.* Ableger *m*; *Gr.* Abzweigung *f*; **~it** *pf.*, **~ovat** (*-žuji*) Triebe ansetzen.
odol|(áv)at widerstehen; **~nost** *f* (4) Widerstandsfähigkeit *f*; **~ný** widerstandsfähig.
odosob|nit *pf.* (*-ěn*), **~ňovat** (*-ňuji*) entpersönlichen.
odou|t *pf.* (*-duji*, *-dul*), **~vat** aufblasen; **~ se** sich (auf)blähen.

odpad m (2a) Abfall m; Abfluß m; ~(áv)at abfallen; Sitzung: ausfallen; Szene: wegfallen; ~ek m (2b; -dk-) Abfall m, Abfälle m/pl.; ~kový Abfall-; ~lice f (2a) Abtrünnige f; ~lictví n (3) Renegatentum n; ~lík m (1a) Abtrünnige(r) m; ~lý abtrünnig, abgefallen; ~ní Abfluß-; ~ vody Abwässer m/pl.; ~nout pf. (-dl) abfallen; ~nutí n (3) Wegfall m; ~ný s. odpadní; ~ový Abfall-.

odp|álit pf., ~alovat (-luji) ab-, zurückschlagen; *Geschütz* abfeuern.

odpárat pf. abtrennen; ~ se sich (los)lösen.

odpař|ení n (3) Verdampfen n; ~it pf. verdampfen; ~ se verdunsten, verdampfen (v/i); ~ovací Verdampfungs-; ~ovač m (4) Verdampfer m; ~ovat (-řuji) s. odpařit.

odpásat pf. abschnallen.

odpeck|ovač m (4) Entkerner m; ~ovat pf. (-kuji) entkernen.

od|pečetit pf. (-én) entsiegeln, das Siegel entfernen; ~pich m (2b) *Tech.* Abstich m; *Sp.* Abstoß m; ~pichnout pf. (-chl; -chnut), ~pichovat (-chuji) abstechen; *Boot* vom Ufer abstoßen; *Zeit* (ab)stoppen; *Kontrolluhr* stechen; ~pichovátko n (1b; -tek) Stechzirkel m.

odpil|ky m/pl. (2b) Feilspäne m/pl; ~ovat pf. (-luji) abfeilen.

od|pínat s. odepnout; ~pis m (2; 6. -u/-e) Abschreibung f; ~pískat pf. pfeifen (A); *Sp.* abpfeifen; ~pisovat (-suji) s. odepsat; ~pít pf. (-piji) abtrinken; ~plácet (3 Pl. -ejí) s. odplatit.

odplat|a f (1) Vergeltung f; *fig.* Lohn m; ~it pf. (-cen) vergelten; heimzahlen.

odplav|at pf. (-u) davon-, wegschwimmen; ~it pf., ~ovat (-vuji) wegschwemmen, -spülen; *Holz* flößen.

odplazit se pf. fort-, wegkriechen; sich fortschleichen.

odpliv|ek m (2b; -vk-) Auswurf m; ~nout pf. ausspeien.

odpl|ou(va)t s. *plout)* fortschwimmen; *Schiff:* abfahren; ~utí n (3) *Mar.* Abfahrt f.

odpl|ynout pf., ~ývat (-vuji) abfließen, vergehen.

odprav|it pf., ~ovat (-vuji) beseitigen; (er)morden.

odpočatý P ausgeruht.

odpočet m (2a; -čt-) *Hdl.* Abzug m.

odpočin|ek m (2b; -nk-) Ruhe f, Rast f; Ruhestand m; ~out (si) pf. (-nul; -nut od. -čal; -čat) (aus)ruhen; ~utí n (3) Ruhe f.

odpočí|st pf. (s. *číst)*, ~tat pf. abzählen; *Hdl.* abrechnen; ~taný abgezählt.

odpo|čitatelný abzugfähig; ~čivadlo n (1a; -del) Ruhebett n; Treppenabsatz m; ~čívat s. odpočinout; ~čívné n (Adj. 3) Ruhegehalt n; ~čtení n (3) *Hdl.* Abzug m; ~čtový Abzugs-; ~jit pf., ~jovat (-juji) *Esb.* abhängen; *El.* abschalten.

odpoledn|e n (2) Nachmittag m; *Adv.* nachmittag(s), am Nachmittag; ~í Nachmittags-; ~ník m (2b) Nachmittagsblatt n.

odpolitizovat [-ti-] pf. (-zuji) entpolitisieren.

odpol|a, ~ou *Adv.* zur Hälfte, halb.

odpom|áhat abhelfen; ~oc f (4) Abhilfe f; ~oci pf. (-ohu; -žen) s. *odpomáhat.*

odpor m (2a) Widerstand m; Abscheu f; *Pol.* Widerstandsbewegung f; *Jur.* Einspruch m, Widerspruch m; ~nost f (4) Widerwärtigkeit f; ~ný widerlich, ekelhaft; ~ovací *Gr.* adversativ; ~ovat (-ruji) widerstehen; widersprechen; sich widersetzen; ~ si sich (od. einander) widersprechen; ~ový Widerstands-; ~ující widersprechend.

odpo|ručit s. doporučit; ~slouch(áv)at *Gespräch* abhören; ~tácet se pf. (3 Pl. -ejí) davonwanken.

od|pouštět (3 Pl. -ějí) s. odpustit; ~pout(áv)at losmachen, loslassen; *fig.* entfesseln; ~ se sich lösen; *Flgw.* sich losschnallen.

odpově|ď f (4a; -di; 7 Pl. -dmí) Antwort f; Bescheid m; ~dět (-vím) antworten; ~dnost f (4) Verantwortung f; ~dný verantwortlich.

odpovídat s. odpovědět; (za?) verantwortlich sein (für A); (č-u) entsprechen (D).

odpr|acovat pf. (-cuji) abarbeiten; *Rest* aufarbeiten; ~ásknout P pf. (-kl) niederknallen; ~ašovač m (4) Staubsauger m; *Tech.* Entstaubungsanlage f.

odpro|d(áv)at e-n Teil (weiter-)verkaufen; ~dej m (4) (Teil-)

Verkauf m; ~sit pf. (-šen) Abbitte leisten; ~šení n (3) Abbitte f; ~šovat (-šuji) s. odprosit.

odprýsk|aný abgesprungen; ~(áv)at, ~nout pf. (-kl) abspringen, abblättern.

odpř|ahat, ~áhnout pf. (-hl; -přažen) Pferde ausspannen.

odpředu von vorn.

odpř|ísahat, ~isáhnout pf. (-hl; -hnut) abschwören; ~ se č-o sich lossagen von (D).

odpudi|t pf. (-zen) verstoßen, vertreiben; fig. abstoßen; ~vý abstoßend.

odpůr|ce m (3) Gegner m, Widersacher m; ~čí gegnerisch, (a. Jur.) Gegen-; ~kyně f (2b) Gegnerin f.

odpustit pf. (-štěn) verzeihen, vergeben; zelný verzeihlich.

odpu|stky m/pl. (2b) Rel. Ablaß m; ~štění n (3) Verzeihung f; Rel. Vergebung f; ~zovat (-zuji) s. odpudit; ~zující abstoßend.

odpyk(áv)at v/t Strafe verbüßen; büßen (für A); sühnen (A).

Odra f (1d) Oder f (Fluß).

odradit pf. abraten (k-o od č-o/j-m von D); F Kunden j-m abwerben.

odra|ný abgerissen, zerlumpt; ~t pf. (-deru) abreißen; herunterreißen; iron. rupfen, ausnehmen.

odrátovat pf. (-tuji) mit Draht umwickeln; verdrahten.

odraz m (2a) Abprall m; Widerschein m, Reflex m; Mus. Nachschlag m; Phil. Abbild m; ~iště n (2a) Sp. Absprungstelle f; ~zit pf. (-žen) abschlagen; Ball zurückwerfen; Strahl reflektieren; Boot vom Ufer abstoßen; Angriff zurückschlagen; vom Preis abziehen; ~ se abprallen; Licht: sich (wider)spiegeln; Echo: widerhallen; Farben: sich abheben; ~ka f (1c; -zek) Kfz. Rückstrahler m, P Katzenauge m; ~ní, ~ný Prell-; ~ník m (2b) Esb. Prellbock m; ~ovat (-zuji) s. odradit; ~ový Absprung-; Reflexions-; ~můstek Sp. Sprungbrett n; -vé sklo Kfz. Rückstrahler m.

odražen|í n (3) Abprall m; Phys. Reflexion f; Abwehr f e-s Angriffs; ~ina f (1) Stoßwunde f; ~ý Wasser: abgestanden; -ná střela Querschläger m.

odráž|et n (3 Pl. -ejí) s. odrazit; ~ka f (1c; -žek) Hdl. Abschlag m; Mus. Auflöser m; Mil. (Patronen-)Auswerfer m.

odrb|aný zerlumpt; Kleid: zerfetzt; ~at pf. (-u/-ám) abreiben; P rupfen.

odreagovat pf. (-guji) abreagieren.

odrhn|out pf. (-hl; -hnut) abreiben; Boden scheuern; ~utí n (3) Abreibung f.

odrhovačka f (1c; -ček) verä. Gassenhauer m.

odrn|it pf. (-ěn), ~ovat (-nuji) mit Rasen bepflanzen.

odroč|ení n (3) Vertagung f; ~it pf. vertagen, verlegen; ~ovací Vertagungs-; ~ovat (-čuji) s. odročit.

odrodi|lec m (3; -lc-) Abtrünnige(r) m; ~lství n (3) Renegatentum n; ~lý entartet; abtrünnig; ~t se pf. entarten; abtrünnig werden.

odrostlý erwachsen; ~ škole der Schule entwachsen.

odrůda f (1) Abart f.

odrůst(a)t (pf. s. růst) heranwachsen; fig. entwachsen.

odruš|it pf., ~ovat (-šuji) Rdf. entstören; ~ovací Entstörungs-; ~ovač m (4) Entstörungsgerät n.

odrý|pat (-ám/-u), ~pnout pf. (-pl; -pnut), ~t pf. (s. rýt) mit dem Spaten abstechen, abgraben.

odřad m (2a) Trupp m, Staffel f.

odřekn|out pf. (-řeknu, -kl; -knut) absagen; Zeitung abbestellen; ~ se č-o entsagen (D); ~ si co verzichten (auf A); ~utí n (3) Absage f; Verzicht m; Abbestellung f.

odřen|ina f (1) Hautabschürfung f; ~ý abgeschunden; schäbig.

odřez|(áv)at pf. (-žu/-zám) abschneiden; ~ek m (2b; -zk-) abgeschnittenes Stück n; ~ky m/pl. (2b) Abfälle m/pl.

od|říci pf. s. odřeknout; ~řihost F m (1; -ové) Nepper m.

odřík|ací Verzicht-; ~ání n (3) Entsagung f; ~at pf. s. odřeknout; ~ávat Gedicht aufsagen; ~avý f (4) Entsagung f; ~avý entbehrungsreich; enthaltsam.

odří|t pf. (s. dřít) abschinden, iron. rupfen; dial. bewältigen; ~znout pf. (-zl; -znut) s. odřezat.

od|sadit pf. (-zen) absetzen; j-n wegsetzen; ~sakovat (-kuji) versickern.

odsá|t pf. (-saji) aufsaugen; Tech. absaugen; ~vací Saug-; ~vač, od-

odsavač 254

savač *m* (4) Absauger *m*; ~vat *s. odsát*.

odsed|(áv)at wegrücken, sich wegsetzen (*von j-m*); ~ět *pf. Strafe* absitzen; ~l(áv)at *Pferd* absatteln; ~**nout** (**si**) *pf. s. odsedat*.

odsek|(áv)at, ~nout *pf.* (*-kl*; *-knut*) abhauen; F abkanzeln (*k-u/j-n*).

odsh|ora, ~ůry von oben.

odsk|ákat *pf.* (*-ču*) davonhüpfen; *dial.* büßen; ausbaden; ~**akovat** (*-kuji*), ~**očit** *pf.*, wegspringen, zur Seite springen; *Ball:* abprallen; F a. e-n Abstecher machen; ~**ok** *m* (2b) *Turn.* Nachspringen *m*; *fig.* Sprung *m*; ~ **stranou** Seitensprung.

odsl|oužit *pf.*, ~**uhovat** (-*huji*) abdienen; ~ se k-o vergelten (j-m *A*); ~**uha** *f* (1b) Gegendienst *m*.

od|sluní *n* (3) Sonnenferne *f*; ~**soudcovat** *pf.* (-*cuji*) *Sp.* den Schiedsrichter machen; ~**soudit** *pf.* (-*zen*) verurteilen.

odsouv|ání *n* (3) *Gr.* Abwerfen *n*, Wegfallen *n* e-s *Lautes*, Apokope *f*; ~**at** wegrücken; *Gr.* abwerfen.

odsouzen|ec *m* (3; -*nc-*) Verurteilte(r) *m*; ~**í** *n* (3) Verurteilung *f*; ~**ý**, ~**á** (*Adj.* 1/2) Verurteilte *m*/*f*.

od|spodu von unten; ~**stálý** *Ohren:* abstehend; *Getränk:* abgestanden; ~**startovat** *pf.* (-*tuji*) starten; ~**stát** *pf.* (-*stojím*) lange stehen (müssen); ~**stávat** abstehen.

odstav|ec *m* (4; -*vc-*) (*Buch-*) Absatz *m*; *Jur.* Artikel *m*; ~**ení** *n* (3) Abstillen *n*; *Agr.* Entwöhnen *n*; ~**it** *pf.*, ~**ovat** (-*vuji*) absetzen; *Kind* abstillen; *Zo.* entwöhnen; F (k-o) kaltstellen (*fig.*); ~**ný** Abstell-.

odstěhovat *pf.* (-*huji*) *v/t* übersiedeln, bringen; ~ se übersiedeln (*v/i*), ausziehen.

odstín *m* (2a) Schattierung *f*, Abstufung *f*; ~**ěný** getönt; ~**it** *pf.*, abstufen, nuancieren, tönen.

odsto|nat *pf.* (-*stůňu*) *v/t* krank machen; büßen; ~**pnout** *pf.* (-*pl*; -*pnut*) *Sp.* (ab)stoppen.

odstoup|ení *n* (3) Rücktritt *m*, Abdankung *f*; ~**it** *pf.* abtreten, zurücktreten; *Amt* niederlegen.

odstra|nění *n* (3) Beseitigung *f*; ~**nit** *pf.* (-*něn*) *s. odstraňovat*; ~**nitelný** ablösbar; ~**ňovat** *pf.* (-*ňuji*) beseitigen.

odstraš|it *pf.*, ~**ovat** (-*šuji*) abschrecken; ~**ovací** Abschreckungs-; ~**ující** abschreckend.

odstr|čit *pf.*, ~**kovat** (-*kuji*) abstoßen, zurückstoßen; *fig.* j-n zurücksetzen.

odstroj|it *pf.*, ~**ovat** (-*juji*) entkleiden; *Pferd* abschirren; *Schiff* abtakeln; ~ se sich ausziehen.

odstře|dit *pf. Milch* schleudern; -*děné mléko* Magermilch *f*; ~**divka** *f* (1c; -*vek*) Zentrifuge *f*, Schleuder *f*; ~**divost** *f* (4) Zentrifugalkraft *f*; ~**divý** Zentrifugal-; ~**ďovat** (-*ďuji*) *s. odstředit*.

odstřel *m* (2a) *Jagdw.* Abschuß *m*; Sprengschuß *m*; zkusný ~ Probeschuß; ~**it** *pf.*, ~**ovat** (-*luji*) abschießen; *Tech.* absprengen.

odstř|íhat *od.* ~**íhat** *pf.*, ~**ihnout** *pf.* (-*hl*; -*žen*), ~**ihovat** (-*huji*) mit der *Schere* abschneiden; ~**íknout** *pf.* (-*kl*; -*knut*), ~**ikovat** (-*kuji*) abspritzen; ~**ížek** *m* (2b; -*žk-*) (*Papier-*)Schnitzel *n od. m*.

odstup *m* (2a) Abstand *m*; *Jur.* Abtretung *f*; Rücktritt *m* (*e-s Ministers*); ~**né** *n* (*Adj.* 3) Abstandszahlung *f*, Abfindung *f*; ~**ní** Abtretungs-; ~**ňov(áv)at** (*pf.* -*ňuji*) abstufen; ~**ovat** (-*puji*) *s. odstoupit*.

odsud von hier.

odsudek *m* (2b; -*dk-*) Verurteilung *f*.

odsun *m* (2a) Abschub *m*, Abtransport *m*; *Pol.* Vertreibung *f*; *fig.* Aussiedlung *f*; ~**out** *pf.* (-*nul*), ~**ovat** (-*nuji*) weg-, abschieben, abtransportieren; aussiedeln.

odsuv|ka *f* (1c; -*vek*) *Gr.* Apokope *f*, Wegfall *m* des Auslautes; ~**ník** *m* (2b) Auslassungszeichen *m*.

od|suzovat (-*zuji*) *s. odsoudit*; ~**svědčit** *pf.* beeiden, unter Eid bezeugen; ~**světit** *pf.* (-*cen*) entweihen, profanieren; ~**sypat** *pf.* (-*u*) wegschütten; ~**šifrovat** *pf.* (-*ruji*) entziffern, entschlüsseln; ~**šinout** *pf.* wegschieben; ~ se *dial.* fortgehen.

odškodn|é *n* (*Adj.* 3) Entschädigung(ssumme) *f*, Schadenersatz *m*; ~**ění** *n* (3) Entschädigung *f*; ~**it** *pf.* (-*ěn*) entschädigen.

odškrab|at *pf.* (-*u/-ám*), ~**ovat** (-*buji*) abkratzen; ~**ek** *m* (2b; -*bk-*) Abgeschabtes *n*.

odškrt|(áv)at, ~nout *pf.* (-*tl*; -*tnut*) wegstreichen.

odšoupnout *pf.* (-*pl*; -*pnut*) beiseite schieben, wegschieben.

odšpendl|it *pf.*, **~ovat** (-*luji*) *mit e-r Nadel* abstecken.
odšroubovat *pf.* (-*buji*) abschrauben.
odštěp|ek *m* (*2b*; *-pk-*) Splitter *m*, (*Holz-*)Span *m*; **~enec** *m* (*3*; *-nc-*) Abtrünnige(r) *m*; **~ení** *n* (*3*) Spaltung *f*; **~it** *pf.*, **~ovat** (-*puji*) sich trennen.
od|štípnout *pf.* (-*pl*; -*pnut*), **štipovat** (-*puji*) abspalten, abzwicken; **~tahat** *pf.*, **~táhnout** *pf.* (-*hl*; -*žen*), **~tahovat** (-*huji*) fortziehen, Mil. abmarschieren; **~** se sich zurückziehen; **~tamtud** von dort(her).
odťatý abgeschlagen.
odtaž|ení *n* (*3*) Wegziehen *n*; Mil. Abzug *m*, Abmarsch *m*; **~itost** *f* (*4*) Abstraktion *f*; **~itý** begrifflich, abstrakt. [fließen.⟩
odté|ci *pf.* (-*teče*, -*tekl*), **~kat** *pf*∫
odte|lefonovat *pf.* (-*nuji*) zurücktelefonieren, zurückrufen; **~legrafovat** *pf.* (-*fuji*) zurücktelegrafieren; **~sat** *pf.* (-*šu*/-*sám*) abhauen.
od|tít *pf.* (*odtnu*, *odťal*; -*tat*) abhauen; **~tlouci** *pf.* (*s. tlouci*) abschlagen; *Uhr:* schlagen; **~točit** *pf.* abdrehen; **~tok** *m* (*2b*) Abfluß *m*.
odtrh|(áv)at, ~nout *pf.* (-*hl*; -*žen*), **~ovat** (-*huji*) abreißen, losreißen; **~** se sich losreißen; *fig.* sich abwenden.
odtroubit *pf.* abblasen.
odtrže|ní *n* (*3*) Abtrennung *f*; **~ný** abgerissen.
odtuč|nit *pf.*, **~ňovat** (-*ňuji*) entfetten; **~ňovací** Abmagerungs-.
od|tud von hier; seit dieser Zeit; daher; **~tušit** *pf.* antworten, entgegnen; **~učit** *pf.* den Unterricht beenden; abgewöhnen (*k-o č-u j-m A*).
odúčto|vací Abrechnungs-, Clearing-; **~vání** *n* (*3*) Abrechnung *f*; **~vat** *pf.* (-*tuji*) abrechnen.
odul|ost *f* (*4*) Aufgeblasenheit *f*; **~ý** geschwollen, gebläht; dick; *Lippen:* wulstig.
od|umírat *s.* odumřít; **~úmrť** *f* (*4 od.* 4*a*; -*ti usw.*) *Jur.* Heimfall *m*; **~úmrtní, ~úmrtný** heimfällig, Kaduzitäts-; **~umřelý** abgestorben; **~umřít** *pf.* (*s. mřít*) absterben.
od|und(áv)at *dial.* wegtun, weggeben; **~úročit** *pf. Hdl.* diskontieren; **~úřadovat** *pf.* (-*duji*) die Bürozeit beenden.

oduř|elý (an)geschwollen, aufgedunsen; **~et** *pf.* (*3 Pl.* -*ejí*) (an-)schwellen.
odusit *pf.* (-*šen*) *ein wenig* dünsten.
oduševl|nělý beseelt; **~nit** *pf.* (-*ěn*), **~ňovat** (-*ňuji*) beseelen.
odůvod|nění *n* (*3*) Begründung *f*; **~něný** begründet, stichhaltig; **~nit** *pf.* (-*něn*), **~ňovat** (-*ňuji*) begründen.
oduzn|ání *n* (*3*) Aberkennung *f*; **~at** *pf.* aberkennen.
odvá|bit *pf.* weglocken; **~děcí** Abführ-, Ableitungs-, Abzugs-, Abfluß-; **~dění** *n* (*3*) Abführen *n*, Entrichtung *f* (*e-r Gebühr*); *Mil.* Aushebung *f*; **~dět** (*3 Pl.* -*ějí*) *s.* odvést.
odvaha *f* (*1b*) Mut *m*.
odval *m* (*2a*) Halde *f*; **~it** *pf.*, **~ovat** (-*luji*) wegwälzen; *Verdacht* abwälzen.
od|vanout *pf.* fortwehen, verwehen; **~vápnit** *pf.* (-*ěn*) entkalken; **~var** *m* (*2a*) Absud *m*; *fig. verä.* Abklatsch *m*; **~vát** *pf.* (-*věji*) fortwehen; **~vázat** *pf.* (-*žu*/-*ži*), **~vazovat** (-*zuji*) losbinden; abschnallen; **~vážet** (*3 Pl.* -*ejí*) *s.* odvézt; **~vážit** *pf.* (ab)wiegen; erwägen; **~** se wagen, sich unterstehen; sich anmaßen (*A*); **~vážka** *f* (*1c*; -*žek*) Abholung *f*; (*Müll-*)Abfuhr *f*.
odváži|vec *m* (*3*; -*vc-*) waghalsiger Mensch *m*; **~vost** *f* (*4*) Verwegenheit *f*, Tollkühnheit *f*; **~vý** gewagt, verwegen.
odváž|nost *f* (*4*) Kühnheit *f*; **~ný** kühn, mutig.
odvažovat (-*žuji*) *s.* odvážit.
odvděč|it *pf.*, **~ovat** (-*čuji*): **~** se vergelten; sich revanchieren.
odveden|(ý) weggeführt; *Mil.* gemustert, *öst.* assentiert; *Hdl.* zugestellt; **~í** *n* (*3*) Ablieferung *f*; Ableitung *f*.
od|věký ewig, uralt; **~** nepřítel Erbfeind *m*; **~velet** *pf. Mil.* abkommandieren; **~vést** *pf.* (-*šen*) *Esb.* abhängen, abkoppeln; **~věsna** *f* (*1*; -*sen*) *Geom.* Kathete *f*; **~vést** *pf.* (*s. vést*) wegführen; *Fluß* ableiten; *Hdl.* abliefern, entrichten; *Mil.* für tauglich befinden; *F* abspenstig machen.
odvet|a *f* (*1*) Vergeltung *f*; **~ný** Vergeltungs-.
od|větit *pf.* (-*ěn*) antworten, er-

odvětví 256

widern; ~větví n (3) fig. Zweig m, Gebiet n; Hdl. Branche f; ~vezení n (3) Abholen n, Abtransport m; ~vézt pf. (s. vézt) (hin)bringen, fahren; abholen, abtransportieren; ~vislý s. závislý; ~vívat fortwehen.

odvlé|ci pf. (s. vléci), ~kat ⟨po-⟩, ~knout pf. (-kl; -knut) weg-, fortschleppen; Auto, Schiff abschleppen; Menschen verschleppen; ~ se sich fortschleppen.

odvlh|čit pf. feucht ablösen; ~nout pf. (-hl) sich durch Feuchtigkeit ablösen.

odvod m (2a) Ableitung f; Mil. Musterung f, öst. Assentierung f; ~it pf. (-zen) ableiten; Phil. schließen; ~ důsledky z č-o die Konsequenzen ziehen aus (D); ~itelný ableitbar; ~nění n (3) Entwässerung f; ~ní Ableitungs-; Mil. Musterungs-, öst. Assentierungs-; ~nit pf. (-ěn), ~ňovat (-ňuji) entwässern; ~ný Ableitungs-, Abzugs-.

odvol|ací Widerrufs-; Jur. Berufungs-; ~ání n (3) Widerruf m; Jur. Berufung f; Abberufung f, Zurückziehung f; Abbestellung f; Hdl. a. Stornierung f; ~at pf. widerrufen; Gesandten abberufen; Antrag zurückziehen; Sitzung absagen; Auftrag stornieren; ~ se na co, na k-o sich berufen auf (A); ~ se z č-o Berufung einlegen gegen (A); ~ se k vyššímu soudu an ein höheres Gericht appellieren; ~ se na záslubu auf Verdienste pochen.

odvolatel m (3; -é), ~ka f (1c; -lek) Berufungskläger(in) f; ~nost f (4) Jur. Widerruflichkeit f; Abberufbarkeit f von Funktionären; ~ný widerruflich; abberufbar; není ~ unwiderruflich.

odvol|ávat s. odvolat; ~it pf. zur Wahl gehen, wählen.

odvoz m (2a) (smetí Müll-)Abfuhr f, Abtransport m; ~enina f (1) Gr. abgeleitetes Wort n; ~ený abgeleitet; ~it pf. mit e-m Fahrzeug abholen, abtransportieren; ~ovací Ableitungs-; ~ovat (-zuji) ableiten, herleiten.

odvrác|ení n (3) Abwendung f; Abkehr f; Ablenkung f; ~ený abgekehrt; abgelenkt.

odvracet (3 Pl. -ejí) s. odvrátit.

odvr|at m (2a) Abkehr f; ~átit pf. (-cen) abwenden (se sich); verhüten; ablenken, abbringen (von D).

odvratitel|nost f (4) Verhütung f; ~ný vermeidbar.

odvrh|nout pf. (-hl; -žen), ~ovat (-huji) wegwerfen; Tradition verwerfen; Scham ablegen.

odvšivit pf. entlausen.

odvyk|ání n (3) Abgewöhnen n, Entwöhnung f; ~at, ~nout pf. (-kl) abgewöhnen; ~lý abgewöhnt, entwöhnt.

od|zadu von rückwärts, von hinten; ~zátkovat pf. (-kuji) Flasche entkorken.

odzbroj|ení n (3) Entwaffnung f; Pol. Abrüstung f; ~it pf. entwaffnen; abrüsten; ~ovací Abrüstungs-; ~ovat (-juji) s. odzbrojit.

od|zdola von unten (her), ~znak m (2b) Abzeichen n; ~zpívat pf. absingen, zu Ende singen; F už mu -ali dial. mit ihm ist es vorbei; ~zvánět (3 Pl. -ějí), ~zvonit pf. läuten; F už mu -ili dial. es ist aus mit ihm; ~žínat, ~žít¹ pf. (odežnu, -žal), abmähen; ~žít² (s. žít¹) verleben.

ofajfkovat pf. (-kuji) dial. abhaken.

ofěra f (1d) Opfer n, Opfergang m.

ofici|ální, ~elní offiziell; ~ózní halbamtlich.

ofikaný schlecht geschoren.

ofotografovat pf. (-fuji) († ab)fotografieren.

ofouk|at pf., ~nout pf. (-kl; -knut) anblasen; Staub wegblasen.

ofsajd m (2a) Sp. Abseits n.

oh! Int. ach!, oh!

ohanbí n (3) Schamgegend f.

ohá|nět (3 Pl. -ějí) wegjagen, verscheuchen; ~ se um sich schlagen; fig. iron. herrschen; F tüchtig zupacken; (s čím) fig. um sich werfen (mit D); ~ňka f (1c; -něk) Wedel m, Schwanz m; Kochk. Schwanzstück n.

oharek m (2b; -rk-) Stummel m; (Zigaretten-)Kippe f; (Licht-)Schnuppe f.

ohař m (3) Jagdhund m.

ohav|a f (1) Scheusal n, Unhold m; ~nice f (2a), ~ník m (1a) schändliche Person f; ~nost f (4) Greuel m; ~ný gräßlich, abscheulich.

ohazovat (-zuji) Mauer werfen.

oh|bí n (3), ~eb m (2a) Biegung f, Krümmung f; Anat. Beuge f.

ohle|nost f (4) Biegsamkeit f; ~ný biegsam, geschmeidig; *Gr.* flexibel.
oheň m (4a; -hně, -hni usw.) Feuer n.
ohl|adit pf. (-zen) glätten, polieren; ~as m (2; 6. -u/-e) Widerhall m, Echo n; ~ásit pf. (-šen), ~ašovat (-šuji) ankündigen; (an)melden.
ohláš|ení n (3) Anmeldung f; Bekanntmachung f; Ankündigung f; ~ený angekündigt; ~ka f (1c; -šek) Versandanzeige f; ~ky f/pl. (1c; -šek) *Rel.* Aufgebot n.
ohlašov|ací Anmelde-; Melde- (z. B. Amt); ~atel m (3; -é) *Rdf.* Ansager m; ~na f (1; -ven) Meldestelle f.
ohlaví n (3) Kapitell n.
ohlávka f (1; -vek) Halfter m od. n.
ohled m (2a) Rücksicht(nahme) f; Hinsicht f; mít ~ na Rücksicht nehmen auf (A); s ~em na co mit Rücksicht auf; s ~em unter Berücksichtigung; v každém ~u in jeder Hinsicht, in jeder Beziehung; ~ací Augenschein-, Befund-; ~(áv)ač m (3) Leichenbeschauer m; ~ání n (3) Beschau f; Besichtigung f; Med. Untersuchung f; *místní* ~ Lokaltermin m; ~(áv)at beschauen; *Med.* untersuchen; *Puls* fühlen; *Mil.* erkunden; ~ně (č-o) betreffs, hinsichtlich (G).
ohléd|nout se pf. (-dl; -dnut) (po čem) sich umschauen (nach D) zurückblicken; ~nutí n (3) Rückblick m.
ohledup|lnost f (4) Rücksichtnahme f; ~ný rücksichtsvoll.
ohlí|dat pf. Kinder betreuen; ~dnout se pf., ~žet se (3 Pl. -ejí) s. ohlédnout se.
ohlod|aný angefressen; ~(áv)at benagen, zerfressen.
ohloupit pf. verdummen.
ohlubeň f (3; -bně, -bni usw.) Brunnenkasten m.
ohluch|lý taub (geworden), ~nout pf. taub werden; ~nutí n (3) Verlust m des Gehörs.
ohlupov|at (-puji) s. ohloupit; ~ání n (3) Verdummung f.
ohluš|ení n (3) Betäubung f; ~it pf., ~ovat (-šuji) betäuben; ~ivý, ~ující ohrenbetäubend.
ohmat|aný abgegriffen; ~(áv)at betasten, befühlen.
ohnat se pf. (-ženu) um sich schlagen, F herumfuchteln.

ohnice f (2a) *Bot.* Ackersenf m.
ohníček m (2b; -čk-; 2. a. -čka) Feuerchen n.
ohnilý angefault.
ohnípaný P schläfrig, verschlafen.
ohni|sko n (1b; -s[e]k) Brennpunkt m; *Med.* Herd m; ~skový *Phys.* Brenn-; ~ště n (2a) Feuerstätte f, -stelle f.
ohnít pf. (s. hnít) faulig werden, anfaulen.
ohni|vák m (1a) *Myth.* pták ♀ Feuervogel m; ~vost f (4) Feurigkeit f, feuriges Wesen n; *fig.* Feuer n; ~vý feurig, Feuer-; ~vzdorný feuerfest.
ohňo|met m (2a) Flammenwerfer m; ~stroj m (4) Feuerwerk n; ~strůjce m (3) Feuerwerker m, Pyrotechniker m.
oh|nout pf. (um)biegen; beugen; F rumkriegen; ~nutí n (3) Biegung f; Beugung f; ~nutitelný biegsam; ~nutý gebogen, gekrümmt; ~ňový Feuer-.
ohoblovat pf. (-luji) abhobeln.
ohodit pf. (-zen) Mauer anwerfen.
ohodno|cení n (3) Bewertung f; *Sp.* Bewertungsnote f; ~tit pf. (-cen) bewerten.
oholený rasiert; ~it pf. rasieren.
ohon m (2a) Schweif m; *Jagdw.* Rute f.
ohoř|elý abgebrannt; ~et pf., ~ívat abbrennen (v/i).
ohospodařovat (-řuji) s. obhospodařovat.
ohoz m (2a) *dial.* Kleid m, Anzug m.
ohrab|(áv)at pf. -u) (um)scharren, kehren, harken; ~ky m/pl. (2b; -bk-) Abfall m beim Rechen.
ohrad|a f (1) Umfriedung f; Holzlager n; Hürde f, Zwinger m; ~it pf. (-zen) umzäunen, einzäunen; ~ se sich verwahren (gegen A); *Jur.* Einspruch erheben.
ohr|ádka f (1c; -dek) Umfriedung f; (*Tier-*)Auslauf m; (*Kinder-*)Laufgitter n; ~adní Umzäunungs-, Umfassungs-; *Mil.* Schanz-.
ohranič|ení n (3) Abgrenzung f; ~ený abgegrenzt; begrenzt; ~it pf., ~ovat (-čuji) abgrenzen; begrenzen.
ohra|nit pf. (-něn), ~ňovat (-ňuji) abkanten; *Tech.* abdecken; ~ný abgespielt; ~zovat (-zuji) s. ohradit.
ohrn|out pf., ~ovat (-nuji) umstülpen; *Kragen* hochschlagen; *Ärmel*

ohrnovací 258

umschlagen; F *Nase* rümpfen; ~ovací Umschlage-; ~ovačky f/pl. (1c; -ček) Faltenstiefel m/pl.

ohrom|ení n (3) Bestürzung f; ~ený verblüfft; ~it pf. s. ohromovat; ~nost f (4) Ungeheuerlichkeit f, gewaltige Größe f; ~ný riesig, gewaltig, Riesen-; ~ovat (-muji) verblüffen.

ohro|zit pf. (-žen) bedrohen; gefährden; ~žení n (3) Bedrohung f, Gefährdung f; ~žený bedroht; ~žovat (-žuji) s. ohrozit.

ohryz|(áv)at (pf. -žu/-zám) abnagen; ~ek m (2b; -zk-) Kerngehäuse n, F Griebs m; *Anat.* Adamsapfel m; ~ovat (-zuji) s. ohryzávat.

ohřát pf. (-hřeji) (er)wärmen; ~í n (3) Erwärmung f; ~ý erwärmt; *Essen*: aufgewärmt.

Ohře f (2) Eger f (*Fluß*).

ohřebit pf. Fohlen werfen, fohlen.

ohřív|ací Wärm-; ~ač m (4): ~ vody Warmwasserspeicher m; ~ vzduchu Lufterhitzer m; ~árna f (1; -ren) Wärmestube f; ~at s. ohřát.

ohyb m (2a) Biegung f; Krümmung f; *Phys.* Brechung f.

ohybací Beuge-; *Gr.* Flexions-.

ohybač m (4) Beugemuskel m.

ohýb|adlo n (1a; -del) Biegemaschine f; ~ání n (3) Biegung f, Beugung f; *Gr.* Abwandlung f; ~aný gebogen; ~at ⟨na- se, z-⟩ biegen, beugen.

ohybatelný biegsam.

ohyzd|a f (1) Scheusal n; ~nost f (4) Abscheulichkeit f; ~ný abscheulich.

ochab|lost f (4) Abgespanntheit f, Schlaffheit f; ~lý abgespannt, schlaff; ~nout pf. (-bl) erlahmen, nachlassen; ~nutí n (3) Erschlaffen n; Nachlassen n; *Rdf.* Fading m, Schwinden n; *Hdl.* Flaute f; ~ovat (-buji) s. ochabnout.

ochechule f (2) Seekuh f.

ochlad|it pf. (-zen) (ab)kühlen; ~nout pf. (-dl) kühl werden, erkalten; ~nutí n (3) Abkühlung f; Erkaltung f.

ochlast|a P m (5) Trinker m; ~at se V sich besaufen.

ochlaz|ení n (3) s. ochladnutí; ~ený (ab)gekühlt; ~ující kühlend.

ochlupacený behaart.

ochmel|a P m (5) Trunkenbold m, Säufer m; ~ený betrunken; ~it se P sich betrinken.

ochoč|ený zahm, P kirre; ~it pf., ~ovat (-čuji) zähmen, P kirre machen.

ocho|dit pf. (-zen) abtreten, abnutzen; ~řelý *lit.* krank.

ochot|a f (1) Bereitwilligkeit f, Gefälligkeit f; ~**nický** Liebhaber-, Laien-; ~**nictví** n (3) Dilettantentum n; ~**ničit** *beim Laientheater* (mit)spielen; ~**ník** m (1a) Dilettant m, Laie m, Amateur m; ~**nost** f (4) Bereitwilligkeit f; ~**ný** bereitwillig, entgegen-, zuvorkommend.

ochoz m (2; 6. -u/-e) Wandelgang m, Galerie f; *Tech.* Laufsteg m.

ochran|a f (1) Schutz m, Obhut f; ~**ářství** n (3) System n von Schutzzöllen.

ochrán|ce m (3) Beschützer m, *lit.* Schirmherr m; *Rel.* Schutzpatron m; ~**it** pf. (-ěn) (be)schützen (*proti* č-u vor D).

ochranitel m (3; -é), ~**ka** f (1c; -lek) Beschützer(in f) m; ~**ský** Schutz-.

ochra|nný Schutz-; ~**ňovat** (-*ňuji*) s. ochránit; ~**novský** *Rel.* Herrnhuter (*Adj.*).

ochrapt|ělý heiser; ~**ění** n (3) Heiserkeit f; ~**ět** pf. (3 Pl. -ějí) heiser werden.

ochrn|out pf., ~**ovat** (-nuji) gelähmt werden; ~**utí** n (3) Lähmung f; ~**utý** gelähmt.

ochrom|enost f (4) *iron.* Lahmheit f; ~**(ě)lý** lahm; ~**ení** n (3) Lahmlegung f; ~**ený** lahmgelegt; ~**it** pf., ~**ovat** (-muji) lähmen; *fig. a.* lahmlegen; ~**ující** lähmend.

ochudit pf. (-zen) arm machen.

ochurav|ělý erkrankt, unpäßlich; ~**ění** n (3) Erkrankung f; ~**ět** (3 Pl. -ějí) (čím) erkranken (an D).

ochutn|at pf. kosten, probieren; ~**ávárna** f (1; -ren) Probierstube f; ~**ávat** s. ochutnat.

ochuzovat (-zuji) s. ochudit.

oj, ~**e** f (3 od. 2) Deichsel f.

ojedinělý einzeln, vereinzelt.

oje|t pf. (-jedu), ~**zdit** pf. (a. -žděn) *Reifen* abfahren, abnutzen; *Pferd* zureiten; ~**zděný**, ~**zdilý** abgefahren, abgenutzt; *Pferd* zugeritten.

ojíně|lý, ~**ný** mit Reif bedeckt, bereift.

ojí|nit pf. (-ěn) mit Reif bedecken, bereifen; ~**ždět** (3 Pl. -ějí) s. ojet.

ojnice f (2a) Kfz. Lenkstange f; Pleuelstange f.
okal m (2a) Agr. Mehltrank m; Spülwasser n.
okamž|ení n (3), **~ik** m (2b) Augenblick m; **~itý** augenblicklich, sofortig.
okap m (2a) Dachrinne f, † Traufe f.
okartáčovat pf. (-čuji) ab-, ausbürsten.
oka|tice f (2a) Zo. Neunauge n; **~tost** f (4) Auffälligkeit f; **~tý** mit großen Augen; auffällig.
okázal|ost f (4) Pracht f, Gepränge n; **~ý** prunkvoll, pompös.
okazní Gelegenheits-.
okenice f (2a) Fensterladen m.
okén(eč)ko n (1b; -n[eč]ek) kleines Fenster n, F Fensterchen n.
okenní Fenster-.
oklam|aný getäuscht, betrogen; **~(áv)at** (pf. -u) täuschen, betrügen.
oklátit pf. (-cen) Früchte v. Baum schütteln, abschlagen.
oklep m (2a) (Maschinen-)Abschrift f, Durchschlag m; Typ. Bürstenabzug m; **~(áv)at** (pf. -u/-ám) abklopfen; abschreiben, F abtippen; Obst abschütteln; **~ek** m (2b; -pk-) s. oklep; **~nout** pf. (-pl; -pnut) s. oklepat.
okles|tek m (2b; -tk-) Knüttel m, Prügel m; **~tění** n (3) Entfernen n von Ästen; fig. Einschränkung f; **~těný** Baum: abgeästet; Rechte: geschmälert, **~tit** pf. (-štěn), **~ťovat** (-tuji) Baum abästen; Rechte schmälern.
okleš|těk m s. oklestek; **~ťovat** (-tuji) s. oklestit.
oklika f (1c) Kurve f, Krümmung f; -ky pl. Umwege m/pl., Umschweife m/pl.
okluzký (Adv. -o) schlüpfrig; Eis: glatt.
okmínovat pf. (-nuji) mit Kümmel würzen.
okno n (1; oken) Fenster n; ~ ve střeše Dachfenster; místo u -na Fensterplatz m.
oko n (1b) Auge n; Masche f, Schlinge f; Kochk. Spiegelei n; na ~ zum Schein; pl. oči f (4; 7. -ima, s. Anhang) Augen n/pl.
okol|ek m (2b; -lk-) Rand m; (Hut-)Krempe f; (Mond-)Hof m; -lky pl. Umschweife m/pl.; **~í** n (3) Umgebung f, **~ík** m (2b) Bot.

okrašlovač

Dolde f; **~kovat**[1] (-kuji) Umstände machen; **~kovat**[2] (-kuji) (ab)stempeln; mit Stempelmarken versehen; **~ní** benachbart; umliegend; ~ svět Umwelt f; **~nost** f (4) Umstand m.
okolo Prp. (mit 2. Fall) um ... herum, rings um (A), an (D) vorüber; Adv. ringsum; ungefähr; s. kolem; **~stojící** m (Adj. 1, Pl.) die Umstehenden m/pl.
okonč(et)ina f (1) Anat. Glied n; -ny pl. a. Gliedmaßen pl.
okop m (2a) Erdwall m, Schanze f; Mil. Schützengraben m; **~anina** f (1) Hackfrucht f; **~at** pf. (-u/-ám) umgraben, F hacken; Schuhe abstoßen.
okopáv|ačka f (1c; -ček) Krauthacke f; Hackmaschine f; **~at** s. okopat; **~ka** f (1c; -vek) Umgraben n; Agr. Behacken n.
oko|pírovat pf. (-ruji) kopieren, e-e Kopie anfertigen; **~ptěný** berußt, rußig; **~ralý** krustig; aufgesprungen; **~r(áv)at** Brot: hart werden; **~řenit** pf. (-ěn) würzen; **~stice** f (2a) Beinhaut f; **~tit se** pf. Katze: Junge werfen.
okouk|aný Adj. erfahren; F nicht mehr neu; **~at** pf., **~nout** pf. (-kl/ -knul; -knut) anschauen, beschauen; (k-u co) abgucken (j-m A); ~ se sich umschauen.
okoun m (1) Barsch m; **~éč** m (3) verä. Faulenzer m; **~ět** (3 Pl. -ějí) gaffen, Maulaffen feilhalten.
okous|aný abgenagt; **~at** pf. (-ší/ -sám) benagen; F ~ se sich zu Tode langweilen.
okoušet (3 Pl. -ejí) s. okusit.
okouzl|ení n (3) Hexerei f; **~ený** verzaubert; **~it** pf., **~ovat** (-luji) verzaubern; fig. bezaubern.
okov m (2a) Eimer m; **~y** pl. Fesseln f/pl.; **~aný** mit Eisen beschlagen; **~at** pf. (-u/-ám) Pferd beschlagen.
okrádat bestehlen.
okraj m (4), **~ek** m (2b; -jk-) Rand m, Saum m.
okr|ájet pf. (3 Pl. -eji), **~ajovat** (-juji) zuschneiden; Obst schälen.
okrasa f (1a) Zierde f, Verzierung f.
okrást pf. (-kradu) s. okrádat.
okrášl|ení n (3) Verschönerung f; Beschönigung f; **~ený** geschmückt, verschönert; **~it** pf. verschönern, schmücken; beschönigen.
okrašlov|ací Verschönerungs-; **~ač**

okrašlovat m (3) Dekorateur m; ~at (-šluji) s. okrášlit.
okres m (2; 6. -e/-u) Kreis m; öst. Bezirk m; ~lit pf. (-šlen) abzeichnen; ~ní Kreis-; Bezirks-.
okrojit pf. s. obkrojit.
okrouhl|ice f (2a) Wasserrübe f; ~ík m (2b) Blumentopf m; ~ost f (4) Rundung f; ~ý rund, rundlich.
okrový ockerfarben.
okrsek m (2b; -sk-) Gebiet f, Bereich m; zemský ~ poet. Erdenrund n.
okruh m (2b) (Um-)Kreis m, Bereich m; proudový ~ Stromkreis; ~ známých Bekanntenkreis.
okruž|í n (3) Halskrause f; Anat. Gekröse n; ~ní Ring-; Rund-.
okrvav|ělý blutbefleckt; ~ět pf. (3 Pl. -ějí) blutig werden; ~it pf. mit Blut beflecken.
okřá|lý erfrischt; ~ní n (3) Erfrischung f; Erholung f; ~t pf. (-křeji) sich erfrischen, sich erholen.
okřehek m (2b; -hk-) Wasserlinse f.
okřídl|ený beflügelt, Flügel-; Worte: geflügelt; ~it pf., **okřídlovat** (-luji) beflügeln.
okří|n m (2a) Napf m; ~vat s. okřít.
okřtít (-těn) s. pokřtít.
okšírovat pf. (-ruji) P Pferde anschirren.
oktrojovat (im)pf. (-juji) Pol. oktroyieren, aufzwingen.
okuj f (3) Sinter m.
okulatit pf. (-cen) abrunden; beschönigen; F hinters Licht führen.
okup|ace f (2) Besetzung f; ~ační Besatzungs-; ~ovat (im)pf. (-puji) besetzen.
okurk|a f (1c; -rek) Gurke f; ~ový Gurken-.
okuřovat (-řuji) be(weih)räuchern.
okus|it pf. (-šen) kosten; ~ovat (-suji) abbeißen.
okutí n (3) Beschlag m.
okvět|í n (3) Blütenhülle f; ~ní Blüten-.
okyslič|ení, ~ování n (3) Oxydation f; ~it (se) pf. oxydieren; ~ovací Oxydations-; ~ovadlo n (1a; -del) Oxydationsmittel n; ~ovat -čuji) s. okysličit.
olámat pf. (-u), **olamovat** (-muji) v/t abbrechen.
olej m (4) Öl n; ~ka f (1c; -jek) Öllampe f; Bot. Raps m; ~na f (1; -jen) Ölmühle f; ~natý ölhaltig, Öl-; ~nice f (2a) Ölkanne f; ~ný Öl-; ~omalba f (1; -leb) Ölgemälde n.
olejo|tisk m (2b) Öldruck m; ~vat ⟨na-, pře-, za-⟩ (-juji) (ein)ölen; ~vatý nach Öl schmeckend; ~vitý ölartig; ~vka f (1c; -vek) Ölsardine f; ~vý Öl-.
ole|movat pf. (-muji) einsäumen; ~pit pf., ~povat (-puji) bekleben; ~zlý kahl; Hund: räudig; Pelz: abgeschabt.
olí|bat pf. s. políbat; ~nat pf. Haare verlieren, kahl werden.
olistěný belaubt.
olítat pf. dial. ablaufen.
oliv|a f (1) Olive f; ~etský: O-ká hora Ölberg m; ~ovník m (2b) Olivenbaum m; ~ový Oliven-.
oliza m (5) scherz. Leckermaul n.
olíz|at pf. (-žu/-zám), ~nout pf. (-zl; -znut), **olizovat** (-zuji) ablecken; belecken.
oloup|aný geschält; ~at pf. (-u/-ám) (ab)schälen (se sich); ~it pf. berauben.
olov|árna f (1; -ren) Bleigießerei f; ~ěnka f (1c; -nek) Bleiplombe f; ~ěný Blei-; bleigrau; ~natý bleihaltig; ~nice f (2a) Lot n; ~o n (1; 6. -u) Blei n.
olš|e f (2) Erle f; ~ina f (1), ~(ov)í n (3) Erlenbusch m; ~ový Erlen-.
oltář m (4) Altar m.
olupov|ač m (3): ~ mrtvol Leichenschänder m; ~at (-puji) s. oloupit u. oloupat.
olymp|ijský olympisch, Olympia-; ~ský olympisch, Olymp-.
omáč|et (3 Pl. -ejí) eintauchen; ~ka f (1c; -ček) Soße f, Tunke f; ~ník m (2b) Soßenschüssel f.
omak m (2b) Befühlen n; na ~ anzufühlen; ~aný abgegriffen; ~(áv)at betasten.
omalov|at pf. (-luji) s. pomalovat; ~ánky f/pl. (1c; -nek) Malbuch n.
omám|ení n (3) Betäubung f, fig. Rausch m; ~ený betäubt; berauscht; ~it pf. betäuben; betören.
omam|ný berauschend, Betäubungs-, Rausch-; ~ jed Rauschgift n; ~ovat (-muji) s. omámit; ~ující betäubend; berauschend; fig. blendend.
omast|ek m (2b; -tk-) Fett n, Schmalz n; ~it pf. (-štěn) schmalzen, fetten.

omaz|at *pf.* (-žu), **~ávat**, **~ovat** (-*zuji*) (be)schmieren.

omdl|ení *n* (3) Ohnmacht *f*; **~elý** ohnmächtig; **~et** (3 *Pl.* -*ejí*) *pf.*, **~évat**, **~í(va)t** ohnmächtig werden.

oměj *m* (4) *Bot.* Eisenhut *m*.

omeleta *f* (1) Omelett *n*, Eierkuchen *m*.

omelky *m/pl.* (2b) Mühlstaub *m*.

omést *pf.* (-*metu*) abkehren.

omešk|ání *n* (3) Versäumnis *n*; Verzögerung *f*; **~(áv)at** versäumen; (*k-o*) aufhalten; **~ se** sich verspäten.

ometat *s.* omést.

omezen|ec *m* (3; -*nc*-) beschränkter Mensch *m*; **~í** *n* (3) Begrenzung *f*, Beschränkung *f*; Einschränkung *f*; **~ost** *f* (4) Beschränktheit *f*; **~ý** begrenzt; beschränkt.

omez|it *pf.* abgrenzen; beschränken; einschränken; beeinträchtigen; *Feuer* eindämmen; **~ovací** Be-, Abgrenzungs-; **~ovat** (-*zuji*) *s.* omezit.

omílat *s.* omlít.

omilostn|ění *n* (3) Begnadigung *f*; **~it** *pf.* (-*ěn*) begnadigen.

ominózní ominös.

omít|ačka *f* (1c; -*ček*) (Maurer-) Kelle *f*; **~ka** *f* (1c; -*tek*) Putz *m*, Anwurf *m*; **~at**, **~nout** *pf.* (-*tl*; -*tnut*) *Mauer* verputzen.

omlad|ina *f* (1) *hist.* Jugend *f* (*koll.*); **~it** *pf.* (-*zen*) verjüngen; **~nice** *f* (2a) Wöchnerin *f*; horečka -*ic* Kindbettfieber *n*.

omlád|lý jung (geworden), verjüngt; **~nout** *pf.* (-*dl*) (wieder) jung werden, sich verjüngen.

oml|atek *m* (2b; -*tk*-) *Agr.* Drusch *m*, Dreschen *n*; **~átit** *pf.* (-*cen*) abschlagen, abhauen.

omlaz|ení *n* (3) Verjüngung *f*; **~ený** jung geworden, verjüngt; **~ování** (3) Verjüngung *f*; *Med.* Regeneration *f*; **~ovat** (-*zuji*) verjüngen, (wieder) jung machen; **~ se** *s.* omládnout.

oml|etý P abgedroschen; **~ít** *pf.* (*s.* mlít) abreiben, glätten, glatt spülen.

omlouv|ání *n* (3) Entschuldigung *f*; **~at** entschuldigen (se sich); rechtfertigen (se sich).

omluv|a *f* (1) Entschuldigung *f*, Rechtfertigung *f*; **~enka** *f* (1c; -*nek*) Entschuldigung(sschreiben *n*) *f*; **~it** *pf. s.* omlouvat; **~itelný** entschuldbar, verzeihlich; **~ný** Entschuldigungs-; -*ně* *Adv.* entschuldigend, zu *seiner* Entschuldigung.

omlžený in Nebel gehüllt; *Brille*: beschlagen.

omo|čit *pf.* eintauchen; benetzen; **~ si** *při čem* sich einmischen (in *A*); **~knout** *pf.* (-*kl*) (ein wenig) naß werden; **~t(áv)at** umwickeln, umbinden.

omozečnice *f* (2a) weiche Hirnhaut *f*.

omráč|ení *n* (3) Betäubung *f*; **~it** *pf.* betäuben; *fig.* überraschen.

omrzat *pf.* frieren.

omrzel|ec *m* (3; -*lc*-) verdrossener Mensch *m*; **~ost** *f* (4) Überdruß *m*; **~ ze života** Lebensüberdruß *m*; **~ý** verdrossen; **~ životem** lebensmüde.

omrz|ení *n* (3) Überdruß *m*; **~et** *pf.* verdrießen, P satt bekommen; **~lina** *f* (1) Frostbeule *f*; **~lý** erfroren, abgefroren; **~nout** *pf.* (-*zl*) erfrieren, abfrieren.

omše|lý, **~ný** mit Moos bewachsen, bemoost; *fig.* alt; *Phrasen*: abgedroschen.

omyl *m* (2a) Irrtum *m*; být na **~**u im Irrtum sein.

omýlit irreführen; **~ se** sich irren, sich versehen.

omyl|nost *f* (3) Irrtümlichkeit *f*; **~ný** irrig; täuschend.

omýt *pf.* (*s.* mýt) abwaschen; *Geschirr* (ab)spülen.

omytí *n* (3) Abwaschen *n*, Spülen *n*.

omýv|at *s.* omýt; **~ání** *n* (3) *s.* omytí.

omžený *Brille*: angelaufen, beschlagen.

omžít *pf.* mit Tau (*od.* Nebel) benetzen; **~ se** *Scheibe*: anlaufen, beschlagen.

on (*ona, ono*; *oni, ony, ona*) er, sie, es; sie (*s. Anhang*).

onač|ejš|í *dial.* besser, schöner.

onady in dieser Richtung; dorther; dorthin.

onak: *tak či* **~** so oder so; **~ý** ein anderer; † *a.* nett.

onam dorthin.

ondat|ra *f* (1d; -*ter*) Bisamratte *f*; **~ří** Bisam-.

onde dort; *tu i* **~** hier und dort, hie und da.

ondul|ace *f* (2) Ondulation *f*; *trvalá* **~** Dauerwelle *f*; **~ovat** ⟨*na*-, *z*-⟩ (-*luji*) ondulieren.

ondy 262

ondy, onehda, onehdy vor kurzem, neulich, unlängst.
oněm|ělý verstummt; *fig.* sprachlos; **~ět** *pf.* (*3 Pl. -ějí*) verstummen; *fig.* sprachlos werden.
onemocn|ění *n* (3) Erkrankung *f*; **~ět** *pf.* (*3 Pl. -ějí*) krank werden, erkranken (*čím* an *D*).
onen jener.
oni *s. on*; **~kat** (*k-u*) mit „Sie" anreden.
ono es; jenes *s.* on.
onuce *f* (2) Fußlappen *m.*
onudy in jener Richtung; dort hinaus *od.* (hin)durch.
ony *s.* on.
op *m* (*1; -ové/-i*) Affe *m.*
opačina *f* (*1*) Steuerruder *n.*
opáčit *pf.* entgegnen, erwidern.
opačný entgegengesetzt, umgekehrt, Gegen-.
opad *m* (*2a*) Abfallen *n der Blätter*; Sinken *n des Wassers*; **~alý, ~aný** herabgefallen; **~(áv)ání** *n* (3) Abfallen *n*, Sinken *n*; **~(áv)at, ~nout** *pf.* (*-dl*) (her)abfallen; sinken; *Putz*: abbröckeln.
opájet (*3 Pl. -ejí*) *s.* opojit.
opak *m* (*2b*) Gegenteil *n*; Gegensatz *m*; **~ovací** Wiederholungs-, Repetier-; *Gr.* frequentativ (*Verb*); **~ování** *n* (3) Wiederholung *f*; Wiederkehr *f*; **~ovat** (*-kuji*) wiederholen; nachsprechen (*j-m et.*); **~ovatelný** wiederholbar.
opál|enina *f* (*1*) verbrannte Stelle *f*; **~ený** abgebrannt; **~** *od slunce* von der Sonne verbrannt; **~it** *pf.* abbrennen; *Sonne*: verbrennen; **~ se** *v. der Sonne* braun werden.
opálka *f* (*1c; -lek*) *Agr.* Futterschwinge *f*; Strohschüssel *f*.
opalov|ací Brenn-, Seng-; **~ačky** *f/pl.* (*1c; -ček*) Strandanzug *m*; **~ání, opálení** *n* (3) Abbrennen *n*; Braunwerden *n*; **~at** (*-luji*) *s.* opálit.
opancéřov|aný gepanzert; **~at** *pf.* (*-ruji*) panzern.
opánek *m* (*2b; -nk-*) Sandale *f*; (*serbische*) Opanke *f.*
opanovat *pf.* (*-nuji*) beherrschen (se sich).
opaprikovat *pf.* (*-kuji*) mit Paprika würzen.
opar *m* (*2a*) leichter Dunst *m*; *Med.* Hitzebläschen *n.*
opaře|ní *n* (3) Verbrühen *n*; **~nina** *f* (*1*) *Med.* Verbrennung *f*, Verbrühung *f*; **~ný** verbrüht; *jako ~ fig.* wie vom Blitz getroffen.
opařit *pf.* verbrühen; abbrühen.
opásat *pf.* (*-šu/-sám*) (um)gürten (*A*), umbinden (*j-m A*).
opasek *m* (*2b; -sk-*) Gürtel *m*, Leibriemen *m*; *Mil.* Koppel *n.*
opat *m* (*1*) Abt *m.*
opatek *m* (*2b; -tk-*) (*Schuh-*)Absatz *m.*
opatr|nický übertrieben vorsichtig; **~nictví** *n* (3) allzu große Vorsicht *f*; **~nost** *f* (2) Vorsicht *f*; **~ný** vorsichtig, behutsam.
opatrov|ací Pflege-; **~anec** *m* (*3; -nc-*) Heiminsasse *m*; **~ání** *n* (3) Betreuung *f*, Pflege *f*; **~at** (*-ruji*) betreuen, pflegen; **~atel** *m* (*3; -é*), **-lka** *f* (*1c; -lek*) Betreuer(in *f*) *m*, Pfleger(in *f*) *m*; *Jur.* Wärter(in *f*) *m*; **~na** *f* (*1; -ven*) Kinderhort *m*; **~nický** Pflege-; *Jur.* Kuratel-; **~nictví** *n* (3) Vormundschaft *f*, Kuratel *f*; **~ník** *m* (*1a*) Pfleger *m*; *Jur.* Kurator *m*; **~nice** *f* (*2a*) Pflegerin *f*, Wärterin *f*; **~ dětí** Kindermädchen *n.*
opatř|ení *n* (3) Anschaffung *f*, Besorgung *f*; Versorgung *f*; Maßnahme *f*, Vorkehrung *f*; **~it** *pf.*, zaanschaffen, beschaffen; ausstatten; *Wohnung* möblieren; *Zeugen* stellen; *Feld* bestellen; **~ se** (*čím*) sich versehen (mit *D*); **~ování** *n s.* opatření; **~ovat** (*-řuji*) *s.* opatřit.
opats|ký Abtei-; **~tví** *n* (3) Abtei *f.*
opaž|ení *n* (3) Täfelung *f*; Verschalung *f*; **~ený** getäfelt; verschalt; **~it** *pf. Tür* verschalen; *Wände* täfeln.
opéci *pf.* (*opečen*) *s.* opékat.
opék|áč *m* (4): **~** *topinek* Brotröster *m*, Toaster *m*; **~aný** geröstet; gebraten; **-né** *brambory* Bratkartoffeln *f/pl.*; **~at** rösten; braten.
opelich|aný kahl; schäbig; **~at** *pf.* *Zo.* sich hären; *Vogel*: mausern; schäbig werden.
opentlit *pf.* mit Bändern schmücken; beschönigen; F (*k-o*) hinters Licht führen.
opepř|ený gepfeffert; **~it** *pf.* pfeffern.
opera *f* (*1d*) Oper *f.*
opěra *f* (*1d*) Stütze *f*, Lehne *f*; *Mil.* Schulterstück *n.*
opera|ce *f* (2) Operation *f*; **~ční** Operations-.

opěr|adlo *n* (*1a*; *-del*) Lehne *f*; **~ák** *m* (*2b*) Stützbalken *m*.
operat|ér *m* (*1*; *1 Pl. -ři*) Operateur *m*; **~ívní** [-ti:v-] operativ.
operet|a *f* (*1*) Operette *f*; **~ní** Operetten-.
operní Opern-.
opěrný Stütz-.
operovat (*-ruji*) operieren; **~elný** operierbar.
opeř|enec *m* (*3*; *-nc-*) gefiedertes Tier *n*; **~ení** *n* (*3*) Gefieder *n*; **~ený** gefiedert; flügge; **~it** *pf.* mit Federn schmücken; **~ se** Federn bekommen, flügge werden.
opeslý F schamlos; unverschämt.
opět wieder(um), nochmals; **~ný** wiederholt, nochmalig; Wieder-; **~ovací** *Gr.* iterativ; **~ování** *n* (*3*) Wiederholung *f*; Erwiderung *f*; **~ovaný** wiederholt; erwidert; *-ná láska* Gegenliebe *f*; **~ovat** (*-tuji*) wiederholen; erwidern; **~ovný** Wieder-, wieder-.
opěvat *pf.* besingen, verherrlichen.
opev|nění *n* (*3*) Befestigung *f*; **~něný** befestigt; **~nit** *pf.* (*-ěn*) befestigen; **~ se sich verschanzen**; **~ňovací** Befestigungs-; † Schanz-; **~ňovat** (*-ňuji*) s. opevnit.
opěvovat (*-vuji*) s. opěvat.
opice *f* (*2a*) Affe *m*.
opič|ácký affenartig; **~áctví** *n* (*3*) Nachäffen *n*; **~ák** *m* (*1a*) Nachäffer *m*; Affengesicht *n*; **~árna** *f* (*1*; *-ren*) Affenkäfig *m*; **~átko** *n* (*1b*; *-tek*) junger Affe *m*, Äffchen *n*; **~ení** *n* (*3*) Nachäffen *n*; **~í** Affen-; **~inec** *m* (*4*; *-nc-*) Affenhaus *n*; **~it se** (*po čem, kom*) nachäffen (*A*); **~ka** *f* (*1c*; *-ček*) Äffchen *n*.
opí|chat *pf.*, **opichovat** (*-chuji*) umstechen; **~jet** (*3 Pl. -ejí*) s. opít.
opil|ec *m* (*3*; *-lc-*) Betrunkene(r) *m*; **~ecký** Betrunkenen-; **~ost** *f* (*4*) Trunkenheit *f*; v **~i** in betrunkenem Zustand; **~ovat** *pf.* (*-luji*) abfeilen; **~ství** *n* (*3*) Trunksucht *f*; Trunkenheit *f*; **~ý** betrunken, berauscht.
opín|at umranken, umfassen; **~avý**: *-vé rostliny* Schlingpflanzen *f*/*pl.*
opiový Opium-.
opírat s. opřít u. oprat.
opis *m* (*1*; *6. -e*/*-u*) Abschrift *f*; Umschreibung *f*; **~ na čisto** Reinschrift *f*; **~ný** umschreibend; **~ovač** *m* (*3*) Abschreiber *m*, † Kopist *m*; **~ovat** (*-suji*) abschreiben; umschreiben; *Kreis, Bahn* beschreiben.
opít *pf.* (*s. pít*) betrunken machen (*A*); **~ se** sich betrinken.
oplác|aný rund(lich); dick; **~et** † (*3 Pl. -ejí*) s. oplatit.
opl|áchnout *pf.* (*-chl*; *-chnut*), **~achovat** (*-cuji*) (ab)spülen.
opla|k(áv)at (*pf.* s. *plakat*) beweinen; *Verlust* verschmerzen; **~skávat**, **~sknout** *pf.* (*-kl*) *Geschwulst*: zurückgehen; **~tit** *pf.* (*-cen*) *Tat* vergelten; *Summe* zurückzahlen.
oplatka *f* (*1c*; *-tek*) Oblate *f*, Waffel *f*.
oplátka *f* (*1c*; *-tek*) Vergeltung *f*; *půjčka za -ku* wie du mir, so ich dir; *na věčnou -ku* auf Nimmerwiedersehen.
oplé|st *pf.* (*s. plést*), **~tat** umflechten, umspinnen; *fig.* umgarnen.
oplet|ačka *f* (*1c*; *-ček-*) Unannehmlichkeit *f*, P Schererei *f*; **~ení** *n* (*3*) Umwicklung *f*, **~ený** umflochten; *-ná láhev* Korbflasche *f*.
oploc|ení *n* (*3*) Einzäunung *f*, *lit.* Umfriedung *f*, **~ený** eingezäunt.
oplod|í *n* (*3*) Fruchthülle *f*; **~nění** *n* (*3*) Befruchtung *f*; **~něný** befruchtet; **~(n)it** *pf.* (*-něn*), **~ňovat** (*-ňuji*) befruchten; *Frau* schwängern.
oplo|tit *pf.* (*-cen*) umzäunen, *lit.* umfrieden; **~zení** *n* (*3*) s. oplodnění; **~zovací** Befruchtungs-; **~zovat** (*-zuji*) s. oplodňovat.
oplývat (*čím*) Überfluß haben (an *D*).
oplz|lost *f* (*4*) Obszönität *f*; Zote *f*; **~lý** schlüpfrig, unflätig, obszön.
opocovat se *pf.* (*-cuji*) *Glas*: (sich) beschlagen, anlaufen, F schwitzen.
opodál nicht weit entfernt, unweit; *stát* **~** abseits stehen.
opodstat|nění *n* (*3*) Begründung *f*; Stichhaltigkeit *f*; **~něný** begründet; stichhaltig; **~nit** *pf.* (*-ěn*), **~ňovat** (*-ňuji*) begründen; stichhaltige Beweise anführen (für *A*).
opoj|ení *n* (*3*) Rausch *m*; *fig.* Taumel *m*; **~ený** berauscht, *lit.* trunken); **~it** *pf.* berauschen; **~ivý**, **~ný** berauschend, Rausch-; **~ovat** (*-juji*) s. opojit.
opomenout *pf.* s. opomíjet.
opomíj|ení *n* (*3*) Unterlassung *f*; **~et** (*3 Pl. -ejí*) unterlassen; *fig.* übergehen.
opomin|out *pf.* s. opomíjet; **~utý** unterlassen; übergangen.

opona 264

opon|a f (1) Thea. Vorhang m; ~ka f (1c; -nek) Gardine f.
oponovat ⟨za-⟩ (-nuji) opponieren (k-u, č-u gegen A).
opo|ra f (1d) Stütze f, Halt m; fig. Bollwerk n; ~sice f s. opozice; ~tit se pf. (-cen) s. opocovat se.
opotřeb|ení n (3) Abnutzung f, Verschleiß m; ~it pf. abnutzen, verschleißen; ~ovaný abgenutzt, verschlissen; *Kleider:* abgetragen, ~ovat pf. (-buji) s. opotřebit.
opou|štět (3 Pl. -ějí) s. opustit; ~zdřít pf. einkapseln.
opováž|it se pf. wagen, sich unterstehen; ~livec m (3; -vc-) verwegener Mensch m, F Frechling m; ~livost f (4) Kühnheit f, Wagemut m; ~livý kühn, verwegen.
opov|ažovat se (-žuji) s. opovážit se; ~ěď f (4a; -di usw.) Meldung f, Deklaration f; † a. Ansage f.
opověd|ěný angekündigt; ~ět pf. (-vím), opovídat ansagen; anmelden.
opovrh|nout pf. (-hl; -žen) verachten (kým, čím|A); *Liebe* verschmähen; ~ovač m (3) Verächter m; ~ovaný verschmäht, ~ovat (-huji) s. opovrhnout.
opovrž|ení n (3) Verachtung f, Geringschätzung f; ~ený verachtet, verschmäht; ~livost f (4) Verächtlichkeit f; ~livý verächtlich, geringschätzig.
opozd|ilec m (3; -lc-) Zuspätkommende(r) m, F Nachzügler m; ~ilost f (4) Rückständigkeit f; ~ilý verspätet; fig. spät, Spät-; rückständig; *Kind* zurückgeblieben; ~it se pf. (-zděn) sich verspäten, zu spät kommen; *Esb.* Verspätung haben; *Uhr:* nachgehen.
opozi|ce f (2a) Opposition f; ~ční oppositionell; ~cník m (1a) Anhänger m der Opposition, Oppositionelle(r) m.
opra|cov(áv)at (pf. -cuji) bearbeiten; ~ný abgewaschen; ~sit se pf. Ferkel werfen, ferkeln.
oprášit pf., oprašovat (-šuji) abstauben.
oprašov|ač m (4), ~adlo n (1a; -del), ~ák m (2b) Staubwedel m.
oprat pf. (-peru, -prán) (ab)waschen.
oprať f (4c; -tě, -ti usw.) Lenkseil n, Zügel m.

oprátka f (1c; -tek) Strang m.
oprav|a f (1) Verbesserung f; Instandsetzung f; Reform f; ~árna f (1; -ren) s. opravna; ~ářský Werkstatt-.
oprávce m (3) Reformer m; iron. Verbesserer m.
opravd|ivost f, ~ovost f (4) Wahrhaftigkeit f; fig. Ernst m; ~ivý, ~ovský wirklich, echt; ~ový tatsächlich; ernst(haft), fig. echt; ~u Adv. tatsächlich, wirklich.
opravit pf. reparieren, instandsetzen, überholen; ~elný noch zu reparieren.
opravna f (1; -ven) Reparaturwerkstätte f.
opráv|nění n (3), ~něnost f (4) Berechtigung f, Recht n; ~něný berechtigt; ~nit pf. (-ěn|a) die Berechtigung erteilen (k-o/D).
oprav|ný Ausbesserungs-; Verbesserungs-; *Jur.* Rechts-; ~ná zkouška Wiederholungsprüfung f; ~né znaménko Korrekturzeichen n; ~ovat ⟨po-⟩ (-vuji) verbessern; reparieren; reformieren; ~ovatel m (3; -é) Verbesserer m.
oprcha|lý herabgefallen; fig. verblaßt; ~t pf. herabfallen; schwinden, verblassen.
opro|stit pf. (-štěn), ~šťovat (-tuji) losmachen, befreien; vereinfachen; ~štění n (3) Befreiung f; Vereinfachung f; ~štěný befreit, fig. ledig; einfach.
oproti Prp. (mit 3. Fall) gegenüber (adversativ).
oprš|álek dial. m (2b; -lk-; 2 Sg. -a) Stupsnase f; ~elý herabgefallen; schäbig; ~et pf. herabfallen.
oprudit se pf. (-zen) sich wund reiben.
opruzen|í n (3), ~ina f (1a) Wundreiben n *der Haut*, Wolf m; wund(geriebene) Stelle f; ~ený wundgerieben, entzündet.
oprýsk|aný abgebröckelt; *Lippen:* aufgesprungen; ~(áv)at abbröckeln; fig. abspringen.
opř|ádat umspinnen; fig. umgarnen; ~eděný umsponnen; umgarnt; ~ený gestützt, (an)gelehnt; ~íst pf. (s. příst) s. opřádat; ~ít pf. (-přu, -přel, -přen) (oč) sich stützen od. lehnen (gegen, auf A; se sich); fig. bauen (auf A); ~ se (k-u, č-u) sich widersetzen (D).

ops|aný abgeschrieben; umschrieben; ~at *pf.* (*s. psát*) abschreiben; umschreiben.
opt|aná *f* (*Adj. 2*), ~ání *n* (*3*) Nachfrage *f*; ~at se *pf.* fragen (*na co* nach *D*).
optik [-tɪk] *m* (*1*; -ové) Optiker *m*; ~a *f* (*1c*) Optik *f.*
opti|málni [-tɪ-] optimal; ~mista *m* (*5a*) Optimist *m.*
opuch|lina *f* (*1*), ~lost *f* (*4*) Geschwulst *f*; ~lý geschwollen; ~nout *pf.* (an)schwellen.
opuka *f* (*1b*) Tonschiefer *m.*
opu|k(áv)at abblättern, abspringen; ~stit *pf.* (*-štěn*) verlassen, im Stich lassen.
opuště|nost *f* (*4*) Verlassenheit *f*, Einsamkeit *f*; ~ný verlassen.
opyl|ení *n* (*3*) *Bot.* Bestäubung *f*; ~it *pf.*, ~ovat ⟨do-⟩ (*-luji*) bestäuben.
orace *dial. f* (*2*) *mst pl. fig.* Umstände *m/pl.*
orací Acker-.
oráč *m* (*3*) Acker(s)mann *m*, Pflüger *m.*
oračka *f* (*1c*; -*ček*) Ackermaschine *f*; P Ackern *n.*
orákosovat *pf.* (*-suji*) mit (Schilf-) Rohr bedecken *od.* verkleiden.
orámov|ání *n* (*3*) Umrahmung *f*; ~at (*-muji*) umrahmen; *Bild* (ein-) rahmen.
oran|ice *f* (*2a*), ~ina *f* (*1*), ~iště *n* (*2a*) Ackerboden *m*, -feld *n.*
oranž *f* (*3*) Apfelsine *f*; ~áda *f* (*1*) Orangeade *f*; ~érie *f* (*2*) Orangerie *f*; ~ovník *m* (*2b*) Orangenbaum *m*; ~ový orangefarben, Orangen-.
orat ⟨po-, pře-, roz-, z-, za-⟩ pflügen, ackern.
oratoř *f* (*3*) Oratorium *n.*
orazítkovat *pf.* (*-kuji*) stempeln.
orážet (im)*pf.* (*3 Pl. -ejí*) *Putz* abschlagen; *Brief* abstempeln.
orba *f* (*1*; *oreb*) Ackern *n*, Pflügen *n*; † *a.* Ackerbau *m.*
orbita *f* (*1*) *Anat.* Höhle *f*; *Astr.* Umlaufbahn *f.*
ordin|ace *f* [-dɪ-] *f* (*2*) *Med.* Sprechstunde *f*; Behandlungsraum *m*; *Rel.* Priesterweihe *f*; ~ační Sprech-, Behandlungs-; ~ární ordinär; ~ář *m* (*3*) Ordinarius *m*; leitender Arzt *m e-s Krankenhauses*; Diözesanbischof *m*; † *a.* Klassenlehrer *m*; ~ovat ⟨*na-*⟩ (*-nuji*) ordinieren;

j-m et. verordnen; *zum Priester* weihen.
orel *m* (*1*; *orl-*) Adler *m.*
organi|cký [-nɪ-] organisch; ~zace *f* (*2*) Organisation *f*; ~zační Organisations-; organisatorisch; ~zátor *m* (*1*; -ři) Organisator *m*; ~zátorský organisatorisch; ~zovanost *f* (*4*) Organisiertheit *f*; ~zování *n* (*3*) Organisieren *n*; ~zovaný organisiert; ~zovat (im)*pf.* ⟨z-⟩ (*-zuji*) organisieren.
orchestr *m* (*2a*) Orchester *n*; ~ovat (im)*pf.* (*-ruji*) instrumentieren.
orchide|a *f* (*1/2*), ~j *f* (*3*) Orchidee *f.*
orient|ace *f* (*2*) Orientierung *f*; ~ační Orientierungs-; ~álec *m* (*3*; -*lc-*) Orientale(r) *m*; ~ální orientalisch; ~ovaný orientiert, gerichtet; ~ovat (im)*pf.* ⟨z-⟩ (*-tuji*) orientieren.
origin|alita *f* (*1*) Originalität *f*; ~ální original, Original-; originell.
orl|e *n* (*4*) (Adler-)Junge(s) *n*; ~í Adler-; ~ice *f* (*2a*) Adlerweibchen *n*; Adler *m* (*Wappen*); ~íček *m* (*1a*; -*čk-*) *s. orlík*; *Bot.* Akelei *f*; ~ičí Adler-; ~ík *m* (*1a*) junger (*od.* kleiner) Adler *m.*
orloj *m* (*3*) (astronomische) Turmuhr *f*; (Prager) Apostelruhr.
orlosup *m* (*1*) Lämmergeier *m.*
orn|ice *f* (*2a*) Ackerboden *m*; ~ý Acker-.
orobinec *m* (*4*; -*nc-*) Rohrkolben *m.*
orodov|ání *n* (*3*) Fürsprache *f*; *Rel.* Fürbitte *f*; ~at (*-duji*) (za *k-o* u *k-o*) Fürsprache einlegen, bitten (für *A* bei *D*); ~ník *m* (*1a*), ~nice *f* (*2a*) Fürsprecher(in) *f.*
oros|ený mit Tau benetzt; *Blumen:* taufrisch; ~it *pf.* benetzen.
orsej *m* (*4*) Feigwurz *f.*
ortel *m* (*2a*) Urteil *n.*
orubat *pf. Baum* behauen.
orvat *pf.* (*-rvu*) *Garten, Baum* plündern.
ory|sovat *pf.* (*-suji*) *s. obrýsovat*; ~(va)t *s.* obrýt.
oř *m* (*3*) *poet.* Roß *n.*
ořech *m* (*2b*) Nuß *f*; Nußbaum *m*; *Kochk.* Kalbskeule *f*; ~ový Nuß-; Nußbaum-; nußbraun.
oř̌eš|ák *m* (*2b*; 2. -a) Walnußbaum *m*; ~í *n* (*3*), ~ina *f* (*1*) Haselstrauch *m*; ~ník *m* (*1a*) *Zo.* Kernbeißer *m.*
ořez|(áv)at (*pf. s. řezat*) Hecke, Reben beschneiden, stutzen; *Blei-*

stift spitzen; ~ávátko *n* (1*b*; -*tek*) Bleistiftspitzer *m*.
oříš|ek *m* (2*b*; -*šk*-) (kleine) Nuß *f*; ~kový Haselnuß-.
ořízka *f* (1*c*; -*zek*) *Typ.* Schnitt *m*; zlatá ~ Goldschnitt; ~nout *pf.* beschneiden.
osa *f* (1*a*) Achse *f*.
osad|a *f* (1) Ortschaft *f*, Siedlung *f*, Niederlassung *f*; Kolonie *f*; (*Kirchen*-)Sprengel *m*; ~it *pf.* (-*zen*) besiedeln; *Beet* bepflanzen.
osádka *f* (1*c*; -*dek*) Belegschaft *f*.
osad|ní Orts-, Gemeinde-; ~ník *m* (1*a*) Siedler *m*, Kolonist *m*.
osáknout *pf.* (-*kl*), osakovat (-*kuji*) *v/i* trocknen, trocken werden.
osamě|lost *f* (4) Vereinsamung *f*, Einsamkeit *f*; ~lý einsam; alleinstehend; ~ní *n* (3) Vereinsamung *f*; ~t *pf.* (3 *Pl.* -*ějí*) einsam werden, vereinsamen.
osamo|cení *n* (3), ~cenost *f* (4) Alleinsein *n*, Vereinsamung *f*; ~cený einsam (da)stehend, *fig.* isoliert; ~statnět *pf.* (3 *Pl.* -*ějí*) selbständig werden, sich selbständig machen; ~statnit *pf.* selbständig machen; ~ se *s. osamostatnět*.
osamot|it *pf.* (-*cen*), ~nit *pf.* j-*n* einsam werden lassen, isolieren; ~nět *pf.* (3 *Pl.* -*ějí*) vereinsamen; allein bleiben.
osazen|í *n* (3) Bepflanzung *f*; ~stvo *n* (1; -*stev*) Belegschaft *f*.
osáz|ený bepflanzt; *fig.* besetzt; ~et *pf.* (3 *Pl.* -*ejí*) bepflanzen; besetzen.
osazovat (-*zuji*) bepflanzen; besetzen; besiedeln.
oscil|ační Oszillations-, Schwingungs-; ~átor *m* (2*a*) *Rdf.* Oszillator *m*.
ose|dl(áv)at *Pferde* satteln; F *fig.* ~ si k-o j-n kirre machen; ~k(áv)at abhauen, abhacken.
osel *m* (1; *osl*-) Esel *m*.
osemen|í *n* (3) *Bot.* Samenhülle *f*; ~it *pf. Zo.* besamen.
osení *n* (3) Saat *f*.
oset *m* (2*a*) Ackerdistel *f*.
osev *m* (2*a*) Aussaat *f*; *střídavý* ~ Fruchtfolge *f*; ~ní Anbau-.
osch|lý trocken; ~nout *pf.* (-*chl*) trocknen (*v/i*).
osídl|enec *m* (3; -*nc*-) Siedler *m*; ~ení *n* (3) Besiedlung *f*; ~ený besiedelt, bevölkert; ~it *pf.* besiedeln.

osidlo *n* (1*a*; -*del*) Fallstrick *n*, Schlinge *f*.
osídlov|ací Besiedlungs-; ~at (-*luji*) *s. osídlit*.
osik|a *f* (1*c*) Espe *f*; ~ový Espen-.
osina *f* (1) Granne *f*.
osin|ek *m* (2*b*; -*nk*-) Asbest *m*; ~kový As-best-.
osípět *pf.* heiser werden.
osiřel|ost *f* (4) Verwaistsein *n*, Verlassenheit *f*; ~ý verwaist, elternlos; verlassen.
osiřet *pf.* (3 *Pl.* -*ejí*) verwaisen.
osí|(va)t (*pf. s. sít*) besäen; *Feld* bestellen; ~vka *f* (1*c*; -*vek*) Hungerblümchen *n*.
osivo *n* (1) Saatgetreide *n*, Saatgut *n*.
oskeruše *f* (2) Eberesche *f*.
oslab|ení *n* (3) (Ab-)Schwächung *f*; *Jur.* Entkräftung *f*; ~ený geschwächt; ~it *pf.* (ab)schwächen.
osláb|lost *f* (4) Erschlaffung *f*; ~lý geschwächt; *fig.* matt; ~nout *pf.* (-*bl*) erschlaffen; *fig.* abnehmen.
oslabovat (-*buji*) *s. oslabit*.
osladi|č *m* (4) Tüpfelfarn *m*; ~t *pf.* (-*zen*) süßen; *fig.* j-*m et.* versüßen.
osl|ař, ~ář *m* (1*c*) Eseltreiber *m*; ~átko *n* (1*b*; -*tek*) Eselfüllen *n*.
oslav|a *f* (1) Feier *f*, Fest *n*; ~enec *m* (3; -*nc*-), ~enka *f* (1*c*; -*nek*) Gefeierte *m* u. *f*; ~ení *n* (3) Verherrlichung *f*; Feiern *n*; ~ený gefeiert, (viel)gepriesen; ~it *pf.* feiern; verherrlichen, preisen; ~ný Fest-, Feier-; Lob- (*z. B. Rede*); ~ovat (-*vuji*) *s. oslavit*; ~ovatel *m* (1; -*é*) Lobredner *m*.
oslaz|ený gesüßt, gezuckert; ~ovat (-*zuji*) *s. osladit*.
osle *n* (4) *s.* oslátko.
oslep|ení *n* (3) Verblendung *f*; ~ený geblendet; *fig.* verblendet; ~it *pf.* blenden; *fig.* verblenden; ~lý erblindet; ~nout *pf.* (-*pl*) erblinden, blind werden; ~nutí *n* (3) Erblindung *f*; ~ovat (-*puji*) *s. oslepit*; ~ující blendend.
osl|í Esels-; ~ice *f* (2*a*) Eselin *f*; ~ík *m* (1*a*), ~íček *m* (1*a*; -*čk*-) Eselchen *n*; ~ičí Esels-.
osli|nit *pf.*, ~ňovat (-*ňuji*) mit Speichel benetzen; ~nt(áv)at begeifern.
osliz|ký, ~lý schlüpfrig, schleimig; ~nout *pf.* schleimig (*od.* schlüpfrig) werden.

osl|nit, ~ňovat (-ňuji) s. oslepit; ~nivý, ~ňující blendend.
oslov|ení n (3) Anrede f; ~ený der Angesprochene.
oslovina f (1) Eselei f.
oslov|it pf., ~ovat (-vuji) ansprechen, anreden.
oslov|ský Esels-; ~ství n (3) Eselei f.
oslun|ěný von der Sonne beschienen, sonnenbestrahlt; ~it pf. der Sonne aussetzen; ~ se sich sonnen, sich in die Sonne legen.
oslyšet pf. v/t kein Gehör schenken (D), abweisen (A); byl -en er wurde nicht (an)gehört.
osm (2, 3, 6, 7. -i) acht; v ~ um acht (Uhr); ~a f (1; osem) Acht f, F Achter m.
osmah|lý von der Sonne gebräunt, sonnverbrannt; ~nout pf. (-hl) von der Sonne gebräunt werden, F abbrennen, bräunen.
osmanský osmanisch.
osmaž|ený geröstet, geschmort; -né kuře Brathähnchen n; ~it pf. rösten, braten; Schnitzel panieren.
osmdesát achtzig; ~iletý achtzigjährig; ~ina f (1) Achtzigstel n; ~iny f/pl. (1) achtzigste(r) Geburtstag m; ~inka f (1c; -nek) Achtzigstel n; ~ník m (1a), ~nice f (2a) F Achtziger(in f) m; ~ý achtzigste(r).
osměl|it se, ~ovat se (-luji) wagen, sich erkühnen.
osmer|ák m (1a) Jagdw. Achtender m; ~ka f (1c; -rek) Typ. Oktav (-format) n, Achtelbogen m; ~o n (1b) acht(erlei); ~onásobný achtfach; ~ý achterlei.
osmi|-, ~čka f (1c; -ček) Acht f; ~denní achttägig; ~dílný achtteilig; ~hodinný, ~hodinový achtstündig; ~hran m (2a) Achteck n; ~hranný achteckig; ~letka f (1c; -tek) Achtklassenschule f; ~letý achtjährig; ~měsíční achtmonatig; ~na f (1) Achtel n; Mus. Achtelnote f; ~násobný achtfach; ~nedělní achtwöchig; ~nka f (1c; -nek) s. osmina; ~nkový Achtel-; ~nový s. osminkový; ~rádkový achtzeilig; ~stěn m (2a) Oktaeder m; ~stopý Vers: achtfüßig; ~stovka F f (1c; -vek) Achthundertmeterlauf m; ~stup m (2) Achterreihe f; ~třídní achtklassig; ~úhelník m (2b) Achteck n; ~úhelný achteckig; ~válec F m (4; -lc-)

Achtzylinder m; ~veslice f (2a) Sp. Achter m (Boot).
osm|krát achtmal; ~náct achtzehn; ~náctiletý achtzehnjährig; ~náctka f (1c; -tek) Achtzehn f; ~náctý achtzehnte(r); ~ý achte(r).
osmýčit pf. abkehren, abwischen.
osněžený mit Schnee bedeckt.
osní Achsen-.
osnov|a f (1) Kettenfaden m (Weberei); System n; Plan m, Entwurf m; ~at ⟨z-⟩ (-nuji) (an)stiften; Ränke schmieden; Intrigen spinnen, planen, F im Schilde führen; ~atel m (1; -é) Anstifter m; ~ní Ketten-; ~ný s. základní.
osob|a f (1) Person f; ~ák m s. osobňák; ~it: ~ si co sich anmaßen (A); ~itost f (4) Eigenart f; ~itý eigen(artig), urwüchsig; ~ivost f (4) Anmaßung f; ~ivý anmaßend.
osob|ňák P m (2b) Personenzug m; ~ní persönlich, Personen-, Personal-; ~nost f (4) Persönlichkeit f.
osoč|ení n (3) Verleumdung f; ~it pf., ~ovat (-čuji) verleumden; ~ovatel m (1; -é) Verleumder m.
osolit pf. salzen.
osop|it pf., ~ovat (-puji): ~ se na k-o j-n grob anfahren.
osoušet (3 Pl. -eji) v/t (ab)trocknen.
osový Achsen-, axial.
ospal|ec m (3; -lc-) schläfriger Mensch m; Langschläfer m; F Schlafmütze f; ~ost f (4) Schläfrigkeit f; ~ý schläfrig, verschlafen.
ospravedl|nění n (3) Rechtfertigung f; ~nit pf., ~ňovat (-ňuji) rechtfertigen.
osprchovat se pf. (-chuji) (sich) duschen.
osrdeč|nice f (2a) Herzhaut f; ~ník m (2b) Herzbeutel m.
osrdí n (3) Herzgegend f; Kochk. Lungenhaschee n, öst. Beuschel n.
osrstěn|í n (3) Zo. Haarkleid n; ~ý behaart.
ostat pf. (-stanu) (ver)bleiben; wohnen.
ostat|ek m (2b; -tk-) Rest m, F Überbleibsel n; -tky pl. a. sterbliche Überreste m/pl.; Rel. Reliquien f/pl.; P a. die letzten Faschingstage m/pl.; ~ně Adv. übrigens, im übrigen; ~ní übrig, sonstig, restlich.
ostávat s. ostat. [lich.⌡
osten m (2a; -stn-) Stachel m, Dorn m.

ostění 268

ostění *n* (3) Arch. Futter *n*; Wandverkleidung *f*; ~ dveří Türpfosten *m*.
ost|init *pf.*, **~iňovat** (-*ňuji*) beschatten.
ostn|atec *m* (3; -*tc*-) Drachenfisch *m*; Stachelkäfer *m*; **~atý**, **~itý** Stachel-, stachelig.
ostno|kožec *m* (3; -*žc*-) Stacheltier *n*, Stachelhäuter *m*; **~srstý** rauhhaarig, Rauhhaar-.
ostouz|eč *m* (3) Verleumder *m*; **~ečský** verleumderisch; **~ení** *n* (3) Verleumdung *f*; **~et** ⟨z-⟩ (3 *Pl.* -*ejí*) verleumden; ~ se sich Schmach zufügen.
ostránkovat *pf.* (-*kuji*) mit Seitenzahlen versehen.
ostražit|ost *f* (4) Wachsamkeit *f*; **~ý** wachsam; behutsam.
ostroh *m* (2b) Landzunge *f*; Felsvorsprung *m*.
ostro|hranný scharfkantig; **~nosý** mit spitzer Nase; **~srstý** Zo. rauhhaarig, Rauhhaar-; **~st** *f* (4) Schärfe *f*; *fig. a.* Härte *f*; **~střelba** *f* (*1*; -*leb*) Scharfschießen *n*; **~střelec** *m* (3; -*lc*-) Scharfschütze *m*; **~střelecký** Scharfschützen-.
ostrouh|(áv)at abschaben; P *fig.* leer ausgehen.
ostrouhlý spitzwink(e)lig.
ostrov *m* (2; 2. -*a*) Insel *f*; **~an** *m* (*1*; -*é*), **-nka** *f* (*1c*; -*nek*) Inselbewohner(in *f*) *m*, Insulaner(in *f*) *m*.
ostrovid *m* (*1*) Luchs *m*; † *a.* (*2a*) Scharfblick *m*.
ostrov|natý inselreich; **~ní** Insel-.
ostrovtip *m* (*2a*), **~nost** *f* (4) Scharfsinn *m*; **~ný** scharfsinnig, geistreich, witzig.
ostruh|a *f* (*1b*) Sporn *m*; **~ový** Sporen-.
ostrůvek *m* (*2b*; -*vk*-) Inselchen *n*.
ostruž|í *n* (3) Brombeerhecke *f*; **~ina** *f* (*1*) Brombeere *f*; **~inový** *n* (3) Brombeergestrüpp *n*; **~ník** *m* (*2b*) Brombeerstrauch *m*.
ostrý (*Komp.* -*řejší*; *Adv.* -*ře*, *Komp.* -*řeji*) scharf; *střílet na* -*ro* scharf schießen.
ostřelovat (-*uji*) beschießen.
ostří *n* (3) Schneide *f*; *lit.* Schärfe *f*.
ostříbřit *pf.* versilbern.
ostřice *f* (*2a*) Riedgras *n*.
ostří|ci *pf.* (-*střehu*), **~hat¹** behüten, beschützen (k-o od č-o j-n vor D).
ostříhat² *od.* **ostřih|at** *pf.*, **~nout**

pf. (-*hl*; -*žen*), **~ovat** (-*huji*) Haar, Nägel schneiden; *Schafe* scheren.
ostřil|ený P gewandt, *iron.* abgebrüht; **~et** *pf.* (3 *Pl.* -*ejí*) zerschießen; ~ se die Scheu ablegen.
ostřit ⟨*na*-, *vy*-, *z*-, *za*-⟩ schärfen.
ostříž *f* (3) Lerchenfalke *m*; F *oči jako* ~ Augen wie ein Luchs.
ostřížek *m* (*2b*; -*žk*-) Papierschnitzel *m*.
ostud|a *f* (*1*) Schande *f*; **~it** *pf.* (-*zen*) verunglimpfen; **~nost** *f* (4) Schändlichkeit *f*; **~ný** schimpflich, skandalös.
ostych *m* (*2b*), **ostých|ání** *n* (3), **~avost** *f* (4) Scheu *f*, Schüchternheit *f*; **~at se** sich schämen (*před kým, čím/vor D*); **~avý** scheu, schüchtern, schamhaft.
osud *m* (*2a*) Schicksal *n*; **~í** *n* (3) (*Wahl*-)Urne *f*; **~nost** *f* (4) Verhängnis *n*; **~ný** verhängnisvoll, schicksalhaft; *Irrtum*: folgenschwer; **~ovost** *f* (4) Schicksalhaftigkeit *f*; **~ový** schicksalhaft, Schicksals-.
osuš|it *pf.* (ab)trocknen; **~ka** *f* (*1c*; -*šek*) Badetuch *f*; **~ovat** (-*šuji*) s. *osušit*; **~ovátko** *n* (*1b*; -*tek*) Löschwiege *f*.
osvěcovat (-*cuji*) s. *osvítit*.
osvědč|ení *n* (3) Bescheinigung *f*; Erklärung *f*; *Med.* Attest *n*; **~ený** bewährt; tüchtig; **~it** *pf.*, **~ovat** (-*čuji*) bescheinigen, beglaubigen; *Gunst* erweisen.
osvět|a *f* (*1*) Volksbildung *f*; (*Volks*-)Kultur *f*; **~ář** *m* (3) Kulturreferent *m*; **~ářský** fortschrittlich.
Osvětim *f* (4) Auschwitz *n*.
osvětl|ení *n* (3) Beleuchtung *f*; *Fot.* Belichtung *f*; **~it** *pf.* beleuchten; *Fot.* belichten; **~ovací** Beleuchtungs-, **~ovač** *m* (3) *Thea.* Beleuchter *m*; **~ovat** (-*luji*) s. *osvětlit*.
osvětový Volksbildungs-, Kultur-.
osvěž|ení *n* (3) Erfrischung *f*, Erquickung *f*; *Amtl* erholt; **~it** *pf.*, **~ovat** (-*žuji*) erfrischen, erquicken; *Erinnerung* auffrischen; **~ivý**, **~ující** erfrischend, Erfrischungs-.
osvícen|ec *m* (3; -*nc*-) *hist.* Aufklärer *m*; **~í** *n* (3) Erleuchtung *f*; **~ost** *f* (4) Aufgeklärtheit *f*, *fig.* Bildung *f*; † Durchlaucht *f* (*Titel*); **~ský** Aufklärungs-; **~ství** *n* (3) Aufklärung *f*; **~ý** aufgeklärt, † gebildet; *hist.* erlaucht.
osv|ít *m* (*2a*) *Fot.*, *Phys.* Belichtung

otcův

f; **~ítit** *pf.* (-cen) beleuchten, erleuchten; aufklären.
osvobodit *pf.* (-zen) befreien; **~el** *m* (3; -ě), **-lka** *f* (1c; -lek) Befreier (-in *f*) *m*.
osvobo|divý *fig.* befreiend, erlösend; **~zenecký** *s.* osvobozovací; **~zení** *n* (3) Befreiung *f*; **~zený** befreit; **~zovací** Befreiungs-; **~zovat** (-zuji) *s.* osvobodit.
osvoj|ení *n* (3) Aneignung *f*; **~it si** *pf.*, **~ovat si** (-juji) sich aneignen.
osychat, osýchat *s.* oschnout.
osyp|(áv)at (*pf.* -u) bestreuen; ~ se *Med.* e-n Ausschlag bekommen; **~ky** *f/pl.* (1c; -pek) Masern *pl.*
ošac|ení *n* (3) Bekleidung *f*, Kleider *n/pl.*; **~ovací** Bekleidungs-.
ošálit *pf.* betrügen.
ošatit *pf.* (-cen) (be)kleiden; P *fig.* übers Ohr hauen.
ošatka *f* (1c; -tek) (Stroh-)Brotkorb *m*.
ošemet|ník *m* (1a), **~nice** *f* (2a) Betrüger(in *f*) *m*; **~nost** *f* (4) Heimtücke *f*; **~ný** (heim)tückisch; P verzwickt, heikel.
ošetř|ení *n* (3) Behandlung *f*; Pflege *f*, Betreuung *f*; **~it** *pf.* behandeln, pflegen, betreuen; **~ovací** Behandlungs-; Pflege-; **~ovanec** *m* (3; -nc-), **~ovanka** *f* (1c; -nek-) Pflegling *m*; **~ovat** (-třuji) *s.* ošetřit; **~ovatel** *m* (3; -é) Pfleger *m*, Betreuer *m*; Wärter *m*; **~ovatelka** *f* (1c; -lek) Krankenschwester *f*, Pflegerin *f*, Betreuerin *f*; **~ovna** *f* (1; -ven) Behandlungszimmer *n*; **~ovné** *n* (*Adj.* 3) Behandlungskosten *pl.*; Pflegegeld *n*.
ošid|it *pf.* (-zen) betrügen; ~ se F hereinfallen; **~ný** trügerisch; *Ähnlichkeit:* täuschend; *Spiel:* falsch.
oší(va)t *s.* obšít.
ošívat se sich kratzen; sich weigern.
oškl|ebovat se (-buji), **~íbat se, ~íbnout se** *pf.* (-bl) Grimassen schneiden.
oškliv|ec *m* (3; -vc-) häßlicher Mensch *m*; **~ět** (z-) (3 *Pl.* -ějí) häßlich werden; **~it** *j-m et.* verekeln; ~ **si co** verabscheuen (*A*), Ekel empfinden (vor *D*); **~ý** häßlich, ekelhaft; *je* -vo es ist abscheuliches Wetter; *je mu* -vo ihm ist übel.
oškr|abat, ~ábat *pf.* (-*u*/-*ám*), **~abávat** abschaben, abkratzen; *Kartoffeln* schälen; **~abek** *m* (2b; -bk-) Abgeschälte(s) *n*; **~ábnout** *pf.* (-bl; -bnut), **~abovat** (-buji) *s.* oškrabat.
oškrt *m* (2a) Spitzhammer *m*.
oškrobit *pf.* *Wäsche* stärken.
oškub(áv)at (*pf.* -*u*/-*am*) abpflücken, abreißen.
oškva|rek *m* (2b; -rk-) Griebe *f*; **~řit** *pf.*, **~řovat** (-řuji) *v/t* schmoren, rösten.
ošlap|aný ausgetreten; **~(áv)at** (*pf.* -*u*/-*ám*) *Schuhe, Stufen* austreten; **~ek** *m* (2b; -pk-) Straßenschmutz *m od.* Schnee *an den Schuhen*; P (*Schuh-*)Putzlappen *m*.
ošlehaný *Gestein:* verwittert.
ošlejch *m* (2b) Lauch *m*, Porree *m*.
ošoupaný abgewetzt; abgegriffen.
ošplách|at, ~nout *pf.*, **ošplích|at, ~nout** *pf.* (-*cl*; -*chnut*), **ošplouchat** *pf.* *v/t* (ab)spülen, (ab)waschen; *v/i Kinder:* planschen.
oštěnit se *Hündin:* Junge bekommen, werfen.
oštěp *m* (2a) Speer *m*, † Spieß *m*; **~ař** *m* (3), **~ařka** *f* (1c; -řek) Speerwerfer(in *f*) *m*; **~ek** *m* (2b; -pk-) Splitter *m*, Span *m*; *Kochk.* geräucherter (Schaf-)Käse *m*; **~iště** *n* (2a) Speerschaft *m*; **~ník** *m* (1a) † Speerträger *m*; **~ovat** *pf.* (-puji) *Agr.* propfen.
oština *f* (1) Granne *f*.
oštíp|at, ~nout *pf.* (-*pl*; -*pnut*) **oštipovat** (-puji) abzwicken; *Gras* zupfen.
ošulit *dial. pf.* betrügen.
ošu|mělý, ~ntělý schäbig, abgetragen.
otáč|ecí Dreh-; **~ení** *n* (3) Drehung *f*, Drehbewegung *f*; **~et** (po-) (3 *Pl.* -ejí) *s.* otočit; **~ivý** drehbar, Dreh-; **~ka** *f* (1c; -ček) Umdrehung *f*, Tour *f*.
otakárek *m* (1a; -rk-) *Zo.* Schwalbenschwanz *m*.
otál|ení *n* (3) Zögern *n*; **~et** (po-) (3 *Pl.* -ejí) zögern (mit *D*).
otava *f* (1) Grum(me)t *n*.
otáz|at se *pf.* (-*žu*), **otazovat se** (-zuji) (na *co*) fragen (nach *D*), sich erkundigen (bei *j-m* nach *D*); **~ka** *f* (1c; -zek) Frage *f*; Problem *n*.
otazník *m* (2b) Fragezeichen *n*.
otcovražda *f* (1) Vatermord *m*.
otcov|a, ~o *s. otcův*; **~ský** väterlich, Vater-; **~ství** *n* (3) Vaterschaft *f*.
otcův (des) Vaters.

otčenáš *m* (4), **~ek** *m* (2b; -šk-) *Rel.* Vaterunser *n*.
otčím *m* (1; -ové) Stiefvater *m*.
otčina *f* (1) Vaterland *n*, Heimat *f*.
otec *m* (3; otc-; 1 Pl. otcové) Vater *m*.
oté|ci *pf.* (*s. téci*), **~kat** (an-) schwellen.
otek|lina *f* (1) Geschwulst *f*; **~ý** geschwollen.
otelit se *pf.* kalben.
otep *f* (4a) Bündel *n*.
otepl|ení *n* (3) Erwärmung *f*; **~it** *pf.* erwärmen; **~ se** ⟨po-⟩ warm werden, sich erwärmen; **~ovač** *m* (4) Bierwärmer *m*; **~ovat** (-luji) *s.* oteplit.
otes|at *pf.* (-sám/-šu) behauen; abhobeln; *fig. j-m* gute Manieren beibringen; **~ky** *m/pl.* (2b) Holzabfälle *m/pl.*, Späne *m/pl.*
otevř|enost *f* (4) Offenheit *f*; **~ený** offen (*a. fig.*); geöffnet; **~huba** F *m* (5) Maulheld *m*, Großmaul *n*; **~ít** *pf.* (-vřu/-vru, -vřel, -vřen) öffnen.
otěž *f* (3) Zügel *m*.
otírat *s.* otřít.
otisk *m* (2b) Abdruck *m*; **~nout** *pf.* (-kl; -štěn), **~ovat** (-kuji) (ab)drucken; abdrücken.
otišt|ění *n* (3) Abdruck *m*, Veröffentlichung *f*; **~ěný** gedruckt, veröffentlicht.
otlač|enina *f* (1) Schwiele *f*; *Med.* Quetschung *f*; **~it** *pf. v/t* (si sich *D*) abdrücken, abquetschen (*A*).
otlak *m* (2b) *s.* otlačenina.
otlou|ci *pf.* (*s.* tlouci), **~kat** abschlagen; *j-n* schlagen.
otluče|k *m* (1a; -čk-) *fig.* Prügelknabe *m*; **~ný** abgeschlagen; *Hände*: wund.
otoč *m* (4) *Turn.* Drehung *f*, Wendung *f*; **~ení** *n* (3) Umdrehung *f*, Wendung *f*; **~it** *pf.* (um)drehen, (um)wenden; **~ka** *f* (1c; -ček) (*Schrauben-*)Windung *f*; *Sp.* Drehung *f*; **~ný** drehbar, Dreh-.
otok *m* (2b) Geschwulst *f*, Schwellung *f*.
otoman *m* (2; 6. -u/-ě) Liegesofa *n*, † Ottomane *f*.
otop *m* (2a) Beheizung *f*; Brennmaterial *n*; **~né** *n* (*Adj.* 3) Heiz(ungs)kosten *pl.*; **~ný**, **~ový** Heiz-.
otrapa *m* (5) *verä.* Vagabund *m*, Halunke *m*.
otrava *f* (1) Vergiftung *f*; F *fig.* Lang(e)weile *f*; ~ krve Blutvergif-

tung; -vy *pl. a.* Vergiftungserscheinungen *f/pl.*
otráv|ení *n* (3) Vergiftung *f*; **~ený** gelangweilt, verdrossen; **~it** *pf.* vergiften; *fig.* vergällen; langweilen, F anöden.
otrav|nost *f* (4) Giftigkeit *f*; F Langweiligkeit *f*; **~ný** giftig; *fig.* langweilig; widerlich; **~ovat** ⟨*nase*⟩ (-vuji) *s.* otrávit.
otrh|anec *m* (3; -nc-), **~ánek** *m* (1a; -nk-) Haderlump *m*; **~aný** zerlumpt; *Obst*: gepflückt; **~(áv)at** abreißen, (ab)pflücken.
otrk|aný erfahren, F abgebrüht; **~at** *pf.* abschleifen; ~ se (e-n) Schliff bekommen, F sich die Hörner abstoßen.
otrlý gefühllos, gewissenlos.
otrnout *pf.* nicht mehr weh tun, sich besser fühlen; *fig.* wieder der Alte sein; *už mu -nulo* er fühlt sich besser.
otro|cký sklavisch; **~ctví** *n* (3) Sklaverei *f*; **~čina** F *f* (1) Sklavenarbeit *f*; **~čit** ⟨z-⟩ versklaven, zum Sklaven machen; ~ *k-u* j-m Sklavendienste leisten, j-s Sklave sein.
otrok *m* (1a) Sklave *m*; **~ář** *m* (3) Sklavenhändler *m*; **~ářský** Sklaven(halter)-; **~ářství** *n* (3) Sklavenhandel *m*; **~yně** *f* (2b) Sklavin *f*.
otruby *f/pl.* (2) Kleie *f*.
otrušík *m* (2b) Arsenik *n*.
otřás(a)t (*pf. s.* třást) (*kým, čím*) erschüttern (*A*); schütteln (*A*); (*co*) abschütteln; ~ se sich schütteln (*čím* vor *D*); rütteln; *Erde*: beben; wanken.
otřel|ost *f* (4) Plattheit *f*; Banalität *f*; **~ý** abgenutzt, abgedroschen.
otřesen|í *n* (3) Erschütterung *f*; **~ý** erschüttert.
otřep|aný zerfranst; *fig.* P abgedroschen, platt; **~(áv)at** (*pf. -u/-ám*) abklopfen, abschütteln; ~ se sich schütteln; **~ený** ausgefranst; **~it** *pf.* ausfransen.
otřes *m* (2a) Erschütterung *f*; ~ země Erdstoß *m*; ~ nervů Nervenschock *m*; **~ný** *lit.* erschütternd.
otřískat *pf.* Henkel abschlagen.
otřít *pf.* (*s.* třít) abreiben, abtrocknen; *Füße* abstreifen; ~ se sich abwischen; sich abwetzen; ~ se o *k-o* j-n verleumden.
otuk(áv)at *leicht* anklopfen; *fig.* aushorchen.

otup|ělost f (4) Stumpfheit f; **~ělý, ~ený** abgestumpft, stumpf; **~ět** pf. (3 Pl. -ejí) stumpf werden, abstumpfen (v/i); **~it** pf., **~ovat** (-puji) stumpf machen; fig. betäuben.
otuž|ení n (3), **~enost** f (4) Abhärtung f; **~ilec** m (3; -lc-) abgehärteter Mensch m; **~ilý** abgehärtet; **~it** pf. abhärten, stählen.
otvír|ací Öffnungs-; **~áč** m (4), **~adlo** n (1a; -del), **~ák** m (2b) (konzerv Büchsen-)Öffner m; **~at** s. otevřít.
otvor m (2a) Öffnung f.
oty|lost f (4) Dickleibigkeit f, Korpulenz f; **~ý** korpulent.
otýpk|a f (1c; -pek) Bündel n, Bund n; **~ový** Bund-.
ouklej f (3) Zo. Ukelei f.
ouško n (1b; -šek) Öhrchen n, Ohr n; Henkel m; Öhr n; Sp. Seitenschwimmen n; vepřové ~ Schweins-
ouvej! Int. ohweh! [ohr.
ovád m (1) Zo. Bremse f.
ovad|at, ~nout pf. verwelken; **~lý** verwelkt, welk.
ovál|et pf. (3 Pl. -ejí) wälzen; zerknittern; **~ní, ~ný, ~ový** oval.
ovar m (2a) Wellfleisch n; **~ový**: -vé koleno Eisbein n.
ovař|it pf., **~ovat** (-řuji) abkochen.
ovát pf. (s. vát) umwehen.
ovázat pf. (-žu/-ži), **ovazovat** (-zuji) umwickeln; Med. verbinden.
ovce f (2) Schaf n.
ovč|ácký Schäfer-; **~áctví** n (3) Schafzucht f; **~ák¹** m (1a), **~ačka** f (1c; -ček) Schäfer(in f) m; **~ák²** m (1a) Schäferhund m; **~árna** f (1; -ren) Schafstall f; Schäferei f; **~ička** f (1c; -ček) Schäfchen n; **~ín** m (2; 2. -a), **~inec** m (4; -nc-) Schafstall m.
ovdov|ělý verwitwet; **~ět** pf. (3 Pl. -ejí) verwitwen, Witwe(r) werden.
ovečka f (1c; -ček) s. ovčička.
ověnč|it pf., **~ovat** (-čuji) bekränzen.
overal m (2a) Arbeitsanzug m.
ověř|ení n (3) Beglaubigung f; **~ený** beglaubigt; erwiesen; **~it** pf. beglaubigen; beweisen; **~itelný** nachweisbar; **~ovací** Beglaubigungs-; **~ovat** (-řuji) s. ověřit.
oves m (2; -vs-; 2. ovsa, 6. -u/-e) Hafer m.
ověsit pf. (-šen) behängen; ~ vlajkami beflaggen.

ovesn|ík m (2b) Hafersack m; **~iště** n (2a) Haferfeld n; **~ý** Hafer-; -ná polévka Haferflockensuppe f.
ověš|et pf. (3 Pl. -ejí), **~ovat** (-šuji) s. ověsit.
větr|alý luftgetrocknet; verwittert; **~at** pf. an der Luft trocknen; Betten lüften; Schrift: verwittern.
ovíj|ecí Wickel-; **~et** (3 Pl. -ejí) s. ovinout; **~ivý** Schling-.
ovin m (2a) El. Windung f; **~ek** m (2b; -nk-) Med. Umschlag m, Wickel m; **~ka** f (1c; -nek) s. ovinovačka; **~out** pf. umwickeln; Hände schlingen; ~ se sich winden; sich ranken; **~ovací** Wickel-; **~ovačka** f (1c; -ček) Wickelgamasche f; **~ovat** (-nuji) s. ovinout.
oví|t pf. (-viji) s. ovinout; **~vat** umwehen; ~ se sich Kühlung zufächeln.
ovlád|ání n (3) Beherrschung f; **~at** beherrschen (se sich); **~atelný** lenkbar; beherrschbar; **~nout** pf. (-dl; -dnut) sich bemächtigen (co/G); s. ovládat; **~nutelný** s. ovládatelný; **~nutí** n (3) Beherrschung f, Erlernung f.
ovlaž|ení n (3) Anfeuchten n; fig. Erfrischung f; **~it** pf., **~ovat** (-žuji) benetzen, anfeuchten; fig. erfrischen.
ovlh|čit pf. befeuchten, benetzen; **~lý** feucht; **~nout** pf. (-hl) feucht werden.
ovliv|nění n (3) Beeinflussung f, **~nit** pf., **~ňovat** (-ňuji) beeinflussen.
ovoc|e n (2) Obst n; Früchte f/pl. (a. fig.); **~enka** f (1c; -nek) Fruchtsaft m; **~nář** m (3) Obsthändler m; Obstzüchter m; **~nářský** Obst-; **~nářství** n (3) Obsthandel m; Obstbau m; **~ný** Obst-.
ovr|oubit pf., **~ubovat** (-buji) einfassen, einsäumen.
ovs|ík m (2b) Glatthafer m; **~isko** n (1b; -sek), **~iště** n (2a) Haferfeld n.
ovšedn|ělý alltäglich, banal; **~ět** pf. (3 Pl. -ějí) alltäglich werden, den Reiz verlieren.
ovšem allerdings, freilich, natürlich.
ovzduší n (3) Atmosphäre f.
ozáb|lý erfroren; **~nout** pf., **~st** pf. (-zebe) erfrieren.
ozář|ení n (3) Bestrahlung f; **~it** pf. beleuchten, bestrahlen; Sonne: bescheinen.
ozařova|č m (4), **~dlo** n (1a; -del) Scheinwerfer m; **~t** (-řuji) s. ozářit.

ozbrojenec 272

ozbroj|enec m (3; -nc-) Bewaffnete(r) m; **~ení** n (3) Bewaffnung f; **~ený** bewaffnet; **~it** pf., **~ovat** (-ju-ji) bewaffnen.

ozdob|a f (1), **~ení** n (3) Zierde f, Verzierung f; **~ený** geschmückt, verziert; **~it** pf. schmücken, verzieren, dekorieren; **~nický** Galanterie-; **~ník** m (1a) Dekorateur m; **~ný** Schmuck-, Zier-; **~ovat** (-buji) s. ozdobit.

ozdrav|ění n (3) Genesung f, Gesundung f; **~ět** pf. (3 Pl. -ějí) gesund werden, genesen; **~it** pf. gesund machen; fig. sanieren; **~ný** Heil-; **~ovací** Heilungs-, Genesungs-; **~ovat** (-vuji) s. ozdravět, ozdravit; **~ovna** f (1; -ven) Genesungsheim n, Heilstätte f.

ozdůbka f (1c; -bek) (kleine) Verzierung f, Schnörkel m.

ozev m (2a; ozv-) Widerhall m; Mus. Ansprache f.

ozim m (2a), **~ina** f (1) Wintersaat f; **~ka** f (1c; -mek) Winterweizen m; **~ní** Winter-.

ozk|oušet pf. (3 Pl. -ejí), **~usit** pf. (-šen) probieren; Kleider anprobieren.

ozlac|ení n (3) Vergoldung f; **~ený** vergoldet; **~ovat** (-cuji), **ozlatit** pf. (-cen) vergolden.

označ|ení n (3) Bezeichnung f; **~it** pf. bezeichnen, kennzeichnen; fig. brandmarken; **~kovat** pf. (-kuji) Weg markieren; Bücher signieren; **~ování** n s. označení; **~ovat** (-čuji) s. označit.

oznám|ení n (3) Bekanntmachung f; (Zeitungs-, Rundfunk-)Meldung f; Mitteilung f; (Heirats-, Todes-)Anzeige f; Inserat n; **~it** pf. bekanntgeben, verlautbaren; berichten; ankündigen, anzeigen; **~kovat** pf. (-kuji) Brief freimachen; Schularbeit klassifizieren.

oznamova|cí Anzeige-; **~ deska** Schwarzes Brett; **~ způsob** Gr. Indikativ m; **~t** (-muji) s. oznámit; **~tel** m (4) Anzeiger m.

oznobe|nina f (1) Frostbeule f; **~ný** erfroren.

ozob(áv)at (pf. -u/-ám) abpicken; fig. abpflücken.   [versehen.\

ozoubkovat pf. (-kuji) mit Zähnen

ozřejm|ět pf. (3 Pl. -ějí) deutlich werden; **~it** pf., **~ovat** (-muji) klarmachen.

ozub m (2a) Tech. Anschlag m; Daumen m; **~ec** m (4; -bc-) Tech. Klaue f; **~ení** n (3) Verzahnung f; **~ený** Zahn-, gezahnt; **~ice** f (2a) Knochenhaut f; **~it** pf. zähnen; verzahnen; schartig machen; **~nice** f (2a) Tech. Zahnstange f; **~ování** n (3) Med. Zahnen n.

ozva f (1; ozev) Widerhall m; Med. Herzton m; **~t se** pf. (ozvu) erschallen, ertönen; (von) sich hören lassen; wach werden; Gefühl: sich regen; Einspruch erheben (proti k-u gegen A).

ozvěn|a f (1) Echo n, Widerhall m; **~ný**, **~ový** Echo-.

ozvuč|nice f (2a) Schallwand f; Mus. Resonanzboden m; **~nost** f (4) Resonanz f; **~ný** Schall-, Resonanz-.

ozvuk m (2b) Resonanz f; Anklang m.

ozývat se s. ozvat se.

ožebrač|ení n (3) Verarmung f, Verelendung f; **~it** pf., **~ovat** (-čuji) an den Bettelstab bringen, völlig ruinieren.

ožeh m (2b) Schürhaken m; **~avost** f (4) fig. Dringlichkeit f; **~avý** fig. brennend, heikel; **~lý**, **~nutý** versengt, verbrannt; von der Sonne gebräunt; **~nout** pf. (-hl; -hnut), **~ovat** (-huji) versengen, verbrennen.

oželet pf. (3 Pl. -ejí/-í) j-n betrauern; et. verschmerzen.

oženit pf. e-n Mann verheiraten; **~ se** (s kým) heiraten (A), sich verheiten mit (D) (vom Mann).

ožerka P m (5) Trunkenbold m.

oží|hat versengen, abbrennen; **~nat** mit der Sichel abmähen; **~rat** s. ožrat; **~t¹** pf. (s. žít²) s. ožínat; **~t²** pf. (s. žít¹), **~vat** wieder lebendig werden, aufleben.

oživ|ení n (3) Belebung f; **~it** pf., **~ovat** (-vuji) (neu) beleben, auffrischen; **~lý** lebendig geworden, (neu) belebt; **~nout** pf. (-vl) s. ožít²; **~ovací** Wiederbelebungs-.

ožlutit pf. (-cen/-těn) gelb färben.

ožral|a m (5), **~ec** m (3; -lc-) Trunkenbold m; **~ství** n (3) Trunksucht f, P Suff m; **~ý** betrunken, V besoffen.

ožrat pf. (s. žrát) abfressen; (k-o) betrunken machen (A); **~ se** V sich besaufen.

ožv|ýkat pf., **~ykovat** (-kuji) v/t kauen, lutschen (an D).

P

paběr|ek m (2b; -rk-) Nachlese f; **~kovat** ⟨na-, z-⟩ (-kuji) nachernten; Ähren lesen.
pablesk m (2b) Abglanz m; **~ovat** (-kuji) schimmern, matt glänzen.
pac f (indekl.), **~ička** f (1c; -ček), **~inka** f (1c; -nek) Kdspr. (Patsch-)Händchen n; Pfötchen n; **~ka** f (1c; -ček) Pfote f, Tatze f.
pack|al m (1; -ové) Stümper m; P Pfuscher m; **~ání** n (3), **~anice** f (2a) Stümperarbeit f, P Pfuscherei f; **~at** ⟨s-, z-⟩ P hudeln, pfuschen.
pacle F f (2) (Schokolade-)Katzenzunge f.
pačesy P m/pl. (2) Haar n (koll.), Schopf m.
páč|idlo n (2b) Brecheisen n, -stange f; **~it** ⟨roz-, vy-, z-⟩ aus den Angeln heben; Kasse aufbrechen, F knacken; **~ka** f (1c; -ček): ~ plynu Kfz. Gashebel m.
pačok m (2b) Tünche f, Kalkmilch f; **~ovat** ⟨o-⟩ (-kuji) tünchen.
pád m (2; 6. -u/-ě) Gr., Phys. Fall m; Zusammenbruch m; Sturz m; Flgw. Absturz m.
pad|ací fallend; **~ák** m (2b) Fallschirm m; † a. Falltür f; **~ání** n (3) Fallen n; ~ hvězd Sternschnuppe f; ~ vlasů Haarausfall m; **~at** ⟨s-⟩ fallen; umfallen; Haar: ausfallen.
padav|če n (4), **~ka** f (1c; -vek) Fallobst n.
paděl|ání n (3) Fälschung f; **~aný** gefälscht, Falsch-; **~(áv)at** fälschen, F nachmachen; **~atel** m (3; -é) Fälscher m; **~ek** m (2b; -lk-) Fälschung f, Falsifikat n.
padesát fünfzig.
padesáti|haléř m (4) Fünfzigheller(-stück n) m; **~koruna** f (1) Fünfzigkronennote f; **~letí** n (3) Zeitraum m von fünfzig Jahren; **~letý** fünfzigjährig; **~na** f (1) Fünfzigstel n; -ny pl. a. fünfzigster Geburtstag n; **~násobný** fünfzigfach.
padesát|ka f (1c; -tek) Fünfziger m; **~krát** fünfzigmal; **~ník** m (1a), **~nice** f (2a) Fünfzigjährige m od. f, F Fünfziger(in f) m; **~ý** fünfzigster.

pádit rennen, stürmen.
padlí n (3) Bot. Mehltau m.
pádlo n (1a; -del) Paddel n; člun s -lem Paddelboot n; **~vat** (-luji) paddeln.
padlý m (Adj. 1) Gefallene(r) m; Adj. gefallen.
pádnost f (4) Wucht f; Jur. Triftigkeit f.
pad|noucí passend; **~nout** pf. (-dl) s. padat; **~nutí** F n (3) Umfallen n.
pádný wuchtig; schwerwiegend; Antwort: treffend; Beweis: schlagend; Grund: triftig.
padol m (2; 6. -u/-e) Geogr. Vertiefung f, Mulde f.
padouc|í: ~ nemoc = **~nice** f (2a) Fallsucht f, Epilepsie f.
padouch m (1a) Schuft m.
paďour m (1; -ři) verä. Spießer m; Geck m.
padouš|ský niederträchtig, wie ein Schuft; **~ství** n (3) Schurkerei f, Schurkenstreich m.
pádový Gr. Fall-, Kasus-.
padrť f (4a; -ti) Trümmer m; rozbít na ~ kurz und klein schlagen.
pahodnota f (1) Scheinwert m.
pahor|ek m (2b; -rk-) Hügel m; **~katina** f (1) Hügelland n; **~katý**, **~kovitý** hügelig, Hügel-.
pahrbek m (2b; -rbk-) s. pahorek.
pahýl m (2; 6. -u/-e) Stummel m, Stumpf m.
pach m (2b) Geruch m; Gestank m.
páchat ⟨s-⟩ (-chám/-šu) Verbrechen begehen, verüben; Schaden anrichten.
pachatel m (3; -é), **~ka** f (1c; -lek) Täter(in f) m; ~ atentátu Attentäter(in f) m.
pách|noucí übelriechend; **~nout** ⟨za-⟩ (-chl) riechen (čím nach D).
pachol|átko n (1b; -tek), **~e** n (4) Knäblein n; **~ek** m (1a; -lk-) Knecht m; **~ík** m (1a) s. pacholátko; **~kovat** (-kuji) als Knecht arbeiten.
pacht F m (2a) Pacht f.
pacht|ění n (3) Haschen n, Streben n, Jagd f (po čem nach D); **~it se** ⟨na-, u-⟩ haschen, streben, jagen

pachtovat

(po čem, za čím nach *D*); ~ se (s čím) sich abmühen (mit *D*).
pacht|ovat P ⟨pro-, z-⟩ *(-tuji)* pachten; **~ovné** *n (Adj. 3)* Pachtzins *m*, F Pacht *f*; **~ýř** *m (3)* Pächter *m*.
pachuť *f (4c; -ti)* Nachgeschmack *m*.
pajd|a *m (5),* **~al** *m (1; -ové)* P verä. Hinkebein *m*; **~at** F hinken, humpeln; **~avý** hinkend.
páj|ečka *f (1c; -ček)* Lötkolben *m*; **~et** ⟨s-, za-⟩ *(3 Pl. -ejí),* **~kovat** ⟨s-, -za-⟩ *(-kuji)* löten; **~ka** *f (1c; -jek)* Lot *n*.
pak dann; außerdem; *in Zssgn* -~ ... denn *s.* copak.
páka *f (1c)* Hebel *m*. [penstiel *m*.]
pakatel *m (4)* Bagatelle *f*, P Pap-⌐
pakáž F *f (3)* Pack *n*, Gesindel *n*.
pakli(že) wenn aber; anderenfalls.
paklíč *m (4)* Nachschlüssel *m*, Dietrich *m*.
paklík P *m (2b)* Päckchen *n*.
pakostnice † *f (2a)* Gicht *f*.
pakovat F ⟨za-⟩ *(-kuji)* packen.
pákov|í *n (3)* Gestänge *n*; **~itý** hebelartig.
pakt *m (2a)* Pakt *m*; **~ o neútočení** Nichtangriffspakt; **~ovat (se)** F *(-tuji)* paktieren.
pakůň *m (-koně s. Anh.)* Zo. Gnu *n*.
palác *m (4)* Palast *m*, Palais *n*; **~ový** Palast-.
palačinka *f (1c; -nek)* Art Omelett *n*, Palatschinke *f*.
palach *m (2b)* Schilf *n*, Binse *f*.
palanda *f (1)* Hängebrett *n*, Pritsche *f*.
palba *f (1; -leb)* Mil. Feuer *n*; **~ na ostro** Scharfschießen *n*.
pal|cát *m (2; 6. -u/-ě)* Streitkolben *m*; **~cový** Daumen-; daumengroß; Zoll- *(Maß)*; **~čák** *dial. m (2b) s.* palečnice.
palčivý brennend *(a. fig.)*; beißend.
palebný Mil. Feuer-, Schieß-.
palec *m (4; -lc-)* Daumen *m*; große Zehe *f*; *(Maß)* Zoll *n*; *Tech.* Finger *m*.
paleč|ek *m 1. (2b; -čk-)* Däumchen *n*; *2. (1a) Kdspr.* Däumling *m*; **~nice** *f (2a)* Fausthandschuh *m*, F Fäustling *m*.
pálená *f (Adj. 2)* Schlagballspiel *n*.
pálen|ík *m (1a),* **~kář** *m (3)* Branntweinhändler *m od.* -brenner *m*; **~ka** *f (1c; -nek)* Branntwein *m*; **~í** *n (3)* Brennen *n*; Brandschatzung *f*; líh k ~ Brennspiritus *m*; **~ý** ge-

brannt; F durchtrieben, abgebrüht; **-ná sova** Schleiereule *f*.
palestinský [-ti-] palästinensisch, Palästina-.
palestra *f (1d) Sp.* Schlagholz *n*.
paleta *f (1)* Palette *f*.
paleto *n (1; 6. -u/-ě)* Mantel *m*.
palic|e *f (2a)* Kolben *m*, Keule *f*; *iron.* F Dickschädel *m*; **~ovitý** kolbenförmig.
palič *m (3)* Brandstifter *m*.
palič|ák F *m (1a)* Trotzkopf *m*, Dickschädel *m*; **~atost** *f (4)* Starrsinn *m*; **~atý** starrsinnig, P stur.
palička *f (1c; -ček)* Klöppel *m*; *(Trommel-)*Schlegel *m*; *(Fleisch-)*Klopfer *m*; *Bot.* Blütenkopf *m*; Brandstifterin *f*; **~ovat** ⟨u-, z-⟩ *(-kuji)* klöppeln.
paličství *n (3)* Brandstiftung *f*, Brandschatzung *f*.
palírna *f (1; -ren)* Branntweinbrennerei *f*.
palist *m (2; 6. -u/-ě)* Nebenblatt *n*.
pálit ⟨o-, po-, roz- se⟩ brennen, verbrennen; *Mil.* feuern; *fig.* rennen; palte! Feuer frei!
paliv|o *n (1)* Brennmaterial *n*; Treibstoff *m*; **~ový** Brenn-, Kraftstoff-.
pálivý brennend, *fig.* beißend.
pálka *f (1c; -lek) Sp.* Schläger *m*, Schlagholz *n*; *Agr.* Getreideschwinge *f*.
palm|a *f (1; -lem)* Palme *f*; **~ový** Palm(en)-.
palný *lit.* brennend; *Mil.* Feuer-; *Su. m (Adj. 1) Bgb.* Schießmeister *m*.
palouk *m (2b)* Wiese *f*, Matte *f*; Anger *m*.
palub|a *f (1)* Bord *m*, Deck *m*; přes -bu über Bord; **~ní** Bord-, Deck-.
památ|ka *f (1c; -tek)* Andenken *n*, Erinnerung *f*; není -ky po něm es ist keine Spur von ihm zu finden; **~ový** Denkmal-; **~ník** *m (2b)* Mahnmal *n*; Gedenkbuch *n*, Album *n*; **~nost** *f (4)* Denkwürdigkeit *f*; **~ný** denkwürdig, Gedenk-.
pamatovat ⟨u-, vz-, za-⟩ *(-tuji) v/t* sich erinnern, denken (an *A*); erinnern (an *A*); **~ se** sich erinnern an *(A)*; sich fassen, F sich zusammennehmen; ~ si so sich merken *(A)*; dobře si pamatujte wohlgemerkt.
pámbíček F *m (1a; -čk-; -ové)* der liebe Gott.

pamět f (4 od. 4a; -ti) Gedächtnis n, Erinnerung f; (Computer-)Speicher m.
pamět|i f/pl. (4 od. 4a) Memoiren pl., Erinnerungen f/pl.; ~**ihodnost** f (4) Sehenswürdigkeit f; ~**ihodný** denkwürdig; sehenswert; ~**livý** eingedenk (č-o e-r Sache); ~**ná** f (Adj. 2) Denkzettel m, Lehre f; ~**ní** Gedenk-; Denk-; ~**ník** m (1a) Augenzeuge m.
paměťový Gedächtnis-; (Computer) Speicher-.
pamflet m (2; 6. -u/-ě) Pamphlet n, Schmähschrift f; ~**ář** m (3), ~**ista** m (5a) Pamphletist m. [m.\
pamlsek m (2b; -sk-) Leckerbissen **pampeliška** f (1c; -šek) Bot. Löwenzahn m.
pán (+ Name/Titel: pan; 5. pane!) Herr m; domácí ~ Hausherr.
paňác m (3), ~**a** m (5, 2. -i) Hanswurst m.
panáčkovat ⟨za-⟩ (-kuji) Männchen machen, (Hund) schön bitten.
panák 1. m (1a) Hampelmann m; verä. Geck m; 2. m (2b) Agr. Puppe f.
panam|a m (indekl.) Panamahut m; Korruptionsskandal m; ~**ský** panamaisch; Panama-.
pánbíč|ek m s. pámbíček; ~**kářství** n (3) Frömmelei f.
pánbůh m (f; pánaboha, -ubohu usw.) Herrgott m.
pancéř m (4) Panzer m; ~**ák**, ~**ník** P m (2b) Panzerwagen m; ~**ovat** ⟨vy-⟩ (-řuji) panzern; ~**ový** Panzer-.
pancíř m s. pancéř.
pand|era, ~**ěra** P f (1d) Wanst m, dicker Bauch m.
Páně (indekl.) Rel. des Herrn.
panečku! F mein Lieber!
panen|ka f (1c; -nek) (Spiel-)Puppe f; Anat. Pupille f; iron. Jungfrau f; ~**ský** jungfräulich, Jungfern-; ~**ství** n (3) Jungfräulichkeit f.
pánev f (3; -nv-) Pfanne f; Anat., Geol. Becken n.
paní f (s. Anh., Anm. zu fem. Dekl.) Frau f.
panic † m (3) junger Herr m; Junggeselle m; ~**ký** 1. jüngling(s)haft; 2. [-ni-] panisch.
panička f (1c; -ček) verä. Dame f, (Ehe-)Frau f.
panik|a [-ni-] f (1c) Panik f; ~**ář** m (3) Panikmacher m; ~**ářství** n (3) Panikmacherei f.

panímáma P f (1) Frau Mutter f; Bäuerin f.
panna f (1; panen) Jungfrau f; stará ~ alte Jungfer.
panoš m (3) Edelknabe m, Knappe m, Page m.
panov|ačný herrschsüchtig; ~**ání** n (3) Regierung(szeit) f; ~**at** (-nuji) herrschen.
pánovitý herrisch.
panov|nice f (2a) Herrscherin f; ~**nický** Herrscher-; ~**ník** m (1a) Herrscher m.
pansk|á f (Adj. 2) Stubenmädchen n; Zofe f; ~**ý** Herren-, herrschaftlich; ~**y** Adv. herrisch.
pánský Herren-.
panstv|í n (3) Herrschaft f; Herrensitz m; ~**o** n (1) Herrschaften f/pl., (a. meine) Herren m/pl.; † a. Adel m.
pantáta P m (5) Vater m; fig. Vetter m; † a. Gevatter m.
pantof|el m (4; -fl-) Pantoffel m; ~**líček** m (2b; -ček-) Pantöffelchen n.
pantograf m (2a) Geom. Storchschnabel m.
panující herrschend.
pánvi|ce f (2a), ~**čka** f (1c; -ček) Pfanne f.
páp|erka, ~**ěrka** f (1c; -rek) Flaumfeder f; fig. Schatten m.
papež m (3) Papst m; ~**ský** päpstlich; -ká stolice Apostolischer Stuhl; ~**ství** n (3) Papsttum n.
papír m (2; 6. -u/-ře) Papier n; ~**ek** m (2b; -rk-) Stückchen n Papier; ~**enský** Papier-; ~**na** f (1; -ren) Papierfabrik f; ~**nický** Papier-; ~**nictví** n (3) Papiergeschäft n; ~**ovina** f (1) Papierbrei m; Pappmaché n; ~**ový** Papier-, papieren.
papouš|čí Papageien-; ~**ek** m (1a; -šk-) Papagei m; ~**kovat** ⟨od-, za-⟩ (-kuji) nachplappern (co po kom j-m A).
paprik|a f (1c) Paprika m; Paprikafleisch n; ~**ovat** ⟨na-, o-, pře-⟩ (-kuji) mit Paprika würzen; ~**ový** Paprika-.
paprs|ek m (2b; -sk-) Strahl m; Radspeiche f; ~**kovitý** strahlenförmig; radial; ~**kový** Strahlen-; Speichen-.
papuče f (2) Hausschuh m.
papul|a P f (1a) Backe f; ~**atý** pausbackig.
pár[1] m (2a) Paar n; ~[2] ein paar, einige.

pára *f* (1d) Dampf *m*; Dunst *m*.
parabola *f* (1a) Parabel *f*; Kegelschnitt *m*.
páračka P *f* (1c; -ček) Fummelei *f*.
parád|a *f* (1) Parade *f*; ~it P schmücken, putzen; ~ se ⟨na-, vy-⟩ sich herausputzen; ~ivý putzsüchtig; ~ní Parade-; ~ník P *m* (1a) (*Mode-*)Geck *m*, Stutzer *m*.
parafovat (*im*)*pf.* ⟨vy-⟩ (-*fuji*) paraphieren.
paralel|a *f* (1a) Parallele *f*; ~ka F *f* (1c; -lek) Parallelklasse *f*; ~ní parallel.
paralytik [-tɪk] *m* (1a; -*ové*) Paralytiker *m*, Gelähmte(r) *m*.
párání *n* (3) Auftrennen *n*; *dial.* Herumstochern *n*.
parašuti|smus [-tɪz-] *m* (2a; -*smu*) Fallschirmspringen *n*; ~**sta** *m* (2a) Fallschirmspringer *m*; ~**stický** [-tɪstɪ-] Fallschirm-, Luftlande-.
párat ⟨roz-, z-⟩ auftrennen; ~ se *Naht*: aufgehen, sich auftrennen; P ~ se s čím sich herumplagen mit (*D*).
párátko *n* (1b; -*tek*) Zahnstocher *m*.
parátní bereit, F parat; *Mil.* kampfbereit; *Geld*: verfügbar; *Redner*: schlagfertig.
paraván *m* (2; 6. -*u*/-*ě*) Wandschirm *m*, spanische Wand *f*.
páravý mühsam, langweilig.
parazitní parasitär, schmarotzerhaft.
parcel|a *f* (1a) Parzelle *f*, Grundstück *n*; ~**ace** *f* (2) Parzellierung *f*; ~**ovat** (*im*)*pf.* ⟨roz-⟩ (-*luji*) parzellieren.
parciální partiell, Partial-, Teil-.
pardál *m* (1) Panther *m*.
pardon *Int.* Verzeihung!; *Su. m* (2a) Gnade *f*; ~**ovat** (*im*)*pf.* (-*nuji*) begnadigen.
pardus P *m* (2a) Tracht *f* Prügel.
párek *m* (2b; -*rk*-) Paar *n*, Pärchen *n*; F Liebespaar *n*; *Kochk.* Würstchen *n*, *öst.* Krenwürstel *n*.
parf|ém *m* (2a) Parfüm *n*; ~**emovat** (*im*)*pf.* ⟨na-, o-, za-⟩ (-*muji*) parfümieren.
parchant P *m* (1) *verä.* Bastard *m*, Balg *m*.
park *m* (2b) Park(anlage *f*) *m*.
parkán *m* (2; 6. -*u*/-*ě*) Burggraben *m*; Palisadenzaun *m*.
párkář *m* (3) Würstchenverkäufer *m*, P Wurstmaxe *m*.

parket *m* (2; 6. -*u*/-*ě*) *Thea.* Parkett *n*; ~**a** *f* (1) Parkett(fußboden *m*) *n*; ~**ář** *m* (3) Parkettleger *m*.
parkov|ací *Kfz.* Park-; ~**ání** *n* (3) Parken *n*; ~**at** ⟨za-⟩ (-*kuji*) parken; ~**iště** *n* (2a) Parkplatz *m*; ~**ý** Park-.
párkrát P ein paarmal, einige Male.
parlament *m* (2; 6. -*ě*/-*u*) Parlament *n*; ~**ární** parlamentarisch, Parlaments-; ~**ář** *m* (3) Parlamentär *m*; ~**ní** Parlaments-.
parma *f* (1; -*rem*) *Zo.* (*Fluß-*)Barbe *f*.
par|natý Dampf-, dampfhaltig; ~**ní** Dampf-; ~**ník** *m* (2b) Dampfer *m*; ~**no** *n* (1; -*ren*) Hitze *f*, Glut *f*; je ~ es ist drückend heiß; ~**ný** drückend heiß, schwül.
parobek *m* (1; -*bk*-) (Bauern-)Bursche *m*.
parodovat ⟨z-⟩ (-*duji*) parodieren.
paroh *m* (2b): ~**y** *pl.* Geweih *n*, Gehörn *n*; *fig.* Hörner *m*/*pl.*; ~**atý** mit Geweih, gehörnt; ~**ový** Horn-.
parola *f* (1a) Parole *f*.
paro|loď *f* (4d) Dampfschiff *n*; ~**plavba** *f* (1; -*veb*) Dampfschiffahrt *f*; ~**stroj** *m* (4) Dampfmaschine *f*.
párovat ⟨s-⟩ (-*ruji*) paaren (se sich).
parovod *m* (2a) Dampfleitung *f*.
párový paarig; *Sp.* Paar-.
parta *f* (1) Gruppe *f*, Trupp *m*, (*Arbeits-*)Kolonne *f*.
partaj P *f* (3) Partei *f*; ~**ník** P *m* (1a) Parteianhänger *m*.
parť|ák P *m* (1a), ~**ačka** *f* (1c; -*ček*) Vorarbeiter(in *f*) *m*.
part|e P *n* (*indekl.*) Todesanzeige *f*; ~**er** *m* (2a) *Thea.* Parkett *n*; † *a.* Parterre *n*, Erdgeschoß *n*; ~**es** *m* (2a) Notenblatt *n*; *fig.* Konzept *n*.
partyzán *m* (1), ~**ka** *f* (1c; -*nek*) Partisan(in *f*) *m*; ~**ský** Partisanen-.
paruka *f* (1c) Perücke *f*.
parůžek *m* (2b; -*žk*-) *s. paroh*.
pařák *m* (2b) *Kochk.* Dämpfer *m*.
pařát *m* (2; 6. -*u*/-*ě*) Klaue *f*, Kralle *f*.
paření *n* (3) Brühen *n*; Dämpfen *n*.
pářéní *n* (3) Paarung *f*.
pařelnice *f* (2a) *Agr.* Brühfutter *n*; ~**niště** *n* (2a) Mistbeet *n*; Brutstätte *f*; ~**ný** gedämpft; gebrüht.
pařez *m* (2a) Baumstumpf *m*.
pařit ⟨*na-, pro-, za-*⟩ dämpfen; brühen; ~ se sich erhitzen.
pářit 1. ⟨za-⟩ dampfen; 2. ⟨s-⟩ paaren (se sich).

Paříž f (3) Paris n; ~an m (1; -é),
~anka f (1c; -nek) Pariser(in f) m;
~ský Pariser.
pas m (2; 6. -u/-e) (Reise-)Paß m;
s. a. pás.
pás m (2; 6. -u/-e) Streifen m; Gurt
m; Gürtel m; Taille f; běžící ~
Fließband m; horský ~ Bergkette f.
pas|áček m (1a) Hirtenknabe m;
~ačka f (1c; -ček) Hirtenmädchen
n; ~ák m (1a) Hirt m; V a. Zuhälter
m; Sp. Schlagball(spiel n) m.
pásat s. pást.
pasátní Passat-.
pas|áž f (3) Passage f; ~ažér m (1;
-ři) Fahrgast m, Fluggast m, Reisende(r) m; slepý ~ blinder Passagier.
pase f (2) lit. Passion f.
pásek[1] m (2b; -sk-) Band n, Gürtel
m.
pásek[2] m (1a; -sk-; -ové) verä.
Halbstarke(r) m, Gammler m.
paseka f (1c) Holzschlag m, Lichtung f; fig. iron. Durcheinander n.
pasivita f (1) Passivität f.
pásk|a f (1c; -sek) Band n; (Arm-)
Binde f, ~ový Band-.
pásm|ice f (2a) Garnsträhne f; ~o n
(1; -sem) Zone f, Gebiet n; Streifen
m; Rdf. Band n; ~ový Zonen-;
Band-.
pas|ování n (3) hist. Ritterschlag m;
~ovat (im)pf. (-suji) zum Ritter
schlagen; P ⟨za-⟩ passen.
pásovec m (3; -vc-) Gürteltier n.
pasový Paß-.
pásový Band-; Gürtel-; ~ traktor
Raupenschlepper m; ~vá výroba
Fließbandproduktion f.
pasport m (2; 6. -u/-ě) Tech. (Maschinen-)Paß m, Karte f.
paspulka f (1c; -lek) Paspel f.
past f (4 od. 4a) Falle f; ~ na myši
Mausefalle.
pást ⟨na-, za-⟩ (pasu, pásl, pasen)
Vieh weiden, hüten; (po čem, kom)
lauern (auf A), auflauern (D); ~ se
weiden, grasen; fig. ~ se na čem
sich weiden an (D).
pasta f (1) Paste f.
pastel m (2a) Pastell(malerei f) n;
~ka f (1c; -lek) Farbstift m; ~ový
pastell(farben).
pastev|ec m (3; -vc-) Hirt m; ~ní
Weide-; ~nictví n (3) Weidewirtschaft f.
pastilka [-ti-] f (1c; -lek) Pastille f.
pastor m (1; -ři) Pastor m; ~ek m

1. (1a; -rkové/-rci) Stiefsohn m;
2. (2b; -rk-) Tech. Ritzel n, Triebrad n; ~kový Tech. Trieb-; ~kyně f
(2b) Stieftochter f; ~ský Pastoren-.
past|oušek m (1) Hirt(enknabe) m;
~ouška f (1c; -šek) Hirten-, Sennhütte f; ~ucha m (5) Hirt m; ~uší
Hirten-; ~va f (1; -tev) Weide f;
~vina f (1), ~visko n (1b), ~viště n
(2a) Weideplatz m, Weideland n;
~vinářství n (3) Weidewirtschaft f.
pastýř m (3), ~ka f (1c; -řek)
Hirt(in f) m; ~ský Hirten-.
paša[1] m (5; -i) Pascha m; ~[2] f (1a; -i)
Asung f.
paš|ácký großartig; ~ák P m (1)
Prachtkerl m.
pašer|ácký Schmuggler-; ~áctví n
(3) Schmuggel m; ~ák m (1a)
Schmuggler m, öst. Pascher m.
pašij|e f (2) Passion f; ~ový Passions-.
paškál m (2a) Osterkerze f; F vzít
na ~ j-n ins Gebet nehmen, sich j-n
vorknöpfen.
pašovat (-šuji) schmuggeln, öst.
paschen.
paštik|a f (1c) Pastete f; ~ář m (3)
Pastetenbäcker m.
pata f (1) Ferse f; (Berg-)Fuß m;
F ukázat -ty das Weite suchen; od
-ty až k hlavě vom Scheitel bis zur
Sohle; jít v -tách auf dem Fuße
folgen.
páte|ční Freitags-; ~k m (2b; -tk-)
Freitag m; v ~ am Freitag; Velký ~
Karfreitag.
patent m (2; 6. -u/-ě) Patent m; ~ka f
(1c; -tek) Patentknopf m; ~ní Patent-; ~ovat (im)pf. (-tuji) patentieren.
pater|če n (4): ~čata pl. Fünflinge
m/pl.; ~o (mit G) fünf (zusammen),
fünferlei; ~ý fünferlei.
páteř f (3) Rückgrat m; ~ lodi Mar.
Kielschwein n.
paťhat se P hinken, humpeln.
pati|ce f (2a) El. Sockel m; ~čka f
(1c; -ček) s. patka; F Sp. Fersenstoß m.
patisk m (2b) Nachdruck m; ~nout
(-kl; -štěn) (widerrechtlich) nachdrucken.
patka f (1c; -tek) (Kinder-)Ferse f;
Tech. Sockel m; Fuß m; (Brot-)
Ranft m, F Ränftchen n; Stirnlocke
f; Patte f.
patl|a: P hatla ~ drunter und drü-

patlanina 278

ber; ~anina f (1) Flickwerk n; ~at se ⟨na-, za-⟩ (-ám/-u) herumwühlen (v čem in D); ~avý fig. langweilig.
patnáct fünfzehn; ~erý fünfzehnerlei; ~iletý fünfzehnjährig; ~ka f (1c; -tek) Fünfzehn f; ~ý fünfzehnte(r).
patní Fersen-; ~k m (2b) Prellstein m.
patoky m/pl. (2b) Dünnbier n.
patolízal m (1; -ové) verä. Speichellecker m; ~ský kriecherisch.
pátr|ací Nachforschungs-; Jur. Fahndungs-; ~ač m (3) Kundschafter m; ~ačka F f (1c; -ček) Fahndungsstelle f, -abteilung f; ~adlo n (1a; -del) Sonde f; ~ání n (1a) Nachforschungen f/pl.; Fahndung f; ~(áv)at ⟨do- se, za-⟩ (po kom, po čem) forschen, fahnden (nach D); (v čem) durchsuchen (A); ~avý forschend.
patriarch|a m (5) Patriarch m; ~ální patriarchal(isch).
patrice f (2a) Prägestock m.
patricij m (3; -ové), ~ka f (1c; -jek) Patrizier(in f) m; ~ský Patrizier-.
patr|ně Adv. anscheinend; sichtlich, zusehends; ~no Adv. klar (zu erkennen), offenkundig; ~ný offensichtlich, klar (erkennbar).
patro n (1; 6. -tře; -ter) Stockwerk n, Etage f; Anat. Gaumen m; Agr. Heuboden m, Bgb. Sohle f.
patrol|a f (1a) Streife f; ~ovat (-luji) auf Streife gehen.
patron m (1), ~ka f (1c; -nek) Patron(in f) m; Rel. Schutzheilige m od. f; ~ Schirmherr(in f) m; ~a f (1) Patrone f; Schablone f; ~át m (2; 6. -u/-ě) Schirmherrschaft f, Patenschaft f; ~átní Patenschafts-; ~ka f s. patron.
patrový einstöckig; Gaumen-; Etagen-; ~ in Zssgn -stöckig.
patř|ící gehörend; ~ičný gehörig; gebührend, angemessen; ~it gehören; ziemen, passen; blicken, schauen; anschauen (nač/A); ~ se sich gehören, sich schicken.
pátý fünfte(r); čaj o -té Fünfuhrtee m; F -té přes deváté drunter und drüber.
pauz|a f (1a) Pause f; (Licht-)Pause f; ~ovací Paus-.
pauš|ál m (2; 6. -u/-e) Pauschale f, Pauschalsumme f; ~al(iz)ovat

(im)pf. (-luji/-zuji) pauschalieren;
~ální Pauschal-.
páv m (1) Pfau m.
pavěd|a f (1) Pseudowissenschaft f; ~ecký pseudowissenschaftlich.
paví Pfauen-.
pavián m (1) Pavian m.
pávice f (2a) Pfauenhenne f.
pavilón m (2; 6. -u/-ě) Pavillon m; ~ šelem Raubtierhaus n.
pavlač f (3) (überdeckter) Rundbalkon m, Loggia f; Hängeboden m.
pavouk m (1a) Spinne f; ~ovitý Spinnen-.
puvučin|a f (1) Spinnwebe f; ~ky F f/pl. (1c; -nek) hauchdünne Strümpfe m/pl.
pavuza f (1a) Heubaum m.
pazde|rna f (1; -ren) Flachsdarre f; ~ří n (3) Flachsabfall m, Werg n.
pazneht m (2; 6. -u/-ě) Klaue f, Huf m.
pazour m (2a) Klaue f, Kralle f; Pranke f, Tatze f; ~ek m (2b; -rk-) (kleine) Kralle f; Feuerstein m.
pazvuk m (2b) Nachhall m; Nebengeräusch n.
pažba f (1; -žeb) (Gewehr-)Kolben m, Schaft m.
paž|dě f (2b; 2 Pl. -di), ~(d)í n (3) Achsel f; pod -dí(m) unter dem Arm; ~e f (2) (Ober-)Arm m.
páže n (4) Page m.
paž|ení () Verschalung f; Täfelung f; Verschlag m; ~it¹ ⟨vy-, za-⟩ verschalen; ~it² m (2; 6. -u/-ě) Rasen m; ~itka f (1c; -tek) Schnittlauch m; ~ní (Ober-)Arm-.
pec f (3) Backofen m; Tech. Ofen m; ~ář m (3) Schmelzmeister m; ~en m (2a; -cn-) (Brot-)Laib m.
péci ⟨na-, u-, za-⟩ (peku/pečou, -če, pekl, pečen) backen; Fleisch braten.
pecička f (1c; -ček) s. pecka.
pecivál m (1; -ové), ~ek m (1a; -lk-) verä. Stubenhocker m.
peck|a f (1c; -cek) (Frucht-)Kern m, Stein m; ~ovice f (2a) Steinobst n.
pecnář m (3) Brotbäcker m.
pečárka f (1c; -rek) Champignon m.
péče f (2) Sorge f; Fürsorge f; Pflege f; ~ o mládež Jugendfürsorge; sociální ~ Sozialfürsorge; ~ o tělo Körperpflege.
pečen|áč m (3) Brathering m; ~ě f (2b; 2 Pl. -i) Braten m; ~ý gebakken; Fleisch: gebraten; -né kuře Brathähnchen n.

pečeť f (4c) Siegel n; fig. Stempel m.
pečet|it ⟨z-, za-⟩ (ver)siegeln; ~ní Siegel-.
peč|icí Back-, Brat-; ~**inka** F f (1c; -nek) feiner Braten m; ~**ivárna** f (1; -ren) Feinbäckerei f; ~**ivo** n (1) Gebäck n, Backwaren f/pl.
peč|livost f (4) Sorgfalt f; ~**livý** sorgfältig, sorgsam; Äußeres: gepflegt; ~**ovat** ⟨na- se⟩ (-čuji) (o k-o, co) sorgen (für A); pflegen, betreuen (A); besorgt ein (um A), bedacht sein (auf A); ~**ovatel** m (3; -é), ~**lka** f (1c; -lek) Pfleger(in f) m, Betreuer(in f) m.
pedagog m (5) Pädagoge m; ~**ický** pädagogisch; ~**ika** f (1c) Pädagogik f.
pedál m (2; 6. -u/-e) Pedal n.
pedel m (1; -ové) Pedell m, Universitätsdiener m.
pediatr [-di-] m (1; -ři/-rové) Kinderarzt m; ~**ie** f (2) Kinderheilkunde f.
pedik|érka [-dɪ-] f (1c; -rek) Fußpflegerin f; ~**úra**, ~**yra** f (1d) Fußpflege f, Pediküre f.
pěch m (2b) Stößel m, Stampfer m; Tech. Ramme f.
pěchota f (1) Infanterie f.
pěchov|ačka f (1c; -ček) Stampfmaschine f; ~**at** ⟨na-, u-, za-⟩ (-chuji) stampfen; (hinein)stopfen.
pejsek m (1a; -sk-) Hündchen n.
pejzy m/pl. (2) Schläfenlocken f/pl.
pek|áč m (4) Bratpfanne f; F a. toller Schlitten m (Auto); ~**árna** f (1; -ren) Bäckerei f; Backstube f.
pekař m (3) Bäcker m; ~**ský** Bäcker-; Back-; ~**ství** n (3) Bäckerei f; Bäckerhandwerk n.
pekel|ec P m (4; -lc-) Ofennische f, † Hölle f; ~**ník** m (1a) Höllenbewohner m, Teufel m; ~**ný** Höllen-, höllisch, teuflisch.
peklo n (1a; -kel) Hölle f; hrom a ~! Himmeldonnerwetter!; hotové ~ ein wahres Kreuz.
pěkný hübsch, schön, nett, fein.
pel m (2a) Blütenstaub m, Pollen m.
pelášit P ⟨roz- se, u-⟩ rennen, laufen, F abhauen.
pelech m (2b) Lager n; verä. Spelunke f.
pelest f (4) Bettrand m.
peleš f (3) (Laster-)Höhle f; (Räuber-)Nest n; ~**it (se)** ⟨za-⟩ sein Lager haben, s-n Unterschlupf finden; V a. schlafen (mit e-r Frau).
pelich|ání n (3) Mauser(zeit) f; ~**at** ⟨roz-, vy-, z-⟩ Zo. mausern; sich hären; Pelz: haaren.
peloton m (2a) Sp. (Radfahrer-)Feld n.
pely|něk m (2b; -ňk-) Bot. Wermut m; Kochk. Beifuß m; ~**ňkový** Wermut-.
pemza f (1a) Bimsstein m.
peň lit., dial. m (4a; pně) (Baum-)Stamm m.
pěna f (1) Schaum m.
penále n (indekl.; 7. a. -m) Vertragsstrafe f.
penalta f (1) Sp. Strafstoß m.
pendl|ovat (-luji) pendeln, im Pendelverkehr fahren; ~**ovky** f/pl. (2; -vek) Pendeluhr f.
pendrek m (2b) Lakritzenstange f; P a. Gumminknüppel m.
pěnění n (3) Schäumen n, Schaumbildung f.
penězokaz m (1) Falschmünzer m, F Geldfälscher m; ~**ectví** n (3) Falschmünzerei f.
peněž|enka f (1c; -nek) Geldbörse f; ~**itý** Geld-, geldlich; ~**nictví** n (3) Finanzwesen n; ~**ník** m (1a) Finanzmann m, iron. Geldmann m.
pění n (3) Singen n.
pěnice f (2a) Grasmücke f.
pěni|t ⟨na-, roz-, vz-, za-, z-⟩ zum Schäumen (fig. Kochen) bringen; v/i (a. ~ se) schäumen; fig. Blut usw.: kochen; ~**vý** Schaum-, schäumend.
peníz m (4) Geldstück n, Münze f; ~**e** m/pl. (4; 2. peněz; -něz-) Geld n; ~**ek** m (2b; -zk-) kleines Geldstück n; Bot. Täschelkraut n.
pěnkava f (1) Fink m.
pěn|ovačka f (1c; -ček) Schaumlöffel m, ~**ovka** f (1c; -vek) Meerschaumpfeife f; ~**ový** Schaum-.
pentl|e f (2) Band n; ~**it** ⟨o-⟩ mit Bändern schmücken.
penz|e f (2) Pension f; ~**ijní** Pensions-; ~**ión** m (2; 6. -u/-é) Pension f (Wohnung); ~**ionovat** (im)pf. (-nuji) pensionieren; ~**ista** m (5a), ~**tka** f (1c; -tek) Pensionär(in f) m.
pepík m (1a) (Prager) Geck m, F eitler Fatzke m.
peprn|ík m (2b) Wasserknöterich m; ~**ý** (stark) gepfeffert; fig. a. gesalzen.

pepř

pepř *m* (4) Pfeffer *m*; ~enka *f* (1c; -nek) Pfefferstreuer *m*; ~it ⟨na-, o-, při-⟩ pfeffern; ~ový Pfeffer-.
percent *s. procento.*
perena *f* (1) winterfeste (*od.* immergrüne) Pflanze *f.* [fektion *f.*)
perfekt|ní perfekt; ~nost *f* (4) Per-)
perfor|ačka F *f* (1c; -ček) Lochmaschine *f*; ~ovat (*im*)*pf.* (-*ruji*) perforieren, durchlöchern; lochen.
pergamen *m* (2; 6. -*u*/-*ě*) Pergament *n*; ~ový Pergament-.
perif|érie *f* (2) Peripherie *f*; ~erní peripher(isch).
period|a *f* (1) Periode *f*; *Astr.* Umlaufzeit *f*; ~ický [-dɪ-] periodisch; ~izovat [-dɪ-] (-*zuji*) periodisieren, in Perioden einteilen.
perko *n* (1b; -rek) Stiefelette *f*.
perla *f* (1a; -rel) Perle *f*.
perleť *f* (4c) Perlmutt(er *f od. n*) *n*; ~ový Perlmutt(er)-.
perl|ička *f* (1c; -ček) *dim. zu* perla; Perlhuhn *n*; Perlgraupe *f*; ~ík *m* (2b) Vorschlaghammer *m*; ~it se ⟨roz-, za-⟩ perlen; moussieren; ~ivý perlend.
perlo|nka F *f* (1c; -nek) Perlonstrumpf *m*; ~nosný perlentragend; ~očka *f* (1c; -ček) Wasserfloh *m*; ~rodka *f* (1c; -dek) Perlmuschel *f*; ~vý Perlen-.
permanent|ka F *f* (1c; -tek) Zeit-, Dauerkarte *f*; ~ní permanent.
perna *f* (1; -ren) *Agr.* Banse *f*, Tennenraum *m*.
pernatý gefiedert.
perník *m* (2b) Lebkuchen *m*, Pfefferkuchen *m*; Pumpernickel *m*; ~ový Lebkuchen-.
perný mühsam, beschwerlich, hart.
pero, péro *n* (1; 6. -*ře*; *per*) Feder *f*; kuličkové ~ Kugelschreiber *m*; ~kresba *f* (1; -seb) Federzeichnung *f*.
perón *m* (2; 6. -*ě*/-*u*) Bahnsteig *m*, Perron *m*; ~ní Bahnsteig-.
perořízek *m* (2b; -zk-) Federmesser *n*.
peroutka *n* (1b; -tek) Federwisch *m*.
pérov|ání *n* (3) Federung *f*; ~aný gefedert; ~at ⟨za-⟩ (-*ruji*) federn; ~ý Feder-.
pers|ián *m s.* perzián; **⫽ie** *f* (2) Persien *n*; ~ký persisch.
personifi|kace [-nɪ-] *f* (2) Personifizierung *f*; ~kovat ⟨z-⟩ (-*kuji*) personifizieren.

perspektiv|a [-tɪː-] *f* (1) Perspektive *f*; ~ní perspektivisch; *Pol.* Perspektiv-.
Perš|an *m* (1; -*é*) Perser *m*; F *a.* Perserteppich *m*; **⫽tina** *f* (1) Persisch *n*, persische Sprache *f*.
Peru *n* (*indekl.*) Peru *n*; ~ánec *m* (3; -*nc*-) Peruaner *m*; **⫽(án)ský** peruanisch.
peru *s. prát.*
peru|ť *f* (4c) Schwinge *f*, Fittich *m*; † *Mil. Flgw.* Geschwader *n*; ~tný *poet.* beschwingt, beflügelt.
perverz|ita *f* (1), ~nost *f* (4) Perversität *f*; ~ní pervers.
perzek|uce *f* (2) Verfolgung *f*; ~ovat (-*vuji*) (politisch) verfolgen.
perzián *m* (2a) Persianer(pelz) *m*; ~ový Persianer-.
peřej *f* (3) Stromschnelle *f*.
peřestek *m* (2b; -tk-) *Min.* Zinkblende *f*.
peřestý *poet.* bunt.
peř|í *n* (3) Federn *f*/*pl.*, Gefieder *n*; ~ina *f* (1) Federbett *n*; ~inka *f* (1c; -nek) *Dim. zu* peřina; Windel *f*.
pes *m* (1; *ps*-) Hund *m*; ~ík *m* (2b) Grannenhaar *n*; ~kovat ⟨vy-, z-⟩ (-*kuji*) ausschimpfen, F anhunzen.
pěst *f* (4 *od.* 4c) Faust *f*; ~ěný gepflegt.
pestík *m* (2b) *Bot.* Stempel *m*.
pěst|it (-*ěn*) *s.* pěstovat; ~itel *m* (3; -*é*), -**lka** *f* (1c; -lek) Pfleger(in *f*) *m*; (Tier-, Pflanzen-)Züchter(in *f*) *m*; ~ní Faust-; ~oun *m* (1) Pflegevater *m*; ~i *pl. a.* Pflegeeltern *pl.*; ~ounka *f* (1c; -nek) Pflegemutter *f*; Kindergärtnerin *f*; Pflegerin *f*; ~ování *n* (3) (Pflanzen-)Anbau *m*; (Tier-)Zucht *f*; ~ ovoce, vína Obst-, Weinbau; ~ovat (-*tuji*) *Agr.* anbauen; Tiere züchten; *Sport, Musik, Sprachen usw.* treiben.
pestr|ost *f* (4), ~ota *f* (1) Buntheit *f*; ~ý (*Komp.* -*třejší*; *Adv.* -*tře*, *Komp.* -*třeji*) bunt.
pestř|ec *m* (4; -*trc*-/-*třc*-) (Hart-)Bovist *m*; ~it ⟨z-⟩, ~ívat bunt machen; ~ se bunt schillern.
pěšák *m* (1a) Fußgänger *m*; *Mil.* Infanterist *m*.
pěšec *m* (3; -*šc*-) (*Schach*) Bauer *m*.
pešek *m* (2b; -*šk*-; 2. -*a*) Knüppel *m*; Plumpsack *m* (*Kinderspiel*).
pěš|í[1] Fuß-; *Mil.* Infanterie-; ~í[2] *m* (*Adj.* 4) Fußgänger *m*; ~ina *f* (1) Fußweg *f*, Pfad *m*; ~inka *f* (1c;

-nek) (schmaler) Pfad m; Scheitel m; ~ky Adv. zu Fuß.
pět¹ ⟨za-⟩ ⟨pěji⟩ singen; ~ o čem besingen (A).
pět² fünf; ~advacet fünfundzwanzig; F e-e Tracht Prügel; ~advacetihálěr m (4) Fünfundzwanzighellerstück n.
petarda f (1) Petarde f; Sp. u. fig. Bombe f.
petent m (1) Bewerber m; Bittsteller m.
pěti... in Zssgn fünf-, Fünf-.
pětiboj m (4) Fünfkampf m; ~ař m (3) Teilnehmer m am Fünfkampf.
petice [-ti-] f (2a) Petition f, Bittschrift f.
pěti|ce f (2a) Fünfergruppe f, Fünf f; do ~ zum fünften Mal; ~cípý fünfzackig, fünfeckig; ~členný fünfgliedrig; ~denní fünftägig; ~haléř m (4) Fünfhellerstück n; ~hranný fünfeckig; ~koruna f (1) Fünfkronennote f od. -stück n; ~letí n (3) Jahrfünft n; ~letka f (1c; -tek) Fünfjahresplan m; ~letý fünfjährig, Fünfjahres-; ~místný Math. fünfstellig; ~mocný Chem. fünfwertig; ~na f (1) Fünftel n; ~násobný fünffach; ~poschoďový fünfstöckig; ~stěn m (2a) Pentaeder n; ~stopý fünffüßig (Vers); ~stovka f (1c; -vek) Fünfhunderter m; ~stý fünfhundertste(r); ~tisící fünftausendste(r); ~úhelník m (2b) Fünfeck n; ~úhlý fünfeckig.
pět|ka f (1c; -tek) Fünf f; Fünfersystem f; ~ Fünferausschuß m, -gruppe f; ~krát fünfmal.
petlice f (2a) Türkette f.
petrklíč m (2) Schlüsselblume f, Primel f.
petrolej m (4) Petroleum n; ~ářský Erdöl-; ~ka P f (1c; -jek) Erdölraffinerie f; Petroleumlampe f; ~ový Petroleum-.
petržel f (3) Petersilie f.
pětsetkrát fünfhundertmal.
pěvec m (3; -vc-) Sänger m; Zo. Singvogel m; ~ký Gesang-, Sing-; Sänger-.
pěvkyně a f (1) Sängerin f.
pevnin|a f (1) Festland n; ~ský Kontinental-.
pevn|ost f (4) Festigkeit f, Haltbarkeit f; Mil. Festung f; ~ostní Festungs-; ~ůstka f (1c; -tek) Kastell n, Fort n; ~ý fest.

pcháč m (4) Stechdistel f.
pí Abk. für paní.
pianist|a m (5a), ~ka f (1c; -tek) Pianist(in f) m.
píce f (2) Futter n.
pící Trink-.
pícka f (1c; -cek) (kleiner) Ofen m, F Öfchen n.
píc|ní Futter-; ~ník m (2b) Futterkasten m; ~nina f (1) Futterpflanze f; ~ovat ⟨za-⟩ ⟨-cuji⟩ Futter holen.
píď f (4d; -dě) Spanne f, Fußbreit m; ~alka f (1c; -lek) Zo. Spanner m.
pidimužík m (1a) Heinzelmännchen n, Zwerg m.
pídit se eifrig suchen (po čem nach D).
piet|a f (1) Pietät f; ~ní pietätvoll.
pifka F f (1c; -fek) Pik m, Kieker m.
pih|a f (1b) Sommersprosse f; ~atý, ~ovitý sommersprossig.
pich m (2b) Stich m.
píchjací Stech-, Kontroll-; ~ačky F f/pl. (1c; -ček) Stech-, Kontrolluhr f; ~at ⟨po-, za-⟩ stechen.
pichl|ák m (2b) Stachel m; ~avost F f (4) Stichelei f; ~avý stachelig; stechend; spitz.
píchn|out pf., za- (-chl/-chnul; -chnut) stechen; ~utí n (3) Stich m; ~ pneumatiku Reifenpanne f.
pij|ácký Trink-; ~ák m (1a) Trinker m; (2b) Löschpapier n; ~avice f (2a), ~avka f (1c; -vek) Blutegel m.
píka f (1c) Pike f; od -ky von der Pike auf.
pikle m/pl. (4) Ränke pl., Umtriebe m/pl.
pikol|a f (1a) Pikkoloflöte f; ~ík m (1a) Pikkolo m.
pil|a f (1a) Säge f; ~ař m (3) Sägearbeiter m; ~at m (2a): Bot. lékařský ~ Ochsenzunge f; ~atka f (1c; -tek) Blattwespe f.
píle f (2) Fleiß m.
piliny f/pl. (1) Sägespäne m/pl., Sägemehl n; Feilspäne m/pl.
pilíř m (4) Pfeiler m.
pílit ⟨po- si⟩ lit. eilen.
pil|ka f (1c; -lek) Handsäge f; ~ník¹ m (1a) scherz. fleißiger Schüler m; ~ník² m (2b) Feile f; ~nost f (4) Fleiß m; Dringlichkeit f; ~ný fleißig, emsig; dringend; ~ návrh Dringlichkeitsantrag m.
pilot m (1), ~ka f (1c; -tek) Pilot(in f) m, Flugzeugführer(in f) m; Mar. Lotse m; ~ní Piloten-; ~ovat

piloun

⟨zasi⟩ (-tuji) *Flugzeug führen, steuern.*
piloun m (1) *Sägefisch* m.
pilous m (1) *Rüsselkäfer* m.
pilo|vat ⟨za-⟩ (-luji) *feilen;* ~**vitý** *sägeartig; gezackt, gezähnt;* ~**vý** *Säge-*.
pilulka f (1c; -lek) *Pille* f.
pimprl|e † n (4) (*Draht-*)*Puppe* f, *Marionette* f.
pinč m (3), Dim. ~**lík** m (1a) *Pinscher* m.
pink|at ⟨za-⟩, ~**nout** pf. (-kl) *Fink: schlagen;* F *Tennis* üben, spielen.
pión m (1) (*Schach*) *Bauer* m.
pionýr m (1; -ři), ~**ka** f (1c; -rek) *Pionier*(in f) m.
pípa f (1) *Zapfhahn* m.
píp|at ⟨za-⟩, ~**nout** pf. (-pl) *piep*(s)*en; fig.* mucksen.
pipla|čka F f (1c; -ček) *langweilige Arbeit* f; ~**l** m (1; -ové) *Tändler* m; ~**t se** *sich abquälen* (s čím mit D).
pirát m (1) *Pirat* m; ~**ství** n (3) *Piratentum* n, *Seeräuberei* f.
pírko n (1b; -rek) *Dim. zu* pero.
pis|adlo † n (1a) *Schreibzeug* n; ~**álek** m (1; -lk-; -ové) *iron. Schreiberling* m.
pís|anka f (1c; -nek) *Schreibheft* n; ~**árna** f (1; -ren) *Schreibstube* f; ~**ař** m (3) *Schreiber* m; ~**ařka** f (1c; -řek) *Schreib-*, *Bürokraft* f; ~**ařský** *Schreib-*.
pis|atel m (3; -é), -**lka** f (1c; -lek) *Schreiber*(in f) m, *Verfasser*(in f) m; ~**átko** n (1b; -tek) (*Schreib-*)*Griffel* m.
písč|ina f (1) *Sandboden* m; *Sandbank* f; ~**itý** *sandig*.
píseč|ník m (2b) *Sandkasten* m; ~**ný** *Sand-*.
písek m (2b; -sk-) *Sand* m.
písem|ka F f (1c; -mek) *schriftliche Arbeit* f od. *Prüfung* f; ~**nictví** n (3) *Schrifttum* n, *Literatur* f; ~**nost** f (4) *Schriftstück* n; ~**ný** *schriftlich*.
píseň f (3; -sně usw.) *Lied* n.
pisk m (2b) *Pfiff* m; *Federkiel* m.
piskáč m (3), Dim. ~**ek** m (1a; -čk-) Mus. *Pfeifer* m.
písk|ař m (2b) *Sandmann* m, *Sandhändler* m; ~**ání** n (3) *Pfeifen* n; ~**at** ⟨s-, za-⟩, ~**nout** pf. (-kl) *pfeifen;* ~**nutí** n (3) *Pfiff* m.
pisklavý, **pískavý** *piepsend*.
pískle n (4) (*Vogel-*)*Junge*(s) n, F (a. *fig.*) *Piepmatz* m.
piskoř m (3) Zo. *Schlammbeißer* m.
pískot m (2a) *Quietschen* n; *Pfeifen* n (a. Med.).
pískov|aný *mit Sand bestreut, Sand-;* ~**at** (-kuji) *Sand graben od. baggern;* ~**cový** *Sandstein-;* ~**ec** m (4; -vc-) *Sandstein* m; ~**iště** n (2a) *sandige Stelle* f; *Sandgrube* f; ~**ý** *Sand-;* ~ *cukr* *Kristallzucker* m.
písm|ák m (1a) hist. *Bibelleser* m, *Dorfgelehrter* m; ~**enkář** P m (3) iron. *Wortklauber* m; ~**eno** n (1; 6.-u/-ě) *Buchstabe* m; ~**o** n (1; 6.-u/-ě; -sem) *Schrift* f; ~**olijec** m (3; -jc-) *Schriftgießer* m.
písnič|ka f (1c; -ček) *Liedchen* n; ~**ář** m (3) *Volkssänger* m.
píst m (2; 6.-u/-ě) *Kolben* m; ~**nice** f (2a) *Kolbenstange* f.
pistol|e f (2) *Pistole* f; ~**ník** m (1a) *verä. Pistolenheld* m.
piškot m (2; 6.-u/-ě) *Biskuit* m.
píšťala f (1a) *Pfeife* f.
pištec † m (3; -tc-) *Pfeifer* m.
píšťěl m (4) od. f (3) *Fistel* f.
píšť|ět ⟨za-⟩ *pfeifen, quietschen;* ~**ivý** *pfeifend; piepsig.* [ken.)
pít ⟨na- se, vy-⟩ (piji, pil, pit) *trin-*
pitelný *trinkbar*.
pitev|na f (1; -ven) *Seziersaal* m; ~**ní** *Sezier-*.
pit|í n (3) *Trinken* n, *poet. Trank* m; k ~ *zu trinken; léčení* ~**m** *Trinkkur* f; ~**ka** f (1c; -tek) *Trinkgelage* f, V *Sauferei* f; ~**ný** *Trink-*.
pitom|ec m (3; -mc-) *Dummkopf* m; ~**ět** ⟨z-⟩ (3 Pl. -ějí) *dumm werden, verdummen;* ~**ý** *dumm, albern*.
pitv|a f (1; -tev) *Obduktion* f; ~**(áv)at** ⟨roz-⟩ *sezieren, obduzieren*.
pitvo|r m (2a), ~**ra** f (1d) *Zerrbild* n, *Fratze* f; ~**rný** *fratzenhaft; grotesk;* ~**řit se** ⟨z-⟩ *Grimassen schneiden;* ~ *se po kom nachäffen* (A).
piv|ák m (2b) *Bierwagen* m; ~**ař** P m (3) *Biertrinker* m; ~**ečko** F n (1b; -ček) *Bierchen* n, *schweiz. Bierli* n; ~**ní** *Bier-*, ~**nice** f (2a) *Bierhalle* f, *Bierkeller* m; ~**o** n (1) *Bier* n.
pivoňka f (1c; -něk) *Pfingstrose* f.
pivovar m (2a) *Bierbrauerei* f, ~**nictví** n (3) *Brauereiindustrie* f; ~**ník** m (1a) *Bierbrauer* m; ~**ský** *Brau*(haus)-.
pizdit F ⟨z-⟩ (-ěn) *verhunzen, verunstalten*.

pižlat F ⟨*na-*⟩ säbeln, mit e-m stumpfen Messer schneiden.
pižm|o *n* (*1*) Moschus *m*; Bisam *n*; **~oň** *m* (*3a*) Moschustier *n*; **~ový** Bisam-, Moschus-; -*vá krysa* Bisamratte *f*.
plác! *Int.* patsch!, bums!
plác|ačka *f* (*1c*; -*ček*) Pritsche *f*; Teppichklopfer *m*; (*Fliegen-*)Klappe *f*; **~al** P *m* (*1*; -*ové*) Schwätzer *m*; **~ání** *n* (*3*) Klatschen *n*; *a.* = **~anina** *f* (*1*) dummes Geschwätz *n*; Geschmiere *n*; **~at** ⟨*za-*⟩ klatschen, patschen.
placatý platt, flach.
plac|ení *n* (*3*) Zahlung *f*; **~ený** bezahlt.
placka *f* (*1c*; -*cek*) *Kochk.* Puffer *m*, Fladen *m*; *Med.* Zugpflaster *n*.
plácn|out *pf.* (-*cl*; -*cnut*) *s. plácat*; **~** *si* einschlagen; **~utí** *n* (*3*) F Klaps *m*; *Hdl.* Handschlag *m*.
pláč *m* (*4*) Weinen *n*.
plač|ící weinend; **~ka** *f* (*1c*; -*ček*) Klageweib *n*; **~ky** *Adv.* weinend, unter Tränen; **~tivý** weinerlich; rührselig; *dial.* regnerisch.
plahoč|ení *n* (*3*) Schinderei *f*; **~it se** ⟨*na-*⟩ sich abrackern; sich schleppen (bis); **~ivý** mühsam.
plachet|ka *f* (*1c*; -*tek*) Kopftuch *n*; **~nice** *f* (*2a*) Segelboot *m*; *výstroj ~ Mar.* Takelung *f*.
pláchnout F *pf.*, u- (-*chl*/-*chnul*; -*chnut*) sich davonmachen.
plachost *f* (*4*) Schüchternheit *f*, Scheu *f*.
placht|a *f* (*1*; -*chet*) Segel *n*; Wagenplane *f*; *stanová ~* Zeltbahn *f*; **~ař** *m* (*3*) Segelflieger *m*; **~ění** *n* (*3*) Segeln *n*; Segelflug *m*; **~it** ⟨*za-*⟩ segeln; **~oví** *n* (*3*) Takelwerk *n*; **~ovina** *f* (*1*) Segeltuch *n*.
plachý (*Komp.* plašší; *Adv.* plaše, *Komp.* -šeji) scheu, schüchtern.
plakat ⟨*roz-* *se*, *za-*⟩ (*pláču*/-*či*) weinen; *Augen:* tränen.
plakát *m* (*2*; *6.* -*u*/-*ě*) Plakat *n*; **~ovat** (*em*)*pf.* (-*tuji*) plakatieren; **~ový** Plakat-; **~** *sloup* Litfaßsäule *f*.
plaketa *f* (*1*) Plakette *f*.
plam|en *m* (*4*) Flamme *f*; **~eňák** *m* (*1a*) Flamingo *m*; **~enec** *m* (*4*; -*nc*-) *Tech.* Flammrohr *n*; **~ének**, **~ínek** *m* (*2b*; -*nk*-) Flämmchen *n*; *Bot.* Waldrebe *f*.
plamen|ný flammend; *fig.* feurig; **~omet** *m* (*2a*) Flammenwerfer *m*.

plán *m* (*2a*) Plan *m*; *dát do ~u* einplanen.
pláň *f* (*3*) Ebene *f*, Plateau *n*; *Arch.* Planum *n*.
planda *f* (*1*) Leinenkittel *m*, Kutte *f*; **~vý**: -*vé kalhoty* Pluderhosen *f*/*pl.*
pláně *f* (*2b*; -*ní*) Wildling *m*; wildes Obst *n*, Holzapfel *m*, -birne *f* *usw.*
planet|a *f* (*1*) Planet *m*; **~ář** *m* (*3*) Sterndeuter *m*; **~ární** Planeten-.
planina *f* (*1*) Ebene *f*, Plateau *n*.
plaňka *f* (*1c*; -*něk*) Planke *f*; *Agr.* Wildling *m*, Wildobst *n*.
plan|oucí flammend; *fig.* glühend; **~out** flammen; *fig.* (*čím*) glühen, brennen (vor *D*).
plánov|ací Plan(ungs)-; **~ač** *m* (*3*) Planer *m*; **~ání** *n* (*3*) Planung *f*; **~aný** geplant, Plan-; **~at** ⟨*na-*, *za-*⟩ (-*nuji*) planen; **~itý** planmäßig.
plantáž *f* (*3*) Plantage *f*; **~ník** *m* (*1a*) Plantagenbesitzer *m*.
planý wild, unfruchtbar; *fig.* leer, eitel.
plápola|t ⟨*vz-*, *za-*⟩ lodern, flakkern; **~vý** lodernd.
plást *f* (*4*), *.ev f* (*3*; -*tv-*) Honigwabe *f*; *Bgb.* Flöz *n*.
plasti|cký [-ti-] (*Komp.* -čtější; *Adv.* -cky, *Komp.* -čtěji) plastisch; **~čnost** *f* (*4*) Plastizität *f*, Bildsamkeit *f*; **~k** *m* (*2b*) Kunststoff *m*; **~ka** *f* (*1c*) Plastik *f*.
plástový Waben-.
plaš|e *Adv. s. plachý*; **~it** ⟨*za-*⟩ scheu machen; verscheuchen; **~** *se* scheu werden; *Pferd:* scheuen (*v*/*i*).
pláš|ť *m* (*4a*) Mantel *m*; *Tech.* Gehäuse *n*; **~** *do deště* Regenmantel *m*; **~tíček** *m* (*2b*; -*čk*-), **~tík** *m* (*2b*) Mäntelchen *n*; *fig.* Deckmantel *m*; **~ťový** Mantel-.
plat *m* (*2a*) Zahlung *f*; Gehalt *n*, Entgelt *n*, Bezüge *m*/*pl.*
plát *m* (*2a*) Platte *f*; (*Folien-*)Blatt *n*; (*Speck-*)Scheibe *f*.
platan *m* (*2*; *6.* -*u*/-*ě*) Platane *f*; **~ový** Platanen-.
platba *f* (*1*; -*teb*) Zahlung *f*; *den -by* Zahltag *m*. [zahler *m*.]
plátce *m* (*3*) Zahler *m*; (*Post*) Ein-]
plateb|na *f* (*1*; -*ben*) Zahlstelle *f*; **~ní** Zahlungs-.
platejs *m* (*1*) *Zo.* Scholle *f*; Flunder *f*; Butt *m*.
plátek *m* (*2b*; -*tk*-) Plättchen *n*; *Kochk.* Scheibe *f*; *verä.* Revolverblatt *n* (*Zeitung*).

plátenický 284

pláten|ický Leinen-; **~ík** m (1a) Leinwandhändler m; Leinweber m.

pláten|ka f (1c; -nek) Tennisschuh m, Leinenschuh m; **-ky** pl. Leinenhose f; **~ý** Leinen-, Leinwand-.

platidlo n (1a; -del) Zahlungsmittel n.

plati|na [-tɪ-] n (1) Platin n; **~nový** Platin-.

platit ⟨za-⟩ ⟨-cen⟩ zahlen; gelten, gültig sein; *platí!* abgemacht!, es bleibt dabei!

plátno n (1; 6. -u/-ě; -ten) Leinwand f; *promítací* ~ Bildwand f.

plat|nost f (4) Geltung f, Gültigkeit f; *se zpětnou -tí* rückwirkend; *nabýt (pozbýt) -ti* in (außer) Kraft treten; **~ný** geltend, gültig, wirksam; *není nic -no* es hilft nichts; **~ový** Lohn-, Gehalts-, Besoldungs-.

platýs m s. *platejs*.

plav|ací Schwimm-; **~ák** m (2b) Schwimmpuppe f; (*Pferd*) Falbe f; *dial.* Regenguß m; **~at** ⟨po-, za-⟩ ⟨-vu⟩ schwimmen; **~ba** f (1; -veb) Schiffahrt f; **~čík** m (1a) Schwimmmeister m; Schiffsjunge m; **~ební** Schiffahrts-; **~ec** m (3; -vc-) Schwimmer m; Schiffer m; **~ecký** Schwimm-; **~ectví** n (3) Schwimmsport m; **~idlo** n (1a; -del) Wasserfahrzeug n; **~it** ⟨s-, za-⟩ schwimmen; *Holz* flößen; ~ *se* auf e-m Schiff fahren; *fig.* segeln; **~ka** f (1c; -vek) falbe Kuh *od.* Stute f; **~ky** f/pl. (2; -vek) Badeanzug m, -hose f; **~kyně** f (2a) Schwimmerin f; **~mo** *Adv.* schwimmend; *skok* ~ *Turn.* Hechtsprung m; **~ný** flott, fließend.

plavovl|áska f (1c; -sek) Blondine f; **~asý** blond.

plavuň f (3; -ně) Bärlapp m.

plavý (flachs)blond; *Pferd:* falb.

plaz m (1) Kriechtier n; **~it** ⟨vy-⟩ *Zunge* herausstrecken; ~ *se* kriechen, schleichen; **~ivý** kriechend, schleichend.

pláž f (3) Strand m; ~ *u moře* Meeresstrand; **~ový** Strand-.

plebej|ec m (3; -jc-) Plebejer m; **~ský** plebejisch.

plec f (3) Schulter f; **~ko** n (1b; -cek) *Kochk.* Schulterstück n.

plecí Jät-.

plečka f (1c; -ček) Jäterin f; Jäthacke f.

pléd m (2a) Reisedecke f; Umhängetuch n.

plech m (2b) Blech n; **~y** pl. *Mus.* Blechbläser m/pl. (*koll.*); **~ovka** f (1c; -vek) Blechbüchse f; **~ový** Blech-.

plémě n (4a; *plemen-*) Stamm m, Rasse f, Geschlecht n; *Agr.* Brut f, Zucht f.

plemen|ění n (3) Fortpflanzung f; **~ice** f (2a) Zuchtmutter f; **~it se** ⟨roz-⟩ sich fortpflanzen, sich vermehren; **~ný** Zucht-, Rassen-; **~o** n (1; 6. -ě/-u) s. *plémě*.

plen m (2a) Beute f, Raub m; *vydat v ~* ausplündern lassen; *vzít v ~* plündern.

plena f (1) großes Kopftuch n; Windel f; Häutchen n; *mozková ~* Hirnhaut f.

plenár|ka F f (1c; -rek) Vollversammlung f, Plenarsitzung f; **~ní** Voll-, Plenar-.

plenění n (3) Plünderung f, Brandschatzung f.

plenér m (2a): *divadlo v ~u* Freilichtbühne f.

plenit ⟨z-⟩ ⟨-ěn⟩ plündern, verwüsten, brandschatzen.

plenka, plénka f (1c; -nek) dim. zu *plena*.

plenta f (1) spanische Wand f; Ofenschirm m.

ples m (2; 6. -u/-e; 6 Pl. -ech/-ích) (*Masken-*)Ball m; *fig.* Jubel m; **~at** ⟨roz- se, za-⟩ jauchzen; **~avý** jubelnd.

plesk!¹ *Int.* patsch!, klatsch!

plesk² m (2b) Patsche f; Klatsch m; **~ačka** f (1c; -ček) Pritsche f, Klappe f; **~al** m (1; -ové) Schwätzer m; **~alka** f (1c; -lek) Klatschbase f; **~at** ⟨na-, za-⟩ klatschen; F *a.* tätscheln; planschen; *Regen:* plätschern; **~nout** *pf.* ⟨za-⟩ ⟨-kl⟩ e-n Schlag versetzen (k-o/*D*); F ausplappern, herausplatzen (*co mit D*); **~ot** m (2a) Plätschern n; Geschwätz n.

plesniv|ec m (3; -vc-) F Graukopf m; **~ět** ⟨o-, z-, za-⟩ ⟨3 Pl. -ějí⟩ schimmelig werden; F *Haar:* grau werden; **~ina** f (1) Schimmel m; **~ý** schimm(e)lig; grau.

pleso n (1a) Bergsee m.

plesový Ball-.

plést ⟨po-, s-, z-, za-⟩ ⟨*pletu, pletl, -ten*⟩ (ver)flechten; verschlingen; stricken; durcheinanderwerfen; *j-n* verwirren, F durcheinanderbringen;

plochý

~ si co verwechseln (A); ~ se sich irren; ~ se do č-o sich einmischen (in A).
pleš f (3) Glatze f, *iron.* Platte f; ~**atět** ⟨o-, z-⟩ (3 *Pl.* -*ejí*) e-e Glatze bekommen; ~**atý** kahl(köpfig).
pleť f (4a; -*ti*) (Gesichts-)Haut f, Teint m; *krásná* ~ das schöne Geschlecht.
plet|ací Strick-, Flecht-; ~**adlo** n (1a; -*del*) Strickapparat m; ~**árna** f (1; -*ren*) Strickerei f; Wirkwarenfabrik f; ~**ařka** f (1c; -*řek*) Strickerin f; ~**ařský** Strick(waren)- ~**eň** f (3; -*eně*) Flechtwerk n; ~**enec** m (4; -*nc*-) Zopf m; Kranz m; ~**enina** f (1) Flechtwerk n; Wirkwaren f/pl., ~**enka** f (1c; -*nek*) Zopf m (*Gebäck*), ~**ený** geflochten; Strick-, Wirk-; ~ *nábytek* Korbmöbel n/pl.
pletí n (3) Jäten n.
pletich|a f (1b; *mst* -*chy pl.* Ränke pl., Intrigen f/pl.; ~**ář** m (3) Intrigant m; ~**ařit** ⟨na-⟩ intrigieren, Ränke schmieden; ~**ářka** f (1c; -*řek*) Intrigantin f; ~**ářský** ränkevoll, intrigant.
plet|ivo n (1) Geflecht n; ~**ka** f (1c; -*tek*) Verwicklung f; -*ky pl.* Händel pl., Scherereien f/pl.
pleťový Haut-.
pleva f (1) Spreu f, Spelze f.
plevel m (2a *od.* 4) Unkraut n; ~**ovitý** Wucher-.
plexi|sklo n (1a), ~**gláz** m (2a) Plexiglas n.
plch m (1a) *Zo.* Siebenschläfer m.
plíce f/pl. (2a; *plic*; -*ic*-/-*íc*-) Lunge f; *zápal* ~ Lungenentzündung f.
plic|ní Lungen-; ~**nice** f (2a) Lungenschlagader f; ~**ník** m (2b) Lungenkraut n.
plíčky f/pl. (2; -*ček*) Lungenhaschee n.
plih|(l)ý schlaff, schlapp; ~**nout** ⟨z-⟩ (-*hl*) erschlaffen.
plicht|a F f (1) *Sp.* Unentschieden n; -*tou* unentschieden; ~**it** F ⟨u-, z-⟩ verwirren; *Arbeit* zusammenhudeln; ~ *se s kým* sich zusammentun mit (D).
plínka f (1c; -*nek*) *s.* plena.
plíseň f (3; -*sn*-) Schimmel m.
plísk|anice f (2a) Matschwetter n; ~**at**, ~**nout** pf. (-*kl*) plätschern; ~**avice** f (2a) Delphin m; ~**avý** naß, schmutzig.
plísn|ění n (3) Strafpredigt f; ~**it**

⟨s-, vy-⟩ v/t schelten (A), e-e Strafpredigt halten (D).
plísňový Schimmel-.
plisovat ⟨z-⟩ (-*sují*) plissieren.
plíšek m (2b; -*šk*-) Metallblättchen n, Folie f.
plít[1] ⟨vy-⟩ (*pleji, plel, plet*) jäten.
plít[2] ⟨za-⟩ (*pliji, plil*) spucken.
pliv|anec F m (4; -*nc*-) Spucke f; ~**at** ⟨na-, za-⟩ spucken, speien; ~**átko** n (1b; -*tek*) Spucknapf m; ~**nout** pf. s. *plít*[2], *plivat*.
plíží|t se schleichen; (*po kom*) nachschleichen (D), ~**vý** schleichend.
plk|(ot)at ⟨na-⟩ schwatzen; ~**y** m/pl. (2b) Geschwätz n, Tratsch m.
pln|ění n (3) Füllen n; Erfüllung f; ~**ěný** gefüllt; ~**icí** Füll-; ~**ický** ganz voll, übervoll; ~**idlo** n (1a; -*del*) Füllmittel n; ~**it** ⟨na-, s-, za-⟩ füllen; *Wunsch* erfüllen; ~ *se* sich füllen; voll werden; *Wunsch:* in Erfüllung gehen; ~**itel** m (3; -*é*) Vollstrecker m.
plno *Adv.* voll(er) (č-o/G); ~**hodnotný** vollwertig; ~**krevník** m (1a) Vollblutpferd n, F Vollblüter m; ~**krevný** vollblütig; ~**květý** voller Blüten; ~**letý** volljährig; ~**luní** n (3) Vollmond m; ~**mocník** m (1a) Bevollmächtigte(r) m; ~**mocný** bevollmächtigt; ~**právný** vollberechtigt; ~**st** f (4) Fülle f; ~**stěnný** *Tech.* vollwandig; ~**štíhlý** vollschlank; ~**tučný** Vollfett-; ~**né mléko** Vollmilch f; ~**vous** m (2a) Vollbart m.
plný voll, Voll-; voller (G); -*ná moc* Vollmacht f; -*nou měrou* in vollem Maß; *v -ném počtu* vollzählig; *z -na hrdla* aus vollem Halse, aus voller Kehle.
plod m (2a) Frucht f (*a. Bio., fig.*); ~**idla** n/pl. (1; -*del*) Zeugungsorgane n/pl.; ~**ina** f (1) Nutzpflanze f; Produkt n; *lesní -ny* Waldfrüchte f/pl.; *krmivová* ~ Futterpflanze f; ~**it** ⟨z-, od-⟩ (-*zen*) zeugen; hervorbringen; *fig.* stiften; ~**itel** m (3; -*é*) *Jur.* Erzeuger m; ~**ivost** f (4) Zeugungsfähigkeit f; *fig.* Produktivität f; ~**nost** f (4) Fruchtbarkeit f; ~**ný** fruchtbar; *fig.* produktiv; ~**onosný** fruchtbringend; ~**ový** Frucht; *Med.* fötal, Mutter-.
ploch|a f (1b) Fläche f; ~**ý** (*Komp.* *plošší*; *Adv. ploše*) flach, Flach-; platt, Platt-.

plomb|a f (1) Plombe f; **~ovat** ⟨za-⟩ (-buji) verplomben; Zahn plombieren.

plosk|a f (1c; -sek) Fußsohle f; Tech. Bahn f; **~onohý** plattfüßig; **~onosý** plattnasig; **~ý** (Komp. ploštější) platt, Platt-.

ploš|ina f (1) Plattform f; Geogr. Plateau n; nakládací ~ Laderampe f; zvedací ~ Hebebühne f; **~ný** Flächen-; **~tější** s. ploský; **~tice** f (2a) Beeren- od. Baumwanze f; **~tit** ⟨o-, z-⟩ abplatten; platt drücken.

plot m (2; 6. -ě/-u) Zaun m; živý ~ Heckenzaun.

plot|ice f (2a) Plötze f; **~na** f (1; -ten) Platte f (Koch-)Herd m; **~ýnka** f (1c; -nek) Kochplatte f.

plouhat ⟨po-, za-⟩ nachschleifen; P ~ se schlendern; (vodou im Wasser) waten.

plout ⟨za-⟩ (pluji, plul) schwimmen; Schiff: fahren, segeln.

plout|ev f (3; -tv-) Flosse f; **~vonožec** m (3; -žc-) Flossenfüßer m, Robbe f.

použi|t se ⟨pro-, roz-⟩ sich schleppen; **~vý** schleppend.

plov|ací Schwimm-; **~ák** m (2b) Tech. Schwimmer m; Boje f; **~árna** f (1; -ren) Schwimmbad n; krytá ~ Hallenbad n; **~at** ⟨-vu⟩ im Wasser treiben; s. plavat; **~oucí** schwimmend, Schwimm-; ~ mina Mil. Treibmine f.

plsní: ~ sádlo Bauchfett, Kernfett n.
plst, plsť f (4 od. 4a; -ti) Filz m.
plst|ěný Filz-; **~it** ⟨z- (se)⟩ (-ěn) (ver)filzen. [Flößer m.
plť f (4c; -ti/-tě) Floß n; **~ař** m (3)
pluh m (2b) Pflug m; jet ~em Sp. stemmfahren; **~ový** Pflug-.
plucha f (1b) Spelze f, Getreidehülse f.
plující schwimmend; Mar. flott.
pluk m (2b) Regiment n; **~ovní** Regiments-; **~ovník** m (1a) Oberst m.
plužní Pflug-.

plyn m (2a) Gas n; **~árenský** Gas-; **~árna** f (1; -ren) Gaswerk n; **~atost** f (4) Med. Blähungen f/pl.; **~atý** gashaltig; **~ně** Adv. fließend; **~ný** gasförmig; fließend.

plyno|jem m (2a) Gasbehälter m; **~měr** m (2a) Gasometer m; **~těsný** gasdicht; **~tvorný** gasbildend.

plynout ⟨u-⟩ fließen; vergehen; hervorgehen (aus D).

plyno|vod m (2a) Gas(leitung f) n; **~vý** Gas-.

plynul|ost f (4) Kontinuität f; **~ý** fließend; reibungslos.

plyš m (4) Plüsch m.

plyt|kost f (4) Flachheit f; **~ký** m (Komp. -čejší) seicht, platt; dünn.

plýtv|ání n (3) Verschwendung f; **~at** ⟨pro-, roz-⟩ (čím) verschwenden (A).

Plzeň f (3; -zně) Pilsen n (Stadt); 2 F Pilsner Bier; 2ský Pilsner.

plž m (3) Schnecke f.

pneumati|cký [-ne-umati-] pneumatisch, Luft-; Tech. a. Druckluft-; -ká pošta Rohrpost f; **~ka** f (1c) Kfz. Reifen m.

pnít (3. -i, pněl) lit. hängen.

pnout ⟨na-, vy-⟩ (pnu, pjal/pnul, pjat/-pnut) spannen; erheben; ~ se sich spannen; emporragen; sich ranken.

pnutí n (3) Spannung f.

po Prp. (mit 6. Fall) nach (D) (zeitl.); vorbei, vorüber; in ... (herum); auf ... (herum); zum -ten Mal; je(der) ein(e); fig. za ...; (mit 4. Fall) bis zu (D), bis an (A); während (G); Adv. auf ... Weise, nach-art; ~ roce nach e-m Jahr; je ~ dešti der Regen ist vorbei; je ~ obědě das Mittagessen ist vorüber; je ~ všem ist es (alles) aus; chodit ~ městě in der Stadt herumgehen; chodit ~ pokoji im Zimmer auf- und abgehen; plovat ~ vodě auf dem Wasser (herum)schwimmen; jít ~ své práci seiner Arbeit nachgehen; ~ druhé zum zweiten Mal; dostali ~ koruně sie bekamen je(der) e-e Krone; ~ dvou zu zweien, zwei und zwei; ~ kusech stückweise; ~ čtyřech auf allen vieren; ~ obou stranách zu beiden Seiten; ~ řadě der Reihe nach; až ~ kolena bis zu den Knien; až ~ krk bis zum Hals; ~ celý den den ganzen Tag (über); ~ (celá) léta jahrelang; ~ dobrém (zlém) aus gutem (bösem); ~ myslivecku nach Jägerart; ~ boku zur Seite; ~ ruce zur Hand; ~ hlavě kopfüber; ~ případě gegebenenfalls, unter Umständen; ~ čertech F fig. verdammt; ~ svém auf s-e Weise.

po- in Zssgn ein wenig; fig. einmal, F mal.

pobáda|t (k č-u) anspornen (zu D); **~vý** anregend.

Pobalt|í *n* (3) *Geogr.* Baltikum *n*; ~ský baltisch.
pobav|ení *n* (3) Unterhaltung *f*, Vergnügen *n*; ~it unterhalten; ~ se (čím) sich unterhalten (mit *D*), F s-n Spaß finden (an *D*).
poběh|lík *m* (1*a*), ~ice *f* (2*a*) Landstreicher(in *f*) *m*. [Dieb *m*.)
poberta F *m* (5) Langfinger *m*,
pobesedovat (si) *pf.* (-duji) ein wenig plaudern.
pobíd|ka *f* (1*c*; -*dek*) Anregung *f*, Ansporn *m*; Aufforderung *f*; *Jur.* Betreiben *n*; ~nout *pf.* anregen, anspornen; auffordern; *fig.* (an-)treiben; ~nutí *n* (3) Anregung *f*, Aufforderung *f*, Anstiftung *f*.
pobíhat herumlaufen, hin- und herlaufen.
pobíj|ečka *f* (1*c*; -*ček*) Handbeil *n*, kleine Hacke *f*; ~et ⟨z-⟩ (3 *Pl. -eji*) beschlagen; niedermetzeln, abschlachten.
po|bírat Gehalt beziehen; ~bít *pf.* (*s. bít*) *s. pobíjet*; ~bití *n* (3) *Tech.* Beschlag *m*; Niedermetzelung *f*.
pobíz|ející *fig.* treibend, anspornend; ~ení *n* (3) Aufforderung *f*, ~et (3 *Pl. -eji*) *s.* pobídnout; ~ivý aufmunternd, einladend.
poblácený mit Straßenkot bespritzt.
poblázn|ěný verrückt, närrisch; ~it *pf. v/t* betören, F verrückt machen (*A*), den Kopf verdrehen (*D*).
pobled|lý (ein wenig) blaß; ~nout *pf.* (-*dl*) blaß werden; *fig. lit.* verbleichen, verblassen.
poblít se V *pf.* (-*bliji, -blil*) sich bekotzen.
poblí|zku, ~že in der Nähe.
poblou|dilec *m* (3; -*lc-*) Verirrte(r) *m*; ~dilý verirrt; ~dit *pf.* auf Abwege geraten; ~zení *n* (3) Verirrung *f*, Fehltritt *m*.
poboč|ka *f* (1*c*; -*ček*) Zweigstelle *f*, Filiale *f*; *Tech.* Nebenstelle *f*, (*Schule*) Parallelklasse *f*; ~ní Seiten-; ~ník *m* (1*a*) Adjutant *m*; ~ný Zweig-, Neben-; Seiten-.
pobod|at *pf.* durch (*Messer-*)Stiche verletzen; ~nout *pf.* (-*dl*; -*dnut*) anspornen, antreiben; *Pferd* die Sporen geben.
po|bok *Turn.* in Seitstellung; *stoj* ~ Seitstand *m*; ~bolívat zeitweise wehtun; ~bořit *pf.*, ~bourat *pf.* teilweise zerstören.

počáteční

pobouř|ení *n* (3) Empörung *f*, Aufruhr *m*; ~ený aufgebracht, empört; ~it *pf.* (auf)reizen, aufwiegeln.
pobožnost *f* (4) Andacht *f*; Frömmigkeit *f*.
pobožnůstkář *m* (3) *verä.* Betbruder *m*; ~ka *f* (1*c*; -*řek*) Betschwester *f*; ~ský scheinheilig, bigott; ~ství *n* (3) Scheinheiligkeit *f*, Frömmelei *f*.
po|božný andächtig; fromm; ~brat *pf.* (*s. brát*) (*auf einmal*) mitnehmen, wegnehmen; ~bratim *m* (1; -*ové*) Stammesbruder *m*; *iron.* Busenfreund *m*; ~bratřit se *pf.* sich verbrüdern; ~bryndat F *pf.* bekleckern.
pobřež|í *n* (3) Küste *f*, Ufer *n*, *poet.* Gestade *n*; *ochrana* ~ *Mil.* Küstenschutz *m*; ~ní Küsten-, Ufer-; ~ *lázně* Strandbad *n*.
pobřiš|ní Bauch-; ~nice *f* (2*a*) Bauchfell *n*.
pobuda *m* (5) Landstreicher *m*, F Stromer *m*.
pobuř|ování *n* (3) Aufwiegelung *f*; ~ovač *m* (3), ~ovatel *m* (3; -*é*) Aufwiegler *m*; ~ovat (-*řuji*) aufwiegeln, aufhetzen; ~ující aufwieglerisch, Hetz-.
po|byt *m* (2; 6. -*u*/-*ě*) Aufenthalt *m*; ~bý(va)t (*pf. s. být*) bleiben, sich aufhalten; ~cákat *pf.* bespritzen.
pocel *m* (2*a*) *poet.* Kuß *m*; ~ovat *pf.* (-*luji*) *poet.* küssen.
pocení *n* (3) Schwitzen *n*; *lék k* ~ schweißtreibendes Mittel.
pocestn|ý[1] wandernd, Wander-, *hist.* fahrend; ~ý[2] *m* (*Adj. 1*) Wanderer *m*.
pocín|ovaný verzinnt, Weiß-; ~ovat *pf.* (-*nuji*) verzinnen.
po|cit *m* (2*a*) Gefühl *n*, Empfindung *f*; ~cítit *pf.*, ~ciťovat (-*tuji*) empfinden, fühlen.
poct|a *f* (1) Ehre *f*; *Mil.* (*a. vzdání* -*ty*) Ehrenbezeigung *f*; ~ít *pf. v/t* (be)ehren (*A*), die Ehre erweisen (*D*); ~ivec *m* (3; -*vc*-) ehrlicher Mensch *m*, Ehrenmann *m*; ~ivost *f* (4) Ehrlichkeit *f*; ~ivý ehrlich; keusch.
po|cuchat *pf.* zerzausen; ~cukrovat *pf.* (-*ruji*) mit Zucker bestreuen; ~cvičit se *pf.* sich (ein wenig) üben.
počasí *n* (3) Wetter *n*; *za každého* ~ bei jedem Wetter.
počastovat *pf.* (-*tuji*) bewirten.
počát|eční Anfangs-, anfänglich;

počátek

~ek *m (2b; -tk-)* Anfang *m*, Beginn *m*; ~ působnosti *Jur.* Inkrafttreten *n*; -tkem zu Beginn, mit Beginn; -tkem května Anfang Mai; ~ky *m/pl. (2b)*· Anfangsgründe *m/pl.*; v -tcích im Entstehen; *Med.* im Anfangsstadium.

počatý begonnen.

počernit *pf.* (an)schwärzen.

počest: na ~ zu Ehren (*G*); ~ný ehrbar, ehrenhaft, sittsam.

počeš|tit *pf.*, ~ťovat *(-tuji)* tschechisieren.

počet *m (2a; -čt-)* Anzahl *f*, Zahl *f*; *Math.* Rechnung *f*; Rechenschaft *f*; počty *pl.* Rechnen *n (Fach)*.

početí *n (3)* Empfängnis *f*; *Tech.* Inbetriebnahme *f*.

početn|í Rechnungs-; Rechen-; ~nice *f (2a)* Rechenbuch *n*, ~ník *m (2b)* Rechenheft *n*; ~nost *f (4)* Menge *f*, zahlenmäßige Stärke *f*; ~ný zahlenmäßig.

počíhat *pf. (na k-o)* auflauern (*D*).

počin *m (2a)* Veranlassung *f*, *lit.* Tat *f*; rychlým ~em mit raschem Zugriff.

počín|ati, ~ajíc ab, mit Beginn; ~ání *n (3)* Vorgehen *n*, Handlungsweise *f*; *verá.* Getue *n*; ~at ⟨za-⟩ anfangen, beginnen, *lit.* s-n Ursprung haben; ~ se beginnen (*v/i*); ~ si sich benehmen; *Jur.* verfahren; ~avý *Ef.* inchoativ.

počinek *m (2b; -nk-)* das erste Geld *n*; Kaufbetrag *m*.

poči|stit *pf. (-štěn)* reinigen; *Med.* abführen; ~sťovadlo *n (1a; -del)* Abführmittel *n*; ~sťovat *(-tuji)* s. počistit.

po|čít *pf. (-čnu, -čal, -čat)* s. počínat; ~čítací Rechen-, Zähl-; ~čítač *m (4 od. 3)* Rechner *m*; ~čítadlo *n (1a; -del)* Rechenmaschine *f*; Zähler *m*; ~čítaje, ~čítajíc inbegriffen, einschließlich; ~čítání *n (3)* Rechnen *n*, Zählen *n*; ~čítat ⟨pře-, za-⟩ zählen; rechnen; anrechnen (*j-m A*); ~čítek *m (2b; -tk-)* Empfindung *f*, Sinneseindruck *m*.

počk|ání *n (3)* Warten *n*; oprava na ~ Schnellreparatur *f*; ~at *pf. (kurze Zeit)* warten; ~ s placením Zahlung stunden.

po|čmárat *pf.* beschmieren, bekritzeln; ~čnu s. počít.

počtář *m (3)*, ~ka *f (1c; -řek)* Rech-

288

ner(in *f*) *m*; Rechenkünstler(in *f*) *m*; ~ský rechnerisch.

počty s. počet.

počurat V *pf.* bepinkeln, anpissen.

pod *Prp. (mit 7. Fall auf die Frage wo?; mit 4. Fall auf die Frage wohin?)* unter (*D, A*); unterhalb (*G*); ~ sebou untereinander; ~ hradem unterhalb der Burg; ~ trestem bei Strafe.

podací Aufgabe-, Einlieferungs-.

podál *(mit 2. Fall)* unweit (*G*).

podání *n (3)* Überreichung *f*; Eingabe *f*, Einreichung *f* e-s Gesuches; (*Post*) Aufgabe *f*; *Hdl.* Angebot *n*; *lit.* Überlieferung *f*; *Sp.* Aufschlag *m*, Abschlag *m*; ~ ruky Handschlag *m*; nejnižší ~ Mindestangebot *n*.

podarovat *pf. (-ruji)* beschenken.

podař|ený gelungen; ~it se *pf.* gelingen, † geraten.

pod(áv)at reichen; überreichen; *Gutachten* abgeben; *Meldung* erstatten; *Antrag* stellen; *Beweis* erbringen; *Post* aufgeben; *Einspruch* erheben; *Arznei* verabreichen; *Speisen* servieren, (herum)reichen.

podatel *m (3; -é)*, ~ka *f (1c; -lek)* Überbringer(in *f*) *m*; (*Antrag-*) Steller(in *f*) *m*; ~ stížnosti Beschwerdeführer(in *f*) *m*.

podavač, podávač *m (3)*, ~ka *f (1c; -ček)* Handlanger(in *f*) *m*; Zubringer(in *f*) *m*.

podávání *n (3)* Aufgabe *f*; Verabreichung *f* von Speisen.

podávky *f/pl. (2; -vek)* Heugabel *f*, Forke *f*.

podbarv|ení *n (3)* Grundfarbe *f*; ~it *pf.* grundieren.

pod|běhnout *pf. (-hl)* hindurchlaufen (*co* unter *D*); ~běl *m (2a)* Huflattich *m*; ~běrák *m (2b)* Hohleisen *n*; (*Fisch-*)Kescher *m*; ~bíjet (*3 Pl. -ejí*) verschalen; *Bienen* zeideln; ~ se eitern; ~bírat (von unten) anfassen; *Bienen* zeideln; ~ se eitern; ~bízet (*3 Pl. -ejí*) *Preise* unterbieten.

podbrad|ek *m (2b; -dk-)* Doppelkinn *n*; ~ník *m (2b)* Kinnriemen *m*.

podbřiš|ek *m (2b; -šk-)* Unterleib *m*; ~ník *m (2b)* Bauchriemen *m*.

pod|cenit *pf.*, ~ceňovat *(-ňuji)* unterschätzen; geringschätzen; ~čeleď *f (4c; -dí/-dě) Zo.* Untergruppe *f*; ~dajný nachgiebig, fügsam.

poddan|ský Untertanen-, ~ství *n (3)* Hörigkeit *f*, Botmäßigkeit *f*; ~ý

podivovat se

1. hörig; *2. m (Adj. 1)* Untertan *m.*

pod|d(áv)at se sich unterwerfen, sich fügen; **~dolovat** *pf. (-luji)* unterminieren; **~důstojník** *m (1a)* Unteroffizier *m.*

podebra|nina *f (1)* Geschwür *n*; **~ný** eitrig, vereitert; **~t** *pf. s. podbírat.*

po|dědit *pf.* erben *(po kom et.* von *D);* **~dej m** *(4) (Gepäck-)*Annahme *f*; **~dejít** *pf. (-jdu, -šel)* herangehen, sich nähern, anrücken; **~dejmout** *pf. (-jmu, podjal)* von unten (an)fassen; **~ se** *(č-o)* auf sich nehmen *(A);* sich unterziehen *(D);* **~dejna** *f (1; -jen)* Postannahmestelle *f.*

podék|ovací Dank-; **~ování** *n (3)* Dank *m*; Dankschreiben *n*; **~ovat** *pf. (-kuji)* danken, sich bedanken (za co für *A);* **~ (se)** k-u (za co) sich bedanken bei j-m (für *A);* **~ se** z úřadu abdanken, zurücktreten.

poděl *(mit 2. Fall)* entlang *(A),* längs *(G);* **~ řeky** den Fluß entlang.

poděl|aný P vollgemacht, V vollgekackt; **byl ~ strachy** er hatte die Hosen voll; **~at** *dial. pf.* bewältigen, besudeln; **~ se** V sich in die Hosen scheißen.

podělek *m (2b; -lk-)* Aushilfsarbeit *f*; **~it** *pf.,* **~ovat** *(-luji) (k-o čím)* verteilen *(et.* unter *A);* **-it (se) co)** sich teilen (in *A);* **~kovat** *(-kuji)* Gelegenheitsarbeit verrichten.

podélný Längs-, Längen-.

pode|mílat *s. podemlít;* **~mletí** *n (3)* Unterspülung *f*; **~mlít** *pf. (s. mlít)* unterspülen.

podepř|ení *n (3)* Abstützung *f*; **~ít** *pf. (-přu, -přel, -přen)* (ab)stützen; unterstützen; **~ se (o co)** sich stützen (gegen *A);* **~ si** stemmen.

podeps|ání *n (3)* Unterzeichnung *f*; **~at** *pf. (-píši)* unterschreiben; **Vertrag unterzeichnen; spolu ~** mitzeichnen.

poděs P *m (1; -ové)* Panikmacher *m*; **~it** *pf. (-šen) v/t* erschrecken *(A),* Furcht einflößen *(D);* **~ se čím** erschrecken über *(A).*

pode|stlat *pf. (-stelu) Agr.* unterstreuen; **~střít** *pf. (-stru, -střel)* unterlegen; **~stýlat** *s. podestlat;* **~stýlka** *f (1c; -lek)* Streu *f.*

poděš|ení *n (3)* Bestürzung *f*, Entsetzen *n*; **~ený** bestürzt, entsetzt.

podešev *f (3; -šv-) (Schuh-)*Sohle *f*; **vnitřní ~** Brandsohle.

podezd|ěný untermauert; **~ít** *pf. (-il, -ěn),* **~ívat** untermauern; **~ívka** *f (1c; -vek)* Grundmauer *f*, Sockel *m.*

podezír|at verdächtigen *(z č-o* wegen *G);* **~avý** argwöhnisch.

podezř|elý verdächtig; **~ení** *n (3)* Verdacht *m*; **~ívat** *s. podezírat.*

podfuk *m (2a)* Schwindel *m*, Betrug *m.*

podhlav|nice *f (2a)* Kopfkissen *n*; **~ník** *m (2b)* Keilkissen *n.*

pod|hled *m (2a)* Blick *m* von unten; *fig.* Froschperspektive *f*; **~hmat** *m (2a) Turn.* Kammgriff *m*; **~horský** am Fuße e-s Berges; **~houbí** *n (3)* Myzel *n*, Pilzgeflecht *n*; **~hrab(áv)at** *(-uje)* untergraben; **~hradí** *n (3)* Ansiedlung *f* unterhalb e-r Burg.

podhrn|out *pf.,* **~ovat** *(-nuji)* (auf)schürzen.

pod|huří *n (3)* Gegend *f* am Fuße e-s Berges; **~chod** *m (2a)* Unterführung *f*, Fußgängertunnel *m.*

podchy|covat *(-cuji),* **~tit** *pf. (-cen)* auf-, abfangen; *fig.* unter die Arme greifen *(k-o/D).*

podíl *m (2; 6. -e/-u)* Anteil *m*; *Math.* Quotient *m*; **~et** *(3 Pl. -ejí) s. podělit;* **~ se** *(na čem)* teilnehmen, sich beteiligen (an *D);* **~nictví** *n (3)* Teilhaberschaft *f*; **~ník** *m (1a),* **~nice** *f (2a)* Teilhaber(in *f) m*; **~ný** Anteil-; *Gr.* distributiv.

podít se *pf. (s. dít)* (hin)geraten, (hin)kommen.

pódi|ový *[-dī-] Podiums-;* **~vá cvičení** Bodengymnastik *f*, Bodenübungen *f/pl.*; **~um** *n (5)* Podium *n.*

podiv *m (2a)* Staunen *n*, Verwunderung *f*; Befremden *n.*

podív|aná *f (Adj. 2)* Schau *f*, Anblick *m*, Schauspiel *n*; *lit.* Augenweide *f*; **to stojí za ~nou** das ist sehenswert; **~at se** *pf. (na co)* anschauen *(A);* (do *č-o)* e-n Blick werfen in *(A);* e-n kurzen Besuch machen in *(D).*

podivení *n (3) s. podiv.*

podivín *m (1)* Sonderling *m*, F seltsamer Kauz *m*; **~ka** *f (1c; -nek)* seltsame Frau *f*; **~ský** seltsam, absonderlich.

podiv|it se *pf.,* **~ovat se** *(-vuji)* sich wundern, staunen *(č-u* über

podivný

A); ~ný seltsam, sonderbar; befremdend; ~uhodný wunderbar, bewundernswert.
pod|jáhen *m* (*1*; *-hn-*) Subdiakon *m*; ~jaří *n* (*3*) Vorfrühling *m*; ~jatý befangen, voreingenommen; ~jeseň *f* (*3*; *-sn-*) Frühherbst *m*; ~jet *pf.* (*s. jet*), ~jíždět (*3 Pl. -ějí*) unterfahren; ~jezd *m* (*2*; *6. -u/-ě*) Unterführung *f*; (*Auto-*)Auffahrt *f*; ~jímat *s. podejmout.*
podkal *m* (*2a*) Ablagerung *f*; ~it *pf.*, ~ovat (*-luji*) verschlammen.
podkasat *pf.* aufschürzen.
podklad *m* (*2*; *6. -ě/-u*) Unterlage *f*; Grundlage *f*; *nemít* ~u jeder Grundlage entbehren, *fig.* keinen Anhaltspunkt haben.
podkládání *n* (*3*) Unterstellung *f*; ~at unterlegen; *fig.* unterstellen.
podkladek *m* (*2b*; *-dk-*) Unterlage *f*; (*Stoff-*)Fleck *m*; Nestei *n*.
podkolen|í *n* (*3*) Kniekehle *f*; závěs v ~ *Turn*. Kniehang *m*; ~ka *f* (*1c*; *-nek*) Kniestrumpf *m*, *Sp*. Stutzen *m*.
pod|komoří *m* (*Adj. 4*; *Pl. n 3*) Unterkämmerer *m*; ~koní *m* (*Adj. 4*; *Pl. n 3*) Stallmeister *m*.
podkop *m* (*2a*) Stollen *m*, (unterirdischer) Gang *m*; ~(áv)at (*pf. -u/-ám*) untergraben; *Mil.* unterminieren; ~ný *fig.* Wühl-, ~ový Minen-.
podkov|a *f* (*1*) Hufeisen *n*; ~ák *m* (*2b*) Hufnagel *m*; ~ář *m* (*3*) Hufschmied *m*; ~at *pf.* (*-u/-ám*) Pferd beschlagen; ~ovitý hufeisenförmig.
podkožní Unterhaut-; *Med.* subkutan.
podkresl|it *pf.*, ~ovat (*-luji*) untermalen.
podkrov|í *n* (*3*) Dachboden *m*; Dachgeschoß *n*, Mansarde *f*; ~ní Dach-, Mansarden-.
pod|kuřovat (*-ňuji*) (*k-u*) beweihräuchern (*A*), schmeicheln (*D*); ~laha *f* (*1b*) Fußboden *m*; ~lamovat (*-muji*) *s.* podlomit; ~laží *n* (*3*) Stockwerk *n*, Geschoß *n*.
podle *Prp.* (*mit 2. Fall*) gemäß (*D*), laut, nach (*D*), entsprechend (*D*); entlang (*A*), längs (*G*), vorüber (an *D*); ~ toho danach; ~ zákona nach dem Gesetz; ~ přání nach Belieben; kresba ~ ruky Freihandzeichnen *n*; ~ všeho vermutlich, allem Anschein nach; ~ potřeby (je) nach Bedarf.

pod|lec *m* (*3*; *-dlc-*) niederträchtiger Mensch *m*, Schurke *m*; ~léhající unterliegend; unterstehend; ~ clu zollpflichtig; ~ zkáze leicht verderblich; ~léhat unterliegen; unterstehen; ~lehnout *pf.* (*-hl*) erliegen, unterliegen.
podlep|it *pf.*, ~ovat (*-puji*) unterkleben; *Landkarte* aufziehen.
podles|í *n* (*3*) Waldgebiet *n*, waldige Gegend *f*; ~ák *m* (*1a*) Waldbauer *m*.
pod|léška *f* (*1c*; *-šek*) Leberblümchen *n*; ~letět *pf. unter et.* (*D*) durchfliegen; ~letí *n* (*3*) Frühsommer *m*; Spätsommer *m*, Nachsommer *m*; ~lévat untergießen; *Braten* begießen; ~ se *mit Blut* unterlaufen.
podléz|ač *m* (*3*) verä. Kriecher *m*; ~(a)t *(pf. -lezu, -nu!)* kriechen unter (*A*); (*k-u*) kriechen, katzbuckeln (vor *D*).
pod|lít *pf. s.* podlévat; ~litina *f* (*1*) blutunterlaufene Stelle *f*, Strieme *f*; ~litý blutunterlaufen; ~lívat *s. podlévat;* ~lízat *s.* podlézat; ~lízavý kriecherisch.
podlom|ení *n* (*3*) Knickung *f*; *Med.* Verstauchung *f*; ~it *pf.* knicken; lähmen; *fig.* erschüttern; *Tätigkeit* unterbinden, lahmlegen; ~ se einknicken; fast verstauchen.
pod|lost *f* (*4*) Niedertracht *f*, Gemeinheit *f*; ~loubí *n* (*3*) Laubengang *m*.
podloudn|ický Schmuggel-; ~ictví *n* (*3*) Schmuggel *m*; Schleichhandel *m*; ~ík *m* (*1a*), ~ice *f* (*2a*) Schmuggler(in *f*) *m*, *öst.* Pascher(in *f*) *m*; ~ý Schmuggel-; *-ně Adv.* auf betrügerische Art (und Weise).
podlouhlý länglich.
podlož *f* (*3*) Unterlage *f*; ~ený *Kind*: unterschoben; ~í *n* (*3*) *Geol., Tech., Bgb.* Sohle *f*; ~it *pf. v/t* unterlegen; *Phil.* zugrunde legen; ~ka *f* (*1c*; *-žek*) Unterlage *f*.
podlý niederträchtig, gemein.
podmalovat *pf.* (*-luji*) untermalen.
podman|it *pf.* unterwerfen, unterjochen; *fig.* erobern; ~itel *m* (*3*; *-é*), ~lka *f* (*1c*; *-lek*) Bezwinger(in *f*) *m*; ~ivý überwältigend; *fig.* bezaubernd.
podmaň|ovat (*-ňuji*) *s.* podmanit; ~ující *s.* podmanivý.
podmás|elník (*2b*) Butterpilz *m*; ~lí *n* (*3*) Buttermilch *f*.

podma|stit pf. (-štěn) fetten; fett machen; ~**zat** F pf. (-žu/-ži) schmieren, bestechen; ~**závka** F f (1c; -vek) Schmiergeld n.
podmět m (2; 6. -u/-ě) Gr. Subjekt n, Satzgegenstand m; ~**ný** Subjekt-.
podmín|ečný, ~**ěný** bedingt; -ná lhůta Bewährungsfrist f.
podmín|ka f (1c; -nek) Bedingung f; ~**kový** Bedingungs-.
pod|miňovací Bedingungs-; ~ způsob Konditional m; ~**mořský** Unterwasser-, Untersee-; ~**mračný** bewölkt, trüb(e).
podnájem m (2a; -jm-) Untermiete f; ~**ník** m (1a), ~**nice** f (2a) Untermieter(in f) m.
podnapilý (ein wenig) angeheitert.
podneb|í n (3) Klima n; Anat. Gaumen m; ~**ní** klimatisch; Gaumen-.
podněcovat (-cuji) s. podnítit; ~**el** (3; -é) Anstifter m; ~ **války** Kriegsbrandstifter m.
podnes bis heute, bis zum heutigen Tag.
pod|nět m (2a) Anlaß m, Antrieb m, Veranlassung f; ~**nícený** angeregt; aufgewiegelt.
podnik m (2b) Betrieb m, Unternehmen n; Veranstaltung f; ~**ání** n (3) Hdl. Unternehmen n; lit. Tun n; ~**at** unternehmen; ~**atel** m (3; -é) Unternehmer m; ~**avost** f (4) Unternehmungsgeist m; ~**avý** unternehmungslustig; ~**nout** pf. (-kl; -knut) s. podnikat; ~**ový** Betriebs-.
pod|nítit pf. (-cen) anregen, veranlassen; Menschen aufhetzen; ~**nos** m (2; 6. -e/-u) Tablett n, Serviertbrett n.
podnož f (3) Sockel m; a. = ~**ka** f (1c; -žek) Fußschemel m; ~**ník** m (2b) Astr. Fußpunkt m; Nadir m.
podob|a f (1) Ähnlichkeit f; Gestalt f; ~**at** se ähnlich sein, ähneln; scheinen.
pod'obaný zerspickt; ~ od neštovic pockennarbig.
podob|enka f (1c; -nek) Lichtbild n, F Foto n; ~**enství** n (3) Gleichnis n; ~**izna** f (1; -zen) Bild n, Porträt n; ~**ný** ähnlich.
podobojí hist. 1. utraquistisch; 2. m (Adj. 4) Utraquist m.
podocasník m (2b) Schwanzriemen m.
podod|dělení n (3), ~**díl** m (2; 6. -e/-u) Unterabteilung f.

podolek m (2b; -lk-) Unterteil m des Hemdes, öst. Hemdstock m.
podom|áčku Adv. wie zu Hause; ~**ek** m (1a; -mk-) Hausdiener m; ~**ní** Hausier-.
podot|čení n (3) Bemerkung f, Erwähnung f; ~**knout** pf. (-kl; -tčen/-knut), ~**ýkat** bemerken, hinzufügen; ~**knutí** n (3) s. podotčení.
podoustev f (3; -stv-) Zo. Zärte f, Rötling m.
pod|pal m (2a) Feueranmachen n; ~**pálit** pf. anzünden, in Brand setzen; j-n aufhetzen; ~**palovač** m (4) Feueranzünder m; ~**palovat** (-luji) s. podpálit; ~**palubí** n (3) Unterdeck n; ~**patek** m (2b; -tk-) (Schuh-)Absatz m; ~**paž(d)í** n (3) Achselhöhle f; (v) ~ unter dem Arm; ~**pažení** n (3) Verschalung f.
~**pěnka** f (1c; -nek) Bauchriemen m, Struppe f.
podpěr|a f (1d) Stütze f, Stützbalken m; ~**adlo** n (1a; -del), ~**ka** f (1c; -rek) Stütze f, Lehne f; ~**ný** Arch. Stütz-, Strebe-.
pod|píchnout pf. (-chl; -chnut), ~**pichovat** (-chuji) F sticheln, aufstacheln; ~**pínadlo** n (1a) Med. Suspensorium n; ~**pírat** s. podepříti.
podpis m (2; 6. -e/-u) Unterschrift f; ~**ný** Signatar-; ~**ovat** (-suji) s. podepsat; ~**ovatel** m (3; -é) Unterzeichner m, Unterzeichnete(r) m; ~**ový** Unterschriften-.
pod|placení n (3) Bestechung f; ~**plácet** (3 Pl. -eji), ~**platit** pf. (-cen) bestechen; ~**plukovník** m (1a) Oberstleutnant m; ~**por** m (2a) Turn. Stütz m; ~ ležmo, vznesmo Liege-, Schwebestütz.
podpor|a f (1d) Unterstützung f, Zuwendung f; Tech., fig. Stütze f; ~**ovací** Unterstützungs-; ~**ování** n (3) Unterstützung f, Förderung f; ~**ovat** (-ruji) unterstützen; ~**ovatel** m (3; -é) Förderer m, Gönner m.
pod|poručík m (1a) Unterleutnant m; ~**pořit** s. podporovat.
podprs|eň f (3; -sn-) Brustmauer f, Brüstung f; ~**enka** f (1c; -nek) Büstenhalter m, F BH m; ~**ník** m (2b) Brustriemen m.
pod|průměrný unterdurchschnittlich; ~**přízemek** m (2b; -mk-) Kellergeschoß n.
podpůr|né n (Adj. 3) Zuwendung f; ~**ný** Unterstützungs-.

podráp|aný zerkratzt; ~at *pf.* (-*u*/ -*ám*) zerkratzen.
podrazit *pf.* (-*žen*) umstoßen, mitreißen; *Bein* stellen; *Schuhe* (be-)sohlen.
podrážd|ění *n* (3) Erregung *f*; *Med.* Reizung *f*; ~**enost** *f* (4) Gereiztheit *f*; gereizte Stimmung *f*; ~**ěný** gereizt, erregt.
podražet (3 *Pl. -eji*) *s.* podrazit.
podražit *pf.* teurer werden.
podrážka *f* (1c; -*žek*) Sohle *f*.
podrb(áv)at *pf.* (-*u*/-*ám*) (leicht) kratzen, kraulen.
podrob|ení *n* (3) Unterwerfung *f*, Unterjochung *f*; Unterordnung *f*; ~**ený** unterworfen, unterjocht; -**pličný**; ~ *clu* zollpflichtig; ~ *dani* steuerpflichtig; ~**it** *pf.* unterwerfen (se sich); *j-n e-r Sache* unterziehen; ~**nost** *f* (4) Ausführlichkeit *f*; Einzelheit *f*, Detail *n*; ~**ný** ausführlich, eingehend, Einzel-; *do -na* bis ins Detail, bis ins einzelne; ~**ovat** (-*buji*) *s.* podrobit.
pod|rost *m* (2a) Unterholz *n*; ~**roušený** F angeheitert, beschwipst; ~**ručí** *n* (3) Botmäßigkeit *f*.
podruhé das nächste Mal, ein andermal; zum zweiten Mal.
podrůst(at) (*pf. s. růst*) nachwachsen.
podružný untergeordnet, sekundär, Neben-; unwesentlich; *-né dělení* Unterteilung *f*.
pod|rý(va)t (*pf. s. rýt*) unterwühlen, untergraben; ~**rytí** *n* (3) Untergrabung *f*.
podržet *pf.* *e-e Zeitlang* halten; *im Gedächtnis* behalten; *Wohnung* beibehalten; ~ se (č-o) sich (fest)halten (an *D*).
podřad|ěný untergeordnet, ~**it** *pf.* (-*děn*/-*zen*) *s.* podřídit; ~**ný** *s.* podružný; minderwertig.
pod|řazený *s.* podřaděný; ~**řeknout** se *pf.* sich versprechen; ~**řep** *m* (2a) Kniebeuge *f*; ~**řezat** *pf.* (-*žu*/-*zám*) durchschneiden; ~**říci se** *pf. s.* podřeknout; ~**řídit** *pf.* (-*zen*) unterordnen, unterstellen; ~ se sich unterordnen, sich fügen; ~**řimovat** (-*muji*) schlummern, einnicken.
podřít se *pf.* (-*dřu, -dřel*) sich abmühen, sich plagen.
podříz|ení *n* (3) Unterordnung *f*; ~**enost** *f* (4) Unterstellung *f*; ~**ený** untergeordnet.

pod|říznutý abgeschnitten; ~**sada** *f* (1) *Zo.* Wollhaar *n*, Unterwolle *f*; ~**sadit** *pf.* (-*zen*) *Kleid* besetzen; ~**sadiný** untersetzt, von untersetzter Gestalt; ~**sazení** *n* (3) Besatz *m*; ~**sazovat** (-*zuji*) *s.* podsadit.
podsek|(áv)at, ~**nout** *pf.* (-*kl*; -*knut*) abhauen, umhauen.
pod|sekretář *m* (3) Untersekretär *m*; *státní* ~ Unterstaatssekretär; ~**síň** *f* (3; -*ně*) Vorhalle *f*, Diele *f*; ~**sklepit** *pf.* unterkellern; ~**skupina** *f* (1) Untergruppe *f*; ~**sněžník** *m* (2b) Schneeglöckchen *n*; ~**spod** unten, darunter.
podstat|a *f* (1) Wesen *n*, Substanz *f*; *v -tě* im Grunde genommen; *konkursní* ~ Konkursmasse *f*; *skutková* ~ Tatbestand *m*; ~**ný** wesentlich, erheblich; *s. jméno.*
podstav|a *f* (1) Grundfläche *f*, Basis *f*; ~**ec** *m* (4; -*vc-*) Untersatz *m*, Sockel *m*; *Fot.* Stativ *n*; *malířský* ~ Staffelei *f*; ~**it** *pf.*, ~**ovat** (-*vuji*) untersetzen, darunterstellen.
podstoupit *pf.* sich stellen, treten unter (*A*); (co) sich *e-r Sache* unterziehen.
podstr|čit *pf.*, ~**kovat** (-*kuji*) zustecken; unterschieben.
podstrojovat (-*juji*) (k-u) *beim Essen* heimlich bevorzugen (*A*), F *gute Bissen* zustecken (*D*).
podstřeš|ek *m* (2b; -*šk-*) Schutzdach *n*; ~**ní** Dach-, Mansarden-.
pod|stupovat (-*puji*) *s.* podstoupit; ~**stýlat** *s.* podestlat; ~**sunout** *pf.* unterschieben.
podsvět|í *n* (3) Unterwelt *f*; ~**ný** aus der Unterwelt.
pod|svinče *n* (4) (Milch-)Ferkel *n*, Spanferkel *n*; ~**syp(áv)at** (*pf. -u*) unterstreuen; ~**ší(va)t** (*pf. s. šít*) *Kleid* füttern; ~**šitý** gefüttert; *fig.* durchtrieben; ~**šívka** *f* (1c; -*vek*) (Kleider-)Futter *n*; F *fig.* durchtriebener Kerl *m*.
podškrt|at, ~**nout** *pf.* (-*tl*; -*tnut*) unterstreichen.
pod|škub(áv)at *(pf. -u*/-*ám*) die Daunen ausrupfen; ~**tajemník** *m* (1a) Vizesekretär *m*; ~**tečkovat** *pf.* (-*kuji*) Punkte setzen (unter *A*); ~**tí(na)t** (*pf. s. tít*) unterhauen; ~**titul** [-*ti*-] *m* (2a) Untertitel *m*; ~**tlak** *m* (2b) Unterdruck *m*.
podtr|hnout *pf.* (-*hl*; -*tržen*), ~**hovat** (-*huji*) unterstreichen; rasch

pohledat

wegziehen; ~žení *n* (3) Unterstreichung *f*, Hervorhebung *f*.

podtunel|ování *n* (3) Untertunnelung *f*; ~ovat *pf.* (*-luji*) untertunneln.

podučitel *m* (3; *-é*) Hilfslehrer *m*.

podůlný *m* (*Adj.* 1) *Bgb.* Steiger *m*.

podunajský Donau-.

podup *m* (2a) *Turn.* Aufstampfen *n*; ~at *pf.* (*-u/-ám*) mit Füßen treten, zertreten.

podúředník *m* (1a) Unterbeamte(r) *m*.

poduška *f* (1c; *-šek*) Kissen *n*.

podvádět (3 *Pl. -ějí*) *s.* podvést.

podval *m* (2a) Grundbalken *m*; *Mil.* Sturmschwelle *f*; ~ník *m* (2b) *Tech.* Rollbock *m*.

pod|vaz *m* (2a) Unterbindung *f*; ~vázat *pf.* (*-žu/-ži*) unterbinden; *Ader* abbinden; ~vazek *m* (2b; *-zk-*) Strumpfband *n*, Strumpfhalter *m*; ~vazovat (*-zuji*) *s.* podvázat; ~večer *m* (2a; 2. *-a*) früher Abend *m*; gegen Abend, am frühen Abend.

podveden|í *n* (3) Betrug *m*; ~ý betrogen.

podvědom|í *n* (3) Unterbewußtsein *n*; ~ý unterbewußt.

pod|velitel *m* (3; *-é*) Unterführer *m*; ~vést *pf.* (*s.* vést) betrügen.

podvlé|ci *pf.* (*s.* vléci), ~kat unterziehen; durchziehen (*pod čím* unter *D*); ~kačky *f/pl.* (2; *-ček*) Unterhose *f*; ~knout *pf.* (*-ekl; -ečen*) *s.* podvléci.

podvod *m* (2a) Betrug *m*; ~ník *m* (1a), ~nice *f* (2a) Betrüger(in *f*) *m*; ~ný betrügerisch, falsch.

podvojný doppelt; Zwillings-.

podvol|it se *pf.*, ~ovat se (*-luji*) sich bequemen (zu).

pod|vozek *m* (2b; *-zk-*) Fahrgestell *n*; ~vracet (3 *Pl. -ějí*), ~vrátit *pf.* (*-cen*) umstürzen; untergraben.

podvrat|ník *m* (1a) Umstürzler *m*, Diversant *m*; ~ný umstürzlerisch, Wühl-, destruktiv.

podvrh *m* (2b) Fälschung *f*; ~nout *pf.* (*-hl; -žen*), ~ovat (*-huji*) unterschieben; fälschen.

podvrtn|out *pf.* (*-tl/-tnul; -tnut*) verstauchen; ~utí *n* (3) Verstauchung *f*.

podvrže|ní *n* (3) Fälschung *f*; ~nost *f* (4) Unechtheit *f*; ~ný gefälscht.

pod|výbor *m* (2a) Unterausschuß *m*; ~vyživený unterernährt; ~výživa *f*

(1) Unterernährung *f*; ~zámčí *n* (3) Dorf *n* unterhalb des Schlosses.

podzem|í *n* (3) Kellergeschoß *n*; *Pol.* Untergrund *m*; ~ní unterirdisch; Untergrund-; illegal; ~ dráha Untergrundbahn, U-Bahn *f*; ~nice *f* (2a) Erdnuß *f*.

podzim *m* (2a) Herbst *m*; *na* ~ im Herbst; ~ní Herbst-, herbstlich.

poevropštit [pɔ-ɛv-] *pf.* europäisieren.

pohád|at se *pf.* in Streit geraten; ~ka *f* (1c; *-dek*) Märchen *n*; ~kář *m* (3) Märchenerzähler *m*; ~kový märchenhaft, Märchen-; fabelhaft.

pohan *m* (1; *-é*) Heide *m*.

pohana *f* (1) Tadel *m*, Schimpf *m*, Beschimpfung *f*, Schmach *f*.

pohán|ěcí Antriebs-, Trieb-, Trieb-; ~éč *m* (3) (An-)Treiber *m*.

pohan|ění *n* (3) Tadel *m*; Verunglimpfung *f*, Schmähung *f*; ~ět (3 *Pl. -ějí*) tadeln; verunglimpfen, beschimpfen, *lit.* schmähen.

pohánět (3 *Pl. -ějí*) antreiben.

pohan|it *pf. s.* pohaněť; ~ka *f* (1c; *-nek*) Heidin *f*; *Agr.* Buchweizen *m*; ~kový Buchweizen-; ~ský heidnisch; ~ství *n* (3) Heidentum *n*; ~stvo *n* (1) heidnische Welt *f*, *koll.* Heidentum *n*.

pohár *m* (2a) Becher *m*, *Sp. u. lit.* Pokal *m*.

pohas|ínat (allmählich) erlöschen; *fig.* verblassen; ~lý erloschen; *fig.* verblaßt; ~nout *pf.* (*-sl*) *s.* pohasínat.

po|haštěřit se *pf.* in Streit geraten, sich zanken; ~házet (3 *Pl. -ějí*), ~hazovat (*-zuji*) bewerfen; hochwerfen; ~hladit *pf.* (*-zen*) streicheln.

pohlav|ár *m* (1; *-ři*) Häuptling *m*; Oberhaupt *n*; Machthaber *m*; ~ek *m* (2b; *-vk-*) Kopfstück *n*; ~í *n* (3) Geschlecht *n*; ~kovat (*-kuji*) Kopfstücke geben; ~ní geschlechtlich, Geschlechts-, Sexual-; ~nost *f* (4) Geschlechtlichkeit *f*, Sexualität *f*.

pohlazení *n* (3) Streicheln *n*.

pohlc|ení *n*, ~ování *n* (3) Absorption *f*; ~ovat (*-cuji*) *s.* pohltit.

pohled *m* (2a) Blick *m*; Anblick *m* Ansicht *f*; Ansichtskarte *f*; *na* ~ beim Anblick; anzusehen; fürs Auge; ~ *zpět* Rückblick; ~ *odzadu* Rückansicht; ~ *na město* Anblick e-r Stadt; ~at *pf.* lange (F e-e Weile)

pohledávat suchen; ~ávat (na kom) Forderungen stellen (an A); nemáte tu co ~ Sie haben hier nichts zu suchen; ~ávka f (1c; -vek) Hdl. Forderung f, Guthaben n.

pohl|edět, ~édnout pf. (-dl) blicken, schauen; anblicken, anschauen (A); ~ednice f (2a) Ansichtskarte f; vánoční ~ Weihnachtskarte; ~ížet (3 Pl. -ejí) s. pohledět.

pohltit pf. (-cen) aufsaugen, verschlingen; Chem. absorbieren, aufnehmen.

pohmat m (2a) Betasten n.

pohmožd|ěnina f (1) Quetschung f; ~it quetschen; ~ se sich Quetschungen zuziehen.

pohnat pf. (-ženu) : ~ před soud gerichtlich belangen; ~ k zodpovědnosti zur Verantwortung ziehen.

pohnoj|ení n (3) Düngung f; ~it pf. düngen.

pohnout pf. (s. hnout) bewegen, rühren (čím/A; se sich).

pohnut|í n (3) Rührung f, Regung f; bez ~ regunglos; ~ka f (1c; -tek) Beweggrund m, Veranlassung f, Psych. Triebfeder f; ~ý bewegt, gerührt, ergriffen.

pohoda f (1) schönes Wetter n, günstige Witterung f; duševní ~ Gemüts-, Seelenruhe f.

pohodit pf. (-zen) hinwerfen; Kind aussetzen; ~ hlavou den Kopf zurückwerfen.

pohodl|í n (3) Komfort m; Bequemlichkeit f, Behaglichkeit f; udělejte si ~! machen Sie sich's bequem!; ~nět (z-) (3 Pl. -ějí) bequem werden; ~ný bequem; behäbig.

pohod|nice f (2a) Abdeckerei f; ~ný m (Adj. 1) Abdecker m.

pohon m (2a) Antrieb m; ~ na všechna kola Vierradantrieb; ~ný Antriebs-, Trieb-; Tech. Treib-, Kraft-.

pohor|ky f/pl. (2; -rek) Bergschuhe m/pl.; ~ský Gebirgs-.

pohorš|ení n (3) Verschlimmerung f; Ärgernis n, Anstoß m; ~ený verschlechtert; verärgert, ungehalten; ~it pf. verschlechtern, verschlimmern (se sich); j-n verärgern; ~ se (čím) Anstoß nehmen (an D); ~ si s-e Lage verschlechtern; ~(l)ivý anstößig; ~ovat (-šují) s. pohoršit.

pohoř|elý abgebrannt; ~et v/i abbrennen, F fig. übel ankommen.

pohoří n (3) Gebirge n, Gebirgszug m.

pohostin|ný gastfreundlich; ~ský Gast-; ~ství n (3) Gastfreundschaft f.

poho|stit pf. (-štěn) bewirten; gastlich aufnehmen; ~štění n (3) Bewirtung f.

pohotov|ost f (4) Bereitschaft f; Schlagfertigkeit f; ~ostní Bereitschafts-; ~ý bereit, verfügbar; schlagfertig; být -vě bereit sein, sich bereit halten; mít -vě bereithalten.

pohov m (2a) Ruhe f; Mil. Rast f; ~! rührt euch!, rühren!; ~ět si (3 Pl. -ějí/-i) sich ein wenig ausruhen, F sich's bequem machen; ~ka f (1c; -vek) Sofa n, Diwan m, † Kanapee n.

pohovo|r m (2a) Unterredung f, Rücksprache f; ~řit pf. (o čem) sich unterhalten, sprechen (über A), besprechen (A).

pohrab|áč m (4) Schürhaken m; ~at pf. (-u) rechen, harken; ~ se v čem herumwühlen in (D); im Essen herumstochern; ~ky m/pl. (2b) Nachlese f; ~ovat (-buji) s. pohrabat.

pohranič|í n (3) Grenzgebiet n; ~ní Grenz-; ~ník m (1a) Grenzsoldat m, Angehöriger m der Grenzwache.

pohrá(va)t (si) (pf. s. hrát) ein wenig spielen.

pohrd|ání n (3) Verachtung f; ~at (kým, čím) verachten, mißachten (A); ~avý verächtlich; ~nout pf. (-dl/-dnul) s. pohrdat.

pohrob|ek m (1a; -bk-) nachgeborenes Kind n, Postumus m; ~ní postum; ~ řeč Grabrede f.

pohroma f (1) Katastrophe f, Verhängnis n; bez ~my unversehrt, F mit heiler Haut.

pohromadě Adv. beisammen; držet ~ zusammenhalten.

pohrouž|ený vertieft, versunken; ~it pf. versenken, untertauchen; ~ se do č-o (unter)tauchen in (D); fig. sich vertiefen in (A).

po|hrozit pf. (-žen) drohen; ~hrudnice f (2a) Rippen-, Brustfell n; ~hrůžka f (1c; -žek) Androhung f; ~hřbí(va)t begraben, beisetzen.

pohřeb m (2a; -hřb-) Begräbnis n, Beisetzung f; ~iště n (2a) Begräbnisstätte f; ~ní n (Adj. 3) Bestattungskosten pl.; ~ní Bestattungs-,

Begräbnis-, Grab-, Leichen-; ~ řeč Grabrede f.
pohřeš|it pf., ~**ovat** (-*šuji*) (*č-o*) vermissen (A); verlieren (A).
po|hříchu Adv. leider; ~**hřížit** pf. v/t eintauchen; *Schiff* versenken; ~ **se** (*do č-o, v co*) versinken, sich vertiefen (in A).
pohub|it pf. vernichten, ausrotten; *Land* verwüsten; ~**lý** abgemagert; ~**nout** pf. (-*bl*) abmagern.
pohyb m (2a) Bewegung f; s. uvést; ~**livý** beweglich; ~**ovací** Bewegungs-; ~**ovat** (-*buji*) ⟨za-⟩ (*čím*) bewegen (A); ~ **se** sich bewegen, sich rühren; ~**ový** Bewegungs-; *Phys.* kinetisch.
po|cházet (3 Pl. -*eji*) herkommen, (ab)stammen (von D); stammen (aus D); ~**chechtávat se** kichern.
pochleb|nictví n (3) Schmeichelei f; ~**ník** m (1a), ~**nice** f (2a) Schmeichler(in f) m; ~**ný** schmeichelhaft; schmeichlerisch; ~**ování** n (3) Schmeichelei f; ~**ovat** (-*buji*) schmeicheln.
po|chlubit se pf. (*čím*) prahlen mit (D); ~**chmurný** finster, düster.
pochod m (2a) Marsch m; *Chem.* Verlauf m, Prozeß m; Verfahren n, Vorgang m; ~ **vpřed** Vormarsch; ~**em v chod!** im Gleichschritt marsch!; **připraven k** ~**u** marschbereit; ~**eň** f (3; -*dně*, -*dní usw.*) Fackel f; ~**it** pf. (-*zen*) herumgehen, F abgehen; (*gut od. schlecht*) abschneiden; F **špatně** ~ **den kürzeren ziehen**; **ne** ~ **s čím** kein Glück haben mit (D); ~**ňový** Fackel-; ~**průvod** Fackelzug m; ~**ovat** (-*duji*) marschieren; ~**ový** Marsch-.
pochop 1. m (1. Pl. -ové) Häscher m, Scherge m; 2. m (2a; 4. -a) Fehlreit m; ~**ení** n (3) Verständnis f, Einsicht f; ~**it** pf. begreifen, *iron.* kapieren; ~**itelný** begreiflich, verständlich; (leicht) faßlich.
pocho|utka f (1c; -*tek*) Leckerbissen m; ~**vat** pf. auf dem Arm (*od. in den Armen*) halten; ~**vávat** bestatten, beerdigen.
po|chrchlávat hüsteln; ~**chromovat** (-*muji*) verchromen, ~**chroumat** pf. beschädigen, verletzen, F arg zurichten; ~**chutina** f (1) Genußmittel n; Leckerbissen m.
pochutn|ání n (3) *fig.* Genuß m; ~**(áv)at si** (*na čem*) sich schmecken lassen (A), Geschmack finden (an D).

pochůzka f (1c; -*zek*) Gang m; *Mil.* Runde f; *Esb.* (Strecken-)Begehung f; Besorgung f.
pochva f (1; -*chev*) Scheide f; -vy *pl. a.* Pferdegeschirr n.
pochv|ala f (1a) Belobigung f, Lob n; ~**álit** pf. loben; ~**alný** lobend, Lob-, Anerkennungs-; ~**alovat** (-*luji*) s. pochválit.
pochyb|a f (1) Zweifel m; ~**ení** n (3) Fehlgriff m, Mißgriff m; ~**ený** verfehlt; ~**it** pf. e-n Fehler begehen; verstoßen *gegen et.*; ~**nost** f (4) Bedenken n, Zweifel m; **uvádět v** ~ in Frage stellen; ~**ný** zweifelhaft, fragwürdig; ~**ovač** m (3) Zweifler m; ~**ovačný** zweifelsüchtig, mißtrauisch; ~**ovat** (-*buji*) (*o čem*) zweifeln (an D), bezweifeln (A).
pochýl|ený geneigt; ~**it** pf., **pochylovat** (-*luji*) neigen, beugen.
pochyt|at pf. einfangen, erhaschen; ~**it** pf. (-*cen*) auffangen; *Gedanken* aufgreifen; *Sinn erfassen*; F *Wort* aufschnappen.
pojď s. pojít.
pojedn|ání n (3) Abhandlung f, Besprechung f; ~**(áv)at** (*o čem*) behandeln, besprechen (A).
po|jednou plötzlich, mit einem Mal; ~**jem** m (2a; -*jm*-) Begriff m; F *fig.* Ahnung f; ~**jet** pf. s. popojet; ~**jetí** n (3) Auffassung f, Einstellung f, *fig.* Begriff m.
pojíd|ání n (3) Verzehr m, Genuß m; ~**at** s. pojíst.
pojidlo n (1a; -*del*) Bindemittel n.
pojím|ání n (3) *Jur.* Auffassung f; *Zo.* Begattung f; ~**at** s. pojmout.
pojíst pf. (s. jíst) ein wenig essen.
pojist|it pf. (-*štěn*) versichern; sicherstellen; ~**ka** f (1c; -*tek*) Versicherung f; *El.* Sicherung f; ~**né** n (*Adj.* 3) Versicherungsgebühr f *od.* -prämie f; ~**ník** m (1a) Versicherer m; ~**ný** Sicherheits-; Versicherungs-.
pojištěn|ec m (3; -*nc*-), ~**ka** f (1c; -*nek*) Versicherte m *od.* f; ~**í** n (3) Versicherung f; *Jur.* Sicherstellung f; ~**ý** versichert.
pojišť|ovací Versicherungs-; ~**ování** n (3) Versicherung f; ~**ovat** (-*tuji*) versichern; ~**ovatel** m (3; -*é*) Versicherungsträger m; ~**ovna** f (1; -*ven*) Versicherungsanstalt f.

pojit

pojit¹ ⟨při-, s-, za-⟩ verbinden, knüpfen.
pojit² ⟨na-⟩ Pferde tränken.
pojit *pf.* (s. *jít*) entstehen, hervorgehen (aus *D*); V verrecken, draufgehen, krepieren; (*půjdu, Imp. pojď!*) (hin)gehen, kommen; s. *popojit*.
poj|ítko *n* (1b; -tek) Bindeglied *n*; **~ivo** *n* (1) Bindemittel *n*; **~ivost** *f* (4) Bindekraft *f*; **~ivý** bindend.
pojízdný fahrbar, Fahr-; *Tech.* Lauf-; *fig.* Wander-.
pojížd|ěný silně (slabě) ~ verkehrsreich (-arm); **~ět** (3 Pl. *-ějí*) befahren; hin- und herfahren *od.* -reiten; gleiten.
pojmenov|ání *n* (3) Benennung *f*; **~at** *pf.* (-*nuji*) benennen.
pojm|out *pf.* (s. *jmout*) nehmen, fassen (za co an *D*); aufnehmen, einbeziehen; ~ v úctu in Rechnung stellen; erfassen, ergreifen; *Verdacht* schöpfen; **~ový** begrifflich, Begriffs-.
pokácet *pf.* (3 Pl. *-ejí*) Wald abholzen; *Bäume* fällen; *Tische* umwerfen; *Denkmal* stürzen.
pokál|ený besudelt, F dreckig; **~et** *pf.* (3 Pl. *-ejí*) besudeln, F dreckig machen.
pokaňhat F *pf.* beklecksen, bekleckern.
pokání *n* (3) Buße *f*.
poka|ňkat *pf.* s. *pokaňhat*; **~pat** *pf.* (-u/-ám) betröpfeln.
pokár|ání *n* (3) Verweis *m*; Maßregelung *f*; Züchtigung *f*; **~at** *pf.* zurechtweisen, maßregeln; züchtigen.
po|kašlávat hüsteln; **~katolictit** *pf.* katholisieren; F katholisch machen; **~kavad** solange; **~kazit** *pf.* (-*žen*) verderben; **~každé** jedesmal; **~kažený** verderben; **~kdy** mít ~ na co Muße (*od.* freie Zeit) haben für et.; *udělat si* ~ sich freimachen; **~kecat** *pf.* bekleckern; ~ si ein wenig plaudern; **~klad** *m* (2; 6. -u/-ě) Schatz *m*; ~ jazyka Wortschatz *m*; hledač ~ů Schatzgräber *m*; **~kládat** (hin)legen; *Fußboden, Teppich* legen; (čím) belegen (mit *D*); ~ k-o za co zu j-m et. halten; ~ co za žert et. als Scherz auffassen; ~ co za čest sich et. als Ehre anrechnen.
poklad|enský Kassen-; **~na** *f* (1;

296

-*den*) Kasse *f*; **~ní**¹ *Adj.* Kassen-; **~ní**² *m od. f* (*Adj.* 4) Kassierer(in *f*) *m*; **~nice** *f* (2a) Schatzkammer *f*; Geldschrank *m*; **~nička** *f* (1c; -ček) Sparbüchse *f*; Sammelbüchse *f*; **~niční** Kassen-; **~ník** *m* (1a) Kassierer *m*; *Mil.* Zahlmeister *m*.
poklást *pf.* (s. *klást*) s. *pokládat*.
poklek|at, ~nout *f* (-*kl*) niederknien; **~nutí** *n* (3) Kniefall *m*.
poklep *m* (2a) Beklopfen *n*, Abklopfen *n*; *Med.* Perkussion *f*; Hammerschlag *m*; **~(áv)at** (*pf. -u/-ám*), **~nout** *pf.* (-*pl*) klopfen; F tätscheln; *Sense* dengeln; -(áv)at si ein wenig plaudern; **~nutí** *n* (3) Klaps *m*.
pokles *m* (2a) (Ab-)Sinken *n*, Rückgang *m*, Abnahme *f*; **~ek** *m* (2b; -sk-) Fehltritt *m*, Vergehen *n*; **~lost** *f* (4) Niedergeschlagenheit *f*; **~nout** *pf.* (-*sl*) (ein)sinken; e-n Fehltritt begehen; ~ *na mysli* den Mut sinken lassen; **~nutí** *n* (3) Fehltritt *m*.
pokli|ce *f* (2a), **~čka** *f* (1c; -ček) (Topf-)Deckel *m*, *dial.* Stürze *f*; *Mus.* Becken *n*; F *pod jednou -čkou* unter einer Decke.
poklid *m* (2a) Ruhe *f*; P Aufräumen *n*; **~it** *pf.* (-*zen*) Wohnung aufräumen; *Reste* abräumen; *Vieh* versorgen; **~ný** geruhsam.
poklímat (si) *pf.* ein Schläfchen machen.
poklíz|ečka *f* (1c; -ček) Reinemachefrau *f*; **~et** (3 Pl. *-ejí*) s. *poklidit*.
poklon|a *f* (1) Verbeugung *f*; *má* ~! † mein Kompliment!; **~it se** (k-*u*) sich verneigen (vor *D*); **~ka** *f* (1c; -nek) Knicks *m*; **~kovat** ⟨u- se⟩ (-*kuji*) Komplimente machen, *iron.* katzbuckeln.
poklop *m* (2a) Deckel *m*; (*Glas*-) Glocke *f*; Falltür *f*; **~ec** F *m* (4; -*pc*-) Hosenklappe *f*, Hosenlatz *m*; **~it** *pf.* zudecken; umstürzen.
poklus *m* (2a) Laufschritt *m*; ~*em* im Laufschritt; **~ávat** (se) traben.
pokochat se (*čím*) sich ergötzen (an *D*).
pokoj *m* (4) Zimmer *n*; Ruhe *f*; **~í(če)k** *m* (2b; -ček-) Zimmerchen *n*; **~ný** friedfertig, ruhig; **~ový** Zimmer-; **~ská** *f* (*Adj.* 2) Zimmermädchen *n*.
pokolení *n* (3) Generation *f*, Geschlecht *n*; *bibl.* Glied *n*.
pokor|a *f* (1d) Demut *f*; **~ný** demütig.

pokoř|ení n (3) Demütigung f; **~it** pf., **~ovat** (-řuji) demütigen; **~ující** demütigend.

pokos m (2; 6. -u/-e) Schwade f, Mahd f; Schrägheit f; Adv. schräg; Sp. Quer-; **~it** pf. (ab)mähen.

pokost m (2a) Firnis m.

po|kousat pf. (-šu/-sám) beißen, Bißwunden beibringen; **~koušet** (3 Pl. -ejí) s. pokusit; **~koutní** unter der Hand, heimlich; Winkel-; F **-ně obchodovat** schachern; **-ně smluvený** abgekartet.

pokož|ka f (1c; -žek) Oberhaut f, Epidermis f; **~ní** Haut-.

pokrac|ovací Fortbildungs-; **~ování** n (3) Fortsetzung f; **~ovat** (-čuji) fortsetzen, fortschreiten, weitergehen; **~ovatel** m (3; -é) Fortsetzer m; **~ující** fortschreitend.

pokrad|í, ~mo, ~mu heimlich, verstohlen.

po|kraj m (4) Rand m; **~krájet** pf. (3 Pl. -ejí) in Stücke schneiden, zerschneiden; **~krást** pf. (s. krást) (alles weg)stehlen; **~krčit** pf. Nase rümpfen; Schultern heben; Stirn runzeln; Arme beugen; Beine anziehen; **~kreslit** pf. vollzeichnen.

pokrev|enec m (3; -nc-) Blutsverwandte(r) m; **~enství** n (3) Blutsverwandtschaft f; **~ní,** † **~ný** blutsverwandt.

pokrm m (2a) Speise f, Nahrung f; **~it** pf. speisen; Vieh füttern; **~ový** Speise-.

pokroč|ilý fortgeschritten; Alter: vorgerückt; v -lém létě im Hochsommer; **~it** pf. s. pokračovat.

pokrok m (2b) Fortschritt m; **~ář** m (3) Fortschrittler m, Anhänger m des Fortschritts; **~ový** fortschrittlich.

po|kropit pf. besprengen, bespritzen; **~kroutka** f (1c; -tek) Zuckerplätzchen n, Pastille f; **~krov** m (2a) Decke f, Überzug m; **~krutina** f (1) Ölkuchen m; **~krvácet** pf. (3 Pl. -ejí) blutig machen, besudeln; **~krý(va)t** (pf. s. krýt) (be-, ein)decken.

pokrytec m (3; -tc-) Heuchler m; **~ký** (Adv. -ky) heuchlerisch; **~tví** n (3) Heuchelei f.

pokryt|kyně f (2b) Heuchlerin f; **~ý** bedeckt; Zunge: belegt.

pokrýv|ač m (3) Dachdecker m; **~ka** f (1c; -vek) Decke f; Bgb. Deckschicht f; **~ hlavy** Kopfbedeckung f; **~ chladiče** Kfz. Kühlerverkleidung f.

pokřesťanš|tit pf., **~ťovat** (-tuji) christianisieren.

pokřídovat pf. (-duji) ankreiden.

pokřik m (2b) Geschrei n, Lärm m.

pokřiv|ení n (3), **~enina** f (1) Verzerrung f, Verbiegung f; **~ený** verkrümmt, verbogen; Gesicht: verzerrt; **~it** pf., **~ovat** (-vuji) verbiegen; krümmen; verzerren.

pokřižovat se pf. (-žuji) sich bekreuzigen.

pokuckávat hüsteln, sich räuspern.

pokud solange; inwieweit; soweit, was anbelangt; **~ možno** womöglich, möglichst.

poku|kovat (-kuji) (po kom, po čem) F nachschauen (D), liebäugeln (mit D); **~lhávat** ein wenig hinken, humpeln; fig. zurückbleiben; **~řovat si** (-řuji) gemütlich rauchen.

pokus m (2; 6. -u/-e) Versuch m; **~it se** pf. (o co) versuchen, probieren; **~nictví** n (3) Experimentieren n; **~ný** Versuchs-, Experimental-; **-ně** versuchsweise.

pokuš|ení n (3) Versuchung f; **~itel** m (3; -é) Versucher m; fig. Plagegeist m.

pokut|a f (1) (Geld-)Strafe f, Buße f; **~ovat** pf. (-tuji) mit e-r Geldstrafe belegen; **~ový** Straf-.

po|kyn m (2a) Wink m, Fingerzeig m; **~out** pf. zuwinken; **~kývnout** pf. (-vl) nicken; **~kyvovat** (-vuji) schütteln.

pól m (2a) Pol m.

Polab|í n (3) Elbtal n; **~ský** Elb-; Gr. polabisch.

Polák m (1a) Pole m.

polám|aný zerbrochen, zerschlagen; **~at** pf. (-u) (zer)brechen (se v/i); **~ se na něm.** sich verheben.

polapit pf. (ab)fangen; Dieb ergreifen, F erwischen.

polariz|ační Polarisations-; **~ovat** (-zuji) polarisieren.

polár|ka f (1c; -rek) Eis n am Stiel; ♀ Polarstern m; **~ní** Polar-; **~ník** m (1a) Polarforscher m.

pola|skat pf. liebkosen, herzen, **~škovat** pf. (-kuji) schäkern, **~tinštit** pf. latinisieren.

pole

pole n (2) Feld n; širé ~ freies Feld; svaté ~ lit. Gottesacker m; volné ~ Spielraum m; ležet ~m Mil. lagern.
poledn|e n (2) Mittag m; v ~ zu Mittag, mittags; o -nách zur Mittagszeit; ~í Mittags-; ~ík m (2b) Mittagshexe f; ~ík m (2b) Meridian m; Mittagsblatt n.
po|léhat, ~léhávat kränkeln, oft krank sein.
polehč|ení n (3) Milderung f; ~it pf., ~ovat (-čuji) mildern, erleichtern; ~ující mildernd.
pole|hnout pf. (-hl) sich niederlegen, sich lagern; ~houčku, ~hounku allmählich, leise; ~cht(áv)at (ein wenig) kitzeln; ~kaný erschrocken; ~kat pf. erschrecken (se v/i); ~no n (1) Holzscheit n; hluchý jako ~ stocktaub.
polep|it pf., ~ovat (-puji) bekleben; überkleben.
polepš|ení n (3) Besserung f; ~it pf. (ver)bessern; ~ se sich bessern; ~ si es besser haben; ~itelný (ver)besserungsfähig; ~ovací Besserungs-; ~ovat (-šuji) s. polepšit; ~ovna † f (1; -ven) Besserungsanstalt f.
poles|í n (3) Waldland n; Waldrevier n; ~ný m (Adj. 1) Forstmeister m.
polet|avý Flug-, fliegend; flatterhaft; fig. flüchtig; ~ět pf. s. letět; ~ovat (-tuji) herumfliegen, schwärmen.
polev m (2a) Med. Übergießen n; ~a f (1) Guß m, Glasur f.
polévat begießen; Kochk. glasieren.
polev|it pf., ~ovat (-vuji) nachlassen.
polévk|a f (1c; -vek) Suppe f; ~ový Suppen-.
po|lézt pf. s. lézt; ~ležet si pf. e-e Zeitlang liegen; ~lhůtní Nach-, im nachhinein; ~ dodávka Nachlieferung f; ~libek m (2b; -bk-) Kuß m, ~líbit pf. küssen, e-n Kuß geben.
policajt P m (1) Polizist m; ~ský polizeilich.
police[1] f (2a) Gestell n; ~ na nádobí Geschirrbrett n.
police[2] f (2a) (Versicherungs-) Police f.
polic|ejní Polizei-, polizeilich; ~ie f (2) Polizei f; ~ista m (5a) Polizist m.
po|líček m (2b; -čk-) Ohrfeige f; ~líčit pf. e-e Falle stellen (na k-o D); ~lička f (1c; -ček) (kleines)

Gestell n; ~ na knihy Bücherbrett n.
~líčko n (1b; -ček) (kleines) Feld n; ~líčkovat (-kuji) ohrfeigen; ~lidštit pf. vermenschlichen.
polír m (1; -ři/-rové) Polier m, Vorarbeiter m.
pólista m (5a) Polospieler m; Wasserballspieler m.
polít pf. (s. lít) begießen.
politi|cký [-tɪ-] (Adv. -y) politisch; ~čka f (1c; -ček) Politikerin f; ~k m (1a; -ové/-ci) Politiker m; ~ka f (1c) Politik f; ~kařit verá. Stammtischpolitik treiben; a. = ~zovat ⟨z-⟩ (-zuji) politisieren.
poli|tování n (3) Bedauern n; ~ hodný bedauernswert; ~tovat pf. (-tuji) bedauern; ~tý begossen.
polív|čička f (1c; -ček) Süppchen n; ~ka f s. polévka.
polízan|á F f (Adj. 2), ~ice F f (2a) Schaden m, schöne Bescherung f.
Polka f (1c; -lek) Polin f; ♀ Polka f (Tanz).
polk|nout pf. (-kl; -knut) (ver)schlucken; ~nutí n (3) Schluck m.
pol|ní Feld-, Acker-; ~nice f (2a) Signalhorn n; ~níček m (2b; -čk-) Bot. Rapünzchen n; ~nosti f/pl. (4) Felder n/pl., Grund und Boden m.
polo halb, zur Hälfte.
pólo n (1b) Sp. Polo(spiel) n; vodní ~ Wasserball(spiel n) m.
polo- in Zssgn halb-; ~bdělý halbwach; ~botka f (1c; -tek) Halbschuh m; ~čas m (2a) Halbzeit f; ~denní Halbtags-; ~dlouhý halblang; ~drahokam m (2a) Halbedelstein m; ~finále n (indekl.) Halbfinale n.
poloha f (1b) Lage f.
polo|hedvábí n (3) Halbseide f; ~hlas m (2a) gedämpfte Stimme f; ~hlasný halblaut.
polohový Lage-; Sp. Lagen-.
polo|koule f (2) Halbkugel f; ~kov m (2a) Halbmetall n; ~kožený Halbleder-; ~kruh m (2b) Halbkreis m; ~kruhový halbkreisförmig; ~letí n (3) Halbjahr n, Semester n; ~letní halbjährig, Halbjahres-, Semestral-.
polom m (2a) Waldschaden m, Windbruch m.
polo|měr m (2a) Halbmesser m; ~mrtvý halbtot; ~nahý (Adv. -ze) halbnackt.
polonina f (1) Hochebene f; Alm f.

polonizovat [-nı-] *(im)pf.* (*-zuji*) polonisieren.
polo|oficiální halbamtlich, offiziös; **~opice** *f* (2a) Halbaffe *m*; **~ostrov** *m* (2; 2. -a) Halbinsel *f*; **~plátěný** *Typ.* halbleinen; **~pravda** *f* (1) Halbwahrheit *f*; **~prázdný** halbleer; **~rozvalený** halbverfallen; **~samohláska** *f* (1c; -sek) *Gr.* Halbvokal *m*; **~sirotek** *m* (1a; -tk-) Halbwaise *f*; **~slepý** halbblind; **~spánek** *m* (2b; -nk-) Halbschlaf *m*; **~stín** *m* (2a) Halbschatten *m*; **~šeptem**, **~šeptmo** halblaut, im Flüsterton; **~šero** *n* (1b) Halbdunkel *n*; **~těžký** halbschwer; *zápasník v -ké váze Sp.* Halbschwergewichtler *m*; **~tovar** *m* (2a) Halbfabrikat *n*; **~tuhý** halbsteif.
polou halb; *v ~ cestě* auf halbem Weg.
polo|úřední halbamtlich; **~vařený** halbgekocht, halbgar; **~věta** *f* (1) *Gr.* Halbsatz *m*.
polov|ice *f* (2a) Hälfte *f*; **~ičatost** *f* (4) Halbheit *f*, **~ičatý** *verä.* halb, unvollständig; **~ička** *f* (1c; -ček) *dim. zu polovice*; **~iční** halb; **~ina** *f* (1) Hälfte *f*; *v -ně dubna* Mitte April.
polo|vlna *f* (1) Halbwolle *f*; **~vodič** *m* (4) Halbleiter *m*; **~vypuklý** flach, halberhaben; **~zaşlaný** halbgebildet; **~zaměstnaný** halbtags beschäftigt.
polož|ení *n* (3) Lage *f*; *in Zssgn* -legung *f*; *~ základního kamene* Grundsteinlegung; **~ený** gelegen, -liegend; **~it** *pf.* (hin)legen; *Frage stellen*; *~ se sich* (nieder)legen; *Mil.* (sich) lagern; **~ka** *f* (1c; -žek) *Hdl.* Posten *m*, Eintragung *f*.
Polsk|o *n* (1b) Polen *n*; **~ý** (*Adv. -y*) polnisch.
polštář *m* (4) Polster *n*; **~ovaný** gepolstert, Polster-; **~ovat** ⟨vy-⟩ (*-řuji*) (aus)polstern; **~ový** Polster-.
polština *f* (1) polnische Sprache *f*, Polnisch(e) *n*.
polyk|ač *m* (3) Schlucker *m*; *~ ohně* Feuerfresser *m*; *~ kilometrů iron.* Kilometerfresser *m*; **~(áv)at** ⟨s-⟩ (ver)schlucken, verschlingen, *fig.* fressen; F *~ andělíčky* viel Wasser schlucken.
pomačkat *pf.* zerdrücken; *Stoff* zerknittern.
pomahač, **pomáhač** *m* (3), **pomahatel**, **pomáhatel** *m* (3; -é), **~ka** *f* (1c; -ček/-lek) Helfer(in *f*) *m*; Hershelfer(in *f*) *m*; Handlanger *m*.
pomáhat ⟨do-, na-⟩ helfen.
pomal|íčku F, **~oučku** F, **~ounku** F schön langsam, gemächlich.
po|malovat *pf.* (*-luji*) bemalen; **~malu** *Adv.* langsam; **~málu** *Adv.* wenig; **~malý** langsam, behäbig; **~mást** *pf.* (*s. mást*) verwirren, irre machen; *~ se* irre (*od.* F verrückt) werden; **~mastit** *pf.* (*-štěn*) *Kochk.* fetten, Fett beigeben.
pomaten|ec *m* (3; -nc-) Irrsinnige(r) *m*, F Verrückte(r) *m*; **~í** *n* (3), **~ost** *f* (4) Verwirrung *f*, Geistesgestörtheit *f*; **~ý** irre, geistesgestört.
pomaz|ání *n* (3) Bestreichen *n*; *hist.* Salbung *f*; *poslední ~ Rel.* letzte Ölung; **~ánka** *f* (1c; -nek) Brotaufstrich *m*; **~at** *pf.* (*-žu/-ži*) bestreichen, F beschmieren; *hist., Rel.* salben.
pomenší eher klein, nicht groß.
poměr *m* (2a) Verhältnis *n*.
pomeranč *m* (4) Apfelsine *f*, Orange *f*; **~ový** Apfelsinen-, orangefarben.
pomě|rný verhältnismäßig; **~štit** *pf.* verstädtern, urbanisieren; *~ se* ein städtisches Aussehen annehmen, sich zur Stadt entwickeln.
poměti *pf.* (*-měji*): *dobře jsme se -ěli* es ist uns gut gegangen *od.* ergangen.
pometat *pf. Tier*: verwerfen (*v/i.*)
pometl|ář *m* (3) Besenbinder *m*; **~o** *n* (1a; *-tel*) Ofenbesen *m*, Federwisch *m*; *fig. verä.* Tolpatsch *m*.
pomez|í *n* (3) Grenze *f*, Scheide *f*; **~ní** Grenz-; *~ rozhodčí Sp.* Linienrichter *m*.
pomí|chat *pf.* vermischen, vermengen; **~jející**, **~jivý** vergänglich; **~jet** (3 *Pl. -ejí*) *s. pominout.*
pomi|lovat *pf.* (*-luji*) liebkosen; **~nout** *pf.* vergehen, vorübergehen; schwinden; übergehen, außer Acht lassen; *~ mlčením* stillschweigend übergehen; *~ se* wütend werden; *Hund*: tollwütig werden.
pominu|lý, **~tý** verrückt, wütend; *Hund*: tollwütig.
pomísit *pf.* (*-šen*) vermischen, vermengen.
pomístní Lokal-; *~ jméno* Flurname *m*.

pomlázka *f (1c; -zek)* Osterrute *f*; Ostergeschenk *n*.

poml|čet *pf.* schweigen; **~čka** *f (1c; -ček)* Gedankenstrich *m*; **~ka** *f (1c) Mus.* Pause *f*, Pausenzeichen *n*.

pomlouvač *m (3)*, **~ka** *f (1c; -ček)* Verleumder(in *f*) *m*; **~ný**, **~ský** *(Adv. -y)* verleumderisch.

pomlouvat verleumden.

pomluv|a *f (1)* Verleumdung *f*, üble Nachrede *f*; **~it** *pf. s. pomlouvat*.

pomn|ěnka *f (1c; -nek)* Vergißmeinnicht *n*; **~ík** *m (2b)* Denkmal *n*; **~it**, **~ět** *pf. (3 Pl. -i/-ěji)* ⟨vz-⟩ *(na k-o, na co)* sich erinnern *(an A)*, gedenken *(G)*; **~ožný**: *-né podstatné jméno Gr.* Pluraletantum *n*, Mehrzahlwort *n*.

pomoc *f (4 od. 4b)* Hilfe *f*; *(s)* **~í**, *za* **~í** mit Hilfe; *bez* **~í** hilflos; *není mu* **~i** ihm ist nicht zu helfen; **~i** *pf. (s. moci; -možen)* helfen; verhelfen *j-m zu et.*; abhelfen; *fig.* nützen, wirken; *umí si* **~** er weiß sich zu helfen; **~nice** *f (2a)* Helferin *f*, Gehilfin *f*; **~ník** *m (1a)* Helfer *m*, Gehilfe *m*, Geselle *m*; **~ný** Hilfs-, helfend; **~dělník** Hilfsarbeiter *m*.

po|modlit se *pf.* beten; **~mordovat** P *pf. (-duji)* niedermetzeln.

pomořan *m (1; -é)* Küstenbewohner *m*; ⟨2y *m/pl. (2; -an)* Pommern *n*.

pomoří *n (3)* Küstengebiet *n*, Küstenland *n*.

pomoučit *pf.* mit Mehl bestäuben.

pompa *f (1)* Pomp *m*.

po|mrkávat blinzeln, zwinkern; **~mrznout** *(-zl)* erfrieren; **~mřít** *pf. (s. mřít)* wegsterben; aussterben.

pomst|a *f (1)* Rache *f*; **~ít** *pf. (-il)* rächen; **~ se na kom za co** sich an j-m für etw. rächen, Rache nehmen an j-m für *(A)*; **~ychtivý** rachsüchtig.

pomůcka *f (1c; -cek)* Hilfsmittel *n*, Behelf *m*; *učebná* **~** Lehrmittel *n*.

pomyje *f/pl. (2)* Spülwasser *n*.

pomysl *m (2a)* Gedanke *m*, Idee *f*, Begriff *m*; **~it** *pf. (-šlen)* (be)denken; **~itelný** denkbar, erdenklich; **~ný** imaginär, angenommen.

pomýšlet *(3 Pl. -eji) (na co)* beabsichtigen *(A)*, bedacht sein *(auf A)*; denken *(an A)*.

ponauč|ení *n (3)* Belehrung *f*, Lehre *f*; **~it** *pf.* belehren.

pondělek *m (2a; -lk-; 2. -lka)*, **~í** *n (indekl.)* Montag *m*; **~ní** montäglich, am Montag stattfindend; **~ník** *m (2b)* Montagsblatt *n*.

poneb|í *n (3)* Gaumen *m*; P *a.* Boden *m*; **~ní** *Gr.* Gaumen-.

ponech|ání *n (3)* Belassung *f*, Beibehaltung *f*; **~aný** belassen, (sich selbst) überlassen; **~(áv)at** (be-, über-, übrig)lassen; anheimstellen; *-at si* beibehalten, für sich behalten; *Jur.* sich vorbehalten.

ponej|prv(e) zum ersten Mal, erstmalig; **~víc(e)** meist(ens), zumeist, größtenteils.

poněkud einigermaßen; gewissermaßen, ein wenig.

poněmč|ení *n (3)* Germanisierung *f*; **~it** *pf.*, **~ovat** *(-čuji)* germanisieren; *Worte* eindeutschen.

ponenáhlý *(Adv. -u)* allmählich.

ponětí *n (3)* Begriff *m*; *fig.* Ahnung *f*, P Dunst *m*.

poněvadž weil.

poník *m (1a)* Pony *n*.

poniklovat [-nɪ-] *pf. (-luji)* vernickeln.

poníž|ení *n (3)* Erniedrigung *f*, Demütigung *f*; **~eně** untertänig; ergeben; *-eně ergebenst*; **~it** *pf.* erniedrigen, demütigen.

poníž|ovat *(-žuji) s. ponížit*; **~ující** demütigend, erniedrigend.

ponoc|ný *m (Adj. 1)* Nachtwächter *m*; **~ovat** *(-cuji)* e-e Nacht durchwachen; Nachtwache halten.

ponor *m (2a)* Tiefgang *m*; Schlundloch *n* e-s *Flusses*; **~ka** *f (1c; -rek)* Unterseeboot *n*, U-Boot *n*; **~ný** tauchbar; unterirdisch.

ponoř|ení *n (3)* Untertauchen *n*, Versenkung *f*; Vertiefung *f*; **~it** *pf.*, **~ovat** *(-řuji)* eintauchen, versenken; **~ se** untertauchen, versinken; *fig.* sich vertiefen.

ponouk|ání *n (3)* Eingebung *f*, Betreiben *n*; **~at**, **~nout** *pf. (-kl)* anstiften, anleiten, verleiten.

po|nožka *f (1c; -žek)* Socke *f*; **~nrava** *f (1)* Engerling *m*; **~nůcka** *f (1c; -cek)* Nachtwache *f*; **~nurý** *(Adv. -ře)* finster, düster; **~obakrát** beide Male; **~obědvat** *pf. (zu)* Mittag essen; **~obnažit** *pf.* (ein wenig) entblößen; **~ocelování** *n (3) Tech.* Oberflächenhärtung *f*; **~oddálit** *pf.* ein wenig hinausschieben; **~odběhnout** *pf. (-hl)* nicht weit weglaufen, sich für e-n

Augenblick entfernen; ~oddechnout (si) pf. (-chl) aufatmen, (ein wenig) ausruhen; ~odejít pf. (s. jít) (ein wenig) zur Seite treten, ein paar Schritte wegtreten; ~odsednout si pf. (-dl) beim Sitzen weg-, weiterrücken; ~odstoupit pf. zur Seite treten.
poo|hlédnout se pf. (-dl), ~hlížet se (3. Pl. -ejí) sich ein wenig umschauen, Umschau halten.
Poohří n (3) Egerland n.
po|okřát pf. (-křeji, -křál) sich (ein wenig) erholen; ~opravit pf. (nach)verbessern, nachträglich in Ordnung bringen; Fot. retuschieren.
pootevř|ený halb geöffnet; ~ít pf. (s. otevřít) ein wenig öffnen.
pop¹ m (1; -ové) Pope m, verä. Pfaffe m.
pop² m (2a): obuvnický ~ Schusterpech n.
popad|at ergreifen; Angst: befallen; nach Atem ringen; pf. nach und nach abfallen; ~ se za co sich fassen an (A); ~nout pf. (-dl) v/t greifen (nach D), ergreifen (A); (an)fassen; Angst: befallen; ~ se s kým aneinander geraten mit (D).
popá|lenina f (1) Brandwunde f; ~lit se pf. sich verbrennen; ~s(a)t se (na čem) sich weiden an (D).
popatřit pf. (na co) anblicken (A), e-n Blick werfen auf (A).
popel m (2a; 2. -a/-u) Asche f; ležet ~em eingeäschert werden, in Schutt und Asche liegen; shořet na ~ zu Asche verbrennen; ~avý aschgrau; ~ec m (4; -lc-) geweihte Asche m, ec, eční středa Aschermittwoch m; ~it se n (2a) Aschenhaufen m; ~it se (po-, u-, vy-, za-) (sich) im Staub baden, sich stäuben; ~ka f (1c; -lek) Zo. Feh n, Grauwerk n; ♀ Aschenbrödel n; ~nice f (2a) Ascheneimer m, Mülltonne f; Urne f; ~níček m (2b; -čk-) Aschenbecher m; ~ník m (2b) Aschkasten m; ~ový Aschen-.
po|pepřit pf. pfeffern; ~pěrač m (3) Leugner m; ~pěvek m (2b; -vk-) Liedchen n, Gassenhauer m; ~píchat pf. zerstechen; ~píjet (3 Pl. -ejí) trinken, zechen; ~pílek m (2b; -lk-) Flugasche f; ~pílit si pf. sich beeilen.
popín|at se sich ranken; ~avý

Schling-, Kletter-; ~ka f (1c; -nek) Ranke f.
popír|ač m s. popěrač; ~at s. popřít; ~atelný anfechtbar.
popis m (2; 6. -e/-u) Beschreibung f; ~ný beschreibend, deskriptiv; ~ovat (-suji) beschreiben; Zeichnung beschriften; ~ovatel m (3; -é) Schilderer m. [trinken.]
popít pf. (-piji, -pil) ein wenig)
poplach m (2b) Alarm m.
poplakat si pf. (ein wenig) weinen.
poplaš|ený aufgeschreckt, bestürzt; ~it pf. erschrecken, aufscheuchen, fig. alarmieren; ~ný alarmierend, Alarm-.
poplat|ek m (2b; -tk-) Gebühr f, Abgabe f; bez -tku gebührenfrei; ~it pf. (-cen) bezahlen; ~kový Gebühren-; ~ník m (1a), ~nice f (2a) Steuerzahler(in f) m, Steuerpflichtige m od. f; ~nost f (4) Steuerpflicht f; ~ný steuerpflichtig, hist. tributpflichtig.
po|plenit pf. verwüsten; ~plést pf. (s. plést) verwirren, irreleiten; F den Kopf verdrehen (D); ~ si co verwechseln.
poplet|a m (5) Wirrkopf m, F verdrehter Kerl m; ~ený verwirrt; Sache: verworren.
poplicnice f (2a) Lungenfell n.
popl|ít pf. (-iji), ~(i)vat anspucken.
popluž|í n (3) Landgut n, ~ní: ~ dvůr Meierei f.
popo|běhnout pf. (-hl) (ein wenig) weiterlaufen; ~hánět m (3) Antreiber m; ~hánět (3 Pl. -ejí), ~hnat pf. (-ženu) antreiben; ~jet pf. (s. jet) (ein paar Schritte) weiterfahren od. -reiten; ~jít pf. (s. jít) (ein wenig) weitergehen; ~lední Nachmittags-; ~lštit pf. polonisieren; ~nést pf. (s. nést) ein wenig weiter tragen; ~řádku der Reihe nach, nacheinander; ~táhnout (-hl), ~tahovat (-huji) ein wenig weiter ziehen; schnüffeln; ~uzet (3 Pl. -ejí) s. popudit; ~vídat si pf. ein wenig plaudern, erzählen; ~zítří überübermorgen.
poprask m (2b) großes Aufsehen n, F Rummel m; (Börsen-)Krach m; ~aný rissig; geborsten; ~at pf. Risse bekommen.
popraš|ek m (2b; -šk-) dünne Staubschicht f od. Schneedecke f.
poprášit pf. bestäuben.

poprat se 302

po|**prat se** *pf.* (*-peru*) (sich) raufen; ~**prava** *f* (*1*) Hinrichtung *f*; ~**pravčí** *1.* Hinrichtungs-; Henkers-; *2. m* (*Adj. 4*; *Pl. n 3*) Scharfrichter *m*.
poprav|**iště** *n* (*2a*) Hinrichtungsstätte *f*, Richtplatz *m*, *hist.* Schafott *n*; ~**it** *pf.* ~**ovat** (*-vuji*) hinrichten.
poprázdninový nach den Ferien beginnend od. stattfindend.
poprchav|**ání** *n* (*3*) Sprühregen *m*; ~**at** tröpfeln, ein wenig regnen.
poprosit *pf.* bitten; *popros!* schön bitten! (*Hund*).
poprs|**eň** *f* (*3*; *-sně, -sni usw.*) *Arch.* Brüstung *f*; ~**í** *n* (*3*) Büste *f*; *Fot.* Brustbild *n*.
po|**prskat** *pf.* mit Speichel bespritzen, F vollsabbern; ~**prsník** *m* (*2b*) Brustriemen *m*; ~**pruh** *m* (*2b*) Tragriemen *m*, Trag(e)gurt *m*; ~**prvé** zum erstenmal, erstmalig; ~**prýskat** *pf. Haut:* aufspringen, rissig werden; ~**přát** *s. přát*; ~**předí** *n* (*3*) Vordergrund *m*; ~**předu** *Turn.* nach vorn, vornüber; ~**převratový** nach dem Umsturz; ~**případě** gegebenenfalls, eventuell; ~**přít** *pf.* (*-přu, -přel, -přen*) leugnen, bestreiten; *toho nelze ~ das* läßt sich nicht leugnen; ~**psat** *pf.* (*-píšu/-píši*) beschreiben, darstellen; beschriften; *Heft* vollschreiben.
popský Pfaffen-.
popt|(**áv**)**at se** (*po čem*) sich erkundigen, (nach)fragen (nach *D*); ~**várna** *f* (*1*; *-ren*) Auskunftsstelle *f*, Informationsbüro *n*; ~**ávka** *f* (*1c*; *-vek*) Nachfrage *f*, Anfrage *f*; *Hdl.* Bedarf *m*.
popud *m* (*2a*) Anregung *f*, Antrieb *m*, Veranlassung *f*; ~**it** *pf.* (*-zen*) erzürnen, (auf)reizen; ~**livec** *m* (*3*; *-vc-*) reizbarer Mensch *m*; ~**livost** *f* (*4*) Reizbarkeit *f*; ~**livý** reizbar, leicht erregbar.
popu|**kat** *pf.* bersten, (zer)springen; *~ se smíchy* sich halbtot lachen; ~**larizovat** (*z-*) (*-zuji*) popularisieren, allgemeinverständlich darstellen; ~**lární** populär.
po|**půlnoční** nach Mitternacht; ~**pustit** *pf.* (*-štěn*) nachlassen, nachgeben; *Kleid* auslassen; ~**puzovat** (*-zuji*) *s.* popudit.
pór[1] *m* (*2a*) Pore *f*.
pór[2] *m* (*2a*) Porree *m*.

porad|**a** *f* (*1*) Beratung *f*, Besprechung *f*; ~**ce** *m* (*3*) Berater *m*, Ratgeber *m*; Beirat *m*; ~**enský** Beratungs-; ~**it** *pf.* (*-děn*) (*k-o*) beraten (*A*), raten, e-n Rat geben (*D*); ~ **se** sich beraten; *Arzt* aufsuchen, F ~ *se s vaňkem* sich aus dem Staube machen; ~ *si* sich zu helfen wissen; ~**na** *f* (*1*; *-den*) Beratungsstelle *f*; ~**ní** beratend.
poran|**ění** *n* (*3*) Verletzung *f*; ~**ěný** verletzt; ~**it** *pf.* verletzen.
porazit *pf.* (*-žen*) umwerfen, über den Haufen rennen, zu Boden werfen, umfahren; *Feind* schlagen; *Regierung* stürzen; *Vieh* schlachten; *Baum* fällen.
porážen|**ec** *m* (*3*; *-nc-*) Defätist *m*, F Miesmacher *m*; ~**ecký** defätistisch; ~**ý** niedergeschlagen; besiegt; gefällt; geschlachtet.
poráž|**et** (*3 Pl. -eji*) *s.* porazit; ~**ka** *f* (*1c*; *-žek*) Niederlage *f*; Schlachtbank *f*; Schlachten *n*; *nucená ~* Notschlachtung *f*.
porce *f* (*2*) Portion *f*.
porcelán *m* (*2*; *6. -u/-ě*) Porzellan *n*; ~**ka** F *f* (*1c*; *-nek*) Porzellanwarenfabrik *f*; Porzellanerde *f*; † *a.* Tonpfeife *f*; ~**ový** Porzellan-.
porcovat (*roz-*) (*-cuji*) in Portionen (auf)teilen, tranchieren.
porézní porös.
porevoluční Nachrevolutions-, nach der Revolution.
porob|**a** *f* (*1*), ~**ení** *n* (*3*) Knechtschaft *f*, Unterjochung *f*; ~**it** *pf.* unterjochen.
porod *m* (*2a*) Geburt *f*, Entbindung *f*; ~**it** *pf.* (*-zen*) gebären, zur Welt bringen; ~**ní** Geburts-; *~ asistentka* od. *~ bába* Hebamme *f*; ~**ník** *m* (*1a*) Geburtshelfer *m*; ~**nost** *f* (*4*) Geburtenziffer *f*.
porokovat *pf.* (*-kuji*) erörtern, besprechen (*o čem/A*).
poros|**ený** vom Tau benetzt; ~**it** *pf.* betauen.
porost *m* (*2a*) Wuchs *m*; (*Wald*-)Bestand *m*; ~**lý** bewachsen.
porot|**a** *f* (*1*) Schwurgericht *n*; ~**ce** *m* (*3*), ~**kyně** *f* (*2a*) Geschworene *m* od. *f*; ~**ní** Schwurgerichts-; *~ soud s.* porota.
poroučet (*3 Pl. -eji*) befehlen; *~ se* sich empfehlen.
porouch|**ání** *n* (*3*) Beschädigung *f*; ~**aný** schadhaft, beschädigt, F ka-

posednout

putt; ~at pf. beschädigen; ~ se schadhaft werden, F kaputtgehen.
pórovit|ost f (4) Porosität f; ~ý porös, porig.
porovn|ání n (3) Vergleich m, Aussöhnung f; ~(áv)at vergleichen, aussöhnen; ~ávací Vergleichs-; Gr. vergleichend.
porození n (3) Gebären n, Geburt f.
porozum|ění n (3) Verständnis n; ~ět pf. (3 Pl. -ějí) (č-u, k-u) verstehen (A), Verständnis entgegenbringen (D).
porozvitý halb aufgeblüht.
porta f (1) Borte f; Pforte f; fig. (Bier-)Blume f.
port|fej m (4) Brieftasche f; Geschäftsbereich m; ~monka f (1c; -nek) Geldbörse f; ~ský: -ké víno Portwein m.
Portugal|ec m (3; -lc-) Portugiese m; ~ka f (1c; -lek) Portugiesin f; ~sko n (1b) Portugal n; 2ský (Adv. -y) portugiesisch.
portýr P m (1; -ři) Portier m.
porub m (2a) Abholzen n; Bgb. Abbau m; ~at pf. umhauen, niedermetzeln.
poruč|enec m (3; -nc-), ~enka f (1c; -nek) Mündel n; ~ení n (3) Empfehlung f; ~enský Vormundschafts-; ~enství n (3) Vormundschaft f; ~ík m (1a) Leutnant m; generál ~ Generalleutnant; ~it pf. befehlen, gebieten; ~ se k-u sich empfehlen (D); ~ si co sich et. bestellen (im Gasthaus); ~nický ~, poručenský; ~ník m (1a), ~nice f (2a) Vormund m; ~níkovat (-kuji) bevormunden.
poruch|a f (1b) Störung f; Kfz. Panne f; ~ovost f (4) Störanfälligkeit f.
Porúří n (3) Ruhrgebiet n.
porůst pf. (s. růst) bewachsen, sich bedecken (čím mit D).
poruš|ení n (3) Beschädigung f; Verletzung f; ~it pf., ~ovat (-šuji) beschädigen, stören; fig. verletzen, brechen.
porůznu hie und da, vereinzelt.
porvat se pf. (-rvu) (sich) raufen.
Porýní n (3) Rheinland n.
porýpat se pf. (v čem) herumstochern (in D).
pořad m (2a) Reihe(nfolge) f; Ordnung f; ~ jednání Tagesordnung; právní ~ Rechtsweg m; ~ jídel Speisenfolge; ~ vysílání Sendeplan m.
po|řád immerfort; ~řadač m (4) (Büro-)Ordner m; ~řádat (s-, us-) ordnen; veranstalten.
pořadatel m (3; -é), ~ka f (1c; -lek) Ordner(in f) m; Veranstalter(in f) m.
po|řádek m (2b; -dk-) Ordnung f; ~ slov Wortstellung f; s. uvést; ~řadí n (3) Reihe(nfolge) f, Rangordnung f.
pořád|kový Ordnungs-; ~kumilovný ordnungsliebend; ~ní laufend (Nummer); ~ník m (2b) Rangliste f; Ordinate f; ~nost f (4) Ordnungsliebe f, Ordnungssinn m; ~ný ordentlich; fig. tüchtig.
po|řadový Ordnungs-; ~řekadlo n (1a, -del) Spruch m, sprichwörtliche Redewendung f; ~řezat pf. (-žu/-zám) schneiden.
poříč|í n (3) Flußgebiet n; ~ční Fluß-; ~dit pf. (-zen) an-, beschaffen; Abschrift anfertigen; Liste anlegen; fig. ankommen; aufkommen (gegen j-n); ~dku Adv. selten.
pořiz m (2a) Schnitzmesser n; Schabeisen n.
pořízen|á f (Adj. 2) Verrichtung f, günstige Erledigung f; ~í n (3) Anschaffung f; Verrichtung f; poslední ~ Letzter Wille.
pořizovací Anschaffungs-.
posad|a f (1) Hühnerkorb m; ~it pf. (-zen) (hin)setzen; ~ se sich (nieder)setzen, Platz nehmen.
posádk|a f (1c; -dek) Garnison f; (Schiffs-)Besatzung f; ~ový Garnisons-, Standort-. [herig.\
posaved bisher, bis jetzt; ~ní bisho|sázet pf. (3 Pl. -ejí) bepflanzen; besetzen; ~sbírat pf. (alles) auflesen; ~sečkat pf. abwarten, sich gedulden; Zahlung stunden.
posed m (2a) Zaunrübe f; Jagdw. Hochstand m; ~(áv)at sich wiederholt niedersetzen; unruhig hin- und herrücken; ~ění n (3) Sitzen n; Beisammensein n; vypít na ~ in e-m Zug austrinken; ~ět (si) (ein Weilchen) sitzen bleiben; ~lost f (4) Besessenheit f; ~lý besessen; ~nout pf. (-dl) v/t sich bemächtigen (G), ergreifen, befallen (A); co tě -dlo? was ist in dich gefahren?; P † näher- od. weiterrücken.

posekat *pf.* abmähen; verletzen.
posel *m* (1; -sl-) Bote *m*; **~kyně** *f* (2a) Botin *f*; **~né** *n* (Adj. 3) Botenlohn *m*; **~ství** *n* (3) Botschaft *f*; **~stvo** *n* (1; -stev) Abordnung *f*.
po|setý besät, übersät; **~sezónní** Nachsaison-; **~shovět** *pf.* (3 Pl. -ěji) sich gedulden; Aufschub gewähren.
poscho|dí *n* (3) Stockwerk *n*; **~ďový** einstöckig.
poschov|at *pf.*, **~ávat** (im)*pf.* an mehreren Stellen verstecken.
po|sila *f* (1a) Stärkung *f*; Kräftigung *f*; *Mil.* Verstärkung *f*; **~silat** *s. poslat.*
posil|ení *n* (3) Stärkung *f*, Erquickung *f*; *s. posila*; **~it** *pf.* stärken, kräftigen; *Mil.* verstärken; **~ka** *f* (1c; -lek) Botengang *m*.
posil|něná *f: na -nou* zur Stärkung; **~nit** *pf.*, **~ňovat** (-*ňuji*) stärken, kräftigen; **~ovat** (-luji) *s. posílit.*
po|sít *pf.* (*s. sít*) be-, übersäen; **~skákat** *pf.* (-*ču*/-*či*), **~skakovat** ‹po-, za-› (-*kuji*) hüpfen, (herumspringen); **~skočit** *pf.* e-n Sprung machen, aufspringen; **~skok** *m* 1. (2b) Sprung *m*; 2. (1a; -ové) *verä.* Laufbursche *m*, Faktotum *n*; **~skokem** sprungweise; **~skrovnu** *Adv.* spärlich, dürftig, knapp.
poskvrn|a *f* (1) Fleck *m*; *fig.* Makel *m*, Schandfleck *m*; **~it** *pf.* beflecken, besudeln.
poskyt|nout *pf.* (-tl; -tnut) *s. poskytovat*; **~nutí** *n* (3) Darbietung *f*; Gewährung *f*, **~ovat** (-*tuji*) bieten, gewähren; *Ersatz* leisten; *Imbiß* verabreichen; *Frist* einräumen; *Schatten* spenden.
poslanec *m* (3; -nc-) Abgeordnete(r) *m*; **~ký** Abgeordneten-; **~ká sněmovna** Abgeordnetenhaus *n*; Volkskammer *f* (*DDR*); **~tví** *n* (3) (*Abgeordneten-*)Mandat *n*.
posl|ání *n* (3) Sendung *f*, **~ankyně** *f* (2b) Abgeordnete *f*, **~at** *pf.* (-*šlu*) senden, schicken.
posled|ek *m* (2b; -dk-) Letzte *n*, Ende *n*; **~ně** *Adv.* zuletzt, letztmalig; letzt-; neulich; **~ní** letzt(e); *fig.* jüngst; **~ soud** *Rel.* Jüngstes Gericht.
poslech *m* (2b) Anhören *n*; *Rdf.* Empfang *m*, **~nout** *pf.* (-*chl*; -*chnut*) *v/t* anhören (*A*); (k-o) gehorchen (*D*).

po|slepu *Adv.* ohne hinsehen zu müssen, ohne hinzusehen; **~sléz(e)** endlich, schließlich.
posl|ice *f* (2a) Botin *f*; **~íček** *m* (1a; -čk-) Laufbursche *m*.
poslin|it *pf.* mit Speichel anfeuchten; **~tat** *pf.* (be)sabbern.
poslouchat *Radio, Musik* hören; lauschen, horchen; *Vorlesung* besuchen; gehorchen (*D*); befolgen (*A*).
posloup|ně der Reihe nach; **~nost** *f* (4) Nachfolge *f*; *dědická* **~** Erbfolge *f*.
posloužit *pf.* (k-u) dienen, nützen (*D*); bedienen (*A*); **~** *si* sich bedienen, zugreifen.
posluha 1. *f* (1b) Bedienung *f*; 2. *m* (5) Dienstmann *m*.
posluhov|ač *m* (3) *verä.* Handlanger *m*; **~ačka** *f* (1c; -ček) Aufwartung *f*, Aufwartefrau *f*; **~at** (-*huji*) *s. posloužit.*
posluchač *m* (3), **~ka** *f* (1c; -ček) (Zu-)Hörer(-in *f*) *m*; **~** *načerno* Schwarzhörer; **~stvo** *n* (1; -stev) Zuhörerschaft *f*, Zuhörer *m/pl.*, Auditorium *n*.
poslu|chárna *f* (1; -ren) Hörsaal *m*; **~šenství** *n* (3), **~šnost** *f* (4) Gehorsam *m*, Folgsamkeit *f*; **~šný** gehorsam, folgsam.
poslyšet *pf. s. slyšet.*
posmě|ch *m* (2b) Hohn *m*, Spott *m*, Gespött *n*; Verspottung *f*; Hohngelächter *n*; **~šek** *m* (2b; -šk-) spöttisches Lächeln *n*, Spott *m*; **~šný** spöttisch, höhnisch, Spott-; **~vač** *m* (3), **~váček** *m* (1a; -čk-) Spötter *m*; **~vačný** spöttisch.
posmíva|t se (k-u) verspotten (*A*), sich lustig machen über (*A*); **~vý** spöttisch, höhnisch.
po|smrtný nach dem Tode, postum; **~ná maska** Totenmaske *f*; **~ná výstava** Gedächtnisausstellung *f*; **~smutnělý** (ein wenig) traurig.
posnídat *pf.* frühstücken; **~vka** *f* (1c; -vek) Gabelfrühstück *n*.
po|solit *pf.* salzen; **~soudit** *pf.* (-*zen*) beurteilen, begutachten.
posouv|ací Schiebe-; verschiebbar; **~adlo** *n* (1a; -del) Schiebevorrichtung *f*; **~ání** *n* (3): **~** *souhláseсk Gr.* Lautverschiebung *f*; **~** *půdy* Erdrutsch *m*; **~at** (ver)schieben, weiterrücken.
posouzení *n* (3) Beurteilung *f*; Gut-

achten *n*; Ermessen *n*, Gutdünken *n*; (*Buch-*)Rezension *f*.
pospas *m* (*2a*): vydat na ~ preisgeben, auf Gnade und Ungnade ausliefern.
po|spat si *pf.* (*-spím*) ein wenig (*od.* lange) schlafen; ~spěch *m* (*2b*) Eile *f*; na ~ eilig, in Eile; ~spíchat, ~spíšit *pf.* eilen; ~ si (*-spěš si!*) sich beeilen.
pospol|itost *f* (*4*) Gemeinschaft *f*; ~itý, ~ný gemeinschaftlich; -ný život Zusammenleben *n*; ~u gemeinsam, zusammen.
posrat V *pf.* (*-seru*) bescheißen.
postač|it *pf.* genügen, ausreichen; ~itelný genügend, hinreichend; ~ovat (*-čuji*) *s.* postačit.
postar|at se *pf.* (o k-o) versorgen (*A*); (o co) besorgen (*A*), Vorsorge treffen für (*A*); ~u nach alter Sitte, wie früher.
postát *pf.* (*-stojím*) (e-e Weile) stehen, ruhig stehen.
postát|nit *pf.*, ~ňovat (*-ňuji*) verstaatlichen.
postava *f* (*1*) Gestalt *f*, Figur *f*.
postávat herumstehen.
postav|ení *n* (*3*) Stellung *f*; ~it *pf.*, ~ovat (*-vuji*) (hin)stellen, aufstellen; *Haus* (auf)bauen; *Ofen* setzen; *-it se* sich (auf)stellen.
postel *f* (*3*) Bett *n*.
post|esknout (si) *pf.* (*-kl*), ~ěžovat si *pf.* (*-žuji*) klagen, F s-m Herzen Luft machen.
postih *m* (*2b*) Regreß *m*; ~ací Regreß-; ~nout *pf.* (*-hl*; -žen), ~ovat (*-huji*) ergreifen, ertappen, F erwischen; begreifen; betreffen, ereilen; heimsuchen.
postit se fasten.
postiž|ení *n* (*3*) Ergreifung *f*; Heimsuchung *f*; ~ený erfaßt; befallen, betroffen; ~itelný erreichbar; faßlich.
postlat *pf.* (*-stelu*) (be)streuen, bedecken.
postní Fast(en)-.
postoj *m* (*4*) Stellung *f*.
postonávat kränkeln.
postoup|ení *n* (*3*) Vorrücken *n*, *Mil.* Vormarsch *m*; Beförderung *f*; *Hdl.* Abtretung *f*; ~it *pf.* vorrücken, *Mil.* vordringen; fortschreiten; aufrücken; *j-m et.* abtreten.
postrádat (*č-o*) vermissen, entbehren (*A*); ~elný entbehrlich.

postrach *m* (*2b*) Schrecken *m*.
postran|ek *m* (*2b*; -nk-), ~ěk *m* (*2b*; -ňk-) Zugriemen *m*; ~ice *f* (*2a*) Seitenbrett *n*; Seitenwand *f*; ~ní Seiten-, Neben-; -ně hinterrücks.
po|strašit *pf.* erschrecken, einschüchtern; ~strčit *pf.* weiterschieben.
postrk *m* (*2b*) Schub *m*; ~ávat, ~ovat (*-kuji*) *v/t* weiterrücken; *Esb.* verschieben; *Uhr* vor- *od.* zurückstellen.
postroj *m* (*4*) Pferdegeschirr *n*.
postřeh *m* (*2b*) Wahrnehmung *f*; *bystrý* ~ Scharfblick *m*; ~nout *pf.* (*-hl*; -hnut) wahrnehmen, bemerken, erblicken; ~nutelný wahrnehmbar.
postřelit *pf.* anschießen.
postříbř|it *pf.*, ~ovat (*-řuji*) versilbern.
postřih *m* (*2b*) Schur *f*; ~at, postříhat, ~nout *pf.* (*-hl*; -žen), ~ovat (*-huji*) zuschneiden.
postř|ik *m* (*2b*) Besprizen *n*; Sprühmittel *n*; ~ikat *pf.*, ~íknout *pf.* (*-kl*; -knut), ~ikovat (*-kuji*) bespritzen, (be)sprengen; ~ikový Spreng-.
po|střílet *pf.* (*3 Pl. -eji*) abschießen, niederschießen; ~střižiny *f*/*pl.* (*1*) *Rel.* Tonsur *f*; ~stup *m* (*2a*) Fortgang *m*, Verlauf *m*; Vorgang *m*, Vorgehen *n*; Verfahren *n*; *Jur.* Abtretung *f*.
Postupim *f* (*4*) Potsdam *n*; ~ská dohoda Potsdamer Abkommen *n*.
postup|itel *m* (*3*; -é) *Jur.* Abtreter *m*, Zedent *m*; ~ní Abtretungs-; ~ný stufenweise, allmählich; -ná zkouška Versetzungsprüfung *f*; -ně stufenweise, nach und nach; fortlaufend; ~ovat (*-puji*) *s.* postoupit.
postýlka *f* (*1c*, -lek) kleines Bett *n*, Kinderbett *n*.
posud bisher, bis jetzt.
posudek *m* (*2b*; -dk-) Beurteilung *f*, Gutachten *n*.
posun *m* (*2a*) Verschieben *n*; *Sp.* Vorschritt *m*, Nachstellen *n*; ~čina *f* (*1*) Veitstanz *m*; ~ek *m* (*2b*; -nk-), ~ěk *m* (*2b*; -ňk-) Gebärde *f*, Geste *f*; ~kový Gebärden-, Mienen-; ~out *pf.* rücken, (ver)schieben; *Uhr* stellen; ~ovací Schiebe-; ~ *mříž* Scherengitter *n*; ~ovač *m* (*3*) Rangierer *m*; ~ovatelný, ~utelný verschiebbar; verstellbar.
posupný finster, düster.

posuv *m* (2a) *Tech.* Verschiebung *f*; **~ka** *f* (1c; -vek) *Mus.* Versetzungszeichen *n*; **~ný** Schiebe-, Schub-.
posuzovat (-*zuji*) *s. posoudit*; **~el** *m* (3; -é) Rezensent *m*.
posvátný heilig, weihevoll.
posvě|cení *n* (3) Weihe *f*; **~tit** *pf.* (-*cen*) (ein)weihen; **~tštít** *pf.* verweltlichen, säkularisieren.
posvícen|í *n* (3) Kirchweihfest *n*, F Kirchweih *f*, Kirmes *f*; **~ský** Kirchweih-.
posvítit *pf.* (-*cen*) (e-e Weile) leuchten.
posyp *m* (2a) Streumittel *n*; **~at** *pf.* (-*u*/-*ám*) bestreuen.
posýpátko *n* (1b; -tek) Streusandbüchse *f*.
pošept|at *pf. j-m et.* zuflüstern; **~mo, ~mu** im Flüsterton.
pošetil|ec *m* (3; -lc-) Dummkopf *m*, † Tor *m*; **~ost** *f* (4) Unsinn *m*, Torheit *f*; **~ý** albern, töricht.
po|šilhávat (ein wenig) schielen; **~šinout** *pf.* weiterrücken, -schieben-; **~ší(va)t** *pf. (s. šít)* benähen, besetzen; **~škleb(ovač)ný** höhnisch, hämisch; **~škodit** *pf.* (-*zen*) beschädigen; **~školák** *m* (1a) Nachsitzer *m*.
poškozen|ec *m* (3; -nc-) Beschädigte(r) *m*; Geschädigte(r) *m*; **~í** *n* (3) Beschädigung *f*, Schaden *m*; **~ý** schadhaft; beschädigt.
po|šlapat *pf.* (-*u*/-*ám*) zer-, niedertreten; **~šlý** *Jur.* entstanden; *Tier:* verendet; **~šmourný** trübe, düster; **~šoupnout** *pf.* (-*pl*; -*pnut*) *s. posunout,* pošinout; **~špinit** *pf.* beschmutzen.
pošramo|cený schadhaft, zerrüttet; *Ruf:* zweifelhaft; **~tit** *pf.* (-*cen*) beschädigen; übel zurichten.
pošta *f* (1) Post *f*.
pošťák F *m* (1a) Postbote *m*.
poštěstit se *pf.* glücken, gelingen.
pošťěváček *1. m* (2b; -čk-) *Anat.* Kitzler *m*; *2.* F *m* (1a; -čk-) F Unruhestifter *m*.
pošti|pat *pf.* (-*u*/-*ám*) (zer)stechen; **~vat** *s.* poštvat.
poštmistr *m* (1; -ové) Postmeister *m*.
poštolka *f* (1c; -lek) Turmfalke *m*.
poštov|na *f* (1; -ven) Poststelle *f*; **~né** *n* (*Adj.* 3) Porto *n*, Postgebühr *f*; **~ní** Post-; **~ známka** Briefmarke *f*; **~nictví** *n* (3) Postwesen *n*; **~ský** postalisch, Post-.

poštvat *pf.* (-*vu*) (auf)hetzen.
pošumavský Böhmerwald-.
pot *m* (2a) Schweiß *m*.
potác|et se (3 *Pl.* -*ejí*) wanken, taumeln; **~ivý** schwankend, taumelnd.
po|tah *m* (2b) Gespann *n*; Bezug *m*, Überzug *m*; *Flgw.* Bespannung *f*; **~táhnout** *pf.* (-*hl*; -*tažen*) beziehen, überziehen (mit *D*); ziehen (*za co* an *D*); (hin)ziehen; **~ se** sich in die Länge ziehen; **~tahování** *n* (3) *fig.* Schwierigkeiten *f/pl.*, F Scherereien *f/pl.*; **~tahovat** (-*huji*) *s.* potáhnout.
potaj|í, ~mo, ~mu *Adv.* heimlich.
potak(áv)at (*k č-u*) bejahen (*A*), ja sagen (zu *D*).
potáp|ěcí Tauch-; Taucher-; **~ěč** *m* (3) Taucher *m*; **~ění** *n* (3) Tauchen *n*, Tauchsport *m*; **~ět** (3 *Pl.* -*ějí*) *v/t* (unter)tauchen; *Schiff* versenken; **~ se** versinken, untergehen; **~ka** *1. f* (1c; -pek) *Zo.* Taucher *m*; *2.* P *f od. m* (5) Modenarr *m*; **~ník** *m* 1. (1a) Schwimmkäfer *m*; *2.* (2b) Tauchkolben *m*.
potaš *f* (3) Pottasche *f*.
po|tatit se F *pf.* dem Vater nachgeraten; **~taz** *m* (2; 6. -*u*/-*e*) Anfrage *f*; Beratung *f*; **~tázat se** *pf.* (-*žu*/-*ži*) sich beraten; **~tažení** *n* (3) Überzug *m*; Bespannung *f*.
poté darauf, nachher, danach.
potěcha *f* (1b) Trost *m*.
potemn|ělý (etwas) dunkel, finster; **~ět** *pf.* (3 *Pl.* -*ějí*) sich verdunkeln, dunkel werden; **~ík** *m* (1a) Mehlkäfer *m*.
potenc|e *f* (2) Potenz *f*; **~iál** *m* (2a) Potential *n*; **~ovat** (-*cuji*) potenzieren.
potěr *m* (2a) Estrich *m*; *Zo.* Laich *m*.
potěš|ení *n* (3) Vergnügen *n*, Lust *f*; Trost *m*; **~it** *pf.* erfreuen, aufmuntern; trösten; **~itel** *m* (3; -é) Tröster *m*; **~itelný** erfreulich, tröstlich.
potěžk(áv)at in der Hand abwägen.
poticí Schwitz-.
potich(oučk)u still, leise, in aller Stille.
potír|ání *n* (3) Bekämpfung *f*; **~at** bestreichen, einreiben; bekämpfen.
potisk|nout *pf.* (-*kl*; -*štěn*), **~ovat** (-*kuji*) bedrucken.
pot|it se (*na-, u-, vy-, za-*) (-*cen*) schwitzen; **~ítko** *n* (1b; -tek) Schweißblatt *n*; **~ivý** schweißig, Schweiß-.

potíž f (3) Schwierigkeit f, Beschwerde f, F Schererei f.
potkan m (1) Wanderratte f.
potk|ání n (3) Begegnung f; ~(áv)at ⟨na-⟩ (k-o) begegnen (D); ~ se einander begegnen, zusammentreffen.
potlač|ení n (3) Unterdrückung f; Psych. Verdrängung f; ~it pf., ~ovat (-čuji) unterdrücken, verdrängen; ~ovatel m (3; -é) Unterdrücker m.
potlach F m (2b) Schwätzchen n, Plausch m.
potlesk m (2b) Beifall m, Applaus m.
potlou|ci pf. (s. tlouci) schlagen; verwunden; hageln; ~kat se herumlungern, sich herumtreiben.
po|tlučený zerschlagen, verwundet; vom Hagel verwüstet; Obst: angeschlagen, ~tmě im Dunkeln; ~tměchuť (4c; -ti) Bot. Bittersüß n, Nachtschatten m.
potměšil|ec m (3; -lc-) Duckmäuser m, Heuchler m; ~ost f (4) Heimtücke f; ~ý heimtückisch, verschlagen.
potní Schweiß-.
potoč|ní Bach-; ~nice f (2a) Brunnenkresse f.
potok m (2b; 2. -a; 6. -ku/-ce) Bach m.
potom dann, hierauf, nachher; brzy ~ bald darauf.
potom|ek m (1a; -mk-) Nachkomme m, lit. Sproß m; ~ní nachmalig; ~stvo n (1; -stev) Nachkommenschaft f; fig. Nachwelt f.
potop|a f (1) Überschwemmung f; ~ světa Sintflut f; ~ení n (3) Versenkung f; ~it pf. s. potápět.
pořouch|lost f (4) Heimtücke f, Hinterlist f; ~lý (heim)tückisch, hinterlistig; ~ člověk Duckmäuser m, Mucker m.
potra|cení n (3), ~t m (2a) Fehlgeburt f; ~tit pf. (-cen) e-e Fehlgeburt haben.
potrav|a f (1) Nahrung f, Futter n; ~ina f (1) Nahrungs-, Lebensmittel n; ~inářský Lebensmittel-, průmysl Nährmittelindustrie f; ~ový Lebensmittel-; ~ní Verzehr-.
potrefený betroffen, benachteiligt.
potrest|ání n (3) Bestrafung f; ~at pf. (be)strafen, maßregeln.
potrh|at f zer-, abreißen; ~ se (zer-) reißen, Risse bekommen; F ~ se smíchy sich totlachen; ~lost f (4) Verrücktheit f; ~lý verrückt; ~nout pf. (-hl; -žen) zucken.
po|trkat pf. mit den Hörnern stoßen; ~trojný dreifach; ~trpět si pf. (na k-o, na co) halten auf (A), e-e Vorliebe haben für (A).
potrub|í n (3) Rohrleitung f; ~ní Rohr(leitungs)-.
po|trvat pf. e-e Zeitlang dauern, andauern, anhalten; ~třás(a)t pf. (-třesu) schütteln.
potřeb|a f (1) Bedarf m, Bedürfnis n, Notwendigkeit f; Gebrauch m; ~ času Zeitaufwand m; tělesná ~ Notdurft f; podle -by (je) nach Bedarf; bez -by unnützerweise; v případě -by im Bedarfsfall; k -bě zum Gebrauch; je ~ es ist notwendig, man muß; ~nost f (4) Bedarf m, Notwendigkeit f; Brauchbarkeit f; ~ný brauchbar; notwendig, erforderlich; (be)dürftig; ~ovat (-buji) brauchen; ~y f/pl. (1) Geräte n/pl.; (Reise-)Bedarf m; Hdl. Artikel m/pl., Zubehör n; s. potřeba.
potřepat pf. (-u/-ám) (ein wenig) schütteln, klopfen.
potřešt|ěnec m (3; -nc-) verrückter Kerl m, F Schussel m; ~ěnost f (4) Verrücktheit f; ~ěný verrückt; ~it pf. j-n verrückt machen; ~ se verrückt werden, F durchdrehen.
potřís|kat pf. zerschlagen, zerschmettern; ~nit pf. (-ěn) beflecken.
potřít pf. (s. třít) bestreichen; Feind vernichten, schlagen.
potud bisher; až ~ bis hierher; jen ~, pokud ... nur insoweit, als ...; nur soweit wie ...
potuch|a f (1b) Ahnung f, P Dunst m; ~lý matt, stumpf.
potul|ka f (1c; -lek) Herumlungern n; Landstreicherei f; Mil. Streifzug m; ~ný herumziehend, Wander-; † fahrend; ~ovat se (-luji) herumziehen, sich herumtreiben.
potup|a f (1) Schimpf m (und Schande f), Schmach f; ~ení n (3) Beschimpfung f; ~it pf. beschimpfen, schmähen; ~ný schmählich, schmachvoll.
potutelný verschmitzt, verschlagen.
potvo|ra f (1d) Ungeheuer n, Mißgestalt f; P verä. Mistvieh n, Luder n; ~rný abscheulich, ungeheuerlich; ~řit verunstalten.
potvr|dit pf. (-zen) bestätigen; ~ se

potvrzení sich bestätigen, sich als wahr erweisen; ~**zení** n (3) Bestätigung f; ~**zenka** f (1c; -nek) Bestätigung f, Quittung f; ~**zovací** Bestätigungs-; ~**zovat** (-zuji) s. potvrdit.

potyčka f (1c; -ček) Zusammenstoß m, Streit m; slovní ~ Rededuell n, Wortgefecht n.

potýkat se streiten, kämpfen.

pouč|ení n (3) Belehrung f, Anleitung f; ~**it** pf. belehren, aufklären; ~ **se** (čím) lernen (an D); ~**ka** f (1c; -ček) Lehrsatz m; ~**ný** belehrend, lehrreich; ~**ovat** (-čuji) s. poučit.

pouh|opouhý P nichts als; ~**ý** (Adv. -ze) lauter, bloß, fig. rein.

pouch m (2b) Tech. Holm m; a. = ~**le** n (4) leeres Ei n; Holzapfel m.

pou|kaz m (2; 6. -u/-e) Hinweis m; Bezugsschein m, Berechtigungsschein m; ~ na rekreaci Ferienscheck m; s ~**em** na co unter Hinweis auf (A); ~**kázat** pf. (-žu/-ži) hin-, verweisen; Geld anweisen, überweisen; ~**kázka** f (1c; -ček) Faulenzer(in f) m; Müßiggänger(in f) m; ~**ný** faul(enzerisch), Faulenzer-.

povalečný Nachkriegs-.

povaleč|ský s. povalečný; ~**tví** n (3) Müßiggang m, F Bummelei f.

povál|et pf. (3 Pl. -ejí) zerdrücken, Kleid zerknittern; ~ **se** ⟨z-⟩ sich herumwälzen.

poval|it pf. umstoßen, niederwerfen; Fußgänger m. umfahren; niederreiten; ~**ovat se** (-luji) sich herumwälzen; herumlungern; Sachen: herumliegen.

po|vánoční nachweihnachtlich, nach Weihnachten; ~**vařit** pf. (ein wenig) kochen (lassen).

povážat pf. (-žu/-ži) verbinden; ~**ka** f (1c; -zek) Bot. Flachsseide f, Labkraut n.

povážl|ená: na ~**nou** bedenklich, zu überlegen; ~**ení** n (3) Überlegen n; ~**it** pf. bedenken; ~**ivý** bedenklich; Mensch: besonnen.

považovat (-žuji) halten (za co für A); auffassen (als); být -ván gelten (als); ~ si s. vážit si.

povděč|ný dankbar; ~**k** m (2b) Dank m, Dankbarkeit f.

po|večeřet pf. (3 Pl. -ejí/-i) zu Abend essen; ~**vedený** gelungen; Mensch: durchtrieben; ~**vědět** pf. (s. vědět) sagen; ~ co na k-o j-n anzeigen, verraten.

pouzdro n (1; 6. -u/-dře; -der) Hülle f, Etui n, Futteral n; Büchse f, Dose f; Behälter m, Kasten m; Gehäuse n; Med. Kapsel f.

pouze Adv. nur, lediglich.

použ|ít pf. (-žiji, -žil, -žít) (mst č-o) benutzen, gebrauchen, anwenden (A); ~**itelný** brauchbar, verwendbar; Theorie: anwendbar; ~**iti**, ~**ívání** n (3) Anwendung f, Benutzung f, Gebrauch m; Verwendung f; ~**ívat** s. použít; ~**ivatel** m (3; -é) Benutzer m; Jur. Nutznießer m.

povadit se pf. in Streit geraten, sich zanken.

povad|lý halb verwelkt, (Blume:) verblüht; ~**nout** pf. (-dl) verwelken.

povah|a f (1b) Charakter m, Wesen n, Natur f; právní ~ Rechtslage f; ~**okresba** f (1; -seb), ~**opis** m (2; 6. -e/-u) Charakteristik f; ~**ový** Charakter-.

poval m (2; 6. -u/-e) Deckenbalken m; Bgb. Bühne f.

povědom|í n (3) Bewußtsein n; ~ost f (4) Kenntnis f; fig. Bewußtsein n; ~ý bekannt; ~ č-o e-r Sache bewußt; být ~ bekannt vorkommen.
povel m (2a) Befehl m, Kommando n; ~et pf. e-n Befehl geben, befehlen; ~ka f (1c; -lek) Signalpfeife f.
povelikonoční nachösterlich, nach Ostern.
pověr|a f (1d) Aberglaube m; ~čivý, ~ečný abergläubisch.
pověřen|ec m (3; -nc-); ~ka f (1c; -nek), ~kyně f (2b) Beauftragte m od. f; ~í n (3) Beauftragung f; Jur. Beglaubigung f, ~ý beauftragt, betraut; ~ vedením geschäftsführend.
pověř|it pf. beauftragen, betrauen (čím mit D); beglaubigen; ~ovací Beglaubigungs-; ~ list Kreditbrief m; ~ovat (-ruji) s. pověřit.
po|veselit se pf. sich (ein wenig) vergnügen; ~věsit pf. (-šen) aufhängen; Schloß vorhängen; ~věst se pf. (-vede) gelingen, glücken; ne~ se mißlingen.
pověst f (4) Sage f; Ruf m, Leumund m; Gerücht n, Gerede n; ~ý berühmt; berüchtigt.
pověstn|ost f (4) Witterung f; ~nostní Wetter-; ~ý Wind-; Luft-; Wetter-; ~oň m (4a) Meteor m.
povětří n (3) Luft f; Wetter n; Unwetter n; vyhodit do ~ in die Luft sprengen.
povětšině größtenteils, vorwiegend.
povíd|ačka f (1c; -ček) Gerede n; ~álek m (1a; -lk-), ~álka f (1c; -lek) redselige Person f, Schwätzer(in f) m; ~ání n (3) Gerede f; ~at ⟨na- se, po- si⟩ sagen, erzählen; ~avý redselig, F geschwätzig; ~ka f (1c; -dek) Erzählung f, F Geschichte f; ~kář m (3), ~kářka f (1c; -řek) Erzähler (-in f) m.
povidla n/pl. (1; -del) Pflaumenmus n, öst. Powidel m.
povin|ně Adv. pflichtmäßig, -gemäß, ~nost f (4) Pflicht f; ~ý Pflicht-; -né ručení Haftpflicht f; školou ~ schulpflichtig; díkem ~ zu Dank verpflichtet.
poví|t pf. (-viji) (ein)wickeln; Kind zur Welt bringen; ~vat wehen, flattern.
po|vláčet pf. (3 Pl. -ejí) schleppen, zerren; Agr. eggen; ~vlak m (2b) Überzug m, Bezug m; Kruste f; Med. Belag m.

povle|ci pf. (s. vléci), ~kat überziehen; Bett beziehen; ~ se sich bedecken.
povle|čení n (3) Bettbezug m; ~čený, ~klý be-, überzogen; Zunge: belegt.
povod|eň f (3; -dně, -dni usw.) Überschwemmung f, Hochwasser n; ~í n (3) Flußgebiet n.
povol|ání n (3) Beruf m; Jur. Vorladung f; Mil. Einberufung f; fig. Berufung f; ~m von Beruf; ~aný berufen; ~ávací Einberufungs-; ~(áv)at berufen; vorladen; Mil. einberufen.
povol|ení n (3) Bewilligung f, Erlaubnis f; ~enka P f (1c; -nek) Berechtigungsschein m; ~it pf. lockern; bewilligen; (k-u) nachgeben, s-n Willen lassen (D); ~nost f (4) Nachgiebigkeit f; ~ný nachgiebig, ~ovací Bewilligungs-; ~ovat (-luji) s. povolit.
povoz m (2; 6. -u/-e) Fuhrwerk n; Fuhre f; ~it se spazieren-, herumfahren; ~né n (Adj. 3) Fuhrlohn m; ~nictví n (3) Fuhrwesen n; Speditionsgeschäft n; ~ník m (1a) Fuhrmann m, Spediteur m.
povraždit pf. niedermetzeln, F umbringen.
povrh|nout pf. (-hl; -žen), ~ovat (-huji) 1. (kým, čím) verachten (A); 2. (-hnut) vollspeien.
povrch m (2b) Oberfläche f; ~ní äußerlich; oberflächlich (a. fig.); ~ový Oberflächen-; Bgb. Tage-.
povříslo n (1a; -sel) Garbenband n.
povstalec m (3; -lc-) Aufständische(r) m; ~ký aufständisch.
povst|ání n (3) Aufstand m; ~(áv)at (pf. -stanu) aufstehen; entstehen; sich erheben.
povšechn|ě im allgemeinen, im großen und ganzen; ~ý allgemein.
povšimn|out si pf. (-ml; -mnut) (k-o, č-o) bemerken, beachten (A); ~utí n (3) Beachtung f; bez ~ unbeachtet.
povyk m (2b) Lärm m, Geschrei n, Tumult m; ~ovat ⟨na- se, roz- se, za-⟩ (-kuji) lärmen, johlen.
povy|razit pf. (-žen), ~rážet (3 Pl. -ejí) ⟨z-⟩ unterhalten, zerstreuen; ~ražení n (3) Zerstreuung f, Vergnügen n; ~rostlý halbwüchsig; ~růst pf. (s. růst) wachsen, größer werden.

povýš *Turn.* Hoch-, hoch-.
povýš|enec *m* (3; -nc-) Emporkömmling *m*; **~ení** *n* (3) Beförderung *f*; **~ený** erhöht, gehoben; befördert; überheblich; **~it** *pf.* erhöhen; befördern.
povyšovat (-*šuji*) *s. povýšit*; ~ se groß tun, wichtig tun.
povzbu|dit *pf.* (-*zen*) aufmuntern, anregen; **~divý** aufmunternd, anregend; **~zení**, **~zování** *n* (3) Aufmunterung *f*, Anregung *f*; **~zovat** (-*zuji*) *s. povzbudit*; **~zující** *s. povzbudivý*.
povzdál(i) in einiger Entfernung.
povzdech *m* (2b) Seufzer *m*; **~nout (si)** *pf.* (-*chl*) seufzen.
povznáše|jící erhebend, erbaulich; **~t** (3 *Pl.* -*eji*) *s. povznést*.
povznes|ení *n* (3) Hebung *f*, Förderung *f*; Aufschwung *m*; **~enost** *f* (4) Überheblichkeit *f*; **~ený** erhoben, erhaben.
povznést *pf.* (*s. nést*) erheben, emporheben.
povždy *lit.* immer, stets.
póza *f* (1a) Pose *f*.
pozad|í *n* (3) Hintergrund *m*; **~u** hinten; im Rückstand (mit *D*).
pozastav|ení *n* (3) Verweilen *n*; Anstoß *m*; **~it se** *pf.* (*nad čím*) sich aufhalten (bei *D*), stutzig werden (über *A*); Anstoß nehmen (an *D*).
pozatýkat *pf. e-n nach dem anderen* verhaften.
pozb|ý(va)t (*pf. s. být*) (*č-o*) verlieren, einbüßen; **~ytí** *n* (3) Verlust *m*, Einbuße *f*.
pozd|ě *Adv.* spät; zu spät; **~ěji** *Adv.*, **~ější** *Adj.* später; **~it se** *pf.*, o-, z- sich verspäten; *Uhr:* nachgehen; **~ní** spät, Spät-; *Stunde:* vorgerückt.
pozdrav *m* (2a) Gruß *m*; *Mil.* Ehrenbezeigung *f*; **~ení** *n* (3) Begrüßung *f*; Besserung *f*, Genesung *f*; *anděláské* ~ *Rel.* Englischer Gruß; **~it** *pf.* (be)grüßen; *Mil.* salutieren; ~ se genesen, gesund werden; **~ný** Begrüßungs-; *Mil.* Gruß-, Salut-; **~ovat** (-*vuji*) *s. pozdravit*.
pozdržet *pf.* aufhalten, verzögern.
pozdvih|nout *pf.* (-*hl*; -*žen*), **~ovat** (-*huji*) erheben, emporheben.
pozdviž|ení *n* (3) Aufrichtung *f*; *fig.* Erhebung *f*; Aufstand *m*, Empörung *f*; Aufsehen *n*; **~ený** erhoben.

pozem|ek *m* (2b; -mk-) Grundstück *n*; **~kový** Grund-, Boden-; -*vá reforma* Bodenreform *f*; **~ní** Land-; ~ *stavby* Hochbauten *m/pl.*; **~skost** *f* (4) *Rel.* das Irdische; **~ský** irdisch, Erden-; **~šťan** *m* (1; -*é*) Erdenbürger *m*.
pozi|ce *f* (2a) Position *f*; **~ční** Positions-; *Mil.* Stellungs-.
pozinkovat *pf.* (-*kuji*) verzinken.
pozitiv [-tɪ:f] *m* (2; 6. -*u*/-*ě*) *Gr.* Positiv *m*; *Fot.* Abzug *m*; **~ní** [-tɪ:v-] positiv.
pozítř|ejší übermorgig; **~ek** *m* (2b; -*řk*-; 2. -*řka*) übernächster, *öst.* übermorgiger Tag *m*; **~í** übermorgen.
pozla|cení *n* (3) Vergoldung *f*; **~cený** vergoldet; **~covat** (-*cuji*), **~tit** *pf.* (-*cen*) vergolden.
pozlátko *n* (1b; -*tek*) Blattgold *n*, Flittergold *n*.
pozmě|nit *pf.* (-*ěn*), **~ňovat** (-*ňuji*) abändern, modifizieren; **~ňovací** Abänderungs-.
pozna|čit *pf.* bezeichnen, kenntlich machen; **~men(áv)at** bezeichnen, vermerken; bemerken; brandmarken; ~ *si* vormerken, vermerken.
poznám|ka *f* (1c; -*mek*) Bemerkung *f*, Andeutung *f*; Vermerk *m*, Notiz *f*; ~ *pod čarou* Fußnote *f*; **~kový** Anmerkungs-, Merk-.
pozn|ání *n* (3) Erkennen *n*, *fig.* Erkenntnis *f*; **~at** *pf.* erkennen, kennen lernen; **~atek** *m* (2b; -*tk*-) (*gewonnene*) Erkenntnis *f*; **~atelný** erkennbar, wahrnehmbar; **~ávací** Erkennungs-, Kenn-; **~ávání** *n* (3) Kennenlernen *n*; ~ *sebe sama* Selbsterkenntnis *f*; **~ávat** *s. poznat*.
poznovu erneut, von neuem.
pozobat *pf.* (-*u*/-*aji*) aufpicken.
pozor *m* (2a) Achtung *f*, *öst.* Obacht *f*; ~! *a.* Vorsicht!; *mít se na* ~ *u* sich in acht nehmen; *dá(va)t* ~ achtgeben; **~nost** *f* (4) Aufmerksamkeit *f*, Augenmerk *n*; **~ný** aufmerksam; **~ovací** Beobachtungs-; *Mil.* Aufklärungs-; **~ování** *n* (3) Beobachtung *f*; **~ovat** (*z*-) (-*ruji*) beobachten, (be)merken; anmerken (*co na kom* j-m *A*); **~ovatel** *m* (3; -*e*) Beobachter *m*; **~ovatelna** *f* (1; -*len*) Beobachtungsturm *m*, -stand *m*, -posten *m*; **~ovatelný** wahrnehmbar; **~uhodnost** *f* (4) Sehenswürdigkeit *f*; **~uhodný** sehenswert, beachtenswert; merkwürdig.

pozoun m (2a) Posaune f; ~ista m (5a) Posaunist m.
po|zpátku im nachhinein; (nach) rückwärts; ~zřít¹ pf. (-ím, -el) anschauen, ansehen (na co/A); ~zřít² (-zřu) verschlucken, verschlingen.
pozůsta|lost f (4) Nachlaß m, Hinterlassenschaft f; ~lostní Erbschafts-; ~lý m (Adj. 1) Hinterbliebene(r) m; ~tek m (2b; -tk-) Überrest m; ~ávat bestehen (z č-o aus D); beruhen (v čem auf D).
pozůstavit pf. hinterlassen; ~el m (3; -é) jur. Erblasser m.
pozv|ání n (3) Einladung f; ~ánka f (1c; -nek) Einladung(skarte) f; ~at pf. (-zvu) einladen.
pozved- s. pozdvih-.
pozvolný (Adv. -a) allmählich.
požád|ání n (3) Aufforderung f, Verlangen n; ~at pf. (o co) ersuchen (um A), bitten (zu).
požad|avek m (2b; -vk-) Forderung f; Anspruch m; Anforderung f; ~ovací Anforderungs-; ~ovat pf. (-duji) fordern, verlangen, beanspruchen.
požalovat (si) pf. (-luji) sich beklagen (k-u na co bei j-m über A).
požár m (2a) Feuer(brunst f) n, Brand m; ~ní Feuer-, Brand-; ~nictvo n (1; -tev) Feuerwehr (-mannschaft) f; ~ník m (1a) Feuerwehrmann m; ~oviště, požářiště n (2a) Brandplatz m, -stätte f.
požeh m (2b) Brennen, Sengen n; dát v ~ brandschatzen.
požeh|ání n (3) Segen m; ~at pf. (k-u, č-u od. k-o, co) segnen (A).
požeh|ovací Brenn-; ~ovačka f (1c; -ček) Brennelsen n; ~ovat pf. (-huji) v/t fig. verbrennen; Fässer vergeßne s. pohnat. [pichen.
požerák m (2b) Speiseröhre f, F Schlund m.
požírat s. požít¹.
požíra|tk s. požrat; ~vý gefräßig.
požít¹ pf. (s. žít²) abmähen.
pož|ít² pf. (s. žít¹; -žit) (č-o, co) genießen, einnehmen (A); Gift nehmen; ~itek m (2b; -tk-) Genuß m; -tky pl. a. Bezüge m/pl.; Gebühren f/pl.; ~iti n (3) Genuß m (Essen) n; ~itkář m (3) genußsüchtiger Mensch m, iron. Lebemann m; ~itkářský genußsüchtig.
poživačn|ost, poživačn|ost f (4) Genußsucht f; ~ý genußsüchtig.

poživ|ání n (3) Nutznießung f; s. požití; ~at ⟨s-⟩ (č-o) genießen.
poživat|el m (3; -é) Nutznießer m; ~elný genießbar; ~iny f/pl. (1) Nährmittel n/pl.
pra|- in Zssgn Ur-; ~bába f (1; -bab), ~babička f (1c; -ček) Urgroßmutter f; ~bídný sehr elend, P miserabel; ~buňka f (1c; -něk) Urzelle f; ~bytost f (4) Urwesen n.
pracant P m (1) fig. Arbeitstier n.
práce f (2; 7 Sg., 2, 3, 6, 7 Pl. -ac-) Arbeit f; mít plné ruce ~ alle Hände voll zu tun haben; to nestojí za ~ci das ist nicht der Mühe wert; marná ~! schade um die Arbeit!; bez ~ arbeitslos; nemá nic na -ci er hat nichts zu tun; je po -ci es ist Feierabend; ~schopnost f (4) Arbeitsfähigkeit f.
prací Wasch-.
pracizí wildfremd.
pracka f (1c; -ce) Tatze f, Pfote f; öst. Pratze(n) f (Hand).
prac|nost f (4) Arbeitsaufwand m; ~ný mühsam, schwierig.
pracov|at ⟨na-, po-, u-, za-⟩ (-cuji) arbeiten; (k č-u) hinarbeiten auf (A); ~ k smrti im Sterben liegen; ~iště n (2a) Arbeitsplatz m, -stelle f; ~itý arbeitsam; ~na f (1; -ven) Arbeitsraum m, -zimmer n; ~ní Arbeits-; ~ník m (1a) Arbeiter m, Schaffende(r) m; odborný ~ Fachkraft f; ~nice f (2b) Arbeiterin f, Beschäftigte f, weibliche Arbeitskraft f; sociální ~ Fürsorgerin f.
pracující 1. arbeitend, berufstätig, schaffend; 2. m od. f (Adj. 1 od. 2) Werktätige m od. f; duševně ~ Geistesschaffende(r).
práč m (3) Raufbold m; ~ e n (4) Spießrute f; † hist. Schleuderer m.
pračka f (1c; -ček) Waschmaschine f; Schlägerei f.
pra|člověk m (1; Pl. -lidé) Urmensch m; ~dávný uralt; ~děd m (1; -ové) Urgroßvater m; Urahn m; ~ ♀ Geogr. Altvater(gebirge n) m; ~dějiny f/pl. (1) Urgeschichte f.
prádel|na f (1; -len) Waschküche f; Wäscherei f; ~ní Wäsche-, Wasch-; ~ník m (2b) Wäscheschrank m.
pradlena f (1) Wäscherin f.
prádlo n (1a; -del) Wäsche f.
pradoba f (1) Urzeit f.
práh m (2b; prah-) Schwelle f; Stromschnelle f.

Praha f *(1b)* Prag n.
pra|hloupý stockdumm; **~hmota** f *(1)* Urmaterie f.
prahnout pf. *(-hl)* verdorren; **~** žízní verdursten; **~** po čem lechzen (nach D); **~** po kom schmachten (nach D).
prahor|ní Urgebirgs-; **~nina** f *(1)* Urgestein n; **~y** f/pl. *(1)* Urgebirge n.
prach m *(2b)* Staub m; *(Schieß-)* Pulver n; Flaum m, Daune f; F byl v **~u** er war weg, hat sich aus dem Staube gemacht; **~y** pl. F a. Geld n, Moos n, Mäuse f/pl.; **~-** in Zssgn P *pra-*; **~árna** f *(1; -ren)* Pulvermagazin n; † Pulvermühle f; **~ař** P m *(3)* steinreicher Mann m; **~atý** P steinreich.
práchni|na f *(1)* Moder(geruch) m; **~vět** ⟨z-⟩ *(3 Pl. -ějí)* (ver)modern, morsch werden; **~vý** morsch.
pracho|jem m *(2a)* Staubfänger m; **~těsný** staubdicht, -geschützt; **~vka** f *(1; -vek)* Staubtuch n; **~vý** Staub-; Pulver-; Flaum-.
prachudý P bettelarm.
pra|jazyk m *(2; 2. -a; 6. -ku/-ce)* Ursprache f; **~jednoduchý** ganz einfach.
prak m *(2b)* Schleuder f.
prakti|cký [-tɪ-] *(Adv. -y)* praktisch; **~čka** f *(1c; -ček)* Praktikerin f; **~čnost** f *(4)* Zweckdienlichkeit f; **~k** m *(1; -ové)* Praktiker m; **~ka** f *(1c)* Praktik f; **~kovat** ⟨z-⟩ *(-kuji)* praktizieren.
prales m *(s. les)* Urwald m.
pralinka f *(1c; -nek)* Praline f.
prám m *(2a)* Fähre f; Floß n.
pra|málo sehr wenig; **~malý** sehr klein, sehr gering; **~máti** f *(3; -mateř-)* Stammutter f, lit. Ahnherrin f.
pramen m *(4 od. 2a)* Quelle f; *(Haar-)*Strähne f; Strang m; *El.* Litze f; **~iště** n *(2a)* Quellgebiet n; **~it** entspringen; entstehen; quellen; **~itý** Quell-.
pramice f *(2a)* Fähre f.
pra|národ m *(s. národ)* Urvolk n; **~nepatrný** ganz unbedeutend; **~nic** gar nichts, überhaupt nichts.
pranice f *(2a)* Rauferei f, Schlägerei f.
pranostika [-tɪ-] f *(1c)* volkstümliche Wettervorhersage f, Bauernregel f.
pranýř m *(4)* Pranger m; **~ovat** ⟨z-⟩ *(-řuji)* an den Pranger stellen; *fig.* anprangern, brandmarken.
pra|obraz m *(2; 6. -e/-u)* Urbild n; **~obyčejný** ganz gewöhnlich; **~obyvatel** m *(3; -é)* Ureinwohner m; **~otec** m *(s. otec)* Stammvater m; **~podivný** höchst sonderbar; **~podstata** f *(1)* Ursubstanz f.
prapor m *(2a)* Fahne f, Standarte f, Banner n; Bataillon n; *Zo.* Flaumfedern f/pl.; **~čík** m *(1a)* Fähnrich m; **~ečník** m *(1a)* Fahnenträger m; **~ek** m *(2b; -rk-)* Fähnchen n; *Sp.* Wimpel m.
prapra|bába f *(1; -bab)* Ururgroßmutter f; **~děd** m *(1; -ové)* Ururgroßvater m.
pra|předek m *(1; -dk-)* Urahn m; **~příčina** f *(1)* eigentliche Ursache f; **~rodiče** m ⟨2⟩ Urgroßeltern pl.; Urahnen m/pl.
pras|ák m *(1a)* Schweinehirt m; **~átko** n *(1b; -tek)* Schweinchen n, Ferkel n.
prase n *(4)* Schwein n; **~cký** *(Adv. -y)* schweinisch; **~čí** Schweins-, Schweine-; **~čína** f *(1)* Schweinestall m; **~činec** P m *(4; -nc-)* *fig.* Saustall m; **~čit** P ⟨z-, za-⟩ schweinigeln, Schweinereien treiben *od.* erzählen.
pra|sídlo n *(1a; -del)* ursprünglicher Sitz m; **~síla** f *(s. síla)* Urkraft f.
prasit se ⟨o-⟩ ferkeln.
prask! *Int.* krach!, bum!, bums!
práskaný F gerieben, pfiffig.
práskat s. *prásknout*.
prask|avka f *(1c; -vek)* Springfrucht f; Rakete f; **~avý** prasselnd, knisternd; **~lina** f *(1)* Sprung m, Riß m; **~lý** gesprungen; **~nout** pf., roz-, za- *(-kl)* (zer)platzen, (zer)springen, bersten, e-n Riß bekommen; *El.* durchbrennen; krachen, knallen; knistern.
prásknout pf., -na, -s-, za- *(-kl)* knallen (*čím* mit D); einschlagen *(do k-o auf A)*; **~** dveřmi Tür zuschlagen.
prask|nutí n *(3)* Knall m; Platzen n; *Tech.* Bruch m; **~ot** m *(2a)* Krachen n; *Rdf.* Knattern n; *(Feuer)*Prasseln n.
praslovanský urslawisch.
pras|nice f *(2a)* Mutter-, Zuchtsau f; **~ný** *Su.:* trächtig.
pra|sprostý hundsgemein; **~starý**

uralt; **~stav** m (2a) Urzustand m; **~strýc** m (s. strýc) Großonkel m; **~svět** m (2; 2. -a) Urwelt f.
prášek m (2b; -šk-) Stäubchen n; Med., Chem. Pulver n; ~ pro spaní Schlafpulver.
práš|il P m (1a; -ové) Aufschneider m; **~it** ⟨na-, po-, za-⟩ Staub aufwirbeln; fig. iron. aufschneiden; ~ se staubem.
prašiv|ět ⟨o-, z-⟩ (3 Pl. -ěji) räudig werden; **~ina** f (1) Räude f, Krätze f; **~ka** f (1c; -vek) giftiger Pilz m; **~ý** räudig.
prášk|ovat ⟨roz-, z-, za-⟩ (-kuji) pulverisieren; mit Kunstdünger düngen; **~ovitý** pulverförmig, in Pulverform; **~ový** Pulver-, Staub-.
prašn|ík m (2b) Bot. Staubbeutel m; Tech. Staubring m; **~ý** staubig; 2á brána Pulverturm m. [bel.⟩
prašpatný sehr schlecht, F misera-
prašť|ený P schwer von Begriff, beschränkt; **~ět** ⟨za-⟩ krachen; **~it** P pf. schlagen; ~ (s) čím o zem zu Boden werfen, P hinschmeißen (A); ~ sebou lang hinschlagen; ~ se (o co) sich stoßen (an D).
prát ⟨na-, po-, se-, za-⟩ ⟨peru, pral, prán⟩ Wäsche waschen; schlagen, prügeln; prasseln; ~ se raufen; sich reißen (o A).
pra|teta f (1) Großtante f; **~tvar** m (2a) Urform f; **~údolí** n (3) Urstromtal m.
práv-: být ~ č-u gerecht werden (D).
pravák m (1a) Rechtshänder m.
pravd|a f (1) Wahrheit f; wahr; allerdings; to je ~ das ist wahr; máte-li Vy tak haben recht; jen co je ~ alles was recht ist; dát k-u za -du j-m recht geben; vzít za -du für wahr halten, F für bare Münze nehmen; už je na -Ně Boží er hat das Zeitliche gesegnet; po -dě wahrheitsgemäß, -getreu; **~ěpodobný** wahrscheinlich, vermutlich; **~ivý** wahrheitsgetreu; **~omluvný** die Wahrheit sagend, wahrheitsliebend; **~ymilovnost** f (4) Wahrheitsliebe f; **~ymilovný** wahrheitsliebend.
právě Adv. (so)eben, gerade; allerdings.
pravěk m (2b) Urzeit f, Vorzeit f; **~ý** urzeitlich, Ur-.
právem mit Recht.
pravi|ce f (2a) Rechte f (a. Pol.);

~cový rechtsgerichtet, Rechts-; **~čák** m (1a) Rechtshänder m; Pol. Rechtsgerichtete(r) m, F Rechte(r) m.
pravid|elný regelmäßig; **~lo** (1a; -del) Regel f.
pravit sagen.
pravítko n (1b; -tek) Lineal n; logaritmické ~ Rechenschieber m.
pravlast f (4) Urheimat f.
práv|ní Rechts-, rechtlich; **~nický** juristisch, öst. juridisch; **~ník** m (1a) Jurist m.
pravnuk m (1a) Urenkel m.
právo n (1; 6. -u) Recht n.
pravomoc f (4) Befugnis f, Rechtskraft f; Wirkungsbereich m; **~ný** rechtskräftig.
pravopis m (2; 6. -e/-u) Rechtschreibung f; **~ný** orthographisch.
pravoplat|nost f (4) Rechtskraft f; **~ný** rechtskräftig.
pravoslav|í n (3) Orthodoxie f; **~ný** rechtgläubig, orthodox.
pravost f (4) Echtheit f.
pravo|stranný rechtsseitig, **~točivý** rechtsläufig; **~úhelník** m (2b) Rechteck n; **~úhlý** rechtwink(e)lig.
pravověr|ec m (3; -rc-) Rechtgläubige(r) m; **~nost** f (4) Recht-, Strenggläubigkeit f; **~ný** rechtgläubig.
pravý recht; fig. gerade, wahr.
pravzor m (2a) Urbild n.
praxe f (2) Praxis f.
prázd|eň f (3; -dně) Freizeit f, Muße f; **~ninový** Ferien-; **~niny** f/pl. (1) Ferien pl.; o -ninách in den Ferien; **~nit se** sich leeren; **~no** n (1; 6. -u; -den) Leere f; **~nota** f (1) Leere f, Vakuum n; **~ná**: odešel s -nou er ging leer aus; **~ný** leer; Zeit, Platz: frei.
pra|zdroj m (2/1) Urquell m; **~zvláštní** ganz sonderbar; **~žádný** nicht der geringste, gar kein.
Praž|ák F m (1a), **~an** m (1; -é), **~anka** f (1c; -nek) Prager(in f) m.
pražec m (4; -žc-) Schwelle f; Mus. Griffbrett n.
praž|enka f (1c; -nek) Einbrennsuppe f; **~ený** geröstet; **~idlo** n (1a; -del) Röstmaschine f; **~írna** f (1; -ren) Rösterei f; **~it** ⟨na-, u-⟩ brennen; Kaffee rösten.
pražma f (1; -žem) Zo. Brasse f.
pražský Prager (Adj.).
prcek F m (1a; -ck-) Knirps m.

prd V *m* (2) Furz *m*; ~el V *f* (3) Arsch *m*; ~elka *f* (1c; -lek) *Kdspr.* Popo *m*; ~elkovat (se) F (-kuji) herumscharwenzeln; ~ět V ⟨po-, za-⟩, ~nout *pf.* furzen.
pré P: *mít* ~ frei haben.
prebenda *f* (1) Pfründe *f*.
precedenční Präzedenz-.
preciz|ní präzis(e); ~ovat ⟨vy-⟩ (-zuji) präzisieren.
preclík *m* (2b) Brezel *m, dial.* Kringel *m*; ~ář *m* (3) Brezelbäcker *m*.
prejz *m* (2a) Hohlziegel *m*.
premiant *m* (1) Musterschüler *m*.
prémie *f* (2) Prämie *f*.
premiér *m* (1; -ři-rové) Premierminister *m*; ~a *f* (1d) Erstaufführung *f*.
prémi|ovaný prämiiert; ~ovat (*im*)*pf.* ⟨z-⟩ (-muji) prämiieren; ~ový Prämien-.
premisa *f* (1a) Prämisse *f*.
premovat ⟨o-, z-⟩ (-muji) verbrämen.
prepar|ační Präparier-; ~át *m* (2; 6. -u/-ě) Präparat *n*.
prérile *f* (2) Prärie *f*; ~jní Prärie-.
president [-zi-] *m s. prezident.*
prevít P 1. *m* (1) Nichtsnutz *m*; 2. *m* (2a) Schund *m*, Unrat *m*.
prezen|ční Präsenz-; *Mil.* aktiv; ~tovat (*im*)*pf.* (-tuji) präsentieren.
prezident *m* (1) Präsident *m*.
prch|at ⟨u-⟩ verfliegen; *Chem.* sich verflüchtigen; *vor j-m* fliehen; ~avý flüchtig; ~livost *f* (4) Jähzorn *m*; ~l(iv)ý jähzornig.
prim *m* (2a) *Mus.* Prim *f*; *fig.* erste Geige *f*; ~án *m* (1), ~nka *f* (1c; -nek) Primaner(in *f*) *m*; ~ární primär-; ~ář *m* (1) Chefarzt *m, öst.* Primar *m*; ~átor *m* (1; -ři) Oberbürgermeister *m von Prag*; ~itiv [-tɪːf] *m* (1; -ové) Primitive(r) *m*; ~itivní [-tɪːv-] primitiv.
princ *m* (3) Prinz *m*; ~ezna *f* (1; -zen) Prinzessin *f*. [ritäts-.\]
priorit|a *f* (1) Priorität *f*; ~ní Prio-]
privilej *f* (2) Privileg *n*.
prk|énko *n* (1b; -nek) Brettchen *n*; ~enný Bretter-; *fig.* hölzern; ~no *n* (1; -ken) Brett *n*.
pro *Prp.* (*mit* 4. *Fall*) für (*A*), wegen (*G*); ~ to dafür; ~ *peníze* um des Geldes willen; (do)*jít* ~ *lékaře* (*vodu*) den Arzt (Wasser) holen (gehen); ~ *a proti* Für und Wider.
pro- *in Zssgn* durch-, ver-, herum-.

probád|ání *n* (3) Erforschung *f*; *Hdl.* Erschließung *f*; ~aný erforscht, erschlossen; ~at *pf.* erforschen.
probd|ělý *Nacht:* durchwacht; ~ít *pf.* (-ěl) durchwachen.
proběh|at, ~nout *pf.* (-hl; -hnut) durchlaufen; verlaufen; ~ se sich auslaufen, genug laufen.
pro|bendit *pf.* Geld verprassen; *Nacht* durchbringen; ~bíhat *s. proběhat.*
probíj|ečka *f* (1c; -ček) Lochmaschine *f*, Stanze *f*; ~et (3 *Pl.* -ejí) stanzen, lochen; ~ se sich durchschlagen.
probír|at *s. probrat*; ~ka *f* (1c; -rek) Durchnahme *f*; Durchforstung *f*.
probít *pf.* (*s. bit*) durchschlagen; *Geld* vergeuden.
problém *m* (2a) Problem *n*.
problesk|nout *pf.* (-kl), ~ovat (-kuji) durchblitzen; *Gedanke:* plötzlich kommen.
probod|(áv)at, ~nout *pf.* (-dl; -dnut) durchbohren; *Papier* durchstechen.
probo|jovat *pf.* (-juji) durchkämpfen; *e-r Sache* zum Sieg verhelfen; ~řit *pf.* v/*t* durchbrechen; ~ se durchbrechen, einbrechen (v/*i*); einstürzen. [Propstei *f*.]
probošt *m* (1) Propst *m*; ~ství *n* (3)]
pro|bouzet (3 *Pl.* -ejí) *s. probudit*; ~brat *pf.* (-beru) *Lehrstoff* durchnehmen; *Wald* durchforsten; *Text* durchgehen, -sehen; ~ se erwachen; (*z čeho*) sich erholen (*von D*).
probud|ilý *fig.* aufgeweckt; ~it *pf.* (-zen) (auf)wecken; erwecken; ~ se er-, aufwachen.
probůh! *Int.* um Gottes willen!
probuze|ní *n* (3) Erwachen *n*; ~ný geweckt; *fig.* erwacht.
procedit *pf.* (-zen) durchseihen; *Blut, Tränen* vergießen.
procent|ní, ~ový, ~uální prozentual, Prozent-; ~o *n* (1) Prozent *n*.
proces *m* (2; 6. -u/-e) Prozeß *m*.
procesí *n* (3) Prozession *f*.
pro|cestovat *pf.* (-tuji) durch-, bereisen; *Zeit* auf Reisen verbringen; ~citat, ~čítat *pf.* erwachen; ~cítěný tief empfunden; gefühlvoll; ~cítit *pf.* tief empfinden; *Schmerz* nachempfinden; ~citnout *pf.* (-tl) *s. procitat*; ~citnutí *n* (3) Erwachen *n*.

procl|ení, ~ívání *n* (3) Verzollung *f*; **~í(va)t** (*pf. -clen*) verzollen.
procovský (*Adv. -y*) protzig, überheblich.
procvič|it *pf.*, **~ovat** (-*čuji*) durch-, einüben.
proč warum; není ~ dazu ist kein Grund.
pročes(áv)at (*pf. -šu|-sám*) durchkämmen.
pročež *lit.* (*relativ*) weshalb.
pročíst *pf.* (*s. číst*) durchlesen; (flüchtig) durchgehen.
proči|stit *pf.* (-*štěn*), **~šťovat** (-*tuji*) reinigen; *fig.* läutern; *Med.* abführen; *Tech.* abschlacken.
pročítat *pf. s. pročíst*.
pročpak warum denn.
prod|aný verkauft; **~(áv)at** verkaufen; **~avač** *m* (3), **-čka** *f* (1c; -*ček*) Verkäufer(in *f*) *m*.
prodej *m* (4) Verkauf *m*; na ~ zu verkaufen; dát do ~e in den Handel bringen; **~na** *f* (1; -*jen*) Verkaufsstelle *f*; **~ní** Verkaufs-; **~ný** verkäuflich; *Mensch:* käuflich.
prodě|l(áv)at durchmachen; *Geld* einbüßen; *Teig* durchkneten; **~ek** *m* (2b; -*lk*-) Verlust *m*.
proděrav|ělý löch(e)rig, **~ět** *pf.* (3 *Pl. -ějí*) Löcher bekommen; **~it** *pf.* durchlöchern.
pro|dchnout *pf.* (-*chnut*) durchdringen, *lit.* beseelen; **~dírat se** durchdringen, sich ~n Weg bahnen, F sich durchschlagen.
prodl|ení *n* (3) Verzögerung *f*; Verweilen *n*; bez ~ unverzüglich; úroky z ~ Verzugszinsen *pl.*; v ~ im Verzug; žádat za ~ um Aufschub bitten; **~eva** *f* (1) *Mus.* Orgelpunkt *m*; Fermate *f*; **~évat** *pf. pf.* (-*el*) (ver-)weilen; zögern; -*ít mimo dům* ausbleiben; **~ít** *pf.* (3) *s. prodlení*.
prodlouž|ení *n* (3) Verlängerung *f*; **~ený** verlängert; **~it** *pf.* verlängern; ~ *se* sich hinziehen, länger werden.
prodluž|ený verschuldet; **~it** *pf.* mit Schulden belasten; **~ovat** (-*žuji*) *s. prodloužit.*
pro|drat *pf.* (-*deru*), **~dřít** *pf.* (-*dřu*, -*dřel*) durchwetzen; ~ *se* čím sich durchdrängen (durch *A*); durchdringen (*A*).
produk|ce *f* (2) Produktion *f*; *Thea.* Vorstellung *f*; **~ční** Produktions-; **~ovat** ⟨*na*-⟩ (-*kuji*) produzieren; **~tivní** [-tɪ-] produktiv.

pro|duševnělý durchgeistigt, beseelt; **~dyšný** luftdurchlässig.
profesionál *m* (1; -*ové*) Berufssportler *m*, F Profi *m*; **~ní** Berufs-, berufsmäßig.
profes|or *m* (1; -*ři*), **~orka** *f* (1c; -*rek*) Professor(in *f*) *m*; **~ura** [-suː-] *f* (1d) Professur *f*.
profík F *m* (1a) *Sp.* Profi *m*.
profil *m* (2a) Profil *n*; *Tech. a.* Querschnitt *m*; *fig.* úzký ~ Engpaß *m*; **~ovaný** profiliert; *Tech.* Profil-; **~ovat** ⟨*vy*-⟩ (-*luji*) profilieren.
profouk|(áv)at, ~nout *pf.* (-*kl*; -*knut*), **profoukovat** (-*kuji*) durchblasen. [sage *f.*⟩
prognóza *f* (1a) (*Wetter-*)Vorher-⟨
program *m* (2a) Programm *n*; **~átor** *m* (1; -*ři*) Programmierer *m*; **~ní** Programm-; **~ovat** (-*muji*) programmieren; **~ový** programmgemäß, Programm-.
progresívní progressiv; *Med.* fortschreitend.
pro|hádat *pf.* falsch raten, danebenraten; **~hánět** (3 *Pl. -ějí*) *s. prohnat*; ~ *se* sich tummeln; **~házet** (3 *Pl. -ejí*) *s. prohodit*; **~hazovačka** *f* (1c; -*ček*) Erdsieb *n*; Wurfgitter *n*; **~hlásit** *pf.* (-*šen*), **~hlašovat** (-*šuji*) bekanntgeben, kundmachen, verkünden; (za *co*) erklären (zu *D*); *zum König* ausrufen; *heilig* sprechen; *Zoll* deklarieren; ~ *se* (za *k-o*) sich zu erkennen geben (als); sich ausgeben (für *A*); **~hlášení** *n* (3) Erklärung *f*; Kundmachung *f*; ~ *neplatnosti* Ungültigkeitserklärung *f*; **~hláška** *f* (1c; -*šek*) (Zoll-)Erklärung *f*; -*ky pl. a. Rel.* Aufgebot *n*.
prohléd|(áv)at durchsuchen.
prohléd|nout *pf.* (-*dl*; -*dnut*) durchsehen; *Absicht* durchschauen; besichtigen; *Med.* untersuchen; wieder sehen können; F die Augen aufgehen *j-m*; **~nutí** *n* (3) Durchsicht *f*; Wiedergewinnung *f* des Sehvermögens.
prohlíd|ka *f* (1c; -*dek*) Besichtigung *f*; *Med.* Untersuchung *f*; (Zoll-)Kontrolle *f*; (*Haus-*)Durchsuchung *f*; *Jur.* (*Lokal-*)Termin *m*; **~nout** *pf. s. prohlédnout*.
prohlíž|et (3 *Pl. -ejí*) *s. prohlédnout*; **~itel** *m* (3; -*é*) Beschauer *m*.
pro|hlodat *pf.* durchnagen; **~hloubit** *pf.* vertiefen; **~hloupit** *pf.* e-e Dummheit begehen.

prohlubeň

prohlub|eň f (3; -bně), **~ina** f (1) Vertiefung f; **~ovat** (-buji) s. prohloubit.

prohna|nost f (4) Durchtriebenheit f; **~ný** durchtrieben; **~t** pf. (-ženu) (durch)jagen, treiben, (ab)hetzen; **~ se** sich müde laufen, F sich abhetzen.

prohn|ilost f (4) Fäulnis f; **~ilý** faulig, morsch; **~ojit** pf. gut (durch-)düngen; **~out** pf. (s. hnout) einbiegen; Tech. verbiegen; Turn. beugen, durchbiegen; **~ se** beugen; sich verbiegen; **~utý** gebogen; verbogen; Linie: geschwungen.

proho|dit pf. (-zen) bemerken, e-e Bemerkung machen; (hin)durchwerfen; Sp. überspielen; **~řet** pf. durchbrennen; **~spodařit** pf. verwirtschaften; **~vořit** pf. gründlich besprechen, durchsprechen; **~zení** n (3) Sp. Hochschlag m.

prohra f (1d; -her) Verlust m; Sp. Niederlage f.

prohrab|(áv)at (pf. -u) durchwühlen; Feuer schüren.

prohrá|bka f (1c; -bek) Ausbaggern n; **~bnout** pf. (-bl) Ofen schüren; **~(va)t** pf. s. hrát) verspielen; Sp. verlieren.

prohř|át pf. (-hřeji, -hřál), **~ívat** durchwärmen.

prohřeš|ek m (2b; -šk-), **~ení** n (2) Verstoß m, Vergehen n; **~it se** pf., **~ovat se** (-šuji) (na kom) sich versündigen (an D); (proti č-u) verstoßen (gegen A).

pro|hyb m (2a) Vertiefung f, Einbuchtung f; **~hýbat** s. prohnout; **~hýřit** pf. verprassen, F verjubeln.

procház|eč m (3) Spaziergänger m; **~ení** n (3) Durchgehen n, Durchfuhr f; Transit m; Passieren n ♦ er Sperre; Spaziergehen n; **~et** (3 Pl. -eji) s. projít; **~ka** f (1c; -zek) Spaziergang m; jít na -ku spazierengehen, e-n Spaziergang machen.

prochlad|lý (ab)gekühlt, fig. durchfroren; **~nout** pf. (-dl) sich abkühlen; Mensch: durchfrieren.

pro|chlastat V pf. versaufen; **~chodit** pf. (-zen) auf- und abgehen; durchwandern; fig. ablaufen, Schuhe durchtreten; **~chvět**, **~chví(va)t** (pf. s. chvět) durchwehen; lit. erzittern lassen.

projedn|á(vá)ní n (2) Verhandlung f; Behandlung f; **~(áv)at** behandeln, erörtern; **~ se** Jur. zur Verhandlung kommen.

projek|ce f (2) Projektion f; **~ční** Projektions-; **~tor** m (2a) Bildwerfer m.

projet pf. (-jedu) durchfahren durchreiten; **~ se** e-e Spazierfahrt machen; ausreiten.

projev m (2a) Äußerung f; Kundgebung f; Ansprache f; **~** důvěry Vertrauensvotum n; s **~em** úcty hochachtungsvoll; **~it** pf., **~ovat** (-vuji) äußern, offenbaren; **~it se** sich äußern, sich bemerkbar machen; sich erweisen (čím als).

projezdit pf. (-žděn/-zděn) s. projet.

projím|adlo n (1a; -del) Abführmittel n; **~at** Med. durchschlagen, abführen; **~avý** abführend.

pro|jíst pf. (s. jíst) verprassen, **~jít** pf. (s. jít) durchgehen; Land durchwandern; Zeit: vergehen; Schüler, Wahl, Gesetz: durchkommen; **~ se** e-e Spaziergang machen; **~jití** n (3) Passieren n; (Frist-)Ablauf m.

projíž|dět (3 Pl. -eji) s. projet; **~ďka** f (1c; -děk) Spazierfahrt f, -ritt m.

prokáz|aně Adv. nachweislich; **~ání** n (3) Erweisen n; **~** úcty Ehrenbezeigung f; nucené **~** Ausweiszwang m; **~aný** nachgewiesen, erwiesen; **~at** pf. (s. -žu/-ži) nach-, beerweisen; **~ se** (čím) sich erweisen (als); sich ausweisen (mit D).

prokaz|atelný nachweisbar, nachweislich; **~ovat** (-zuji) s. prokázat.

prokláд|at einschalten, fig. einblenden; Typ. sperren; **~ka** f (1c; -dek) Zwischenlage f; Typ. Durchschuß m.

proklam|ace f (2) Proklamation f; **~ovat** (im)pf. (-muji) proklamieren.

proklát pf. durchbohren.

proklat|ec m (3; -tc-) Verdammte(r) m; **~ý** verflucht, verdammt.

prokle|p(áv)at (pf. -u/-ám) durchklopfen; Maschine: durchschlagen; Med. abklopfen; **~stit** pf. (-štěn) durchhauen; Weg bahnen; Wald lichten; **~tí** n (3) Verwünschung f; Rel. Verdammung f.

proklí(na)t (pf. s. klít) verfluchen, verwünschen.

proklouz|ávat, **~nout** pf. (-zl) durchschlüpfen.

proklu|bat se pf. durchlöchern; fig.

promítnout

an den Tag kommen; sich entpuppen; ~zovat (-zuji) rutschen, gleiten.
prokop|(áv)at (pf. -u/-ám) durchgraben; *Damm* durchstechen; ~ávka f (1c; -vek) Durchstich m; Einschnitt m; ~nout pf. (-pl; -pnut) (mit dem Fuß) durchstoßen, durchtreten.
pro|kouknout pf. (-kl/-knul; -knut) durchschauen; ~kouřit pf. verrauchen; ~kous(áv)at (pf. -šu/-sám), ~kousnout pf. (-sl; -snut) durchbeißen; ~kreslit pf. durchzeichnen; (durch)pausen; ~krmit pf. verfüttern; *Gans* ausmästen.
prokrv|ení n (3) Durchblutung f; ~it pf. durchbluten.
prokřeh|lý (*vor Kälte*) starr, steif; ~nout pf. (-hl) durchfrieren.
prokur|átor m (1; -ři) Staatsanwalt m; ~ura [-tu:-] f (1d) Staatsanwaltschaft f; ~ista m (5a) Prokurist m.
prokv|ést pf. (s. kvést), ~état (er-) blühen; *Haar:* grau schimmern; ~etlý *Haar:* graumeliert; ~íst pf., ~kvítat s. prokvést.
prolajdat P pf. verbummeln.
prolák|lina f (1) (*Boden*-)Vertiefung f; *Geogr.* Mulde f, Senke f; ~lý vertieft, eingedrückt.
prolam|ovaný durchbrochen; ~ovat pf. (-muji) v/t durchbrechen; *Knie* einknicken.
prolet m (2a) Durchfliegen n; *Zo.* Ausschwärmen n.
prolet|ariát m (2; 6. -u/-ě) Proletariat n; ~ář m (3), -řka f (1c; -řek) Proletarier(in f) m; ~ářský proletarisch.
pro|létat, ~letět, ~létnout pf. (-tl) durchfliegen; *fig.* vorbeischießen; *Strecke* zurücklegen.
prolév pf. ~ krve Blutvergießen n; ~at vergießen.
pro|léz(a)t (pf. -lezu) durchkriechen; ~lezlý durchsetzt.
proležlelý abgelegen; *Kranker:* wundgelegen; ~enina f (1) Stockfleck m; *Med.* Druckbrand m; ~et pf. durchliegen; das Bett hüten (müssen).
prolha|nost f (4) Verlogenheit f; ~ný verlogen.
prolín|at durchdringen; ~ se sich vermischen; ~avost f (4) Diffusion f; ~avý porös.
pro|listovat pf. (-tuji) *Buch* durchblättern; ~lít pf. (s. *lít*) durchgießen; vergießen.
prolít|at, ~nout s. prolétat; F ~ se herumtollen, sich austollen.
prolnout pf. (-lnul; -lnut) durchdringen.
prolom|ení n (3) Durchbruch m; ~it pf. durchbrechen.
prolong|ace f (2) Verlängerung f; ~ lhůty Stundung f; ~ovat (im)pf. (-guji) verlängern.
prolož|ený *Typ.* gesperrt; *Math.* interpoliert; ~it pf. durchlegen; *Typ.* sperren, durchschießen; *Math.* interpolieren; ~ka f (1c; -žek) *Typ.* Ausschuß m, Spatium n.
pro|luka f (1c) Einsenkung f; *Geogr.* Joch n; Baulücke f; ~máčet (im)pf. (3 Pl. -ejí) s. promočit.
promáčk|lý, ~nutý eingedrückt; *Nase:* plattgedrückt; ~nout pf. (-kl) eindrücken, durchdrücken; ~ se sich (hin)durchzwängen.
pro|marnit pf. vergeuden; F *Geld* durchbringen; ~maštěný fettig, speckig; *Speise:* (sehr) fett; ~mazat pf. (-žu/-ží) *Kfz.* abschmieren; F *Geld* durchbringen; ~měna f (1) Verwandlung f; Umwandlung f; ~měnit pf. verwandeln; umwandeln; ~měňování n (3) Umwandlung(sprozeß m) f; *Rel.* Wandlung f.
proměn|livost f (4) Wandelbarkeit f; ~livý, ~ný veränderlich, wandelbar.
promenovat se F (-nuji) promenieren.
proměňovat (-ňuji) s. proměnit.
proměř|ení n (3) *Tech.* Vermessung f; ~it pf., ~ovat (-řuji) *Land* vermessen; genau abmessen.
promešk|ání n (3) Versäumnis n; ~at pf. versäumen.
promí|chat pf. (durch)mischen; vermengen; ~jet (3 Pl. -ejí) s. prominout; ~jitelný verzeihlich.
promile n (indekl., z. a. 7 Sg. -m, 6 Pl. -ch) Promille n, mst Pl.
promin|out pf. verfehlen, F durchgehen lassen; *promiňte!* Verzeihung!; ~utí n (3) Verzeihung f; Nachsicht f; *Hdl.* Erlaß m.
promí|sit pf. (-šen) durch-, vermischen; *Kochk.* durchrühren; ~tací Projektions-; ~tač m (3) (*Kino*-)Vorführer m; ~tačka f (1c; -ček) Bildwerfer m, Projektor m; ~tat, ~tnout pf. (-tl) projizieren.

promlčecí

promlč|ecí *Jur.* Verjährungs-; ~**ení** *n* (3) Verjährung *f*; ~**et** *pf.*, ~**ovat** (-*čuji*) verschweigen; *Jur.* verjähren.

pro|mlouvat *s. promluvit;* ~**mlsat** *pf.* vernaschen; ~**mluva** *f* (1) Ansprache *f*; ~**mluvit** *pf.* e-e Ansprache halten, sprechen (zu, mit *D*); ~**moce** *f* (2) Promotion *f*; ~**močit** *pf.* durchnässen, durchweichen; ~**moční** Promotions-; ~**modralý** blau (angelaufen); *vor Kälte* blau.

promok|avost *f* (4) (*Wasser-*) Durchlässigkeit *f*; ~**avý** durchlässig; nicht wasserdicht; ~**lý** durchnäßt, durch und durch naß; ~**nout** *pf.* (-*kl*; -*knut*) (durch und durch) naß werden. [vieren.)

promovat (*im*)*pf.* (-*muji*) promo-)

promptní prompt.

pro|mrhat *pf.* verschwenden, vergeuden; ~**mrskat** *pf.* durchpeitschen; *Lehrstoff* hastig durchnehmen.

promrz|lý durchfroren; ~**nout** *pf.* (-*zl*) durchfrieren.

pro|myslit *pf.* (-*šlen*), ~**myšlet** (3 *Pl.* -*ejí*) durchdenken; ~**myšlenost** *f* (4) Planmäßigkeit *f*.

promý|(va)t (*pf.* -*myji*) durchwaschen; *Tech.* schlämmen; ~**tit** *pf.* (-*cen*) durchforsten.

pronájem *m* (2*a*; -*jm*-) Vermietung *f*; (*Geschäft usw.*) Verpachtung *f*; ~**ce** *m* (3) Vermieter *m*, Verpächter *m*.

prona|jímat vermieten, verpachten; -*jme se* být Wohnung zu vermieten; ~**jímatel** *m* (3; -*é*) Vermieter *m*; ~**jmout** *pf.* (-*jal*) *s. pronajímat;* ~**jmutí** *n* (3) Vermietung *f*.

pronárod *m* (2; 2. -*a*, 6. -*ě*/-*u*) *verä.* Gesindel *n*, Pack *n*.

pronásled|ování *n* (3) Verfolgung *f*; ~**ovat** (-*duji*) verfolgen; ~**ovatel** *m* (3; -*é*) Verfolger *m*.

pro|nášet (3 *Pl.* -*ejí*), ~**nést** *pf.* (*s. nést*) durchbringen; aussprechen; *Wunsch* äußern; *Urteil* fällen; ~ se sich müde tragen; sich durchbiegen, sich senken; sich äußern (o čem über *A*).

prondat P *pf.* durchstecken, -ziehen, -schieben.

pronevěř|it *pf.*, ~**ovat** ⟨z-⟩ (-*ruji*) veruntreuen.

pronik|ání *n* (3) Durchdringen *n*; *Mil.* Vordringen *n*; ~**at** durchdringen, durchqueren; *Mil.* vordringen; ~**avost** *f* (4) Durchdringungsvermögen *n*; *Fot.* Schärfe *f*; ~**avý** durchdringend; *fig.* scharf; *Stimme:* schrill; *Erfolg:* schlagend; *Reformen:* durchgreifend; ~**nout** *pf.* (-*kl*; -*knut*) s. pronikat.

propad|(áv)at durchfallen; e-r *Sache* verfallen; *Frist:* ablaufen; *Flgw.* durchsacken; ~ se versinken, einstürzen; spurlos verschwinden; ~**liště** *n* (2*a*) *Thea.* Versenkung *f*; ~**lý** durchgefallen; verfallen; *Wangen:* eingefallen; ~**nout** *pf.* (-*dl*) *s. propadat;* ~**nutí** *n* (3) *Flgw.* Durchsacken *n*.

propag|ace *f* (2) Propagierung *f*; ~**ační** Propaganda-, Werbe-; ~**ovat** (-*guji*) propagieren (*A*), Propaganda machen (für *A*).

pro|pachtovat *pf.* (-*tuji*) verpachten; ~**pálit** *pf.*, ~**palovat** (-*luji*) durchbrennen.

propána|boha!, ~**krále!** um Himmels willen!

pro|past *f* (4) Abgrund *m*; ~**pást** *pf.* (-*pasu*) versäumen, F verpassen; ~**pastný** abgrundtief; ~**pašovat** *pf.* (-*šuji*) durchschmuggeln; ~**péci** *pf.* (*s. péci*) durchbacken; ~**pich** *m* (2*b*) Durchstich *m*.

propích|at *pf.*, ~**nout** *pf.* (-*chl*; -*chnut*) durchstechen; lochen, F knipsen.

pro|pichovačka *f* (1*c*; -*ček*) Lochzange *f*; ~**píjet** (3 *Pl.* -*ejí*) *s.* propít; ~**pilovat** *pf.* (-*luji*) durchfeilen.

propis *m* (2; -*u*/-*e*) Durchschrift *f*; ~**ovací** Durchschreib-; ~**ovat** (-*suji*) durchschreiben.

propít *pf.* ⟨-*piji*⟩ vertrinken.

propl|acení *n* (3) Auszahlung *f*; Einlösung *f*; ~**ácet** (3 *Pl.* -*ejí*) *s. proplatit;* ~**áchnout** *pf.* (-*chl*; -*chnut*) durchspülen.

propla|kat *pf.* (-*ču*/-*či*) durchweinen; ~**tit** *pf.* (-*cen*) auszahlen; bezahlen; *Wechsel* einlösen; ~**vat** *pf.* (-*u*) durchschwimmen; ~**vit** *pf.* schwemmen.

pro|plést *pf.* (-*pletu*), ~**plétat** durchflechten; ~ se sich durchwinden; ~**plout** *pf.* (*s. plout*) Schiff: durchfahren; ~**pocený** durchgeschwitzt; schweißtriefend.

propoč|et *m* (2*a*; -*čt*-) Berechnung *f*; ~**ítat** *pf.* berechnen.

propo|druhé für ein andermal; ~**jit** *pf.* durchschalten; ~**rce** *f* (2) Proportion *f*; ~**rcionální** proportional; ~**zice** *jaké* ~ *máte na zítřek?* was schlagen Sie für morgen vor?; ~**tit** *pf.* (*-cen*) durchschwitzen.

propouští|cí Entlassungs-, Abgangs-; *Tech.* Ablaß-; ~**ět** (3 Pl. *-ějí*) *s.* propustit.

pro|povídat *pf. Zeit* verplaudern; ~**pracovat** *pf.* (*-cuji*) durcharbeiten; ~ se k č-u sich *et.* erarbeiten; ~**prat** *pf.* (*-peru*) durchwaschen; *Erze* schlämmen.

propůjč|ení *n* (3) Verleihung *f*; ~**it** *pf.*, ~**ovat** (*-čuji*) verleihen; ~ se k č-u sich hergeben (zu *D*).

propuk|at, ~**nout** *pf.* (*-kl*) ausbrechen; ~**nutí** *n* (3) Ausbruch *m*.

propust *f* (4) Durchlaß *m*; Schleuse *f*; ~**it** *pf.* (*-štěn*) durchlassen; entlassen; ~**ka** *f* (1*c*; *-tek*) Passierschein *m*; ~**nost** *f* (4) Durchlässigkeit *f*; ~**ný** durchlässig; undicht.

propuštění *n* (3) Entlassung *f*; Freilassung *f*; ~**ný** entlassen; freigelassen.

pro|radný verräterisch; ~**razit** *pf.* (*-žen*) durchschlagen, durchstoßen; durchbrechen, durchdringen.

pror|ažeč *m* (4) Locheisen *n*, F Locher *m*; ~**ažení** *n* (3), ~**ážka** *f* (1*c*; *-žek*) *Arch.* Durchbruch *m*; Durchstich *m*.

prorezavělý durchgerostet.

proro|cký (*Adv.* -*y*) prophetisch; ~**ctví** *n* (3) Prophezeiung *f*; ~**k** *m* (1*a*) Prophet *m*; ~**kovat** (*-kuji*) prophezeien.

pro|rostlý *Adj.* durchwachsen; ~**růst** *pf.* (*s. růst*) durchwachsen; ~**rva** *f s. průrva*; ~**rvat** *pf.* (*-u*) durchbrechen; *Geogr.* zerklüften; ~**rý(va)t** (*pf. s. rýt*) durchwühlen; ~**řeknout**, ~**říci** *pf.* (~*řeknu*) aussprechen; ~ se sich versprechen; ~**řezat** *pf.* (*-žu/-zám*) durchschneiden; ~ se durchbrechen (*v/i*); ~**řídlý** schütter; ~**řídnout**, ~**řídnout** *pf.* (*-dl*) dünn werden; ~**sadit** *pf.* (*-zen*) durchsetzen; ~**sáklý** durchtränkt, *mit et.* getränkt; ~**sáknout** *pf.* (*-kl*; *-knut*), ~**sakovat** (*-kuji*) durchsickern; ~**sázet** *pf.* (3 Pl. *-ejí*) verwetten; ~**sazovat** (*-zuji*) *s.* prosadit.

prosba [-zb-] *f* (1; *-seb*) Bitte *f*.

proseb|ník *m* (1*a*), ~**nice** *f* (2*a*) Bittsteller(in *f*) *m*; ~**ný** Bitt-, flehend.

prosektura [-tu:-] *f* (1*d*) Seziersaal *m*.

prosév|adlo *n* (1*a*; *-del*) großes Sieb *n*; ~**ačka** *f* (1*c*; *-ček*) Siebmaschine *f*; ~**at** (durch)sieben.

proschnout *pf.* (*-chl*) austrocknen.

prosin|cový Dezember-; ~**ec** *m* (4; *-nc-*) Dezember *m*.

prosit ⟨*po-, za-*⟩ (*-šen*) bitten (o, za co um *A*, za k-o für *A*).

pro|sít *pf. s.* prosévat; ~**skočit** *pf.*, ~**skakovat** (*-kuji*) überspringen; *Gerücht*: entstehen.

proskurník *m* (2*b*) Eibisch *m*.

proslav|ený berühmt, gefeiert; ~**it** *pf.* berühmt machen; ~ se berühmt werden.

pro|slídit *pf.* (*-děn*) durchstöbern; *Feld* absuchen; ~**slout** *pf.* (*-sluji*, *-slul*) berühmt werden.

proslov *m* (2*a*) Ansprache *f*; *lit.* Prolog *m*; ~**it** *pf.* (aus)sprechen, *et.* vortragen; *Rede* halten.

proslul|ost *f* (4) Berühmtheit *f*; ~**ý** berühmt.

pro|slýchat se verlauten; ~**smýčit** *pf. Schornstein* fegen, (aus)kehren; ~**snít** *pf.* durchträumen.

pros|ný Hirse-; ~**o** *n* (1*a*) Hirse *f*.

pro|soudit *pf.* (*-zen*) durch e-n Prozeß verlieren; ~**sp(áv)at** (*pf. s. spát*) verschlafen; ~ se sich ausschlafen.

prospěch *m* (2*b*) Nutzen *m*, Vorteil *m*; *na* ~ zum Vorteil; ve ~ zugunsten; *s dobrým* ~*em* mit gutem Erfolg; *připsat v* ~ *Hdl.* gutschreiben; ~**ář** *m* (2) Profitmacher *m*; *Pol.* Opportunist *m*; ~**ářský** vorteilhaft; *Pol.* opportunistisch; ~**ářství** *n* (3) Profitgier *f*.

prospěš|nost *f* (4) Nützlichkeit *f*; ~**ný** nutzbringend, vorteilhaft; *e-r Sache* förderlich; *obecně* ~ gemeinnützig.

pro|spět *pf.* (*-spěji*), ~**spívat** (*k-u*) nützen; (gut) bekommen (*D*); *e-r Sache* dienen; *Gesundheit* fördern; Fortschritte machen, gedeihen; *Geschäft*: gut gehen.

prost frei (č-o von *D*), -frei; ~ *poplatků* gebührenfrei.

pro|sťáček F *m* (1*a*) Einfaltspinsel *m*, *scherz.* Gimpel *m*; ~**stát** *pf.* (*s. stát²*) stehend verbringen; ~**stavět** *pf.* (3 Pl. *-ějí*) verbauen; ~**stě-**

prostěradlo

radlo *n* (*1a*; *-del*) Lein-, Bettuch *n*, Laken *n*.
prosti|čký, **~nký** sehr einfach, schlicht.
prostírat *s*. prostřít; ~ se sich erstrecken.
prostitu|ce [-sti-]-*f* (*2*) Prostitution *f*; **~tka** *f* (*1c*; *-tek*) Prostituierte *f*.
prostná *n/pl*. (*Adj. 3*), ~ cvičení Freiübungen *f/pl*.
prosto|cvik *m* (*2b*) Freiübung *f*; **~duchost** *f* (*4*) Einfalt *f*, Treuherzigkeit *f*; **~duchý**, **~dušný** (*Adv. -duše*) einfältig, treuherzig.
prostoj *m* (*4*) Stillstand *m*, Wartezeit *f*.
prosto|myslný einfältig, **~národní** volkstümlich.
prostonat *pf*. (*-stůňu*) (*e-e Zeitlang*) krank sein.
prostopáš|nice *f* (*2a*) liederliches Weib *n*; **~ník** *m* (*1a*) Wüstling *m*; **~ný** ausschweifend, zügellos, liederlich.
prostor *m* (*2a*), **~a** *f* (*1d*) Raum *m*; volný ~ *fig*. Spielraum; **~ný** geräumig; **~ový** räumlich, Raum-; **~vá** geometrie Stereometrie *f*.
prosto|řeký vorlaut, *fig*. lose; altklug; **~srdečný** offenherzig; **~ta** *f* (*1*) Schlichtheit *f*; (*Gemüt*) Einfalt *f*.
prostoupit *pf*. durchtreten; durchdringen.
prostovlasý ohne Kopfbedeckung, *lit*. † barhäuptig.
prostran|ek *m s*. postranek; **~ný** geräumig; **~ství** *n* (*3*) freier Platz *od*. Raum *m*; široké ~ freies Gelände.
prostr|čit *pf*., **~k(ov)at** (*-kuji*) durchstecken; *Kochk*. spicken; *Typ*. sperren.
prostřed|ek *m* (*2b*; *-dk-*) Mitte *f*, Mittelpunkt *m*; Mittelstück *n*; Mittel *n*; okem (*G*) mitten in, auf (*D*) *od*. durch (*A*); **~í** *n* (*3*) Umgebung *f*, Umwelt *f*, Milieu *n*; **~kovat** (*z-*) (*-kuji*) vermitteln; **~kovatel** *m* (*3*; *-é*) Vermittler *m*; **~ní** mittlere, Mittel-; mittelmäßig; **~nice** *f* (*2a*) Vermittlerin *f*; **~nictví** *n* (*3*) Vermittlung *f*; **~ník** *1. m* (*1a*) Vermittler *m*; Mittelsmann *m*, -person *f*; *Hdl*. Zwischenhändler *m*; *2. m* (*2b*) Mittelfinger *m*; **~nost** *f* (*4*) Mittelmäßigkeit *f*.
pro|střelit *pf*. durchschießen; **~střený** ausgebreitet; ~ stůl gedeckter Tisch; **~stříhat**, **~stříhat**, **~**

320

~střihnout *pf*. (*-hl*; *-žen*) *mit der Schere* durchschneiden; verschneiden; **~střílet** *pf*. (*3 Pl. -ejí*) *s*. prostřelit; **~střít** *pf*. (*-stru*, *-střel*; *-střen*) ausbreiten; ~ na stůl (den) Tisch decken; **~studit** *pf*. (*-zen*) *v/t* durchfrieren; abkühlen; **~studovat** *pf*. (*-duji*) durchstudieren.
prostup *m* (*2a*) Durchdringung *f*; Durchgang *m*; **~nost** *f* (*4*) Durchlässigkeit *f*; **~ný** durchlässig; **~ovat** (*-puji*) durchdringen.
prostý (*Komp*. prostší) einfach; schlicht; *s*. prost; **~m** okem mit unbewaffnetem Auge.
prostyd|lý durchfroren, **~nout** *pf*. (*-dl*) *v/i* durchfrieren.
prosvít|at *s*. prosvitnout. **~it** *pf*. (*-cen*) durchleuchten; für Beleuchtung verbrauchen.
pro|svitnout *pf*. (*-tl*) durchschimmern, (hin)durchscheinen; **~sycený** gesättigt; getränkt; **~sychat** *pf*. *v/i* trocknen; *Pflanze*: vertrocknen, verdorren; **~sýpat**, **~syp(áv)at** (*pf*. *-u/-ám*) durchschütteln; Sand, Mehl durchsieben; **~sytit** *pf*. (*-cen*) sättigen; *fig*. durchsetzen; **~šacovat** *pf*. (*-cuji*) *Taschen* durchsuchen; **~šedivělý** graumeliert, angegraut.
prošení *n* (*3*) Bitten *n*; dal se do ~ er verlegte sich aufs Bitten.
proší|t *pf*. (*s*. *šít*) durchnähen, steppen; **~vání** *n* (*3*) Stepparbeit *f*; **~vaný** (ab)gesteppt, Stepp-; **~vat** *s*. prošít.
proškrt|at *pf*., **~nout** *pf*. (*-tl*; *-tnut*) durchstreichen.
pro|šlapat *pf*. (*-u/-ám*), **~šlápnout** *pf*. (*-pl*; *-pnut*) durchtreten; **~šlehnout** *pf*. (*-hl*) *v/i* durchschlagen.
prošlý vergangen; *Frist* abgelaufen; *Wechsel*: fällig; ~ světem vielgereist.
pro|šmejdit *dial*. *pf*. durchstöbern; **~šoupat** *pf*. (*-u/-ám*) durchwetzen; **~štěpec**, **~štípec** *m* (*4*; *-pc-*) Pinzette *f*.
proštíp|at *pf*. (*-u/-ám*), **~nout** *pf*. (*-pl*; *-pnut*) durchzwicken; *Fahrkarte* lochen; F knipsen.
prošťouch|at *pf*., **~nout** *pf*. (*-chl*; *-chnut*) durchstechen.
protáčet se *pf*. (*3 Pl. -ejí*) sich auf der Stelle drehen, mahlen.
protáh|lý gedehnt, (lang)gestreckt; länglich; **~nout** *pf*. (*-hl*; *-ažen*) dehnen, strecken; durchziehen; verzögern, F in die Länge ziehen; ~ se

protivnost

sich strecken; sich (hin)durchzwängen; sich verzögern.
protahov|at (-huji) s. **protáhnout**; **~ačka** f (1c; -ček) Streckmaschine f, Strecker m; Spicknadel f.
protan|covat pf. (-cuji), **~čit** pf. durchtanzen.
protaž|ení n (3) Dehnung f; Durchzug m; **~ený** gedehnt, langgestreckt; länglich.
protéci pf. (s. **téci**) durchfließen, durchströmen.
protějš|ek m (2b; -šk-) Gegenüber n; Gegenstück n; **~í** gegenüberliegend, Gegen-, jenseitig.
protékat s. **protéci**.
protek|ce f (2) Protektion f; **~ční** Protektions-; **~torát** m (2; 6. -ě/-u) Protektorat n; **~torovat** (-ruji) Reifen runderneuern.
protestovat (-tuji) protestieren.
protéza f (1a) Prothese f.
protěž f (3) Edelweiß n.
protežovat (-žuji) protegieren.
proti Prp. (mit 3. Fall) gegen (A); gegenüber (D), im Vergleich zu (D); dagegen; **~ proudu** gegen den Strom, stromaufwärts; pro a **~** Für und Wider; jednat **~** č-u zuwiderhandeln (D).
proti- in Zssgn gegen-, wider-; anti- -feindlich; **~akce** f (2) Gegenaktion f; **~církevní** kirchenfeindlich; **~demokratický** [-tıts-] antidemokratisch; **~důkaz** m (2a) Gegenbeweis m; **~fašistický** [-tıts-] antifaschistisch; **~hnilobný** fäulnisverhindernd; **~hráč** m (3) Gegenspieler m; **~chůdný** gegensätzlich, entgegengesetzt; **~jed** m (2a) Gegengift n; **~jedoucí** Fahrzeug: entgegenkommend; **~kapitalistický** [-tı-] antikapitalistisch; **~klad** m (2; 6. -u/-ě) Gegensatz m; **~kladný** gegensätzlich, entgegengesetzt; **~klerikální** antiklerikal; **~komunistický** [-nı-] antikommunistisch; **~konvenční** unkonventionell; **~kulturní** [-u:-] kulturfeindlich; **~lehlý** gegenüberliegend; **~lék** m (2b) Gegenmittel n; **~letadlový** Flugabwehr-, Flak-; **~letecký** Luftschutz-; **~lidový** volksfeindlich; **~militaristický** [-tıts-] antimilitaristisch; **~mluv** m (2a) Widerspruch m; **~myslný** widersinnig; **~náboženský** antireligiös; **~národní** antinational, volksfeindlich.

protínat s. **protít**.
proti|návrh m (2b) Gegenvorschlag m; **~německý** deutschfeindlich, antideutsch; **~odborářský** gewerkschaftsfeindlich; **~opatření** n (3) Gegenmaßnahme f; **~pancéřový** Panzerabwehr-, panzerbrechend; **~pokrokový** fortschrittfeindlich; **~policejní** polizeiwidrig; **~požární** Feuer(schutz)-; **~právní** widerrechtlich; rechtswidrig; **~proud** m (2; 6. -u/-ě) Gegenströmung f; **~přirozený** widernatürlich.
protírat s. **protřít**.
proti|realistický [-tıts-] antirealistisch; **~reformace** f (2) Gegenreformation f; **~republikánský** antirepublikanisch, republikfeindlich; **~revoluce** f (2) Gegenrevolution f; **~revoluční** konterrevolutionär; **~rozumný** vernunftwidrig; **~síla** f (1a; -sil) Gegenkraft f; **~slovanský** slawenfeindlich; **~služba** f (1; -žeb) Gegendienst m; **~směr** m (2a) Gegenrichtung f; **~smyslný** widersinnig; **~sociální** asozial; **~sovětský** antisowjetisch; **~státní** staatsfeindlich; **~stávkový** Antistreik-; **~strana** f (1) Gegenpartei f; **~stranický** parteifeindlich, -schädigend.
protít pf. (s. **tít**) durchhauen; Geom. schneiden.
proti|tah m (2b) Gegenzug m; **~tankový** Panzerabwehr-; **~tlak** m (2b) Gegendruck m; **~účet** m (2a; -čt-) Gegenrechnung f; na **~** als Gegenwert; **~ústavní** verfassungswidrig; **~útok** m (2b) Gegenangriff m.
protiva m (5), f (1) widerliche Person f.
proti|váha f (1b) Gegengewicht n; **~válečný** Antikriegs-; **~vědecký** wissenschaftsfeindlich.
protiv|ení n (3) Widersetzlichkeit f; Jur. Widerstand m; **~enství** n (3) Widerwärtigkeit f; **~it se** pf. (k-u, č-u) sich widersetzen, Widerstand leisten (D); zuwider sein (D), anwidern (A).
proti|vítr m (2a; -větr-) Gegenwind m; **~vládní** regierungsfeindlich; Oppositions-; **~vlak** m (2b) Esb. Gegenzug m.
protiv|nický gegnerisch; **~nictví** n (3) Gegnerschaft f; **~ník** m (1a); **~nice** f (2a) Gegner(in f) m; **~nost** f

protivný 322

(4) Widerwärtigkeit *f*; ~ný entgegengesetzt, gegensätzlich, Gegen-; widerwärtig; *to je mi* -*né das ist mir zuwider*.

proti|vývojový entwicklungsfeindlich; ~**zákonný** gesetzwidrig; ~**žaloba** *f (1)* Gegenklage *f*; ~**židovský** antisemitisch.

protk|at *pf.* durchwirken; ~**nout** *pf.* (-*kl*; -*knut*) durchbohren.

protlač|it *pf.*, ~**ovat** (-*čuji*) durchdrücken; *Kochk.* passieren; ~ *se* sich hindurchzwängen; ~ *se dopředu* sich vordrängen.

pro|tlak *m (2b)* Tomatenmark *n*; ~**tlouci** *pf.* (*s. tlouci*) durchschlagen.

proto deshalb, daher; *dát k-u co* ~ zu schaffen machen (*D*); ausschelten (*A*).

protočit *pf.* durchdrehen.

protokol *m (2; 6. -u/-e)* Protokoll *n*; ~**ista** *m (5a)* Protokollführer *m*; ~**ovat** (*im*)*pf.* (-*luji*) zu Protokoll bringen.

protopit *pf.* verheizen.

protože weil, da.

protrh|aný zerfetzt; ~**at** *pf.*, ~**nout** *pf.* (-*hl*; -*žen*), ~**ovat** (-*huji*) *v/t* (durch)reißen, durchbrechen; ~ *se* reißen (*v/i*); bersten, platzen.

protruchlit *pf.* vertrauern.

protrž|ení *n (3)* Durchbruch *m*; ~ *hráze* Dammbruch; ~**ený** durchgerissen.

pro|třás(a)t (*pf. s. třást*) durchschütteln; ~**třelost** *f (4)* Durchtriebenheit *f*; ~**třelý** durchtrieben; erfahren; ~**třepat** *pf.* (-*u*/-*ám*) (durch)schütteln.

protřít *pf.* (*s. třít*) durchreiben; *Flachs* hecheln; ~ *si oči* sich die Augen reiben; ~ *se* sich hindurchzwängen.

protýk|ačka *f (1c; -ček)* Spicknadel *f*; ~**at** *s.* protknout.

proúčtovat *pf.* (-*tuji*) buchen, verrechnen.

proud *m (2; 6. -u/-ě)* Strom *m*; Strömung *f*; *po* ~*u* stromabwärts; *proti* ~*u* stromaufwärts; ~*em* in Strömen; *přivést do* ~*u* in Gang bringen; *to je v* ~*u* das ist (bereits) im Gang; ~**ění** *n (3)* Strömung *f*; ~**it**[1] strömen, fluten; ~**it**[2] [pro-u.] *pf.* (-*zen*) durchräuchern; ~**nice** *f (2a)* Stromlinie *f*; ~**nicový** Stromlinien-; ~**ový** Strom-, Strömungs-; *Tech.* Strahl-; -*vá stíhačka* Düsenjäger *m*.

prouha *f (1b; pruh)* Streifen *m*; Strieme *f*.

prout|ek *m (2b; -tk-)* Rute *f*, Gerte *f, poet.* Reis *n*; *kouzelný* ~ Wünschelrute; ~**ěný** Korb-; ~**kař** *m (3)* Wünschelrutengänger *m*.

prouž|ek *m (2b; -žk-)* (schmaler) Streifen *m*; ~**kov(an)ý** gestreift.

provád|ěcí Durchführungs-; ~**ění** *n (3)* Durch-, Ausführung *f*; Handhabung *f*; ~**ět** *(3 Pl. -ějí) s.* provést.

pro|valit se *pf. s.* protrhat se; ~**vanout** *pf.*, ~**vát** (-*vane*, -*vál*, -*ván*) durchwehen.

provaz *m (2; 6. -e/-u)* Strick *m*, Seil *n*; ~**árna** *f (1; -ren)* Seilerei *f*; ~**ec** *m (4; -zc-)*, ~**ovázek** *m (2b; -zk-)* Schnur *f*, Bindfaden *m*; F *jako na -zku* wie am Schnürchen; *vodit na -zku* am Gängelband führen.

provázet *(3 Pl. -ejí)* begleiten, *lit.* geleiten.

provaz|iště *n (2a)* Schnürboden *m*; ~**nický** Seiler-; ~**nictví** *n (3)* Seilerhandwerk *n*, Seilerei *f*; ~**ník** *m (1a)* Seiler *m*; ~**olezec** *m (3; -zc-)* Seiltänzer *m*; ~**ový** Strick-.

prov|ázek *m (2b; -žk-)*, ~**ážení** *n (3)* Gewichtsverlust *m*.

provážet *(3 Pl. -ejí) s.* provézt.

provd|aná verheiratet (*Frau*); ~**ání** *n (3)* Heirat *f*, Verehelichung *f*; ~**at** *pf.* verheiraten; ~ *se* heiraten (*za k-o*/*A*).

proved|ení *n (3)* Durchführung *f*; *Hdl.* Ausführung *f*; *Thea.* Aufführung *f*; *Jur.* Vollstreckung *f*; ~**itelný** durchführbar.

prově|rka *f (1c; -rek)* Überprüfung *f*; ~**řit** *pf.*, ~**řovat** (-*řuji*) überprüfen.

provést *pf.* (*s. vést*) durchführen, ausführen; *Tat* vollbringen; *Jur.* verüben; *Willen* tun; *Wahl* treffen; *Thea.* aufführen; *iron. et.* anstellen, verbrechen; herumführen.

pro|větrat *pf.* durchlüften; ~**vézt** *pf.* (*s. vézt*) durchfahren; herumfahren.

proviant *m (2; 6. -u/-ě)* Verpflegung *f*; ~**ní** Verpflegungs-.

províjet (se) *(3 Pl. -ejí)* sich durchschlängeln.

provincie *f (2)* Provinz *f*.

provin|ění *n (3)* Verschulden *n*; Verstoß *m*; ~**ilec** *m (3; -lc-)*, ~**ilka** *f (1c; -lek)* Schuldige *m od. f*, F Übeltäter(in *f*) *m*; ~**ilý** schuldbewußt;

~it se *pf.* (*čím*) sich zu Schulden kommen lassen (*A*), verstoßen (gegen *A*).

proviz|e *f* (*2*) Provision *f*; **~orní** provisorisch.

provívat *s. provát*.

provlé|ci *pf*. (*s. vléci*), **~kat, ~knout** *pf.* (*-kl*; *-ečen*) durchziehen.

provlh|lý ganz naß; **~nout** *pf.* (*-hl*) ganz feucht werden.

pro|vlíkat *s. provléci*; **~vodit** *s. provést*.

provok|ace *f* (*2*) Provokation *f*; **~ační, ~ativní** [-tī:-] provokatorisch, provozierend; **~atér** *m* (*1*; *-ři*) Provokateur *m*; **~ovat** *pf.* (*-kuji*) provozieren.

provol|ání *n* (*3*) Aufruf *m*, Appell *m*; **~ávání** *n* (*3*) Rufen *n*, *koll.* Rufe *m*/*pl.*; **~(áv)at** *pf.* (*čím*) ausrufen, proklamieren (als); **~ k-u** *slávu* Hochrufe ausbringen (auf *A*), hoch leben lassen (*A*).

provoz *m* (*2*; 6. *-u*/*-e*) Betrieb *m*; *Kfz*., *Flgw.* Verkehr *m*; **~ář** *m* (*3*) Betriebsleiter *m*; **~ní** Betriebs-; betriebstechnisch; **~ovací** Aufführungs-; **~ování** *n* (*3*) Ausübung *f*, *Mus.* Aufführung *f*; **~ovat** *pf.* (*-zuji*) ausüben, (be)treiben; *Thea.* aufführen; **~ovatel** *m* (*3*; *-é*) Ausführende(r) *m*; Betriebsleiter *m*; **~ovna** *f* (*1*; *-ven*) Betriebsstätte *f*, Werksanlage *f*.

pro|vrtat *pf.* durchbohren; **~vzdušnit** *pf.* durchlüften; **~vždy** für immer; *jednou ~* ein für allemal.

próza *f* (*1a*) Prosa *f*; Prosawerk *n*.

prozahálet *pf.* (*3 Pl. -eji*) *Zeit* müßig zubringen, *P* totschlagen.

proza|ický prosaisch; **~ik** *m* (*1a*) Prosaschriftsteller *m*.

prozář|ení *n* (*3*) Durchleuchtung *f*; **~it** *pf.*, **~prozařovat** (*-řuji*) durchleuchten, durchstrahlen.

prozatím *Adv.* indessen, vorläufig; **~ní** vorläufig, einstweilig.

prozíra|vost *f* (*4*) Voraussicht *f*, Umsicht *f*, Weitsicht *f*; **~vý** umsichtig, weitblickend.

pro|zkoumat *pf.* untersuchen, erforschen; **~zpěvovat** (*si*) (*-vuji*) vor sich hin singen.

prozra|dit *pf.* (*-zen*), **~zovat** (*-zuji*) verraten.

prozřetel|nost *f* (*4*) Voraussicht *f*, *Rel.* Vorsehung *f*; **~ný** umsichtig.

pro|žít *pf.* (*s. žít*¹) verleben; erleben,

durchmachen; **~žitek** *m* (*2b*; *-tk-*) Erlebnis *n*; **~žívat** *s. prožít*; **~žluklý** F verdammt, *lit.* vertrackt; **~žrat** *pf.* (*-žeru*) durch-, zerfressen; P *iron.* verfressen.

prs *m* (*2a*) (*weibliche*) Brust *f*; **~a** *n*/*pl.* (*1*; *2, 6. -ou*) Brust *f*; **~ař** *m* (*3*) Brustschwimmer *m*; **~atý** mit großen Brüsten, vollbusig; **~íčka** *n*/*pl.* (*1b*; *-ček*) *Kochk.* Brust(stück *n*) *f*.

prsk|ání *n* (*3*) Fauchen *n*; Sprühen *n*; **~at** sprühen, spritzen; *vor Wut* schnauben; *Katze*: fauchen; **~avka** *f* (*1c*; *-vek*) Rakete *f*; **~nout** *pf.* (*-kl*/*-nul*) *s. prskat*.

prsní Brust-.

prst *m* (*2*; 6. *-ě*/*-u*) Finger *m*; Zehe *f*.

prsť *f* (*4a*; *-ti*) (lockere) Erde *f*, Humus(erde *f*) *m*.

prsten *m* (*2a*) (Finger-)Ring *m*; *snubní ~* Ehering; **~cov(it)ý, ~čitý** ringförmig, Ring-; **~ec** *m* (*2*; *-nc-*) *Tech.* Ring *m*; Ringellocke *f*; **~ík** *m* (*2b*) Ring-, F Goldfinger *m*.

prst|oklad *m* (*2a*) *Mus.* Fingersatz *m*; **~ový** Finger-; **~ýnek** *m* (*2b*; *-nk-*) Ringlein *n*.

prš|ák P *m* (*2b*) Regenmantel *m*; **~et** ⟨*na-, za-*⟩ regnen; **~ka** *f* (*1c*; *-šek*) Regenschauer *m*.

prtačit P *verä.* schustern.

prťák P *m* (*1a*) *verä.* Flickschuster *m*.

prtě *n* (*4a*; *-tata*) Knirps *m*; † *a.* Schusterjunge *m*.

prů|běh *m* (*2b*) Verlauf *m*; *Jur.* Hergang *m*; **~běr** *m* (*2a*) Durchforstung *f*; *Tech.* Schlitzholz *n*; **~běžný** durchgehend, laufend, Dauer-.

prubířský: ~ *kámen* Probierstein *m*.

průboj *m* (*4*) *lit.* Errungenschaft *f*; *El. s. průraz*; *Tech.* **= ~ník** *m* (*2b*) Locheisen *n*, *-dorn m*, *-hammer m*; **~nost** *f* (*4*) Durchschlagskraft *f*; **~ný** *Tat:* bahnbrechend; *Mensch:* tatkräftig, energisch.

průčel|í *n* (*3*) Fassade *f*, Front *f*, Vorderseite *f*; **~ní, ~ný** Stirn-, Frontal-.

prud|ce *s. prudký*; **~kost** *f* (*4*) Heftigkeit *f*; **~ký** (*Komp. -ší*; *Adv. -ce*/ *-ko, Komp. -čeji*) heftig, stürmisch, hitzig; *Bewegung:* hastig; *Fluß:* reißend; *Abhang:* steil; *Licht:* grell.

průdu|ch *m* (*2b*) Luftschacht *m*; Luftloch *n*; *Anat.* Pore *f*; *větrací ~* Entlüftungskanal *m*; **~ška** *f* (*1c*; *-šek*) Bronchie *f*; *zánět* -šek Bron-

*21**

chitis *f*; **~šnice** *f* (2a) Luftröhre *f*; **~šný** luftdurchlässig.

pruh *m* (2b) Streifen *m*; Strieme *f*; P *Med.* Leistenbruch *m*; ~ světla Lichtstreifen, Streiflicht *n*.

průhled *m* (2a) Durchblick *m*; Einblick *m*; **~ný** durchsichtig; *fig.* durchschaubar.

průhon *m* (2; 6. -u/-ě) Viehtrift *f*, Durchtrieb *m*.

pruhovaný gestreift.

průhyb *m* (2a) Durch-, Einbiegung *f*; (Seil-)Durchhang *m*.

průchod *m* (2; 6. -u/-ě) Durchgang *m*, Passage *f*; *Jagdw.* (Wild-) Wechsel *m*; *fig.* freier Lauf *m*, Geltung *f*; volný ~ freie Bahn; **~ištĕ** *n* (2a) Durchgangsstelle *f*, **~ní** Durchgangs-; **~ný** Übergangs-.

průjem *m* (2a; -jm-) Durchfall *m*.

průjezd *m* (2; 6. -u/-ě) Durchfahrt *f*; Hausflur *m*; **~ní** passierbar; Durchreise-, Transit- (Visum); **~ný** Durchgangs-; ~ vlak D-Zug.

průkaz *m* (2; 6. -u/-e) Aus-, Nachweis *m*, Beleg *m*; **~y** *pl. a.* (Ausweis-) Papiere *n/pl.*; **~ka** *f* (1c; -zek) Ausweis(karte *f*) *m*; **~nost** *f* (4) Beweiskraft *f*; **~ný** beweiskräftig; nachweislich.

průklep *m* (2a) Durchschlag *m*.

průkop *m* (2a) Durchstich *m*; (Erd-) Gang *m*, Laufgraben *m*; **~nický** bahnbrechend; **~ník** *m* (1a) Pionier *m*, Bahnbrecher *m*; Vorkämpfer *m*.

prület *m* (2a) Durchfliegen *n*, Durchflug *m*.

průlez *m* (2a) Durchgang *m*; Einstieg *m*; Luke *f*; **~ka** *f* (1c; -zek) *Turn.* Sprossenwand *f*.

prülin|a *f* (1) Spalte *f*; schneefreie Stelle *f*; Pore *f*; **~čitost** *f* (4) Porosität *f*; **~čitý** porös.

průliv *m* (2a) Meerenge *f*.

prülom *m* (2a) Durchbruch *m*; *Mil.* Bresche *f*.

průměr *m* (2a) Durchschnitt *m*; *Geom.* Durchmesser *m*; *Math.* Mittel(wert *m*) *n*; světlý ~ lichte Weite; **~em**, **~ně** *Adv.* durchschnittlich, im Durchschnitt; **~ný** durchschnittlich, Durchschnitts-; mittelmäßig.

průmět *m* (2a) Projektion *f*.

průmysl *m* (2a) Industrie *f*; **~nický** Industriellen-; **~ník** *m* (1a) Industrielle(r) *m*; **~ovák** F *m* (1a) Gewerbeschüler *m*; **~ovka** F *f* (1c; -vek) Gewerbeschule *f*; **~ový** Industrie-; Gewerbe-.

prů|nik *m* (2b) Durch-, Eindringen *n*; **~pich** *m* (2b) Durchstich *m*; **~pis** *m* (2; 6. -e/-u) Durchschrift *f*; Doppel *n*; **~plach** *m* (2b) Durchspülen *n*; *Med.* Spülung *f*, Einlauf *m*; **~plav** *m* (2a) *Geogr.* Kanal *m*; **~plet** *m* (2a) Geflecht *n*.

průpov|ěď *f* (4a; -di), **~ídka** *f* (1c; -dek) Sinnspruch *m*, Spruch *m*.

průprav|a *f* (1) Vorbereitung *f*; *Turn.* Vorübung *f*; **~ný** Vor(bereitungs)-, vorbereitend.

průramek *m* (2b; -mk-) Ärmelloch *n*, -ansatz *m*.

průraz *m* (2a) Durchschlag *m*; **~nost** *f* (4) Durchschlagskraft *f*; **~ný** durchschlagend.

prů|rva *f* (1; -rev) Schlucht *f*; Kluft *f*; Durchbruch *m*; **~rys** *m* (2a) *Tech.* Profil *n*; **~řez** *m* (2a) Querschnitt *m*; *Geom.* Schnitt *m*.

Prus *m* (1; -ové; 6. -ech/-ich) Preuße *m*.

průseč|ík *m* (2b) Schnittpunkt *m*; **~nice** *f* (2a) Schnittlinie *f*, Schnittebene *f*; Sekante *f*; **~ný** *Geom.* Schnitt-.

průsek *m* (2b) Schneise *f*.

Prus|ko *n* (1b), † *a.* **~y** *m/pl.* (2. -s) Preußen *n*; **ský** preußisch.

prů|smyk *m* (2b) *Geogr.* Paß *m*; **~střel** *m* (2a) Durchschuß *m*.

průsvit|ka *f* (1c; -tek) Wasserzeichen *n*; **~ný** durchscheinend, transparent; Paus-, Kopier-.

pruša|cký *verä.* preußisch; **ǒk** *m* (1a) Preuße *m*.

průšvih P *m* (2b) Pleite *f*, F Reinfall *m*; Dämpfer *m* (*fig.*).

prut *m* (2; 6. -u/-ě) Rute *f*, Gerte *f*; (Gold-)Barren *m*; (Gitter-)Stab *m*.

průta|h *m* (2b) Durchzug *m*; Aufschub *m*, Verzögerung *f*; *Mus.* Vorhalt *m*; bez ~u unverzüglich; F bez **~ů** ohne viel Federlesens; **~žný** dehnbar; *Tech.* verziehbar; přízvuk *Gr.* Zirkumflex *m*.

průtok *m* (2b) Durchfluß *m*; **~ový** *Tech.* Durchlauf-.

prutový *Tech.* Stab-; Barren-.

průtrž *f* (3) Bruch *m*.

průvan *m* (2; 6. -u/-ě) Zugluft *f*, Luftzug *m*; je ~ es zieht.

průvod *m* (2; 6. -u/-ě) Begleitung *f*, Geleit *n*, Gefolge *n*; Fest-, Umzug *m*; svatební ~ Hochzeitszug; **~ce** *m* (3) Begleiter *m*; Reiseleiter *m*;

přeběhnout

Reiseführer m; ~čí m od. f (Adj. 4) Schaffner(in f) m; ~ič m (4) Math. Leitstrahl m; ~ka f (1c; -dek) (Post-)Begleitadresse f; poštovní ~ Paketkarte f; ~kyně f (2b) Begleiterin f; Reiseleiterin f; ~ní Begleit-; hist. Geleit-; Jur. Beweis-; ~nost f (4) Jur. Beweiskraft f.

průvoz m (2a) Durchgang m, Transit m; ~ní Transit-.

průzev m (2a; -zv-) Gr. Hiatus m.

průzkum m (2a) Untersuchung f, Erforschung f; Flgw. Aufklärung f. ~ník m (1a) Mil. Späher m; skupina ~ů Spähtrupp m.

prů|zor m (2a) Durchblick m; Mil. Sehschlitz m; Visiergerät n; ~zračný durchsichtig; Flüssigkeit: klar.

pruž|ení n (3) Federung f; ~ina f (1) Tech. Feder f; ~it federn; ~nice f (2a) Tech. (Trag-)Feder f; ~ník m (1a) Schnellkäfer m; ~nost f (4) Spannkraft f, Elastizität f; ~ný elastisch, federnd; biegsam, geschmeidig; Geist: rege; Begriff: dehnbar; Pol. wendig, beweglich.

prv|e vorher, zuvor; ~ než Konj. ehe, bevor; ~ jmenovaný erstgenannt; ~ek m (2b; -vk-) Element n, Grundstoff m; ~enství n (3) Vorrang m; Erstlingsrecht n; ~ně Adv. zum ersten Mal; ~ní erste(r); ~nička f (1c; -ček) Erstgebärende f.

prvo|- in Zssgn erst-, Ur-; ~bytný Ur-, ursprünglich; ~činitel m (4) Math. Primfaktor m; ~číslo n (1a; -sel) Primzahl f; ~hory f/pl. Paläozoikum n; ~horní paläozoisch; ~hory f (1) Paläozoikum n; Urgebirge n; ~pis m (2; 6. -e/-u) Urschrift f, Original n.

prvopočát|eční ursprünglich; ~ek m (2b; -tk-) Anbeginn m.

prvorozen|ec m (3; -nc-), ~ka f (1c; -nek) Erstgeborene m od. f; ~ý erstgeboren.

prvořadý erstrangig; erstklassig.

prvosenka f (1c; -nek) Schlüsselblume f, Primel f.

prvo|tina f (1) Erstlingswerk n; ~tisk m (2b) Erstdruck m; ~tní, ~tný ursprünglich, Ur-; ~třídní erstklassig; ~tvar m (2a) Urform f; ~výroba f (1) Grundproduktion f; ~výstup m (2a) Erstbesteigung f.

prvý erste(r); po -vé zum ersten Mal; za -vé erstens.

prý angeblich; je ~ bohatý er soll reich sein.

pryč weg, fort; vorüber, vorbei; P je celý ~ er ist ganz außer sich.

pryčna f (1; -čen) Pritsche f.

prýmek m (2b; -mk-) Borte f, Litze f, Posament n.

prýskat ⟨od- se⟩ abbröckeln, abblättern.

pryskyř|ice f (2a) Harz n; ~ičný harzig, Harz-; ~ník m (2b) Bot. Hahnenfuß m, Ranunkel f.

pryšec m (4; -šc-) Bot. Wolfsmilch f.

pryštit (se) ⟨roz-, vy-⟩ (hervor-)quellen, sprudeln.

prýt m (2; 6. -u/-é) Trieb m; (Wurst-)Fülle f.

pryž f (3) Gummi m.

przn|ění n (3) Schändung f; ~it ⟨z-⟩ schänden, entehren; Sprache verunstalten; ~itel m (3; -é) Schänder m.

přací: Gr. ~ věta Wunschsatz m.

přádeln|a f (1; -len) Spinnerei f; ~ictví n (3) Spinnstofferzeugung f; ~ík m (1a) s. přadlák.

přad|eno n (1) Strähne f; ~lák m (1a) Spinner m; ~lena f (1) Spinnerin f.

přádlo n (1a; 6. -e/-u; -del) Gespinst n.

přání n (3) Wunsch m; Glückwunsch m; podle ~ wunschgemäß; koncert na ~ Wunschkonzert m.

přástev|na f (1; -ven) Spinnstube f; ~nice f (2a) Spinnerin f; ~ník m (1a) Zo. Spinner m.

přát ⟨do-, po-⟩ (přeji, přán) wünschen; gönnen; günstig sein; j-m günstig gesinnt (od. gewogen) sein; **přátel|é** s. přítel; ~it se ⟨s-⟩ sich anfreunden, Freundschaft schließen; ~ský (Adv. -y) freundschaftlich; ~ství n (3) Freundschaft f; ~stvo n (1) koll. Freunde m/pl.; P a. Verwandtschaft f.

přazka f (1c; -zek) Schnalle f.

pře f (2) Streit m, Streitigkeit f; Prozeß m.

pře|- in Zssgn über-, um-, durch-; ~balit pf. umpacken.

přebarv|it pf., ~ovat ⟨-vuji⟩ (um-)färben; ~ se verá. die Farbe wechseln.

přeběda! Int. o weh! [seln.]

přeběh|lictví n (3) Fahnenflucht f; ~lík m (1a) Überläufer m; Mil. Fahnenflüchtige(r) m; ~lý übergelaufen; ~nout pf. (-hl; -hnut) Mil. desertieren, überlaufen; hinüber- od. herüberlaufen; mit den Augen überfliegen.

pře|běrek *m (2b; -rk-)* Ausschuß *m*; ~bídný ärmlich, armselig; ~bíhat *s. přeběhnout*; *Jagdw.* wechseln; *Rdf., El.* bestreichen; ~bíjet *(3 Pl. -ejí)* Karte: stechen; *fig.* übertrumpfen; *Akku* überladen; ~bílit *pf.* übertünchen.
přebír|ání *n (3) (Waren-)*Übernahme *f*; Sortieren *n*; Klauben *n*; ~at *s. přebrat*; ~ka *f (1c; -rek)* Übernahme *f*.
pře|bít *pf. (-bijí) s. přebíjet*; *Esb.* Schienen umnageln, verlegen; ~blahý *(Komp. -žší; Adv. -ze)*, ~blažený glückselig, überglücklich; ~bohatý steinreich; ~bolestný überaus schmerzlich; ~bolet *pf. (3 Pl. -ejí)* aufhören zu schmerzen.
přebor *m (2a) Sp.* Wettbewerb *m*, Meisterschaft *f*; ~ník *m (1a)*, ~nice *f (2a) Sp.* Meister(in *f*) *m*.
přebrat *pf. (-beru, -brán)* übernehmen; auswählen, sortieren; F wegschnappen; zuviel nehmen, sich übernehmen; P e-n über den Durst trinken.
přebrn|ělý *Bein.:* eingeschlafen; ~ět *pf. fig.* einschlafen.
pře|brodit *pf. (-děn)* durchwaten; ~brousit *pf. (-šen)*, ~brušovat *(-šují)* nachschleifen.
přebudov|ání *n (3)* Umbau *m*, Umgestaltung *f*; ~at *pf. (-duji)* umbauen; *fig.* umstellen.
přebuj|elý üppig wuchernd; ~et *pf. (3 Pl. -ejí/-í)* überwuchern.
přebýt *pf. (-budu)* überleben; übrigbleiben.
přebyt|ečný überschüssig, -zählig; ~ek *m (2b; -tk-)* Überschuß *m*; *Hdl.* Mehrbestand *m*.
přebývat wohnen, sich aufhalten; übrigbleiben.
přece doch, dennoch; immerhin.
pře|cedit *pf. (-zen)* durchseihen, passieren; ~cejchovat *pf. (-chuji)* nacheichen; ~cenit *pf.*, ~ceňovat *(-ňuji)* überschätzen; *Waren* überteuern; ~citlivělý überempfindlich; ~cpaný überfüllt, F vollgestopft; ~cp(áv)at *(pf. -u)* überfüllen; *Tiere* überfüttern; F vollstopfen; ~cvičit *pf.* durchüben.
přečast|o *Adv.*, ~ý sehr häufig.
přečerp|at *pf.* umfüllen; ~ávací Pump(speicher)-.
pře|česat *pf. (-šu/-sám)* nach-, durchkämmen; ~četný überaus

zahlreich; ~čin *m (2a)* Vergehen *n*; ~číslovat *pf. (-luji)* umnumerieren; ~číst *pf. (s. číst)* durchlesen; *Buch* (aus)lesen; *Urteil* verlesen; *fig.* überfliegen; ~čistit *pf. (-štěn)* reinigen; *Chem.* raffinieren; ~čítat *s. přečíst*; ~čkat *pf.* überstehen, überdauern.
pře|čnív|ající überragend; ~at überragen, herausragen.
přečtení *n (3)* Verlesung *f*; Lesen *n*; *to stojí za ~* das ist lesenswert.
před(e) *Prp. (auf die Frage wo? mit 7. Fall; auf die Frage wohin? mit 4. Fall)* ~ týdnem vor e-r Woche; ~ časem vor einiger Zeit; *jít* ~ *kým* j-m vorangehen; *postavit co* ~ *k-o* j-m et. vorsetzen.
před- *in Zssgn* vor-, voraus-.
předák *m (1a)* Vordermann *m*; *Pol.* führender Parteimann *m*.
pře|daleký sehr weit, himmelweit; ~dá(vá)ní *n (3)* Übergabe *f*; *Jur.* Übertragung *f*; ~d(áv)at übergeben; *Jur.* übertragen; weitergeben; ~dat se *(o co)* zuviel (heraus)geben; ~dávací Übergabe-; *Sp.* Wechsel-; ~dávka *f (1c; -vek)* Übergabe *f*.
před|běhnout *pf. (-hl; -hnut)*, ~bíhat überholen *(A)*, zuvorkommen *(D)*; ~ *se Uhr:* vorgehen; ~běžný vorläufig; vorhergehend; Vor-; ~ *rozpočet* Kostenvoranschlag *m*; ~ *ná objednávka* Vorbestellung *f*; ~bojovník *m (1a)* Vorkämpfer *m*; ~bouřkový gewitterschwül, Gewitter-; ~březnový *-vá doba hist.* Vormärz *m*; ~časnost *f (4)* Vorzeitigkeit *f*; ~časný vorzeitig, verfrüht, Früh-; ~čísli *n (3) Math.* Vorperiode *f*.
předčit *(im)pf. (k-o)* übertreffen *(A)*, überlegen sein *(D)*.
před|čítat vorlesen; ~čitatel *m (3; -é)*, ~lka *f (1c; -lek)* Vorleser(in *f*) *m*; ~dvoří *n (3)* Vorhof *m*.
přede|hra *f (1d; -her)* Vorspiel *n*; ~hrá(va)t *(pf. -hraji)* vorspielen; ~hřát *pf. (-hřejí)* vorwärmen; ~hřívač *m (4)* Vorwärmer *m*; ~jít *pf. (s. jít) (k-o)* zuvorkommen *(D)*; *(č-u)* vorbeugen *(D)*; ~jmout *pf. (-djal; -djat)* vorwegnehmen.
předek[1] *m (1a; -dk-; -ové)* Vorfahr *m*, Urahn *m*.
předek[2] *m (2b; -dk-)* Vorderteil *m*, Vorderseite *f*; ~ *lodi Mar.* Bug *m*; *zaječí* ~ Hasenklein *n*.

předěl m (2a) Scheide f, Grenze f; *Geogr.* Wasserscheide f.
předěl|(áv)at umarbeiten; *fig.* verändern; **~ávka** f (1c; -vek) Umarbeitung f.
předem (im) voraus, vorher; vorn; **~ýmyk** ~ *Turn.* Bauchaufschwung m.
předen|í n (3) Spinnen n; **~ý** gesponnen.
přede|psání n (3) Vor-, Verschreibung f; **~psaný** vorgeschrieben, vorschriftsmäßig; *Med.* verschrieben, verordnet; Soll-; **~psat** pf. (s. psát) vorschreiben; verschreiben, verordnen; **~slání** n (3) Voraussendung f; **~s(í)lat** (pf. -šlu) vorausschicken; **~střít** pf. (-stru, -střel, -střen) unterbreiten.
předešl|e Adv. vormals, zuvor; letzthin; **~ý** vorausgegangen, vor(her)ig, Vor-.
přede|včírem vorgestern; **~vším** vor allem, zuerst.
před|hánět (3 Pl. -ějí) s. předhonit; **~** se sich überbieten; um die Wette laufen; **~hazovat** (-zuji) s. předhodit; **~historický** vorgeschichtlich; **~hodit** pf. (-zen) vorwerfen; **~honit** pf. (k-o) überholen (A); zuvorkommen (D); übertreffen, überflügeln (A); **~hoří** n (3) Vorgebirge n; **~husitský** vorhussitisch; **~hůzka** f (1c; -zek) Vorwurf m.
předcház|ející vorhergehend, Vor-; **~et** (3 Pl. -ejí) (k-o) überholen (A); vorausgehen (D); (č-u) vorbeugen (D); *fig.* vorangehen (D); **~** si k-o sich um jmds. Gunst bewerben; **~** se *Uhr:* vorgehen.
předchozí vorherig, Vor-.
předchůd|ce m (3), **~kyně** f (2b) Vorgänger(in f) m, Vorläufer(in f) m.
předivo n (1) Gespinst n, Gewebe n; *fig.* Netz n.
před|jarní Vorfrühlings-; **~jaří** n (3) Vorfrühling m; **~jet** pf. (-jedu) vorfahren; *Kfz.* überholen.
předjím|at s. předejmout; **~ka** f (1c; -mek) Vorwegnahme f.
předjížd|ění n (3) Überholen n; zákaz **~** Überholverbot n; **~ět** (3 Pl. -ějí) s. předjet.
překlád|ací Vorlage-; **~at** s. předložit.
před|klánět (3 Pl. -ějí), **~klonit** pf. vorbeugen; **~klon** m (2a) Vorbeugen n; *Tech.* Überhang m; **~klonný**

Gr. proklitisch; **~kové** s. předek; **~kožka** f (1c; -žek) Vorhaut f; **~krm** m (2a) Vorspeise f; **~kupní** Vorkaufs-.
před|loha f (1b) Vorlage f; (Gesetz-) Entwurf m; *Tech.* Vorgelege n; **~loktí** n (3) Unterarm m; **~loni** Adv., **~loňský** Adj. vor zwei Jahren.
předlouhý (Adv. -ho/-ze) überlang.
předlož|ení n (3) Vorlage f, Einreichung f; **~it** pf. vorlegen; Ausweis vorzeigen; Speise vorsetzen; **~ka** f (1c; -žek) Gr. Präposition f; (Bett-)Vorleger m.
předluž|ený überschuldet; *Hdl.* passiv; **~it** pf. überschulden.
předměst|í n (3) Vorstadt f; **~ský** Vorstadt-.
předmět m (2; 6. -u/-ě) Gegenstand m; *Hdl.* Artikel m; *Gr.* Objekt n, Ergänzung f; **~ný** gegenständlich; Fach- (Studium); *Gr.* Objekt-.
předminul|ost f (4) Vorvergangenheit f; **~ý** vorvergangen; **~** čas *Gr.* Plusquamperfekt n.
před|mluva f (1) Vorrede f, Vorwort n; **~mostí** n (3) Brückenkopf m; **~nártí** n (3) *Anat.* Mittelfuß m; **~našeč, ~našeč** m (3), **~našející** m (Adj. 4) Vortragende(r) m; **~našet** (od-, za- si) (3 Pl. -ejí) vortragen; Vorlesung(en) halten, lesen; **~naška** f (1c; -šek) Vortrag m; Vorlesung f, Kolleg n; **~ně** vor allem, zuerst; **~nedávnem** vor kurzem; **~nější** Komp. wichtiger; vorrangig; **~nes** m (2a) Vortrag(sweise f) m; *Rdf.* Wiedergabe f; **~nést** pf. (-nesu) vortragen; vorbringen.
přední vordere, Vorder-; vornehm (-lich); führend; *Flgw.* Bug-; *Mil.* Außen-; **~** stráž Vorposten m; **~** dělník Vorarbeiter m.
před|nice f (2a) Vorderteil n od. m; **~nos** m (2a) *Turn.* Schwebestütz m.
přednost f (4) Vorrang m, Vorzug f; *Kfz.* Vorfahrt f; **~a** m (5) Vorsteher m, Leiter m; **~ka** f (1c; -tek) Vorsteherin f; **~ně** Adv. vorzugsweise; vorweg-; **~ní** Vorzugs-, Vorrang-; **~** vyřízení Vorwegnahme f.
přednož|it pf. *Turn.* vorspreizen; **~ka** f (1c; -žek) *Turn.* Kehre f; **~mo** Adv. beim Vorspreizen, mit Vorhalte der Beine.
předoasijský [-azij-] vorderasiatisch.

předobraz *m* (2; 6. -e/-u) Vorbild *n*, Symbol *n*.
předobr|otivý überaus gütig; **~ý** (*Adv.* -*ře*) herzensgut; sehr gut.
před|okenní vor dem Fenster (befindlich); **~olympijský** vorolympisch.
předovka *f* (1c; -vek) Vorderlader *m*.
před|palubí *n* (3) Vorderdeck *n*; **~pažit** *pf. Arme* vorstrecken; **~peci** *n* (3) Vorherd *m*; *Tech.* Vorfeuerung *f*; **~pekli** *n* (*Adj.* 3) Vorhölle *f*; **~pětí** *n* (3) *El.* Vorspannung *f*.
předpis *m* (2; 6. -e/-u) Vorschrift *f*; (*Koch-*)Rezept *n*; *Med.* An-, Verordnung *f*; **~ovat** (-suji) *s. předepsat*.
před|pjatý vorgespannt; Spann- (*Beton*); **~placení** *n* (3) Abonnement *n*, Anrecht *n*; **~plácet** (3 Pl. -eji), **~platit** *pf.* (*-cen*) abonnieren, vorausbezahlen; **~platitel** *m* (3; -é), **-lka** *f* (1c; -lek) Abonnent(in *f*) *m*; **~platné** *n* (*Adj.* 3) Bezugspreis *m*; Vorausbezahlung *f*; **~platní** Abonnements-, Dauer-; **~pojatý** voreingenommen.
předpo|klad *m* (2a) Voraussetzung *f*; **~kládat** voraussetzen; annehmen; **~o kom něco** j-m et. zumuten.
před|pokoj *m* (4) Vorzimmer *n*; **~polední** Vormittags-; **~poli** *n* (3) Vorfeld *n*; **~pona** *f* (1) *Gr.* Vorsilbe *f*, Präfix *n*; **~poslední** vorletzte(r); **~potopní** vorsintflutlich; **~pověď** *f* (4a; -di) Vorhersage *f*; **~pověděť** *pf.* (*s. věděť*), **~povídat** voraussagen, prophezeien, weissagen; **~povídání** *n* (3) Weissagung *f*; **~prodej** *m* (4) Vorverkauf *m*; **~prodejna** *f* (1; -jen) Vorverkaufsstelle *f*; **~prseň** *f* (3; -sně) Brüstung *f*; Brustwehr *f*; **~předevčírem** vorvorgestern.
předrahý (*Adv.* -*ho*/-*ze*) sehr teuer; liebst. [überreizen.)
předrážd|ěný überreizt; **~it** *pf.*)
předraž|ení *n* (3) Überteuerung *f*; **~it** *pf.*, **~ovat** (-*žuji*) überteuern, zu teuer verkaufen; **~ování** *n* (3) Preistreiberei *f*.
předrážka *f* (1c; -žek) *Mus.* Vorschlag *m*; *Typ.* Vorzeichnung *f*.
předrž|ení *n* (3) Überschreiten *n*; Überdauern *n*; **~et** *pf.*, **~ovat** (*-žuji*) überschreiten; überdauern, überstehen; zu lange halten.

předřečník *m* (1a) Vorredner *m*.
předřík|(áv)at vorsagen, vorsprechen; **~ávač** *m* (3) Vorbeter *m*.
předřít *pf.* (-*dřu*, -*dřel*) durchscheuern; **~ se** sich überarbeiten.
před|sálí *n* (3) Vorsaal *m*; **~seda** *m* (5) Vorsitzende(r) *m*; (*Vereins-*)Obmann *m*; *ministerský* ~ Ministerpräsident *m*; ~ *závodní rady* Betriebsratsvorsitzende(r).
předsed|at (*č-u*) den Vorsitz führen (bei *D*); **~kyně** *f* (2b) Vorsitzende *f*; **~nický** Vorstands-; **~nictví** *n* (3) Vorsitz *m*; **~nictvo** *n* (1; -*tev*) Vorstand *m*, Präsidium *n*; *Pol.* Exekutivkomitee *n*.
předsevz|etí *n* (3) Vorhaben *n*; **~it** *pf.* (*s. vzít*): ~ **si** (co) sich vornehmen (*A*).
před|síň *f* (3) Vorhalle *f*; (*Haus-*)Flur *m*, Diele *f*; **~skok** *m* (2b) *Sp.* Vorsprung *m*; **~stava** *f* (1) Vorstellung *f*, Begriff *m*, Idee *f*.
představ|ení *n* (3) *Thea.* Vorstellung *f*, Aufführung *f*; **~enstvo** *n* (1; -*stev*) *koll.* Vorstand *m*; **~ený** *m* (*Adj.* 1) Vorgesetzte(r) *m*; Vorsteher *m*; **~it** *pf.*, **~ovat** (*-vuji*) vorstellen; darstellen; **~itel** *m* (3; -*é*), **-lka** *f* (1c; -*lek*) *Thea.* Darsteller(in *f*) *m*; Repräsentant(in *f*) *m*; **~ivost** *f* (4) Vorstellungsvermögen *n*.
předstih *m* (2b) Überholung *f*; Vorsprung *m*; *Tech.* Vorzündung *f*; **~nout** *pf.* (-*hl*; -*žen*), **~ovat** (-*huji*) übertreffen, überholen; zuvorkommen (*D*).
předstír|ání *n* (3) Vorspiegelung *f* (falscher Tatsachen), Vortäuschung *f*; **~at** vortäuschen, F *j-m* et. vormachen.
před|stižený überholt; **~stojný**: -*ná žláza* Vorsteherdrüse *f*; **~stoupit** *pf.*, **~stupovat** (-*puji*) vortreten; **~stupeň** *m* (4a; -*pně*) Vorstufe *f*; **~sudek** *m* (2b; -*dk*-) Vorurteil *n*; *bez* **~su** vorurteilslos, unbefangen.
předsu|nout *pf.*, **~novat** (*-nuji*) vorschieben; **~nutý** vorgeschoben; **~vka** *f* (1c; -*vek*) Vorsetzung *f* e-s *Buchstabens od.* e-*r Silbe*.
před|školní vorschulpflichtig, Vorschul-; **~taktí** *n* (3) Auftakt *m*.
předtan|čit *pf.* vortanzen; **~ečník** *m* (1a) Vortänzer *m*.
před|tím vorher, zuvor; **~tisk** *m* (2b) Vordruck *m*; **~tucha** *f* (1b) Vorahnung *f*.

předurč|ení n (3) Vorherbestimmung f; ~it pf. vorher-, vorausbestimmen.
předvád|ěcí Vorführungs-; ~ěčka f (1c; -ček) Vorführdame f; ~ět (3 Pl. -ějí) s. předvést.
před|válečný Vorkriegs-; ~vánoční vorweihnachtlich.
předvčerejš|ek m (2; -šk-; 2. -ška) Vorgestern n; ~í vorgestrig.
před|včírem s. předevčírem; ~večer m (2a; 2. -a) Vorabend m; svatební ~ Polterabend; ~vedení n (3) Vorführung f; ~věký prähistorisch; ~velikonoční vorösterlich; ~vést pf. (s. vést) vorführen; ~věst f (4) Vorsignal n; ~větí n (3) Vordersatz m.
předvíd|at voraus-, vorhersehen; ~avost f (4) Voraussicht f; ~avý vorausblickend.
předvoj m (4) Vorhut f, Vortrupp m; ~enský vormilitärisch.
předvol|ání n (3) Vorladung f; ~(áv)at vorladen.
před|volební vor der Wahl (stattfindend); ~ propaganda Wahlpropaganda f; ~zápas m (2; 6. -e/-u) Sp. Vorkampf m; ~znamenání n (3) Vorzeichen n; ~zpěvovat (-vuji) vorsingen; ~zvěst f (4) Vorzeichen n, fig. Vorbote m; ~žňový vor der Ernte.
pře|exponovat pf. (-nuji) überbelichten; ~formovat pf. (-muji) umformen; ~hánět (3 Pl. -ějí) übertreiben; ~háňka f (1c; -něk) Regenschauer m; ~házet s. přehodit; ~hláska f (1c; -sek) Umlaut m; ~hlasovat pf. (-suji) überstimmen; Gr. umlauten.
přehled m (2a) Übersicht f, Überblick m; ~nost f (4) Übersichtlichkeit f.
přehléd|nout pf. (-dl; -dnut) überblicken, überschauen, übersehen; durchsehen; überprüfen; ~ se sich versehen; ~nutelný übersehbar, überschaubar; ~nutí n (3) Durchsicht f; Versehen n.
pře|hledný übersichtlich, Übersichts-; ~hlídka f (1c; -dek) Besichtigung f; Hdl. Durchsicht f, Revision f; Mil. Appell m; Truppenparade f; (Moden-, Sport-)Schau f.
přehlíž|et (3 Pl. -ejí) überschauen; nicht beachten, übersehen; verkennen, mißachten; ~itel m (3; -é) Prüfer m, Revisor m.

přehluboký sehr tief, lit. abgrundtief.
přehluš|it pf., ~ovat (-šuji) übertönen; Gewissen betäuben.
pře|hmat m (2a) Fehlgriff m; Übergriff m; Turn. Griffwechsel m; ~hmátnout pf. den Griff wechseln; ~ se sich vergreifen, danebengreifen; ~hnaný übertrieben; ~hnat pf. (-ženu) vorübertreiben; F et. zu weit treiben; ~ se vorüberjagen (v/i); sich verziehen; ~hnout pf. umlegen; Tech. falzen; F übers Knie legen; ~hodit pf. (-zen) überwerfen; Kfz. Gang umschalten; Ball hinüberwerfen; Beine übereinanderschlagen.
přehodno|cení n (3) Umwertung f; ~covat (-cuji), ~tit pf. (-cen) umwerten.
pře|hojný überreich(lich), sehr reichlich; ~horlivý übereifrig; ~houpnout se pf. (-pl; -pnut) sich hinüberschwingen; ~hoz m (2; 6. -u/-e) Überwurf m, Umhang m.
přehrab|at pf. (-u), ~ovat (-buji) nachrechen; ~ se v čem (herum-) wühlen (in D).
přehrad|a f (1) Talsperre f; Scheidewand f; Verschlag m; (Zoll-) Schranke f; ~it pf. (-zen) abdämmen; Straße sperren; mit Brettern verschalen.
přehrá|(va)t (pf. s. hrát) durchspielen; Platte (ab)spielen; ~vka f (1c; -vek) Vorspielen n.
přehrazovat (-zuji) s. přehradit.
přehrn|out pf., ~ovat (-nuji) umstülpen; Kragen umlegen; Getreide umwerfen.
přehršle P f/pl. (2) alle Hände voll.
pře|hryzat (-žu/-zám), ~hryznout pf. (-zl; -znut), ~hrýzt pf. (-hryzu) durchnagen; ~hrát pf. (-hřeji), ~hřívat überhitzen; ~ se heißlaufen; ~hřátí n (3) Überhitzung f; ~hřátý überhitzt; Motor: heißgelaufen; ~hyb m (2a) Bug m, Biegung f; Falz m; ~hýbat umbiegen, falzen; ~cházet (3 Pl. -ejí) überschreiten; übergehen; auf- und abgehen; Jagdw. wechseln; ~chlazený tiefgekühlt; unterkühlt.
přechod m (2a) Übergang m; Wechseljahre n/pl.; ~it Krankheit überstehen; herumgehen; ~ní Übergangs-; ~ník m (2b) Gr. Trans-

přechodný 330

gressiv m; ~ný vorübergehend, Übergangs-; Gr. transitiv.
přechováv|ač m (3), ~ačka f (1c; -ček) Hehler(in f) m; ~ání n (3) Hehlerei f; Verwahrung f; ~at verwahren, aufbewahren; beherbergen; ~atel m (3; -é) Hehler m; Quartiergeber m.
přechválit pf. (si) über alle Maßen loben.
přechýl|ený Gr. abgeleitet; ~it pf. vornüberneigen, vorbeugen.
pře|jedení n (3) Überessen n; ~jet pf. (-jedu, -jel) (co) vorüberfahren (an D); überqueren (A); überfahren (A); ~jezd m (2; 6. -u/-ě) Überfahrt f; Bahnübergang m.
přej|í s. přát; ~ící, ~ícný wohlwollend; freigebig.
přejím|ací Übernahme-; ~ač m (3) s. přejímatel; ~ání n (3) Übernahme f; Gr. Entlehnung f; ~at übernehmen, abnehmen; Gr. entlehnen, ~atel m (3; -é) Übernehmer m; ~atelna f (1; -len) Übernahmestelle f; ~ka f (1c; -mek) Übernahme f, Abnahme f.
pře|jinačit pf. P verändern, abändern; ~jíst se pf. (s. jíst) sich überessen (č-o an D); ~jít pf. (s. jít) vorübergehen, vergehen, (hin-) übergehen; überqueren, überschreiten (A); übergehen; Text durchgehen, -sehen; ~jíždět (3 Pl. -ějí) s. přejet; ~jmenovat pf. (-nuji) umbenennen; ~jmout pf. (-jal) s. přejímat.
překap|at pf. (-u/-ám) destillieren, ~ávací Destillier-; ~ávání n (3) Destillation f; ~ávat s. překapat.
překazit pf. (-zen) vereiteln, verhindern.
překažení n (3) Hintertreibung f.
překáž|et (3 Pl. -ejí) (k-u, č-u) (be-) hindern, hemmen (A); ~ka f (1c; -žek) Hindernis n; ~kář m (3) Sp. Hindernisläufer m; ~kový Hindernis-, Hürden-.
pře|klad m (2; 6. -u/-ě) Übersetzung f; ~kládací Übersetzungs-; Esb. Umlade-; ~kládat übersetzen; Esb. umladen; Gleise verlegen; Termin verschieben; falten, umlegen; ~kladatel m (3; -é), -lka f (1c; -lek) Übersetzer(in f) m; ~kladiště n (2a) Umschlagplatz, -hafen m; zvýšené ~ Verladerampe f; ~kládka f (1c; -dek) Umladen n; Verlegen n von Gleisen; ~kladní Hdl. Umschlags-.
překláp|ěcí Kipp-; ~ět (3 Pl. -ějí) s. překlopit.
překlenout pf. überwölben; fig. überbrücken.
překlep m (2a), ~nutí n (3) Tippfehler m; ~nout se pf. (-pl; -pnut) sich vertippen.
překliž|ka f (1c; -žek) Sperrholz (-platte f) n; ~ovat (-žuji) sperren.
překlo|nit se pf. sich hinüberneigen, sich lehnen; ~pit pf. v/t (um-) kippen; ~ se umkippen, stürzen (v/i); Mar. kentern; ~pný Kipp-.
překon|ání n (3) Überwindung f, Bewältigung f; ~aný überholt; ~(áv)at überwinden; Vergangenheit bewältigen; Rekord brechen; Leistung überbieten; übertreffen (v čem in D); Sp. überspielen.
překon|struovat pf. (-uji) umbauen; ~trolovat pf. (-luji) nachprüfen.
překop m (2a) Querschlag m; ~(á-v)at (pf. -u/-ám) umgraben; ~ávka f (1c; -vek) Erdarbeit f; (Damm-) Durchstich m.
překot m (2a) Überschlag m, Turn. Kippe f; o ~ um die Wette; utíkat o ~ Hals über Kopf fliehen; ~em kopfüber; in Eile; ~it (-cen) überwerfen; ~ se umfallen, sich überschlagen; Boot: kentern; ~nost f (4) Hast f; ~ný übereilt, hastig, fig. wild.
překous|at pf. (-šu/-sám), ~nout pf. (-sl; -snut) durchbeißen.
pře|kračovat (-čuji) überschreiten; Plan übererfüllen; ~krásný wunderschön; ~krmit pf. überfüttern.
překro|čit pf., ~čovat (-čuji) überschreiten; Preis überbieten; Gesetz übertreten; Plan übererfüllen; ~jit pf. durchschneiden.
překrou|cení n (3) Verdrehung f; ~tit pf. (-cen) über-, verdrehen; Text entstellen; Hahn überdrehen.
překrucovat (-cuji) s. překroutit.
překrv|ení n (3) Blutandrang m; ~ený hyperämisch; ~it se pf. sich mit Blut überfüllen.
překři|čet pf., ~knout pf. (-kl; -knut), ~kovat (-kuji) j-n, et. überschreien; Redner niederschreien.
překup|ník m (1a), ~nice f (2a) Wiederverkäufer(in f) m.
překvap|ení n (3) Überraschung f;

přend(áv)at

~it *pf.*, ~ovat (-*puji*) überraschen; ~ivý, ~ující überraschend.
překyp|ět *pf.*, ~ovat (-*puje*) überquellen; überkochen; *vor Gesundheit* strotzen; ~ující überschwenglich; strotzend.
pře|ladit *pf.* nach-, umstimmen; ~lakovat *pf.* (-*kuji*) frisch lackieren, nachlackieren; ~lámat *pf.* (-*u*) s. *přelomit*; ~lepit *pf.*, ~lepovat (-*puji*) überkleben; ~leštit *pf.* nachpolieren; ~let *m* (2*a*) Überfliegen *n*; ~létat, ~letět *pf.*, ~létnout *pf.* (-*tl*, -*tnut*), ~letovat (-*tuji*) überfliegen; ~lévat s. *přelít*; ~levný spottbillig; ~léz(a)t (*pf.* -*lezu*) kriechen, klettern (*co* über *A*).
přelež|elý wundgelegen; *Stoff*: verlegen; ~et se *pf.* sich wund liegen; verliegen.
pře|lhat *pf.* (-*lžu*) belügen; ~líbezný allerliebst; ~líčení *n* (3) Verhandlung *f*.
přelidněn|í *n* (3), ~ost *f* (4) Übervölkerung *f*; ~ý übervölkert.
pře|listovat (-*tuji*) s. *prolistovat*; ~lít *pf.* (s. *lít*) übergießen; umgießen; ~lítnout (-*tl*; -*tnut*) s. *přeletět*; ~liv *m* (2*a*) Haartönung *f*; Haartöner *m*.
přelom *m* (2*a*) Umbruch *m*, Wende *f*; ~it *pf.* v/t zerbrechen; *Halm* knicken; *Fesseln* sprengen; *Typ.* umbrechen; ~ se zerbrechen (v/i).
přelož|ení *n* (3) Umladung *f*; Verlegung *f*; Versetzung *f in den Ruhestand*; ~it *pf.* s. *překládat*; vertsetzen; ~itelný übersetzbar.
přelst|ění *n* (3) Überlistung *f*; ~ít *pf.* (-*stěn*) überlisten. [*m.*]
přelud *m* (2*a*) Trugbild *n*, *fig.* Wahn)
přemáh|ající überwältigend; *Tätigkeit*: aufreibend; ~ání *n* (3) Überwindung *f*; Überanstrengung *f*; ~at s. *přemoci*.
přemalovat *pf.* (-*luji*) übermalen.
přemě|na *f* (1) Veränderung *f*, Umwandlung *f*; *Chem.* Umsetzung *f*; *látková* ~ Stoffwechsel *m*; ~nit *pf.* verändern; umwandeln; *Chem.* umsetzen; ~nitelný wandelbar; *Chem.* überführbar; ~ňovat (-*ňuji*) s. *přeměnit*.
pře|měřit *pf.* nachmessen; *fig.* messen; ~met *m* (2*a*) *Turn.* Überschlag *m*, Kehre *f*; *fig.* Sprung *m*; *Flgw.* Looping *m*; ~mílat s. *přemlít*; ~mil(en)ý sehr lieb, liebst; ~míra *f* (1*d*) Übermaß *n*.

přemíst|ění *n* (3) Versetzung *f*; *Tech.* Verlegung *f*; *Mil.* Stellungswechsel *m*; ~it *pf.* (-*ěn*) versetzen; verlegen; *Werk* verlagern; *Stühle* anders stellen.
přemít|ání *n* (3) Nachdenken *n*; ~at ⟨*z*-, *za*-⟩ nachsinnen, F nachgrübeln; ~avý nachdenklich, grüblerisch; *Leben*: beschaulich.
přemlít *pf.* (s. *mlít*) ummahlen; P † *a.* bereden.
přemlouv|ání *n* (3) Überreden *n*, F Überredungskunst *f*; ~at, **přemluvit** *pf.* überreden; umstimmen; *Film* synchronisieren.
přemnoh|o (*č*-*o*) überaus viele; ~ý gar mancher; -*ozí* sehr viele.
přemo|ci *pf.* (s. *moci*) überwinden, überwältigen; ~ se sich beherrschen; ~cný überaus mächtig, *lit.* allgewaltig; ~stit *pf.* (-*ěn*) überbrücken.
přemoud|rý (*Adv.* -*dře*) überaus klug, *lit.* allweise; ~řelý *iron.* super-, überklug; *Kind*: altklug; ~ člověk Besserwisser *m*.
přemož|ený überwunden; überanstrengt; ~ný überwindbar, zu überwinden.
přemršt|ěn|ec *m* (3; -*nc*-) *iron.* Geck *m*, F Angeber *m*; ~ost *f* (4) übertriebene Art *f*, *iron.* Geckenhaftigkeit *f*; ~ý überspannt, verschroben; *Preis*: überhöht.
přemrzlý starr (vor Kälte).
přemyk *m* (2*b*) *Turn.* Überschwung *m*; ~ač *m* (4) Umschalter *m*.
přemyslit *pf.* (-*šlen*): ~ si (*co*) überlegen (*A*).
přemýšl|ení *n* (3): *bez* ~ ohne zu überlegen; *to dá* ~ das gibt zu denken; ~et ⟨*po*-, *za*- *si*⟩ (3 *Pl.* -*ejí*) (*o čem*) nachdenken (über *A*), überlegen (*A*); ~ivý nachdenklich.
přenáhl|ení *n* (3) Übersturzung *f*, ~ený übereilt, überstürzt; ~it se *pf.* (s. *čím*) übereilen, überstürzen (*A*).
pře|náramný riesig, gewaltig; ~nášeč, ~našeč *m* (3) Übertrager *m*; 2. *m* (4) *El.* Übertrager *m*, Umsetzer *m*.
přenáš|ení *n* (3) Übertragung *f*; ~et (3 *Pl.* -*ejí*) übertragen; ~ se sich fortpflanzen; sich vererben; ~ka *f* (1*c*; -*šek*) *Hdl.* Übertrag *m*.
přend(áv)at (hin)geben, stellen, nehmen; *Möbel* umstellen.

přenech(áv)at *j-m et.* überlassen; *j-m et.* abtreten.
přenesen|í *n* (3) Übertragung *f*; *Med.* Transplantation *f*; **~ý** übertragen; *Mus.* transponiert.
přenést *pf.* (*s. nést*) übertragen; *Sitz* verlegen; *Gegenstand* hinübertragen; *fig.* ~ přes srdce übers Herz bringen; ~ se übergreifen; ~ se do minulosti sich in die Vergangenheit zurückversetzen.
přenocovat (*im*)*pf.* (*-cuji*) übernachten.
přenos *m* (2; 6. *-u/-e*) *Rdf.* Übertragung *f*; *Hdl.* Übertrag *m*; **~ka** *f* (1c; *-sek*) Tonabnehmer *m*; **~ný** übertragbar, transportabel; *Med.* ansteckend.
přeočkov|ání *n* (3) Nachimpfung *f*; **~at** *pf.* (*-kuji*) nachimpfen.
přeochotný übereifrig.
přeor|(áv)at (*pf. -ám/-oŕu*) umpflügen; **~ganizovat** [-nɪ-] *pf.* (*-zuji*) um-, reorganisieren; **~ientovat** *pf.* (*-tuji*) umorientieren; ~ se sich umstellen.
přepad *m* (2a) Überfall *m*; *Mil.* Handstreich *m*; **~(áv)at** überfallen (*A*), herfallen (über *A*); P überrumpeln (*A*); **~ení** *n* (3) Überfall *m*; **~lý** abgemagert; **~nout** *pf. s. přepadat*; **~ový** Überfall-.
pře|pálit *pf.*, **~palovat** (*-luji*) überhitzen; *Ofen* überheizen; verbrennen (*A*); ~ se verbrennen (*v/i*); *El.* durchbrennen (*v/i*); **~pásat** *pf.* (*-šu/-sám*) umgürten.
přepaž|ení *n* (3) Verschalung *f*, Verschlag *m*; **~it** *pf.* verschalen.
pře|pážka *f* (1c; *-žek*) Schalter *m*; Scheide-, Trennwand *f*; **~péci** *pf.* (*s. péci*), **~pékat** zuviel backen od. braten; überbacken; **~pepřit** *pf.* zu stark pfeffern; **~pětí** *n* (3) Überspannung *f*; **~pichovat** (*-chuji*) umstechen; **~pilovat** *pf.* (*-luji*) durchfeilen.
přepín|ač *m* (4) *El.* Schalter *m*; **~at** überspannen; überanstrengen; *El.* (um)schalten; *Rock* überschlagen; ~ se sich überanstrengen.
přepírat (*im*)*pf.* nochmals durchwaschen.
přepis *m* (2; 6. *-e/-u*) Umschreiben *n*; Abschrift *f*; *Gr.* Transkription *f*; ~ na čisto Reinschrift; **~ovat** (*-suji*) *s.* přepsat.
přepít se *pf.* (*-piji*) zuviel trinken, F (es) satt haben.

pře|pjatý überspannt; *Gefühl:* überschwenglich; **~plácaný** *dial.* überladen; **~placení** *n* (3) Überzahlung *f*; **~placený** zuviel bezahlt, überzahlt; **~plácet** (3 *Pl. -ejí*) *s.* přeplatit; **~platek** *m* (2b; *-tk-*) überzahlter Betrag *m*, Überzahlung *f*; **~platit** *pf.* (*-cen*) überzahlen; **~plavat** *pf.* (*-u*) durchschwimmen; **~plavit** *pf. über ein Gewässer* übersetzen (se *v/i*).
přepl|něný überfüllt; **~nit** *pf.* (*-ěn*), **~ňovat** (*-ňuji*) überfüllen.
pře|plout *pf.* (*-pluji*) hinüberschwimmen; überqueren; **~pnout** *pf.* (*-pjal/-pnul*) überspannen; *El.* umschalten; **~pnutí** *n* (3) *s.* přepětí.
přepoč|et *m* (2a; *-čt-*) Umrechnung *f*; *Hdl.* Nachkalkulation *f*; **~íst** *pf.* (*s. číst*) um-, be-, nachrechnen, nachzählen; ~ se sich verrechnen; **~ítací** Umrechnungs-, **~ítat** *s.* přepočíst.
pře|podivný sehr sonderbar; **~podstatnění** *n* (3) Umgestaltung *f*; *Rel.* Wandlung *f*.
přepoj|it *pf.*, **~ovat** (*-juji*) umschalten; **~ovač** *m* (4) Umschalter *m*.
přepona *f* (1) Hypotenuse *f*.
přepouštět (3 *Pl. -ejí*) *s.* přepustit.
přepracov|ání *n* (3) Neubearbeitung *f*; Überarbeitung *f*; **~aný** umgearbeitet, neu bearbeitet; überarbeitet; **~at** *pf.* (*-cuji*) umarbeiten; ~ se sich überarbeiten.
přeprav|a *f* (1) Beförderung *f*, Transport *m*; **~ce** *m* (3) Spediteur *m*; **~ení** *n* (3) *s.* přeprava; **~it** *pf.* befördern, transportieren; **~né** *n* (*Adj.* 3) Beförderungsgebühr *f*, Transportkosten *pl.*; **~ní** Fracht-, **~nictví** *n* (3) Transportwesen *n*; **~ovat** (*-vuji*) *s.* přepravit.
pře|prchávat zeitweise regnen; **~prška** *f* (1c; *-šek*) Regenschauer *m*; **~přahat**, **~přáhnout** *pf.* (*-hl*; *-žen*) umspannen.
přeps|ání *n* (3) Abschrift *f*; Schreibfehler *m*; **~at** *pf.* (*s. psát*) umschreiben, noch einmal schreiben.
přept|ání *n* (3) Nachfrage *f*, Erkundigung *f*; **~(áv)at se** (*na k-o, po kom, po čem*) nachfragen, sich erkundigen (nach *D*).
pře|půlit *pf.* halbieren; **~pustit** *pf.* (*-štěn*) überlassen; *Kochk.* zerlassen.
přepych *m* (2b) Prunk *m*, Luxus *m*; **~ový** Luxus-, luxuriös.
pře|razit *pf.* (*-žen*), **~rážet** (3 *Pl.*

-ejí) (zer)brechen, zerschlagen; ~ se (zer)brechen (v/i); ~**razítkovat** pf. (-kuji) (über)stempeln; ~**rod** m (2a) Umwandlung f; ~**rostlý** zu hoch gewachsen, F aufgeschossen; ~**rovnat** pf. umordnen, öst. umschlichten; ~**růst(at)** (pf. s. růst) hinauswachsen über (A); fig. hineinwachsen.

přeruš|ení n (3) Unterbrechung f; Pol., Sp. Abbruch m; ~ **jízdy** Fahrtunterbrechung; ~**it** pf. unterbrechen; **Strom** ausschalten; Pol., Sp. abbrechen; ~**ovač** m (4) Unterbrecher m; ~**ovat** (-šuji) s. přerušit.

přerv|a f (1; -rev) lit. Unterbrechung f; ~**at** pf. (-rvu) v/t zerreißen; fig. abbrechen.

přerý|t pf. (-ryji), ~**vat** umgraben; unterbrechen; ~ **se** El. intermittieren; ~**vka** f (1c; -vek) Zäsur f; Mus. Atempause f.

pře|řadit pf. (-děn/-zen) umstellen, umdisponieren; El. umschalten; einstufen; ~**řeknout se** (-kl) sich versprechen; ~**řeknutí** n (3) Versprechen n; ~**řezat** pf. s. přeříznout; ~**říci se** pf. (-řeknu) s. přeřeknout se; ~**řík(áv)at** hersagen; **Gedicht** aufsagen; ~**říznout** pf. (-zl; -znut) durchschneiden.

přes Prp. (mit 4. Fall) über A (hinweg); trotz (G); ~ **noc** über Nacht; ~ **den** tagsüber; **jeden** zweiten Tag; ~ **moc** übermäßig; ~ **příliš** allzusehr, viel zuviel; **páté** ~ **deváté** F drunter und drüber; ~ **zákaz** trotz Verbot; **pracovat** ~ **čas** Überstunden machen; ~**e vše**(chno) trotz allem; F **jeden** ~ **l** e-n Umsteiger!

pře|sadit pf. (-zen) umsetzen; **Schüler** versetzen; ~**sáhnout** pf. (-hl; -sažen), ~**sahovat** (-huji) überragen, übersteigen; ~**sázet** (3 Pl. -eji) s. přesadit; ~**sazení**, ~**sazování** n (3) Versetzung f.

přesčas m (2; -e/-u) Überstunde f.

přese s. přes.

přesed|at pf. umsteigen; Turn. umsitzen; ~**ět si** pf. (-den/-zen) (co) **Beine**: einschlafen; ~**lat** pf. umsatteln; ~**nout** pf. (-dl) umsteigen; ~ **si kam** sich auf e-n anderen Platz setzen.

přesek|at pf., ~**nout** pf. (-kl; -knut) durchhauen, durchhacken.

přeschl|ý zu trocken (geworden); ~**nout** pf. (-chl) zu trocken werden, vertrocknen.

přesídl|enec m (3; -nc-) Umsiedler m; ~**ení** n (3) Übersiedlung f; ~**it** pf. übersiedeln (v/i); umsiedeln.

pře|sila f (1a) Übermacht f; ~**sí**(**va**)**t** (pf. s. sít) durchsieben; ~**skáčka**: **na** ~**ku** sprungweise; abwechselnd; ~**skakovat** (-kuji), ~**skočit** pf. überspringen; **Feuer**: übergreifen; **přeskočilo mu** iron. er ist übergeschnappt; ~**skok** m (2b) Überspringen n, Hüpfen n; El. Überschlag m; ~ **skrčmo** Turn. Hocke f.

přeskup|ení n (3) Umgruppierung f; ~**it** pf., ~**ovat** (-puji) umgruppieren.

přesla|bikovat pf. (-kuji) (durch)buchstabieren; ~**dit** pf. (-zen) übersüßen; ~**vný** ruhmreich, hochberühmt.

přeslechnout pf. (-chl; -chnut) überhören; ~ **se** sich verhören.

přesl|en m (2a) Spindelrolle f, Wirtel m; Bot. Quirl m; ~**ice** f (2a) Spinnrocken m, Kunkel f; **po -ci** in weiblicher Linie, mütterlicherseits; ~**ička** f (2; -ček) Schachtelhalm m.

přesmeknout pf. (-kl) versetzen, verschieben.

přesmíru über alle Maßen.

přesmyk m (2b) Verschiebung f; ~**nout** pf. (-kl; -knut) umstellen, verschieben; ~ **se** ausgleiten; überspringen.

přesně Adv. genau, pünktlich.

přesnice † f/pl. (2a) ungesäuertes Brot n.

přesnídavka f (1c; -vek) zweites Frühstück n, Gabelfrühstück n, öst. Jause f.

přes|nost f (4) Genauigkeit f, Pünktlichkeit f; ~**ný** genau, pünktlich.

pře|solit pf. versalzen; ~**spání** n (3) Übernachten n; ~**sp**(**áv**)**at** (pf. s. spát) übernachten; verschlafen.

přespočet m (2a; -čt-) Überzahl f; ~**ný** überzählig, Über-, Mehr-.

přespolní auswärtig; Land-; Überland-; ~ **let** Überlandflug m; ~ **běh** Geländelauf m; ~ **elektrárna** El. Überlandzentrale f.

pře|spříč quer übereinander; ~**spříliš** allzusehr, allzuviel, übermäßig; ~**stálý** überstanden; fig. bestanden; ~**stání** n (3) Aufhören n;

bez ~ ununterbrochen, in einem fort, ohne aufzuhören.

přestár|lý überaltert; **~nout** (*im*)*pf.* (*-rnul/-rl*) überaltern, zu alt werden.

pře|st(áv)at (*pf. s. stát³*) aufhören; ~ na čem sich mit et. begnügen; ne ~ andauern; **~stát** *pf.* (*s. stát²*) überstehen, durchmachen.

přestav|a *f* (*1*) Umstellung *f*; *Math.* Permutation *f*; **~ba** *f* (*1; -veb*) Umbau *m*; Umstellung *f*, Umgestaltung *f*; **~ení** *n* (*3*) Umstellung *f*; **~ění** *n* (*3*) Umbau *m*; **~ět** *pf.* (*3 Pl. -ějí*) umbauen; **~it** *pf.* umstellen, umgruppieren.

přestáv|ka *f* (*1c; -vek*) Pause *f*; o ~vce in der Pause; časová ~ Zeitabstand *m*; ~ ve vývoji Stillstand *m*.

pře|stavovat (*-vuji*) *s.* přestavět, přestavit; **~stěhovat** *pf.* (*-huji*) umsiedeln; *Möbel* umstellen; ~ se übersiedeln (*v/i*), umziehen; **~stlat** *pf.* (*-stelu*) umbetten.

přesto trotzdem, dennoch.

přestoup|ení *n* (*3*) Übertritt *m*; *Jur.* Übertretung *f*, Verstoß *m*; *Esb.* Umsteigen *n*; **~it** *pf. Esb.* umsteigen; *Schwelle* überschreiten; *Gesetz* verletzen; *zu e-m anderen Glauben* übertreten.

přestože obwohl, trotzdem.

pře|strašit *pf. v/t* erschrecken; einschüchtern; **~strkat** *pf.* verschieben, umstellen.

přestroj|ení *n* (*3*) Verkleidung *f*; **~it** *se pf.*, **~ovat se** (*-juji*) sich umziehen; sich verkleiden (*za co* als).

přestřel|it *pf.*, **~ovat** (*-luji*) zu hoch schießen; F übertreiben; **~ka** *f* (*1c; -lek*) Schießerei *f*, Feuergefecht *n*.

přestři|hat, **~ihat**, **~ihnout** *pf.* (*-hl; -žen*) mit der Schere durch-, zerschneiden.

přestup *m* (*2a*) Übertritt *m*; *Esb.* Umsteigen *n*; ~ hranic(e) Grenzübertritt; **~ek** *m* (*2b; -pk-*) Übertretung *f*, Vergehen *n*; **~ní** Umsteige-; Übergangs-; **~ný**: ~ rok Schaltjahr *n*; **~ovat** (*-puji*) *s.* přestoupit.

přestyd|lý erkältet; erstarrt; **~nout** *pf.* (*-dl*) durchfrieren; *Essen* kalt werden.

přesun *m* (*2a*) Verschiebung *f*; *Hdl.* Umsetzung *f*; (*Kredit-*)Übertragung *f*; **~out** *pf.* (*-suji, -sul*), **~ovat** (*-nuji*) verschieben; *Hebel* verstellen; *Steu-* ern umwälzen; **~utí** *n* (*3*) *s.* přesun.

přesvědč|ení *n* (*3*) Überzeugung *f*; **~it** *pf.* überzeugen; **~ivost** *f* (*4*) Überzeugungskraft *f*; **~ivý** überzeugend; **~ovací** Überzeugungs-; *Pol.* Aufklärungs-; **~ovat** (*-čuji*) *s.* přesvědčit.

přesyc|ení *n* (*3*), **~enost** *f* (*4*) Übersättigung *f*; **~ený** (*čím*) übersättigt (mit *D*), überdrüssig (*G*).

pře|syp *m* (*2a*) Düne *f*; **~sýpací** *s.* hodiny; **~sýpat**, **~syp(áv)at** (*pf. -u/-ám*) umschütten, umfüllen; **~sytit** *pf.* (*-cen*) übersättigen; **~šel** *s.* přejít.

přeši|(va)t (*pf. s. šít*) umändern, umnähen; **~vka** *f* (*1c; -vek*) Näharbeit *f*, Umändern *n*; F *a.* geänderte Kleider *n/pl.*

přeškoda F (*č-o*) sehr schade (um *A*); F jammerschade.

přeškol|ení *n* (*3*) Umschulung *f*; **~it** *pf.* umschulen; **~ovací** Umschulungs-; **~ovat** (*-luji*) *s.* přeškolit.

přeškrt|at *pf.*, **~nout** *pf.* (*-tl; -tnut*) (durch)streichen.

pře|škvařit *pf.* zerlassen; **~šlápnout** *pf.* (*-pl; -pnut*) übertreten; **~šlapovat** (*-puji*) von e-m Bein aufs andere treten; trippeln, zappeln; *Tech.* pendeln; stagnieren; **~šlý** vergangen; **~šťastný** überglücklich; **~štípat** *pf.* (*-u/-ám*), **~štípnout** *pf.* (*-pl; -pnut*), **~štípovat** (*-puji*) durchzwicken; *Holzstück* (zer)spalten; **~švihnout se** *pf.* (*-hl; -hnut*) sich hinüberschwingen; **~táčet** (*3 Pl. -ejí*) *s.* přetočit; **~táhnout** *pf.* (*-hl; -tažen*), **~tahovat** (*-huji*) (her)überziehen; *Zeit* überschreiten; *Messer* abziehen; *Sp.* abwerben; ~ holí e-n Stockhieb versetzen; ~ se sich überanstrengen; *Sp.* Tau ziehen.

přeta|vit *pf.*, **~vovat** (*-vuji*) umschmelzen; **~žený** übertrieben.

přeté|ci *pf.* (*s. téci*) überfließen, -strömen; überkochen, -laufen; **~kací** Überlauf-; **~kat** *s.* přetéci.

přetenký hauchdünn.

přetěž|ký überschwer, sehr schwer; **~ování** *n* (*3*) Überforderung *f*; **~ovat** (*-žuji*) *s.* přetížit.

pře|tínat durchhauen, entzweischlagen; *Geom.* schneiden; **~tisk** *m* (*2b*) Nachdruck *m*; *Typ.* Umdruck *m*; **~tisknout** *pf.* (*-kl; -štěn*) nach-

převýchova

drucken; überdrucken; ~tít *pf. přetínat.*
přetíž|ení *n* (3) Überlastung *f*; Mehrbelastung *f*; ~**ený** überladen; *Mensch:* überanstrengt; ~**it** *pf. Wagen* überladen, überlasten; *mit Arbeit* überhäufen.
pře|tlak *m* (2b) Überdruck *m*; ~**tnout** *pf.* (*s. tít*) *s. přetínat.*
přetlumoč|ení *n* (3) *lit.* Übertragung *f*; ~**it** *pf.* verdolmetschen; *lit. Text* übertragen.
přeto|čit *pf.* Hahn überdrehen; *Bier* umfüllen, abzapfen; ~**pit** *pf.* überheizen.
přetrh|(áv)at, ~nout *pf.* (-hl; -žen) *v/t* zerreißen; unter-, abbrechen; (durch)streichen; ~**ovaný** unterbrochen.
pře|trpět *pf.* ertragen, erdulden, überstehen; ~**trvat** *pf.* überdauern, überleben.
přetrž|ení *n* (3) Zerreißen *n*; Unterbrechung *f*; *Tech.* Bruch *m*; ~**ený** zer-, gerissen; ~**itý** unterbrochen.
pře|třás(a)t (*pf. s. třást*), **třepat** *pf.* (-u/-ám) durchschütteln; *Frage* erörtern; P *j-n* durchhecheln, ~**třes** *m* (2a) Diskussion *f*; *vzít na* ~ durch-, besprechen, P aufs Tapet bringen; ~**třít** *pf.* (*s. třít*) überstreichen (*A*), fahren (über *A*).
přetvář|et (*3 Pl. -ejí*) *s. přetvořit,* ~**ka** *f* (1c; -řek) Verstellung *f*.
přetvařovat se (-řuji) sich verstellen.
pře|tvořit *pf.* umgestalten, umbilden, umformen; ~**ubohý** sehr arm, ärmste; ~**učený** umgelernt; *iron.* hochgelehrt; ~**účtovat** *pf.* (-tuji) umbuchen; ~**vádět** (*3 Pl. -ejí*) *s. převést;* ~**vaha** *f* (1b) Übergewicht *n* (*nad čím* über *A*); ~**valit** *pf.* umwälzen, umstoßen; ~ *se* umfallen; ~**vaz** *m* (2; 6. -u/-e) Verband *m*; ~**vázat** *pf.* (-žu/-ži) umbinden; *Paket* verschnüren; *Wunde* verbinden; ~**vaziště** *n* (2a) Verbandplatz *m*; ~**vazovat** (-zuji) *s. převázat;* ~**važek** *m* (2b; -žk-) Übergewicht *n*, Mehrgewicht *n*.
převáž|ení *n* (3) Nachwägen *n*; Transport *m*; ~**et** (*3 Pl. -ejí*) *s. převézt;* ~**it** *pf.* nachwiegen; vorherrschen; ~ *se* das Übergewicht bekommen, sich überschlagen; sich verwiegen; ~**ka** *f* (1c; -žek) Transport *m*; ~**ně** *Adv.* über-, vorwiegend; ~**ný** überwiegend.
převe|dení *n* (3) Überführung *f*; ~**lice** überaus, F ungeheuer; ~**liký** übergroß, riesig.
pře|věsit *pf.* (-šen) umhängen; ~**vést** *pf.* (*s. vést*) (hin)überführen; *El.* umleiten; *Hdl.* überbringen; *Math.* (auf)lösen; ~**vézt** *pf.* (*s. vézt*) überführen, (hin)bringen; ~**vijet** (*3 Pl. -ejí*) wickeln, spulen.
převin|out *pf.*, ~**ovat** (-nuji) umwickeln; *Kind* trockenlegen.
pře|vis *m* (2a) Überhang *m*, (Fels-)Vorsprung *m*; ~**vít** *pf.* (*s. vít*) *s. převinout;* ~**vívat** *Agr.* worfeln, schwingen.
převlád|ající vorherrschend; ~**at, ~nout** *pf.* (-dl; -dnut) vorherrschen, überwiegen; ~**nutí** *n* (3) Überhandnehmen *n*, Überwiegen *n*.
převléci *pf.* (*s. vléci*) umkleiden; verkleiden.
převleč|ení *n* (3) Verkleidung *f*; ~**ník** *m* (1a) Mantel *m*.
převl|ékárna *f* (1; -ren) Umkleideraum *m*; ~**ékat, ~éknout** *pf.* (-kl; -ečen), ~**íkat** *s. převléci.*
převod *m* (2; 6. -u/-ě) Überführung *f*; *Hdl.* Überweisung *f*, Übertragung *f*; *Tech.* Übersetzung *f*; Getriebe *n*; ~**itelný** übertragbar; ~**ka** *f* (1c; -dek) Übergabeschein *m*; ~**ní** Übertragungs-, Überweisungs-; ~**ný** übertragbar; *Hdl.* indossabel; ~**ový** Transmissions-.
převor *m* (1; -ové) Prior *m*.
převoz *m* (2a) Überführung *f*, Transport *m*; Fähre *f*; ~**né** *n* (*Adj.* 3) Fährgeld *n*; ~**ník** *m* (1a) Fährmann *m*; ~**ný** Fahr-, fahrbar.
převrác|enost *f* (4) Verkehrtheit *f*; ~**ený** verkehrt; umgestürzt.
převra|cet (*3 Pl. -ejí*) *s. převrátit;* ~**t** *m* (2; 6. -u/-ě) Umsturz *m*; Umwälzung *f*; *státní* ~ Staatsstreich *m*.
převrátit *pf.* (-cen) umstürzen, umwälzen, verdrehen; ~ *se* umstürzen (*v/i*), umfallen; *Schiff:* kentern; *Flgw.* sich überschlagen.
převrat|ný Kipp-; Umsturz-; *fig.* umwälzend; *Math.* Kehr-, reziprok; ~**ový** Umsturz-.
pře|vrhnout *pf.* (-hl; -žen) umwerfen, umstoßen; ~ *se* umstürzen, umkippen; ~**vrstvit** *pf.* umschichten. ~**vtělování** *n* (3) Seelenwanderung *f*; ~**východa** *f* (1) Umerziehung *f*;

převychovat 336

~**vychovat** pf. umerziehen; ~**výšit** pf., ~**vyšovat** (-šuji) überragen, übersteigen, übertreffen; ~**vzácný** sehr selten.
převz|etí n (3) Übernahme f; ~**ít** pf. (s. vzít) übernehmen.
přezářit pf. überstrahlen.
přezdí|t pf. (3 Pl. -ějí, -díl), ~**vat** (k-u) e-n Spitznamen geben (D); ~**vka** f (1c; -vek) Spitzname m.
přezim|ování n (3) Überwintern n; ~**ovat** (im)pf. (-muji) überwintern.
přezír|at s. přezřít; ~**avý** geringschätzig.
přezka f (1c; -zek) Schnalle f.
přezkou|mat pf. überprüfen, nachprüfen; ~**šet** pf. (3 Pl. -ejí) noch einmal (an)probieren; s. přezkoumat.
přezmen m (2a) Schnellwaage f.
pře|zou(va)t (se) (pf. -zuji, -zul) Schuhe wechseln; ~**zpívat** pf. zu Ende singen; vorsingen.
přezr|álý, ~**alý** überreif; ~**át** pf. (-zraje) überreif werden.
pře|zřít pf. (-zřel) übersehen; ~**zuvka**, ~**zůvka** f (1c; -vek) Überschuh m, Galosche f; ~**zvat** pf. (-vu) umbenennen.
přezvěd|ět pf. (s. vědět) auskundschaften; Mil. erkunden; ~**ný** Aufklärungs-, Späh-.
pře|zvídat † s. přezvědět; ~**žádoucí** sehr erwünscht; ~**žalostný** überaus kläglich, jammervoll; ~**ž(í)rat** (pf. -žeru) durchfressen, zerfressen; ~**žilý**, ~**žitý** überlebt; ~**ží(va)t** (pf. -žiji) überleben; ~**žitek** m (2b; -tk-) Überrest m; ~**žvýkat** pf., ~**žvýkovat** (-kuji) wiederkäuen; ~**žvýkavec** m (3; -vc-) Wiederkäuer m.
při Prp. (mit 6. Fall) bei (D), an (D); während (G); ~ **práci** bei der Arbeit; ~ **stole** bei Tisch; ~ **tom** dabei; ~ **světle** bei Licht; hrát ~ **zemi** Sp. flach spielen; ~ **smyslech** bei Sinnen; ~ **vší námaze** trotz aller Bemühungen; ~ **vyučování** während des Unterrichts.
při- in Zssgn herbei-, hinzu-, dazu-, ein wenig; ~**balit** pf. beipacken, dazupacken; ~**barvit** pf. nachfärben; fig. iron. frisieren; ~**básnit** pf. hinzudichten; andichten (k-u co j-m A).
příběh m (2b) Ereignis n, Vorfall m, Begebenheit f.
při|běhnout pf. (-hl), ~**bíhat** herbeieilen, P hinlaufen; ~**bíjet** (3 Pl. -ejí) s. přibít; ~**bírat** s. přibrat; ~**bít** pf. (s. bít) annageln; F jako ~ wie angewurzelt; ~**blblý** tölpelhaft, albern; ~**bledlý** ein wenig bleich.
přiblíž|ení n (3) Annäherung f; pokus o ~ Annäherungsversuch m; ~**it** pf. näherbringen; ~ **se** sich nähern; näherkommen (a. e-r Sache); Mil. anrücken.
při|bližný (Adv. -ě) annähernd, ungefähr; ~**bodnout** pf. (-dl; -dnut) anspießen.
příboj m (4) Brandung f.
příbor m (2a) Besteck n; Service n.
přiboudl|ina f (1) brenzliger Geruch m; Fuselöl n; ~**ý** brenzlig.
při|bouchnout pf. (-chl; -chnut) Tür zuschlagen; ~**brání** n (3) Hinzuziehung f; Gewichtzunahme f; ~**brat** pf. (-beru) aufnehmen; zunehmen; ~**brzdit** pf. (-ěn) abbremsen; ein wenig bremsen.
příbuz|enský verwandtschaftlich; ~**enství** n (3) Verwandtschaft f (Begriff); ~**enstvo** n (1; -stev) Verwandtschaft f koll.; Verwandte m/pl.; ~**nost** f (4) fig. Verwandtschaft f; Chem. Affinität f; ~**ný** verwandt; Su. Verwandte(r) m.
přibylý hinzu-, angekommen.
při|bý(va)t pf. (-budu) ankommen, eintreffen; (č-o) zunehmen; ~**vání** n (3) Zunahme f, Anwachsen n.
přibyt|ečné n (Adj. 3) Wohngeld n; ~**ek** m (2b; -tk-) Unterkunft f; Quartier n; Zuwachs m, Zunahme f.
přicestov|alý zugereist; ~**at** pf. (-tuji) ankommen, anreisen.
pří|čel m (4; -čl-) od. f (3) Sprosse f; ~**čestí** n (3) Gr. Mittelwort n, Partizip n; ~**četný** zurechnungsfähig.
přičichnout pf. (-chl) riechen (k č-u an D).
příčina f (1) Ursache f, Grund m; za -nou č-o wegen, zwecks (G); za tou -nou zu diesem Zweck; v té -ně in dieser Hinsicht.
přičin|ění n (3) Bemühungen f/pl.; Zutun n; ~**it** pf. (hin)zutun, hinzufügen; ~ **se** o co sich bemühen um (A), eintreten für (A); ~**livý** strebsam, eifrig, emsig.
příčin|nost f (4) Ursächlichkeit f; Kausalität f; ~**ný** kausal, Kausal-.
při|čiňovat se (3 Pl. -ejí) s. přičinit se; ~**číst** pf. (s. číst) zuzählen, zu-

příchylnost

rechnen; zuschreiben, anrechnen; *Hdl.* gutschreiben.
příčit se *pf.* (k-u, č-u) sich widersetzen, widerstreben (*D*); verstoßen (gegen *A*).
příčítat *pf. s.* přičíst.
příčka *f* (1c; -ček) Sprosse *f*; Strebe *f*; Trennwand *f*; *Geom.* Querlinie *f*, Transversale *f*.
při|členit *pf.* angliedern; ~**čmoudlý** angebrannt, brenzlig.
pří|čník *m* (2b) Querbalken *m*; ~**ční**, ~**čný** Quer-; diagonal; Transversal-. [Bug *m*.)
pří|ď *f* (4d; -dě), ~**da** *f* (l) (Schiffs-)
při|dat *pf.* (-ám, -dán) zugeben, hinzufügen, beigeben; sich bemühen, F sich dazuhalten, *Lohn* aufbessern; *j-m et.* zureichen; ~ *do kroku* schneller gehen; ~ *se* (k-u) sich anschließen (an *A*); (k č-u) hinzukommen (zu *D*); ~ *se na čí stranu* Partei ergreifen für (*A*); auf j-s Seite übergehen; ~**datný** zusätzlich; ~**davač**, ~**dávač** *m* (3) Handlanger *m*; ~**dávat** *s.* přidat.
přídav|ek *m* (2b; -vk-) Zugabe *f*; (*Lohn-*)Zulage *f*; ~**ný**: *-né jméno Gr.* Eigenschaftswort *n*, Adjektiv *n*.
pří|dech *m* (2b) *Gr.* Hauchlaut *m*; *fig.* Anflug *m*; ~**děl** *m* (2a) Zuteilung *f*, Kontingent *n*, Anteil *m*.
přiděl|(áv)at befestigen, F anmachen; mehr machen; ~**enec** *m* (3; -nc-) Zugeteilte(r) *m*, Attaché *m*; ~**ení** *n* (3) Zuteilung *f*; Zuweisung *f von Personen*; Zuwendung *f von Mitteln*; ~**it** *pf.*, ~**ovat** (-*luji*) zuteilen, zuweisen; zuwenden.
přídomek *m* (2b; -mk-) Nebengebäude *n*; Zusatz(titel) *m*, (*Adels-*)Attribut *a*.
přidražit *pf.* verteuern.
přidruž|ený angeschlossen; Neben-; ~**it** *pf.* anschließen; ~ *se* sich anschließen; sich zugesellen, hinzukommen.
přidrž|et *pf.*, ~**ovat** (-*žuji*) festhalten; ~ *k-o k č-u* anhalten j-n zu (*D*); ~ *se k-oho* sich festhalten an (*D*); ~ *si uši* sich die Ohren zuhalten.
příduska *f* (1c; -sek) *Mus.* Dämpfer *m*.
při|dušený gedämpft; *Weinen*: unterdrückt; ~**frnčet** *pf.* F *Auto*: angesaust kommen.
příhana *f* (l) Tadel *m*; Schimpf *m*; *s -nou* tadelnd.

při|hánět (3 *Pl. -ějí*) *s.* přihnat; ~**házet** (3 *Pl. -ejí*) *s.* přihodit; ~**hladit** *pf.* (-*zen*) glätten, glattstreichen; ~**hlásit** *pf.* (-*šen*) (an)melden (se sich); ~ *se* (k č-u) sich bekennen (zu *D*); ~**hláška** *f* (1c; -šek) Anmeldung *f*; ~**hlašovací** Anmelde-, Melde-; ~**hlašovat** (-*šuji*) *s.* přihlásit; ~**hlédnout**, ~**hlídnout** *pf.* (-*dl*), ~**hlížet** (3 *Pl. -ejí*) (č-u) zusehen (*D*); (k č-u) berücksichtigen (*A*), Rechnung tragen (*D*); bedacht sein (auf *A*); ne~ č-o absehen von (*D*); außer acht lassen (*A*); ~**hloupíý** beschränkt, ein wenig dumm; ~**hnat** *pf.* (-*ženu*) zutreiben, (heran)treiben; ~ *se fig.* stürzen (*v*/*i*), angerannt kommen; ~**hnout** *pf.* einbiegen; P ~ *si* e-n kräftigen Schluck nehmen, zu tief ins Glas schauen.
příhoda *f* (l) Vorfall *m*, Begebenheit *f*, Ereignis *n*; Zwischenfall *m*.
přihodit *pf.* (-*zen*) (zu)werfen; *Hdl.* überbieten; ~ *se* geschehen, sich ereignen, passieren; *Unglück*: zustoßen; *Fehler*: unterlaufen.
příhodný geeignet, passend; *Jur.* zweckdienlich.
příhon *m* (2; 6. *-u*/*-ě*) Zutrieb *m*; (*Vieh-*)Auftrieb *m*; Zuleitungsgraben *m*.
přiho|řklý etwas (*od.* leicht) bitter; ~**tovit** *pf.* (vor)bereiten; ~ *se* (k č-u) sich anschicken (zu *D*).
přihrádka *f* (1c; -dek) Fach *n*, Lade *f*.
přihradový: *-vá konstrukce* Fachwerk *n*.
přihrá|(va)t *pf.* (-*hraji*) zuspielen; *Ball* abgeben; ~**vka** *f* (1c; -vek) *Sp.* Zuspiel *n*, Vorlage *f*.
při|hrbiý ein wenig gebückt; ~**hrčet** F *pf.* angerasselt kommen; ~**hrnout** *pf.*, ~**hrnovat** (-*nuji*) zuscharren; ~ *se* herbeiströmen; herbeistürzen; ~**hr(o)ublý** derb; ~**hřá(va)t** *pf.* (-*hřeji*) auf-, anwärmen; ~**hýbat** *s.* přihnout; ~**cházet** (3 *Pl. -ejí*) *s.* přijít.
pří|chod *m* (2a) Ankunft *f*; Zugang *m*; ~**chozí** *m*/*f* (Adj. 4) (Neu-)Ankommende *m od. f*; ~**chuť** (4c; -*ti*) Beigeschmack *m*.
při|chvátat *pf.* herbeieilen; ~**chýlit** *pf.* hinneigen; ~ *se* (hin)neigen (k č-u zu *D*).
příchyl|nost *f* (4) Zutraulichkeit *f*,

příchylný 338

Anhänglichkeit *f*; ~**ný** zutraulich; *j-m* zugetan.
při|chylovat (-*luji*) *s.* přichýlit.
přichy|stat *pf.* (vor)bereiten, herrichten; ~ **se** sich bereit machen; ~**tit** *pf.* (-*cen*) (an)heften; ~ **se** haften bleiben; (*k-o, č-o*) sich anhängen (an *A*); *Speisen*: anbrennen.
přija|l *s.* přijmout; ~**telný** annehmbar, akzeptabel.
příjem *m* (*2a*; -*jm-*) Annahme *f*; Empfang *m*; Einkommen *n*; ~**ce** *m* (*3*) Empfänger *m*; ~**nost** *f* (*4*) Annehmlichkeit *f*; ~**ný** angenehm.
přije|t *pf.* (*s. jet*) ankommen (do/in *D*); ~ **na návštěvu** zu Besuch kommen; ~**tí** *n* (*3*) Aufnahme *f*, Empfang *m*. [Zufahrt(straße) *f*.)
příjezd *m* (*2*; *6.* -*u*/-*ě*) Ankunft *f*;)
příjice *f* (*2a*) Syphilis *f*.
přijím|ací Empfangs-; Aufnahme-; ~**ač** *m* (*4*) *Rdf.* Empfänger *m*; ~**ání** *n* (*3*) *Rdf.* Empfang *m*; *Rel.* Kommunion *f*, Abendmahl *n*; An-, Aufnahme *f*; ~**at** *s.* přijmout; *Rel.* kommunizieren, das Abendmahl empfangen.
pří|jít *pf.* (*s. jít*) (an)kommen; (*na k-o*) *Krankheit*: befallen (*A*); *Angst*: überkommen; (*pro co*) abholen (*A*); ~**jíždět** (*3 Pl.* -*ějí*) *s.* přijet.
příjmení *n* (*3*) Familienname *m*, Zuname *m*.
přijmout *pf.* (-*jal*, -*jat*) annehmen; aufnehmen; empfangen.
příkaz *m* (*2*; *6.* -*u*/-*e*) Auftrag *m*, Weisung *f*; ~ **doby** *fig.* Gebot *n* der Stunde.
příká|zání *n* (*3*) *Rel.* Gebot *n*; *Hdl.* Zuweisung *f*; ~**zat** *pf.* (-*žu*/-*ži*) befehlen, *lit.* gebieten; zuweisen, zuteilen.
příkaz|ce *m* (*3*) Auftraggeber *m*; Antragsteller *m*; ~**ní**, ~**ný** verfügbar.
přikazovat (-*zuji*) *s.* příkázat.
příklad *m* (*2*; *6.* -*u*/-*ě*) Beispiel *n*; *ku* ~**u**, **na** ~ zum Beispiel.
přikládat beilegen, beifügen; *Kohle* zulegen; *Hochofen* beschicken; *Bedeutung* beimessen; *Glauben* schenken.
pří|kladný beispielhaft, mustergültig, vorbildlich; exemplarisch; ~**klep** *m* (*2a*), **přiklepnutí** *n* (*3*) Zuschlag *m*.
při|klížit *pf.* anleimen; ~**klonit** *pf.* anlehnen (*k č-u* an *A*); ~ **se** *s.* přichýlit se.

příklon|ka *f* (*1c*; -*nek*) *Gr.* Enklitikon *n*; ~**ný** enklitisch.
příklop *m* (*2a*) Deckel *m*, Klappe *f*; † *a.* Falltür *f*; **skleněný** ~ **na sýry** Käseglocke *f*.
příklopit *pf.* zudecken; zuklappen.
příklopka *f* (*1c*; -*pek*) Verschluß *m*, Klappe *f*; *Anat.* Kehldeckel *m*.
příklusat *pf.* (-*šu*/-*sám*) antraben.
pří|kon *m* (*2a*) *El.* Leistungsbedarf *m*; ~**kop** *m* (*2*; *6.* -*u*/-*ě*) Graben *m*; ~**koří** *n* (*3*) Unrecht *n*, Kränkung *f*.
pří|koupit *pf.* (*da*)zukaufen; ~**kout** *pf.* (-*kuji, -kul*), ~**kovat** *pf.* (-*u*/-*ám*) anschmieden; ~**kovaný** angeschmiedet; *F jako* ~ wie angewurzelt; ~**kouzlit** *pf.* herbeizaubern; ~**krájet** (*3 Pl.* -*ejí*) *s.* přikrojit.
příkrasa *f* (*1a*) Verzierung *f*; Beschönigung *f*.
přikrást se *pf.* (-*kradu*) heranschleichen.
přikráš|lení *n* (*3*) *s.* přikrášlování; ~**lit** *pf.* verschönern; beschönigen; *fig.* schminken; ~ **se** sich putzen, *F* sich schön machen; ~**lování** *n* (*3*) Beschönigung *f*; ~**ovat**, **přikrašlovat** (-*luji*) *s.* přikrášlit.
přikrčit se *pf.* sich ducken.
příkrm *m* (*2a*) Zuspeise *f*, Beilage *f*.
přikro|čit *pf.* (*k č-u*) herantreten (an *A*); in Angriff nehmen (*A*); ~**jit** *pf.*, ~**jovat** (-*juji*) zuschneiden.
pří|krost *f* (*4*) Schroffheit *f*, Barschheit *f*; ~**krov** *m* (*2a*) Decke *f*; Bahrtuch *n*; ~**krý** (*Komp.* -*krejší*; *Adv.* -*kře*) steil; schroff, barsch.
při|krý(va)t (*pf. s. krýt*) zudecken; ~**krytý** bedeckt, zugedeckt; verdeckt; ~**krývka** *f* (*1c*; -*vek*) Decke *f*; ~ **na postel** Bettdecke *f*.
příkře(jší) *s.* příkrý.
př kulhat *pf.* herbeihumpeln.
příkusek *m* (*2b*; -*sk-*) Imbiß *m*.
při|kusovat (-*suji*) zubeißen; dazu essen; ~**kuálet** *pf.* (*3 Pl.* -*ejí*) heranrollen (*se v*/*ji*); ~**kvačit** *pf. lit.* herbeieilen; *Nacht*: hereinbrechen; ~**kyselit** *pf.* säuern, sauer machen; ~**kývnout** *pf.* (-*vl*; -*vnut*), ~**kyvovat** (-*vuji*) (zu)nicken, zustimmen, ja sagen; ~**lákat** *pf.* anlocken, herbeilocken.
přil|ba, **příl|ba** *f* (*1*), ~**bice** *f* (*2a*) Helm *m*.
přiléh|ající anliegend; ~**at** *s.* přilehnout; ~**avý** anliegend, passend.
přileh|lý angrenzend, Neben-; *Ei*:

angebrütet; **~nout** *pf.* (*-hl*) sich drücken, sich (an)schmiegen, sich (an)pressen (an *A*); (eng) anliegen; passen; *Tür*, *Deckel*: (gut) schließen.

přílepek *m* (*2b*; *-pk-*) Anhängsel *n*, Angeklebte(s) *n*.

přílep|it *pf.*, **~ovat** (*-puji*) ankleben; **~ se** festkleben, kleben bleiben.

přilepš|ení *n* (*3*), **~ená** *f* (*Adj. 2*) Aufbesserung *f*, F Zubuße *f*; *na -enou* zur Aufbesserung; **~it** *pf.*, **~ovat** (*-šuji*) aufbessern, F zulegen.

~let *m* (*2a*) Anflug *m*; *Flgw*. Ankunft *f*.

při|létat, **~letět** *pf.*, **~létnout** *pf.* (*-tl*) herbeifliegen, (an)geflogen kommen; *Flgw*. sich im Anflug befinden, ankommen; **~letovat** *pf.* (*-tuji*) anlöten; **~lévat** *s. přilít*; **~léz(a)t** (*pf. s. lézt*) angekrochen kommen, herankriechen; **~ležet si** *pf.* (länger) liegen bleiben.

příležitost *f* (*4*) Gelegenheit *f*, Anlaß *m*; *při ~i* anläßlich (*G*); **~ný** gelegentlich, Gelegenheits- (*Kauf*).

při|lícit *pf. Gewehr* anlegen, in Anschlag bringen; **~lícovat** *pf.* (*-cuji*) *Tech*. anpassen, anfugen; **~lichotit se** *pf.*, **~lísat se** *pf.* (*k k-u*) sich einschmeicheln (bei *D*); *Hund*: schwänzeln (um *A*).

příliš *m*, allzu; **~ný** übermäßig, übertrieben.

při|lít *pf.* (*s. lít*) nach-, zugießen; **~lítat**, **~lítnout** *pf. s. přilétat*.

příliv *m* (*2a*) Flut *f*; Zufluß *m*, Zustrom *m*.

příln|avost *f* (*4*) Adhäsion *f*; **~avý** anhaftend; **~out** *pf.* anhaften, festkleben; (*k č-u*) sein Herz hängen an (*A*); **~utí** *n* (*3*) Anhänglichkeit *f*.

příloha *f* (*1b*) Beilage *f*, Anlage *f*; *v -oze* beiliegend.

přiloudat se *pf.* langsam daherkommen.

přilož|ený beiliegend, anbei; **~it** *pf.* beilegen, beifügen; *Verband*, *Gewehr* anlegen; *Holz* zulegen.

přílož|nice *m* (*2b*) Reißschiene *f*.

přimáčknout *pf.* (*-kl*; *-knut*) andrücken.

příměr *m* (*2a*) Vergleich *m*.

přiměřený angemessen, entsprechend.

příměří *n* (*3*) Waffenstillstand *m*.

přiměřit *pf.* anmessen; zumessen.

příměs *f* (*4a*), **~ek** *m* (*2b*; *-sk-*) Zu-

satz *m*, Beimischung *f*; *fig.* Einschlag *m*.

přimět *pf.* (*-měji*) veranlassen, bewegen (*k č-u zu D*).

při|mhouřit *pf.*: **~ oči** die Augen zukneifen, blinzeln; *fig.* ein Auge zudrücken; **~míchat** *pf.*, **~mísit** *pf.* (*-šen*) beimischen, beimengen (*k č-u*, *do č-o*/*D*); **~míšenina** *f* (*1*) Beimengung *f*, Zusatz *m*.

přími|t ⟨*na-, vz-*⟩ aufrichten; **~vý** *Turn*. Haltungs-.

přímka *f* (*1c*; *-mek*) gerade Linie *f*, Gerade *f*.

při|mknout se (*-kl*; *-knut*) sich anlehnen, sich anschmiegen; sich anschließen (*k č-u an A*); **~mlouvat se** *s. přimluvit*.

přímluv|a *f* (*1*) Fürsprache *f*; Befürwortung *f*; **~ce** *m* (*3*) Fürsprecher *m*.

přimluvit se *pf.* (*za k-o*) Fürsprache einlegen (für *A*); (*za co*) befürworten (*A*).

přímluv|kyně *f* (*2b*) Fürsprecherin *f*; **~ný** Empfehlungs-.

přímo *Adv*. gerade(aus); direkt, unmittelbar; geradezu, ohne Umschweife, offen; **~čarý** geradlinig; *fig. a.* aufrichtig.

přimontovat *pf.* (*-tuji*) anmontieren, anbringen.

přímoř|í *n* (*3*) Küstengebiet *n*; **~ský** See-, Küsten-; maritim.

přímost *f* (*4*) Geradheit *f*, Offenheit *m*, Freimut *m*.

přimra|zit *pf.* (*-žen*) *Angst*: *j-n* lähmen; **~žený**: *jako* **~** wie angewurzelt, wie gelähmt.

přimrz|l(ý)at, **~nout** *pf.* (*-zl*) anzufrieren; **~lý** zugefroren.

přímý (*Adv*. -*o*) gerade, direkt; freimütig, offen.

při|mykat *s. přimknout*; **~myslit** *pf.* (*-šlen*), **~myšlet** (*3 Pl.* *-eji*); **~ si** *něco* sich hinzudenken (*A*).

přináleže|t *pf.* (*3 Pl.* *-í*/*-eji*) *s. náležet*; **~itost** *f* (*4*) Zugehörigkeit *f*.

při|našeč, **~našeč** *m* (*3*) Überbringer *m*; **~našet** (*3 Pl.* *-eji*), **~nést** *pf.* (*s. nést*) (her-, herbei-, mit)bringen; holen.

přínos *m* (*2*; *6.* -*u*/-*e*) Beitrag *m*; Mitgift *f*.

přinu|cení *n* (*3*) Zwang *m*; *z* **~** zwangsweise, gezwungen, unter Zwang; **~tit** *pf.* (*-cen*) zwingen, nötigen.

při|nýtovat *pf.* (*-tuji*) annieten; **~objednat** *pf.* nachbestellen; **~odít** *pf.* (*-ději*) (be)kleiden.

přiostř|ení *n* (3) Verschärfung *f*, Zuspitzung *f*; **~it** *pf.*, **~ovat** (*-řuji*) spitzen, schärfen; **~ se** sich zuspitzen, sich verschärfen.

případ *m* (2; 6. *-ě/-u*) Fall *m*, Vorfall *m*; *po ~ě* gegebenenfalls, unter Umständen; *v daném ~ě* gegebenenfalls; *v žádném ~ě* keinesfalls, auf keinen Fall; *v opačném ~ě* widrigenfalls, *v ~ě potřeby im Bedarfsfall; ~ od ~u* von Fall zu Fall.

případat *pf.* entfallen; *Jur.* anheimfallen; (dazu)fallen; *Datum*: fallen; vorkommen.

případ|ně *Adv.* eventuell, unter Umständen; **~ní** etwaig, eventuell; zufällig; (zu)treffend, passend.

při|padnout *pf.* (*-dl*) *s.* případat; **~pálenina** *f* (1) Angebrannte(s) *n*; Brandfleck *m*; Brandgeruch *m*; **~pálit** *pf.*, **~palovat** (*-luji*) anbrennen, versengen; **~ se** sich verbrennen; *Braten*: anbrennen (*v/i*); **~ si** *um Feuer bitten*; **~pamatovat** *pf.* (*-tuji*) erinnern (*~ si*, *k-u co*, *k-o na co sich*, *j-n an A*); **~péci** *pf.* (*s.* péci), **~pékat** anbraten; anbrennen lassen; **~ se** anbacken (*v/i*); **~pečený**, **~peklý** angebrannt; angebacken.

připěv *m* (2a) Refrain *m*.

připev|nit *pf.*, **~ňovat** (*-ňuji*) befestigen, anbringen.

při|píchnout *pf.* (*-chl*, *-chnut*) anspießen; anheften; *Abzeichen* anstecken; **~píjet** (*3 Pl. -ejí*) *s.* připít; **~píkat** *s.* připékat; **~pilovat** *pf.* (*-luji*) nach-, zufeilen.

připín|ací Ansteck-, Heft-; **~áček** *m* (2b; *-čk-*) Reißnagel *m*, Reißzwecke *f*; **~adlo** *n* (1a; *-del*) (Heft-) Klammer *f*, *öst.* Heftel *n*; **~at** *s.* připnout.

přípis *m* (2; 6. *-e/-u*) Zuschrift *f*; *Hdl.* Gutschrift *f*; **~ek** *m* (2b; *-sk-*) Anmerkung *f*; Zusatz *m*; Glosse *f*.

při|pisovat (*-suji*) *s.* připsat; **~pít** *pf.* (*-piji*) zutrinken; **~ k-u na zdraví** auf j-s Wohl trinken *od.* anstoßen; **~ si s kým trinken**, F anstoßen mit (*D*).

přípitek *m* (2b; *-tk-*) Trinkspruch *m*, Toast *m*.

připlácet (*3 Pl. -ejí*) *s.* připlatit.

příplatek *m* (2b; *-tk-*) Zuschlag *m*; Zulage *f*.

připlatit *pf.* (*-cen*) zuzahlen.

příplatkový Zuschlag-.

připla|vat *pf.* (*-u*) (heran)schwimmen; **~vit** *pf.* anschwemmen; **~ se landen**; **~zit se** *pf.* (sich) heranschleichen, gekrochen kommen.

připlé|st *pf.* (*s.* plést), **~tat** anstricken; **~ se** sich einmischen; F in die Quere kommen; (hin)geraten.

při|plížit se *pf.* (*k č-u*) sich heranschleichen; *Jagdw.* sich heranpirschen (*an A*); **~plout** *pf.* (*s.* plout) *mit dem Schiff* ankommen, landen; **~pnout** *pf.* (*-pjal/-pnul*) anhängen, anheften, anstecken.

připoč|íst *pf.* (*-čtu*, *-četl*), **~ítat** anrechnen, hinzurechnen; **~ k tíži** *Hdl.* belasten; **~tení** *n* (3) Zurechnung *f*.

připodob|nění *n* (3) Angleichung *f*; *Gr.* Assimilation *f*; **~nit** *pf.*, **~ňovat** (*-ňuji*) angleichen, anpassen.

připochodovat *pf.* (*-duji*) anmarschieren.

přípoj *m* (4) Anschluß *m*.

připoj|ení *n* (3) Anschluß *m*, Angliederung *f*; Beifügung *f*; **~it** *pf.*, **~ovat** (*-juji*) anschließen, angliedern; bei-, hinzufügen; *Esb.* anhängen.

přípoj|ka *f* (1c; *-jek*) *El.* Anschluß *m*; *Tech.* Anschlußstück *n*, Muffe *f*; *Esb.* Anschlußgleis *n*; **~ný** Anschluß-.

připojovací Verbindungs-.

připom|enout *pf.* (*-mněl/-menul*), **~ínat** (*k-u co*) erinnern (*j-n an A*); einschärfen (*j-m A*); (co, o čem) erwähnen, bemerken (*A*); **~ si co sich** erinnern an (*A*); **~enutí** *n* (3), **~ínka** *f* (1c; *-nek*) Erinnerung *f*; Bemerkung *f*.

přípona *f* (1) *Gr.* Nachsilbe *f*, Suffix *n*.

připoušt|ěcí einräumend, *Gr.* Konzessiv-; **~ění** *n* (3) Zulassung *f*; *Agr.* Belegen *n*, Decken *n*; **~ět** (*3 Pl. -ějí*) *s.* připustit.

připout|(áv)at (*k č-u*) fesseln, anbinden (*an A*); *fig.* bannen; **~ se sich** anschnallen.

přípověď *f* (4a; *-di*) Zusage *f*, Versprechen *n*, Jawort *n*.

připo|vědět *pf.* (*-vím*, *3 Pl. -vědí*), **~vídat** zusagen, zusichern, in Aussicht stellen; **~zdívat se** spät werden; Abend werden.

příprav|a *f* (1) Vorbereitung *f*; Zu-

přisleplý

bereitung f, Herstellung f; Zubehör n; ~ek m (2b; -vk-) Präparat n, Mittel n; Vorrichtung f.
příprav|ený bereit, vorbereitet; ~it pf. vorbereiten; *Speisen* zubereiten; zurechtlegen, bereithalten; *Truppen* bereitstellen; *j-n* (hin)bringen; ~ k-o co bringen j-n um (A).
příprav|ka f (1c; -vek) Vorschule f; Vorbereitungskurs m; ~ný Vorbereitungs-, Vor-.
při|přahat, ~přáhnout pf. (-hl; -přažen) vorspannen.
přípřež f (3) Vorspann m.
připsat pf. (s. *psát*) zuschreiben, hinzusetzen; widmen; ~ k dobru gutschreiben; zugute halten; ~ na vrub belasten.
připustit pf. (-štěn) zulassen; zugeben; *Vieh* belegen lassen; ~ si co k srdci sich et. zu Herzen nehmen.
přípust|ka f (1c; -tek) Zulassung f, Konzession f; ~ný zulässig, statthaft.
při|puštění n (3) Zulassung f; *Agr.* Belegung f; ~**rachotit** pf. angerasselt kommen.
příraz m (2a) Zuschlag m; *Turn.* Kletterschluß m; *Mus.* Vorschlag m.
při|razit pf. (-žen), ~**rážet** (3 Pl. -ejí) Tür zuschlagen, zuwerfen; *Preis* aufschlagen; *Miete* erhöhen; *Waren* verteuern; *Schiff:* anlegen.
přirážk|a f (1c; -žek) (Preis-)Aufschlag m; (Steuer-)Umlage f; ~ový Zuschlag(s)-, Umlage-.
příročí n (3) Aufschub m; *Jur.* Moratorium n.
přírod|a f (1) Natur f; *proti ~dě* widernatürlich; *do -dy* ins Freie, F ins Grüne; *v -dě* im Freien; Freilicht-; ~ní Natur-; ~nina f (1) Naturprodukt n; *-ny* pl. a. Naturalien pl.
přírodopis m (2; 6. -e/-u) Naturgeschichte f; ~ec m (3; -sc-) Naturhistoriker m; ~ný naturgeschichtlich.
přírodověd|a f (1) Naturwissenschaft f; ~ec m (3; -dc-) Naturwissenschaftler m; ~ecký (Adv. -y) naturwissenschaftlich.
přírodozpyt m (2; 6. -u/-ě) Naturlehre f, Physik f; ~ec m (3; -tc-) Naturforscher m.
přírost, ~ek m s. *přírůstek*.
přirostlý angewachsen.
přirovn|ání n (3) Vergleich m; ~(á-v)at vergleichen; ~ se ke k-u sich messen mit (D); ~ávací vergleichend.
přirozen|í n (3) P Scham(teile *pl.*) f, Glied n; † *a.* = ~ost f(4) Natürlichkeit f; Natur f; ~ý natürlich, Natur-.
příruba f (1) Flansch m.
příruč|í m (Adj. 4) Gehilfe m; *(Forst-)*Adjunkt m; ~ka f (1c; -ček) Handbuch n; ~ní handlich, Hand-.
přírůst(at) (pf. s. *růst*) zu-, anwachsen.
přírůstek m (2b; -tk-) Zunahme f, Zuwachs m; *Hdl.* Mehr n.
při|řadit pf. (-děn/-zen) anreihen, beiordnen; *Math.* zuordnen; ~**řčení** n (3) Zuerkennung f; *Hdl.* Zuschlag m; ~**řez(áv)at** (pf. s. *řezat*), ~**říznout** pf. (-zl; -znut) zurechtschneiden, stutzen; ~**řknout** pf. (-řkl; -řčen) zuerkennen, zusprechen, zugestehen.
přísada f (1) Zusatz m, Zugabe f; *Kochk.* Zutat f.
přisadit pf. (-zen) zusetzen.
přísah|a f (1b) Eid m, Schwur m; *křivá ~* Meineid; *místo -hy* an Eides statt; ~**at** (za-) schwören; ~ *na k-o fig.* die Hand ins Feuer legen für (A), F schwören auf (A).
přisám|bohu!, ~bůh! *Int.* bei Gott!
přisát se pf. (-saji) sich festsaugen (k č-u, na co an D).
přísav|ka f (1c; -vek) *Zo.* Saugnapf m; ~ný Saug-.
přisazovat (-zuji) s. *přisadit*.
přised|at (ke k-u) sich (hin)setzen (zu D); (*při čem, u č-o*) beisitzen, Beisitzer sein (bei D); ~**ící** m (Adj. 4) Beisitzer m; ~**nout** pf. (-dl) s. *přisedat*.
přisek|at, ~nout pf. (-kl; -knut) zuhauen, zurechtzimmern.
přísežn|ě *Adv.* eidlich, unter Eid; ~ý Eides-; beeidet.
při|schnout pf. (-chl) antrocknen; ~**skákat** pf. (-ču/-či), ~**skakovat** (-kuji), ~**skočit** pf. herbeispringen, herbeihüpfen.
přískok m (2b) Sprung vorwärts, Ansprung m; ~y sprungweise.
při|skřípnout pf. (-pl; -pnut) einklemmen, F einquetschen; ~**sladit** pf. (-zen) süßen, süßer machen; ~**sládlý** süßlich; ~**sleplý** halb blind.

příslib *m* (2a) Versprechen *n*, Zusage *f*, *lit.* Verheißung *f*.
při|slíbit *pf.*, **~slibovat** (-buji) versprechen, zusagen, *lit.* verheißen; **~slouchat** mithören.
příslov|ce *n* (2) *Gr.* Umstandswort *n*, Adverb *n*; **~ečný** sprichwörtlich; *Gr.* adverbial, Adverbial-; **~í** *n* (3) Sprichwort *n*.
přisluhov|ač *m* (3) Helfershelfer *m*; *Pol.* Steigbügelhalter *m*; **~at** (-huji) behilflich sein; bedienen (k-u/A).
přísluní *n* (3) Sonnennähe *f*, Perihel *n*.
přísluš|ející zuständig; zugehörig; gebührend; **~enství** *n* (3) Zubehör *n*; **~et** (3 *Pl.* -ejí/-í) zuständig sein; gehören; gebühren, zustehen; **~ník** *m* (1a), **~nice** *f* (2a) Angehörige *m u. f*; **~nost** *f* (4) Zuständigkeit *f*; Zugehörigkeit *f*; státní **~** Staatsangehörigkeit; **~ný** zuständig; (da-) zugehörig; entsprechend.
přismah|lý angebrannt; sonnengebräunt; **~nout (se)** *pf.* (-hl; -hnut), **~ovat se** (-huji) anbrennen; *von der Sonne* verbrennen.
přismutnělý traurig.
přísn|ost *f* (4) Strenge *f*; **~ý** streng.
při|solit *pf.* nachsalzen; F *j-m* heftig zusetzen; **~soudit** *pf.* (-zen) zuerkennen, zusprechen.
přisouv|ání *n* (3) *Gr.* Anfügung *f*; **~at** *v/t* heranrücken; *Gr.* anfügen.
přisp|at si *pf.* (-spim) ein wenig länger schlafen; **~ěchat** *pf.* herbeieilen; **~ na pomoc** zu Hilfe eilen; **~ění** *n* (2) Beihilfe *f*, Hilfeleistung *f*; **~ět** *pf.* (3 *Pl.* -ějí) beitragen; *j-m* beistehen; **~ na pomoc** zu Hilfe kommen; **~ěvatel** *m* (3; -é) Beitragende(r) *m*.
příspěvek *m* (2b; -vk-) (na výživu Unterhalts-)Beitrag *m*.
přispí|šit si *pf.* sich beeilen; **~vající** beitragend; **~vání** *n* (3) Beitragsleistung *f*; **~vat** *s.* přispět.
přisprostlý gemein.
příst ⟨po-, u-, za-⟩ (předu, -dl, -den) spinnen; *Katze*: schnurren.
při|stání *n* (3) Landung *f*; *Mar.* Anlegen *n*; **~stárlý** ältlich; **~stát** *pf.*, **~st(áv)at** *pf.* (-stanu) landen; *Boot*: anlegen; nouzově **~** notlanden.
přístav *m* (2; 6. -u/-ě) Hafen *m*.
přistávací Landungs-, Lande-.
přístav|ba *f* (1; -veb) Anbau *m*; **~ek** *m* (2b; -vk-) Ansatz *m*; *Gr.* Apposition *f*; Beistellsitz *m*.
přistavět *pf.* (3 *Pl.* -ějí) anbauen; aufstocken.
přístaviště *n* (2a) Anlegestelle *f*, Landungsplatz *m*.
přistavit *pf.* bereitstellen; beistellen; (hin)rücken, schieben, stellen.
přístav|né *n* (*Adj.* 3) Standgebühr *f*; **~ní** Hafen-; **~ můstek** Landungsbrücke *f*.
při|stavovat (-vuji) *s.* přistavět, přistavit; **~stehnout** *pf.* (-hl; -hnut) anheften.
přistěhoval|ec *m* (3; -lc-), **~kyně** *f* (2b) Einwanderer *m*; *dial.* Zugereiste *m od. f*; **~ý** eingewandert; *dial.* zugereist.
přistěhov|ání *n* (3) Einwanderung *f*; Einzug *m*; **~at se** *pf.* (-huji) einwandern; *in e-e Wohnung* einziehen.
přístěnek *m* (2b; -nk-) Schlafnische *f*, Alkoven *m*.
přistihnout *pf.* (-hl; -žen) ertappen, F erwischen.
přistoup|ení *n* (3) Beitritt *m*; **~it** *pf.* (k č-u) herantreten (an *A*); (na co) eingehen auf (*A*); Vorschlag annehmen; *Esb.* zusteigen; *e-m Verein* beitreten.
přistr|čit *pf.*, **~kovat** (-kuji) *v/t* heranrücken, -schieben.
přístroj *m* (4) Apparat *m*, Gerät *n*, Instrument *n*.
přístroj|it *pf.*, **~ovat** (-juji) zubereiten, vorbereiten; ankleiden; *Pferde* schirren; **~ se** sich anziehen, sich herrichten.
přístrop|í *n* (3) Deckenraum *m*; **~ní** Decken-; *Thea.* Galerie-.
přístřeš|ek *m* (2b; -šk-) Vordach *n*, Schutzdach *n*; **~í** *n* (3) Obdach *n*, Unterkunft *f*, F Bleibe *f*.
přistřih|nout *pf.* (-hl; -žen), **~ovat** (-huji) zuschneiden; stutzen; **~ovač** *m* (3) Zuschneider *m*.
přístup *m* (2a) Zutritt *m*, Zugang *m*; Einlaß *m*; **~ný** zugänglich; (č-u) empfänglich (für *A*); (gemein-)verständlich.
při|stupovat (-puji) *s.* přistoupit; **~stýlka** *f* (1c; -lek) Behelfsbett *n*.
pří|sudek *m* (2b; -dk-) *Gr.* Prädikat *n*, Satzaussage *f*; jmenný **~** Prädikatsnomen *n*; **~sun** *m* (2a) Zufuhr *f*; *Mil.* Nachschub *m*.
přísun|out *pf.*, **~ovat** (-nuji) zuhinschieben, heranrücken.

přísuvka f (1c; -vek) Gr. Anfügung f; Anhängsel n.
přisuzovat (-zuji) s. přisoudit.
přisvědč|it pf., ~ovat (-čuji) zustimmen, beipflichten; (na co) bejahen (A); zugeben (A).
přísvit m (2a) Zwielicht n, Halbdunkel n; poet. Dämmerschein m.
přisvoj|ení n (3) Aneignung f, Besitzergreifung f; ~ za vlastní Annahme f an Kindes statt, Adoption f; ~it si pf., ~ovat si (-juji) sich aneignen; Jur. in Besitz nehmen, Besitz ergreifen (co von D); sich anmaßen (A); ~itel m (3; -é) Adoptivvater m; ~ovací s. přivlastňovací.
při|sýpat, ~syp(áv)at (pf. -u|-ám) nachfüllen, (hin)zuschütten; F ~ se angesaust (od. hereingeschneit) kommen; ~šel s. přijít.
příše|ra f (1d) Gespenst n, Ungeheuer n, Spukgestalt f; ~rný unheimlich, gespenstisch, gräßlich; ~ří n (3) Halbdunkel n, Zwielicht n; Dämmerung f; ~vek m (2b; -vk-) Flicken n, Fleck m.
při|ší(va)t (pf. s. šít) annähen; ~školit pf. einschulen; ~škrtit pf. (-cen) halb erwürgen; Tech. drosseln.
příškvar m (2a), ~a f (1d), ~ek m (2b; -rk-) Schwarte f, Kruste f; Med. Schorf m.
při|škvařit pf. anbrennen; anschweißen; ~šlápnout pf. (-pl; -pnut) festtreten (co/A); ~ (na) plyn Kfz. Gas geben, (auf) das Gaspedal treten; (k-o) P zu Boden treten; ~šlápl (an)gekommen; ~šoupnout pf. (-pl; -pnut) (hin)schieben; Stuhl zurechtrücken; ~šourat se pf. P angelatscht kommen; ~špendlit pf. mit e-r Stecknadel anheften, befestigen; ~špičatit pf. (-těn|-cen) zuspitzen; ~šroubovat pf. (-buji) anschrauben.
příšt|ě Adv. das nächste Mal, in Zukunft; ~ dále Fortsetzung folgt; ~í 1, Adj. nächst; künftig; 2. n (3) lit. Zukunft f; Rel. Ankunft f.
příští|p m (2b; -pk-) Schuhfleck m; ~kář m (3) Flickschuster m; verä. Stümper m; ~kařit, ~kovat ⟨z-⟩ (-kuji) (zusammen)flicken, verä. pfuschen.
přít se ⟨se-⟩ (přu/pru, přel) streiten (o co über, um A).
při|táhnout pf. (-hl; -tažen), ~tahovat (-huji) anziehen; heranziehen; Stuhl heranrücken; Mil. anrücken; zur Arbeit anhalten.
přitak(áv)at (k č-u) bejahen (A), ja sagen (zu D), zustimmen (D); mit dem Kopf nicken.
přitaž|ení n (3) Anziehen n; Mil. Anrücken n; ~livost f (4) Anziehungskraft f; Thea. Zugkraft f; ~livý anziehend, attraktiv; Phys. Anziehungs-; Thea. zugkräftig.
přité|ci pf. ⟨s. téci⟩, ~kat zufließen, (herein)strömen.
přítel m (3; Pl. přátelé; 2 Pl. přátel) Freund m; ~íček m (1a; -čk-) iron. Freundchen n; ~íčkovat se (-kuji) sich anbiedern (s kým bei D); ~kyně f (2b) Freundin f.
přites(áv)at (pf. s. tesat) behauen; zimmern.
přítěž f (3) Ballast m; fig. Last f.
přitěž|ovat (-žuji) s. přítížit; ~ující erschwerend; Jur. belastend.
přitisk|nout pf. (-kl; -štěn), ~ovat (-kuji) an-, aufdrücken; zu Boden drücken; zudrücken; ~ se (ke k-u) sich anschmiegen (an A).
při|tížit pf. (k-u) belasten (A); ~ se k-u Zustand: sich verschlimmern; ~tlačit pf. an-, aufdrücken; (na co) drücken (auf, gegen A).
přítlačný Druck-.
přitlačovat (-čuji) s. přitlačit.
přitlou|ci pf. (s. tlouci), ~kat zuschlagen; zu-, annageln; ~stlý rundlich, iron. beleibt.
přitlum|ený gedämpft; Scheinwerfer: abgeblendet; ~it pf. dämpfen; abblenden.
přitmelit pf. ankitten.
přítmí n (3) Halbdunkel n, Dämmerlicht n.
při|tmít se pf. (3 Pl. -ějí) dunkel werden; ~točit pf. nachfüllen; Hahn zudrehen; Mar. beidrehen; P ~ se ke k-u sich heranmachen an (A); ~ se k č-u dazukommen.
přítok m (2b) Zufluß m; Zulauf m; Nebenfluß m; El. Zuleitung f.
přitom dabei, anbei; zugleich.
přítom|en anwesend; ~ duchem geistesgegenwärtig; ~nost f (4) Gegenwart f, Anwesenheit f; Phys. Vorhandensein n; za ~i in Anwesenheit, im Beisein; ~ný anwesend, zugegen; gegenwärtig, derzeitig; Gr. Präsens-, Gegenwarts-; Gr. s. čas.
při|trefit se F pf. passieren, ge-

přitrhnout 344

schehen; (k č-u) zufällig (dazu-)kommen (zu D); ~**trhnout** *pf.* (-hl; -žen) *Mil.* anrücken; *Bein* anziehen; ~**troublý** P tölpelhaft, *dial.* dämlich; ~**trpklý** (ein wenig) herb.

přítrž *f* (3) Einhalt *m*, Unterlaß *m*; *učinit* ~ *č-u* Einhalt gebieten (D); o ~ **ohne** Unterlaß, emsig, F was das Zeug hält; aus Leibeskräften.

přituh|nout *pf.* (-hl), ~**ovat** (-huje) härter werden; *Frost:* stärker werden.

při|ťuknout *pf.* (-kl) *mit den Gläsern* anstoßen; ~**tulit se** *pf.* sich (an-)schmiegen (ke k-u an A).

přítul|nost *f* (4) Zutraulichkeit *f*; ~**ný** zutraulich, anschmiegsam.

při|tužit *pf.* stärken; verschärfen (*a. se* sich); ~**tvrdlý** (ein wenig) hart; F schwer von Begriff; ~**učit** *pf.*, ~**učovat** (-čuji) Nachhilfeunterricht geben (k-o č-u j-m in D); ~ **se** č-u hinzulernen (A).

přiúčt|ování *n* (3) Zu-, Anrechnung *f*, ~**ovat** (-tuji) anrechnen, (da)zurechnen.

příušnice *f* (2a) Ohrspeicheldrüse *f*; *Med. pl. a.* Mumps *m*, F Ziegenpeter *m*.

přivá|bit *pf.* anlocken, herbeilocken; ~**dění** *n* (3) Zuführung *f*, Zuleitung *f*; ~**dět** (3 Pl. -ějí) *s.* přivést.

příval *m* (2a) Ansturm *m*, Andrang *m*; Platzregen *m*, Regenguß *m*; ~ *slov* Wortschwall *m*; ~ *vod* Springflut *f*.

přivalit *pf.* heranwälzen; ~ **se** hereinströmen; hereinbrechen.

přivandr|ovalec P *m* (3; -lc-) Zugewanderte(r) *m*, *iron.* Zugereiste(r) *m*; ~**ovat** (-ruji) einwandern, *iron.* zureisen.

přivara *f* (1d) Kesselstein *m*.

při|vařit *pf.* anschweißen; zusätzlich kochen; ~**vát** *pf.* (-věje) anwehen; ~**vázat** *pf.* (-žu/-ži), ~**vazovat** (-zuji) anbinden; anseilen, anketten.

přívažek *m* (2b; -žk-) Übergewicht *n*; Gewichtszuschlag *m*.

přiváž|ení *n* (3) Zufuhr *f*, Anlieferung *f*; ~**et** (3 Pl. -ejí) *s.* přivézt; ~**it** *pf.* zuwiegen; ~**ka** *f* (1c; -žek) Zufuhr *f*, Zufahrt *f*.

přivdat se *pf.* einheiraten.

přívěs *m* (2a) *Kfz.* Anhänger *m*; ~**ek** *m* (2b; -sk-) Anhängsel *n*, Anhang *m*; *Anat.* Fortsatz *m*.

při|věsit *pf.* (-šen) anhängen; ~**veslovat** *pf.* (-luji) heran-, herbeirudern.

přívěsný Anhänge-; ~ *vůz* Beiwagen *m*, Anhänger *m*; ~ *lodní motor* Außenbordmotor *m*.

při|vést *pf.* (*s.* vést) (hin)führen; (hin)bringen; mitbringen; zuführen, zuleiten; bewegen (*do č-o zu D*); ~**věšovat** (-šuji) *s.* přivěsit.

přívětiv|ost *f* (4) Freundlichkeit *f*; ~**ý** freundlich.

při|vézt *pf.* (*s.* vézt) (heran)bringen, heranschaffen, (an)liefern; mitbringen; ~**vijet** (3 Pl. -ejí), ~**vinout** *pf.* hinzuwinden; ~ *do náručí* in die Arme schließen; ~ *k srdci* ans Herz drücken; ~ *se ke k-u* sich (an-)schmiegen an (A); ~**vírat** *s.* přivřít.

přivít|ací Begrüßungs-, ~**aná** *f* (*Adj. 2*), ~**ání** *n* (3) Begrüßung *f*, Empfang *m*, Willkommen *n*; *na -anou zur* Begrüßung; ~**at** *pf.* willkommen heißen, begrüßen, empfangen.

přívlast|ek *m* (2b; -tk-) *Gr.* Attribut *n*, Beifügung *f*; ~**kový** attributiv.

přivlast|nit si *pf.* sich aneignen; ~**ňovací** zueignend; *Gr.* Possessiv-, besitzanzeigend; ~**ňovat si** (-ňuji) *s.* přivlastnit.

při|vléci *pf.* (*s.* vléci), ~**vlékat**, ~**vléknout** *pf.* (-kl; -knut), ~**vlíkat**, ~**vlíknout** *pf.* (-kl; -knut) herbeischleppen; ~ **se** sich (hin)schleppen.

přívod *m* (2a) Zuführung *f*, Zuleitung *f*, Zufuhr *f*; P Zuleitungsrohr *n*; ~ *vzduchu* Luftzufuhr.

přivodit (im)*pf.* (-děn/-zen) herbeiführen, verursachen; ~ *si nemoc* sich e-e Krankheit zuziehen *od.* F holen.

přívod|ní, ~**ný**, ~**ový** Zuleitungs-; *El.* Einführungs-.

přivol|(áv)at (herbei)rufen, (herbei)holen; *fig.* herabrufen; ~**ení** *n* (3) Einwilligung *f*, Zustimmung *f*; ~**it** *pf.* (k č-u) einwilligen (in *A*), zustimmen (*D*). (č-u an *D*).

přivonět *pf.* (3 Pl. -ějí) riechen (k)

pří|vora *f* (1d) Schlagbaum *m*; ~**voz** *m* (2; 6. -u/-e) Zufuhr *f*, Anlieferung *f*; Fähre *f*; ~**vozník** *m* (1a) Fährmann *m*.

přívrat *m* (2a) *Sp.* Stemmen *n*; ~**ný** Stemm-.

přivrávorat *pf.* angetorkelt kommen.

přívržen|ec m (3; -nc-), **~kyně** f (2b) Anhänger(in f) m, Parteigänger(in f) m.
při|vřít pf. (-vřu, -vřen) halb schließen, nicht ganz zumachen; Tür anlehnen; **~vstat si** pf. (-vstanu) zeitiger (od. früher als sonst) aufstehen.
přivtěl|ení n (3) Einverleibung f; **~it** pf., **~ovat** (-uji) einverleiben; Land annektieren; Schuld inkorporieren.
přivyděl(áv)at: ~ si hinzuverdienen, Nebeneinnahmen haben.
přivyk|at, ~nout pf. (-kl) (k-o č-u) gewöhnen (j-n an A); angewöhnen (j-m A); (č-u) sich gewöhnen (an A); ~ si sich aneinander gewöhnen; sich einleben; **~lý** (č-u) gewöhnt (an A).
přizabít pf. (-biji) halbtot schlagen.
přízdí|t pf. anmauern, zumauern; **~vka** f (1c; -vek) Vormauer f.
přízdoba f (1) Verzierung f, Beiwerk n, Zierat m.
přízdobit pf. (aus)schmücken, verzieren. [garn.\
příze f (2) Garn n; česaná ~ Kamm-\
přízem|ek m (2b; -mk-), **~í** n (3) Erdgeschoß n, Parterre n; zvýšený -ek Hochparterre, Zwischengeschoß; **~ní** Parterre-, ebenerdig; Sp. Flach-; fig. platt, geistlos.
přízeň f (3; -zn-) Gunst f, Wohlwollen n; F a. Verwandtschaft f.
příznačný bezeichnend; ~ motiv Leitmotiv n.
příznak m (2b) Merkmal n, Kennzeichen n, Anzeichen n; Med. Symptom n; **~ový** Gr. thematisch.
přizn|ání n (3) Bekenntnis n, Geständnis n; **~(áv)at** bekennen, (ein)gestehen; anerkennen, zugestehen; ~ se k č-u sich bekennen zu (D); Jur. geständig sein; **~ávací** (Steuer-)Erklärungs-, **~ávka** f (1c; -vek) Steuererklärung f.
příznivec m (3; -vc-), **~kyně** f (2b) Gönner(in f) m; (Kunst-)Freund(in f) m; **~ý** günstig; být -v(ý) k-u wohlgesinnt (od. gewogen) sein (D).
přízový Zwirn-, Garn-.
přizpůsob|ení n (3) Anpassung f; **~it** pf. (č-u) anpassen, angleichen; Gr. assimilieren; **~ivost** f (4) Anpassungsfähigkeit f; **~ivý** anpassungsfähig; **~ovat** (-buji) s. přizpůsobit.

přízra|čný gespenstisch, Spuk-; phantastisch; **~k** m (2b) Trugbild n, Spukgestalt f.
při|zrzlý rötlich; **~zvat** pf. (-zvu) einladen; zu Rate ziehen.
pří|zvisko n (1b) Spitzname n, Beiname m; **~zvučný** betont; **~zvuk** m (2b) Betonung f; Gr. Ton m.
přízvukovat (-kuji) beistimmen, beipflichten; Mus. begleiten.
přízvukovat (-kuji) betonen; fig. a. hervorheben.
při|ženit se pf. einheiraten; **~živit se** pf. schmarotzen.
příživn|ický (Adv. -y) parasitär, Schmarotzer-; **~ictví** n (3) Schmarotzertum n; **~ík** m (1a), **~ice** f (2a) Schmarotzer(in f) m.
při|živovat se (-vuji) s. přiživit; **~žloutlý** gelblich.
psa s. pes.
psací Schreib-.
psanec m (3; -nc-) Geächtete(r) m, Verfemte(r) m.
psaní n (3) Schreiben n, Brief m; **~čko** n (1b; -ček) Brieflein n.
psaný geschrieben; schriftlich.
psář m (3) Hundewärter m.
psát ⟨na-, zapsat⟩ (píšu/piši, psal, psán) schreiben.
psav|ec m (3; -vc-) iron. Vielschreiber m; **~ost** f (4) Schreiblust f; **~ý** schreibfreudig.
pseudonym [-eu-] m (2a) Pseudonym n; **~ní** pseudonym.
psí Hunde-; hündisch; ~ dny Hundstage m/pl.; ~ víno wilder Wein.
psice f (2a) Hündin f.
psí(če)k m (1a; -čk-) Hündchen n.
psin|a f (1) P Hetz f, Spaß m; Hundegeruch m; verä. Köter m; **~ec** m (4; -nc-) Hundezwinger m; **~ka** f (1c; -nek) Staupe f.
psisko n (1b; -sk/-sek) Köter m.
psot|a f (1) Elend n; Unwetter n, P Hundewetter n; Gesindel n; **~ník** m (2a) s. bosák.
pso|vitý hundeartig, **~vod** m (1) Hundeführer m; **~vský** (Adv. -y) Hunde-; hündisch.
pstru|h m (1a) Forelle f; **~hařství** n (3) Forellenzucht f; **~žník** m (2b) Forellenteich m.
psych|iatr m (1; -ové/-ři) Psychiater m; **~oanalýza** f (1a) Psychoanalyse f; **~óza** f (1a) Psychose f.
pšeni|ce f (2a) Weizen m; **~čný** Weizen-.

pšouk m (2b) V Furz m; ~at ⟨za-⟩, ~nout pf. (-kl/-knul) V furzen.
pštros m (1) Strauß m; ~í Straußen-; ~ politika Vogel-Strauß-Politik f.
pšukat s. pšoukat.
ptactvo n (1) koll. Vögel m/pl.; Geflügel n; Vogelwelt f.
ptáče n (4) (Vogel-)Junge(s) n, junger Vogel m; ~k m (2b; -ček-) Vöglein n.
ptač|í Vogel-; ~inec m (4; -nc-) Bot. Vogelmiere f.
ptáčn|ice f (2a) Vogelkirsche f; Vogelflinte f; ~ictví n (3) Vogelstellen n, Vogelfang m; ~ík m (1a) Vogelsteller m; Vogelhändler m.
pták m (1a) Vogel m.
ptako|pravec m (3; -vc-) Augur m; ~pysk m (1a) Schnabeltier n.
ptaní n (3) Fragen n; bez dlouhého ~ ohne viel zu fragen.
ptát se ⟨zeptat se⟩ ⟨k-o, na k-o, co, po kom, čem⟩ fragen (A), sich erkundigen (nach D).
pubert|a f (1) Pubertät f; ~ální Pubertäts-.
publicist|a m (5a) Publizist m; ~ický [-tɪ-] publizistisch; ~ika [-tɪ-] f (1c) Publizistik f; ~ka f (1c; -tek) Publizistin f.
publi|cita f (1) Publizität f; ~kace f (2) Veröffentlichung f, Publikation f; ~kační Publikations-; ~kovat (im)pf. (-kuji) publizieren; ~kán m (1) bibl. Zöllner m; ~kum n (5) Publikum n.
pucat ⟨s-⟩ Kdspr. schießen.
pucek m 1. (1a; -ck-) pausbackiges Kind n, F Dickerchen n; 2. (2b) Klumpen m.
puč m (4) Putsch m.
pučálka f (1c; -lek) Knackerbse f.
pučet ⟨roz- se, vy-, za-⟩ sprießen, emporschießen; Baum: ausschlagen.
pučist|a m (5a) Putschist m; ~ický [-tɪ-] umstürzlerisch, Putsch-.
pud m (2a) Trieb m, Instinkt m, Drang m.
půd|a f (1) (Erd-, Dach-)Boden m; (Wappen-)Grund m; Geom. Basis f; ~ař m (3) Bodendieb m.
pudink, puding [-dɪnk] m (2b) Pudding m.
pudit ⟨po-, za-⟩ (-zen) treiben; drängen.
pudl m (1), ~ík m (1a) Pudel m (Hund).

půdní Boden-; ~byt Dachwohnung f.
půdorys m (2; 6. -u/-e) Grundriß m; ~na f (1; -sen) horizontale Projektionsebene f.
pudo|vost f (4) Triebhaftigkeit f; ~vý triebhaft, Trieb-; instinktiv, Instinkt-.
půdoznal|ectví, ~ství n (3) Bodenkunde f.
pudr m (2a) Puder m; ~(ov)átko n (1b; -tek) Puderquaste f; ~ovat ⟨na-, po-, pře-, za-⟩ (-ruji) pudern.
pudřenka f (1c; -nek) Puderdose f.
půhon m (2; 6. -u/-ě) Jur. Vorladung f; (na k-o) gerichtliche Klage (gegen A).
puch m (2b) übler Geruch m, Gestank m; Flaum m.
puchnout ⟨na-, o-, z-, za-⟩ (-chl) (an)schwellen.
puchřet ⟨z-⟩ (3 Pl. -ejí) morsch werden.
puchýř m (4) (Haut-)Blase f, ~ek m (2b; -řk-) Bläschen n, Pustel f; ~ník 1. m (1a) Pflasterkäfer m; spanische Fliege f; 2. m (2b) Blasenfarn m.
půjč|ení n (3) Borgen n, Leihen n; ~it pf., ~ovat ⟨vy-⟩ (-čuji) borgen, leihen; ~ si co sich (aus)leihen (A); ~ka f (1c; -ček) Anleihe f, Darlehen n; ~ovatel m (3; -é) Verleiher m; ~ovna f (1; -ven) Leihanstalt f, Verleih m; (Bibliotheks-)Ausleih(stell)e f.
půjdu s. pojít.
puk m (2b) Sp. (Hockey-)Scheibe f, Puck m; Knospe f, Trieb m; Bügelfalte f.
puk|at ⟨roz- (se), za-⟩ platzen, bersten, zerspringen; Knospen, Lippen: aufspringen; Erde: Risse bekommen, sich spalten; Herz: brechen (v/i); F bei e-r Prüfung durchfallen; ~avec m (2) faules Ei n; Bot. Klatschmohn m; ~avý platzend, aufspringend; rissig.
pukli|ce f (2a) (Topf-)Deckel m, Stürze f; Mus. Becken n; Zo. Schildlaus f; ~na f (1) Sprung m, Riß m.
puk|lý gesprungen, geborsten; rissig; ~nout pf. (-kl) s. pukat.
půl (indekl. mit 2. Fall) halb; ~ roku ein halbes Jahr; každé ~ hodiny alle halbe Stunden; ~ druhého roku einhalb (od. anderthalb) Jahre; na ~ ucha fig. mit halbem Ohr; na ~ žerdi auf Halbmast, halbmast; o ~ jedné, druhé; um halb eins, zwei usw.;

~arch m (2b) halber Bogen m; **~-denní** Halbtags-, halbtägig; **~druha** anderthalb; **~e** f (2) Hälfte f; Sp. Halbzeit f; v -li in der Mitte.

pulec m (3; -lc-) Kaulquappe f.

půl|ení n (3) Halbierung f, Zweiteilung f; **~hodina** f (1) halbe Stunde f; **~hodinka** f (1c; -nek) halbes Stündchen n; F a. Frühsport m, Morgengymnastik f; **~it** ⟨roz-⟩ halbieren, in zwei Hälften teilen; **~ka** f (1c; -lek) Hälfte f; **~kruh** m (2b) Halbkreis m; **~kruhov(it)ý** halbkreisförmig; **~kulatý** halbrund; **~letní** halbjährlich, letý en halbes Jahr alt; **~litr** m (2a) halber Liter m, P Halber m; **~litrový** Halbliter-; **~měsíc** m (4) Halbmond m; **~měsíční** halbmonatlich; e-n halben Monat alt; **~miliónový**; **~-vé město** Stadt f mit e-r halben Million Einwohner; **~noc** f (4) Mitternacht f; † a. Norden m; o ~ um Mitternacht; **~noční** mitternächtlich, Mitternachts-; † a. Nord-; ~ mše Christmette f; **~nota** f (1) halbe Note f; **~obrat** m (2a) halbe Drehung m.

pulovr m (2a) Pullover m, F Pulli m.

půl|ový halb, Halb-; -vé dveře Flügeltür f; **~roční** halbjährlich; halbjährig (Dauer); **~rok** m (2b) Halbjahr n.

puls m (2a) Puls m; **~ovat** [-zo-] ⟨za-⟩ ⟨-suje⟩ pulsieren.

půl|staletý ein halbes Jahrhundert dauernd; **~století** n (3) halbes Jahrhundert n; **~stránkový** halbseitig.

pult m (2; 6. -ě/-u) Pult n; Ladentisch m; mrazicí ~ (Verkaufs-) Kühltruhe f.

půltón m (2a) Halbton m; **~ový** Halbton-; Zwölfton-.

půltucet m (2a; -ct-) halbes Dutzend n.

puma f (1) Bombe f; Zo. Puma m; fig. F Fünfer m (Note).

pump|a f (1) Pumpe f; benzínová ~ a. Tankstelle f; **~ky** f/pl. (1; -pek) Pumphosen f/pl.; **~nout** F pf. ⟨-pl⟩ j-n anpumpen; **~ovat** ⟨za-⟩ ⟨-puji⟩ pumpen.

punc m (4 od. 2a) Punze f, Punzierung f; **~ovat** ⟨o-, vy-⟩ ⟨-cuji⟩ punzieren; **~ovna** f (1; -ven) Eichamt n.

punč m (4) Punsch m; **~ový** Punsch-.

punčoch|a f (1b) Strumpf m; modrá ~ iron. Blaustrumpf; **~árna** f (1; -ren) Strumpffabrik f; **~ář** m (3), **-řka** f (1c; -řek) Strumpfwirker(in f) m; Strumpfhändler(in f) m; **~ový** Strumpf-; -vé kalhoty Strumpfhose f.

punčoška f (1c; -šek) Kinderstrumpf m; Tech. Glühstrumpf m.

punktovat (im)pf. ⟨s-⟩ ⟨-tuji⟩ punktieren; P heimlich vorbereiten; nachbrüten (über A).

punt|íček m (2b; -čk-) s. puntík; **~íčkář** m (3) Pedant m, Tüftler m; **~íčkářský** pedantisch, übergenau; **~íčkářství** n (3) Haarspalterei f, Pedanterie f; **~ík** m (2b) Punkt m; Detail n; **~íkovat** ⟨vy-⟩ ⟨-kuji⟩ punktieren; F tüpfeln.

pupa f (1) Zo. Puppe f, Larve f.

pupa|lka f (1c; -lek) Bot. Nachtkerze f; **~va** f (1) Eberwurz f, wilde Artischocke f.

pupe|ční Nabel-; **~k** m (2b; -pk-) Nabel m; verä. Wanst m.

pupen m (2a), **~ec** m (4; -nc-) Knospe f; Hautbläschen n.

pupík m (2b) s. pupek.

pupil|a f (1a) Pupille f; **~ární** pupillar(isch), Jur. Mündel-; na ~ jistotu mündelsicher.

pupínek P m (2b; -nk-) Hautbläschen n, öst. Wimmerl n.

pupk|áč P m (3) verä. Dickwanst m; **~atý** dickbäuchig.

puritán m (1) Puritaner m; **~ský** puritanisch.

purkmistr † m (1; -tři) Bürgermeister m.

purkrab|í m (Adj. 4, Pl. n 3), **~ě** m (wie n 4a) Burggraf m; **~ský** burggräflich.

purpurový Purpur-, purpurfarben.

pus|a f (1a) Mund m; iron. Mundwerk n; Maul n, Schnauze f; Kuß m; **~inka** F f (1c; -nek) Mäulchen n; Küßchen n, öst. Busserl n; Kochk. Baiser n, öst. Busserl n; **~inkovat** F ⟨-kuji⟩ (ab)küssen.

působ|ení n (3) Wirkung f, Einwirkung f; zpětné ~ Rückwirkung f; **~ící** wirkend; bewirkend; **~iště** n (2b) Wirkungsstätte f, -kreis m, -bereich m; Phys. Angriffspunkt m; **~it** ⟨z-⟩ wirken; bewirken, verursachen; hinwirken (k č-u auf A); ~ dále fortwirken; ~ proti č-u entgegenwirken (D); **~ivost** f (4) Wirksamkeit f, Effekt m; **~ivý** wirksam, wirkungs-

působnost 348

voll, effektvoll; ~**nost** f (4) Wirksamkeit f, Wirkung f; Geltung f.
půst m (2; 6. -u/-ě; post-) Fasten pl., Fastenzeit f; Fasttag m.
pust|**a** f (1) Pušta f; ~**ina** f (1) Wildnis f, Ödland n.
pustit pf. (-štěn) (los)lassen; weg-, fortlassen; Farbe: abfärben; verschießen; Maschine anlassen, in Gang setzen; Radio einschalten; ~ **na svobodu** freilassen; ~ **uzdu** die Zügel schießen lassen; ~ **napřed k-o** den Vortritt lassen (D), F vorlassen (A); ~ **se** loslassen; (do č-o) beginnen (mit D); (kam) sich (hin)begeben; (do k-o) anfahren (A); (za kým) nachgehen (D).
pust|**nout** ⟨z-⟩ (-tl) veröden; Mensch: verkommen; ~**o** Adv. öde, wüst; ~ **a prázdno** öd und leer.
pustoš|**ení** n (3) Verwüstung f; ~**it** ⟨z-⟩ verwüsten, verheeren; ~**ivý** verheerend.
pust|**ota** f (1) Öde f, Wildnis f; ~**ý** (Komp. -ější) öd(e), wüst, leer; Lüge: infam.
pušk|**a** f (1c; -šek) Gewehr n; ~**ař** m (3) Büchsenmacher m; ~**ařství** n (3) Waffengeschäft n.
puškvorec m (4; -rc-) Bot. Kalmus m.
pušťák m (1a) Zucht-, Deckhengst m.
pušt|**ění** n (3) Loslassen n; Freilassung f; ~ **žilou** Aderlaß m; ~**ěný** entlassen, freigelassen.
puštík m (1a) Waldkauz m.
pu|**ta** f (1), ~**ťa** f (1; 2. -ti) Pute f; Henne f.
půtka f (1c; -tek) Streit m, Gefecht n; slovní ~ Wortwechsel m.
putna f (1; -ten) Butte f, Bütte f.
putov|**ání** n (3) Wandern n, Wanderung f; Wanderschaft f; Rel. Wallfahrt f; ~**at** (-tuji) wandern; pilgern; ~**ní** Wander-.
putyka P f (1c) verä. Butike f, Kneipe f.
putýnka f (1c; -nek) dim. zu putna.

půvab m (2a) Reiz m, Anmut f; plný ~**u** reizvoll; bez ~**u** reizlos; ~**ný** reizend, anmutig, lieblich.
původ m (2a) Ursprung m, Herkunft f; Anlaß m, Veranlassung f; Abstammung f; ~**ce** m (3), ~**kyně** f (2b) Urheber(in f) m; ~**ní** ursprünglich, Ur-; Original-.
puzení n (3) Antrieb m, Drang m.
pych m (2b) Frevel m.
pýcha f (1b) Stolz m, Hochmut m, lit. Hoffart f; ~**t** stolz sein; ~**vka** f (1c; -vek) Bovist m.
pyj m (4), ~**e** f (2) (männliches) Glied n, Penis m.
pykat (za co) büßen (für A); (č-o) lit. bereuen (A).
pyl m (2a) Blütenstaub m, Pollen m.
pýr m (2a) Bot. Quecke f.
pyré n (indekl.) Püree n.
Pyreneje f/pl. (2) Pyrenäen pl.
pýřavka f (1c; -vek) s. pýr.
pýření n (3) Erröten n.
pýří n (3) Flaum m; Milchbart m.
pýřit se erröten, (scham)rot werden.
pysk m (2b) Lippe f; Zo. Lefze f; zaječí ~ Med. Hasenscharte f; kozí ~ Hundspetersilie f; ~**atý** mit großen Lippen; -tá rostlina Lippenblütler m.
pyšn|**ět** ⟨z-⟩ (3 Pl. -ějí) stolz werden; ~**it se** ⟨z-, za-⟩ (čím) prahlen, sich brüsten (mit D); ~**ý** stolz, hochmütig; -ně si vykračovat einherstolzieren.
pytel m (4; -tl-; 6. Pl. -tlích/-tlech) Sack m; ~ **na mouku** Mehlsack.
Pythagorova věta f pythagoreischer Lehrsatz m.
pytl|**ácký** Wilderer-; ~**áctví** n (3) Wilddieberei f; ~**ačit** ⟨na-, za-(si)⟩ wildern; ~**ák** m (1a) Wilderer m, Wilddieb m, † lit. Wildschütz m.
pytl|**ík** m (2b) Beutel m; Tüte f, verä. Trottel m; ~**ovat** (-luji) in Säcke füllen, einsacken; ~**ovina** f (1) Sackleinwand f; ~**ovitý** sackartig; ~**ový** Sack-.
pyžam|**a** n (indekl.), ~**o** n (1; 6. -u) Schlafanzug m, Pyjama m.

R

rab m (1) Sklave m.
rabat m (2a) Rabatt m, Preisnachlaß m.
rabiá|k m (1a), **~t** m (1) rabiater Mensch m.
rabín m (1) Rabbiner m; **~ský** rabbinisch, Rabbiner-.
rabovat ⟨na-, vy-⟩ (-buji) plündern.
rac|čí Möwen-; **~ek** m (1; -cci/-ckové) Möwe f.
racie f (2) Razzia f.
racion|alizovat (im)pf. ⟨z-⟩ (-zuji) rationalisieren, **~ovat** (im)pf. (-nuji) rationieren.
ráče n (4) junger Krebs m; **~k** m (1a; -čk-) kleiner Krebs m.
rač|í Krebs-; **~ice** f (2a) Krebsweibchen n.
ráčit ⟨z- se⟩ wollen, lit. belieben, geruhen; *račte se posadit!* wollen Sie (bitte) Platz nehmen!; *jak račte?* wie meinen Sie?; F *co hrdlo ráčí* was das Herz begehrt.
ráčkovat ⟨za- si⟩ (-kuji) ratschen.
rád (*~a, ~o; Komp. raději,* F *radši*) gern *et. tun;* froh *sein;* ze srdce ~ herzlich gern; ~o se stát! gern geschehen!; *on(a)* ~*(a) maso* er (sie) ißt gern Fleisch; *máte raději (od. radši) kávu?* möchten Sie lieber Kaffee?
rada[1] f (2) Rat m, Ratschlag m; *nevím si -dy* ich weiß mir keinen Rat; *tu je těžká* ~ da ist schwer zu raten; *na mou -du* auf meinen Rat; *podle její -dy* nach ihrem Rat; *na -du lékaře* auf Anraten des Arztes; *schůze -dy* Ratssitzung f.
rada[2] m (5) Rat m (Titel); *tajný* ~ Geheimrat.
radar m (2a) Radar(gerät) n; **~ový** Radar-.
rádce m (3) Ratgeber m, Berater m; *čas je nejlepší* ~ *Sprw.* kommt Zeit, kommt Rat.
raději s. rád.
radi|ace [-dɪ-] f (2) Strahlung f; *fig.* Ausstrahlung f; **~ální** radial; **~átor** m (2a) Heizstrahler m.
radikál [-dɪ-] 1. m (1; -ové) *Pol.* Radikale(r) m; 2. m (2a) *Chem.*

Radikal n; **~ní** radikal; **~nost** f (4) Radikalismus m, radikales Vorgehen n.
rádio [-dɪ-] n (1b) Rundfunk m; Rundfunkgerät n, F Radio n.
radio|aktivita [-dɪɪo-aktɪ-] f (1) Radioaktivität f; **~aktivní** radioaktiv; **~aparát** m (2; 6. -u/-ě) Rundfunkgerät n; **~fonický** [-nɪ-], **~fonní** drahtlos; **~gram** m (2a) Funkspruch m, Funktelegramm n; *Tech.* Radiogramm n; **~komunikace** [-nɪ-] f (2) Funkverbindung f; **~léčba** f (1) Radiotherapie f, Strahlenheilkunde f; **~lokace** f (2) *Rdf.* Ortung f; **~lokátor** m (2a) Funkpeilgerät n, Radargerät n; **~mechanik** [-nɪk] m (1a) Rundfunktechniker m; **~navigace** f (2) Funknavigation f; **~technický** [-nɪ-] funktechnisch; **~technika** [-nɪ-] f (1c) Funktechnik f; Funkwesen n; **~telegrafie** f (2) drahtlose Telegrafie f; **~telegrafista** m (5a) Funker m.
rádiov|ka f (1c; -vek) Baskenmütze f; **~ý** Rundfunk-, Funk-; Radium-; *-vá stanice* Funkstation f; ~ *pramen* radioaktive Quelle.
radiožurnál † F m (2; 6. -u/-e) Rundfunk m.
radit ⟨do-, na-, po-⟩ (-děn) (an)raten; beraten; ~ *se o čem* (sich) beraten *über* (A); ~ *se s lékařem* den Arzt konsultieren.
rádi|um [-dɪ-] n (5) Radium n; *obsahující* ~ radiumhaltig; **~us** m (2a; 2. -dia) Radius m.
rádkyně f (2b) Ratgeberin f, Beraterin f.
radlice f (2a) Pflugschar f.
rádlo n (1a; -del) Hakenpflug m; *Tech.* Kopierrad n.
radn|í 1. Rats-; 2. m (Adj. 4) Ratsherr m; *městský* ~ Stadtrat m; **~ice** f (2a) Rathaus n; **~iční** Rathaus-; ~ *sklep* Ratskeller m; **~o** *Adv.* ratsam, angebracht.
rádoby- *in Zssgn iron.* Möchtegern-, Pseudo-; **~kritik** [-tɪk] m (1b; -ové) Pseudokritiker m, Kritikaster

rádobylidový

m; ~lidový scheinbar volkstümlich.

radost f (4) Freude f (z č-o an D); Vergnügen n, Lust f; s ~í mit Vergnügen; ~ ze života Lebensfreude, -lust; *plakat ~í* vor Freude weinen; *jedna ~* ist ee-e (wahre) Freude ist *od.* war; **~ný** freudig; vergnügt, froh; *-né svátky!* frohe Feiertage!, frohes Fest!

radová f (*Adj. 2*) Rätin f.

rad|ování n (3) Jubel m, (große) Freude f; **~ovánky** f/pl. (2; -nek) Belustigungen f/pl., Freudenfest n, Freuden f/pl.

radovat[1] ⟨vy-⟩ (-duji) (aus)radieren.

radovat[2] **se** ⟨po-, za-⟩ (z č-o, nad čím) sich freuen (an D, über A); ~ ze života sich seines Lebens freuen.

radýrovat (-ruji) s. radovat[1].

ráf † m (2a) Reifen m.

rafat ⟨po-⟩ F (po čem) schnappen (nach D); streiten (*spolu* miteinander).

rafi|čka f (1c; -ček) (kleiner) Zeiger m; **~je** f (2) (großer) Zeiger m.

rafin|ace f (2) Raffinierung f; **~áda** f (1) Raffinade f; **~érie** f (2) Raffinerie f; **~ovaný** raffiniert; **~ovat** ⟨-nuji⟩ raffinieren.

rafnout *pf.* ⟨-f|-fnul⟩ F s. rafat.

ragb|ista m (5a) Rugbyspieler m; **~yový** Rugby-.

ráhno n (1; 6. -u/-ě; -hen) Rahe f, Segelstange f.

rachat ⟨za-⟩ P Lärm machen; ~ se (v čem) herumwühlen (in D).

ráchat se ⟨vy-⟩ P *im Wasser* p(l)anschen.

rachejtle P f (2) Rakete f; *verä. stará* ~ alte Schachtel f, Vettel f.

rachiti|k P [-tik] m (1a; -ové) Rachitiker m; **~s, ~da** f (1; -dy) Rachitis f.

racho|cení n (3), **~t** m (2a) Getöse m, Poltern n, Rasseln n, Dröhnen n; (*Kanonen-*)Donner m; Knattern n *der Gewehre;* **~tit** ⟨po-, roz- se, za-⟩ rattern, rollen; dröhnen, poltern; *Ketten:* rasseln; *Wagen:* holpern.

ráj m (4) Paradies n.

raj|če n (4) Tomate f; **~ka** f (1c; -jek) Paradiesvogel m; **~ský** paradiesisch, Paradies-; Tomaten-; *-ká šťáva* Tomatensaft m.

rajt F m (2a) Rummel m, Hast f; **~ky** f/pl. (1; -tek) Reithose f; Reitstiefel m/pl.; **~ovat** ⟨z-, za-⟩ P (-tuji)

reiten; *fig.* (herum)nörgeln (*po čem* an D).

rak m (1a) Krebs m.

raket|a f (1) Rakete f; Leuchtkugel f; *Sp.* (*Tennis-*)Schläger m; **~ový** Raketen-.

rakev m (3; -kv-) Sarg m.

rákos m (2; 6. -u/-e) Schilfrohr n; **~í** n (3) Schilf(dickicht) n; **~ka** f (1c; -sek) Rohrstock m; **~ník** m (1a) Zo. Rohrspatz m; (2b) Rohrnagel m; **~ový** Rohr-; Schilf-.

Rakous|ko n (1b) Österreich n; **~ký** österreichisch; **~y** m/pl. (2; 2. -kous; 6. -ich): *Dolní, Horní* ~ Nieder-, Oberösterreich n.

rakovi|na f (1) *Med.* Krebs m; **~nný** Krebs-; krebsartig; **~tý** Zo. krebsartig.

Rakušan m (1; -é), **~ka** f (1c; -nek) Österreicher(in) f, m.

rakvička f (1c; -ček) (*Kinder-*) Sarg m.

rám m (2a) Rahmen m; Gestell n; **~cový** Rahmen-.

rámě n s. rameno.

rám|ec m (4; -mc-) *fig.* Rahmen m; **~eček** m (2b; -čk-) Rähmchen n; s. rám.

ramen|áč m (3) breitschultriger Mensch m; **~ář** m (3) Heuchler m; **~atý** breitschultrig.

raménko n s. ramínko.

ramen|ní Schulter-; **~ný** *in Zssgn* -armig; ~ *n* (1; 2, 6 *Pl.* -ou) Schulter f, Achsel f; *fig.* Arm m; *Geom.* Schenkel m.

ramínko n (1b; -nek) *dim. zu* rameno; Kleiderbügel m; *Kochk.* Schulter(stück n) f.

raml|ice f (2a) Häsin f; **~ík** m (1a) Jagdw. Rammler m; **~ovat se** (-luji) rammeln, sich paaren.

rámov|at ⟨o-, v-, za-⟩ (-muji) (ein-, um)rahmen; **~ý** Rahmen-.

rampa f (1) Rampe f.

rampouch m (2b) Eiszapfen m.

rampový Rampen-.

rámus P m (2; 6. -u/-e) Lärm m, Krawall m; **~ení** n (3) Lärmen n; **~enka** f (1c; -nek) Geldstrafe f wegen Ruhestörung; **~it** ⟨po- si, za-⟩ lärmen, Krawall machen.

rána f (1; 7 *Sg.*, 2, 3, 6, 7 *Pl. ran*-) Schlag m; Stoß m; Schuß m; Wunde f; ~ *holí* Stockhieb m; ~ *nožem* Messerstich m; *chybná* ~ Fehlschlag; ~ *do hlavy* Kopfschuß; ~ *pod pás Sp.*

Tiefschlag; ~ na hlavě Kopfwunde; ~ osudu Schicksalsschlag; od -ny schlagfertig; zrovna na -ně in unmittelbarer Nähe.

rand|ál P m (2; 6. -u/-e) Radau m, Krawall m; ~alista m (5a) Randalierer m, F Radaubruder m, Krakeeler m.

rand|e F n (indekl.), ~íčko F n (1b; -ček) Rendezvous n, Stelldichein n; ~it F ein Rendezvous haben.

ran|ec m (4; -nc-) Ranzen m; ~eček m (2b; -čk-) Ränzel n.

raněný m (Adj. 1) Verwundete(r) m.

ranhojič † m (3) Feldscher m, Wundarzt m.

raní|čko F frühmorgens; ~k m (2b) Morgenzeitung f, -blatt n.

ranit pf. ⟨z-⟩ (-én) verwunden, verletzen; Schlag: rühren.

ranní Morgen-, Früh-; F ~ ptáče Frühaufsteher(in f) m.

ranný Wund-.

ráno 1. n (1b) Morgen m, Frühe f; 2. Adv. morgens, früh; öst. in der Früh; dnes ~ heute morgen; zítra ~ morgen früh; od -na do večera von früh bis spät, von morgens bis abends.

raný früh, zeitig, Früh-; F a. Frühaufsteher m.

rapidní rapid, reißend.

rar|ach m (1a) Teufel m, Kobold m; ~ášek F m (1a; -šk-) kleiner Teufel m, Teufelchen n.

ras m (1; -ové) Schinder m, Abdecker m.

ras|a f (1a) Rasse f; ~istický [-tɪ-] rassistisch.

ras|ovat ⟨na- se, u-, z-⟩ P (-suji) sich schinden, sich abrackern; ~ovina P f (1) Schinderei f, Plackerei f.

rasový Rassen-, rassisch.

rašelin|a f (1) Torf m; ~ářství n (3) Torfgewinnung f, Torfstechen n; ~ík m (2b) Torfmoos n; ~iště n (2b) Torfmoor n; Torflager n; ~ný Torf-, Moor-; -ná koupel Moorbad n; ~ový Torf-.

rašit ⟨roz-, za-⟩ Blüten treiben, ausschlagen.

rašple f (2) Raspel f.

ratejna f (1; -jen) Gesindestube f.

ratifik|ace [-tɪ-] f (2) Ratifizierung f; ~ovat (im)pf. (-kuji) ratifizieren.

ratlík m (1a) Rattler m.

ratolest f (4) Zweig m; fig. Sproß m.

raubíř P m (3) Räuber m.

raz[1] eins; einmal; ~, dva, tři! eins, zwei, drei!

ráz[2] m (2a) Schlag m; Art f, Charakter m; Phys. Stoß m; ~ na ~ Schlag auf Schlag; ~em plötzlich, mit e-m Mal; Punkt (... Uhr).

razantní rasant.

raz|icí Präge-; ~idlo n (1a; -del) Prägestock m; ~it ⟨o-, vy-⟩ (-žen) prägen; Weg bahnen; fig. Bahn brechen; Löcher schlagen; Stollen graben; ~ítko n (1b; -tek) Stempel m; (Dienst-)Siegel n; ~ítkovat ⟨o-⟩ (-kuji) stempeln; ~ítkový Stempel-.

raznice f (2a) Presse f, Stanze f.

ráz|nost f (4) Entschiedenheit f, Tatkraft f; ~ný entschieden, tatkräftig; ~ovat F ⟨vy-⟩ (-zuji) rüstig ausschreiten, marschieren.

rázovit|ost f (4) Eigenart f, Urwüchsigkeit f; ~ý eigenartig, ausgeprägt, urwüchsig.

razura [-zu:-] f (1d) Rasur f.

ráž, ~e f (3, 2) Mil. Kaliber n; Wut f, Rage f; gehobene Stimmung f.

raž|ba f (1; -žeb) Prägen n, Prägung f; ~ebna f (1; -ben) Prägeanstalt f, Münzstätte f, Münze f; ~ebné n (Adj. 3) Prägegeld n; ~ební Münz-; ~ený geprägt; gemünzt; -ná hláska Gr. Explosivlaut m.

-rážní in Zssgn -kalibrig.

rc|i!, ~ete! lit. sag!, sagen Sie!

rčení n (3) Redensart f, Redewendung f.

rdění n (3) Erröten n, [Knöterich m.

rdesno n (1; 6. -u/-ě; -sen) Bot.⌡

rdít se ⟨za-⟩ (3 Pl. rdějí/rdí; rděl) erröten, rot werden.

rdousit ⟨po-, za-⟩ (-šen) würgen.

reagovat (-guji) reagieren.

reak|ce f (2) Reaktion f; ~cionář m (3) Reaktionär m; ~cionářský (Adv. -y) reaktionär; ~ční Reaktions-, Reagenz-; Pol. reaktionär.

reaktiv|ace [-tɪ-] f (2) Reaktivierung f; ~ní reaktiv, Rückstoß-; ~ovat (im)pf. (-vuji) reaktivieren.

reaktor m (2a) Reaktor m.

reálie f/pl. (2) Sachkenntnisse f/pl.

realis|mus [-zm-] m (2a; -sm-) Realismus m; ~ovat ⟨-suji⟩ s. realizovat; ~ta m (5a), ~tka f (1c; -tek) Realist (-in f) m; † a. Realschüler(in f) m; ~tický [-tɪ-] (Adv. -y) realistisch.

reali|ta f (1) Realität f; ~zovat (im)pf. ⟨z-⟩ (-zuji) realisieren.

reál|ka P f (1c; -lek) † Realschule f;

reální 352

~ní reell, *lit.* redlich; *Pol.*, *Hdl.* Real-; **~nost** *f (4)* Realität *f*, Sachlichkeit *f*; reelle Art *f*; **~ný** Real-, real; tatsächlich; -né *gymnázium* Realgymnasium *n*.

rebarbora *f (1d)* Rhabarber *m*.

rebel *m (1; -ové)*, **~ant** *m (1)* Rebell *m*; **~antský** rebellisch, aufrührerisch; **~ie** *f (2)* Rebellion *f*; Aufruhr *m*; **~ovat** ⟨za- si⟩ *(-luji)* rebellieren.

recenz|e *f (2)* Rezension *f*; ~ *knihy* Buchbesprechung *f*; **~ní** Rezensions-; **~ovat** ⟨z-⟩ *(-zuji)* besprechen, rezensieren.

recepis *m (6. -e/-u)* Empfangsbescheinigung *f*; † Rezept *n*.

recept *m (2; 6. -u/-ě)* Rezept *n*; **~ář** *m (4)* Rezeptbuch *n*; **~ivní** [-tı:-] rezeptiv, aufnahmebereit; **~ní**, **~ový** Rezept-; **~ura** [-u:-] *f (1d)* Rezeptur *f*.

recidiv|a [-dı:-] *f (1)* Rückfall *m*; **~ita** *f (1)* Rückfälligkeit *f*; **~ní** [-dı:-] rückfällig; *Jur.* Rückfall-.

recipro|ční, **~ký** reziprok.

recit|ace *f (2)* Rezitation *f*, **~ovat** ⟨od-, za-⟩ *(-tuji)* rezitieren; *Gedicht* vortragen.

redak|ce *f (2)* Redaktion *f*; **~ční** redaktionell, Redaktions-; **~tor** *m (1; -ři)* Redakteur *m*; **~torství** *n (3)* Tätigkeit *f* als Redakteur(in), Redaktionsarbeiten *f/pl.*

redigovat [-dı-] ⟨z-⟩ *(-guji)* redigieren.

reduk|ce *f (2)* Reduktion *f*; **~ční** Reduktions-; **~ovat** *(im)pf.* *(-kuji)* ⟨z-⟩ reduzieren.

reduta *f (1)* Maskenball *m*; *Mil.* Feldschanze *f*.

reedukace *f (2)* Umerziehung *f*.

reel|ní reell; **~nost** *f (4)* reelle Art *f*.

refektář *m (4)* Refektorium *n*.

refer|át *m (2; 6. -u/-ě)* Referat *n*, Abteilung *f*; **~ence** *f (2)* Referenz *f*, Empfehlung *f*; **~endum** *n (1b; -nd-)* Volksentscheid *m*; **~ent** *m (1)*, **-tka** *f (1c; -tek)* Referent(in) *m*, Sachbearbeiter(in) *f m*; **~ovat** *(im)pf.* *(-ruji)* referieren.

reflekt|or *m (2a)* Kfz. Scheinwerfer *m*; *Tech.* Rückstrahler *m*; **~orový** Reflektoren-; **~ovat** *(-tuji)* reflektieren, zurückwerfen, spiegeln; ⟨o čem⟩ nachdenken (über *A*); (na *co*) interessiert sein (an *D*).

reflexe *f (2)* Reflexion *f*.

reform|a *f (1)* Reform *f*; **~ace** *f (2)* Reformation *f*; **~ační** Reformations-; **~átor** *m (1; -ři)* Reformator *m*; **~átorství** *n (3)* Reformbestrebungen *f/pl.*; **~ista** *m (5a)* Reformer *m*; **~ky** † *f/pl. (2; -mek)* Reformhose *f*; **~ní** Reform-; **~ovaný** reformiert; **~ovat** *(im)pf.* ⟨z-⟩ *(-muji)* reformieren.

refrak|ce *f (2)* Strahlenbrechung *f*; **~ční** Refraktions-; **~tor** *m (2a) Astr.* Linsenfernrohr *n*.

refrén *m (2; 6. -u/-ě)* Refrain *m*, Kehrreim *m*.

refriger|ační *Tech.* Kälte-; **~átor** *m (2a)* Kühlapparat *m*.

refund|ace *f (2)* Rückerstattung *f*, Rückvergütung *f*; **~ovat** *(im)pf.* *(-duji)* rückerstatten, rückvergüten.

refýž *f (3)* Verkehrsinsel *f*.

regál *m (2; 6. -u/-e)* Regal *n*.

regener|ační Regenerations-; **~átor** *m (2a)* Regenerator *m*, Wärmespeicher *m*; **~ovat** *(im)pf.* ⟨z-⟩ *(-ruji)* regenerieren; ~ *se* sich erholen.

regentství *n (3)* Regentschaft *f*.

registr *m (2a)* Register *n*; **~ace** *f (2)* Registrierung *f*, **~atura** [-tu:-] *f (1d)* Registratur *f*; **~ovat** *(im)pf.* ⟨z-⟩ *(-ruji)* registrieren.

regul|ace *f (2)* Regulierung *f*, Regelung *f*; **~ární**, **~érní** regulär; **~ovat** *(im)pf.* ⟨z-⟩ *(-luji)* regulieren.

rehabilit|ace *f (2)* Rehabilitierung *f*; **~ační** Rehabilitations-; **~ovat** *(im)pf.* ⟨z-⟩ *(-tuji)* rehabilitieren.

rehek *m (1a; -hk-) Zo.* Rotschwanz *m*.

rej *m (4)* Reigen *m*; ~ *čarodějnic* Hexensabbat *m*.

rejd *m (2)* Lenk(vorricht)ung *f*, Wagenachse *f*; **~y** *pl. a.* Umtriebe *pl.*; **~a** *f (1)* Reede *f*; **~ař** *m (3)* Reeder *m*; **~ařství** *n (3)* Reederei *f*; **~iště** *n (2b)* Tummelplatz *m*; **~it** ⟨*po-, pro-, za-*⟩ sich tummeln, herumtollen; **~ovat** ⟨za-⟩ *(-duji)* lenken, steuern *(čím/A)*.

rejnok *m (1a)* Rochen *m*.

rejsek *m (1a; -sk-)* Spitzmaus *f*.

rejstřík *m (2b)* Register *m*.

rejtar † *m (1; -ři)* Reiter *m*.

rek *m (1; -ové)* Recke *m*, Held *m*.

reklam|a *f (1)* Reklame *f*, Werbung *f*; **~ace** *f (2)* Reklamation *f*, Beanstandung *f*; *Jur.* Einspruch *m*; **~ář** *m (3)* Werbefachmann *m*; **~ovat**

⟨vy-⟩ (*-muji*) reklamieren, beanstanden.
rekognosk|ace *f* (*2*) Erkundung *f*; **~ovat** (*-kuji*) erkunden, auskundschaften.
rekonstru|kce *f* (*2*) Rekonstruktion *f*, Wiederherstellung *f*; **~ovat** (*im*)*pf.* ⟨z-⟩ (*-uyji*) rekonstruieren, wiederherstellen.
rekonvalesc|ence *f* (*2*) Wiedergenesung *f*, **~ent** *m* (*1*), **-tka** *f* (*1c*; *-tek*) Rekonvaleszent(in *f*) *m*.
rekordman *m* (*1*), **~ka** *f* (*1c*; *-nek*) Spitzensportler(in *f*) *m*; **světový ~** Weltmeister *m*, -rekordhalter *m*.
rekov|nost *f* (*4*) *lit.* Heldenmut *m*, heldische Gesinnung *f*; **~ný** heldenhaft, heldenmütig.
rekre|ace *f* (*2*) Erholung *f*; *poukaz na -ci* Ferienscheck *m*; **~ační** Erholungs-; Freizeit-; **~ant** *m* (*1*), **-tka** *f* (*1c*; *-tek*) Urlauber(in *f*) *m*, Erholungsuchende *m od. f*; **~ovat se** ⟨z-⟩ (*-euji*) sich erholen.
rektifikace *f* [-tɪ-] (*2*) Berichtigung *f*.
rektor *m* (*1*; *-ři*/*-rové*) Rektor *m*; **~át** *m* (*2*; *6.* *-u*/*-ě*) Rektorat *m*; **~ství** *n* (*3*) Rektorenamt *n*, -würde *f*.
re|kurovat (*im*)*pf.* (*-ruji*) Berufung einlegen, Einspruch erheben; **~kurs** *m* (*2*; *6.* *-u*/*-e*) Berufung *f*, Einspruch *m*.
rekviem *n* (*indekl.*) Requiem *n*, Totenmesse *f*.
rekv|írovat (*im*)*pf.* ⟨z-⟩ (*-ruji*) Mil. requirieren, **~izice** *f* (*2a*) Requisition *f*, Anforderung *f*; **~izita** *f* (*1*) Requisit *n*.
rekyně *f* (*2b*) *lit.* Heldin *f*.
rela|ce *f* (*2*) Beziehung *f*; *Rdf.* Sendung *f*; Bericht *m*; **~ční** Relations-.
relativ|istický [-tɪ-] relativistisch; **~ita** *f* (*1*) Relativität *f*; **~ní** relativ.
relé *n* (*indekl.*) *El.* Relais *n*.
releg|ace *f* (*2*) Relegation *f*; **~ovat** *pf.* (*-guji*) relegieren.
reléový Relais-.
reliéf *m* (*2a*) Relief *n*.
relikviář *m* (*4*) Reliquienschrein *m*.
remilitariz|ace *f* (*2*) Remilitarisierung *f*, **~ovat** (*im*)*pf.* (*-zuji*) remilitarisieren.
reminiscence [-nɪ-] *f* (*2*) Erinnerung *f*, Anklang *m*.
remíz *m* (*2a*) Schutzgehege *n*; **~a** *f* (*1a*) Remise *f*, Wagenhalle *f*.
remorkér *m* (*2a*) Schleppschiff *n*, Schlepper *m*.

remunerace *f* (*2*) Vergütung *f*.
rendlík *m* (*2b*) Tiegel *m*, Bratpfanne *f*.
renesan|ce *f* (*2*) Renaissance *f*; **~ční** Renaissance-.
reneta *f* (*1*) Renette *f*.
renolt F *m* (*2a*), **~ka** F *f* (*1c*; *-tek*) Renault *m* (*Auto*).
renomovaný renommiert, angesehen.
renov|ace *f* (*2*) Renovierung *f*; **~ační** Instandsetzungs-; **~ovat** (*im*)*pf.* ⟨z-⟩ (*-vuji*) renovieren, instandsetzen.
rent|a *f* (*1*) Rente *f*; **~abilita** *f* (*1*) Rentabilität *f*; **~abilní** rentabel, einträglich; **~ový** Renten-.
rentgen *m* (*2a*) Röntgenapparat *m*; **~ovat** ⟨z-⟩ (*-muji*) röntgen, F durchleuchten; **~ový** Röntgen-.
reorganiz|ace *f* [-nɪ-] (*2*) Reorganisierung *f*; **~ovat** (*im*)*pf.* ⟨z-⟩ (*-zuji*) reorganisieren.
repar|ace *f* (*2*) Reparation *f*, **~ační** Reparations-; **~át** † *m* (*2a*) Wiederholungsprüfung *f*.
repatri|ace *f* (*2*) Repatriierung *f*; **~ační** Repatriierungs-; **~ant** *m* (*1*), **-tka** *f* (*1c*; *-tek*) Heimkehrer(in *f*) *m*; **~ovat** (*im*)*pf.* (*-uji*) repatriieren.
repet|ice [-tɪ-] *f* (*2a*) Wiederholung *f*; **~ilka** F *f* (*1c*; *-lek*) Schwätzerin *f*, Klatschbase *f*; **~it** ⟨za-⟩ F schwatzen, plappern; **~ivý** geschwätzig; **~ovat** (*-tuji*) repetieren, wiederholen.
replik|a *f* (*1c*) Replik *f*, Erwiderung *f*; Wiederholung *f*; **~ovat** (*-kuji*) entgegnen.
report|áž *f* (*3*) Reportage *f*; **~ér** *m* (*1*; *-ři*), **-rka** *f* (*1c*; *-rek*) Reporter(in *f*) *m*, Berichterstatter(in *f*) *m*; **~érský** Reporter-; **~ovat** (*-tuji*) Bericht erstatten; *Hdl.* reportieren.
repot *m* (*2a*) Murren *n*.
represálie *f*/*pl.* (*2*) Repressalien *f*/*pl.*
reprezent|ace *f* (*2*) Vertretung *f*; standesgemäßes Auftreten *n*; **~ační** Repräsentations-; *Sp.* Auswahl-; **~ant** *m* (*1*), **-tka** *f* (*1c*; *-tek*) Vertreter(in *f*) *m*; **~ativní** [-tɪ-] repräsentativ; **~ovat** (*-tuji*) repräsentieren, vertreten.
repr|íza *f* (*1a*) *Thea.* Wiederaufführung *f*; *Mus.* Wiederholung *f*; *Hdl.* Erholung *f*; **~ízovat** (*-zuji*) *Thea.* wiederholen, wieder aufführen.

23 TW Tschech. I

reprobovat

reprobovat (*im*)*pf.* (*-buji*) zurückweisen.
reproduk|ce *f* (*2*) Reproduktion *f*, Wiedergabe *f*; **~ovat** (*im*)*pf.* ⟨*z-*⟩ (*-kuji*) reproduzieren, wiedergeben; **~tivní** [-tɪ-] reproduktiv; **~tor** *m* (*1*; *-ři*) Interpret *m*; *Rdf.* (*2a*) Lautsprecher *m*.
rept|al *m* (*1*; *-ové*) Nörgler *m*; **~at** ⟨*po-*⟩ (*na co*) nörgeln (über *A*); (*proti č-u*) murren (über *A*), sich empören (gegen *A*).
republik|a *f* (*1c*) Republik *f*; **~án** *m* (*1*) Republikaner *m*; **~ánský** republikanisch.
re|se- s. reze-; **~si-** s. rezi-; **~sol-**, **~son-** s. rezol-, rezon-.
resort *m* (*2*; *6. -u/-ě*) Ressort *n*, Geschäftsbereich *m*.
respekt *m* (*2a*) Respekt *m*, Achtung *f*; **~ive** [-tɪ-] beziehungsweise; oder; **~ovat** (*-tuji*) respektieren, achten.
respirátor *m* (*2a*) Atemgerät *n*.
restaur|ace *f* (*2*) Restaurant *n*, Gaststätte *f*; *hist.* Restauration *f*, Wiederherstellung *f*, Wiedereinsetzung *f*; **~ační** Restaurations-; **~atér** *m* (*1*; *-ři*) Gastwirt *m*; **~ovat** (*im*)*pf.* ⟨*z-*⟩ (*-ruji*) restaurieren; **~ se sich erholen.
re|sultát *s.* rezultát; **~sumovat** [-zɪm-] (*im*)*pf.* ⟨*z-*⟩ (*-muji*) resümieren, zusammenfassen; **~šerše** *f* (*2*) Nachforschung *f*, Recherche *f*.
ret *m* (*2a*; *rt-*) Lippe *f*; **~ní** *s.* retný; **~nice** *f* (*2a*) *Gr.* Lippenlaut *m*, Labial *m*; **~ný** Lippen-.
rétori|cký (*Adv. -y*) rhetorisch; **~ka** *f* (*1c*) Rhetorik *f*, Redekunst *f*.
retozubný *Gr.* labiodental.
retušovat (*im*)*pf.* ⟨*z-, za-*⟩ (*-šuji*) retuschieren.
reum- s. revm-.
réva *f* (*1*) Rebe *f*.
revanš *f* (*3*) Revanche *f*; **~ista** *m* (*5a*) Revanchist *m*; **~istický** [-tɪ-] revanchistisch; **~ovat se** *f* (*im*)*pf.* (*-šuji*) sich revanchieren.
reveň *f* (*3*; *-vně*) Rhabarber *m*.
re|vér *m* (*2a*) Revers *m*, Aufschlag *m*; **~vers** *m* (*2a*) Kehrseite *f*; *s.* revír.
revír *m* (*2a*) Revier *n*; **~ní** Revier-; **~ník** *m* (*1a*) Revierförster *m*.
reviz|e *f* (*2*) Revision *f*; **~ionista** *m* (*5a*) Revisionist *m*; **~ní** Revisions-; **~or** *m* (*1*; *-ři/-rové*) Revisor *m*, Prüfer *m*.
revma F *n* (*1b*; *-tu*) Rheuma(tismus *m*) *n*.
revokace *f* (*2*) *Hdl.* Widerruf *m*; Verweis *m*.
révokaz *m* (*1*) Reblaus *f*.
revol|ta *f* (*1*) Revolte *f*; **~tovat** (*-tuji*) revoltieren; **~uce** *f* (*2*) Revolution *f*.
revolucionář *m* (*3*), **~ka** *f* (*1c*; *-řek*) Revolutionär(in *f*) *m*; **~ský** revolutionär.
revolu|cionovat (*im*)*pf.* ⟨*z-*⟩ (*-nuji*) revolutionieren, in Aufruhr bringen; **~ční** Revolutions-, revolutionär.
révov|í *n* (*3*) Rebenlaub *n*; **~itý** rebenartig; **~ý** Reben-.
re|vuální [-vɪ- *od.* -vu-] Revue-; **~vue** [-vɪː] *indekl. od.* *f* (*2*) Revue *f*.
rez *f* (*4b*; *rz-*; *od. 2a*) Rost *m*, Brandpilz *m*; *Jagdw.* Harn *m*; **~atý** *s.* rezavý; **~avět** ⟨*z-*⟩ (*3 Pl.* *-ějí*) rosten; **~avý** rostig, Rost-; rostbraun.
rezeda *f* (*1*) Reseda *f*.
rezek F *m* (*1a*) Rotkopf *m*, Rothaarige(r) *m*.
rezerv|a *f* (*1*) Reserve *f*; **~ace** *f* (*2*) Reservation *f*; **~át** *m* (*2a*) Reservat *n*; **~ista** *m* (*5a*) Reservist *m*; **~ní** Reserve-; **~oár** *m* (*2a*) Behälter *m*, *fig.* Sammelbecken *n*; **~ovanost** *f* (*4*) Reserviertheit *f*; **~ovat** (*im*)*pf.* (*-vuji*) reservieren.
reziden|ce *f* (*2*) Residenz *f*; **~ční** Residenz-.
rezign|ace *f* (*2*) Resignation *f*; **~ovat** (*im*)*pf.* (*-nuji*) resignieren.
rezisten|ční Widerstands-; **~tní** widerstandsfähig.
reziv|ět ⟨*z-*⟩ (*3 Pl.* *-ějí*) rosten; **~ý** rostig; rostbraun.
rezolu|ce *f* (*2*) Resolution *f*; *návrh* **~** Resolutionsantrag *m*; **~ční** Resolutions-; **~tní** resolut.
rezon|ance *f* (*2*) Resonanz *f*, Widerhall *m*; **~átor** *m* (*2a*) Resonanzkasten *m*; **~ér** *m* (*1*; *-ři*) Nörgler *m*, Klugredner *m*; **~ovat** (*-nuji*) mitschwingen, mittönen; räsonieren, nörgeln.
rezult|át *m* (*2*; *6. -u/-ě*) Resultat *n*; **~ovat** (*-tuji*) resultieren.
rezuvzdorný nichtrostend, rostfrei.
rež *dial.* *f* (*4*; *rž-*) Roggen *m*, Korn *n*.
reži|e *f* (*2*) Regie *f*; **~jní** Regie-.
režim *m* (*2a*) Regime *n*; Ordnung *f*.

režírovat ⟨z-⟩ (-*ruji*) Regie führen.
režisér *m* (*1*; -*ři*), **~ka** *f* (*1c*; -*rek*) Regisseur(in *f*) *m*, Spielleiter(in *f*).
režný P Korn-; *Leinen, Mauer*: roh, Roh-, grob.
ribstol *m* (*2*; *6.* -*u*/-*e*) *Turn.* Sprossenwand *f*.
ricínový Rizinus-.
rigor|osum [-ɔːzum] *n* (*1*; -*sa*) Doktorprüfung *f*; **~ózní** rigoros.
rimesa *f* (*1a*) Rimesse *f*.
riskovat (*im*)*pf.* (-*kuji*) riskieren.
riziko *n* (*1b*) Risiko *n*.
rmen *m* (*2a*) Hundskamille *f*.
rmoutit ⟨*za-* (se)⟩ (*rm*[o]*ucen*) betrüben; ~ se sich grämen, betrübt sein.
rmut *m* (*2a*) Trübung *f*, Niederschlag *m*; (*Bier-*)Maische *f*.
roba *f* (*1*) Magd *f*, † Mädchen *n*.
róba *f* (*1*) Robe *f*, Toilette *f*.
rob|ě *n* (*4*), **~átko** *n* (*1b*; -*tek*) kleines Kind *n*, Baby *n*; **~it** P ⟨*na-, vy-, z-, za-*⟩ machen, herstellen; basteln.
robot *m* (*2*; *2.* -*u*/-*a*) Roboter *m*; **~a** *f* (*1*) Fronarbeit *f*, -dienst *m*; **~árna** *f* (*1*; -*ren*) (*Zwangs-*)Arbeitshaus *n*; *verä.* Fabrik *f*; **~it** ⟨*na-* (se)⟩ (-*í*) Frondienst leisten, roboten; P sich abrackern; **~ník** *m* (*1a*), **~nice** *f* (*2a*) Fronarbeiter(in *f*) *m*; **~n**(**ick**)**ý** Fron-, frondienstpflichtig; **~ovat** (-*tuji*) *s. robotit.*
roč|ák *m* (*1a*) Jährling *m*; **~enka** *f* (*1c*; -*nek*) Jahrbuch *n*; **~ní** jährlich, Jahres-; einjährig; **~ník** *m* (*2b*) Jahrgang *m*.
rod *m* (*2*; *6.* -*ě*/-*u*) Geschlecht *n*; *Bot.* Gattung *f*; Abstammung *f*, von Geburt; *rovný* ~*em* ebenbürtig; **~ák** *m* (*1a*), **~ačka** *f* (*1c*; -*ček*) Landsmann *m*, -männin *f*; Gebürtige *m od. f*; **~ič** *m* (*3*) *Jur.* Erzeuger *m*, Vater *m*; *pl.* Eltern *pl.*; **~ička** *f* (*1c*; -*ček*) Gebärerin *f*, Mutter *f*; **~ičovský** elterlich, Eltern-; **~idla** *n*/*pl.* (*1a*; -*del*) Fortpflanzungsorgane *n*/*pl.*; **~ilý** gebürtig.
rodin|a *f* (*1*) Familie *f*, **~ka** F *f* (*1c*; -*nek*) *a. iron.* liebe Familie *f*, **~kaření** *n* (*3*) Vetternwirtschaft *f*; **~ný** Familien-; Einfamilien(-*Haus*).
rod|iště *n* (*2b*) Geburtsort *m*; **~it** ⟨*na-*⟩ (-*zen*) gebären; hervorbringen; ~ se geboren werden, zur Welt kommen; **~ný** Heimat-, Vater-; leiblich; *s. dům, list.*
rodo|kmen *m* (*4*) Stammbaum *m*,

Ahnentafel *f*; **~pis** *m* (*2*; *6.* -*e*/-*u*) Genealogie *f*; **~pisný** genealogisch; **~vý** Geburts-, Stammes-.
roh *m* (*2b*) Horn *n*; Ecke *f*; *na* ~*u* an der Ecke; *za* ~*em* um die Ecke.
roh|áč *m* (*3*) Hornträger *m*; *Zo.* Hirschkäfer *m*; Haubentaucher *m*; **~áčky** *f*/*pl.* (*1*; -*ček*) Hörnerschlitten *m*; **~ák** P *m* (*2b*) Eckhaus *n*.
rohat|ina *f* (*1*) Hängerechen *m*; -*ný pl. a.* Heugabel *f*; **~kový** *Tech.* Sperr-; **~ý** gehörnt, Horn-.
rohlí|k *m* (*2b*), **~ček** *m* (*2b*; -*čk*-) Hörnchen *n*, *öst.* Kipfel *n*.
rohov|ání *n* (*3*) Boxen *n*; **~at** (-*huji*) boxen; **~ec** *m* (*4*; -*vc*-) Hornstein *m*; **~ina** *f* (*1*) Horn *n* (*Masse*); **~itý** hornartig; **~ka** *f* (*1c*; -*vek*) Hornhaut *f*; **~ník**[1] *m* (*2b*) Johannisbrotbaum *m*; *Tech.* Winkeleisen *n*; **~ník**[2] *m* (*1a*) *Sp.* Boxer *m*; **~ý** Eck-, Horn-.
rohož *f* (*3*) Matte *f*; **~ka** *f* (*1c*; -*žek*) Fußabtreter *m*.
roch|at, ~ňat, ~tat grunzen.
roj *m* (*4*) Schwarm *m*; **~ení** *n* (*3*) Schwärmen *n*; **~it se** ⟨*roz-* se, *vy-* se⟩ schwärmen; sich häufen; **~nice** *f* (*2a*) *Mil.* Schützenkette *f*.
rok *m* (*2b*; *6. roce*) Jahr *n*; *za* ~ in e-m Jahr; ~ *co* ~ Jahr für Jahr; *do* ~*a* innerhalb e-s Jahres, binnen Jahresfrist.
rok|le *f* (*2*), **~lina** *f* (*1*) Schlucht *f*.
rokov|ání *n* (*3*) Beratung *f*, Debatte *f*; **~at** (-*kuji*) beraten (*o čem s kým* über *A* mit *D*), besprechen (*A*).
rokyt|a *f* (*1*) Salweide *f*; **~í** *n* (*3*) Binsen *f*/*pl.*
role[1] *f* (*2*) Acker *m*.
role[2] *f* (*2*) Rolle *f*.
roleta *f* (*1*) Rolljalousie *f*, Rollo *n*.
rolička *f* (*1c*; -*ček*) kleine Rolle *f*, Nebenrolle.
rolni|ce *f*/(*2a*) Bäuerin *f*; **~cký** landwirtschaftlich; **~ctví** *n* (*3*) Ackerbau *m*; **~ctvo** *n* (*1*) Bauernschaft *f*; **~čka** *f* (*1c*; -*ček*) Schelle *f*.
rolník *m* (*1a*) Bauer *m*, Landwirt *m*.
rolovat P (-*luji*) (ein)rollen.
román *m* (*2*; *6.* -*ě*/-*u*) Roman *m*.
roman|ce *f* (*2*) Romanze *f*; **~eto** *n* (*1*; *6.* -*u*/-*ě*) Schauergeschichte *f*; Kurzroman *m*; **~ista** [-ɴɪst-] *m* (*5a*) Romanist *m*; **~istický** [-ɴɪstɪ-] romanistisch; **~istika** [-ɴɪstɪ-] *f* (*1c*) Romanistik *f*, **~opisec** *m* (*3*; -*sc*-) Romanschriftsteller *m*.

román|ový Roman-, romanartig; **~ský** romanisch.
romanti|cký [-tɪ-] romantisch; **~k** [-tɪk] m (1; -ové/-ci), **~čka** f (1c; -ček) Romantiker(in f) m; **~ka** f (1c) Romantik f.
rondel m (2a) Rondell n; Rundbeet n.
ronit ⟨z-, za-⟩ vergießen; ~ se rinnen.
rop|a f (1) Erdöl n; **~ovod** m (2a) Erdölleitung f; **~ový** Erdöl-.
ropucha f (1b) Kröte f.
roráty m/pl. (2) Roratemesse f.
ror|ejs, ~ýs m (1 od. 3) Mauerschwalbe f.
ros|a f (1a) Tau m; **~it** ⟨o-, po-, za-⟩ betauen; Flachs rösten; **~nička** f (1c; -ček) Laubfrosch m; **~ný** Tau-, betaut.
rosol m (2; 6. -u/-e) Sülze f, öst. Sulz m; Gallert(e) f, Aspik m; **~ka** f (1c; -lek) Rosenlikör m; **~ovatět** ⟨z-⟩ (3 Pl. -ěji) zu Sülze werden; gelieren; **~ovitý** gallertartig, sülzartig.
rosomák m (1a) Zo. Vielfraß m.
rostbíf m (2a) Roastbeef n.
rostlin|á f (1) Pflanze f; **~ář** m 1. (3) Pflanzensammler m, Botaniker m; 2. (4) Herbarium n, Kräuter-, Pflanzenbuch n; **~ka** f (1c; -nek) Pflänzchen n; **~ný** Pflanzen-, pflanzlich; **~opis** m (2; 6. -e/-u) Pflanzenkunde f, beschreibender botanisch; **~stvo** n (1) Pflanzenwelt f, -reich n.
rost|lý gewachsen; **~oucí** (an)wachsend, steigend, zunehmend.
rošt m (2; 6. -u/-ě) Rost m.
rošťá|cký P Schelmen-; **~ctví** P n (3) Lumperei f; **~ák** P m (1a) Strolch m, Spitzbube m.
roštěn|á f (Adj. 2), **~ka** f (1c; -nek) Rostbraten m.
roští n (3) Reisig n, Gestrüpp n.
roštový rostförmig, Rost-.
rota f (1) Rotte f (a. verä.); Mil. Kompanie f.
rota|ce f (2) Rotation f; **~čka** f (1c; -ček) Rotationspresse f; **~ční** Rotations-, Dreh(ungs)-.
rotit se ⟨s-⟩ (-cen) sich zusammenrotten.
rot|mistr m (1; -ři) hist. Rottmeister m; Mil. Oberfeldwebel m; **~ný** Rotten-, Kompanie-; Su. m (Adj. 1) Feldwebel m.

rotyka F f (1c) Krawall m, Radau m.
roub m (2a) Pflock m, Knebel m; Agr. Pfropfreis n; **~ík** m (2b) Knebel m; Bolzen m; **~it** ⟨na-, ob-, -ček⟩ zimmern; **~ovat** ⟨o-, za-⟩ (-buji) Agr. pfropfen.
rouh|ač m (3) Lästerer m; **~ání** n (3) Lästerung f; **~at se** ⟨po-, za-⟩ (č-u, k-u) lästern (über A); **~avý** Lästerlästerlich.
roucho n (1b; 6. -chu/-še) Gewand n; v Adamově -chu, im Adamskostüm; vlk v rouše beráncím bibl. Wolf im Schafspelz.
rouno n (1; 6. -u/-ě) Vließ n.
roup m (1) Madenwurm m; F mít **~y** zappeln, zappelig sein.
rour|a f (1d) Rohr n, Röhre f; **~árna** f (1; -ren) Röhrenwalzwerk n; **~ka** f (1c; -rek) Röhrchen n; **~ovitý** röhrenförmig; **~ovna** f (1; -ven) s. rourárna; **~ový** Röhren-.
rous m (2a) Haarzotte f; **~y** pl. Zo. Rauhfuß m, Hose f; **~at se** ⟨po-, za-⟩ im taufeuchten Gras waten; **~natý** rauhfüßig, zottig.
rouška f (1c; -šek) Schleier m, Hülle f; fig. Vorwand m; Deckmantel m; pod -kou tajemství unter dem Siegel der Verschwiegenheit.
rout|a f (1) Raute f; **~ový** Rauten-.
rov m (2; 6. -u/-ě) Grabhügel m, **roven** s. rovný. [Grab n.∫
roveň: postaven na ~ gleichgestellt; není mu ~ es gibt nicht seinesgleichen.
rovin|a f (1) Ebene f, Flachland n; **~atý** eben, flach; **~ka** f (1c; -nek): cílová ~ Sp. Zielgerade f; **~ný** Geom. eben.
rovn|á s. rovný; **~ací**: ~ deska Richtplatte f; **~ání** n (3) Ordnen n; Ebnen n; Richten n; Beilegung f; Gleichstellung f; **~at** ⟨na-, po-, s-, vy-, za-⟩ ebnen, planieren; gerade machen; richten, schichten; Holz stapeln; Streit schlichten; (k č-u) vergleichen (mit D); ~ se (k č-u, k-u) gleichen, gleichkommen (D); F (s kým) sich gleichstellen, es aufnehmen (mit D).
rovně Adv. gerade; geradeaus (fahren); **~ž** gleichfalls, ebenfalls; ~ tak ebenso.
rovn|ice f (2a) Gleichung f; **~ík** m (2b) Äquator m; **~íkový** Äquatorial-; **~ítko** n (1b; -tek) Math. Gleichheitszeichen n.

rovno s. rovný; **~běžka** f (1c; -žek) Parallele f; Geogr. Breitengrad m; **~běžník** m (2b) Parallelogramm n; **~běžný** parallel; **~cenný** gleichwertig; ebenbürtig; **~dennost** f (4) Tagundnachtgleiche f; **~měrný** gleichmäßig, **~mocnina** f (1) Äquivalent n; **~mocný** äquivalent, gleichwertig; **~právný** gleichberechtigt; **~ramenný** Phys. gleicharmig; Geom. gleichschenk(e)lig; **~rodý** ebenbürtig.

rovnost f (4) Gleichheit f; **~ář** m (3) Pol. Gleichmacher m; **~ářství** n (3) Pol. Gleichschaltung f; Gleichmacherei f.

rovno|stranný gleichseitig; **~úhlý** gleichwink(e)lig.

rovnou geradewegs, direkt; fig. a. unumwunden.

rovnová|ha f (1b) Gleichgewicht n; **~žný** Gleichgewichts-; waagerecht, horizontal.

rovný eben, gerade; gleich; **~ch sto korun** genau 100 Kronen.

roz- in Zssgn (Trennung) zer-, auseinander-, entzwei-; (Beginn) beginnen zu ..., los-; (Ziel) zu et. bringen, er-; (Verbreitung, Überhandnehmen) ver-, über und über.

rozbahn|ěný schlammig, verschlammt; **~it** pf. in Schlamm verwandeln; **se** verschlammen (v/i).

rozbal|it pf., **~ovat** (-luji) aus-, aufpacken.

rozběh m (2b) Anlauf m; Sp. Vorlauf m; **~nout se** pf. (-hl) Anlauf nehmen; Tech. anlaufen; zu laufen anfangen; sich auf den Weg machen; auseinanderlaufen; (ke k-u) zulaufen (auf A); **~ový** Anlauf-.

rozběsn|ěný rasend geworden; fig. entfesselt; **~it** pf. wütend machen; **se** wütend werden.

rozbíha|t se s. rozběhnout se; **~vý** auseinandergehend, divergierend.

rozbij|eč m (3) Pol. Störer m; **~et** (3 Pl. -ejí) s. rozbít.

rozbíra|cí, **~telný** zerlegbar; **~t** s. rozebrat.

roz|bít pf. (-biji) zerbrechen; zerschlagen, zertrümmern; Versammlung sprengen; Zelt aufschlagen; **se** zerbrechen (v/i); Schiff: zerschellen; Plan: scheitern; **~bitelný** zerbrechlich; **~bití** n (3) Zerschlagung f, Zertrümmerung f; Bruch m; **~bitý** zerbrochen, zerbrechen, F kaputt; **~blácený** voll(er) Schlamm od. Kot; **~bolestnit** pf. wehmütig stimmen; **~bolet** se (3 Pl. -ejí) zu schmerzen anfangen, beginnen weh zu tun; **~bor** m (2a) Analyse f; **~bořit** pf. niederreißen, zerstören, demolieren; Festung schleifen; **se** einstürzen; **~bourat** pf. niederreißen, einreißen.

rozbouř|ený aufgebracht, erregt; Blut: aufwallend; Meer: stürmisch; fig. entfesselt; **~it** pf. aufbringen, aufwiegeln; Blut in Wallung bringen; **se** aufbrausen; Blut: aufwallen.

roz|brázdit pf. (-ěn) zerfurchen; **~brečet** P pf. zu weinen anfangen; **~broj** m (4) Zwietracht f, Streitigkeit f.

rozbřed|lý flüssig, breiig; weitschweifig, iron. verwässert; **~nout** pf. (-dl) flüssig werden; aufweichen.

rozbřesk m (2b) Morgendämmerung f, Tagesanbruch m; **~nout se** pf. (-kl), **~ovat se** (-kuje) dämmern (a. fig.); Tag a.: anbrechen.

rozbuj|elý üppig (wuchernd); **~et (se)** pf. (3 Pl. -ejí/-í) üppig wuchern; um sich greifen, überhandnehmen; **~nělý** übermütig; **~nět** pf. (3 Pl. -ějí) übermütig werden.

rozbuš|it pf. zerhämmern; Herz höher schlagen lassen; **se** zu schlagen anfangen; **~ka** f (1c; -šek) Mil. Zünder m, Sprengkapsel f.

roz|cestí n (3) Scheideweg m; **~citlivělý** empfindsam.

rozcuch|anec m (3; -nc-) Struwwelpeter m; **~at** pf. zerzausen.

rozcupovat pf. (-puji) zerfasern, zerzupfen.

rozcvič|it se pf., **~ovat se** (-čuji) Turn. sich warmlaufen, aufwärmen; **~ka** f (1c; -ček) Einturnen n, Aufwärmungsübungen f/pl.

rozčarov|ání n (3) Ernüchterung f; **~aný** ernüchtert, enttäuscht; verstimmt; von e-m Zauber befreit; **~at** pf. (-ruji) ernüchtern (A), die Illusionen nehmen (D); verstimmen (A).

rozče|chrat pf. auflockern; **~pejřený** s. rozčepýřený usw.

rozčep|ýřený struppig, **~ýřit se** pf. die Federn sträuben; in Zorn geraten.

rozče|rtit F pf. zornig machen, in Wut bringen; **se** zornig werden,

rozčeřit

~řit *pf.* in Wut geraten; in Bewegung bringen; **~sat** *pf.* (-šu/-sám) durchkämmen.
rozčilen|í *n* (3), **~ost** *f* (4) Erregung *f*, Aufregung *f*; **~ý** erregt, aufgeregt.
rozčil|it *pf.*, **~ovat** (-luji) erregen, aufregen; **~ se** sich erregen, F sich aufregen; **~ující** erregend.
roz|čísnout *pf.* (-sl; -snut) auseinanderkämmen; spalten; **~čitadlo** *n* (1a; -del) Kdspr. Abzählreim *m*; **~čít(áv)at** berechnen; Kdspr. auszählen; **~článkovat** *pf.* (-kuji) zergliedern; aufgliedern.
rozčlen|ění *n* (3) Gliederung *f*; Zergliederung *f*; **~it** *pf.* (zer)gliedern.
rozčtvr|covat (-cuji), **~tit** (-cen) vierteilen, in vier Teile teilen.
roz|dá(vá)ní *n* (3) Verteilung *f*; Verschenken *n*; **~davač**, **~dávač** *m* (3) Verteiler *m*; **~d(áv)at** (po-) verteilen, austeilen; verschenken; **~dávka** *f* (1c; -vek) Verteilen *n*; **~karet** Kartengeben *n*.
rozděl|(áv)at (po-) Arbeit beginnen; Paket öffnen; Motor auseinandernehmen; Feuer anmachen; Farbe anrühren; **~ení** *n* (3) Teilung *f*, Trennung *f*; Verteilung *f*, Einteilung *f*; **~it** *pf.* teilen, ein-, aufteilen; trennen; **~ se** sich teilen (o co in A); sich trennen; **~itelný** teilbar; **~ovací** Trennungs-; Verteilungs-; **~ování** *n* (3) Verteilung *f*; Auf-, Einteilung *f*; **~ovat** (-luji) (ein-, auf)teilen; trennen; **~ovatel** *m* (-é) Verteiler *m*; **~ovna** *f* (1; -ven) Verteilungsstelle *f*; **~ovník** *m* (2b) Verteiler *m* (Schlüssel).
rozdíl *m* (2; 6. -e/-u) Unterschied *m*; **~et** (3 Pl. -eji) verteilen; **~nost** *f* (4) Verschiedenheit *f*; **~ný** verschieden; **~ový** Math. Differential-.
rozdírat *s.* rozedrat, rozedřít.
rozdivoč|elý, **~ený** wild geworden; **~it** *pf.* wild machen.
roz|dmýchat *pf.*, **~dmychovat** (-chuji) anfachen, schüren.
rozdováděn|ý übermütig; **~t** (3 Pl. -ějí) übermütig machen.
rozdrá|pat *pf.* (-u/-ám) zerkratzen, aufkratzen; **~sat** *pf.* zerfleischen, zerreißen; **~ždit** *pf.* (-én) aufreizen, aufhetzen.
roz|drbat *pf.* (-u/-ám) zerkratzen; zerreißen; Haar zerzausen; **~drobit** *pf.*, **~drolit** *pf.* zerbröckeln;

zerstückeln; Kräfte verzetteln; **~drtit** *pf.* (-cen) zermalmen, zerstampfen, zerquetschen, zerschmettern.
rozdruž|ovač *m* (4), **~ovačka** *f* (1c; -ček) Sortiermaschine *f*; **~ovat** (-žuji) sortieren.
rozdupat *pf.* (-u/-ám) zertreten, zerstampfen.
rozdurd|ěný aufgebracht, schmollend; **~it** *pf.* erzürnen; **~ se** aufbrausen, in Zorn geraten.
rozdvoj|ení *n* (3) Spaltung *f*, Zweiteilung *f*, Trennung *f*; **~ený** geteilt, getrennt, gespalten; entzweit; **~it** *pf.*, **~ovat** (-juji) teilen, trennen, spalten; entzweien; **~ se** sich spalten, sich trennen; sich gabeln; sich entzweien (s kým mit D).
roz|dychtit se *pf.* (po čem) trachten, lechzen, gieren (nach D); **~dýmat se** zu qualmen beginnen.
rozebrán, **~a**, **~o** ausverkauft.
roze|brat *pf.* (-beru), **~bírat** auseinandernehmen, zerlegen; Fabrik demontieren; Ware aufkaufen, vergreifen; zergliedern, erörtern; (k-o) ins Gewissen reden (D), F ein ernstes Wort reden (mit D); **~bírací**, **~bíratelný** zerlegbar; analysierbar; **~číst** *pf.* (s. číst) zu lesen anfangen; **~čtený** noch nicht (ganz) ausgelesen; **~dma** *f* (1) Lungenblähung *f*; **~dmout** *pf.* (-dmul) aufblasen, aufblähen; **~dnění** *n* (3) s. rozbřesk; **~dní(va)t se** Tag werden, dämmern; **~dranec** *m* (3; -nc-) zerlumpter Kerl *m*; **~draný** zerlumpt, zerrissen; **~drat** *pf.* (-deru) zerreißen, herunterreißen; zerschinden; **~dřený** durchgewetzt; zerschunden; **~dřít** *pf.* (s. dřít) durchwetzen; zerschinden; **~hnat** *pf.* (-ženu) auseinandertreiben; **~ se** ausholen; **~hrání** *n* (3) Eröffnung *f*; **~hrá(va)t** *pf.* -hraji) zu spielen beginnen; **~ se** *pf.* sich einspielen; **~hřát** *pf.* (-hřeji), **~hřívat** erwärmen, erhitzen; Butter zerlassen.
rozechvě|lost *f* (4), **~ní** *n* (3) Erregung *f*; **~lý** erregt.
rozechv|ět *pf.* (-ěji), **~ívat** zum Schwingen bringen; j-n erregen; **~ se** in Schwingung geraten; erbeben; in Erregung geraten.
rozejít se *pf.* (s. jít) auseinandergehen, sich zerstreuen; (s kým) sich trennen (von D); rozešlo mě to ich habe es mir anders überlegt.

roze|klaný Geogr. zerklüftet; Anat. gespalten; ~**mílat**, ~**mlít** pf. (s. mlít) zermahlen; ~**mletý** gemahlen; ~**mnout** pf. (-mnul) zerreiben; ~**mnutý** zer-, gerieben.

rozený geboren; gebürtig, von Geburt.

roze|pjatý s. rozepnutý; ~**pnout** pf. (-pjal; -pjat) aufknöpfen; Arme ausbreiten, ausstrecken; ~**pnutý** aufgeknöpft, offen; ausgestreckt, ausgebreitet; aufgespannt; ~**praný** beim Waschen aufgerissen; (noch) nicht zu Ende gewaschen; ~**pře** f (2) Streit m; soudní ~ Rechtsstreit; ~**přít** pf. (-přu, -přel) Tech. verspreizen; ~**psání** n (3) Ausschreiben n; ~**psaný** Brief: nicht zu Ende geschrieben, begonnen; ~**psát** pf. (s. psát) zu schreiben beginnen; ausschreiben; ~ se ins Schreiben kommen; längere Zeit schreiben; (o čem) ausführlich schreiben (über A).

rozervan|ec m (3; -nc-) zerfahrener Mensch m; ~**ost** f (4) Zerfahrenheit f; ~**ý** zerrissen; Mensch: zerfahren; Erde: rissig; zerklüftet.

roze|rvat pf. (-rvu) zer-, aufreißen; zerrütten; ~**řvat** pf. (-řvu) zu brüllen anfangen, F losbrüllen; anbrüllen, anfahren (na k-o/A); ~**schlina** f (1) Leck n; ~**schlý** leck; vertrocknet; ~**schnout se** pf. (-chl) Mar. leck werden; ~**s(í)lat** pf. (-šlu) versenden; Leute aussenden; ~**smát** pf. (-směji) zum Lachen bringen; ~ se zu lachen anfangen; auflachen; ~**smutnit** pf. traurig stimmen; ~ se traurig werden; ~**spalý** verschlafen, schlaftrunken.

rozestav|ení n (3) Aufstellung f; ~**ený** aufgestellt; Mil. in Stellung, postiert; ~**ěný** im Bau befindlich; aufgestellt; ~**ět** pf. (3 Pl. -ějí) zu bauen anfangen; aufstellen; ~**it** pf. aufstellen; ~ se sich aufstellen; Mil. Aufstellung nehmen; ~**ný** Sp. Staffel-.

roze|stírat s. rozestřít; ~**stlat** pf. (-stelu) aufbetten; ~**střít** pf. (-střu) ausspannen, ausbreiten; Netze auslegen; ~**stýlat** s. rozestlat; ~**štvat** pf. (-u) verhetzen, aufhetzen.

rozeta f (1) Rosette f.

roze|tnout pf. s. roztít; ~**třít** pf. (s. třít) zer-, verreiben; Kochk. ausstreichen; ~**vlátý** wehend, flatternd.

rozevř|ený geöffnet; Buch: aufgeschlagen; ~**ít** pf. (-vřu, -vřel) (weit) öffnen; Buch aufschlagen; Arme ausbreiten.

rozezl|ený erbost, F böse; ~**ít** pf. verärgern, aufbringen.

roze|znat pf. unterscheiden; ~**znatelný** zu unterscheiden; erkennbar; ~**znávací** Unterscheidungs-; ~**znávat** s. rozeznat; ~**znít se** pf. (3 Pl. -í/-ějí) erklingen, ertönen; ~**zvučet** pf. erklingen lassen; ~ se laut (er-) klingen; ~**žraný** zerfressen; gefräßig; ~**žrat** pf. (-žeru) zerfressen.

roz|fňukaný (oft) weinend, F quengelig, knautschig; ~**foukat** pf., ~**fouknout** pf. (-kl; -knut), ~**fukovat** (-kuji) an-, aufblasen; Feuer anfachen.

rozhal|enka f (1c; -nek) (offenes) Sommerhemd n; ~**ený** mit offenem Hemd; ~**it** pf., ~**ovat** ⟨po-⟩ (-luji) öffnen, entblößen.

rozhánět (3 Pl. -ějí) s. rozehnat.

rozháran|ost f (4) Zerfahrenheit f; Zerrüttung f; ~**ý** zerfahren; Ehe: zerrüttet.

roz|házet pf. (3 Pl. -eji), ~**hazovat** (-zuji) ver-, zerstreuen; Geld verschwenden.

rozhazovač m (3) Verschwender m; ~**nost** f (4) Verschwendungssucht f; ~**ský** verschwendungssüchtig.

roz|hlaholit se pf. ertönen, erschallen; ~**hlas** m (2; 6. -e/-u) Rundfunk m; ~**hlásit** pf. (-šen) verkündigen; ~**hlasový** Rundfunk-, Funk-; ~ pořad Sendeplan m; s. hra, stanice; ~**hlašovat** ⟨-šuji⟩ s. rozhlásit; ~**hlášení**, ~**hlašování** n (3) Bekanntmachung f; ~**hlášený** berühmt; berüchtigt.

rozhled m (2a) Aussicht f; Überblick m; Rundschau f; ~**na** f (1; -den) Aussichtsturm m.

roz|hlédnout se, ~**hlídnout se** pf. (-dl), ~**hlížet se** (3 Pl. -ejí) sich umsehen, umherblicken, Umschau halten; ~**hlod(áv)at** zernagen; ~**hněvat** pf. erzürnen; ~ se in Zorn geraten, F böse werden.

rozhod|čí 1. m (Adj. 4) Schiedsrichter(in f) m; 2. Adj. Schieds-, schiedsrichterlich; ~**it** pf. ⟨-zen⟩ ver-, zerstreuen; Netze auswerfen; ~**nost** f (4) Entschiedenheit f; ~**nout** pf. (-dl; -dnut) entscheiden (se sich); ~ se sich entschließen

rozhodnutí 360

~**nutí** n (3) Entscheidung f; Entschluß m; ~**nutý** entscheiden, entschlossen; ~**ný** entscheiden, entschieden; ~**ovat** (-duji) s. rozhodnout; ~**ující** entscheidend, maßgebend.
rozhoj|nit pf., ~**ňovat** (-ňuji) vermehren.
rozhorl|ení n (3) Entrüstung f; ~**ený** entrüstet.
rozhořč|ení n (3) Erbitterung f; Entrüstung f, Unwille m; ~**ený** erbittert; entrüstet, empört; ~**it** pf. erbittern; ~ **se** sich entrüsten.
roz|hořet se pf. entbrennen, auflodern, zu brennen anfangen; ~**hostit se** pf. (-štěn) sich (als Gast) niederlassen; Stille usw.: einkehren, sich ausbreiten; ~**houpat** pf. (-u/-ám), ~**houpnout** pf. (-pl;-pnut) in Schwung bringen; ~**at se** in Schwung kommen; ~**hovor** m (2a) Gespräch n, Unterredung f; Besprechung f; Aussprache f; ~**hovořit se** pf. ins Gespräch kommen, gesprächig werden; ~**hrab(áv)at** (pf. -u) auseinanderrechen; Feuer schüren.
rozhran|í n (3) Grenze f, Grenzlinie f, fig. Scheide f; ~**ičení** n (3) Abgrenzung f; ~**ičit** pf. abgrenzen; ~**ičovací** Abgrenzungs-; Grenzregulierungs-.
rozhryz(áv)at (pf. -žu/-zám) zernagen.
rozhřeš|ení n (3) Sündenvergebung f; ~**it** pf. (k-o) die Sünden vergeben (D).
roz|huda f (1) Quark mit Butter; Butterkäse m; ~**hýbat** pf. (-u/-ám) in Bewegung setzen, in Gang bringen; ~ **se** in Bewegung kommen, sich anschicken; ~**cházet se** (3 Pl. -ejí) s. rozejít se; ~**chlípený** klaffend.
rozchod m (2a) Auseinandergehen n, Abschied m; Bruch m; Abtreten n; Mil. Wegtreten n; Esb. Spurweite f; úzký ~ Schmalspur f; ~**it** pf. (-zen) Schuhe austreten; ~**ná**: na -nou zum Abschied; ~**ník** m (2b) Mauerpfeffer m, Sedum n; ~**ný** ...spurig.
rozchvátit pf. (-cen) wegraffen; [plündern.\
rozinka f (1c; -nek) Rosine f.
rozjař|ení n (3) gehobene Stimmung f; freudige Erregung f; ~**ený** heiter, frohgelaunt, in (fröhlicher) Stimmung; ~**it** pf. erheitern, an-

regen; ~ **se** in Stimmung kommen.
rozjásaný jubelnd; (glück)strahlend.
rozjas|nění n (3) Aufheiterung f, Klärung f; ~**nit** pf., ~**ňovat** (-ňuji) aufheitern; ~ **se** sich aufheitern, sich klären.
roz|jedený iron. mit gutem Appetit; verä. gefräßig; ~**jet** pf. (s. jet) in Bewegung setzen, fig. starten; aus-, zerfahren; ~ **se** sich in Bewegung setzen, losfahren, -reiten; auseinanderfahren, sich zerstreuen; ~**jetý** schnell (fahrend), in voller Fahrt; Weg: ausgefahren.
rozjezd m (2; 6. -u/-ě) Auseinanderfahren n; Tech. Anlaufen n, Anfahren n; Esb. Anfahrleistung f; Anfahrtstrecke f, Anlaufstrecke f; ~**ený** ausgefahren; ~**it** pf. (-žděn/-zděn) aus-, zerfahren; ~**ný** Anfahr-; ~**ový** Anfahr-, Anlauf-; Flgw. Roll-; -vá dráha Flgw. Rollbahn f; Sp. Anlaufstrecke f.
rozjež|enec F m (3; -nc-) Struwwelkopf m; ~**ený** struppig; ~**it** pf. sträuben.
rozjídat se viel essen.
rozjih|lý (auf)getaut, geschmolzen; ~**nout** pf. (-hl) v/i (auf)tauen, schmelzen.
rozjím|ání n (3) Nachdenken n, Reflexion f; Rel. Betrachtung f, Meditation f; ~**at** (o čem) nachdenken, F (nach)grübeln (über A); ~**avost** f (4) Beschaulichkeit f; ~**avý** nachdenklich, beschaulich, Rel. kontemplativ.
rozjitř|ení n (3) Erregung f; ~**ený** entfacht; fig. aufgewühlt; eitrig; ~**it** pf. zum Eitern bringen; erregen, entfachen.
rozjíven|ec F m (3; -nc-) Wildfang m; ~**ý** ausgelassen.
rozjizvený zerfurcht; mit Narben bedeckt, Narben-.
rozjíž|děcí Esb. Anlauf-; ~**dět** (3 Pl. -ějí) s. rozjet; ~**ka** f (1c; -děk) Sp. Vorlauf m, Ausscheidungskampf m.
rozka|cený grimmig, wütend; ~**tit** pf. (-cen) in Wut bringen; ~ **se** in Wut geraten.
roz|kaz m (2; 6. -u/-e) Befehl m; Auftrag m; ~! Mil. zu Befehl!; na ~, z ~u auf Befehl, auf Anordnung; ~**kázat** pf. (-žu/-ži), ~**kazovat**

rozlehnout se

(*-zuji*) befehlen, anordnen, *lit.* gebieten.
rozkazova|cí Befehls-; ~ **způsob** *Gr.* Befehlsform *f*, Imperativ *m*; ~**čný** gebieterisch, befehlend.
rozklad *m* (2a) Zerlegung *f*; Auflösung *f*, Zersetzung *f*, Verfall *m*, Verwesung *f*; *Jur.* Einspruch *m*; *Pol.* Exposé *n*.
rozklád|ací zerlegbar, ausziehbar, Klapp-; ~**at** ‹*po- si, za -si*› zerlegen; zersetzen; ausbreiten; gestikulieren, F (herum)fuchteln; ~ **se** zerfallen, sich zersetzen; sich ausbreiten, sich erstrecken; ~**atelný** zerlegbar; ~**ný** zersetzend.
roz|klápět (*3 Pl. -ějí*) *s.* rozklopit; ~**klapnout** F *pf.* (*-pl; -pnut*) aufklappen.
rozklen|out se *pf.* sich wölben, ~**utý** (breit) gewölbt.
rozklep|aný zerklopft; klappernd, zitternd; ~**at** *pf.* (*-u/-ám*) zerklopfen; *Kochk.* klopfen; *Metall* hämmern; ~**nout** *pf.* Ei (auf)schlagen.
roz|klížený aus dem Leim gegangen; ~**kloktat** *pf.* zergurlen; ~**klopit** *pf.* öffnen, F aufmachen.
rozklov|at *pf.* (*-u/-ám*), ~**nout** *pf.* (*-vl; -vnut*) mit dem Schnabel aufhacken, aufpicken.
rozkmit (2a) Schwingungsweite *f*, (*Pendel-*)Ausschlag *m*; ~**aný** schwingend; *Bild:* flimmernd; ~**at se** *pf.* in Schwingung geraten.
rozkmotřit se *pf.* sich entzweien.
rozkol *m* (2a) Spaltung *f*; *Rel.* Schisma *n*.
rozkol|ébat, ~**íbat se** *pf.* zu schaukeln beginnen; sich bequemen.
rozkolís|aný schwankend (geworden); ~**at se** *pf.* ins Wanken geraten.
rozkol|nictví *n* (3) Glaubensspaltung *f*; ~**ník** *m* (1a) Abtrünnige(r) *m*, *Rel.* Schismatiker *m*.
rozkomíhat se *pf.* in Schwingung geraten.
rozkop|(áv)at (*pf. -u/-am*), ~**nout** *pf.* (*-pl; -pnut*) aufgraben; *Straße* aufreißen; zertreten.
rozkoš *f* (3) Wonne *f*, Lust *f*, Vergnügen *n*; Wollust *f*; ~**nice** *f* (2a) Lebedame *f*; ~**nický** genußsüchtig, ~**ník** *m* (1a) Genießer *m*, Lebemann *m*; ~**ný** entzückend, reizend.
rozkou|k(áv)at se sich umschauen; sich (im Dunkeln) zurechtfinden; ~**sat** *pf.* (*-šu/-sám*) zerbeißen; ~**skovat** *pf.* (*-kuji*) zerstückeln, zerkleinern; *Grundstück* parzellieren.
rozkovat *pf.* (*-u/-ám*) *Tech.* aushämmern, schmieden.
rozkrá|dač *m* (3) Dieb *m*; *Pol.* Schädling *m*; ~**dat** stehlen; sich vergreifen (*an D*); ~**jet** *pf.* (*3 Pl. -eji*) zerschneiden.
rozkrajov|ací *Kochk.* Tranchier-, ~**áč** *m* (4) *Tech.* Zerteiler *m*; *Kochk.* Tranchiermesser *n*; ~**at** (*-juji*) *s.* rozkrájet.
rozkrást *pf.* (*s. krást*) stehlen.
rozkroč|ený breitbeinig; ~**it se** *pf.* die Beine spreizen; ~**mo** *Adv.* mit gespreizten Beinen; *Turn.* in Grätschstellung.
roz|krojit *pf.* zerschneiden; ~**krok** *m* (2b) Schrittweite *f*; Schritt *m* bei der Hose; ~**kroutit** *pf.* (*-cen*) aufdrehen.
rozkřáp|lý, ~**nutý** P zerschlagen, zersprungen; *Stimme:* heiser.
roz|křesat *pf.* (*-šu/-sám*) *Feuer* schlagen; ~**křičet** *pf.* hinausschreien; in Verruf bringen; ~ **se** zu schreien anfangen; (*na k-o*) anschreien, F anschnauzen (*A*); ~**křídlený** beflügelt, beschwingt; ~**křiknout se** *pf.* (*-kl*) öffentlich bekannt werden, laut werden; ~ *na k-o s.* rozkřičet; ~**kuckat se** *pf.* sich verschlucken; ~**kuchat** *pf.* ausnehmen, *Jagdw.* ausweiden; ~**kurážit se** *pf.* übermütig werden; ~**kvasit** *pf.* (*-šen*) zum Gären bringen.
rozkvé|st *pf.* (*s. kvést*), ~**tat** aufblühen; erblühen; *fig.* sich entfalten.
roz|květ *m* (2a) Blüte *f*; *fig. a.* Aufschwung *m*; ~**kvetlý** aufgeblüht, blühend; ~**kvést** *s.* rozkvést; ~**kydat** *pf. Mist* ausbreiten; ~**kymácet se** *pf.* (*3 Pl. -ejí*) zu schwanken beginnen; ~**kyv** *m* (2a) Schwingungsweite *f*; ~ **kyvadla** Pendelausschlag *m*; ~**kývat** *pf.* in Schwung bringen; ~ **se** in Schwung kommen.
rozlad|ění *n* (3) Verstimmung *f*, Mißstimmung *f*; ~**ěný** verstimmt; ~**it** *pf.* verstimmen.
roz|lámaný zerbrochen, F kaputt; ~**lámat** *pf.* (*-u*), ~**lamovat** (*-muji*) *s.* rozlomit; ~**léhat se**, ~**lehnout se** *pf.* (*-hl*) erschallen, ertönen; nachhallen.

rozlehl|ost *f (4)* Ausdehnung *f*; **~ý** ausgedehnt, geräumig.

rozlep|it *pf.*, **~ovat** *(-puji)* Brief öffnen; **~ se** aus dem Leim gehen; **~t(áv)at** ätzen; zersetzen.

roz|let *m (2a)* Auffliegen *n*; *Mil.* Streuung *f*; *fig.* Flug *m*; *mladický ~* jugendlicher Elan; **~létat se**, **~letět se** *pf.*, **~létnout se** *pf. (-tl)*, **~letovat**[1] *se (-tuji)* auseinanderfliegen; auseinanderfahren; *Funken:* sprühen, stieben; *Gefäß:* zerspringen; *Flgw.:* starten, Vollgas geben; rennen; *Tür:* auffliegen, aufspringen; *Nachricht:* sich (wie ein Lauffeuer) verbreiten; **~letovat**[2] *pf. (-tuji)* auflöten; **~lévat** *s. rozlít*; **~léz(a)t se** *(pf. s. lézt)* auseinanderkriechen, auseinandergehen; sich ausbreiten; **~lezlý** weit ausgedehnt, weit verbreitet; schütter *(od.* unansehnlich) geworden; **~ležet se** *pf.* (durch Liegen) verderben; *Kochk.* abliegen; lange liegen; bettlägerig werden; sich (et. anders) überlegen; -elo mu to v hlavě es hat es sich (anders) überlegt; **~lícený** wütend, wutentbrannt.

rozličn|ost *f (4)* Mannigfaltigkeit *f*, Verschiedenheit *f*; **~ý** verschieden (-artig); mannigfaltig.

rozlíhat se *s. rozléhat se.*

rozliš|ení *n (3)* Unterscheiden *n*; **~it** *pf.*, **~ovat** *(-šuji)* unterscheiden; **~ovací** Unterscheidungs-.

rozlít *pf. (s. lít)* vergießen, ausgießen; **~ se** sich ergießen; *Fluß:* über die Ufer treten.

rozlít|áno F: *mám dnes ~* ich habe heute viel Laufereien; **~(áv)at se** zu fliegen *(od.* zu laufen) anfangen; **~it** *pf. (-cen)* in Wut bringen; **~ se** in Wut geraten; **~nout** *pf. s. rozlítnout.*

rozlítostn|ělý, **~ěný** wehmütig, schmerzerfüllt; **~it** *pf.* wehmütig stimmen, *fig.* mit Schmerz erfüllen; **~ se** von Wehmut ergriffen werden.

rozlí|vat *s. rozlít*; **~zat se** *s. rozlézat se.*

rozlo|ha *f (1b)* Ausdehnung *f*, Ausmaß *n*; **~mit** *pf. v/t* zerbrechen; **~sovat** *pf. (-suji)* ver-, auslosen.

rozlouč|ená *f (Adj. 2)*, **~ení** *n (3)* Abschied *m*; *Jur.* Trennung *f*; *na -nou* zum Abschied; **~it** *pf.* trennen; **~ se** *(s kým)* sich verabschieden, Abschied nehmen (von *D*); *Jur.* sich trennen.

rozlou|p(áv)at *(pf. -ám/-u)*, **~pnout** *pf. (-pl; -pnut)* aufmachen; *a. =* **~skat** *pf.* Nüsse knacken.

rozlož|ení *n (3)* Zerlegung *f*; Zersetzung *f*; Analyse *f*; **~it** *pf.* zerlegen, zergliedern; analysieren; *Maschine* auseinandernehmen; *Waren* auslegen; *Papier* auffalten; *Fabrik* demontieren; *Sachverhalt* (genau) erklären, auseinandersetzen; *Mil.* desorganisieren; **~ se** sich lagern, F sich hinstrecken; sich ausbreiten; *(na co)* sich auflösen, zerfallen (in *A*).

rozložit|elný zerlegbar; **~ý** ausgedehnt, breit ausladend; *Gestalt:* stämmig.

rozluč|itelný trennbar; *Jur.* **~ovací** Trennungs-; *Gr.* disjunktiv; **~ování** *n (3)* Trennung *f*, Scheidung *f*; **~ovat** *(-čuji) s. rozloučit.*

rozluk|a *f (1c) Jur.* Trennung *f*; **~ový** Trennungs-.

rozlušt|ění *n (3)* (Auf-)Lösung *f*; Entzifferung *f*; **~it** *pf.* (auf)lösen; entziffern; **~itelný** *Rätsel:* lösbar.

rozm|ačkat *pf.*, **~áčknout** *pf. (-kl; -knut)* zerdrücken, zerquetschen; *Kochk.* stampfen.

rozmáh|ání *n (3)* Zunahme *f*, Ausbreitung *f*; **~at se** *s. rozmoci se.*

rozmach *m (2b)* Schwung *m*; Aufschwung *m*; *velkým ~em* weit ausholend.

rozmách|lý schwungvoll; **~nout se** *pf. (-chl; -chnut) (čím)* ausholen (mit *D*); schwingen (*A*).

rozmanit|ost *f (4)* Vielfalt *f*, Mannigfaltigkeit *f*; **~ý** vielfältig, mannigfaltig; allerlei.

rozmar *m (2a)* Laune *f*; **~ný** launenhaft; humorvoll, köstlich.

rozmarýn *m (2a)*, **~a** *f (1)*, **~ka** *f (1c; -nek)* Rosmarin *n*; **~ový** Rosmarin-.

rozmařil|ec *m (3; -lc-)* verä. Prasser *m*; **~ý** verschwenderisch, luxuriös.

rozmaz|anec *m (3; -nc-)*, **~ánek** *m (1a; -nk-)* Weichling *m*, F Memme *f*; **~(áv)at** *pf. (-žu/-ži)* verschmieren; *Schrift*, *Spur* verwischen; F *Sache* aufbauschen; *Kind* verhätscheln.

rozmazl|enec *m (3; -nc-)* verwöhntes Kind *n*, F Muttersöhnchen *n*; **~ený** verwöhnt; verzogen; verweichlicht; **~it** *pf.*, **~ovat** *(-luji)*

rozpačitý

verwöhnen, verhätscheln; verweichlichen.
rozmáznout *pf.* (*-zl*; *-znut*) *s.* rozmazat.
rozměk|čit *pf. v/t* aufweichen; ~**lý** aufgeweicht; ~**nout** *pf.* (*-kl*) weich werden, aufweichen.
rozmělnit *pf.* zermahlen, zerreiben; zerkleinern; zermalmen.
rozměr *m* (2a) Ausmaß *n*, Ausdehnung *f*, Dimension *f*; *Gr.* Versmaß *n*; ~**nost** *f* (4) Geräumigkeit *f*, Größe *f*; ~**ný** ausgedehnt, geräumig, umfangreich; ~**ový** Maß-; *-vě správný* maßgerecht.
rozměř|it *pf.*, ~**ovat** (*-řuji*) ausmessen.
roz|mést *pf.* (*s. mést*) auseinanderfegen, zerstreuen; *Typ. Satz* ablegen; ~**metací** Streu-; ~**metač** *m* (4), ~**metadlo** *n* (1a; *-del*) Düngerstreuer *m*; ~**metat** *pf. s.* rozmést; ~**mezí** *n* (3) Trennungslinie *f*, Grenze *f*; Zeitabstand *m*; ~**míchat** *pf.* verrühren; *Karten* mischen; ~**mílat** *s.* rozemlít; ~**mísit** *pf.* (*-šen*) Teig durchkneten; verrühren; vermischen; ~**místit** *pf.* (*-stěn*), ~**misťovat**, ~**mísťovat** (*-tuji*) verteilen; anordnen; ~**míška** *f* (1c; *-šek*) Zerwürfnis *n*, Unfrieden *m*; Zweispalt *m*; ~**mlátit** *pf.* (*-cen*) zerschlagen, zertrümmern; ~**mlouvat** (s *kým*) sprechen (mit *D*); (*k-u co*) abraten (*j-m D*).
rozmluv|a *f* (1) Unterredung *f*, Gespräch *n*, Aussprache *f*; ~**it** *pf. s.* rozmlouvat.
rozmnož|ení, ~**ování** *n* (3) Vermehrung *f*, Fortpflanzung *f*; Vervielfältigung *f*; ~**it** *pf.* vermehren, fortpflanzen (se sich); vergrößern; ~**ovací** Fortpflanzungs-; *Techn.* Vervielfältigungs-; ~**ovač** *m* (4) Vervielfältigungsapparat *m*; ~**ovat** (*-žuji*) *s.* rozmnožit.
roz|moci se *pf.* (*-mohu, -žen*) sich vermehren, um sich greifen; e-n Aufschwung nehmen; ~**močit** *pf.*, ~**moknout** *pf.* (*-kl*) *v/t* aufweichen; ~ **se** aufweichen (*v/i*).
rozmont|ování *n* (3) Demontage *f*; ~**ovat** *pf.* (*-tuji*) *Motor* auseinandernehmen; *Fabrik* demontieren.
rozmotat *pf.* auseinanderwickeln; entwirren.
rozmraz|it *pf.*, ~**ovat** (*-zuji*) *v/t* auftauen.

rozmrh|ač *m* (3) Verschwender *m*; ~**at** *pf.* verschwenden.
rozmrz|(áv)at *s.* rozmrznout.
rozmrz|elost *f* (4) Verdrießlichkeit *f*, Mißmut *m*; ~**elý** verdrossen, verdrießlich; ~**et** *pf.* verstimmen, in üble Laune versetzen; ~ **se** verstimmt werden, F böse werden.
rozmrznout *pf.* (*-zl*), *v/i* auftauen.
rozmysl *m* (2a) Überlegung *f*, Erwägung *f*; Umsicht *f*, Vorbedacht *m*, *lit.* Bedacht *m*; *Phil.* Vernunft *f*; ~**it** (**si**) *pf.* (*-šlen*) sich überlegen, bedenken (*A*); ~ **se** sich besinnen; es sich (anders) überlegen; ~**nost** *f* (4) Besonnenheit *f*; ~**ný** besonnen, mit Bedacht.
rozmýšl|ená *f* (*Adj.* 2) Bedenken *n*; *čas na -nou* Bedenkzeit *f*; ~**ení** *n* (3) Überlegung *f*, Bedenken *n*; *bez dlouhého* ~ ohne lange zu überlegen; ~**et** (3 *Pl. -ejí*) *s.* rozmyslit.
roz|našeč, ~**našeč** *m* (3; *-šek*), **-čka** *f* (1c; *-ček*) Austräger(in *f*) *m*; ~ *novin a.* Zeitungsmann (*-frau f*) *m*.
roznáš|ení *n* (3), ~**ka** *f* (1c; *-šek*) Austragen *n*; ~**et** (3 *Pl. -ejí*) austragen; verbreiten.
rozněcov|ač *m* (4), ~**adlo** *n* (1a; *-del*) Zündvorrichtung *f*; ~**at** *s.* roznítit.
roz|nemoci se *pf.* (*-mohu*) krank werden; (*čím, na čem*) erkranken (an *D*); ~**nést** *pf.* (*-nesu*) *s.* roznášet; ins Gerede bringen; ~ **se** sich verbreiten.
roznět *m* (2a) Zündung *f*; ~**ka** *f* (1c; *-tek*) Zündhütchen *n*, Zündkapsel *f*.
rozněžn|ělý sentimental (gestimmt); ~**it se** *pf.* sentimental werden.
rozní|cení *n* (3) Entfachung *f*; Begeisterung *f*; ~**cený** entflammt; verzückt, begeistert; ~**tit** *pf.* (*-cen*) entzünden; begeistern; ~ **se** Feuer fangen; sich begeistern.
roznož|it *pf.*, ~**ovat** (*-žuji*) grätschen; ~**ka** *f* (1c; *-žek*) Grätsche *f*; ~**mo** *Adv.* mit gespreizten Beinen; (*-vý*)*sed* ~ Grätschsitz *m*.
rozoh|něný erhitzt, entflammt; begeistert; ~**nit** *pf.*, ~**ňovat** (*-ňuji*) entflammen, erhitzen; begeistern; ~ **se** sich ereifern.
rozorat *pf.* (*-orám/-oři*) aufackern.
rozoumek *m* (2b; *-mk-*) Kinderverstand *m*; *iron.* Kindskopf *m*.
rozpačit|ost *f* (4) Verlegenheit *f*; ~**ý** verlegen.

rozpad *m* (2a) Zerfall *m*; ~(áv)at se, ~nout se *pf.* (-dl) zerfallen; verfallen, auseinanderfallen; ~ový Zerfalls-.

roz|pájkovat *pf.* (-kuji) ablöten; ~pakovat *pf.* (-kuji) zögern, unschlüssig sein, Bedenken haben; *dial.* auspacken.

rozpaky *m/pl.* (2b) Verlegenheit *f*; Bedenken *pl.*; *uvést, přivést do -ků* in Verlegenheit bringen; *bez -ků* ohne Bedenken.

rozpál|ený glühend; entflammt; ~it *pf.* erhitzen; erregen; ~ se heiß (*od.* glühend) werden; *Motor:* heißlaufen; *fig.* zornig werden.

rozpárat *pf.* (-rám/-ru) auftrennen, aufschlitzen; ~ se aufgehen.

rozpar|celovat *pf.* (-luji) parzellieren; ~ek *m* (2b; -rk-) Schlitz *m*; ~ovat (-ruji) *s.* rozpárat.

rozpař|it *pf.*, ~ovat (-ŕuji) durchwärmen; aufweichen.

rozpaž|ení *n* (3) *Turn.* Seit(wärts-)heben *n der Arme*; ~it *pf.*, ~ovat (-žuji) die Arme seitwärts heben.

roz|péci *pf.* (s. péci), ~pékat *Gebäck* aufbacken; *Fleisch* anbraten; ~pečetit *pf.* entsiegeln; ~pěnit se *pf.* aufschäumen.

rozpěr|a *f* (1d) Strebe *f*, Spreize *f*; ~ák *m* (2b) *Arch.* Spannriegel *m*; ~ný Spreiz-, Spann-.

roz|pětí *n* (3) Spannweite *f*; Spannung *f*; Spannkraft *f*; *hlasové* ~ Stimmumfang *m*; ~píchat *pf.*, ~píchnout *pf.* (-chl; -chnut), ~píchovat *pf.* (-chuji) zerstechen; ~píjet se (3 *Pl.* -ejí) zerfließen.

rozpín|ací zum Aufknöpfen; Spann-, Spreiz-; ~at *s.* rozepnout; ~avost *f* (4) Spannkraft *f*, Expansionskraft *f*; *Pol.* Expansionsbestrebungen *f/pl.*; ~avý expansiv, ausdehnbar; Expansions-.

rozpi|sovat (-suji) *s.* rozepsat; ~tvat *pf. Med.* sezieren; *fig.* gründlich analysieren.

rozplác|lý, ~nutý platt gedrückt, Platt-.

rozpla|kat *pf.* (-áču/-či) zum Weinen bringen; ~ se anfangen zu weinen; ~menit *pf.* entflammen, anfachen.

roz|plánovat *pf.* (-nuji) zu planen anfangen; viele Pläne machen; den Produktionsplan aufschlüsseln; ~plašit *pf.* verscheuchen, zerstreuen.

rozpleme|nit *pf.*, ~ňovat (-ňuji) vermehren, fortpflanzen.

roz|plesat se *pf.* in Jubel ausbrechen; ~pleskly platt, flach; ~plést *pf.* (s. plést), ~plétat aufflechten; *Knoten* (auf)lösen; entwirren; ~ se sich lösen; ~plevelit se *pf.* wuchern.

rozpliz|lý verschwommen; ~nout se *pf.* (-zl; -znut) zerfließen, verschwimmen.

rozploz|ovací Fortpflanzungs-; ~ovat se (-zuji) sich vermehren, sich fortpflanzen.

roz|plynout se *pf.*, ~plývat se zerfließen, schmelzen, zergehen; *Konturen:* verschwimmen; *Rauch:* sich verziehen; ~plynulý *fig.* (auf)gelöst; ~plýtvat *pf.* vergeuden, verschwenden; ~plývavý verschwommen.

rozpoč|et *m* (2a; -čt-) Kostenvoranschlag *m*; Staatshaushalt *m*, Budget *n*; *udělat čáru přes* ~ *iron.* e-n Strich durch die Rechnung machen; ~ítat *pf.* berechnen, veranschlagen; ~itadlo *n* (1a; -del) Abzählreim *m*; ~tář *m* (1b) Kalkulator *m*; ~tový Voranschlags-; Budget-.

rozpojit *pf.* trennen, (los)lösen.

rozpolcen|í *n* (3) Spaltung *f*; ~ý gespalten; ~ý pysk Hasenscharte *f*.

rozpoložení *n* (3) (*Gemüts-*)Verfassung *f*.

rozpolt|ěný *s.* rozpolcený; ~it *pf.* (-cen/-těn) (zer)spalten.

rozpom|enout se *pf.* (-měl/-menul), ~ínat se (*na k-o, na co*) sich erinnern (an *A*); ~enutí, ~ínání *n* (3), ~ínka *f* (1c; -nek) Erinnerung *f*.

rozpor *m* (2a) Widerspruch *m*; Streit *m*; ~a *f* (1d) Strebe *f*, Spreize *f*; *Agr.* Ackerwaage *f*; ~ka *f* (1c; -rek) Ortscheit *n*.

rozpos(í)lat (*pf.* -šlu) aussenden; versenden.

rozpoušt|ěcí Lösungs-; ~ědlo *n* (1a; -del) Lösungsmittel *n*; ~ět (3 *Pl.* -ějí) *s.* rozpustit.

rozpout|ání *n* (3) Entfesselung *f*; ~(áv)at entfesseln; ~ se losbrechen; *Kampf:* entbrennen; *Gewitter:* sich entladen.

rozpovíd|aný gesprächig; ~at se *pf.* gesprächig werden; (*o čem*) lang und breit erzählen (über *A*, von *D*).

rozpozn|ání *n* (3) Erkennen *n*; *Jur.*

rozsáhlý

Einsicht *f*; *Med.* Diagnose *f*; **~(áv)at** (deutlich) erkennen; **~ávací** Erkennungs-; Unterscheidungs-.
rozpracov|aný in Arbeit (befindlich), halbfertig; **~at** *pf.* (*-cuji*) in Angriff nehmen, beginnen (mit); ausarbeiten.
rozprask|aný zersprungen, rissig; *Lippen:* aufgesprungen; **~at se** *pf.*, **~nout se** *pf.* (*-kl*) zerspringen, bersten; aufspringen, rissig werden.
roz|prášit *pf.* zerstäuben, zerstreuen; **~** se sich zerstreuen; *Mil.* versprengt werden; **~prašovací** Zerstäubungs-; **~prašovač** *m* (4) Zerstäuber *m*; **~prašovat** (*-šuji*) s. rozprášit; **~prava** *f* (1) Abhandlung *f*; Unterredung *f*, Besprechung *f*; *Parl.* Debatte *f*.
rozpráv|ěč *m* (3) Plauderer *m*; **~ět** (3 *Pl.* -*ěji*) (o čem) plaudern (über A); erzählen (von D); besprechen (A); **~ka** *f* (*1c*; *-vek*) Unterredung *f*, Gespräch *n*; **~kový**: **~** tón Plauderton *m*.
rozprch|ávat se, **~nout se** *pf.* (*-chl*) auseinanderlaufen, nach allen Seiten fliehen; **~** se zerstreut, geflohen.
rozprod|aný ausverkauft; **~(áv)at** (alles) verkaufen, ausverkaufen.
rozprost|írat, **~řít** *pf.* (*-stru*, *-střen*) ausbreiten, entfalten; *Netze* auslegen, auswerfen.
roz|proudit *pf.* in Gang bringen; **~** se in Gang kommen; *Blut:* in Wallung geraten; **~prsknout se** *pf.* (*-kl*; *-knut*) (zer)platzen, zerspringen; **~prýskat se** *s.* rozpraskat se; **~prádat** *s.* rozpříst; **~přahat** *pf.*, **~přáhnout** (*-hl*; *-přažen*) spannen, ausstrecken; **~příst** *pf.* (*~příst*) anspinnen; **~** se sich entspinnen; **~ptyl** *m* (*2a*) Streuung *f*.
rozptýl|ení *n* (3) Zerstreuung *f*; **~ený** zerstreut; versprengt; **~ná** *palba* Streufeuer *n*.
roz|ptýlit *pf.*, **~ptylovat** (*-luji*) zerstreuen; *Mil.* streuen; ablenken; **~** se sich zerstreuen, sich auflösen; **~ptylka** *f* (*1c*; *-lek*) Zerstreuungslinse *f*; **~ptylný**, **~ptylový** Zerstreuungs-, Streuungs-.
rozpučet (se) *pf.* aufblühen, aufspringen.
rozpůjč|it *pf.*, **~ovat** (*-čuji*) verleihen.
rozpuk *m* (*2b*) Aufblühen *n*; *Bot.* Wasserschierling *m*; **~aný** aufge-

sprungen, rissig; **~at (se)** *pf.* zerspringen, aufspringen, Risse bekommen, bersten; **~lina** *f* (1) Riß *m*, Spalte *f*; *Mar.* Leck *n*; **~lý** zersprungen; gespalten; *Blume:* aufgeblüht; **~nout** *pf. s.* rozpukat.
rozpůl|it *pf.*, **~ovat** (*-luji*) halbieren.
rozpust|a *m* (*5a*) *od. f* (*1*) *s.* rozpustilec; **~idlo** *n* (*2a*; *-del*) Lösungsmittel *n*; **~ilec** *m* (*3*; *-lc-*), **~ilka** *f* (*1c*; *-lek*) ausgelassenes Kind, F Wildfang *m*; **~ilý** ausgelassen, ungezogen; **~it** *pf.* (*-štěn*) auflösen; *Fett* zerlassen; *Metall* schmelzen; *im Mund* zergehen lassen; **~ný** löslich; **~** ve vodě wasserlöslich.
rozpuštěn|í *n* (3) Auflösen *n*; Zerlassen *n*; Entlassung *f*; **~ý** (auf)gelöst; zerlassen.
rozrad|ostněný, **~ovaný** hocherfreut (čím über A), freudig gestimmt; **~ostnit** *pf.*, **~ovat** *pf.* (*-duji*) freudig stimmen, entzücken.
roz|razil *m* (*2a*) *Bot.* Ehrenpreis *n od. m*; **~razit** *pf.* (*-žen*), **~rážet** (3 *Pl.* -*eji*) zerschlagen; *Ketten* sprengen; **~ruch** *m* (*2b*) Unruhe *f*, Aufsehen *n*; **~růst(at) se** (*pf. s.* růst) sich ausbreiten; wuchern.
rozruš|ení *n* (3) Zerstörung *f*; *Geogr.* Erosion *f*; *Jagdw.* Zerlegen *n*; heftige Erregung *f*; (*Ehe-*)Zerrüttung *f*; **~it** *pf.*, **~ovat** (*-šuji*) zerstören; *Wild* zerlegen; heftig erregen; *Ehe* zerrütten.
rozrůz|nit *pf.*, **~ňovat** (*-ňuji*) trennen, scheiden.
roz|rýp(áv)at (*pf. -ám*/*-u*), **~rýt** (*s. rýt*) zerwühlen, aufgraben, zerfurchen; *Straße* aufreißen; **~rytý** aufgewühlt; zerklüftet; **~řadit** *pf.* (*-děn*/*-zen*) einteilen, klassifizieren; *Esb.* rangieren; **~řazovací** *Sp.* Qualifikations-; **~ředit** *pf.* (*-ěn*) verdünnen.
rozřeš|ení *n* (3) Auflösung *f*; **~it** *pf. Rätsel* (auf)lösen; entziffern.
roz|řezat *pf.* (*-žu*/*-zám*) zerschneiden; *Buch* aufschneiden; **~** pilou zersägen; **~řídlý** dünn(flüssig); **~říznout** *pf.* (*-zl*; *-znut*) *s.* rozřezat; **~sadit** *pf.* (*-zen*) auseinander setzen; **~** se sich setzen um (A); **~sah** *m* (*2b*) Umfang *m*, Ausmaß *n*.
rozsáhl|ost *f* (4) Ausdehnung *f*, Umfang *m*; **~ý** ausgedehnt, umfangreich.

roz|sápat *pf.* (-*u*/-*ám*) zerfleischen, zerreißen; **~sázet, ~sazovat** (-*zuji*) *s.* rozsadit.

rozsed|at se (*im*)*pf.* Risse bekommen, F auseinandergehen; **~ět** *pf.* (-*děn*/-*zen*) durch Sitzen beschädigen; ~ se sich ans Sitzen gewöhnen; lange sitzen; **~lina** *f* (*1*) Kluft *f*, Spalt *m*; **~lý** geborsten, rissig; zerklüftet; **~nout se** *pf.* (-*dl*; -*dnut*) auseinanderrücken; *s.* rozsedat se, rozpukat se.

rozsek|(áv)at, ~nout *pf.* (-*kl*; -*knut*) zerhacken, spalten.

rozse|tý ausgesät; *fig.* verstreut; **~v** *m* (*2a*) Aussaat *f*; *Mil.* střelba **~em** Streufeuer *n*.

rozsév|ací Sä-; **~ač** *m* (*3*) Sämann *m*; **~adlo** *n* (*1a*, *-del*) Sämaschine *f*; **~at** (aus)säen.

roz|sevný Streu-; **~sívat** *s.* rozsévat; **~sívka** *f* (*1c*; *-vek*) Kieselalge *f*; **~skočit se** *pf.* zerspringen, F auseinandergehen; **~skřípat** *pf.* (-*u*/-*ám*) Feder verderben; ~ se zu knarren beginnen; **~smutnělý** traurig gestimmt.

rozsoch|a *f* (*1b*) Gabelstange *f*, Gabelast *m*; **~áč** *m* (*4*) *Mil.* spanischer Reiter *m*; **~atý** gabelförmig, gegabelt.

rozsou|dit *pf.* (-*zen*) *v*/*t* entscheiden; urteilen (über *A*); **~zení** *n* (*3*) Entscheidung *f*, Beurteilung *f*.

rozstonat se *pf.* (-*stůňu*) krank werden; erkranken (*čím* an *D*).

rozstoup|it *pf.* auseinandergehen, sich öffnen; **~lý** getrennt, geöffnet; geborsten.

rozstřel|it *pf.*, **~ovat** (-*luji*) zerschießen; *Felsen* sprengen.

roz|střih *m* (*2b*) Schlitz *m*; **~stříhat, ~stříh(áv)at, ~střihnout** *pf.* (-*hl*; -*žen*) zerschneiden.

rozstřík|at *pf.*, **~nout** *pf.* (-*kl*; -*knut*) verspritzen; zerstäuben.

rozstřik|ovací Spritz-, Streu-; **~ovač** *m* (*4*) Zerstäuber *m*; **~ovat** (-*kuji*) *s.* rozstříkat.

roz|střílet *pf.* (*3 Pl. -ejí*) *s.* rozstřelit; **~stupovat se** (-*puji*) auseinandertreten; sich öffnen; **~stýlat** *s.* rozestlat; **~sudek** *m* (*2b*, -*dk-*) Urteilsspruch *m*, Urteil *n*, Schiedsspruch *m*; **~suzovat** (-*zuji*) *s.* rozsoudit; **~svěcovat** (-*cuji*), **~svítit** *pf.* (-*cen*) anzünden; ~ se aufleuchten; **~sychat se** *s.* rozeschnout se; **~sýpat, ~syp(áv)at** (*pf. -u*/-*ám*) verstreuen, verschütten.

rozšaf|nost *f* (*4*) Rechtschaffenheit *f*; Umsicht *f*; **~ný** rechtschaffen, F bieder; umsichtig.

rozšíř|ení *n* (*3*) Verbreitung *f*, Ausweitung *f*; **~enost** *f* (*4*) *fig.* Verbreitung *f*; **~ený** erweitert; verbreitet; **~it** *pf.* verbreiten; erweitern.

rozšíř|itel, ~ovatel *m* (*3*; *-é*) Verbreiter *m*; **~ovat** (-*řuji*) *s.* rozšířit.

rozškleb|ený verzerrt; grinsend; **~it se** *pf. Gesicht* verzerren; *Mund* verziehen.

rozškr|ábat, ~abat *pf.* (-*u*/-*ám*), **~ábnout** *pf.* (-*bl*; -*bnut*), **~abovat** (-*buji*) zerkratzen; *Wunde* aufkratzen; **~tnout** *pf.* (-*tl*; -*tnut*) Zündholz anzünden.

rozškub|(áv)at *pf.* (-*u*/-*ám*), **~nout** *pf.* (-*bl*; -*bnut*) zerreißen (*v*/*t*), F zerfetzen.

roz|škvařit *pf.* zerlassen, schmelzen; **~šlapat** *pf.* (-*u*/-*ám*), **~šlápnout** *pf.* (-*pl*; -*pnut*) zertreten; *Schuhe* austreten; **~šlehat** *pf.* zerquirlen; **~šněrovat** *pf.* (-*ruji*) aufschnüren; **~šrotovat** *pf.* (-*tuji*) *Getreide* verschroten; *Eisen* verschroten; **~šroubovat** *pf.* (-*buji*) auf-, auseinanderschrauben.

rozštěp *m* (*2a*) Spalt *m*, Schlitz *m*; *Bot.* Spaltschnitt *m*; *Turn.* Spagat *m*; **~ení** *n* (*3*) Spaltung *f*; *Tech.* Spaltverfahren *n*; **~it** *pf.*, **~ovat** (-*puji*) *s.* rozštípat.

roz|štípat (-*u*/-*ám*), **~štípnout** *pf.* (-*pl*; -*pnut*) (zer)spalten; **~štipec** *m* (*4*; *-pc-*) Gabelholz *n*, gespaltene Holzstange *f*; **~táčet** (*3 Pl. -ejí*) *s.* roztočit; **~tahat** *pf.* verschleppen; in Unordnung bringen.

roztáh|lý langgestreckt; **~nout** *pf.* (-*hl*; -*tažen*) in die Länge ziehen, ausdehnen; *Regenschirm* aufspannen; *Netz* (aus)spannen; *Segel* setzen; *Arme* ausbreiten; *Beine* ausstrecken; *Finger* spreizen; *Schuhe* weiten; ~ se sich (aus)dehnen; sich ausbreiten; P *iron.* sich breitmachen.

roztahov|ací Auszieh-, ausziehbar; **~áč** *m* (*4*) *Med.* Dilatator *m*; **~ačný** anmaßend; *iron.* breitspurig; **~at** (-*huji*) *s.* roztáhnout.

roz|tálý geschmolzen, aufgetaut; **~tančený** tanzend; tanzlustig, tanzbegeistert; **~tápat** P *pf.* (-*u*/-*ám*) zertreten, zertrampeln; **~tápět**

(3 Pl. -ěji) s. roztopit; ~**tatý** gespalten; s. roztít; ~**tá(va)t** (pf. s. tát) v/i auftauen, schmelzen; zergehen; ~**tavit** pf., ~**tavovat** (-vuji) v/t schmelzen, zergehen lassen; Kochk. zerlassen.

roztaž|ení n (3) Ausdehnung f; ~**(itel)nost** f (4) Dehnbarkeit f; ~**(itel)ný** dehnbar.

roz|téci se pf. (-teče) v/i zerfließen; schmelzen; ~**tečný** Tech. Teil-.

roztěka|nost f (4) Unaufmerksamkeit f, Zerstreutheit f; ~**ný** unaufmerksam, zerstreut.

roz|tékat se s. roztéci se; ~**tept(áv)at** (pf. -ám/-u) Blech (aus)hämmern; breitschlagen.

roztěr|ačka f (1c; -ček) Reibschale f; ~**adlo** n (1a; -del) Typ. Reiber m, Reibwalze f; ~**ka** f (1c; -rek) Wischer m; Spachtel m od. f.

roz|tesknělý wehmütig; ~**tětí** n (3) Spaltung f; ~**tínat** s. roztít; ~**tírat** s. rozetřít; ~**tít**, ~**tetnout** pf. (-etnu, s. tít) zerspalten, durchhauen.

roztlouci pf. (s. tlouci), ~**kat** zerschlagen; Fenster einschlagen; Nüsse knacken; Kochk. zerstoßen; zerkleinern.

rozto|č m (3) Milbe f; ~**čit** pf. aufdrehen; Motor ankurbeln; ~ se sich zu drehen beginnen, in Schwung kommen; ~**divný** wunderlich, sonderbar.

roztok m (2b) Lösung f.

roztomil|ost f (4) Liebenswürdigkeit f; ~**ý** liebenswürdig, entzückend, allerliebst, sehr lieb.

roztopit pf. (an)heizen; zerlassen, schmelzen.

roztouž|ení n (3) Sehnsucht f; ~**ený** sehnsuchtsvoll; schmachtend; ~**it se** pf. (po čem) sich sehnen (nach D).

roztrh|aný zerrissen; ~**at** pf., ~**nout** pf. (-hl; -ženu) v/t zerreißen; ~ se (zer)reißen (v/i); platzen.

roztrousit pf. (-šen) zerstreuen, verstreuen; Gerücht verbreiten od. in Umlauf setzen.

roztrpč|ení n (3), ~**enost** f (4) Erbitterung f, Verbitterung f; ~**ený** erbittert, verbittert; ~**it** pf., ~**ovat** (-čuji) erbittern, verbittern; ~ **se** erbittert sein.

roztrušovat (-šuji) s. roztrousit.

roztrž|ení n (3) Zerreißung f; ~**enina** f (1) Rißwunde f; ~**itost** f (4) Zerstreutheit f; ~**itý** zerstreut; ~**ka** f (1c; -žek) Zerwürfnis n, Bruch m; Pol. Spaltung f.

roztřás(a)t (pf. s. třást) durchschütteln; ~ se anfangen zu zittern.

roztřep|(áv)at (pf. -u/-ám) aufschütteln, auflockern; ~ se anfangen zu zittern; ~**ený** ausgefranst; zerfasert; ~**it** pf. ausfransen, zerfasern.

roztřesený durchgeschüttelt; zittrig; F wackelig.

roztříd|ění n (3) Einteilung f, Klassifizierung f; ~**it** pf. einteilen, in Klassen einordnen, sortieren.

roztřiďov|ací Sortier-; ~**ač** m (4) Sortiermaschine f; ~**at** s. roztřídit.

roztřísk|at pf., ~**nout** pf. (-kl; -knut) zerschlagen, zertrümmern.

roztříšť|enost f (4) fig. Zersplitterung f, Verzettelung f; ~**it** pf. v/t zersplittern, zertrümmern; ~ **se** zersplittern (v/i); Schiff: zerschellen; sich verzetteln.

rozum m (2a) Verstand m, Vernunft f; proti ~u vernunftwidrig; jako bez ~u wie von Sinnen; při ~u bei Verstand; přivést k ~u zur Vernunft bringen; ~**ář** m (3) Vernunftmensch m; iron. Überkluge(r) m; ~**brada** f (5) iron. Neunmalkluge(r) m, Klugschwätzer m; ~**ět** (3 Pl. -ějí) (k-u, č-u) verstehen (A); ~**ěl jste mi?** verstanden?; co tím -míte? was meinen Sie damit?; to se -mí selbstverständlich, natürlich; ~ **si s kým** sich mit j-m (gut) verstehen; ~**ný** vernünftig; ~**ovat** (-muji) räsonieren, iron. klug reden; ~**ový** Vernunft-, vernunftmäßig; rationalistisch.

rozundat pf. auseinandernehmen.

roz|utéci se pf. (-uteku-čů), ~**utíkat** auseinanderlaufen; sich verlaufen.

rozuzl|ení n (3) Lösung f, Auflösung f; ~**it** pf., ~**ovat** (-luji) Knoten (auf)lösen, öffnen.

rozváděcí Verteilungs-; Leit-; ~**ěč** m (3) El. Schaltbrett n, Verteiler m.

roz|vaděný zänkisch; feindlich; ~**vádět** (3 Pl. -ějí) s. rozvést; ~**vadit se** pf. (s kým) sich verfeinden (mit D).

rozvah|a f (1b) Überlegung f, Bedacht m; fig. Fassung f; Bilanz f, Rechnungsabschluß m; bez -hy ohne zu überlegen; unbedacht; s -hou wohlüberlegt, mit Bedacht; zbavit -hy aus der Fassung bringen; ~**ový** Bilanz-, bilanzmäßig.

roz|válcovat *pf.* (*-cuji*) auswalzen; **~válený** verfallen, zerstört; breit und bequem (da)sitzend; **~válený** *Bett*: zerwühlt; ausgewalzt, aufgerollt.

rozval|ina *f* (*1*): *mst. pl. -ny* Trümmer *m/pl.*, (*Burg-*)Ruine *f*; *fig.* Schutt *m*; ležet v *-nách* in Schutt und Asche liegen; **~it** *pf.* zertrümmern, zerstören; ~ se einstürzen; sich (hin)lümmeln, flegeln; **~ovat se** (*-luji*) sich (herum)wälzen.

rozva|nout *pf. s.* rozvát; **~řit se** *pf.* zerkochen (*v/i*).

rozvášn|ěný wütend, rasend, fanatisiert; **~it** *pf.* maßlos erregen; ~ se wütend (*od.* rasend) werden, F außer Rand und Band geraten.

roz|vát *pf.* (*s. vát*) auseinanderwehen; **~vázat** *pf.* (*-žu/-ži*), **~vazovat** (*-zuji*) auf-, losbinden, aufknüpfen, lösen; ~ se sich lösen, F aufgehen.

rozváž|eč *m* (*3*) Verkaufsfahrer *m*; ~ mléka F Milchmann *m*; ~ piva Bierlieferant *m*, † Bierkutscher *m*; **~ená**: *na -nou zu überlegen*; *tři dny na -nou* drei Tage Bedenkzeit; **~ení** *n* (*3*) Abwägen *n*, Bedenken *n*, Überlegung *f*; *Hdl.* Zustellung *f*, Lieferung *f*; Belieferung *f*; **~ený** abgewogen; gut überlegt; verfrachtet; **~et** (*3 Pl. -eji*) liefern, zustellen, verfrachten; *Dünger* ausfahren; **~it** *pf.* erwägen, bedenken, überlegen, abwägen; *rozvažte si to!* überlegen Sie es sich!; **~ka** *f* (*1c*; *-žek*) Lieferung *f*, Zustellung *f*; Fracht *f*; **~livost, ~nost** *f* (*4*) Besonnenheit *f*, Umsicht *f*; **~livý, ~ný** besonnen, umsichtig; wohlüberlegt.

rozvaž|ný Bilanz-; **~ování** *n* (*3*) Abwägen *n*; Überlegen *n*, Erwägen *n*; *bez* ~ ohne zu überlegen; *to dá* ~ das gibt zu denken; *po dlouhém* ~ nach langem Für und Wider, F nach langem Hin und Her; **~ovat** (*-žuji*) *s.* rozvážit.

rozveden|í *n* (*3*) Trennung *f*; *El.* Verteilung *f*; Ausarbeitung *f*; *Mus.* Durchführung *f e-s Themas*; **~ý** *Ehegatte*: geschieden.

rozvěd|čík *m* (*1a*) Späher *m*, Kundschafter *m*; **~ka** *f* (*1c*; *-dek*) Spähtrupp *m*; **~ný** Erkundungs-; *Mil.* Aufklärungs-.

rozvesel|ení *n* (*3*) Erheiterung *f*; Belustigung *f*; **~ený** erheitert, vergnügt; **~it** *pf.*, **~ovat** (*-luji*) auf-, erheitern; ~ se immer lustiger werden, F in Stimmung kommen.

roz|věsit *pf.* (*-šen*) *Wäsche, Bilder* aufhängen; **~vést** *pf.* (*s. vést*) auseinanderbringen, trennen; *Ehe* scheiden; *El.* verteilen; *Gedanken* weiter ausführen, *lit.* ausspinnen; *Mus. Thema* durchführen; ~ se sich scheiden lassen.

rozvětv|ení *n* (*3*) Verzweigung *f*; **~ený** verzweigt; weit verbreitet, reich gegliedert; **~it se** *pf.* sich verästeln, sich verzweigen; sich gabeln.

roz|vézt *pf.* (*s. vézt*) liefern, zustellen, verfrachten, F *Leute* nach Hause fahren *od.* bringen; **~vidlení** *n* (*3*) Gabelung *f*.

rozvíj|ecí *Gr.* erweiternd; **~ejíci** in Entwicklung begriffen, aufblühend; **~ení** *n* (*3*) Entfaltung *f*, Entwicklung *f*; Aufblühen *n*; **~et** (*3 Pl. -ejí*) *s.* rozvinout.

rozvikl|aný wack(e)lig; **~at tosse**-kern; ins Wanken bringen; *Vertrauen* erschüttern; ~ se sich lokkern; *fig.* wankend werden.

rozvin|out *pf.*, **~ovat** (*-nuji*) *Kind* aufwickeln; *Tätigkeit* entfalten; *Papier* aufrollen; *Segel* hissen; **~utí** *n* (*3*) Entfaltung *f*, Entwicklung *f*; **~utý** entfaltet, entrollt; *s ~mi plachtami* mit vollen Segeln.

rozvír|ací aufklappbar; Spring-; **~at** *s.* rozevřít.

roz|vířit *pf.* aufwirbeln; *fig.* aufwühlen; ~ se wirbeln; *vit pf. s.* rozvinout; **~vitý** entfaltet; aufgeblüht; *Gr.* erweitert; **~vívat** *s.* rozvát; **~vláčný** weitschweifig, umständlich; schleppend.

rozvlák|nit *pf.*, **~ňovat** (*-ňuji*) zerfasern.

roz|vléci *pf.* (*s. vléci*), **~vlékat** verschleppen; weitschweifig erklären; **~vleklost** *f* (*4*) Weitschweifigkeit *f*; **~vleklý** weitschweifig, umständlich; **~vléknout** *pf.* (*-kl*|*-ečen*) *s.* rozvléci.

rozvln|ěný See: bewegt, wogend, aufgewühlt; **~it** *pf.* in Bewegung setzen, aufwühlen; ~ se zu wogen beginnen.

rozvod *m* (*2a*) (*Ehe-*)Scheidung *f*; *Tech.* Steuerung *f*; *El.* Verteilung *f* (*Säge-*)Schränkung *f*; **~í** *n* (*3*) Wasserscheide *f*; **~na** *f* (*1*; *-den*) Schaltraum *m*; Schaltanlage *f*, Schaltwerk *n*; **~nění** *n* (*3*) Überschwem-

mung f, Hochwasser n; ~něný angeschwollen; ~nit pf. Fluß: anschwellen, über die Ufer treten; ~ný El. Verteilungs-, Schalt-; Steuer(ungs)-; ~ový jur. Scheidungs-; Steuer(ungs)-.
rozvoj m (4) Entwicklung f, Entfaltung f; Aufschwung m; ~ový Entwicklungs-.
rozvor m (2a) Achsenabstand m, Radstand m; ~a f (1d) Wagenried m.
roz|voz m (2a) Zustellung f, Verfrachtung f; ~vraceč m (3) Pol. Störer m, Diversant m; ~vrácenost f (4) Zerrüttung f; ~vrácený zerrüttet; ~vracet (3 Pl. -ejí), ~vrátit pf. (-cen) zerrütten, zerstören, fig. zersetzen.
rozvrat m (2a) Zerrüttung f, Zerfall m; Pol. Zersetzung f; ~vratný (3) Zerstörungswerk n; Pol. Wühlarbeit f; ~ník m (1a) Pol. Diversant m; ~ný Pol. zersetzend, subversiv, destruktiv, Wühl-.
rozvrh m (2a) Entwurf m; Auf-, Einteilung f, Plan m; ~ hodin Stundenplan; ~nout pf. (-žen), ~ovat (-huji) einteilen; entwerfen; aufteilen, verteilen; Plan aufschlüsseln; ~ový planmäßig; -vá změna Stundenplanänderung f.
rozvrstv|ení n (3) Schichtung f; Min. Verteilung f; ~it pf. schichten; verteilen.
rozvrt(áv)at zerbohren; Boden zerwühlen.
rozvrz|aný Wagen: knarrend; Stuhl: wack(e)lig; ~at pf. wack(e)lig machen; ~ se zu knarren anfangen.
rozvrž|ení n (3) s. rozvrh; ~ený auf-, eingeteilt; geplant; Zeitpunkt: anberaumt.
roz|vřeštěný, ~vřískaný schreiend, plärrend; ~vzteklit pf. wütend machen; ~ se wütend werden.
rozzář|ený strahlend; ~it se pf. erstrahlen.
rozzlob|ený zornig, erzürnt; F böse; ~it pf. erzürnen; ~ se zornig (ods. F böse) werden.
rozztrácený verloren(gegangen).
rozzuř|ený wütend, F rasend; ~it pf. wütend machen; ~ se wütend werden; sich entladen.
rozžeh m (2b) Entzündung f; ~ací Zünd-; ~adlo n (1a; -del) Feueranzünder m; ~it pf. aufbügeln.

roz|žehnat se pf. (s kým) Abschied nehmen, sich trennen (von D); ~ se se světem das Zeitliche segnen; ~žehnout pf. (-žehl/-žal, -hnut/-žat) anzünden.
rozžhav|ený glühend; ~ do běla weißglühend; ~ do červena rotglühend; ~it pf., ~ovat (-vuji) glühend machen; ~ se glühend werden; fig. erglühen.
rozží|hač m (3): ~ lamp Laternenanzünder m; ~hat s. rozžehnout; ~rání n (3) Korrosion f; ~rat s. rozežrat.
roz|žmolit pf. Papier zerknüllen; Brot zerbröckeln; ~žmoulat pf. im Mund aufweichen; a. = ~žvýkat pf. zerkauen.
rožeň m (4a; -žně) Bratspieß m; péci na -žni am Spieß braten.
rožní Eck-.
rt|ěnka f (1c; -nek) Lippenstift m; ~u 2. Fall v. ret.
rtuť f (4c; -ti) Quecksilber n; ~natý quecksilberhaltig; ~ový Queck-
rty pl. v. ret. [silber-
rub m (2a) Rückseite f, fig. Kehrseite f; Sp. Schlag m; po ~u auf der verkehrten Seite; na ~y verkehrt; ~ací Bgb. Abbau-; ~ač m (3) Häuer m; † a. Holzfäller m.
rubáš m (4) Totenhemd n.
rubat (na-, po-, z-) (-ám/-u) hakken, hauen; Bgb. abbauen; Feind schlagen.
rubínový Rubin-.
rubl m (2a; Pl. 2 od. 4) Rubel m.
rubopis m (2; 6. -e/-u) Hdl. Übertragungsvermerk m, Giro n; ~ný Indossierungs-.
rubový Rück-, Kehr-.
rubrik|a f (1c) Rubrik f; ~ovat (-kuji) rubrizieren.
ruce s. ruka. [hen.
ruče Adv. flink, F im Handumdre-
ručej m (4) poet. Wild-, Gießbach m.
ručení n (3) Bürgschaft f, Haftung f; pojištění proti povinnému ~ Haftpflichtversicherung f.
ručička f (1c; -ček) Händchen n; (Uhr-)Zeiger m.
ručit (za-, -) (za k-o) bürgen, haften (für A); garantieren (für A); aufkommen (für A); ~el m (3; -é) Bürge m; lit. Garant m.
ruč|ka f (1c; -ček) Händchen n; Tech. Arm m; ~kovat (za-) (-kuji) Turn. hangeln; ~ně Adv. mit der

ruční Hand, Hand-, hand-; ~ *malovaný* handgemalt; ~**ní** Hand-, manuell; ~**nice** *f* (2a) Flinte *f*, Büchse *f*; ~**ník** *m* (2b) Handtuch *n*.

ruda *f* (1) Erz *n*.

rudiment|ální [-dɪ-], ~**ární** *Zo.* rudimentär; Grund-.

rudka *f* (1c; -dek) Rötel(stift) *m*.

rudn|atost *f* (4) Erzgehalt *m*; ~**atý** erzhaltig; ~**ina** *f* (1) Roherz *n*.

rudnout ⟨na-, po-, z-, za-⟩ (-*dl*) rot werden; die Farbe verlieren, verschießen.

rudo|armejec *m* (3; -jc-) Rotarmist *m*; ~**bradý** rotbärtig; ~**hnědý** rotbraun; ~**ch** *m* (1a), ~**kožec** *m* (3; -žc-) Indianer *m*, F Rothaut *f*; ~**nosný** erzhaltig.

rudost *f* (4) Dunkelrot *n*, tiefe Röte *f*.

rudoš|ka *f* (1c; -šek) Indianerin *f*; ~**ský** Indianer-, indianisch.

rudo|vláska *f* (1c; -sek) Rotblonde *f*, Rothaarige *f*; ~**vlasý** rotblond, rothaarig; ~**vous** *m* (1) Rotbart *m*; ~**vousý** mit rotem Bart.

rudý rot; ~ *jako krev* blutrot; -*dě hnědý* rotbraun.

ruch *m* (2b) Verkehr *m*; Leben *n*, Treiben *n*, Bewegung *f*; *Turn.*, *Mil.* Tempo *n*.

ruchadlo *n* (1a; -del) Sturzpflug *m*.

ruin|a *f* (1) Ruine *f*; ~**ovat** ⟨z-⟩ (-*nuji*) *dial.* ruinieren.

ruka *f* (1c; *Dual:* ruce, 2, 6. -*kou*, 7. -*kama*) Hand *f*; Arm *m*; Handschrift *f*; *podání* -*ky*, -*kou dání* Handschlag *m*; *k* -*kám* zu Händen; *od* -*ky* (Frei-)Hand-; *to mu jde od* -*ky* das geht ihm von der Hand; *mít po ruce zur* (*od.* bei der) Hand haben; *z* -*ky do* -*ky* von Hand zu Hand; *mít v čem ruce* s-e Hände im Spiel haben; ~ -*ku myje* s-e Hand wäscht die andere; *plné ruce práce* alle Hände voll zu tun; *na čtyři ruce Mus.* vierhändig; *vlastní* -*kou* eigenhändig.

rukáv *m* (2) Ärmel *m*; *bez* ~**ů** ärmellos; F *už je ruka v* ~**ě** alles ist schon abgemacht; ~**ec** † *m* (4; -*vc*-) Ärmel *m*; -*vce pl.* P Achselhemd *n* (*der Volkstracht*).

rukav|ice *f* (2a) Handschuh *m*; *palcová* ~ Fäustling *m*; ~**ička** *f* (1c; -*ček*): *glazé* ~ Glacéhandschuh *m*; ~**ičkářství** *n* (3) Handschuh(fach)geschäft *n*.

rukávník *m* (2b) Muff *m*, Muffe *f*.

ruko|dělný handgearbeitet, Hand-, Manufaktur-; ~**jemství** *n* (3) Bürgschaft *f*, Gewähr *f*; ~**jeť** *f* *s.* rukověť; ~**jmí** *m* (*Adj.* 4) *od. n* (3) Geisel *f*; Bürge *m*, Garant *m*.

rukopis *m* (2; 6. -*e*/-*u*) Handschrift *f*; Manuskript *n*; ~**ný** handschriftlich, Handschriften-.

rukoudání *n* (3) Händedruck *m*, Handschlag *m*.

rukov|at ⟨na-⟩ (-*kuji*) P *zum Militär* einrücken; ~**ěť** *f* (4d; -*ti*; -*tmi*) (Hand-)Griff *m*; Stiel *m*; Handbuch *n*, Leitfaden *m*; *fig.* Handhabe *f*.

...**ruký** *in Zssgn* -händig.

rula *f* (1a) Gneis *m*.

rul|áda *f* (1) Roulade *f*; ~**eta** *f* (1) Roulett(spiel) *n*; ~**ička** *f* (1c; -*ček*) Röllchen *n*; *stočit do* ~ einrollen; ~**ík** *m* (2b) Tollkirsche *f*; Haarzopf *m*.

rulový Gneis-.

rum *m* (2a) Rum *m*; Schutt *m*, Trümmer *m*/*pl.*

rumělk|a *f* (1c; -*lek*) Zinnober *m*; ~**ový** zinnoberrot.

ruměn|ec *m* (4; -*nc*-) (*Wangen*-) Röte *f*; ~**it se** ⟨o-, za-⟩ erröten; ~**ý** *lit.* rot.

rum(ov)iště *n* (2a) Schuttablageplatz *m*; Schutthalde *f*.

rumpál *m* (2; 6. -*u*/-*e*) Hebebaum *m*, Winde *f*; Wellrad *n*; (*Brunnen*-) Haspel *f*.

Rumun *m* (1) Rumäne *m*; ~**ka** *f* (1c; -*nek*) Rumänin *f*; ~**sko** *n* (1b) Rumänien *n*; 2**ský** (*Adv.* -*y*) rumänisch; 2**ština** *f* (1) rumänische Sprache *f*, Rumänisch(e) *n*.

runa *f* (1) Rune *f*. [ruck!]

rup! *Int.* knacks!, bums!; *hej* ~! hau

rup|at ⟨za-⟩ (3. -*e*/-*á*), ~**nout** *pf.* knistern, knacken, krachen; P durchfallen; ~**nutí** *n* (3) Knacks *m*.

rus *m* (1) Küchenschabe *f*.

Rus[1] *m* (1; -*ové*) Russe *m*.

Rus[2] *f* (4) *hist.* (*Bílá* Weiß-)Rußland *n*.

rusalka *f* (1c; -*lek*) (Wasser-)Nixe *f*, Nymphe *f*, Undine *f*.

rusínský *hist.* ruthenisch.

rusist|a *f* (5a) Russist *m*; ~**ika** [-tɪ-] *f* (1c) Russistik *f*.

Rus|ka *f* (1c; -*sek*) Russin *f*; ~**ko** *n* (1b) Rußland *n*; 2**ký** (*Adv.* -*y*) russisch.

ruso|vláska *f* (1c; -*sek*) Blondine *f*; ~**vlasý** blond.

růst¹ *m* (*2a*) Wachsen *n*; Anwachsen *n*, Anstieg *m*; (*Körper-*)Wuchs *m*.

růst² ⟨*při-, roz- se, vy-, vz-, za-*⟩ (*rostu, rostl*) wachsen; anwachsen; heranwachsen; sich steigern; sich mehren; zunehmen.

rusý (rötlich) blond.

ruš|ení *n* (*3*) Störung *f*; Aufhebung *f*; ~ **klidu** Ruhestörung; **~it** ⟨*na-, po-, z-*⟩ stören; *Gesetz* aufheben, abschaffen; *Dienststelle* auflösen; *Hdl.* stornieren; *Vertrag, Wort* brechen; *Verlobung* lösen; *Tier* ausweiden.

rušitel *m* (*3; -é*), **~ka** *f* (*1c; -lek*) Störer(in *f*) *m*; Störenfried *m*; ~ **klidu** Ruhestörer(in).

ruš|ivý störend; **~ný** rege, lebhaft; *Straße:* verkehrsreich, belebt; *Leben:* bewegt.

ruština *a f* (*1*) russische Sprache *f*, Russisch *n*; **~ář** *m* (*3*), **-řka** *f* (*1c; -řek*) Russischlehrer(in *f*) *m*.

různ|ě *Adv.* verschiedentlich; **~ice** *f* (*2a*) Unfrieden *m*, Zwietracht *f*, Uneinigkeit *f*; **~it se** ⟨*od-, roz-*⟩ sich unterscheiden, voneinander abweichen; *Meinungen:* auseinandergehen.

různo|barevný verschiedenfarbig, bunt; **~běžník** *m* (*2b*) Trapezoid *n*; **~běžný** auseinanderlaufend; **~čtení** *n* (*3*) Variante *f*, abweichende Lesart *f*; **~dobý** ungleichzeitig; **~jazyčný** verschiedensprachig; **~jmenný** ungleichnamig; **~ramenný** *Geom.* ungleichschenk(e)lig; **~rodý** ungleichartig, wesensverschieden, heterogen; **~směrný** in verschiedene Richtungen gehend.

různost *f* (*4*) Verschiedenheit *f*, Verschiedenartigkeit *f*.

různo|stranný ungleichseitig; **~tvárný, ~tvarný** ungleichförmig; vielgestaltig; **~značný** in verschiedener Bedeutung.

různý verschieden(artig); allerlei; *Hdl.* divers.

růž|ař *m* (*3*) Rosenzüchter *m*; **~ef** *f* (*2*) Log *f; -* stolistá Zentifolie *f*.

růžek *m* (*2b; -žk-*) (kleines) Horn *n*; F (*im Buch*) Eselsohr *n*.

růžen|cový Rosenkranz-; **~ec** *m* (*4; -nc-*) Rosenkranz *m*.

růž|enín *m* (*2a*) Rosenquarz *m*; **~ice** *f* (*2a*) Rosette *f*; **~větrná** ~ Windrose *f*; **~ička** *f* (*1c; -ček*) Röslein *n*; **~ičkový** Rosen-.

růžo|květý: *-té rostliny Bot.* Rosenblütler *m/pl.*; **~lící** mit rosigen Wangen; **~vět** ⟨*pro-, roz-, z-, za-*⟩ (*3 Pl. -ěji*) rosig werden; **~vník** *m* (*2b*) Rosenstock, -strauch *m*; **~vý** rosa(farben), rosenrot; rosig; Rosen-.

rváč *m* (*3*) Raufbold *m*; Haudegen *m*.

rva|čka *f* (*1c; -ček*), **~nice** *f* (*2a*) Handgemenge *n*, Schlägerei *f*, Rauferei *f*, F Keilerei *f*.

rvát ⟨*in Zssgn -rvat: na-, se-, u-*⟩ (*rvu, rval*) raufen, (ab)reißen; zerreißen; ~ **se** raufen, P sich balgen; (o co) sich reißen (um *A*).

rvav|ost *f* (*4*) Rauflust *f*; **~ý** rauflustig.

ryb|a *f* (*1*) Fisch *m*; **~ák** *m* (*1a*) Seeschwalbe *f*; † *a.* Fischer *m*; **~árna** *f* (*1; -ren*) Fischerhütte *f*; Fischgeschäft *n*; Fischrestaurant *n*; **~ář** *m* (*3*), **~ářka** *f* (*1c; -řek*) Fischer(in *f*) *m*; Angler(in *f*) *m*; **~ařit** ⟨*za- si*⟩ fischen; angeln (gehen); **~ářský** Fischer-; **~ářství** *n* (*3*) Fischfang *m*, Fischerei *f*; **~í** Fisch-; ~ **kost** (Fisch-)Gräte *f*; **~ička** *f* (*1c; -ček*) Fischlein *n*; **~ina** *f* (*1*) Fischgeruch *m*; *zapáchá -nou* es riecht nach Fisch. [Johannisbeer-.]

rybíz *m* (*2a*) Johannisbeere *f*; **~ový**

ryb|ka *f* (*1c; -bek*) *s.* rybička; **~natý** fischreich; **~ní** Fisch-; **~níční, ničný** Teich-; **~ník** *m* (*2b; 2. -a; 6. -ku/-co*) Teich *m*; **~nikářství, ~nikářství** *n* (*3*) Teichwirtschaft *f*; **~olov** *m* (*2a*) Fischfang *m*.

Rybrcoul *m* (*1*) Rübezahl *m*.

rycí Grab-, Gravier-.

ryč *m* (*4*) Spaten *m*.

ryč|et ⟨*za-*⟩ P lärmen, brüllen; **~ný** *poet.* lärmend, schallend.

rydlo *n* (*1a; -del*) Stecheisen *n*, Stichel *m*.

rýh|a *f* (*1b*) Furche *f*, Rille *f*, Kannele *f*; **~ovací** Furchen-, Kannelier-; **~ovat** ⟨*na-, roz-, vy-, z-*⟩ (*-huji*) furchen, rillen; *Papier* riffeln; *Säule* kannelieren; **~ový** Riefen-.

rychl|e *Adv.* schnell; **~ík** *m* (*2b*) Schnellzug *m*; *průběžný* ~ Durchgangszug, D-Zug; **~írna** *f* (*1; -ren*) Treibhaus *n*.

rychlo|- *in Zssgn* Schnell-, schnell-; **~běžný** Schnell-; **~bruslařství** *n* (*3*) Eisschnellauf *m*; **~činný** schnellwirkend, Schnell-; **~čistírna** *f* (*1;*

rychlodoprava

-ren) Schnellreinigung *f*; **~doprava** *f* (*1*) Schnellbeförderung *f*; **~dráha** *f* (*1b*) Schnellbahn *f*, S-Bahn *f*; **~lis** *m* (*2*; *6. -u/-e*) Schnellpresse *f*; **~měr** *m* (*2a*) Geschwindigkeitsmesser *m*, Tachometer *n*; **~nohý** schnellfüßig; **~oprava** *f* (*1*) Schnellreparatur *f*; **~palba** *f* (*1; -leb*) Schnellfeuer *n*; **~palný** Schnellfeuer-; **~pis** *m* (*2*; *6. -e/-u*) Schnellschrift *f*.

rychlost *f* (*4*) Geschwindigkeit *f*, Schnelligkeit *f*; *Kfz.* Gang *m*; *nejvyšší dovolená ~* Höchstgeschwindigkeit; *~ větru fig.* Windeseile *f*; *průměrnou ~í Sp.* im Schnitt; **~ní** Geschwindigkeits-, Schnell(igkeits)-.

rychlo|tavič *m* (*3*) Schnellschmelzer *m*; **~tisk** *m* (*2b*) Schnelldruck *m*; **~vařič** *m* (*2b*) Schnellkochtopf *m*; **~vazač** *m* (*2a*) Schnellhefter *m*; **~zboží** *n* (*3*) Eilgut *n*; **~žehlírna** *f* (*1; -ren*) Schnellbügelei *f*.

rychlý schnell, Schnell-; rasch; *Hdl.* prompt.

rycht|a *f* (*1*) *hist.* Gemeindeamt *n*; **~ář** *m* (*1*) Dorfschulze *m*; **~ářský** Schulzen-; **~ářství** *n* (*3*) Schulzenamt *n*.

ryjec *m* (*3; -jc-*) Kupferstecher *m*; **~tví** *n* (*3*) Radierkunst *f*.

ryk *m* (*2b*) Lärm *m*, Geschrei *n*, Getümmel *n*.

rým *m* (*2a*) Reim *m*; *v ~ech* gereimt.

rýma *f* (*1*) Schnupfen *m*.

rým|ař *m* (*2*) Reimer *m*, *verä.* Verseschmied *m*; **~ovaný** gereimt, Reim-; **~ovat** ⟨*z-*, *za-*⟩ (*-muji*) reimen.

Rýn *m* (*2*; *2. -a*; *6. -ě/-u*) Rhein *m*; **~ský** *1.* Rhein-, rheinisch; *2. m (Adj. 1)* † Gulden *m*.

rýpací Bagger-. [*ger m.*]

rýpadlo, rýpadlo *n* (*1a; -del*) Bag-⟩

rýpák *m* (*2b*) Schnauze *f*, Rüssel *m*.

rýpal *m* (*1*; *-ové*) Wühler *m*, F Stänkerer *m*; **~ství** *n* (*3*) Nörgelei *f*, F Stänkerei *f*.

rýp|anec *m* (*4; -nc-*) Rippenstoß *m*, F Knuff *m*, Puff *m*; **~ání** *n* (*3*) Graben *n*; (*Torf-*)Stechen *n*, Nörgeln *n*; **~at** ⟨*na-*, *po-*, *za-*⟩ (*-ám/-u*) graben, wühlen; *Torf* stechen; baggern; stoßen; anrempeln; ritzen; nörgeln, F stänkern; *~ se v čem* herumwühlen (in *D*); *im Essen* herumstochern; *in der Nase* bohren; **~avý**

nörgelnd, stänkernd; Stichel- (*Reden*); **~nout** *pf.* (*-pl/-pnul; -pnut*) *s. rýpat;* **~nutí** *n* (*3*) Stich *m*; Stoß *m*.

rys¹ *m* (*1*) Luchs *m*.

rys² *m* (*2*; *6. -u/-e*) (*Gesichts-, Charakter-*)Zug *m*; *Geom.* Riß *m*; Ries *n*.

rysí Luchs-.

ryska *f* (*1c; -sek*) (*Kontroll-*)Strich *m*; Riß *m*.

rýsov|ací Reiß-; **~adlo, rysovadlo** *n* (*1a; -del*) Reißzeug *n*; **~ání** *n* (*3*) (geometrisches) Zeichnen *n*; **~at** ⟨*na-*, *za-*⟩ (*-suji*) zeichnen, reißen; *~ se fig.* sich abheben, sich abzeichnen; **~na** *f* (*1; -ven*) Zeichensaal *m*, Zeichenbüro *n*.

ryš *m* (*4*) Rüsche *f*, Krause *f*.

ryšav|ec *m* (*3*; *-vc-*) Rotkopf *m*; **~ý** rothaarig, rotblond, rot; *-vá kobyla* Fuchsstute *f*.

rýt ⟨*po-*, *za-*⟩ (*ryji, ryl*; *ryt*) (um-)graben; stechen; gravieren; (*do k-o, č-o*) stichein (gegen *A*); herumnörgeln (an *D*); *~ se v čem* herumwühlen in (*D*).

rytec *m* (*3; -tc-*) Graveur *m*; **~ký** Graveur-, Stech-; **~tví** *n* (*3*) Gravierarbeit *f*.

ryt|í *n* (*3*) Graben *n*, Stechen *n*, Gravieren *n*; **~ina** *f* (*1*) (*Kupfer-*)Stich *m*.

rytíř *m* (*3*) Ritter *m*; **~ský** ritterlich; Ritter-; **~ství** *n* (*3*) Rittertum *n*; **~stvo** *n* (*1*) Ritterschaft *f*.

rytmi|cký rhythmisch; **~ka** *f* (*1c*) Rhythmik *f*; rhythmisches Turnen *n*.

ryzák *m* (*1a*) Fuchs *m* (*Pferd*).

ryzec *m* (*4*; *-zc-*) Reizker *m*.

ryzí rein, pur, echt; lauter, gediegen.

ryzka *f* (*1c; -zek*) Fuchsstute *f*.

ryzlink *m* (*2b*) Riesling *m*.

ryzost *f* (*4*) Echtheit *f*, Lauterkeit *f*; (*Gold-*)Feingehalt *m*.

rýž|ák *m* (*2b*) Reisbürste *f*; **~e** *f* (*2*) Reis *m*.

rýžov|áč *m* (*3*) Goldwäscher *m*; **~ání** *n* (*3*) Goldwäscherei *f*; **~at** ⟨*na-, vy-, z-*⟩ (*-žuji*) Gold waschen; **~iště** *n* (*2a*) Reisfeld *n*; *a. = ~na* *f* (*1; -ven*) Goldwäsche *f*; **~ník¹** *m* (*1a*) Reispflanze *f*; *Kochk.* Reisauflauf *m*; **~ník²** *m* (*1a*) *s. rýžováč*;

rz- s. rez-. [Reis-.]

rziv|ost *f* (*4*) Rostbildung *f*; *Bot.* Rostkrankheit *f*; **~ý** rostig, Rost-.

ržát ⟨*roze- se, za-*⟩ (*3 Pl. ržají/ržou*) wiehern.

Ř

řad *m* (2a) Reihe *f*; *Agr.* Schwaden *m*; *Hdl.* Order *f*; *Turn.* Glied *n*; Zeche *f*.

řád *m* (2a) Ordnung *f*; Orden *m*; Rang *m*; *jednací* ~ Geschäftsordnung; *jízdní* ~ Fahrplan *m*; *prvobytně pospolný* ~ Urgemeinschaft *f*; *prvního* ~*u* erster Güte; *připisovat na* ~ *Hdl.* gutschreiben.

řada *f* (1) Reihe *f*; *po -dě* der Reihe nach; *po -dách* reihenweise; *v první -dě fig.* in erster Linie.

řádek *m* (2b; -dk-) Zeile *f*.

řad|ění *n* (3) *El.* Schalten *n*; ~**icí** Schalt-; *Hdl.* Posten-; ~**ič** *m* (4) Schalter *m*; (3) Ordner *m*; ~**it** ⟨*za*-⟩ (-*děn*/-*zen*) (ein)reihen, (ein)ordnen; zählen (k č-u zu D); *El.* schalten; ~ *se* sich (ein)reihen; gehören (zu D).

řádit ⟨*roz- se, za- si*⟩ toben, wüten, rasen; *Räuber*: sein Unwesen treiben, hausen; *Krankheit*: um sich greifen.

řádk|a *f* (1c; -dek) s. *řádek*; ~**ovat** ⟨*z*-⟩ (-*kuji*) *Agr.* dibbeln, drillen; ~**ový** Zeilen-; *Agr.* Reihen-.

řadnice *f* (2a) Schalttafel *f*.

řád|nost *f* (4) Ordentlichkeit *f*, Rechtmäßigkeit *f*; ~**ný** ordentlich, anständig; rechtmäßig; *Tätigkeit*: geregelt.

řádový[1] Ordnungs-, regulär; *Zahl*: laufend; *Mil.* Linien-; *Soldat*: einfach, † gemein.

řádový[2] Ordens-.

...řadý *in Zssgn* -reihig.

řapík *m* (2b) Blattstiel *m*; ~**atý** gestielt.

řasa *f* (1a) Augenwimper *f*; Falte *f* (*am Kleid*); *Bot.* Alge *f*, Federwolke *f*.

řas(n)it, řásnit ⟨*na-, s-, z-*⟩ in Falten legen, plissieren; ~ *se* Falten werfen.

řasn(at)ý, řásný faltenreich, faltig.

řásnění *n* (3) Faltenwurf *m*.

řaso|ný Falten-, ~**ví** *n* (3) Wimpern *f*/*pl.*; Falten *f*/*pl.*; ~**vitý** faltenreich, faltig; *Bot.* bewimpert.

řebčík *m* (2b) *Bot.* Kaiserkrone *f*.

řebří|ček *m* (2b; -čk-) kleine Leiter *f*; *Sp.* Rangliste *f*; *Bot.* Schafgarbe *f*; ~**k** *m s. žebřík*.

Řeck|o *n* (1b) Griechenland *n*; ~**o-katolický** griechisch-katholisch; ~**ý** griechisch.

řeč *f* (4) Sprache *f*, Rede *f*; F *to je* ~*!* wie kann man nur so reden!; *dostat se k* ~*i* zu Worte kommen; *nadělat mnoho* ~*í fig.* viele Worte machen; *nestojí to za* ~ das ist nicht der Rede wert; *přijít do* ~*í* ins Gerede kommen; *skákat k-u do* ~*i* j-m ins Wort fallen; *bez* ~*i* ohne Widerrede; *zavést* ~ *na co* das Gespräch auf et. lenken; *není mi do* ~*í* ich bin nicht zum Sprechen aufgelegt; *za* ~*í* im Laufe des Gesprächs; *není s ním* ~ mit ihm kann man nicht reden; *skoupý na* ~ wortkarg; *vada* ~*í* Sprachfehler *m*; ~*í pl. a.* Gerede *n*; ~**ený** genannt.

řečiště *n* (2a) Flußbett *n*.

řečn|ění *n* (3) Redekunst *f*, Rede *f*; P Gerede *n*; ~**ice** *f* (2a) Rednerin *f*; ~**ický** rhetorisch, Redner-; ~**ictví** *n* (3) Redekunst *f*, Rhetorik *f*; ~**ík** *m* (1a) Redner *m*; ~**iště** *n* (2a) Rednerpult *n*; ~**it** ⟨*na-, roz- se, za-*⟩ reden, e-e Rede halten; ~**ost** *f* (4) Redseligkeit *f*; ~**ý** gesprächig, redselig.

řečtin|a *f* (1) griechische Sprache *f*; ~**ář** *m* (3) Griechischlehrer *m*.

ředěn|í *n* (3) Verdünnung *n*; ~**ý** verdünnt.

řed|idlo *n* (1a; -del) Verdünnungsmittel *n*; ~**ina** *f* (1) Dünnbier *n*; ~**it** ⟨*roz-, z-*⟩ verdünnen.

ředitel *m* (3; -é), ~**ka** *f* (1c; -lek) Direktor(in) *f m*; ~**ová** *f* (*adj.* 2) Direktorsgattin *f*; ~**ský** Direktor(en)-, Direktorial-; ~**ství** *n* (3) Direktion *f*; ~**stvo** *n* (1; -*stev*) Direktorium *n*.

ředk|ev *f* (3; -kv-) Rettich *m*; ~**vička** *f* (1c; -ček) Radieschen *n*.

řehol|e *f* (2) *Rel.* (Ordens-)Regel *f*; Orden *m*; ~**ní** Ordens-; ~**nice** *f* (2a) Ordensschwester *f*; ~**nictvo** *n* (1) Ordensgeistlichkeit *f*; Ordensstand

řeholník

m; ~ník *m* (1a) Ordensgeistlicher *m*, Ordensbruder *m*.
řeh(t)ot *m* (2a) lautes (wieherndes) Gelächter *n*.
řeht|ačka *f* (1c; -ček) Klapper *f*, (Oster-)Ratsche *f*; ~at ⟨na- se, roz- se, za-⟩ wiehern; schnarren; P ~ se laut lachen; ~avý wiehernd; knarrend, klappernd; zum Lachen aufgelegt.
Řek *m* (1a; -ové) Grieche *m*.
řeka *f* (1c) Fluß *m*; *po řece* stromabwärts; *proti řece* stromaufwärts.
Řekyně *f* (2b) Griechin *f*.
řekl *s.* říci.
řemen *m* (4 od. 2a) Riemen *m*; ~áč *m* (4) Riemenpeitsche *f*; ~í *n* (3) Riemenzeug *n*; ~ice *f* (2a) Riemenleder *n*; Riemenscheibe *f*; ~ný, ~ový Riemen-.
řemesl|nice *f* (2a) Handwerkerin *f*; ~nický Handwerks-, handwerksmäßig; ~nictvo *n* (1) *koll.* Handwerker *m/pl.*; ~ničit ein Handwerk treiben; ~ník *m* (1a) Handwerker *m*; ~ný handwerksmäßig, Handwerks-, gewerbsmäßig; ~ hráč *Sp.* Berufsspieler *m*, F Profi *m*; ~o *n* (1a; -sel) Handwerk *n*, Gewerbe *n*; *dát k-o na ~ j-n* ein Handwerk lernen lassen.
řemínek *m* (2b; -nk-) (kleiner) Riemen *m*; ~ *u obuvi* Schuhriemen *m*.
řep|a *f* (1) Rübe *f*; ~ák *m* (2b) Rüb(en)samen *m*; Rübenpflug *m*; ~ář *m* (3) Rübenbauer *m*; ~ařit Rüben anbauen; ~ařství *n* (3) Rübenbau *m*; ~ice *f* (2a) *Bot.* Rübsen *m*; ~ík *m* (2b) *Bot.* Odermennig *m*; ~ka *f* (1c; -pek) Raps *m*; ~koviště *n* (2a) Rapsfeld *n*; ~kový Raps-; ~ní Rüben-; ~niště *n* (2a) Rübenfeld *n*; ~ný, ~ový Rüben-; ~oviště *n* s. řepniště.
řeřav|ět ⟨roz-, z-, za-⟩ (3 *Pl.* -ějí⟩ glühen, glühend werden; ~ý glühend.
řeřicha *f* (1b) Kresse *f*.
řešení *n* (3) Lösung *f*; Austragung *f von Streitigkeiten*.
řešet|ář *m* (3) Siebmacher *m*; ~lák *m* (2b) Kreuzdorn *m*; ~o *n* (1; 6. -ě/ -u) Sieb *n*; ~ovitý siebförmig.
řešit ⟨roz-⟩ lösen; *Streit* austragen; ~el *m* (3; -é) Löser *m*; ~elnost *f* (4) Lösbarkeit *f*; ~elný lösbar.
řetěz *m* (2; 6. -u/-e) Kette *f*; ~ec *m* (4; -zc-) Kettchen *n*; *Math.* Ketten-

satz *m*; *Phil.* Kettenschluß *m*; ~ový Ketten-.
řetízek *m* (2b; -zk-) Kettchen *n*; Uhrkette *f*.
řev *m* (2a) Gebrüll *n*, Brüllen *n*, Heulen *n*, Schreien *n*.
řevn|ice *f* (2a) Brunftschrei *m*; ~iště *n* (2a) Brunftplatz *m*; ~it eifersüchtig sein; ~ivost *f* (4) Eifersucht *f*; ~ivý eifersüchtig.
řez *m* (2a) Schnitt *m*; Einschnitt *m*; *fig.* Eingriff *m*; P Prügel *pl.*; ~ací Schneide-; ~áč, ~ák *m* (3) Holzsäger *m*, ~ačka *f* (1c; -ček) Schneide-, Häckselmaschine *f*; Holzsäge *f*; ~ák *m* (2b) Schneidezahn *m*; Gartenmesser *n*; *Jagdw.* Hirschfänger *m*; ~anice P *f* (2a) Schlägerei *f*; ~anka *f* (1c; -nek) Häcksel *m od. n*, Häckerling *m*; ~aný Schneide-, Schnitt-; geschnitzt, Schnitz-; ~at ⟨-zám/-žu⟩ ⟨na-, roz-, za-⟩ schneiden; sägen; *Stroh* häckseln; P (*do k-o*) (ver)prügeln (*A*); ~avka *f* (1c; -vek) Harnzwang *m*; ~avý schneidend, scharf.
řezb|a *f* (1; -zeb) Schnitzerei *f*; ~ář *m* (3) Holzschnitzer *m*; ~ářství *n* (3) Holzschnitzerei *f*.
řezi|ny *f/pl.* (1) Sägespäne *m/pl.*, Sägemehl *n*; ~vo *n* (1) Schnittholz *n*.
řezn|ice *f* (2a) Fleischerin *n*, Metzgerin *f*; ~ický Fleischer-, Metzger-; ~ictví *n* (3) Fleischer-, Metzgerhandwerk *n*; Fleischerei *f*, Metzgerei *f*, Schlächterei *f*; ~ičit den Metzgerberuf ausüben; ~ík *m* (1a) Fleischer *m*, Metzger *m*; ~ý Schnitt-.
řež *f* (5) Gemetzel *n*; Schlägerei *f*.
říci *pf.* ⟨řeknu, -kl; řečen⟩ sagen; *abych tak řekl* sozusagen; *nemá co ~ er hat nichts zu sagen; jak se to řekne česky?* wie heißt das tschechisch?; *to se řekne!* das ist leicht gesagt!; ~ *o její ruku* um ihre Hand anhalten.
říčet ⟨roz- se, za-⟩ brüllen; wiehern.
říčice *f* (2a) Sieb *n*.
říčivý brüllend; wiehernd.
říč|ka *f* (1c; -ček) Flüßchen *n*; ~ní, ~ný¹ Fluß-; ~ný² schweißtriefend.
řídce *Adv. s.* řídký.
řídící 1. Lenk-, Leit-, Regulier-; 2. *m* (*Adj.* 4) Schulleiter *m*, Oberlehrer *m*.
řidič *m* (3) Fahrer *m*, Lenker *m*;

Chauffeur *m*; ~ *letadla* Flugzeugführer *m*; ~**ka** *f* (1c; -ček) Fahrerin *f*, Lenkerin *f*; ~**ský** Fahr-; Kraftfahrer-, Führer-; ~ *průkaz* Führerschein *m*; -**ká** *zkouška* Fahrprüfung *f*.

řídidlo *n* (1a; -del) Lenkvorrichtung *f*; Regler *m*.

řidina F *f* (1) Dünnbier *n*.

řídit ⟨na-⟩ (-zen) leiten; *Fahrzeug* lenken; *Druck* regulieren; ~ *se kým, čím* sich richten nach (D); sich halten an (A).

řiditel|nost *f* (4) Lenkbarkeit *f*; ~**ný** lenkbar; verstellbar; regulierbar.

řidítko *n* (1a; -tek): -ka *pl.* (*Fahrrad-*)Lenkstange *f*, F Lenker *m*.

řídk|ost *f* (4) Dünnheit *f*; Seltenheit *f*; ~**ý** (*Komp.* řidší; *Adv.* -o, řídce, *Komp.* řidčeji) dünn; schütter, spärlich; selten.

řídnout ⟨po-, z-⟩ dünn(er) werden, sich lichten.

řidou|čký, ~ký F ziemlich dünn.

řidší s. řídký.

říh|at ⟨roz- se, za-⟩, ~**nout** *pf.* (-hl) *v/i* aufstoßen (D); ~**avka** *f* (1c; -vek) Aufstoßen *n*, V Rülpsen *n*.

říj|e *f* (2), ~**ení** *n* (3) Röhren *n der Hirsche*, Brunftzeit *f*; ~**en** *m* (2a; -jn-; *2. -jna*) Oktober *m*; ~**et** ⟨od-, za-⟩ (3*Pl. -eji/-i*) röhren, brünstig sein; ~**iště** *n* (2a) Brunftplatz *m*; ~**nový** Oktober-; ~**ný** in der Brunft (-zeit); geil, brünstig.

řík|ačka *f* (1c; -ček), ~**adlo** *n* (1a; -del), ~**anka** *f* (1c; -nek) Spruch *m*, Sprüchlein *n*; ~**(áv)at** sagen; (k-u) nennen (A); *říká si umělec iron.* er nennt sich Künstler; ~ *co po kom* nachsagen (*od.* nachsprechen) j-m (A).

Řím *m* (2; 2. -a) Rom *n*; ~**an** *m* (1; -é), ~**anka** *f* (1c; -nek) Römer(in *f*) *m*.

římsa *f* (1a) Sims *m*, Gesims *n*.

římsk|okatolický römisch-katholisch; ~**ý** römisch.

řinč|ení *n* (3) Klirren *n*, Rasseln *n*; ~**et** ⟨za-⟩ klirren, rasseln; ~**ivý** klirrend, rasselnd.

řink! *Int.* bums!; ~**at** ⟨za-⟩ klirren; ~**avý** klirrend; ~**nout** *pf.*, zaklirren; F (čím) hinhauen, knallen; *Tür* zuschlagen; ~**ot** *m* (2a) Klirren *n*, Rasseln *n*.

řinout se ⟨roz-, vy-⟩ strömen, fließen, rinnen.

řípa s. řepa.

říš|e *f* (2) Reich *n*; ~**skoněmecký** reichsdeutsch; ~**ský** Reichs-.

řiť *f* (4c; -ti/-tě) Steiß *m*; Gesäß *n*, P Hintern *m*, V Arsch *m*; *Zo.* Bürzel *m*.

řít s. řjet.

řítit se ⟨z-⟩ stürzen; sausen, rasen; ~ *se do záhuby* sich ins Verderben stürzen.

řitní Steiß-; After-.

řivnáč *m* (3) Holz-, Ringeltaube *f*.

říz *m* (2a) Schnitt *m*; P Stich *m*; *mít* ~ *Bier:* süffig sein; *pivo nemá* ~ das Bier ist schal *od.* F taugt nichts.

říza *f* (1a) langes (wallendes) Gewand *n*, Talar *m*; Toga *f*.

řízek[1] *m* (2b; -zk-) Schnitzel *n*; *Bot.* Setzling *m*, Steckling *m*; Zuckerrübenschnitzel *n*.

řízek[2] *m* (1a; -zk-) Köderfisch *m*; F figé Dickkopf *m*.

řízen|í *n* (3) Lenkung *f*; Steuerung *f*; Führung *f*, Leitung *f*; Geschäft *n*, Besorgung *f*; *Hdl.* Verkehr *m*; *Jur.* Verfahren *n*; Behandlung *f*; Erledigung *f*; ~**ý** gelenkt, gesteuert, Lenk-, geleitet.

říz|nout *pf.* (-zl; -nut), na-, v-, za- schneiden; P schlagen; (*do č-o*) unbarmherzig kritisieren (A); ~**nost** *f* (4) Schneid *m*; ~**nutí** *n* (3) Schnitt *m*; ~**ný** scharf; schneidig, energisch.

řku s. říci.

řv|áč *m* (3) s. řvoun; ~**aní** *n* (3) Brüllen *n*, Schreien *n*, Gebrüll *n*; ~**át** (*in Zssgn* -řvat: na-, roze-, za-) (řvu, řval) brüllen, (laut) schreien; ~**avý** brüllend, (laut) schreiend; F *a.* laut; *Farbe:* schreiend, grell; ~**oun** F *m* (1) Brüller *m*, Schreier *m*, Schreihals *m*.

S

s (*vor s, z und mehreren Konsonanten: se*) *Prp.* (*mit 7. Fall*) mit (*D*); (*mit 2. Fall*) von (*D*), von (*D*) herab; † *a.* ab (*D*; *zeitlich*); (*mit 4. Fall*): ~ to imstande; ~ tím damit; půjdeš ~ námi? gehst (*od.* kommst) du mit?; chléb ~ máslem Butterbrot; spadl se stromu er fiel vom Baum; zdvihnout co ~ podlahy et. vom Fußboden aufheben; ~ dovolením! gestatten Sie!; ~ večerem gegen Abend; ~ chutí do toho, půl je hotovo *Sprw.* frisch gewagt ist halb gewonnen.

s-, se- *in Zssgn* hinab, herab-, hin-, herunter-; zusammen-.

-s P = jsi: kdes byl? wo warst du?; tys to řekl du hast es gesagt.

sabot|áž *f* (3) Sabotage *f*; **~ážní** Sabotage-; ~ čin Sabotageakt *m*; **~ážnictví** *n* (3) Sabotagetätigkeit *f*; **~ážník** *m* (1a). **~ér** *m* (1; -ři) Saboteur *m*; **~ovat** (-tuji) sabotieren.

sací Saug-; Lösch- (*Papier*).

sáček *m* (2b; -čk-) Säckchen *n*; Beutel *m*; Tüte *f*; (*na peníze*) Geldbeutel.

sáčk|ař *m* (3) Tütenkleber *m* (*a. iron.*); **~ovat** (-*kuji*) in Tüten füllen, F eintüten.

sad *m* (2; 6. -ě/-u) (*Obst-*)Garten *m*; Park(anlage *f*) *m*; *městské* ~y Stadtpark.

sáď *f* (4c; -dě) Pflanz-, Saatgut *n*; bramborová ~ Saatkartoffeln *f/pl.*

sada *f* (1) Garnitur *f*, Satz *m*.

sadař *m* (3) Obstgärtner *m*, -züchter *m*; **~it** ⟨*pro-*⟩ Obstbau treiben; **~ský** Obstgärtner-; Baum-; **~ká pilka** Baumsäge *f*; **~stvi** *n* (3) Obstgärtnerei *f*, Obstbau *m*.

sadb|a *f* (1; -deb) Aussaat *f*, Pflanzung *f*; *s. sáď*; **~ový** Saat-, Pflanz-.

sádel|n(at)ý fett, Fett-; **~ník** *l. m* (1a) Mastschwein *n*; 2. *m* (2b) Fetttopf *m*.

sadist|a [-dɪ-] *m* (5a), **~ka** *f* (1c; -tek) Sadist(in *f*) *m*.

sadit *pf.*, *na-*, *roz-*, *v-*, *za-* ⟨-*zen*⟩ pflanzen, setzen; *s. sázet.*

sádk|a *f* (1c; -dek) Fischbehälter *m*; (*Gewichts-*)Satz *m*; **~ař** *m* (3) Fischmeister *m*; **~ovat** (-*kuji*) Fische ausod. ansetzen; Ziegel setzen; **~ový** Satz-.

sádlo *n* (1a; -del) Fett *n*, Schmalz *n*.

sadový Garten-.

sáďový Saat-.

sádr|a *f* (1d; -der) Gips *m*; **~árna** *f* (1; -ren) Gipsbrennerei *f*; **~ovat** ⟨*za-*⟩ (-*ruji*) vergipsen; *Med.* in Gips legen; **~ovec** *m* (4; -vc-) Gipsstein *m*; **~ovna** *f* (1; -ven) Gipsformerei *f*; **~ový** Gips-.

sádřina † *f* (1) Stuck *m*.

safián|ky F *f/pl.* (1c; -nek) Saffianlederschuhe *m/pl.*; **~ový** Saffian (-leder)-.

safír *m* (2a) Saphir *m*.

safraporte! verdammt!, verflixt!

ságo *n* (1b) Sago *m*; **~vník** *m* (2b) Sagopalme *f*; **~vý** Sago-.

sáh *m* (2b) Klafter *m od. n*.

sahat ⟨*do-*, *za-*⟩, **sáhnout** *pf.* (-*hl*) (*na co*, *do č-o*, *po čem*) greifen (an, in *A*, nach *D*); *fig.* (*k č-u*) greifen, schreiten (zu *D*); (*na co*) anrühren, (an)fassen, antasten (*A*); (*kam*) reichen (bis).

sáho|dlouhý ellenlang; seitenlang; spaltenlang; *Mensch*: hochaufgeschossen; *Geschichte*: langatmig; **~vat** (-*huji*) Holz stapeln; F lange Schritte machen; **~vý** Klafter-.

sacharín *m* (2a) Süßstoff *m*.

sajdkár *m* (2a) Beiwagen *m*.

sajrajt V *m* (2) Sauerei *f*.

sak *m* (2b) Sack-, Wurfnetz *n*; P Sack *m*.

sáknout (se) ⟨*na-*, *pro-*, *v-*, *za-*⟩ (-*kl*) sickern.

sako *n* (1b) Sakko *n*; **~vý** Sakko-.

sakr P *m* (1): k ~u! zum Teufel!; **~a(ment)**! P verdammt!

sakr|istie [-tɪ-] *f* (2) Sakristei *f*; **~ovat** ⟨*za-*⟩ (-*ruji*) fluchen.

sakulentský P verdammt, verflixt.

sál *m* (2; 6. -*e*) Saal *m*.

salám *m* (2a) Wurst *f*, Salami *f*.

salaš *f* (3) Senn-, Almhütte *f*; **~nictví** *n* (3) Sennerei *f*, Almwirtschaft *f*; **~ník** *m* (1a), **~nice** *f* (2a) Senner(in *f*) *m*.

salát m (2; 6. -u/-ě) Salat m.
sál|ání n (3) (Aus-)Strahlung f; ~at ⟨roz-, vy-, za-⟩ Wärme ausstrahlen; v/i glühen, brennen; ~avý glühend, brennend; strahlend.
sald|ovací Saldierungs-; ~ovat (im)pf. ⟨vy-⟩ (-duji) saldieren.
salina f (1) Saline f.
salnitr [-ni-] m (2a) Salpeter m.
salón m (2; 6. -ě/-u) Salon m; ~ní Salon-.
salva f (1) Salve f.
sám (f sama, n samo) allein; selbst; ~ a ~ ganz allein; jde to samo das geht von allein od. von selbst; samo o sobě an und für sich; to se rozumí samo sebou das versteht sich von selbst, das ist selbstverständlich; F je sama druhá sie ist schwanger; s. a. samý.
Samaritán m (1) Samariter m; ⁀ský Samariter-.
sam|čí männlich; ~ec m (3; -mc-), ~eček m (1a; -čk-) Zo. Männchen n.
sámek P m (2b; -mk-) Säumchen n.
samet m (2; 6. -u/-ě) Samt m; ~ka f (1c; -tek) Samtband n; ~ový Samt-; -vě měkký samtweich.
sami|ce f (2a), ~čka f (1c; -ček) Zo. Weibchen n; ~čí weiblich.
samičky s. samoučky.
samo s. sám; ~- in Zssgn selbst-, Selbst-; ~bytný selbständig; ~činný selbsttätig, automatisch, Selbst-; ~druhá P schwanger; ~hana f (1) Selbstbefleckung f; ~hláska f (1c; -sek) Selbstlaut m, Vokal m; ~hláskový vokalisch; ~chvála f (1a) Eigenlob m; ~jediný allein(ig), einzig; ~jízdný Selbstfahr-; ~libost f (4) Eigenliebe f, Selbstgefälligkeit f; ~libý selbstgefällig; ~mluva f (1) Selbstgespräch n; ~nabíjecí selbstladend; ~obsluha f (1b) Selbstbedienung f; ~pal m (2a) Maschinenpistole f; ~rostlý urwüchsig; ~soudce m (3) Einzelrichter m; ~spasitelný alleinseligmachend; ~spoušť f (4c; -tě) Fot. Selbstauslöser m; ~správa f (1) Selbstverwaltung f; ~správný Selbstverwaltungs-; ~statný selbständig, unabhängig; ~střil m (2a) Armbrust f.
samot|a f (1) Einsamkeit f; Einöde f; entlegener Ort; einsames Haus; o -tě einsam; ~ář m (3) Einzelgänger m; Eigenbrötler m; ~ářský zurückgezogen, einsam, Einsiedler-; ~ářství n (3) Hang m zur Einsamkeit; ~inký f ganz allein, mutterseelenallein; ~ný allein, F selbst.
samo|účel m (2a) Selbstzweck m; ~učení n (3) Selbststudium n.
samoučký F ganz allein; na -kém kraji knapp am Rande.
samo|uk m (1; -ové), ~učka f (1c; -ček) Autodidakt(in) f m; učebnice pro -uky Lehrbuch für den Selbstunterricht; ~vařič m (4) Schnellkocher m; ~vaz m (2; 6. -u/-ě), ~vazač m (4) Agr. Selbstbinder m; ~vazba f (1; -zeb) Einzelhaft f; ~vláda f (1) Alleinherrschaft f; ~vládce m (3) Alleinherrscher m, Autokrat m; ~vládný autokratisch, absolutistisch; ~volný willkürlich, eigenmächtig; spontan; ~vrah m s. sebevrah; ~vražda f (1) Selbstmord m; ~vznícení n (3) Selbstentzündung f; ~zápalný selbstentzündlich; ~zásobitel m (3; -é) Selbstversorger m; ~zásobování n (3) Selbstversorgung f; ~zřejmý selbstverständlich; ~zvanec m (3; -nc-) Eindringling m; hist. Thronräuber m, Usurpator m; ~zvaný ungebeten; ~žitný Korn-.
samý lauter; fig. rein; na -mém okraji unmittelbar am Rand; od -mého začátku von (allem) Anfang an; úloha je -má chyba die Aufgabe strotzt vor Fehlern; až do -mého rána bis zum frühen Morgen; F ten -mý derselbe; s. týž.
saň m (3a) Drache m, Lindwurm m.
sana|ce f (2) Sanierung f; ~ční Sanierungs-.
sanato|rium n (5), ~ř f (3) Sanatorium n.
sandál m (2; 6. -u/-e) Sandale f.
saně, sáně f/pl. (2b; -ní) Schlitten m.
sanice f (2a) ⟨Schlitten-⟩Kufe f; Schlittenfahrt f; F Rodeln m; Rodelbahn f; Anat. Unterkiefer m, P Kinnlade f.
sani|tář [-ni-] m (3), ~ťák m F (1a) Sanitäter m; Sanitätssoldat m; ~tářka f (1c; -řek), ~tačka f (1c; -ček) Sanitäterin f; ~tka P f (1c; -tek) Sanitätsauto n, Krankenwagen m; Sanitätsstation f; ~tní Sanitäts-, Kranken-.
sáňkař m (3), ~ka f (1c; -řek) Rodler ⟨-in f⟩ m; ~ský Rodel-.
sank|ce f (2) Sanktion f; ~cionovat

sankční 378

(*im*)*pf.* (-*nuji*) sanktionieren; ~ční Sanktions-, Straf-.
sáňk|ovací Rodel-; ~ovat ⟨*za*- *si*⟩ (-*kuji*) rodeln, Schlitten fahren; ~y f/pl. (*2*; -*něk*) Schlitten *m*, Rodel *m*.
sanovat (*im*)*pf.* (-*nuji*) sanieren.
sápat se ⟨*na*-, *roz*-, *za*-⟩ (-*u*/-*ám*) (*na k-o*) anfallen, wütend angreifen (*A*), F losgehen (auf *A*).
saprlot! F *Int.* verdammt!, öst. sapperment!
saranč|e *f* (*2*) Heuschrecke *f*; ~í Heuschrecken-.
sardel|e *f* (*3*), ~ka *f* (*1c*; -*lek*) Sardelle *f*; ~ový Sardellen-.
sardink|a [-dɪ-] *f* (*1c*; -*nek*) Sardine *f*; ~ový Sardinen-.
Sársk|o *n* (*1b*) Saarland *n*; ~ý saarländisch, Saar-.
Sas *m* (*1*; -*ové*) Sachse *m*.
sasanka *f* (*1c*; -*nek*) Buschwindröschen *n*, Anemone *f*.
Sask|a *f* (*1c*; -*sek*) Sächsin *f*; ~o *n* (*1b*) Sachsen *n*; ~ý sächsisch.
sát ⟨*na*-, *od*-, *v*-⟩ (*saji*, *sál*; *sán*/*sát*) saugen.
satan *m* (*1*), ~áš *m* (*3*) Satan *m*; ~ský satanisch.
satén *m* (*2a*) Satin *m*.
satir|a [-tɪ-] *f* (*1d*) Satire *f*; ~ický satirisch; ~ik *m* (*1*; -*ové*) Satiriker *m*.
saturej *f* (*3*), ~ka *f* (*1c*; -*jek*) Bohnenkraut *n*.
satyr *m* (*1*; -*ové*) *Myth.* Satyr *m*.
Saúdská Arábie *f* (*2*) Saudiarabien *n*.
savana *f* (*1*) Savanne *f*.
sav|čí Säuge(tier)-; ~ec *m* (*3*; -*vc*-) Säugetier *n*; ~ý Saug-; Lösch- (*Papier*).
saxofon *m* (*2a*) Saxophon *n*; ~ista [-nɪ-] *m* (*5a*) Saxophonist *m*.
sazák *m* (*2b*) Setzholz *n*.
saz|árna *f* (*1*; -*ren*) *Typ.* Setzerei *f*; ~ba *f* (*1*; -*zeb*) *Typ.* Satz *m*; *Hdl.* Satz *m*, Tarif *m*, Taxe *f*; *Jur.* (*Straf*-)Maß *n*; *Agr.* Anbau *m*; *podle* -*by* tarifmäßig; ~bový Tarif-.
saze *f*, *mst.* f/pl. (*2*) Ruß *m*.
sazeb|na *f* (*1*; -*ben*) Setzerei *f*; ~ní Satz-; Tarif-; ~ník *m* (*2b*) Tarif *m*, Tarifbuch *n*, Preistabelle *f*; ~níkový tarifmäßig.
sázecí Setz-.
sazeč *m* (*3*) *Typ.* Setzer *m*; ~ *písma* Schriftsetzer; ~ka *f* (*1c*; -*ček*) Setzerin *f*; *Bot.* Setzling *m*; *Agr.* Pflanz-, Setzmaschine *f*; Ofen-
schieber *m*; ~ský Setz-; ~ šotek Druckfehlerteufel *m*.
sazeni|ce *f* (*2a*), ~čka *f* (*1c*; -*ček*) Setzling *m*, Steckling *m*.
sázenka *f* (*1c*; -*nek*) Tippschein *m*, Lotto-, Totoschein *m*.
sázený: -*ná vejce* Spiegeleier *n/pl.*
sáz|et ⟨*na*-, *v*-, *za*-⟩ (*3 Pl.* -*ejí*) (ein)setzen, (an)pflanzen; *Typ.* setzen; (*o co*) wetten (um *A*); (*na co*) setzen (auf *A*); ~ítko *n* (*1b*) *Typ.* Winkelhaken *m*; ~ka *f* (*1c*; -*zek*) Wette *f*; (*Spiel*-)Einsatz *m*; *dát život v* -*ku sein Leben aufs Spiel setzen*; ~kový Wett-; -*vá kancelář* Lotterie-, Lottoeinnahme *f*; Wettannahme (-stelle) *f*; ~ *týden* Spielwoche *f*.
sazový Ruß-; rußgeschwärzt.
sbal|it *pf.*, ~ovat (-*luji*) einpacken, F zusammenpacken; zusammenballen *od.* -rollen; -*it svých pět švestek iron.* sein Bündel schnüren, s-e sieben Sachen packen.
sběh *m* (*2b*) (*Menschen*-)Auflauf *m*, Tumult *m*; Zusammentreffen *n*; ~nout *pf.* (-*hl*; -*hnut*) herab-, herunterlaufen; F schnell (hin)laufen; ~ *se* zusammenlaufen, *lit.* herbeiströmen.
sběr *m* (*2a*) Sammeln *n*; ~ací Sammel-; ~ač *m* (*3*) Sammler *m*; ~ *mléčů* *Sp.* Balljunge *m*; ~ačka *f* (*1c*; -*ček*) Sammlerin *f*; Schöpflöffel *m*, Kelle *f*; ~ *klasů* Ährenleserin *f*; ~atel *m* (*3*; -*é*) Sammler *m*; ~atelský Sammel-, Sammler-; ~na *f* (*1*; -*ren*) Sammelstelle *f*; ~ný Sammel-.
sběř *f* (*3*) Gesindel *n*, Pack *n*.
sbíh|at *s.* sběhnout; ~avost *f* (*4*) Konvergenz *f*; ~avý konvergierend, konvergierend, konvergent.
sbíj|ečka *f* (*1c*; -*ček*) Preßlufthammer *m*; ~et (*3 Pl.* -*ejí*) *s.* sbít.
sbír|aný gesammelt, aufgelesen; *Milch:* entrahmt; ~at ⟨*na*-, *po*-⟩ (ein)sammeln, auflesen; *Raupen* (ab)lesen; *Milch* entrahmen; *fig.* abschöpfen; ~ka *f* (*1c*; -*rek*) Sammlung *f*.
sbít *pf.* (*s. bít*) zusammenschlagen; zusammennageln.
sbl|ížení, ~ižování *n* (*3*) Annäherung *f*; *pokusy o* ~ Annäherungsversuche *m/pl.*; ~ížit *pf.*, ~ižovat (-*žuji*) (an)nähern, (einander) näherbringen; ~ *se* sich nähern, (einander) näherkommen; ~ižovací Annäherungs-.

sbohem! leb(t) wohl!, † ade!; *dát k-u ~ j-m* Lebewohl sagen.

sbor *m (2a)* Körperschaft *f*; Kollegium *n*; Korps *n (a. Mil.)*; *Thea.* Ensemble *n*; *Mus.* Chor *m*; *~em im Chor*; *požární ~* Feuerwehr *f*; ♀ *národní bezpečnosti* Sicherheitspolizei *f*; **~mistr** *m (1; -ři)* Chorleiter *m*; **~ník** *m (2b)* Sammelband *m*; Jubiläumsband *m*; Almanach *m*; **~ovna** *f (1; -ven)* Konferenzzimmer *n*; **~ový** Korps-; Kollegial-; Chor-.

sbratř|ení *n (3)* Verbrüderung *f*; **~it se** *pf.*, **~ovat se** *(-řuji)* sich verbrüdern.

sbrousit *pf. (-šen)*, **brušovat** *(-šuji)* abschleifen.

sbubnovat *pf. (-nuji)* zusammentrommeln.

sbuntovat *pf. (-tuji) dial.* aufwiegeln; anzetteln; *~ se* sich verbünden.

scá(va)t V pissen, schiffen.

scedit *pf. (-zen)* abseihen; filtrieren; läutern.

scel|ení, **~ování** *n (3)* Heilen *n*; *(Kunst-)*Stopfen *n*; *(Boden-)*Kommassation *f*; **~it** *pf.*, **~ovat** *(-luji)* verkoppeln, zusammenlegen; stopfen; *-it se* heilen *(v/i); Wunde:* sich schließen.

scéna *f (1)* Szene *f*; Bühne *f*; Schauplatz *m*; *Thea.* Auftritt *m*.

scenárist|a *m (5a)*, **~ka** *f (1c; -tek)* Drehbuchautor(in *f*) *m*.

scénář *m (4)* Drehbuch *n*.

scenérie *f (2)* Szenerie *f*; *jevištní ~* Bühnenbild *n*.

scén|ický zum Schauspiel, Bühnen-; **~ká úprava** Bühnenbearbeitung *f*; **~ovat** *<vy->* *(im)pf. (-nuji)* in Szene setzen, inszenieren.

scest|í *n (3)* Abweg *m*, Irrweg *m*; **~ný** abwegig; *~ovat pf. (-tuji)* bereisen, durchreisen, *fig.* durchwandern.

scezovat *(-zuji) s.* scedit.

scípat *s.* chcípat.

scvrk|(áv)at se (zusammen-, ein-)schrumpfen; **~lý** eingeschrumpft, runz(e)lig; **~nout** *se pf. (-kl) s.* scvrkat se.

sčes(áv)at *(pf. -šu/-sám)* zusammen-, herunterkämmen; abpflücken.

sčetlý belesen.

sčísnout *pf. (-sl; -snut) s.* sčesat.

sčít|ací Addier-, Zähl-; *~ znaménko* Pluszeichen *n*; *~ač m (3; -e)* Zähler *m*; **~anec** *m (4; -nc-)* Summand *m*; **~ání** *n (3)* Zählung *f*; Addition *f*; *~ lidu* Volkszählung *f*; **~(áv)at** *s.* sečíst.

sčítatel *m (3; -é) s.* sčítač; **~ný** zählbar.

sděl|i(áv)at verfassen, zusammenstellen; *Handschuhe* abstreifen; **~ení** *n (3)* Mitteilung *f*, Angabe *f*; **~it** *pf.*, **~ovat** *(-luji)* mitteilen; *-it se* sich übertragen; **~ný** mitteilbar; *Med.* übertragbar; **~ovací** Mitteilungs-, Nachrichten-.

sdíl|et *(3 Pl. -ejí) fig.* teilen, gemeinsam haben; **~ný** mitteilsam.

sdírat *s.* sedrat, sedřít.

sdostatek genügend, reichlich.

sdrá|pkovat *pf. (-kuji)* falzen; **~tovat** *pf. (-tuji)* mit Draht zusammenbinden, verdrahten.

sdrh|nout *pf. (-hl; -hnut)*, **~ovat** *(-huji)* abstreifen.

sdruž|ení *n (3)* Vereinigung *f*; *Pol.* Koalition *f*; *Phil.* Assoziation *f*; *pěvecké ~* Gesangverein *m*; *~ rodičů* Elternbeirat *m*; **~ený** vereinigt; *Sp.* kombiniert; *Tech.* Verbund-; **~it** *pf.*, **~ovat** *(-žuji)* vereinigen, verbinden; *Pol.* koppeln.

se¹ *s. s.*

se² *Pron. im A*; *sich (unbetont)*; *reflexiv a.* mich, dich, uns, euch; *a.* man *u. Passiv;* *to ~ nedělá* das macht man nicht; *dům ~ staví* das Haus wird gebaut; *dítě ~ myje* das Kind wäscht sich; *jak ~ to řekne česky?* wie heißt das tschechisch?; *s. a. si u. Anhang.*

sebe *Pron. im G und A*: sich *(betont od. mit Prp.); reflexiv s.* se²; *bez ~* bewußtlos; *außer sich; dveře se otevřely samy od ~* die Tür ging von selbst auf; *vedle ~* nebeneinander; *polož to vedle ~!* leg es neben dich!; *zvolili ho ze ~* sie wählten ihn aus ihrer Mitte; *s. Anhang.*

sebe|- *in Zssgn* Selbst-; **~důvěra** *f (1d)* Selbstvertrauen *n*; **~chvála** *f (1a)* Eigenlob *n*; **~kázeň** *f (3; -zně)* Selbstdisziplin *f*; **~klam** *m (2a)* Selbstbetrug *m*; **~kritika** [-t-] *f (1c)* Selbstkritik *f*; **~láska** *f (1c; -sek)* Eigenliebe *f*; **~lepší** noch so gut; **~menší** noch so klein *od.* gering; geringste(r); **~obětování** *n (3)* Selbstaufopferung *f*; **~ovládání** *n (3)* Selbstbeherrschung *f*; **~uspokojení** *n (3)* Selbstzufriedenheit *f*; **~vědomí** *n (3)* Selbstbewußtsein *n*; **~vědomý** selbstbewußt; **~větší**

sebevíc(e) noch so groß; größt-; ~víc(e) noch so sehr, noch so viel; ~vrah *m* (*1a*; -*zi*/-*hové*) Selbstmörder *m*; ~vražda *f* (*1*) Selbstmord *m*; ~vražednice *f* (*2a*), ~vražedkyně *f* (*2b*) Selbstmörderin *f*; ~vražedný selbstmörderisch; ~zachování *n* (*3*) Selbsterhaltung *f*; ~zapření *n* (*3*) Selbstverleugnung *f*.

sebou *Pron. im I*: *reflexiv s. se*²; *mezi* ~ untereinander; *měli všechno s* ~ sie hatten alles mit; *přinést s* ~ mitbringen; *vzít s* ~ mitnehmen; *trhnout* ~ vor Schreck zusammenfahren; *to se rozumí samo* ~ das ist selbstverständlich; *šli za* ~ sie gingen hintereinander; *to máme za* ~ das haben wir hinter uns.

sebran|ka *f* (*1c*; -*nek*) Gesindel *n*, Pack *n*; ~ý gesammelt; gestohlen.

sebrat *pf.* (*-beru*) (ein)sammeln, zusammentragen; zusammenraffen; *vom Boden* aufheben, auflesen; *j-n* festnehmen; wegnehmen, F wegschnappen; stehlen; *Rahm* abschöpfen; *fig. j-n* mitnehmen; *j-m* zusetzen; ~ *se* sich zusammennehmen; davonlaufen; sich erheben (*proti k-u* gegen *A*); zusammenkommen; sich erholen; eitern.

seces|e *f* (*2*) Sezession *f*; ~ní: ~ *sloh* Jugendstil *m*.

secí: ~ *stroj* Sämaschine *f*.

seč¹ *f* (*3*) Gefecht *n*; Gemetzel *n*; Mahd *f*; Holzschlag *m*; Lichtung *f*.

seč²: ~ *jsem* was ich kann, wozu ich imstande bin; *učiním*, ~ *budu* ich werde mein möglichstes tun; *utíkal* ~ *byl* er rannte aus Leibeskräften.

sečíst *pf.* (*s. číst*), **s(e)čítat** zusammenzählen, addieren

sečka *f* (*1c*; -*ček*) Sämaschine *f*.

seck(áv)at (ab)warten; *Hdl.* stunden.

seč|na *f* (*1*; -*čen*) *Geom.* Sehne *f*, Sekante *f*; ~ný Hieb-; -*ná rovina* Schnittebene *f*.

sed *m* (*2a*) *Turn.* Sitz *m*; ~ *zpříma* Strecksitz.

seda|cí Sitz-; ~ *nerv* Ischiasnerv *m*; ~čka *f* (*1c*; -*ček*) Hocker *m*; ~čkový Sitz-; -*vá lanovka* Sessellift *m*; ~dlo *n* (*1a*; -*del*) Sitz *m*; Sitzfläche *f*; ~dlový Sitz-; *in Zssgn* sitzig.

sed|ání *n* (*3*) Sitzen *m*; *hist.* Turnier *n*; ~(áv)at *s. sedět*; -*at se* sich setzen; gerinnen; ~átko *n* (*1b*; -*tek*) Sitz *m*, Sitzbrett *n*; ~avý sitzend,

Sitz-; ~ě *Adv.* sitzend, im Sitzen; ~elní Sattel-; ~ění *n* (*3*) Sitzen *n*, Sitzung *f*; ~ět ⟨*po-, roz- se*⟩ sitzen.

sedl|ácký Bauern-; *po -cku* nach Bauernart; ~áčina *f* (*1*) Bauernarbeit *f*; ~ačit Ackerbau treiben, Bauer sein; ~ák *m* (*1a*) Bauer *m*, Landwirt *m*.

sedl|ání *n* (*3*) Sattelzeug *n*; ~ář *m* (*3*) Sattler *m*; ~ářství *n* (*3*) Sattlerei *f*; Sattlerhandwerk *n*; ~at ⟨*o-, pod-*⟩ satteln.

sedlina *f* (*1*) (*Boden-*)Satz *m*; Ablagerung *f*; *Chem.* Niederschlag *m*; *Geol.* Sediment *n*; ~ *krve* Blutgerinnsel *n*; ~ *lidstva* Abschaum *m* der Menschheit. [Sattel-.]

sedlo *n* (*1a*; -*del*) Sattel *m*; ~vý]

sedlý abgelagert; (*Milch*) geronnen.

sedm sieben; ~a *f* (*1*; -*dem*) Sieben *f*, F Siebener *m*.

sedmdesát siebzig; ~iletý siebzigjährig; ~iny *f*/*pl.* (*1*) siebzigster Geburtstag *m*; ~ka *f* (*1c*; -*tek*) Siebzig *f*; ~ník *m* (*1a*) Siebziger *m*; ~ý siebzigste(r).

sedmer|o sieben(erlei); ~onásobný siebenfach; ~ý siebenerlei.

sedmi|- *in Zssgn* sieben-; ~barevný siebenfarbig; ~bolestný *Rel.* schmerzensreich; ~čka *f* (*1c*; -*ček*) Sieben *f*, F Siebener *m*; ~denní siebentägig; ~hlásek *m* (*1a*; -*sk*-; -*kové*) Spottdrossel *f*; ~hodinový siebenstündig.

Sedmihrad|sko *n* (*1b*), ~y *m*/*pl.* (*2*; -*hrad*) *Geogr.* Siebenbürgen *n*.

sedmi|hranný siebeneckig; ~kráska *f* (*1c*; -*sek*) Gänseblümchen *n*; ~letka *f* (*1c*; -*tek*) Siebenjahrplan *m*; ~letý siebenjährig; ~měsíční siebenmonatig; ~milový Siebenmeilen-; ~na *f* (*1*) Sieb(en)tel *n*; ~násobní siebenfach; ~ramenný siebenarmig; ~stý siebenhundertste; ~třídní siebenklassig; ~úhelník *m* (*2b*) Siebeneck *n*.

sedmkrát siebenmal.

sedmnáct siebzehn; ~iletý siebzehnjährig; ~ý siebzehnte(r).

sedmý siebente(r).

sednice F (*2a*) (*Wohn-*)Stube *f*.

sednout si *pf.*, *po-, za-* (-*dl*) sich (nieder)setzen; *sedněte si*! nehmen Sie Platz!; F *sedl na lep* er ist auf den Leim gegangen; *sedl na něj strach* er bekam es mit der Angst zu tun.

se|dnout se *pf. Flüssigkeit*: sich setzen; *Milch*: gerinnen; ~drat *pf.* (*-deru, -drán*) ab-, herunterreißen; *Federn* schleißen; ~dřít *pf.* (*s. dřít*) abschinden; *Haut* abschürfen; ~hnat *pf.* (*-ženu*) her-, hinunterjagen; zusammentreiben; *Geld, Ware* auftreiben, beschaffen.

sehn|out *pf.* beugen; *Ast* herabholen; ~ se sich beugen, sich bükken, F sich ducken; ~utý gebeugt, gebückt.

se|hraný eingespielt, aufeinander abgestimmt; ~hrát *pf.* (*s. hrát*) *Stück* spielen; *Sp. Spiel* austragen.

seji *s.* sít.

sejímat *s.* snímat.

sejít *pf.* (*-jdu, -šel*) hinab-, hinunter-, heruntergehen; herunter-, herabkommen; *vom Weg* abkommen; *Gegend* durchstreifen, abgehen; ankommen (auf *A*); herunterkommen; sterben; abkommen *von e-r Sache*; ~ se zusammenkommen, zusammentreffen, sich versammeln.

sejmout *pf.* (*sňal/-jmul, sňat/-jmut*) herunter-, abnehmen; *Flagge* streichen; *Karten* abheben.

sek *m* (2b) Hieb *m*; ~ací Hack-; *Agr. Mäh-*; ~áč *1. m* (3) Schnitter *m*, Mäher *m*; *Zo.* Weberknecht *m*; *fig.* Haudegen *m*; *Pol.* Scharfmacher *m*; *2. m* (4) Meißel *m*; ~áček *m* (2b; -čk-) Hackmesser *n*; Meißel *m*; ~ačka *f* (1c; -ček-) Schnitterin *f*, Mäherin *f*; Mähmaschine *f*; Häckselmaschine *f*; ~aná *f* (*Adj. 2*), ~anina *f* (1) Hackbraten *m*, *öst.* Faschiertes *n*; ~aný gehackt, Hack-; ~at ⟨*na-, za-*⟩ hauen; *Holz, Fleisch* hacken; *Gras* mähen; *Tech.* meißeln; P ~ se einander scharf angreifen.

sekatura [-tu:-] P *f* (1d) Quälerei *f*, *öst.* Sekkiererei *f*.

sek|ce *f* (2) Sektion *f*; ~ční Sektions-, Abteilungs-.

seker|a *f* (1d) Axt *f*, Beil *n*; ~ničit P radikal vorgehen, Holzhammerpolitik treiben; ~ník *m* (1a) Mühlbauer *m*; P Scharfmacher *m*, Radikalinski *m*.

sekn|out *pf.* (*-kl; -knut*) hauen (*A*), e-n Hieb versetzen, F e-e runterhauen (*D*); *fig.* treffen; F ~ se danebentreffen; ~utí *n* (3) Hieb *m*, Schnitt *m*.

sekret|ariát *m* (2; 6. -ě/-u) Sekretariat *n*; ~ář *m* (3), ~ářka *f* (1c; -řek-) Sekretär(in *f*) *m*.

sekt|a *f* (1) Sekte *f*; ~ář *m* (3) Mitglied *n* e-r Sekte; *Pol.* Sektierer *m*; ~ářský Sekten-; ~ářství *n* (3) Sektenbildung *f*; *Pol.* Sektiererei *f*; ~orový: ~ nábytek Anbaumöbel *n/pl.*

sekund *m* (2a) *Mus.* zweite Stimme *od.* Geige *f*; ~a *f* (1) Sekunde *f* (*Klasse*) Sekunda *f*; ~án *m* (1) Sekundaner *m*; ~ární sekundär, Sekundär-; ~ář *m* (3) Assistenzarzt *m*; ~ista [-dɪ-] *m* (5a) zweiter Geiger *m*; ~ovat (*-duji*) sekundieren; ~ový Sekunden-; ~ hlas *Mus.* zweite Stimme.

sekvestr|ace *f* (2) Zwangsvollstreckung *f*; ~ovat (*im*)*pf.* (*-ruji*) mit Beschlag belegen.

sekyra *f s.* sekera.

sekýrovat P (*-ruji*) schikanieren, *öst.* sekkieren.

selanka *f* (1c; *-nek-*) Idylle *f*.

se|látko *n* (1b; *-tek*), ~le *n* (4) Ferkel *n*; *vrhnout selata* ferkeln.

selek|ce *f* (2) Zuchtwahl *f*; ~tivita [-tɪ-] *f* (1) *Rdf.* Trennschärfe *f*; ~tivní [-tɪ-] trennscharf.

selh|ání *n* (3) Versagen *n*; ~a(vá)t (*pf. -lžu*) lügen; *Gewehr*: versagen; *Hoffnung*: fehlschlagen; *Versuch*: mißlingen.

sel|ka *f* (1c; *-lek-*) Bäuerin *f*; ~ský Bauern-, bäuerlich; ~ství *n* (3) Bauerntum *n*.

sem her, hierher; *cesta* ~ Herfahrt *f*; ~ *tam* hin und her, auf und ab; ~ *a tam* hie(r) und da, hin und wieder; von Zeit zu Zeit.

semafor *m* (2a) (*Verkehrs*-)Ampel *f*; *Esb.* Signal(mast *m*) *n*.

sémě *n* (2. *semene*) *s.* semeno.

semen|ář *m* (3) Samenzüchter *od.* -händler *m*; ~ářský Saatzucht-; ~ářství *n* (3) Sämerei *f*, Samenhandlung *f*; ~ec *m* (4; *-nc-*) Hanfsamen *m*; Kanarienfutter *n*; ~ice *f* (2a) Samenpflanze *f*; ~ík *m* (2b) Fruchtknoten *m*; ~iště *n* (2a) Samenbeet *n*; *lit.* Pflanzstätte *f*, *verä.* Brutstätte *f*, Herd *m*; ~ný Samen-.

semeno *n* (1) Same(n) *m*; ~tok *m* (2b) Samenfluß *m*.

semhle hierher; ~ *tamhle* hie und da, hier und dort.

semifinále *n* (*indekl.*) *Sp.* Halbfinale *n*, Vorschlußrunde *f*.

semílat s. *semlít.*

semin|arista *m* (5a) Seminarist *m*; **~árka** F *f* (1c; -rek) Seminararbeit *f*; **~ář** *m* (4) Seminar *n*.

semiš *m* (4) Sämischleder *n*.

Semit|a *m* (5a), **~ka** *f* (1c; -tek) Semit(e) *m*, -in *f*; ⊋**ský** semitisch.

semkn|out *pf*. (-kl; -knut) zusammenschließen; ~ se sich zusammenschließen, zusammenrücken; **~utí** *n* (3) Zusammenschluß *m*; **~utost** *f* (4) Geschlossenheit *f*; **~utý** *fig*. geschlossen.

semlít *pf*. (s. *mlít*) ver-, ausmahlen; *Fleisch* durchdrehen; F ~ se sich ereignen; *tam se něco semlelo* dort war etwas los.

semo s. *sem*.

sen *m* (2a; *sn*-) Traum *m*; Schlaf *m*; *ze sna* aus dem Schlaf; *mluvit ze sna* im Traum reden; *ve snách, ve snu* im Schlaf, im Traum.

senát *m* (2; 6. -ě/-u) Senat *m*; **~or** (1; -ři) Senator *m*.

sendvič *m* (4) Sandwich *m* od. *n*, belegtes Brötchen *n*.

Senegal|sko *n* (1b) Senegal *m*; ⊋**ský** Senegal-, senegalesisch.

seník *m* (2b) Heuboden *m*.

senilní [-nɪl-] senil.

sen|ný Heu-; **~o** *n* (1b) Heu *n*; **~oseč** *f* (3) Heuernte *f*.

sens- s. *senz-*.

sentence *f* (2) Sentenz *f*.

sentimentální [-tɪ-] sentimental.

senzace *f* (2) Sensation *f*; **~chtivý** sensationslüstern.

senzač|ní sensationell, Sensations-; **~nost** *f* (4) Sensationelle *n*.

senzál *m* (1; -ové) Börsenmakler *m*.

senzi|bilita *f* (1), **~tivnost** [-tɪːv-] *f* (4) Sensibilität *f*.

separ|ace *f* (2) Trennung *f*; F Einzelhaft *f*; **~át** *m* (2; 6. -u/-ě) Sonderdruck *m*; **~atista** [-tɪ-] *m* (5a) Separatist *m*; **~atistický** [-tɪstɪ-] separatistisch; **~átní** Separat-, Sonder-, gesondert; **~ovat** (*im*)*pf*. (-*ruji*) separieren.

sépie *f* (2) Sepia *f*; *Zo*. Tintenfisch *m*.

se|pisovat (-*suji*) s. *sepsat*; **~pnout** *pf*. (-*pjal*, -*pjat*) zusammenknüpfen, verbinden; *Esb*. (zusammen)koppeln; *Hände* falten; **~prat** *pf*. (-*peru*, -*prán*) *Wäsche* durchwaschen; ~ se *Wäsche*: einlaufen; F raufen; **~psání** *n* (3) Niederschrift *f*, schriftliche Ausfertigung *f*; **~psat** *pf*. (s. *psát*) zusammenstellen, niederschreiben, ab-, verfassen.

serenáda *f* (1) Serenade *f*.

séri|e *f* (2) Serie *f*, Reihe *f*; **~ový** Serien-; -*vě Adv*. serienweise, serienmäßig.

serióz|ní seriös; **~nost** *f* (4) Seriosität *f*.

serpentin|a [-tɪː-] *f* (1) Serpentine *f*; **~ový** Serpentinen-.

seru s. *srát.*

servat *pf*. (-*vu*) ab-, herunterreißen; ~ se raufen (*s kým* mit *D*).

servír|ka *f* (1c; -rek) Serviererin *f*; **~ovací** Servier-; **~ovat** (*im*)*pf*. (-*ruji*) servieren.

servít *m* (2), **~ek** *m* (2b; -*tk*-) Serviette *f*, Mundtuch *n*.

seřa|diště *n* (2a) Sammelplatz *m*; **~dit** *pf*. (-*děn*/-*zen*), **ďovat**, **~zovat** (-*ďuji*/-*zuji*) aneinanderreihen, ordnen, formieren; *Esb*. rangieren; **~ďovací, ~zovací** Rangier-, Verschiebe-.

se|řezat *pf*. (-*žu*/-*zám*) ab-, wegschneiden; F verprügeln; P (*Kritik*) herunterreißen; **~řídit** *pf*. (-*zen*) herrichten; *Uhr* stellen; *Bild* einstellen; **~řiditelný** einstellbar; **~říznout** *pf*. (-*zl*; -*znut*) weg-, abschneiden; *Baum* stutzen.

seřiz|ovací Einstell-, **~ovat** (-*zuji*) s. *seřídit*.

ses = *jsi* + *se* (*A*).

sesadit *pf*. (-*zen*) absetzen, entheben; *Tech*. zusammensetzen; **~elný** absetzbar.

sesaz|ení *n* (3) Absetzung *f*, Enthebung *f*; Zusammensetzung *f*; **~ovat** (-*zuji*) s. *sesadit.*

sesbírat *pf*. zusammenklauben, (auf)sammeln.

sesed|at (*im*)*pf*., **~nout** *pf*. (-*dl*) absitzen, *vom Pferd* steigen; ~ se sich zusammensetzen, zusammenrücken; *Boden*: sich senken.

sesek|at, ~nout *pf*. (-*kl*; -*knut*) abhacken; abmähen.

seshora s. *shora.*

sesch|lý eingetrocknet; *fig*. dürr; **~nout (se)** *pf*. (-*chl*; -*chnut*) eintrocknen.

se|sílat s. *seslat*; **~skákat** *pf*. (-*ču*/-*či*), **~skakovat** (-*kuji*), **~skočit** *pf*. herunterspringen; *Flgw*. abspringen; **~skládat** *pf*. abladen; zusammenfalten; *Tech*. zusammensetzen; **~skok** *m* (2b) Absprung *m*.

seskup|ení n (3) Gebilde f, Gruppe f; ~it pf., ~ovat (-puji) gruppieren, zusammenstellen; -it se sich scharen.
seslat pf. (-šlu) herabsenden.
sesle F f (2) Sessel m.
se|smeknout pf. (-kl; -knut) herunter-, abnehmen; ~ se ab-, ausrutschen; ~soukat pf. Garn abspulen; ~ se herunterklettern; ~sou(va)t se (pf. -suji, -sul) einstürzen; ins Rutschen kommen; ~stava f (1) Zusammenstellung f; Sp. Aufstellung f; volná ~ Turn. Kür(übung) f; ~stávat bestehen.
sestav|ba f (1; -veb) Montage f; ~ení n (3) Zusammensetzen n; Tech. Aufstellen n, Montage f; Abfassung f; ~ protokolu Protokollaufnahme f; ~it pf. zusammenstellen, Tech. zusammensetzen, montieren, Sp., Mil. aufstellen; Plan entwerfen; Math. Gleichung ansetzen; Brief aufsetzen; ~ování n (3), ~ovat (-vuji) s. sestavení, sestavit.
sesteh|nout pf. (-hl; -hnut), ~ovat (-huji) zusammenheften; Loch (zu-)stopfen. [lich.}
sesterský Schwester-, schwester-)
sestoupit pf. ab-, herab-, heruntersteigen; † ~ se zusammentreten.
sestra f (1d; -ter) Schwester f; zdravotní ~ Krankenschwester.
sestr|čit pf., ~kat pf. ~kovat (-kuji) herab-, hineinstecken; zusammenrücken (v/t).
sestroj|it pf., ~ovat (-juji) zusammenstellen; konstruieren.
sestřel m (2a) Abschuß m; ~it pf., ~ovat (-luji) abschießen.
sestř|enice f (2a) Kusine f, Base f; ~ička f (1c; -ček) Schwesterchen n.
sestřih m (2b) Schnitt m; ~at, sestříhat pf., ~nout pf. (-hl; -žen), ~ovat (-huji) abschneiden; Film schneiden; Hecke beschneiden.
sestřílet pf. (3 Pl. -ejí) s. sestřelit.
sesun m (2a): ~ půdy Erdrutsch m; ~out pf., ~ovat (-nuji) hinunterschieben, abschieben; ~ se ein-, hinunterstürzen; ~utí, sesutí n (3) Einsturz m; ~ země Erdrutsch m.
sesu|tý eingestürzt; abgerutscht; -té kamení Steinschlag m; ~v m (2a) Geol. Rutsch m, Verwerfung f.
se|sychat se s. seschnout se; ~sypat pf. (-u/-ám), ~sýpat impf. her-unterschütten; zusammenschütten;

~ se herunterfallen; Haus: einstürzen; herfallen (na k-o über A); ~šikovat pf. (-kuji) aufstellen, formieren.
sešín m (2a) Turn. Felgabschwung m; ~out pf. herunterschieben; ~ se abrutschen.
se|šít m (2) Heft n; ~ší(va)t (pf. s. šít) zusammennähen, -heften; broschieren; ~šitový Heft-, in Heften; ~šitý gehefet, broschiert.
sešív|ací Heft-; ~ač m (4) Hefter m; ~ačka f (1c; -ček) Heftmaschine f; Heftnadel f; Hefterin f.
sešklebit pf.: ~ obličej das Gesicht verziehen.
seškr|abat, ~ábat pf. (-u/-ám), ~ábnout pf. (-bl; -bnut), ~abovat (-buji) abkratzen; Mauer abputzen; Rest zusammenkratzen.
se|škrtat pf. zusammenstreichen; ~šlapat pf. (-u/-ám), ~šlápnout pf. (-pl; -pnut) niedertreten; Bremse treten; Boden festtreten; Schuhe abtreten; ~šlehat pf. auspeitschen.
sešl|ost f (4) Verfall m, Altersschwäche f; ~ý verfallen; Haus: baufällig; Anzug: abgetragen; fig. heruntergekommen, elend.
se|šmodrchat pf. verwickeln, F verfitzen; ~šněrovat pf. (-ruji) zusammenschnüren; fig. einengen.
sešoup|at pf. (-u/-ám), ~nout pf. (-pl; -pnut) zusammenrücken (v/t); hinunterschieben.
se|šplhat pf. herabklettern; ~špulit pf. Mund spitzen; ~šrotovat pf. (-tuji) verschrotten; Getreide schroten; ~šroubovat pf. (-buji) zusammenschrauben, verschrauben; ~štípat pf. (-u/-ám) ein-, abzwicken; ~štvat pf. (-u) hetzen; ~šup F m (2a) Sp. Schußfahrt f; ~švagřit se pf. sich verschwägern.
set¹ m (2a) Sp. Satz m.
set² G/pl. von sto.
setb|a f (1; -teb) Saat f; ~ový Saat-.
setí n (3) Säen n, Anbau m; obilí na ~ Saatgetreide n.
setin|a f (1) Hundertstel n; ~ný Zentesimal-.
setk|aná f (Adj. 2), ~ání n (3) Begegnung f, Treffen n, Zusammenkunft f; ~(áv)at se verweben; ~ se (s kým) zusammentreffen (mit D), sich treffen; einander begegnen; zusammenlaufen od. -fließen; (s čím) treffen, stoßen (auf A).

setm|ělý dunkel geworden; **~ění** *n* (3) Einbruch *m* der Dunkelheit; **~ět se, ~ít se** *pf.* dunkel werden.

setn|ík † *m* (1a) Hauptmann *m*; **~ina** *f* (1) Hundertschaft *f.*

setnout *pf.* (stal, stat) s. **stít.**

seťový Saat-.

setrvačn|ík *m* (2b) Schwungrad *n*; (Uhr) Unruh *f*; **~ost** *f* (4) Beharrungsvermögen *n*; Trägheit *f*; **~ý** beharrlich, träge; *Tech.* Schwung-.

se|trv(áv)at verharren, bleiben; (na čem) festhalten (an *D*), bestehen (auf *D*); **~trás(a)t** (*pf.* -třesu) (her-) abschütteln; **~třep(áv)at** (*pf.* -u/ -ám) abschütteln; **~třít** (*pf.* s. třít) ab-, wegwischen; **~** Farben verwischen.

setý gesät.

sever *m* (2a) Norden *m*; **~ák** *m* (2b) Nordwind *m*; **~ka** *f* (1c; -rek) Polarstern *m*; **~ní** nördlich, Nord-.

severo|americký nordamerikanisch; **~český** nordböhmisch; **~východ** *m* (2) Nordosten *m*; **~západ** *m* (2) Nordwesten *m.*

severský nordisch.

severan *m* (1; -é), **~ka** *f* (1c; -nek) Nordländer(in *f*) *m.*

sevřen|í *n* (3) Umklammerung *f*; Beklommenheit *f*; F *fig.* Klemme *f*; **~ost** *f* (4) Geschlossenheit *f*; **~ý** umklammert; geschlossen; blockiert; verkrampft.

sevřít *pf.* (-vřu, -vřel; -vřen) umklammern, einschließen; einklemmen; Kehle zusammenschnüren; **~** se sich schließen, sich zusammenziehen.

sexu|ální sexuell, Sexual-, Geschlechts-; **~alita** *f* (1) Sexualität *f.*

sezení *n* (3) Sitzen *n*; Sitzung *f*; místo k **~** Sitzplatz *m.*

sezn|am *m* (2a) Verzeichnis *n*; Liste *f*; **~ámit** *pf.*, **~amovat** (-muji) bekannt machen; **~** se (s kým) kennen lernen (*A*), Bekanntschaft machen mit (*D*); **~(áv)at** erkennen, einsehen; *Jur.* aussagen.

sezob|at *pf.* (-u/-ám), **~nout** *pf.* (-bl; -bnut) aufpicken.

sezón|a *f* (1) Saison *f*; **~ní** Saison-, saisonbedingt.

se|zou(va)t (*pf.* -zuji, -zul) Schuhe ausziehen; **~zpívat se** (*pf.* -muji) einsingen; **~zvat** *pf.* (-u) einladen, zusammenrufen; F -trommeln; **~žehnout** *pf.* (-hl; -hnut), **~žíhat** verbrennen, versengen; **~žírat** s. sežrat; **~žmolit** *pf.* zerdrücken; *Papier* zerknüllen; *Stoff* zerknittern; **~žnout**, **~žít** *pf.* (s. žít²) (ab-) mähen; **~žrat** *pf.* (-žeru) auffressen; **~žvýkat** *pf.* (zer)kauen.

sfárat *pf. Bgb.* einfahren.

sféra *f* (1d) Sphäre *f*; **~** *působnosti* Wirkungsbereich *m.*

sfinga, sfinx *f* (1b; -ngy) Sphinx *f.*

sfouk|at *pf.*, **~nout** *pf.* (-kl; -knut) wegblasen, wegwehen; *Licht* ausblasen; F schaffen, aus dem Ärmel schütteln.

shánět (3 *Pl.* -ěji) s. sehnat; **~** se po čem begierig suchen nach (*D*), e-r *Sache* nachjagen; (po kom) fahnden (nach *D*).

sháňka *f* (1c; -něk) Nachfrage *f*, Suche *f*, Jagd *f* (nach *D*).

sh|ázet *pf.* (3 *Pl.* -eji), **~azovat** (-zuji) abwerfen; zusammenwerfen; **~** P se sich blamieren.

shla|dit [zhl-] *pf.* (-zen), **~zovat** (-zuji) glätten; vertilgen, ausrotten.

shled|aná: na -nou! auf Wiederseh(e)n!; **~ání** *n* (3) Wiedersehen *n*; **~(áv)at** zusammensuchen; vorfinden; wahrnehmen; feststellen, finden.

shl|édnout, **~ídnout** *pf.* (-dl), **~ížet** (3 *Pl.* -eji) herabschauen.

shluk *m* (2b) Auflauf *m*, Ansammlung *f*, Anhäufung *f*; Zusammentreffen *n*; **~nout se** *pf.* (-kl), **~ovat se** (-kuji) sich ansammeln, sich zusammenrotten; **~nutí**, **~ování** *n* (3) Anhäufung *f*, Ansammlung *f.*

shnil|ost *f* (4), **~ot(in)a** *f* (1) Fäulnis *f*; **~ý** faul(ig), verfault.

shnít *pf.* (shniji, -il) verfaulen.

shoblovat *pf.* (-uji) abhobeln.

shoda *f* (1) Übereinstimmung *f*, Einvernehmen *n*, Eintracht *f*; *Sp.* Einstand *m.*

shodit *pf.* (-zen) abwerfen, herunterwerfen; P se sich blamieren.

shod|nost *f* (4) Übereinstimmung *f*, *Geom.* Kongruenz *f*; **~nout se** *pf.* (-dl) (o čem) übereinkommen, sich einigen (über *A*); (na čem) vereinbaren (*A*); (s kým) gut auskommen (mit *D*); **~ný** übereinstimmend; gleichlautend; *Geom.* kongruent; **~ovat se** (-duji) übereinstimmen, einig sein; (s kým) gut auskommen (mit *D*).

shon *m* (2a) Andrang *m*, Auflauf *m*,

Getümmel *n*, Leben und Treiben *n*; Hast *f*, F Jagd *f*.

shora von oben (herab), abwärts; bergab; ~ *uvedený* oben erwähnt.

shořet *pf.* abbrennen.

shov|ět ⟨*po-*⟩ (*3 Pl. -ějí*), **~ívat** ⟨*po-*⟩ (*k-u*) Nachsicht (*od.* Geduld) haben (mit *D*); **~ívavost** *f* (*4*) Nachsicht *f*, Geduld *f*; **~ívavý** nachsichtig, geduldig.

shoz *m* (*2a*) Abwurf *m*, Abwerfen *n*.

shrab|at *pf.* (*-u*) zusammenrechen, zusammenscharren; F Feld einstreichen; **~ky** *m/pl.* (*2b*) Nachlese *f*; **shrábnout** *pf.* (*-bl; -bnut*), **~ovat** (*-buji*) *s.* shrabat.

shrb|ený gebückt, gebeugt; **~it** *pf.*, **~ovat** (*-buji*) krümmen, beugen.

shrn|out *pf.* zusammenfassen; aufhäufen; herunterschieben; **~ se** sich häufen; sich zusammenrollen; (*na k-o*) sich stürzen (auf); **~ovací** Roll-, Falt-; Stulpen-; **~ovat** (*-nuji*) *s.* shrnout; **~utí** *n* (*3*) Zusammenfassung *f*.

shromážd|ění *n* (*3*) Versammlung *f*; **~iště** *n* (*2a*) Versammlungsort *m*; Sammelort *m*; Treffpunkt *m*; **~it** *pf.* (ver)sammeln, *poet.* scharen; **~ se** ⟨*na-*⟩ sich versammeln, zusammenkommen; *Pol.* zusammentreten.

shromažď|ovací Versammlungs-; **~ovat** (*-duji*) *s.* shromážďit; **~ovatel** *m* (*3; -é*) Einberufer m e-r Versammlung.

shřebný trächtig (Stute).

shůry [zh-] von oben (herab).

shyb *m* (*2a*) *Turn.* Beuge *f*; ~ *ve visu* Beugehang *m*.

shýb|at, **~nout** *pf.* (*-bl; -bnut*) beugen; ~ *se* sich beugen, sich bücken; **~nutý** gebeugt, gebückt.

scház|et (*3 Pl. -ejí*), **~ívat** *iter.* fehlen; hinuntergehen, herunterkommen; *Schnee:* schmelzen; ~ *se* sich versammeln, zusammenkommen.

schéma *n* (*1; -tu; 6. -u/-ě*) Schema *n*.

schematický [-tɪ-] schematisch.

schlíp|ený, **~lý** hängend; **~nout** *pf.* (*-pl; -pnut*) schlaff werden; hängen lassen.

schnout ⟨*pro-, u-, vy-, za-*⟩ (*schnul, schla*) trocken werden, eintrocknen; (*Mensch*) abmagern; ~ *čím* vergehen vor *Durst usw*.

schod *m* (*2; 6. -ě/-u*) Stufe *f*; **~ek** *m* (*2b; -dk-*) Fehlbetrag *m*, Defizit *n*; **~iště** *n* (*2a*) Treppenhaus *n*; **~išťový** Treppen-; **~ný** gangbar; unvollständig, **~ovitý** stufen-, terrassenförmig; **~y** *m/pl.* (*2*) Treppe *f*, Stiege *f*; *pohyblivé* ~ Rolltreppe; *točité* ~ Wendeltreppe.

schop|en *s.* schopný; **~nost** *f* (*4*) Fähigkeit *f*, Befähigung *f*; *Mil.* Tauglichkeit *f*; ~ *vidět* Sehkraft *f*; ~ *přizpůsobení* Anpassungsfähigkeit *f*; **~ný** (*č-o, k č-u od. Inf.*) fähig (zu *D*); ~ *odporu* widerstandsfähig; ~ *všeho* zu allem fähig; ~ *práce*, ~ *pracovat* arbeitsfähig.

schoulit se *pf.* sich kauern, sich ducken; F sich kuscheln.

schovan|á *f* (*Adj. 2*) Versteckspiel *n*; **~ec** *m* (*3; -nc-*) Pflegesohn *m*; **~ka** *f* (*1c; -nek*) Pflegetochter *f*; **~ý** versteckt, verborgen.

schov|at *pf.* aufbewahren, aufheben; verbergen, verstecken; **~atel** *m* (*3; -é*), **~avač** *m* (*3*) Verwahrer *m*; **~avačka** *f* (*1c; -ček*) Versteck *n*, Schlupfwinkel *m*; Versteckspiel *n*; *hrát na -ku* Verstecken spielen; **~avaná** *f s.* schovaná; **~ávat** ⟨*u-*⟩ *s.* schovat.

schramstnout *pf.* (*-tnul/-tl; -tnut*) verschlingen.

schrán|a *f*(*1*) Behälter *m*, Kasten *m*; **~ět** (*3 Pl. -ějí*) *s.* schraňovat; **~it** (*im*)*pf.* (auf)bewahren, verwahren; *Geld* sparen; **~ka** *f* (*1c; -nek*) Kasten *m*, Etui *n*, Dose *f*; *poštovní* ~ Briefkasten; **~livý** sparsam.

schraňovat ⟨*-ňuji*⟩ *Geld* zurücklegen, sparen.

schroup|at ⟨*-u/-ám*⟩, **~nout** *pf.* (*-pl; -pnut*) aufknabbern.

schrupnout si *pf.* (*-pl/-pnul*) ein Schläfchen machen.

schůd|ek *m* (*2b; -dk-*) Stufe *f*; Trittbrett *n*; **~nost** *f* (*4*) Gangbarkeit *f*; **~ný** gangbar; *Berg:* besteigbar. [verfitzen.]

schumlat *pf.* zerknittern; *Wolle:*

schůz|e *f* (*3*) Versammlung *f*; **~ka** *f* (*1c; -zek*) Zusammenkunft *f*, Treffen *n*; Beisammensein *n*; Stelldichein *n*; **~ovat** *f* ⟨*-zuji*⟩ (häufig, ständig) Sitzungen *od.* Versammlungen abhalten.

schvál|ení *n* (*3*) Genehmigung *f*; *Parl.* Annahme *f*; **~it** *pf.* genehmigen; annehmen; billigen; **~ný** absichtlich, vorsätzlich.

schvalovací 386

schval|ovací Genehmigungs-; *Pol.* Ratifikations-; **~ovat** (*-luji*) *s. schválit.*
schýlit *pf.* beugen, neigen.
schyl|mo *Adv. Turn.* gebeugt; **~ovač** *m* (4) Beugemuskel *m*; **~ovat** (*-luji*) *s. schýlit.*
schyt|áv)at auf-, abfangen.
si sich (*D*); *s. on.*
Sibiř *f* (3) Sibirien *n*; **Qský** sibirisch.
sic *selt.*, **~e** zwar; allerdings; sonst.
síci ⟨*na-, po-, za-*⟩ (*seku/-ču, sekl; sečen*) mähen.
Sic|ílie *f* (2) Sizilien *n*; **Qilský** sizilianisch.
sidecar [sajtka:r] *m* (2a) Beiwagen *m*.
síd|elní Residenz-; Siedlungs-; **~liště** *n* (2a) Siedlung *f*, Wohngebiet *n*; **~lit** ⟨*o-, u-*⟩, **~lívat** *iter.* siedeln, wohnen, residieren; **~lo** *n* (1a; -del) Sitz *m*, Wohnsitz *m*, Residenz *f*.
sign|ál *m* (2; 6. -u/-e) Signal *n*; **~alizační** Signal-; **~alizovat** (*-zuji*) signalisieren; anzeigen; **~álka** *f* (1c; -lek) Signalhorn *n*; **~ální, ~álový** Signal-; **~atura** [-tu:-] *f* (1d) Signatur *f*; **~ovat** (*im*)*pf.* (*-nuji*) signieren.
síla *f* (1a; 7 *Sg.*, 2, 3, 6, 7 *Pl. sil-*) Kraft *f*; Stärke *f*; große Menge *f*.
sil|ácký Kraft-, athletisch; **~áctví** *n* (3) Kraftmeierei *f*; **~ačka** *f* (1c; -ček) kräftige Frau *f*; **~ák** *m* (1a) Kraftmensch *m*, Athlet *m*, P Bulle *m*.
siláž *f* (3) *Agr.* Silage *f*, Einlagerung *f* im Silo; **~ní** Silo-; **~ovat** ⟨*u-, za-*⟩ (*-žuji*) silieren, im Silo (ein)lagern.
silenka *f* (1c; -nek) Leimkraut *n*.
sílet ⟨*ze-*⟩ (3 *Pl. -ejí*) stark (*od.* kräftig) werden, erstarken; *Frost, Wind:* zunehmen.
silice *f* (2a) ätherisches Öl *n*.
sil|ící kräftigend, Stärkungs-; **~it** ⟨*po-, ze-*⟩ stärken, kräftigen; *s. sílet.*
silni|ce *f* (2a) Landstraße *f*; **~výpadová** ~ Ausfallstraße *f*; **~čář** P *m* (3) Straßenbauer *m*; *Sp.* Straßenrennfahrer *m*; **~ční** Straßen-.
sil|nit *s. sílit*; **~noproudý** Starkstrom-; **~ný** stark, kräftig.
silo|křivka *f* (1c; -vek) *Phys.* Kraftlinie *f*; **~měr** *m* (2a) Kraftmesser *m*.
siluet|a *f* (1) Silhouette *f*, Schattenriß *m*; **~ový** schattenhaft.

silvestr *m* (1) Silvester(abend) *m*; **na ~a** zu Silvester, am Silvesterabend; **~ovský** Silvester-.
símě *s. sémě.*
simulovat ⟨*za- si*⟩ (*-luji*) simulieren.
simultán|ka *f* (1c; -nek) Simultanspiel *n*; **~ní** Simultan-.
síň *f* (3) Saal *m*; Halle *f*; Hausflur *m*, Vorraum *m*.
sin|alý totenblaß, fahl; **~at** ⟨*z(e)-*⟩, **~avět** ⟨*za-, ze-*⟩ (3 *Pl. -ějí*) blaß (*od.* fahl) werden; **~avý** *s. sinalý.*
singl *m* (2a) *Sp.* Einzel(spiel) *n*; (*Ruderboot*) Einer *m*.
síňka *f* (1c; -něk) (*Haus-*)Flur *m*.
siný bläulich, fahl; totenbleich.
sionist|a [-nı-] *m* (5a) Zionist *m*; **~ický** [-tı-] zionistisch.
síp|at ⟨*roz- se, za-*⟩ (*-ám/-u*) keuchen, heiser sprechen; **~avý** heiser, keuchend; **~ět, sipět** ⟨*za-*⟩ zischen; schnauben; **~ot** *m* (2a) Zischen *n*; Heiserkeit *f*.
sír|a *f* (1d) Schwefel *m*; **~an** *m* (2a) Sulfat *n*.
siréna *f* (1) Sirene *f*.
sirk|a *f* (1c; -rek) Zündholz *n*, Streichholz *n*; **~árna** *f* (1; -ren) Zündholzfabrik *f*.
sirn|atost *f* (4) Schwefelgehalt *m*; **~atý** schwefelhaltig; **~ík** *m* (2b) Sulfid *n*; **~ý** Schwefel-, schwefel-
sirob *m* *s. sirup.* [haltig.]
sirobný verwaist, Waisen-.
sirot|a *m* (5) *od. f* (1) Waise *f*, Waisenkind *n*; **~čí** Waisen-; **~činec** *m* (4; -nc-) Waisenhaus *n*; **~ek** *m* (1a; -tk-) *s. sirota.*
siro|uhlík *m* (2b) Schwefelkohlenstoff *m*; **~vodík** *m* (2b) Schwefelwasserstoff *m*.
sírový Schwefel-.
sirup *m* (2a) Sirup *m*.
siřiči|tan *m* (2a) Sulfit *n*; **~tý** schwef(e)lig.
sířit ⟨*vy-, za-*⟩ schwefeln.
sis = *jsi* + *si* (*D*).
sistovat *pf.* (*-stuji*) einstellen.
sít ⟨*na-, po-, roz-, vy-, za-*⟩ (*seji, sel, set*) säen.
sít' *f* (4c; -tě) Netz *n*; *fig.* Garn *n*.
sítař *m* (3) Siebmacher *m*.
síťař *m* (3) Netzmacher *m*.
sít|ěný Binsen-; **~í** *n* (3), **~ina** *f* (1) Schilf(rohr) *n*, Binse *f*; **~inový** Binsen-. [Raster *m*.]
síťka *f* (1c; -těk) (kleines) Netz *n*;

sítko n (1b) (Tee-)Sieb n, Handsieb n; Sieblöffel m.

síťkov|ací Netz-, Filet-; **~ání** n (3) Netz-, Filetarbeit f; **~aný** Netz-; **~at** ⟨u-⟩ (-kuji) netzartig stricken, filieren.

sítnice f (2a) Netzhaut f.

síto n (1; 6. -u/-ě) Sieb n.

síťokřídlý m (Adj. 1) Zo. Netzflügler m.

síťov|at (-tuji) s. síťkovat; **~ina** f (1) Netzstoff m; **~itý** netzartig; **~ka** f (1c; -vek) Netztasche f; Netz(fahr)karte f.

sítový Sieb-.

síťový Netz-.

situ|ace f (2) Situation f, Lage f; **~ovat** (im)pf. (-uji) situieren; dobře -aný gut situiert.

sivák m (1a) Grauschimmel m; Ringeltaube f.

sivo|modrý graublau; **~oký** mit grauen Augen; **~zelený** graugrün.

sivý aschgrau.

sjedn|ání n (3) Vereinbarung f, Abschluß m, (Partei-)Tag m; **~(áv)at** vereinbaren, abschließen; -at mír Frieden schließen.

sjedno|cení n (3) Vereinigung f; Vereinheitlichung f; Pol. a. Wiedervereinigung; **~cený** vereinigt; vereinheitlicht; **~covací** Unifizierungs-; Wiedervereinigungs-; **~covat** (-cuji), **~tit** pf. (-cen) vereinigen; vereinheitlichen.

sjet pf. (s. jet) herab-, herunterfahren; herab-, hinabreiten; abgleiten; her-, hinunterrutschen; Länder bereisen; ~ se zusammenkommen, sich treffen, sich versammeln.

sjezd m (2; 6. -u/-ě) Treffen n, Kongreß m, (Partei-)Tag m; Sp. Abfahrtslauf m; ~ do údolí Talfahrt f; **~ař** m (3) Sp. Abfahrtsläufer m; **~it** pf. (-žděn/-zděn) Länder bereisen; Weg befahren; P abkanzeln; ausschimpfen; **~ovka** f (1c; -vek) Sp. Abfahrtbahn od. -strecke f; Abfahrtschi m; **~ový** Kongreß-; Abfahrts-.

sjí|zdný (be)fahrbar; **~ždět** (3 Pl. -ějí) s. sjet.

skácet pf. (3 Pl. -ejí) umwerfen, umstürzen; Bäume fällen; ~ se umfallen, stürzen, zu Boden fallen.

skafandr m (2a) Taucher- od. Raumanzug m.

skák|ací Sprung-; **~ání** n (3) Springen n; **šňůra na ~** Sprungseil n; **~ v pytli** Sackhüpfen n; **~at** ⟨do-, po-, za- si⟩ (-ču/-či) springen; **~avý** springend, hüpfend; sprunghaft.

skála f (1a; 2 Pl. skal; 3, 6, 7 Pl. -ál/-al-) Fels(en) m, Felsblock m.

skalice f (2a) Vitriol n.

skal|ina f (1) Felsen m; **~isko** n (1b; -sk/-sek) Felsblock m, Klippe f, Riff n; **~ka** f (1c; -lek) kleiner Felsen n; Steingarten m; **~natý** Felsen-, felsig; **~ní** Felsen-, Stein-; F fanatisch; **~ník** 1. m (1a) Felsenbewohner m; 2. m (2b) Steinbrecher m.

skálopevný felsenfest.

skalp|el m (2a) Skalpell n; **~ovat** (im)pf. (-puji) skalpieren.

skamarádit se pf. Freundschaft schließen.

skandál m (2; 6. -u/-e) Skandal m; F Lärm m; **~ní** skandalös.

Skandináv|ec [-dɪ-] m (3; -vc-), **~ka** f (1c; -vek) Skandinavier(in f) m; **~ie** f (2) Skandinavien n; **~ský** skandinavisch.

skanout pf. herabtropfen, (herab-) rinnen.

skap|(áv)at (pf. -u/-ám), **skápnout** pf. (-pl) s. skanout.

ská|t pf. (skal), **~vat** ⟨se-⟩ zwirnen.

skaut m (1), **~ka** f (1c; -tek) Pfadfinder(in f) m; **~ství** n (3) Pfadfinderwesen n.

skelný Glas-.

skep|se f (2) Skepsis f; **~tický** [-tɪ-] skeptisch; **~tik** [-tɪk] m (1; -ové) Skeptiker m.

sket|a m (5) od. f (1) Feigling m, verä. Memme f, F Hasenfuß m; **~ský** feig(e).

skic|a f (1a; 2. -i) Skizze f; **~ák** m (2b), **~ář** m (4) Skizzenheft n, -buch n, -mappe f; **~ovat** (im)pf. ⟨na-⟩ (-cuji) skizzieren; **~ovitý**, skizzenhaft; **~ový** Skizzen-.

sklad m (2) Tech. Zusammensetzung f; Hdl. Lager n, Magazin n; ~ střeliva Munitionsdepot n; **mít ~** auf Lager, vorrätig; bez ladu a ~u durcheinander, F drunter und drüber.

sklád|ací zusammenlegbar, Klapp-, Falt-; **~ člun** Faltboot n; **~at** ⟨po-⟩ abladen; zusammensetzen; (zusammen)legen, falten; Tech. falzen; (hin)legen; dazulegen; Amt niederlegen; Hoffnung setzen; Gedicht

sklad|atel m (3; -é) Komponist m; Verfasser m; **~ba** f (1; -deb) Mus. Komposition f; Zusammensetzung f, Struktur f; Gr. Satzlehre f, Syntax f; **~ebný** Kompositions-; strukturell; Gr. syntaktisch.

skladišt|ě n (2a) Lagerraum m, Lagerhaus n, Magazin n, Depot n; **~né** n (Adj. 3) Lagergebühr f; **~ní** Lager-, Magazin-.

sklád|a, **f (1c; -dek) Abladen n; Abladeplatz m; Ablagerung f; **~ový Ablade-, Ablage-.

sklad|né n (Adj. 3) Abladegebühr f; Lagergeld n; **~ník** m (1a) Lagerverwalter m; **~ný** gut zu verladen; harmonisch; geräumig; **~ nábytek** raumsparende Möbel; **-ná taška** praktische Tasche (in der man viel unterbringen kann); **~ovat** (-duji) (ein)lagern; **~ový** Lager-.

sklánět (3 Pl. -ějí) s. sklonit.

sklápěcí Kipp-; Klapp-, Falt-, zusammenfaltbar; **~eč** m (4) Kipper m, Kippwagen m; **~ník** m (3 Pl. -ěji), Gr. Glasindustrie f.

sklapnout pf. (-pl; -pnut) zu(sammen)klappen; fig. fehlschlagen.

sklapov|ací s. sklápěcí; **~at** (-puji) s. sklápět.

sklárna f (1; -ren) Glashütte f.

sklář m (3) Glasarbeiter m; **~ský** Glas(hütten)-, Glasmacher-; **~ství** n (3) Glasindustrie f.

sklát pf. (-ál; -án) niederstrecken, töten; Krankheit: j-n dahinraffen; j-s Herz durchbohren.

sklátit pf. (-cen) herabschütteln, herunterschlagen; fig. dahinraffen.

sklenář m (3) Glaser m; **~ský** Glaser-; **~ství** n (3) Glaserei f.

sklen|ěný Glas-, gläsern; **~ice** f (2a) (Trink-)Glas n; **~ička** f (1c; -ček) Gläschen n; Schoppen m; **~ík** m (2b) Glasschrank od. -kasten m; **~íkový** Treibhaus-; **~ka** f (1c; -nek) (Likör-, Schnaps-, Wein-)Glas n; **~ po obědem** Frühschoppen m; **~ před večeří** Dämmerschoppen m; **~kář** m (3) Glaswarenhändler m.

sklenout pf. wölben.

sklep m (2; 2. -a) Keller m; (vinné) **~y** (Wein-)Kellerei f.

sklep|(áv)at (pf. -u/-ám) abklopfen; flachklopfen, hämmern; Sense dengeln; F fig. schaffen, hinkriegen; F bereden, durchhecheln; **~ení** n (3) Gewölbe n; hradní **~** Burgverlies n; **~mistr** m (1; -ři) Kellermeister m; **~ní** Keller-; **~nice** f (2a) Kellnerin f; **~nický** Kellner-; **~ník** m (1a) Kellner m; **~nout** pf. (-pl; -pnut) s. sklepat.

skles|lost f (4) Schlaffheit f; Med. Senkung f; Niedergeschlagenheit f; (Sitten-)Verfall m; **~lý** schlaff; niedergeschlagen, beklommen; gesunken; (Stimme) gebrochen; **~nout** pf. (-sl) sinken; sich niederlassen; **~ na mysli** den Mut sinken lassen; **~nutí** n (3) Senkung f.

sklíč|enost f (4) Depression f; **~ený** niedergeschlagen, bedrückt; **~it** pf. entkräften, erschöpfen; bedrücken, niederdrücken.

sklíčko n (1b; -ček) (Uhr-, Brillen-)Glas n; odrazové **~** Kfz. Rückstrahler m, F Katzenauge n.

skli|čovat (-čuji) s. sklíčit; **~dit** pf. (-zen) ab-, wegräumen; ernten (a. fig.); Feld abernten.

sklínka f (1c; -nek) s. sklenka.

sklípek m (2b; -pk-) dim. zu sklep; plicní **~** Lungenalveole f.

sklípkan m (1) Vogelspinne f.

sklivec m (4; -vc-) Anat. Glaskörper m.

sklízeč m (4) Erntemaschine f.

sklizeň f (3; -zně, -zní usw.) Ernte f.

sklízet (3 Pl. -ějí) s. sklidit.

sklížit pf. (zusammen)leimen.

sklo n (1a; skel) Glas n.

sklon m (2a) Neigung f; Geneigtheit f; Hang m; Gefälle n; Abhang m, Böschung f; **~ek** m (2b; -nk-) Neige f, Ende n; **~ění** n (3) Neigung f; **~ený** gesenkt, gebeugt; **~it** pf. neigen, beugen, senken (se sich); **~itý** geneigt; Geogr. abfallend; **~nost** f (4) Neigung f; Gr. Deklinierbarkeit f; **~ný** s. skloňovatelný; **~oměr** m (2a) Neigungsmesser m.

skloňov|ací Deklinations-; **~ání** n (3) Deklination f; **~at** (pro-) (-ňuji) deklinieren; **~atelný** deklinierbar.

sklop m (2), **~ec** m (4; -pc-) Falle f; Falltür f; **~it** pf. zuklappen; Sitz herunterklappen; Augen niederschlagen, senken; Kopf, Ohren hängen lassen; **~ka** f (1c; -pek) Turn. Kippe f; **~ník** m (2b) Kippvorrichtung f; **~ný** Kipp-, Klapp-.

skloubit pf. zusammenfügen.

sklouz|(áv)at (pf. -zám/-žu), **~nout** pf. (-zl) (aus-, herunter-, herab)rutschen; gleiten; **~avý**: ~ let Gleitflug m.

sklov|ina f (1) Glasmasse f; Email n; Zahnschmelz m; **~itý** glasartig, glasig.

skluz m (2a) Rutsche f; Mar. Schlipp m; Gleiten n; P a. Planrückstand m; **~avka** f (1c; -vek) Rutschbahn f; **~nice** f (2a) Sp. Gleitfläche f; **~ný** Gleit-, Rutsch-.

skob|a f (1), **~ka** f (1c; -bek) Haken m; Klammer f.

skobl|e f (2) Schabmesser n, F Schaber m; **~it** schaben.

skobovitý hakenförmig.

skoč|ový Rizinus f; **~ec** m (4; -čc-) Rizinus m.

skoč|it pf., do-, po-, za- springen; ~ pro k-o holen (A); ~ k-u do řeči j-m ins Wort fallen; ~ do ohně fig. durchs Feuer gehen; **~mo** sprungweise; **~ný** Spring-, Tanz-, Hüpf-.

skok m (2b) Sprung m, Satz m; jedním **~em** mit e-m Satz; ~ po hlavě, do dálky Kopf-, Weitsprung; s. tyč; výška ~u Sprunghöhe f; **~an** m (1) Springer m; Springfrosch m; **~anský** Sprung-.

skolit pf. s. sklát.

skomír|at (za-) dahinsiechen; allmählich erlöschen, ersterbend, **~avý** erlöschend, ersterbend.

skon m (2a) Hinscheiden n, Ende n, Ableben n; **~at** pf. verscheiden, entschlafen.

skon|covat pf. (-cuji) beend(ig)en, ein Ende machen; **~čit** pf. beend(ig)en, zu Ende führen; Streit beilegen; Tafel aufheben; ~ se enden, s-n Abschluß finden; ausfallen.

skontro n (1b; -ter) Abrechnung f.

skop|(áv)at (pf. -u/-ám) abgraben; abtragen.

skop|ec (3; -pc-) Hammel m, Schöps m, Widder m; **~ičina** F f (1) dummer Streich m, F Bock m.

skop|it pf. häufeln, sammeln; **~nout** pf. (-pl; -pnut) s. skopat.

skop|ová f (Adj. 2) Hammelbraten m; **~ové** n (Adj. 3), **~ovina** f (1) Hammelfleisch n; **~ovice** f (2a) Schafleder n; **~ový** Hammel-.

skóre n (indekl.) Sp. Punkt- od. Torverhältnis n; Ergebnis n.

skoro (P a. skorem) fast, beinahe; P zeitig (früh).

skórovat (im)pf. ⟨za-⟩ (-ruji) Sp. ein Tor schießen; e-n Punkt erzielen.

skořápk|a f (1c; -pek) Schale f; **~ový** Schalen-.

skořep|a, ~ina f (1) Tech. Schale f; **~inový** s. skořápka, skořápkový.

skořic|e f (2a) Zimt m; **~ovník** m (2b) Zimtbaum m; **~ový** Zimt-.

skosit pf. ⟨-sen⟩ abmähen; Mil. niedermähen; dahinraffen.

skot m (2a) Rinder n/pl.; chov ~u Rinderzucht f.

Skot m (1; -ové) Schotte m.

skot|áctví n (3), **~ačina** f (1) dummer Streich m, F Blödsinn m; **~ačit** ⟨na- se, vy- se, za- si⟩ Unsinn treiben; ausgelassen sein; **~ačivost** f (4) Ausgelassenheit f; **~ačivý** ausgelassen; **~ák** m (1a) Wildling m; F gemeiner Kerl m od. Bengel m.

Skot|ka f (1c; -tek) Schottin f; 2**ský** schottisch.

skoulet se pf. (3 Pl. -eji) s. skutálet se.

skoupit pf. aufkaufen.

skoup|ost f (4) Kargheit f; Geiz m; **~ý** karg; geizig; ~ na slovo wortkarg.

skout pf. (skuji, skul), **skovat** pf. (-u/-ám) zusammenschmieden.

skrájet pf. (3 Pl. -eji) s. skrojit.

skráň f (3; -ně, -ni usw.) Schläfe f; **~ový** Schläfen-.

skráp|ět (3 Pl. -ěji) s. skropit; **~nout** pf. (-pl) herabrollen.

skrbl|ictví n (3) Knauserei f; **~ík** m (1a) Geizhals m; **~it** ⟨na-, u-⟩ geizen (čím/mit D).

skrč|ek P m (1a; -čk-; -čkové) Knirps m, Dreikäsehoch m; **~ený** Beine: angezogen; zusammengekauert; **~it** pf. zusammenziehen; Beine anziehen; Stirn runzeln; Rücken krümmen; Arme, Knie beugen; ~ se sich bücken; sich ducken; **~ka** f (1c; -ček) Turn. Hocke f; **~mo** Turn. Hock-, in Hockstellung.

skroj|ek m (2b; -jk-) Brotanschnitt m, Ranft m; **~it** pf. ab-, wegschneiden; Brot anschneiden.

skrom|nost f (4) Bescheidenheit f; **~ný** bescheiden, genügsam.

skropit pf., **~ovat** (-puji) s. pokropit.

skroutit pf. s. kroutit.

skrov|nost f (4) Dürftigkeit f, Knappheit f; **~ný** gering, dürftig, spärlich, karg, knapp.

skrucovat (-cuji) s. kroutit.

skrumáž

skrumáž f ⟨3⟩ Sp. Gedränge f, Handgemenge n.
skrupule f ⟨2⟩ Skrupel m.
skrut|átor m ⟨1; -ři⟩ Wahlhelfer m, Stimmen(aus)zähler m; **~inium** [-tɪ:nɪ-] n ⟨5⟩ Wahlgang m.
skruž f ⟨3⟩ Arch. Lehrbogen m, Bogengerüst n, Kranzstück m, Segment n.
skrýš(e) f ⟨2 od. 3⟩ Versteck n, Schlupfwinkel m; lupičská ~ Räuberhöhle f.
skryt m ⟨2a⟩ Verborgene n; v ~u srdce im Grunde s-s Herzens; s. skrýt.
skrýt pf. (s. krýt) verbergen, verstecken; ~ se in Deckung gehen.
skryt|ě Adv. heimlich, insgeheim; Mil. in Deckung; **~ost** f ⟨4⟩ Heimlichkeit f; **~ý** verborgen, versteckt; heimlich; Mil. (gut) getarnt.
skrývačka f ⟨1c; -ček⟩ Versteck (-spiel) n; Vexierbild n; **~at** s. skrýt; **~ka** f ⟨1c; -vek⟩ Abraum m.
skrz (bei schwier. Aussprache: **skrze**) Prp. (mit 4. Fall) durch (A); ~ les (quer) durch den Wald; ~ naskrz durch und durch; ~ tebe deinetwegen.
skřečet ⟨za-⟩ kreischen.
skřehot m ⟨2a⟩ Kreischen n; (Frösche) Quaken n; **~at** ⟨roz- se, za-⟩ kreischen; quaken; **~avý** kreischend.
skřek m ⟨2b⟩ Kreischen n; Geschrei n; ~ ptáků Vogelschrei m.
skřele f ⟨2⟩ Kiemendeckel m.
skřet m ⟨1⟩ Kobold m, Geist m.
skříň f ⟨3⟩ (na šaty Kleider-) Schrank m; Kasten m; Schrein m; ~ motoru Motorgehäuse n; výkladní ~ Schaufenster n; **~ka** f ⟨1c; -něk⟩, **skřínka** f ⟨1c; -nek⟩ (kleiner) Kasten m, Kästchen n; Schränkchen n; agitační ~ Pol. Schaukasten; ~ na nářadí Werkzeugkasten; ~ na šperky Schmuckkassette, F Schatzkästchen.
skří|ňkový, **~nkový** Kasten-; ~ šicí stroj Koffernähmaschine f; **~ňový** Kasten-, Koffer-.
skříp|ání n ⟨3⟩ Knarren n, Knirschen n; Kratzen n; ~ zubů Zähneknirschen; **~at** ⟨za-⟩ (u-/-ám) knarren, knirschen; Zähne: klappern; Geige: kratzen; **~avý** knarrend, knirschend.
skřipec m ⟨4; -pc-⟩ Zwicker m, Kneifer m; Tech. Spannzange f, (Feil-)Kloben m; hist. Folter (-bank) f.
skřípět ⟨za-⟩ s. skřípat.
skřípky f/pl. ⟨2; -pek⟩ Fiedel f.
skříp|nout pf. v/i knarren, knirschen; F v/t zwicken, kneifen; **~ot** m ⟨2a⟩ s. skřípání.
skřítek m ⟨1a; -tk-⟩ Heinzelmännchen n, Kobold m; horský ~ Berggeist m.
skřiv|an m ⟨1⟩, **~ánek** m ⟨1a⟩ Lerche f; **~ánčí** Lerchen-.
skučet ⟨roz- se, za-⟩ heulen, winseln.
skuhr|al m ⟨1; -ové⟩ Jämmerling m; **~at** ⟨na- se, roz- se, za-⟩ jammern, wimmern, winseln.
skulin|a f ⟨1⟩ Spalt m, Spalte f, Ritze f; Leck n; **~atý** leck.
skulit pf. s. skutálet.
skup|ení n ⟨3⟩ Gruppe f; Gruppierung f; **~enství** n ⟨3⟩ Aggregatzustand m; v kapalném ~ in flüssigem Zustand; v plynném ~ in Gasform.
skupin|a f ⟨1⟩ Gruppe f; **~ář** m ⟨3⟩ Gruppenleiter m; **~ový** Gruppen-.
skup|it pf., **se-** anhäufen; gruppieren; ~ se sich scharen; **~ovat** ⟨se-⟩ (-puji) aufkaufen, iron. zusammenkaufen.
skus m ⟨2a⟩ Anat. Biß m; **~ovat** (-suji) zusammenbeißen.
skutálet pf. ⟨3 Pl. -ejí⟩ herunter-, hinunter-, herab-, hinabwälzen od. -rollen; ~ se herab-, hinabrollen (v/i).
skutečn|ost f ⟨4⟩ Wirklichkeit f, Tatsache f; Jur. Tatbestand m; **~ý** wirklich, wahrhaftig, tatsächlich.
skut|ek m ⟨2b; -tk-⟩ Tat f, Werk n; Jur. Handlung f; **~kový** Tat-, tatsächlich.
skútr m ⟨2a⟩ Motorroller m.
skvěl|ost f ⟨4⟩ Glanz m, Pracht f, Herrlichkeit f; **~ý** glänzend, prachtvoll, herrlich; Glanz-.
skvít se ⟨roze-, za-⟩ ⟨-ím/-ěji; 3 Pl. -í/-ějí, -ěl⟩ glänzen, leuchten, poet. prangen.
skvost m ⟨2a⟩ Schmuck m, Juwel n, Kleinod n; **~ný** glänzend, prachtvoll, herrlich.
skvoucí s. skvělý.
skvrn|a f ⟨1⟩ Fleck m; (Tinten-, Farb-)Klecks m; fig. Makel m, Schandfleck m; **~itý** fleckig; Zo.

slehnutí

gefleckt; *Med.* Fleck-; ~ivka f (1c; -vek) Flecktyphus m; ~ka f (1c; -nek) (kleiner) Fleck m, Tüpfel n.
skýtat ⟨po-⟩, **skytnout** pf. (-tl; -tnut) gewähren, bieten.
skýva f (1) Schnitte f.
sláb s. *slabý*.
slabi|čný Silben-; ~... *in Zssgn* -silbig; ~ka f (1c) Silbe f; ~kář m (4) Fibel f; ~kovat ⟨pro-, pře-, za-⟩ (-kuji) buchstabieren.
slabin|a f (1) *Anat.* Weiche f, Leiste f; *fig.* Schwäche f, Blöße f; ~ný Leisten-.
slábnout ⟨o-, ze-⟩ (-bl) schwach (*od.* schwächer) werden, nachlassen.
slabo|duchý beschränkt (*fig.*); ~ch m (1a) Schwächling m; ~myslnost f (4) Schwachsinn m; ~myslný schwachsinnig; ~proudý Schwachstrom-; ~st f (4) Schwäche f; Schwachheit f; ~ský charakterschwach; willenlos; *fig.* ohnmächtig; ~ství n (3) Willensschwäche f; ~učký, ~unký F schwächlich, ziemlich schwach; ~zraký schwachsichtig.
sla|bůstka f (1c; -tek) *fig.* Schwäche f, schwache Seite f; ~bý (*Komp.* -bší) schwach.
slad m (2a) Malz n.
sladce *Adv.* süß; *fig.* sanft.
sládě n (4a; *Pl.* -data) Süßapfel m.
sládek m (1a; -dk-) Brauer m.
slad|idlo n (1a; -del) Süßstoff m; ~it¹ ⟨o-, pře-, vy-⟩ (-zen) süßen; zuckern.
sladit² pf. (-děn) (ab)tönen, abstimmen, in Einklang bringen.
sladko|bolný wehmütig; ~hořký bittersüß; ~kyselý süßsauer.
sladk|ost f (4) Süße f; Süßigkeit f; *Malzdarre* f; ~ovodný Süßwasser-; ~ovonný süß(lich) duftend; ~ý (*Komp.* -dší; *Adv.* -dce, *Komp.* -dčeji) süß.
sládnout ⟨za-, ze-⟩ (-dl) süß werden.
slaďou|čký, ~nký F zuckersüß, sehr süß.
sladov|ací Malz-; ~ina f (1) Malzextrakt m; ~na f (1; -ven) Mälzerei f, Malzdarre f; ~nický Brauer-; ~nictví n (3) Braugewerbe n; ~ník m (1a) Mälzer m; ~ý Malz-.
sladší s. *sladký*.
slajd m (2a) *Sp.* Rollsitz m.
sláma f (1; 2 *Pl.* slam) Stroh n.
slam|ák P m (2b) Strohhut m; ~ěn-

ka f (1c; -nek) Strohschüssel f; Strohblume f; ~ěný Stroh-.
slámka f (1c; -mek) Strohhalm m.
slam|natý strohartig, Stroh-; ~ník m (2b) Strohsack m.
slámový strohgelb; Stroh-.
slaneček m (1a; 1 *Pl.* -čci/-čky) (*Salz*-)Hering m; uzený ~ Bückling m.
slanina f (1) Speck m.
slánka f (1c; -nek) Salzstreuer m, -büchse f.
slan|ost f (4) Salzigkeit f, Salzgehalt m; ~ý salzig, Salz-.
slap m (2a) Stromschnelle f, Wasserfall m.
slast f (4) Wonne f; ~(ipl)ný wonnevoll, *poet.* wonnig.
slát|anina F f (1) *verä.* Machwerk n, Flickwerk n; ~at pf. zusammenflicken.
slatin|a f (1) Moor n; ~iště n (2a) Moorboden m; Moorgrube f; ~ný Moor-; *Med.* Schlamm-.
sláva f (1) Ruhm m; Pracht f und Herrlichkeit f; ~! heil!
slav|ičí Nachtigallen-; ~ík m (1a) Nachtigall f.
slavist|a f (5a), ~ka f (1c; -tek) Slawist(in f) m; ~ika [-tɪ-] f (1c) Slawistik f.
slavit ⟨o-, pro-⟩ feiern; preisen, festlich begehen.
slavnost f (4) Feier f, Fest n; ~ní feierlich, festlich, Fest-.
slavný berühmt; ruhmreich; denkwürdig; F *fig.* glänzend.
slavo|brána f (1) Triumphbogen m; ~mam m (2a) Größenwahn m.
slávychtivý ruhmsüchtig.
slazený gesüßt, gezuckert.
sleč|na f (1; -čen), *dim.* ~inka f (1c; -nek) Fräulein n; *iron.* Mamsell f; -na v bufetu kalte Mamsell.
sled m (2a) Spur f; (Reihen-)Folge f; *Mil.* (Angriffs-)Welle f.
sle|ď f (4d; -dě; *Pl.* -dě/-di) Hering m; ~dí Herings-.
sledov|at ⟨na-, pro(ná)-⟩ (-duji), ~ávat *iter.* folgen (D), verfolgen (A).
sléhat, slehávat entbinden, niederkommen; ~ *w* sich denken, sich setzen; zusammengedrückt werden.
sleh|lý zusammengedrückt, fest; dicht; *fig.* (be)drückend; ~nout pf. (-hl; -hnut) s. *sléhat*; ~nutí n (3) Entbindung f, Niederkunft f; *Geogr.* Senkung f.

slech *m* (2b) Gerücht *n*; *Jagdw.* Löffel *m*, Lauscher *m*.

slejv|ák P *m* (2b) Platzregen *m*; **~at:** F ~ se ze školy die Schule schwänzen; ~ se z práce sich vor der Arbeit drücken.

slep|ě *Adv.* blind, blindlings; **~ec** *m* (3; -pc-) Blinde(r) *m*; **~ecký** Blinden-.

slepenec *m* (4; -nc-) Konglomerat *n*.

slepi|ce *f* (2a) Henne *f*, Huhn *n*; *chov* -ic Hühnerzucht *f*; **~čárna** *f* (1; -ren) Hühnerfarm *f*; **~čí** Hühner-; **~činec** *m* (4; -nc-) Hühnerstall *m*.

slepit[1] *pf.* zusammenkleben, -leimen.

slepit[2] † (im)*pf.* ⟨o-, za-⟩ j-n blenden.

slepka *f* (1c; -pek) (Film-)Kleberaum *m*.

slep|nout ⟨o-, při-⟩ (-pl) erblinden, **~o** *Adv. fig.* blind; *letět na* ~ blind fliegen; *rána na* ~ blinder Schuß *m*; **~ota** *f* (1) Blindheit *f*; **~ý** blind; Blind-; ~ *od narození* blindgeboren; *-pá bába* Blindekuh(spiel *n*) *f*; *-pá kolej* totes Gleis; *-pá ulička* Sackgasse *f*; *-pé střevo* Blinddarm *m*; **~ýš** *m* (3) Blindschleiche *f*.

slet *m* 1. (2a) Abwärtsflug *m*; Versammlung *f* von Vögeln; 2. (2. *od.* 2a) (*Jugend*-)Treffen *n*, Zusammenkunft *f*.

slétat, sletět *pf.* herunter-, herabfliegen; ~ se zusammenfliegen, sich scharen.

sletiště *n* (2a) (Sokol-)Turnplatz *m*.

slétnout *pf.* (-tl) *s.* slétat.

sletovat *pf.* (-tuji) (zusammen-)löten, verlöten.

sleva *f* (1) Ermäßigung *f*, (Preis-)Nachlaß *m*.

slévač Gieß-.

slévač, slevač *m* (3) Gießer(ei-arbeiter) *m*; **~ský** Gießerei-; **~ství** *n* (3) Gießerei *f*.

slév|árenský Gießerei-; **~árna** *f* (1; -ren) Gießerei *f*; **~at** gießen; abgießen; zusammengießen; verschmelzen, legieren; ~ se zusammenfließen; *Farben*: verfließen.

slev|enka *f* (1c; -nek) ermäßigte Eintritts- *od.* Fahrkarte *f*; **~it** *pf.*, **~ovat** (-vuji) nachlassen, ermäßigen.

slez *m* (2a) Labmagen *m*.

sléz *m* (2a) Malve *f*.

Slez|an *m* (1; -é), **~ák** F *m* (1a), **~anka** *f* (1c; -nek) Schlesier(in *f*) *m*.

slézat *s.* slézt.

slezin|a *f* (1) Milz *f*; **~ný** Milz-.

Slez|sko *n* (1b) Schlesien *n*; **2ský** schlesisch.

slézt *pf.* (*s. lézt*) herunterklettern *od.* -kriechen; *vom Pferd* absteigen; *Haar:* ausfallen; ~ se zusammenkriechen, • sich treffen.

slež|elý verlegen, **~et se** *pf.* verliegen.

slib *m* (2a) Versprechen *n*, Zusage *f*; Gelöbnis *n*; *Rel.* Gelübde *n*.

slíbat *pf.* Tränen usw. ab-, wegküssen.

slíbit *pf.* versprechen, zusagen; *Rel. u. lit.* geloben.

slibný vielversprechend, verheißungsvoll, aussichtsreich.

slibovat (-buji) *s.* slíbit.

slič|nost *f* (4) Anmut *f*, Lieblichkeit *f*; **~ný** anmutig, lieblich.

slída *f* (1) *Geol.* Glimmer *m*.

slíd|ění *n* (3) Nachspüren *n*, P Schnüffelei *f*; **~ič** *m* (3), **~il** *m* (1; -ové) Aufpasser *m*, Spitzel *m*, F Schnüffler *m*; **~it** ⟨na- se, vy-, za-⟩ (*po čem*) spähen, schnüffeln (nach *D*); nachspüren, P nachspionieren (*D*); (*po kom*) auflauern (*D*); **~ivost** *f* (4) Schnüffelei *f*.

slíd|natý glimmerhaltig; **~ovec** *m* (4; -vc-) Glimmerschiefer *m*; **~ový** Glimmer-.

slimák *m* (1a) Schnecke *f*.

slín *m* (2a) Min. Mergel *m*.

slina *f* (1) Speichel *m*.

slínek *m* (2b; -nk-) Klinker *m*.

slin|it ⟨na-, po-, za-⟩ mit Speichel benetzen; geifern; **~ivka** *f* (1c; -vek) Speicheldrüse *f*; **~ný** Speichel-; **~ovat** (-nuji) *Tech.* sintern.

slint|ák *m* (1a), *dim.* **~áček** *m* (2b; -čk-) Speichellatz *m*, F Sabberlätzchen *n*; **~at** ⟨o-, po-, za-⟩ speicheln; geifern; F sabbern, schlabbern.

slípat *pf. s.* slípit.

slípka *f* (1c; -pek) junge Henne *f*; *vodní* ~ Wasserhuhn *n*.

slisovat *pf.* (-suji) (zusammen-)pressen.

slít *pf. s.* slévat.

slít- *s.* slét-.

slit|ek *m* (2b; -tk-) Gußstück *n*, Abguß *m*; **~ina** *f* (1) Legierung *f*; *krevní* ~ Blutklumpen *m*, -gerinnsel *n*.

slitov|ání n (3) Erbarmen n, Mitleid n; ~at se pf. (-tuji) (nad kým) sich erbarmen (G).
slitý s. slévat.
slíva f (1; 2 Pl. -iv/-ív) Pflaume f.
slivky m/pl. (2b) od. f/pl. (1; -vek) Abguß m; F Tropfbier n.
sliv|oň f (3) Pflaumenbaum m; ~ovice f (2a) Sliwowitz m, Pflaumenschnaps m.
slívový Pflaumen-, Zwetschgen-.
sliz m (2a) Schleim m; ~ký schleimig; schlüpfrig; ~natý schleimig; ~ní Med. Schleim-; ~nice f (2a) Schleimhaut f.
slíznout pf. (-zl; -znut) ablecken; F fig. ausfressen.
slizo|tok m (2b) Schleimfluß m; ~vatý, ~vitý schleimig, schleimartig; ~vka f (1c; -vek) Schleimpilz m; ~vý Schleim-.
sloh m (2b) Stil m.
sloha f (1b) s. sloka; (Papier) Lage f, Block m.
slohový Stil-, stilistisch; -vě výrazný stilvoll.
sloj f (3) Flöz n.
sloka f (1c) Strophe f.
slon m (1) Elefant m; ~í Elefanten-; ~ice f (2a) Elefantenkuh f; ~ovina f (1) Elfenbein n; ~ov(inov)ý Elfenbein-.
slosov|ání n (3) Verlosung f; ~at pf. (-suji) verlosen.
slota f (1) F Hundewetter n; Elend n; Gesindel n.
slouč|enina f (1) Chem. Verbindung f; ~it pf. verbinden, vereinigen; fig. in Einklang bringen; ~ se sich verbinden; verschmelzen (v/i).
slouha f (5) Gemeindehirt m; † verä. Knecht m; ungehobelter Kerl, Grobian m.
sloup m (2; 6. -u/-ě) Säule f; Pfeiler m; Tech. Mast m; telegrafní ~ Telegraphenstange f; hraniční ~ Grenzpfahl m; ~ dýmu Rauchsäule f, Rauchpilz m.
sloup(áv)at pf. (pf. -ám/-u) abschälen.
sloup|cový Säulen-; Typ. Fahnen-; ~ec m (4; -pc-) s. sloupek; Typ. Spalte f; (Zahlen-)Kolonne f; ~ek m (2b; -pk-) kleine Säule, Pfosten m, Pfahl m; Kolumne f, kleines Feuilleton n.
sloupnout pf. (-pl; -pnut) s. sloupat.
sloupo|řadí n (3) Säulengang m; Säulenreihe f; ~vý Säulen-.

slout ⟨pro-⟩ (sluji, -ul) heißen.
slouž|ící 1. dienend, bedienstet; 2. m (Adj. 4) Bedienstete(r) m; ~it ⟨po-, za-⟩ dienen; (k-u) gut bekommen (D); ať -ží! wohl bekomm's!
Slovác|ko m (1b) Mährische Slowakei f; ~ký südostmährisch.
Slovák m (1a) Slowake m.
Slovan m (1; -é) Slawe m; ~ka f (1c; -nek) Slawin f; ~ský slawisch; ~stvo n (1) Slawentum n.
Sloven|ka f (1c; -nek) Slowakin f; ~sko n (1b) Slowakei f; na -ku in der Slowakei; ~ský slowakisch; ~ština f (1) Slowakisch(e) n.
slovenština f (1): stará ~ Altkirchenslawisch n.
sloves|nost f (4) Schrifttum n; ~ný literarisch; Gr. Zeitwort-, Verbal-; ~o n (1a; 6. -e/-u) Verb n.
slovíčk|ář m (3) Wortklauber m; ~ářství n (3) Wortklauberei f; ~o n (1b) Wörtchen n; Vokabel f.
Slovin|ec m (3; -nc-) Slowene m; ~ka f (1c; -nek) Slowenin f; ~ský slowenisch.
slov|ní Wort-; ~níček m (2b; -čk-) kleines Wörterbuch n; Wörterverzeichnis n, Vokabular n; Vokabelheft n; ~ník m (2b) Wörterbuch n; Lexikon n; ~nikář, ~níkář m (3) Lexikograph m; ~níkový Wörterbuch-, lexikalisch; -vé heslo Stichwort n; ~ný wörtlich, wortgetreu; -né znění Wortlaut m.
slovo n (1; 6. -ě/-u) Wort n; ~ od -va Wort für Wort; -vem i obrazem in Wort und Bild; -vy in Worten; ani -va kein Wort (mehr); beze -va wortlos; hra se -vy Wortspiel n; na ~ aufs Wort; přihláška ke -vu Wortmeldung f; F být od -va schlagfertig sein; F mít hlavní ~ das große Wort führen; sled m (2a) Wortstellung f.
slovutn|ost f (4) Berühmtheit f; † Wohlgeboren n; ~ý berühmt, angesehen.
slože|ní n (3) Hdl. Entladen n; Zusammensetzung f; Zusammenstellen n; Tech. Konstruktion f; Satz m; Jur. Hinterlegung f; Erlag m; ~nina f (1) Zusammensetzung f; ~nka f (1c; -nek) Zahlkarte f, öst. Erlagschein m.
slož|it pf. s. skládat; ~itost f (4) Kompliziertheit f; ~itý kompliziert; -té účetnictví doppelte Buch-

složka 394

führung; ~ka f (1c; -žek) Bestandteil m; (Papier-)Lage f; ~né n (Adj. 3) Entladegebühr f; ~ní Depositen-; ~nokvěty: -tá rostlina Korbblütler m.
sluč|itelný vereinbar; Verbindungs-, Vereinigungs-; ~ovat (-čuji) s. sloučit.
sluha m (5) Diener m.
sluch m (2b) Gehör n; Gehörsinn m; Jagdw. Löffel m; fig. Ohr n; ~adlo n (1a; -del) Hörgerät n, -apparat m; ~átko n (1b; -tek) (Telefon-)Hörer m; Rdf. Kopfhörer m; ~ový Gehör-.
sluj f (3) Höhle f, Grotte f.
sluka f (1c) Schnepfe f.
slunce n (2) Sonne f; skvrny na -ci Sonnenflecken; ležet na -ci an der Sonne liegen; za ~, při -ci bei Sonnenschein; jasné jako ~ sonnenklar.
slůně n (4a) junger Elefant m, f Elefantenbaby n.
slunečko F n (1b; -ček, -ách) liebe Sonne f; Marienkäfer m; ~ní Sonnen-; ~nice f (2a) Sonnenblume f; ~ník m (2b) Sonnenschirm m; ~no sonnig; za -na bei Sonnenschein; ~ný sonnig, Sonnen-.
slun|íčko n s. slunečko; ~it se ⟨o-, vy-, za-⟩ sich sonnen, ein Sonnenbad nehmen; ~ko F n (1b; -nek) (liebe) Sonne f; od -ka do -ka vom Sonnenaufgang bis Sonnenuntergang, von früh bis in die Nacht hinein; ~ný sonnig; ~ovrat m (2a) Sonnenwende f.
slup|at pf. gierig aufessen, verschlingen; ~ina f (1), ~ka f (1c; -pek) Schale f, Hülse f; ~nout pf. (-pl/-pnul; -pnut) s. slupat.
sluš|et ⟨při-⟩ (3 Pl. -ejí/-í) geziemen, zukommen; Kleid: gut passen; ~ se sich schicken, sich gehören; ~ivý kleidsam, apart; ~nost f (4) Anstand m, Schicklichkeit f; ~ný anständig, artig; F ziemlich gut, ordentlich.
slůvko n (1b; -vek) Wörtchen n; Vokabel f.
služb|a f (1; -žeb) Dienst m; ~ zákazníkům Kundendienst; -by boží Gottesdienst; F měsíční ~ Monatslohn m; nástup do -by Dienstantritt m; -bu konající diensthabend; ve -bách m im Dienst(e); k ~bám zu Diensten; ~íčkovat F (-kuji) iron. katzbuckeln; ~odárce m (3) Dienstherr m.

služeb|na f (1; -ben) Dienststelle f; Dienstzimmer n; ~ná f (Adj. 2) Dienstmädchen n; Magd f; ~ u krav Kuhmagd; ~ní dienstlich, Dienst-; -ně starší dienstältere(r); ~nice f (2a) Dienerin f; ~nický servil, knechtisch; ~nictvo n (1; -tev) Dienerschaft f; Dienstpersonal n; ~ník m (1a) Diener m; ~nost f (4) Dienstbarkeit f; ~ný Dienst-, dienstbar.
služ|ka f (1c; -žek) Dienstmädchen n, Hausgehilfin f; ~né n (Adj. 2) Gehalt n; Thea. Gage f.
slých|at, ~ávat iter. oft hören; neslýcháno! unerhört! [durch A).
slynout ⟨pro-⟩ berühmt sein ⟨čím⟩
slyšen|í n (3) Hören n, Hörensagen n; Jur. Anhören n; Audienz f, Empfang m.
slyš|et ⟨po-, u-, za-⟩ hören (co m kom et. von j-m, et. über j-n); ~itelný hörbar, vernehmbar.
slz|a f (1a) Träne f; ~avý tränend; ~ení n (3) Tränen(fluß m) n; Bot. Guttation f; ~et ⟨o-, pro-, roz- se, za-⟩ (3 Pl. -ejí/-í) tränen, weinen; ~ička f (1c; -ček) kleine Träne; fig. Tröpfchen n; -ky pl. (Panny Marie) Kartäusernelke f; ~ivý tränend, Tränen-; ~ní, ~ný Tränen-; ~otok m (2b) Tränenfluß m; ~otvorný tränenerregend, Tränen-; ~ovod m (2a) Tränenkanal m.
smáčet (3 Pl. -ejí) s. smočit.
smačk|áv|at, smáčknout pf. s.
smalt m (2a) Email n. [zmačk-.
smaltov|aný Email-, emailliert; ~at ⟨vy-⟩ (-tuji) emaillieren; ~na f (1; -ven) Emailwarenfabrik f; ~ý Email-, Schmelz-.
smát se ⟨na-, po-, roze-, u-, za-⟩ (směji se) lachen (k-u, č-u/über A); anlachen (na k-o/A); ~ na celé kolo über das ganze Gesicht lachen; není se č-u smát! da gibt es nichts zu lachen!
smavý lachend.
smaz|áv|at (pf. -žu/-ži) weg-, abwischen; Tonband löschen.
smažen|ec m (~nec), ~ka f (1c; -nek) Eierkuchen m, öst. Schmarren m; ~í n (3) Backen n, Braten n; ~ý gebacken, gebraten, Brat-, geröstet, Röst-.
smažit ⟨na-, o-, pro-, vy-, za-⟩ backen, braten, rösten.

smeč f (3) Sp. Schmetterball m.
smečka f (1c; -ček) Rudel n, Meute f; fig. verä. Bande f.
smečovat (im)pf. (-čuji) Sp. schmettern.
smek|(áv)at, **~nout** (-kl/-knul; -knut) Hut abnehmen; ~ se ausgleiten.
směl|ec m (3; -lc-) verwegener Kerl m, Wagehals m; **~ost** f (4) Kühnheit f, Mut m; Dreistigkeit f; **~ý** kühn, mutig; verwegen; gewagt, dreist; jen -le! nur Mut!
směn|a f (1) Wechsel m; (Aus-) Tausch f; (Wach-)Ablösung f, (Arbeits-)Schicht f; **~árna** f (1; -ren) Wechselstube f; **~árník** m (1a) (Geld-)Wechsler m, Wechselstubenbesitzer m; **~ečník** m (1a) Hdl. Trassat m; **~ečný** Wechsel-; **~idlo** n (1a; -del) Tauschmittel n; **~it** pf. wechseln, tauschen; **~itelný** auswechselbar; Ware: umtauschbar, Math. vertauschbar; **~ka** f (1c; -nek) Hdl. Wechsel m; vydaná ~ Trasse f; **~kový** Wechsel-; **~ný** Tausch-; Schicht-; **~ový** Schicht-.
směr m (2a) Richtung f; Pol. Kurs m; fig. Hinsicht f; ~ hodinových ručiček Uhrzeigersinn m; ~em v Richtung, fig. gegen; všemi ~y in allen Richtungen; **~nice** f (2a) Richtlinie f; **~ný** Richt-; ~ bod Anhaltspunkt m; **~odatný** maßgebend, ausschlaggebend; richtungweisend; **~ovka** f (1c; -vek) Fahrtrichtungsanzeiger m, F Blinker m, Winker m; **~ovnice** f (2a) Richtungsschild n; **~ový** Richtungs-; Flgw. Seiten-.
směřovat (-řuji) (k č-u, kam) (ab-) zielen (auf A); führen (nach); gehen, laufen, fahren (nach, in Richtung auf); bezwecken (A); fig. hinauslaufen (auf A).
směs f (4a) Mischung f, Gemisch n; krmná ~ Mischfutter n; **~ice** f (2a) Wirrwarr m, Durcheinander n; **~ka** f (1c; -sek) Agr. Misch-, Mengkorn n; **~ný** Misch-; Phys. Grenz-.
smést pf. (s. mést) ab-, wegkehren; zusammenkehren.
směstn|(áv)at hineinpressen, -stopfen; ~ se hineingehen, -passen.
směš|nost f (4) Lächerlichkeit f; **~ný** lächerlich.
směšov|ací Misch-; **~ač** m (4 od. 3) Mischer m; **~at** (-šuji) s. smísit.

smět (3 Pl. -ějí) dürfen; smím ...? darf ich ...?
smet|áček m (2b; -čk-) Handfeger m, -besen m; Federwisch m; **~ák** m (2b) (Stiel-)Besen m.
smet|ana f (1) Rahm m, Sahne f, öst. Obers n; **~anka** f (1c; -nek) Bot. Löwenzahn m; **~ánka** f (1c; -nek) fig. Creme f, Elite f; **~anový** Rahm-, Sahne(n)-.
smet|(áv)at s. smést; **~ek** m (2b; -tk-) s. smetky; **~í** n (3) Unrat m, Müll m; s. a. smetky; **~iště** n (2a), **~isko** n (1b) Müllhaufen m (a. fig.); Müllabladeplatz m; **~ky** m/pl. (2b) Kehricht m od. n, Abfälle m/pl.
smích m (2b) Lachen n, Gelächter n; Spott m; to není k ~u das ist nicht zum Lachen, da gibt es nichts zu lachen; do ~u zum Lachen; ~y vor Lachen.
smích(áv)at (ver)mischen.
smil|nice f (2a) lasterhafte Frau, P liederliches Weibsstück; **~ník** m (1a) Wüstling m, Sittenstrolch m; **~nit** ⟨ze-⟩ Unzucht treiben, ausschweifend leben; **~ný** unzüchtig, lasterhaft.
smilov|ání n (3) Erbarmen n; bez ~ erbarmungslos; **~(áv)at se** pf. (-luji) sich erbarmen (nad kým/G).
smilstvo n (1; -stev) Unzucht f; násilné ~ Notzucht f; krevní ~ Blutschande f.
smím s. smět.
smír m (2a) Versöhnung f; Vergleich m; **~čí** Friedens-, Schieds-.
smir|ek m (2b; -rk-) Schmirgel m; **~kovat** ⟨o-, vy-⟩ schmirgeln; **~kový** Schmirgel-.
smí|rný versöhnlich, friedlich, gütlich; **~řit** pf. ⟨u-⟩ aus-, versöhnen; ~ se sich aus- od. versöhnen; Jur. sich vergleichen; ⟨s čím⟩ sich abfinden (mit D); **~řlivý** versöhnlich.
smísit pf. (-šen) (ver)mischen, vermengen; **~elný** mischbar.
smíšek m (1a; -šk-) Lacher m, scherz. Lachtaube f.
smíšen|í n (3) Mischen n; Verwechseln n; **~ina** f (1) Mischung f, Gemisch n, Gemenge n; **~ý** gemischt, Misch-. [lichen.⟩
smlčet pf. verschweigen, verheim-⟩
smlouv|a f (1; smluv) Vertrag m, Abkommen n; **~at** ⟨do-, u-, vy-, za-⟩ verabreden; (o co) handeln, feilschen (um A).

smls|at *pf.*, **~nout** *pf.* (-sl/-snul; -snut) vernaschen; -nout si na čem sich et. schmecken lassen.
smluv|ený vereinbart; **~it** *pf.* verabreden, vereinbaren; **~ně** *Adv.* vertragsmäßig; **~ní** Vertrags-; vertragschließend.
smočit *pf.* benetzen.
smokvoň *f* (3) Feigenbaum *m*.
smol|a *f s. smůla*; **~ař** *m* (3), **~ařka** *f* (1c; -řek) F fig. Pechvogel *m*; **~ík** *m* (1a) Schmutzfink *m*; **~il** *m* (1; -ové) Pfuscher *m*; **~inec** *m* (1d; -nc-) Min. Pechblende *f*; **~it** ⟨o-, po-, se-, za-⟩ verpichen; F iron. verpfuschen; **~natý** harzreich; **~nice** *f* (2a) Pechfackel *f*; **~nička** *f* (1c; -ček) Kienspan *m*; **~nelke** *f*; **~ný** Pech-, Kien-; **~ový** Pech-; **~vě černý** pechschwarz.
smontovat *pf.* (-tuji) zusammensetzen, -bauen.
smot|(áv)at zusammenrollen; Wolle aufwickeln; Haare zusammenknoten; Zigarette drehen; Tech. abhaspeln; **~ek** *m* (2b; -tk-) (Papier-) Rolle *f*; (Stoff-)Ballen *m*; F Selbstgedrehte *f* (Zigarette).
smoud *m* (2a) Brandgeruch *m*.
smrad *m* (2; 6. -u/-ě) Gestank *m*; V fig. Aas *n*, Saukerl *m*; **~it** ⟨pro-, za-⟩ verstänkern, die Luft verpesten; **~lavý** stinkend, stinkig.
smrák|ání *n* (3) Dämmerung *f*; **~at se** dämmern.
smrč|í *n* (3), **~ina** *f* (1) Fichtenwald *m*.
smrd|ět ⟨za-⟩ stinken (čím nach D); **~ leností** stinkfaul sein; **~utý** stinkend; **-tá puma** Stinkbombe *f*.
smrk¹ *m* (2b) Fichte *f*.
smrk² V *m* (2b) Rotz *m*; **~áč** P *m* (3) verä. Rotznase *f*; **~at** ⟨po-, vy-, za-⟩, **~nout** *pf.* (-kl) (sich) schneuzen.
smrkový Fichten-. [zen.]
smrsk|at se, ~nout se *pf.* (-kl) zusammenschrumpfen, sich zusammenziehen; Geol. sich verwerfen.
smršť *f* (4c; -tě) Windhose *f*; vodní **~** Wasserhose *f*.
smrš|tit se *pf.*, **~ťovat se** (-tuji) *s. smrskat se*.
smrt *f* (4a) Tod *m*; *až do* **~i** bis zum Tod, poet. bis in den Tod; *na* **~** *nemocen* todkrank; *na* **~** *bledý* totenbleich; *na* **~** *zarmoucen* zu Tode betrübt; *zemřít přirozenou* **~i** e-s natürlichen Todes sterben.

smrtel|ník *m* (1a), **~nice** *f* (2a) lit. Sterbliche *m od. f*; **~nost** *f* (4) Sterblichkeit *f*; **~ný** sterblich; Krankheit, Wunde: tödlich; Todes- (Kampf, Angst); Sterbe- (Lager, Tod- (Sünde) Smrtelná neděle Totensonntag *m*.
smrt|ící, ~ící tödlich, todbringend; **~ihlav** *m* (1; -ové) Totenkopf *m*; **~ka** *f* (1c; -tek) Todesgöttin *f*; **~onosný** tödlich; Todes-.
smrž *m* (4) Morchel *f*.
smůla *f* (1d) Pech *n*.
smut|eční Trauer-; **~ek** *m* (2b; -tk-) Trauer *f*; **~ný** (Adv. -ně, -no) traurig; je mi -no mir ist traurig zumute.
smyč|cový Mus. Streich-; hráč na **~** nástroj Mus. Streicher *m*; **~ec** *m* (4; -čc-) Mus. Bogen *m*.
smýčit ⟨o-, od-, pře-, vy-, za-⟩ abstauben, abkehren.
smyčka *f* (1c; -ček) Schleife *f*; Schlinge *f*.
smyk *m* (2b) Gleiten *n*; Kfz. Schleudern *n*; Mus. Bogenstrich *m*; Ackerschleppe *f*; (Holz-)Riese *f*; Sp. Querschwung *m*.
smýk|ací Gleit-; **~at, ~nout** *pf.* (-kl) schleppen, schleifen, zerren; (čím) schleudern, F schmeißen (A).
smyk|nout *pf.* (-kl), **~ovat** ⟨u-, za-⟩ (-kuji) *s. smýkat*; **~ový** Schub-.
smysl *m* (2a) Sinn *m*; **~** *pro povinnost* Pflichtgefühl *n*; **~it** *pf.* **~ (-šlen)** lit. erdenken; **~** *si co* sich et. in den Kopf setzen; **~nost** *f* (4) Sinnlichkeit *f*; **~ný** sinnlich, Sinnen-; **~ový** Sinnes-; **~uplný** sinnvoll.
smýšlení *n* (3) Gesinnung *f*, Denkweise *f*; (Börsen-)Stimmung *f*.
smyšl|enka *f* (1c; -nek) fig. Erfindung *f*, F Hirngespinst *n*; **~ený** ersonnen, erdacht.
smýšlet (3 *Pl.* -ejí) beabsichtigen; denken, gesinnt sein; Pol. eingestellt sein.
smý(va)t (*pf. s. mýt*) abwaschen; Schuld tilgen.
sn- *s. sen.*
snad vielleicht, wohl, etwa; hoffentlich.
snad|nost *f* (4) Leichtigkeit *f*; **~ný** (Komp. -nější/snazší; Adv. -no, -ně, Komp. -něji/snáze) leicht.
snaha *f* (1b) Streben *n*, Bestreben *n*, Bemühung *f*; **~** *po uplatnění* Geltungsstreben.

snacha f (1b) Schwiegertochter f.
sňal s. sejmout.
snář m (4) Traumbuch n.
snáše(n)liv|ost f (4) Verträglichkeit f; Pol., Rel. Toleranz f; ~ý verträglich; tolerant.
snáš|et (3 Pl. -ejí) s. snést; ~ka f (1c; -šek) Hdl. Übertrag m.
sňat|ek m (2b; -tk-) Vermählung f, Trauung f, Ehe(schließung) f, Heirat f; ~kový Heirats-.
snáze, snazší s. snadný.
snaž|ení n (3) Bestreben n, Bemühung f, Trachten n; ~it se ⟨vy-na-⟩ (o co) streben (nach D), anstreben (A), trachten, bestrebt sein (et. zu tun); sich bemühen, F sich anstrengen; ~ivec m (3; -vc-) strebsamer Mensch m; ~ivost f (4) Strebsamkeit f, Emsigkeit f; ~ivý strebsam, eifrig, emsig; ~ný dringend, inständig; eifrig.
snědek: něco k -dku et. zu essen; podávat něco k -dku e-n (kleinen) Imbiß reichen.
snědý braun, bräunlich; brünett.
sněh|obílý schneeweiß; ~ovka f (1c; -vek) Schneeschuh m; ~ová schaufel f; ~ový Schnee-; ~ulák m (1a) Schneemann m; ⚥urka f (1c) Schneewittchen f.
sněm m (2a) Pol. Parlament n, Versammlung f; církevní ~ Konzil n, Kirchentag m; lidový ~ Volkskammer f; spolkový ~ Bundestag m; ~ovat ⟨pro-⟩ (-muji) Pol. tagen; ~ovna f (1; -ven) Parlament(sgebäude) n; Parl. Haus n, Kammer f; ~ovní Parlaments-, Landtags-, Reichstags-.
snění n (3) Träumen n, Träumerei f.
snesitelný erträglich, F leidlich.
snést pf. (s. nést) hinab-, heruntertragen, -holen, -bringen; zusammentragen, herbeischaffen, sammeln; Eier legen; ertragen, (er-)dulden, aussthen, hinnehmen, sich gefallen lassen, Med. vertragen; ~ se sich niederlassen, niedergehen; Flgw. tiefergehen, F heruntergehen; poet. hierschweben; ⟨s kým⟩ sich vertragen, (gut) auskommen (mit D).
sněť f (4a) Med., Bot. Brand m.
sněti n (3) Abnahme f, Herunternehmen n; ~ s kříže Kreuzabnahme f.
snětivý vom Brand befallen, brandig.

sněž|ení n (3) Schneefall m; ~enka f (1c; -nek) Schneeglöckchen n; ~it ⟨na-, za-⟩ schneien; ~nice f (2a) Schneereifen m; Schneeschuh m; ~ný Schnee-.
sníd|aně f (2b; 2 Pl. -i), dial. ~aní n (3) Frühstück n; ~at ⟨na- se, po-, pře-⟩ frühstücken.
sníh m (2b; sněh-) Schnee m.
sníl|ek m (1a; -lk-; -lkové) Träumer m; ~kovství n (3) Träumerei f.
sním|ací abnehmbar; (Ton-, Bild-) Aufnahme-; Kopier-, Paus-; ~ač m (4) El. Abnehmer m; (Film-)Abtaster m; ~at abnehmen; ~atelný abnehmbar; ~ek m (2b; -mk-) Fot. Aufnahme f, Lichtbild n, F Foto n, Bild(chen) n; Kopie f; zvukový ~ Ton(band)aufnahme; ~kovací stanice Schirmbildstelle f; snímkování n (3): řadové ~ Röntgenreihenuntersuchung f; ~ ze štítu Med. Schirmbildaufnahme f; ~kovat ⟨-kuji⟩ Bild aufnehmen; Aufnahme(n) machen (von D); ~kový Fot. Aufnahme-; Kopier-; Typ. Faksimile-.
sníst pf. (sním, 3 Pl. snědí, snědl, -den) aufessen.
snít[1] ⟨po- si, za- se⟩ (snil) träumen.
snít[2] pf. s. sejmout.
snítka f (1c; -tek) Ästchen n, Zweiglein n.
sniv|ost f (4) Träumerei f; ~ý träumerisch, verträumt.
snížení n (3) Senkung f; (Preis-) Nachlaß m; (Ver-)Minderung f; ~ina f (1) Geogr. Senke f; ~ka f (1c; -nek) ermäßigte Fahrkarte f.
snížit pf. senken; † erniedrigen; Preis a. herabsetzen; vermindern; ~ se sich herablassen; sich senken.
sniž|ovací Abbau-; ~ovat ⟨-žuji⟩ s. snížit.
snop m (2a) Garbe f; ~ek m (2b; -pk-) Büschel n; ~kovat ⟨-kuji⟩ in Garben binden.
snosit (-šen) s. snést.
snoub|enec m (3; -nc-) Verlobte(r) m; -nci pl. a. Brautpaar n, F Brautleute pl.; ~enka f (1c; -nek) Verlobte f; ~it se ⟨za-⟩ sich verloben.
snout ⟨při-⟩ (snuji, snul; snut) abwickeln; anzetteln; F im Schilde führen.
snov|ací Zettel-; ~áč m (3) Anzettler m; ~adlo n (1a; -del) Schärmühle f, Weberrolle f; ~at s. snout.

snový Traum-.
snubní Verlobungs-.
snůška f (1c; -šek) Sammlung f; Ertrag m; ~ lží Lügengewebe n.
snýtovat pf. (-tuji) vernieten.
sob m (1) Ren(n)tier n, Zo. Ren n.
sobě sich (D); s. on; po ~ nacheinander; ~ rovný seinesgleichen.
sobec m (3; -bc-) Egoist m; ~**kost** f (4) Egoismus m, Selbstsucht f; ~**ký** (Komp. -čtější) egoistisch, selbstsüchtig; ~**tví** n (3) s. sobeckost.
soběstač|nost f (4) Unabhängigkeit f, Selbständigkeit f; Pol. Autarkie f; ~**ný** (wirtschaftlich) unabhängig.
sobí Ren(ntier)-.
sobol m (1) Zobel m; ~**ina** f (1) Zobelfell n.
sobot|a f (1) Samstag m, Sonnabend m; v -tu am Sonnabend, sonnabends; Bílá ~ Karsamstag; ~**ní** Samstags-, Sonnabend-.
socan P m (1) iron. Sozi m.
sociali|smus [-zm-] m (2b; -ismu) Sozialismus m; ~**sta** m (5a) Sozialist m; ~**stický** [-tɪ-] (Adv. -y) sozialistisch; ~**zovat** (im)pf. ⟨po-, ze-⟩ (-zuji) sozialisieren.
sociáln|ě Adv. sozial; ~ politicky sozialpolitisch; ~**í** sozial, Sozial-.
sočit (na k-o) anfeinden (A), feindlich (gesinnt) sein (D).
sod|a f (1) Soda f; ~**ík** m (2b) Natrium n; ~**íkový**, ~**ný** Natrium-; ~**ovka** f (1c; -vek) Selters(wasser) n, Soda(wasser) n; ~**ový** Soda-.
sofistický [-tɪ-] sophistisch.
socha f (1b) Standbild n, Statue f, Skulptur f; ~**ř** m (3) Bildhauer m; ~**ství** n (3) Bildhauerkunst f, Skulptur f.
sochor m (2a) Knüttel m; Brechstange f, Brecheisen n.
soj|čí (Eichel-)Häher-; ~**ka** f (1c; -jek) Eichelhäher m.
sójový Soja(bohnen)-.
sok m (1a; -ové) Rivale m, Gegner m; Nebenbuhler n.
sokl m (2a) Sockel m.
sokol m (1) Falke m; 2 „Sokol" (nation. Turnverein); ~**í** Falken-; ~**ník** m (1a) Falkner m; ~**ovna** f (1; -ven) Turnhalle f des „Sokol"; ~**ský** Sokol-.
sok|ovství n (3) Rivalität f; ~**yně** f (2b) Rivalin f.
sol- s. sůl.
solank|a f (1c; -nek) Sole f; Salzbinse f; ~**ový** Sol-.

solený gesalzen, Salz-; -né maso Pökelfleisch n.
solidar|ita f (1) Solidarität f; ~**izovat se** (-zuji) sich solidarisieren, sich solidarisch erklären.
solidní solid(e).
sólist|a m (5a), ~**ka** f (1c; -tek) Sólist(in f) m.
solit ⟨na-, o-, při-, za-⟩ salzen.
solivar m (2a), ~**na** f (1; -ren) Saline f; † Salzsiederei f; ~**nictví** n (3) Salinenbetrieb m.
solnat|ost f (4) Salzgehalt m; ~**ý** salzhaltig.
soln|í Salz-; ~**ice** f (2a) Salzkammer f; ~**ička** f (1c; -ček) Salzstreuer m, Salzbüchse f; ~**ý** salzig, Salz-.
sólo n (1a; 6. -u/-e) Solo n; ~**vý** Solo-.
solven|ce f (2) Zahlungsfähigkeit f; ~**tní** zahlungsfähig.
Somál|ec m (3; -lc-) Somali m; ~**sko** n (1b) Somalia n; 2**ský** somalisch.
somnambul m (1; -ové) Nachtwandler m; ~**ský** nachtwandlerisch.
son|áta f (1) Sonate f; ~**atina** [-tɪ-] f (1) Sonatine f; ~**átový** Sonaten-.
sond|a f (1) Sonde f; ~**áce** f (2), ~**áž** f (3) Sondierung f; ~**ovací** Sondier(ungs)-; ~**ovat** ⟨pro-, vy-⟩ (-duji) sondieren.
sonet m (2a) Sonett n.
sopeč|natý vulkanreich; ~**ný** vulkanisch, Vulkan-.
sopel P m (2a od. 4; -pl-) Rotz m; verä. Rotznase f.
sopka f (1c; -pek) Vulkan m.
sopouch m (2b) Rauchabzug m; Krater m.
sopr|án m (2a) Sopran m, -stimme f; ~**anistka** [-nɪ-] f (1c; -tek) Sopranistin f; ~**ánový** Sopran-.
soptit ⟨na- se, roz- se, vy-, za-⟩ speien, fig. sprühen; ~ vztekem vor Wut schnauben.
sosá|ček m (2b; -čk-), ~**k** m (2b) Zo. Saugrüssel m.
sosn|a f (1; -sen) Kiefer f, lit. Föhre f; ~**oví** n (3) Kiefernwald m; ~**ový** Kiefern-, Föhren-.
soška f (1c; -šek) Statuette f, Figürchen n.
sotva kaum.
sou|běžný parallel; ~**boj** m (4) Zweikampf m, Duell n.
soubor m (2a) Zusammenstellung f, Kollektion f; Komplex m; Thea.

Ensemble *n*, Gruppe *f*; *Tech.* Satz *m*, Garnitur *f*; ~ně *Adv.* zusammen (-gefaßt), als Gesamtausgabe; ~ný Gesamt-, Sammel-; zusammenfassend.

sou|cit *m* (2a) Mitleid *n*, Mitgefühl *n*; ~cítit Mitleid haben, mitfühlen; ~citný mitleidvoll, mitfühlend.

současník *m* (1a) Zeitgenosse *m*; ~ný gleichzeitig; gegenwärtig.

součást *f* (4), ~ka *f* (1c; -tek) Bestandteil *m*; Einzelteil *n*; Werkstück *n*.

součka *m* (2b; -čk-) *s.* suk.

součet *m* (2a; -čt-) Summe *f*; Gesamtzahl *f*.

součin *m* (2a) *Math.* Produkt *n*; ~itel *m* (4; -é) Koeffizient *m*; ~nost *f* (4) Mitwirkung *f*; za ~i unter Mitwirkung; ~ý mitwirkend.

soud *m* (2; 6. -u/-ě) Gericht *n*; Prozeß *m*; Urteil *n*; Meinung *f*; ~ce *m* (3) Richter *m*; *Sp.* Schiedsrichter *m*; ~covat (-cuji) als Schiedsrichter tätig sein; ~covský richterlich, Richter-.

soud|eček *m* (2a; -čk-), ~ek *m* (2b; -dk-) Fäßchen *n*.

soudit ⟨po-, pře-, roz-, u-, vy-⟩ (-zen) *v/t* richten (*A*), *lit.* Gericht halten (über *A*); *v/i* o kom, o čem urteilen, denken (über *A*); (z čeho nač) folgern, schließen (aus *D* auf *A*).

soud|kyně *f* (2b) Richterin *f*; ~ní gerichtlich, Gerichts-; ~nictví *n* (3) Gerichtswesen *n*; Gerichtsbarkeit *f*; Rechtspflege *f*; ~nička *f* (1c; -ček) Bericht *m* aus dem Gerichtssaal; ~nost *f* (4) Urteilskraft *f*; ~ný urteilsfähig; vernünftig; Richter-; -ná stolice Richterstuhl *m*; ~ den *bibl.* Jüngstes Gericht.

soudobý gleichzeitig; zeitgenössisch.

sodru|h *m* (1a) Genosse *m*; Kollege *m*; ~žka *f* (1c; -žek) Genossin *f*; ~žský kameradschaftlich.

soudrž|nost *f* (4) Kohäsion *f*, Bindekraft *f*; *fig.* Gemein(schafts)sinn *m*; ~ný zusammenhaltend.

souhlas *m* (2; 6. -e/-u) Zustimmung *f*; Einverständnis *n*; Genehmigung *f*; ~it ⟨za-⟩ (s kým v čem) übereinstimmen (mit j-m in *D*); einverstanden sein (mit *D*); (s čím) billigen (*A*), zustimmen (*D*).

souhláska *f* (1c; -sek) Konsonant *m*, Mitlaut *m*.

souhlas|nost *f* (4) Übereinstimmung *f*; ~ný übereinstimmend; (*Text*) gleichlautend; billigend, zustimmend.

sou|hra *f* (1d; -her) Zusammenspiel *n*; Zusammentreffen *n* von Zufällen; ~hrn *m* (2a) Zusammenfassung *f*; ~hrnný zusammenfassend; ~hvězdí *n* (3) Sternbild *n*.

souchotinář *m* (3) Schwindsüchtige(r) *m*; ~ský schwindsüchtig.

souchotiny *f/pl.* (2) Schwindsucht *f*.

soujmen|ý gleichnamig; ~ovec *m* (3; -vc-) Namensvetter *m*.

souk|ací Spul-; ~adlo *n* (1a; -del) Spulrad *n*; ~at ⟨na-, po-, pře-, v-, za-⟩ spulen; zwirnen; *Speisen* mit Mühe hinunterwürgen; *Worte* mit Mühe hervorbringen.

souken|ický Tuchmacher-, Tuch-; ~ík *m* (1a) Tuchmacher *m*; Tuchhändler *m*; ~ý Tuch-.

soukmen|ný stammverwandt; ~ovec *m* (3; -vc-) Stammesgenosse *m*.

soukolí *n* (3) Getriebe *n*, † Räderwerk *n*.

soukrom|í *n* (3) Privatleben *n*; říci v ~ im Vertrauen sagen; žít v ~ privatisieren; ~nice *f* (2a) nicht berufstätige Frau *f*; ~ník *m* (1a) Privatmann *m*, Privatier *m*; ~ohospodářský privatwirtschaftlich; ~oprávní privatrechtlich, zivilrechtlich; ~ý privat, Privat-.

soulad *m* (2a) Einklang *m*, Harmonie *f*; ~ný harmonisch.

sulož *f* (3) Beischlaf *m*; ~it beischlafen; ~nice *f* (2a) Konkubine *f*; ~ník *m* (1a) Günstling *m*; Liebhaber *m*.

soumar *m* (1; -rové/-ři) Last-, Saumtier *n*; *fig.* Packesel *m*.

souměr|nost *f* (4) Symmetrie *f*; ~ný symmetrisch; gleichmäßig.

souměřitelný vergleichbar.

souminulý: ~ čas *Gr.* Imperfekt *n*.

soumrak *m* (2b) Dämmerung *f*.

sounáležit|ost *f* (4) Zusammengehörigkeit *f*; ~ý zusammengehörig.

sounož, ~mo *Turn.* mit beiden Beinen.

sou|ostroví *n* (3) Archipel *m*, Inselgruppe *f*; ~osý gleichachsig; *El.* koaxial.

soupaž, ~mo, ~ně *Turn.* beidarmig, mit beiden Armen.

soupeř *m* (3), **~ka** *f* (1c; -řek) Rivale *m*, -in *f*; Gegner(in *f*) *m*, Nebenbuhler(in *f*) *m*; **~it** wetteifern, rivalisieren; **~ství** *n* (3) Gegnerschaft *f*, Rivalität *f*.
soupis *m* (2; 6. -e/-u) Verzeichnis *n*, Aufstellung *f*; **~ka** *f* (1c; -sek) Liste *f*; **~nice** *f* (2a), **~ník** *m* (2b) Inventarbuch *n*, Verzeichnis *n*; **~ný**, **~ový** Inventar-; Konskriptions-.
souprav|a *f* (1) Garnitur *f*; **~ička** *f* (1c; -ček) Babygarnitur *f*.
souproud *m* (2; 6. -u/-ě) Gleichstrom *m*.
souput|ník *m* (1a), **~nice** *f* (2a) Reisegefährte *m*, -in *f*; Trabant(in *f*) *m*; *Pol.* Mitläufer(in *f*) *m*.
souro|dý ebenbürtig; homogen; **~zenci** *m/pl.* (3) Geschwister *pl.*
souruč *Turn.* beidarmig, mit beiden Armen; **~enství** *n* (3) Gemeinschaft *f*.
souřad|it (*im*)*pf.* (-děn/-zen) beiordnen, koordinieren; **~nice** *f* (2a) *Geom.* Koordinate *f*; **~nice** *f* (2a) Koordinierung *f*; *Gr.* Parataxe *f*; **~ný** beigeordnet, koordiniert; *Gr.* parataktisch; **-né souvětí** Satzverbindung *f*.
soused *m* (1; -é), **~ka** *f* (1c; -dek) Nachbar(in *f*) *m*; *Jur.* Anlieger(in *f*) *m*; **~ící** Nachbar-, benachbart; **~it** (*s kým*) Nachbar sein (*G*, von), zum Nachbarn haben (*A*); (*s čím*) grenzen (an *A*); **~ní** Nachbar-, benachbart; angrenzend; **~ská** *f* (*Adj.* 2) *Mus.* Ländler *m*; **~ský** Nachbar-, nachbarlich; **~ství** *n* (3) Nachbarschaft *f*; **~stvo** *n* (1) *koll.* Nachbarschaft *f*, Nachbarn *m/pl.*
sousled|nost *f* (4) Aufeinanderfolge *f*; **~ časů** *Gr.* Zeitenfolge *f*; **~ný** aufeinanderfolgend; *Gr.* konsekutiv.
soustátí *n* (3) Staatenbund *m*.
soustav|a *f* (1) System *n*; **tělesná ~** körperliche Konstitution *f*; **~ný** systematisch, planmäßig.
sousto *n* (1; 6. -u) Bissen *m*.
soustrast *f* (4) Beileid *n*, Mitgefühl *n*, Anteilnahme *f*; **~ný** Beileids-, Kondolenz-.
soustrojí *n* (3) Maschinensatz *m*, Aggregat *n*.
soustruh *m* (2b) Drehbank *f*; **~ovat** (-huji) *s.* soustružit.
soustruž|it ⟨o-, pře-, u-⟩ drechseln; *Metall.* drehen; **~na** *f* (1; -žen) Drechslerei *f*; **~nický** Drechsler-, Dreh-; **~ník** *m* (1a) Drechsler *m*; (*Metall.*-)Dreher *m*.
soustřed|ění *n* (3), **~ěnost** *f* (4) Konzentration *f*; **~it** *pf.* ⟨se-⟩ konzentrieren, sammeln; **~ivý** zentripetal; **~ný** konzentrisch.
soustřeďovat (-ďuji) *s.* soustředit.
souš *f* (3) Festland *n*, Land *n*; dürres Holz *n*, trockener Baum *m*; leere Wabe *f*; **na vodě i na ~i** zu Wasser und zu Lande; **po ~i** auf dem Landwege.
soutěska *f* (1c; -sek) Gebirgspaß *m*, Klamm *f*.
soutěž *f* (3) Wettbewerb *m*; Wettkampf *m*; *Hdl.* Konkurrenz *f*; **~ící** im Wettbewerb stehend, konkurrierend; **~it** ⟨za-⟩ im Wettbewerb stehen, wetteifern, konkurrieren; sich mitbewerben; **~itel** *m* (3; -é) Mitbewerber *m*; **~ivost** *f* (4) Konkurrenzfähigkeit *f*; Freude *f* am Wettbewerb; **~ní** Wettbewerbs-, Wettkampf-.
sou|tok *m* (2b) Zusammenfluß *m*; **~trpný** mitleidig; **~věkovec** *m* (3; -vc-) Zeitgenosse *m*; **~věký** zeitgenössisch; **~věrec** *m* (3; -rc-) Glaubensgenosse *m*; **~větí** *n* (3) Satzgefüge *n*.
souvis|et (3 *Pl.* -í/-ejí) zusammenhängen; **~lost** *f* (2) Zusammenhang *m*; **~lý** zusammenhängend.
sou|vztažný wechselseitig, korrelativ; **~značný** gleichbedeutend; sinnverwandt, synonym; **~znít** (3 *Pl.* -znějí), **~zvučet** mitklingen, mittönen, harmonieren; **~zvučný** gleichklingend, harmonisch; **~zvuk** *m* (2b) Ein-, Gleichklang *m*, Harmonie *f*.
souž|ení *n* (3) Plage *f*, Kummer *m*, Qual *f*; **~it** ⟨na-, po-, u-⟩ plagen, quälen; **~ se** sich plagen; sich grämen.
soužití *n* (3) Zusammenleben *n*; *Pol.* Koexistenz *f*; *Bot.* Symbiose *f*.
sova *f* (1) Eule *f*; **pálená ~** Schleiereule.
sovět *m* (2a) Sowjet *m*; **~čík** *m* (1a) Sowjetmensch *m*; **~skoruský** sowjetrussisch; **~ský** sowjetisch, Sowjet-.
soví Eulen-.
spací Schlaf-.
spáč *m* (3) Schläfer *m*.
spad *m* (2a) Fallout *m*, radioaktiver Niederschlag *m*.

spád *m* (2a) Abhang *m*; Gefälle *n*; Abdachung *f*; *fig.* Wendung *f*; ~ řeči Tonfall *m*; ~y *pl. dial.* Schliche *m/pl.*, Kniffe *m/pl.*

spad(áv)at (her)abfallen; *Hang*: abstürzen; zusammenfallen, sich dekken; gehören zu (*D*), fallen in (*A*).

spad|eno = *mít* ~ *na co* es abgesehen haben auf (*A*); **~lý** herabgefallen; *-lé ovoce* Fallobst *m*; **~nout** *pf.* (*-dl*) herab-, herunterfallen; herab-, herunterstürzen; billiger werden, F heruntergehen; hineingeraten; ~ *se* mager werden, *an Gewicht* abnehmen; **~nutí** *n* (3) Fall *m*, Sturz *m*; Herabfallen *n*; *déšť je na* ~ es kann jeden Augenblick regnen; *dům je na* ~ das Haus droht einzustürzen.

spád|ný abschüssig; steil; **~ový** Fall-, Gefälle-; *Esb.* Ablauf-.

spáchat *pf. Verbrechen* begehen, verüben.

spáj *f* (3) Lötstelle *f*; **~ecí** Löt-; **~ený** gelötet, Löt-; **~ečka** *f* (1c; *-ček*), **~edlo** *n* (1a; *-del*) Lötkolben *m*; **~et** (3 Pl. *-ejí*) (zusammen)löten.

spakovat P *pf.* (*-kuji*) zusammenpacken; ~ *se* sich packen.

spála *f* (1a) Scharlach *m*.

spálen|í *n* (3) Einäscherung *f*; **~ina** *f* (1) Brandwunde *f*; Brandgeruch *m*; *je cítit -nou* es riecht angebrannt; **~iště** *n* (2a) Brandstätte *f*; **~ý** verbrannt, versengt; *El.* durchgebrannt.

spálit *pf.* verbrennen, verheizen, F verfeuern; niederbrennen.

spalničk|y *f/pl.* (1; *-ček*) Masern *pl.*; **~ový** Masern-.

spal|ný, **~ovací** Verbrennungs-; **~ovač** *m* (3) Verbrennungsapparat *m*; ~ *kouře* Rauchverzehrer *m*; **~ování** *n* (3) Verbrennung *f*; Feuerbestattung *f*; **~ovat** (*-luji*) *s. spálit*; **~ovna** *f* (1; *-ven*) Verbrennungsanlage *f*; ~ *odpadků* Müllverbrennungsanlage.

spálový Scharlach-.

spánek *m* (2b; *-nk-*) Schlaf *m*; Schläfe *f*.

spánembohem *Adv.* in Gottes Namen; *dát k-u* ~ Abschied nehmen von (*D*).

spaní *n* (3) Schlafen(gehen) *n*; *před* ~*m* vor dem Zubettgehen; *čas* ~ Zeit schlafen zu gehen, F Schlafenszeit *f*.

spanilomysl|nost *f* (4) Edelmut *m*; **~ný** edelmütig.

spanil|ost *f* (4) Anmut *f*, Lieblichkeit *f*, **~ý** anmutig, reizend.

spánkový Schlaf-; Schläfen-.

spár *m* (2a) Klaue *f*, Kralle *f*.

spára *f* (1d) Spalte *f*, Spalt *m*, Ritze *f*; Fuge *f*.

spárat *pf.* (*-rám/-řu*) abtrennen.

spár|ek *m* (2b; *-rk-*) *Jagdw.* Schale *f*; **~katý**: *-tá zvěř* Schalenwild *n*.

spárovat *pf.* (*-kuji*) paarweise aufstellen; paaren.

spárovat¹ *pf.* (*-ruji*) *s.* spárkovat.

spárovat² ⟨vy-, za-⟩ (*-ruji*) *Arch.* (aus)fugen.

spar|ťanský, **~t(an)ský**, **~tánský** spartanisch.

spař|enina *f* (1) Verbrühung *f*; **~it** *pf.*, **~ovat** (*-řuji*) verbrühen (se sich); abbrühen; ~ *čaj* Tee aufgießen *od.* -brühen.

spářit *pf.* paaren.

spása *f* (1a) Heil *n*, Rettung *f*.

spásat abweiden, abgrasen.

spas|it *pf.* retten (se sich), erlösen; *Rel.* selig machen; Žitel *m* (1; *-é*) *Rel.* Erlöser *m*, Heiland *m*.

spás(onos)ný heilbringend, heilsam, rettend.

spást *pf.* (*s. pást*) abweiden; abgrasen.

spát ⟨*na-*, *po-* *si*, *vy-* *se*, *zaspat*⟩ (*spím*, *spal*) schlafen; *jít spat* fen gehen, zu Bett gehen.

spatný: ~ *stoj Turn.* Grundstellung *f*.

spatra von oben herab (*anschauen*); aus dem Stegreif (*sprechen*).

spatřit *pf.* erblicken, wahrnehmen.

spav|ost *f* (4) Schlafsucht *f*; **~ý** Schlaf-, schlafsüchtig, F verschlafen; *-vá nemoc* Schlafkrankheit *f*.

spéci *pf.* (*s. péci*) zusammenbacken (*v/i*); F *Haare usw.*: verkleben (*v/i*); (zusammen)schrumpfen.

speciali|sta *m* (5a), **~stka** *f* (1c; *-tek*) Spezialist(in *f*) *m*; **~ta** *f* (1) Spezialität *f*; **~zace** *f* (2) Spezialisierung *f*; **~zovat** (*im*)*pf.* (*-zuji*) spezialisieren (se sich).

speciálka F *f* (1c; *-lek*) *Geogr.* Sonderkarte *f*; Spezial- *od.* Sonderklasse, -abteilung *f usw.*

specifi|cký spezifisch; **~kovat** (*im*)*pf.* (*-kuji*) spezifizieren.

spečenec

spečen|ec m (3; -nc-), ~ina f (1) Agglomerat n; Sinter m; ~ý zusammengebacken; fig. verklebt.

spedi|ce f [-dɪ-] f (2a) Spedition(sbetrieb m) f; ~ční Speditions-, Fracht-; ~tér m (1; -ři) Spediteur m; ~térství n (3) Speditionsfirma f.

spěch m (2b) Eile f, Hast f; není ~ (es) eilt nicht; ~at ⟨do-, při-, u-, za-⟩ (sich be)eilen; to ~chá es eilt.

spék|ací Bgb. Sinter-; ~at Bgb. sintern; s. spéci; ~avý Back-.

spekl|ý s. spečený.

spektrální Spektral-, spektral.

spekul|ace f (2) Spekulation f; ~ant m (1) Spekulant m; ~ativní [-tɪːv-] spekulativ; ~ovat ⟨vy-, za- si⟩ (-luji) spekulieren.

spěnka f (1c; -nek) Zo. Fessel f, Fesselgelenk n.

spěš|nina f (1) Eilgut n, Eilfracht f; ~nost f (4) Dringlichkeit f; ~nostní Eil-; ~ný eilig, Eil-, dringend.

spět (spěji, 3 Pl. spějí) lit. eilen; fig. eilen, streben; ~ k-u v ústrety j-m entgegeneilen; (k č-u) fig. auf et. hinauslaufen; ~ ke konci dem Ende entgegengehen.

spěž f (3) Bronze f.

spích|at pf., ~nout pf. ⟨-chl; -chnut⟩, spichovat ⟨-chuji⟩ zusammenheften.

spiklen|ec m (3; -nc-), ~ka f (1c; -nek) Verschwörer(in f) m; ~ecký Verschwörer-, verschwörerisch; ~ectví n (3) verschwörerische Umtriebe pl.

spik|lý verschworen; ~nout se pf. ⟨-kl⟩ sich verschwören; ~nutí n (3) Verschwörung f.

spíl|ání n (3) Schimpfen n, Schmähungen f/pl.; ~at ⟨na-, vy-, za-⟩ ⟨k-u⟩ beschimpfen, schmähen (A).

spilovat pf. ⟨-luji⟩ abfeilen.

spím s. spát.

spín|ací Heft-; El. Schalt-; ~ špendlík Sicherheitsnadel f; ~ač m (4) El. Schalter m; ~at ⟨po-⟩ zusammenheften, (zusammen)koppeln; El. schalten; Hände falten; aneinanderketten; ~átko n (1b; -tek) Heftklammer f; Büroklammer f.

spinkat ⟨vy- se⟩ Kdspr. schlafen, F heia machen.

spirál|a f (1a) Spirale f; ~ka f (1c; -lek) Spiralfeder f; ~ní Spiral-; ~ovitý spiralförmig, Spiral-.

spis m (2; 6. -e/-u) Schrift f, Werk n; Schriftstück n; Jur. Akte f; sebrané ~y gesammelte Werke; došlé ~y Hdl. Eingang m; přiložit ke ~ům zu den Akten legen.

spískat P pf. anrichten, anstellen.

spisovat ⟨-suji⟩ s. sepsat.

spisovatel m (3; -é), ~ka f (1c; -lek) Schriftsteller(in f) m; Verfasser(in f) m; ~ský schriftstellerisch, Schriftsteller-; ~ství n (3) Schriftstellerberuf m.

spisov|na f (1; -ven) Registratur f, Aktenraum m; ~ný Schrift-; ~ý Akten-.

spíš(e) Adv. eher, lieber, vielmehr; co nej~ höchstwahrscheinlich; F ehestens.

spíž f (3), ~e f (2) s. špižírna.

splác|anina f (1) Flickwerk n; ~at P pf. zusammenstoppeln, zusammenkleistern; Speisen durcheinanderessen; dummes Zeug schwätzen.

splác|ení n (3) Ab-, Rückzahlung f; ~et (3 Pl. -ejí) s. splatit.

spláchnout pf. ⟨-chl; -chnut⟩ wegspülen, abspülen.

splachov|ací Spül-; Schwemm-; ~ač m (4) Spülvorrichtung f, Spülung f; ~at ⟨-chuji⟩ s. spláchnout.

splask|lý schlaff; ~nout pf. ⟨-kl⟩ schlaff werden; einschrumpfen, Med. zurückgehen, abklingen.

splaš|enec m (3; -nc-) Verrückte(r) m, iron. Schussel m; ~ený verrückt, F schusselig; ~it pf. scheu machen; F Geld auftreiben; ~ se scheu werden, durchgehen; F verrückt werden.

splašky m/pl. (2b) Abwässer pl.; Spülwasser n.

splatit pf. ⟨-cen⟩ ab-, zurückzahlen; fig. vergelten; Schuld abtragen; ~elný rückzahlbar, tilgbar.

splát|ka f (1c; -tek) Ab-, Teil-, Ratenzahlung f; ~kový Teilzahlungs-, Abzahlungs-, Raten-.

splat|nost f (4) Fälligkeit f; ~ný fällig, (rück)zahlbar.

splav m (2a) Schleuse f, Wehr n; ~at pf. ⟨-u⟩ stromabwärts schwimmen; F Mißerfolg haben.

splávek m (2b; -vk-) dim. zu splav; (Kork- usw.) Schwimmer m; Bgb. Herd m.

splav|it pf. Holz flößen; Sand abschwemmen; ~nit pf. ⟨u-⟩ schiffbar machen; ~ný schiffbar; ~ovat ⟨-vuji⟩ s. splavit.

splaz *m* (2a) (*Holz-*)Rutsche *f*, Schleife *f*; *ledovcový* ~ Gletscherzunge *f*.
splesk|at *pf.*, **~nout** *pf.* (*-kl*; *-knut*) flachschlagen; *Hände* zusammenschlagen; **~lý** flach, platt.
splést *pf. s. plést.*
splef *f* (4c; *-ti*, 7 *Pl. -tmi*) Gewirr *n*, F Durcheinander *n*, Wirrwarr *m*.
splétat *s. plést.*
splet|enina *f* (1), **~enice** *f* (2a) Gewirr *n*; **~itost** *f* (4) Verworrenheit *f*; **~itý** verwickelt, verworren, kompliziert.
splín *m* (2a) Spleen *m*.
spln|ění *n* (3) Erfüllung *f*; **~it** *pf.* erfüllen; *Frist* einhalten; *Wort* halten; *Befehl* ausführen; **~itelný** erfüllbar.
splňovat (*-ňuji*) *s. splnit.*
splyn|out *pf.* herabfließen; zusammenfließen; verschmelzen; (*Farben*) verfließen, verschwimmen; **~utí** *n* (3) Verschmelzung *f*; *Geogr.* Zusammenfluß *m*; *Sp.* Gleiten *n.*
splýva|t *s. splynout*; **~vý** herabwallend; *Farben:* verschwommen.
spočinout *pf.* (aus)ruhen (*a. fig.*).
spočí|st *pf.* (s. *čist*), **~tat** *pf.* zusammenzählen, addieren; berechnen; ~ *tržbu* Kasse machen; ~ *na prstech* an den Fingern abzählen; **~vat** beruhen, liegen; lasten (*auf D*).
spod|ek *m* (2b; *-dk-*) Unterteil *n*, Boden *m*; Sockel *m*, Unterbau *m*; Gestell *n*; (*Schuh-*)Sohle *f*; (1a; *-dk-*) (*Kartenspiel*) Bube *m*, Unter *m*; **~em** unten; von unten; **~ina** *f* (1) *s. spodek*; *Anat.* Basis *f*; *Agr.* (Unter-)Grund *m*; unterste Schicht *f*, *verä.* Abschaum *m des Volkes*; **~ky** *m*/*pl.* (2b; 6. *-cích*/*-kách*) Unterhose *f*; *selt.* Hose *f*; **~ní** untere, Unter-; ~ *voda* Grundwasser *n*; **~nice** *f* (2a), **~nička** *f* (1c; *-ček*) Unterrock *m*, Unterkleid *n*; F *a.* Unterbett *n*; **~ničkář** *m* (3) *iron.* Schürzenjäger *m.*
spodob|a *f* (1) *Gr.* Angleichung *f*, Assimilation *f*; **~(n)it** *pf.*, **~(ň)ovat** (*-ňuji*) angleichen, assimilieren.
spoj *m* (4) *od. f* (3) Verbindung(slinie) *f*, Anschluß *m*; Naht *f*; *Esb.* Kupp(e)lung *f*; *poštovní a telegrafní* ~e Post- und Fernmeldewesen; **~ař** *m* (3) Fernmeldetechniker *m*, Angestellte(r) *m* im Fernmeldewesen.

spojenec *m* (3; *-nc-*) Verbündete(r) *m*, Bundesgenosse *m*; *Mil. a.* Alliierte(r) *m*; **~ký** verbündet; *Mil.* alliiert; **~tví** *n* (3) Bündnis *n*, Allianz *f.*
spojen|í *n* (3) Verbindung *f*; Anschluß *m*; *El.* Kontakt *m*; *Pol.* Vereinigung *f*; *krátké* ~ Kurzschluß *m*; **~kyně** *f* (2b) Verbündete *f*, Bundesgenossin *f*; **~ý** verbunden; verein(ig)t.
spojit *pf.* verbinden; *Pol.* vereinigen; ~ *se zemí El.* erden; ~ *šrouby* ver-, zusammenschrauben; ~ *se* sich vereinigen, sich zusammentun; sich verbünden.
spoji|tost *f* (4) Zusammenhang *m*; **~tý** zusammenhängend; *Phys.* kommunizierend; **~vka** *f* (1c; *-vek*) Bindehaut *f*; **~vý** verbindend, bindend.
spoj|ka *f* (1c; *-jek*) *Gr.* Konjunktion *f*, Bindewort *n*; Verbindungsstück *n*, -rohr *n*, -straße *f*, -strecke *f*; *Tech.*, *Kfz.* Kupplung *f*; *Phys.* Sammellinse *f*; *Mil.* Melder *m*, Ordonnanz *f*; *Sp.* Halblinke(r) *m*; **~kový** Verbindungs-; Kupplungs-; **~nice** *f* (2a) *Geom.* Verbindungslinie *f*; **~ník** *m* (2b) Verbindungsstück *n*; **~ný** Verbindungs-; Kupplungs-; *Turn.* Grund-; **~ovací** Verbindungs-, Binde-; *Kfz.* Kupplungs-; ~ *způsob Gr.* Konjunktiv *m*, Möglichkeitsform *f*; **~ovat** *s. spojit.*
spokojen|ost *f* (4) Zufriedenheit *f*; **~ý** zufrieden; behaglich.
spokoji|t se *pf.*, *u-* (*kým, čím*) sich abfinden (mit); sich begnügen (mit); **~ivý** zufriedenstellend; **~ovat se** ⟨*u-*⟩ (*-juji*) *s. spokojit se.*
spolč|enec *m* (3; *-nc-*) Bundesgenosse *m*, **~it se** *pf.*, **~ovat se** (*-čuji*) sich verbünden, sich zusammentun; sich verschwören.
společen|skost *f* (4) Geselligkeit *f*; **~ský** gesellschaftlich, Gesellschafts-; gesellig; **~ství** *n* (3) Gemeinschaft *f*; **~stvo** *n* (1; *-stev*) Innung *f*; *hist.* Gilde *f.*
společ|nice *f* (2a), **~ník** *m* (1a) Gesellschafter(in *f*) *m*; Partner(in *f*) *m*; Teilhaber(in *f*) *m*, Kompagnon *m*; **~nost** *f* (4) Gesellschaft *f*; **~ný** gemeinsam, gemeinschaftlich; ~ *pas* Sammelpaß *m*; *-ná smlouva* Kollektivvertrag *m*; *-né vlastnictví* Mitbesitz *m*; ~ *hrob* Massengrab *n.*

spoléhat s. spolehnout.
spoleh|livost f (4) Zuverlässigkeit f, Verläßlichkeit f; **~livý** zuverlässig, verläßlich, fig. einwandfrei; **~nout (se)** pf. (-hl) sich verlassen (na k-o, na co auf A); **~nutí** n (3) Verlaß m.
spolek m (2b; -lk-) Verein m; Pol. Bund m.
spolkař m (3) iron. Vereinsmeier m; **~ení** n (3) Vereinsmeierei f.
spolknout pf. (-kl; -knut) verschlucken, verschlingen.
spolkový Vereins-, Pol. Bundes-.
spolu zusammen; gemeinsam; miteinander; **~-** in Zssgn Mit-; **~autor** m (1; -ři) Mitverfasser m, Koautor m; **~bližní** m (Adj. 4) Mitmensch m; Nächste(r) m; **~bojovník** m (1a) Mitkämpfer m; **~bydlící** m (Adj. 4) Mitbewohner m; **~cestující** m (Adj. 4) Mitreisende(r) m, Reisegefährte m; **~hráč** m (3) Mitspieler m; **~jezdec** m (3; -dc-) Beifahrer m; **~majitel** m (3; -é) Mitinhaber m, Mitbesitzer m; **~občan** m (1; -é) Mitbürger m; **~obyvatel** m (3; -é) Mitbewohner m; **~pachatel** m (3; -é) Mittäter m; **~pachatelství** n (3) Mittäterschaft f; **~práce** f (2) Mitarbeit f; Zusammenarbeit f; **~pracovat** (-cuji) mitarbeiten; zusammenarbeiten; **~pracovník** m (1a), **~nice** f (2a) Mitarbeiter(in f) m; **~působení** n (3) Mitwirkung f; **~trpitel** m (3; -é) Leidensgenosse m; **~účastník** m (1a) Mitbeteiligte(r) m; Teilnehmer m; **~účinkování** n (3) Mitwirkung f; **~uchazeč** m (3) Mitbewerber m; **~vězeň** m (3a; -zně, Pl. -zňové) Mitgefangene(r) m; **~vina** f (1) Mitschuld f; **~viník** m (1a) Mitschuldige(r) m; **~vinný** mitschuldig (na čem an D); **~vlastník** m (1a) Mitinhaber m; **~zakladatel** m (3; -é) Mitbegründer m; **~žák** m (1a), **~žákyně** f (2b) Mitschüler(in f) m; **~žití** n (3) Zusammenleben n.
spolykat s. spolknout.
spon|a f (1) Spange f, Schnalle f; Esb. Lasche f; Gr. Kopula f; **~ka** f (1c; -nek) Klammer f, Schließe f; Häkchen n.
spontánní spontan.
spor m (2a) Streit m; Jur. Prozeß m.
spora f (1d) Bot. Spore f.
sporák F m (2b) Sparherd m.
spor|nost f (4) Fragwürdigkeit f;
Jur. Anfechtbarkeit f; **~ný** strittig, umstritten, Streit-.
sport m (2a) Sport m.
sporťák F m (2b) Sportwagen m.
sport|it, ~ovat ⟨za-⟩ (-tuji) Sport treiben; **~ka** F f (1c) Sporttoto m; **~ovec** m (3; -vc-), **~ovkyně** f (2b) Sportler(in f) m; **~oviště** n (2a) Sportplatz m; **~ovní** Sport-, sportlich.
sporý (Komp. -řejší) lit. spärlich, stämmig, untersetzt; Körper: gedrungen, (Nahrung) reichlich, kräftig.
spořád|aný geregelt, geordnet; **~at** pf., u- ordnen; Dinge zurechtlegen; F übel zurichten.
spořil m (1; -ové) iron. Sparmeister m.
spořit ⟨na-, u-, za- si⟩ sparen.
spořitel|na f (1; -len) Sparkasse f; **~ní** Sparkassen-; **~nička** f (1c; -ček) Sparbüchse f.
spořiv|ost f (4) Sparsamkeit f; **~ý** sparsam.
spotřeb|a f (1) Bedarf m, Verbrauch m; **~ práce** Arbeitsaufwand m; **~ věci hromadné -by** Massenbedarfsartikel m/pl.; **~ič** m (3), **~itel** m (3; -é) Verbraucher m; **~ní** Verbrauchs-, Bedarfs-, Konsum-; **~ovat** pf. (-buji) verbrauchen, verzehren.
spousta f (1) Masse f, Menge f, Unmenge f; Verwüstung f, Verheerung f.
spoušť¹ f (4d; -tě) Tech. Abzug m, F Drücker m; Fot. Auslöser m.
spoušť² f (4d; -tě) Verheerung f, Verwüstung f.
spouště|cí Anlaß-, Auslöse-; Senk-, Fall-; **~č** m (4) Kfz. Anlasser m, Starter m; **~ní** n (3) Tech. Anlassen n; Ingangsetzen n; Inbetriebnahme f; Mar. Stapellauf m; **~t** (3 Pl. -ějí) s. spustit.
spoutat pf. fesseln.
spráskl|at pf. verprügeln; dial. verschlingen; **~nout** pf. (-kl; -knut) Hände zusammenschlagen.
sprasný Sau: trächtig.
spraš f (7) Löß m.
sprát pf. (speru, spral) verprügeln.
spratek m (1a; -tk-; -tkové) verä. (Gift-)Zwerg m; Teufel m.
správ|a f (1) Verwaltung f, Leitung f; Ausbesserung f, Reparatur f; duchovní ~ Seelsorge f; **~ce** m (3)

srdce

Verwalter *m*, Leiter *m*; *Hdl.* Treuhänder *m*; ~cová *f (Adj. 2)* Frau *f* des Verwalters; Verwalterin *f*; Hausbesorgerin *f*; ~covství *n (3)* Verwalterposten *m*, -stelle *f*.

spravedl|ivý gerecht; *fig.* verdient; slušné a -vé recht und billig; ~nost *f (4)* Gerechtigkeit *f*; Justiz *f*.

spravit *pf.* ausbessern, reparieren; zurechtmachen; F zustandebringen, ausrichten; besorgen, versorgen; ~ se sich erholen; zunehmen; F in Ordnung gehen.

správk|a *f (1c; -vek)* Reparatur *f*, Instandsetzung *f*; ~árna *f (1; -ren)* Reparaturwerkstatt *f*; ~ař *m (3)* Reparaturschlosser *m*; F Flickschuster *m*; ~ aut Autoschlosser; ~ařský, ~ový Reparatur-; ~yně *f (2b)* s. správcová.

správn|í Verwaltungs-; ~ost *f (4)* Richtigkeit *f*; *Jur.* Rechtmäßigkeit *f*; ~ý richtig, recht.

spravovat (-vuji) s. spravit; verwalten; ~ se (čím) sich richten (nach *D*).

sprch|a *f (1b)* Dusche *f*, Brause *f*; ~nout *pf.* (-chl) ein wenig regnen; ~ovací Dusch-, Brause-; ~ovat (-chuji) duschen, abbrausen; ~ se ⟨o- se, vy- se⟩ sich duschen, ein Duschbad nehmen; ~ový Dusch-, Brause-.

sprintovat (-tuji) *Sp.* sprinten.

spropitné *n (Adj. 3)* Trinkgeld *n*.

sprosť|ácký gemein, ordinär; ~áctví *n (3)* Gemeinheit *f*; ~áčit gemeine Reden führen; ~ák *m (1a)* gemeiner Kerl *m*.

sprost|ota *f (1)* Gemeinheit *f*; ~ý gemein, niederträchtig.

sprovodit *pf.* (-zen): ~ ze světa aus der Welt schaffen, beseitigen.

sprška *f (1c; -šek)* Regenschauer *m*.

spřádat s. spříst.

spřahat, spřáhnout *pf.* (-hl; spřežen/spřažen) zusammenspannen, koppeln; P ~ se sich verbünden.

spřáhlo *n (1a; -hel)* *Esb.* Kupplung *f*.

spřátel|ený befreundet; ~it se *pf.* Freundschaft schließen, sich anfreunden.

spřež *f (3)* Gesindel *n*, Pack *n*; ~enec *m (3; -nc-)* Mitverschworene(r) *m*; ~ení *n (3)* Anspannung *f*; ~ka *f (1c; -žek)* *Typ.* Ligatur *f*; *Gr.* Zusammenrückung *f*, Juxtaposition *f*.

spříseženlec *m (3; -nc-)* Eidgenosse *m*; ~stvo *n (1)* Eidgenossenschaft *f*.

spříst *pf. (s. přist)* verspinnen; *Pläne* schmieden.

spustit *pf.* (-štěn) herunterlassen, herablassen; *Geom.* fällen; *Anker* werfen; *Flagge* niederholen *od.* streichen; *Tech.* anlassen, in Gang setzen; *Rdf.* anstellen, *dial.* anmachen; *Abzughahn* (ab)drücken; beginnen zu *(Inf.)*; *Blick, Augen* abwenden, ~ se sich herablassen, sich senken; *Flgw.* niedergehen; sich einlassen; verkommen; ~ se po laně sich abseilen.

spuštění *n (3)* Anlassen *n*, Inbetriebnahme *f*; *Mar.* Stapellauf *m*; s. spustit.

srab *m (1)*, ~ař *m (3)* Stümper *m*, F Pfuscher *m*; ~ařina *f (1)* Stümperei *f*; ~ařit F patzen.

sráč V *m (3)* Scheißer *m*.

sra|čka *f (1c; -ček)* Scheißerei *f*; ~nda *f (1)* P Jux *m*, Hetz *f*.

srát V ⟨in Zssgn -srat: na-, po-, vy- se, za-⟩ (seru, sral; srán) scheißen.

sraz *m (2a)* Zusammenkunft *f*, Treffen *n*; Zusammenstoß *m*.

sráz *m (2a)* Abhang *m*; Abschüssigkeit *f*.

srazit *pf.* (-žen) herunterschlagen, -stoßen, *lit.* hinabstürzen *(v/t)*; zusammenschlagen, zu Boden schlagen; *Hdl.* abziehen, abrechnen; *Chem.* fällen; *Milch* gerinnen lassen; abbringen *(j-n von D)*; ~ se zusammenstoßen; sich zusammenschließen; *Chem., Phys.* sich niederschlagen, sich kondensieren; *(Milch)* gerinnen; *(Stoff)* einlaufen; *Kochk.* nicht aufgehen.

srázný abschüssig, steil.

sraženina *f (1)* Ablagerung *f*, *Geol.* Sediment *n*; *Med.* Gerinnsel *n*.

sráž|et *(3 Pl. -ejí)* s. srazit; ~ka *f (1c; -žek)* Zusammenstoß *m*; Niederschlag *m*; *Hdl.* Abzug *m*, Abschlag *m*, Diskont *m*; ~koměr *m (2a)* Regenmesser *m*; ~kový Niederschlags-; *Hdl.* Abzugs-.

Srb *m (1; -ové)*, ~ka *f (1c; -bek)* Serbe *m*, -in *f*; (Lausitzer) Sorbe *m*, -in *f*; ♀skochorvatský serbokroatisch; ♀ský *(Adv. -y)* serbisch;⎫
⎬ [sorbisch]. ⎭

srčet rieseln.

srdce *n (2)* Herz *n*; *fig.* Mut *m*; *(Glocken-)*Klöppel *m*; † Schwengel *m*; klid ~ Seelenruhe *f*; bez ~ herz-

srdcelomný

los; od, ze ~ von Herzen; ~lomný, ~rvoucí, ~ryvný herzzerreißend.
srdcov|itý herzförmig; ~ka f (1c; -vek) Herzkirsche f; Herzblume f; Esb. Herzstück n; ~ý Herz-.
srd|čitý herzförmig; Bot. herzblättrig; ~éčko F n (1b; -ček) Herzchen n.
srdeč|ní Anat. Herz-; ~nice f (2a) Herz(schlag)ader f; ~nost f (4) Herzlichkeit f; ~ný herzlich.
srdíčko n (1b; -ček) s. srdéčko.
srdnatý beherzt, mutig; herzhaft.
srk m (2b) Schluck m; ~at (za-), ~nout pf. (na-, u-, v-, vy-, za-) (-kl; -knut) schlürfen; (č-o) nippen (von D); ~avý schlürfend.
srn|a f (1) Reh n; ~če n (4) Rehkitz n; ~čí Reh-; ~ec m (3; -nc-) Rehbock m; ~ina f (1) Rehfleisch n; ~ka f (1c; -nek) Rehgeiß f, Ricke f; Habichtspilz m.
sroc|ení n (3) Zusammenrottung f; ~ovat se (-cuji) sich zusammenrotten.
srolovat pf. (-luji) zusammenrollen.
srostitý konkret.
srostlý verwachsen, zusammengewachsen.
srotit se pf. (-cen) sich zusammenrotten.
sroubit pf. (zusammen)zimmern.
srovn|at pf. vergleichen; ausgleichen, schlichten; ordnen; Rechnung begleichen; ~ se sich versöhnen; Jur. sich vergleichen; (s čím) übereinstimmen (mit D), entsprechen (D); ~atelný vergleichbar; Math. kommensurabel; ~ávat s. srovnat.
srozumě|ná: dát k-u co na -ou j-m et. zu verstehen geben; ~í n (3) Einverständnis n; ve ~í m im Einvernehmen mit (D); ~ý einverstanden.
srozumět pf. (3 Pl. -ějí) verstehen; ~ se sich einig werden.
srozumitel|nost f (4) Verständlichkeit f; ~ný verständlich.
srp m (2a) Sichel f; ~ek m (2b; -pk-): ~ měsíce Mondsichel f; ~en m (2a; -pn-; 2. -pna) August m (Monat); ~kov(it)ý sichelförmig; ~ový August-.
srst f (4) Fell n, (Tier-)Haar n; proti ~i fig. gegen den Strich; ~ka f (1c; -tek) Stachelbeere f; ~natý haarig, Pelz-.
sršatý stachelig; F wütend.

sršeň m (3a) u. f (3; -šně) Hornisse f.
srš|et (za-) sprühen; ~ivý sprühend.
srub m (2a) Blockhaus n; Brunnenkasten m; Bgb. Schachtkranz m; hist. Bollwerk n.
srůst¹ pf. (s. růst) zusammen-, verwachsen.
srůst² m (2a) Zusammenwachsen n, Verwachsung f; ~at s. srůst¹.
srezat s. seřezat.
stabil|izace f (2) Stabilisierung f; ~izovat (im)pf. (-zuji) stabilisieren; ~ita f (1) Stabilität f; ~ní stabil.
stác|ecí Abfüll-; ~et (3 Pl. -ejí) s. stočit.
stačit (im)pf. (po-, vy-) genügen, (aus)reichen, genug sein; genug haben; auskommen (mit D).
stadión m (2a) Stadion n; na ~u im Stadion.
stád|ní, ~n Herden-; ~ový n (1; 6. -u/-ě) Herde f; Rudel n.
stáhnout pf. (-hl; stažen) abziehen (se v/i); herab-, herunterlassen; Beine anziehen; Hand zurückziehen; Segel streichen; (a. si) Decke hochziehen; (sich) et. überziehen, -stülpen; ~ z oběhu aus dem Verkehr ziehen; ~ se a. sich zusammenziehen.
stahov|ací Roll-; Falt-; Zug-; ~at (-huji) s. stáhnout.
stáj f (3) Stall m; ~ní, ~ový Stall-; ~ník m (1a) Stallknecht m.
stále Adv. fortwährend, ständig, immerfort.
staletý jahrhundertelang, -alt.
stálice f (2a) Fixstern m.
stál|obarevný farbecht; ~ost f (4) Beständigkeit f; ~ožárný Dauerbrand-; ~ý ständig, beständig, dauernd, dauerhaft.
stan m (2; 6. -u/-ě) Zelt n; Mil. hlavní ~ Hauptquartier n.
standardní Standard-, Norm-.
stánek m (2b; -nk-) (Verkaufs-)Stand m.
stání n (3) Stehen n; Jur. Gerichtsverhandlung f; Stand m, Box f; nemá ~ er hat keine Ruhe od. F kein Sitzfleisch.
stani|ce f (2a) Station f; Haltestelle f; benzínová ~ Tankstelle f; rozhlasová ~ Rundfunksender m; ~ční Stations-.
staniol [-ni-] m (2a) Stanniol n, F Silberpapier n.

stanný: -né právo Standrecht n.
stanout † pf. stehen bleiben.
stanov|ání n (3) Zelten n; Zeltlager n; **~at** (-nuji) zelten; **~ina** f (1) Zeltstoff m; **~isko** n (1b; 2 Pl. -sk/-sek) Standpunkt m; **~iště** n (2a) Standort m, Stand m; Kfz. Halteplatz m, Parkmöglichkeit f; **~it** pf., u- bestimmen, festsetzen; **~y** f/pl. (1) Satzungen f/pl, Statuten n/pl.
stanový Zelt-.
stanu se s. stát³ se.
starat se ⟨po-, u-⟩ (o co, o k-o) sich sorgen, sich kümmern (um A).
stárek m (1a) Altgeselle m.
stárn|out ⟨ze-⟩ (-r/l-rnul) alt werden; **~utí** n (3) Altern n.
staro- in Zssgn alt-, Alt-.
starob|a f (1) Greisenalter n; **~inec** m (4; -nc-) Altersheim n; **~ní** Alters-; **~ný** Greisen-, greisenhaft.
staro|bylý alt(ertümlich); **~český** altschechisch; **~dávný** uralt; althergebracht; od -na von altersher, seit den ältesten Zeiten; po -nu nach altem Brauch.
staroch P m (1a) Alte(r) m.
staro|křesťanský altchristlich; **~městský** Altstädter-; **~módní** altmodisch; **~německý** altdeutsch; **~panenský** altjüngferlich; **~pramen** m (4 od. 2a) Urquell m; **~pražský** Altprager; **~slavný** altehrwürdig; **~slovanský**, **~slověnský** alt(kirchen)slawisch.
starost f (4) Sorge f; mít ~ o k-o sich sorgen um (um A); o to nemám ~i darüber mache ich mir keine Sorgen.
starost|a m (5) Bürgermeister m; (Gemeinde-)Vorsteher m; **~livý** sorgsam; besorgt (o co um A); (Gesicht) sorgenvoll; **~ová** f (Adj. 2) Frau Bürgermeister (des Bürgermeisters).
staro|svat m (1; -ové) Hochzeitsvater m; Brautwerber m; **~světský** altväterlich; altmodisch; **~usedlík** m (1a) Alteingesessene(r) m; Altbauer m.
staroušek F m (1a; -ové) Alte(r) m; -škové pl. die Alten (Eltern, Eheleute).
staro|věk m (2b) Altertum n; **~věký** altertümlich; **~věrný** altgläubig; **~zákonný** alttestamentarisch.
starožit|ník m (1a) Antiquitätenhändler m; **~nost** f (4) Antiquität f;

pl. a. Altertümer pl.; **~ný** altertümlich.

star|ší Komp. von starý; Su. m (Adj. 4) Älteste(r) m; Altmeister m (e-r Zunft); **~šina** m (5) Mil. etwa Hauptfeldwebel m.

start m (2a) Start m; **~ér** m 1. (1; -ři) Sp. Starter m; 2. (2b) Kfz. Anlasser m; **~ovací** Start-; **~ovat** (im)pf. (-tuji) starten; **~ovní** Start.
staruška P f (1c; -šek) Alte f.
starý (Komp. starší; Adv. staře, Komp. stařeji) alt, Alt-.
stařec m (3; -rc-) Greis m; **~kost** f (4) Greisenhaftigkeit f; **~ký** greisenhaft, Greisen-.
stařena f (1) Greisin f; **~šina** m (5) Dienst-, Rangälteste(r) m, Obmann m.
stáří n (3) Alter n.
stař|ičký hochbetagt, bejahrt, iron. steinalt; **~ík** m (1a) Greis m.
stát¹ m (2) Staat m; hlava ~u Staatsoberhaupt n; majetek ~u Staatseigentum n; Spojené ~y Vereinigte Staaten.
stát² ⟨na- se, po-⟩ (stojím, stál) stehen; kosten (Preis); ~ proti k-u gegenüberstehen (D); ~ před kým bevorstehen (D); ~ o co trachten nach (D); ~ o děvče sich um ein Mädchen bewerben; ~ ke k-u beistehen (D); ~ kolem herumstehen; ~ ve slově sein Wort gegeben haben; ~ za řeč der Rede wert sein; ~ za zmínku erwähnenswert sein; ~ za to dafür stehen, fig. sich lohnen.
stát³ se pf. (stanu se, stal se) werden (čím/zu, et.); geschehen, sich ereignen; co se stalo? was ist geschehen od. F los?
stať f (4c) (Zeitungs-)Artikel m; Abhandlung f.
stateč|nost f (4) Tapferkeit f; **~ný** tapfer, wacker, F tüchtig.
statek m (2b; -tk-) Gut n.
statisíce m/pl. (4) Hunderttausende pl.
statisti|cký [-tıstı-] statistisch; **~ka** f (1c) Statistik f.
statk|ář m (3) Gutsbesitzer m; **~ový** Guts-.
stát|ní Staats-, staatlich; **~nice** F f (2a) Staatsexamen n; **~nický** staatsmännisch; **~ník** m (1a) Staatsmann m.
statnost f (4) Rüstigkeit f; Tüchtigkeit f.

státnost f (4) Staatssinn m, Staatsbewußtsein n.
statný stattlich; rüstig, tüchtig.
státopráv|ní staatsrechtlich; ~**ník** m (1a) Staatsrechtler m.
státo|tvorný staatserhaltend, -bildend; ~**věda** f (1) Staatswissenschaft f; ~**vědný** staatswissenschaftlich. [m, Banknote f.)
státovka f (1c; -vek) Geldschein
stav[1] m (2a) Zustand m, Verfassung f; Stand m; Bestand m; ~ **věcí** Sachverhalt m; Tatbestand m.
stav[2] m (2a) Webstuhl m.
stavař F m (3) Bauschüler m; Bauingenieur m; ~**ina** f (1), ~**ství** n (3) F Baufach n.
stávat iter. s. stát[2].
stav|ba f (1; -veb) Bau m; Thea. Aufbau m; ~**bař** m (3) Baufachmann m; ~**byvedoucí** m (Adj. 4) Bauleiter m.
staveb|ní Bau-, baulich; ~**nice** f (2a) Baukasten m; ~**nictví** n (3) Bauwesen n; ~**ník** m (1a) Bauherr m; ~**ný** s. stavební.
stavě|cí Tech. Stell-, Einstell-; ~ **pes** Vorstehhund m; ~**č** m (4) Aufstellvorrichtung f für Kegel, Bowling usw.; ~**dlo** n (1a; -del) Esb. Stellwerk n.
staven|í n (3) Gebäude n; Med. Verhaltung f; Stauung f; ~**iště** n (2a) Baustelle f.
stavět ⟨po-, vy-⟩ (3 Pl. -ějí) (er)bauen, errichten; aufstellen; setzen, stellen; ~ se sich stellen; ~ se k-u na odpor sich widersetzen (D); ~ se k obraně sich zur Wehr setzen; ~ se k-u na roveň sich gleichstellen (mit D); ~ se hloupým sich dumm stellen.
stavi|cí Med. stopfend; (blut-)stillend; ~**dlo** n (1a; -del) Schleuse f; Stauanlage f; pohyblivé ~ Schütze f.
stavit[1] pf., poza-, ~ anhalten, hemmen; Blut stillen; Wasser stauen; ~ se (kde) einkehren (bei D); vorbeikommen (bei D); (pro k-o, co) (ab)holen (A).
stavit[2] pf. zusammenschmelzen, legieren.
stavitel m (3; -é) Baumeister m; Erbauer m; ~**ný** Tech. ein-, verstellbar; ~**ský** Bau-, Baumeister-; ~**ství** n (3) Bauwesen n; Baukunst f.
stavivo n (1) Baumaterial n.
stávk|a f (1c; -vek) Streik m; ~**ař** m (3) Streikende(r) m; Strumpfwirker m, Stricker m; ~**okaz** m (1) Streikbrecher m; ~**ovat** (-kuji) streiken; ~**ový** Streik-; Strick-, Wirk-, Trikot-; ~**ující** streikend.
stavov|at ⟨-vuji⟩ s. stavit[2]; ~**ský** Standes-; hist. Stände-; ~**ství** n (3) Standesbewußtsein n.
stáž f (3) Forschungsstudium n; Praktikum n.
stéblo n (1a; -bel) Halm m.
stéci pf. (s. téci) herabfließen, rinnen; ~ se zusammenfließen.
steh m (2b) Stich m (beim Nähen).
stehenní Schenkel-.
stehlík m (1a) Stieglitz m.
stehno n (1; 6. -ě/-u; -hen) Schenkel m; Kochk. Keule f.
stehovací Heft-.
stěhovací Übersiedlungs-, Umzugs-; ~ **vůz** Möbelwagen m.
stehovačka f (1c; -ček) Heftmaschine f; Heftnadel f; Heftgarn n.
stěhování n (3) Übersiedlung f, Umzug m; ~ **národů** Völkerwanderung f; ~ **ptáků** Vogelzug m.
stehovat ⟨pro-, při-, za-⟩ (-huji) heften, steppen.
stěhov|at se ⟨od-, pře-, při-⟩ (-huji) übersiedeln, umziehen; wandern, ziehen; ~**avý** wandernd, Wander-; ~ **pták** Zugvogel m.
stejně Adv. gleich, ebenso; ohnehin, F sowieso.
stejno|- in Zssgn gleich-, Gleich-; ~**barevný** gleichfarbig; ~**dobý** gleichzeitig; ~**jmenný** gleichnamig; ~**kroj** m (4) Uniform m; ~**měrný** gleichmäßig; ~**pis** m (2; 6. -e/-u) gleichlautende Abschrift f; ~**ramenný** gleicharmig; Geom. gleichschenk(e)lig; ~**rodý** gleichartig, homogen; ~**směrný**: ~ proud Gleichstrom m.
stejnost f (4) Gleichheit f; Gleichförmigkeit f.
stejno|stranný gleichseitig; ~**značný** gleichbedeutend; sinnverwandt; ~**zvučný** gleichlautend.
stejný gleich; gleichartig; gleich-, bleibend.
stékat s. stéci.
stelivo n (1) Streu f.
stélka f (1c; -lek) Brandsohle f; Bot. Thallus m.
stelný Kuh-: trächtig.
stelu s. stlát.
sten m (2a) Stöhnen n, Ächzen n.
stěna f (1) Wand f; Tech. Wandung f; zvuková ~ Schallmauer f.

stoh

stén|ání *n* (3) Stöhnen *n*, Ächzen *n*; ~**at** ⟨po-, za-⟩ stöhnen, ächzen: ~ *bolesti* vor Schmerzen stöhnen.
stenograf *m* (1; -ové) Stenograph *m*; ~**ovat** ⟨na-⟩ (-*fuji*) stenographieren.
stenotypistka *f* (1c; -tek) Stenotypistin *f*.
stěnový Wand-.   [typistin *f*.
step *f* (3) od. *m* (4) Steppe *f*.
step|natý steppenreich; ~**ní** Steppen-.
stěrač *m* (4) *Kfz.* Scheibenwischer *m*.
stereofonický stereophon, Stereo-.
steril|ita *f* (1), ~**nost** *f* (4) Sterilität *f*; ~**izovat** ⟨vy-⟩ (-*zuji*) sterilisieren; ~**ní** steril.
stěrka *f* (1c; -rek) Spachtel *f*; *Med.* Spatel *f*.
ster|onásobný hundertfach; ~**ý** hunderterlei.
stesat *pf.* (-*šu*/-*sám*) abhauen; behauen, zimmern.
stesk *m* (2b) Sehnsucht *f* (*po čem* nach *D*); Traurigkeit *f*, Wehmut *f*; Klage *f*, Beschwerde *f* (*na co* über *A*); ~**nout** (si) *pf.* (-*kl*) sich beklagen (*na co* über *A*).
stěsn(áv)at zusammendrängen, -pressen.
stětí *n* (3) Enthauptung *f*.
stevard *m* (1) Steward *m*; ~**ka** *f* (1c; -dek) Stewardeß *f*.
stezka *f* (1c; -zek) Pfad *m*, Fußweg *m*, *lit.* Steg *m*.
stěžej *f* (3) od. *m* (4) Türangel *f*; ~**ka** *f* (1c; -jek) Scharnier *n*; ~**ní**, ~**ný** Angel-; *fig. a.* Haupt-, Grund-.
stěžeň *m* (4a; -žně) Mast(baum) *m*; *hlavní* ~ Großmast.
stěží *Adv.* schwerlich; kaum, F mit knapper Not.
stěžňov|í *n* (3) Mastwerk *n*; ~**ý** Mast-.
stěž|ování *n* (3) Beschwerde *f*, Klage *f*; ~**ovat si** ⟨na-, za-⟩ (-*zuji*) (*na k-o, co, do k-o, č-o*) sich beschweren (über *A*); ~**ovatel** *m* (3; -é) Beschwerdeführer *m*.
stíha|cí Verfolgungs-; *Mil.* Jagd-; ~**č** *m* (3) Verfolger *m*; Jagdflieger *m*; ~**čka** *f* (1c; -ček) Jagdflugzeug *n*, F Jäger *m*.   [Ahndung *f*.
stíhání *n* (3) Verfolgung *f*; *Jur.* ∫
stíhat ⟨do-, za-⟩ verfolgen; *Jur.* ahnden.
stihnout *pf.* (-*hl*; -*žen*) ⟨do-, za-⟩ einholen, erreichen; treffen, befallen, *lit.* ereilen.

stihomam *m* (2a) Verfolgungswahn *m*.
stilizovat (-*zuji*) *s.* stylizovat.
stín *m* (2a) Schatten *m*.
stín|ací Richt-; ~**at** *s.* stít.
stín|ící *Rdf.* Schirm-, Abschirm-; ~**idlo** *n* (1a; -del) (Lampen-) Schirm *m*; ~**it** ⟨o-, za-⟩ beschatten; *Rdf.* abschirmen; ~**ítko** *n* (1a; -tek) *s. stínidlo*; Leuchtschirm *m*.
stinka P *f* (1c; -nek) Wanze *f*.
stinný schattig, Schatten-.
stíno|hra *f* (1d; -her) Schattenspiel *n*; ~**vat** ⟨od-, pro-⟩ (-*nuji*) schattieren; ~**vý** Schatten-.
stipend|ijní [stɪ-dɪ-] Stipendien-; ~**ista** [-dɪ-] *m* (5a) Stipendiat *m*.
stír|ač *m* (4) Wischer *m*; ~**at** *s. setřít*.
stisk *m* (2b) Druck *m*; ~**ací** Druck-; ~**átko** *n* (1b; -tek) Druckknopf *m*; ~**nout** *pf.* (-*kl*; -*knut*) zusammendrücken; (nieder)drücken; ~**nutí** *n* (3) Druck *m*; ~ *ruky* Händedruck.
stísn|ěnost *f* (4) Beklommenheit *f*; ~**ěný** zusammengedrängt; beklommen, beengt, *fig.* gedrückt; ~**it** *pf.* zusammendrücken *od.* -pressen; bedrücken, bedrängen.
stít *pf.* (*setnu, sťal, sťat*) enthaupten; F köpfen.
stižen *s. stihnout*.
stížnost *f* (4) Beschwerde *f*.
stlač|ený zusammengedrückt; Preß-, Druck-; ~**it** *pf.*, ~**ovat** (-*čuji*) zusammen-, herab-, niederdrücken; komprimieren.
stlát (*in Zssgn* -stlat: po-, roze-, u-, vy-, za-⟩ (*stelu, stlal, stlán*) streuen; *das Bett* (*od. die Betten*) machen, F betten.
stlou|ci *pf.* (*stluču*/-*ku*), ~**k(áv)at** (her)ab-, zusammenschlagen; zusammenstoßen; *Butter* schlagen; *Körner* zerstoßen.
stmel|it *pf.*, ~**ovat** (-*luji*) zusammenkitten.
stmívat se dunkel werden, dämmern; *s. a. setmít se*.
sto hundert; *dvě stě* zweihundert; *jeden ze sta* e-r unter Hunderten.
stočit *pf.* zusammendrehen, -rollen, -wickeln; *Bier* abziehen; *Schritte* lenken; ~ **se** sich zusammenrollen; sich wenden; abbiegen (*v*/*i*).
stodola *f* (1a) Scheune *f*, Scheuer *f*.
stoh *m* (2b) Schober *m*.

stoj m (4) Turn. Stellung f, Stand m; ~ na hlavě Kopfstand.

stoj|ací Stand-, Steh-; ~an m (2; 6. -u/-ě) Ständer m, Gestell n; Fot. Stativ n; Mus. Pult n; ~ánek m (2b; -nk-) (kleiner) Ständer m; ~atý stehend, Steh-; ~e s. stojmo; ~ící stehend; Geld kostend; ~ím, ~í s. stát²; ~ka f (1c; -jek) Turn. Stand m; ~mo Adv. stehend, im Stehen; ~né n (Adj. 3) Standgeld n; Mar. Liegegeld n; ~ný Stand-.

stok m (2b) Zusammenfluß m; ~a f (1c) Kanal m, Gosse f; Gully m; Abflußgraben m; ~ař m (3) Kanalräumer m.

stokilometrový Hundertkilometer-.

stoklas m (2; 6. -e/-u), ~a f (1a) Bot. Trespe f.

sto|koruna f (1) Hundertkronennote f; ~krát hundertmal.

stolař dial. m (3) Tischler m, Schreiner m; ~ství n (3) Tischlerei f.

stol|ec m (4; -lc-) Thron m; ~eček m (2b; -čk-), ~ek m (2b; -lk-) kleiner Tisch m, Tischchen n.

stolet|í n (3) Jahrhundert n; ~ý hundertjährig, hundert Jahre alt.

stolice f (2a) Tech., fig. Stuhl m.

stolič|ka f (1c; -ček) Schemel m, Hocker m; Backenzahn m; Stuhlgang m; ~ná f (Adj. 2) Büffetdame f; ~ní, ~ný Gerichts-; Haupt-.

stolistka f (1a; -tek) Bot. Zentifolie f.

stol|ní Tisch-, Tafel-, ~ník m (1a) hist. Truchseß m; ~ovat (-luji) tafeln, schmausen; ~ovník m (1a) Tischgenosse m; ~ový Tafel-, Tisch-.

sto|marka f (1a; -rek) Hundermarkschein m; ~metrovka F f (1c; -vek) Hundertmeterlauf m od. -schwimmen n; ~metrový von hundert Metern, Hundertmeter-.

ston m (2a) Stöhnen n.

stonásob hundertfach; ~ný hundertfach, hundertfältig.

ston|at ⟨po-, pro-, roz- se⟩ (stůňu) krank (od. erkrankt) sein (na co, čím an D); ~avý kränklich, krank.

stonek m (2b; -nk-) Stengel m.

stonožka f (1c; -žek) Tausendfüßler m.

stop m (2a) Stopp m; ~ cen Preisstopp; F jet ~em per Anhalter fahren.

stop|a f (1) Spur f; Jagdw. Fährte f; (Maß) Fuß m; ve -ách otce F in den Fußstapfen des Vaters; ~ař m (3) Pfadfinder m; ~ka f (1c; -pek) Stiel m; Schaft m; Mus. Hals m; Likörglas n, Gläschen n; ~ky f/pl. (1; -pek) Stoppuhr f; ~nout pf. (-pl/-pnul; -pnut) stoppen; ~ovat ⟨pro-, vy-⟩ (-puji) verfolgen; Ball stoppen; ~ový Spuren-.

stoprocentní hundertprozentig.

stóra f (1d) Store m.

sto|šest: F pracuje o ~ er arbeitet wie ein Wilder; ~tina f (1) Hundertstel n; ~tisíc hunderttausend.

stoup|a f (1) Stampf-, Hammerwerk n; dát do -py einstampfen; ~ací Steig-; ~ačka f (1c; -ček) Steigleitung f; Steigeisen n; ~ání n (3) Steigen n, Steigung f; (Preis-)Anstieg m; ~at, ~nout pf. (-pl) (auf-, empor-, an)steigen; treten; ~avý Steig-.

stoupen|ec m (3; -nc-) Anhänger m, ~ectví n (3) Anhängerschaft f; ~ka f (1c; -nek), ~kyně f (2b) Anhängerin f.

stověžatý hunderttürmig.

stovka f (1c; -vek) Hundert f, Hunderter m, Hundertkronennote f; F Hundertmeterlauf m.

stožár m (2a) Mast m.

strač|í Elster-; ~ka f (1c; -ček) Bot. Rittersporn m.

strádat ⟨po-, za-⟩ leiden (čím/A, an D), entbehren.

strach m (2b) Furcht f, Angst f (před čím, z č-o vor D; o co um A); ~ovat se ⟨na-, za-⟩ (-chuji) sich fürchten (č-o vor D); besorgt sein, sich ängstigen (o co um A); ~uplný angstvoll.

straka f (1c) Elster f; scheckige Kuh f, F Schecke f; ~poud, ~púd, F ~poun m (1) Buntspecht m; ~tina f (1) Kunterbunt n; ~tit se ⟨po-, za-⟩ bunt schillern; scheckig, bunt sein.

stran Prp. (mit 2. Fall) betreffs, hinsichtlich (G).

stráň f (3) Abhang m, Berghang m.

strana f (1) Seite f; Partei f; do -ny zur Seite; z této (oné) -ny dies(jen-)seits; po obou -nách zu (od. auf) beiden Seiten; z mé -ny meinerseits.

stranic|kopolitický [-tts-] parteipolitisch; ~kost f (4) Parteilichkeit f; ~ký Partei-, parteiisch; parteiisch;

Jur. befangen; ~**tví** n (3) Parteiwesen n; *Jur.* Befangenheit f.
stran|ík m (1a) Parteimitglied n, Parteigenosse m; Parteigänger m; ~**it** (k-u) halten (zu D), Partei ergreifen (für A); begünstigen (A); ~ **se** k-o, č-o meiden (A), aus dem Weg gehen (D).
stránk|a f (1c; -nek) (Buch-)Seite f (a. *fig.*); Hinsicht f; ~**ovat** ⟨o-, pře-⟩ (-kuji) paginieren, mit Seitenzahlen versehen; ~**ový** Seiten-.
...**stranný** in Zssgn -seitig.
stranou beiseite, abseits; *skok* ~ Seitensprung m.
strast f (4) Kummer m, Leid n, Trübsal f; ~(**ipl**)**ný** jammervoll, kummervoll.
straš|ák m (1a) Gespenst n, Vogelscheuche f, Popanz m; ~**idelný** gespenstisch, gruselig, Grusel-, Spuk-; ~**idlo** n (1a; -del) Gespenst n; ~**it** ⟨na-, za-⟩ spuken; (k-o) Furcht einflößen (D); ~**livý, ~ný** schrecklich, furchtbar; ~**pytel** m (1 *od.* 3; -tl-; -ové) *iron.* Hasenfuß m.
strat|ég m (1a) Stratege m; ~**egický** strategisch.
strava f (1) Kost f, Verpflegung f.
stráv|ení n (3) Verdauung f; ~**it** pf. verdauen; *Zeit, Urlaub usw.* verbringen; *Brand, Feuer:* vernichten, zerstören; *Krankheit usw.*: verzehren.
strav|itelný verdaulich; genießbar; ~**né** n (*Adj.* 3) Kostgeld n, Verpflegungsgeld n.
strávník m (1a) Kostgänger m.
stravov|ací Verpflegungs-, ~**ání** n (3) Verpflegung f; ~**at** ⟨-vuji⟩ s. *strávit.* ~**na** f (1; -ven) Kantine f; † Mittagstisch m für Bedürftige, Speisehaus n.
strážeň f (3; -zně) s. *strast.*
stráž f (3) Wache f; *Pohraniční* ~ Grenzschutz m; *závodní* ~ Werkschutz m; ~**ce** m (3) Wächter m, Bewacher m; (*Leuchtturm-*)Wärter m; ~**mistr** m (1; -ři) Wachtmeister m; ~**ní** Wach-, Wächter-; ~**nice** f (2a) Wachstube f; *požární* ~ Feuerwache f; ~**ník** m (1a) Schutzmann m, Polizist m; ~**ný** Wach-, Schutz-; *Su. m* (*Adj.* 1) Wachtposten m.
strčit ⟨po-, pro-, v-, vy-, za-⟩ stecken; stoßen.
strejda P m (5) Onkel m.
strh|(áv)at, ~nout *pf.* (-hl; -žen) abreißen; *Mauer* niederreißen; fortreißen (a. *fig.*); (hin)reißen (k č-u zu D); *Lärm* schlagen; *Geschrei* erheben; *Arbeit* erledigen, hinter sich bringen; *vom Gehalt* abziehen; *j-n v. der Schule* nehmen; ~ *na sebe* an sich reißen; ~ *s sebou* mitreißen; ~ *se* ausbrechen, F losgehen.
strh|ovat ⟨-huji⟩ s. *strhnout*; ~**ující** hinreißend, überwältigend.
strk m (2b), ~**anec** m (4; -nc-), ~**anice** f (2a) Hin- und Herstoßen n, Stoß m; ~**at** s. *strčit.*
strm|ět ⟨vy-, vze-⟩ emporragen; ~**ý** steil, schroff, abschüssig.
strnad m (1) (Gold-)Ammer f.
strni|sko m (1b), ~**iště** n (2a) Stoppelfeld n.
strn|out *pf.*, *u-* erstarren; ~**ulost** f (4) Starre f, Starrheit f, Erstarrung f; ~**ulý** starr, steif, erstarrt; -*lé myšlení* Starrsinn m; ~**utí** n (3) Starre f, Erstarrung f; *Med.* Starrkrampf m.
strohý (*Komp.* strožejší; *Adv.* -ze) schroff, streng, rauh.
stroj m (4) Maschine f; Triebwerk n; ~**ař** m (3) Maschinenbauer m, -ingenieur m; F *a.* Student m des Maschinenbaus; ~**ařství** n (3) Maschinenbaufach n; ~**ek** m (2b; -jk-) (*Rasier-*)Apparat m; (*Küchen-*)Maschine f; (*Uhr-*)Werk n.
strojen|ost f (4) Geziertheit f, Getue n; ~**ý** gekünstelt, geziert, affektiert, *fig.* steif.
strojír|enský Maschinen-; ~**enství** n (3) Maschinenbau m; ~**na** f (1; -reň) Maschinenfabrik f.
strojit ⟨při-, u-, za-⟩ (an)kleiden; vor-, zubereiten; ~ *se* sich kleiden, sich anziehen; sich vorbereiten.
stroj|ivý putzsüchtig; ~**mistr** m (1; -ři) Maschinenmeister m; ~**ní** Maschinen-, maschinell, mechanisch; ~**nický** Maschinen(bau)-; Maschinisten-; ~**nictví** n (3) Maschinenkunde f; ~**ník** m (1a) Maschinist m; ~**ovna** f (1; -ven) Maschinenraum m; ~**ový** Maschinen-, maschinell; ~**vedoucí** m (*Adj.* 4), ~**vůdce** m (3) Lok(omotiv)führer m.
strok m (1a) *Sp.* Schlagmann m.
strom m (2) Baum m; *silný jako* ~ baumstark; ~**e(če)k** m (2b; -m[eč]k-) Bäumchen n; Weihnachtsbaum m; ~**ořadí** n (3) Allee f; ~**ovka**

stromový

f (*1c*; -*vek*) Baumgarten *m*; ~**ový** Baum-.

strop *m* (*2*) *Arch.* Decke *f*; ~**ní** Decken-; ~**nice** *f* (*2a*) Deckenbalken *m*.

strouha *f* (*1b*; *struh*) Graben *m*, Rinne *f*.

strouh|ací Reib-, Schab-; ~**anka** *f* (*1c*; -*nek*) Reibteig *m*; ~**at** ⟨*na-, o-, u-, za-*⟩, ~**nout** *pf.* ⟨-*hl*; -*hnut*⟩ reiben, schaben.

stroužek *m* (*2b*; -*žk-*): ~ česneku Knoblauchzehe *f*.

strožejší *s.* **strohý**.

strp|ení *n* (*3*) Geduld *f*; Nachsicht *f*; ~**ět** *pf.* ertragen, (er)dulden.

struč|nost *f* (*4*) Kürze *f*, Knappheit *f*; ~**ný** kurz(gefaßt), knapp.

struh *m* (*2b*) Reib-, Schabeisen *n*; Schnittmesser *n*; ~**ačka** *f* (*1c*; -*ček*) Raspel *f*; ~**adlo** *n* (*1a*; -*del*), ~**átko** *n* (*1b*; -*tek*) Reib-, Schabeisen *n*; Gurkenhobel *m*.

strůjce *m* (*3*) Urheber *m*, Anstifter *m*; ~ spiknutí Rädelsführer *m*.

struk *m* (*2b*) Schote *f*, Hülse *f*; Knoblauchzehe *f*; *Zo.* Zitze *f*.

strun|a *f* (*1*) Saite *f*; o čtyřech -ách viersaitig; ~**ný**, ~**ový** Saiten-.

strup *m* (*2a*) Kruste *f*, Rinde *f*; *Med.* Schorf *m*, Grind *m*; ~**atý** mit Schorf bedeckt.

struska *f* (*1c*; -*sek*) Schlacke *f*.

stružit ⟨*o-*⟩ fräsen.

stružka *f* (*1c*; -*žek*) *dim. zu* **strouha**.

strý|c *m* (*3*), *dim.* ~**ček** *m* (*1a*; -*čk-; -ové*) Onkel *m*; ~**čkování** *n* (*3*) Vetternwirtschaft *f*; ~**čkovat** ⟨-*kuji*⟩ *k-u* F *fig.* protegieren (*A*); ~**čkovství** *n* (*3*) Onkelschaft *f*; Vetternwirtschaft *f*.

strž *f* (*3*) Abgrund *m*, Schlucht *f*; Eisgang *m*; (*Damm-*)Bruch *m*.

stržit *pf.* einnehmen, einlösen; *Spott* ernten.

střád|al *m* (*1*; -*ové*) Sparer *m*; ~**anka** *f* (*1c*; -*nek*) Sparbüchse *f*; ~**at** ⟨*na-, se-, u-*⟩ sparen.

střadatel *m* (*3*; -*é*) *s.* **střádal**.

střap|áč *m* (*3*) F Wuschelkopf *m*, Struwwelpeter *m*; ~**atý** zottig, struppig; ~**ec** *m* (*4*; -*pc-*) Quaste *f*, Troddel *f*.

střás|ací Rüttel-, ~**at** (*pf. s.* **třást**) herab-, zusammenschütteln.

střeb|(áv)at (*pf.* -*u*/-*ám*) auf-, einsaugen; ~**avost** *f* (*4*) Saugfähigkeit *f*.

střeč|ek *m* (*1a*; -*čk-*) *Zo.* Bremse *f*, Biesfliege *f*; ~**kovat** ⟨*po-, za- si*⟩ (-*kuji*) (herum)tollen; *Vieh:* biesen.

střed *m* (*2a*) Mitte *f*, Zentrum *n*, Mittelpunkt *m*; ~ otáčení Angelpunkt *m*; ~ města Stadtzentrum; ~**em** *Prp.* (*mit 2. Fall*) mitten durch (*A*); ~**a** *f* (*1*) Mittwoch *m*; ve -du am Mittwoch, mittwochs; *Popeleční, Škaredá* ~ Aschermittwoch; ~**eční** Mittwoch-; ~**isko** *n* (*1b*; -*sek*/-*sk*) Mittelpunkt *m*, Zentrum *n*; Zentrale *f*; agitační ~ *Pol.* Aufklärungslokal *n*; zdravotnické ~ Poliklinik *f*; ~**ní** Mittel-, mittlere, Zentral-; *Gr.* sächlich; ~ *rod* Neutrum *n*; ~**nice** *f* (*2a*) Mittellinie *f*; ~**ník** *m* (*2b*) Semikolon *n*, Strichpunkt *m*.

středo|- *in Zssgn* Mittel-, mittel-; ~**cestí** *n* (*3*) Mittelweg *m*; ~**český** mittelböhmisch; ~**evropský** mitteleuropäisch; ~**hoří** *n* (*3*) Mittelgebirge *n*; ~**mořský** Mittelmeer-; ~**školák** *m* (*1a*) Mittelschüler *m*, (*in Deutschland*) Oberschüler *m*; ~**věk** *m* (*2b*) Mittelalter *n*; ~**věký** mittelalterlich.

střeh *m* (*2b*) Lauerstellung *f*; *Sp.* Fechtstellung *f*.

střecha *f* (*1b*) Dach *n*; (*Hut-*) Krempe *f*.

střechýl *m* (*2; 6. -e/-u*) Eiszapfen *m*.

střel|a *f* (*1a*) Geschoß *n*; nevybuchlá ~ Blindgänger *m*; *dráha -ly* Flugbahn *f*; ~**ba** *f* (*1*) Schießen *n*, *Mil.* Feuer *n*; ~ *na ostro* Scharfschießen; ~ *děl* Geschützfeuer *m*; ~**ec** *m* (*3*; -*lc-*) Schütze *m*; ~ *bránky Sp.* Torschütze; ~**ecký** Schützen-; ~**iště** *n* (*2a*) Schießstand *m*; ~**it** *pf.* ⟨*o-, vy-, za-*⟩ schießen, e-n Schuß abgeben; ~**ivo** *n* (*1*) Munition *f*; ~**ka** *f* (*1c*; -*lek*) Magnetnadel *f*; ~**mistr** *m* (*1*; -*ři*) Sprengmeister *m*; ~**nice** *f* (*2a*) Schießplatz *m*; † Schützenhaus *n*; ~**ný** Schieß- (*z.B. Pulver*); Schuß- (*z.B. Waffe, Verletzung*).

střemhlav kopfüber; *Mil.* Sturzkampf-; *utéci* ~ F Hals über Kopf fliehen.

střemcha *f* (*1b*) Traubenkirsche *f*.

střenka *f* (*1c*; -*nek*) (*Messer-*)Griff *m*.

střep *m* (*2a*) Scherbe *f*.

střepat *s.* **setřepat**.

střepin|a *f* (*1*) *s.* **střep**; ~**ový** Scherben-.

střešní Dach-.

střet *m* (*2a*) Zusammenprall *m*; ~**(áv)at se**, ~**nout se** *pf.* (-*tl*) (s

stupňový

kým) begegnen (D); aneinandergeraten (mit D); ~nutí n (3) Zusammenstoß m, Begegnung f; Sp. Anstoß m.
střevíc m (4), dim. ~íček m (2b; -čk-) Schuh m; ~čník m (2b) Bot. Frauenschuh m.
střevle f (2) od. n (4) Elritze f; ~ík m (1a) Laufkäfer m.
střev|ní Darm-; ~o n (1) (slepé, tenké, tlusté Blind-, Dünn-, Dick-) Darm m; P fig. Trottel m, Tölpel m.
střežit s. stříci.
stříbr|ňák m (2b) Silbermünze f, bibl. Silberling m; ~natý silberhaltig; Silber-; ~ník m 1. (1a) Silberschmied m; 2. (2b) Silberschrank m; ~ný Silber-, silbern.
stříbro n (1; 6; -ře) Silber n; ~lesklý silbrig; ~nosný silberhaltig; ~šedý silbergrau; ~tepec m (3; -pc-) Silberschmied m; ~vlasý mit silbernem Haar.
stříbř|it ⟨na-, o-⟩ versilbern; ~itý silberweiß, silbrig.
stříci ⟨o-⟩ (střehu, střežeš; střehl, střežen) (be)hüten; ~ se (k-o, před kým) sich hüten (vor D).
střída f (1) s. střídka; Schicht f, Ablösung f; Bgb. Strecke f; ~ač m (3) Schichtarbeiter m; fig. Ablösung f; ~ačka f (1c; -ček) Schicht f; Sp. Wechselbank f; ~ání n (3) Abwechslung f, Wechsel m; ~at se (ab)wechseln (v/i); ~avý (ab)wechselnd; Wechsel-; -vé vyučování Schichtunterricht m; ~ka f (1c; -dek) Brotkrume f.
střídm|ost f (4) Mäßigkeit f; ~ý mäßig.
střídnice f (2a) Wechsellaut m.
střih m (2b) Schnitt m; (Schaf-) Schur f; ~ací, stříhací Schneide-, Scher-; ~ač m (3) Zuschneider m; ~ačka f (1c; -ček) Schneidemaschine f; Zuschneiderin f.
stří|hat, ~íhat ⟨o-, při-, za-⟩, ~ihnout pf. (-h//-hnul; -žen) mit der Schere schneiden.
střik m (2b) Spritzer m, Wasserstrahl m; Schorle(morle) f, öst. Gespritzter m (Wein).
střík|ací Spritz-; ~ač m (3) Spritz(enmeist)er m; ~ačka f (1c; -ček) Spritze f; ~adlo n (1a; -del) Spritzapparat m; ~anec m (4; -nc-) Spritzer m; ~at ⟨o-, po-, u-, za-⟩, ~nout

pf. (-kl; -knut) spritzen, (be)sprengen.
stříl|et ⟨od-, pře-, u-, vy-, za-⟩ (3 Pl. -eji) schießen; ~na f (1; -len) Schießscharte f.
střípek m (2b; -pk-) dim. zu střep.
stříška f (1c; -šek) dim. zu střecha.
střízlí|k m (1a), dim. ~ček m (1a; -čk-) Zo. Zaunkönig m.
střízliv|ět ⟨o-, vy-, ze-⟩ (3 Pl. -ěji) nüchtern werden; ~ost f (4) Nüchternheit f; ~ý nüchtern.
stříž f (3) (Schaf-)Schur f; Münzschrot m; Turn. Schere f; ~ní, ~ný Kurzwaren-; Schur-.
stuč|ek m (2b; -čk-), ~ka f (1c; -ček) Rolle f; ~kovací, ~kový Roll-.
stud m (2a) Scham f.
studen|o n (1) Kälte f; za -na in kaltem Zustand, Tech. auf kaltem Wege; dát do -na kalt stellen; ~okrevný Zo. Kaltblut-, kaltblütig.
student m (1), ~ka f (1c; -tek) Student(in f) m; ~ský Studenten-, studentisch; ~stvo n (1) Studentenschaft f.
studený kalt, kühl.
stud|ie [-u:dɪɛ] f (2) Studie f; ~ijní Studien-.
studit ⟨na-, pro-, vy-, za-⟩ (-zen) sich kühl anfühlen, kalt sein.
studium [-dɪ-] n (5) Studium n.
studn|a f (1; -den), ~ě f (2b; -ní), ~ice f (2a) Brunnen m; ~iční Brunnen-.
stud|ovat ⟨pro-, pře-, vy-⟩ (-duji) studieren; ~ující m (Adj. 4) Studierende(r) m, Student m; ~ovna f (1; -ven) Studierstube f.
stuha f (1b) Band n, Schleife f.
stůj! halt!; s. stát².
stůl m (2; stol-; 6. -e) Tisch m; u stolu, za stolem bei Tisch.
stulík m (2b) Teichrose f.
stulit se pf. sich aneinanderschmiegen; sich kauern.
stup|ačka f (1c; -ček), ~adlo n (1a; -del), ~átko n (1b; -tek) Trittbrett n; ~eň m (4a; -pn-) Stufe f; Grad m; ~ínek m (2b; -nk-) (kleine) Stufe f; Podium n; ~nice f (2a) Skala f; Mus. Tonleiter f; ~noměr m (2b) Gradmesser m; ~ňovací Steigerungs-; ~ňování n (3) Steigerung f; ~ňovat ⟨vy-, vze-⟩ (-ňuji) steigern; ~ňovitý stufenförmig; Arch. gestaffelt; ~ňový Stufen-, Grad-, Staffel-.

stužka 414

stužk|a f (1c; -žek) Band n, Schleife f; **~onoska** f (1c; -sek) Zo. Ordensband n.
stvol m (2a) Bot. Schaft m.
stvoř|ení n (3) Erschaffung f, Schöpfung f; Geschöpf n; **~it** pf. (er)schaffen; **~itel** m (3; -é) Schöpfer m. [kräftigen.)
srvrdit pf. (-zen) bestätigen, be-)
stvrzen|í n (3) Bestätigung f, Bekräftigung f; **~ka** f (1c; -nek) (Schein) Bestätigung f, Bescheinigung f; Quittung f.
stvrzovat (-zuji) s. stvrdit.
stvůra f (1d) verä. Kreatur f.
stý hundertste(r); **~druhý** hundertzweite.
stýblo n s. stéblo.
styč|nice f (2a) Lasche f; **~ník** m (2b) Tech. Knoten m; **~ný** Berührungs-, Kontakt-; Mil. Verbindungs-.
styd|ět se ⟨za-⟩ sich schämen (k-o, č-o/G; za k-o für A); **~ký** Scham-, **~lavost, ~livost** f (4) Schamgefühl n; **~lavý, ~livý** schamhaft; **~no**: je mi ~ ich schäme mich; člověku je ~ man sollte sich schämen.
styd|lý kalt geworden; Blut: geronnen; **~nout** ⟨vy-, za-⟩ ⟨-dl⟩ kalt werden, erkalten, öst. auskühlen; **~nutí** n (3) Erkalten n.
styk m (2b) Berührung f, Fühlung f, Kontakt m; Verkehr m, Umgang m, Beziehung f; Tech. Stoß m.
stýkat se sich berühren; ⟨s kým⟩ verkehren, Umgang pflegen (mit D).
styl m (2a) Stil m; **~istický** [-tlts-] stilistisch; **~izovat** ⟨na-, se-⟩ ⟨-zuji⟩ stilisieren; Brief aufsetzen; **~ový** Stil-, stilgerecht.
stýsk|al m (1; -ové) Jammerer m, Quengler m; **~at si** ⟨na-, po-, za-⟩ (na k-o, co) klagen, sich beklagen (über A); **~at se** ⟨na-, po-, za-⟩ (k-u po kom, čem) bange sein (j-m nach D); sich sehnen (nach D).
subjektiv|ita [-tIv-] f (1), **~nost** f (4) Subjektivität f.
subskri|bovat (im)pf. (-buji) subskribieren, zeichnen; **~pce** f (2) Subskription f.
substan|ce f (2) Substanz f; **~tivní** [-tI:v-] substantivisch.
substitu|ce [-tI-] f (2) Substitution f; Vertretung f; **~ovat** (im)pf. (-tuuji) substituieren.

subven|ce f (2) Subvention f; **~covat** (-cuji) subventionieren; **~ční** Subventions-.
súčtovat pf. (-tuji) zusammenrechnen; abrechnen.
sud m (2; 6. -u/-ě) Faß n.
súdánský sudanesisch, Sudan-.
sudba f (1; -deb) Schicksal n, Los n.
Sude|ťák m (1a), **~toněmec** m (3; -mc-) Sudetendeutsche(r) m; **Žtský** Sudeten-.
sudič|ka f (1c; -ček) Schicksalsgöttin f, Parze f; **~ský** prozeßsüchtig.
sudlice f (2a) Hellebarde f, † Pike f.
sudo|kopytník m (1a) Paarhufer m; **~prstý** paarzehig.
sudový Faß-.
sudý Zahl: gerade, paar.
suezský Suez-.
suge|rovat (im)pf. ⟨na-⟩ (-ruji) suggerieren; **~stivní** [-stI:v-] suggestiv; **~stivnost** f (4) Suggestivkraft f.
such|ar m (2a) Zwieback m; **~o** 1. Adv. trocken, dürr; 2. n (1b) Trockenheit f, Dürre f; trockenes Land n; období -cha Trockenzeit f; v -chu trocken; im trockenen; na -chu i na moři zu Wasser und zu Lande; váha za -cha Trockengewicht n; F nechat na -chu j-n im Stich lassen.
sucho|pár m (2a) trockene Erde od. Heide f; lit. Trockenheit f, Dürre f; **~párný** trocken, dürr, schal; **~pýr** m (2a) Wollgras n.
sucho|st f (4), **~ta** f (1) Trockenheit f; **~zemský** Festland-.
suchý (Komp. sušší; Adv. suše, sucho, Komp. sušeji) trocken, Trocken-.
suk m (2b) Knorren m, Ast m.
suk|énka f (1c; -nek) Röckchen n; **~ně** f (2b; -ní) (Frauen-)Rock m; **~ničkář** m (3) iron. Schürzenjäger m; **~no** n (1; 6. -u/-ě; -ken) Tuch m; **~ňový** Rock-.
sukov|atý, ~itý knorrig, astreich; **~ice** f (2a), **~ka** f (1c; -vek) Knotenstock m.
sukýnka f (1c; -nek) s. sukénka.
sůl f (4b; sol-) Salz n.
sultán m (1) Sultan m; **~ka** f (1c; -nek) Sultanin f; Sultansfrau m.
sum|a f (1) Summe f; **~ární** summarisch.
sumec m (3; -mc-) Wels m.
sumka f (1c; -mek) Patronentasche f.

sund(áv)at (her)abnehmen, herunternehmen.
sunout ⟨od-, po-, pro-, za-⟩ schieben, rücken.
sup m (1) Geier m.
supat s. supět.
superiorita f (1) Überlegenheit f.
supersonický Überschall-.
supět ⟨vy-, za-⟩ schnauben, keuchen.
supí Geier-.
supivý schnaubend, keuchend.
surovárna f (1; -ren) Rohzuckerfabrik f; Rohglashütte f.
surov|ec m (3; -vc-) roher Mensch m, Rohling m; Sp. roher Spieler m, F Holzer m; **~ět** ⟨ze-⟩ (3 Pl. -ějí) roh werden; Sp. roh spielen, F holzen; **~ina** f (1) Rohstoff m; základní **-ny** Grundstoffe m/pl.; **~inný**, **~inový** Rohstoff-; **~ost** f (4) Roheit f; Sp. rohes Spiel n; **~ý** roh, Roh-.
surrealista m [sır-] (5a) Surrealist m.
suřík m (2b) Minium n, Mennige f.
suspen|dovat pf. (-duji) suspendieren; **~ze** f (2) Suspendierung f.
suš|árna f (1; -ren) Trockenraum m, Darre f; **~enka** f (1c; -nek) Keks m od. n; **~ený** getrocknet, Trocken-; **~ič** m (4), **~ido** n (1a; -del) Trockner m, Trockenapparat m; **~ina** f (1) Trockenmasse f; dürrer Baum m; **~írna** f (1; -ren) s. sušárna; **~it** ⟨na-, o-, u-, vy-⟩ trocknen, dörren; **~ší** s. suchý.
suť f (4d; -ti/-tě) Schutt m.
sutana f (1) Soutane f.
sutina f (1) Schutt-, Trümmerhaufen m; ležet v -ách in Trümmern liegen.
sůva f s. sova.
suver|enita f (1) Souveränität f; **~énní** souverän.
suvný Gleit-, Schub-.
sužovat ⟨po-, u-⟩ (-žuji) peinigen, plagen, quälen; **~el** m (3; -é) Peiniger m, Quälgeist m.
svač|ina f (1) zweites Frühstück n; Nachmittagskaffee m; Vesperbrot n; öst. Jause f; **~it** ⟨na- se, po-⟩, **~ívat** das zweite Frühstück einnehmen; (nachmittags) Kaffee trinken.
sváda f (1) Zank m, Streit m.
sváděcí Ableitungs-; **~t** (3 Pl. -ějí) s. svést.
svah m (2) Abhang m, Böschung f.
sval m (2a) Muskel m.
sválet (3 Pl. -ejí), **svalit** pf. v/t herabwälzen, hinab-, herunterrollen; wälzen, abwälzen; umstürzen, kippen.
svalnatý muskulös; gedrungen, fig. sehnig.
svalovat (-luji) s. sválet.
sval|ovec m (3; -vc-) Trichine f; **~ový** Muskel-; **~stvo** n (1) Muskulatur f.
svar m (2a) Schweißnaht f.
svár m (2a) Streit m, Zwist m; **~livec** m (3; -vc-) streitsüchtiger Mensch, F Streithammel m; **~livý** streitsüchtig.
svář|ecí Schweiß-; **~eč** m (3) Schweißer m; **~ení** n (3) Schweißen n.
svařenina f (1) Absud m.
svařet (3 Pl. -ejí) Tech. schweißen.
svařit pf. abkochen; schweißen.
svářit se (sich) streiten.
svářka f (1c; -řek) Schweißung f.
svařov|at ⟨-řuji⟩ s. svářet, svařit; **~na** f (1; -ven) Schweißerei f.
svat P m (1) Brautwerber m, Hochzeitsvater m; **~ba** f (1; -teb) Hochzeit f; **~ebčan** m (1; -é) Hochzeitsgast m; **~ební** Hochzeits-.
sváte|ční Feiertags-, Festtags-, festlich; **~k** m (2b; -tk-) Feiertag m; Namenstag m.
svato|dušní Pfingst-; **~janský** Johannis-; **~krádce** m (3) Kirchendieb m; **~krádež** f (3) Kirchenraub, -diebstahl m; **~kupectví** n (3) Simonie f, Ämterkauf m; **~petrský** (Sankt-)Peters-; **~řečit** (im)pf. heiligsprechen.
svatost f (4) Heiligkeit f.
svátost f (4) Rel. Sakrament n.
svato|stánek m (2b; -nk-) Rel. Tabernakel n; **~svatý** hochheilig; dial. hoch und heilig.
svatouš|ek m (1a; -šk-) Scheinheilige(r) m; **~(kov)ský** scheinheilig; **~(kov)ství** n (3) Scheinheiligkeit f.
svato|václavský (Sankt-)Wenzels-; **~vítský** (Sankt-)Veits-.
svat|večer m (2a; 2. -a) Vorabend m; festlicher Abend m; **~ý** Komp. světější) heilig, Sankt; Všech **~ch** Allerheiligen n; **~yně** f (2b) Heiligtum n, Tempel m.
svaz m (2a) Bund m, Verband m; Anat. Sehne f; Sovětský **~** Sowjetunion f; **~** spisovatelů Schriftstellerverband m; **~ačka** f (1c; -ček), **~ák** m (1a) Verbandsmitglied n.

svázat *pf.* (-žu/-ži) zusammenbinden; *Buch* binden.
svaz|ek *m* (2b; -zk-) Bund *n*, Bündel *n*; (*Buch*) Band *m*; Bündnis *n*, Bund *m*; ~ovací Binde-; ~ovat (-zuji) *s. svázat*; ~ový Verbands-, Bundes-.
svázet (3 *Pl.* -eji) *s.* svézt.
svážit se *pf.* sinken.
svažitý abschüssig, steil abfallend.
svažný, svážný *Bgb.* Brems-.
svažovat se (-žuji) *s.* svážit se.
své *s. svůj.*
svébytný eigenartig; selbständig.
svěcen|í *n* (3) Weihe *f*, Einweihung *f*; ~ý geweiht, Weih-.
svěd|čit ⟨do-, o-, vy-⟩ zeugen, Zeugnis ablegen; ⟨o čem⟩ bezeugen (*A*); (k-u) zusagen (*D*); *Kleid:* gut passen (*D*); ~ecký Zeugen-; ~ectví *n* (3) Zeugnis *n*; *Jur.* Zeugenaussage *f*; ~ek *m* (1; -dk-) Zeuge *m*.
svedení *n* (3) *Tech.* Ableitung *f*; *Jur.* Verführung *f*.
svěd|ění *n* (3) Juckreiz *m*; Jucken *n*, Brennen *n*; ~ět, ~it ⟨za-⟩ jucken, brennen; ~ivý juckend, brennend.
svědkyně *f* (2b) Zeugin *f*.
svědom|í *n* (3) Gewissen *n*; výčitky ~ Gewissensbisse *pl.*; ~itý gewissenhaft.
svéhlav|ec *m* (3; -vc-) eigensinniger Mensch *m*, F Starrkopf *m*; ~ost *f* (4) Eigensinn *m*; Starrsinn *m*; ~ý eigensinnig, starrköpfig, F stur.
své|mocný eigenmächtig, unbefugt; ~pomoc *f* (4) Selbsthilfe *f*; ~právný selbstberechtigt, mündig.
svěr|a *f* (1d) Klemme *f*; ~ací Spann-, Klemm-; ~ kazajka Zwangsjacke *f*; ~ač *m* (4) Schließmuskel *m*; ~adlo *n* (1a; -del) Klemme *f*; ~ák *m* (2b) Schraubstock *m*.
svéráz *m* (2a) Eigenart *f*, Eigentümlichkeit *f*; *národní* ~ Volkstum *n*; ~ný eigenartig, urwüchsig, *lit.* urtümlich.
svěřen|ec *m* (3; -nc-), ~ka *f* (1c; -nek) Pflegling *m*; ~ý anvertraut; übertragen.
sveřep *m* (2a) *Bot.* Trespe *f*; ~ost *f* (4) Grausamkeit *f*; Grimmigkeit *f*; ~ý grimmig, wild.
svěř|it *pf.*, ~ovat (-řuji) anvertrauen; *Jur.* übertragen, verleihen; ~ se (k-u) sich anvertrauen (*D*).

svěsit *pf.* (-šen) (herab)hängen lassen.
svést *pf.* (*s. vést*) herabführen; zusammenführen, -bringen; *Mädchen* verführen; (s č-o) abbringen (von *D*); irreführen; zustandebringen; *Schuld* abwälzen; *Schlacht* liefern; *Kampf* austragen.
svět *m* (2; 2. -a) Welt *f*; *okolní* ~ Umwelt; *současný* ~ Mitwelt; *letem* ~em rund um die Welt; *do širého* ~a in die weite Welt hinaus; ~em prošlý weitgereist; *co* ~ ~em stojí solange die Welt besteht; ~ácký leichtlebig, F flott; ~áctví *n* (3) flottes Leben *n*; ~ačit ⟨za- si⟩ flott leben; ~ačka *f* (1c; -ček) Lebedame *f*; ~adíl *m* (2; 6. -u/-e) Weltteil *m*, Erdteil *m*; ~ák *m* (1a) Lebemann *m*.
svět|ec *m* (3; -tc-) Heilige(r) *m*; ~ější *s.* svatý; ~élko, ~ýlko *n* (1b; -lek) Licht *n*; Irrlicht *n*; ~élkovat ⟨roz- se, za-⟩ ⟨-kuji⟩ phosphoreszieren; ~elnost *f* (4) Lichtstärke *f*; ~elný Licht-; ~ice *f* (2a) Heilige *f*; ~it ⟨vy-, za-⟩ ⟨-cen⟩ weihen; feiern; ~lat se ⟨pro-, za-⟩ schimmern, leuchten; ~lice *f* (2a) Leuchtrakete *f*; ~lík *m* (2b) Oberlicht *n*; Lichtschacht *m*; *Bot.* Augentrost *m*; ~lina *f* (1) Lichtung *f*; ~lo *n* (1a; -tel) Licht *n*; *vyjít na* ~ ans Licht kommen, *za* -la bei Tage(slicht).
světlo|barevný hell(farbig); ~červený hellrot; ~měr *m* (2a) Lichtmesser *m*, Photometer *n*; ~met *m* Scheinwerfer *m*; ~plachý lichtscheu.
světlost *f* (4) Helligkeit *f*; Lichtstärke *f*, Leuchtkraft *f*; *Mil.* Kaliber *n*.
světlo|tisk *m* (2b) Lichtdruck *m*; ~vlasý blond; ~zelený hellgrün.
světl|uška *f* (1c; -šek) Leuchtkäfer *m*, Glühwürmchen *n*; ~ý hell, licht.
světnice *f* (2a) Stube *f*.
světo|běžník *m* (1a) Landstreicher *m*; ~bol *m* (2a) Weltschmerz *m*; ~borný welterschütternd; ~dějný weltgeschichtlich; ~občan *m* (1; -é) Weltbürger *m*; ~vláda *f* (1) Weltherrschaft *f*; ~vost *f* (4) Weltbedeutung *f*, Weltruf *m*; ~vý Welt-; ~známý weltbekannt.
svetr *m* (2a) Strickjacke *f*.
světsk|ost *f* (4) Weltlichkeit *f*; ~ý weltlich, Welt-.

svévol|e f (2), **~nost** f (4) Mutwille m, Eigensinn m; **~ník** m (1a) eigensinniger Mensch m; **~ný** mutwillig, eigensinnig.
svézt pf. (s. *vézt*) hinab-, herabfahren; zusammenfahren, -bringen; *Ernte* einbringen; (k-o) mitnehmen, abholen (A); **~ se** mitfahren; hinabgleiten, herunterrutschen.
svěž|est f (4) Frische f; **~í** frisch.
svěživotopisný autobiographisch.
svíc|e f (2) Kerze f; **~ života** Lebenslicht n; **~en** m (2a; -cn-) Kerzenhalter m, Leuchter m.
svíčka f (1c; -ček) Kerze f; rovný jako **~** kerzengerade.
svíčkový: **-vá** pečeně Lenden-, öst. Lungenbraten m, Filet(braten m) n.
svída f (1) Bot. Hartriegel m.
svidřík m (2b) Drillbohrer m.
svíjet (3 Pl. *-ejí*) s. svinout; **~ se** sich winden, sich krümmen.
sviň|áctví P n (3) Schweinerei f, Sauerei f; **~ačit** P schweinigeln, schweinische Witze erzählen; **~ák** m (1a) Schweinehirt m; *verä.* Schweinigel m; **~árna** f (1; -ren) Zote f, F Schweinigelei f.
svin|čík P m (2b) Schweine-, Saustall m; **~ě** f (2b; -ni) Sau f; **~it** ⟨u-, za-⟩ besudeln; P Zoten reißen, derbe Witze erzählen; **~ka** f (1c; -nek) Mauerassel f.
svinout pf. zusammen-, einrollen; *Film* rollen; *Zigarette* drehen.
svin|ský, sviňský Schweine-, Sau-, **~stvo** n (1; -stev) Schweinerei f.
sviňucha f (1b) Meerschweinchen n.
svír|ací Klemm-; **~ání** n (3) Beklemmung f; **~at** s. sevřít; **~avý** beklemmend; (*Schmerz*) beklemmend; **~** *prostředek* Med. Adstringens n; **~ka** f (1c; -nek) Klinke f.
svis m (2; 6. *-u/-e*) Turn. Streckhang m; **~lice** f (2a) Lot n; Geom. Senkrechte f; **~lý** herabhängend, Hänge-; Geom. lotrecht, vertikal.
svist m (2a), **~ot** m (2a) Pfeifen n, Sausen n.
svišť m (3a; -tě) Murmeltier n.
sviště̌t ⟨za-⟩ pfeifen; sausen.
svit pf. (s. vit) s. svinout.
svit pf., Schein m; Schimmer m.
svít|ání n (3) Morgendämmerung f; Tagesanbruch m; **~at** ⟨pro-, za-⟩ dämmern, *poet.* tagen.
svitek m (2b; -tk-) Rolle f.

svítek m (2b; -tk-) Pfann-, Eierkuchen m.
svíti|cí Leucht-, Beleuchtungs-; **~dlo** n (1a; -del) Beleuchtungskörper m, Leuchte f; **~lna** f (1; -len) Laterne f; **~plyn** m (2a) Leuchtgas n.
svít|it ⟨o-, roz-, za-⟩ (-cen) scheinen, leuchten; glänzen; **~ivost** f (4) Leuchtkraft f; **~ivý** leuchtend, Leucht-.
svitnout pf., pro-, za- (-tl) leuchten, scheinen; (*Tag*) dämmern; *fig.* aufgehen.
svízel m (4) od. f (3) Mühe f, Plage f; Widerwärtigkeit f; Bot. Labkraut n; **~ný** mühsam, schwierig.
svižník m (1a) Sandkäfer m; **~ný** flink; geschmeidig.
svlačec m (4; -čc-) Bot. Winde f.
svlaž|it ⟨-ovat⟩ (-žuji) anfeuchten; *Feld* berieseln.
svlé|ci pf. ⟨s. *vléci*⟩, **~kat, ~knout** pf. (-ekl, -ečen), **svlíkat** ⟨vy-⟩ ausziehen; **~ se** sich ausziehen, sich entkleiden; **~kárna** f (1; -ren) Kleiderablage f; Umkleideraum m.
svoboda|a f (1) Freiheit f; na **-dě** in Freiheit, auf freiem Fuß; *bojovník za* **-du** Freiheitskämpfer m; *touha po* **-dě** Freiheitsdrang m; **~árna** f (1; -ren) Ledigenheim m; **~nice** f (2a) Ledige f; **~ník** m (1a) Gefreiter m; **~ný** frei, Frei-; ledig; **~omyslník** m (1a) Freidenker m; **~omyslný** freisinnig, freidenkerisch.
svod m (2a) Verführung f; Verlokkung f; Ableitung f; Sammlung f; **~ič** m (4) El. Abnehmer m, Konduktor m; **~ný** Ableitungs-.
svoje s. svůj.
svol|ání n (3) Einberufung f; **~(á-v)at** zusammenrufen, einberufen; **~ávací** Einberufungs-.
svol|ení n (3) Einwilligung f, Erlaubnis f, Genehmigung f; **~it** pf., **~ovat** (-luji) (k č-u) einwilligen (in A), s-e Zustimmung geben (zu D), einverstanden sein (mit D); **~ný** (k č-u) willig, bereit (zu D), einverstanden (mit D).
svor m (2a) Band n, Klammer f; Min. Glimmerschiefer m; **~a** f (1d), **~ka** f (1c; -rek) Klemme f, Schließe f, Spange f; **~ka na prádlo** Wäscheklammer f; **~ník** m (2b) Bolzen m.
svor|nost f (4) Eintracht f, Einmütigkeit f; **~ný** einträchtig, einig.

svoz *m* (2a) Einbringung *f*, Einfahren *n*; ~it *pf.* (-žen) *s.* svézt.
svrab *m* (2a) Krätze *f*, (*bei Tieren*) Räude *f*; ~ovitý räudig.
svrask(a)lý runz(e)lig, faltig; eingeschrumpft.
svrašt|ět (se) ⟨ze-⟩ (3 *Pl.* -ějí) runz(e)lig (*od.* faltig) werden, einschrumpfen; ~it *pf.*, *na-* runzeln, zusammenziehen; ~ se einschrumpfen, sich in Falten legen; *Med.* schrumpfen.
svrb|ění *n* (3) Jucken *n*, F Kribbeln *n*; ~ět F ⟨za-⟩ jucken, brennen (*v/i*).
svrh|nout *pf.* (-hl; -žen), ~ovat (-huji) (hin-, her)abwerfen; *Regierung* stürzen; *Verantwortung* abwälzen; *Fesseln* abstreifen; *von e-m Amt* absetzen.
svrch|ní Ober-; ~nice *f* (2a) Oberbett *n*, Deckbett *n*; ~ník *m* (2b) Mantel *m*, *öst.* Überzieher *m*.
svrchovan|ost *f* (4) Oberhoheit *f*, Souveränität *f*; *státní* ~ Staatshoheit *f*; ~ý souverän; höchst, äußerst; ~ *čas* höchste Zeit; *-ně Adv.* äußerst, in höchstem Maß.
svrchu oben; von oben; ~ *jmenovaný* obenerwähnt; *dívat se na k-o* ~ j-n von oben herab anschauen; F *mít na k-o* ~ es auf j-n abgesehen haben.
svršek *m* (2b; -šk-) Oberteil *n* od. *m* (1a) (*Kartenspiel*) Ober *m*; ~šky *pl. a.* Oberbekleidung *f*; *Jur.* Mobilien *pl.*, bewegliche Güter *n/pl.*; ~kovice *f* (2a) Oberleder *n*.
svržení *n* (3) Sturz *m*.
svůd|ce *m* (3; -ové), ~ník *m* (1a) Verführer *m*; ~nice *f* (2a) Verführerin *f*; ~nictví *n* (3) Verführungskunst *f*; ~ný verführerisch.
svůj (svá/svoje, své/svoje) *refl. Pron.*, *bezieht sich auf das Subjekt desselben Satzes*: mein, dein, sein, unser, euer/Ihr, ihr; *mám svou knihu* ich habe mein (eigenes) Buch; *svůj k svému Sprw.* jedem das Seine; *vidět na své oči* mit eigenen Augen sehen; *zaplatit ze svého* aus der eigenen Tasche bezahlen; *jít svou cestou* s-n Weg gehen; *stát na svém* bei s-r Ansicht bleiben; *jsou svoji* sie sind verheiratet; *jdi po svých!* F mach dich weg!, P hau ab!; *hleďte si svého!* kümmern Sie sich um ihre eigenen Angelegenheiten!; *přijmout k-o za svého* j-n als eigen annehmen.

sýc *m* (3) Kauz *m*.
syčák P *m* (1a) Gauner *m*, Vagabund *m*. [Schwarzseher *m*.}
sýček *m* (1a; -čk-) Kauz *m*; *iron.*}
syčet ⟨za-⟩ zischen.
sýčkovat F ⟨za-⟩ (-kuji) unken.
sychrav|ost *f* (4) Naßkälte *f*; ~ý (*Adv.* -o) naßkalt.
syk|at ⟨za-⟩ zischen; ~avka *f* (1c; -vek) Zischlaut *m*; ~avý zischend; ~nout *pf.* (-kl) *s.* sykat.
sýkor|a *f* (1d), ~ka *f* (1c; -rek) Meise *f*; ~čí Meisen-.
sykot *m* (2a) Zischen *n*.
symbol *m* (2a) Symbol *n*.
symetrický symmetrisch.
sympati|cký [-tɪ-] sympathisch; ~zovat ⟨za-⟩ (-zuji) sympathisieren.
sympo|sion, ~zium *n* (5) Symposion *n*, wissenschaftliche Tagung *f*.
syn *m* (1; 5. -u!; -ové) Sohn *m*; ~áček *m* s. *synek*.
synagóga *f* (1b) Synagoge *f*.
syne|ček *m* (1a; -čk-), ~k *m* (1a; -nk-) Junge *m*, F Söhnchen *n*.
synchroniz|ace [-nɪ-] *f* (2) Synchronisierung *f*; ~ační Synchronisierungs-, Gleichlauf-; ~ovat (*im*)*pf.* (-zuji) synchronisieren.
synod *m* (2a), ~a *f* (1) Synode *f*; ~(ál)ní Synodal-; ~ický [-dɪ-] synodisch.
synov|ec *m* (3; -vc-) Neffe *m*; ~ský Sohnes-.
syn|tax *f* (3) Syntax *f*; ~téza *f* (1a) Synthese *f*; ~tetický [-tɪ-] synthetisch, Kunst-.
syp|ací Schütt-, Streu-; ~anka *f* (1c) Streusel *m*; ~aný Schütt-; *Kochk.* Streusel-; ~at ⟨na-, pro-, roz-, vy-, za-⟩ (-u/-ám) schütten, streuen; ~ se dicht fallen, stark regnen *od.* schneien; *fig.* hageln; F auslaufen, auseinandergehen; ~átko *n* (1b; -tek) Streuer *m*; ~ek *m* (2b; -pk-) Inlett *n*.
sypk|ovina *f* (1) Inlettstoff *m*; ~ý locker, lose; Schütt-.
sýr *m* (2a; 2. -a) Käse *m*; ~árna *f* (1; -ren) Käserei *f*; ~ec *m* (4; -rc-), ~eček *m* (2b; -čk-) Frischkäse *m*.
Sýrie *f* (2) Syrien *n*.
syrovátka *f* (1c; -tek) Molke *f*.
sýrovina *f* (1) Kasein *n*.
syrov|inka *f* (1c; -nek) Brot-, Milchpilz *m*; ~ý roh, ungekocht; *Holz*: naß, frisch; *za -va* in rohem Zustand.

sýrový Käse-.
syrský syrisch.
syrý *lit.* feucht, kalt.
Syřan *m (1; -é)*, ~**ka** *f (1c; -nek)* Syrer(in *f*) *m*.
syř|idlo *n (1a)*, ~**iště** *n (2a)* Lab *n*.
sýřit ⟨za-⟩ käsen.
sys|el *m (1; -sl-)*, ~**lík** *m (1a)* Zo. Ziesel *m*.
syst|ém *m (2a)* System *n*; ~**ematický** [-ti-] *(Adv. -y)* systematisch.
syt (~*a*, ~*o*) *s.* sytý; ~**it** ⟨*do-*, *na-*, *za-*⟩ *(-cen)* sättigen; ~**ivý** sättigend; ~**ost** *f (4)* Sattheit *f*; ~**ý** satt, gesättigt.
syžet *m (2a)* Sujet *n*, Stoff *m*.
sžehnout *pf. (-žehl; -hnutý)* verbrennen, versengen.
sžír|at *s.* sežrat; ~ se čím sich verzehren vor *(D)*; ~**avý** zehrend, nagend; *(Ironie)* beißend.
sžít¹ *pf. (sežnu, sžat)* abmähen.
sží|t² se *pf. (sžiji)*, ~**vat se** sich einleben, sich (aneinander) gewöhnen.

Š

šábes P *m* (2a) Sabbat *m*.
šablon|a *f* (1) Schablone *f*; **~ovitý** schablonenhaft.
šacovat P ⟨o-⟩ (-cuji) (*j-m* die Taschen) durchsuchen.
šafrán *m* (2a) Safran *m*; Krokus *m*; **~ový** safrangelb; Safran-.
šáh¹, šach¹ *m* (1a) Schah *m*.
šach² *m* (2b) Schach(spiel) *n*; **~etní** Schacht-; **~ista** *m* (5a) Schachspieler *m*.
šácholan *m* (2a) Bot. Magnolie *f*.
šáchor *m* (2a) Binse *f*.
šachov|aný schachbrettartig gemustert; **~at** (-chuji) Schach bieten; **~nice** *f* (2a) Schachbrett *n*; **~ý** Schach-.
šacht|a *f* (1; -chet) Schacht *m*; Massengrab *n*; **~ový** Schacht-.
šakal *m* (1) Schakal *m*.
šál¹ *m* (2; 6. -u/-e) Rindskeule *f*.
šál² *m* (2; 6. -u/-e), **~a** *f* (1a) Schal *m*.
šalamounek *m* (2b; -nk-) Bot. Eisenhut *m*.
šalanda *f* (1) Gesindestube *f*.
šal|ba *f* (1; -leb) Täuschung *f*; **~ebný** täuschend, trügerisch, Trug-.
šálek *m* (2b; -lk-) Tasse *f*, Schale *f*; **~ kávy** e-e Tasse Kaffee; **~ na kávu** Kaffeetasse.
šál|ení *n* (3) Täuschung *f*, Betrug *m*; **~it** ⟨o-⟩ täuschen, (be)trügen; **~ivý** täuschend, trügerisch.
šalmaj *f* (1) Schalmei *f*.
Šalomoun *m* (1) Salomo(n) *m*; **~ský** salomonisch.
šalování *n* (3) Verschalung *f*.
šalupa *f* (1) Schaluppe *f*.
šalvěj *f* (3) Salbei *m*; **~ový** Salbei-.
šamot *m* (2; 6. -u/-ě) Schamotte *f*; **~ka** *f* (1c; -tek) Schamotteziegel *m*; **~ový** Schamotte-.
šampaňské *n* (*Adj.* 3) Champagner *m*, Sekt *m*.
šampión *m* (1) Champion *m*.
šampon *m* (2a) Schampun *n*.
šampus F *m* (2a) Champagner *m*.
šance *f* Chance *f*.
šankr *m* (2a) Med. Schanker *m*.
šanon *m* (2a) Briefordner *m*.
šanse *f* s. **šance**.

šantala *m* (5) Schwätzer *m*; Herumtreiber *m*.
šantán *m* (2; 6. -u/-ě) Tingeltangel *m*.
šantročit ⟨za-⟩ (*čím*) schachern (mit *D*).
šaráda *f* (1) Scharade *f*; Silbenrätsel *n*.
šaravary *f/pl.* (1) Pluderhosen *f/pl.*
šar|lach † *m* (2b) *s. spála*; **~lat** *m* (2; 6. -u/-ě) (*Farbe*) Scharlach *m*.
šarlatán *m* (1) Scharlatan *m*; **~ství** *n* (3) Scharlatanerie *f*.
šarlatový scharlachrot.
šarmantní P scharmant.
šarnýr F *m* (2a) Scharnier *n*.
šarvátka *f* (1c; -tek) Scharmützel *n*, Geplänkel *n*.
šarže *f* (2) Dienstgrad *m*, Rang *m*.
šasi *n* (*indekl.*) Chassis *n*.
šašek *m* (1a; -šk-) Narr *m*, Clown *m*; Spaßvogel *m*.
šašk|ář *m* (3) Possenreißer *m*; **~ovina** *f* (1) Posse *f*, Streich *m*; **~ovský** Narren-; **~y** *m/pl.* (2b) Possen *f/pl.*
šat *m* (2; 6. -u/-ě), *mst.* **~y** *pl.* Kleidung *f*, Kleid *n*, Anzug *m*.
šateček *m* (2b; -ck-) Tüchlein *n*.
šatečky *m/pl.* (2b; -ček-) Kleidchen *n*; **~ ke hraní** Spielanzug *m*.
šátek *m* (2b; -tk-) (Kopf- *od.* Hals-) Tuch *n*.
šat|enka *f* (1c; -nek) Bezug(s)schein *m* für Textilien; **~ičky** *m/pl. s.* **šatečky**; **~it** ⟨o-⟩ (-cen) (be)kleiden.
šatlava P *f* (1) Arrest *m*, F Kittchen *n*.
šat|na *f* (1; -ten) Garderobe *f*, Kleiderablage *f*; **~nář** *m* (3) Garderobier *m*; **~nářka** *f* (1c; -řek) Garderobenfrau *f*; **~ní** Kleider-; **~ník** *m* (2b) Kleiderschrank *m*; **~ovka** *f* (1c; -vek) Kleiderstoff *m*; **~stvo** *n* (3; 1. 6. -u) Kleidung *f*, Garderobe *f*; **~y** *pl. v. šat*.
šavl|e *f* (2), *dim.* **~ička** *f* (1c; -ček) Säbel *m*; **~ovitý** säbelförmig, Säbel-.
šeď *f* (4d; -dí) Grau *n*.
šedesát sechzig; **~iletý** sechzigjährig; **~ina** *f* (1) Sechzigstel *n*; -ny *pl.*

šibřinky

a. sechzigster Geburtstag *m*; ~ka *f* (1c; -tek) Sechzig *f*; ~krát sechzigmal; ~ník *m* (1a), ~nice *f* (2a) Sechziger(in *f*) *m*; ~ý sechzigste.
šedi|ny *f/pl.* (1) graues Haar *n* (*koll.*); ~vec *m* (3; -vc-) F Graukopf *m*; ~vět ⟨o-, po-, za-, z-⟩ (3 *Pl. -ěji*) grau werden, ergrauen; ~ivost *f* (4) Grau *n*; ~ivý grau.
šednout ⟨po-, za-, ze-⟩ (-dl) grau werden.
šedo|černý grauschwarz; ~hlavý grauhaarig; ~oký mit grauen Augen; ~st *f* (4) Grau *n*; ~vlasý grauhaarig, mit grauem Haar; ~zelený graugrün.
šedý (*Adv.* -ě, -o) grau; *viděl vše -dě* F er sah alles grau in grau; *barvit na* -*do* grau färben.
šéf *m* (1; -ové) Chef *m*; ~redaktor *m* (1; -ři) Chefredakteur *m*.
šejdíř P *m* (3) Hochstapler *m*, Schwindler *m*.
šejdrem P schief, schräg.
šejch, šejk *m* (1a) Scheich *m*.
šek *m* (2b) Scheck *m*; ~ový Scheck-.
šelak *m* (2b) Schellack *m*.
šelest *m* (2a) Geräusch *n*, Rauschen *n*; ~it ⟨za-⟩ rauschen, rascheln, knistern.
šelm|a *f* (1; -lem) Raubtier *n*; † *a.* Spitzbube *m*; Schelm *m*; ~ička *f* (1c; -cek) Schelmin *f*; ~ovitý raubtierartig; ~ovský schelmisch; ~ovství *n* (3) Schelmenstreich *m*.
šenk P *m* (2b) Ausschank *m*; ~ovat P (-*kuji*) schenken, ausschenken; ~ovna *f* (1; -*ven*) Schankstube *f*; ~ýř P *m* (3) Schankwirt *m*.
šep|lat ⟨za-⟩ lispeln; ~lavý lispelnd; ~ot *m* (2a) Flüstern *n*; ~tanda P *f* (1) Flüsterpropaganda *f*, Gemunkel *n*; ~tat ⟨na-, po-, vy-, za-⟩ flüstern; munkeln; ~tavý flüsternd, Flüster-; ~tem im Flüsterton; ~tnout *pf.*, za- (-*tl*) flüstern; ~ty *m/pl.* (2) Gerücht *n*.
šered|a *m* (5) *od.* *f* (1) häßlicher Mensch *m*; ~it ⟨z-⟩ verhunzen; ~nost *f* (4) Häßlichkeit *f*, Abscheulichkeit *f*; ~ný häßlich, abscheulich.
šerm *m* (2a) Fechten *n*; ~írna *f* (1; -*ren*) Fechtsaal *m*; Paukboden *m*; ~íř *m* (3) Fechter *m*; ~ířství *n* (3) Fechtkunst *f*; ~ovat ⟨za-⟩ (-*muji*) fechten.
šer|o *n* (1; 6. -*u*) Dämmerung *f*, Dunkel *n*; *za* -*ra* in der Dämmerung; ~osvit *m* (2a) Helldunkel *n*; ~ý (*Adv.* -o) dunkel, düster.
šeřík *m* (2b) Flieder *m*; ~ový Flieder-; lila(farben).
šeřit se ⟨roz-, za-⟩ dämmern.
šest sechs; ~ák *m* (2b) Sechser *m*; ~erák *m* (1a) *Jagdw.* Sechsender *m*; ~eronásobný sechsfach; ~erý sechserlei.
šesti|denní sechstägig; *Sp.* Sechstage-; ~dílný sechsteilig; ~hran *m* (2a) Sechseck *n*; ~hranný sechseckig; ~letý sechsjährig; ~měr *m* (2a) Hexameter *m*; ~měsíční sechsmonatig; ~místný sechsstellig; ~na *f* (1) Sechstel *n*; ~násobný sechsfach; ~neděli *n* (3) Wochenbett *n*; ~nedělka *f* (1c; -*lek*) Wöchnerin *f*; ~stěn *m* (2a) Hexaeder *n*; ~stý sechshundertste(r); ~třídní sechsklassig; ~úhelník *m* (2b) Sechseck *n*; ~úhlý sechseckig; ~válec *m* (4; -*lc*-) *Kfz.* Sechszylinder *m*.
šest|ka *f* (1c; -*tek*) Sechs *f*; ~krát sechsmal; ~náct sechzehn; ~náctý sechzehnte(r).
šestý sechste(r).
šešul|e *f* (2) Hülse *f*, Schote *f*; ~ka *f* (1c; -*lek*) *Anat.* Wirbel *m*.
šetr|nost *f* (4) Sparsamkeit *f*; (ke *k-u*) Rücksicht *f* (gegen *A*); ~ný sparsam; schonend, rücksichtsvoll.
šetř|ení *n* (3) Sparen *n*, Haushalten *n* (*čím mit D*); Schonung *f*; (*č-o*) Wahrung *f*, Befolgung *f*, Berücksichtigung *f* (*G*, von *D*); *Jur.* Ermittlung *f*, Erhebung *f*; ~it ⟨*na-, u-, za-*⟩ sparen (*na kom* an *D*; *čím* mit *D*); schonen; (*č-o*) wahren, befolgen, berücksichtigen (*A*).
šev *m* (2a; *šv-*) Naht *f*; *Med.* Narbe *f*.
ševc- *s.* švec.
ševcov|á *f* (*Adj.* 2) Schustersfrau *f*; ~ský Schuster-; ~ství *n* (3) Schusterhandwerk *n*.
ševčík *m* (1a) Schusterjunge *m*.
ševel *m* (2a), ~ení *n* (3) Lispeln *n*; ~it ⟨za-⟩ rauschen, säuseln, *lit.* raunen.
šibal *m* (1; -*ové*) Spitzbube *m*, Schelm *m*; ~ský schelmisch; ~ství *n* (3) Schelmenstreich *m*.
šiben|ice *f* (2a) Galgen *m*; ~iční Galgen-; ~ičník F *m* (1a) Galgenvogel *m*.
šibřinky *f/pl.* (1; -*nek*) Maskenball *m*, Faschingsveranstaltung *f*.

šicí
šicí Näh-.
šička f ⟨1c; -ček⟩ Näherin f.
šid|it ⟨o-⟩ ⟨-zen⟩ betrügen; necken, foppen, ärgern; **~ítko** n ⟨1b; -tek⟩ Lutscher m, Schnuller m.
šídlo n ⟨1a; -del⟩ Ahle f, Pfriem m; Zo. Libelle f, Wasserjungfrau f; **~vitý** ahlenförmig.
šifón m ⟨2a⟩ Chiffon m.
šifr|a f ⟨1d; -fer⟩ Chiffre f; **~ovaný** chiffriert, verschlüsselt; **~ovat** ⟨za-⟩ ⟨-ruji⟩ chiffrieren, verschlüsseln.
šichta P f ⟨1⟩ Schicht f.
šíje f ⟨2⟩ Nacken m, Genick n; Geogr. Landenge f.
šik[1] m ⟨2b⟩ Mil. Reihe f, Glied n; válečný **~** Schlachtordnung f.
šik[2] P chic, schick.
šikan|a F f ⟨1⟩ Schikane f; **~ovat** F ⟨-nuji⟩ schikanieren.
šikm|o Adv. schräg, schief; **~ooký**, schlitzäugig; **~ý** schräg, schief, quer.
šiknout se P ⟨im⟩pf. ⟨-kl/-knul⟩ passen, sich schicken.
šikovat ⟨za-⟩ ⟨-kuji⟩ in Reih und Glied stellen; **~ se** sich ordnen; **~el** † m ⟨3; -é⟩ Feldwebel m.
šikov|nost f ⟨4⟩ Geschicklichkeit f; **~ný** geschickt, gewandt.
šílen|ec m ⟨3; -nc-⟩ Wahnsinnige(r) m; **~ost** f ⟨4⟩, **~ství** n ⟨3⟩ Wahnsinn m, F Verrücktheit f, Med. Irrsinn m; **~ý** wahnsinnig, F verrückt, Med. irrsinnig; P rasend.
šíl|et ⟨3 Pl. -ejí⟩, **~it** ⟨roz- se, ze-⟩ wahnsinnig sein.
šilh|at ⟨po-, za-⟩ schielen; **~avost** f ⟨4⟩ Schielen n; **~avý** schielend.
šilink m ⟨2b⟩ Schilling m.
šiml P m ⟨1⟩ ⟨Amts-⟩Schimmel m.
šimpanz m ⟨3; -ové⟩ Schimpanse m.
šimrat ⟨po-, za-⟩ kitzeln, kribbeln.
šindel m ⟨4⟩ Schindel f; **~ový** Schindel-.
šinout ⟨do-, v-⟩ ⟨-nul⟩ schieben, langsam bewegen.
šíp m ⟨2b⟩ Pfeil m; **~atka** f ⟨1c; -tek⟩ Pfeilkraut n; **~ek** m ⟨2b; -pk-⟩ Heckenrose f; Hagebutte f.
šipka f ⟨1c; -pek⟩ Pfeil m; F Kfz. Winker m; Sp. Hechtsprung m; Flgw. Keilformigung f.
šíp|kový Hagebutten-; Heckenrosen-; **Šípková Růženka** Dornröschen n; **~ový** Pfeil-.
širák m ⟨2b⟩ breitkrempiger Hut m.

širo|ce Adv. breit; **~čina** f ⟨1⟩ Breitaxt f; **~kánský** P sehr breit od. weit; **~ko** Adv. breit; **~** daleko weit und breit.
široko|kolejní breitspurig; **~plecí**, **~ramenný** breitschult(e)rig.
široko|st f ⟨4⟩ Breite f, Weite f; **~kouhlý** richtig breit, Weitwinkel-; **~** film Breitwandfilm m; **~ký** ⟨Komp. širší; Adv. široce, -ko; Komp. šíře⟩ breit; weit; **~širý** F unendlich weit; v -rém světě auf der ganzen weiten Welt.
šir|ší s. široký; **~ý** weit, breit; frei; pod **~**m nebem unter freiem Himmel; -ré moře die offene See.
šíř(e) f ⟨3 od. 2⟩ Breite f, Weite f; Adv. breiter.
šíř|ení n ⟨3⟩ Verbreitung f; ⟨Schall-⟩ Fortpflanzung f; **~it** ⟨roz-, z-⟩ verbreiten; erweitern; **~ se** sich verbreiten; ⟨Krankheit⟩ sich ausbreiten, um sich greifen; **~ se** o čem sehr ausführlich behandeln ⟨A⟩, F sich auslassen ⟨über A⟩.
šiřitel m ⟨3; -é⟩ Verbreiter m.
šířk|a f ⟨1c; -řek⟩ Breite f; Weite f; **~ový** Geogr. Breiten-.
šišák m ⟨2b⟩ hist. Helm m, Pickelhaube f; **~atý** kegel-, zapfenförmig; schief, schräg; **~inka** f ⟨1c; -nek⟩ Zirbeldrüse f; **~ka** f ⟨1c; -šek⟩ Zapfen m; Wecken m; pl. a. Stopfnudeln f/pl.
šišla|t ⟨po-⟩ mit der Zunge anstoßen; zischeln; **~vý** zischelnd.
šít ⟨po-, u-, za-⟩ ⟨šiji, šil, šit⟩ nähen.
šit|í n ⟨3⟩ Nähen n; Nähzeug n; **~ý** genäht; ručně **~** handgenäht.
šiz|ení n ⟨3⟩ Betrug m, Betrügerei f; **~uňk** P m ⟨1a⟩ Schwindler m.
škádli|t ⟨po-, za-⟩ necken, F ärgern; **~vý** neckisch.
škála f ⟨1a⟩ Skala f, Maßeinteilung f; Mus. Tonleiter f.
škandál m s. skandál.
škapulíř m ⟨1⟩ Rel. Skapulier n.
škára f ⟨1d⟩ Scharte f; Med. Lederhaut f.
škared|á m ⟨5⟩ od. f ⟨1⟩ häßliche Person f, Scheusal n; **~it se** ⟨ze-⟩ finster dreinblicken, F ein saures Gesicht machen; **~ost** f ⟨4⟩ Häßlichkeit f; **~ý** häßlich, F scheußlich, garstig; ⟨Blick⟩ finster; s. středa.
škarohlíd m ⟨1⟩, **~ka** f ⟨1c; -dek⟩ Schwarzseher(in f) m; **~ství** n ⟨3⟩ Schwarzseherei f.

škarpa f (1) Straßengraben m.
škatul|e f (2), **~ka** f (1c; -lek) Schachtel f; **~kovat** P ⟨za-⟩ (-kuji) genau einteilen.
škeble f (2) Muschel f.
škemr|al P m (1; -ové) Bettler m, F Schnorrer m; **~at** ⟨za-⟩ betteln, F schnorren.
škleb m (2a) Fratze f, Grimasse f; **~it** ⟨na-, roz-, za-⟩ Gesicht verziehen; ~ se grinsen; Gesichter schneiden; ~ se na k-o angrinsen (A); **~ivý** grinsend; fratzenhaft.
šklubat s. škubat.
škobrt|at F ⟨za-⟩, **~nout** pf. (-tl/-tnul) stolpern (o co über A).
škod|a f (1) Schaden m; **~č-**o schade um (A); ~ na zdraví Schaden an der Gesundheit; **~it** ⟨u-⟩ (-zen) schaden; **~livina** f (1) Schadstoff m; **~ná** f (Adj. 2) Raubwild n; Schädling m; **~ný** schädlich; **~olibý** schadenfroh.
škol|a f (1a) Schule f; **~ácký** Schüler-; schülerhaft; **~áček** m (1a; -čk-) Schulkind n, F ABC-Schütze m; **~ačka** f (1c; -ček) Schulmädchen n; **~ák** m (1a) Schuljunge m; **~ení** n (3) Schulung f; **~ený** geschult; **~it** ⟨pro-, pře-, za-⟩ schulen; **~itel** m (3; -é) Schulungsleiter m; **~ka** f (1c; -lek) Baumschule f; Kindergarten m; **~né** n (Adj. 3) Schulgeld n; **~ní** Schul-; **~ník** m (1a) Schuldiener m; **~ometský** verä. schulmeisterlich; **~ský** Schul-; **~ství** n (3) Schulwesen n.
škopek m (2b; -pk-) Schaff n.
škorpil m (1) Zänker m, F Streithammel m.
škorpión m (1) Skorpion m; s. štír.
škorp|it se ⟨po-⟩ sich herumstreiten; **~ivý** streitsüchtig.
škrab|ací Kratz-, Schab-; **~ačka** f (1c; -ček) Schabeisen n; Schäler m; **~adlo** n (1a; -del) Kratzeisen n; **~ák** m (1a) verä. Schreiberseele f; **~anice** f (2a), **~anina** f (1) Gekritzel n, P Schmierezi f.
škr|ábat, **~abat** ⟨na-, po-, za-⟩ (-u) kratzen; schaben; kritzeln; kraulen.
škrabátko n (1b; -tek) s. škrabadlo.
škráb|nout pf. (-bl; -bnut) s. škrábat; **~nutí** n (3) Kratzer m, Schramme f.
škraboška f (1c; -šek) Maske f.

škraloup m (2; 6. -u/-ě) (Milch-)Haut f; Kruste f.
škrkavka f (1c; -vek) Spulwurm m.
škrob m (2a) Stärke f; (1) Knauser m; **~árenský** Stärke-; **~árna** f (1; -ren) Stärkefabrik f; **~ený** Wäsche: gestärkt; fig. steif; **~it** ⟨na-, o-, pře-, vy-⟩ stärken; **~natý** stärkehaltig; **~ovina** f (1) Dextrin n; **~ový** Stärke-.
škrt m (2a) Strich m; Streichung f; Hdl. Abstrich m; **~at** ⟨od-, pro-, vy-, za-⟩ (durch)streichen; anritzen; F kratzen.
škrt|ící Tech. Drossel(ungs)-; **~il** P m (1; -ové) Knauser m; **~it** ⟨po-, se-, za-⟩ (-cen) würgen; Tech., fig. drosseln; Kleidung: spannen; P knausern (čím mit D).
škrt|nout pf. (-tl; -tnut) s. škrtat; **~nutí** n (3) s. škrt.
škub|ánky m/pl. (2b) (Kartoffel-)Sterz m, öst. Nocken m; **~at** ⟨po-, za-⟩ (-u/-ám) reißen; Haare raufen; Gänse rupfen; ~ se, ~ sebou zukken; P sich sträuben, **~avý** ruckartig, zuckend; **~nout** pf., u-, za-⟩ (-bl) zusammenfahren, rucken; **~nutí** n (3) Ruck m; Med. Zuckung f.
škůdce m (2) Schädling m.
škudlit F knausern.
škuner m (2a) Mar. Schoner m.
škvár m (2a) Schund m; Schmöker m (Buch).
škvára f (1d) Schlacke f.
škvarek m (2b; -rk-) Griebe f; Med. Schorf m.
škvárový Schund-; Schlacken-; Sp. Aschen-.
škvařit ⟨roz-, vy-, za-⟩ zergehen lassen, F auslassen.
škvíra f (1d) Spalt m, Spalte f.
škvor m (1; -ové) Ohrwurm m; F nasadit k-u ~a do ucha j-m e-n Floh ins Ohr setzen.
škvrně n (4a) Fratz m, Knirps m.
škyt|at ⟨za-⟩, **~nout** pf. (-tl) schluchzen; schlucken, aufstoßen; **~avka** f (1c; -vek) Schlucken m, F Schluckauf m.
šlágr m (2a) Schlager m.
šlahoun m (2; 6. -u/-ě) Bot. Schößling m, Trieb m; Ranke f.
šlach|a f (1b) Sehne f; **~ovitý** sehnig.
šlak m 1. P (2b) Schlag(anfall) m; 2. P (1a) Teufel m; **~ovitý** P verdammt, verflixt.

šlapací

šlap|ací Tret-; Tritt- (z.B. Bremse); Fuß- (z.B. Hebel, Antrieb); ~adlo n (1a; -del) Trittbrett n; Fußhebel m, Pedal n; Fußsohle f; ~at ⟨na-, u-, za-⟩ ⟨-u/-ám⟩ treten; ~átko n (1b; -tek) Pedal n.

šláp|nout pf. (-pl; -pnut) treten, s-n Fuß setzen; ~ota f (1) Fußstapfe f, Fußspur f.

šle f/pl. (2) Hosenträger m/pl.

šleh m (2b) Hieb m, Streich m, Blitzstrahl m; ~ačka f (1c; -ček) Schlagsahne f, öst. Schlagobers n; Kochk. Schneeschläger m; P a. Osterrute f; ~at ⟨po-, vy-, za-⟩, ~nout pf., vy-, za- ⟨-hl; -hnut⟩ peitschen, schlagen; P Mißstände geißeln; Feuer: lodern; Blitz: zucken; Funken: sprühen; ~avý geißelnd.

šlechet|nost f (4) Edelmut m; ~ný edel(mütig), hochherzig.

šlecht|a f (1) Adel m; ~ic m (3) Ad(e)liger m; ~icí Veredlungs-, Pflege-; ~ický ad(e)lig, Adels-; ~ictví n (3) Adel(sstand) m; ~ičina f (1) Ad(e)lige f; ~it ⟨po-, u-, ze-⟩ ⟨-těn⟩ veredeln; adeln; Haut pflegen; schmücken; ~ se sich putzen; ~itelský Agr. Veredlungs-, Zucht-.

šlem m (2a) Schleim m; ~ovitý schleimig.

šlépěj(e) f (3 od. 2) Fußstapfen m.

šmahem Adv. durchweg(s), völlig, F in Bausch und Bogen.

šmajdat F ⟨roz-, u-⟩ schlurfen, F latschen.

šmakovat F ⟨-kuji⟩ schmecken.

šmarjá! P Jesus Maria!

šmatat s. hmatat.

šma|ťhat, ~tlat ⟨za-⟩ P latschen.

šmejd P m (2a) Schund m; ~il P m (1; -ové) verä. Schnüffler m, Schleicher m; ~it P ⟨pro-, vy-, za-⟩ herumschnüffeln, herumkriechen.

šmelin|a P f (1) Schleich-, Schwarzhandel m; ~ář P m (3) Schwarzhändler m, P Schieber m; ~ařit ⟨za-⟩ Schwarzhandel treiben, P schieben; ~ářství n (3) s. šmelina.

šmi|dlat, ~kat f schnippeln, schnipseln; ~dlat ⟨za-⟩ verä. fiedeln.

šmodrch|a P m (5) od. f (1b) Patzer m, Patzerin f; ~at ⟨u-, za-⟩ verwirren; P ~ se torkeln.

šmolk|a f (1c; -lek) Waschblau n; ~ovat ⟨na-⟩ ⟨-kuji⟩ Wäsche bläuen.

šmouh|a f (1b), ~ra f (1d) Streifen m, Striemen m.

šmudla P m (5) od. f (1a; -del) Schmutzfink m.

šmytec m (4; -tc-) s. smyčec.

šnecí Schnecken-.

šnek P m (1a) Schnecke f; ~ový Tech. Schnecken-.

šněrov|ací Schnür-; ~ačka f (1c; -ček) Mieder n; ~adlo n (1a; -del) Schnürsenkel m; ~ání n (3) Verschnürung f; ~at ⟨s-, u-, za-⟩ ⟨-ruji⟩ schnüren.

šňořit P ⟨na-, vy-⟩ (auf)putzen.

šňup|ací Schnupf-; ~ák m 1. (1a) Schnupfer m; 2. P (2b) Schnupftuch n; ~at ⟨po-, za-⟩ ⟨-u/-ám⟩ schnupfen; ~avý Schnupf-; ~ec m (4; -pc-) Prise f; ~ka f (1c; -pek) Prise f; Nasenstüber m; F Rüffel m; ~nout si pf., po-, za- e-e Prise (Schnupftabak) nehmen.

šňůr|a f (1d), ~ka f (1c; -rek) Schnur f; (Hunde-)Leine f; jako na -rce F wie am Schnürchen.

šnytlík P m (2b) Schnittlauch m.

šofér m (1; -ři) (Kraft-)Fahrer m, Chauffeur m.

šohaj m (3) (Dorf-)Bursche m; ~ka f (1c; -jek) Dirndl n.

šortky f/pl. (1; -tek) Shorts pl.

šos m (2; 6. -u/-e) (Rock-)Schoß m; ~ácký spießbürgerlich; ~áctví n (3) Spießbürgertum n; ~ák m (2a) Spießbürger m; ~atý Schoß-.

šotek m (2a; -tk-; -ové) Kobold m; (scherz.) Teufel m.

šoup|ací Schiebe-; ~álek m (1a; -lk-) Zo. Baumläufer m; ~at P ⟨pře-, vy-, za-⟩ ⟨-u/-ám⟩ schieben, rücken; (mit den Füßen) schlurfen; ~átko n (1b; -tek) Schieber m; ~avý schlurfend; -vě ruckweise; ~nout pf. ⟨-pl; -pnut⟩ schieben; stecken.

šoura|t ⟨u-, za-⟩ schlurfen; P ~ se schlendern; ~vý schlurfend.

šourek m (2b; -rk-) Hodensack m.

šourem Adv. schräg, quer; (gehen) langsam.

šoust|at ⟨o-, p o-, vy-⟩, ~nout pf. ⟨-tl⟩ scheuern, schwippen; P verschlingen.

šov|én m (1), ~inista [-nɪ-] m (5a) Chauvinist m.

špač|ek¹ m (1a; -čk-) Zo. Star m; ~ek² m (2b; -čk-) (Zigaretten-, Bleistift-)Stummel m; ~kovat ⟨-kuji⟩ zetern, keifen; beschimpfen (na k-o, co/A).

špagát m (2a) Bindfaden m.

špachtle f (2) Spachtel f; Med. Spatel m.
špalda f (1) Spelt m, Spelz m, dial. Dinkel m.
špal|ek m (2b; -lk-), dim. **~íček** m (2b; -čk-) Klotz m, Block m, Stock m; **~ík** m (2b) Hemmschuh m, Bremsklotz m.
špalír m (2a) Spalier n.
Španěl m (1; -é), **~ka** f (1c; -lek) Spanier(in) f m; **~sko** n (1b) Spanien n; **₂ský** spanisch; **₂ština** f (1) spanische Sprache f.
špás P m (2a) Spaß m.
špat|nost f (4) Schlechtigkeit f; **~ný** schlecht, übel.
špeh m (1a; -ové), **~oun** P m (1) verä. Spitzel m; **~ovat** ⟨pro-, vy-⟩ (-huji) bespitzeln, nachspionieren (k-o/D).
špejl P m (2a), **~e** f (2) Speiler m, Holzstäbchen n.
špek P m (2b) Speck m; **~áček** m (2b; -čk-) Speckwurst f; **~ový** Speck-.
špendl|ík m (2b), dim. **~íček** m (2b; -čk-) Stecknadel f; **~it** ⟨při-, za-⟩ mit Stecknadeln (zusammen)heften.
šperk m (2b) Schmuck m, Schmuckstück n; **~ovat** ⟨o-, vy-⟩ (-kuji) schmücken.
špetka f (1c; -tek) Prise f.
špetnout pf., za- (-tl) mucksen.
špic m (3) Spitz m (Hund).
špice f (2a) Radspeiche f.
špičák[1] m (2b) Eckzahn m; Spitzhacke f; Sp. Eispickel m.
špičák[2] m (2b) lagdw. Spießbock m.
špičat|ět ⟨na-, při-, za-⟩ (3 Pl. -ějí) spitz werden; **~it** ⟨o-, při-, za-⟩ spitzen; **~ý** spitz, zugespitzt.
špičk|a f (1c; -ček) Spitze f; F Rausch m; Zipfel m; Bot. Lauchschwamm m; El. Spitzenbelastung f; **~ovat** (-kuji) sticheln; **~ový** Spitzen-.
špičník P m (2b) Birken-, Kapuzinerpilz m.
špikov|ací Spick-; **~ačka** f (1c; -ček) Spicknadel f; **~ovat** ⟨na-, pro-, vy-⟩ (-kuji) spicken.
špína f (1) Schmutz m; s. špinavec.
špinav|ec m (3; -vc-) Schmutzfink m, verä. Dreckskerl m; **~ý** schmutzig (a. fig.).
špinit ⟨po-, u-, za-⟩ beschmutzen.
špionáž f (3) Spionage f.
špíže f (2), **špižírna** f (1; -ren) Speisekammer f.

špláchat s. šplíchat.
šplh m (2b) Klettern n; **~adlo** n (1a; -del) Kletterstange f; **~at** ⟨do-, vy-, za-⟩ klettern; fig. verä. kriechen; F sich anstrengen, ordentlich lernen; **~avec** m (3; -vc-) Klettervogel m; fig. = **~oun** m (1) verä. Streber m; **~ounství** n (3) Streberei f, Strebertum n.
šplích|at ⟨o-, po- se, roz-⟩, **~nout** pf. (-chl) plätschern; **~ se** planschen; **~ot** m (2a) Plätschern n.
šplouch|at, **~nout** s. šplíchat.
šponovky f/pl. (1; -vek) Keilhose f.
špoulit s. špulit.
šprtat P büffeln, pauken.
šprým m (2a) Scherz m, Spaß m; **~ař** m (3) Spaßvogel m; **~ovat** ⟨zasi⟩ (-muji) Spaß machen, scherzen; **~ovný** spaß-, scherzhaft.
špulit ⟨při-, za-⟩ Mund spitzen.
špunt P m (2) Stöpsel m, Spund m.
šrafovat ⟨vy-, za-⟩ (-fuji) schraffieren.
šrám m (2a) Kratzwunde f, Schramme f; Narbe f.
šramot m (2a) Geräusch m; **~it** ⟨po-, za-⟩ lärmen.
šrot m (2a) Schrot m; Schrott m; **~ovat** ⟨roz-, ze-⟩ (-tuji) Getreide schroten; Eisen verschrotten; **~ovník** m (2b) Schrotmühle f.
šroub m (2a) Schraube f; **~ovací** Schraub-; **~ tužka** Drehbleistift m; **~ovák** m (2b) Schraubenzieher m; **~ovat** ⟨za-⟩ (-buji) schrauben; **~ovitý** schraubenförmig, Schrauben-; **~ vrták** Spiralbohrer m.
štáb m (2a) Mil. Stab m; **~ní** Stabs-.
štafeta f (1) Stafette f; Staffellauf m.
štamprle P f (2) Gläschen n, öst. Stamperl n.
šťára f (1d) Razzia f, Streife f.
šťárat (se) ⟨po-, vy-⟩ stochern, (herum)wühlen.
šťast|livec m (3; -vc-) Glückskind n, F Glückspilz m; **~ný** glücklich; Glücks-.
šťáva f (1) Saft m.
šťavel m (4) Sauerklee m; **~an** m (2) Chem. Oxalat n; **~ový** Klee-, Oxal-.
šťavnatý saftig, Saft-.
štěbetal m (1; -ové), **~ka** f (1c; -lek) Schwätzer(in) f m.
štěbet|at ⟨na-, za-⟩ zwitschern; (Gans) schnattern; schwatzen; **~avost** f (4) Geschwätzigkeit f; **~avý**

štědrost

zwitschernd; schnatternd; geschwätzig.
štědr|ost f (4) Freigebigkeit f; **~ovečerní** Weihnachtsabend-; **~ý** (Komp. -dřejší; Adv. -dře, Komp. -dřeji) freigebig; reichlich; Weihnachts-, Christ-.
štěk|ání n (3) Bellen n, Gebell n; verä. Keifen n; **~at** ⟨za-⟩, **~nout** pf. (-kl) bellen; (na k-o) anbellen (A); **~na** f (1; -ken) Keiferin f; **~ot** m (2a) s. štěkání.
štěně n (4a) junger Hund m, Welpe m.
štěnice f (2a) Wanze f.
štěp m (2a) Pfropfreis n; Obstbaum m.
štěpař m (3) Obstbaumzüchter m; **~ský** Obstbaum-; Pfropf-, **~ství** n (3) Obstbau m.
štěp|ina f (1) Holzscheit m; Span m; **~it** ⟨o-, pře-⟩ pfropfen; spalten; **~ný** spaltbar; Pfropf-; Edel- (Obst), **~ovat** ⟨na-, v-⟩ (-puji) s. štěpit.
štěpovat ⟨vy-, za-⟩ (-puji) steppen.
štěrbák m (2b) Endivie f.
štěrbin|a f (1) Spalte f, Spalt m, Ritze f; **~ový** Fot. Schlitz-.
štěrk m (2b) Schotter m.
Štěstěna f (1) Glücksgöttin f, Fortuna f.
štěstí n (3) Glück n; odvážnému ~ přeje dem Mutigen gehört die Welt.
štětec m (4; -tc-) Pinsel m.
štětin|a f (1) Borste f; **~áč** m (3) Borstentier n; **~atý** borstig, Borsten-; **~ka** f (1c; -nek) Borstenhaar n.
štětk|a f (1c; -tek) (kleiner) Pinsel m; Maurer- od. Malerbürste f; Gemsbart m; verä. Dirne f; **~ář** m (3) Bürstenbinder m.
štičí Hecht-.
štíhl|onohý mit schlanken Beinen, **~ost** f (4) Schlankheit f; **~oučký**, **~ounký** sehr schlank; **~ý** schlank.
štika f (1c) Hecht m.
štíp|ací Kneif-, Zwick-; **~ačky** f/pl. (1; -ček) Kneifzange f; **~anec** m (4; -nc-) s. štípnutí; **~at** ⟨roz-⟩ ⟨-u/-ám⟩ spalten; Holz hacken; kneifen, zwicken; Fahrkarte knipsen; (Insekt) stechen; **~atelný** spaltbar; **~avý** beißend.
štíp|ec m (4; -pc-) Prise f; F Rüffel m; **~eček** m (2b; -čk-) ein wenig, ein bißchen.

štípit s. štěpit.
štipka f (1c; -pek) s. štipec.
štiplavý beißend, stechend; fig. bissig.
štíp|nout pf. (-pl; -pnut) s. štípat; **~nutí** n (3) (Mücken-)Stich m.
štír m (1; -ové) Skorpion m; být na ~u in Feindschaft leben; **~ek** m (1a; -rk-) Bücherwurm m; **~ovník** m (2b) Hornklee m.
štířit se P schmunzeln, grinsen; P (na k-o) wütend sein (auf A).
štít m (2; 6. -ě/-u) Schild n u. m; Arch. Giebel m; Bergspitze f; Zo. Panzer m; Med. (Röntgen-)Schirm m; **~ek** m (2b; -tk-) Schildchen n; (Tür-)Schild n; (Mützen-)Schirm m; Etikett n; **~it se** ⟨za-⟩ ⟨k-o, č-o⟩ Abscheu (od. Ekel) empfinden (vor D); sich scheuen (zu); **~ivý** widerwillig; **~ný** Schild-, **~ový** Giebel-, **~ovitý** giebelförmig.
štkát ⟨za-⟩ schluchzen.
štoček m (2b; -čk-) Klischee n, Druckstock m.
štola f (1a) Bgb. Stollen m.
štóla f (1a) Stola f.
štolba m (5) Stallmeister m.
šťopka f (1c; -pek) s. stopka.
štoudev f (3; -dv-) Wasserbottich m.
šťouch|at P ⟨o-, za-⟩, **~nout** P pf. (-chl; -chnut) stoßen.
šťouchnutí n (3) Stoß m.
šťour|alství P n (3) Nörgelei f; **~at** P ⟨po-, za-⟩ nörgeln; **~ se** (herum-) kramen; im Essen herumstochern.
šťovík m (2b) Sauerampfer m.
štrachat (se) P kramen; klettern; schlendern; (s čím) mit sich herumschleppen (A).
štruple P f (2) Strippe f.
študák P m (1a) Studiker m, Studiosus m.
štuk m (2b) Arch. Stuck m; **~atér** m (1; -ři) Stuckarbeiter m; **~atura** [-tu:-] f (1d) Stukkatur f.
štulec m (4; -lc-) Rippenstoß m, F Schubs m.
šturm|ovat P ⟨za-⟩ (-muji) stürmen; **~ovština** F f (1) Stoßarbeit f zwecks Planerfüllung.
šťvá|č m (3) Hetzer m; **~ský** Hetz-, **~ství** n (3) Hetze f.
štvan|ec m (3; -nc-) Gehetzte(r) m; Pol. Geächtete(r) m, Verfemte(r) m; F s. darebák; **~ice** f (2a) Hetzjagd f, Kesseltreiben n; Pol. Hetzkampagne f; P a. Hast f.

štvát ⟨*po-*, *uštvat*⟩ (*štvu*, *štval*) hetzen; aufhetzen (gegen *A*); ~ se sich abhetzen.
štvavý Hetz-.
štych F *m* (*2b*) (*Karten-*)Stich *m*.
štýrský stei(e)risch.
šuhaj *m* s. šohaj.
šukat ⟨*po-*⟩ (geschäftig) hin- und herlaufen.
šulit P ⟨*o-*⟩ schummeln, mogeln.
šum *m* (*2a*) Rauschen *n*, Geräusch *n*.
šumař *m* (*3*) Spielmann *m*, F Musikant *m*; ~it P musizieren.
šum|ěnka P *f* (*1c*; *-nek*) Brausepulver *n*; ~ět ⟨*za-*⟩ (*3 Pl. -í/-ěji*) rauschen, brausen, sausen; *Wein*: schäumen; ~icí Brause-; ~ivka *f* (*1c*; *-vek*) Brauselimonade *f*; ~ivý rauschend, brausend, schäumend; ~ný geräuschvoll; *fig.* rauschend; ~ot *m* (*2a*) s. šum.
šunka *f* (*1c*; *-nek*) Schinken *m*.
šup! *Int.* schwupps!
šup|ák *m* (*1a*) Landstreicher *m*, Strolch *m*; ~at F (*-u/-ám*) schwippen, peitschen; gierig essen.
šupin|a *f* (*1*) Schuppe *f*; ~áč *m* (*3*) Schuppentier *n*; ~atý schuppig.
šupl|átko *n* (*1b*; *-tek*), ~e F *f* (*2*), ~ík F *m* (*2b*) Schublade *f*.
šust *m* (*2a*) Geräusch *n*, Rascheln *n*; ~! *Int.* husch!
šus|ťák F *m* (*2b*) Nylon(regen)mantel *m*, Regenhaut *f*; ~tět, ~tit ⟨*za-*⟩ rascheln.
šust|nout (se) *pf.*, *za-* (*-tl*) huschen; ~ot *m* (*2a*) s. šust.
šušk|anda P *f* (*1*) s. šeptanda; ~at ⟨*po-*⟩ tuscheln, munkeln.
šváb *m* (*1*) Küchenschabe *f*.

Šváb *m* (*1*; *-ové*) Schwabe *m*; Ǫský schwäbisch.
švadlena *f* (*1*) Näherin *f*, Schneiderin *f*.
švadronit P ⟨*za-*⟩ plaudern, plappern.
švagr *m* (*1*; *-ři/-rové*) Schwager *m*; ~ová *f* (*Adj. 2*) Schwägerin *f*.
švand|a *f* (*1*) Spaß *m*, Jux *m*; ~ovní ulkig, spaßig.
švarný schmuck, nett, fesch.
švec *m* (*3*; *ševc-*) Schuster *m*; *Zo.* Schlei *m*.
Švéd *m* (*1*; *-ové*), ~ka *f* (*1c*; *-dek*) Schwede *m*, *-in f*; ~sko *n* (*1b*) Schweden *n*; Ǫský schwedisch; Ǫština *f* (*1*) schwedische Sprache *f*.
švegruše *f* (*2*) Schwägerin *f*.
švehol *m* (*2a*), ~ení *n* (*3*) Zwitschern *n*; ~it ⟨*za-*⟩ zwitschern.
švejkov|at ⟨*za- si*⟩ (*-kuji*) den (Braven Soldaten) Schwejk nachahmen; ~ina *f* (*1*) Schwejk-Streich *m*; Schwejk-Gesinnung *f*.
švestk|a *f* (*1c*; *-tek*) Pflaume *f*, Zwetschge *f*; ~ový Pflaumen-.
švih *m* (*2b*) Peitschenhieb *m*; *Sp.* Schwung *m*.
švih|ácký geckenhaft; ~adlo *n* (*1a*; *-del*) Schwungseil *n*; ~ák *m* (*1a*) Geck *m*, Stutzer *m*; ~at ⟨*pro-*, *za-*⟩, ~nout *pf.* (*-hl*) mit der Peitsche od. *Rute* schlagen; Draufschmeißen; *-nout sebou* sich hinwerfen, hinfallen.
švito|rka P *f* (*1c*; *-rek*) Plaudertasche *f*; ~řit ⟨*po-*, *za-*⟩ zwitschern; *iron.* schwatzen; ~řivý zwitschernd; P geschwätzig.
Švýcar *m* (*1*; *-ři*), ~ka *f* (*1c*; *-rek*) Schweizer(in *f*) *m*; ~sko *n* (*1b*) Schweiz *f*; Ǫský Schweizer (*Adj.*).

T

ta *Pron.* die(se); *s.* ten.
tabáční Tabak-.
tabák *m* (2b) Tabak *m*; ~ový Tabak-.
tabatěrka *f* (1c; -rek) Tabakdose *f*.
tabel|a *f* (1a) Tabelle *f*; ~ární tabellarisch.
tablet|a *f* (1), ~ka *f* (1c; -tek) Tablette *f*.
table-tennis [tejbl-tenɪs] *m* (2; 6. -u/-e) Tischtennis *n*.
tábor *m* 1. (2; 2. -a; 6. -u/-ře) Lager *n* (a. fig.); (Volks-)Versammlung *f*, F Volksfest *m*; 2. (1; -ři) *s.* táborita; ~ák P *m* (2b) Lagerfeuer *n*; ~ita *m* (5a) *hist.* Taborit *m*; ~itský taboritisch; ~nictví *n* (3) Camping *n*; ~ník *m* (1a) Campingfreund *m*, F Camper *m*, Zeltler *m*; ~ový Lager-.
táboř|ení *n* (3) Zelten *n*; ~iště *n* (2a) Lager-, Campingplatz *m*; ~it 〈u- se〉 lagern, zelten.
tabul|e *f* (2) Tafel *f*; (Fenster-)Scheibe *f*; (Schneider-)Tisch *m*; ~ka *f* (1c; -lek) Täfelchen *n*; (Schokolade-)Tafel *f*; Schild(chen *n*), Tabelle *f*; ~(k)ovat (-kuji) täfeln; ~kový Tafel-; *Sp.* Tabellen-.
taburet *m* (2!; 6. -u/-ě) Hocker *m*.
tác *m* (2!; 6. -u/-e) Tablett *n*; ~ek *m* (2b; -ck-) Untertasse *f*; Bieruntersetzer *m*.
táčky *f/pl.* (1; -ček) Plauderstündchen *n*, F Plausch *m*.
tady hier, da.
táflování *n* (3) Wandverkleidung *f*, Täfelung *f*.
tágo *n* (1b) Billardstock *m*, Queue *n*.
tah *m* (2b) Zug *m*; Strich *m*; ~ací Zieh-; ~áč *m* (1) Schlepper *m*; ~ačka F f (1c; -ček) *s.* tahanice; ~ák *m* (2b) Zughaken *m*; F *a.* Spickzettel *m*; Bestseller *m*, Zugstück *n*, Reißer *m*; ~anice F *f* (2a), *mst pl.*: ~ Scherereien *f/pl.*, Papierkrieg *m*, Hickhack *n*; Balgerei *f*; ~at 〈po-, za-〉 (za co) ziehen (an *D*); ~ se sich schleppen; ~avý schleppend, langsam.
tahle(ta) diese (hier, da); *s.* tenhle (-ten).

táhl|o *n* (1a; -hel) *Tech.* Zugstange *f*; -la *pl.* Gestänge *n*; ~ý gedehnt, langgezogen.
táhnout 〈po-, za-〉 (-hl; tažen) ziehen (za co an *D*); ~ se sich (hin)ziehen, sich schleppen.
tahoun *m* (1) Zugtier *n*; *fig.* Arbeitstier *n*.
taj *m* (4) *lit.* Geheimnis *n*.
tajem|nictví *n* (3) Sekretariat *n*; ~ník *m* (1a), ~nice *f* (2a) Sekretär *m*, Sekretärin *f*; ~ný geheim; geheimnisvoll; ~ství *n* (3) Geheimnis *n*.
tajenka *f* (1c; -nek) Vexierbild *n*; Worträtsel *n*.
taj|it 〈u-, za-〉 verheimlichen, verbergen; ~ se s čím verhehlen, verbergen, geheimhalten (*A*); ~nost *f* (4) Geheimnis *n*; Heimlichkeit *f*; ~nůstkář *m* (3) Geheimniskrämer *m*; ~nůstkářství *n* (3) Geheimniskrämerei *f*; ~ný[1] (*Adv.* -ně, *lit.* -no) geheim, heimlich; ~ný[2] F *m* (*Adj.* 1) Geheimagent *m*.
tajtrlík F *m* (1a) Hanswurst *m*.
tajuplný geheimnisvoll.
tak so; ~é auch; ~hle so, auf diese Art; ~měř *lit.* beinahe, fast; ~ový solche(r, -s), derartige(r, -s); ~řka sozusagen; fast.
takt *m* (2a) Takt *m*.
tak|tak mit knapper Not, gerade noch; F mit Ach und Krach; ~též ebenfalls, gleichfalls.
takti|cký [-tɪ-] taktisch; ~ka *f* (1c) Taktik *f*.
takt|ní taktvoll; ~nost *f* (4) Takt *m*, Taktgefühl *n*.
takto so, also; folgendermaßen.
takt|ovat 〈za-〉 (-tuji) taktieren; den Takt geben; ~ovka *f* (1c; -vek) Taktstock *m*; ~ový Takt-.
taky F *s.* také.
taký *lit. s.* takový.
tak|zvaný sogenannt; ~ž: jakž ~ so leidlich; ~že so daß.
talár *m* (2a) Talar *m*; Robe *f*.
talek *m* (2b; -lk-) Talk *m*, Speckstein *m*.
talent *m* (2a) Talent *n*; ~ovaný talentiert, talentvoll.

talián m (2a od. 1a) Knackwurst f.
talíř m (4) Teller m; Mus. Becken n; ~ek m (2b; -řk-) kleiner Teller m; Untertasse f.
tam dort; dorthin; tu a ~ hie und da; ab und zu; ~ a zpět hin und zurück; sem a ~ hin und her; cesta ~ Hinweg m, -reise f, -fahrt f; byl ten ~ er war über alle Berge od. plötzlich weg.
tamaryšek m (2b; -šk-) Tamariske f.
tamburína f (1) Tamburin n.
tam|ější dortig; ~hle dort; ~odtud von dorther; ~ten, ~ta, ~to der, die, das dort; ~též, ~že ebendort, ebenda; ~tudy dort hindurch, dort hinunter od. hinauf.
tancovačka F f (1c; -ček) Tanz (-vergnügen n), -fete f, Tanzerei f; ~at ⟨po-, za- si⟩ (-cuji) tanzen.
tanč|írna f (1; -ren) Tanzsaal m, -lokal n; ~it ⟨pro-, za-⟩ s. tancovat.
tane|c m (4; -nc-) Tanz m; ~ční Tanz-; ~čník m (1a), ~čnice f (2a) Tänzer(in f) m.
tání n (3) Schmelzen n; Tauwetter n.
tank m (2b) Tank m; Mil. Panzer (-kampfwagen) m; ~ista m (5a) Panzergrenadier m; ~ovat ⟨na-⟩ (-kuji) tanken; ~ový Tank-; Mil. Panzer-.
tanout ⟨za-⟩: ~ na mysli j-m vor Augen schweben.
táp|at ⟨do-, pro- se⟩ (-u/-ám) tappen; tasten; ~avý tappend; tastend.
tapet|a f (1) Tapete f; ~ář m (3) Tapezierer m; ~ovat ⟨vy-⟩ (-tuji) tapezieren; ~ový Tapeten-.
tapír m (1; -ři) Tapir m.
ťap|ka f (1c; -pek) Pfötchen n; Fußspur f; ~(k)at ⟨po-⟩ trippeln; ~nout pf. (-pl/-pnul) hineinpatschen.
taras m (2; 6. -u/-e) Erdwall m, Böschung f, Terrasse f; ~it ⟨za-⟩ (-sen) verrammeln, verbarrikadieren.
tarbík m (1a) Springmaus f.
tarif m (2a) Tarif m; mzda podle ~u Tariflohn m; ~ní, ~ový tariflich, Tarif-; -ní smlouva Tarifvertrag m.
tasemnice f (2a) Bandwurm m.
tasit pf. ⟨vy-⟩ Schwert ziehen, zücken.
tašk|a f (1c; -šek) Tasche f; Dachziegel m; ~ář m (3) Spitzbube m, Schwindler m; ~ařice f (2a), ~ařina f (1), ~ářství n (3) Streich m; ~ářský spitzbübisch, Schelmen-; ~ový Ziegel-.

taštička f (1c; -ček) Täschchen n.
tát ⟨od-, roz- se⟩ (3. taje) schmelzen, tauen (v/i).
táta F m (5) Vater m, F Papa m.
tatam s. tentam.
Tatar m (1; -ři) Tatar(e) m; ~ský tatarisch.
tataž dieselbe.
tatí|(če)k F m (1a; -čk-), ~nek F m (1a; -nk-) Vater m, F Vati m.
tato diese.
tatranský Tatra-.
Tatry f/pl. (1; -ter) Tatra f.
tav|ba f (1; -veb), ~ení n (3) Schmelzen n; ~enina f(1) Schmelzmasse f; ~icí Schmelz-; ~írna f (1; -ren) Schmelzwerk n; Schmelzerei f; Schmelzhalle f; ~it ⟨roz-, u-⟩ schmelzen (v/t); ~itelný schmelzbar; ~ný schmelzbar; Schmelz-.
tax|a f (1a) Taxe f; ~ace f (2) Taxierung f; ~i n (indekl.), ~ík F m (2b; 2. -u/-a, 4. F -a) Taxi n, F Taxe f; ~ovat ⟨o-⟩ (-xuji) taxieren.
táz|ací Frage-; ~at se ⟨do-, -žu/-ži⟩ fragen (k-o [G] na co, po čem j-n nach D).
tazatel m (3; -é) Fragesteller m.
tázavý fragend.
táž dieselbe.
taž|ební Ziehungs-; ~ení n (3) Zug m; Feldzug m; zpáteční ~ Rückzug; být v posledním ~ in den letzten Zügen liegen; ~nost f (4) Dehnbarkeit f; ~ný dehnbar; Zo. Zug-.
té, tě, tebe, tebou s. ten; ty.
téci (3. teče, 3 Pl. -kou/-čou, tekl) fließen; triefen.
teček|a f (1c; -ček) Punkt m; ~ovat ⟨na-, po-⟩ (-kuji) punktieren.
tečn|a f (1; -čen) Tangente f; ~(ov)ý Tangential-.
teď, P ~ka jetzt, nun.
tedy also.
teh|da, ~dáž, ~dy damals, † dazumal; jen ~, když ... nur dann, wenn ...; ~dejší damalig.
těhot|enství n (3) Schwangerschaft f; ~ný schwanger.
techni|cký [-ny-] technisch; ~čka f (1c; -ček) Technikerin f; ~k m (1a) Techniker m; ~ka f (1c) Technik f; ~zovat (im)pf. ⟨z-⟩ (-zuji) technisieren.
technolog m (1a; -ové) Technologe m; ~ický technologisch.
...tékat s. téci.
těk|at ⟨roz- se⟩ (herum)irren, (her-

těkavost um)schweifen; ~avost f (4) Flatterhaftigkeit f; Chem. Flüchtigkeit f; ~avý unstet; flatterhaft; Chem. flüchtig.

tekut|ina f (1) Flüssigkeit f; ~ost f (4) flüssiger Zustand m; ~ý flüssig.

tel|átko n (1b; -tek; 6 Pl. -ách) Kälbchen n; ~e n (4) Kalb n; P Mil. Tornister m, F Affe m; ~ecí Kalbs-; ~ maso Kalbfleisch n.

telefon m (2a) Telefon n; ~ický [-nɪ-] telefonisch; ~ista m (5a), ~istka f (1c; -tek) Telefonist(in f) m; ~ní Fernsprech-, Telefon-; ~ automat Münzfernsprecher m; ~ číslo Rufnummer f; ~ovat ⟨za-⟩ (-nuji) (k-u, s kým) anrufen (A), telefonieren (mit D).

telegraf m (2a) Telegraf m; ~ický telegrafisch; ~ní Telegrafen-; ~ovat (im)pf. ⟨pro-, za-⟩ (-fuji) telegrafieren.

tele|gram m (2a) Telegramm n; schweiz. Depesche f; ~komunikace [-nɪ-] f (2) Fernmeldewesen n.

těles|ný körperlich, leiblich; Körper-, Leibes-; Rel. fleischlich; ~o n (1a; 6. -e/-u) Körper m.

teletina f (1) Kalbsleder n; Kalb(s-) fell n; Kalbfleisch n.

televiz|e f (2) Fernsehen n; ~ní Fernseh-; ~or m (2a) Fernsehgerät n, F Fernseher m.

tělísko n (1b; -sek) Med. Körperchen n; Phys. Korpuskel n.

telit se ⟨o-, vy-⟩ kalben.

tělnat|ět ⟨z-⟩ (3 Pl. -ějí) Fett ansetzen, F dick werden; ~ost f (4) Korpulenz f; ~ý beleibt, korpulent.

telný Kuh: trächtig.

tělo n (1a) Körper m; Leib m; část -la Körperteil m; -lem i duší mit Leib und Seele; Boží ~ Fronleichnam(sfest n) m; ~cvična f (1; -čen) Turnhalle f; ~cvičný Turn-; ~cvik m (2b) Turnen n; Leibeserziehung f; nápravný ~ Heilgymnastik f; ~cvikář m (3) Turner m; Sportlehrer m; Sportstudent m; ~vý hautfarben; ~výchova f (1) Körpererziehung f.

téma n (1; témat- ⟩ 2, 3, 6. -tu) Thema n.

téměř n s. temeno.

temen|ní Scheitel-; ~o n (1; 6. -u/-í) Scheitel m; Gipfel m.

téměř beinahe, fast.

temn|ět ⟨za-⟩ (3 Pl. -ějí) dunkel werden; ~ice f (2a) hist. Kerker m; Fot. Dunkelkammer f; ~it ⟨pro-, u-, za-⟩ verdunkeln; ~no n (1) Finsternis f, Dunkelheit f; Adv. finster, dunkel; ~omodrý dunkelblau; ~ost f (4), ~ota f (1) Finsternis f, Dunkelheit f; ~ý (Adv. -ě, -o) finster, dunkel; fig. dumpf.

temperament m (2a) Temperament n; ~ní temperamentvoll.

templ m (2a) Tempel m; ~ář m (3) hist. Templer m.

ten Pron. der; dieser; s. tam; pan ~ a ~ ein Herr so und so.

tenata n/pl. (1) Fangnetz n, fig. Garn n.

ten|ce, ~čeji, ~čí s. tenký; ~čit ⟨z-⟩ verdünnen; ~ se dünner werden; abnehmen (v/i.).

tenden|ce f (2) Tendenz f; ~ční tendenziös, Tendenz-; ~čnost f (4) Mangel m an Objektivität, tendenziöser Inhalt usw.

tendr m (2a) Tender m.

tenhle(ten) dieser (hier, da).

tenis [-nɪs] m (2; 6. -u/-e) Tennis n; ~ák F m (2b) Tennisball m; ~ka f (1c; -sek) Tennisschuh m; ~ový Tennis-; ~ta m (5a), ~tka f (1c; -tek) Tennisspieler(in f) m.

tenko Adv. dünn; ~stěnný dünnwandig.

tenkrát damals.

tenký (Komp. -čí; Adv. -ce, -ko, Komp. -čeji) dünn; fig. fein, zart.

tenor m 1. (2a) Tenor m; 2. (1; -ové), ~ista m (5a) Tenor(sänger) m; ~ový Tenor-.

tenou|čký, ~nký sehr dünn, hauchdünn.

tentam verschwunden, F auf und davon, über alle Berge.

tento dieser; ~krát(e) diesmal, dieses Mal; pro ~ für dieses (eine) Mal.

tentýž derselbe.

teolog m (1a; -ové) Theologe m; ~ický theologisch.

teor|etický [-tɪ-] theoretisch; ~etik [-tɪk] m (1a) Theoretiker m; ~ie f (2) Theorie f.

tep m (2a) Schlag m; Med. Puls (-schlag) m; ~aný getrieben; Metall: getrieben; -né zlato Blattgold n; ~at ⟨po-, vy-⟩ (-u/-ám) schlagen; Metall hämmern, treiben; Pol. schonungslos kritisieren.

tepelný Wärme-, Thermo-; ~ná elektrárna Wärmekraftwerk n.

teplák|ový: ~vá bunda Trainingsjacke f; ~vá souprava Schi- od. Trainingsanzug m; ~y m/pl. (2b; 6 Pl. a. -kách) Trainingshose f; Schi- od. Trainingsanzug m.
tepl|árna f (1; -ren) Fernheizwerk n; Heizkraftwerk n; ~ice f/pl. (2a) Thermalquelle f.
teplo n (1a; 6. -e/-u) Wärme f; Adv. warm; být v -le sich warm halten; za -la in warmem Zustand; F brühwarm (et. erzählen); ~jem m (2a) Wärmespeicher m; ~krevný warmblütig, Warmblut-; ~měr m (2a) Thermometer n; ~met m (2a) Strahlofen m, Heizstrahler m; ~milný wärmeliebend; ~ost f (4) fig. Wärme f; ~ta f (1) Wärme f; Temperatur f; ~vodní Warmwasser-; ~vzdorný hitzebeständig; ~vzdušný Warmluft-.
teplý (Adv. -e, -o) warm.
tep|na f (1; -pen) Schlagader f, Arterie f; ~ot m (2a) Schlagen n, Hämmern n; Pulsschlag m.
teprv(e) erst.
teras|a f (1a) Terrasse f; ~ovitý terrassenartig.
terc|e f (2) Terz f; ~et m (2a), ~eto n (1; 6. -u) Terzett n.
terč m (4) Scheibe f; Zielscheibe f.
terén m (2; 6. -u/-ě) Gelände n; ~ní Gelände-; Kfz. geländegängig.
teriér m (1; -ři) Terrier m.
teritoriální territorial.
těrka f (1c; -rek) Wischer m.
term|a f (1) Therme f, Thermalquelle f; ~ální thermal; ~ický thermisch. [Termin-.)
termín m (2a) Termin m; ~ový
termit m (1) Termite f.
termo|for m (2a) Wärm(e)flasche f; ~nukleární thermonuklear, Fusions-.
teror m (2a) Terror m; ~izovat ⟨z-⟩ (-zuji) terrorisieren; ~ista m (5a), ~istka f (1c; -tek) Terrorist(in f) m; ~istický [-tɪts-] terroristisch, Terror-.
terpentýn m (2a) Terpentin m; ~ový Terpentin-.
tes m (2a) Hieb m; ~ák m (2b) Hirschfänger m; Fangzahn m, Hauer m.
tesař m (3) Zimmermann m; ~ík m (1a) Bockkäfer m; ~ský Zimmer(-manns)-; ~ství n (3) Zimmermannsberuf m.

tesat ⟨o-, u-⟩ (-šu/-sám) (be)hauen, zimmern; meißeln.
tesk|livost f (4) s. tesknost; ~livý bange, wehmütig; ~nit ⟨po-, za-⟩ (po kom, čem) sich sehnen (nach D); ~nost f (4), ~nota f (1) Bangigkeit f; ~ný (Adv. -no) bange.
tesl|a f (1a; -sel), ~ice f (2a) Zimmermannsaxt f.
těsn|at ⟨v-⟩ hineinzwängen; ~icí Dichtungs-; Pack-; ~it ⟨s-, za-⟩ (ab)dichten; ~opis m (2; 6. -e/-u) Stenographie f, Kurzschrift f; ~opisec m (3; -sc-) Stenograph m; ~opisný stenographisch; ~ost f (4), ~ota f (1) Enge f; Knappheit f; ~ý eng, knapp.
testament m (2; 6. -u/-ě) Testament n.
těsto n (1; 6. -u/-ě) Teig m.
testovat ⟨o-⟩ (-tuji) testieren, testen.
těsto|viny f/pl. (1) Teigwaren f/pl.; ~vitý teig(förm)ig; ~vý Teig-.
těši|t ⟨po-, u-⟩ trösten; (er)freuen; -ší mě! freut mich sehr!, sehr erfreut!; ~ se sich freuen (z č-o über A; na k-o, co auf A); (č-u) sich erfreuen (an D); genießen (A); ~tel m (3; -é) Tröster m, Trostspender m; ~vý tröstend, tröstlich.
teta f (1) Tante f.
tetelit se ⟨za-⟩ beben, zittern.
teti|čka F f (1c; -ček), ~nka F f (1c; -nek) Tantchen n.
tětiva f (1) Bogensehne f; Geom. Sehne f.
tetka f (1c; -tek) Tante f; P a. Weib n.
tetovat ⟨v-, vy-⟩ (-tuji) tätowieren.
tetř|ev m (1) Auerhahn m; ~ívek m (1a; -vk-) Birkhuhn n.
texasky F f/pl. (2; -sek) Niethosen f/pl.
text m (2a) Text m.
textil [-tɪl] m (2a) Textilien pl.; F s. textilnictví; ~ák F m (1a) Textilarbeiter m; ~ní Textil-; ~nictví n (3) Textilindustrie f; ~ník m (1a) Textilwarenerzeuger m.
teze f (2) These f.
též auch, ebenfalls; s. a. totéž.
těžař m (3) Bergwerksbesitzer m; ~ský Bergwerks-; ~stvo n (1; -tev) Bgb. Knappschaft f.
těž|ba f (1; -žeb) Förderung f, Gewinnung f, Abbau m; denní ~ Tage-

těžební bau *m*; ~ební Förder-; ~ení *n* (3) Gewinnung *f*, Förderung *f*.
těžce *Adv.* schwer.
těž|isko *n* (1b; -sk/-sek), ~iště *n* (2a) Schwerpunkt *m*; ~it ⟨vy-⟩ *Bgb.* fördern, gewinnen; (z č-o) Nutzen ziehen (aus *D*), ausnützen (*A*); ~ítko *n* (1b; -tek) Briefbeschwerer *m*; ~ivec *m* (4; -vc-) Schwerspat *m*.
těžko *Adv.* schwer(lich); ~**myslnost** *f* (4) Schwermut *f*; ~**myslný** schwermütig; ~**pádnost** *f* (4) Schwerfälligkeit *f*, ~**pádný** schwerfällig.
těžk|ost *f* (4) Schwere *f*; Schwierigkeit *f*, Mühe *f*; ~ý (*Komp.* -žší; *Adv.* -ce, -ko, *Komp.* tíže) schwer, Schwer-; schwierig.
těž|ní Förder-; ~**nice** *f* (2a) Mittellinie *f*.
Thaj|sko *n* (1b) Thailand *n*; ৎský thailändisch.
tchán *m* (1) Schwiegervater *m*.
tchoř *m* (3) Iltis *m*.
tchyně *f* (2b) Schwiegermutter *f*.
ti dir; *s. a.* ten.
tíha *f* (2) Schwere *f*, Last *f*.
tíhnout ⟨při-⟩ (-hl) hinneigen, hinstreben.
tich|nout ⟨u-, z-⟩ (-chl) verstummen, still werden; ~o *n* (1b) Stille *f*, Ruhe *f*; ~! Ruhe!; *Adv.* still, ruhig; ~**omořský** pazifisch; ~**ost** *f* (4) Stille *f*; ~**ošlápek** *m* (1a; -pk-) Duckmäuser *m*; ~**oučký**, ~**ounký** (*Adv.* -ce) ganz still, F mäuschenstill; ~ý (*Komp.* tišší; *Adv.* tiše/ ticho, *Komp.* tišeji) still.
tik|ání *n* (3) Ticken *n*; ~**at** ⟨roz- se⟩ ticken.
tík|at, ~nout *pf.*, za- (-kl) piep(s)en; ~**ot** *m* (2a) Piep(s)en *n*.
tikot *m* (2a) *s.* tikání.
tílko *n* (1b; -lek) zarter Körper *m*; Leibchen *n*, Trikot *n*, Turn-, Unterhemd *n*.
tím *s.* ten; dadurch; damit; um so, desto, je; nad ~ darüber; pod ~ darunter; za ~ dahinter; ~ lépe um so besser; ~**to** damit; *s.* tento.
tinktura [tɪŋktu:-] *f* (1d) Tinktur *f*.
típat *s.* tíkat.
tipec *m* (4; -pc-), **típek** *m* (2b; -pk-) Pips *m*; F vzít k-u ~ j-n kirre machen.
tiplice *f* (2a) Schnake *f*, öst. Gelse *f*.
tipovat [tɪ-] (-puji) tippen.
tis *m* (2a) Eibe *f*.

tíseň *f* (3; -sn-) Enge *f*, Bedrängnis *f*, F Klemme *f*; Beklommenheit *f*; ~**bytová, peněžní** ~ Wohnungs-, Geldnot *f*.
tisíc *1.* tausend; 2. *m* (4) Tausend *n*; dva ~e zweitausend; sto ~ hunderttausend; na ~e zu Tausenden; do ~ů in die Tausende, ~**eronásobný** tausendfach; ~**erý** tausenderlei; ~ **dík!** tausend Dank!; ~í tausendste(r).
tísíci|hlavý tausendköpfig; ~**koruna** *f* (1) Tausendkronennote *f*; ~**letí** *n* (3) Jahrtausend *n*; ~**letý** tausendjährig; ~**marka** *f* (1c; -rek) Tausendmarkschein *m*; ~**na** *f* (1) Tausendstel *n*.
tisíc|krát tausendmal; ~**ovka** F *f* (1c; -vek) Tausender *m*.
tisk *m* (2b) Druck *m*; Presse *f*, ~**ací** Druck-; ~**árenský** Druckerei-; ~**árna** *f* (1; -ren) Druckerei *f*; ~**ař** *m* (3) Drucker *m*; ~**ařství** *n* (3) Druckerei *f*; Buchdruckkunst *f*; ~**átko** *n* (1b; -tek) Prägestempel *m*; Drucktaste *f*; ~**nout** ⟨s-, vy-⟩ (-kl; -knut) drücken, pressen; (-kl; -štěn) *Typ.* drucken; ~**opis** *m* (2; 6. -e/-u) Drucksache *f*; ~**ovina** *f* (1) Druckerzeugnis *f*, gedruckte Schrift *f*; ~**ový** Druck-; Presse-; -*vá kancelář* Pressebüro *n*.
tísn|it ⟨za-⟩ bedrängen, bedrücken; *Schuh:* drücken; ~ se sich drängen; ~**ivý** beklemmend, drückend.
tiš|e *Adv.* ruhig, leise; *Tech.* geräuschlos; ~**ina** *f* (1) Stille *f*; ~**it** ⟨u-, z-⟩ besänftigen, beruhigen; *Schmerz, Sehnsucht* stillen; ~**ivý** beruhigend; *Med.* Beruhigungs-.
tišší *s.* tichý.
tít *pf.*, za- (tnu, tal/tnul, ťat) hauen, e-n Hieb versetzen.
titánský titanisch.
titěr|a *f* (1d) *od. m* (5), *dim.* ~**ka** *f* (1c; -rek) *od. m* (5) *verä.* Knirps *m*; ~**nost** *f* (4) Lappalie *f*; Tand *m*; ~**ný** winzig; *fig.* läppisch.
titrovat [tɪ-] ⟨pře-⟩ (-ruji) titrieren.
titul [tɪ-] *m* (2a) Titel *m*; ~**ární** Titular-; ~**ek** *m* (2b; -lk-) Beschriftung *f*; Schlagzeile *f*; (*Film-*)Untertitel *m*; ~**ní** Titel-; ~**ovat** ⟨o-⟩ (-luji) betiteln; *Film* mit Untertiteln versehen; ~**ový** *Typ.* Titel-.
tíž *f* (3), ~**e**[1] *f* (2) Schwere *f*, Last *f*; Schwierigkeit *f*; *lit. a.* Bürde *f*; zemská ~**e** (Erd-)Gravitation *f*; stav

bez ~e Zustand *m* der Schwerelosigkeit.
tíž|e² *s.* těžký; *Adv.* schwerer; ~it ⟨o-, z-, za-⟩ belasten, beschweren; bedrücken; ~ivý drückend, beklemmend.
tkací Web(e)-.
tkadle|c *m* ⟨3; *tkalc-*⟩, ~na *f* (1) Weber(in *f*) *m*.
tkalcov|at ⟨za-⟩ (-*cuji*) Weber sein, das Weberhandwerk treiben; ~ina *f* (1) *s. tkalcovství*; ~ský Weber-; ~ství *n* (3) Weberei *f*, Weberhandwerk *n*.
tkáň *f* (3) Gewebe *n*.
tkani|ce *f* (2a), *dim.* ~čka *f* (1c; -*ček*) Band *n*, Bändchen *n*; F *a.* Schnürsenkel *m*; ~na *f* (1) Gewebe *n*; -*ny pl.* Textilwaren *f/pl.*; ~ivo *n* (1) Gewebe *n*.
tkát ⟨na-, za-⟩ (-*al*) weben; *Strümpfe* wirken.
tklivý rührend, wehmütig.
tknout se *pf.*, do- (*tknul, tkla; tknut*) berühren; betreffen.
tkvít ⟨za-⟩ (3 *Pl.* -*í|-ěji; tkvěl*) (v *čem*) stecken, *fig.* liegen (in *D*); gehaftet sein (auf *A*), haften (auf *D*).
tlač|enice *f* (2a) Gedränge *n*; ~enka *f* (1c; -*nek*) Preßwurst *f*, *dial.* Preßsack *m*; ~it ⟨po-, s-, za-⟩ drücken, pressen; ~ se sich drängen; ~ítko *n* (1b; -*tek*) Druckknopf *m*, Taste *f*.
tlach *m* (2b), *mst* -*y pl.* Klatsch *m*, Geschwätz *n*; ~al *m* (1; -*ové*), ~alka *f* (1c; -*lek*) Schwätzer(in *f*) *m*, F Klatschmaul *m*; ~at ⟨na-, za- si⟩ klatschen, schwatzen, tratschen; ~avost *f* (4) Geschwätzigkeit *f*; ~avý geschwätzig, klatschsüchtig.
tlak *m* (2b) Druck *m*; ~oměr *m* (2a) Barometer *n*; ~ostroj *m* (4) Druckpumpe *f*; ~ový Druck-.
tlam|a *f* (1) Maul *n*, Rachen *m*, V Fresse *f*; ~atý großmäulig; ~tá rostlina Rachenblütler *m*; ~pač *m* 1. (4) Lautsprecher *m*; 2. † (3) Hochzeitsredner *m*.
tlap|a *f* (1) Tatze *f*, Pfote *f*; ~at ⟨za-⟩ (-*u*/-*ám*) trippeln; stampfen.
tlení *n* (3) Moder *m*; Verwesung *f*.
tlesk *m* (2b), ~ání *n* (3) Klatschen *n*, Beifall *m*; ~at ⟨po-, za-⟩, ~nout *pf.* (-*kl*) klatschen, applaudieren; ~ot *m* (2a) *s.* tlesk.
tlít ⟨z-, za-, ze-⟩ (3 *Pl. tleji/tlí, tlel*) modern, faulen; morsch werden.
tlouci ⟨po-, za-⟩ (*tluču/-ku, tloukl*; *tlučen*) schlagen; *Gewürz, Zucker* (zer)stoßen; *Butter* machen; ~ na buben die Trommel schlagen; P ~ hubou das Maul wetzen; ~ na dveře anklopfen.
tlouk *m* (2b) Kochk. Schläger *m*, Stampfer *m*, Stößel *m*.
tloustnout ⟨z-⟩ (-*tl*) dick werden.
tloušť *m* (3a; -*tě*) Zo. Döbel *m*; ~ka *f* (1c; -*tek*) Stärke *f*; Dickleibigkeit *f*, Korpulenz *f*.
tluč *f* (3) Schrot *m* od. *n*; *papírová* ~ Pappmaché *n*; ~ení *n* (3) Schlagen *n*, Klopfen *n*, Schläge *m/pl.*; ~huba *m* (5) P Maulheld *m*.
tluk|ač *m* (4), ~adlo *n* (1a; -*del*) *s. tlouk*; ~ot *m* (2a) *s.* tlučení.
tlum|ený gedämpft; ~ič *m* (4) (*zvuku, nárazů* Schall-, Stoß-) Dämpfer *m*; ~it ⟨u-, z-⟩ dämpfen, unterdrücken; ~ítko *n* (1b; -*tek*) *Mus.* Dämpfer *m*; ~ivka *f* (1c; -*vek*) *Rdf.* Drosselspule *f*.
tlumoč|it ⟨z-⟩ dolmetschen; zum Ausdruck bringen; ~ník *m* (1a), ~nice *f* (2a) Dolmetscher(in *f*) *m*.
tlumok *m* (2b) Rucksack *m*, Ranzen *m*; Reisetasche *f*.
tlupa *f* (1) Bande *f*, Schar *f*, Trupp *m*.
tlusto|kožec *m* (3; -*žc-*) Dickhäuter *m*; ~stěnný dickwandig.
tlusťou|čký, ~nký F ganz schön dick, rundlich.
tlustý (*Komp. tlustší*) stark, beleibt, F dick.
tma *f* (1) Dunkelheit *f*, Finsternis *f*; *Adv.* dunkel, finster.
tmář *m* (3) Dunkelmann *m*, Obskurant *m*; ~ství *n* (3) Dunkelmännertum *n*.
tmav|ět ⟨z-⟩ (3 *Pl.* -*ějí*), ~nout *pf.* (-*vl*) dunkel werden.
tmavo|barevný dunkel(farbig); ~červený dunkelrot; ~modrý dunkelblau; ~vláska *f* (1c; -*sek*) Brünette *f*; ~vlasý dunkelhaarig, brünett.
tmavý dunkel; finster, düster.
tmel *m* (2a od. 4) Kitt *m*; ~it ⟨s-, za-⟩ kitten.
tmě|t se, ~it se ⟨se-, za-⟩ (3 *Pl.* -*ějí*) dunkel werden.
tnout *pf. s.* tít.
to das, dieses; da; *s. ten*; co ~? was ist los?
toalet|a *f* (1) Toilette *f*; ~ní Toiletten-.

tobě dir; *s.* ty.
tobolka *f* (*1c*; *-lek*) Brieftasche *f*, Geldbörse *f*; *Bot.* Kapsel *f*; Hirtentäschelkraut *n*.
toč *m* (*A*) *Turn.* Welle *f*; Felge *f*; **~enka** *f* (*1c*; *-nek*) *Kochk.* Schnecke *f*; **~ení** *n* (*3*) Drehen *n*; Zapfen *n*; **~ený** gedreht, gewunden; **~ič** *m* (*3*) Dreher *m*; (*Bier-*)Zapfer *m*; **~it** ⟨*o-, roz-, za-*⟩ (*čím*) drehen (*A*, an *D*); wenden (*A*); *Hut* schwenken; *Bier* zapfen; **~** se sich drehen; *Bot.* sich winden; sich ranken; *Weg*: sich schlängeln; *Haar*: sich kräuseln; **~itý** Wendel-; **~ivý** drehbar, Dreh-, rotierend, Rotations-; **~na** *f* (*1*; *-čen*) *Geogr.* Pol *m*; *Esb.* Drehscheibe *f*; *Tech.* Drehbalken *m*; **~nový** Polar-; Dreh-, Rotations-.
tohle(to) dieses (hier, da); *s.* tenhle(ten).
toho *s.* to; do **~**! vorwärts!, los!; z **~** davon, daraus. [*m.*]
tok[1] *m* (*2b*) Fließen *n*, Fluß *m*, Lauf
tok[2] *m* (*2b*) Balz *f*.
tokajské *n* (*Adj. 3*) Tokajer *m*.
tokání *n* (*3*) *s.* tok[2].
tokat ⟨*roz- se, za-*⟩ balzen.
tolar *m* (*2a*) Taler *m*.
toler|ance *f* (*2*) Toleranz *f*; **~anční** Toleranz-; **~antní** tolerant; **~ovat** (*-ruji*) tolerieren.
tolik (*mit 2. Fall*) soviel, so viel; **~** a **~** soundsoviel; do **~**a let (um) wieviel; **~aletý** so viele Jahre alt; **~é** sovielte; **~erý** sovielerlei; **~éž** ebensoviel, gleichviel; **~o** nur; **~rát** sovielmal, so oft.
tom *s.* ten, to.
tomát *m* (*2a*), **~o** *n* (*1*) Tomate *f*; **~ový** Tomaten-.
tomu dem, diesem (*D*), dazu; *s.* ten, to.
tón *m* (*2a*) Ton *m*.
tonáž *f* (*3*) Tonnage *f*.
tónina *f* (*1*) Tonart *f*.
tonout ⟨*u-, v-, za-*⟩ untergehen, sinken; dem Ertrinken nahe sein, *pf.* ertrinken; *fig.* versinken, schwimmen.
tón|ovat (*impf.*) ⟨*z-*⟩ (*-nuji*) *v/t* tönen, tonen; **~ový** Ton-.
tonzura [-zu:-] *f* (*1d*) Tonsur *f*.
topas, topaz *m* (*2*; *6. -u/-e*) Topas *m*.
topen|ář *m* (*3*) Heizungsmonteur *m*; **~í** *n* (*3*) Heizung *f*, Heizen *n*; **~iště** (*2a*) Heizraum *m*.
top|ič *m* (*3*) Heizer *m*; **~inka** *f* (*1c*; *-nek*) Toast *m*; **~írna** *f* (*1*; *-ren*) Heizanlage *f*; **~it**[1] ⟨*za-*⟩ heizen.
topit[2] ⟨*po-, u-*⟩ ertränken; *Tiere* ersäufen; **~** se (*impf.* fast) ertrinken; *F fig.* schwimmen (in *D*).
topi|vo *n* (*1*) Brennstoff *m*, Heizmaterial *n*; **~vost** *f* (*4*) Heizkraft *f*.
ťopka *f* (*1c*; *-pek*) Truthenne *f*, Pute *f*.
topný Heiz-.
topol *m* (*2*; *6. -e/-u*) Pappel *f*.
topor *m* (*2a*) (Axt-)Stiel *m*; † *s.* sekera; **~ný** steif, unbeholfen.
topůr|ek *m* (*2b*; *-rk-*), **~ko** *n* (*1b*; *-rek*) (Beil-, Hacken-)Stiel *m*.
tor|ba *f* (*1*; *-reb*) (Jagd-)Tasche *f*; *Zo.* Backentasche *f*; *a.* **~** *f* (*1*; *-ren*) Tornister *m*; Rucksack *m*, Ranzen *m*.
tornádo *n* (*1*; *6. -u*) Tornado *m*.
torpédo *n* (*1*; *6. -u/-é*) Torpedo *m*; **~borec** *m* (*4*; *-rc-*) (Torpedoboot-)Zerstörer *m*; **~vat** *pf.* (*-duji*) torpedieren; **~vka** *f* (*1c*; *-vek*) Torpedoboot *n*; **~vý** Torpedo-.
toť das; das ist.
totali|tní totalitär; **~zátor** *m* (*1*; *-ři*) Totalisator *m*; Fußballtoto *n*; sázka u **~**a Toto(wette *f*) *n*.
totální total.
to|též dasselbe; **~tiž** nämlich; **~to** dieses. [identisch.]
totož|nost *f* (*4*) Identität *f*; **~ný**
touha *f* (*1b*; *tuh*) Sehnsucht *f* (po čem, kom nach *D*).
toul *m* (*2*; *6. -u/-e*) Köcher *m*.
toul|at se ⟨*po-, roz-*⟩ umherwandern, (herum)ziehen; streifen; **~avost** *f* (*4*) Wandertrieb *m*; **~avý** Wander-; *hist.* fahrend; **~ka** *f* (*1c*; *-lek*), *dim.* **~ačka** *f* (*1c*; *-ček*) Wanderung *f*, F Vagabundieren *n*, Bummeln *n*.
touš *m* (*4*) 1. As *n*; † Daus *m*; 2. *Sp.* Scheibe *f*.
touž|ebnost *f* (*4*) Sehnsucht *f*; **~ebný** sehnsüchtig, *poet.* sehnend; **~ení** *n* (*3*) Sehnsucht *f*, *poet.* Sehnen *n*; **~ený** ersehnt; **~it** ⟨*za-*⟩ sich sehnen (po čem nach *D*).
tovar *m* (*2a*) Erzeugnis *n*, Fertigware *f*.
továr|enský Fabrik(s)-; **~na** *f* (*1*; *-ren*) Fabrik *f*; **~ní** Fabrik(s)-; **~ník** *m* (*1a*) Fabrikant *m*.
tovaryš *m* (*3*) Geselle *m*, Handwerksbursch(e) *m*; **~it** als Geselle arbeiten; **~ský** Gesellen-.

tož so, also.
trabl F m (4) Schwierigkeit f.
tračník m (2b) Anat. Grimmdarm m.
tradi|ce [-dɪ-] f (2a) Tradition f; ~ční traditionell.
trafik|a f (1c) Tabakkiosk m, öst. Trafik f; ~ant m (1) Tabak(waren-)händler m.
trag|édie f (2) Tragödie f; ~ický tragisch; ~ičnost f (4) Tragische n; ~ik m (1; -ové) Tragödiendichter m; ~ika f (1c) Tragik f; ~ikomický tragikomisch.
trakař m (4) Schubkarren m.
traktát m (2; 6. -u/-ě) Traktat m.
traktor m (2a) Traktor m, ~ista m (5a), ~istka f (1c; -tek) Traktorist m, Traktoristin f; ~ový Traktoren-.
trám m (2; 6. -u/-ě), ~ec m (4; -mc-), ~ek m (2b; -mk-) Balken m; ~oví n (3) Gebälk n; ~ový Balken-.
tramp|ota f (1) Qual f, Plage f; ~otný mühsam, qualvoll; ~ovat ⟨za- si⟩ (-puji) trampen.
tramvaj f (3) Straßenbahn f, öst. Tram(bahn) f; ~ák F m (1a), ~ačka F f (1c; -ček) Straßenbahnschaffner m, -schaffnerin f, F Straßenbahner m, -bahnerin f; ~enka F f (1c; -nek) Straßenbahnfahrschein m; ~ový Straßenbahn-.
trans|ferovat (im)pf. (-ruji) transferieren; ~**formátor** m (2a) Transformator m; ~**fúze** f (2) Transfusion f; ~**parent** m (2a) Transparent n, Spruchband n.
transport m (2; 6. -u/-ě) Transport m, Beförderung f; Verkehr m; ~ér m (2a) Förderer m; Förderband n; Mil. Truppentransporter m, Mannschaftswagen m; ~ní Transport-, Beförderungs-.
tranzistor F m (2a), ~ák F m (2b) Transistor(radio n) m.
tranzitní Transit-.
trápení n (3) Qual f; ~ zvířat Tierquälerei f.
trapič m (3) Quäler m, F Quälgeist m.
trapista m (5a) Trappist m.
trápit ⟨na-, po-⟩ quälen, plagen.
trap|livý, ~**ný** peinlich.
tras|a f (1a) Trasse f; Route f, Reiseweg m; ~**ovat** ⟨vy-⟩ (-suji) Wechsel ausstellen.
trať f (4c; -ti/-tě) Strecke f; Sp. Bahn f; † a. Flur f.
tratit ⟨z-⟩ (-cen) verlieren.

trativod m (2a) Entwässerungsgraben m; Agr. Drängraben m.
traťmistr m (1; -ři) Bahn-, Streckenmeister m.
tratoliště n (2a) Lache f.
traťový Strecken-; hist. Flur-.
tráva f (1; trav) Gras n.
trávení n (3) Verdauung f; Vergiftung f.
traverza f (1a) Traverse f; ocelová ~ Stahlträger m.
travič m (3), ~**ka** f (1c; -ček) Giftmischer(in f) m; ~**ský** Gift-; ~**ství** n (3) Giftmord m.
travina f (1) lit. Gras n.
trávit ⟨pro-, s-⟩ verdauen; Zeit verbringen; ⟨o-⟩ vergiften.
trav|natý grasbewachsen; Gras-, Rasen-; ~**ní**, **trávní** Gras-.
tráv|ník m (2b) Rasen m; Anger m; ~**ově**: ~ **zelený** grasgrün; ~**ový** Gras-.
trč|et ⟨vy-⟩ emporragen; Schlüssel: stecken; ~**it** ⟨vy-⟩ Turn. stoßen.
trdl|ice f (2a) Flachsbreche f; ~**o** n (1a; -del) P fig. Tölpel m; ~**ovat** ⟨za- si⟩ (-luji) Flachs brechen; P tanzen; ~**se** herumtappen.
tré (G) drei.
tref|a F f (1) Treffer m; ~**it** ⟨na-⟩ treffen; ~**ný** treffend.
trém|a F f (1) Angst f, Lampenfieber n; ~**ovat** ⟨z-⟩ (-muji) einschüchtern.
trén m (2a) Mil. Train m, Troß m.
trenér m (1; -ři) Trainer m; Turnlehrer m.
trén|ink m (2b), ~**ování** n (3) Training n; ~**ovat** ⟨na-, za-⟩ (-nuji) trainieren.
trenýrky f/pl. (1; -rek) Turnhose f.
treperenda P f (1) geschwätzige Frau f, Klatschbase f.
trepka f (1c; -pek) Hausschuh m, Pantoffel m.
tres|čí Dorsch-; ~**ka** f (1c; -sek) Dorsch m, Kabeljau m; **sušená ~** Stockfisch m.
trest m (2) Strafe f; **bez ~u** ungestraft; jur. ungeahndet; **pod ~em bei Strafe**; **z ~u** strafweise; **za ~** zur Strafe; **na svobodě** Freiheitsstrafe.
tresť f (4d; -ti) Essenz f, Extrakt m; fig. Wesentliche(s).
trest|anec m (3; -nc-), ~**ankyně** f (2b) Sträfling m; ~**aný** gestraft; vorbestraft; ~**at** ⟨po-⟩ (be)strafen (**pro co** wegen G; **za co** für A; **čím**

trestní

mit *D*); ⟨co⟩ ahnden (*A*); ~**ní** Straf-; ~**nice** *f* (2a) Strafanstalt *f*; ~**uhodný** sträflich; *Jur.* strafbar, -würdig.

tret|a *f* (1), *dim.* ~**ka** *f* (1c; -*tek*) Kleinigkeit *f*; Tand *m*.

tret|er *m* (2a; -*tr*-), ~**ra** *f* (1d; -*ter*) Renn-, Laufschuh *m*, Spike *m*.

trh *m* (2b) Markt *m*; *Sp.* Reißen *n*; ~**ací** Reiß-; Spreng-; ~**ač** *m* (3), ~**áček** *m* (1a; -*čk*-) Pflücker *m*; ~**ačka** *f* (1c; -*ček*) Pflückerin *f*; Reißwolf *m*; F Abreißblock *m*; ~**ák** *m* (2b) Reißzahn *m*; F *Sp.* Spurt *m*; *Thea. fig.* Reißer *m*; ~**an** *m* (1) Haderlump *m*; ~**anec** *m* (4; -*nc*-) *Kochk.* Schmarren *m*; ~**ání** *n* (2) Reißen *n*, Pflücken *n*; Sprengung *f*; ~**aný** abgerissen, gepflückt; ~*ná rýže* Bruchreis *m*.

trhat ⟨*na*-, *vy*-, *za*-⟩ reißen; *Huhn* rupfen; *Obst* pflücken; *Unkraut* jäten; *Felsen* sprengen; ⟨*čím*⟩ zerren (an *D*); *mit dem Kopf* zucken; ~ se reißen (v/i); platzen, explodieren; F (o co) sich reißen (um *A*).

trhav|ina *f* (1) Sprengstoff *m*; ~**ý** reißend, zuckend, ruckartig; Spreng-.

trhl|ina *f* (1) Riß *m*, Spalte *f*, Sprung *m*; *Mar.* Leck *n*; ~**inatý** rissig; leck; ~**ý** F verrückt.

trhnout *pf.*, *na*-, *pro*-, *vy*- ⟨-*hl*/-*hnul*, -*žen*⟩ ⟨*čím*, *za co*⟩ reißen (an *D*); ⟨co *při čem*⟩ F profitieren (von *D*); ~ *sebou* zusammenfahren, -zucken; ~ se reißen (v/i); sich trennen.

trhov|ec *m* (3; -*vc*-) Marktverkäufer *m*; ~**kyně** *f* (2b) Marktfrau *f*; ~**ý** Kauf-.

tribun|a *f* (1) Tribüne *f*; ~**ál** *m* (2; 6. -*u*/-*e*) Gericht(shof *m*) *n*.

tričko *n* (1b; -*ček*) Trikot(leibchen) *n*.

trich|ína *f* (1) Trichine *f*; ~**inózní** trichinös.

trik *m* (2b) Trick *m*.

triko *n* (1b), ~**t** *m* (2a) Trikot *n*.

trikový Trick-.

trilión *m* (2a) Trillion *f*.

triumf *m* (2a) Triumph *m*; ~**ální** triumphal; ~**ofat** (*im*)*pf.* ⟨*za*-⟩ ⟨-*fuji*⟩ triumphieren.

trk|ač *m* (4) *Tech.* Stoßheber *m*; ~**at** ⟨*po*-, *za*-⟩, ~**nout** *pf.* ⟨-*kl*; -*knut*⟩ *mit den Hörnern* stoßen; ~**nutý** F verrückt.

trlice *f* (2a) Flachsbreche *f*.

trmácet ⟨*na*-, (*z*)*u*-⟩ (3 *Pl. -eji*) strapazieren; ~ se sich abmühen, sich (ab)plagen.

trn *m* (2a) Dorn *m*; ~**í** *n* (3) Dorngebüsch *n*, *koll.* Dornen *pl.*; ~**itý** dornig, Dornen-; dornenvoll; ~**ka** *f* (1c; -*nek*) Schlehe *f*, Schlehdorn *m*; ~**ový** Schleh(en)-.

trnout ⟨*o*-, *s*-, *za*-⟩ erstarren, (er-)schaudern, zittern.

trnový Dornen-.

trnož *m* (4) Tisch-, Fußgestell *n*.

trofej *f* (3) Trophäe *f*.

trocha *f* (1b) ein bißchen, ein wenig.

trochej *m* (4) Trochäus *m*; ~**ský** trochäisch.

troch|et *m* (2a; -*cht*-), ~**u** *Adv.* ein bißchen, ein wenig.

troj|- *in Zssgn* drei-, Drei-; *s. a.* **tří-**, ~**ák** *m* (2b) *Jagdw.* Drilling *m*; ~**boj** *m* (4) Dreikampf *m*; ~**boký** dreiseitig; ~**čata** *n/pl.* (2) Drillinge *m/pl.*; ~**četný** dreiblättrig; ~**čít** toll sein; ~**členka** *f* (1c; -*nek*) *Math.* Regeldetri *f*; ~**dílný** dreiteilig.

troje (*Num. für Pluralwörter*) drei.

troj|hláska *f* (1c; -*sek*) Triphthong *m*; ~**hlasý** dreistimmig; ~**hlavý** dreiköpfig; ~**honný**: -*né hospodářství Agr.* Dreifelderwirtschaft *f*; ~**hran** *m* (2a) Dreikant *m*; ~**hvězdí** *n* (3) Dreigestirn *n*.

trojí dreierlei.

troji|ce *f* (2a) Dreiergruppe *f*; Drei(zahl) *f*; *Rel.* Dreieinigkeit *f*; ~**tý** dreifach, Drei-, Tripel-.

troj|jazyčný dreisprachig; ~**jediný** *Rel.* dreieinig; ~**ka** *f* (1c; -*jek*) Drei *f*; Dreigespann *n*; ~**kolka** *f* (1c; -*lek*) Dreirad *n*; ~**listý** dreiblättrig; ~**místný** dreistellig; ~**mo** *Adv.* dreifach, in dreifacher Ausfertigung; ~**moc** *f* (4) *Math.* dritte Potenz *f*, Kubus *m*; ~**mocný** *Chem.* dreiwertig; ~**násob** *Adv.*, ~**násobný** dreifach; ~**nožka** *f* (1c; -*žek*) Dreifuß *m*; ~**osý** dreiachsig; ~**rozměrný** dreidimensional, Raum-; ~**skok** *m* (2b) Dreisprung *m*.

trojský trojanisch.

troj|slabičný dreisilbig; ~**spolek** *m* (2b; -*lk*-) Pol. Dreibund *m*; ~**spřeží** *n* (3) Dreigespann *n*; ~**stěžník** *m* (2b) Dreimaster *m*; ~**třídní** dreiklassig; ~**úhelník** *m* (2b) Dreieck *n*; ~**úhlý** dreieckig; ~**zub** *m* (2a), ~**zubec** *m* (4; -*bc*-) Dreizack *m*; ~**zvuk** *m* (2b) Dreiklang *m*.

trolej|bus *m* (2; 6. -*u*/-*e*) Obus *m*, Trolleybus *m*; **~ový** -*vá tyč* Stromabnehmer *m*.
trolit ‹roz-, u-› (zer)bröckeln.
tromb|ón *m* (2a) Posaune *f*; **~onista** [-ni-] *m* (5a) Posaunist *m*.
tropický tropisch, Tropen-.
tropit ‹na-› Unsinn treiben; ~ si z k-o smích sich über j-n lustig machen.
tropy *f*/*pl*. (1) Tropen(länder) *pl*.
tros|ečnický schiffbrüchig; **~ečník** *m* (1a) Schiffbrüchige(r); **~ka** *f* (1c; -*sek*) Ruine *f*, Trümmer *pl*.; **-ky** *pl*. *Mar.* Wrack *n*; *hist.* Ruine *f*.
trošk|ek, -(**ič**)**ku**, **~inku**, **~ka** ein (klein) wenig, ein bißchen, etwas; *s. trochu*.
troub|a *f* (1; *trub*) Röhre *f*, Rohr *n*; F *a*. Dummkopf *m*; † *a*. Trompete *f*; *hlásná* ~ Sprachrohr; **~el** *m* (4) *od*. (3) Pfeifenrohr *n*; **~it** ‹od-, po-, za-› *Mus*. blasen; *Kfz*. hupen; P *a*. gaffen.
troud *m* (2a) Zunder *m*.
trouf|alost *f* (4) Kühnheit *f*; **~alý** kühn, gewagt; **~at**, **~nout** *pf*. si ‹za-› (-*fl*) sich (ge)trauen, wagen.
trouch *m* (2b) Moder *m*; **~nivět** ‹z-› (3 *Pl*. -*ějí*) modern, verwesen; **~nivý** modern(d); (*Holz*) morsch.
troup P *m* (1) Tölpel *m*, Trottel *m*; **~ský** tölpelhaft, albern.
trousit ‹na-, roz-, vy-, za-› (-*šen*) (ver)streuen; ~ se F *Menschen*: schlendern; langsam (nacheinander) kommen *od*. gehen.
trpasl|ičí Zwerg-; **~ík** *m* (1a), **~ice** *f* (2a) Zwerg(in *f*) *m*.
trpce *Adv*. bitter.
trpěli|vost *f* (4) Geduld *f*; **~vý** geduldig.
trp|ěný geduldet, **~ět** ‹s-, u-, vy-› (*čím*) leiden (an, unter *A*); dulden, ertragen (*A*); (*k-u co*) erlauben (j-m *A*); ~ *hlad*, *nouzi*, *škodu* Hunger, Not, Schaden leiden; **~ící** leidend, leidvoll.
trp|knout ‹z-› (-*kl*/-*knul*) bitter werden; **~kost** *f* (4) Herbheit *f*, Bitterkeit *f*; **~ký** (*Komp*. -*čí*; *Adv*. -*ce*, *Komp*. -*čeji*) herb, bitter; **~nost** *f* (4) Passivität *f*; **~ný** passiv; ~ *rod Gr*. Passivum *n*, Leideform *f*.
trs *m* (2a) Staude *f*, (*Blumen*-, *Reb*-) Stock *m*.
trs|ací *Mus*. Zupf-; **~at** ‹za-› zup-

fen; **~átko** *n* (1b; -*tek*) *Mus*. Spielblättchen *n*, Plektron *n*.
trubač *m* (3) Hornist *m*, Trompeter *m*.
trub|čí Drohnen-; **~ec** *m* (3; -*bc*-) Drohne *f*.
trubi|ce *f* (2a) Rohr *n*, Röhre *f*; **~čka** *f* (1c; -*ček*) Röhrchen *n*; *Kochk*. Rolle *f*.
trubka *f* (1c; -*bek*) Rohr *n*; Trompete *f*; *Kfz*. Hupe *f*; *poštovská ~* Posthorn *n*.
truc P *m* (4) Trotz *m*; *na ~*, *z ~u* zum Trotz; **~ovat** ‹za-› (-*cuji*) trotzen; **~ovitý** trotzig.
trud[1] *m* (2a) Kummer *m*; Mühe *f*; **~**[2] *m* (2a) Finne *f*, Mitesser *m*, F Pickel *m*; **~it** ‹z-, za-› betrüben; ~ *se* (*čím*) sich abmühen (mit *D*); (*pro co*) sich grämen, F sich ärgern (über *A*).
trudnomysl|nost *f* (4) Schwermut *f*, Trübsinn *m*; **~ný** schwermütig, trübsinnig.
trudný mühselig, *Arbeit*, *Los*: hart; *Gedanken*: traurig.
trudov|atý *s*. *trudovitý*; **~ina** *f* (1) Finnenausschlag *m*, *Med*. *a*. Akne *f*; **~itý** voller Mitesser *od*. Finnen, F pick(e)lig.
truhl|a *f* (1a; -*hel*) Truhe *f*; **~árna** *f* (1; -*ren*) Tischlerwerkstatt *f*; **~ář** *m* (3) Tischler *m*, Schreiner *m*; **~ařit** tischlern, das Tischlerhandwerk treiben; **~ářství** *n* (3) Tischlerei *f*, Schreinerei *f*; **~ice** *f* (2a) (kleine) Truhe *f*, Lade *f*; **~ík** *m* (2b) Kasten *m*; Schublade *f*.
truchl|ení *n* (3) Trauern *n*; **~ící** trauernd, leidtragend; **~it** ‹za-› (*nad čím*; *pro co*) trauern (um *A*), traurig sein (über *A*; wegen *G*); **~ivý** traurig, *lit*. betrübt; **~ohra** *f* (1d; -*her*) Trauerspiel *n*.
trulant P *m* (1) Tölpel *m*, Trottel *m*.
trumf *m* (2a) Trumpf *m*, **~nout si** *pf*. (-*fl*/-*fnul*; -*fnut*), **~ovat** ‹vy-› (-*fuji*) auftrumpfen.
trumpet|a *f* (1) 1. Trompete *f*; 2. P Trottel *m*; **~ista** [-ti-] *m* (5a) Trompeter *m*.
trůn *m* (2; 6. -*u*/-*ě*) Thron *m*, **~it** ‹za-› thronen; **~ní** Thron-.
trup *m* (2a) Rumpf *m*; **~el** *m* (4 *od*. 2a; -*pl*-) Klumpen *m*; **~elnatý** verdorrt, sperr.
trus *m* (2a) Mist *m*, Exkremente *n*/*pl*.; *Jagdw*. Losung *f*.

trv|ací *Gr.* durativ; ~alka *f* (1c; -lek) Staude *f*, Dauerblume *f*; ~alost *f* (4) Beständigkeit *f*; ~alý dauerhaft, dauernd, ständig; Dauer-; anhaltend; nachhaltig; *na -lo* auf die Dauer; *Su.* -lá F *s.* ondulace.

trvanlivý dauerhaft, haltbar.

trvat ⟨pro-, pře-, vy-⟩ dauern, anhalten; (*na čem*) bestehen (auf *D*), verbleiben (bei *D*).

trychtýř *m* (4) Trichter *m*; ~ovitý trichterförmig.

tryl|ek *m* (2b; -lk-) Triller *m*; ~kovat ⟨za-⟩ (-*kuji*) trillern.

trysk *m* (2b) Galopp *m*; Strahl *m*; ~em im Galopp; ~a *f* (1c; -sek) Düse *f*; ~áč F *m* (4) Düsenflugzeug *n*; ~at ⟨vy-⟩, ~nout *pf.* (-*kl*) quellen, sprudeln, hervorschießen; ~ový Düsen-.

trýzeň *f* (3; -zně) Qual *f*, Pein *f*.

tryzna *f* (1; -zen) Begräbnisfeier *f*.

trýzn|it ⟨u-, z-⟩ quälen, peinigen; ~itel *m* (3; -é) Peiniger *m*; ~ivý quälend, peinlich.

trž|ba *f* (1; -žeb) Erlös *m*; ~ební Handels-, Markt-; ~iště *n* (2a) Marktplatz *m*; Absatzgebiet *n*; ~it ⟨s-, u-⟩ einnehmen; *fig.* ernten; ~né *n* (*Adj.* 3) Marktgebühr *f*; ~ní Markt-, Kauf-, ~nice *f* (2a) Markthalle *f*; ~ný Riß-.

třapec *m* (4; -pc-) Quaste *f*.

tras † *m s.* třes.

třáseň *f* (3; -sně) Franse *f*.

třask *m* (2b) Knall *m*, ~! *Int.* bumm!; ~at *s.* třeskat; ~avina *f* (1) Sprengstoff *m*; ~avost *f* (4) Brisanz *f*; ~avý Knall-, Spreng-, explosiv.

třaslavý zitternd, zittrig.

třást ⟨o-, roze-, vy-, za-⟩ (*třesu, třásl; třesen*) rütteln (*čím an D*); ~ se zittern, beben (*zimou* vor Kälte).

třeba¹ nötig, notwendig; *je ~* man muß.

třeba², ~s, ~že obwohl, wenn auch; vielleicht; meinetwegen.

třecí Reib-; *El.* Reibungs-; Frottee-; *Zo.* Laich-.

třech, třem *s.* tři.

třemen *m* (2a) Steigbügel *m*.

třemi *s.* tři.

třeň *m* (4a) Stiel *m*; Strunk *m*.

třenák *m* (2b) Mahl-, Backenzahn *m*.

třen|í *n* (3) Reiben *n*; Flachsbrechen *n*; *Zo.* Laichen *n*; ~ice *f* (2a) Reiben *n*; Eistreiben *n*; ~ovec *m* (4; -vc-) Backenzahn *m*, Mahlzahn *m*; ~ovní Backen-; ~ý gerieben; gerührt; *Gr.* Reibe-.

třep|ačka *f* (1c; -ček) Klappe *f*; ~at ⟨o-, roz-, za-⟩ (-*u*/-*ám*) (*čím*) rütteln, schütteln (*A*); *mit den Flügeln* schlagen; ~ se (*zimou*) zittern (vor Kälte); ~etat *s.* třepat; ~it ⟨roz-, vy-⟩ fasern, zupfen; ~ se sich ausfransen.

třes *m* (2a) Zittern *n*; ~avka *f* (1c; -vek) Schüttelfrost *m*; Zittern *n*; ~avý zitternd, bebend; ~ení *n* (3) Zittern *n*, Beben *n*.

třesk *m* (2b) Knall *m*, Krachen *n*; Rasseln *n*; *Int.* krach!; ~y plesky leeres Gerede, F papperlapapp; ~at knallen, krachen; ~ot *m* (2a) *s.* třesk; ~utý eisenhart.

třeslice *f* (2a) Zittergras *n*.

třeš|eň *f* (3; -šně) Kirschbaum *m*; ~ně *f* (2b; -í) Kirsche *f*; ~ňovka *f* (1c; -vek) Kirschgarten *m*; Kirschwasser *n*, -likör *m*.

třešt|idlo *n* (1a; -del), ~il *m* (1; -ové) F Rappelkopf *m*, Spinner *m*; ~it ⟨za-⟩ verrückt sein, F spinnen; ~ivý verrückt.

třetí dritte(r); ~ největší drittgrößte(r); *půl ~* halb drei; *na ~ Math.* zum Kubus; *po ~* zum drittenmal; *za ~* drittens.

třeti|ce: *do ~* zum drittenmal; ~hory *f*/*pl.* (1) Tertiär *n*; ~na *f* (1) Drittel *n*.

třezalka *f* (1c; -lek) Johanniskraut *n*.

tři drei; ~ čtvrti *na ~* dreiviertel drei; *po třech* je drei; drei und drei.

tří- *in Zssgn* drei-; *s. a.* troj-; ~aktovka *f* (1c; -vek) Dreiakter *m*; ~barevný dreifarbig; ~barvotisk *m* (2b) Dreifarbendruck *m*.

tříbit ⟨pro-, vy-⟩ reinigen, läutern; *Öl* raffinieren.

tří|cateý dreißigfach, dreißigerlei; ~cátník *f m* (1a) Dreißiger *m*; ~cátý dreißigste(r); ~cet dreißig; ~cetiletý dreißigjährig; ~cetina *f* (1) Dreißigstel *n*; ~cetkrát dreißigmal; ~cítka *f* (1c; -tek) Dreißig *f*.

tří|čárkovaný *Mus.* dreigestrichen; ~čtvrteční Dreiviertel-; *Ärmel:* dreiviertellang; ~čtvrtinový *Pol.* Dreiviertel-.

třída *f* (1) Klasse *f*; (*Großstadt*-)Straße *f*.

třídenní dreitägig.

třídič m 1. (3) Sortierer m; 2. (4) Sortiermaschine f.
třídílný dreiteilig.
tříd|it ⟨pro-, roz-, vy-, za-⟩ klassifizieren, in Klassen einteilen; *Ware, Briefe* sortieren; **~ní** 1. Klassen-; 2. m (*Adj.* 4) Klassenvorstand m, Klassenlehrer m; **~nice** f (2a) F Klassenbuch n; (*Post*) Sortierschrank m; **~nictví** n (3) Klassenleitung f.
tří|fázový Dreiphasen-; **~hodinový** dreistündig; **~kolka** f (1c; -*lek*) Dreirad n; **~králový** Dreikönigs-.
třikrát dreimal.
tříletý dreijährig.
třímat ⟨za-⟩ (fest)halten.
tří|měsíční dreimonatig; **~metrový** drei Meter lang; **~mílový** Dreimeilen-; **~místní** *Math.* dreistellig; **~motorový** dreimotorig.
třináct dreizehn; **~iletý** dreizehnjährig; **~ka** f (1c; -*tek*) Dreizehn f; **~ý** dreizehnte(r).
tří|nedělní dreiwöchig; **~nohý** dreibeinig; **~nožka** f (1c; -*žek*) Dreibein n; **~osý** dreiachsig; **~patrový** dreistöckig; **~proudový** dreispurig; **~rohý** Dreiecks-; **~klobouk** Dreispitz m; **~rychlostní** *Kfz.* mit drei Gängen.
třísel|natý gerbstoffhaltig; **~ní, ~ný** *Gerb-*; *Anat.* Leisten-.
třísk|a f (1c; -*sek*) Span m, Splitter m; **~at** ⟨po-, za-⟩, **~nout** *pf.* (-*kl*) schlagen; (*do č-o*) hineinschlagen (in A); ~ *čím o podlahu* zu Boden schmettern (A); ~ *dveřmi* die Tür zuschlagen, F mit der Tür knallen; **~ot** m (2a) Poltern n, Schlagen n.
tříslabičný dreisilbig.
třísl|an m (2a) gerbsaures Salz n; **~it** ⟨vy-⟩ gerben; **~o** n (1a; -*sel*) Gerberlohe f; *Anat.* Schamleiste f; **~ovina** f (1) Gerbstoff m, Tannin f; **~ový** Gerb-.
třísnit ⟨po-, za-⟩ beflecken, besudeln.
tří|staletý dreihundertjährig; **~stupňový** dreistufig; **~svazkový** dreibändig.
tříšť f (4c; -*tě*) Splitter m; Treibeis n.
tříš|tit ⟨roz-⟩ v/t zersplittern; se zersplittern (v/i); sich verzetteln; **~tivost** f (4) Sprengkraft f; **~ťka** f (1c; -*těk*) s. *tříska*.
třít ⟨o-, pro-, roze-, za-⟩ (třu, třel)

třen) reiben; streichen; *Flachs* brechen; F *Not* leiden; ~ *se sich* reiben; *Zo.* laichen.
třítýdenní dreiwöchig.
třmen m *s.* třemen.
třpyt m (2a) Schimmer m, Glanz m; **~it se** ⟨za-⟩ schimmern, funkeln, glitzern; **~ivý**, **~ný** schimmernd, funkelnd.
třtin|a f (1) Rohr n, Schilf n; *cukrová* ~ Zuckerrohr; **~ový** Rohr-.
tu da, hier; ~ *a tam* hie(r) und da.
tuba f (1) Tube f; *Mus.* Tuba f.
tuberkul|e f (2) Tuberkel(bazillus) m; **~óza** f (1a) Tuberkulose f, Tbc f; **~ózní** tuberkulös.
tuc|et m (2a; -*ct*-) Dutzend n; **~tový** Dutzend-.
tuč|ek m (2b; -*čk*-) Speckstein m; **~ňák** m (1a) Pinguin m; **~nět** ⟨z-⟩ (3 *Pl. -ějí*) fett werden; **~nolistý** dickblättrig; Korpulenz f; **~ný** fett.
tudíž daher, deshalb; folglich.
tudy(hle) hier durch, da, auf diesem Weg.
tuha f (1b) Graphit m.
tuhle da, hier; (da) unlängst; F *a.* diese (A).
tuh|nout ⟨při-, z-⟩ (-*hl*) fest (*od.* steif) werden, erstarren; **~nutí** n (3) Steifwerden n, Erstarrung f; **~ost** f (4) Festigkeit f, Zähigkeit f.
tuhý (*Komp.* -*žší*; *Adv.* -*ho*/-*ze*, *Komp.* -*žeji*) fest, zäh, starr; *Frost, Winter*: hart.
tuhýk m (1a) *Zo.* Würger m, Neuntöter m.
tucha f (1b) *poet.* Ahnung f.
tuchnout ⟨z-⟩ dumpf (*od.* muffig) werden.
túje f (1) Thuja f, Lebensbaum m.
tuk m (2b) Fett n, Fettstoff m.
ťuk *Int.* tipp!, tapp!; **~at** ⟨po-, při-, za-⟩, **~nout** *pf.* (-*kl*) (leicht) klopfen, schlagen, tippen; ~ *si na co* anstoßen (*lit.* das Glas erheben) auf (A); **~nutý** angeschlagen, F angeheitert.
tukový Fett-, Talg-.
tul|ácký Landstreicher-, Vagabunden-; **~áctví** n (3) Landstreicherei f; **~ačit** herumstreifen; **~ák** m (1a) Landstreicher m, *verä.* Strolch m.
tulej f (3), *Dim.* **~ka** f (1c; -*jek*) Tülle f.
tule|ň m (3a; -*eně*) Seehund m, Robbe f; **~ní** Robben-,

tulipán m (2a) Tulpe f; *fig. verä.* Tölpel m.
tulit se ⟨při-, s-, v-⟩ (ke k-u) sich (an)schmiegen (an A).
tulpas P m (1) Trottel m.
tůň f (3), **~ně** f (2b; -i) tiefe Stelle, Tiefe f (im Fluß).
tuna f (1) Tonne f (Gewicht).
tuňák m (1a) Thunfisch m.
tunel m (2a) Tunnel m; **~ování** n (3) Tunnelbau m; Untertunnelung f; **~ovat** ⟨pod-, vy-⟩ (-luji) untertunneln.
Tunis|ko [-nɪs-] n (1b) Tunesien n; **2ký** tunesisch.
tup|ec m (3; -pc-) Dummkopf m; **~ět** ⟨z-⟩ (3 Pl. -ějí) stumpf werden; **~it** ⟨o-, z-⟩ stumpf machen; *fig.* schmähen, herabsetzen; **~ohlavý** stumpfsinnig; **~ohranný** stumpfkantig; **~ost** f (4) Stumpfheit f; Stumpfsinn m; **~oúhlý** stumpfwinklig; **~ý** stumpf; stumpfsinnig.
tur m (1; -ři) Auerochs m.
túra f (1d) Tour f, Partie f.
turban m (2; 6. -u/-ě) Turban m.
turbín|a f (1) Turbine f; **~ový** Turbinen-.
Tur|ecko n (1b) Türkei f; 2**ecký** türkisch; Türken-; 2**ečtina** f (1) türkische Sprache f, Türkisch(e) n; **~ek** m (1a; -rk-) Türke m; 2**ek** m (2b; -rk-) *dial.* Kürbis m; F *a.* türkischer Kaffee m.
turist|a m (5a), **~ka** f (1c; -tek) Tourist(in f) m; **~ický** [-tɪts-] touristisch, Touristen-, Reise-; **~ika** [-tɪka] f (1) Touristik f.
Turkyně f (2b) Türkin f.
turnaj m (1) Turnier n, Wettkampf m.
turné n (indekl.) Tournee f.
tuří Auerochsen-, Bison-.
tuřín m (2a) Kohlrübe f, Wruke f.
tuš[1] m (4) *Mus.* Tusch m.
tuš[2] f (3) Tusche f.
tuš|ení n (3) Ahnung f, Vermutung f; **~ím** *Adv.* glaube ich; **~it** ⟨po-, vy-⟩ ahnen, vermuten.
tušov|at ⟨vy-⟩ (-šuji) mit Tusche zeichnen; F *a.* vertuschen; **~ý** Tusch-.
tutlat ⟨u-, z-, za-⟩ verbergen, verhehlen.
tuto hier, an dieser Stelle; diese (f, A).
tuze *Adv.* fest; sehr, allzu sehr.
tuzem|ec m (3; -mc-) Inländer m, Einheimische(r); Eingeborene(r); **~sko** n (1b) Inland n; **~ský** inländisch, heimisch.
tuzér P m (2a) Trinkgeld n.
tužba f (1; -žeb) Sehnsucht f, Verlangen n.
tuž|it ⟨o-, při-, z-⟩ steif machen; stärken, abhärten; *Arch.* stemmen; **~ítko** n (1b; -tek) s. tužlík; **~ka** f (1c; -žek) Bleistift m; **~kový** Bleistift-; **~lík** m (2b) Stemmeisen n, Stemmmeißel m; **~ší** *Komp. v.* tuhý.
tvá s. *tvůj.*
tvar m (2a) Form f; *fig.* Gestalt f.
tvár|livost f (4) Formbarkeit f, Bildsamkeit f; **~livý** bildsam, formbar, knetbar; **~nice** f (2a) Formziegel m, Blockstein m.
tvaroh m (2b) Quark m, *dial.* Topfen m, Weißkäse m.
tvaroslov|í n (3) *Gr.* Formenlehre f; **~ný** morphologisch.
tvar|ovací *Tech.* Profil(ier)-; **~ování** n (3) Formgebung f, Gestaltung f; **~ovaný** profiliert, gerillt; **~ovat** ⟨vy-, z-⟩ (-ruji) gestalten, formen.
tvarůžek m (2b; -žk-) s. homolka.
tvář f (3) Wange f, Backe f; Gesicht n, *lit.* Antlitz n; *fig.* Gestalt f, Wesen n; Aussehen n; Miene f; **~í v ~** von Angesicht zu Angesicht, Aug(e) in Auge; **němá ~** stumme Kreatur.
tvářit ⟨vy-⟩ formen; **~ se** sich stellen, sich gebärden (+ *Adv.*); **~ se smutně** e-e traurige Miene machen; **~ se tajemně** geheimnisvoll tun; **~ se nemocným** sich krank stellen.
tvářnost f (4) Form f, Gestalt f, Aussehen n.
tvé, tvoje s. *tvůj.*
tvor m (1; -ové) Geschöpf n; **~ba** f (1; -reb) Schaffen n, Gestaltung f, Schöpfung f.
tvoř|ení n (3) Schaffen n; Bildung f; **~ící** bildend, schaffend; **~it** ⟨s-, vy-⟩ bilden, schaffen; **~ivost** f (4) Schaffen n; Schaffenskraft f; **~ivý** schöpferisch.
tvrd|it ⟨u-, z-, za-⟩ (-zen) härten; behaupten; **~nout** ⟨z-⟩ (-dl) hart werden; **~ohlavec** m (3; -vc-) Trotzkopf m, F Dickschädel m; **~ohlavost** f (4) Starrköpfigkeit f, Starrsinn m; **~ost** f (4) Härte f; **~ošíjnost** f (4) Hartnäckigkeit f; **~ošíjný** hartnäckig, zäh; störrisch, F stur.
tvrdý (*Komp.* -ší; *Adv.* -ě/-o) hart,

Hart-; *Schlaf*: tief; ~ *jako kámen* steinhart; *vařený na* -do hartgekocht; *slévání na* -do Hartguß *m*; *za* -*da* in hartem Zustand.
tvrz *f* (3) Festung *f*; Fort *n*; *fig.* Bollwerk *n*; ~**ení** *n* (3) Härten *n*; Behauptung *f*; ~**ený** Hart-; ~**iště** *n* (2a) Festungsanlage *f*; *hist.* befestigter Herrensitz *m*.
tvůj (tvá, tvé) dein(e).
tvůr|ce *m* (3), ~**kyně** *f* (2b) Schöpfer(in *f*) *m*; ~**čí** schöpferisch.
ty du.
tyč *f* (3) Stange *f*; *Sp*. Stab *m*; skok o ~*i* Stabhochsprung *m*; ~**inka** *f* (1c; -nek) Stäbchen *n*; Lippenstift *m*; *Bot.* Staubgefäß *n*; ~**it se** ⟨vy-⟩ emporragen, sich erheben; ~**ka** *f* (1c; -ček) Stange *f*; ~**kař** F *m* (3) Stabhochspringer *m*; ~**kový** Stab-; Latten-; ~**oví** *n* (3) Gestänge *n*.
týden *m* ⟨4; -dn-; *6.* -u/-i, *1.*, *7. Pl.* -y⟩ Woche *f*; *za* ~ in e-r Woche; ~**ík** *m* (2b) Wochenschrift *f*, -blatt *n*; (*Film*)Wochenschau *f*; ~**ní** wöchentlich, Wochen-.
týdně *Adv.* wöchentlich, P in der Woche.
tyf|(us) *m* (2a; -*fu*) Typhus *m*; ~**ový** Typhus-.
tygr *m* (1; -*ři*) Tiger *m*.
tygř|i Tiger-; ~**ice** *f* (2a) Tigerweibchen *n*, Tigerin *f*.
tykadlo *n* (1a; -del) Fühler *m*.
tyk|ání *n* (3) Duzen *n*; ~**at** (k-u) duzen (A).

týkat se (č-o) betreffen, an(be)langen (A).
tyk|ev *f* (3; -*kv*-) Kürbis *m*; ~**vice** *f* (2a) wilder Kürbis *m*; ~**vový** Kürbis-.
tyl *m* (2a) Tüll *m*.
týl *m* (2; *2.* -u/-a; *6.* -u/-e) Genick *n*, Nacken *m*; *Mil.* Hinterland *n*, † Etappe *f*; ~**ní** *Anat.* Hinterhaupts-; ~**ový** *Mil.* Rücken-, rückwärtig.
tým *m* (2a) Team *n*.
tymián *m* (2a) Thymian *m*.
tympán *m* (2a) *Mus.* (Kessel-)Pauke *f*.
týnský: ♀ *chrám* Teinkirche *f* (*in Prag*).
typ *m* (2a) Typ *m*; *Typ.* Type *f*; ~**ický** typisch; ~**ičnost** *f* (4) Typische *n*; ~**ograf** *m* (1; -*ové*) Buchdrucker *m*; *Typ.* Schweizerdegen *m*; ~**ový** Typen-.
tyran *m* (1) Tyrann *m*; ~**ie** *f* (2) Tyrannei *f*; ~**izovat** [-ni-] ⟨z-⟩ (-*zuji*) tyrannisieren; ~**ský** tyrannisch, Tyrannen-; ~**ství** *n* (3) *s.* tyranie.
týrat ⟨u-, z-⟩ quälen, mißhandeln; schikanieren.
tyrkys *m* (2a) Türkis *m*; ~**ový** türkisfarben *od.* -grün.
tyrol|áček F *m* (2b; -*čk*-) Tirolerhut *m*; ~**ský** Tiroler.
týt ⟨o-, z-⟩ (*tyji*, *tyl*) fett werden, Fett ansetzen; (z č-o) zehren (von D); (z k-o) ausnützen (A).
týž derselbe.

U

u *Prp.* (*mit 2. Fall*) bei (*D*); (*Gasthausschilder*) zu, zum, zur; ~ toho dabei; ~ č-o wobei; *kapsa* ~ *vesty* Westentasche *f*; ~ *vytržení* in Verzückung.

u- *in Zssgn* (*bei Su. mst* **ú-**) ab-, weg-, fort-, be-, er-.

ubednit *pf.* verschalen.

uběh|at: ~ se sich müde laufen; ~ si nohy sich die Füße wundlaufen *od.* F *fig.* ablaufen; **~nout** *pf.* (-hl) ent-, davonlaufen; *Zeit:* vergehen; *Strecke* zurücklegen; ~ se sich müde laufen.

úběl *m* (*2a od.* 4) Alabaster *m*; **~ový** Alabaster-.

ubezpeč|ení *n* (3) Zusicherung *f*, Versicherung *f*; **~it** *pf.*, **~ovat** (-čuji) versichern (k-o j-m; k-o čím, o čem j-n *G*); (čím) sich vergewissern (*G*).

úběžník *m* (*2b*) *Geom.* Fluchtpunkt *m*.

ubičovat *pf.* (-čuji) zu Tode peitschen.

ubí|hat *s.* uběhnout; **~jet** (*3 Pl. -ejí*) *s.* ubít.

ubikace *f* (2) Unterkunft *f*.

ubírat weg-, abnehmen; (k-u č-o) entziehen (j-m *A*); *fig.* schmälern, herabsetzen; ~ se (hin)ziehen, sich begeben.

ubít *pf.* (*s.* bít) erschlagen, (*a. fig.*) töten.

ublátit *pf.* (-cen) mit Kot beschmutzen.

ubl|ížit *pf.*, **~ižovat** (-žuji) (k-u) Schaden zufügen (*D*); Unrecht tun (*D*); mißhandeln (*A*); ~ na cti kränken (*A*).

úbočí *n* (3) Abhang *m*.

ubodat *pf.* erstechen.

ubo|host *f* (4) Ärmlichkeit *f*; **~hý** (*Komp.* -žejší; *Adv.* -ze, *Komp.* -žeji) arm; armselig; erbärmlich, elend.

úbor *m* (*2a*) Anzug *m*, Kleid *n*; *Bot.* Blütenkorb *m*.

ubož|ák *m* (*1a*), **~átko** F *n* (*1b*; -tek) Unglückliche(r), F armer Schlucker *od.* Teufel *m*.

ubránit *pf.* mit Erfolg verteidigen; ~ se č-o sich erwehren (*G*).

ubrat *pf.* (*s.* brát) *s.* ubírat.

ubrečený P verweint, verheult.

ubrou|sek *m* (*2b*; -sk-) Serviette *f*; **~sit** *pf.* (-šen) abschleifen.

ubrus *m* (*2*; 6. -e/-u) Tischtuch *n*.

ubrušovat (-šuji) *s.* ubrousit.

ubýt *pf.* (ubudu; *s.* být) (č-o) abnehmen, weniger werden.

úbyt|ě *f/pl.* (*2b*; -í) Schwindsucht *f*; **~ek** *m* (*2b*; -tk-) Abnahme *f*, Rückgang *m*; Schwund *m*; ~ na váze Gewichtsverlust *m*.

ubytov|ací Unterbringungs-; **~ání** *n* (3) Unterbringung *f*; *Mil.* Einquartierung *f*; **~at** *pf.* (-tuji) unterbringen; *Mil.* einquartieren; **~atel** *m* (3; -é) Quartiermacher *m*.

ubýv|ání *n* (3) Abnahme *f*, Rückgang *m*; **~at** *s.* ubýt.

ucel|ený abgerundet, *fig.* in sich geschlossen; **~it** *pf.* abrunden.

ucítit *pf.* empfinden, (ver)spüren.

ucourat *pf.* schmutzig machen; ~ se schmutzig werden.

ucp|at *pf.* (-u) verstopfen, zustopfen; abdichten; **~ávací** Dicht-; **~ávat** *s.* ucpat; **~ávka** *f* (*1c*; -vek) Dichtung *f*; Abdichtung *f*.

úcta *f* (*1*) Achtung *f*, Verehrung *f*, Hochachtung *f* (k č-u, ke k-u vor *D*); v dokonalé -tě hochachtungsvoll; v -tě oddaný sehr ergeben.

uct|ění *n* (3) Ehrung *f*; Bewirtung *f*; na -nou k-o zu Ehren von (*D*), j-m zu Ehren; **~í(va)t** (*pf.* -ěn) verehren; bewirten; **~ívání** *n* (3) Verehrung *f*, Kult *m*; **~ivost** *f* (*4*) Ehrerbietigkeit *f*, Ehrfurcht *f*; **~ivý** ehrerbietig, *fig.* verbindlich.

učarovat *pf.* (-ruji) bezaubern, verhexen.

účast *f* (*4*), **~enství** *n* (3) Teilnahme *f*, Beteiligung *f*; Anteilnahme *f*; za -ti unter Beteiligung; **~enský** Teilnehmer-; **~ník** *m* (*1a*), **~nice** *f* (*2a*) Teilnehmer(in *f*) *m*; *Hdl.* Teilhaber(in *f*) *m*; **~nit se** <z-> (č-o, *od.* při čem) teilnehmen, beteiligt

443 **úděs**

sein, teilhaben (an D); **~ný** (č-o) beteiligt (an D); teilnahmsvoll.

učebn|a f (1; -ben) Schulzimmer n; Lehrsaal m; **~í, ~ý** Lehr-; **~ice** f (2a) Lehrbuch n.

učedn|ice f (2a) Lehrmädchen n; **~ický** Lehr-; **~ík** m (1a) Lehrling m, F Lehrjunge m.

účel m (2a) Zweck m; za **~em** č-o zwecks (G); za tímto **~em** zu diesem Zweck.

učeli|vost f (4) Lernbegierde f; **~vý** gelehrig, lernbegierig.

účel|nost f (4) Zweckmäßigkeit f; **~ný** zweckmäßig; **~ový** Zweck-; Gr. Final-, Absichts-.

uče|ň m (3a; učně) Lehrling m, **~nec** m (3; -nc-) Gelehrte(r); **~ní** n (3) Lehre f, Unterricht m, Studium n; Schulsachen pl.; **~nlivý** s. učelivý; **~nost** f (4) Gelehrsamkeit f, Gelehrtheit f; **~ný** gelehrt.

učernit pf. (-ěn) schwarz machen, schwärzen.

účes m (2a) Frisur f.

učesat pf. (-šu/-sám) kämmen, frisieren.

účet m (2; -čt-; 6. -u/-ě) Rechnung f; **~ní** 1. Adj. Rechnungs-; 2. m (Adj. 4) Buchhalter m; Mil. Rechnungsführer m; **~nický** Buchhaltungs-; **~nictví** n (3) Buchhaltung f; Rechnungswesen n.

učiliště n (2a) Lehranstalt f.

účin m (2a) Wirkung f; **~ek** m (2b; -nk-) Auswirkung f, Nachwirkung f; Tat f; Jur. Wirkung f; bez -nku wirkungslos.

učin|ěný getan, begangen; leibhaftig, vollendet; **~it** pf. tun, machen; Anzeige erstatten; Antrag stellen; Maßnahme, Entscheidung treffen; Entschluß fassen; Frieden schließen; Verpflichtung eingehen; e-r Pflicht nachkommen; Schaden anrichten; Gewalt antun.

účin|kovat f/v (-kuji) (ein)wirken; Thea. mitwirken; sich auswirken n; **~livost** f (4) Wirksamkeit f; nabytí n Inkrafttreten n; se zpětnou **~** rückwirkend; **~livý** (rechts)wirksam.

účin|nost f (4) Wirksamkeit f; **~ný** wirksam; Wirkungs-.

učit (na-) (k-o č-u) lehren (j-n A); unterweisen (j-n in D); Hund abrichten; **~ se** (č-u) lernen (A).

učitel m (3; -é), **~ka** f (1c; -lek) Lehrer(in f) m; **~ování** n (3) Lehrtätigkeit f; **~ský** Lehr(er)-; **~ství** n (3) Lehramt n; **~stvo** n (1) Lehrkörper m.

uč|ivo n (1) Lehrstoff m; **~nice** f (2a) Lehrmädchen n; **~ňovský** Lehr-; Lehrlings-.

uč(m)oudit pf. (-zen) rußig machen, F verräuchern.

účt|árna f (1; -ren) Buchhaltung(sstelle) f; Mil. Rechnungskanzlei f; **~enka** f (1c; -nek) Rechnungsblatt n; **~ovací** Verrechnungs-; **~ování** n (3) Verrechnung f; Buchung f; **~ovat** (pro-, s-, za-) (-tuji) verrechnen; berechnen; buchen; (s kým) abrechnen (mit D); Pol. brechen (mit D).

úd m (2a) Glied n; **~y** pl. a. Gliedmaßen pl.

údaj m (4) Angabe f; **~ný** angeblich.

událost f (4) Ereignis n, Vorfall m; hotová **~** vollendete Tatsache f.

udání n (3) Angabe f; Jur. Anzeige f.

udat pf. angeben; Jur. anzeigen; Pol. denunzieren; Geld anbringen.

udát se pf. sich ereignen, geschehen.

udat|nost f (4) Tapferkeit f; **~ný** tapfer, wacker.

udavač, **udávač** m (3) Zuträger m, Denunziant m; **~ství** n (3) Zuträgerei f, Denunziantentum n, F Angeberei f.

udávat v. udat.

udáv|ení n (3) Ersticken n; **~it** pf. erwürgen; **~ se čím, na čem** ersticken an (D).

úděl m (2a) Anteil m, Teil m; Los n.

uděl|at pf. (fertig)machen; (k-u co) antun (j-m A); s. dělat; **~ení** n (3) Erteilung f, Verleihung f; **~it** pf. erteilen, verleihen, gewähren; Strafe verhängen.

údělný Teil-.

uděl|ovací Verleihungs-; **~at** (-luji) s. udělit.

úder m (2a) Schlag m; **~ka** f (1c; -rek) Kadergruppe f; **~nický** Aktivisten-; **~ník** m (1a) Aktivist m; 2. (2b) Schlagbolzen m (am Gewehr); **~ný** Stoß-; Mil. Sturm-.

uderřit pf. schlagen, stoßen; **~ čím o zem** zu Boden werfen (A); **~ do č-o** einschlagen in (A), **~ na k-o** losschlagen gegen, einschlagen auf (A); **~ se o co** sich stoßen an (D).

úděs m (2a) Bestürzung f, Entsetzen n.

uděsit *pf.* (-šen) erschrecken, erschaudern lassen.

udi|ce *f* (2a) Angel *f*; **~dlo** *n* (1a; -del) (Zaum-)Gebiß *n*, Mundstück *n*.

udílet (3 *Pl.* -ejí) *s.* udělit.

ud|írna *f* (1; -ren) Räucherkammer *f*; **~it** ⟨pro-⟩ (*uzen*) räuchern, *dial.* selchen.

údiv *m* (2a) Verwunderung *f*, Staunen *n*; Befremden *n*.

udiv|ený erstaunt, verwundert; **~it** *pf.*, **~ovat** (-*vuji*) in Staunen versetzen, verwundern.

údobí *f* (3) Zeitraum *m*, Periode *f*.

udobř|ená *f* (*Adj.* 2): *na -nou!* zur Versöhnung!; **~it** *pf.*, **~ovat** (-*řuji*) besänftigen, beruhigen; versöhnen (*s kým* mit *D*); -*řit se s kým* sich aussöhnen mit (*D*).

udol(áv)at überwältigen, überwinden.

údol|í *n* (3) Tal *n*; **~ní** Tal-.

udro|bit *pf.*, **~it** *pf.* abbröckeln.

údržb|a *f* (1; -žeb) Instandhaltung *f*, Wartung *f*; **~ářský** Instandhaltungs-, Reparatur-, Wartungs-.

udrž|ení *n* (?) Erhaltung *f*; **~et** *pf.* erhalten; ~ *se* sich halten; sich behaupten; *neudržet se smíchy* sich vor Lachen nicht halten können; **~ování** *n s.* udržení; **~ovat** (-*žuji*) *s.* udržet.

udř|ený abgearbeitet; **~ít** *pf.* (-u, -el): ~ *se* sich abplagen.

udu|p(áv)at (*pf.* -*u|*-*am*) Gras zertreten; *a.* = **~s(áv)at** *at Schnee, Boden* feststampfen, festtreten; **~sit** *pf.* (-*šen*) erwürgen, erdrosseln; *Feuer* ersticken; *Aufstand* niederschlagen; *Fleisch* dünsten; **~šení** *n* (3) Ersticken *n*; *fig.* Niederschlagung *f*, -werfung *f*; *smrt* **~m** Erstickungstod *m*; **~šovat** (-*šuji*) *s.* udusit.

udých|aný außer Atem; **~at se** *pf.* außer Atem kommen.

uhá|jit *pf.* behaupten, erfolgreich verteidigen; ~ *se* sich erwehren, sich behaupten; **~nět** F (3 *Pl.* -*ějí*) dahinjagen, sausen; *s.* uhnat.

uhas|ínat, ~nout *pf.* (-*sl*) erlöschen, ausgehen; **~it** *pf.* (-*šen*) löschen.

uhel *m* (4 *od.* 2a; -*hl*-) Kohle(stückchen *n*) *f*.

úhel *m* (2a; -*hl*-) Winkel *m*.

uhel|na *f* (1; -*len*) Kohlenschuppen *od.* -keller *m*; *Bgb.* Zeche *f*; **~natět** ⟨z-⟩ (3 *Pl.* -*ějí*) zu Kohle werden, verkohlen; **~natý** *Chem. s.* kysličník.

úhelnice *f* (2a) Winkelmaß *n*, -eisen *n*.

úhel|ník *m* (2b) Winkel *m*; *Arch.* Eckstein *m*; **~ný** Winkel-, Eck-.

uhelný Kohle(n)-.

uher *m* (1; -*hr*-; -*ři*) Mitesser *m*, Pickel *m*; *Zo.* Finne *f*.

Uher *m* (1; -*hr*-; -*ři|-rové*) *hist.* Ungar *m*; **~sko** *n* (1b) Ungarn *n*; **Qský** ungarisch, Ungarn-.

uhladit *pf.* (-*zen*) glätten, glatt streichen; *fig.* ausfeilen.

uhlák *m* (2b) Kohlenwagen *od.* -kasten *m*; *Med.* Karbunkel *m*.

úhlavní: ~ *nepřítel, protivník* Erz-, Todfeind *m*.

uhlaz|enost *f* (4) Glätte *f*; *fig.* Schliff *m*, Feinheit *f*; **~ený** glatt; *fig.* fein; **~ovat** (-*zuji*) *s.* uhladit.

úhled|nost *f* (4) angenehmes (*od.* anziehendes, hübsches) Aussehen *n od.* Äußere(s); **~ný** anziehend, hübsch, gefällig.

uhlí *n* (3) (*černé od. kamenné* Stein-, *hnědé* Braun-)Kohle *f*.

uhličit|an *m* (2a) Karbonat *n*; **~ý** Kohlen(säure)-. [sehen.]

uhlídat *pf.* behüten, bewachen;

uhlík *m* (2b) Kohlenstoff *m*; *El.* Kohle *f*; **~ový** Kohlen(stoff)-.

uhlíř *m* (3) Köhler *m*; Kohlenhändler *m*, -träger *m*; **~ství** *n* (3) Kohlenhandlung *f*; † Kohlenbrennerei *f*.

uhlodat *pf.* abnagen.

uhlohydrát *m* (2a) Kohlehydrat *n*.

úhlo|měr *m* (2a) Winkelmesser *m*; **~příčka** *f* (1c; -*ček*) Diagonale *f*; **~příčný** diagonal.

uhlo|vodík *m* (2a) Kohlenwasserstoff *m*; **~vý** Kohlen-.

úhlový Winkel-; *Phys.* Dreh-.

uhmataný abgegriffen.

uhnat *pf.* (*užený*) abhetzen; ~ *se* müde laufen, F sich abhetzen; ~ *si co* sich ert. zuziehen.

uhníst *pf.* (*s. hníst*) kneten.

uhní(va)t (*pf. s. hnít*) abfaulen.

uhn|ízdit *pf.*, **~izďovat** (-*ďuji*): ~ *se* sich einnisten.

uhnout *pf.* (-*u, -ul*) *v|i* abbiegen; ~ *se* ausweichen.

uhodit *pf.* (-*zen*) e-n Schlag versetzen (*D*), schlagen; treffen; ~ *na k-o* angreifen (*A*); F *ins Gebet nehmen*, sich vornehmen (*A*); ~ *se o co* sich stoßen an (*D*).

uhodnout pf. (-*dl*; -*dnut*) erraten.
úhona f (*1*) Schaden m, Makel m, Fehler m; *bez* -*ny* tadellos, makellos.
uhonit pf. s. *uhnat*.
úhor m (*2a*) Brachfeld n; *ležet* ~*em brach* liegen.
úhoř m (*3*) Aal m.
uhoř|elý abgebrannt; ~*et* pf. *Kerze*: niederbrennen; *Menschen, Tiere*: in den Flammen umkommen.
úhoří Aal-.
úhořit *Feld* brachliegen lassen; brachliegen. [schaften.}
uhospodařit pf. ersparen, erwirt-
uhostit pf. (-*štěn*) einquartieren; bewirten (*k-o* mit *D*).
úhoz m (*2a*), **uhození** n (*3*) Schlag m; *Mus.* Anschlag m.
úhrabky m|pl. (*2b*) Spreu f.
úhrada f (*1*) Vergütung f, Ersatz (-leistung f) m; Deckung f.
uhradit pf. (-*zen*) vergüten; *Kosten* decken.
uhran|čivý *Blick*: böse, behexend; ~*out* pf., ~*ovat* (-*nuji*) behexen.
úhrn m (*2a*) Ganze(s), Zusammenfassung f; Gesamtsumme f; ~*em* alles in allem, zusammen; ~*ný*, ~*ový* Gesamt-.
uhrovatý, ~*itý* voller Mitesser, pick(e)lig; *Fleisch*: finnig, mit Finnen durchsetzt.
Uhry f|pl. (*1*; -*her*) *hist.* Ungarn n.
uhryz|(áv)at pf. (-*zl*; -*znut*), **uhrýzt** pf. (*nur Pt.* -*zl*, -*yzen*) abnagen.
uhřát (-*hřeje*) ~*se* pf. sich erhitzen; ~*ý* erhitzt.
uhýbat s. *uhnout*.
uhynout pf. eingehen, umkommen.
ucháč m (*4*) Henkeltopf m; *Bot.* Speiselorchel f.
uchazeč m (*3*), ~*ka* f (*1c*; -*ček*) Bewerber(in f) m.
ucház|ející leidlich, annehmbar; ~*ení* n (*3*) Bewerbung f, Werbung f; Entweichen n; ~*et* (*3 Pl.* -*eji*) s. *ujít*; ~ *se* sich bewerben (*o co* um *A*); *um die Hand e-s Mädchens* anhalten.
uchlácholit pf. besänftigen, beschwichtigen.
ucho n (*1b*) Ohr n; Henkel m; Nadelöhr n; *verä.* Rekrut m; *s. uši.*
uchodit pf. (-*zen*) *Schuhe* abtreten; ~ *se* sich müde laufen.
uchop|ení n (*3*) Ergreifung f; ~*it se* pf. (*č-o*) ergreifen (*A*).

uchov|alý erhalten; ~*ání* n (*3*) Erhaltung f, Bewahrung f; ~*(áv)at* (*před čím, od č-o*) bewahren, behüten (*vor D*); ~ *se* sich erhalten.
uchozený vom Gehen müde; *Schuhe*: abgetragen.
uchr|ánit pf., ~*aňovat* (-*ňuji*) bewahren (*k-o* [od] *č-o* j-n vor *D*); ~ *se* (*č-o*) sich hüten (vor *D*).
uchvácen, ~*a*, ~*o* (*čím*) entzückt, hingerissen (von *D*); ~*í* n (*3*) Ergriffenheit f, Entzücken n; ~ *moci* Machtergreifung f.
uchv|acovat (-*cuji*) s. *uchvátit*; ~*átaný* außer Atem, atemlos; ~*átit* pf. (-*cen*) ergreifen; an sich reißen; *Tod, Krankheit*: j-n hinwegraffen; (*čím*) begeistern, entzücken (durch *A*); *dát se* ~ (*čím*) sich hinreißen lassen (von *D*); ~*atitel* m (*3*; -*é*) Usurpator m; ~ *trůnu* Thronräuber m.
úchvatný entzückend, hinreißend.
uchýl|ení n (*3*) Abweichung f; ~*it* pf. ablenken (*od č-o* von *D*); ~ *se* abweichen, abkommen (*od č-o* von *D*); ~ *se kam* (hin)bringen; ~ *se ke k-u* Zuflucht suchen bei (*D*); ~ *se do soukromí* sich ins Privatleben zurückziehen.
úchyl|ka f (*1c*; -*lek*) Abweichung f; Abschweifung f; ~*kář* m (*3*) *Pol.* Abweichler m, Sektierer m; ~*ný* abweichend, a(b)normal.
uchy|lovat (-*luji*) s. *uchýlit*; ~*st(áv)at* (zu)bereiten; *Werkzeug* bereitlegen; ~*tit* pf. (-*cen*) fassen; festhalten; ~ *se č-o* ergreifen (*A*); ~ *se kam* unterkommen, festen Fuß fassen (bei, in *D*).
ujařm|it pf., ~*ovat* (-*muji*) unterjochen, knechten.
ujas|nění n (*3*) Klarstellung f; ~*nit* pf., ~*ňovat* (-*ňuji*) klarmachen, klarstellen; ~ *si co* sich klarwerden (über *A*).
ujec † m (*3*; *ujc*-) Oheim m.
ujedn|ání n (*3*) Vereinbarung f, Übereinkunft f; ~*áno!* abgemacht!; ~*(áv)at* abmachen, verabreden; ~*ávka* f (*1c*; -*vek*) *Hdl.* Abschluß m.
ujet pf. (*s. jet; ujet*) davonfahren *od.* -reiten; *Weg* zurücklegen; wegrutschen; ausgleiten.
újezd m (*2*; *6.* -*u*|-*ě*) Hohlweg m; † Bezirk m, Sprengel m.
ujezdit pf. (-*žděn*; *jzdn*) befahren

ujídat

abfahren; ~ se vom vielen Fahren müde sein.
ujídat s. *ujíst.*
ujím|ání n (3) Entziehen n, Abnehmen n; Med. Kolik f; Tech. Verjüngung f; ~**at** s. *ujmout.*
ujíst pf. (s. *jíst*) wegessen; ~ se (*čím*) sich überessen (an D).
ujistit pf. (-*štěn*) versichern (k-o čím j-n G); beteuern (j-m A).
ujiš|tění, ~tování n (3) Versicherung f, Beteuerung f; ~**tovat** (-*tuji*) s. *ujistit.*
ujít pf. (*ujdu, ušel*) entgehen, entrinnen (D); *Weg* zurücklegen; *Zeit:* vergehen; *Gas:* ausströmen; *ujde to* es geht (so leidlich); ~ s. *uchodit se.*
ujíždět (3 Pl. -*ějí*) s. *ujet.*
újma f (1) Nachteil m, Schaden m; *na -mu* zum Nachteil, zum Schaden; *uložit si -mu* sich einschränken; *bez -my* ohne Beeinträchtigung; *o své -mě* eigenmächtig, auf eigene Faust.
ujmout pf. (s. *jmout*): ~ se (č-o, k-o) sich annehmen (G); *Amt, Macht* übernehmen; *Wort* ergreifen; *Pflanze:* Wurzeln schlagen; sich einbürgern; *Med. Impfung:* aufgehen.
ukájet (3 Pl. -*ejí*) s. *ukojit.*
ukamenovat pf. (-*nuji*) (zu Tode) steinigen.
ukanout pf. s. *ukápnout.*
ukap|ávat, ~ovat (-*puji*) tropfen, tropfenweise ausfließen.
ukápnout pf. (-*pl*) e-n Tropfen fallen lassen; P *fig.* abfallen.
úkaz m (2a) Erscheinung f, Zeichen n.
ukáz|ání n (3) Vorzeigen n; ~**at** pf. (-*žu*/-*ži*) zeigen; *Ausweis* vorzeigen; hinweisen (auf A); ~ se sich sehen lassen; ~ se čím sich erweisen als.
ukazatel m (4; -*e*/-*é*) Zeiger m; Wegweiser m; Sachregister n, Inhaltsverzeichnis n; Kennziffer f; ~ *směru* *Kfz.* Richtungsanzeiger m.
ukázk|a f (1c; -*zek*) Probe f, Muster n; ~**ový** Probe-.
ukázn|ěnost f (4) Disziplin f, Zucht f; ~**ěný** diszipliniert; ~**it** pf. in (strenge) Zucht nehmen.
ukazov|ací Zeige-, Gr. hinweisend, Demonstrativ-; ~**áček** m (2b; -*čk*-) Zeigefinger m; ~**atel** m s. *ukazatel;* ~**at** (-*zuji*) s. *ukázat;* ~**átko** n (1b; -*tek*) Zeigestab m.

úklad m (2a): ~y pl. Intrigen f/pl.; Nachstellungen f/pl., Anschlag m.
uklád|ací *Hdl.* Anlage-; ~**at** (o k-o) nachstellen (D); (*u k-o od. kam*) hinterlegen (bei D); *Geld* zurücklegen; *Hdl.* anlegen; *schriftlich* niederlegen; (k-u co) befehlen, auftragen (j-m A); beauftragen (j-m mit D); ~ se sich schlafen legen; *Geol.* sich ablagern; ~ *si* co sich auferlegen, sich zur Aufgabe machen (A).
ukladatel m (3; -*é*) Deponent m.
úklad|ník m (2b) heimtückischer Mensch m; ~**ný** heimtückisch, Meuchel-.
uklánět (3 Pl. -*ějí*) s. *uklonit.*
úklej f (3) Weißfisch m, Ukelei m.
úklid m (2a) Aufräumen n, Reinemachen n.
uklid|it pf. (-*zen*) auf-, wegräumen, ~ se sich entfernen, F sich davonmachen; sich verkriechen; ~**nit** pf., ~**ňovat** (-*ňuji*) beruhigen, besänftigen; pf. ~ se sich beruhigen; *Wind:* sich legen; ~**nující** beruhigend; *Med.* Beruhigungs-.
uklíz|ečka f (1c; -*ček*) Raumpflegerin f, Reinemachefrau f; ~**et** (3 Pl. -*ejí*) s. *uklidit.*
úklon m (2a), ~**a** f (1) Verbeugung f; *Tech.* Neigung f; *Turn.* Rumpfbeuge f.
uklonit pf. (-*ěn*) (seitwärts) neigen, beugen; ~ se k-u sich verneigen (vor D).
uklouznout pf. (-*zl*) ausgleiten, F ausrutschen; entweichen, F entwischen.
ukoj|it pf., ~**ovat** (-*juji*) *Hunger* stillen; *Bedarf, Trieb* befriedigen.
úkol m (2a) Aufgabe f, (*Plan-, Tages-*)Soll n; Leistungs-, Stücklohn m; ~**ář** m (3) Vorkalkulator m, Normierer m.
ukoléb|(áv)at in den Schlaf wiegen; ~ *se v co, čím fig.* sich wiegen in (D); ~**avka** f (1c; -*vek*) Wiegenlied n.
ukolíb(áv)at s. *ukolébat.*
úkolov|at (-*luji*) *Arbeit* normen; ~**ý** Akkord-, Stück-, Leistungs-.
úkon m (2a) Verrichtung f; (*Amts-*)Handlung f; (*Arbeits-*)Leistung f; *početní* ~ Rechnungsart f.
ukonč|ení n (3) Beendigung f; ~**it** pf., ~**ovat** (-*čuji*) beenden, abschließen; *Versammlung* schließen; ~ se enden.

ukonejšit *pf.* beruhigen, besänftigen.
ukopat *pf.* (*-u*/*-ám*) *Boden* abgraben, abtragen; durch Fußtritte töten, zu Tode treten.
ukoptěný schmutzig.
úkor *m* (*2a*) Schmach *f*, Schande *f*; Nachteil *m*; na ~ zum Nachteil, zum Schaden, *fig.* auf Kosten.
ukořistit *pf.* (*-stěn*) erbeuten; *fig.* F erhaschen.
úkos *m* (*2*; 6. *-u*/*-e*) Schrägheit *f*; *Tech.* Abschrägung *f*, Neigung *f*; hledět na k-o ~em j-n von der Seite anschauen.
ukous|at *pf.* (*-šu*/*-sám*), **~nout** *pf.* (*-sl*; *-snut*) abbeißen; *Tier*: totbeißen; *-at se nudou* sich zu Tode langweilen.
ukout *pf.* (*ukuji*, *ukul*), **ukovat** *pf.* (*-u*/*-ám*) schmieden; ~ *do pout* fesseln.
ukrácení *n* (*3*) Verkürzung *f*; *pro ~ dlouhé chvíle* zum Zeitvertreib.
ukracovat (*-cuji*) *s.* ukrátit.
ukrádat *s.* ukrást.
úkrad|kem, **~mo** *Adv.*, **~mý** *Adj.* verstohlen, heimlich.
ukradnout *pf.* (*-dl*; *-den*) *s.* ukrást.
ukrajinský ukrainisch.
ukrást *pf.* (*ukradnu usw.*; *s.* krást) stehlen, *lit.* entwenden.
ukrátit *pf.* (*-cen*) ver-, abkürzen; *Zeit* vertreiben.
ukrocení *n* (*3*) Zähmung *f*, Bändigung *f*.
úkrojek *m* (*2b*; *-jk-*) Abschnitt *m*; *Geom.* Schnitt *m*.
ukrojit *pf.* abschneiden.
úkrok *m* (*2b*) Schritt *m* seitwärts.
úkrop *m* (*2a*) Knoblauchsuppe *f*, *dial.* Wassersuppe *f*; **~ek** *m* (*2a*; *-pk-*), *dim.* **~eček** *m* (*1a*; *-ček-*) armer Teufel *m*, *dial.* armes Hascherl *n*; *verä.* Duckmäuser *m*.
ukrotit *pf.* (*-cen*) zähmen, bändigen.
ukroutit *pf.* (*-cen*) ab-, umdrehen; *Hals* verrenken; *Zigarette* drehen.
ukrut|ánský F riesig, gewaltig, unheimlich (groß); **~enství** *n* (*3*) Grausamkeit *f*; **~ník** *m* (*1a*) grausamer Mensch *m*, Unmensch *m*; **~nost** *f* (*4*) Grausamkeit *f*; **~ný** grausam; F *fig.* schrecklich, ungeheuer (-lich).
úkryt *m* (*2*; 6. *-u*/*-ě*) Versteck *n*; *Mil.* Deckung *f*; *protiletecký ~* Luftschutzraum *m*.

ukrý|t *pf.* (*s.* krýt) verbergen, verstecken; **~vač** *m* (*3*) Hehler *m*; **~vání** *n* (*3*) Hehlerei *f*; **~vat** *s.* ukrýt.
ukřičet *pf.* niederschreien; ~ *se* sich heiser schreien.
ukřivdit *pf.* (*-ěn*) Unrecht tun (*k-u*/*D*); *bylo mi -děno* mir ist Unrecht geschehen.
ukřiž|ování *n* (*3*) Kreuzigung *f*; **~ovat** *pf.* (*-žuji*) kreuzigen.
ukvap|ený übereilt, voreilig; **~it se** *pf.* sich überstürzen, voreilig sein.
úl *m* (*2*; 6. *-e*/*-u*) Bienenstock *m*.
ulámat *pf.* (*-u*), **ulamovat** (*-muji*) *v*/*t*. abbrechen.
uléhat *s.* ulehnout.
ulehč|ení *n* (*3*) Erleichterung *f*; **~it** *pf.*, **~ovat** (*-čuji*) erleichtern; ~ *si s-m* Herzen Luft machen.
ulehnout *pf.* (*-hl*) sich (nieder)legen, zu Bett gehen; erkranken; *Boden*: sich senken.
ulejv|ák P *m* (*1a*) Drückeberger *m*; **~at se** (*z č-o*) sich drücken (vor *D*).
úlek *m* (*2b*) Schrecken *m*.
ulek|nout *pf.* (*-kl*) erschrecken (*A*; *se č-o v*/*i* vor *D*); **~nutí** *n* (*3*) *s.* úlek.
ulétat, **uletět** *pf.*, **ulétnout** *pf.* (*-tl*) **uletovat** (*-tuji*) davon-, fortfliegen; *Flgw.* zurücklegen.
úleva *f* (*1*) Erleichterung *f*; *Hdl.* Ermäßigung *f*; *Med.* Linderung *f*.
ulévat *s.* ulít.
ulev|it *pf.*, **~ovat** (*-vuji*) (*k-u*/*D*) Erleichterung bringen (*D*); *Schmerz*, *Frost*: nachlassen; ~ *se* sich bessern; ~ *si* sich erleichtern, F s-m Herzen Luft machen.
ulež|elý abgelegen; *Obst*: weich; **~et se** *pf.* durch Liegen reif werden, nachreifen.
ulice *f* (*2a*) Straße *f*, Gasse *f*.
ulič|ka *f* (*1c*; *-ček*) Gäßchen *n*; *slepá ~* Sackgasse *f*; **~ní** Straßen-; **~nice** *f* (*2a*) Range *f*, Gör(e) *f*; **~nický** ausgelassen, mutwillig; **~nictví** *n* (*3*) Bubenstreich *m*; **~ník** *m* (*1*) Lausbub *m*, Schlingel *m*.
ulis|ník *m* (*1a*) Schmeichler *m*, **~nost** *f* (*4*) Schmeichelei *f*; **~ný** schmeichelhaft, *fig.* falsch.
ulít *pf.* (*s.* lít) abgießen; *Glocke* gießen; *Feuer* löschen; *Geld* veruntreuen; ~ *se* od č-o sich drücken vor (*D*); *Schule* schwänzen.
ulita *f* (*1*) Schneckenhaus *n*.
ulít|at *s.* ulétat; F ~ *se* se abhetzen; **~nout** *pf.* *s.* ulétnout.

ulitý

ulitý: F *kabát padne jako* ~ *der Rock sitzt wie angegossen.*
ulí|vat s. *ulít;* **~zat** *pf.* (*-žu/-zám*), **~znout** *pf.* (*-zl*) ablecken.
úloha *f* (*1b*) Aufgabe *f; Thea.* Rolle *f.*
úlomek *m* (*2b;* -*mk*-) Bruchstück *n,* Fragment *n;* Splitter *m.*
ulomit *pf. v/t* abbrechen (se *v/i*).
úlomkovitý bruchstückartig, fragmentarisch.
ulopotit se *pf.* (*-cen*) sich abarbeiten, P sich abrackern.
uloup|it *pf.* rauben; **~nout** *pf.* (*-pl; -pnut*) abschälen, ablösen; ~ *se* sich loslösen.
úlovek *m* (*2b;* -*vk*-) Fang *m,* (*Jagd*-)Beute *f.*
ulovit *pf.* erjagen, fangen; *iron.* aufgabeln; ~ *si co* ergattern (*A*).
ulož|ení *n* (*3*) Auftrag *m;* Lagerung *f;* (*Kapital*-)Anlage *f;* (*Straf*-)Verhängung *f; Geol., Med.* Ablagerung *f; Tech.* Bettung *f;* Beilegung *f e-s Streites; Gottes* Fügung *f;* **~it** *pf.* weglegen; aufbewahren; hinterlegen; *Waren* einlagern; *Dinge* einordnen, einräumen; *j-n* zu Bett bringen; *Kranke* betten; *Tote* beisetzen; *Geld* anlegen; *Ersparnisse* zurücklegen; *Gedanken* (schriftlich) niederlegen; *Strafe* verhängen; *Steuern* auferlegen; *mit Zoll* belegen; (*k-u co*) auftragen, aufgeben, zur Pflicht machen (j-m *A*); ~ *se* sich (nieder)legen; sich ablagern.
úlož|ka *f* (*1c;* -*žek*) (kleine)Aufgabe *f; Thea.* Nebenrolle *f; Hdl.* Depositum *n;* **~na** *f* (*1;* -*žen*) Aufbewahrungsstelle *f;* **~né** *n* (*Adj. 3*) Lagergebühr *f;* **~ní,** **~ný** Lager-; *Arch.* Fuß-.
ulp|ět *pf.* (*3 Pl.* ulpi, ulpěl), **~ívat** haftenbleiben; verharren.
ulti|mativní [-tımatı:-] ultimativ; **~mátum** *n* (*1;* -*ta;* 6. -*tu*) Ultimatum *n.*
ultra|fialový ultraviolett; **~zvuk** *m* (*2b*) Ultraschall *m.* [Können *n.*\
um *m* (*2a*) *lit.,* poet. Verstand *m;*/
umáčet *pf.* (*3 Pl.* -*eji*) naß machen.
uma|čkat *pf.* erdrücken; **~stit** *pf.* (*-štěn*) *Papír* fett machen; **~zat** *pf.* (*-žu/-ži*) beschmieren, beschmutzen; *Schrift* wegwischen.
umdl|enost *f* (*4*) Müdigkeit *f,* Ermüdung *f;* **~ený** müde, abgespannt; **~et,** **~ít** *pf.* (*3 Pl.* -*eji*), **~évat** müde werden, ermüden.

umělec *m* (*3;* -*lc*-) Künstler *m;* **~kohistorický** kunstgeschichtlich; **~koprůmyslný** kunstgewerblich, Kunstgewerbe-; **~ký** künstlerisch, Kunst-; kunstvoll; **~tví** *n* (*3*) Künstlertum *n,* Kunst *f.*
uměl|kovanost *f* (*4*), **~kování** *n* (*3*) Künstelei *f;* **~kovaný** gekünstelt; **~kyně** *f* (*2b*) Künstlerin *f;* **~ost** *f* (*4*) Künstlichkeit *f;* **~ůstka** *f* (*1c; -tek*) Künstelei *f; pl. a.* Nippsachen *pl.;* **~ý** künstlich, Kunst-; kunstvoll, künstlerisch.
umění *n* (*3*) Kunst *f;* Können *n; smysl pro* ~ Kunstsinn *m;* **~milovnost** *f* (*4*) Kunstbeflissenheit *f;* **~milovný** kunstsinnig.
umenš|it *pf.,* **~ovat** (*-šuji*) verkleinern, vermindern; schmälern.
úměr *m* (*2a*) richtiges Verhältnis *n;* **~a** *f* (*1d*) Proportion *f;* **~nost** *f* (*4*) Proportionalität *f;* Angemessenheit *f;* (*Form*) Ebenmaß *n;* **~ný** proportional; (wohl)proportioniert; angemessen; *nebýt* (*č-u*) ~ in keinem Verhältnis stehen (zu *D*).
uměřený maßvoll, gemessen.
umést *pf.* (s. *mést*) ab-, weg-, zusammenkehren, -fegen.
umět (*3 Pl.* -*ěji*) können, verstehen, wissen; *umí si pomoci* er weiß sich zu helfen.
umetat s. *umést.*
umín|ěnec *m* (*3;* -*nc*-) eigensinniger Mensch *m,* F Dickschädel *m;* **~ěnost** *f* (*4*) Eigensinn *m;* **~ěný** eigensinnig; **~it si** *pf.,* **umiňovat si** (-*ňuji*) sich vornehmen, *iron.* sich in den Kopf setzen.
umír|áček *m* (*2b;* -*čk*-) Sterbeglocke *f;* **~ající** sterbend; **~ání** *n* (*3*) Sterben *n;* **~at** sterben, im Sterben liegen; dahinsterben.
umírnit *pf.,* **umirňovat** (-*ňuji*) mäßigen, lindern.
umís|tění *n* (*3*) Unterbringung *f;* **~těnka** *f* (*1c;* -*nek*) Einweisung(sschein *m*) *f;* **~tit** *pf.,* **~ťovat** (-*tuji*) unterbringen; anbringen; Platz anweisen (*D*); *in die Arbeit* einweisen; *Geld* anlegen; ~ *se* sich plazieren.
umlá|cený módní, F wie gerädert; **~tit** *pf.* (-*cen*) zu Tode prügeln; P ~ *se* sich abrackern; ~ *se smíchy* sich totlachen.
umlč|et *pf.,* **~ovat** (-*čuji*) zum Schweigen bringen; *Pol.* totschweigen.

umlít *pf.* (s. *mlít*) (ver)mahlen; ~ na prášek pulverisieren.

umlk|at, **~nout** *pf.* (-kl) verstummen; **~lý** verstummt.

umlouvat s. *umluvit*.

úmluv|a *f* (1) Verabredung *f*, Übereinkunft *f*; *Pol.* Abkommen *n*; společenská ~ Gesellschaftsvertrag *m*; podle -vy vereinbarungsgemäß; **~ce** *m* (2) Vertragspartner *m*, Kontrahent *m*.

umluvit *pf.* verabreden, vereinbaren; P beschwatzen (k-o/A); umluveno! abgemacht!; ~ se sich heiser reden.

umný *lit.* kunstvoll.

umoc|nit *pf.*, **~ňovat** (-ňuji) *Math.* potenzieren; -nit na třetí zur dritten Potenz erheben; ~ se sich steigern.

umok|lý naß (geworden); **~nout** *pf.* (-kl) naß werden.

úmor *m* (2a) völlige Erschöpfung *f*; *Hdl.* s. *umoření*; pracovat do ~u bis zur völligen Erschöpfung arbeiten, P sich totarbeiten; **~ný** aufreibend; *Hitze*: drückend.

umoř|ení, **~ování** *n* (3) Tilgung *f*, Amortisierung *f*.

úmoří *n* (3) Meeresgebiet *n*.

umoř|it *pf.* zu Tode quälen; verhungern lassen; *Schulden* tilgen; ~ se sich aufreiben; **~itelný** tilgbar; **~ovací** Tilgungs-; **~ovat** (-řuji) s. *umořit*.

umotat *pf.* flechten, wickeln; *Zigarette* drehen.

umoudř|it *pf.*, **~ovat** (-řuji) zur Vernunft bringen; ~ se zur Einsicht kommen; *Wetter*: sich bessern.

umounit F *pf.* beschmutzen, beschmieren (se sich).

umož|nit *pf.*, **~ňovat** (-ňuji) ermöglichen.

umrav|nit *pf.*, **~ňovat** (-ňuji) zur Moral erziehen; **~ňovatel** *m* (3; -é) Sittenprediger *m*, Moralist *m*.

umrl|čí Leichen-, Toten-; **~čina** *f* (1) Leichengeruch *m*; **~ec** *m* (3; -lc-) Tote(r) *m*; **~ý** tot, verstorben.

úmrt|í *n* (3) Tod *m*, Ableben *n*; **~ní** *(Adj. 3)* Sterbegeld *n*; **~ní** Toten-, Sterbe-, Todes-; ~ list Sterbeurkunde *f*; ~ oznámení Todesanzeige *f*; **~nost** *f* (4) Sterblichkeit *f*.

umrtv|it *pf.*, **~ovat** (-vuji) abtöten; *Med. a.* betäuben; *Rel.* kasteien.

umrz|lý erfroren; abgefroren; Boden: (hart)gefroren; **~nout** *pf.* (-zl) erfrieren; abfrieren; (hart) gefrieren.

umření *n* (3) Sterben *n*; být na ~ dem Tode nahe sein; vedro k ~ e-e Hitze zum Umkommen.

umřít *pf.* (umřu/-ru, -řel) sterben (přirozenou smrtí e-s natürlichen Todes, nudou, strachem vor Langeweile, Angst, na mor an der Pest, na rány an s-n Wunden, hlady vor Hunger, za vlast für sein Vaterland).

umuč|ení *n* (3) Folterqualen *f/pl.*; *Rel.* Leiden *n*; Passion *f*; **~it** *pf.* zu Tode quälen.

úmysl *m* (2a) Absicht *f*, Vorsatz *m*; bez ~u unabsichtlich; mít v ~u vorhaben, im Schilde führen; **~ný** absichtlich, vorsätzlich.

umýt *pf.* (s. *mýt*) (ab)waschen.

umýv|ací Wasch-; **~ačka** *f* (1c; -ček) Abwaschfrau *f*; **~adlo** *n* (1a; -del) Waschbecken *n*, -schüssel *f*; ~ tisch *m* (1; -řen) Waschraum *m*; **~árna** *f* (1; -ren) Waschraum *m*; ~ vozidel (Auto-)Waschanlage *f*; **~at** s. *umýt*.

unáhl|ení *n* (3), **~enost** *f* (4) Überstürzung *f*; **~ený** überstürzt, übereilt; **~it se** *pf.*, **~ovat se** (-luji) sich übereilen (v čem, s čím/mit D); *Ereignisse*: sich überstürzen.

unáš|ecí *Tech.* Mitnehmer-; **~ející** entzückend, hinreißend; **~et** (3 Pl. -ejí) fort-, weggetragen; wegwehen, treiben; *fig.* s. *unést*.

únava *f* (1) Ermüdung *f*, Müdigkeit *f*; *příliš* ~ Übermüdung *f*.

unav|en(ý) müde (čtením vom Lesen; z cesty von der Reise); ~ válkou kriegsmüde; ~ životem lebensmüde; ~ bojem abgekämpft; ~ na smrt todmüde; **~it** *pf.*, **~ovat** (-vuji) ermüden, müde machen; ~ se ermüden (v/i), müde werden.

unce *f* (2) Unze *f*.

unesen|í *n* (3) Entführung *f*; Entzücken *n*; **~ý** entführt; entzückt, hingerissen; überwältigt (čím von *D*).

unést *pf.* (s. *nést*) tragen (können); ertragen; fort-, wegtragen; *Person* entführen; *fig.* entzücken, hinreißen; dát se ~ sich hinreißen lassen (zu).

unie [u:nie] *f* (2) Union *f*.

unifik|ace [uni-] *f* (2) Vereinheitlichung *f*; **~ovat** (im)*pf.* (-kuji) vereinheitlichen; *Hdl.* unifizieren.

uniforma 450

uniform|a [unɪ-] *f (1; -rem)* Uniform *f*; **~ovat** *(im)pf. (-muji)* uniformieren.
únik *m (2b)* Entkommen *n*, Flucht *f (a. fig.* ze skutečnosti vor der Realität); Entweichen *n des Dampfes*; *Sp.* pokus o ~ Ausreißversuch *m*.
unik|ání *n (3) s.* únik; **~at**, **~nout** *pf. (-kl)* entkommen; entweichen; entgehen *(a. der Strafe, j-s Aufmerksamkeit usw.)*.
unitář *m (3) Rel.* Unitarier *m*.
univerzální [unɪ-] universal.
univerzit|a [unɪverzɪ-] *f (1)* Universität *f*; **~ní** Universitäts-.
únor *m (2a; 2. -a)* Februar *m*, *öst.* Feber *m*; **~ový** Februar-.
únos *m (2; 6. -u/-e)* Entführung *f*; **~ce** *m (3)* Entführer *m*; **~nost** *f (4) Tech.* Tragfähigkeit *f*; Erträglichkeit *f*; **~ný** tragfähig; *Zustand:* erträglich.
unošený *Kleid:* abgetragen.
unožit *pf.* den Fuß seitwärts spreizen.
únožka *f (1c; -žek)* Spreizsprung *m*.
unudit *pf. (-ěn)* zu Tode langweilen.
unylý (ver)schmachtend; *Lied:* wehmütig.
uondat F *pf.* ermüden; **~** se sich abhetzen.
úpad *(áv)at s.* upadnout.
úpadek *m (2b; -dk-)* Verfall *m*, Niedergang *m*; *Hdl.* Konkurs *m*.
upadnout *pf. (-dl)* (hin-, um)fallen; verfallen, verkommen; (hin)geraten; zurückgehen, abnehmen.
upachtit se *pf. (-ěn)* sich abhetzen.
úpal *m (2; 6. -u/-e)* Hitze *f*, Sonnenglut *f*; *Med.* Sonnenstich *m*, Hitzschlag *m*.
upál|ení *n (3)* Verbrennung *f*, Feuertod *m*; **~it** *pf.*, **upalovat** *(-luji)* verbrennen.
upamatovat *pf. (-tuji)* erinnern *(na co an A; se* sich).
úpatí *n (3)* Fuß *m e-s Berges*.
upatlaný beschmutzt, besudelt.
upaž|ení *n (3) Turn.* Seitstrecken *n*; *na* **~** auf Armlänge; **~it** *pf.* Arme seitwärts strecken.
upéci *pf. (s. péci)* (gar)backen, braten.
upečhovat *pf. (-chuji)* feststampfen.
upejp|ání *n (3)* Gezierheit *f*, Prüderie *f*, F Getue *n*; **~at se** sich zieren, spröde tun, F zimperlich sein; **~avost** *f (4) s.* upejpání; **~avý** geziert, prüde, F zimperlich.
úpě|ní *n (3)* Wehklagen *n*; **~nlivý** klagend; *Bitte:* flehentlich; **~t** *(za-) (3 Pl. -ějí/-i)* wehklagen, jammern; *Wind:* heulen.
upev|nění *n (3)* Festigung *f*; Befestigung *f*; **~nit** *pf.*, **~ňovat** *(-ňuji)* festigen; befestigen *(na co* an *D)*; **~ňovací** Befestigungs-.
upich|at *pf.* totstechen; **~nout** P *pf. (-chl/-chnul; -chnut)* überreden *(na co* zu *D)*; e-e Stelle verschaffen *(k-o* j-m); **~** se na co sich versteifen auf, erpicht sein auf *(A)*.
upijet *(3 Pl. -ejí) s.* upít.
upilovat *pf. (-luji)* abfeilen.
upín|ací Befestigungs-, Spann-; **~ač** *m (4)*, **~adlo** *n (1a; -del)* Einspannvorrichtung *f*; **~at** *s.* upnout.
upír *m (1; -ři)* Vampir *m*; *fig.* Blutsauger *m*.
upírat *s.* upřít.
upíří Vampir-.
úpis *m (2; 6. -e/-u) Jur.* Verschreibung *f*; Zeichnung *m e-r* Anleihe.
upis|ovací Subskriptions-, Zeichnungs-; **~ovat** *(-suji)* subskribieren, zeichnen; *j-m et.* verschreiben; **~ovatel** *m (3; -é)* Subskribent *m*.
upít F *pf. (s. pít)* abtrinken, ein Schluck trinken *(č-o* von *D)*; **~** se sich zu Tode trinken.
upjat|ost *f (4)* Unnahbarkeit *f*, Steifheit *f*; **~ý** unnahbar, steif, F zugeknöpft; gespannt, gehefttet.
uplácat *pf.* flach schlagen, klatschen *(v/i)*, placken.
upláč|ení *n (3)* Teil-, Abzahlung *f*; Bestechung *f*; **~et** *(3 Pl. -ejí) s.* uplatit.
upláchnout P *pf. (-chl/-chnul)* entwischen, F durchbrennen.
uplak|aný verweint; *Thea.* Rühr-; **~at se** *pf. (s.* plakat*)* sich ausweinen.
úplat|a *f (1)* Bezahlung *f*, Entgelt *n*; *(selten)* Bestechung *f*; **~ek** *m (2b; -tk-)* Bestechungsgeld *n*, P Schmiergeld *n*.
uplatit *pf. (-cen) Schuld* abzahlen; *j-n* bestechen.
úplatkář *m (3) jem.* der Bestechungsgelder gibt *od.* annimmt; **~ství** *n (3)* Bestechung *f*, Korruption *f*.
úplatkový Bestechungs-.

uplat|nit *pf.*, **~ňovat** (-*ňuji*) geltend machen; *Ansicht* zur Geltung bringen; **~ se** zur Geltung kommen; sich nützlich machen.

úplat|nost *f* (4) Bestechlichkeit *f*; **~ný** bestechlich.

uplavat *pf.* (-*u*) davonschwimmen; (schwimmend) zurücklegen.

úplavice *f* (2a) *Med.* Ruhr *f*, heftiger Durchfall *m*.

uplé|st *pf.* (*s. plést*) **~tat** flechten; *Kranz* winden; *Strumpf* stricken.

upln|ěk *m* (2b; -*ňk-*) Vollmond *m*; **~ost** *f* (4) Vollständigkeit *f*; **~ý** vollständig, vollkommen, ganz.

uplyn|out *pf.* verfließen; *Zeit:* vergehen; *Frist:* ablaufen; **~ulý** vergangen, abgelaufen; **~utí** *n* (3) Ablauf *m*.

uplývat *s.* uplynout.

upnout *pf.* (*s. pnout*) zuknöpfen; spannen; *Augen* heften (*na k-o, co* auf *A*).

upocený verschwitzt, schweißgebadet.

upokoj|ení *n* (3) Beruhigung *f*; **~it** *pf.*, **~ovat** (-*juji*) beruhigen.

upolín *m* (2a) Trollblume *f*.

upomenout *pf.* (-*měl/-menul*) erinnern (*na co* an *A*; *se sich*); (*o co*) mahnen (wegen *G*).

upomín|ací Mahn-; **~ání** *n* (3) Mahnung *f*; **~at** *s.* upomenout; **~atel** *m* (3; -*é*) Mahner *m*; **~ka** *f* (1c; -*nek*) Erinnerung *f*; Mahnbrief *m*, Mahnung *f*; *v ~ku* od. *k ~nce na co* zur Erinnerung an (*A*); **~kový** Gedenk-; **~ předmět** Souvenir *n*, Andenken *n*.

úpon|ka *f* (1c; -*nek*), (*selten*) **~ek** *m* (2b; -*nk-*) Ranke *f*; **~kovitý** rankenartig; Schling-; **~kový** Ranken-.

úporný hartnäckig, zäh; (*Nachdenken*) angestrengt.

uposlechn|out *pf.* (-*chl/-chnut*) gehorchen (*k-o/D*); *Rat, Befehl* befolgen; **~utí** *n* (3) Gehorchen *n*; Befolgung *f*.

upotit se *pf.* (-*cen*) in Schweiß geraten, schwitzen.

upotřebení *n* (3) Benutzung *f*, Verwendung *f*, Anwendung *f*; *návod k ~* Gebrauchsanweisung *f*; *poplatek za ~* Benutzungsgebühr *f*; *opětné ~* Wiederverwendung *f*.

upotřebit *pf.* (-*o*) benutzen, anwenden (*A*); **~elnost** *f* (4) Verwendbarkeit *f*, Brauchbar-

---

upřádat

-keit *f*; **~elný** brauchbar, verwendbar.

upouštět (3 *Pl.* -*ějí*) *s.* upustit.

upout|aný gefesselt (*na co, k č-u* an *A*); **~ balón** Fesselballon *m*; **~(áv)at** fesseln.

upovídaný P redselig, geschwätzig.

upozor|nění *n* (3) Beachtung *f*; **~nit** *pf.*, **~ňovat** (-*ňuji*) aufmerksam machen, hinweisen.

upracovat se *pf.* (-*cuji*) sich abarbeiten.

upráš|ený staubig, **~it** *pf.* staubig machen; **~ se** staubig werden, verstauben.

úprava *f* (1) *Kochk.* Zubereitung *f*; Einrichtung *f*; Instandsetzung *f*; *Hdl.* Regelung *f*; *Thea.* Bearbeitung *f*; Ausstattung *f*, Aufmachung *f*; Zurechtmachen *n*; *fig.* Schliff *m*; *Bgb.* Aufbereitung *f*; (*Fluß-)Regulierung *f*.

uprav|it *pf.*, **~ovat** ⟨po-⟩ (-*vuji*) *Speisen* zubereiten; *Wohnung* einrichten; *Gebäude* instandsetzen; *Preis, Arbeitszeit* regeln; *Thea., Mus.* bearbeiten; *Bühne, Buch* ausstatten; *Kleid, Haar* in Ordnung bringen; *Tisch* herrichten; *Erz* aufbereiten; *Fluß* regulieren; **~ se** zurechtmachen, F sich schön machen.

úprav|na *f* (1; -*ven*) *Tech.* Aufbereitungsanlage *f*; Appreturwerkstatt *f*; (*selten*) Waschraum *m*; **~ný** gut aussehend, nett, gefällig; *Wohnung:* gut (od. schön) eingerichtet; *Essen:* appetitlich zubereitet.

uprázdn|ěný offen, unbesetzt; **~it** *pf.*, **uprazdňovat** (-*ňuji*) frei machen, räumen; **~ se** frei werden.

upražit *pf.* rösten.

uprch|lík *m* (1a) Flüchtling *m*; *Mil.* Fahnenflüchtige(r) *m*, Deserteur *m*; **~lý** entflohen, flüchtig; **~nout** *pf.* (-*chl*) fliehen, flüchten, F ausreißen; *Mil.* fahnenflüchtig werden; **~nutí** *n* (3) Flucht *f*; *Mil.* Fahnenflucht *f*.

úprk *m* (2b) wilder Lauf *m*, Galopp *m*; **~em** fluchtartig, sehr schnell, *lit.* spornstreichs.

uprosit *pf.* (-*šen*) durch Bitten bewegen (zu) od. erreichen (*A*); *nedat se ~* hart bleiben.

uprostřed (*č-o*) inmitten (*G*), mitten in (*D*); mittendurch (*schneiden, verlaufen*); *~ srpna* Mitte August.

upřádat *s.* upříst.

upřený *Blick*: starr, fest, unverwandt.
upřesnit *pf.* präzisieren.
upřílišit *pf.* übertreiben.
upřím|nost *f* (4) Aufrichtigkeit *f*; ~ný aufrichtig, offen.
upřist *pf.* (*s. přist*) spinnen.
upřít *pf.* (*upřu, -el*) abstreiten, ableugnen; *Jur.* aberkennen; ~ zrak den Blick heften.
ups|ání *n* (3) Zeichnung *f* e-r Anleihe; ~aný verschrieben (*D*); ~at *pf.* (*s. psát*) verschreiben; *Anleihe* zeichnen; subskribieren; ~ *si prsty* F sich die Finger wund schreiben.
upustit *pf.* (-*štěn*) fallen lassen; (*od č-o*) ablassen, absehen, abgehen (*von D*), verzichten (*auf A*); (*od k-o*) sich lossagen (*von D*).
uráčit se *pf.* belieben, geruhen.
úrada *f* (*1*) Beratung *f*; *po -dě* nach Rücksprache.
uradit se *pf.* (*s kým o čem*) sich beraten; *jm-m* über *A*); (*na čem*) beschließen (*A*).
uragán *m* (2a) Orkan *m*.
uran *m* (2) *Chem.* Uran *n*; ~ový Uran-.
úraz *m* (2; 6. -u/-e) Unfall *m*, Verletzung *f*; *fig.* Anstoß *m*.
urazit *pf.* (-*žen*) beleidigen; abschlagen, abhauen; *Strecke* zurücklegen; ~ *se* (*čim*) sich beleidigt fühlen (*durch A*), Anstoß nehmen (*an D*), übel (P *krumm*) nehmen (*A*).
úraz|ovka *f* (*1c*; -*vek*) Unfallversicherung(sanstalt) *f*; ~ovost *f* (4) Unfallhäufigkeit *f*; ~ový Unfall-.
ураžen|ec *m* (*3*; -*nc*-) Beleidigte(r) *m*; ~ost *f* (4) Kränkung *f*; ~ý beleidigt, gekränkt; *Henkel*: abgeschlagen; *Weg*: zurückgelegt.
uráž|et (*3 Pl. -ejí*) *s. urazit*; ~ka *f* (*1c*; -*žek*) Beleidigung *f*; ~livost *f* (4) Ausfälligkeit *f*, Anzüglichkeit *f*; ~livý beleidigend, anstößig.
urč|ení *n* (3) Bestimmung *f*; ~ený bestimmt; festgelegt; ~it *pf.* bestimmen, festsetzen; ~itelný bestimmbar; ~itost *f* (4) Bestimmtheit *f*; ~itý bestimmt; ~ovat (-*čuji*) *s. určit*.
urobit *pf.* herstellen, machen.
úroč|ení *n* (3) Verzinsung *f*; ~it ⟨*z-*⟩ verzinsen; ~itel *m* (4) Zinsfaktor *m*.
úroč|ky *m/pl.* (2b) Milchschorf *m*; ~ník *m* (2b) Wundklee *m*.

úroda *f* (*1*) Ernte *f*.
urodit se *pf.* (*-zen*) gut geraten, gut gedeihen.
úrod|nost *f* (4) Fruchtbarkeit *f*, *Agr.* Produktivität *f*; ~ný fruchtbar, reich (*čim, na co an D*).
úrok *m* (2b) Zins *m*; ~y *z prodlení* Verzugszinsen; *bez ~ů* zins(en)frei; ~ovat ⟨*z-*⟩ (-*kuji*) verzinsen; ~ový Zins-.
uronit *pf. Tränen* vergießen.
urosit *pf.* betauen.
urostlý schön gewachsen.
urousat se *pf.* vom Tau naß werden.
úroveň *f* (3; -*vně, -vni*) Niveau *n*.
urovn|á(vá)ní *n* (3) Beilegung *f*, Regelung *f*; ~anost *f* (4) Ausgeglichenheit *f*; ~(áv)at ebnen; *Streit* schlichten; *Sachen* ordnen *od.* F ins Reine bringen.
urozen|ost *f* (4) vornehme Herkunft *f*, Adel *m*; † Hochwohlgeboren; ~ý edel, vornehm.
urput|ník *m* (*1a*) Starrkopf *m*; ~nost *f* (4) Starrsinn *m*, Hartnäckigkeit *f*; Erbitterung *f*; ~ný starrsinnig, hartnäckig; erbittert.
urůst *pf.* (*s. růst²*) den Kleidern entwachsen.
urv|aný abgerissen, entrissen; ~at *pf.* (-*u*) abreißen; *Macht, Besitz* an sich reißen.
urychl|it *pf.*, ~ovat (-*luji*) beschleunigen; ~ovač *m* (4) *Phys.* Beschleuniger *m*, Akzelerator *m*.
úryv|ek *m* (2b; -*vk-*) Bruchstück *n*; Ausschnitt *m*; ~kovitý bruchstückhaft, fragmentarisch.
úřad *m* (2; 6. -*ě/-u*) Amt *n*, Behörde *f*; ~a *m* (5) *iron.* Kanzleifuchs *m*; ~ování *n* (3) Amtsführung *f*; ~ovat ⟨*po-, za- si*⟩ (-*duji*) amtieren; ~ovna *f* (*1*; -*ven*) Amtslokal *n*, Kanzlei *f*.
úřed|ní amtlich, Amts-; *z ~ moci* von Amts wegen; ~nice *f* (2a) Beamtin *f*; ~nický Beamten-; ~nictvo *n* (*1*) Beamtenschaft *f*; ~ník *m* (*1a*) Beamte(r) *m*.
uřeknout se *pf.* (-*kl*) *s. úřici se*.
uřez|at *pf.* (-*žu/-zám*), ~ávat *pf.*, -wegschneiden; *absägen*; *Bein* abnehmen; ~ávník *m* (1b; -*tek*): ~ *doutníků* Zigarrenabschneider *m*.
úřezek *m* (2b; -*zk-*) Abschnitt *m*, F Schnitzel *n*.
uříci se *pf.* (*s. říci*) sich versprechen.

uřítit se *pf.* (-cen) sich erhitzen, in Schweiß geraten.

uřkn|out *pf.* (-kl; -knut) beschreien, behexen; ~utí *n* (3) Behexung *f.*

uřvat *pf.* (-u) niederschreien; ~ se sich heiser schreien.

usadit *pf.* (-zen) hin-, ansetzen; *Leute* ansiedeln; ~ se sich ansiedeln, sich niederlassen; *Mil.* sich festsetzen; *Wein:* sich klären.

usaz|enina *f* (1) Ansatz *m* im *Kessel* (Kaffee-, Boden-)Satz *m*; *Geol.* Ablagerung *f*; ~**ovat** (-zuji) *s.* usadit.

úsečˇ *f* (3) *Geom.* Segment *n*, (Kreis-) Abschnitt *m*; ~**ka** *f* (1c; -ček) Abszisse *f*; *Geom.* Strecke *f*; ~**nost** *f* (4) Gedrängtheit *f*, Knappheit *f*; ~**ný** kurz (angebunden); *Sprache:* abgehackt; -ně *Adv.* kurz und bündig.

used|(á)vat ⟨po-⟩ sich setzen; Platz nehmen; *srdce* -dá P das Herz bricht; ~**avý** herzzerreißend; ~**lík** *m* (1a) Insasse *m*; ~**lina** *f* (1) Bodensatz *m*; *Chem.* Niederschlag *m*; ~**lost** *f* (4) Bauerngut *n*; Seßhaftigkeit *f*; Gesetztheit *f*; ~**lý** seßhaft, (orts)ansässig; *Wesen:* gesetzt; ~**nout** *pf.* (-dl) *s.* usedat.

úsek *m* (2b) Abschnitt *m*; *časový* ~ Zeitspanne *f*; *odborový* ~ gewerkschaftliche (Basis-)Gruppe *f*; ~**ář** *F m* (3) Gewerkschaftssekretär *m*.

usek|(áv)at, ~**nout** *pf.* (-kl; -knut) abhauen, abhacken.

úsekový Abschnitts-.

useň *f* (3; -sně; -sni) Leder *n*.

usch|lý trocken; dürr, verdorrt; ~**nout** *pf.* (-chl) trocknen, trocken werden; verdorren.

úschova *f* (1) Aufbewahrung *f*; *Jur.* Verwahrung *f*; *dát do -vy* in Verwahrung geben, deponieren.

uschov(áv)at aufbewahren, aufheben; *Jur.* verwahren.

úschovn|a *f* (1; -ven) Aufbewahrung(sstelle) *f*; ~ *zavazadel* Gepäckaufbewahrung *f*; ~**né** *n* (Adj. 3) Aufbewahrungsgebühr *f*; ~**í** Aufbewahrungs-.

uschránit *pf.* (-ěn) ersparen.

usídl|enec *m* (3; -nc-) Siedler *m*; ~**it** *pf.*, ~**ovat** (-luji) ansiedeln.

úsil|í *n* (3) Anstrengung *f*, Bemühung *f*; ~**ný** angestrengt, emsig, eifrig; ~ *pochod* Gewaltmarsch *m*.

usil|ování *n* (3) Bemühungen *f*/*pl.*, Bestrebungen *f*/*pl.*; ~**ovat** (-luji) (o co) sich bemühen (um *A*), streben (nach *D*), anstreben (*A*); sich einsetzen (für *A*); ~**ovný** angestrengt, eifrig.

usínat *s.* usnout.

usípaný heiser.

usjednotit *pf.* (-cen): ~ se *na čem* sich einigen über (*A*), vereinbaren (*A*).

uskakovat (-kuji) *s.* uskočit.

úskalí *n* (3) Klippe *f*, Riff *n*.

uskladnit *pf.* (-ěn) einlagern; ~ *do sklepa* einkellern.

uskočit *pf.* zur Seite springen, ab-, wegspringen; (erschrocken) zurückfahren, -prallen.

úskoč|nost *f* (4) Hinterlist *f*, Tücke *f*; ~**ný** hinterlistig, tückisch.

úskok *m* (2b) Hinterlist *f*; F Schlich *m*, Kniff *m*; *Sp.* Sprung *m* seitwärts; ~**y** *pl.* Ränke *pl.*

uskro|mnit se *pf.*, ~**mňovat se** (-ňuji), ~**vnit se** *pf.*, ~**vňovat se** (-ňuji) sich einschränken, sich mäßigen.

uskřinout *pf.*, **uskřípnout** *pf.* (-pl; -pnut) einklemmen.

uskup|ení *n* (3) Gruppierung *f*; ~**it** *pf.* gruppieren.

uskuteč|nit *pf.* verwirklichen, bewerkstelligen, realisieren; ~**nitelnost** *f* (4) Durchführbarkeit *f*; ~**nitelný** durchführbar, realisierbar; ~**ňovat** (-ňuji) *s.* uskutečnit.

uslin|it *pf.*, ~**tat** *pf.* begeifern.

úsloví *n* (3) Redensart *f*, Phrase *f.*

úslu|ha *f* (1b) Gefälligkeit *f*, Gefallen *m*, Dienst *m*; ~**žnost** *f* (4) Dienstfertigkeit *f*; ~**žný** bereitwillig; entgegenkommend, zuvorkommend.

uslyšet *pf.* (bekommen zu) hören; † erhören.

uslzený naß von Tränen.

usmát se *pf.* (usměji) (č-u, *nad čím*) lächeln (über *A*); (na k-o) anlächeln (*A*); sich (halb) totlachen.

usmažit *pf.* braten, rösten.

usměr|nit *pf.*, ~**ňovat** (-ňuji) *El.* gleichrichten; *Pol.* gleichschalten; in die richtige Bahn lenken; ~**ňovací** *Rdf.* Gleichrichter-.

úsměš|ek *m* (2b; -šk-) Verspottung *f*, Hohn *m*; *dělat si* č-o -šky z-*h*-n verhöhnen; ~**ný** spöttisch, höhnisch.

úsměv *m* (2a) Lächeln *n*; **usměvavý**, ~**ný** lächelnd.

usmíření

usmíř|ení *n* (3), **~ená** *f* (*Adj.* 2) Versöhnung *f*, Aussöhnung *f*; *na -enou, k -ení* zur Versöhnung; **~it** *pf.* versöhnen.
usmív|at se *s. usmát se*; **~avý** *s. usměvavý*.
usmolit P *pf.* dreckig machen; *Arbeit* zusammenflicken.
usmrc|ení, ~ování *n* (3) Tötung *f*, Töten *n*; **~ovat** (-*cuji*) *s. usmrtit*.
usmrkanec *m* (3; -nc-) *verä.* Rotzlöffel *m*, -nase *f*.
usmrtit *pf.* (-*cen*) töten, umbringen.
usmyslit si *pf.* (-*šlen*) sich et. in den Kopf setzen.
usnad|nění *n* (3) Erleichterung *f*; **~nit** *pf.*, **~ňovat** (-*ňuji*) erleichtern.
usnášet se (3 *Pl.* -*ejí*) *s. usnést se*.
usn|esení *n* (3) Beschluß *m*; *podle ~* laut Beschluß; *učinit ~* e-n Beschluß fassen; **~ést se** *pf.* (*s. nést*) beschließen (*na čem/A*).
usnout *pf.* (-*nul*) einschlafen.
usoptěný außer Atem.
usou|dit *pf.* (-*zen*) schließen (*z č-o aus D*); entscheiden; *bibl.* fügen; **~žit** *pf.* zu Tode quälen; **~ se** sich abhärmen.
usp|(áv)at (*pf. s. spát*) einschläfern; **~ávací** Schlaf-; **~ávadlo** *n* (1*a*; -*del*) Schlafmittel *n*; Narkotikum *n*.
úspěch *m* (2*b*) Erfolg *m*.
uspěchaný abgehetzt.
úspěšný erfolgreich.
uspět *pf.* (*uspěji*) Erfolg haben (*s čím* mit, *bei D*).
uspíšit *pf.* beschleunigen.
usplavnit *pf.* (-*ěn*) schiffbar machen; kanalisieren.
uspokoj|ení *n* (3) Befriedigung *f*; **~it** *pf.*, **~ovat** (-*juji*) befriedigen, zufriedenstellen; **~ivý** befriedigend, zufriedenstellend.
úspor|a *f* (1*d*) Ersparnis *f*; Einsparung *f*; **~nost** *f* (4) Wirtschaftlichkeit *f*, Sparsamkeitsgründe *m*/*pl*.; **~ný** wirtschaftlich, Ersparnis-, Spar-.
uspořád|ání *n* (3) Ordnung *f*, Regelung *f*; Veranstaltung *f*; **~at** *pf.* ordnen, einrichten, regeln; *Fest* veranstalten.
uspořit *pf.* ersparen.
ústa *n*/*pl*. (1) Mund *m*.
ustál|ení *n* (3) Stabilisierung *f*; *Pol.* Konsolidierung *f*; *Fot.* Fixieren *n*; **~enost** *f* (4) Stabilität *f*, Beständigkeit *f*; **~it** *pf.* stabilisieren; *Pol.* konsolidieren; *Fot.* fixieren.
ustalov|ací Fixier-; **~ač** *m* (4) *Fot.* Fixiermittel *n*, -salz *n*; *Tech.* Stabilisator *m*; **~at** (-*luji*) *s. ustálit*.
ustá|lý abgestanden; *Chem.* geklärt; **~ní** *n* (3) Aufhören *n*; *bez ~* ohne Unterlaß, unablässig.
ustanov|ení *n* (3) Bestimmung *f*, Verfügung *f*, Anordnung *f*; Ernennung *f*, Einsetzung *f*; Festsetzung *f*; *až do dalšího ~* bis auf weiteres; **~it** *pf.*, **~ovat** (-*vuji*) bestimmen, verfügen (*o čem* über *A*); anordnen; (*čím*) ernennen (*zu D*), einsetzen (als *A*); *Frist* festsetzen, *lit.* anberaumen; *Versammlung* ansetzen; **~ se** (*na čem*) beschließen (*A*), sich entschließen (zu *D*).
ustaraný abgehärmt.
ustat *pf.* (*ustanu*) aufhören; *Wind usw.*: nachlassen.
ustát se *pf.* (*ustojím*) sich klären, sich setzen.
ústav *m* (2; 6. *-u*/*-ě*) Anstalt *f*, Institut *n*; **~a** *f* (1) Verfassung *f*; *podle -vy* verfassungsgemäß; *proti -vě* verfassungswidrig.
ustávat (se) *s. ustat, ustát se*.
ustavení *n* (3) Konstituierung *f*, Gründung *f*.
ustavič|nost *f* (4) Beständigkeit *f*; **~ný** beständig, unablässig, ununterbrochen.
ustavit *pf.* gründen, stiften; **~ se** sich konstituieren, zusammentreten.
ústav|ní Anstalts-, Instituts-; verfassungsmäßig, konstitutionell, Verfassungs-; **~odárný** verfassunggebend.
ustavovat (-*vuji*) *s. ustavit*.
ústavověrný verfassungstreu.
úst|(eč)ka *n*/*pl*. (1*b*; -*e*[*če*]*k*) Mündchen *n*, Mäulchen *n*; **~í** *n* (3) Mündung *f*; (Straßen-)Einmündung *f*; **~it** ⟨v-⟩ (ein)münden.
ustlat *pf.* (*ustelu*) (auf)betten.
ústní mündlich, Mund-.
ustoup|ení *n* (3) Rücktritt *m*; *Mil.* Rückzug *m*; **~it** *pf.* (zurück)weichen, sich zurückziehen, *Mil. a.* den Rückzug antreten; (*k-u*) nachgeben (*D*); *~ k-u z cesty* aus dem Weg gehen (*D*); *~ od č-o* ablassen von (*D*); *~ od práva* sein Recht aufgeben; *~ od žaloby* die Klage zurücknehmen.

ústraní n (3) Zurückgezogenheit f, Abgeschiedenheit f, Einsamkeit f.

ustraš|ený erschrocken, ängstlich; **~it** pf. v/t. erschrecken.

ústrety: jít, spěchat k-u v ~ j-m entgegengehen, -eilen.

ústrk m (2b) Unrecht n, Zurücksetzung f, Demütigung f.

ustrkovat (-kuji) zurücksetzen.

ustrn|out pf. erstarren; ~ nad čím erschrocken über (A); ~ na čem sich versteifen auf (A); ~ se nad kým sich erbarmen (G); ~**ulý** erstarrt, starr; verblüfft; ~**utí** n (3) Erstarren n; Entsetzen n; Verblüffung f.

ústroj m (4) Werkzeug n; Anat. Organ n; Kleidung f; ~**enec** † m (4; -nc-) Anat. s. ústrojenství.

ustrojení n (3) Bekleidung f; Veranlagung f, fig. Wesen n.

ústroj|enství n (3) Anat. Organismus m; Ling. Struktur f; ~**í** n (3) Organe n/pl.; Tech. Mechanismus m, Werk n; hodinové ~ Uhrwerk; ochranné ~ Schutzvorrichtung f.

ustrojit pf. zubereiten, zurichten; j-n ankleiden; Pferd (an)schirren; ~ se sich anziehen, Toilette machen.

ústroj|nost f (4) Biol. Organismus m; ~**ný** organisch; gegliedert.

ustrojovat (-juji) s. ustrojit.

ustrouhat pf. abreiben, abschaben.

ustřádat pf. ersparen.

ústředí n (3) Zentralstelle f, Hauptstelle f. [Tech. zentrieren.]

ustředit pf. (-ěn) konzentrieren.

ústřed|na f (1; -den) Zentrale f; ~**ní** Zentral-, zentral.

ústřel m (2a) Hexenschuß m.

ustřel|it pf., ~**ovat** (-luji) wegschießen; Felsen absprengen.

ústři|ce f (2a) Auster f; ~**cový**, ~**čný** Austern-.

ustřih|at, **ustřihat** pf., ~**nout** pf. (-hl; -hni), ~**ovat** (-huji) mit der Schere abschneiden; Haar, Fingernägel schneiden.

ústřižek m (2b; -žk-) Abschnitt m, Kupon m.

ústup m (2a) Rückzug m; Bgb. Vorsatz m; ~**ek** m (2b; -pk-) Zugeständnis n; Mauerabsatz m; ~**nost** f (4) Nachgiebigkeit f; ~**ný** nachgiebig; ~**ový** Rückzugs-.

ustupovat (-puji) s. ustoupit.

ustyd|lý erkaltet, ausgekühlt; ~**at**, ~**nout** pf. (-dl) erkalten, auskühlen; sich erkälten.

ustýlat s. ustlat.

úsud|ek m (2b; -dk-) Urteil n, Meinung f, Schluß m; podle mého -dku meines Erachtens, nach meinem Dafürhalten; ~**kový** Urteils-, Schluß-.

usu|šit pf. trocknen (se v/i), dörren; ~**zovat** (-zuji) s. usoudit.

usvědč|ení n (3) Überführung f; ~**ený** überführt; ~**it** pf., ~**ovat** (-čuji) (k-o z č-o) überführen (j-n G), nachweisen (j-m A).

úsvit m (2; 6. -u/-ě) Morgendämmerung f, Morgengrauen n; fig. lit. Anbruch m; na ~**ě** bei Tagesanbruch.

usychat, **usýchat** s. uschnout.

usyp(áv)at (pf. -u/-ám), **usýpat** abschütten.

uš|ák m 1. (1a) Langohr n (Hase, Esel); 2. (2b) Lehnstuhl m; ~**atec** m (3; -tc-) iron. Langohr n; ~**atý** mit langen Ohren; ~ šroub Flügelschraube f.

ušetř|it pf., ~**ovat** (-řuji) Geld, Arbeit ersparen; (k-o č-o) bewahren (j-n vor D), verschonen (j-n mit D).

uši f/pl. (Dual; 4b; 7. -ima) Ohren n/pl.; s. ucho.

ušít pf. (s. šít) nähen, Anzug a. machen.

ušit|í n (3) Nähen n; ~**ý** fertig (genäht).

úšklebek m (2b; -bk-) Grimasse f, Fratze f; Spott m.

ušklebovat se (-buji), **ušklíb|at se**, ~**nout se** pf. (-bl) Grimassen schneiden, das Gesicht verzerren, grinsen.

ušk|odit pf. (-zen) (k-u) schaden (D), schädigen (A); ~**zení** n (3) Schädigung f.

uškrabat, **uškráb|at** (-u/-ám), ~**nout** pf. (-bl; -bnut) abkratzen, abschaben.

uškr|cení n (3) Erdrosselung f; ~**tit** pf. (-cen) erwürgen, erdrosseln.

uskub|(áv)at (pf. -u/-ám), ~**nout** pf. (-bl; -bnut) abrupfen, abreißen; Blume abpflücken; Hand wegziehen; P Geld erraffen; P -nout se (na k-o) fig. anfahren (A).

ušlap(áv)at pf. (-u/-ám) Boden, Schnee festtreten; Gras niedertreten; Sohlen abtreten; Weg austreten; Menschen tottreten.

úšlapek m 1. m (2b; -pk-) Zurück-

ušlápnout

setzung *f*, Erniedrigung *f*; 2. P (*1a*, *-pk-*) benachteiligter Mensch *m*, armer Kerl *m*.
ušlápnout *pf.* (*-pl*; *-pnut*) auf den Fuß treten (k-o/*D*).
ušlehat *pf. Sahne* schlagen.
ušlecht|ilost *f* (*4*) Edelmut *m*, edles Wesen *n*, Adel *m*; **~ilý** edel(mütig), Edel-; *Bot.* veredelt, **~it** *pf.* veredeln.
ušlý müde vom (vielen) Gehen; *Gewinn:* entgangen.
ušní Ohr- (*z.B. Muschel*), Ohren- (*z.B. Arzt*).
ušm|ouraný, ~udlaný P dreckig, schmierig, schmudd(e)lig.
ušpinit *pf.* (*-ěn*) beschmutzen, schmutzig machen; **~ se** schmutzig werden.
uštědř|it *pf.*, **~ovat** (*-řuji*) reichlich schenken, bescheren.
uštěpačný spöttisch, hämisch.
úšt|ěpek, *selten* **~ipek** *m* (*2b*; *-pk-*) Spott *m*, Hohn *m*; **~ dřeva** Holzsplitter *m*.
uštíp|at *pf.* (*-u/-ám*) totstechen, totbeißen; **~nout** *pf.* (*-pl*; *-pnut*), **uštipovat** (*-puji*) abzwicken, abkneifen; *Holz* abspalten.
uštkn|out *pf.* (*-kl*; *-knut*) beißen, **~utí** *n* (*3*) Schlangenbiß *m*.
uštvat *pf.* (*-u*) zu Tode hetzen; *Pferd* abhetzen.
utábořit se *pf.* ein Lager aufschlagen, sich lagern.
utahat F *pf.* strapazieren, F abrackern; *Kleider* abtragen.
utáhnout *pf.* (*-hl*; *utažen*) zu-, fest-, zusammenziehen; *Bremse* anziehen; *Riemen* enger schnallen; P **~ si** k-o sich lustig machen (über *A*).
utahov|ací Spann-, Anzieh-; **~ák** *m* (*2b*) Spannholz *n*, -kette *f*; **~at** (*-huji*) *s. utáhnout.*
utaj|it *pf.*, **~ovat** (*-juji*) verheimlichen, verbergen; *Jur.* unterschlagen; *Sache* geheimhalten.
utápět ⟨z-⟩ (*3 Pl. -ějí*) *s. utopit.*
uťatý abgehauen, (ab)gestutzt; *Bot.* abgestumpft.
utéci *pf.* (*uteku/-ču*, *-kl*) (ent)fliehen, davonlaufen; *Zeit:* (schnell) vergehen; *Milch:* überlaufen; **~ se** ke k-u, k-am Zuflucht suchen (*od.* nehmen) zu *od.* bei (*D*).
útěcha *f* (*1b*) Trost *m*; *pro* -chu zum Trost; *bez* -chy trostlos; *cena* -chy Trostpreis *m*.

456

útěk *m* (*2b*) (*Weberei*) Schuß *m*, Einschlag *m*.
útěk *m* (*2b*) Flucht *f*; *dát se na* **~** die Flucht ergreifen; *zahnat na* **~** in die Flucht schlagen; *pokus o* **~** Fluchtversuch *m*; **~** *z venkova* Landflucht.
utěr|ač *m* (*3*) Putzer *m*; **~ák** *m* (*2b*), **~ka** *f* (*1c*; *-rek*) Scheuer-, Wisch-, Staubtuch *n*.
úter|ek *m* (*2b*; *-rk-*; 2. *-rka*) Dienstag *m*; *do -rka* bis Dienstag; **~ní** dienstäglich, Dienstags-; **~ý** *m* (*Adj. 1, indekl.*) *s. úterek*; *v* **~** (am) Dienstag.
útes *m* (*2*; *6. -u/-e*) Felswand *f*; Klippe *f*, Riff *m*.
utěsnit *pf.* (*-ěn*) abdichten.
utěš|ený getröstet; erfreulich, reizend; **~it** *pf.*, **~ovat** (*-šuji*) trösten; **~itel** *m* (*3*; *-é*) Tröster *m*.
utěš|livý, ~ný tröstend, trostreich.
útěžek *m* (*2b*; *-žk-*) Schwangerschaft *f*; *být s -žkem* schwanger sein.
utich|lý still geworden, verstummt; **~at, ~nout** *pf.* (*-chl*) still werden, verstummen.
utíkat ⟨*roz- se*⟩ laufen, rennen; *Auto:* sausen; fliehen, davonlaufen, F abhauen; *s. utéci.*
utínat *s. utít.*
utírat *s. utřít.*
útisk *m* (*2b*) Bedrückung *f*, Unterdrückung *f*, Unbill *f*.
utiskovat (*-kuji*) bedrücken, unterdrücken, drangsalieren; **~el** *m* (*3*; *-é*) Bedrücker *m*, Unterdrücker *m*.
utiš|it *pf.*, **~ovat** (*-šuji*) beruhigen, besänftigen; *Hunger, Sehnsucht* stillen; **~ se** sich beruhigen, zur Ruhe kommen; *Wind:* sich legen.
utít *pf.* (*s. tít*) abhauen; F *Wort* abschneiden.
utk|ání *n* (*3*) Zusammenstoß *m*; *Sp.* Begegnung *f*, Treffen *n*; *mezinárodní* **~** Länderkampf *m*; *přátelské* **~** Freundschaftsspiel *n*; **~(áv)at** fertigweben; **~ se** zusammenstoßen, -treffen, -kommen, aneinandergeraten.
utkv|ělý starr; *Idee:* fix; **~ět** *pf.* haftenbleiben; *lit.* verharren.
utlač|it *pf.*, **~ovat** (*-čuji*) be-, unterdrücken; **~ování** *n* (*3*) Unterdrückung *f*; **~ovatel** *m* (*3*; *-é*) Unterdrücker *m*.
útlak *m* (*2b*) Be-, Unterdrückung *f*.

útlocit *m* (2a) Zartgefühl *n*, Feingefühl *n*; **~ný** zart-, feinfühlend.
útlost *f* (4) Zartheit *f*.
utlou|ci *pf.* (*s. tlouci*), **~kat** ab-, wegschlagen, *Eier, Sahne* schlagen; *Gewürz, Zucker* zerstoßen; *Zeit, Menschen* totschlagen.
útlum *m* (2a) Dämpfung *f*; *Psych.* Hemmung *f*.
utlum|ený gedämpft; *Schrei:* erstickt; *Epidemie:* erloschen; **~it** *pf.* dämpfen; niederhalten, ersticken; *Gefühl* betäuben; *Trieb* hemmen.
útlý zart.
utnout *pf. s. utít*.
útočiště *n* (2a) Zuflucht(sort *m*) *f*.
utočit *pf.* (zusammen)drehen; abdrechseln.
útoč|it ⟨za-⟩ (na k-o, co) angreifen (*A*); *Jagdw.* angehen (*A*); **~ivost** *f* (4) Angriffslust *f*; **~ivý** angriffslustig; **~ník** *m* (1a) Angreifer *m*; Attentäter *m*; *Sp.* Stürmer *m*; **~nost** *f s. útočivost*; **~ný** Angriffs-, Sturm-, Offensiv-; aggressiv, offensiv.
útok *m* (2b) Angriff *m*; Sturm *m*; Anschlag *m*; *hnát ~em* Sturm laufen.
uton|out ertrinken; *Schiff:* untergehen; **~ulý** ertrunken, **~utí** *n* (3) Tod *m* durch Ertrinken.
utop|enec *m* (3; -nc-) Ertrunkene(r) *m*; **~ení** *n* (3) Ertrinken *n*; **~ený** ertrunken; **~it** *pf.* ertränken, (*Tiere*) ersäufen; **~ se** ertrinken; sich ertränken.
utrác|et (3 *Pl. -ejí*) *s. utratit;* **~ivý** verschwenderisch.
utrakvist|a *m* (5a) *hist.* Utraquist *m*; **~ický** [-tuts-] utraquistisch; (*Schule*) zweisprachig.
útrapa *f* (1) Plage *f*, Mühe *f*, Strapaze *f*.
utráp|ený abgehärmt; **~it** *pf.* zu Tode quälen, *fig.* unter die Erde bringen.
útrat|a¹ *f* (1) Ausgabe *f*, Zeche *f*; *-ty pl.* Kosten *pl.*, Unkosten *pl.*, Auslagen *f/pl.*, Spesen *pl.*; *peníze na -tu* Taschengeld *n*; **~a²** P *m* (5) Verschwender *m*.
utratit *pf.* (-cen) ausgeben; vergeuden, verschwenden; (k-o) umbringen (*A*).
útratné *n* (*Adj.* 3) Zehrgeld *n*, Diäten *pl.*; *denní ~* Tagegeld *n*.
utrejch P *m* (2b) Arsenik *n*.
utrhač *m* (3) Verleumder *m*, F Lästermaul *n*; **~ný** verleumderisch; **~ství** *n* (3) Verleumdung *f*, Ehrabschneiderei *f*.
utrh|ání *n* (3) *s. utrhačství*; **~(áv)at**, **~nout** *pf.* (-hl; -žen), **~ovat** ⟨-huji⟩ ab-, wegreißen; *Hand* zurückziehen; *~ k-u na cti* an s-r Ehre kränken (*D*); *~ k-u na mzdě* vom Lohn abziehen (*D*); *~ se* sich losreißen; *Felsen:* sich loslösen; *~ se na k-o* anfahren, anherrschen, P anschnauzen (*A*); *~ si od úst* sich vom Munde absparen.
utrmácet *pf.* (3 *Pl. -ejí*) ermüden, strapazieren; *~ se* sich erschöpfen, F sich abrackern.
útroba *f* (1) Innere(s) *n*; *-by pl.* Eingeweide *n*. [bröckeln.⟩
utrolit *pf. v/t* abbröseln, ab-⟩
utrousit *pf.* (-šen) verstreuen; *Worte* verlieren.
utrp|ení *n* (3) Leiden *n*, Pein *f*; *Rel.* Martyrium *n*; **~ět** *pf.* erleiden.
útrp|nost *f* (4) Mitleid *n*; **~ný** mitleidig.
utrušovat ⟨-šuji⟩ *s. utrousit*.
utrýznit *pf.* (-ěn) zu Tode quälen.
útržek *m* (2b; -žk-) Abschnitt *m*.
utržit *pf.* Geld einnehmen; *Wunden* davontragen; *dát k-u co ~* j-n et. verdienen lassen.
útržkový Abreiß-.
utřídit *pf.* (-ěn) sortieren, sichten; klassifizieren.
utřinos *m* (1a) *verä.* Rotznase *f*.
utřít *pf.* (*s. třít*) abwischen; *Geschirr* abtrocknen; *Kochk.* zerreiben; *Flachs* brechen; *~ se* sich abreiben.
utuh|lý erstarrt; **~nout** *pf.* (-hl) erstarren, hart werden.
utuch|lý erloschen, geschwunden, **~at** ⟨po-⟩, **~nout** *pf.* (-chl) erlöschen, abflauen; *Gerücht:* verstummen.
útul|ek *m* (2b; -lk-) Zuflucht(sort *m*) *f*; **~na** *f* (1; -len) Asyl *n*, Heim *n*; *horská ~* Schutzhütte *f*; **~nost** *f* (4) Gemütlichkeit *f*, Behaglichkeit *f*; **~ný** gemütlich, behaglich; *poet.* traut, lauschig.
ututl(áv)at vertuschen.
utuž|it *pf.* ⟨-žuji⟩ festigen; *Bande* fester knüpfen.
útvar *m* (2a) Gebilde *n*; *Geol., Mil.* Formation *f*; Abteilung *f*.
utvář|ení *n* (3) Gestaltung *f*; **~et** (3 *Pl. -ejí*), **~it** ⟨z-⟩ formen, gestalten, bilden.

utvoření 458

utvoř|ení n (3) Bildung f; ~ mraků Wolkenbildung; **~it** pf. bilden, schaffen, gründen.

utvrd|it pf. (-zen) festigen, härten; (v čem) bestärken, vervollkommnen (in D); **~lý** hart geworden, verhärtet; **~nout** pf. (-dl) hart (od. fest) werden, verhärten.

utvrz|ení n, **~ování** n (3) Festigung f; **~ovat** (-zuji) s. utvrdit.

utýrat pf. zu Tode quälen.

uvad|at, ~nout pf. (-dl) (ver)welken; dahinwelken; **~lý** verwelkt, welk.

uvaděč, uváděč m (3), **~ka** f (1c; -ček) Platzanweiser(in f) m.

uvád|ění n (3) Einführung f der Gäste; Anführung f, Angabe f von Gründen; **~ět** (3 Pl. -ějí) s. uvést.

úvaha f (1b) Erwägung f; Betrachtung f, Überlegung f; Abhandlung f; po zralé úvaze nach reiflicher Überlegung; přicházet v -hu in Betracht (od. in Frage) kommen; brát v -hu in Erwägung ziehen, erwägen, bedenken. [-senke f.\]

úval m (2; 6. -u/-e) Talgrund m,\]

uválet pf. (3 Pl. -ejí) festwalzen; Teig auswalzen, kneten; Kleider zerknittern.

uval|ení n (3) Aufbürden n; Jur. Verhängung f; **~it** pf., **~ovat** (-luji) (na k-o) aufbürden, aufladen, F aufhalsen (D); Strafe verhängen; Konkurs eröffnen; ~ na sebe podezření den Verdacht auf sich lenken; ~ na sebe vinu die Schuld auf sich nehmen.

uvarov|ání n (3) Vermeidung f; Med. Verhütung f; **~at** pf. (-uji) (č-o) bewahren, behüten (vor D); ~ se č-o sich hüten (od. in Acht nehmen) vor (D), vermeiden (in Acht nehmen); ~ se škody sich vor Schaden bewahren.

uvařit pf. (gar) kochen; ~ na měkko weich kochen.

uvázat pf. (-žu/-ži) anbinden, festbinden; Blumen binden; ~ se (v co) sich verpflichten (zu D); Besitz, Amt übernehmen; ~ si šátek sich ein Tuch umbinden.

úvazek m (2b; -zk-) Verpflichtung f; učební ~ Lehrauftrag m.

uváz|nout pf. (-zl) stecken bleiben; Verkehr: stocken; Hdl. zum Stillstand kommen; Mar. auflaufen; **~nutí** n (3) Stockung f; Stillstand m.

uvazovat (-zuji) s. uvázat.

uváž|ená f (Adj. 2), **~ení** n (3) Überlegen n, Bedenken n; lhůta na -enou Bedenkzeit f; dal mu to na -enou er überließ es s-m Ermessen; po mém (od. podle mého) -ení meines Erachtens, nach m-m Ermessen; **~ený** überlegt; **~it** pf. (co, o čem) bedenken, erwägen, überlegen (A), nachdenken (über A); **~livost** f (4) Bedacht(samkeit f) m; **~livý** besonnen, bedächtig.

uvažovat (-zuji) s. uvážit.

uvede|ní n (3) Einführung f; Anführung f, Aufzählung f, Angabe f; ~ v chod Inbetriebsetzung f; ~ v náležitý stav Instandsetzung f; ~ na scénu Inszenierung f; **~ný** angeführt, erwähnt, genannt; ~ pán der besagte Herr; shora ~ obenangeführt; poslední ~ letztgenannt.

uvědom|elost f (4) Bewußtsein n; **~ělý** bewußt; národně, třídně ~ national-, klassenbewußt; **~ění** n (3) Bewußtsein n; Benachrichtigung f; **~it** pf., **~ovat** (-uji) (o čem) in Kenntnis setzen, verständigen (von D); (k-o) j-s Selbstbewußtsein heben; ~ se sich bewußt werden; ~ si (co) sich bewußt werden (G), sich vergegenwärtigen (A), sich klar werden (über A). [derlassen.\]

uvelebit se pf. sich gemütlich nie-\]

úvěr m (2a) Kredit m, P Borg m; dát co na ~ kreditieren, auf Kredit leihen; schopný ~ kreditfähig; **~ce** m (3) Kreditgeber m; **~ní** Kredit-; **~nictví** n (3) Kreditwesen n; **~ník** m (1a) Kreditnehmer m; **~ovat** (im)pf. (-ruji) kreditieren; **~uhodný** kreditwürdig; **~uschopný** kreditfähig.

uveřej|nění n (3) Veröffentlichung f, Publikation f; **~nit** pf., **~ňovat** (-ňuji) veröffentlichen, publizieren.

uvěř|ení n (3) Glauben n; sotva k ~ kaum zu glauben; **~it** pf. (k-u) glauben (D); (č-u) Glauben schenken (e-r Sache); **~itelný** glaubhaft, glaubwürdig.

uvést pf. (s. vést) einführen; anführen, angeben, zitieren; ~ v pohyb, do pohybu, v činnost, v chod in Bewegung, in Gang setzen; Thea. aufführen, in Szene setzen; ~ v oběh Geld in Umlauf setzen; ~ v pokušení in Versuchung führen; ~ na správnou cestu auf den rechten Weg, na mysl od. paměť in Erinnerung, v po-

řádek *od.* do pořádku in Ordnung, v *souladu* in Einklang bringen.
uvěz|nění *n* (3) Inhaftierung *f*, Einkerkerung *f*; ~nit *pf.*, ~ňovat (-*ňuji*) einkerkern, ins Gefängnis werfen, F einsperren.
uvézt *pf.* (*s. vézt*) zu transportieren imstande sein, *Hg., Kfz.* tragen.
uvidět *pf.* erblicken; (wieder)sehen; *uvidíme!* wir werden (schon) sehen!
uvíjet (3 *Pl. -eji*), uvít *pf.* (*s. vít*) winden; *Blumen* binden.
uvít|ací Begrüßungs-; ~aná *f* (*Adj. 2*), ~ání *n* (3) Begrüßung *f*, Willkommen *n*, Empfang *m*; *na* -anou zur Begrüßung; ~at *pf.* empfangen, begrüßen, willkommen heißen.
uvíz- *s. uvíznout*.
uvláčet *pf.* (3 *Pl. -eji*) Feld eggen; *Kleid* abtragen; *j-n* zu Tode schleifen.
uvléci *pf.* (*s. vléci*) imstande sein (*od.* F es schaffen) zu schleppen, tragen; von der Stelle bringen.
uvnitř *Adv.* innen, im Innern, *dial.* drin(nen); *Prp.* (*mit 2. Fall*) innerhalb, im Innern (*G*).
úvod *m* (2; 6. -*u*/-*ě*) Einführung *f*, Einleitung *f*; Vorwort *n*; ~em zur Einführung; eingangs, einleitend.
úvodí *n* (3) Flußgebiet *n*, Flußbett *n*.
úvodit *pf. uvést.* [system *n.*]
úvod|ní Einführungs-, Einleitungs-; ~ poznámka Vorbemerkung *f*; ~ník *m* (2b) Leitartikel *m*; ~níkář, ~nikář *m* (3) Leitartikelschreiber *m*, F Leitartikler *m*.
uvol|it se *pf.* (*k č-u*) sich bereit erklären, sich herablassen, sich bequemen (zu *D*); einwilligen (in *A*); ~nění, ~ňování *n* (3) Freigabe *f*, Freimachen *n*; Lockerung *f*, Lösung *f*; ~něnost *f* (4) Auflockerung *f*; ~nit *pf.*, ~ňovat (-*ňuji*) frei machen, freigeben; lockern, lösen; *Muskel* entspannen; *Sp.* freispielen; *Schiff* flottmachen; ~ovat se (-*luji*) *s. uvolit se.*
úvoz *m* (2; 6. -*u*/-*e*) Hohlweg *m*.
uvozov|ací Anführungs-; ~ka *f* (1c; -*vek*) Anführungszeichen *n*.
úvrat *f* (4c; -*tě*) Pflugwende *f*; *Esb.* totes Gleis *n*.
uvrhnout *pf.* (-*hl*; -*žen*) werfen, stürzen.
uvrstvit *pf.* schichten.
uvrtat P *pf.* (*do č-o*) fesseln (an *A*), bringen (zu *D*).

uvyk|at, ~nout *pf.* (-*kl*) sich gewöhnen (*č-u, k-u* an *A*); ~lý gewohnt.
uzákon|ění *n* (3) gesetzliche Festlegung *f*, Kodifizierung *f*; ~ěný gesetzlich festgelegt, zum Gesetz erhoben; ~it *pf.* (-*ěn*) gesetzlich festlegen, kodifizieren.
uzam|čení *n* (3) Verschließen *n*; ~knout *pf.* (-*kl*; -*knut*/-*čen*), ~ykat ⟨*po-, z-*⟩ ab-, verschließen.
uzard|ělý gerötet, (scham)rot; ~ění *n* (3) Erröten *n*; *bez* ~ ohne zu erröten; ~it se *pf.*, ~ívat se erröten.
uzátkovat *pf.* (-*kuji*) verkorken, F zustöpseln.
uzávěr *m* (2a), ~a *f* (1d) Verschluß *m*, Sperre *f* (1c; -*rek*) *Hdl.* Abschluß *m*; *Fot.* Verschluß *m*.
uzavír|ací Verschluß-, Sperr-, Abschluß-; ~at *s. uzavřít*; ~atelný verschließbar; Schließ-.
uzavř|ení *n* (3) Abschluß *m*; Schließung *f*; Grenz-, Straßensperre *f*; ~ sňatku Eheschließung; ~enost *f* (4) Abgeschlossenheit *f*, Abgeschiedenheit *f*; (*Wesen*) Verschlossenheit *f*; ~ený geschlossen; verschlossen; *Straße:* gesperrt; ~it *pf.* (*s. zavřít*) absperren, (ver)schließen; *Strom, Gas* abstellen; *Rechnung, Buch* abschließen; *Vertrag, Ehe, Frieden* schließen; *Feind* einschließen; *Armee* einkesseln; ~ se sich absperren.
uzce *Adv.* eng; *fig. a.* innig; *s. úzký.*
uzda *f* (1) Zaum *m*, Zügel *m*.
uzdrav|ení *n* (3) Genesung *f*, Heilung *f*, Besserung *f*; ~it *pf.*, ~ovat (-*vuji*) heilen (z *č-o* von *D*); ~ se genesen, (wieder) gesund werden.
uzdvihnout *pf.* (-*hl*; -*žen*) imstande sein (*od.* F es schaffen) *et.* zu heben.
uzel *m* (2a; -*zl-*) Knoten *m*; Bündel *n*; *Phys., Esb.* Knotenpunkt *m*.
území *n* (3) Gebiet *n*; *Sp.* (trestné Straf-)Raum *m*.
uzem|nění *n* (3) *El., Rdf.* Erdung *f*, Erdanschluß *m*; ~něný geerdet; ~nit *pf.*, ~ňovat (-*ňuji*) erden.
uzen|áč *m* (3) geräucherter Hering *m*, Bückling *m*; ~ář *m* (3) Wurstmacher *od.* -händler *m*; *öst.* Selcher *m*; ~ářský Wurstwaren-; ~é *n* (*Adj. 2*) Rauchfleisch *n*, *öst.* Selchfleisch *n*, *dial.* Geselchtes *n*; ~ice *f* (2a) Knackwurst *f*; ~ina *f* (1) Räucherware *f*, *öst.* Selchware *f*; ~ka *f* (1c; -*nek*) Raucherwurst *f*, Bock-

uzený

wurst f; **~ý** geräuchert, Rauch(er)-, öst. Selch-.

úzko Adv. eng, schmal; bange; **~hrdlý** enghalsig; **~kolejný** Esb. Schmalspur-; **~profilový** fig. Engpaß-; **~prsý** engbrüstig; engherzig; **~rozchodný** Esb. schmalspurig.

úzkost f (4) Enge f, Angst f, Bangigkeit f; být v **~ech** in Angst od. Sorge sein; s **~í** mit Bangen; **~í** mlčet vor Angst schweigen; **~iplný** angstvoll; **~livec** m (3; -vc-) ängstlicher Mensch m, F Angstmeier m; **~livý** ängstlich, bange; peinlich (genau); **~ný** bange; Angst-.

úzký (Komp. užší; Adv. úzko, úzce; Komp. úže[ji]) eng, schmal; **~profil** fig. Engpaß m; být v **~ch** F in der Klemme sein; zahnat k-o do **~ch** F j-n in die Enge treiben.

uzl|í(če)k m (2b; [-čk-]) kleiner Knoten m; Bündel n; Binde f (1) Anat. Ganglion n, Nervenknoten m; **~inový** Ganglien-; **~it, ~ovat** ⟨za-⟩ (-luji) knoten, knüpfen; **~ovatý, ~ovitý** knotig, voller Knoten; **~ový** Knoten-.

uzlobit pf. zu Tode ärgern. [vzít.⟩

uzmout pf. (uzmul, -ut) s. odejmout.⟩

uznal|ost f (4) Erkenntlichkeit f; **~ý** erkenntlich; anerkennend.

uzn|ání n (3) Anerkennung f, Einsicht f; **~aný** anerkannt; **~(áv)at** ⟨za co⟩ anerkennen (als A); einsehen; **~ávací** Anerkennungs-.

uzoučký, ~(li)nký (Adv. -ce) P ganz eng, sehr schmal.

uzpůsob|ení n (3) Anpassung f; **~ený** geeignet; angepaßt; **~it** pf., **~ovat** (-buji) (k č-u) geeignet machen (zu D); anpassen.

uzrá|lý reif, gereift; **~t** pf. (uzrají), **~vat** reif werden, heranreifen.

uzřít pf. (-im, -el) erblicken, zu Gesicht bekommen. [nout.⟩

uzvednout pf. (-dl; -dnut) s. uzdvih-⟩

už schon, bereits; **~ ne-** nicht mehr; **~ už** beinahe, fast.

úžas m (2; 6. -u/-e) Staunen n, Erstaunen n, Verblüffung f.

užas|lý erstaunt, verblüfft; **~nout** pf. (-sl) erstaunt (od. verblüfft, entsetzt) sein (nad čím über A); **~nutí** n (3) s. úžas.

úžasný erstaunlich, verblüffend; fig. schrecklich, fürchterlich; **~ pořádek** heillose Unordnung; -ně laciný erstaunlich billig.

uždib|nout pf. (-bl/-bnul; -bnut), **~ovat** (-buji) P ein Stückchen abbrechen.

uže(ji) s. úzký.

úžeh m (2b) Hitzschlag m, Sonnenstich m.

úžení n (3) Gr. Verengung f.

užilý freigebig, nicht kleinlich.

úžina f (1) Enge f; zemská **~** Landenge; Gibraltarská **~** Straße f von Gibraltar.

uží|nat abmähen; **~rat** s. užrat; **~t¹** pf. (užiji, -il, -it) (č-o, co) gebrauchen, benutzen, anwenden (A); Ferien genießen; Medizin einnehmen; Dienste in Anspruch nehmen; von der Waffe Gebrauch machen; zle **~** mißbrauchen.

užít² pf. (užnu; s. žít²) abmähen.

úžit ⟨z-, za-⟩ enger machen, einengen, schmälern; **~ se** enger (od. schmaler) werden, sich verengen.

užiteč|nost f (4) Nützlichkeit f; **~ný** nützlich; Tech. Nutz-.

užit|ek m (2b; -tk-) Nutzen m, Vorteil m, Gewinn m; Jur. Nutzung f; brát, dávat **~** Nutzen ziehen, bringen; k **~tku** zum Nutzen; **~í** n (3) Gebrauch m, Benutzung f, Anwendung f; **~kovost** f (4) Nutzleistung f; **~kový** Nutz-; **~ný** Gebrauchs-, Nutzungs-.

užív|ací Gebrauchs-, Nutzungs-; P **~ soda** Natron n; **~ání** n (3) s. užití; **~aný** gebräuchlich, (viel) benutzt, oft gebraucht; **~at** ⟨po-⟩ s. užít¹.

uživatel m (3; -é), **~ka** f (1c; -lek) Benutzer(in f) m; Jur. Nutznießer m, Nutznießerin f; **~ný** (be)nutzbar; **~ství** n (3) Nutz(ungs)recht n.

uživit pf. ernähren; **~ se** s-n Lebensunterhalt verdienen; sein Fortkommen finden; sotva se **~ví** er kaum genug zu leben.

úžlab|í n (3), **~ina** f (1) Schlucht f, Hohlweg m, Talmulde f; fig. Winkel m; Bot. Achsel f.

užmolit pf. s. usmolit.

užnout pf. (-žnu; -žal; -žat) s. užít².

úžovka f (1c; -vek) Natter f; obecná **~** Ringelnatter.

užrat pf. (užeru) abfressen; P **~ se** sich totärgern.

užší s. úzký.

užuž fast, beinahe.

užvan|ěný schwatzhaft; **~it se** F pf. zuviel schwatzen.

užvýkat pf. zerkauen.

V

v (*bei schwier. Aussprache* ve) *Prp.* (*mit 6. Fall*) in (*D: örtlich auf die Frage wo?*); *zeitlich auf die Frage wann?*); (*mit 4. Fall*) in (*A: Ziel, Ergebnis*); um ... (*Uhr*), an (*D*), am, zu (*Zeitangabe, Tag*); ~ Praze in Prag; ve vodě im Wasser; ~ létě im Sommer; ve dne bei Tage; ~ noci in der Nacht; spojit ~ celek zu e-m Ganzen verbinden; ~ náš prospěch zu unserem Vorteil; ~ neděli am Sonntag, sonntags; ~ poledne zu Mittag; věřit ~ Boha an Gott glauben; hrát ~ karty Karten spielen; ~- *in Zssgn mst* hinein-, ein-.

váb|ení *n* (3) Locken *n*; ~**idlo** *n* (*1a; -del*) Lockmittel *n*; ~**it** ⟨při-, z-⟩ locken; ~**ivý** (ver)lockend, reizend; ~**nička** *f* (*1c; -ček*) *Jagdw*. Lockpfeife *f*; ~**ný** *s.* vábivý.

václavka *f* (*1c; -vek*) *Bot.* Hallimasch *m*.

váček *m* (*2b; -čk-*) Beutel *m*, Säckchen *n*.

vačic|e *f* (*2a*) Beuteltier *n*; Opossum(fell) *n*; ~**ový** Opossum-.

vačka *f* (*1c; -ček*) *Tech.* Nocke *f*.

vačnatec *m* (*3; -tc-*) Beuteltier *n*.

vada *f* (*1*) *Med.* Fehler *m*; Mangel *m*, Schaden *m*, Gebrechen *n*.

váda *f* (*1*) Zank *m*, Streit *m*.

vadi|t ⟨za-⟩ (k-u, č-u) (be)hindern, beeinträchtigen (*A*); hinderlich sein, im Wege stehen (*D*); to nevadí! das macht nichts!; ~ **se** streiten, sich zanken; ~**vý** zänkisch, streitsüchtig.

vadnout ⟨z-, za-⟩ (-dl) welken, verblühen.

vadný mangelhaft, fehlerhaft.

vagón *m* (*2; 6. -u/-ě*) Eisenbahnwagen *m*, † Waggon *m*; ~**ka** P*f* (*1c; -nek*) Waggonfabrik *f*.

váha *f* (*1b; 2 Pl. vah*; *7 Sg.-*, *3, 6, 7 Pl. a. vah-*) Waage *f*; Gewicht *n*; *fig.* Wert *m*; na -hu nach Gewicht, být na -hách unentschlossen sein, schwanken; klást velkou -hu na co großen Wert legen auf (*A*); to nepadá na -hu das fällt nicht ins Gewicht.

vahadlo *n* (*1a; -del*) Waagebalken *m*; ~ u pumpy Pumpenschwengel *m*.

váh|ání *n* (*3*) Zögern *n*; bez ~ ohne Bedenken, ohne zu zögern; ~**at** ⟨za-⟩ zögern, schwanken; ~**avec** *m* (*3; -vc-*) Zauderer *m*; ~**avost** *f* (*4*) Unentschlossenheit *f*, Saumseligkeit *f*; ~**avý** zögernd, unschlüssig; ~**ový** Gewichts-.

vaječ|ník *m* (*2b*) *Anat.* Eierstock *m*; *Kochk.* Eierkuchen *m*; ~**ný** Eier-; *Bio.* Ei-.

vajíčko *n* (*1b; -ček*) (kleines) Ei *n*.

vak *m* (*2b*) Beutel *m*, (Reise-)Tasche *f*; (Schlaf-)Sack *m*.

val *m* (*2; 6. -u/-e*) Wall *m*, Schanze *f*.

vál *m* (*2; 6. -u/-e*) Küchen-, Nudelbrett *n*.

valach *m* (*1a*) *Zo.* Wallach *m*; Schafhirt *m*.

valaš|ka *f* (*1c; -šek*) Hammerbeil *n* der Hirten, Hirtenstab *m*; ~**ský** walachisch.

valbový: -vá střecha Walmdach *n*.

valcíř *m* (*3*) Arbeiter *m* im Walzwerk.

válc|ovací Walz-; ~**ovačka** *f* (*1c; -ček*) Walze *f*; ~**ovaný** *Tech.* Walz-; ~**ovat** ⟨pře-, roz-, vy-, za-⟩ ⟨-cuji⟩ walzen; ~**ovitý** walzenförmig; *Geom.* zylindrisch; ~**ovna** *f* (*1; -ven*) Walzwerk *n*; ~**ový** Walzen-; *Geom.* zylindrisch, Zylinder-.

válč|ení *n* (*3*) Kriegführen *n*, Kriegführung *f*; ~**ící** kriegführend; **válčík** *m* (*2b*) Walzer *m*.

válčit ⟨za- si⟩ Krieg führen.

vál|ec *m* (*4; -lc-*) Walze *f*; Zylinder *m*; ~**eček** *m* (*2b; -čk-*) (kleine) Walze *f*; Rolle *f*; *Kochk.* Nudelholz *n*; ~**ečkový** rollen-, walzenförmig; Rollen-; Walzen-.

váleč|nický kriegsmäßig; ~**nictví** *n* (*3*) Kriegswesen *n*; ~**ník** *m* (*1a*) Krieger *m*; ~**ný** Kriegs-.

válek *m* (*2b; -lk-*) Nudelholz *n*.

valem in Scharen; schnell, rasch.

valence f (2) Chem. Valenz f, Wertigkeit f.
valený gewälzt; Arch. Tonnen-.
vál|ený gewälzt, Walz-; ~et ⟨po-, z-, za-⟩ (3 Pl. -eji) wälzen, rollen; walzen; Teig kneten; ~ se sich (her-um)wälzen, F faulenzen.
valch|a f (1b) Waschbrett n; Tech. Walke f; ~ovat ⟨pro-, vy-, z-⟩ (-chuji) (durch)walken; ~ovna f (1; -ven) Walkmühle f, Walke f.
valit ⟨po-, pře-, vy-, za-⟩ wälzen, rollen; ~ se sich wälzen; eindringen, hereinbrechen.
válka f (1c; -lek) Krieg m.
valník m (2b) Kfz. Plattformwagen m.
valný groß, zahlreich; -ná hromada Plenarsitzung f; -né shromáždění Haupt-, Vollversammlung f; to není -né damit ist es nicht weit her.
valoun m (2a) Rollstein m; ~y pl. Geröll n.
valut|a f (1) Währung f; Devisen pl.; ~ní, ~ový Währungs-.
vám euch (D); ⚥ Ihnen; s. on.
van m (2a) poet. Hauch m.
vana f (1) Wanne f.
vandr P m (2a) Wanderschaft f; ~ák m (1a) Landstreicher m; ~ovat ⟨pro-, za-⟩ P (-ruji) wandern; ~ovník m (1a) Wanderbursch m, Wandergeselle m.
ván|ek m (2b; -nk-) Lüftchen n, Brise f; ~í n (3) Wehen n; ~ice f (2a) Schneetreiben n.
vanička f (1c; -ček) kleine Wanne f, Kinderbadewanne f.
vanilk|a [-nɪ-] f (1c; -lek) Vanille f; ~ový Vanille-.
váno|ce f/pl. (2; 2. -oc, 3. -ům, 7. -emi/-i) Weihnachten f/pl. od. n; o -cích zu Weihnachten; ~čka f (1c; -ček) Weihnachtsstriezel m, -stollen m; ~ční Weihnachts-.
vanout ⟨za-⟩ (-nul) wehen.
vanový Wannen-.
vápen|atět ⟨z-⟩ (3 Pl. -ějí) verkalken; ~atý kalkhaltig, Kalk-; ~cový Kalkstein-; ~ec m (4; -nc-) Kalkstein m; ~ice f (2a) Kalkofen m; ~ík m (1a) Kalkbrenner m; ~itý kalkhaltig, Kalk-; ~ka f (1c; -nek) Kalkbrennerei f; ~ný Kalk-.
vápn|ík m (2b) Kalzium f; ~it ⟨po-, z-⟩ Agr. Boden kalken; ~o n (1; 6. -ě/-u) Kalk m; ~odusík m (2b) Kalkstickstoff m.

var m (2a) Sieden n, Kochen n; přivést do ~u zum Sieden bringen.
varhanář m (3) Orgelbauer m.
varhánek m (2b; -nk-) Falte f; Eselsohr n.
varhaník m (1a) Organist m.
varhánk|ovitý faltenreich; a. = ~ový Falten-; ~y f/pl. (-nek) Kleinorgel f; s. varhánek; děti jako ~ Kinder wie die Orgelpfeifen.
varhan|ní, ~ový Orgel-; ~y f/pl. (1) Orgel f.
vari! weg!, (pack dich) fort!
variace f (2) Variation f.
várka f (1c; -rek) Gebräu n, Sud m.
varle n (4) Hode f, Hoden m.
var|mistr m (1; -ři) Braumeister m; ~na f (1; -ren) Siederei f; ~ní, ~ný Koch-, Sud-; Bräu-.
varov|ání n (3) Warnung f; ~at ⟨za-⟩ (-ruji) warnen; ~ný warnend, Warn-.
varta P f (1) Wache f; stát na ztracené -tě auf verlorenem Posten stehen.
vař|ák m (2b) Kochtopf m; ~ečka f (1c; -ček) Kochlöffel m; ~ící kochend, siedend; ~ič m (4) Kocher m; ~it ⟨na-, po-, pro-, u-, za-⟩ kochen, sieden (se v/i); Bier brauen; ~ivo n (1) Nährmittel n/pl.; ~ivý Koch-.
vás euch; ⚥ Sie, Euch; (von) Ihnen.
vasal m s. vazal.
váš, vaše euer, eure; ⚥ Ihr(e); Euer; Eure; z Vaší strany Ihrerseits.
váš|eň f (3; -šně, -šni usw.) Leidenschaft f; ~nivost f (4) Leidenschaft (-lichkeit) f; ~nivý leidenschaftlich.
vát ⟨na-, po-, za-⟩ (3. věje, vál, vát) Wind: wehen, blasen.
vat|a f (1) Watte f; ~elín m (2; 6. -u/-ě) Watteline f.
vatikánský [-tɪ-] vatikanisch, Vatikan-.
vatov|at ⟨vy-⟩ (-tuji) wattieren; ~ka f (1c; -vek) wattierte Jacke f.
vatra f (1d; -ter) (Lager-)Feuer n.
vavřín m (2; 6. -u/-ě) Lorbeer m; ~ový Lorbeer-.
vaz¹ m (2a) Genick n, Nacken m; Anat. Gelenkband n; F zlom ~! Hals- und Beinbruch!
vaz² m (2a) Ulme f.
váza f (1b) Vase f; ~ na květiny Blumenvase.
vázací Binde-.

vazač m (3) Binder m; **~ka** f (1c; -ček) Binderin f; Bindemaschine f.
váz|ané n (Adj. 3) Geburts- od. Namenstagsgeschenk n, † Angebinde n; **~ání** n (3) Binden n; Sp. Bindung f; **~anka** f (1c; -nek) Krawatte f, Schlips m; **~aný** gebunden; Teppich: geknüpft; **~at** ⟨na-, při-, u-, za-⟩ (vážu/-ží) binden; Teppich knüpfen.
vaz|ba f (1; -zeb) Haft f, lit. Gewahrsam m; Binden n; (Buch-) Einband m; Chem. Bindung f; Gr. Konstruktion f, Wendung f; Phys., Rdf. Koppelung f; **~ební**, **~ebný** Verband-, Verbindungs-; **~ivo** n (1) Anat. Binde-, Zellgewebe n; Tech. Bindemittel n; **~ivový** Bindegewebs-; **~kost** f (4) Viskosität f; **~ký** feucht, zäh(flüssig); **~nice** f (2a) Arch. Pfette f; Mar. Steven m; **~ník** m (2b) Bindebalken m; **~nost** f (4) Bindekraft f.
váznout ⟨u-, za-⟩ (-zl) stocken, F hapern; steckenbleiben; Schulden: lasten, haften.
vazný Binde-; Typ. Bund-.
vážen|í n (3) Wiegen n, Wägen n; **~ka** f (1c; -nek) Waag(e)schein m; **~ý** (in Anreden) (sehr) geehrt, wert; geachtet, geschätzt; auf der Waage gewogen.
vážit ⟨do-, po-, roz-, u-, z-, za-⟩ wiegen; wägen; Wasser schöpfen: **~ si** č-o (hoch)schätzen, zu schätzen wissen, würdigen (A); **~elný**, **važitelný** wägbar.
váž|ka f (1c; -žek) Libelle f, Wasserjungfer f; **-ky** pl. (kleine) Waage f; být na **~kách** unentschlossen sein; Sache: in der Schwebe sein; **~né** n (Adj. 3) Waagegeld n, Wägegebühr f; **~nět** ⟨z-⟩ (3 Pl. -ejí) ernst werden; **~ní** Waag(e)-; **~nice** f (2a) Waagehaus n; † a. Ziehbrunnen m; **~nost** f (4) Achtung f, Ansehen n, Würde f; Wichtigkeit f; Ernst m; ~ k sobě Selbstachtung; mít ve ~i in Ehren halten; j-n schätzen; **~ný**[1] ernst, ernsthaft, fig. gesetzt; -ně im Ernst; zcela -ně mit vollem Ernst, allen Ernstes; **~ný**[2] m (Adj. 1) Waagemeister m.
vběhnout pf. (-hl), **vbíhat** (hinein-) laufen; ~ k-u do cesty j-m in den Weg laufen.
vbí|jet (3 Pl. -ejí), **~t** pf. (s. bít) (hin-) einschlagen, stanzen.

vbod|nout pf. (-dl; -dnut) (hin)einstechen, **~nutí** n (3) Einstich m.
vbrzku bald, in Kürze.
vcelku insgesamt, im (großen und) ganzen.
vcepovat pf. (-puji) einpauken, iron. einhämmern.
vcít|ění n (3) Einfühlung f; schopnost ~ Einfühlungsgabe f; **~it se** pf. (do č-o) sich einfühlen, sich hineinversetzen (in A).
včas Adv. rechtzeitig, zur rechten Zeit; **~ný** rechtzeitig; Jur. fristgerecht.
včel|a f (1a) Biene f; ~ dělnice Arbeitsbiene; chov včel Bienenzucht f; **~ař** m (3) Imker m, Bienenzüchter m; **~ařit** ⟨za- si⟩ Bienenzucht treiben; **~ařský** Bienen-, Imker-; **~ařství** n (3) Bienenzucht f; **~í** Bienen-; **~ička** f (1c; -ček) Bienchen n; **~ín** m (2; 2. -a) Bienenstock m; **~ník** m (2b) Bienenkorb m; **~ojed** m (1) Zo. Bienenfresser m; **~stvo** n (1; -stev) Bienenvolk n.
včer|a gestern; **~ejšek** m (2b; -šk-; 2. -ška) gestrige Tag m; od (do) -ška seit (bis) gestern; **~ejší** gestrig, von gestern.
včetně einschließlich; Hdl. inbegriffen.
včítat (co do č-o) anrechnen (et. auf A).
včle|nit pf., **~ňovat** (-ňuji) eingliedern (se sich).
vdaná verheiratet (Frau).
vdá|t pf., **~vat** ⟨pro-, za-⟩ (za k-o) Mädchen verheiraten (mit D); ~ se heiraten (A), sich verheiraten (mit D); **~vání** n (3) Heirat(en n) f; je na ~ sie ist im heiratsfähigen Alter.
vdav|ekchtivá heiratslustig (Frau); **~ky** f/pl. (1; -vek) Heirat(en n) f.
vděč|it ⟨od- se, za- se⟩ (za co) verdanken (A); **~nost** f (4) Dankbarkeit f; **~ný** dankbar; fig. lohnend.
vdech m (2b) Einatmen n; **~nout** pf. (-chl), **~ovat** (-chuji) einatmen; Med. inhalieren; **~ovací** Inhalations-.
vděk m (2b) Dank m; poet. Anmut f, Reiz m; s. zavděk; **~uplný** anmutig, reizvoll.
vdolek m (2b; -lk-) Kochk. Dalken m.
vdov|a f (1) Witwe f; **~ec** m (3; -vc-) Witwer m; **~ička** f (1c; -ček) junge (hübsche) Witwe f; **~ský** Witwen-; **~ství** n (3) Witwenstand m.

vdýchnout *pf. s.* vdechnout.
ve *s. v.*
véba *f (1)* Webe *f.*
věc *f (4)* Sache *f;* Gegenstand *m; Jur.* Angelegenheit *f; Hdl. (Akten)* betrifft; *prokázaná ~* Tatsache; *doličná ~* Corpus delicti *n;* **~ně** *Adv.* sachgemäß, sachlich, zur Sache; **~nost** *f (4)* Sachlichkeit *f;* **~ný** sachlich, Sach-.
vecp(áv)at *(pf. -u)* hineinstopfen, hineinzwängen.
več = *v co* woran, worauf.
večer *1. m (2a; 2. -a)* Abend *m; dobrý ~!* guten Abend!; *od rána do ~a* von früh bis abend; *2. Adv.* abends, am Abend; *dnes ~* heute abend; **~ka** *(1c; -rek) Mil.* Zapfenstreich *m;* **~ní** Abend-, abendlich; **~nice** *f (2a)* Abendstern *m;* **~ník** *m (2b)* Abendblatt *n,* Abendzeitung *f.*
večeř|adlo *n (1a; -del)* Speisesaal *m;* **~e** *f (2)* Abendessen *n; Rel.* Abendmahl *n;* **~et** *⟨na- se, po-⟩ (3 Pl. -ejí/-í)* zu Abend essen.
večír *F s.* večer; **~ek** *m (2b; -rk-) (Unterhaltungs-)*Abend *m,* Abendveranstaltung *f.*
věč|nost *f (4)* Ewigkeit *f; být na -sti* im Jenseits sein; **~ný** ewig.
ved... *in Zssgn s.* vést.
věd|a *f (1)* Wissenschaft *f;* **~ec** *m (3; -dc-)* Wissenschaftler *m;* **~ecký** wissenschaftlich.
vedení *n (3)* Führung *f,* Leitung *f; ~ pře* Prozeßführung.
věd|ění *n (3)* Wissen *n; touha po ~* Wissensdurst *m;* **~ět** *⟨vím, 3 Pl. vědí, věděn⟩* wissen; *dát ~* wissen lassen; *toť se ví!* selbstverständlich!, natürlich!; **~kyně** *f (2b)* Wissenschaftlerin *f,* Gelehrte *f.*
vedle *1. Prp. (mit 2. Fall)* neben *(auf die Frage wo? mit D;* wohin? *mit A); 2. Adv.* daneben, nebenan; außer *(D).*
vedlejš|ek *m (2b; -šk-)* Nachbarschaft *f,* anliegender Teil *m; od -ška* von nebenan; **~í** Neben-, anliegend; nebensächlich.
vědní Wissens-.
vědom, ~a *(č-o)* bewußt *(G);* **~ě** *Adv.* bewußt, mit vollem Wissen; **~í** *n (3)* Bewußtsein *n; fig.* Wissen *n; při ~* bei vollem Bewußtsein; *bez mého ~* ohne mein Wissen; *brát na ~* zur Kenntnis nehmen; **~ky** *s.* vědomě; **~o** *s.* vědom; **~ost** *f (4)*

Wissen *n,* Kenntnis *f;* **~ý** bewußt, wissentlich; *~ viny* schuldbewußt.
vedoucí *1.* führend, leitend; *2. m (Adj. 4)* Leiter *m.*
vedrat se *pf. (vderu)* eindringen, sich hineindrängen.
vedro *n (1b; -der)* Hitze *f,* Schwüle *f.*
vědro *n (1b; -der)* Eimer *m,* Kübel *m.*
vedřiny *f/pl. (1)* Hitzeferien *pl.*
vedví entzwei.
vědychtiv|ost *f (4)* Wissensdrang *m,* Wißbegierde *f;* **~ý** wißbegierig, lernbegierig.
veget|ace *f (2)* Vegetation *f;* **~arián** *m (1)* Vegetarier *m;* **~ářský** vegetarisch; **~ativní** [-tı-] vegetativ; **~ovat** *(-tuji)* (dahin)vegetieren.
věhlas *m (2; 6. -u/-e)* Strohwisch *m,* Weinkranz *m; fig.* Hauch *m.*
vejc|e *n (2; 2 Pl. vajec)* Ei *n;* **~ovitý** eiförmig; **~ovod** *m (2a) Anat.* Eileiter *m.*
vejčitý eiförmig, oval.
věje *s.* vát.
věji|ce *f (2a), dim.* **~ička** *f (1c; -ček)* Leimrute *f; F sednout na -ku* auf den Leim gehen.
vějíř *m (4)* Fächer *m;* **~ovitý** fächerförmig; **~ový** Fächer-.
vejít *pf. (-jdu, -šel)* hineingehen, eintreten; *~ se (kam) fig.* hineingehen, Platz haben.
vejpůl P entzwei.
věk *m (2b) (Lebens-)*Alter *n;* Zeitalter *n; na ~y* für alle Zeiten, *poet.* auch ewig; *na ~y ů* in alle Ewigkeit; *v mladém ~u* in jungen Jahren; *přetrvat ~y* Jahrhunderte *(od.* Zeiten) überdauern.
veka P *(s. v.)* Wecken *m.*
věkov|itý jahrhundertealt, uralt; **~ý** Alters-.
velbloud *m (1)* Kamel *n;* **~ář** *m (3)* Kameltreiber *m;* **~í** Kamel-; **~ice** *f (2a)* Kamelstute *f.*
vele... hoch-, sehr, Hoch-, Hohe-, Groß-.
veleb|ení *n (3)* Verherrlichung *f,* Lobpreisung *f;* **~it** *⟨z-⟩* preisen, rühmen, verherrlichen; **~ník** *m (1a)* geistlicher Herr *m;* **~nost** *f (4)* Herr-

věnovatel

lichkeit *f*; Majestät *f*; **~ný** erhaben, feierlich; *Rel.* hochwürdig; **-ná** svátost das Allerheiligste.
vele|ctěný sehr geehrt; **~dílo** *n* (1a; *-děl*) Meisterwerk *n*; **~důležitý** äußerst wichtig; **~hora** *f* (1d) Bergriese *m*; **~horstvo** *n* (1; *-stev*), **~hory** *f*/*pl.* (1) Hochgebirge *n*; **~chrám** *m* (2a) Dom *m*, Kathedrale *f*; **~jemný** hochfein, überaus fein; **~kněz** *m* (3; *Pl. -kněží*), **~kněžka** *f* (1c; *-žek*) Hohepriester(in *f*) *m*.
velení *n* (1) Hochgebirge *n*, Befehl *m*.
vele|píseň *f* (3; *-sn-*) *Rel.* Hohelied *n*; **~říše** *f* (2) Großreich *n*; **~slavný** hochberühmt. [ten.)
velet ⟨*po-, za-*⟩ befehlen; *lit.* gebie-⌡
vele|toč *m* (4) *Turn.* Riesenwelle *f*; **~tok** *m* (2b) (Haupt-)Strom *m* (Fluß); **~trh** *m* (2b) *Hdl.* Messe *f*; **~tržní** Messe-; **~vážený** sehr geehrt; hochverehrt; **~významný** bedeutungsvoll; **~zrada** *f* (1) Hochverrat *m*; **~zrádce** *m* (3) Hochverräter *m*; **~zrádný** hochverräterisch.
velice *Adv.* sehr.
velící kommandierend.
velič|enstvo *n* (1; *-stev*) Majestät *f*; **~ina** *f* (1) Größe *f*; **~it** ⟨*u-, z-*⟩ größer machen.
velikán *m* (1) Riese *m*; **~ský** riesig, mächtig.
velikáš *m* (3) Gernegroß *m*, Wichtigtuer *m*; **~ský** überheblich, größenwahnsinnig; **~ství** *n* (3) Größenwahn *m*.
velikono|ce *f*/*pl.* (2; 2. *-noc*; 3. *-ům*; 7. *-emi*/*-i*) Ostern *pl. od. n*; **~ční** Oster-.
velik|ost *f* (4) Größe *f*; **~ý** *s.* velký.
velitel *m* (3; *-é*) Befehlshaber *m*, Kommandant *m*; **~ský** gebieterisch; *Mil.* Kommando-; **~ství** *n* (3) Kommando *n*, Kommandantur *f*.
velko|dušnost *f* (4) Großmut *f*; **~dušný** großmütig, hochherzig; **~knížectví** *n* (3) Großfürstentum *n*; **~lepý** großartig, prächtig; **~město** *n* (1) Großstadt *f*; **~městský** großstädtisch; **~moravský** Großmährisch; **~myslnost** *f* (4) Großmut *f*; **~myslný** großmütig, hochherzig; **~nákupna** *f* (1; *-pen*) Großeinkaufsstelle *f*; **~obchod** *m* (2) Großhandel *m*; **~obchodník** *m* (1a) Großhändler *m*, Großist *m*; **~panský** (hoch)herrschaftlich; **~páteční**

Karfreitags-; **~podnik** *m* (2b) Großbetrieb *m*; **~průmysl** *m* (2a) Großindustrie *f*; **~rážní** großkalibrig; **~ruský** großrussisch; **~rysost** *f* (4) Großzügigkeit *f*; **~rysý** großzügig; **~statek** *m* (2b; *-tk-*) Großgrundbesitz *m*; **~statkář** *m* (3) Großgrundbesitzer *m*; **~vévodství** *n* (3) Großherzogtum *n*; **~výroba** *f* (1) Groß-, Massenproduktion *f*; **~výrobní** en gros; **~závod** *m* (2) Großbetrieb *m*; **~zrnný** großkörnig.
velký groß; **-ká voda** Hochwasser *n*.
velmi sehr.
vel|mistr *m* (1; *-ři*) Großmeister *m*; **~moc** *f* (4) Großmacht *f*; **~mocenský** Großmacht-; **~mož** *m* (3) Magnat *m*; **~možný** großmächtig.
velryb|a *f* (1) Wal(fisch) *m*; **~ář** *m* (3) Walfänger *m*; **~ářský** Walfang-; **~í** Wal(fisch)-.
velterový: **-vá váha** *Sp.* Weltergewicht *n*.
velvyslanec *m* (3; *-nc-*) Botschafter *m*; **~ský** Botschafts-; **~tví** *n* (3) Botschaft *f*.
vem(te)! P nimm! (nehmen Sie!).
vem|eno *n* (1) Euter *n*; **~ínko** *n* (1b; *-nek*) *Kochk.* Euter *n*.
vemlouvat einreden; **~ se** k-u sich einschmeicheln bei (*D*).
ven hinaus, heraus.
véna *f* (1) Vene *f*.
věn|covít *n* (3) Girlande *f*, Gewinde *n*; **~čit** ⟨*o-, za-*⟩ bekränzen; **~čitý** *Anat.* Kranz-, Koronar-; **~ec** *m* (4; *-nc-*) Kranz *m*; **~eček** *m* (2b; *-čk-*) Kränzchen *n*.
venek *m* (2b; *-nk-*) *s.* venkov; **na ~** aufs Land; **nach außen**.
venerický venerisch, Geschlechts-.
venkoncem P durch und durch, ganz und gar.
venkov *m* (2; 2. *-a*) Land *n*, Provinz *f*; **v městě i na ~ě** in Stadt und Land; **z ~a vom Lande**; von draußen; **~an** *m* (1; *-é*), **~anka** *f* (1c; *-nek*) Land-, Dorfbewohner(in *f*) *m*; **~ní** außen befindlich, Außen-; **~ský** ländlich, Land-.
venku draußen; auswärts, außen.
věn|ný Mitgift-; **~o** *n* (1) Mitgift *f*, Aussteuer *f*.
věnov|ací Widmungs-; **~ání** *n* (3) Widmung *f*, *poet.* Zueignung *f*; **~at** (*im*)*pf.* (*-nuji*) widmen; **~atel** *m* (3; *-é*) Stifter *m*, Spender *m*.

ventil [-tɪl] m (2a) Ventil n; ~ace f (2) Lüftung f; ~ační Lüftungs-; ~átor m (2a) Ventilator m; ~ovat ⟨vy-, z-⟩ (-luji) lüften; F *Frage* erörtern; ~ový Ventil-.
Venuše f (2) Venus f.
veplout s. vplout.
vepř m (2) Schwein n; ~ín m (2; 2. -a), ~inec m (4; -nc-) Schweinestall m; ~ovice f (2a) Schweinsleder m; *ungebrannter* Ziegel m; ~ovina f (1) Schweinefleisch n; ~ový Schweine-; -vá F f (Adj. 2) Schweinebraten m.
vepsat pf. (v[e]píšu/-ši) einschreiben, eintragen.
vepsí: F být ~ auf den Hund gekommen sein.
verbež P f (3) Pack n, Gesindel n.
verbovat ⟨na-, z-⟩ (-buji) P werben; † *Soldaten* anwerben.
věr|nost f (4) Treue f; ~ný treu; ~ *opis* genaue Abschrift.
věro|hodnost f (4) Glaubwürdigkeit f; ~**hodný**, ~**jatný** glaubwürdig; ~**lomnost** f (4) Treubruch m; ~**lomný** wortbrüchig, treulos; ~**učný** dogmatisch; ~**uka** f (1c) Glaubenslehre f.
verpánek m (2b; -nk-) Schusterschemel m od. -bank f.
versálka f s. verzálka.
verse f s. verze.
versta f (1) Werst f.
verš m (4), dim. ~**í**(če)k m (2b; [-čk-]) Vers m; ~**otepec** m (3; -pc-) iron. Verseschmied m; ~**ovat** ⟨z-⟩ (-šuji) Verse machen; ~**ový** Vers-.
věru Adv. wahrhaftig, wirklich; *na mou* ~*!* meiner Treu!
verv|a f (1) Begeisterung f, Schwung m; ~**ní** schwungvoll.
verzál|ka f (1c; -lek) Typ. Versal m; ~**ní** Versal-.
verze f (2) Version f.
veřej(e) f (3 od. 2) Türflügel m; ~**e** f/pl. (2) Türpfosten m, Türstock m.
veřej|nost f (4) Öffentlichkeit f; ~**ný** öffentlich.
věř|ící gläubig; ~**it** ⟨u-, za-⟩ glauben, Glauben schenken; ~ *v k-o, o čem* glauben an (A); ~**itel** m (3; -é) Gläubiger m.
ves f (4b; vs-) Dorf n; *ode vsi ke vsi* von Dorf zu Dorf.
vesel|í n (4) Fröhlichkeit f; Fest n; ~**ice** f (2a) Volksfest n; ~**it se** ⟨o-, po-, roz-, za-⟩ sich vergnügen,

lustig sein, sich freuen; ~**ka** f (1c; -lek) Hochzeitsfest n; ~**ohra** f (1d; -her) Lustspiel n; ~**ost** f (4) Fröhlichkeit f, Heiterkeit f; ~**ý** lustig, fröhlich, heiter, froh; *tam je -lo* dort geht es lustig zu.
věsit ⟨po-, s-, za-⟩ (-šen) (auf)hängen; *Kopf, Ohren* hängen lassen.
veskrz(e) Adv. durch und durch; durchaus.
veslař m (3) Ruderer m; ~**ský** Ruder-; ~**ství** n (3) Rudersport m.
vesl|ice f (2a) Ruderboot n; ~**o** n (1a; -sel) Ruder n; ~**ovat** ⟨pro-, za-⟩ (-luji) rudern; ~**ový** Ruder-.
vesměs Adv. insgesamt; durchweg(s), lauter.
vesmír m (2a) Weltall n, poet. All n; *let do* ~**u** (Welt-)Raumflug m; ~**ný**, ~**ový** kosmisch.
vesna f (1; -sen) poet. Lenz m, Frühling m.
vesni|ce f (2a) Dorf n; ~**cký** Dorf-, ländlich; ~**čan** m (1; -é), ~**čanka** f (1c; -nek) Dorfbewohner(in f) m; ~**čka** f (1c; -ček) Dörfchen n, kleines Dorf n. [(G).⟩
vespod(u) unten; ~ *č-o* unterhalb⟩
vespol|ek Adv. gemeinsam, untereinander, zusammen, öst. miteinander; ~**ný** † gemeinschaftlich, gegenseitig.
vést ⟨do-, po-, pro-, při-, s-, za-⟩ (vedu, -dl, -den) führen; leiten; *zur Arbeit* anleiten; ~ *se* Hand in Hand (*od.* Arm in Arm) gehen; ergehen; ~ *si* sich benehmen; verfahren, vorgehen; *jak se Vám vede?* wie geht es Ihnen?
vesta f (1) Weste f.
vesta|věný: ~ *nábytek* Einbaumöbel m/pl.; ~**vět** pf. (3 Pl. -ějí) einbauen; ~**vit** pf. hineinstellen.
Vestfál|sko n (1b) Westfalen n; &**ský** westfälisch.
vestibul [-stɪ-] m (2a) Vorhalle f.
věst|it (-štěn) v/t verkünden; hindeuten (auf A); ~**ník** m (2b) Anzeiger m, Mitteilungs-, Verordnungsblatt n.
veš f (4a; vš-; 7 Pl. vešmi) Laus f.
věš|ák m (2b) Kleiderrechen m, -ständer m; Aufhänger m; ~**et** ⟨na-, po-, při-, z-, za-⟩ (3 Pl. -ejí) (auf)hängen; F ~ *se k-u na krk* sich j-m an den Hals hängen; ~ *se na paty fig.* an den Fersen haften; ~ *hlavu* den Kopf hängen lassen.

veškerý alle, gesamt, jegliche.
věšt|ba f (1; -teb) Weissagung f, Prophezeiung f; **~ec** m (3; -tc-) Seher m; **~ecký** prophetisch; **~ění** n (3) Wahrsagen n, Wahrsagerei f; **~it** ⟨za-⟩ weissagen, prophezeien; **~ka** f (1c; -tek), **~kyně** f (2b) Seherin f, Prophetin f; Wahrsagerin f.
veštvat pf. (-u) hineinhetzen, hineintreiben.
veta f (1) Ende n, Schluß m; je po něm ~ es ist aus mit ihm; je po všem ~ alles ist verloren; za -tu um die Wette.
věta f (1) Satz m; Lehrsatz m.
veterán m (1) Veteran m.
větérek m (2b; -rk-) Lüftchen n, Brise f.
veterin|ární veterinär, tierärztlich; **~ář** m (3) Veterinär m, Tierarzt m.
veteš f (3) Trödelkram m, Gerümpel n, Plunder m; **~nický** Trödel-, Trödler-; **~nictví** n (3) Altwarenhandlung f; **~ník** m (1a), **~nice** f (2a) Altwarenhändler(in f) m, Trödler(in f).
větev f (3; -tv-) Ast m, Zweig m; **~natý** verzweigt, verästelt, astreich.
vetch|ost f (4) Gebrechlichkeit f; **~ý** gebrechlich; Stoff: schäbig, abgenutzt; Haus: baufällig; Holz: morsch.
vetk|(áv)at einweben; **~nout** pf. (-kl; -knut) einfügen, (hin)einstecken, einstechen.
vět|ný Gr. Satz-; **~osled** m (2a) Satzfolge f.
větosloví n (3) Satzlehre f, Syntax f; **~ný** syntaktisch.
vetovat (im)pf. ⟨-tuji⟩ ein Veto einlegen.
větr|- s. vítr. **~ací** Lüftungs-; Bgb. Wetter-; **~ák** m (2b) Lüftung(svorrichtung) f; **~ání** n (3) Ventilation f; Lüften n; Bgb. Bewetterung f; **~at** ⟨o-, od-, pro-, roz-, vy-, z-⟩ (aus)lüften; Felsen: verwittern; Bier: schal werden; **~ňák** P m (2b) Windmühle f; **~ník** m (2b) Windmühle f; Wetterfahne f; Lüfter m, Ventilator m; **~ný** Wind-, windig; -ná bouře Gewittersturm m, poet. Sturmwind m; ~ zámek fig. Luftschloß n; je -no es ist windig.
větro|jem m (2a) Windfang m; **~lam** m (2a) Windschutzgürtel m; **~měr** m (2b) Windmesser m; **~ň** m

(4a) Segelflugzeug n; **~plach** m (1a) iron. Windbeutel m, Leichtfuß m.
větr|ovka f (1c; -vek) Anorak m, Windjacke f; Luftgewehr n; **~ový** Wind-; **~y** m/pl. (2) Med. Blähungen f/pl., Winde m/pl.; Bgb. schlagende Wetter pl.
vetřel|ec m (3; -lc-), **~kyně** f (2b) Eindringling m.
vetřít pf. (-třu, -třel, -třen) einreiben; ~ se (kam) eindringen, sich hineindrängen.
větř|ení n (3) Jagdw. Witterung f, Wind m; **~it** ⟨pro-, vy-, z-, za-⟩ wittern; fig. iron. Lunte riechen, Wind bekommen (von D).
většet ⟨po-, z-⟩ (3 Pl. -ejí⟩ alt (od. morsch, baufällig) werden.
větší (Komp. zu velký) größer; ~ potřeba Mehrbedarf m.
většin|a f (1) Mehrheit f, Mehrzahl m; ~ hlasů Stimmenmehrheit; usnesení -ny Mehrheitsbeschluß m; v převážné -ně případů in den allermeisten Fällen; **~ou** größtenteils, meist; **~ový** Mehrheits-.
větv|ička f (1c; -ček) kleiner Zweig, Ästchen n; **~oví** n (3) Astwerk n.
větýrek m s. větérek.
vever|čí Eichhörnchen-; **~ka** f (1c; -rek) Eichhörnchen n.
vevnitř Adv. innen, inwendig.
vévod|a m (5) Herzog m; **~it** (č-u) lit. thronen (über D), beherrschen (A); **~kyně** f (2b) Herzogin f; **~ský** herzoglich, Herzogs-; **~ství** n (3) Herzogtum n.
věz! lit. wisse!, nimm zur Kenntnis!; s. vědět.
vezdejší täglich; Leben: irdisch, zeitlich.
vezdít pf. (-il, -ěn) einmauern.
vězeň m (3a; -zně, -zni usw.), **~kyně** f (2b) Häftling m, Strafgefangene(r) m/f.
věze|ní n (3) Gefängnis n; Haft (-strafe) f; domácí ~ Hausarrest m; **~ňský** 1. Gefangenen-, Gefängnis-; 2. m (Adj. 1) Gefangenenaufseher m, Gefängniswärter m, hist. Kerkermeister m.
vězet stecken; v čem to -zí? woran liegt das?; F tu to -zí! da liegt der Hund begraben!
vezm... in Zssgn s. vzít.
vězn|ění n (3) Gefangenschaft f, Haftzeit f; **~ice** f (2a) Strafanstalt f;

věznit

~it ⟨u-⟩ (-ěn) gefangenhalten; ~itel m (3; -é) Kerkermeister m.
vézt ⟨do-, na-, od-, po-, pře-, při-, u-, za-⟩ (vezu, -zl, -zen) v/t fahren; befördern, bringen, schaffen; ~ se v/i (na saních Schlitten) fahren.
věž f (3) Turm m; skoky s ~e Sp. Turmspringen n; ~ák m (2b) Hochhaus n, Wohnturm m; ~atý mit vielen Türmen (verziert od. bewehrt); ~ička f (1c; -ček) Türmchen n; Arch. Dachreiter m; ~it ⟨na-⟩ (auf)türmen; ~ se sich türmen; ~ní Turm-; ~ník m (1a), ~ný m (Adj. 1) Turmwächter m; ~ový (Adj. 1) Turm-, in Zssgn -türmig.
vhánět (3 Pl. -ějí) s. vehnat.
vházet pf. (3 Pl. -ejí), **vhazovat** (-zuji) s. vhodit.
vhod Adv. recht, gelegen, erwünscht; být ~ recht sein, passen; udělat co ~ et. recht machen.
vhodit pf. (-zen) einwerfen.
vhod|nost f (4) Zweckmäßigkeit f, Eignung f; ~ný passend, geeignet, treffend; Zeit: recht, gelegen; neuznávám za -né ich finde es nicht angebracht.
vhození n (3) Einwurf m.
vhrknout pf. (-kl|-knul): ~ do očí Tränen in die Augen treten.
vhrnout se pf. hineinstürzen; Menge: strömen; Blut: schießen.
vcházet (3 Pl. -ejí) s. vejít.
vchod m (2a) Eingang m; Eintritt m; ~ zakázán! Eintritt verboten!
vchrstnout pf. (-tl|-tnul) rasch hineinschütten; Getränk hinunterstürzen; ins Gesicht spritzen.
ví, víte s. vědět.
viadukt m (2; 6. -u|-ě) Viadukt m, Überführung f.
vibr|ace f (2) Vibration f; ~ovat ⟨roz-, za-⟩ (-ruji) vibrieren.
víc(e) Adv. mehr; ~ než sto korun über 100 Kronen; tím ~ um so mehr; -e méně mehr oder weniger; ~ a ~ immer mehr; čím ~ je mehr; in Zssgn mehr-.
více|barevný mehrfarbig; ~krát mehrmals; ~místný mehrstellig; ~násobný mehrfach; ~práce f (2) Mehrarbeit f; ~stranný mehrseitig.
víckrát s. vícekrát.
vičenec m (4; -nc-) Bot. Esparsette f.
víčko n (1b) Deckel m; Augenlid n.

vid m (2a) Gr. Aspekt m, Aktionsart f; F ani ~u ani slechu keine Spur.
viď(te) Int. nicht wahr?, öst. gelt?
vida! sieh da!, sieh (mal) an!; s. a. vidět.
vídat öfter sehen od. treffen.
viděn|á f (Adj. 2) Wiedersehen n; na -nou! auf Wiedersehen!; směnka na -nou Hdl. Sichtwechsel m; ~í n (3) Sehen n; Erscheinung f, Vision f.
vídeňský Wiener.
vid|ět ⟨u-⟩ sehen; je ~ es ist zu sehen; ~ co na kom j-m et. ansehen; jak ~ wie man sieht; viz nahoře! siehe oben!; ~ina f (1) Vision f, Trugbild n; Ideal n; ~itelný sichtbar; sichtlich, merklich.
vidl|ák m (1a) Gabelhirsch m; ~e f|pl. (2) (Heu-, Mist-)Gabel f; ~ice f (2a) Tech., El. Gabel f; ~icovitý gabelförmig, Gabel-; ~ička f (1c; -ček) (Eß-)Gabel f.
vid|mo n (1; -dem) Spektrum n; ~no ersichtlich, zu sehen; ~omý, ~oucí sehend; ~ovat (im)pf. (-duji) vidieren, unterschreiben.
Vietnam m (2a) Vietnam n; ~ský vietnamesisch.
vích m (2b) (Stroh-)Wisch m.
vich|r m (2a), ~řice f (2a) Sturm m, Orkan m; ~řicový, ~řičný stürmisch; ~řit ⟨za-⟩ Sturm: toben, tosen; schwingen, fuchteln (mit D).
vij|adlo n (1a; -del), ~ák m (2b) Winde f, Haspel f.
vika f (1c) Wicke f.
vikář m (3) Vikar m; ~ství n (3) Vikariat n.
víkend m (2; 6. -u|-ě) Wochenende n; ~ový Wochenend-.
vikev f (3; -kv-) Wicke f.
vikl|at ⟨po-, roz-, za-⟩ (čím) wackeln (mit D), rütteln (an D); ~ se wackeln; fig. wankend werden; ~avý wack(e)lig; fig. wankend.
víko n (1b) Deckel m.
vikýř m (4) Dacherker m; Dachfenster n, Dachluke f.
vila f (1a) Villa f.
víla f (1a) Fee f, (Wasser-)Nixe f.
vilař m P (3) Villenbesitzer m.
vilka f (1c; -lek) kleine Villa f.
viln|ík m (1a) Wollüstling m; ~ost f (4) Wollust f, Geilheit f; vražda z ~i Lustmord m; ~ý wollüstig, geil.
vilový Villen-.
vina f (1) Schuld f; Verschulden n;

vědomí -ny Schuldbewußtsein *m*; **důkaz** -ny Schuldbeweis *m*; **bez** -ny schuldlos; *to není mou -nou* ich bin nicht schuld daran.

vin|árenský Wein(stuben)-; **~árna** *f* (*1*; -ren) Weinstube *f*; **~ař** *m* (*3*) Weinbauer *m*, Winzer *m*; Weintrinker *m*; **~ařit** Weinbau treiben; **~ařský** Winzer-; **~ařství** *n* (*3*) Weinbau *m*.

vindra *f* (*1d*; -der) F *nemám ani -ru* ich habe keinen roten Heller mehr.

vín(eč)ko *m* (*1b*; -[č]ek) guter Wein *m*, F guter Tropfen *m*.

vínek *m* (*2b*; -nk-) Kränzchen *n*, Taufband *n*; *dát do -nku* als Patengeschenk geben.

vinen ⟨čím⟩ schuld(ig) an ⟨*D*⟩; *nejsem tím ~* das ist nicht meine Schuld.

viněta *f* (*1*) Vignette *f*.

vinice[1] *f* (*2a*) Weinberg *m*.

vin|ice[2] *f* (*2a*) Schuldige *f*; **~ík** *m* (*1a*) Schuldige(r) *m*; **~it** ⟨za-⟩ (k-o z č-o) beschuldigen (j-n *G*), zur Last legen (j-m *A*).

vin|na, ~no, ~ný[1] *s*. vinen.

vinný[2] Wein-.

víno *n* (*1*; *6*. -ě/-u) Wein *m*.

vino|braní *n* (*3*) Weinlese *f*; **~hrad** *m*; (*2*; *6*. -ě/-u) Weinberg *m*; **~palna** P *f* (*1*; -len) Branntweinbrennerei *f*; **~rodý** weinreich.

vinout ⟨na-, po-, pro-, s-, za-⟩ winden, wickeln; *~ se* sich winden, (*Weg*) sich schlängeln; *~ se* (*ke k-u*) sich (an)schmiegen (an *A*).

vínový Wein-; *-vě červený* weinrot.

vinšovat P ⟨po-, za-⟩ (-šuji) wünschen.

vinutí *n* (*3*) Winden *n*; *El.* Windung *f*, Wicklung *f*.

viol|a *f* (*1a*) Bratsche *f*, Viola *f*; **~ista** *m* (*5a*) Bratschist *m*; **~ový** Bratschen-; **~ka** *f* (*1c*; -lek) Veilchen *n*.

vír *m* (*2a*) Wirbel *m*, Strudel *m*; Wirbelwind *m*; *fig.* Taumel *m*.

víra *f* (*1d*; *2 Pl. věr*) Glaube *m* (*v co* an *A*).

virgule *f* (*2*) Wünschelrute *f*.

vírný wirbelnd, sich drehend.

virtuóz|ní virtuos; **~nost** *f* (*4*) Virtuosität *f*.

viržink|a *f* (*1c*; -nek), **~o** *n* (*1b*; -nek) Virginiazigarre *f*.

víř|ení *n* (*3*) Wirbeln *n*; (*Trommel-*) Wirbel *m*; **~enka** *f* (*1c*; -nek) Glokkentierchen *n*; **~it** ⟨roz-, za-⟩ wirbeln; **~ivý** wirbelnd, Wirbel-; *Kfz.* Verwirbelungs-.

vis *m* (*2a*) *Turn.* Hang *m*; *~ střemhlav* Sturzhang; **~ací** Hänge-; *~ zámek* Vorhängeschloß *n*; **~ačka** *f* (*1c*; -ček) *Hdl.* Hängekarte *f*, Lagerfachkarte *f*; *~et* ⟨od-⟩ *v/i* hängen.

viska F *f* (*1c*) *s.* whisky.

víska *f* (*1c*; -sek) Dörfchen *n*; *vgl.* ves.

vískat ⟨po-⟩: *~ ve vlasech* Läuse suchen (im Haar), lausen (*A*).

viskózní viskos, zähflüssig, klebrig.

vismo *Adv. Turn.* (herab)hängend; *~ ručkovat* hangeln.

visutý hängend, Hänge-; *-tá dráha* Schwebebahn *f*.

viš|eň *f* (*3*; -šně, -šni *usw.*) Weichselbaum *m*; **~ně** *f* (*2b*; -í) Weichsel *f*, (Sauer-)Kirsche *f*; **~ňovka** *f* (*1c*; -vek) Weichsellikör *m*; Stock *m* (*od.* Pfeife *f*) aus Weichselholz; **~ňový** Weichsel-; *lit.* kirschrot.

Vít *m* (*1*): *tanec sv. ~a Med.* Veitstanz *m*; *s.* chrám.

vít ⟨na-, po-, za-⟩ (*viji, vil, vit*) winden, flechten; *Blumen* binden; *s.* vát.

vítací Begrüßungs-, Empfangs-.

vit|alita *f* (*1*) Vitalität *f*; **~ální** vital; **~amín** *m* (*2a*) Vitamin *n*; *obsahující ~* vitaminhaltig; *bohatý na ~y* vitaminreich.

vít|án willkommen; **~ání** *n* (*3*) Begrüßung *f*; **~aný** *s.* vítán; **~at** ⟨při-, u-, za-⟩ begrüßen, willkommen heißen; *-ám tě!* (sei) willkommen!

víte *s.* vědět.

vítěz *m* (*3*; -ové) Sieger *m*; **~it** ⟨z-⟩ (*nad kým*) siegen (über *A*); besiegen (*A*); **~ný** siegreich, Sieges-, Triumph-; **~osláva** *f* (*1*) Siegeszug *m*; Triumph *m*; **~oslavný** triumphal, Triumph-; **~ství** *n* (*3*) Sieg *m*; *~ o body Sp.* Punktsieg.

vítr *m* (*2a*, -vět-; *5 Sg.*, -*ře!*) Wind *m*; *severní ~* Nordwind; *~ v zádech* Rückenwind; *~ z protivné strany* Gegenwind; *po větru* in Windrichtung; *Mar.* unter dem Wind; *cítit se za větrem* sich geborgen fühlen; *je kam ~, tam plášť fig.* er hängt den Mantel nach dem Wind; *s. a.* větry.

vitr|ážka *f* (*1c*; -žek) Scheibengardine *f*; **~ína** *f* (*1*) Vitrine *f*, Schaukasten *m*.

viz! siehe (*tam dort*)!; s. *vidět*.
viz|e f (2) Vision f; **~írka** f (1c; -rek) Fot. s. *hledáček*.
vizit|a f (1) Visite f, Krankenbesuch m; **~ka** f (1c; -tek) Visit(en)karte f.
vizuální visuell.
vízum n (5) Visum n.
vížka f (1c; -žek) Türmchen n.
vjedno zusammen.
vjem m (2a) Wahrnehmung f, Eindruck m.
vjet pf. (*vjedu, vjel*) (hin-, her)einfahren (*a. Esb.*); hineinreiten; ~ *na dno Mar.* auf Grund laufen; ~ *do přístavu* in den Hafen einlaufen.
vjezd m (2; 6. -u/-ě) Einfahrt f; (feierlicher) Einzug m; **~ový** Esb. Einfahrt-.
vjíždět (3 Pl. -ějí) s. *vjet*.
vkapávat (ein)träufeln.
vklad m (2; 6. -u/-ě) Einlage f; Spareinlage f; (Spiel-)Einsatz m; Jur. Einverleibung f; **~atel** m (3; -é) Einzahler m.
vkládat s. *vložit*.
vklad|ní Einlage-; **~ný** Gr. eingeschoben, beweglich (*z. B.* -e-).
vklečе Adv. kniend, auf den Knien.
vklínit pf. einkeilen; verkeilen.
vkloubit Pf. Glied einrenken.
vklouznout pf. (-zl) hineinschlüpfen, hineinrutschen.
vkrá|dat se, ~st se pf. (*vkradu, -dl*) sich (hin)einschleichen; *Angst*: befallen.
vkrát|ku, ~ce Adv. in Kürze, binnen kurzer Zeit.
vkročit pf. eintreten; ~ *do pokoje* das Zimmer betreten.
vkus m (2a) Geschmack m; *bez ~u* geschmacklos *věc ~u* Geschmackssache f; **~ný** geschmackvoll.
vláček m (2b; -čk-) Züglein n.
vláč|et ⟨*na-, o-, po-, pod-, pře-, z-, za-*⟩ (3 Pl. *-ejí*) schleppen; *Rock, Menschen* schleifen; *Feld* eggen; **~ivý** schleppend; **~ka** f (1c; -ček) Eggen n.
vláč|nět ⟨*z-*⟩ (3 Pl. *-ějí*) geschmeidig (*od.* dehnbar) werden; **~nost** f (4) Geschmeidigkeit f, Biegsamkeit f, Dehnbarkeit f; **~ný** geschmeidig, biegsam, dehnbar.
vláda f (1) Regierung f; Macht f; Herrschaft f.
vladař m (3), **~ka** f (1c; -řek) Herrscher(in) f m, Regent(in) f m; **~ení** n (3) Herrschaft f; **~it** herrschen, regieren; **~ský** Herrscher-; **~ství** n (3) Regentschaft f.
vlád|ce m (3), **~kyně** f (2b) Herrscher(in) f m, Gebieter(in) f m; **~ní** Regierungs-; **~noucí** herrschend; **~nout** ⟨*za-*⟩ (*čím, k-u, nad čím, kým*) regieren, beherrschen (*A*); herrschen (über *A*); ~ *prostředky* über die Mittel verfügen; ~ *perem, štětcem* die Feder, den Pinsel führen; ~ *údy* die Glieder frei bewegen; **~ychtivost** f (4) Herrschsucht f; **~ychtivý** herrschsüchtig.
vladyka m (5) hist. (niederer) Edelmann m; Oberhaupt n.
vláha f (1b) Nässe f, Feuchtigkeit f.
vlah|oměr m (2a) Hygrometer n; **~ý** lau(warm), feucht(warm), mild.
vlaj|ečka f (1c; -ček) Fähnchen n, Wimpel m; **~ící** wehend, fig. fliegend; **~ka** f (1c; -jek) Flagge f, Fahne f; *ozdoben ~mi* beflaggt, fahnengeschmückt; **~konoš** m (3) Fahnenträger m; **~kosláva** f (1) Sp. Flaggenparade f; **~kový** Flaggen-; *-vá tyč* Fahnenstange f.
vlak m (2b) Zug m; *jízda ~em* Bahnfahrt f.
vlákat pf. (hinein)locken.
vlák|énko n (1b; -nek) Fäserchen n; **~enný** Faser-; **~nina** f (1) Zellstoff m; Bot. Faserstoff m; Med. Fibrin n; **~nitý** faserartig, Faser-; **~no** n (1; -ken; 6. -u/-ě) Faser f; Faden m; Strich m (*beim Kämmen*); *žhavicí ~* El. Glühfaden m.
vlak|opis m (2; 6. -e/-u) Esb. Fahrbericht m; **~ový** Zug-, Bahn-, **~vedoucí** m (*Adj. 4*) Zugführer m.
vlákýnko n s. *vlákénko*.
vlámat (se) pf. (-u) einbrechen (*kam* in *A*).
vlámský flämisch.
vlas m (2; 6. -e/-u) Haar n; (Uhr-) Unruhfeder f; Angelschnur f; Bot. Fadenlage f; Typ. Abstrich m; *vzrůst ~ů* Haarwuchs m; *olej na ~y* Haaröl n; *proti ~u* gegen den Strich; *~y pl. a. koll.* Haar n; **~áč** m (3) Langhaarige(r) m.
vlas|atice f (2a) Komet m; **~atý** langhaarig; behaart; **~ec** m (4; -sc-) Angelschnur f.
vlás|ečnice f (2a) Kapillargefäß n; **~ek** m (2b; -sk-) Härchen n, Haar n; **~enka** f (1c; -nek) Perücke f, Zweitfrisur f; Haarnadel f; Haar-

vlom

nadelkurve *f*; ~enkář *m* (3) Perückenmacher *m*; ~kovitý haarförmig; haarfein; ~nička *f* (1c; -ček) Haarnadel *f*; *s. a. vlásenka*.
vlasov|itý *s.* vláskovitý; ~ý Haar-, haarfein; *Med.* Kapillar-.
vlast *f* (4) Vaterland *n*, Heimat *f*; *láska k* ~*i* Vaterlandsliebe *f*.
vlást † *s.* vládnout.
vlasten|čení *n* (3) Hurrapatriotismus *m*; ~čit ⟨po-, za- si⟩ den großen Patrioten spielen; ~ec *m* (3; -nc-) Patriot *m*; ~ecký patriotisch; vaterländisch, Heimat-; ~ectví *n* (3) Patriotismus *m*, Vaterlandsliebe *f*; ~ka *f* (1c; -nek) Patriotin *f*.
vlasti|věda *f* (1) Heimat-, Vaterlandskunde *f*; ~vědný heimatkundlich; ~zrada *f* (1) Landesverrat *m*; ~zrádce *m* (3) Landes-, Vaterlandsverräter *m*; ~zrádný landesverräterisch.
vlast|ně *Adv.* eigentlich, im Grunde genommen; ~ní eigen; *Sohn usw.*: leiblich; Selbst-, Eigen-; eigentlich; ~nice *f* (2a) Eigentümerin *f*; ~nický Eigentums-; ~nictví *n* (3) Eigentum *n*; ~ník *m* (1a) Eigentümer *m*; ~nit besitzen; ~ si ⟨při-⟩ sich aneignen; ~noruční eigenhändig; ~nost *f* (4) Eigenschaft *f*.
vlášení *n* (3) *Bot.* Wurzelhaar *n*.
vlašský welsch; ~ ořech Walnuß *f*.
vlaštov|(i)čí Schwalben-; ~ice *f* (2a), *dim.* ~ička *f* (1c; -ček), ~ka *f* (1c; -vek) Schwalbe *f*; ~ičník *m* (2b) Schöllkraut *n*.
vlát ⟨o(be)-, pro-, za-⟩ (3. *vlaje* *Fahne*: wehen, flattern; *Haare*: fliegen; *Kleid*: wallen.
vlaž|ička P *f* (1c; -ček) wohltuender Regen *m*; ~it ⟨na-, o-, pro-, za-⟩ befeuchten, benetzen; ~nost *f* (4) Lauheit *f*; ~ný lauwarm; *fig.* lau, lässig.
vlč|ák *m* (1a) Wolfshund *m*; ~átko *n* (1b; -tek), ~e *n* (1a) Jung-, Nestwolf *m*; ~ek *m* (1a; -čk-) junger Wolf *m*; (2b; -čk-) Kreisel *m* (*Spiel*); ~í Wolfs-; ~ mák Klatschmohn *m*; ~ mlha Tagblindheit *f*; ~ice *f* (2a) Wölfin *f*; ~ina *f* (1) Wolfsfell *n*.
vléci ⟨do-, po-, pře-, za-⟩ (*vleku*/-čů, -kl/-čen) schleppen, schleifen.
vleč|ka *f* (1c; -ček) Schleppe *f*; *Esb.* Anschlußgleis *n*; ~ňák P *m* (2b) (*Auto*-)Anhänger *m*; ~ný Schlepp-; ~ná cesta Treidelweg *m*.

vlek *m* (2b) Schleppen *n*; Schleppzug *m*; ~lý schleppend, langwierig; *Med.* schleichend.
vlepit *pf.* einkleben; P ~ jednu *j-m* e-e Ohrfeige geben, e-e schmieren.
vletět, vlétnout *pf.* (*-tl*) hineinfliegen; *fig.* hereinstürzen.
vlévat (hin)eingießen; ~ se sich ergießen, münden.
vlevo links; ~ hleď! *Mil.* die Augen links!; ~ *v bok!* links um!
vlézt *pf.* (*vlezu*, -zl) (hinein)kriechen.
vleže *Adv.* liegend, im Liegen.
vlha *f* (1b) *Zo.* Bienenfresser *m*.
vlh|čit ⟨na-, o-, pro-, za-⟩ anfeuchten; ~ko *n* (1b) Feuchtigkeit *f*, Nässe *f*; *Adv.* feucht; *chránit od -ka!* vor Nässe schützen!; ~koměr *m* (2a) Hygrometer *n*; ~kost *f* (4) Feuchtigkeit *f*; ~ký (*Komp.* -č[ejš]í; *Adv.* -ce) feucht, naß; ~nout ⟨na-, pro-, za-⟩ (*-hl*) feucht werden.
vlíd|nost *f* (4) Freundlichkeit *f*; ~ný freundlich, zuvorkommend.
vlichotit se *pf.* (*k-u*) sich einschmeicheln (*bei D*).
vlít *pf.* (*vliji*/ -eji, -il) (hin)eingießen; einflößen.
vlítnout *pf. s.* vletět.
vliv *m* (2a) Einfluß *m*, Einwirkung *f*.
vlívat *s.* vlévat.
vlivný einflußreich.
vlk *m* (1a) Wolf *m*; (2b) Kreisel *m* (*Spiel*); *Bot.* Nebentrieb *m*; ~odlak *m* (1a) Werwolf *m*.
vlna¹ *f* (1) Welle *f*, Woge *f*.
vln|a² *f* (1) Wolle *f*; ~ař *m* (3) Wollhändler *od.* -arbeiter, -fabrikant *m*; ~ařský Woll(e)-; ~ařství *n* (3) Wollhandel *m*.
vlnění *n* (3) Wellengang *m*, Wogen *n*; *Phys.* Schwingung *f*.
vlněný wollen, Woll-.
vlni|t ⟨na-, po-, pro-, roz-, z-, za-⟩ kräuseln; ~ *se* wogen; sich kräuseln; ~tý gewellt, wellenförmig, Wellen-; *Well-* (*Pappe, Blech*).
vlno|bití *n* (3) Wellenschlag *m*; ~lam *m* (2a) Wellenbrecher *m*; ~měr *m* (2a) Wellenmesser *m*; ~vitý wellenförmig; ~vka *f* (1c; -vek) Wellenlinie *f*; ~vý Wellen-.
vlo̊čk|a *f* (1c; -ček) Flocke *f*; ~ovitý flockig; ~ový Flocken-.
vloha *f* (1b, *mst* -hy *pl.* (geistige) Veranlagung *f*, Begabung *f*.
vlom *m* (2a) Einbruch *m*.

vloni voriges Jahr, im Vorjahr.
vloudit se *pf.* sich einschleichen (*do č-o in A*); *Fehler:* unterlaufen.
vloup|ání *n* (3) Einbruch *m*; *bezpečný proti ~* einbruchsicher; **~at se** *pf.* (*-u/-ám*) einbrechen (*do č-o, kam in A*).
vlož|ení *n* (3) Einlage *f*; *Jur.* Eintragung *f*; **~it** *pf.* einlegen, einfügen, einschalten; *Aufgabe* übertragen; *in ein Buch* eintragen; F *~ ku srdci* ans Herz legen; *~ se do č-o* dazwischentreten, eingreifen, sich ins Mittel legen; **~ka** *f* (1c; *-žek*) Einlage *f*; Einlageblatt *n*; Einsatz *m*; *Gr.* Schaltsatz *m*; *~ do knihy* Lesezeichen *n*; *izolační ~* Isolierglied *n*; **~kový** Einsatz-, Einlage-, Einlege-.
Vltav|a *f* (1) Moldau *f* (*Fluß*); ⚥**ský** Moldau-.
vlys *m* (2a) *Arch.* Fries *m*.
vmačkat *pf.* hineinpressen; eindrücken.
vmést *pf.* (*s. mést*) hineinfegen; *Beleidigung* ins Gesicht schleudern.
vměstnat *pf.* hineinzwängen; *~ se* sich hineindrängen.
vměšov|ání *n* (3) Einmischung *f*; **~at se** (*-šuji*) sich (hin)einmischen.
vmet|ek *m* (2b; *-tk-*) Blutgerinnsel *n*, Embolus *m*; **~nout** *pf.* (*-tl*; *-tnut*) (hinein)schleudern.
vmí|chat, ~sit *pf.* (*-šen*) hineinmischen; *~ se* sich einmischen.
vmontovat *pf.* (*-tuji*) einbauen.
vmyslit se *pf.*, **vmýšlet se** (3 Pl. *-ejí*) (*do č-o*) sich hineindenken (in *A*), sich (hinein)versetzen (in *j-s Lage*).
vnad|a *f* (1) Reiz *m*, Lockmittel *n*; *Jagdw.* Köder *m*; *pl. fig. a.* (weibliche) Reize *m/pl.*; **~idlo** *n* (1a; *-del*) Köder *m*, Lockmittel *n*; **~it** ⟨*na-*⟩ ködern, (an)locken; **~ný** reizend, reizvoll, anmutig.
vnášet (3 Pl. *-ejí*) *s. vnést*.
vně *Adv.* außen, außerhalb; *Prp.* (*č-o*) außerhalb (*G*).
vnější *m* (2b; *-šk-*) Außenseite *f*, Äußere *n*; **~í** äußere, äußerlich, Außen-; **~kový** äußerlich.
vnést *pf.* (*s. nést*) hineintragen, (hinein)bringen.
vnik|at, ~nout *pf.* (*-kl*) eindringen; **~nutí** *n* (3) Eindringen *n*.
vním|ání *n* (3) Wahrnehmung *f*; *~ hudby* Musikempfinden *n*; **~at**

wahrnehmen, (geistig) erfassen; **~atelný** wahrnehmbar; **~avost** *f* (4) Empfänglichkeit *f*, Aufnahmefähigkeit *f*; **~avý** empfänglich, aufnahmefähig.
vniterný innerlich.
vnitro *n* (1b; *-ter*) Innere(s) *n*; *ministerstvo -va* Innenministerium *n*; *~ - in Zssgn* inner-; **~evropský** innereuropäisch; **~německý** innerdeutsch; **~stranický** innerparteilich; **~zemí** *n* (3) Binnenland *n*; **~zemský** Binnen-; **~žilní** intravenös.
vnitř| *s. uvnitř*; **~ek** *m* (2b; *-třk-*) Innere(s) *n*, Innenseite *f*, Innenraum *m*; *výzdoba -řku* Innendekoration *f*; *ve -řku* innerhalb; *ze -řku* von innen heraus; **~hmat** *m* (2a) *Sp.* Ell(en)griff *m*; **~ní** *Adv.* innerlich, inwendig; **~ní** innere, Innen-; *Med.* intern; *Hdl.* Binnen-; **~nosti** *f/pl.* (4) Eingeweide *n*.
vniveč *Adv.* in nichts, zunichte; *obrátit co ~* zunichte machen.
vnořit *pf.* eintauchen, versenken.
vnouč|átko *n* (1b; *-tek*), **~e** *n* (4) Enkelkind *n*; **~ek** F *m* (1a; *-čk-*) *s. vnuk.*
vnuc|ený erzwungen, aufgezwungen, Zwangs-; **~ovat** (*-cuji*) *s. vnutit.*
vnu|čka *f* (1c; *-ček*) Enkelin *f*, Enkeltochter *f*; **~k** *m* (1a) Enkel (-sohn) *m*; *-kové pl.* Enkel(kinder) *pl.*
vnuk|(áv)at, ~nout *pf.* (*-kl*; *-knut*) *fig.* eingeben, einflößen; **~nutí** *n* (3) Eingebung *f*.
vnutit *pf.* (*-cen*) aufzwingen.
vod|a *f* (1) Wasser *n*; *sladká ~* Süßwasser; *~ z vodovodu* Leitungswasser; *~ na vlasy* Haarwasser; *po -dě* auf dem Wasser, Wasser-; *na -dě a na zemi, po -dě i na souši* zu Wasser und zu Lande; *nepouští -du* wasserdicht sein; *pod -dou* unter Wasser; *držet se nad -dou* sich über Wasser halten; *růst jako z -dy fig.* in die Höhe schießen; *vařit z -dy Sprw.* mit Wasser kochen; *-dy pl. a.* Gewässer *pl.*; **~ácký** Wassersport-; **~áctví** *n* (3) Wassersport *m*; **~ák** *m* (1a) Brunnenmeister *m*; P Wassersportler *m*; **~árenský** *s. ~na* **~arna** *f* (1; *-ren*) Wasserwerk *n*; Wasserturm *m*; **~ěnka** P *f* (1c; *-nek*) Wässerchen *n*.

vodi|cí Leit-, Führungs-; *El.* Leitungs-; ~**čm** 1. (3) Führer *m*; 2. (4) *Phys.* Leiter *m*.
vodička *f* (1c; -ček) *dim.* zu **voda**; *Med.* Wasser *n*, Lösung *f*.
vodík *m* (2b) Wasserstoff *m*; ~**ový** Wasserstoff-.
vod|it ⟨do-, pro-, za-⟩ (-ěn) *Iter.* zu **vést**; ~ **se** Arm in Arm (F eingehakt) gehen; ~**ítko** *n* (1b; -tek) Reitschnur *f*, Anhaltspunkt *m*; ~**ivost** *f* (4) Leitfähigkeit *f*; ~**ivý** *El.* leitend, Leit-.
vodka *f* (1c; -dek) Wodka *m*.
Vodnář *m* (3) *Astr.* Wassermann *m*.
vodnat|elnost *f* (4) Wassersucht *f*; ~**elný** wassersüchtig; ~**ět** ⟨z-⟩ (3 *Pl.* -ějí) wässerig werden; ~**ost** *f* (4) Wasserreichtum *m*, Wassergehalt *m*; (*Obst*) Wäßrigkeit *f*; ~ **mozku** *Med.* Wasserkopf *m*; ~**ý** wasserreich, wasserhaltig; *Sauce, Schnee:* wässerig.
vod|né *n* (*Adj.* 3) Wassergeld *n*; ~**ní** Wasser-; ~**nice** *f* (2a) Wasserrübe *f*; ~**ník** *m* (1a) Wassermann *m* -geist *m*; ~**ný** Wasser-.
vodo|cestný Wasserstraßen-; ~**čet** *m* (2a; -čt-) Pegel *m*; ~**hospodářství** *n* (3) Wasserwirtschaft *f*; ~**jem** *m* (2a; -jm-) Wasserspeicher *m*, Becken *n*; Wassertank *m*; ~**léčba** *f* (1; -čeb) Hydrotherapie *f*, Wasserkur *f*; ~**léčebný** Wasserheil-; ~**malba** *f* (1; -leb) Aquarell *n*; ~**měr** *m* (2a) Hydrometer *m*; ~**měrka** *f* (1c; -rek) *Zo.* Wasserläufer *m*; ~**mil** *m* (1; -ové) Wasser-, Schwimmkäfer *m*; F *fig.* Wassernarr *m*; ~**pád** *m* (2; 6. -u/-ě) Wasserfall *m*; ~**pis** *m* (2; 6. -e/-u) Gewässerkunde *f*, Hydrographie *f*; ~**právní** wasserrechtlich; ~**rovnost** *f* (4) waagrechte Lage *f*; ~**rovný** waagrecht, horizontal; ~**technický** hydrotechnisch; ~**těsný** wasserdicht; ~**tisk** *m* (2b) Wasserdruck *m*; ~**trysk** *m* (2b) Springbrunnen *m*; ~**uch** *m* (1a) Wasserspinne *f*; ~**uš** *m* (3) *Zo.* Strandläufer *m*; ~**váha** *f* (1b) Wasserwaage *f*, Libelle *f*; ~**vod** *m* (2a) Wasserleitung *f*; ~**vý** Wasser-; ~**znak** *m* (2b) Wasserzeichen *n*; Pegel *m*.
vodstvo *n* (1; -tev) Gewässer *n/pl.*
vochl|e, ~**ice** *f* (2a) Hechel *f*; ~**ovat** ⟨na-, pro-, z-⟩ (-luji) (durch)hecheln; P verprügeln.
voj *m* (4) Truppe *f*; *hlavní* ~ Hauptmacht *f*; *přední, zadní* ~ Vor-, Nachhut *f*.

vojá|cký militärisch; Soldaten-; ~**ctví** *n* (3), ~**ckost** *f* (4) kriegerischer (*od.* militärischer) Geist *m*.
vojačka *f* (1c; -ček) Soldatenweib *n*.
vojá|čkovat (-kuji) *iron.* Soldaten spielen; ~ **na** (4a) Soldat *m*; ~**kovat** P (-kuji) Soldat sein.
vojan|čení *n* (3), ~**čina** *f* (1) Militärdienst *m*; ~**da** *f* (1) Soldatendirne *f*.
voje|nský Militär-, militärisch; Soldaten-; ~**nství** *n* (3) Kriegswesen *n*; ~**vůdce** *m* (3) Heerführer *m*, Feldherr *m*.
voj|ín (1) Soldat *m*; ~**na** *f* (1; -jen) Militär *n*; P Krieg *m*; *dát se na -nu* zum Militär gehen; *být na -ně* beim Militär dienen; ~**sko** *n* (1b) Heer *n*, Truppen *f/pl.*, Militär *n*.
vojtěška *f* (1c; -šek) *Bot.* Luzerne *f*.
vojvoda *m* s. **vévoda**.
vokální Vokal-.
vokativ [-tɪːf] *m* (2a) *Gr.* Vokativ *m*, Rufall *m* (5. *Fall*).
vol- s. **vůl**.
volací Ruf-, Anruf-.
voláč *m* (3) Kropftaube *f*.
volající rufend; ~ *do nebe* himmelschreiend.
volák *m* (1a) Ochsenknecht, -treiber *m*. [Falbel *f.*]
volán *m* (2; 6. -u/-ě) Faltensaum *f*.
volání *n* (3) Rufen *n*, Ruf *m* (*Telefon-*) Anruf *m*.
volant *m* (2; 6. -u/-ě) *Kfz.* Lenkrad *n*; *za* ~**em** am Steuer.
volat ⟨za-⟩ rufen; (telefonisch) anrufen (k-u/*A*); ~ *k-o zpět* zurückrufen (*A*); ~ *co na k-o* j-m et. zurufen; ~ *za kým* nachrufen (*D*).
volav|čí Reiher-; ~**ka** *f* (1c; -vek) Reiher *m*; *fig.* Lockvogel *m*, Lockspitzel *m*.
volba *f* (1; -leb) Wahl *f*; *-by do obcí* Gemeindewahlen; *oprávněn k -bě* wahlberechtigt.
vole *n* (4) Kropf *m*.
volební Wahl-.
volej *n* (4), ~**bal** *m* (2; 6. -u/-e) Volleyball *m*; ~**ista** *m* (5a) Volleyballspieler *m*; ~**ový** Volleyball-.
volek *m* (1a; -lk-) junger Ochs(e) *m*.
volenka *f* (1c; -nek) Damenwahl *f*.
vol|ič Wähler *m* (3), ~**ička** *f* (1c; -ček) Wähler(in)*f* (1c; ~**ičský** Wähler-; ~**ičstvo** *n* (1; -tev) Wählerschaft *f*.

volit

volit ⟨vy-, z-⟩ wählen; ~**el** m (3; -é), ~**elka** f (1c; -lek) Wähler(in f) m; ~**elnost** n (4) Wählbarkeit f; ~**elný** wählbar; Wahl- (z.B. Fach).

volky: ~ nevolky wohl oder übel.

vol|násek P m (2b; -sk-; 2. -a, 4. -/-a) Freikarte f; ~**ně** Adv. frei; langsam; lose, locker; ~**ní** Willens-; no Adv. frei; fig. leicht, wohl; ~! herein!

volno|běžka f (1c; -žek) Freilauf m; ~**běžný** freilaufend; ~**myšlenkář** m (3) Freidenker m; ~**myšlenkářství** n (3) Freidenkertum n.

voln|ost f (4) Freiheit f, Zwanglosigkeit f; ~**ý** frei; Frei-; freistehend (unbesetzt); ungezwungen; Gang: langsam; Kleid: lose, locker; Sp. Kür-; Frei- (Stoß, Stil); ~ čas Freizeit f; ~**ná** jízdenka Freifahrschein m; -**né** zavazadlo Freigepäck n; ~ kop Freistoß m.

volontér m (1; -ři) Volontär m.

vol|ovice f (2a) Ochsenhaut f; ~**ovina** P f (1) Dummheit f, Blödsinn m; ~**ský** Ochsen-; -**ké oko** Arch. Ochsenauge n; Bot. Rindsauge n; Kochk. Spiegelei n.

volžský Wolga-.

voňav|ka f (1c; -vek) Parfüm n; -**ky** pl. a. Parfümeriewaren pl.; ~**kářství** n (3) Parfümerie f; ~**kovat** ⟨na-⟩ (-kuji) (ein)parfümieren; ~**kový** Parfüm(erie)-; ~**ý** wohlriechend, duftend; -**vé mýdlo** Feinseife f.

voněť ⟨na-, roz- se, za-⟩ (3 Pl. -ějí/-í) duften (fialkami nach Veilchen), riechen (jako plyn nach Gas; k č-u an D).

von|ící, ~**ný** wohlriechend, duftend.

vor m (2a) Floß n; splavný pro ~**y** flößbar; ~**ař** m (3) Flößer m; ~**ařit** P Flößerei treiben, von Flößerei leben; ~**ařství** n (3) Flößerei f; ~**ový** Floß-; Flöß- (Holz).

vorvaň m (3a) Pottwal m.

voříšek m (1a; -šk-) Köter m.

vos|a f (1a) Wespe f; ~**í** Wespen-.

vosk m (2b) Wachs m; F on je ~ fig. er ist Luft; žlutý jako ~ wachsgelb; ~**ovací** Wachs-, ~**ovaný** gewachst, Wachs-; ~**ovat** ⟨na-, za-⟩ (-kuji) wachsen; Fußboden bohnern; ~**ovice** f (2a) Wachskerze f; ~**ovitý** wachsartig; ~**ový** Wachs-; wachsgelb.

vošt|ěný Wachs-; ~**ina** f (1) (Honig-)Wabe f.

vous m (2a) Barthaar m; na ~ haargenau; ~**y** pl. Bart m; ~**áč** m (3) Mann m mit langem (od. dichtem) Bart; ~**atý** bärtig; ~**ka** f (1c; -sek) Bartweizen m.

voz- s. vůz.

voz|ač m (3) Bgb. Förderer m; ~**árna** f (1; -ren) Wagenfabrik f; Remise f; ~**ataj** † (1; -ové) Kutscher m.

voz|her m (2a; -hr-), ~**hřivka** f (1c; -vek) Rotz(krankheit f) m; ~**hřivý** an Rotz erkrankt.

voz|íček m (2b; -čk-) Wägelchen n; ~**ík** m (2b) (Hand-)Wagen m; důlní Bgb. Hunt m; ~**idlo** n (1a; -del) Fahrzeug n; ~**it** (-žen) s. vézt; ~ se herumfahren, sich herumfahren lassen; ~**ítko** n (1b; -tek) Kfz. Klein(st)wagen m; ~**ka** f (5) Kutscher m; (a. Astr. 2) Fuhrmann m; ~**mistr** m (1; -ři) Wagenmeister m; ~**nice** f (2a) Wasserwagen m; ~ **na hnojůvku** Jauchenwagen m od. -faß n; ~**ovka** f (1c; -vek) Fahrbahn f; Wagenfabrik f; Wagenhalle f, Remise f; ~**ový** Wagen-; -**vá cesta** Wagenweg m; -**vá hradba** (hussitische) Wagenburg f.

vožení n (3) Beförderung f, Transport m.

vpád m (2a) Einfall m, Invasion f; hist. Raubzug m.

vpad|at, ~**nout** pf. (-dl) einfallen, einbrechen; ~ **do pokoje** ins Zimmer (herein)stürzen; ~ **do řeči** ins Wort fallen; ~ **k-u do zad** j-m in den Rücken fallen; Mus. (Instrument) einsetzen; ~ **do písně** in ein Lied einstimmen; ~**lý** Augen: eingefallen, hohl.

vpálit pf., **vpalovat** (-luji) einbrennen; ~ **znamení** (k-u) brandmarken (A); ~ **si kuli do hlavy** sich e-e Kugel in den Kopf jagen; P ~ **k-u jednu** j-m e-e kleben od. schmieren.

vpašovat pf. (-šuji) einschmuggeln.

vpěchovat pf. (-chuji) hineinzwängen, -stopfen.

vpich m (2b) Einstich m.

vpíchnout pf. (-chl; -chnut), **vpichovat** (-chuji) (hin)einstechen.

vpí|jet (3 Pl. -ejí), ~**t** pf. (s. pít) einsaugen, (in sich) aufnehmen.

vpis m (2; 6. -e/-u), ~**ek** m (2b; -sk-)

Randbemerkung *f*, Glosse *f*; ~ovat (-*suji*) *s.* vepsat.
vplacení, vplácení *n* (3) Einzahlung *f*.
vplácet (3 *Pl. -eji*) *s.* vplatit.
vplátce *m* (3) Einzahler *m*.
vplat|it *pf.* (-*cen*) einzahlen; ~ní Einzahlungs-.
vplé|st *pf.* (*s.* plést), ~tat einflechten; ~ se do č-o sich einmischen (in *A*).
vplížit se *pf.* sich einschleichen.
vpl|ou(va)t (*pf. s.* plout) Schiff: einlaufen; ~utí *n* (3) Mar. Einlaufen *n*; ~ynout *pf.*, ~ývat einströmen, hineinfließen; ~ do pokladny der Kasse zufließen.
vpodvečer *lit.* am (*od.* gegen) Abend.
vpolo P *s.* vpůli.
vpotácet se *pf.* (3 *Pl. -ejí*) herein-, hineintaumeln.
vpouštět (3 *Pl. -ějí*) *s.* vpustit.
vpovzdáli *Adv.* in einiger Entfernung, abseits.
vpravdě *Adv.* wirklich, tatsächlich.
vprav|it *pf.*, ~ovat (-*vuji*) hineinbringen, einfügen; *Med.* einführen; F *j-m et.* beibringen; ~ se do č-o sich hineinfinden (in *A*).
vpravo *Adv.* rechts; nach rechts; ~ hled! *Mil.* Augen rechts!; ~ v bok! rechts um!
vprostřed *Adv.* in der Mitte; *Prp.* (*mit 2. Fall*) inmitten (*G*).
vpřed vorwärts; ~u vorn; ~ uvedený oben-, vorerwähnt.
vpříč quer; ~ napravo! *Turn.* halb rechts!
vpůli: ~ srpna Mitte August; ~ cesty auf halbem Wege.
vpu|stit *pf.* (-*štěn*) (her)einlassen; ~štění *n* (3) Einlaß *m*.
vrab|čák P *m* (1*a*) *s.* vrabec; ~čátko *n* (1*b*; -*tek*), ~če *n* (4) junger Sperling *m*; ~čí Spatzen-, Sperlings- ~ec *m* (3; -*bc*-) Sperling *m*, Spatz *m*.
vrac|ení, vrácení *n* (3) Rückgabe *f*, Rückerstattung *f*; Rückkehr *f*; ~et (*na-*) (3 *Pl. -ejí*) *s.* vrátit.
vrah *m* (1*a*) Mörder *m*; loupežný ~ Raubmörder.
vrak *m* (2*b*) Wrack *n*.
vrán|a *f* (1; *vran*; 3, 6, 7 *Pl. vrán-*/*vran-*) Krähe *f*; popelová ~ Nebelkrähe; bílá ~ weißer Rabe; ~ě *n* (4*a*) junge Krähe *f*.
vran|í Krähen-; ~ík *m* (1*a*) Rappe

m; ~ka *f* (1*c*; -*nek*) schwarze Stute *f*; ~ý (raben)schwarz; ~ kůň *s.* vraník.
vrás|a *f* (1*a*) *Geol.* Falte *f*; ~čit se (*po-*) runz(e)lig werden; ~čitý runz(e)lig; ~ka *f* (1*c*; -*sek*) Runzel *f*, Hautfalte *f*; ~ na čele Stirn; ~ na čele *Stirn* runzeln; ~kovat (*z-*) (-*kuji*) *s.* vráskovatět (*z-*) (3 *Pl. -ějí*) runz(e)lig werden.
vrašt|ět (se) (*s-*) (3 *Pl. -ějí*), ~it se (*s-*) *s.* vráskovat.
vrata *n*/*pl.* (1) Tor *n*; Pforte *f*; zavření vrat Torschluß *m*.
vratce *s.* vratký.
vrát|ek (2*b*; -*tk*-) (Hub-)Winde *f*, Haspel *f*; ~eň *f* (3; -*tně*, -*tni usw.*) Torflügel *m*.
vratič *m* (4) Webe(r)baum *m*; *Arch.* Stuhlbalken *m*, *Bot.* Rainfarn *m*; ~ka *f* (1*c*; -*ček*) Mondraute *f*.
vrati|dlo *n* (1*a*; -*del*) *Tech.* Windeisen *n*; *Mar.* Spill *n*; ~plachta *f* (1; -*chet*) *Mar.* Gaffelsegel *n*; ~ráhno *n* (1; -*hen*) Gaffel *f*.
vrátit *pf.* (-*cen*) zurückgeben; *Hdl.* zurückzahlen, rückvergüten; ~ se zurückkehren, zurückkommen.
vrátka *n*/*pl.* (1*b*; -*tek*) (kleines) Tor *n*.
vrát|kost *f* (4) Hinfälligkeit *f*; ~ký (*Komp. -ší*; *Adv. -ce*, *Komp. -čeji*) schwankend, unbeständig; hinfällig.
vrát|ná *f* (*Adj. 2*) Pförtnerin *f*; ~nice *f* (2*a*) Pförtnerloge *f*; *Anat.* Pfortader *f*; ~ník *m* (2*b*) *Anat.* Pförtner *m*; ~ný *m* (*Adj. 1*) Pförtner *m*, Portier *m*.
vratný umkehrbar, Kehr-, Wende-, Rück-; ~ bod Wendepunkt *m*; ~ná doprava Pendelverkehr *m*.
vratší *s.* vratký.
vrávora|t (*za-*) taumeln, wanken; ~vý taumelnd, schwankend.
vráz *Adv.* auf einmal, plötzlich.
vrazit *pf.* (-*žen*) (hinein)stoßen, (hin)einschlagen; ~ do k-o, č-o anstoßen (an *A*), anrempeln (*A*), (an-) rennen (gegen *A*); ~ do sebe aufeinanderprallen; ~ do pokoje ins Zimmer stürmen; P ~ k-u jednu *j-m* eine herunterhauen; ~ si trn do nohy sich e-n Dorn in den Fuß treten; ~ si třísku do oka sich e-n Splitter einziehen.
vražd|a *f* (1) (dítěte, jedem Kindes-, Gift-)Mord *m*; podezření z -dy Mordverdacht *m*; ~ění *n* (3) Morden *n*, Hinschlachten *n*; ~dit (*po-*, *za-*) morden.
vražed|nický mörderisch; ~ník *m*

vražednice

(1a), ~nice f (2a) Mörder(in f) m; ~ný Mord-; *Kampf*, *Feuer*: mörderisch.
vrážet (3 Pl. *-eji*) s. vrazit.
vrb|a f (1) *Bot.* Weide f; ~(ov)í n (3), ~(ov)ina f (1), ~(ov)iště n (2a) Weidengebüsch n; ~ovka f (1c; *-ovek*) Weidenröschen n; ~ový Weiden-.
vrče|ní n (3) Knurren n; (Motoren-) Gebrumm n; Schnurren n; ~t ⟨za-⟩ knurren (*a. fig.*); *Spinnrad*: schnurren; *Motor*: brummen.
vrh m (2b) Wurf m; (*Billard*) Stoß m; ~ koulí Kugelstoßen n; ~ací Wurf-; ~áč m 1. (3) *Sp.* Werfer m; 2. (4) *Mil.* Werfer m; ~ání n (3) Werfen n; ~ oštěpem Speerwerfen n; ~at ⟨za-⟩, ~nout *pf.* (-hl; *-žen*) ⟨co, čím⟩ werfen, schleudern (A); *Kugel* stoßen; *ins Verderben* stürzen (A); -nout se sich werfen *od.* stürzen (in A); sich übergeben; P ~ se po kom j-m nachgeraten; ~nutí n (3) Wurf m; *Med.* Erbrechen n; *prostředek pro* ~ Brechmittel n.
vrch m (2b) Berg m, Hügel m; Gipfel m; *fig.* Oberhand f; ~em naložený vollgeladen; ~em přístupný von oben zugänglich; ~lík m (2b) Kugelabschnitt m; ~ní Ober-, obere; *Su. m (Adj. 4)* Ober(kellner) m; ~nost f (4) Obrigkeit f.
vrchol m (2; 6. *-u/-e*) Gipfel m; *fig.* Höhepunkt m; ~ek m (2b; *-lk-*) Gipfel m; (*Baum-*)Wipfel m; *Geom.* Eckpunkt m; ~ík m (2b) *Bot.* Trugdolde f; ~it ⟨za-⟩ gipfeln; *Astr.* kulminieren; ~ný Gipfel-, Spitzen-, Höchst-; *fig. a.* Glanz-; *Astr.* Kulminations-; ~ový *Geom.* Scheitel-; *El.*, *Turn.* Spitzen-.
vrchov|atý gehäuft (voll); *-tou měrou* in höchstem Maße; ~ina f (1) Berg-, Hügelland n; ~iště n (2a) Quellgebiet n; Hochmoor n; ~itý hügelig, Hügel-.
vrkat ⟨za-⟩ girren.
vrkoč m (4) Zopf m.
vrkot m (2a) Girren n.
vrn|ět ⟨za-⟩ wimmern; ~ivý wimmernd, winselnd.
vroč|ení n (3) Datierung f, Zeitangabe f; Druckjahr m; ~it *pf.* datieren.
vrostlý (hin)eingewachsen.
vroub|ek m (2b; *-bk-*) Kerbe f, Einschnitt m; P *mít* ~ *et.* auf dem Kerbholz haben; ein Hühnchen zu rupfen haben (*u k-o* mit D); ~ení n (3) Einfassung f; ~it ⟨o-, za-⟩ einsäumen, einfassen; *fig.* umrahmen; ~kovat ⟨vy-⟩ ⟨*-kuji*⟩ kerben, zähnen.
vrouc|í siedend; *fig.* innig, heiß; ~nost f (4) Innigkeit f, *lit.* Inbrunst f; ~ný innig(st).
vrozený angeboren.
vrstevnat|ost f (4) Schichtung f; ~ý geschichtet.
vrstevn|ík m (1a), ~ice f (2a) Alters-, Zeitgenosse m, -sin f; ~ící *pl. a.* Mitwelt f.
vrstv|a f (1; *-tev*) Schicht f; *Bgb.* Lage f, Flöz n; ~it ⟨na-, z-⟩ schichten; ~ se sich anlagern.
vrš f (3) Fischreuse f.
vrš|ek m (2b; *-šk-*) *dim. zu* vrch; ~it ⟨na-, za-⟩ (an)häufen; ~ se zur Neige gehen.
vrt m (2a) Bohrung f; *Bgb.* Bohrloch n; ~ací Bohr-; ~áč m (3) Bohrer m (*Mann*); ~ačit P ⟨z-⟩ Dummheiten machen; ~ačka f (1c; *-ček*) Bohrmaschine f; ~adlo n (1a; *-del*) Bohrwerkzeug n; ~ák m 1. (2b) Bohrer m; 2. P (1a) Dummkopf m; ~ání n (3) Bohren n, Bohrung f; ~at ⟨po-, pro-, za-⟩ bohren; ~ba f (1; *-teb*) s. vrtání.
vrtět ⟨po-, roz-, za-⟩ ⟨čím⟩ (um)rühren, quirlen (A); ~ hlavou den Kopf schütteln; ~ ocasem mit dem Schwanz wedeln; ~ se(bou) unruhig sitzen, auf dem Stuhl hin- und herrutschen; sich drehen.
vrt|idlo n (1a; *-del*) Rührscheit n; ~ichvost m (1) Speichellecker m; ~il P m (1), *dim.* ~ilek P m (1a; *-lk-*) Zappelphilipp m; ~kavost f (4) Unbeständigkeit m, Wankelmut m; ~kavý unbeständig, wankelmütig; ~nout se *pf.* (-tl/-tnul) sich wenden; ~ný Bohr-.
vrtohlav|ec m (3; *-vc-*) Wirrkopf m; ~ost f (4) *Zo.* Drehkrankheit f; P *iron.* Verrücktheit f; ~ý drehkrank; verrückt.
vrtoch m (2b) Schrulle f, Laune f, Grille f.
vrtošiv|ec P m (3; *-vc-*) Rappelkopf m; ~ost f (4) Launenhaftigkeit f; ~ý schrullig, launenhaft.
vrtul|e f (2) Propeller m, (Schiffs-) Schraube f; ~ník m (2b) Hubschrauber m; ~ový Propeller-; *Mar.* Schrauben-.

vrub m (2a) Einschnitt m; Kerbe f; na jeho ~ Hdl. zu seinen Lasten; jednat na svůj (vlastní) ~ auf eigene Faust handeln; ~opis m (2a) Hdl. Belastung f; ~ořez m (2a) Kerbschnitt m; ~oun m (1) Zo. Pillendreher m; ~ovat (-buji) s. vroubit.
vrůst(at) (pf. s. růst²) (hin)einwachsen.
vrut m (2; 6. -u/-ě) Sp. Schraube f; Tech. Holzschraube f.
vryp m (2a) Ritz m, Kratzer m; ~nout (-pl; -pnut) einritzen.
vrý(va)t (pf. s. rýt) einritzen, eingravieren; ins Gedächtnis einprägen.
vrz m (2a) Knarren m; jedním ~em auf einmal; ~at ⟨po-, za-⟩ (-žu/-zám), ~nout pf. (-zl) knarren; Schnee: knirschen; auf der Geige kratzen; ~ot m (2a) Knarren n.
vrž|ení n (3) Werfen n, Wurf m, Schleudern n; ~iště n (2a) Wurf-, Stoßanlage f.
vřadit pf. (-děn/-zen) einreihen, einordnen.
vřava f (1) Getöse n, Lärm m.
vřec|katý- -té houby Schlauchpilze m/pl.; ~ko n (1b; -cek) Bot. Schlauch m.
vřed m (2a) Geschwür n; ~ovatění n (3) Geschwürbildung f; ~ovitý mit Geschwüren bedeckt, ulzerös.
vřel|e Adv. fig. wärmstens, heiß, innig(st); ~ost f (4) Wärme f, Innigkeit f; Inbrunst f; ~ý heiß, siedend; Worte: innig, bewegt, zu Herzen gehend.
vření n (3) Kochen n; Wallung f; fig. Gären n.
vřes m (2a) Heidekraut n, Erika f.
vřesk m (2b), ~ot m (2a) Kreischen n.
vřesoviště n (2a) Heide(land n) f.
vřešť|an m (1) Brüllaffe m; ~ět ⟨roz-, za-⟩ brüllen, kreischen; Kind: plärren; ~ivý kreischend; ~oun m (1) Schreier m, Schreihals m; F (Kind) Heulpeter m.
vřeten|ní: ~ kost Anat. Speiche f; ~o n (1; 6. -u/-ě) Spindel f; ~ovitý spindelförmig; ~ový Spindel-.
vřez m (2a) Einschnitt m; ~(áv)at (pf. -žu/-zám) einschneiden, einritzen.
vřídek m (2b; -dk-) Eiterbläschen n, Pustel f.
vříd|elní Sprudel-; ~lo n (1a; -del) heiße Quelle f; karlovarské ~ Karlsbader Sprudel.

vřísk|at ⟨za-⟩, ~nout pf. (-kl) kreischen, schreien, plärren; ~avý kreischend.
vřít ⟨na-, po-⟩ (3. vře, vřel) v/i sieden, kochen, brodeln; fig. a. gären.
vřítit se pf. hineinstürmen, hereinstürzen.
vsadit pf. (-zen) einsetzen; setzen auf (A); ~ se wetten (o co s kým mit j-m um A).
vsáhnout pf. (-hl) eingreifen.
vsák|lý eingesickert; ~nout ⟨se⟩ pf. (-kl), **vsakovat** (-kuji) einsickern.
vsát pf. (vsaji) ein-, aufsaugen; ~ se fig. einziehen (v/i).
vsazení n (3) Einsetzen n, Einfügung f; (Spiel-)Einsatz m.
vsázet (3 Pl. -ejí), **vsazovat** (-zuji) s. vsadit.
vsed|ě sitzend, im Sitzen; ~at, ~nout pf. (-dl) sich hineinsetzen; (do vlaku in den Zug) einsteigen; (na koně od. na kůň ein Pferd, na loď ein Schiff) besteigen.
vsítit pf. (-těn) Ball ins Tor (od. ins Netz) schießen.
vskutku Adv. wirklich, tatsächlich.
vsolit pf. ~ k-u jednu P j-m eine herunterhauen.
vsou(va)t (pf. vsuji, -ul) einschieben.
vstá(va)t (pf. s. stát³) aufstehen; Haare: zu Berge stehen; Tote: auferstehen.
vstav|ač m (4) Knabenkraut n; ~áček m (1a; -čk-) Stehaufmännchen n; ~ět pf. s. vestavět; ~it pf. s. vestavit.
vstoje stehend.
vstoup|ení n (3) Eintreten n; ~ v platnost Inkrafttreten n; ~it pf. eintreten; ~ do pokoje das Zimmer betreten; ~ na cestu e-n Weg beschreiten; ~ v platnost in Kraft treten.
vstrčit pf. (hin)einstecken.
vstřeb(áv)at (pf. -u/-ám) aufsaugen, resorbieren.
vstřel m (2a) Einschuß(öffnung f) m; ~it pf. hineinschießen.
vstříc Adv. entgegen; ~ný Bot. gegenständig.
vstřik m (2b), ~nutí n (3) Einspritzung f; ~ovat (-kuji), **vstříknout** pf. (-kl-) einspritzen; ~ovací Med. Injektions-; Tech. Einspritz-.
vstup m (2a) Eintritt m; ~enka f (1c; -nek) Eintrittskarte f; ~né n (Adj. 3) Eintrittsgeld n; ~ní Eintritts-, Ein-

vstupovat

gangs-(*Tor, Halle*); ~ řeč Antrittsrede *f*; ~ vízum Einreisevisum *n*; **~ovat** (-*puji*) *s.* vstoupit.

vsun|out *pf.* (*vsuji, vsul; vsut*), **~ovat** (-*nuji*) *s.* vsout.

vsuv|ka *f* (1c; -*vek*) Einschiebsel *n*; **~ný** einschiebbar; ~ kontakt Steckkontakt *m*.

vsyp(áv)at ⟨*pf.* -*u*/-*ám*⟩ (hinein-)schütten.

všade, všady *s.* všude.

však (*an 2. Stelle im Satz*) aber, jedoch; ~ *uvidíš!* du wirst schon sehen!; ~ *to neudělá!* er tut es ja nicht!

všanc: *dát co* ~ auf. Spiel setzen.

vše alles; *konec* ~ *napraví Sprw.* Ende gut, alles gut; ~ *nejlepší* alles Gute.

všec|ek, ~ka, ~ko ganz, alle(s); *dim.* **~ičko, ~inko**; -*ko dobré* alles Gute; -*ko jedno* alles gleich.

všed|ní ⟨ze-⟩ (3 *Pl.* -*ějí*) alltäglich werden; **~ní** alltäglich, Alltags-, Werktags-, Wochen-; ~ *den* Werktag *m*; ve ~ den an Werktagen, werktags; **~nost** *f* (4) Alltägliche(s) *n*, Alltäglichkeit *f*.

všehochuť *f* (4c; -*ti*) Allerleigewürz *n*; buntes Allerlei *n*, F Mischmasch *m Mus.* Quodlibet *n*.

všech|en, ~na, ~no (*s. Anh.*) alle; *beim Objekt* ganz; *ve vší tichosti* in aller Stille; *Všech svatých Rel.* Allerheiligen *n*; *beze všeho* ohne weiteres; *je po všem* es ist alles aus *od.* vorbei; *podle všeho* allem Anschein nach; *pro -chno für alle Fälle;* přese vše trotz allem; *se vším všudy* mit Sack und Pack; *mit Mann und Maus* (*untergehen*); *u všech všudy!* zum Henker!, in aller Welt.

vše|kaz *m* (1) Termite *f*; **~lék** *m* (2b) Allheilmittel *n*; **~lico(s)** mancherlei, allerlei; **~lidový** -*vé vlastnictví* Volkseigentum *n*; Gemeingut *n*; **~lidský** allgemein menschlich.

všeli|jak auf verschiedene Weise; **~jaký** allerlei, mancherlei; **~kde(s)** an manchen Orten, mancherorts; **~ký** jeder, allerlei, sämtliche.

vše|mocný, ~mohoucí allmächtig, allgewaltig; **~mohoucnost** *f* (4) Allmacht *f*; **~možný** alle mögliche, alle erdenkliche; **~národní** die ganze Nation betreffend; **~německý** gesamtdeutsch; **~obecnost** *f* (4) Allgemeinheit *f*; **~obecný** allgemein; **~obsáhlý** allumfassend;

~odborový: ~ *svaz* Gewerkschaftsbund *m*.

všeptat *pf.* (*k-u do ucha* j-m ins Ohr) flüstern.

vše|ruský allrussisch; **~slovanský** allslawisch; **~stranný** allseitig; **~svazový** Allunions-.

všeteč|ka *m* (5) vorwitziger (*od.* lauter) Mensch *m*; **~nost** *f* (4) vorwitziges (*od.* vorlautes) Wesen *n*; **~ný** vorwitzig, vorlaut.

vše|uměl *m* (1; -*ové*) Tausendkünstler *m*; **~užitečný** gemeinnützig; **~věd** *m* (1; -*ové*) Alleswisser *m*; doktor ~ Doktor Allwissend; **~vědoucí** allwissend, **~vidoucí** alles sehend; **~vládnoucí, ~vládný** all(be)herrschend.

všichni, všickni (*s. Anhang*) alle (*m belebt*); ~ *vespolek* alle miteinander; *s. a.* všechen.

vším|at si ⟨*po-*⟩ (*č-o*) achten (auf *A*), berücksichtigen (*A*); **~avost** *f* (4) Achtsamkeit *f*; **~avý** aufmerksam.

všimnout si *pf.* (-*ml; -mnut*) bemerken, wahrnehmen, beachten (*č-o/A*).

vší(va)t (*pf. s.* šít) einnähen.

všiv|áctví *n* (3) Lausbüberei *f*; **~ák** *m* (1a) Lausbub *m*; **~ý** P *fig.* lausig, lumpig.

všoupnout *pf.* (-*pl; -pnut*) einschieben.

všourat se *pf.* hereinschlürfen.

vštěpovat (*im*)*pf.* (-*puji*), **vštípit** *pf.* einpfropfen; *j-m et.* beibringen.

všud|e, ~y überall, allerorts; -*y* vše*ho* alles in allem; **~ybyl** *m* (1; -*ové*) F Hans Dampf in allen Gassen, Allerweltskerl *m*; **~ypřítomnost** *f* (4) Allgegenwart *f*; **~ypřítomný** allgegenwärtig.

vtáhnout *pf.* (-*hl; vtažen*), **vtahovat** (-*huji*) (hin)einziehen; *Mil.* einrücken, einmarschieren.

vtaž|ení *n* (3) Einzug *m*, Einmarsch *m*; **~ený** eingezogen; **~itelný** einziehbar.

vté|ci *pf.* (*s.* téci), **~kat** (hin)einfließen; (ein)münden.

vtěl|ení *n* (3) Verkörperung *f*; *Rel.* Menschwerdung *f*, Inkarnation *f*; *Jur.* Einverleibung *f*, Eintragung *f*; **~ený** verkörpert, *fig.* leibhaftig; **~it** *pf.*, **~ovat** ⟨*pře-, při-*⟩ (-*luji*) verkörpern (sich); *Jur.* einverleiben, eintragen.

vteřin|a f (1) Sekunde f; *za -nu* in e-r Sekunde; **~ový** Sekunden-.

vtěsn(áv)at hineinzwängen, hineinpferchen.

vtip m (2a) Witz m; Scharfsinn m; **~álek** m (1a; -lk-) s. vtipkář.

vtípit se P pf. begreifen, F kapieren, draufkommen.

vtip|kář m (3) Witzbold m; **~kování** n (3) Witzelei f; **~kovat** ‹po-, za-› (-kuji) Witze machen, F witzeln (o kom, čem über A); **~nost** f (4) Scharfsinn m, Witz m; **~ný** witzig.

vtíra|t einreiben; **~ se** k-u sich aufdrängen (D); **~vost** f (4) Auf-, Zudringlichkeit f; **~vý** auf-, zudringlich.

vtisk|(áv)at, **~ovat** (-kuji), **~nout** pf. (-kl; -štěn) eindrücken, einprägen; *Stempel* aufdrücken; (-knut) **~ do ruky** in die Hand drücken.

vtít pf. (s. tít) einhauen; F **~ políček** j-m e-e herunterhauen.

vtlač|it pf., **~ovat** (-čuji) hineindrücken; **~ se** sich hineindrängen.

vtlouci pf. (s. tlouci) (do č-o) einschlagen (in A); P j-m eintrichtern (A).

vtok m (2b) Einmündung f.

vtom da, plötzlich.

vtrhnout pf. (-hl; -žen) einfallen, eindringen.

vtrousit pf. (-šen) einstreuen.

vůbec überhaupt; im allgemeinen, ganz und gar.

vůči Prp. (mit 3. Fall) gegenüber (D), angesichts (G); **~hledě** zusehends.

vůdc|e m (3) Führer m; Mil. Feldherr m, Heerführer m; **~ovský** Führer-; **~ovství** n (3) Führung f.

vůd|čí leitend, führend, Leit-, Führer-; **~kyně** f (2b) Führerin f.

vůkol ringsumher.

vůl m (1; vol-) Ochse m.

vůle¹ f (2) Wille m; *síla* **~** Willenskraft f; *bez* **~** willenlos; *slabost* **~** Willensschwäche f; *k -li zuliebe*; *máte na -li* es bleibt Ihnen überlassen; *po -li* nach (seinem) Willen; *pro dobrou -li* um des guten Einvernehmens willen; *proti -li* wider Willen; *při nejlepší -li* beim besten Willen; *z dobré* **~**, *o své -li* aus freien Stücken, eigenmächtig; *buď* **~** *Tvá! Bibl.* dein Wille geschehe!

vůle² f (2) Tech. Spielraum m, Luft f.

vulgární vulgär.

vulk|án m (2a) Vulkan m; **~anizovat** [-nɪ-] (im)pf., z- (-zuji) vulkanisieren.

vůně f (2b; -i) Duft m, (Wohl-)Geruch m.

vuřt P m (2; 6. -u/-ě) Wurst f, Knackwurst f; *Int.* wurst!

vústit pf. einmünden.

vůz m (2; voz-; 6. -e/-u) Wagen m; † Fuhrwerk n; *páté kolo u vozu* das fünfte Rad am Wagen; *Velký, Malý* **~** *Astr.* Großer, Kleiner Bär.

vy ihr; Vy Sie.

vy- (mit Su. oft vý-) in Zssgn mst aus-; heraus-, hinaus-.

vy|bádat pf. ausforschen, ergründen; **~bagrovat** pf. (-ruji) ausbaggern; **~bájit** pf. s. vybásnit.

vybal|it pf., **~ovat** (-luji) auspacken.

vy|barvit pf. färben; **~ se** P sich entpuppen; **~básnit** pf. erdichten, *poet.* ersinnen.

výbava f (1) Ausstattung f, Aussteuer f.

vybav|ení n (3) Ausstattung f, Ausrüstung f; Dotierung f; **~it** pf., **~ovat** (-vuji) ausstatten; ausrüsten; *Hdl.* entschulden; befreien (z č-o von D); **-it se** sich losmachen (fig. auftauchen; -it si co sich erinnern an (A); sich vergegenwärtigen (A).

výbavné n (Adj. 3) Ausstattung(sgeld n) f.

výběh m (2b) Auslauf m; Freigehege n.

vyběh|at pf. durch Laufen erreichen; **~ se** sich müde laufen; **~nout** pf. (-hl) heraus-, hinauslaufen; *Berg* hinauflaufen.

vyběl|et pf. (Pl. -eji) (aus)bleichen (v/i); **~it** s. vybílit.

výběr m (2a) Auswahl f; Bio. Auslese f, Zuchtwahl f; Hdl. Sortiment n; *na* **~** zur Auswahl, zur Wahl; *podle* **~** **u** nach Wahl.

výběračný wählerisch.

výběr|čí m (Adj. 4) Einnehmer m, Einnehmerin f; **~ daní** Steuereinnehmer(in); **~ový** Wahl-; -vé zboží Ware erster Qualität.

výběžek m (2b; -žk-) Ausläufer m, (Fels-)Vorsprung m.

vybičovat pf. (-čuji) auspeitschen.

vybíd|ka f (1c; -dek), **~nutí** n (3) Aufforderung f; **~nout** pf. (-dl; -dnut) auffordern.

vybí|hat hinauslaufen; (her)vorspringen, herausragen; **~jecí** *El.*

vybíječ

Entladungs-; **~ječ** *m* (4) Entlader *m*; **~jení** *n* (3) Entladung *f*; **~jet** (3 *Pl. -ejí*) entladen; **~lit** *pf.* weißen; *Wäsche* bleichen; P *Lokal* demolieren; *Gäste* hinauswerfen; *Geschäft* plündern; *Zeitung* zensieren.

vybír|ání *n* (3) Heraussuchen *n*; *Hdl.* Behebung *f*; *bez dlouhého ~* ohne lange zu wählen; **~at** *s. vybrat*; **~avý** wählerisch.

vy|bít *pf.* (*s. bít*) herausschlagen; *Fenster* einschlagen; *Wild* ausrotten; *El., Gewehr* entladen; **~bití** *n* (3) *El.* Entladung *f*; **~bízet** (3 *Pl. -ejí*) *s.* vybídnout; **~bláznit se** P *pf.* sich austoben.

vybled|lý bleich; *Farbe:* verblaßt, F verschossen; **~nout** *pf.* (-*dl*) (aus)bleichen (*v/i*), verblassen.

vy|bleptat P *pf.* ausplappern; **~blít** P *pf.* (-*iji*, -*il*) ausspeien, V auskotzen; **~bočení** *n* (3) Abweichung *f*; Abschweifung *f* (z č-o von *D*); ~ *z mezí* Ausschweifung *f*.

vybod|nout *pf.* (-*dl*, -*dnut*) ausstechen; **~ovat** *pf.* (-*duji*) Sp. auspunkten, nach Punkten schlagen.

výboj[1] *m* (4) Eroberung *f*; *válka na ~* Eroberungskrieg *m*; *spolek na odboj a ~* Schutz- und Trutzbündnis *n*.

výboj[2] *m* (4) *El.* Entladung *f*; **~ka** *f* (1c; -*jek*) Entladungsröhre *f*.

výboj|ník *m* (1a) lit. Eroberer *m*; Draufgänger *m*; **~nost** *f* (4) Eroberungslust *f*; Draufgängertum *n*; **~ný** eroberungssüchtig; Eroberungs-; draufgängerisch; aggressiv; *Mil.* offensiv; *Reden:* ausfallend.

vy|bojovat *pf.* (-*juji*) erkämpfen; *e-n Kampf* austragen; ~ *si co na kom* abringen (j-m *A*); **~bombardovat** *pf.* (-*duji*) ausbomben.

výbor *m* (2a) Auswahl *f*; Auslese *f*; *Pol.* Ausschuß *m*, Komitee *n*; *Národní ~* Nationalausschuß; **~ný** vorzüglich, ausgezeichnet, glänzend, vortrefflich; **~ová** P *f* (1c; -*ové*) Vorstandssitzung *f*; **~ovna** *f* (1; -*ven*) Sitzungssaal *m*, Tagungsraum *m*; **~ový** Ausschuß-, Vorstands-.

vybouchnout *pf.* (-*chl*/-*chnul*; -*chnut*) explodieren, platzen.

vyboul|ení *n* (3), **~enina** *f* (1) Ausbauchung *f*; **~ený** ausgebaucht; *né oči* Glotzaugen *n/pl.*; **~it** *pf.* ausbauchen, ausbeulen; P ~ *oči* glotzen.

vy|bouřit *pf. durch Lärm* aufwecken; ~ *se* sich austoben; **~brakovat** *pf.* (-*kuji*) *Ware* ausrangieren; **~braná** *f* (*Adj.* 2) Auswahl *f*; *na -nou* zur Auswahl; **~brání** *n* (3) *Flgw.* Abfangen *n*; **~braný** ausgesucht, (aus)erlesen; **~brat** *pf.* (*s. brát*) herausnehmen; *Erde* aushöhlen; *Briefkasten* leeren; *Geld* abheben; *Nest* ausnehmen; *Auswahl* treffen; *Bank* ausplündern; *Geld* kassieren; *Fall* herausgreifen; ~ *si* auswählen, aussuchen; ~ *se* (*kam*) sich begeben; ~ *se na cestu* sich auf den Weg machen; ~ *se z č-o* sich erholen (von *D*); ~ *se Wetter:* sich (auf)klären; **~breptat** *pf.* ausplappern; **~brousit** *pf.* (-*šen*) schärfen, (aus)schleifen; läutern.

vybrouš|enost *f* (4) Schliff *m*; **~ený** geschliffen; fein.

výbrus *m* (2a) Schliff *m*.

vy|brušovat (-*šuji*) *s.* vybrousit; **~břednout** *pf.* (-*dl*) herauswaten; *fig.* sich herausarbeiten; **~bubnovat** *pf.* (-*nuji*) austrommeln; P *na die große Glocke hängen.*

vybudov|ání *n* (3) Aufbau *m*; Ausbau *m*; *fig.* Errichtung *f*; **~at** *pf.* (-*duji*) aufbauen; *Hafen* ausbauen; (aus)gestalten.

výbuch *m* (2b) Ausbruch *m*; Explosion *f*.

vybuch|nout *pf.* (-*chl*), **~ovat** (-*chuji*) platzen, explodieren; *in Gelächter* ausbrechen; *fig.* aufbrausen.

výbuchový Explosions-.

vy|bujet *pf.* (3 *Pl. -ejí*) üppig aufwachsen, emporschießen; **~burcovat** *pf.* (-*cuji*) aufrütteln.

výbuš|(n)ina *f* (1) Explosivstoff *m*, Sprengstoff *m*; **~nost** *f* (4) Detonationskraft *f*, Sprengkraft *f*; **~ný** Explosiv-, Spreng-; F leicht aufbrausend; ~ *motor* Explosionsmotor *m*.

vyby|t *pf.* (-*budu*, -*byl*), **~vat** P übrigbleiben.

vyce|dit *pf.* (-*zen*): ~ *krev* Blut vergießen; **~nit** *pf.* abschätzen; *Zähne* fletschen; **~povat** *pf.* (-*puji*) P drillen, *iron.* schleifen.

vy|cídit *pf.* blank putzen; **~cinkat** *pf.* (k-u) P herunterputzen (*A*); ~ *Leviten lesen* (*D*); **~cítit** *pf.* herausfühlen.

vycl|ení *n* (3) Zollabfertigung *f*; **~í(va)t** (*pf. -clen*) verzollen.

vycp|at *pf.* (-*u*) ausstopfen; **~ávka**

výdejna

(1c; -vek) Polsterung f; (Tür-) Füllung f; ~ávat s. vycpat.

vycucat pf. aussaugen; fig. ~ si co z prstů sich et. aus den Fingern saugen.

vycvič|ený ausgebildet; geschult; ~it pf. ausbilden; Tier abrichten.

výcvik m (2b) Ausbildung f, Abrichtung f; ~ový Ausbildungs-.

vyčaloun|it pf., ~ovat (-nuji) (aus-) tapezieren.

vy|čárkovat pf. (-kuji) strichein, schraffieren; ~čarovat pf. (-ruji) hervorzaubern; ~čásit se pf. sich aufheitern; ~častovat pf. (-tuji) reichlich bewirten; ~čenichat pf. Wild aufspüren.

výčep m (2a) Ausschank m; Schenke f; ~ní Schank-; ~ník m (1a) Schankwirt m.

vyčepovat pf. (-puji) ausschenken.

vyčerp|ání n (3), ~anost f (4) Erschöpfung f; ~at pf. erschöpfen; Wasser auspumpen; ~ávající erschöpfend; Arbeit: aufreibend; ~ávat s. vyčerpat.

vyčes(áv)at (pf. -sám/-šu) auskämmen. [Liste f.)

výčet m (2a; -čt-) Aufzählung f;)

vyčíh|at pf., ~nout pf. (-hl/-hnul) erspähen; Augenblick abpassen.

vyčich|at pf. aufspüren; ~lý abgestanden, schal; ~nout pf. sich verflüchtigen, verduften.

vy|činit pf. (k-u) ausschimpfen (A), F den Kopf waschen (D), Fell gerben; ~čislit pf. beziffern, in Zahlen ausdrücken; ~číst pf. (s. číst) herauslesen; an den Augen ablesen; (k-u co) vorwerfen (j-m A); ~čistit pf. s. čistit; ~čištění n (3) Reinigung f, Säuberung f.

vyčít|at vorwerfen; ~avý vorwurfsvoll.

výčitka f (1c; -tek) Vorwurf m; s. svědomí.

vyčk|(áv)at zu-, abwarten; ~ávací abwartend.

výčnělek m (2b; -lk-) Vorsprung m; Anat. Fortsatz m.

vyčn|ělý, ~ívající herausragend, vorspringend, vorstehend; ~í(vat) (pf. 3 Pl. -í/-ějí; ~ěl) hervor-, emporragen.

vyčouhlý P lang aufgeschossen, schmächtig.

vyčuh|lý abgestehen, ~ět, ~it pf. (3 Pl. -čpí; -čpěl) abstehen.

31 TW Tschech. I

vyču|hovat P (-huji) herausschauen; ~rat se V pf. pissen, P pinkeln.

výdaj m (4) Hdl. Ausgabe f, Auslage f; ~e pl. Kosten pl.; Spesen pl.; ~ za cestu Reisekosten; ~ový Ausgabe(n)-.

vydání n (3) Ausgabe f; (Buch-) Auflage f; Aushändigung f, Herausgabe f, Auslieferung f; Kostenaufwand m, Spesen pl.; Hdl. Ausstellung f e-s Wechsels; F ze starého ~ vom alten Schlag.

vydaný (her)ausgegeben; Buch: erschienen; Wechsel: gezogen.

vydař|ený (gut) geraten, gelungen; ~it se pf. (gut) geraten, gelingen.

vydat pf. (her)ausgeben; aushändigen; Hdl. ausliefern; Buch verlegen; Jur. Rechenschaft geben; Urteil abgeben, verkünden; Gesetz erlassen; Hdl. Scheck ausstellen; Wechsel trassieren; j-n e-r Gefahr od. dem Gespött aussetzen; Losung ausgeben; Zeugnis ablegen; Früchte tragen; fig. Frucht bringen; e-n Laut von sich geben; Wärme, Duft ausstrahlen; ~ se sich begeben; ~ se na cestu sich auf den Weg machen; ~ se z peněz sich verausgaben; ~ se za kým j-m nachreisen; ~ se na dobrodružství auf Abenteuer ausgehen; ~ se v nebezpečí sich e-r Gefahr aussetzen; ~ se za co sich für et. ausgeben; ~nost f (4) Ergiebigkeit f; ~ný ausgiebig, ergiebig; ~ účinek nachhaltige Wirkung.

vydáv|ání n s. vydání; ~at s. vydat.

vydavatel m (3; -é), ~ka f (1c; -lek) Verleger(in) f m, Herausgeber m, Herausgeberin f; Hdl. Aussteller m, Ausstellerin f e-s Wechsels; ~ský Verlags-; ~ství n (3), ~stvo † lit. n (1; -stev) Verlag m.

vydávit pf. ausspeien; ~ se sich übergeben.

vyděd|ěnec m (3; -nc-) Enterbter m; ~ění n (3) Enterbung f; ~ěný enterbt; ~it pf. enterben.

výdech m (2b) Ausatmen n.

vydech|nout pf. (-chl), ~ovat (-chuji) ausatmen; Duft ausströmen; Seele aushauchen.

výdej m (4) Ausgabe f; ~ jízdenek Fahrkartenausgabe; ~ balíků Paketausgabe; ~ka f (1c; -jek) Ausgabeschein m; ~na f (1; -jen) Ausgabestelle f.

vyděl(áv)at Geld verdienen; *Leder* gerben; P ~ se sich entleeren.

výděl|ečný Erwerbs-; ~ek m (2b; -lk-) Erwerb m, Verdienst m; Gewinn m, Profit m; schopný -lku erwerbsfähig; být bez -lku erwerbslos sein; daň z -lku Einkommensteuer f; ~kář m (3) profitgieriger Mensch m, P Profitjäger m; ~kářství n (3) Gewinnsucht f; ~kový Einkommen-, Erwerbs-.

vyděrač m (3), ~ka f (1c; -ček) Erpresser(in) f m; ~ný, ~ský erpresserisch, Erpressungs-; ~ství n (3) Erpressung f.

vyděsit pf. (-šen) v/t auf-, erschrecken; ~ se erschrecken (v/i).

vyděšen|í n (3) Schreck m; ~ost f (4) Bestürzung f; ~ý erschrocken; bestürzt, verstört.

vydír|ání n (3) Erpressung f; pokus o ~ Erpressungsversuch m; ~at erpressen.

vydlabat pf. (-u/-ám) ausmeißeln, aushöhlen, ausstemmen.

vydláž|dění n (3) Pflasterung f; ~dit pf., **vydlažďovat** (-ďuji) Straße pflastern.

vydloub|(áv)at (pf. -u/-ám), ~nout pf. (-bl; -bnut) aushöhlen; *Augen* ausstechen.

vydluž|ený (aus)geliehen; ~it pf. ausleihen, (aus)borgen (od k-o von D).

vy|dmout pf. (-dmul; -dmut) aufblähen; *Brust* herausstrecken; ~ se (an)schwellen; ~**dobý(va)t** pf. s. dobýt) *Schulden* eintreiben; *Sieg* erringen; ~**dolovat** pf. (-luji) Bgb. fördern, schürfen; ~**dou(va)t** pf. (s. dout) aufblasen; fig. aufbauschen; ~ se sich aufblähen; ~**dovádět se** pf. (3 Pl. -ějí) sich austoben.

vydra f (1d; -der) Fischotter m.

vydrancovat pf. (-cuji) ausplündern.

vydráp|at pf. (-u/-ám), ~**nout** pf. auskratzen; ~ se (kam) mühsam hinaufklettern; ~ se z č-o sich mit Mühe herausarbeiten.

vy|drat pf. (-deru) entreißen, *aus der Hand* reißen; ~ se z č-o sich entwinden (D); *Schrei*: sich entringen; ~**drážďit** pf. aufreizen; ~**dražďovat** pf. (-ďuji) reizen, aufpeitschen.

vydraž|ení n (3) Versteigerung f; ~it pf. versteigern; bei e-r Versteigerung erwerben.

vy|drbat pf. (-u/-ám) herausreiben; *Med.* auskratzen; *fig.* austreiben; ~**drhnout** pf. (-hl; -hnut) scheuern, ausreiben; ~**drobit** pf. v/t zerbröckeln; zerkleinern.

vydrol|it pf., ~**ovat** (-luji) ~ se abbröckeln; *Körner*: herausfallen.

vydrov|ice f (2a), ~**ka** f (1c; -vek) Otter(fell)mütze f.

výdrž f (3) *Turn*. Halte f; ~ paží Armhalte.

vydrž|ení n (3) Aushalten n; *Jur.* Ersitzen n; to není k ~ das ist nicht auszuhalten; ~**et** aushalten, ertragen; *Recht* ersitzen; *Ton* halten; ~**ovací** Erhaltungs-, Unterhalts-; ~**ování** n (3) Unterhalt m; ~**ovat** (-žuji) *Familie* unterhalten; ~ si koně sich ein Pferd halten, ~**ovatel** m (3; -é) Erhalter m.

výdřeva f (1) Täfelung f; *Bgb.* Zimmerung f.

vydřevit pf. auszimmern.

vydří Fischotter-.

vydři|duch m (1; -ové) Halsabschneider m, Leuteschinder m, Blutsauger m; ~**dušský** halsabschneiderisch; ~**dušství** n (3) Halsabschneiderei f, Erpressung f.

vydřina f (1) Otterfell n; Otterfleisch n.

vydřít pf. (-dřu, -dřel) herausreiben; herausreißen; P durch harte Arbeit verdienen; P *Wissen* einbüffeln.

vydumat pf. ersinnen.

výdumek P m (2b; -mk-) leeres Ei n.

vydup(áv)at pf. (-u/-ám): P ~ ze země aus dem Boden stampfen.

vydu|tí n (3), ~**tina** f (1), **výduť** f (4c; -tě) Ausbauchung f, Aushöhlung f, Delle f, F Beule f; ~**tý** aufgebläht, hohl; *Linse*: konkav.

vydých|at pf. *Luft* verbrauchen; ~**nout** pf. (-chl) ausatmen.

vyfárat pf. Bgb. ausfahren.

vyfint|ěný F aufgeputzt, aufgedonnert; ~**it se** P sich herausputzen.

vyfouknout pf. (-kl; -knut) ausblasen; P klauen. [Auspuff-.\]

výfuk m (2b) Auspuff m; ~**ový**

vy|gumovat pf. (-muji) P ausradieren; ~**háčkovat** pf. (-kuji) aushäkeln; *Geflügel* ausnehmen; ~**háknout** pf. (-kl; -knut) los-, aushaken; ~**hánět** (3 Pl. -ějí) s. vyhnat.

vyhas|it pf. (-šen) auslöschen; *Kalk* löschen; ~**lý** erloschen; ~**nout** pf. erlöschen, ausgehen.

vy|házet (3 Pl. -ejí), ~hazovat (-zuji) s. vyhodit; **~hazov** P m (2a) Laufpaß m; iron. Hinauswurf m.

výheň f (3; -hně, -hni usw.) (Feuer-) Esse f; Glut(hitze) f.

výher|ce m (3), **~kyně** f (2b) Gewinner(in f) m; **~ní** Gewinn-.

vyhladit pf. (-zen) glätten; lit. (völlig) ausrotten.

vyhladov|ělý ausgehungert; **~ění** n (3) Verhungern n; smrt ~m Hungertod m; **~ět** pf. (3 Pl. -ějí) hungrig werden; **~it** pf. aushungern.

vyhlásit (-šen) bekanntgeben, verkünden; Krieg erklären; Standrecht verhängen; (k-o za co) erklären (j-n zu D); Konkurs anmelden; ~ za svatého heiligsprechen.

vyhláš|ení n (3), **~ka** f (1c; -šek) Bekanntmachung f, Proklamation f; **~ený** erklärt; berühmt; berüchtigt.

vyhlašovat (-šuji) s. vyhlásit.

vyhlaz|ení n (3) (völlige) Ausrottung f, Vernichtung f, **~ovací** Vernichtungs-; **~ování** n (3) s. vyhlazení; zbraně hromadného ~ Massenvernichtungswaffen f/pl.

výhled m (2a) Aussicht f, Ausblick m.

vy|hledat herausfinden, ermitteln; ~ lékařskou pomoc ärztliche Hilfe in Anspruch nehmen; **~hledat** s. vyhlížet.

vyhled|ávací Ermittlungs-; **~ávaný** viel besucht; **~ávat** s. vyhledat; **~ět** pf.: ~ si oči sich die Augen aus dem Kopf schauen.

vyhléd|nout ⟨-dl; -dnut⟩: ~ z okna aus dem Fenster schauen; ~ si aus(er)wählen; **~nutý** ausersehen.

výhledový: ~ plán Perspektivplan m.

vyhlíd|at s. vyhlížet; **~ka** f (1c; -dek) Aussicht f, Fernsicht f; Guckloch n, Guckfenster n; fig. Aussicht f, Chance f; **~kový** Aussichts-; **~nout** s. vyhlédnout.

vy|hlížet ⟨po-⟩ (3 Pl. -ejí) hinausschauen; Ausschau halten; (gut) aussehen; **~hlodat** pf. ausnagen; Geol. korrodieren; **~hloubit** pf., **~hlubovat** (-buji) aushöhlen; ausschachten; Graben ausheben; Fluß ausbaggern; **~hmatat** pf., **~hmátnout** pf. ⟨-tl; -tnut⟩ abtasten; Problem lösen.

vyhn|anec m (3; -nc-), **~ankyně** f (2b) Verbannte m od. f; **~ání** n (3) Vertreibung f, Verbannung f; Med. Abtreibung f; **~anství** n (3) Verbannung f, Exil n; **~at** pf. (-ženu) vertreiben, P davonjagen; verbannen; Med. abtreiben; Mauer (auf-)bauen.

vy|hnilý verfault; Baum: hohl; **~hnisat** pf. vereitern; Geschwür: aufbrechen (v/i); **~hnít** pf. (s. hnít) durchkneten; **~hnít** pf. (s. hnít) heraus-, verfaulen; **~hnojit** pf. gut düngen.

vyhn|out pf. (-nul): ~ se k-u ausweichen (D); **~utí** n (3) Ausweichen n; fig. Ausweg m.

výhoda f (1) Vorteil m; Hdl. Begünstigung f; Sp. Vorgabe f; být ve -dě im Vorteil sein; největší ~ Meistbegünstigung f.

vyhod|it pf. (-zen) hinauswerfen, P rausschmeißen; hinaufwerfen; in die Luft sprengen; Karte ausspielen; ~ si z kopýtka P sich e-n guten Tag machen; fig. auf die Pauke hauen; **~nocení** n (3) Auswertung f.

výhodnost f (4) Vorteilhaftigkeit f.

vyhodnotit pf. (-cen) auswerten.

výhodný vorteilhaft, günstig.

vyhoj|ení n (3) Heilung f, Genesung f; **~it** pf. (z č-o) heilen (von D); ~ se heilen (v/i), genesen; **~itelný** heilbar.

vyholit pf. aus-, glattrasieren.

výhon m (2a), **~ek** m (2b; -nk-) Bot. Trieb m, Schößling m; (Vieh-) Trift f.

vyhoř|elý abgebrannt; ausgebrannt; **~et** pf. ab-, nieder-, ausbrennen.

výhost m (2a) Entlassung f; dát k-u ~ entlassen, verstoßen (A), P den Laufpaß geben (D); dát ~ č-u lit. sich abwenden (von D).

vyhostit pf. (-štěn) ausweisen, verstoßen, ausstoßen.

vyhoštěn|ec m (3; -nc-) Ausgestoßene(r) m, Verbannte(r) m; **~í** n (3) Ausweisung f; **~ý** ausgewiesen, des Landes verwiesen.

vyhotov|ení n (3) Anfertigung f; Jur. Ausfertigung f; **~ený** ausgefertigt, verfaßt; **~it** pf., **~ovat** (-vuji) anfertigen; Jur. ausfertigen, verfassen.

vyhoupnout se pf. (-pl/-pnul; -pnut) sich emporschwingen; ~ se do sedla sich in den Sattel schwingen.

vyhov|ět pf. (3 Pl. -ějí/-í), **~ovat** (-vuji) (k-u, č-u) entgegenkommen (D); e-m Wunsch nachkommen, e-n

vyhovující

Wunsch erfüllen; *e-m Gesuch* stattgeben; *e-r Einladung* Folge leisten; *e-r Vorschrift* entsprechen; *Ansprüchen* gerecht werden; *e-r Pflicht* nachkommen; ~ující entsprechend.
výhoz m (2a) *Hdl.*, *Tech.* Ausschuß m; *Sp.* Abwurf m.
vyhození n (3) Hinauswerfen n; *(Geld-)*Verschwendung f; Sprengung f.
výhra f (1d; -her) Gewinn m, Treffer m.
vyhrab|at pf. (-u), ~ávat, ~ovat (-buji) ausgraben; *Loch* graben; ~ se sich mühsam herausarbeiten.
výhrada f (1) Vorbehalt m; s -dou unter (dem) Vorbehalt, vorbehaltlich (G). [ausbedingen.]
vyhradit pf. (-zen) vorbehalten, ~
výhradní ausschließlich, Allein-.
vyhrání n (3) Gewinn m.
vyhrá|t pf. (s. hrát), ~vat gewinnen; siegen; *Mus. ein Ständchen* bringen; *zum Tanz* (auf)spielen.
vyhraz|ený vorbehalten, reserviert; ~ovat (-zuji) s. vyhradit.
vyhrknout pf. (-kl/-knul) hervorstoßen, P herausplatzen; *Tränen* in die Augen treten.
vyhrn|out pf., ~ovat (-nuji) *Ärmel* aufkrempeln; *Rock* schürzen; *Kragen* hochschlagen; *Nase* rümpfen; ~ se herausströmen; ~utý aufhochgeschlagen.
vyhro|cení n (2) Zuspitzung f; ~covat se (-cuji), ~tit se pf. (-cen) sich zuspitzen.
vyhrož|ování n (3) Drohung f (mit D); Androhung f (von); ~ovat ⟨na- se⟩ (-žuji) (čím) drohen (mit D), androhen (A).
výhružka, **výhrůžka** f (1c; -žek) Drohung f.
výhružný drohend, Droh-.
vyhryz|(áv)at pf. (-žul-zám), ~nout pf. (-zl; -znut), ~ovat (-zuji) vyhrýzt pf. (-hryzu,-zl; -zen) ausnagen.
vy|hřát pf. (-hřeji) durchwärmen, heizen; ~ se sich wärmen; sich sonnen; ~hřátý durchwärmt, geheizt.
výhřev|nost f (4) Heizkraft f; ~ný Heiz-.
výhřez m (2a) *Med.* Vorfall m.
vyhřez|nout pf. (-zl; -znut) *Med.* heraustreten; ~nutí n (3) Heraustreten n, Vorfall m.
vyhřív|ací Heiz-; ~ač m (4) Heizgerät m; ~at heizen; ~ se sich sonnen.
vyhub|ení n (3) Ausrottung f; ~it pf. ausrotten, *(Unkraut)* vertilgen; ~lý abgemagert *(na kost zum Skelett)*; ~nout pf. (-bl) abmagern, ~ovat pf. (-buji) (k-u, k-o) ausschimpfen (A).
vyhýb|ání n (3) Ausweichen n; ~at se s. vyhnout; ~avý ausweichend.
výhyb|ka f (1c; -bek) *Esb.* Weiche f; ~ář m (3) Weichensteller m; ~ový Weichen-; Ausweich-.
vyhyn|out pf. aussterben; ~ulý ausgestorben; ~utí n (3) Aussterben n.
vycház|et (3 Pl. -ejí) s. vyjít; ~ka f (1c; -zek) *Med.*, *Mil.* Ausgang m; ~kový Ausgangs-; ~ *oblek* Ausgehanzug m.
vychládat s. vychladnout.
vychla|dit pf. (-zen) kühlen, auskühlen lassen; ~nout pf. (-dl) auskühlen, erkalten; *dát* ~ kalt stellen.
vychlastat P pf. aussaufen.
vychlípit pf. vorstülpen.
vychloub|ač m (3) Prahler m, F Prahlhans m; ~ačnost f (4) Prahlerei f, Prahlsucht f; ~ačný prahlerisch, prahlsüchtig; ~at se (čím) prahlen (mit D); ~av- in Zssgn s. vychloubač-.
východ m (2; 6. -u/-ě) Ausgang m; Osten m; *(Sonnen-, Mond-)*Aufgang m; *na* ~ě im Osten; *na* ~ nach Osten, östlich; *k* ~u gegen Osten; ~isko n (1; -sk/-sek), ~iště n (2a) Ausgangspunkt m; Ausweg m.
vychodit pf. (-zen) *Weg* austreten; *Schule*, *Kurs* bis zu Ende besuchen, absolvieren; ~ se sich auslaufen.
východní östlich, Ost-; orientalisch.
východo|- in Zssgn Ost-, ost-: ~asijský ostasiatisch, Ostasien-, ~český *Geogr.* ostböhmisch; ~evropský osteuropäisch; ~německý ostdeutsch; ~zemec m (3; -mc-) Orientale m; ~zemský orientalisch, morgenländisch.
výchova f (1) Erziehung f; Ausbildung f; *branná* ~ Wehrertüchtigung f.
vychovan|ec m (3; -nc-), ~ka f (1c; -nek) Zögling m.
vychov|ání n (3) Erziehung f; ~at pf. erziehen, großziehen; *Nachwuchs* heranbilden; *Tiere* aufziehen; ~atel m (3; -é), ~atelka f (1c; -lek) Erzieher(in f) m; Ausbilder(in f) m;

~atelský erzieherisch, pädagogisch; ~atelství *n* (3) Erziehungswesen *n*, Pädagogik *f*; ~ávací Erziehungs-; ~ávat ⟨do-, při-⟩ s. vychovat.
výchov|na *f* (1; -ven) Erziehungsanstalt *f*; ~ný erzieherisch, Erziehungs-.
vychoz|ení *n* (3) Absolvierung *f*; ~ený ausgetreten; *Tech.* ausgelaufen.
výchozí Ausgangs-.
vychr|chlat *pf.* aushusten; ~lit *pf.* ausspeien, auswerfen; ~stnout *pf.* (-tl/-tnul, -tnut) herausspritzen, -schütten; ~tlý mager, dürr, ausgezehrt; F spindeldürr.
vy|chřadlý mager, heruntergekommen; ~chutn(áv)at auskosten; ~chválit *pf.* sehr loben, rühmen, preisen.
vychvalov|at (-luji) s. vychválit; ~aný (viel)gepriesen; ~atel *m* (3; -é) Lobredner *m*.
vychýlit *pf.* herausbiegen; *Lichtstrahl* ablenken; abbringen; ~ se sich hinauslehnen; abweichen, abschwenken, abkommen (von *D*); *Waage:* ausschlagen.
výchylka *f* (1c; -lek) Abweichung *f*; *Phys.* Ablenkung *f*; *Astr.* Deklination *f*; (*Pendel-, Zeiger-*)Ausschlag *m*.
vy|chylovat (-luji) s. vychýlit; ~chytat *pf.* (alle) weg-, einfangen.
vychytra|čit *pf.* ausklügeln; ~lost *f* (4) Pfiffigkeit *f*; ~lý pfiffig, schlau; *Lächeln:* verschmitzt.
vyjádř|ení *n* (3) Äußerung *f*; Erklärung *f*; Gutachten *n*; ~it *pf.* ausdrücken, äußern (se sich); erklären (se sich); ~itelný aussprechbar.
vyjadřov|ací Ausdrucks-; ~ání *n* (3): *způsob* ~ Ausdrucksweise *f*; ~at ⟨-řuji⟩ s. vyjádřit.
vyjas|nění *n* (3) Aufheiterung *f*; fig. Klärung *f*; ~nit *pf.*, ~ňovat ⟨po-⟩ ⟨-ňuji⟩ aufklären, klären, erhellen; -nit se sich aufheitern, sich (auf-)klären.
vyjedn|aný vereinbart; ~at *pf.* vereinbaren, F ausmachen; ~avač, ~avač *m* (3) Unterhändler *m*, Vermittler *m*; ~ávání *n* (3) Verhandeln *n*, Verhandlungen *pl.*; ~ávat ⟨o čem⟩ verhandeln (über *A*); ~avatel, ~á-vatel *m* (3; -é) s. vyjednavač.
vyjeknout *pf.* (-kl) aufschreien.
vyjet *pf.* (s. jet) (hin)ausfahren, -reiten; hinauffahren, -reiten; *Zug:* abgehen; ~ z kolejí entgleisen; P ~ s čím herausrücken mit (*D*); ~ si e-n Spaziergang, Ritt, e-e Autofahrt unternehmen; ~í *n* (3) Entgleisung *f*; ~ý ausgefahren.
výjev *m* (2a) Szene *f*, Auftritt *m*.
vyjev|ení *n* (3) Offenbarung *f*; Erfüllung *f e-s Traumes*; P Bestürzung *f*; *jako u* ~ wie aus allen Wolken gefallen; ~it *pf.* offenbaren, ans Licht bringen; ~ se sich erfüllen; *aus dem Schlaf* auffahren; an den Tag kommen.
výjezd *m* (2; 6. -u/-ě) Ausfahrt *m*; Auffahrt *f*.
vyjezdit *pf.* (-žděn/-zděn) ausfahren (*v*/*t*).
výjezdní Ausreise-.
vyjídat s. *vyjíst*.
vyjím|aje, ~ajíc ausgenommen (*A*), mit Ausnahme (*G*); ~at s. vyjmout.
výjim|ečně *Adv.* ausnahmsweise; ~ečný Ausnahme-; außergewöhnlich; ~ka *f* (1c; -mek) Ausnahme *f*; -kou ausnahmsweise; s -kou mit Ausnahme; *bez* -ky ohne Ausnahme, ausnahmslos.
vy|jíst *pf.* (s. jíst) aus-, leeressen; P *j-n* arm essen; ~jít *pf.* (s. jít) hinausgehen; ausgehen; herauskommen; *Buch:* erscheinen; *Sonne, Mond:* aufgehen; *Math.* ergeben; *Rechnung:* aufgehen; *Schuß:* losgehen; *Los:* gezogen werden; *als Sieger* hervorgehen; *Schule* absolvieren, verlassen; *Arbeit, Prüfung:* gut ausfallen; ~ s kým (gut) auskommen mit j-m; ~ s penězi mit dem Geld auskommen *od.* reichen; ~ z módy aus der Mode kommen; ~ z paměti dem Gedächtnis entschwinden; ~ z domu das Haus verlassen; ~ najevo klar werden, herauskommen; ~ na světlo, na povrch ans Licht, an die Oberfläche kommen; ~ na jedno auf dasselbe hinauslaufen; ~ s prázdnou leer ausgehen; ~ na lov auf die Jagd gehen; ~ k-u vstříc, naproti j-m entgegengehen *od.* -kommen; ~ na cestu aufbrechen; ~ si na procházku e-n Spaziergang machen; ~jížděť (3 *Pl.* -ějí) s. vyjet; ~jížďka *f* (1c; -děk) (Aus-)Fahrt *f*; Spazierfahrt *f* *od.* -ritt *m*; ~ autem Autofahrt; ~ na kole Radtour *f*.
vyjma s. *vyjímaje*.
vyjmen|ování *n* (3) Aufzählung *f*;

vyjmenovat

~**ovat** *pf.* (*-nuji*) aufzählen, (einzeln) anführen.
vyjmou|c *s. vyjímaje;* ~**t** *pf.* (*-jmu, -ňal, -ňat*) (her)ausnehmen; *Beispiel* herausgreifen.
vy|kácet *pf.* (*3 Pl. -ejí*) abholzen, ausroden; ~**kachlíčkovat** *pf.* (*-kuji*) (aus)kacheln.
výkal *m* (*2a*) Kot *m;* ~**y** Fäkalien *pl.,* Exkremente *pl.*
vy|kartáčkovat *pf.* (*-kuji*) ausbürsten; ~**kasat** *pf.* Ärmel hochkrempeln; *Rock* aufschürzen; ~**kašlat** *pf.* (*-u*) (her)aushusten; P ~ *se na co* auf et. pfeifen; ~**kat** ⟨*za-*⟩ (*k-u*) mit „Sie" anreden, siezen (*A*).
výkaz *m* (*2;* 6. *-u/-e*) Ausweis *m;* Nachweis *m.*
vykázat *pf.* (*-žu/-ži*) (*k-u co*) Platz anweisen; *Arbeit* zuweisen; (*k-o z č-o*) *aus e-r Wohnung* weisen; *aus der Stadt* verweisen; *Erfolge* aufweisen; *Betrag* nachweisen, ~ *se* sich ausweisen.
vykaz|atelný nachweisbar; ausweisbar; ~**ovat** (*-zuji*) *s. vykázat.*
výklad *m* (*2a*) Erklärung *f;* Auslegung *f e-s Textes;* (*Traum-*)Deutung *f;* Vortrag *m,* Ausführungen *pl.;* Auslage *f,* Schaufenster *n.*
vy|kládací Entlade-; ~**kládač,** ~**kladač** *m* (*3*) Entlader *m;* Interpret *m,* Deuter *m;* ~**kládání** *n* (*3*) Ausladen *n; Mar.* Löschen *n;* Auslegung *f,* Interpretation *f,* Deutung *f;* umělé ~ Einlegearbeit *f,* Intarsie *f;* ~ dřevem Täfelung *f;* ~ karet Kartenlegen *n;* ~**kládat** ⟨*po-, roz-, za-*⟩ *s. vyložit;* ~ karty Karten legen; ~**kladatel** *m* (*3;* -*e*) *s. vykladač.*
výkladiště *n* (*2a*) Abladeplatz *m.*
vykládka *f* (*1c;* -*dek*) Entladen *n.*
výkladní Auslage-, Schau-.
vyklánět se (*3 Pl. -ějí*) *s. vyklonit se.*
vykláp|ěcí Kipp-; ~**ět** (*3 Pl. -ějí*) *v/t* (um)kippen.
výklenek *m* (*2b;* -*nk*-) Nische *f.*
vyklen|out *pf.* (aus)wölben; ~**utý** gewölbt.
vy|klep|(áv)at (*pf. -u/-ám*) ausklopfen; *Sense* dengeln; F (ab)tippen; ~**klestit** *pf.* (*-štěn/-stěn*), ~**klešťovat** (*-tuji*) *Bäume* aushauen; *Tiere* kastrieren.
vyklešť|enec *m* (*3;* -*nc*-) Verschnittene(r) *m,* Kastrat *m,* Eunuch *m;* ~**ěný** kastriert.
vy|klíčit *pf. Saat:* aufgehen, kei-

men; ~**klidit** *pf.* (-*zen*) (aus)räumen; *Mil.* räumen; *Gebiet* evakuieren; ~**klizení,** ~**klízení** *n* (*3*) Räumung *f,* Evakuierung *f;* ~**klizovací** Räumungs-; ~**klizovat** (*-zuji*), ~**klízet** (*3 Pl. -ejí*) *s. vyklidit;* ~**kloktat** *pf.* (aus)gurgeln; ~**klonit se** *pf.* sich hinauslehnen; *Pendel:* ausschlagen; ~**klopit** *pf. v/t* (um)kippen, (um)stürzen.
výklop|ník *m* (*2b*) Kippwagen *m,* F Kipper *m;* ~**ný** Kipp-.
vykloub|ení *n* (*3*) Verrenkung *f;* ~**it** *pf.* verrenken.
vy|klouznout *pf.* (*-zl*) ausgleiten, ausrutschen; F *fig.* entschlüpfen; ~**klovat** *pf.* (*-u/-ám*) aushacken, auspicken; ~**klubat se** *pf.* aus dem Ei kriechen; F *fig.* sich entpuppen; ~**koktat** *pf.* stotternd hervorbringen.
vykolej|ení *n* (*3*) Entgleisung *f;* ~**it** *pf.* zur Entgleisung bringen; ~ *se* entgleisen.
vykombinovat (**si**) *pf.* (*-nuji*) (sich) ausdenken, austüfteln.
výkon *m* (*2a*) Vollzug *m;* (*Arbeits-, Nutz-*)Leistung *f;* Ausführung *f e-r Arbeit;* (*Amts-*)Handlung *f.*
vykon|ání *n* (*3*) Vollstreckung *f;* ~**aný** geleistet, vollbracht, getan; ~**(áv)at** tun, ausführen, vollbringen; leisten; *Besuch* abstatten; *Vorbereitungen* treffen; *Eid, Prüfung* ablegen; *Befehl* ausführen; *Urteil* vollstrecken; *Aufsicht* führen; *Funktion* ausüben; *Notdurft* verrichten; ~**avatel** *m* (*3;* -*é*) Vollstrecker *m; soudní* ~ Gerichtsvollzieher *m.*
výkon|nost *f* (*4*) Leistungsfähigkeit *f;* Arbeitsleistung *f;* ~**ní** Leistungs-; ~**ný** Vollzugs-, Exekutiv-; ausübend, ausführend; leistungsfähig; ~**ový** Leistungs-.
vykonstruovaný ausgeklügelt.
výkop *m* (*2a*) Ausgrabung *f; Sp.* Anstoß *m;* ~**ový** Ausgrabungs-, Ausschachtungs-.
vykop|(áv)at (*pf. -u/-ám*) ausgraben; *Wurzeln* roden; *Grab* schaufeln; *Schützengräben* ausheben; *Sp.* anstoßen; ~**ávka** *f* (*1c;* -*vek*) Ausgrabung *f;* ~**nout** *pf.* (*-pl; -pnut*) mit e-m Fußtritt hinauswerfen *od.* wegschlagen.
vyko|řenit *pf.* entwurzeln; *fig.* ausrotten; ~**řistit** *pf.* (*-stěn*) ausbeuten.

vykořišťov|ání n (3) Ausbeutung f; ~**at** (-tuji) s. vykořistit; ~**atel** m (3; -é) Ausbeuter m; ~**atelský** Ausbeuter-, ausbeuterisch.
vykotl|aný Zahn: hohl; ~(**áv**)**at** aushöhlen; ~ se Zahn hohl (od. F schlecht) werden.
vykoupat pf. v/t baden; ~ se baden (gehen); ~ si nohy ein Fußbad nehmen.
vykoup|ení n (3) Freikaufen n; Rel. Erlösung f; ~**it** pf. loskaufen; lit. fig. erkaufen; Rel. erlösen.
vykou|řit pf. (aus)rauchen, zu Ende rauchen; Raum, Nest ausräuchern; ~ se nicht verflüchtigen, Zorn: verrauchen; ~**sat** pf. (-šu/-sám) (her)ausbeißen; P (k-o) hinausbeißen (A); ~(**va**)**t** s. vykovat; ~**zlit** pf. hervorzaubern.
vykovat pf. (-u/-ám) (aus)hämmern; lit. Bund schmieden.
výkovek m (2b; -vk-) Schmiedestück n.
vy|kračovat (-čuji) stolz einherschreiten, einherstolzieren; F statně si ~ wacker ausschreiten; ~**krádat** s. vykrást; ~**kradený** ausgeraubt, ausgeplündert; ~**krájet** pf. (3 Pl. -ejí) (her)ausschneiden.
vykrajov|ačka f (1c; -ček) Kochk. Ausstechform f; ~**at** (-juji) ausschneiden; Teig, Rasen ausstechen.
vy|krákat pf.: ~ k-u, k-o za vlasy an den Haaren ziehen (A); ~**kramařit** P pf. hervorkramen; ~**krást** pf. (s. krást) ausrauben, ausplündern; (k-o) bestehlen (A), einbrechen (bei D); ~**kráslit** pf. ausschmücken.
výkres m (2; 6. -e/-u) Zeichnung f.
vykreslit pf. (auf)zeichnen.
výkrm m (2a) Mast f; ~ vepřů Schweinemast.
vykrm|ený gemästet, Mast-; ~**it** pf., ~**ovat** (-muji) mästen; Heu verfüttern.
výkrm|na f (1; -men) Mästerei f; ~**ný**, ~**ový** Mast-.
vykročit pf. heraus-, hervortreten, aufbrechen, gehen.
výkroj m (4), dim. ~**ek** m (2b; -jk-) Ausschnitt m.
vykrojit pf. ausschneiden; Tech. ausbuchten, schweifen.
výkrok m (2b) Turn. Schritt m vorwärts.
výkrop m (2a) Einsegnung f.
vy|kropit pf. besprengen; Rel. einsegnen; ~**kroutit** pf. (-cen) (her)ausdrehen; Arm ausrenken; entwinden (j-m A); ~ se sich herauswinden; entschlüpfen; ~**kroužit** pf. abzirkeln; (aus)drechseln; Tech. schweifen; ~**krucovat** (-cuji) s. vykroutit.
výkrut m (2a) Turn. Rolle f, Überschlag m.
vy|kružovat (-žuji) s. vykroužit; ~**krvácet** pf. (3 Pl. -ejí) ver-, ausbluten; ~**krystalizovat** pf. (-zuji) auskristallisieren; ~**křehlý** aus-, durchgefroren; ~**křes**(**áv**)**at** (-šu/-sám) Feuer schlagen; nur pf. F -sat se z nemoci sich von e-r Krankheit erholen.
vykřič|ený verrufen; ~**et** pf. hinausschreien; ~ se sich ausschreien; P ~ si plíce sich heiser schreien; ~**ník** m (2b) Rufzeichen n.
výkřik m (2a) Schrei m; ~ o pomoc Hilferuf m. [aufschreien.)
vykřik|nout pf. (-kl), ~**ovat** (-kuji)∫
vyku|chat pf. Tiere ausnehmen; Jagdw. ausweiden; ~**kovat** F (-kuji) hinaus-, herausschauen; ~**lit** pf.: ~ oči große Augen machen.
výkup m (2a) Frei-, Los-, Abkaufen n; Agr. Erfassung f, Aufkauf m.
Vykupitel m (3; -é) Erlöser m, Heiland m.
výkup|na f (1; -pen) Agr. Erfassungsstelle f; ~**né** n (Adj. 3) Lösegeld n; Ablösungsgebühr f; ~**ní** Aufkauf-, Erfassungs-; ~**ný** Ablösungs-, Einstands-.
vyku|povat (-puji) s. vykoupit; ~**řovat** (-řuji) s. vykouřit; ~**sovat** (-suji) s. vykousat; ~**tálený** P durchtrieben, gerieben.
vykvasit pf. (-šen) aus-, vergären.
vykvé|st pf. (3. -ete, -etl), ~**tat** aufblühen.
výkvět m (2a) fig. Blüte f, Elite f.
vy|kvetlý aufgeblüht; ~**kydat** pf. hinauswerfen; ~ hnůj z chléva Stall ausmisten; ~**kynout** pf. Teig: aufgehen; ~**kypět** pf. überkochen, F überlaufen; ~**kysat** pf. (3. -še/-sá) aus-, vergären.
výkyv m (2a) (Pendel-)Ausschlag m; Phys. Schwingungsweite f; Pol. Ruck m.
vylad|ění n (3) Ab-)Stimmung f; ~**it** pf. Mus. stimmen; Farben aufeinander abstimmen; Rdf. genau einstellen; El. abstimmen.

vylaďovač

vylaďov|ač *m (4) Rdf.* Sperrkreis *m*; ~**at** (*-duji*) *s.* vyladit.
vy|lákat *pf.* herauslocken; ~ co na kom entlocken, P abluchsen (j-m A); ~**lámat** *pf.* (*-u*), ~**lamovat** (*-muji*) *v/t* ausbrechen; *Pflaster* aufreißen; ~**léčit** *pf.* ausheilen, F (aus-)kurieren; ~ **se** genesen, gesund werden; ~**léčitelný** heilbar; ~**lehčit** *pf.* erleichtern.
vylek|aný erschrocken, verstört; ~**at** *pf. v/t* erschrecken (se *v/i*); ~ ze spaní aus dem Schlaf fahren.
vylep|it *pf.*, ~**ovat** (*-puji*) auskleben; *Plakate* (an)kleben.
vyle|ptat *pf.* ätzen, (aus)beizen; ~**štit** *pf.* blank putzen, polieren; *Fußboden* bohnern.
výlet *m (2; 6. -u/-ě)* Ausflug *m*.
vy|létat, ~**letět** *pf.* (hin)ausfliegen, heraus-, auffliegen; ~ do povětří in die Luft fliegen; F ~ z kůže *fig.* aus der Haut fahren.
výlet|iště *n (2a)* Ausflugsort *m*; ~**ní** Ausflugs-; ~**ník** *m (1a)*, ~**nice** *f (2a)* Ausflügler(in *f*) *m*.
vylétnout *pf.* (*-tl*) *s.* vyletět.
výlev *m (2a)* Ausguß *m*; *Med., fig.* Erguß *m*; ~ krve Bluterguß.
vylév|ací Gieß-, Ausguß-; ~**ač** *m (4)* Gießvorrichtung *f*; ~**árna** *f (1; -ren)* Gießerei *f*; ~**at** ausgießen, ausschütten (*a. fig.* sein *Herz*); P ~ si zlost (na kom) s-e Wut (an j-m) auslassen; ~ se sich ergießen; ~ se z břehů *Fluß:* über die Ufer treten.
výlevka *f (1c; -vek)* Ausguß *m*; Schnauze *f*, Tülle *f*.
vyléz|at ⟨po-⟩, ~**t** *pf.* (*s. lézt*) heraus-, hervorkriechen; ~ nahoru hinaufklettern; ~ na horu e-n Berg besteigen.
vylež|elý (gut) abgelagert; ~**et se** *pf.* lange genug auf der faulen Haut liegen.
vylh|aný erlogen; ~**at** *pf.* (*s. lhát*) erlügen; ~ si co sich et. ausdenken.
vylícovat *pf.* (*-cuji*) *Tech.* einpassen.
vylíč|ení *n (3)* Schilderung *f*, Darstellung *f*; ~**it** *pf.*, **vyličovat** (*-čuji*) schildern, darstellen.
vylid|něný menschenleer; ~**nit** *pf.*, ~**ňovat** (*-ňuji*) entvölkern.
vy|líhnout *pf.* (*-hl*) ausbrüten; P *Plan* aushecken; ~ se aus dem Ei kriechen *od.* schlüpfen; ~**línat** *pf.* Haare (*od.* Federn) verlieren; sich mausern.

výlisek *m (2b; -sk-)* Preßstück *n*; ~ z plechu Stanzteil *m*.
vy|lisovat *pf.* (*-suji*) (aus)pressen; *Wein* keltern; ~**lít** *pf.* (*s. lit*) ausgießen; aus-, weg-, verschütten; *s. a.* vylévat; ~**litá** *n (3)* Ausgießen *n*; *Rel.* Ausgießung *f*; ~**lítnout** *pf.* (*-tl*) *s.* vyletět; ~**lívat** *s.* vylévat.
výlivka *(1c; -vek) s.* výlevka.
vylízat *pf.* (*-zám/-žu*) auslecken; F ~ se z nemoci sich von e-r Krankheit (gut) erholen.
výlod|ění *n (3) Mar.* Ausschiffung *f*, Entladen *n*; *Mil.* Landung *f*; ~**it** *pf.* (*-ěn*) *Fracht* löschen, entladen; *Truppen* landen; ~ se an Land gehen.
výloha *f (1b)* Auslage *f*, Schaufenster *n*; *-hy pl.* Auslagen *f/pl.*, Unkosten, Spesen *pl.*
vylom|eniny P *f/pl. (1)* Unfug *m*, Unsinn *m*; ~**it** *pf.* (her)ausbrechen; *Tür* aufbrechen.
vy|losovat *pf.* (*-suji*) ver-, auslosen; ~**loučení** *n (3)* Ausschluß *m*; *fig.* Ausschaltung *f*; ~ z církve *Rel.* Exkommunikation *f*; s ~**m** veřejnosti unter Ausschluß der Öffentlichkeit; ~ ze školy Verweisung *f* von der Schule, Relegation *f*; ~**loučen(ý)**, *Adv.* -no ausgeschlossen; ~**loučit** *pf.* ausschließen; *Waren, Bücher* aussondern, F ausrangieren; von der *Arbeit* aussperren; *Math.* eliminieren; *Schüler* verweisen, relegieren; *Sp.* vom Platz weisen; disqualifizieren; *Rel.* exkommunizieren; *Chem.* ausscheiden (*v/t*); *Med.* absondern; ~**loudit** *pf.* (*-ěn*) entlocken; *Geld* herauslocken.
vyloup|at *pf.* (*-u/-ám*) ausschälen; entkernen, enthülsen; ~**ení** *n (3)* (Aus-)Plünderung *f*, Beraubung *f*; ~**it** *pf.* (aus)plündern, aus-, berauben; ~**nout** *pf.* (*-pl; -pnut*) *s.* vyloupat.
vylou|skat *pf.* enthülsen, entkernen; *Nüsse* knacken; ~**žit** *pf.* auslaugen.
výlov *m (2a)* Abfischen *n* e-s Teiches.
vylovit *pf.* herausfischen, P herausangeln; *Teich* abfischen; *Ertrunkene* bergen.
vyložen|í *n (3) s.* vykládání; ~**ý** *Tech.* hervorstehend; *fig.* ausgesprochen; ~ nesmysl reiner Unsinn.
vyložit *pf.* auslegen; erklären; *Sachverhalt* erläutern; *Traum* deuten; *Ware* ab-, ausladen; *Fahrzeug* ent-

laden; *Mar. Ladung* löschen; *Wand* verkleiden; *Karten* auflegen; ~ se z okna sich aus dem Fenster lehnen.
výlož|ka *f* (1c; -žek), **~ek** *m* (2b; -žk-) (*Rock-*)Aufschlag *m*.
vyluč|nost *f* (4) Ausschließlichkeit *f*; **~ný** ausschließlich, exklusiv.
vyluč|ovací Ausscheidungs-; **~ování** *n* (3) Ausscheidung *f*; ~ *potu* Schweißbildung *f*; **~ovat** (-čuji) *s. vyloučit.*
vyl(o)uhovat (-huji) *s. vyloužit.*
vyluka *f* (1c) Aussperrung *f*.
vylupat P (-ám/-u) verprügeln (k-u/A).
výlupek *m* (2b; -pk-) ausgeschälte Nuß *f; fig.* Ausbund *m*.
vylup|ovač *m* (3) Plünderer *m*; **~ovat** (-puji) *s. vyloupat u. vyloupit.*
vyluštit *s. vyluštit;* ~ *hádanku* Rätsel lösen; **~elný** lösbar.
vy|luzovat (-zuji) *s. vyloudit;* **~mačkat** *pf.* auspressen, ausdrücken; **~máčknout** *pf.* (-kl; -knut) *mit e-m Mal* herausdrücken; *Fenster* eindrücken.
vymáh|ací Eintreibungs-; **~ání** *n* (3) *Jur.* Eintreibung *f; Hdl.* Einforderung *f;* **~at** *s. vymoci.*
vymách|aný -ná huba P loses Mundwerk; **~at** *pf.* ausspülen; *Wäsche* (aus)schweifen.
vy|malovat *pf.* (-luji) ausmalen; *et. an die Wand* malen; abmalen; **~mámit** *pf.* (co na kom) erschleichen, erschwindeln, F ergaunern (*et.* von *D*); *Geheimnis* entlocken (*D*); **~mandlovat** *pf.* (-luji) *Wäsche* mangeln; **~manit** *pf.* (z č-o) befreien (von *D*); ~ se sich freimachen; **~mastit** *pf.* (-štěn) mit Fett (*od.* Butter) ausschmieren; F viel Fett verbrauchen.
výmaz *m* (2a) *Jur.* Tilgung *f*, Löschung *f*.
vy|mazat *pf.* (-žu/-ži) ausradieren; *Text* löschen; *Hdl.* tilgen; ausschmieren (*čím* mit *D*); P verschmieren; **~máznout** P *pf.* (-zl/ -znul; -znut) verschwinden, abhauen; ~ se der Länge lang hinfallen.
výměn|a *f* (1) Tausch *m* (*za co* gegen *A*); Austausch *m;* Umtausch *m;* Wechsel *m;* Auswechseln *n;* ~ *peněz* Geldumtausch, -wechsel; ~ *látek* Stoffwechsel; ~ *slov* Wortwechsel; ~ *zkušeností* Erfahrungsaustausch; **-nou** durch Tausch, tauschweise; *Pol.* im Austausch; *na -nu auf* Tausch; **~ek** *m* (2b; -nk-) Altenteil *n, öst.* Ausgedinge *n;* **~ík** *m* (2b) *Tech.* (*Wärme-*)Austauscher *m; Esb.* Weichenbock *m*.
vyměnit *pf.* (co za co) ein-, aus-, umtauschen (*et.* gegen *A*); (aus)wechseln, vertauschen; *Geld* einod. umwechseln; ~ *si místa, úlohy* Plätze, Rollen tauschen; **~elný** auswechselbar.
výměnkář *m* (3), **~ka** *f* (1c; -řek) Altenteiler(in *f*) *m, öst.* Ausgedinger(in *f*) *m*.
výměnný Tausch-.
vyměňovat (-ňuji) *s. vyměnit.*
výměr *m* (2a) Ausmessung *f*; Bescheid *m*, Erledigung *f; Phil.* Bestimmung *f*, Definition *f*; ~ *pojmu* Begriffsbestimmung; **~a** *f* (1d) Ausmaß *n;* ~ *trestu* Strafmaß *n;* ve *výměře* (č-o) im Ausmaß von; **~ek** *m* (2b; -rk-) Pauschalbetrag *m od.* -summe *f*, Pauschale *f*.
vyměř|ení *n* (3) Bemessung *f;* Vermessung *f;* **~it** *pf.* aus-, vermessen; *fig.* bemessen; **~ovací** Vermessungs-; *Jur.* Bemessungs-; **~ování** *n* (3) *s. vyměření;* **~ovat** (-řuji) *s. vyměřit.*
výměsek *m* (2b; -sk-) Ausscheidung *f*, Absonderung *f*, Sekret *n*.
vymést *pf.* (*s. mést*) ausfegen, auskehren.
výměšek *m* (2b; -šk-) *s. výměsek.*
vyměšov|ací Ausscheidungs-; **~ání** *n* (3) Ausscheidung *f*, Absonderung *f; Med.* Sekretion *f*; **~at** (-šuji) ausscheiden, absondern.
výmět *m* (2a) Auswurf *m; Tech.* Ausschuß *m; Zo.* Exkrement *n*.
vyme|t(áv)at *s. vymést;* P *fig.* abgrasen; (*a. se*) *Getreide:* in die Ähren schießen; **~zit** *pf.*, **~zovat** (-zuji) be-, abgrenzen.
vymílat *s. vymlít.*
výmineč|ně *Adv.* ausnahmsweise; bedingt; **~ý** bedingt; außergewöhnlich, Ausnahme-.
výminek *m* (2b; -nk-) *s. výměnek.*
vyminiti *si pf.* zur Bedingung machen, sich ausbedingen.
výmink|a *f* (1c; -nek) Bedingung *f;* **~ář** *s. výměnkář.*
vy|mírat *s. vymřít.* **~mísit** *pf.* (-šen) *Teig* auskneten; **~miškovat** P *pf.* (-kuji) kastrieren; **~mítat** *pf.* Teufel

vymizet

austreiben; **~mizet** pf. (3 Pl. -ejí/-í) verschwinden; **~mknout** pf. (-kl; -knut) v/t ausrenken; ~ si co sich verrenken (A); ~ se k-u sich entwinden, entschlüpfen (D); **~mknutí** n (3) Verrenkung f.

výmlat m (2a), **~ek** m (2b; -tk-) Drusch m.

vy|mlátit pf. (-cen) ausdreschen; P (k-u) verdreschen (A); **~mlít** pf. (s. mlít) Getreide ausmahlen; Straße unterspülen; **~mlouvat** s. vymluvit.

výmluva f (1) Ausrede f.

vymluvit pf. (k-u co) ausreden (j-m A); abbringen (j-n von D); ~ se sich aussprechen; ~ se čím, na co sich (her)ausreden (mit D).

výmluv|nost f (4) Beredsamkeit f; **~ný** rede-, sprachgewandt; fig. vielsagend.

vy|mnout pf. (-mnul; -mnut) herausreiben; **~moci** pf. (s. moci) (na kom) durchsetzen, erwirken (bei D); Schulden eintreiben; **~močit** pf. wässern; Flachs rösten; ~ se urinieren.

vymód|ěný aufgeputzt, P aufgedonnert; **~it se** P pf. sich aufputzen.

vymodlit pf.: ~ si erflehen, erbeten.

výmol m (2; 6. -u/-e) Schlagloch m; Auswaschung f; Geol. Erosion f.

vy|montovat pf. (-tuji) Tech. ausbauen, herausnehmen; **~motat** pf. entwirren; ~ se sich herauswinden, herausfinden; **~moženost** f (4) Errungenschaft f; **~mrskat** pf. auspeitschen; Boden erschöpfen; **~mrštit** pf. hinausschleudern; hochwerfen; ~ se emporschnellen; Mil. vorschnellen; **~mrznout** pf. (-zl) ausfrieren; Agr. auswintern.

vymř|elý ausgestorben; **~ení** n (3) Aussterben n; **~ít** pf. (s. mřít) aussterben; fig. erlöschen.

vy|mstít se pf. (-ěn) sich rächen (na kom za co an j-m für A); **~mudrovat** pf. (-ruji) ausklügeln; **~mycovat** (-cuji) s. vymýtit.

vymydl|ený F geschniegelt und gebügelt, piekfein; **~it** pf. Seife verbrauchen; abseifen (A).

výmyk m (2b) Turn. Aufschwung m, Felge f.

vymykat se fig. sich entziehen; to se -ká každému líčení das spottet jeder Beschreibung.

výmysl m (2a) Erfindung f, Fiktion f, Hirngespinst n.

vy|myslit pf. (-šlen), **~mýšlet** (3 Pl. -ejí) ausdenken, erfinden; **~myšlivý** erfinderisch; **~mýt** pf. (s. mýt) auswaschen; **~mýtit** pf. (-cen) abholzen, roden; fig. ausmerzen; **~mývat** s. vymýt; **~nadat** pf. (k-u) ausschimpfen (A); **~nadívat se** pf. sich satt sehen (na co an D); **~nadivit se** pf. (č-u) sich nicht genug wundern können (über A).

vynahra|dit pf. (-zen), **~zovat** (-zuji) ersetzen; ~ si co sich entschädigen (für A).

vyna|cházet (3 Pl. -ejí) s. vynajít; **~chválit si** pf. über alle Maßen loben; **~jít** pf. (s. jít) auffinden; erfinden; ausfindig machen; **~kládat** s. vynaložit.

vynález m (2a) Erfindung f.

vynaléz|at erfinden; entdecken; **~avost** f (4) Erfindungsgabe f; Findigkeit f; **~avý** erfinderisch.

vynález|ce m (3), **~kyně** f (2b) Erfinder(in f) m; Entdecker(in f) m.

vynalézt pf. (s. nalézt) s. vynalézat.

vynalož|ení n (3) Aufwand m, Aufgebot n; **~it** pf. auf-, verwenden; fig. aufbieten.

vynasnaž|it se pf., **~ovat se** (-žuji) sich bemühen, bestrebt sein; ~ všemožně sich alle erdenkliche Mühe geben.

vy|nášeč, **~našeč** m (3) Austräger m; **~nášet** (3 Pl. -ejí) s. vynést.

výňatek m (2b; -tk-) (Text-)Auszug m.

vynd(áv)at herausnehmen, hervorholen.

vynech|á(vá)ní n (3), **~ávka** f (1c; -vek) Auslassung f, Wegfall m; **~(áv)at** aus-, weglassen; Unterricht versäumen; Tech. aussetzen (v/i).

vy|nesení n (3) Erlaß m, Verordnung f; **~nést** pf. (s. nést) hinaustragen, hinausschaffen; hinauftragen, -schaffen; Hdl. einbringen; Karte ausspielen; Urteil fällen; ans Tageslicht bringen; Geheimnis verplaudern; **~nětí** n (3) Herausnahme f, Enthebung f.

vynik|ající hervorragend, glänzend; **~at**, **~nout** pf. (-kl) hervorragen; überragen, übertreffen; hervortreten, F sich hervortun.

vynoř|it se pf., **~ovat se** (-řuji) auftauchen, aufsteigen.

výnos m (2; 6. -u/-e) Ertrag m; Erlaß m, Verordnung f; *čistý* ~ Reinertrag; ~*em ze dne* durch Verordnung vom; ~**nost** f (4) Einträglichkeit f, Rentabilität f; ~**ný** einträglich, ergiebig, rentabel.

vynu|covat (-*cuji*), ~**tit** pf. (-*cen*) (*co na kom*) erzwingen (*et.* von D); *Geld* erpressen; *Respekt* verschaffen.

vyobcov|ání n (3) Ausstoßung f, Verbannung f; *Rel.* Bann m; ~**at** pf. (-*cuji*) ausweisen; verbannen, ausstoßen.

vyobraz|ení n (3) Abbildung f; ~**it** pf., ~**ovat** (-*zuji*) abbilden, bildlich darstellen.

vyor|at pf. (-*rám*/† -*řu*) *Kartoffeln, Rüben* ernten; ~ *brázdu* Furche ziehen; ~**ávač** m (4): ~ *brambor* Kartoffelerntemaschine f; ~**ávat** s. *vyorat.*

vypáčit pf. aufbrechen, aufsprengen.

výpad m (2a) Ausfall m.

vypad|at¹ pf. (her)ausfallen, ~**at²** aussehen, sich ausnehmen; ~**ávání** n (3): ~ *vlasů* Haarausfall m; ~**ávat** *vypadat¹*.

výpadní Ausfall-.

vypadnout pf. (-*dl*) (her)ausfallen; *j-m* entfallen; *Mil.* e-n Ausfall machen; *Sp.* ausscheiden; P verschwinden; ~ *z role* aus der Rolle fallen; *jakoby z oka vypadl* wie aus dem Gesicht geschnitten.

výpadový Ausfall-.

vy|pálit pf., ~**palovat** (-*luji*) v/t ausbrennen, ausglühen; *Stadt* niederbrennen; *Mal* einbrennen; *Mil.* Feuer geben, e-n Schuß abgeben; P vor der Nase wegschnappen.

výpalky m/pl. (2b) Schlempe f.

výpar m (2b) Ausdünstung f.

vyparádit se F pf. sich herausputzen.

vypárat pf. (-*řu*/-*rám*) auftrennen.

výparný Verdampfungs-.

vypař|it pf., ~**ovat** (-*řuji*) ausbrühen; *Kochk.* abbrühen; ~ *se* verdampfen, sich verflüchtigen, verdunsten.

vypasený P (*Mensch*) dick, fett.

vypást pf. (3. -*pase*; s. *pást*) *Wiese* abweiden; *Tiere* mästen.

vypátr|ání n (3) Nachforschung f, Ermittlung f; ~**at** pf. erforschen, ermitteln, herausbekommen; ausfindig machen; *Mil.* auskundschaften.

vy|péci pf. (s. *péci*) ausbacken; *Fleisch* durchbraten; P *fig.* an der Nase herumführen; ~**pečený** (aus)gebacken; gut durchgebraten; P *fig.* durchtrieben; ~**peckovat** pf. (-*kuji*) *Obst* entkernen; ~**pékat** s. *vypéci*; ~**pelichat** pf. (sich) hären; *Vögel:* mausern; ~**pérovaný** gefedert; *Sp.* federnd; ~**peskovat** pf. (-*kuji*) ausschelten, abkanzeln, V anscheißen.

výpěstek m (2b; -*stk*-) Züchtung f, Zucht f.

vypěstovat pf. (-*tuji*) züchten, aufgroßziehen.

vypětí n (3) Anspannung f; *fig.* Aufbietung f; *El.* Ausschalten n.

vypich|at pf., ~**nout** pf. (-*chl*/-*chnul*; -*chnut*), **vypichovat** (-*chuji*) (her)ausstechen (*a. fig.*).

vypilovat pf. (-*luji*) ausfeilen.

vypín|ací Auslöse-, Auslösungs-; *El.* Ausschalt-; ~**áč** m (4) *El.* Schalter m; ~**at** s. *vypnout*; ~ *se* emporragen; P sich brüsten, überheblich sein; ~**avost** f (4) Überheblichkeit f; Prahlsucht f; ~**avý** überheblich, F protzig.

výpis m (2; 6. -*e*/-*u*), dim. ~**ek** m (2b; -*sk*-) Auszug m, Exzerpt n.

vypísk|at pf. auspfeifen; ~**nout** pf. (-*kl*) aufkreischen.

vy|pisovat (-*suji*) s. *vypsat*; ~**pít** pf. (s. *pít*) (aus)trinken; *Glas* leeren; F einen heben, *dial.* picheln; P *fig.* ausbaden, auslöffeln; ~**plácat** P pf. verschwenden.

vyplac|eně *Adv. Hdl.* frei, franko; ~**ení** n (3) Auszahlung f.

vyplác|ení n (3) regelmäßige (Aus)Zahlung f; Frankatur f; ~**et** (3 Pl. -*ejí*) s. *vyplatit*.

výplach m (2b) Ausspülung f; *střevní* ~ *Med.* Einlauf m; ~ *žaludku* Magenspülung f.

vy|pláchnout pf. (-*chl*; -*chnut*), ~**plachovat** (-*chuji*) ausspülen; ~**plakat se** pf. (-*pláču*/-*či*) sich ausweinen; ~**plašit** pf. aufscheuchen.

výplat|a f (1) Auszahlung f, Zahlung f; *Mil.* Löhnung f; ~**ce** m (3), ~**čí** m (*Adj.* 4) Zahlmeister m.

vyplatit pf. (-*cen*) auszahlen; *Scheck* einlösen; *Brief* frankieren; P (*scherz.*) verprügeln; ~ *se* sich lohnen, sich bezahlt machen.

výplatna

výplat|na f (1; -ten) Zahlstelle f; ~**né** n (Adj. 3) Freigebühr f; ~**ní** Zahl-.
vyplav|at pf. (-u) herausschwimmen; auftauchen; ~**it** pf. (aus-) schwämmen; *Kreide* schlämmen; an Land spülen.
vy|plazit pf., ~**pláznout** pf. (-zl/-znul), ~**plazovat** (-zuji) Zunge herausstrecken; ~**plenit** pf. ausplündern, ausrauben; ausrotten.
vy|pleskat pf. dial. ausplappern; ~**plést** pf. (s. plést) flechten; auswickeln; *Wolle* verbrauchen, verstricken; *Tennisschläger* bespannen.
výplet m (2a) Bespannung f.
vy|plétat s. vyplést; ~**plísnit** pf. lit. (k-o) ausschelten (A), e-e Strafpredigt halten (D); ~**plít**[1] pf. s. plít[1]; ~**plít**[2] pf. (-pliji), ~**plivat**, ~**plivnout** pf. (-vl/-vnul; -vnut) ausspucken; P ~ se na co fig. auf et. pfeifen; ~**plížit se** pf. hinausschleichen.
výpl|ň f (3), ~**něk** m (2b; -ňk-) Füllung f, Einsatz m.
vypln|ění n (3) Erfüllung f; Ausfüllen n; ~**it** pf. erfüllen; *Fragebogen*, *Lücke* ausfüllen; ~ **se** in Erfüllung gehen, eintreffen; ~**itelný** erfüllbar.
výplňkový Füll-; *Geom.* Supplement-.
vyplň|ovací Arch. Füll-; ~**ovat** (-ňuji) s. vyplnit.
výplod m (2a) Erzeugnis n, Produkt n; iron. Ausgeburt f.
vyplou|t pf. (s. plout), ~**vat** s. vyplavat; Mar. auslaufen, abfahren, lit. in See stechen.
vy|pluti n (3) Mar. Auslaufen n; ~**plynout** pf. (her)ausfließen; fig. hervorgehen, folgen (aus D); s. vyplavat; ~**plývat** pf. verschwenden, vergeuden, ~**plývat** hervorgehen, folgen; ~**pnout** pf. (s. pnout) El. aus-, abschalten; *Maschine* abstellen; *Brust* herausstrecken; ~**pnutí** n (3) El. Ausschalten n; Tech. Abstellen n.
výpočet m (2a; -čt-) Berechnung f; ~**ní** Rechen-, Rechnungs-.
vypoč|íst pf. (s. číst), ~**ítat** pf. aus-, berechnen; aufzählen; ~**itatelný** berechenbar; ~**itavost** f (4) Berechnung f; ~**ítavý** berechnend.
výpočtový Rechen-; -vé *středisko* Rechenzentrum n.
vypodob|ení n (3) Abbildung f; ~(**n**)**it** pf. abbilden, bildlich darstellen; F treffen.
vy|pojit pf. ausschalten; auskuppeln; ~**poklonkovat** P pf. (-kuji) hinauskomplimentieren; ~**polštářovat** pf. s. polštářovat; ~**pomáhat** s. vypomoci. [hilfe f.)
výpomoc f (4 od. 4b; -emi) Aus-∫
vypomoci pf. (s. moci, -možen) aushelfen; ~ **si čím** sich behelfen (mit D).
výpomocn|ě Adv. aushilfsweise, als Aushilfe; ~**ý** Hilfs-.
výpon m (2a) Turn. Zehenstand m.
vypořád|ání n (3) Auseinandersetzung f; ~**at** pf. in Ordnung bringen; *Rechnung* begleichen; ~ **se s kým** abrechnen (mit D); ~ **se s čím** sich auseinandersetzen (mit D).
vyposl|echnout pf. (-chl; -chnut), ~**ouchat** pf. zu Ende hören; *Gespräch* belauschen.
výpotek m (2b; -tk-) Med. Exsudat n.
vypo|tit pf. (-cen) ausschwitzen; F ~ **se** ordentlich schwitzen; ~**třebovat** pf. (-buji) verbrauchen, aufbrauchen.
vypou|klý s. vypuklý; ~**lit** pf.: ~ **oči** die Augen weit aufreißen; ~ **oči na k-o** anstarren, F anglotzen (A).
vypoušt|ěcí Ablaß-, Abfluß-; ~**ět** s. vypustit.
výpověď f (4d; -di; 7 Pl. -ďmi/-dmi) Kündigung f; Jur. Aussage f.
vypověd|ěnec m (3; -nc-) Verbannte(r) m, Landesverwiesene(r) m; ~**ění** n (3) Kündigung f; Verbannung f; ~ **války** Kriegserklärung f; ~**ět** pf. (s. vědět; a. -vězen) aussprechen; Jur. aussagen; kündigen; *Gehorsam* verweigern; verbannen; ausweisen, lit. des Landes verweisen; *Krieg* erklären; Tech. versagen; ~**itelnost** f (4) Kündbarkeit f; ~**itelný** kündbar; aussprechbar.
výpovědní Kündigung-.
vypo|věz- s. vypověď-; ~**vídat** s. vypovědět.
vypracov|ání n (3) Ausarbeitung f; ~(**áv**)**at** pf. (-cuji) ausarbeiten; *Feinheiten* herausarbeiten; *Teig* durchkneten; *Körper* durchtrainieren; ~ **se** sich emporarbeiten.
vyprah|lost f (4) Dürre f, Trockenheit f; ~**lý** dürr, trocken; ~**nout** pf. (-hl) austrocknen.
výprask m (2b) Prügel, Schläge pl.; F e-e Tracht Prügel.

vy|práskat P *pf.* (k-u) verprügeln (A); F hinausprügeln; **~prášit** *pf.* ausstäuben; *Kleider* ausklopfen; **~prat** *pf.* (s. prát) auswaschen.

výprav|a *f (1)* Expedition *f*; Exkursion *f*; *Esb.* Abfertigung *f*; *Thea.* Ausstattung *f*; křižácká ~ *hist.* Kreuzzug *m*; **~ce** *m (3)*, **~čí** *m (Adj. 4)* Expedient *m*; *Esb.* Fahrdienstleiter *m*, Abfertigungsbeamte(r) *m*.

vypravěč, vyprávěč *m (3)*, **~ka** *f (1c; -ček)* Erzähler(in *f*) *m*.

vy|právět *(3 Pl. -ěji) s.* vypravovat, **~pravit** *pf.* Zug abfertigen; *Waren* absenden; *Tochter, Buch, Raum* ausstatten; *j-n* mit allem Nötigen versehen; *Heer* ausrüsten; *Thea.* inszenieren; *Sohn* zum Studium schicken; *Begräbnis* bestellen; *Worte* heraus-, hervorbringen; ~ se sich begeben; sich auf den Weg machen, aufbrechen; abreisen.

výprav|na *f (1; -ven)* Abfertigung(sstelle) *f*; *Hdl.* Expedition *f*; **~né** *n (Adj. 3)* Abfertigungsgebühr *f*; **~ní** Abfertigungs-; Expeditions-; **~ný** episch, erzählend; *Thea.* Ausstattungs-.

vypravov|ání *n (3)* Nacherzählen *n*; **~at** (-*uji*) erzählen; *Güter* abfertigen; ~ co po kom nacherzählen; ~ se aufbrechen (v/i); **~atel** *m (3; -é) s.* vyprávěč, povídkář.

vyprázdn|ění *n (3)* Leerung *f*; Räumung *f*; *Med.* Entleerung *f*; **~it** *pf.*, **vyprazdňovat** (-*ňuji*) leeren; *Med.* entleeren; *Wohnung* räumen.

vy|pražený ausgedörrt; **~prchat** *pf.* sich verflüchtigen; *fig.* verfliegen; **~prod(áv)at** ausverkaufen.

výprodej *m (4)* Ausverkauf *m*.

vypro|sit *pf.* (-*šen*) (na kom) erbitten (von *D*); ~ si co sich et. ausbitten; **~stit** *pf.* (-*štěn*) befreien; ~ se z č-o sich befreien, sich frei machen (von *D*); **~šovat** (-*šuji*) s. vyprosit; **~štění** *n (3)* Befreiung *f*; *Mil.* Entsatz *m*; **~vázet** *(3 Pl. -eji)*, **~vodit** *pf.* (-*zen*) begleiten; *lit.* das (letzte) Geleit geben (*D*); *iron.* j-n vor die Tür setzen.

vypršelý *Frist*: abgelaufen; **~ení** *n (3)* Ablauf *m*; po ~ nach Ablauf; **~et** *pf. Frist*: ablaufen; ~ se aufhören zu regnen, F sich ausregnen.

vyprýštit (se) *pf.* hervorquellen.

vypřah|at *pf.*, **~ovat** (-*huji*), **vy-přáhnout** *pf.* (-*hl*; -*pražen*) *Pferde* ausspannen.

vyps|ání *n (3)* Ausschreibung *f*; **~at** (s. psát) ausschreiben; schildern; *Preis* aussetzen.

vypt|at se *pf.* sich erkundigen (na co nach *D*; k-o bei *D*); ausfragen (*A*); **~ávání** *n (3)* Erkundigungen *pl.*; Ausfragen *n*; **~ávat se** *s.* vyptat se.

vypu|čet *pf.* aufkeimen; *Saat*: aufgehen; *Bäume*: ausschlagen; **~dit** *pf.* (-*zen*) vertreiben, austreiben, verjagen.

vypůjč|it si *pf.*, **~ovat si** (-*čuji*) ausleihen, (aus)borgen.

výpůjčka *f (1c; -ček) Hdl.* Anleihe *f*; *Ling.* Entlehnung *f*.

vypuk|lina *f (1)* Ausbauchung *f*; Wulst *f*; Erhöhung *f*; **~lý** bauchig; *Phys.* erhaben, konvex, Konvex-; **~nout** *pf.* (-*kl*) ausbrechen (v/i); **~nutí** *n (3)* Ausbruch *m*.

vypumpovat *pf.* (-*puji*) (her)auspumpen.

výpust *f (4 od. 4a)* Ausflußöffnung *f*; (Hochofen-)Abstich *m*; ~ rybníka Teichablaß *m*.

vypustit *pf.* (-*štěn*) herauslassen; ab-, weglassen; freilassen; *Ballon* steigen lassen; ~ duši *lit.* den Geist aufgeben.

výpust|ka *f (1c; -tek)* Abflußrohr *n*; *Gr.* Auslassung *f*, Ellipse *f*; **~kový** elliptisch; **~ný** *Tech.* Ablaß-, Ausfluß-.

vypuštění *n (3)* Auslassen *n*; *Tech.* Ablassen *n*; (Hochofen-)Abstich *m*.

vypuz|ení *n (3)* Vertreibung *f*; **~ovat** (-*zuji*) s. vypudit.

výr *m (1; -ři)* Uhu *m*; kýho ~a! zum Teufel!, zum Kuckuck!

vy|rábět *(3 Pl. -ěji) s.* vyrobit; **~rabovat** P *pf.* (-*buji*) ausplündern; **~rašit** *pf.* sprießen; *Bot.* treiben.

výraz *m (2a)* Ausdruck *m*.

vyrazit *pf.* (-*žen*) (her)ausschlagen; *Tech.* ausstanzen; *Stempel* aufdrücken; *Tür* aufbrechen; *Fenster* einschlagen; *Schrei* ausstoßen; ausbrechen (v/i); (plötzlich) hervorschießen; *Mil.* vorstoßen, vorwärtsstürmen; *Bot.* ausschlagen, Knospen treiben; † P ~ (se sich) unterhalten, zerstreuen.

výraz|ivo *n (1)* Ausdrucksmittel *n/pl.*; Wortschatz *m*; **~nost** *f (4)* Ausprägung *f*; Vielfalt *f* des Ausdrucks; **~ný** ausdrucksvoll; **~ovost**

výrazový 494

f (4) Ausdrucksfähigkeit *f*; **~ový** Ausdrucks-.
výražek *m* (2b; -žk-) s. *výražka*.
vyražení P † *n* (3) Unterhaltung *f*, Vergnügen *n*.
vyráž|et (3 Pl. -ejí) s. *vyrazit*; **~ka** *f* (1c; -žek) Med. Ausschlag *m*.
výražka *f* (1c; -žek) feinstes Mehl *n*, Auszugsmehl *n*.
vyretušovat *pf.* (-*šuji*) nachträglich verbessern, retuschieren.
výrob|a *f* (1) Erzeugung *f*, Produktion *f*, Herstellung *f*; **~ na běžícím pásu** Fließbandproduktion; **~ automobilů** Automobilbau *m*; **~ oděvů** Konfektion *f*; **~ce** *m* (3) Hersteller *m*, Produzent *m*, Erzeuger *m*; **~ek** *m* (2b; -bk-) Erzeugnis *n*, Produkt *n*, Fabrikat *n*.
výrob|ení *n* (3) Herstellung *f*, Erzeugung *f*; **~it** *pf.* herstellen, erzeugen, produzieren.
výrob|kyně *f* (2b) s. *výrobce*; **~na** *f* (1; -ben) Produktionsstätte *f*; **~ní** Herstellungs-, Produktions-; **~** cena Herstellungs- *od.* Selbstkostenpreis *m*; **~ prostředky** Produktionsmittel *n*/*pl*.; **~nost** *f* (4) Produktivität *f*; Leistungsfähigkeit *f*.
výroč|í *n* (3) Jahrestag *m*; **~ní** Jahres-, Gedenk-; **~ trh** Jahrmarkt *m*.
vyrojit *pf.* ausschwärmen.
výrok *m* (2b) Aussage *f*, Äußerung *f*; *Jur.* Spruch *m*.
výron *m* (2a) Ausfluß *m*; Erguß *m*.
výrostek *m* 1. (1a; -tk-) Halbwüchsige(r) *m*, F Bursch(e) *m*; 2. (2b; -tk-) *Bot.* Auswuchs *m*.
vyrovn|ání *n* (3) Ausgleich *m*; *Hdl.* Begleichung *f*; Einebnung *f*, **~anost** *f* (4) Ausgeglichenheit *f*; **~aný** ausgeglichen; *Hdl.* beglichen; **~at** *pf.* ausgleichen; *Rechnung* begleichen; *Boden* einebnen, planieren; *Streit* austragen; **~ se k-u** gleichkommen, gleichen (*D*); **~ se s kým** sich vergleichen (F einigen) mit (*D*); **~ se s čím** sich vertraut machen, sich abfinden mit (*D*); **~ávací** Ausgleichs-; **~ávat** s. *vyrovnat*.
vyrozum|ění *n* (3) Verständigung *f*; **~ět** *pf.* (3 Pl. -ějí), **~ívat** (z č-o) ersehen (aus *D*); entnehmen (*D*); (*o čem*) benachrichtigen (von *D*).
vy|rubat *pf. Wald* abholzen; *Bgb.* aushauen; **~rudnout** *pf.* (-*dl*) die Farbe verlieren, F verschießen; **~rukovat** P *pf.* (-*kuji*) ausrücken; herausrücken (mit *D*); **~růst(at)** (*pf. s. růst²*) auf-, heranwachsen.
výrůstek *m* (2b; -tk-) Auswuchs *m*.
vyruš|it *pf.*, **~ovat** (-*šuji*) stören.
vyrvat *pf.* (-*u*) herausreißen; *j-m et.* entreißen; **~ se** sich losreißen.
vyrýp|at *pf.* (-*ám*/-*u*), **~nout** *pf.* (-*pl*/-*pnul*; -*pnut*) *Rasen* ausstechen.
vyrý|t *pf.* (s. *rýt*), **~vat** ausgraben; auf-, herauswühlen; eingravieren; **~žovat** *pf.* (-*žuji*) *Gold* waschen.
vy|řadit *pf.* (-*děn*/-*zen*) ausscheiden, F ausrangieren; **~řádit se** *pf.* sich austoben.
vyřa|ďovací, **~zovací** Ausscheidungs-; **~ďovat** (-*ďuji*), **~zovat** (-*zuji*) s. *vyřadit*.
vyřčení *n* (3) Ausspruch *m*; *Jur.* Spruch *m*.
výřeč|nost *f* (4) Beredsamkeit *f*, *iron.* Zungenfertigkeit *f*; P *a*. Aussprache *f*; **~ný** redegewandt, beredt, *iron.* F nicht auf den Mund gefallen.
vyřešit *pf.* lösen; *Math.* auflösen.
výřez *m* (2a) Ausschnitt *m*.
vyřez|at *pf.* (-*žu*/-*zám*) (her)ausschneiden; schnitzen; *Tiere* kastrieren; **~ávaný** geschnitzt, Schnitz-; **~ávat** s. *vyřezat*.
výřezek *m* (2b; -zk-) Ausschnitt *m*.
vyříd|ilka F *f* (1c; -lek) gutes Mundwerk *n*; **~it** *pf.* (-*zen*) ausrichten, mitteilen; *Botschaft* überbringen; *Befehl* ausführen; *Streit* schlichten; *Bestellung* ausführen; F vernichten, erledigen; **~ se** *Turn.* sich ausrichten; **~ si co et.** zu erledigen haben.
vy|řinout se *pf.* herausströmen, hervorquellen; **~řítit se** *pf.* herausstürzen, hervorbrechen; **~ na k-o** sich stürzen auf (*A*), herfallen über (*A*).
vyříz|ení *n* (3) Ausführung *f*, Erledigung *f*; **~ený** erledigt.
vy|říznout *pf.* (-*zl*, -*znut*) (her)ausschneiden; **~řizovat** (-*zuji*) s. *vyřídit*; **~řknout** *pf.* (-*řkl*, -*řčen*/-*řknut*) aussprechen; *Urteil* fällen.
výsad|a *f* (1) Vorrecht *n*, Privileg *n*, Patent *n*; **~ba** *f* (1; -*deb*) (An-)Pflanzung *f*; **~ek** *m* (2b; -*dk*-) Fallschirmjägerabteilung *f*.
vysadit *pf.* (-*zen*) (her)aussetzen; heraus-, hinaufheben; *an Land* setzen; einpflanzen; **~ na dlažbu** F auf die Straße setzen.
výsad|kář *m* (3) Fallschirmjäger *m*;

Sp. Fallschirmspringer *m*; ~kářský, ~kový *Mil.* Fallschirm-, Luftlande-; ~ní privilegiert, Monopol-.
vysá|t *pf.* (*s. sát*) aussaugen; ~vací Saug-; ~vač P *m* (3) Blutsauger *m*, Leuteschinder *m*; ~vat *s. vysát.*
vy|savač *m* (4) (*a. ~ prachu*) Staubsauger *m*; ~sazení *n* (3) Aussetzung *f*; Absetzung *f*; *Mil.* Luftlandung *f*; ~sázet (*3 Pl. -ejí*), ~sazovat (*-zuji*) *s. vysadit*; ~scat se V *pf.* pissen.
vý|seč *f* (3) *Geom.* Ausschnitt *m*, Sektor *m*; ~sed *m* (2a) *Turn.* Sitz *m*.
vysed|(áv)at herumsitzen, F -hokken; ~ět *pf.* (*-děn-zen*) Eier ausbrüten; ~lina *f* (1) Vorsprung *m*, Höcker *m*; ~lý (her)vorstehend; ~nout P *pf.* (*-dl*) aussteigen.
výsek *m* (2b) Ausschnitt *m*; Abholzung *f*; nucený ~ Freibank *f*.
vysek|(áv)at, ~nout *pf.* (*-kl/-knul*; *-knut*) (her)aushauen, herausschlagen; *-kat se* sich durchschlagen.
vysemenit se *pf. Bot.* Samen streuen.
výsev *m* (2a) Aussaat *f*.
vysévat *s. vysít.*
výsev|ní, ~ný Saat-, Anbau-.
vysch|lý ausgetrocknet; *Mensch:* mager; ~nout *pf.* (*-chl*) austrocknen; *Quelle:* versiegen.
vysídl|enec *m* (3; *-nc-*) Aussiedler *m*; Umsiedler *m*; ~it *pf.* aussiedeln.
vysíl|ací Sende-, Funk-; ~ač *m* (4), ~ačka *f* (1c; *-ček*) Sender *m*, Funkstation *f*; ~ání *n* (3) *Rdf.* Sendung *f*; ~at *s. vyslat*; ~ení *n* (3) Entkräftung *f*; ~ený erschöpft, entkräftet; ~it *pf.*, vysílovat (*-luji*) erschöpfen, *fig.* aufreiben.
vy|sířit *pf.* ausschwefeln; ~sít *pf.* (*s. sít*) aussäen; ~skákat *pf.* (*-ču/-či*) herausspringen; ~ *se* herumspringen; F sich austollen; ~skakovat (*-kuji*) *s. vyskočit.*
výsk|ání *n* (3) Jauchzen *n*; F Gejohle *n*; ~at (*za-*), ~nout *pf.* (*-kl*) jauchzen, *lit.* frohlocken; ~nutí *n* (3) Jauchzer *m*, Freudenschrei *m*.
vyskočit *pf.* herausspringen; hinaufspringen; *auf e-n Wagen* aufspringen; *vom Zug* abspringen.
výskok *m* (2b) Sprung *m*, Aufspringen *n*.
výsk*m* (2a) Jauchzen *n*, Jubel *m*.
výskyt *m* (2a) Vorkommen *n*.
vyskyt|at se, vyskýtat se, ~nout se *pf.* (*-tl*), ~ovat se (*-tuji*) vorkommen, auftreten, erscheinen.
vysláblý entkräftet, schlaff.
vyslanec *m* (3; *-nc-*) Gesandte(r) *m*; ~ký Gesandtschafts-, Legations-; ~ství *n* (3) Gesandtschaft *f*.
vysl|ání *n* (3) Entsendung *f*; ~at *pf.* (*-šlu*) aus-, absenden; *Rdf.* senden; *Pol.* delegieren; ~ *co za kým* nachsenden (j-m *A*).
výsled|ek *m* (2b; *-dk-*) Ergebnis *n*, Ausgang *m*, Erfolg *m*; *bez -dku* ergebnislos; ~kový *Gr.* Konsekutiv-; ~ní, ~ný Schluß-, resultierend; ~nice *f* (2a) Resultierende *f*, Resultante *f*.
výslech *m* (2b) Verhör *n*, (*Zeugen-*) Vernehmung *f*.
vy|slechnout *pf.* (*-chl; -chnut*) anhören; *Jur.* vernehmen; *Gespräch* belauschen; *Telefon* abhören; *Gefangene* verhören; ~slídit *pf.* aufspüren, ausfindig machen, F dahinterkommen.
vysloužilec *m* (3; *-lc-*) ausgedienter Soldat *m*, Veteran *m*; ~ilý ausgedient; ~it *pf.* ausdienen; ~ *si co* (v)erdienen (*A*).
vyslov|it *pf.*, ~ovat se (*-vuji*) aussprechen; ~ *se* sich äußern, sich erklären; ~ *se krátce* sich kurz fassen.
výslov|nost *f* (4) Aussprache *f*; ~ný ausdrücklich.
výsluha *f* (1) *s.* výsužba.
výslun|í *n* (3) Sonnenseite *f*; ~ný sonnig, Sonnen-.
výsluž|ba *f* (1; *-žeb*) Ruhestand *m*; ~ka *f* (1c; *-žek*) Gastgeschenk *n*; ~né *n* (*Adj.* 3) Ruhegehalt *n*.
vyslýchat *s.* vyslechnout.
vyslyšet *pf.* erhören.
vysmah|lý dürr, trocken; ~nout *pf.* (*-hl*) verdorren, vertrocknen.
vysmát se *pf.* (*-směji*) (*k-u*) auslachen (*A*), (*č-u*) lachen (über *A*).
vysměch *m* (2b) Hohn *m*, Spott *m*.
vysmeknout se *pf.* (*-kl; -knut*) entgleiten, entschlüpfen.
výsměš|ek *m* (2b; *-šk-*) Gespött *n*, Spott *m*; ~ný spöttisch, höhnisch, Hohn-.
vysměv|ač *m* (3), ~áček *m* (1a; *-čk-*) Spötter *m*; ~ačný, ~avý spöttisch.
vysmívat se *s.* vysmát se.
vysmolený ausgepicht; P ~ *hlas* Bierbaß *m*; ~it *pf.* auspichen.
vy|smrkat se *pf.* sich (die Nase)

vysmýčit

schneuzen; ~**smýčit** *pf.* ausfegen; P durchstöbern.
vysn|ěný *lit.* erträumt; ~**ít** *pf.* austräumen, *lit.* erträumen.
vyso|ce *Adv.* hoch; ~**čina** *f* (1) Hochland *n*, Hochebene *f*; Höhe *f*.
vysok|ačky P *f/pl.* (2; -ček) (Schaft-) Stiefel *m/pl.*; ~**(an)ánský** P himmelhoch.
vysoko *Adv.* hoch; ~**frekventní** Hochfrequenz-; ~**hodnotný** hochwertig; ~**kmenný** hochstämmig; ~**myslnost** *f* (4) Hochmut *m*; ~**myslný** hochmütig; ~**nohý** hochbeinig; ~**pecní** Hochofen-; ~**školák** *m* (1a), ~**školačka** *f* (1c; -ček) Hochschüler(in *f*) *m*; ~**školský** Hochschul-; ~**tlak(ov)ý** Hochdruck-.
vysoký (*Komp.* vyšší; *Adv.* -o, vysoce, *Komp.* výše) hoch, Hoch-; (*Körperlänge*) groß; *z -ka fig.* herablassend, F von oben herab; ~*é tóny Phys.* Obertöne *pl.*
vysoptit *pf.* Lava speien; P ~ se sich austoben.
výsost *f* (4) Hoheit *f*; *na* ~ *Adv.* höchst, überaus; *na* ~*ech* im Himmel; ~**ný** Hoheits-.
vysou|dit *pf.* (-zen) *Jur.* erlangen, erzielen; *Phil.* schließen; ~**kat** *pf.*: ~ *si rukávy* sich die Ärmel hochstreifen *od.* F aufkrempeln; **Segel** hochziehen; ~**struhovat** *pf.* (-huji) drechseln; *Metall* drehen.
vysouš|ecí Trocken-; ~**eč** *m* (4) Trockner *m*; ~ *vlasů* Fön *m*; ~**ení** *n* (3) Austrocknung *f*; Trockenlegung *f von Sümpfen*; ~**et** (3 *Pl.* -ejí) (aus-) trocknen (*v/t*), trocknen lassen; *Sumpf* trocken legen.
vysou|t *pf.* (-suji, -sul; -sut) *s.* **vysunout**; ~**vat** *it.* herausschieben; ausstoßen.
výspa *f* (1; -sep) Sandbank *f*; Riff *m*; Werder *m*.
vysp|alý ausgeschlafen; ~**at se** *pf.* (-spím), ~**ávat se** sich ausschlafen; *jak jste se -al?* wie haben Sie geschlafen?; -**ěte se dobře!** schlafen Sie gut!
vyspě|lost *f* (4) Reife *f*; ~**lý** entwickelt; ~**t** *pf.* (3 *Pl.* -ějí) heranwachsen; ~ *v muže lit.* zum Mann reifen.
vy|spravit *pf.* ausbessern, reparieren; ~**srážet** *pf.* (3 *Pl.* -ejí) *Chem.* ausfällen.

vystač|it *pf.*, ~**ovat** (-čuji) ausreichen, genügen; ~ *na měsíc* für e-n Monat reichen; ~ *s čím* auskommen mit (*D*); ~**ující** aus-, hinreichend.
vy|stálý ausgestanden; ~**starat** *pf.*: F *mít -ráno dial.* ausgesorgt haben; ~**stát** *pf.* (-*stojím*) stehend zubringen, (lange) stehen; ausstehen, leiden (können).
výstav|a *f* (1) Ausstellung *f*; ~**ba** *f* (1; -veb) Aufbau *m*.
vystav|ení *n* (3) Ausstellen *n*; ~**ění** *n* (3) Erbauung *f*; ~**ět** *pf.* (3 *Pl.* -ějí) (er)bauen.
výstaviště *n* (2a) Ausstellungsplatz *m*, -gelände *n*.
vystavit *pf.* ausstellen; aussetzen: ~ *na slunce* der Sonne aussetzen.
výstav|ka *f* (1c; -vek) kleine Ausstellung *f*, Schau *f*; ~**ní** Ausstellungs-; ~**nost** *f* (4) schöne Bauform *f*, † Gebäude *n*; ~**ný** schön gebaut, prächtig.
vystavovat (-vuji) *s.* **vystavit**, ~**el** *m* (3; -é) Aussteller *m*.
vystěhoval|ec *m* (3; -lc-) Auswanderer *m*, Emigrant *m*; ~**ecký** Auswanderungs-, Auswanderer-; ~**ectví** *n* (3) Auswanderung *f*, Emigration *f*; ~**kyně** *f* (2b) Emigrantin *f*.
vystěhovat *pf.* (-huji) ausquartieren; ~ *se* übersiedeln, ausziehen (*v/i*); auswandern.
výstelka *f* (1c; -lek) *Anat.* Epithel *n*.
vystih|nout *pf.* (-hl; -žen), ~**ovat** (-huji) begreifen, erfassen, *fig.* treffen; zum Ausdruck bringen.
vystiž|ený richtig erfaßt; treffend zum Ausdruck gebracht; ~**itelný** faßlich, begreiflich.
výstiž|nost *f* (4) Trefflichkeit *f*; ~**ný** treffend.
vy|stlat *pf.* (-stelu) aufbetten; (viel) streuen, bestreuen; *Nest* auslegen; ~**stonat se** *pf.* (-*stůňu*) (wieder) gesund werden; ~**stopovat** *pf.* (-*puji*) aufspüren; ~**stoupení** *n* (3) Austritt *m*; (*na horu* Berg-)Besteigung *f*; *Thea.* Auftritt *m*; *Thea.* Auftreten *n*, Turnveranstaltung *f*; ~**stoupit** *pf.* austreten; *Esb.* aussteigen; *Berg* besteigen; *Thea.* auftreten; ~ *proti k-u* entgegentreten (*D*), Stellung nehmen gegen (*A*); ~**stouplý** hervorstehend; hervorgetreten; ausgetreten.
výstraha *f* (1b) Warnung *f*.

vystraš|ený erschrocken, bestürzt; **~it** *pf. v/t* erschrecken, aufschrekken (*A*); **~ se** erschrecken (*v/i*).

výstražný Warnungs-, warnend.

vystr|čit *pf.*, **~kávat** heraus-, hervorstrecken; hinausschieben; F *j-n* hinauswerfen; **2kov** P *m* (*2*; *2. -a*) entlegener Ort *m*, F Hintertupfingen *n*, wo die Füchse einander gute Nacht sagen; *na ~ě* am Ende der Welt; **~kovat** (*-kuji*) *s.* vystrčit.

vystrnadit P hinausbeißen, verdrängen, *fig.* ausstechen.

výstroj *f* (*3*) Ausrüstung *f*.

vystroj|it *pf.*, **~ovat** (*-juji*) ausrüsten, ausstatten; *Fest*(*mahl*) ausrichten, geben; *Weihnachtsbaum* schmücken; *Begräbnis* bereiten; F aufputzen; zurechtmachen.

výstružník *m* (*2a*) Reibahle *f*.

vystřebat *pf.* (*-u/-ám*) aussaugen; *Chem.* resorbieren; *j-n* erschöpfen.

výstředn|í exzentrisch, überspannt; **~ice** *f* (*2a*) überspannte Frau *f*; **~ík** *m 1.* (*2b*) *Tech.* Exzenter *m*; *2.* (*1a*) Exzentriker *m*; **~íkový** Exzenter-; **~ost** *f* (*4*) Exzentrizität *f*; *fig.* Überspanntheit *f*; **~ý** *Tech.*, *Geom.* exzentrisch.

výstřel *m* (*2a*) Schuß *m*; **~ek** *m* (*2b*; *-lk-*) Exzentrizität *f*, F Torheit *f*; *-lky pl.* Auswüchse *m/pl.*

vystřel|ení *n* (*3*) Abfeuern *n*, *Mil.* Feuer *n*; **~it** *pf.* (ab)schießen, e-n Schuß abgeben; *Auge* ausschießen; *Gewehr*: losgehen; *~ si* zum Schuß kommen; P *~ si z k-o j-n* zum Narren halten.

vystříd|ání *n* (*3*) (Aus-)Wechseln *n*; Abwechslung *f*; *Mil.* Ablösung *f*; **~at** *pf.* (ab)wechseln; *Sp.* auswechseln; ablösen.

výstřih *m* (*2b*) Ausschnitt *m*.

vystříhat[1] **se** (*im*)*pf.* (*č-o*) meiden (*A*), sich hüten (vor *D*).

vystřih|at[2] *pf.*, **~ávat**, **vystřih|at** *pf.*, **~nout** *pf.* (*-hl*; *-žen*) (mit der Schere) (her)ausschneiden; **~ovánka** *f* (*1c*; *-nek*) Ausschneidebogen *m*.

vystřík|at *pf.*, **~nout** *pf.* (*-kl*; *-knut*), **vystříkovat** (*-kuji*) (her)ausspritzen; aufspritzen.

vystřelet *pf.* (*3 Pl. -ejí*) aus-, verschießen.

vystřízliv|ění *n* (*3*) Ernüchterung *f*; **~ět** *pf.* (*3 Pl. -ějí*) (wieder) nüchtern werden.

výstřižek *m* (*2b*; *-žk-*) (*Zeitungs-*)Ausschnitt *m*.

vystudovat *pf.* (*-duji*) das Studium beenden, zu Ende studieren; *Schule* absolvieren.

výstup *m* (*2a*) Aufstieg *m*; *Thea.* Auftritt *m*; *Tech.* Austritt *m*; **~ek** *m* (*2b*; *-pk-*) Vorsprung *m*, Erker *m*; **~iště** *n* (*2a*) *Esb.* Ankunftseite *f*; *Tech.* Austrittsstelle *f*; **~ní** Austritt-; Ausgangs-.

vystup|ňovat *pf.* (*-ňuji*) steigern, F *fig.* auf die Spitze treiben; **~ovat** (*-puji*) *s.* vystoupit.

vystyd|lý erkaltet, ausgekühlt; **~nout** *pf.* (*-dl*) erkalten, auskühlen.

vystýlat *s.* vystlat.

vysun|out *pf.* herausschieben, ausstoßen; **~ se** sich loslösen; **~ovací** Ausziehe-; **~ovat** (*-nuji*) *s.* vysunout; **~ovatelný** ausziehbar.

vysuš|it *pf.* austrocknen (*v/t*); trockenlegen; **~ovací** Trocken-; **~ovač** *m* (*4*) Trockenapparat *m*; Fön *m*; Löschwiege *f*; **~ovat** (*-šuji*) *s.* vysušit.

vysut|í *n* (*3*) *Gr.* Elision *f*; **~ý** vorgeschoben.

výsuv|ka *f* (*1c*; *-vek*) *Gr.* Synkope *f*, Lautausfall *m*; **~ný** ausziehbar.

vysvě|cení *n* (*3*) Einweihung *f*; (*Priester-*)Weihe *f*, **~covat** (*-čuji*) *s.* vysvětit; **~dčení** *n* (*3*) Zeugnis *n*; **~tit** *pf.* (*-cen*) (ein)weihen; *~ na kněze* zum Priester weihen.

vysvětl|ená: *na -nou* zur Erklärung; **~ení** *n* (*3*) Erklärung *f*; Erläuterung *f*, Aufschluß *m*; **~it** *pf.* erklären, erläutern, aufklären; **~itelný** erklärbar, erklärlich; **~ivka** *f* (*1c*; *-vek*) Erläuterung *f*; **~ovací** erklärend; **~ovat** (*-luji*) *s.* vysvětlit.

vysv|ítat hervorleuchten; *aus den Wolken* hervorbrechen; *~* hervorgehen, sich ergeben (aus *D*); **~ítit** *pf.* (*-cen*) *Strom*, *Öl* verbrauchen; **~ítnout** *pf.* (*-tl*) *s.* vysvítat.

vysvlé|ci *pf.* (*s. vléci*), **~kat**, **~knout** *pf.* (*-kl*; *-vlečen*) ausziehen, *lit.* entkleiden (*do košile* bis aufs Hemd); *~ se z kabátu* den Rock ausziehen *od.* ablegen.

vysvlík|at, **~nout** P *s.* vysvlé-.

vysvobodit *pf.* (*-zen*) befreien, retten; *von Leiden* erlösen; *Festung* entsetzen; **~el** *m* (*3*; *-é*), Retter *m*, Erlöser *m*, Befreier *m*.

vysvoboz|ení *n* (*3*) Befreiung *f*, Er-

lösung *f*; *Mil.* Entsatz *m*; ~ený befreit, erlöst; ~ovat (-*zuji*) *s. vysvobodit.*
vysychat, vysýchat *s. vyschnout.*
vysyp|at *pf.* (-*u*), **vysýpat, ~ávat** ausschütten; -*pat se* verschüttet werden.
výsyp|ka *f* (*1c*; -*pek*) Kippe *f*, Schütte *f*; **~ník** *m* (*2b*) Selbstentlader *m.*
výš *s. výše*².
výše¹ *f* (*2*) Höhe *f*; ~ ramen Schulterhöhe; z ~ 10 metrů aus e-r Höhe von 10 m; *tlaková* ~ Hoch(druckgebiet) *n.*
výše² *Adv.* höher; *s. vysoký;* ~ *od 10 marek* von 10 Mark aufwärts; ~ *uvedený od* oben angeführte.
vyšeptalý entkräftet; *Stimme*: hohl, heiser.
vyšetř|ení *n* (*3*) Untersuchung *f*; **~it** *pf.* untersuchen; **~ovací** Untersuchungs-; **~ovák** P *m* (*2b*) Untersuchungshaft *f*; **~ovanec** *m* (*3; -nc-*), **-nka** *f* (*1c; -nek*) Untersuchungshäftling *m*; **~ování** *s. vyšetření;* **~ovat** (*-řuji*) *s. vyšetřit;* **~ující** Untersuchungs-; **~ovatel** *m* (*3; -é*) *Jur.* Untersuchungsrichter *m*, -führer *m*; **~ovna** *f* (*1; -ven*) *Med.* Untersuchungszimmer *n.*
výšin *m* (*2a*) *Esb.* Entgleisung *f*; *Turn.* Aufzug *m.*
výšin|a *f* (*1*) Anhöhe *f*, Höhe *f*; **~ný** Höhen-.
vyšin|out *pf.*, **~ovat** (-*nuji*) aus dem Gleichgewicht bringen; *Zug* zur Entgleisung bringen; -*out se* aus dem Gleichgewicht kommen; *Zug*: entgleisen; sich emporschwingen *od.* emporarbeiten; **~utí** *n* (*3*) *Esb.* Entgleisung *f*; *fig.* Aufstieg *m*, Vorwärtskommen *n.*
vyší(va)t (*pf. s. šít*) sticken.
vyšít ⟨*po-, vy-, z-*⟩ erhöhen, erheben.
vyšív|ací Stick-; **~ačka** *f* (*1c; -ček*) Stickerin *f*; Stickmaschine *f*; **~ání** (*3*) Sticken *n*; Stickerei *f*, Stickarbeit *f*; **~aný** gestickt.
výšiv|ka *f* (*1c; -vek*) Stickerei *f*; **~kářský** Stickerei-; **~kový** Stick-.
výšk|a *f* (*1c; -šek*) Höhe *f*; ~ *těla* Körpergröße *f*; ~ *tónů* Tonhöhe, -lage *f*; ~ *vody* Wasserstand *m*; ~ *nad mořem* Höhe über dem Meeresspiegel; **~ař** F *m* (*3*) Hochspringer *m.*

vyškemrat P *pf. v/t* erbetteln.
výšklebek *m* (*2b; -bk-*) Hohn *m*; höhnisches Grinsen *n*; Grimasse *f.*
vyškl|ebovat se, ~ibovat se P (-*buji*) (k-*u*) Grimassen schneiden (*D*), verhöhnen (*A*).
vyškol|ení *n* (*3*) Schulung *f*; **~it** *pf.* schulen, heranbilden; **~ovací** Schulungs-; **~ovat** (-*luji*) *s. vyškolit.*
výško|měr *m* (*2a*) Höhenmesser *m*; **~vka** P *f* (*1c; -vek*) *Flgw.* Höhenruder *n*; **~vý** Höhen-.
vyškrab *m* (*2a*) *Med.* Auskratzung *f*, Kürettage *f.*
vyškr|abat, ~ábat *pf.* (-*u/-ám*), **~abávat** aus-, wegkratzen; ausradieren.
výškrab|ek¹ *m* (*1a; -bk-*), *dim.* **~eček** F *m* (*1a; -čk-*) Nesthäkchen *n* (*Kind*); **~ek**² *m* (*2b; -bk-*) Ausgekratzte(s) *n.*
vyškrábnout *pf.* (-*nut*) auskratzen.
vyškrt|(áv)at, ~nout *pf.* (-*tl; -tnut*) *Wort* aus-, durchstreichen; *aus e-r Liste* streichen; **~nutí** *n* (*3*) Streichung *f.*
vyškub|(áv)at (*pf.* -*u/-ám*), **~nout** *pf.* (-*bl; -bnut*) (her)ausreißen, (aus)rupfen; -*nout se* k-*u* sich losreißen (von *D*).
vyškvařit *pf.* Fett auslassen.
výšlap P *m* (*2a*) Spaziergang *m*, Ausflug *m.*
vyšlap|(áv)at (*pf.* -*u/-ám*) aus-, abtreten; P -*pat se* erwirken, sich verschaffen; **~ovat si** P (-*puji*) stolz einherschreiten, stolzieren.
výšleh *m* (*2b*) Aufflammen *n*, Auflodern *n.*
vyšleh|at *pf.* hinauspeitschen; ~ *k-u* mit der Rute züchtigen (*A*); **~nout** *pf.* (-*hl; -hnut*) mit der Rute (hinaus)schlagen; *Flamme*: lodern, hochschlagen.
vyšlý herausgekommen; *Buch*: erschienen; hervorgegangen (aus *D*); *Los*: gezogen; ~ *ze školy* der Schule entwachsen.
vyšňoř|ený P aufgeputzt, *dial.* geschniegelt und gebügelt; **~it** P *pf.* aufputzen, zurechtmachen.
vy|šperkovat P (-*kuji*) reich schmücken; **~šplechtnout** P *pf.* (-*tl; -tnut*) (*co*) ausplappern (*A*); herausplatzen mit (*D*).
výšplechty P *m* (*2*) Geschwätz *n.*
vyšplhat se *pf.* hinaufklettern; ~ *na strom* e-n Baum erklettern.

vyšplích|at *pf.*, **~nout** *pf.* (*-chl*; *-chnut*) *v*/*i. Wasser*: überschwappen, herausspritzen.
vy|špulit *pf. Mund* spitzen; **~šroubovat** *pf.* (*-buji*) herausschrauben; *Preise* hinauftreiben.
vyšší *Adj.* höhere, Ober-(*Schule*); *s. vysoký*.
vy|šťárat P *pf.* aufstöbern, hervorkramen; *Reste aus den Zähnen* herausholen; **~štěknout** *pf.* (*-kl*) aufbellen; ~ *na* k-o anbellen (*A*); P *fig.* anfahren (*A*); **~štěrkovat** *pf.* (*-kuji*) (aus)schottern.
vyštíp|at *pf.* (*-u*/*-ám*), **~nout** *pf.* (*-pl*; *-pnut*) *fig.* P (k-o) hinausbeißen (*A*), *Konkurrenz* ausstechen.
vy|šťourat *s. vyštárat*; **~štvat** P *pf.* (*-u*) *j-n* (hinaus)hetzen, hinausekeln.
výšvih *m* (*2b*) *Turn.* Aufschwung *m*.
vyšvihnout *pf.* (*-hl*; *-hnut*): ~ se sich aufschwingen; ~ se do sedla sich in den Sattel schwingen.
výt ⟨*za-*⟩ (*vyji, vyl*) heulen.
vytáč|et (*3 Pl. -ejí*) *s. vytočit*; *Honig* schleudern; im Kreis drehen, F schwenken; **~ivý** *fig.* ausweichend, **~ka** *f* (*1c*; *-ček*) Ausrede *f*, Ausflucht *f*.
výtah *m* (*2b*) Aufzug *m*; Auszug *m*.
vy|tahat *pf.* heraus-, hervorholen, ~ *za vlasy* an den Haaren ziehen; **~táhlý** hoch aufgeschossen, schmächtig; **~táhnout** *pf.* (*-hl*; *-tažen*) herausziehen; hinaufziehen, *Flagge* hissen; in die Länge ziehen, (aus)dehnen, weiten, strecken; hervorziehen (unter *D*); *Leiche* bergen; *mit Tusche* auszeichen; *Arme* hochheben; *Bremse* ziehen; P *Geld* herausholen; P ~ *paty* das Weite suchen, abhauen; F ~ *paty z domu* für kurze Zeit das Haus verlassen; ~ se (aus)dehnen; *fig.* in die Höhe schießen, schnell wachsen; sich hervortun; P *iron.* wichtig tun; F ~ se z č-o sich aus der Schlinge ziehen.
vytahov|ací Auszieh-; ~ *pero* Reißfeder *f*; **~áč** *m* (*4*) Kork(en)zieher *m*; *Mil.* Auswerfer *m*; **~at** (*-huji*) *s. vytáhnout*.
výtahový Aufzugs-.
vytan|covat se *pf.* (*-cuji*), **~čit se** *pf.* sich austanzen, genug (*od.* viel) tanzen.
vytanout *pf.* auftauchen.

vytáp|ěcí Heiz-; **~ění** *n* (*3*) Beheizung *f*, Heizen *n*; **~ět** (*3 Pl. -ějí*) *s. vytopit*.
vy|tapetovat *pf.* (*-tuji*) (aus)tapezieren; **~tasit** *pf. Schwert* ziehen, zücken; P ~ *se s* čím mit et. herausrücken.
výtažek *m* (*2b*; *-žk-*) Auszug *m*, Extrakt *m*.
vytažen|í *n* (*3*) Heraus-, Aus-, Aufziehen *n*; Dehnung *f*; *Mil.* Ausmarsch *m*; **~ý** *s. vytáhnout*.
vytčen|í *n* (*3*) Beanstandung *f*; Erwähnung *f*; Hervorhebung *f*, Betonung *f*; **~ý** hervorgehoben; *Ziel*: gesteckt, gesetzt.
vy|téci *pf.* (*s. téci*) ausfließen, auslaufen; **~tečkovat** *pf.* (*-kuji*) (aus)punktieren.
výtečn|ík *m* (*1a*) hervorragender Mensch *m*, *fig.* Kapazität *f*, Größe *f*; **~ost** *f* (*4*) Vortrefflichkeit *f*; **~ný** ausgezeichnet, vortrefflich; *-ně*! bravo!
vy|tékat *s. vytéci*; **~tep(áv)at** (*pf. -u*/*-ám*) *Metall* (aus)hämmern, treiben.
vytěr|adlo *n* (*1a*; *-del*) Wischlappen *m*; **~ák** *m* (*2b*) Putzstock *m*; *Mil.* Wischer *m*; **~átko** *n* (*1b*; *-tek*) *s. vytěradlo*.
vytes(áv)at (*pf. -sám*/*-šu*) ausmeißeln, aushauen, in Stein hauen; herausarbeiten;
výtěžek *m* (*2b*; *-žk-*) Ertrag *m*, Gewinn *m*; *Bgb.* Ausbeute *f*.
vytěžit *pf.* gewinnen; *Geld* einnehmen; *Bgb.* fördern; *fig.* herausholen.
vytí *n* (*3*) Heulen *n*, Geheul *n*.
vy|tínat *s. vytít*; **~tírat** *s. vytřít*.
výtisk *m* (*2b*) Abdruck *m*, Exemplar *n*; zvláštní ~ Sonderdruck *m*.
vyti|sknout *pf.* (*-kl*; *-sknut*) verdrängen; (*-štěn*) *Buch* drucken; *Stempel* aufdrücken; **~štění** *n* (*3*) Druck(legung *f*) *m*.
vytít *pf.* (*s. tít*) aushauen, abhacken; P ~ k-u jednu j-m e-e herunterhauen.
výtka *f* (*1c*; *-tek*) Vorwurf *m*; Verweis *m*; Beanstandung *f*; činit *-tky* Vorwürfe machen; *nemíním to jako -tku* das soll kein Vorwurf sein; *po -tce* vorzugsweise, besonders, namentlich, vorwiegend.
vytknout *pf.* (*-kl*; *-tčen*/*-tknut*) hervorheben, betonen; festsetzen, markieren, abstecken; ~ k-u, č-u co

vytlačit

vorwerfen (j-m *A*); aussetzen, beanstanden (et. an *D*); ~ si *za cíl* sich (*D*) zum Ziel setzen; ~ si *cíl* sich (*D*) ein Ziel setzen.

vytlač|it *pf.*, **~ovat** (-*čuji*) (her)auspressen; ausdrücken; eindrücken (*do č-o* in *A*); ~ *vzhůru* hinaufdrücken; *fig. j-n* ausdrängen.

výtlač|ky *m/pl.* (2b) Treber *m*, Trester *m*; Ölkuchen *pl.*; **~ný** Druck-; *-né potrubí* Steigleitung *f*.

vytlachat P *pf.* ausplaudern.

výtlak *m* (2b) *Mar.* Wasserverdrängung *f*; *Phys.* Auftrieb *m*.

vytlou|ci *pf.* (*s. tlouci*), **~kat** (her)ausschlagen; *Fenster* einschlagen; F *-kat hospody* sich in Wirtshäusern herumtreiben.

vy|tmavit P *pf. scherz.* klarmachen; **~tnout** *pf.* (-*tnu, -tal; -tat*) s. *vytít*; **~točit** *pf.* herausdrehen, herausschrauben; *Bier* zapfen; ~ *si* sich drehen; ~ *se z č-o* sich herauswinden (aus *e-r Sache*).

výtok *m* (2b) Ausfluß *m*; **~ový** Ausfluß-, Auslauf-, Ablaß-.

výtopek P *m* (2b; -*pk*-) Putzer *m*, Rüffel *m*.

vytopit *pf.* beheizen; ertränken; überschwemmen.

výtop|na *f* (1; -*pen*) Heizwerk *n*; *Esb.* Lokomotivschuppen *m*; **~ný** heizbar, Heiz-.

vytouž|ený lang-, heißersehnt; **~it** *pf.* ersehnen, herbeisehnen.

vytrácet (3 *Pl.* -*ejí*) s. *vytratit*.

výtrat *m* (2a), **~ek** *m* (2b; -*tk*-), **~a** *f* (1) *Hdl.* Schwund *m*.

vytratit *pf.* (-*cen*) (unmerklich) verlieren; ~ *se* sich unbemerkt entfernen, F verschwinden, verduften, sich verkrümeln; *Spur:* sich verlieren.

vytráv|ení *n* (3) Verdauung *f*; *na* ~ zur Verdauung; **~it** *pf.* verdauen.

vytrénovat *pf.* (-*nuji*) trainieren.

vytrh|(áv)at, **~nout** *pf.* (-*hl; -žen*) (her)ausreißen; *Zahn* ziehen; *aus der Hand* reißen; *j-m et.* entreißen; *Mil.* sich in Marsch setzen; ~ *z k-u* sich entwinden (*D*).

vytrou|bit *pf.* blasen; *fig.* ausposaunen, F an die große Glocke hängen; **~sit** *pf.* (-*šen*) ausstreuen; nach und nach verlieren; P ~ *se* sich hinausstehlen, sich verdrücken.

vy|trpět *pf.* erdulden, erleiden; **~trubovat** (-*buji*) s. *vytroubit*.

výtrus *m* (2a) *Bot.* Spore *f*; **~ný**, **~ový** Sporen-.

vytrval|ec *m* (3; -*lc*-), **~kyně** *f* (2b) ausdauernder (*od.* standhafter) Mensch; *Sp.* Langstreckenläufer(in *f*) *m*; -*ec v chůzi Sp.* Dauergeher *m*; **~ost** *f* (4) Ausdauer *f*, Standhaftigkeit *f*; **~ostní** *Sp.* Dauer-; **~ý** ausdauernd, beharrlich, standhaft; *Regen:* langanhaltend, Dauer-; *Winter:* hart; *Pflanze:* immergrün, den Winter überdauernd.

vytrv(áv)at ausharren, durchhalten.

výtrysk *m* (2b) Strahl *m*; ~ *vody* Wasserstrahl.

vytrysk|nout *pf.* (-*kl*), **~ovat** (-*kuji*) hervorsprudeln, -quellen; aufspritzen, hervorschießen.

vytržen|í *n* (3) Verzückung *f*, Ekstase *f*; **~ý** herausgerissen; *fig.* verklärt.

výtrž|ník *m* (1a) Unruhestifter *m*; Ruhestörer *m*, Randalierer *m*, Krakeeler *m*; **~nost** *f* (4) Ausschreitung *f*, Ruhestörung *f*, Exzeß *m*; Krawall *m*.

vytřás|adlo *n* (1a; -*del*) Schüttelapparat *m od.* -kasten *m*; **~(a)t** (her)ausschütteln; durchschütteln.

vytřepet(áv)at ausschütteln; ausklopfen.

vytřešt|ěný *Blick:* stier, irr; *Augen:* weit aufgerissen; **~it** *pf.:* ~ *oči* die Augen weit aufreißen; ~ *oči na k-o* anstarren, F anstieren (*A*).

vytříb|enost *f* (4) Feinheit *f*, Schliff *m*; **~ený** fein, geläutert; **~it** *pf.* verfeinern, *lit.* läutern; *Verse* feilen.

vy|třídit *pf.* (aus)sortieren; **~třískat** P *pf. Fenster* einschlagen; *Kapital* herausschlagen; **~třít** *pf.* (s. *třít*) auswischen; *Fußboden* aufwischen; **~tušit** *pf.* herausfühlen, ahnen.

výtvar *m* s. *výtvor*; **~nice** *f* (2a) bildende Künstlerin *f*; **~nictví** *n* (3) bildende Kunst *f*; Formgebung *f*; **~ník** *m* (1a) bildender Künstler *m*; *jevištní* ~ Bühnenbildner *m*; **~ný** bildend, plastisch.

vytvářet (3 *Pl.* -*ejí*) s. *vytvořit*.

výtvor *m* (2a) Schöpfung *f*, Gebilde *n*, Werk *n*, (geistiges) Produkt *n*.

vytvoř|ení *n* (3) Bildung *f*, Schaffung *f*; **~it** *pf.* schaffen, hervorbringen; bilden, formen, darstellen; *Rekord* aufstellen; ~ *se* sich bilden, entstehen.

vytyč|it *pf.*, **~ovat** (-*čuji*) mit Pfäh-

vyvinutý

len abstecken; trassieren; *Grenze ziehen*; *Richtlinien* aufstellen; *Ziel* setzen.
vytýkat s. **vytknout**.
vyuč|ená f *(Adj 2)*: dát učni za *-nou* Lehrling freisprechen; *list za -nou* Lehrbrief *m*; F dostat *za -nou* Lehrgeld zahlen müssen; dát *k-u pořádně za -nou* j-m e-e Lehre erteilen, e-n Denkzettel geben; ~**ený** gelernt; ~**it** *pf.* (k-o č-u) unterrichten (j-n in D); ~ se č-u erlernen (A); auslernen (v/i).
výuč|né *n (Adj. 3)* Lehrgeld *n*; ~**ní**, ~**ný** Lehr-; *-ní list* Lehrbrief *m*.
vyučov|ací Unterrichts-; Lehr-; ~**ání** *n (3)* Unterricht *m*; ~**ovat** (-čuji) unterrichten (k-o č-u *od.* v čem j-n in D).
vyúčtovat *pf.* (-tuji) verrechnen.
vyudit *pf.* (-zen) ausräuchern; *Fleisch* räuchern, *öst.* selchen.
výuka f *(1c)* Unterweisung *f*, Unterricht *m*.
vyumělkovaný gekünstelt, unnatürlich.
vyúst|ění *n (3)* Einmündung *f*; *lit.* Ausgang *m*; ~**it** *pf.*, **vyúsťovat** (-tuji) (ein)münden.
využít *pf.* (s. *užít*¹) (č-o) ausnützen; verwenden, verwerten; *Zeit* nützen.
využit|í, ~**kování**, **využívání** *n (3)* Ausnutzung *f*, Verwendung *f*, Verwertung *f*; ~**kovat** *pf.* (-kuji), **využívat** s. **využít**.
vy|vábit *pf.* herauslocken; ~**vádět** 〈*za- si*〉 *(3 Pl. -ěji)* herausführen; *Dummheiten* machen, *Unsinn* treiben; F *co to -díš?* was treibst du (da)?; ~**válcovat** *pf.* (-cuji) auswalzen.
vývalek *m (2b; -lk-)* Tech. Walzstück *n*.
vyválet *pf. (3 Pl. -ejí)* auswälzen; *Teig* auskneten; F ~ *se sich* (ständig) herumwälzen; herumlungern.
vyval|it *pf.*, ~**ovat** (-luji) herausrollen, -wälzen; ~ *oči* große Augen machen; *-lit se* herausströmen; F *-lovat se auf der faulen Haut liegen.*
vyvanout *pf.* verfliegen.
vývar *m (2a)* Brühe *f*.
vyvarovat se *pf.* (-ruji) (č-o) sich hüten vor (D); *Unglück* verhüten.
vy|vářet *(3 Pl. -ejí)*, ~**vařit** *pf.*, ~**vařovat** (-řuji) auskochen; ~ *se verdampfen* (v/i); ~**vát** *pf.* (-věji) *Ge-*
treide worfeln; ~**vázat** *pf.* (-žu/-ži) binden, knüpfen; (k-o z č-o) entlasten (j-n von D).
vyváz|nout *pf.* (-zl) (z č-o) davonkommen (bei D); entkommen, *lit.* entrinnen (D); ~**nutí** *n (3)* Entkommen *n*, Entrinnen *n*.
vyvazov|ací Knüpf-; *Jur.* Entlastungs-; ~**at** (-zuji) s. **vyvázat**.
vývažek *m (2b; -žk-)* Übergewicht *f*; Zuwaage *f*.
vyváž|ení *n (3)* s. **vyvážka**; Ausbalancieren *n*; ~**et** *(3 Pl. -ejí)* s. **vyvézt**; ~**ka** *f (1c; -žek)* Ausfuhr *f*, Export *m*.
vyvažov|ací Tarier-; ~**at** (-žuji) s. **vyvážit**.
vyvd(áv)at *Tochter* verheiraten, F unter die Haube bringen.
vyvěrat hervorquellen; *Fluß*: entspringen.
vývěsek *m (2b; -sk-)* Aushang *m*, Anschlag *m*; *Typ.* Aushängebogen *m*.
vyvěsit *pf.* (-šen) aushängen; *Fahne* heraushängen.
vývěs|ka *f (1c; -sek)* s. **vývěsek**; ~**ní**, ~**ný** Aushänge-.
vy|vést *pf.* (s. *vést*) hinaus-, herausführen; ~ *nahoru* hinaufführen; *et.* anstiften, F *iron.* anstellen, e-n Streich spielen; ~ *k-o aprílem* j-n in den April schicken; ~**věšovat** (-šuji) s. **vyvěsit**.
vyvětr|alý abgestanden, schal; ~(á-v)**at** *v/t* (aus)lüften; *v/i Getränk*: schal werden.
vývěva *f (1)* Luftpumpe *f*; *Tech.* Saug-, Vakuumpumpe *f*.
vy|vezení *n (3)* Ausführung *f*; Ausfuhr *f*; ~**vézt** *pf.* (s. *vézt*) *v/t auf e-m Fahrzeug* hinausbefördern; ~ *nahoru* hinaufbefördern, -fahren; *Waren* ausführen, exportieren; *Ausländer* abschieben.
vyvíj|eč *m (4) Tech.* Entwickler *m*; ~**ení** *n (3)* Entwicklung *f*; Entfaltung *f*; ~**et** *(3 Pl. -ejí)* s. **vyvinout**.
vyviklat *pf.* lockern; ~ *se locker* werden, sich lockern.
vyvin|out *pf.*, ~**ovat** (-nuji) entwickeln, entfalten (se sich); (her-)auswickeln; *-out se k-u* sich entwinden (D); ~**utí** *n (3)* Entwicklung *f*; ~**utý** entwickelt; *málo-té země* unterentwickelte Länder, Entwicklungsländer *n/pl.*; *silně* ~ stark ausgeprägt.

vyvírat s. vyvěrat.
vyvlast|nění, ~nování n (3) Enteignung f; ~**nit** pf., ~**ňovat** (-ňuji) enteignen; ~**ňovací** Enteignungs-.
vyvlé|ci pf. (s. vléci), ~**kat**, ~**knout** P pf. (-kl; -ečen), **vyvléknout** P pf. (-kl; -knut) heraus-, hinaufschleppen, heraus-, hinaufziehen.
vývod m (2a) Phil. Folgerung f, Deduktion f; Tech. Ausführung f; Anat. Ausscheidungskanal m.
vyvodit (im)pf. (-zen) ableiten, e-n Schluß ziehen; ~ **důsledky** die (nörigen) Konsequenzen ziehen.
vývodní El. Ableitungs-; Jur. Entlastungs-; Biol. Ausscheidungs-.
vývoj m (4) Entwicklung f, Entfaltung f, Werdegang m; **stupeň ~e** Entwicklungsstadium n; ~**ka** (1c; -jek) Fot. Entwickler m; ~**nice** f (2) Fot. Entwicklungsdose f; ~**ový** Entwicklungs-.
vyvol|ací Ausruf-; ~**at** pf. herausrufen; Namen ausrufen; Schüler aufrufen; Eindruck erwecken; Verwirrung hervorrufen; Konflikt heraufbeschwören; Erinnerungen wachrufen, wecken; Unruhe stiften; Wirkung erzielen; Fot. entwickeln; ~**ávací** Ausruf(ungs)-; ~**avač**, ~**avač** m (3) Ausrufer m; Fot. Entwickler m; ~**ávat** s. vyvolat.
vyvo|lení n (3) Wahl f; ~**lený** (aus-) erwählt; ~**lit** pf. auswählen, erwählen; lit. auserwählen.
vývoz m (2a) Export m, Ausfuhr f; **zákaz ~u** Ausfuhrverbot n; ~**ce** m (3) Exporteur m; ~**ní** Export-, Ausfuhr-.
vyvozov|ání n (3) Folgerung f, Ableitung f; ~**at** (-zuji) s. vyvodit.
vyvr|ácení n (3) Widerlegung f, Pol. Dementi n; Entwurzeln n; ~**acet** (3 Pl. -eji) s. vyvrátit.
vývr|at m (2a), ~**at'** f (4c; -tě) Windbruch m, Fallholz n.
vyvr|átit pf. (-cen) umstürzen, umwerfen; Baum entwurzeln; Stadt zerstören; widerlegen; Nachricht dementieren; ~**ávorat (se)** pf. herautaumeln; ~**áždit** pf. hinmorden, niedermetzeln.
vyvrh|el m (4) Auswurf m; fig. Abschaum m der Menschheit; ~**nout** pf. (-hl; -žen), ~**ovat** (-huji) hinauswerfen; ausstoßen (aus D); Speisen erbrechen; Jagdw. ausweiden.
vyvrchol|ení n (3) Gipfel(punkt) m;

~**it** pf. den Höhepunkt erreichen; Astr. kulminieren.
vývrt m (2a) Bohrloch n, Bohrung f.
vyvrt|at pf. ausbohren; Loch bohren; ~**ávací** Bohr-; ~**ávačka** f (1c; -ček) Bohrmaschine f; ~**ávat** s. vyvrtat.
vývrtk|a f (1c; -tek) Kork(en)zieher m; Flgw. Trudeln n; **řítit se -kou** ins Trudeln kommen; ~**ovitý** schraubenförmig.
vyvrtn|out pf. (-tl/-tnul; -tnut) verrenken, verstauchen; ~**utí** n (3) Verrenkung f.
vyvržen|ec m (3; -nc-) Verstoßene(r) m, Außenseiter m; ~**í** n (3) Ausschluß m, F iron. Hinauswurf m.
vyvřel|ina f (1) vulkanisches Gestein n, Lavamassen pl.; ~**ý** Eruptiv-.
vy|vřísknout pf. (-kl) aufkreischen; ~**vřít** pf. (s. vřít) hervorquellen, hervorsprudeln; ~**vst(áv)at** (pf. -anu-, s. stát³) sich erheben, entstehen; Zweifel: auftauchen; Schweiß: ausbrechen.
vyvýšen|í n (3) Erhöhung f; ~**ina** f (1) Bodenerhebung f, Geogr. Schwelle f; ~**ost** f (4) Erhabenheit f; ~**ý** erhöht; erhaben.
vy|výšit pf., ~**vyšovat** (-šuji) erhöhen; ~**vzdorovat si** pf. (-uji) (**co na kom**) ertrotzen (von j-m A); abtrotzen (j-m A); ~**vzpomenout si** pf. (-nul) sich ausdenken; ~**vztekat se** pf. sich austoben.
vyza f (1a) Zo. Hausen m.
vyzábl|ost f (4) Magerkeit f; ~**ý** mager, hager.
vyzářit pf. ausstrahlen.
vyzařov|ání n (3) Phys. Ausstrahlung f, Irradiation f; ~**at** (-řuji) s. vyzářit.
výzbroj f (3) Ausrüstung f; Tech. Ausstattung f; lit. fig. Rüstzeug n; ~ **auta** Autozubehör n.
vyzbroj|ení n (3) Bewaffnung f, Ausrüstung f; ~**ený** ausgerüstet; fig. gewappnet; ~**it** pf., ~**ovat** (-juji) ausrüsten, ausstatten; bewaffnen; armieren, bestücken; fig. wappnen.
výzbrojní, vyzbrojovací Ausrüstungs-.
vyzdí|t pf. (-il, -ěn) Arch. ausmauern, verkleiden; ~**vání** n (3), ~**vka** f (1c; -vek) Ausmauerung f, Verkleidung f.
výzdoba f (1) Ausschmückung f,

Verzierung *f*, Dekoration *f*; květinová ~ Blumenschmuck *m*; vlajková ~ Beflaggung *f*, Flaggenschmuck *m*.
vyzdob|**it** *pf.*, **~ovat** (*-buji*) (aus-) schmücken, verzieren, dekorieren.
vyzdvi|**hnout** *pf.* (*-hl*; *-žen*), **~hovat** (*-huji*) auf-, hoch-, emporheben; *Schiff* heben; *Geld* abheben; *Verdienste* hervorheben; **~žení** *n* (*3*) Hebung *f* e-s *Schiffes*; Emporheben *n*, Erheben *n*.
vyz|**í** Hausen-; **~ina** *f* (*1*) Hausenblase *f*.
vy|**zimovat** *pf.* (*-muji*) überwintern; **~zírat** *lit.* (hin)ausschauen; **~získat** *pf.* gewinnen, profitieren, F herausholen (aus *D*); **~zkoumat** *pf.* erforschen; **~zkoušet** *pf.* (*3 Pl. -eji*) (durch)prüfen; erproben; *Kleider* anprobieren.
výzkum *m* (*2a*) Forschung *f*; Erforschung *f*; **~nictví** *n* (*3*) Forschungswesen *n*, Forschertätigkeit *f*; **~ník** *m* (*1a*), **~nice** *f* (*2a*) Forscher(in *f*) *m*; **~ný** Forschungs-.
vyzla|**covat** (*-cuji*), **~tit** *pf.* (*-cen*) vergolden.
vyznač|**ení** *n* (*3*) Bezeichnung *f*; (*Weg*-)Markierung *f*; **~it** *pf.*, **~ovat** (*-čuji*) bezeichnen; *Weg* markieren; *Ware* auszeichnen; ~ se čím sich auszeichnen durch (*A*).
význačný bezeichnend, ausgeprägt; bedeutend.
význam *m* (*2a*) Bedeutung *f*; bez ~u bedeutungslos, belanglos; změna ~u Gr. Bedeutungswandel *m*.
vyznamen|**ání** *n* (*3*) Auszeichnung *f*; **~(áv)at** auszeichnen; bevorzugen; ~ se sich auszeichnen, sich hervortun.
význam|**ný** bedeutend, bedeutungsvoll, vielsagend; **~oslovný** bedeutungsmäßig, semantisch; **~ový** bedeutungsmäßig, Bedeutungs-.
vyzn|**ání** *n* (*3*) Bekenntnis *n*; *Jur.* Geständnis *n*; ~ víry Glaubensbekenntnis; bez ~ konfessionslos; **~at** *pf.* (z č-o) *Schuld, Liebe* gestehen, bekennen; **~at se**[1] *pf.* (z č-o) gestehen, bekennen; **~at se**[2] (*im*) *pf.* sich auskennen, bewandert sein (in *D*), vertraut sein (mit *D*); Bescheid wissen; **~avač** *m* (*3*) Bekenner *m*; ~ slunce F Sonnenanbeter *m*; **~ávat** *s.* vyznat.
vy|**zní(va)t** (*pf. s.* znít) ausklingen; ~ naprázdno *fig.* keinen Widerhall finden; **~zobat** *pf.* (*-u*/*-ám*) aus-, aufpicken; **~zou(va)t** (*pf. s.* zout): ~ se z bot die Schuhe ausziehen; F ~ se z povinností sich s-n Pflichten entziehen; **~zpěvovat** si (*-vuji*) vor sich hin singen; **~zpívat** *pf.* zu Ende singen; F besingen, ~ si sich (*D*) ersingen; **~zpovídat** *pf.* (k-o) *Rel.* die Beichte abnehmen (*D*); *Jur.* ins Verhör nehmen (*A*); ~ se z č-o beichten (*A*); **~zradit** *pf.* (*-zen*) verraten.
vyzrá|**lý** ausgereift; **~t** *pf.* (*s.* zrát) ausreifen; P ~ na k-o j-m beikommen.
vyvraz|**ení** *n* (*3*) Verrat *m*, Preisgabe *f*; **~ený** verraten; **~ovat** (*-zuji*) *s.* vyzradit.
výztu|**ha** *f* (*1b*), **~ž** *f* (*3*) Strebe *f*, Versteifung *f*, Flgw. Verstrebung *f*.
vyztuž|**ení** *n* (*3*) Versteifung *f*, Verstärkung *f*; Verstrebung *f*; **~it** *pf.*, **~ovat** (*-žuji*) versteifen, verstärken; verstreben.
vy|**zunknout** P *pf.* (*-kl*/*knul*; *-knut*) *Glas* leeren, hinuntergießen, kippen; **~zuřit se** *pf.* sich austoben.
výzva *f* (*1*; *-zev*) Aufforderung *f*; Aufruf *m*; *Mil.* Aufgebot *n*; na její *-vu* auf ihre Anregung (hin); *volat* k-u na *-vu* mit Voranmeldung anrufen (*A*).
vyzván|**ění** *n* (*3*) Glockengeläut *n*; **~ět** (*3 Pl. -ějí*) die Glocken läuten; ~ na mši *zur* Messe läuten; ~ k-u umíráčkem die Sterbeglocke läuten (für *A*).
vyzv|**ání** *n* (*3*) Aufforderung *f*; Herausforderung *f* zum *Kampf*; **~at** *pf.* (*-u*) auffordern; herausfordern; zum *Duell* fordern.
vyzvědač *m* (*3*), **~ka** *f* (*1c*; *-ček*) Spion(in *f*) *m*; *Mil.* Späher(in *f*) *m*; **~ský** Spionage-; **~ství** *n* (*3*) Spionage(tätigkeit) *f*.
vy|**zvědět** *pf.* (*s.* vědět) auskundschaften, F ausspionieren; ~ na kom herausbekommen (aus *D*); **~zvednout** *pf. s.* vyzdvihnout, zvednout.
vyzvěd|**ný** Erkundungs-, Nachrichten-; *Mil.* Späh-; **~ná hlídka** Spähtrupp *m*; ~ let Aufklärungs-, Erkundungsflug *m*; **~y** *m*/*pl.* (*2*; *6. -ech*/*-ách*) Erkundung *f*, Kundschaft *f*.
vy|**zvídat** *s.* vyzvědět; **~zvonit** *pf.* ausläuten; P *fig.* ausposaunen, an die große Glocke hängen.

vyzývací

vyzýv|ací *Jur.* Provokations-; **~at** *s. vyzvat;* **~atel** *m* (3; -é) Herausforderer *m;* **~avost** *f* (4) herausfordernde Art *f;* Herausforderung *f;* **~avý** herausfordernd.

vyžádat *pf.:* ~ si erbitten (*co na kom A von D*); *Gutachten* einholen; *Opfer* fordern; *Zeit* erfordern; ~ si *slovo* ums Wort bitten.

vyžado|nit *pf.:* P ~ si sich *et.* erbetteln; **~vat** (*-duji*) erfordern, beanspruchen.

vy|žalovat *pf.* (*-luji*) einklagen; **~ždímat** *pf.* auswinden, auswringen; F *Geld* herauspressen; **~žebrat** (**si**) *pf.* erbetteln (*A*); **~žehlit** *pf.* (aus)bügeln, plätten; **~žehnout** *pf.* (*-hl; -hnut*), **~žehovat** (*-huji*) ausbrennen, ausglühen; **~ženit** *pf.* erheiraten, durch Heirat erwerben; **~žíhat** *s. vyžehnout;* **~žilý** abgelebt; **~žínat** abmähen.

vyžír|ač *m* (3) Schmarotzer *m,* Parasit *m;* **~at** *s. vyžrat;* **~ka** *1. f* (*1c; -rek*) Gelage *n,* V Fresserei *f; 2. m* (5) *dial. s. vyžírač.*

vyžít¹ *pf.* (*s. žít¹*) genießen; ~ se sich ausleben.

vyžít² *pf.* (*s. žít²*) abmähen.

výživa *f* (1) Ernährung *f;* Nahrung *f;* Lebensunterhalt *m,* F Auskommen *n; nedostatečná* ~ Unterernährung.

vyživit *pf.* ernähren.

výživ|né *n* (*Adj.* 3) Unterhaltsbeitrag *m,* Alimente *pl.; mít právo na* ~ unterhaltsberechtigt sein; **~nost** *f* (4) Nahrhaftigkeit *f;* Nährwert *m;* **~ný** nahrhaft; Nähr-.

vyživov|ací Ernährungs-; Unterhalts-; **~at** (*-vuji*) *s. vyživit.*

vyžle *n* (4) Spürhund *m;* P *fig.* schwächliches Kind *n.*

vyžra|ný ausgefressen; *Zahn:* hohl; **~t** *pf.* (*s. žrát*) ausfressen; P ~ k-o arm fressen (*A*); ~ se *Zahn:* schlecht werden; P sich anfressen.

vyžvanit P *pf.* ausplaudern.

vz- *in Zssgn* auf-, empor-, in die Höhe.

vzác|nost *f* (4) Seltenheit *f;* Kostbarkeit *f;* **~ný** selten, rar; kostbar, teuer; Edel-, edel.

vzad *Adv.* nach hinten, nach rückwärts; *čelem ~! Mil.* ganze Abteilung kehrt!; **~u** *Adv.* hinten, rückwärts; *zůstávat* ~ zurückbleiben; ~ *ležící* rückwärtig.

vzájem|ně *Adv.* einander; miteinander, untereinander; **~nost** *f* (4) Gegenseitigkeit *f;* Wechselseitigkeit *f,* Reziprozität *f;* **~ný** gegen-, wechselseitig, beiderseitig; Gegen-, Wechselseitig; *-ná pomoc* gegenseitige Hilfeleistung *f; -né působení* Wechselwirkung *f; -ná služba* Gegendienst *m; -ná láska* Gegenliebe *f;* ~ *souhlas* beiderseitige Zustimmung *f.*

vzal *s. vzít.* [zur Folge haben.)

vzápětí unmittelbar darauf; *mít ~*

vzat|ek *m* (2b; *-tk-*) Bestechungsgeschenk *n;* (*Kartenspiel*) Stich *m;* **~ý** genommen; *Besitz:* weggenommen; *Stadt:* eingenommen; *přesně -to* streng genommen; ~ *z oběhu* aus dem Verkehr gezogen; ~ *pod přísahu* beeidet, beeidigt; *na slovo* ~ bedeutend; *s. vzít.*

vzbouř|enec *m* (3; *-nc-*) Aufrührer *m,* Rebell *m,* Aufständische(r) *m;* **~ení** *n* (3) Aufruhr *m,* Revolte *f,* Erhebung *f;* **~it** *pf.* aufwiegeln, zum Aufstand anstiften; in Unruhe versetzen; ~ *se* (*proti k-u*) sich empören *od.* auflehnen, sich erheben gegen (*A*); meutern.

vzbu|dit *pf.* (*-zen*), **~zovat** ⟨**po-**⟩ (*-zuji*), **~zovat** ⟨**po-**⟩ (3 *Pl. -eji*) (auf)wecken; *Eindruck* erwecken; *Unwillen* erregen; *Erinnerung* wachrufen; *Achtung* einflößen; ~ *se* erwachen, hochfahren.

vzdál|ení *n* (3) Fernbleiben *n;* **~enost** *f* (4) Entfernung *f;* Weite *f; ve větších ~ech* in größeren Abständen; **~ený** fern, entfernt; abgelegen; ~ *od světa* zurückgezogen; **~it** *pf.,* **vzdalovat** (*-luji*) entfernen, entfernt halten (*se sich*); *č-o von D*); ~ *se č-o a.* meiden (*A*).

vzdá|ní *n* (3): ~ *díků* Danksagung *f;* ~ *se* (*č-o*) Aufgabe *f e-s Betriebes; Mil.* Übergabe *f;* Verzicht *m* (auf *A*); Rücktritt *m* (von *A*); ~ *se trůnu* Abdankung *f;* **~(va)t** *Dank* abstatten, sagen; *Ehre* erweisen; *Ehrenbezeigung* leisten; ~ *se* sich ergeben; *fig.* aufgeben; ~ *se* (*č-o*) verzichten (auf *A*); sich zurückziehen (von *D*); *Amt* niederlegen; *Dienst* quittieren; ~ *se trůnu* abdanken; ~ *se k-u* sich hingeben (*D*).

vzdech *m* (2b) Seufzer *m;* **~nout** *pf.* (*-chl*) (auf)seufzen; (*Tier*) e-n Laut von sich geben; F ~ *po kom* an j-n denken; **~nutí** *n* (3) *s.* vzdech.

vzděl|anec m (3; -nc-), **~ankyně** f (2b) Gebildete m od. f; -nci pl. a. Intelligenz f (koll.); **~ání** n (3), **~anost** f (4) Bildung f; **~anstvo** n (1) s. vzdělanci; **~aný** gebildet; Feld bebaut, bestellt; ~ národ Kulturvolk n; velice ~ hochgebildet; **~(áv)at** (heran)bilden; Sprache vervollkommnen; Boden bearbeiten; Feld bestellen; Wüste kultivieren, urbar machen; ~ se Bildung erwerben; (mst impf.) (v čem) sich ausbilden (lassen) in (D); ~ se dále sich weiterbilden; **~ávací** Bildungs-; **~avatel** m (3; -é) Erzieher m; Pol. Aufklärer m; **~avatelný** bildungsfähig, bildsam; Agr. anbaufähig, für die Bebauung geeignet.

vzdor m (2a) Trotz m; na ~y zum Trotz; **~ný** trotzig; Med. widerstandsfähig; **~opaž** m (3) Gegenpapst m; **~ovat** ⟨za- si⟩ ⟨-ruji⟩ (k-u, č-u) trotzen (D); widerstandsfähig sein (gegen A); **~ovitost** f (4) Trotz m, Renitenz f; **~ovitý** trotzig; **~ovláda** f (1) Gegenregierung f.

vzdou(va)t (pf. s. dout) aufblasen; Meer aufwühlen; Wasser stauen; ~ se sich stauen; Meer: hochgehen.

vzduch m (2b) Luft f; tlak ~u Luftdruck m; změna ~u Luftveränderung f.

vzducho|loď f (4d) Luftschiff n; **~plavba** f (1; -veb) Luftschiffahrt f; **~plavec** m (3; -vc-) Luftschiffer m; **~plavecký** Luftschiffahrts-, aeronautisch; **~prázdný** luftleer; **~těsný** luftdicht.

vzduchov|ka f (1c; -vek) Luftgewehr n; **~ý** Luft-.

vzduš|nice f (2a) Zo. Trachee f; Tech. Luftschleuse f; **~ný** luftig, Luft-.

vzdut|í n (3) Schwellung f; Stauung f; ~ moře Seegang m; **~ý** geschwellt; Wasser: gestaut; See: schwer, hochgehend.

vzdych|ání n (3) Seufzen n, Stöhnen n; **~at** ⟨po-, za-, za-~⟩ seufzen; ~ bolestí vor Schmerz stöhnen; **~nout** pf. (-chl) (auf)stöhnen, aufseufzen.

vze- s. vz-.

vze|dmout ⟨-dmu, -dmul; -dmut⟩ s. vzdout; **~jít** pf. (s. jít) hervorgehen, entstehen; Astr. aufgehen; **~jmout se** (vzňal) Feuer: ausbrechen, Feuer fangen, in Brand geraten; **~pětí** n (3) Bogenhöhe f; fig. Aufschwung m, poet. Höhenflug m; **~pjatý** hoch aufgerichtet; emporgestreckt; **~pnout se** pf. (s. pnout) sich hoch aufrichten; Pferd: sich bäumen, **~pření** n (3): Sp. ~ břemene Gewichtheben n; Turn. ~ vzklopmo Kippe f; **~přít** pf. ⟨-přu, -přel, -en⟩ stemmen; Sp. Gewicht heben; ~ se sich verklemmen; ~ se k-u sich widersetzen (D); ~ se proti (čemu) sich sträuben, sich auflehnen (gegen A).

vzestup m (2a) Aufstieg m; Ansteigen n, Anstieg m; hospodářský wirtschaftlicher Aufschwung m; náhlý ~ cen Emporschnellen n der Preise; být na ~u (an)steigen; **~ný** steigend; Math. aufsteigend; Hdl. Progressiv-.

vze|šlý aufgegangen; aus dem Volk hervorgegangen; entstanden; **~tí** n (3) Nehmen n; Wegnahme f; Hdl. Entnahme f; ~ zpět Rücknahme f; **~zření** n (3) Aussehen n, Äußere(s) n; Miene f.

vzhled m (2a) Aussehen n; ~em k č-u in Anbetracht (G), mit Rücksicht, im Hinblick (auf A); hinsichtlich, angesichts (G); **~nost** f (4) gefälliges Aussehen n, Ansehnlichkeit f.

vzhl|édnout pf. ⟨-dl⟩, **~ížet** (3 Pl. -ejí) aufblicken, emporblicken (k/zu D).

vzhůru Adv. hinauf, aufwärts, empor; hlavu ~! Kopf hoch!; F celé město bylo ~ die ganze Stadt war auf den Beinen; je už ~ er ist schon auf (-gestanden); ~! auf!

vzcházet (3 Pl. -ejí) s. vzejít.

vzchopit se pf. sich aufraffen, den Mut aufbringen (k č-u zu D).

vzít pf. (vezmu, vzal, vzat) s. brát.

vzk|az m (2; 6. -u/-e) Botschaft f, Nachricht f; **~ázat** pf. ⟨-žu/-ží⟩, **~azovat** ⟨na-⟩ ⟨-zuji⟩ sagen lassen; Gruß bestellen; ~ pro k-o holen (od. rufen) lassen (A).

vzklíčit pf. aufkeimen; Saat: aufgehen.

vzklopka f (1c; -pek) Turn. Kippe f.

vzkřik|nout pf. ⟨-kl⟩ aufschreien; **~nutí** n (3) Aufschrei m.

vzkří|sit pf. ⟨-šen⟩ auferwecken, zum Leben zurückrufen; aus der Ohnmacht erwecken; **~šení** n (3) Auferweckung f; Rel. Auferstehung f.

vzkvé|st *pf.* (*s. květ*), **~tat** aufblühen; *Geschäft*: florieren.
vzkypět *pf.* aufbrausen, aufwallen.
vzlet *m* (*2a*) Aufstieg *m*; *Flgw.* Start *m*, Abheben *n*; *fig.* Aufschwung *m*; schwingt. [aufsteigend.)
vzlínav|ost *f* (*4*) Kapillarität *f*; **~ý**)
vzletný schwungvoll; *fig.* beschwingt.
vzlínav|ost *f* (*4*) Kapillarität *f*; **~ý** aufsteigend.
vzlítnout *pf.* (*-tl*) *s.* vzlétat.
vzlyk *m* (*2b*), **~ání** *n* (*3*), **~ot** *m* (*2a*) Seufzer *m*, Schluchzen *n*; **~at** ⟨po-⟩, **~nout** *pf.* (*-kl*), **po-**, **za-** aufschluchzen, (auf)seufzen.
vzmáhat se, vzmoci se *pf.* (*s. moci*) zunehmen, wachsen; um sich greifen; e-n Aufschwung nehmen; es zu *et.* bringen.
vzmach *m* (*2b*) Aufschwung *m*; **~křídel** Flügelschlag *m*.
vzmužit se *pf.* sich aufraffen, *lit.* sich ermannen.
vznáš|edlo *n* (*1a*; *-del*) Luftkissenfahrzeug *n*; **~et** (*3 Pl. -eji*) *s.* vznést; **~ se** schweben.
vzněcovat (*-cuji*) *s.* vznítit.
vznes|ení *n* (*3*) Erhebung *f*; *Jur.* Einreichung *f*; **~ený** übertragen; **~mo** *s.* podpor.
vznést *pf.* (*s. nést*) erheben; *Antrag* stellen; *Bitte* richten; *Aufgabe* übertragen; **~ se** sich erheben, emporsteigen, aufsteigen.
vznešený erhaben; vornehm.
vznět *m* (*2a*) *lit.* Entbrennen *n*; *fig.* Glut *f*, Verzückung *f*; **~livec** *m* (*3*; *-vc-*) Hitzkopf *m*; **~livost** *f* (*4*) Entzündlichkeit *f*; Reizbarkeit *f*, Erregbarkeit *f*; **~livý** entzündlich, brennbar; reizbar, erregbar.
vznik *m* (*2b*) Entstehung *f*, Ursprung *m*, Aufkommen *n*; **~ající** im Entstehen begriffen; **~at**, **~nout** *pf.* (*-kl*) entstehen, aufkommen, auftauchen; *Krieg, Feuer*: ausbrechen.
vznítit *pf.* (*-cen*) entfachen, entzünden.
vznos *m* (*2a*) Schwebe *f*; Aufstieg *m*; Aufschwung *m*; **~ný** schwungvoll, beschwingt; *iron.* hochtrabend.
vzor *m* (*2a*) Muster *n*; Vorbild *n*; Vorlage *f*; **~ec** *m* (*4*; *-rc-*) *Chem., Math.* Formel *f*; Formblatt *n*; **~ek** *m* (*2b*; *-rk-*) Muster *n*; Warenprobe *f*; **~kárna** *f* (*1*; *-ren*) Modelltischlerei *f*; Musterabteilung *f*; **~kař** *m* (*3*) Modelltischler *m*; Probenehmer *m*; Mustermacher *m*; **~kovat** ⟨o-, vy-⟩ (*-kuji*) mustern; Proben entnehmen; **~kovna** *f* (*1*; *-ven*) Modellager *n*; **~kovačka** *f* (*1c*; *-ček*) Mustermaschine *f*; **~kovnice** *f* (*2a*), **~(kov)ník** *m* (*2b*) Musterkarte *f*, Musterblatt *n*; **~kový** Muster-; **~(kov)ní** Musterkollektion *f*, Probenbuch *n*; **~ný** musterhaft, vorbildlich, Muster-; **~ový** Muster-.
vzpamatovat se *pf.* (*-tuji*) zur Besinnung kommen, sich fassen, sich erholen (von *D*).
vzpaž|ení *n* (*3*) *Turn.* Hochhalte *f*; **~it** *pf.* die Arme hochheben.
vzpěr|a *f* (*1d*) Spreize *f*, Strebe *f*; **~áč** *m* (*3*) Schwerathlet *m*, Gewichtheber *m*; **~áčství** *n* (*3*) *Sp.* Gewichtheben *n*; **~ný** Stütz-, Strebe-; **~ oblouk** *Arch.* Schwibbogen *m*.
vzpínat se *s.* vzepnout se.
vzpír|ání *n* (*3*) *Sp.* Gewichtheben *n*; **~at** *s.* vzepřít.
vzplanout *pf.* (*s. planout*) aufflammen, auflodern; Feuer fangen.
vzpom|enout *pf.* (*-mněl/-menul*), **~ínat** (*k-o, č-o*) sich erinnern (an *A*); **~ na k-o** denken an (*A*), gedenken (*G*); **~enutí**, **~ínání** *n* (*3*), **~ínka** *f* (*1c*; *-nek*) Erinnerung *f*, Andenken *n*, *lit.* Gedenken *n*; *-inky f/pl.* Memoiren *pl.*, Erinnerungen *pl.*; **~ínkový** Gedenk-.
vzpor *m* (*2a*) *Turn.* Liegestütz *m*; **~ o pažích** Rückschwung *m*.
vzpou|ra *f* (*1d*) Aufruhr *m*, Revolte *f*, Meuterei *f*; **~zet se** (*3 Pl. -eji*) (*proti č-u*) sich auflehnen (gegen *A*), sich widersetzen (*D*).
vzpruha *f* (*1b*) Ansporn *m*; Triebfeder *f* (*fig.*).
vzpruž|it *pf.*, **~ovat** (*-žuji*) anregen, aufmuntern; elastisch machen.
vzpříčit *pf.* entgegenstemmen; **~ se** sich verklemmen, sich verspreizen; sich widersetzen.
vzpřim *m* (*2a*), **vzpřímení** *n* (*3*) *Turn.* Aufrichten *n*.
vzpřím|ený hochaufgerichtet, aufrecht, gerade; **~it** *pf.* aufrichten, emporheben; **~ se** sich strecken.
vzpur|nost *f* (*4*) Trotz *m*, Widerspenstigkeit *f*; **~ný** trotzig, widerspenstig; störrisch.
vzrostlý hochgewachsen; *napolo* **~** halbwüchsig.

vzruch *m* (*2b*) Aufregung *f*, Aufsehen *n*.
vzrůst[1] *m* (*2a*) Wuchs *m*, Gestalt *f*; Wachstum *n*; Zunahme *f*, Anwachsen *n*; Überhandnehmen *n*.
vzrůst[2] *pf.* (*s. růst*[2]) anwachsen; sich steigern; *Kind*: aufwachsen; ~ající wachsend, steigend; ~at *s. vzrůst*[2].
vzruš|ení *n* (*3*) Erregung *f*; ~it *pf.*, ~ovat (*-šuji*) erregen; ~ující aufregend; aufsehenerregend.
vztah *m* (*2b*) Beziehung *f*, Bezug *m*, Verhältnis *n*.
vztáhnout *pf.* (*-hl; -tažen*): ~ ruku po čem die Hand ausstrecken (nach *D*); ~ ruku na k-o sich vergreifen (an *D*).
vztahova|čný *Mensch*: alles auf sich beziehend; ~t (*-huji*) Hand ausstrecken; (*na co*) beziehen (auf *A*); ~ se na co Bezug nehmen (auf *A*).
vztažný *Gr.* Relativ-, † bezüglich.
vztek *m* (*2b*) Wut *f*; *lit.* Grimm *m*; ~at se ⟨*na-, po-, vy-, za-*⟩ wüten, toben; *Kinder*: herumtollen; ~lice *f* (*2a*) wütendes Weib *n*, Furie *f*; ~lík

m (*1a*), ~livec *m* (*3; -vc-*) jähzorniger Mensch *m*, Wüterich *m*; ~lina *f* (*1*) Tollwut *f*; ~lost *f* (*4*) Wut *f*, Raserei *f*; ~loun F *m* (*1*) *s.* vzteklík; ~lý wütend; (jäh)zornig, F wild; *Zo.* tollwütig; ~nout se *pf.* (*-kl*) wütend werden, F aus der Haut fahren; *Zo.* von der Tollwut befallen werden.
vztlak *m* (*2b*) Auftrieb *m*.
vztyč|it *pf.*, ~ovat ⟨*po-*⟩ ⟨*-čuji*⟩ aufrichten; *Geom.* errichten; *Flagge* hissen; *Bajonett* aufpflanzen.
vztyk *m* (*2b*) Aufrichten *n*; *Turn., Mil.* auf!
vzúpět *pf.* (*3 Pl. -ěji/-i*) aufschreien, (auf)seufzen.
vzýv|ání *n* (*3*) Anrufung *f*, Anbetung *f*; ~at anflehen, anrufen; *Gott* anbeten.
vždy(cky) immer, jederzeit.
vždyť (*an erster Stelle im Satz*) ja, doch; allerdings (*im Deutschen enklitisch*).
vží(va)t se (*pf. s. žít*[1]) sich einleben; sich (hinein)versetzen *in e-e Lage*; *Brauch*: sich einbürgern.

W

wagner|ián [vɑː-] *m* (*1*), ~ovec *m* (*3; -vc-*) Wagnerverehrer *m*, Wagnerianer *m*.
waterproof ['vɔːtrpruːf] *m* (*2a*) wasserdichter Stoff *od.* Mantel *m*.
whisky *f* (*indekl.*) Whisky *m*.
worcesterský: *-ká omáčka* Worcestersoße *f*.

X

x: *nohy do* ~ X-Beine; *s nohama do* ~ x-beinig.
xantipa [-tɪ-] *f* (*1*) Xanthippe *f*.
x-násob|ek *m* (*2b; -bk-*) X-fache *n*; ~ný x-fach.
xylóza *f* (*1b*) Xylose *f*.

Y

Yor|k *m* (*2b*) York *n*; ský Yorker.
ypsilon *m* (*2a*) Ypsilon *n*.

Z

z (*bei schwieriger Aussprache:* ze) *Prp.* (*mit 2. Fall*) aus (*D*); (*Fahrtrichtung, Abstammung, zurückliegendes Datum*) von (*D*); ~ *dveří* zur Tür hinaus; ~ *jara* im Frühling; ~ *továrny* ab Fabrik; *jeden* ~ *nás* einer von uns; ~ *polovice* zur Hälfte; *radost ze života* Freude am Leben, Lebensfreude *f*; ~ *čeho* woraus; *poznat* ~ *č-o* an et. (*D*) erkennen; *co* ~ *toho máš?* was hast du davon; ~ *počátku* am Anfang, anfangs; *dopis ze dne 7. 5.* Brief vom 7. 5.; *žít* ~ *vlastní práce* von eigener Arbeit leben.

za *Prp. 1.* (*mit 7. Fall*) hinter (*D, auf die Frage wo?*); nach (*D* = *hintereinander, hinterher*); um (*A*); jenseits (*G*); *2.* (*mit 4. Fall*) hinter (*A, auf die Frage wohin?*); für (*A, Tauschwert od. Ziel*); an (*D, anfassen, ergreifen, ziehen, halten*); als (*A*), zu (*D, ernennen, wählen*); während (*G*), binnen (*G*), in (*D* = *nach Ablauf*); *3.* (*mit 2. Fall*) während (*G*), zur Zeit (*G*), in *od.* zu (*e-r bestimmten Zeit*), bei (*D, Wetter, Tageszeit*); (*7. Fall*) ~ *sebou* nach-, hintereinander; *to mám* ~ *sebou* habe ich hinter mir; ~ *tím* dahinter; *běžet* ~ *kým* j-m nachlaufen; *krok* ~ *krokem* Schritt für Schritt; *auto* ~ *autem* ein Auto nach dem anderen; ~ *rohem* um die Ecke; ~ *tím účelem* zu diesem Zweck; ~ *tou příčinou* aus diesem Grund; ~ *stolem* am Tisch, bei Tisch; (*4. Fall*) ~ *dům* hinters Haus; ~ *marku* für (*od.* um) e-e Mark; ~ *to* dafür; ~ *nic* für nichts; ~ *mír* für den Frieden; ~ *trest* zur Strafe; *F co je to* ~ *člověka?* was ist das für ein Mensch?; *táhnout* ~ *vlasy* an den Haaren ziehen; *chytit k-o* ~ *slovo* j-n beim Wort nehmen; *F vodit k-o* ~ *nos* j-n an der Nase herumführen; *sloužit* ~ *čeledína* als Knecht dienen; *pro mne* ~ *mne!* meinetwegen!; *jdu* ~ *tebe* ich gehe an deiner Stelle; *mít k-o* ~ *blázna* j-n zum Narren halten; *zvolit* ~ *poslance* zum Abgeordneten wählen; ~ *týden* in (*od.* binnen) e-r Woche; ~ *chvilku* in e-r kleinen Weile; ~ *rok* in e-m Jahr; im Jahr, pro Jahr; ~ *den* am Tag, täglich; an e-m Tag; (*2. Fall*) ~ *války* während des Krieges, ~ *Karla IV.* zur Zeit Karls IV.; ~ *starých časů* in alten Zeiten; ~ *života* zu Lebzeiten; ~ *mlhy* bei Nebel; ~ *světla* bei (Tages-)Licht; ~ *těchto okolností* unter diesen Umständen.

zabahněný verschlammt, versumpft.

zábal *m* (*2; 6. -u/-e*) Verpackung *f*.

zabal|it *pf.*, **~ovat** (-luji) ein-, verpacken, einwickeln.

zabarv|ení *n* (*3*) Färbung *f*; *fig.* Einschlag *m*; **~it** *pf.*, **~ovat** (-vuji) färben; ~ *se* sich verfärben.

zábava *f* (*1*) Unterhaltung *f*, Vergnügen *n*.

zabav|ení *n* (*3*) Beschlagnahme *f*; **~it** *pf.* beschlagnahmen; **~itelný** pfändbar.

zábav|ní Vergnügungs-; **~ný** unterhaltend, unterhaltsam, Unterhaltungs-.

zabavovat (-vuji) s. zabavit.

zabedn|ělost *f* (*4*) Beschränktheit *f*, Borniertheit *f*; **~ělý** beschränkt, borniert; **~ění** *n* (*3*) Verschalung *f*, Verschlag *m*; *Hdl.* in Kisten verpackt; **~ěný** verschalt; vernagelt; *fig.* beschränkt; **~nit** *pf.* zunageln, vernageln; verschalen.

záběh *m* (*2b*) *Tech.* Einlaufen *n*; (*Produktions-*)Anlauf *m*.

zaběh|aný eingefahrt, bewährt; **~at se** *pf.* sich einlaufen, in Gang kommen; **~lý** entlaufen; (*3*) Verschlagung *f*; **~nout** *pf.* (*-hl*) laufen (bis zu); *Sp. Strecke* zurücklegen; ~ *se* sich verlaufen; *Tech.* sich einlaufen.

zábél *m* (*2a*) Federweiß *n*.

zabělat se *pf.* weiß schimmern.

záběr *m* (*2a*) *Tech.* Ineinandergreifen *n*, Eingriff *m*; Spanntiefe *f*; Schnittbreite *f*; *přímý* ~ *Kfz.* Direktgang *m*; ~ *pažemi* Armzug *m* beim Schwimmen; ~ *vesly* Ruderschlag *m*; *Fot.* celkový ~, ~ *zblízka*

Total-, Nahaufnahme *f*; P *na jeden* ~ mit einem Hieb; auf einen Zug.
zabezpeč|ení *n* (3) Sicherung *f*; ~**ený** gesichert; versichert; ~**it** *pf.* sichern, gewährleisten; ~ **se** sich vergewissern; *Mil.* sichern; ~**ovací** Sicherungs-; ~**ovat** (*-čuji*) *s. za-*
zabíhat *s. zaběhnout*. [bezpečit.
zabij|ácký mordgierig; gewalttätig; ~**ačka** *f* (1c; *-ček*) Schweineschlachten *n*, Schlachtfest *n*; ~**ák** *m* 1. (*1a*) Mörder *m*, Totschläger *m*; 2. (*2b*) Mordwaffe *m*; Schlachtmesser *n*; Schlagring *m*.
zabí|jení *n* (3) Morden *n*, Schlachten *n*; ~**jet** (*3 Pl. -eji*) *s. zabít*; ~**lit** *pf.* tünchen, weiß anstreichen; ~**rat** *s. zabrat*.
zabít *pf.* (*s. bit*) töten, erschlagen, P totschlagen, umbringen; *Tiere* schlachten; *Spielkarte* stechen.
zabit|í *n* (3) Tötung *f*, *Jur.* Totschlag *m*; ~**ý** erschlagen; getötet; geschlachtet.
zablá|cený *Schuh*: schmutzig, F dreckig; ~**tit** *pf.* (*-cen*) *mit Straßenkot* beschmutzen.
záblesk *m* (2b) Aufblitzen *n*, Schimmer *m*; Lichtstrahl *m*.
zablesk|nout se (*-kl*) blitzen, aufleuchten; ~**nutí** *n* (3) Aufblitzen *n*.
zabloudit *pf.* sich verirren.
zaboč|it *pf.*, ~**ovat** (*-čuji*) einbiegen; *Fahrzeug*: abbiegen; *vom Thema* abschweifen.
zabod|ávat, ~**nout** *pf.* (*-dl*; *-dnut*) *v/t* hineinstoßen, hineinstechen; erstechen; ~ **se** sich einbohren, steckenbleiben.
zaboha P um nichts in der Welt, um keinen Preis.
zabolet *pf.* (*s. bolet*) (anfangen zu) schmerzen, wehtun.
zábor *m* (2a) Beschlagnahme *f*; ~**ový** Konfiskations-.
zaboř|it *pf.*, ~**ovat** (*-řuji*) versenken, vergraben; ~ **se** versinken, einsinken; *fig.* sich vertiefen.
zabouch|at *pf.* klopfen, pochen; ~**nout** *pf.* (*-chl*; *-chnut*) *Tür* zuschlagen; *j-n* erschießen; P ~ **se** (*do k-o*) sich verlieben, F verknallen (in *A*); ~**nutý** zugeschlagen; P *a.* verliebt, F verknallt, verschossen. [donnern, toben.
zabouřit *pf.*

zábradlí *n* (3) Geländer *n*.
zabrán *in Gedanken* versunken.
zábrana *f* (1) Schranke *f*, Barriere *f*; Hemmung *f*; Verhinderung *f*, Verhütung *f*; ~ *úrazu* Unfallverhütung.
za|brání *n* (3) Beschlagnahme *f*; *Mil.* Besetzung *f*, Annexion *f*; *Tech.* Anlaufen *n*; *Rel.* Einkehr *f*; ~**brání** *pf.*, ~**braňovat** (*-ňuji*) (*č-u*) verhindern, verhüten (*A*); (*k-u v čem*) hindern (j-n an *D*); verwehren (j-m *A*).
zábranný hemmend.
zabra|ňovací ~ *palba Mil.* Sperrfeuer *n*; ~**ný** beschlagnahmt; annektiert.
zabrat *pf.* (*s. brát*) wegnehmen, okkupieren; in Anspruch nehmen; (*Pferd*) ziehen; ~ **se** sich vertiefen.
za|brousit *pf.* (*-šen*) zu-, einschleifen; (*irgendwohin*) geraten; abschweifen, F e-n Abstecher machen; ~**bručet** *pf.*, ~**brumlat** *pf.* brummen, murmeln; ~**brušovat** (*-šuji*) *s. zabrousit*; ~**brzdit** *pf.* bremsen; ~**břednout** *pf.* (*-dl*) versinken, tief hineingeraten; ~ *do dluhů* in Schulden geraten.
zábřesk *m* (2b) Morgendämmerung *f*, Morgengrauen *n*.
zabřist *pf. s. zabřednout*.
zábst ⟨*za-*⟩ (*3. zebe*) frieren.
za|bubnovat *pf.* (*-nuji*) trommeln; ~**bučet** *pf.* brüllen, F muhen; ~ **bydlit se** *pf.* heimisch werden; ~ **bývat se** (*čím*) sich beschäftigen (mit *D*); ~**celit** *pf. v/t* heilen; ~ **se** zu-, verheilen, verwachsen; ~**cinknout** *pf.* (*-kl*) klingen, schellen; klirren; ~**cinovat** *pf.* verzinnen; ~**clánět** (*3 Pl. -ěji*) *j-m Aussicht* verdecken; *im Licht stehen*; *mit der Hand Augen* schützen.
záclona *f* (1) Vorhang *m*, Gardine *f*.
zaclo|nit *pf.*, ~**novat** (*-ňuji*) *Licht* abblenden; *Fenster* verdunkeln; *Augen* bedecken. [(an *D*).
zacloumat *pf.* (*čím*) herumzerren]
zácpa *f* (1) Verstopfung *f*; Stauung *f*; (*Verkehrs*-)Stockung *f*.
zacp|(áv)at (*pf. -u*) verstopfen, zustopfen; ~**ávka** *f* (1c; *-vek*) Stöpsel *m*, Verschluß *m*; *Med.* Tampon *m*.
zacvak|at *pf.*, ~**nout** *pf.* (*-kl*) klappern; *Tür*: zuschnappen.
zacvič|it *pf.*, ~**ovat** (*-čuji*) *j-n* anlernen; trainieren.
zač wofür; worum; für wieviel; ne-

začadit

máte ~!, není ~! keine Ursache!; s. co.
za|čadit pf. (-zen) verrauchen; verrußen; **~čal** s. začínat; **~čarovat** pf. (-ruji) verzaubern, verhexen, verwünschen; **~čas** nach einiger Zeit; jednou ~ ab und zu, hie und da; **~časté** oft(mals), mehrfach, wiederholt.
začáteč|ní anfänglich, Anfangs-, Elementar-; **~nice** f (2a) Anfängerin f; **~nický** Anfänger-; stümperhaft; **~ník** m (1a) Anfänger m.
začátek m (2b; -tk-) Anfang m, Beginn m; na ~tku am Anfang, zu Beginn; ze -tku anfangs; -tky pl. Anfänge m/pl., Anfangsstadium n.
znača|tý angefangen, begonnen; s. začínat; **~zený** verraucht, rauchgeschwärzt; verrußt.
začel|pejřit pf. die Haare (od. Federn) sträuben; **~povat** pf. (-puji) verzapfen.
začern|alý schwärzlich, schwarz geworden; **~at se** pf. schwarz werden; **~ěný** schwarz (geworden); verrußt; **~it** pf. schwärzen; schwarz übermalen.
začerven|alý rötlich; errötet; **~at se** pf. rot werden, erröten.
začesat pf. (s. česat) durch Kämmen verdecken, F zukämmen.
začež wofür, weshalb.
začínat (se), začít pf. (-čnu, -čal, -čat) beginnen, anfangen (mit Inf. zu ...; [s] čím mit D); ~ si (co s kým) sich einlassen (mit j-m in A).
začíst se pf. (s. číst) sich einlesen.
začle|nit pf., **~ňovat** (-ňuji) eingliedern, einreihen.
za|čmárat pf. verschmieren; unleserlich machen; **~č(m)oudit** pf. (-zen) verrauchen, verqualmen; **~čtveračit si** pf. Unsinn treiben.
záď f (4c; -di/-dě) Hinterteil n; Mar. Heck n.
záda n/pl. (1; zad) Rücken m.
zadák m (1a) Sp. Hintermann m; F Geber m (beim Kartenspiel).
zadaný vergeben; bestellt, reserviert. [F gratis.]
zadarmo umsonst, unentgeltlich,
za|d(áv)at Stelle, Arbeit vergeben; Platz reservieren; Position aufgeben; Gesuch einreichen; ~ k-u v čem nachsehen j-m in (D); ~ se sich vergeben; ~ si sich e-e Blöße geben; sich wegwerfen; **~dávací** Vergebungs-; Einreichungs-; **~davatel** m (3; -é) Hdl. Verteiler m; **~dávit** pf. v/t erwürgen, erdrosseln; ~ se ersticken; **~dávka** f (1c; -vek) Bestellung f; Zuteilung f.
zad|eček F m (2b; -čk-) Po(po) m; **~ek** m (2b; -dk-) Hinterteil n; Gesäß m; Zo. Steiß m; Kruppe f.
zaděl|at pf. verschlagen, zumachen, einsetzen, einbauen; Teig anmachen; Obst, Fleisch einwecken, F einmachen; **~ávací** Einweck-, F Einmach-; **~ávat** s. zadělat.
zadem hintenherum, durch die Hintertür.
záděra f (1d) Neidnagel m.
zadešťov|ací Agr. Berieselungs-, Beregnungs-; **~ač** m (4) Regner m, Sprenger m.
zadina f (1) Agr. Hinterkorn n, Hintergetreide n.
za|dírat einreiben; P ~ se k-u gegen den Strich gehen (D); **~dívat se** pf. (na co) den Blick richten (auf A); scharf ansehen (A); ~ se do dálky, do očí in die Ferne, in die Augen schauen; **~dlouho** Adv. nach langer Zeit.
zadluž|ení n (3), **~enost** f (4) Verschuldung f; **~ený** verschuldet; **~it** pf., **~ovat** (-žuji) mit Schulden belasten; ~ se in Schulden geraten, F sich in Schulden stürzen.
zad|ní Hinter-, Rück-, rückwärtig; ~ sedadlo Rücksitz m; ~ voj Mil. Nachhut f; na ~ straně auf der Rückseite; **~nice** f (2a) Hinterteil n, Gesäß n, P Hintern m.
zadobře: být (s kým) ~ freundschaftliche Beziehungen pflegen, F gut Freund sein (mit D).
zadopatrový Hintergaumen-, Gr. Velar-.
za|dost: učinit ~ Genüge tun; den Pflichten nachkommen; den Anforderungen gerecht werden; **~dost(i)učinění** n (3) Genugtuung f; **~dout** pf. (s. dout) wehen, blasen; Wind: sich erheben; ~ do rohu ins Horn stoßen; **~dovádět si** pf. (3 Pl. -ějí) ein wenig Unsinn treiben.
zadovka f (1c; -vek) Hinterlader m.
za|drátovat pf. (-tuji) mit Draht bespannen; **~drbat se** pf. (-u/-ám) sich kratzen, sich jucken.
zádrh m (2b) Schlinge f; Verknotung f; Verwicklung f.
zadrh|ávat s. zadrhnout; **~lý** ver-

wickelt, verknotet, verfitzt; ~nout *pf.* (*s. drhnout*), ~ovat (-*huji*) verknoten, verfitzen; stocken; Wörter aus e-r anderen Sprache einmengen; ~ se sich festhaken, sich verfangen.

za|drmolit P *pf. s.* drmolit; ~**drnčet** *pf. s.* drnčet.

zádruha *f* (1b) Haus- *od.* Wirtschaftsgemeinschaft *f*, *hist.* Großfamilie *f*.

zadržet *pf.* zurückhalten, aufhalten, auffangen; *Zug, Person, Atem* anhalten; *Zorn, Lachen* unterdrücken; *Katastrophe* abwehren; *Fortschritt* hemmen; *Lohn* einbehalten; *Geld* unterschlagen; ~ se (*č-o*) sich festhalten (an *D*).

zádrž|ka *f* (1c; -žek) Stockung *f*, Hemmung *f*; Bremse *f*, Hemmschuh *m*; ~**ný** Sperr-.

zadržovat (-*žuji*) *s.* zadržet.

zadřít *pf.* (*s. dřít*) einreißen; ~ *si třísku* sich e-n Splitter einziehen.

záducha *f* (1b) Atemnot *f*, Asthma *n*.

zadum|ání *n* (3) tiefes Nachsinnen *n*, Grübeln *n*, Träumen *n*; ~**aný** in Gedanken versunken, verträumt; ~**at se** *pf.* sich in Gedanken verlieren, grübeln, träumen.

zádumčiv|ec *m* (3; -*vc*-) schwermütiger Mensch *m*; ~**ost** *f* (4) Schwermut *f*; ~**ý** schwermütig, trübsinnig.

zadu|nět *pf.* (er)dröhnen, krachen; ~**pat** *pf.* (-*u*/-*ám*) stampfen; zertreten; ~**pnout si** *pf.* (-*pl*/-*pnul*) mit dem Fuß aufstampfen; ~**sit** *pf.* (-*šen*) ersticken (se *v*/*i*).

zadušen|í *n* (3) Ersticken *n*; *smrt* ~**m** Erstickungstod *m*; ~**ý** erstickt (*a. fig.*).

záduš|í *n* (3) Kirchengut *n*; Stiftung *f*; ~**ní** Kirchen-; ~ *mše* Seelenmesse *f*, Totenmesse *f*; ~**ný** asthmatisch; Keuch- (*Husten*).

za|dušovat se P *pf.* (-*šuji*) beteuern, bei s-m Seelenheil schwören; ~**dutí** *n* (3): ~ *větru* Windstoß *m*.

zádveří *n* (3) Windfang(tür *f*) *m*.

zadých|aný *Luft*: stickig; *Fenster*: beschlagen; *Mensch*: atemlos; ~**at** *pf.* anhauchen; ~ se außer Atem kommen, F sich abhetzen.

za|fačovat P *pf.* (-*čuji*) bandagieren; ~**fičet** *pf.* zischen, schwirren; *Zug*: vorbeisausen; ~**flákat** P *pf.* mit Kot bespritzen, P dreckig machen.

záhad|a *f* (1) Rätsel *n*, Problem *n*; ~**ný** rätselhaft, geheimnisvoll, mysteriös.

zaháj|ení *n* (3) Eröffnung *f*, Beginn *m*; ~**it** *pf.* eröffnen, beginnen, einleiten; *Jagdw.* abhegen, einschonen.

zahajov|ací Eröffnungs-; ~**at** (-*juji*) *s.* zahájit; ~**atel** *m* (3; -*é*) Eröffner *m* e-r *Sitzung*.

zaháknout *pf.* (-*kl*; -*knut*) einhaken.

zahálčiv|ost *f* (4) Müßiggang *m*; ~**ý** faul, träge, arbeitsscheu.

zahále|č *m* (3), ~**ka** *f* (1*c*; -*ček*) Müßiggänger(in *f*) *m*, Faulenzer(in *f*) *m*, F Faulpelz *m*; ~**nost** *f* (4) *s.* zahálčivost; ~**ný**, ~**ský** *s.* zahálčivý; ~**ství** *n* (3) *s.* zahálčivost.

zahálet ⟨*na- se, pro-, za- si*⟩ (3 *Pl.* -*ejí*) faulenzen, F bummeln; *Maschine*: stillstehen.

zahal|it *pf.*, ~**ovat** (-*luji*) verhüllen, einhüllen.

zahálka *f* (1*c*; -*lek*) *s.* zahálčivost.

zahanb|ení *n* (3) Beschämung *f*; ~**ený** beschämt; ~**it** *pf.*, ~**ovat** (-*buji*) beschämen, bloßstellen.

zaháněti (3 *Pl.* -*ějí*) *s.* zahnat.

záhať *f* (4*c*) Infarkt *m*.

za|házet *pf.* (3 *Pl.* -*eji*), ~**hazovat** (-*zuji*) *s.* zahodit; *Grube* zuschaufeln; ~**ovat se** P *s.* zahodit se.

zahek|at *pf.*, ~**nout** *pf.* (-*kl*) stöhnen, ächzen.

zahladit *pf.* (-*zen*) glätten; unkenntlich machen, verwischen, F *fig.* vertuschen.

záhlaví *n* (3) Hinterkopf *m*, Genick *n*; (*Brief-*)Kopf *m*; Kopfende *n* am Bett.

zahlaz|ení *n* (3) Verwischen *n*; *Hdl.* Tilgung *f*; *Pol.* Vernichtung *f*, Ausrottung *f*; ~**ovat** (-*zuji*) *s.* zahladit.

za|hledět se *pf.* (*na co*) s-n Blick richten (auf *A*); ~**hlédnout** *pf.* (-*dl*) erblicken, bemerken; ~**hlenění** *n* (3) Verschleimung *f*; ~**hlídn-** *s.* zahlédn-.

zahloub|at se *pf.* (*do č-o*) sich vertiefen (in *A*); (*nad čím*) (nach)grübeln (über *A*); ~**it** *pf. lit. Dolch* hineinstoßen; (hin)eingraben.

zahnat *pf.* (*s. hnát*) vertreiben, verjagen.

záhněda *f* (1) *Min.* Rauchtopas *m*.

zahněd|lý bräunlich, ~**nout** *pf.* (-*dl*) braun werden.

zahn|ilý angefault, faul(ig); ~**it** *pf.* (*s. hnít*) faul(ig) werden, verfaulen;

zahnívání

~ívání n (3) Verwesung(sprozeß m) f; ~ívat s. zahnít.
zahnízdit se pf. sich einnisten.
zahn|out pf. (-nul; -nut) umbiegen; einbiegen *in e-e Straße;* (*links, rechts*) abbiegen; ~**utý** gebogen, krumm.
zahodit pf. (-zen) wegwerfen, P wegschmeißen; *Sp.* verschießen; *Ball* verschlagen; F ~ se sich kompromittieren, sich vert. vergeben.
záhodno *Adv.* ratsam, angebracht.
zahojit pf. v/t heilen, kurieren; ~ se (ver)heilen, zuheilen, vernarben.
záhon m (2; -u/-ě) Beet n; † a. Acker m, Furche f.
zahořet pf. (*čím*) entbrennen, entflammen (*láskou* in Liebe).
zahořk|lost f (4) bitterer Geschmack m; *fig.* Bitterkeit f; ~**lý** bitterlich; *Mensch:* verbittert; ~**nout** pf. (-kl) bitter werden; verbittern.
za|hospodařit pf. erwirtschaften, ersparen; ~**hostit se** pf. (*-štěn*) einkehren; *Unsitten:* einreißen.
zahouk|at pf., ~**nout** pf. (-kl) (auf)heulen, (er)dröhnen; *Kfz.* hupen; anschreien (*na k-o/A*).
zahoust|lý dick(flüssig); dicht (gewachsen); ~**nout** pf. (-tl) dick werden, sich verdicken.
zahra|b(áv)at (pf. -u) verscharren, vergraben; *Grube* zuschütten; ~ se sich vergraben, F sich einbuddeln; ~**da** f (1) Garten m; ~**dit** pf. (-zen) einzäunen; *Zugang* sperren; *Tür* verrammeln; *Land* eindämmen; *Wasser* stauen; ~ se sich verbarrikadieren.
zahrád|ka f (1c; -dek) Gärtchen n, Kleingarten m; rodinná ~ Kleingarten m; ~**kář** m (1b) Kleingärtner m.
zahrad|ní Garten-; ~**nice** f (2a) Gärtnerin f; ~**nický** Gärtner-; Gartenbau- (Schule); ~**nictví** n (3) Gärtnerei f; Gartenbau m; ~**ničit** F (im)pf. Gartenbau treiben, P gärtnern; ~**ník** m (1a) Gärtner m.
zahranič|í n (3) Ausland n; ~**ní** ausländisch, auswärtig, Auslands-; *Pol., Hdl.* Außen-.
zahrá|t pf. (*s. hrát*) (vor)spielen, zu spielen anfangen; *fig.* ein Spiel treiben (*mit D*); F ~ *k-u* j-m e-n Denkzettel geben; ~ *si* ein wenig Musik machen; F ein Spielchen machen; ~**vat si** (*s kým*) spielen, scherzen, spaßen (*mit D*).
zahraz|ení n (3) Umzäunung f; (Ab-)Sperrung f; ~**ovací** Absperrungs-; ~**ovat** (-*zuji*) s. *zahradit*.
zahr|čet pf., ~**kat** pf., ~**knout** pf. (-*kl*/-*knul*) schnarren, rasseln, schnurren, knarren; *Motor:* rattern.
zahrn|out pf. (-*nul*; -*nut*), ~**ovat** (-*nuji*) zudecken; zuscharren; *Ärmel* um-, aufschlagen; j-n überschütten (*mit D*); ~ *do č-o* einbeziehen, einbegreifen (*in D*); einschließen, umfassen; ~**ujíc** einschließlich, inbegriffen; ~**utý** inbegriffen, eingeschlossen, einbezogen; zugedeckt; aufgekrempelt; (*čím*) überhäuft, überladen (*mit D*).
záhrob|í n (3) Jenseits n; ~**ní** jenseitig, überirdisch.
zahroc|ení n (3) Zuspitzung f; ~**ený** zugespitzt; gerichtet (gegen *A*); ~**ovat** (-*cuji*) s. *zahrotit*.
zahro|movat pf. (-*muji*) fluchen, F ein Donnerwetter loslassen; ~**tit** pf. (-*cen*) zuspitzen; *fig.* gegen j-n richten; ~**zit** pf. drohen.
za|hryznout pf. (-*zl*; -*znut*), ~**hrýzt** pf. (-*hryzu*) hineinbeißen; annagen; ~ *se do č-o* sich verbeißen in (*A*).
zahřá|t pf. (-*hřeji*) erwärmen; ~**í** n (3) Erwärmen n; *Tech.* Heißlaufen n.
záhřevný Wärme-.
zahřímat s. *zahřmět*.
zahřív|ací Wärme-; ~**ač** m (4), ~**adlo** n (1a; -*del*) Wärmeapparat m, Vorwärmer m; Heizkissen n; ~**at** s. *zahřát*.
zahřm|ět, ~**ít** pf. (3. -*í*; -*ěl*) donnern.
záhuba f (1) Verderben n, Vernichtung f, Untergang m.
zahubit pf. verderben, vernichten, ausrotten.
záhubný verderbenbringend, tödlich.
zahu|bovat pf. (-*buji*) schimpfen, wettern; ~**čet** pf. brausen, rauschen, tosen; ~**hlat** pf., ~**hňat** pf. durch die Nase sprechen, näseln; ~**lit** P pf. vollrauchen, verqualmen.
záhumen|ek m (2b; -*mek*) Privatacker m *e-s Genossenschaftsbauern;* ~**í** n (3), ~**ice** f (2a) Ort (*od.* Acker) *m* hinter der Scheune; ~**ní** hinter der Scheune befindlich.
zahu|stit pf. (-*štěn*), ~**šťovat** (-*ťuji*) verdicken; *Kochk.* eindicken.

zahvízd|at *pf.,* **~nout** *pf. (-dl)* pfeifen; **~nutí** *n (3)* Pfiff *m.*
záhy früh(zeitig); P bald.
záhyb *m (2a)* Falte *f,* Bug *m; (Weg-)* Krümmung *f.*
zahýbat *pf. (-u/-ám)* rütteln, bewegen *(čím/A);* berühren *(A); s. zahnout.*
zahyn|out *pf.* untergehen, umkommen, zugrunde gehen, P draufgehen; *Pflanze, Tier:* eingehen; **~utí** *n (3)* Untergang *m.*
zahýřit *pf. (čím)* schwelgen (in *D);* ~ si über die Stränge schlagen.
zacház|ení *n (3)* (s *čím)* Umgang *m* (mit *D),* Behandlung *f (G);* **~et** *(3 Pl. -eji) Kfz.* einbiegen; *Sonne:* untergehen; *Bot.* eingehen; ~ *příliš daleko* zu weit gehen; ~ s kým, s čím umgehen mit *(D),* behandeln *(A); Tech.* bedienen *(A);* ~ si e-n Umweg machen; **~ka** *f (1c; -zek)* Umweg *m.*
zachechtat se *pf.* laut auflachen, kichern.
zachla|dit *pf. (-zen),* **~zovat** *(-zuji)* abkühlen, erkälten; ~ se sich erkälten, *öst.* sich verkühlen.
zachmuř|ený finster, trüb(e), düster; **~it** *pf.* Stirn runzeln; ~ se düster *(od.* dunkel) werden, sich verdüstern.
záchod *m (2)* Klosett *n,* Toilette *f,* P Klo *n; polní* ~ *Mil.* Latrine *f; veřejné* **~ky** öffentliche Bedürfnisanstalt *f.* [mummt.]
zachoulený eingehüllt, F ver-)
zachoval|ost *f (4)* Unbescholtenheit *f;* vystavení *o* ~i Führungs-, Leumundszeugnis *n;* **~ý** gut erhalten; unbescholten, F unverdorben.
zachov|ání *n (3)* Erhaltung *f,* Wahrung *f;* Beachtung *f;* **~at** *pf.* (auf-)bewahren; aufsparen, ersparen; behüten, erhalten; *Ordnung* halten; *Anordnung* befolgen; *Gesetze, Regeln* beachten; *Schein* wahren; ~ se sich erhalten; sich benehmen; sich richten *(podle č-o* nach *D);* Stellung nehmen (k č-u zu *D);* es recht machen (k-u/*D*); **~ávání** *n (3)* Erhaltung *f;* Wahrung *f;* Aufrechterhaltung *f;* v *tajnosti* Geheimhaltung *f;* **~ávat** *s. zachovat;* **~ávatel, ~avatel** *m (3; -é)* Erhalter *m,* Bewahrer *m.*
záchrana *f (1)* Rettung *f;* Bergung *f;* Sicherung *f; Esb.* Notbremse *f.*
zachrán|ce *m (3)* Retter *m;* **~ění** *n (3)* Rettung *f,* Errettung *f;* **~it** *pf.* (er)retten; bergen; **~kyně** *f (2b)* Retterin *f.*
záchranný Rettungs-; *-ná plachta* Sprungtuch *n; s. a.* brzda.
zachraňov|ací Rettungs-, Bergungs-; **~at** *(-ňuji) s. zachránit.*
zachtít se *pf. (3. -chce, -chtělo)* (č-o) Lust bekommen *od.* haben (zu + *Inf.),* gern tun *usw.,* mögen *(A), lit.* gelüsten nach *(D).*
zachum|elený verschneit; **~l(áv)at se** *(do č-o)* sich einhüllen, F sich einkuscheln (in *A).*
za|chutnat *pf.* schmecken, F behagen; **~chvácený** ergriffen, befallen; **~chvacovat** *(-cuji) s. zachvátit.*
záchvat *m (2a)* Anfall *m;* Anwandlung *f;* ~ *mrtvice* Schlaganfall.
zachvátit *pf. (-cen)* ergreifen, anfallen, befallen.
zachv|ěj *m (4),* **záchvěv** *m (2a)* Beben *n,* Zittern *n; El.* Schwingung *f;* **~ět, ~ít** *pf. (-chvěji, -ěl) (čím)* schütteln, bewegen *(A);* ~ se (er)zittern, beben; schaudern; vibrieren.
zachy|covat *(-cuji),* **~tit** *pf. (-cen)* auffangen, (ein)fangen, festhalten; ~ se *(č-o)* sich festhalten (an *D);* sich verfangen (o co in *D),* hängenbleiben (an *D).*
záchytka *f (1c; -tek)* Schnapper *m;* Fallbremse *f;* P *a.* Ausnüchterungszelle *f.*
záchytný Auffang-.
zainteresov|anost *f (4)* Interessiertheit *f,* Interesse *n;* **~at** *pf. (-suji)* interessieren.
zajásat *pf.* aufjauchzen, jubeln.
zajat|ec *m (3; -tc-)* Gefangene(r) *m;* **~ecký** Gefangenen-; **~kyně** *f (2b)* Gefangene *f;* **~ý** gefangen(genommen).
zaječet *pf.* kreischen, aufschreien.
zaječ|í Hasen-; **~ice** *f (2a)* Häsin *f;* **~ina** *f (1)* Hasenfleisch *od.* -fell *n,* -geruch *m.*
zajedno einig, *nebýt* ~ uneins sein.
zájem *m (2a; -jm-)* Interesse *n (na čem,* o co an *D,* für *A);* Beschlagnahme *f;* **~ce** *m (3),* **~kyně** *f (2b)* Interessent(in *f) m;* **~ní** Pfändungs-, **~nice, ~ník** *f s. zájemce.*
zajet *pf. (s. jet)* fahren, reiten (bis nach, zu); *j-n* überfahren; ~ si e-n Umweg machen.
zajetí *n (3)* Gefangennahme *f;* Gefangenschaft *f; fig.* Bann *m.*

zájezd *m* (2; 6. -u/-ě) Ausflug *m*, (kurze) Fahrt *f*, Tour *f*; *Thea.* Tournée *f*.
zájezdit *pf.* (-žděn/-zděn) einfahren; *Pferde* einreiten; ~ si fahren; *Schi* laufen.
zájezd|ní Einkehr-; *Mil.* fliegend; **~ový** *Thea.* Wander-.
zají|c *m* (3) Hase *m*; pečený ~ Hasenbraten *m*; **~ček** *m* (1a; -čk-) Häschen *n*; velikonoční ~ Osterhase *m*.
zajídat *s. zajíst;* ~ se satt bekommen.
zajík|(áv)at se, ~nout se *pf.* (-kl) stottern; **~avý, ~lý** stotternd, stammelnd.
zajím|at *s. zajmout;* interessieren, fesseln; ~ se (o co) sich interessieren für *A;* **~avost** *f* (4) Interessante(s) *n*, Sehenswürdigkeit *f; pro ~* interessehalber; **~avý** interessant.
za|jiskřit (se) *pf.* funkeln, aufblitzen; **~jíst** *pf.* (s. jíst) dazuessen (*zum Schnaps usw.*); **~jisté** gewiß, bestimmt, sicher(lich); **~jistit** *pf.* (-štěn) sichern, sicherstellen, gewährleisten.
zajišťov|ací Sicherungs-; **~at** (-tuji) *s. zajistit;* **~na** *f* (1; -ven) Rückversicherung(sanstalt) *f.*
zajít *pf.* (s. jít) gehen, sich begeben; vorbeikommen (ke k-u bei *D*); holen (pro k-o, co/*A*); *Sonne:* untergehen; *Tier:* verenden; *Pflanze:* eingehen; *Appetit, Zeit:* vergehen; *Farben:* verblassen; ~ si e-n Umweg machen. [narben.
zajizv|ený vernarbt; **~it se** *pf.* ver-
zajíž|dět (3 Pl. -ějí) *s. zajet;* **~ďka** *f* (1c; -děk) Umweg *m*; F *a.* Abstecher *m*.
zájmen|ný *Gr.* pronominal; **~o** *n* (1; 6. -u/-ě) Pronomen *n*, Fürwort *n*.
zajmout *pf.* (s. jmout) gefangennehmen, fangen; *fig.* fesseln.
zájmový Interessen-.
zakabonit se *pf.* sich bewölken, sich verfinstern.
zákal *m* (2a) *Med.* Star *m*.
za|kalit *pf.* trüben; härten; **~kalkulovat** *pf.* (-luji) einkalkulieren; **~kalovat** (-luji) *s. zakalit;* **karpatský** jenseits der Karpaten liegend; karpatoukrainisch; **~kašl(áv)at** *pf.* *-u*) husten.
zákaz *m* (2; 6. -u/-e) (kouření, parkování Rauch-, Park-)Verbot *n*.
zakáz|aný verboten; **~at** *pf.* (-žu/ -ži) verbieten; **~ka** *f* (1c; -zek) Auftrag *m*, Bestellung *f*; **~kový:** *-vá práce* Arbeit *f* auf Bestellung.
zákazn|ictvo *n* (1) Kundenkreis *m*, Kundschaft *f*, Kunden *m/pl.*; **~ík** *m* (1a), **~ice** *f* (2a) Kunde *m*, -in *f*; Auftraggeber(in *f*) *m*; *Jur.* Klient(in *f*) *m*; stálý ~ Stammkunde *od.* -in.
zakazovat (-zuji) *s. zakázat;* ~ si sich (*D*) *et.* verbitten.
zákeř|nický heimtückisch, hinterhältig; **~nictví** *n* (3) Hinterhältigkeit *f*, Tücke *f*; **~ník** *m* (1a) Bandit *m*, Wegelagerer *m*, Meuchelmörder *m*; **~nost** *f* (4) *s. zákeřnictví;* **~ný** *s. zákeřnický.*
základ *m* (2; 6. -ě/-u) Grundlage *f*, Grund *m*; Untergrund *m*, Fundament *n*; *Bgb.* Pfand *n*; *Hdl.* Stammkapital *n*, Einsatz *m*.
zakla|dací Gründungs-, Stiftungs-; **~dat** *s. založit;* ~ se (na čem) beruhen, basieren (auf *D*); ~ si (na čem) halten (auf *A*), F sich et. einbilden (auf *A*).
zakladatel *m* (3; -é), **~ka** *f* (1c; -lek) Gründer(in *f*) *m*, Begründer(in *f*) *m*, Stifter(in *f*) *m*.
základ|ka *f* (1c; -dek) Lesezeichen *n*; Sperrklinke *f*; *Bgb.* Versatz *m*; **~na** *f* (1; -den) *Geom.* Grundlinie *f*, -ebene *f*; Grundlage *f*; *Phil.* Basis *f*; *fig.* Plattform *f*; *Sp.* Meßstrecke *f*; **~ní** Grund-, grundlegend; *Hdl.* Stamm-.
za|klánět (3 Pl. -ějí) *Turn.* rückwärtsbeugen; **~klapnout** *pf.* (-pl; -pnut) zuschnappen, zuklappen; **~klátit** *pf.* (-cen) (čím) hin und her bewegen (*A*); ~ se schwanken, wanken; **~klení** *n* (3) Verwünschung *f*.
zaklen|out *pf.* (ein)wölben; **~utý** gewölbt.
zakle|pat *pf.* (-u/-ám) anklopfen; klopfen; **~snout** *pf.* (-sl) befestigen, einhaken, schlingen, (ver)knoten; ~ se sich verfangen; **~tí** *n* (3) Zauber (-bann) *m*, Fluch *m*, Verwünschung *f*; **~tý** verwunschen, verzaubert.
zaklín|ací Zauber-, Beschwörungs-; **~ač** *m* (3) Beschwörer *m*; **~adlo** *n* (1a; -del) Zauberformel *f*; **~ání** *n* (3) Beschwörung *f*; Beteuerung *f*; **~at** *s. zaklít;* **~it** *pf.* verkeilen.
zaklít *pf.* (s. klít) fluchen; *j-n* verfluchen; *Geister* beschwören; verzaubern (k-o v co j-n in *A*); ~ se beteuern.
zaklížit *pf.* verkleben, zuleimen.

záklon m (2a) Turn. Rückbeuge f; Rumpfbeuge f nach rückwärts.
záklop m (2a) Deckel m; Agr. Sturzboden m; hist. Falltür f.
zaklopit pf. zudecken; Deckel zuklappen.
záklop|ka f (1c; -pek) Klappe f; Ventil n; ~ní, ~ný Fall-, Sturz-.
zákloubí n (3) Anat. Handwurzel f.
zakloubit pf. einhaken, einfügen; Med. einrenken.
zákluz m (2a) Mil. Rücklauf m.
zakmenění n (3) Baumbestand m.
zákmih m (2b) Turn. Rückschwung m.
zákmit m (2a) Schimmer m, Aufblitzen n.
zakmit|at pf., ~nout pf. (-tl) aufblitzen, aufleuchten.
zaknihovat pf. (-huji) verbuchen, (in ein Buch) eintragen.
zakódovaný chiffriert.
zákon m (2; 2. -a; 6. -ě/-u) Gesetz n; bibl. Starý, Nový ~ Altes, Neues Testament.
zakonč|ení n (3) Beendigung f; Gr. Auslaut m; ~it pf., ~ovat (-čuji) beenden (A); ~ se enden.
zákon|ík m 1. (2b; 2. -a) Gesetzbuch n; 2. (1a) bibl. Schriftgelehrte(r) m; ~itost f (2) Gesetzmäßigkeit f; Jur. Rechtmäßigkeit f; ~itý gesetzmäßig; gesetzlich, legitim; ~nost f (4) Legalität f; ~ný gesetzlich.
zákonodár|ce m (3) Gesetzgeber m; ~ný gesetzgebend; ~ství n (3) Gesetzgebung f.
zákop m (2a) Schützengraben m.
zakop(áv)at (pf. -u/-ám) vergraben; Tote begraben; fig. untergraben; ~ se Mil. sich eingraben; P a. sich zugrunde richten.
zákop|nický Pionier-, Schanz-; ~ník m (1a) Mil. Pionier m.
zakopnout pf. (-pí) (o co) mit dem Fuß stoßen (an A); stolpern (über A).
zákopový Graben-; -vá válka Stellungskrieg m.
za|kořenit se pf. sich einwurzeln, Wurzeln schlagen; F sich einbürgern; ~kotvit pf. Anker werfen, vor Anker gehen; F fig. festen Fuß fassen; ~koukat se P pf. sich vergaffen (do k-o in A); ~koupit pf. ankaufen; ~kouřit pf. anrauchen; Stube verqualmen; ~ si ein wenig rauchen; ~kousat pf. (-šu/-sám) totbeißen; ~kousnout pf. (-sl; -snut) anbeißen; e-n Imbiß nehmen; ~ se sich verbeißen; ~koušet (3 Pl. -ejí) s. zakusit.
zákoutí n (3) abgeschiedener Ort m; fig. Winkel m; Schlupfwinkel m.
zákož|ka f (1c; -žek) Milbe f; ~nice f (2a) Med. Mitesser m.
za|krátit pf. (-cen) kürzen; ~krátko bald, in kurzer Zeit, in Kürze; ~krechtovat pf. (-tuji) Kartoffeln einmieten.
zákres m (2; 6. -u/-e) Einzeichnung f, Eintragung f.
zakreslit pf. einzeichnen, eintragen.
zakrn|ělý verkümmert, zurückgeblieben; ~ět pf. (3 Pl. -ějí) verkümmern, verkrüppeln, fig. zurückbleiben.
zakroč|it pf., ~ovat (-čuji) einschreiten, eingreifen.
zákročný: ~ (po)stoj Turn. Schrittstellung f.
zakrojit pf. (hin)einschneiden.
zákrok m (2b) Einschreiten n; Intervention f; Med. Eingriff m.
zakroutit pf. (-cen) verdrehen; Haar eindrehen; Kopf schütteln; P j-m den Hals umdrehen.
zakrs|(a)lý verkümmert; ~(áv)at verkümmern.
zákrsek m (2b; -sk-) Zwergbaum m; iron. Knirps m.
zakrslík m (1a) iron. Knirps m, Zwerg m.
zakru|covat (-cuji) s. zakroutit; ~čet pf. Magen: knurren.
zákrut m (2a) Windung f, Krümmung f; Serpentine f; Tech. Gewinde f; Drall m.
zakrvácet pf. (3 Pl. -ejí) mit Blut beflecken; ~ se sich blutig machen; verbluten.
zakrvav|ělý blutunterlaufen; ~ět pf. (3 Pl. -ějí) blutig werden; ~it pf. blutig machen.
zákryt m (2a) Deckung f, Turn. Ausrichten n; Aufdecken n.
zakrý(va)t (pf. s. krýt) verdecken, zudecken, verhüllen; F fig. bemänteln.
zakřik|lý verschüchtert, kleinlaut; ~nout pf. (-kl) aufschreien; j-n einschüchtern; Redner niederschreien; (na k-o) anschreien, P anbrüllen (A); (co) beschreien, verscheuchen (A).
zakřiv|ení n (3) Krümmung f; ~it pf. krümmen.

zaktivovat

zaktivovat [-tɪv-] *pf.* (*-vuji*) aktivieren, mobilisieren.
za|kuckat se *pf.* sich verschlucken; **~kukat** *pf. Kuckuck:* rufen.
zakukl|enec *m* (*3; -nc-*) vermummte Gestalt *f*; **~ení** *n* (*3*) Vermummung *f*, F Maskerade *f*; **~it** *pf.* verhüllen, vermummen; **~ se** Zo. sich verpuppen.
zakulatit *pf.* (*-cen*) abrunden.
zákulis|í *n* (*3*) Thea. Raum *m* hinter den Kulissen; *fig.* Hintergrund *m*; **~ní** Kulissen-; *fig.* hinter den Kulissen.
zakuňkat *pf.* quaken; unken.
zákup *m* (*2a*) Einkauf *m*, Ankauf *m*; **~ní** Einkaufs-; **~ník** *m* (*1a*) Einkäufer *m*.
zaku|povat (*-puji*) *s.* zakoupit; **~řovat** (*-řuji*) *s.* zakouřit.
zákusek *m* (*2b*; *-sk-*) Imbiß *m*; Nachtisch *m*.
zaku|sit *pf.* durchmachen, ausstehen, erdulden; **~tálet se** *pf.* (*3 Pl. -eji*) (*irgendwohin*) rollen, wegrollen (*v/i*).
zákvas *m* (*2a*) Sauerteig *m*.
zakvasit *pf.* (*-šen*) einsäuern.
zakvedl|at *pf.*, **~ovat** *pf.* (*-luji*) einquirlen, einrühren.
zakvílet *pf.* (*3 Pl. -eji*) jammern, wehklagen.
zakých|at *pf.*, **~nout** *pf.* (*-chl*) niesen.
zakymácet *pf.* (*3 Pl. -eji*) schütteln (*čím/A*).
zakys|lý säuerlich, sauer geworden; **~nout** *pf.* (*-sl*) sauer werden; *fig.* versauern.
za|kývat *pf.* (*na k-o, k-u*) zuwinken (*D*); **~lamovat** *pf.* (*-muji*) anbrechen, einknicken (*A*); *Typ.* umbrechen; **~laškovat si** *pf.* (*-kuji*) ein wenig schäkern; **~látat** *pf.* flicken; **~ledněný** mit Eis bedeckt, vereist; **~léhat** *s.* zalehnout.
zaleh|lý verstopft; *Stimme:* belegt; **~nout** *pf.* (*-hl; -hnut*) Schall, Laut: dringen; *Ohren:* gellen; **~ k-o** im Schlaf erdrücken (*A*).
za|leknout *pf.* (*-kl*) erschrecken; einschüchtern; **~ se** (*č-o*) erschrekken, zurückschrecken (vor *D*); **~lemovat** *pf.* (*-muji*) einsäumen, verbrämen; **~len(oš)it si** *pf.* ein wenig faulenzen; **~lepit** *pf.* zukleben.
zálepka *f* (*1c; -pek*) Kartenbrief *m*, Leichtbrief *m*.

zá|les|ácký hinterwäldlerisch; **~ák** *m* (*1a*) Hinterwäldler *m*; Trapper *m*.
zalesknout se *pf.* (*-kl*) (er)glänzen, aufblitzen.
zalesn|ění *n* (*3*) Aufforstung *f*; **~ěný** bewaldet; aufgeforstet; **~it** *pf.* aufforsten.
zalesňov|ací Aufforstungs-; **~at** (*-ňuji*) *s.* zalesnit.
zálet *m* (*2a*) Flug *m*; F *jít na ~y* auf Eroberung ausgehen.
za|létat *pf.*, **~letět** *pf.* (hin)fliegen; F *Flgw.* einfliegen (*v/t*); **~ se** sich verfliegen.
zálet|nice *f* (*2a*) Kurtisane *f*, Dirne *f*; **~nický** dirnenhaft; *fig.* zweideutig; **~ník** *m* (*1a*) Schwerenöter *m*, F Schürzenjäger *m*.
zalétnout *pf.* (*-tl*) *s.* zalétat.
záletný auf Liebesabenteuer ausgehend, F verliebt.
za|letovat[1] (*-tuji*) *s.* zalétat; **~letovat**[2] *pf.* (*-tuji*) zulöten; **~lévat** *s.* zalít; **~léz(a)t** (*pf. s. lézt*) (*wohin*) kriechen; sich verkriechen; P **~ si na k-o j-n** schikanieren; **~ležet se** *pf.* sich verliegen; faulen.
zálež|et (*na kom, na čem*) liegen an (*D*); abhängen von (*D*); (*v čem*) beruhen (auf *D*); *dát si ~ na čem* achten auf (*A*), sich et. angelegen sein lassen; **~itost** *f* (*4*) Angelegenheit *f*.
zalhat *pf.* (*-lžu*) *j-m* et. vorlügen.
záliba *f* (*1*), **zalíbení** *n* (*3*) Vorliebe *f* (*v čem für A*); Gefallen *m* (an *D*).
zalíbit *pf.*: **~ se k-u** gefallen (*D*); **~ si v čem** Gefallen finden an (*D*).
zálib|nost *f* (*4*) Gefallsucht *f*; **~ný** gefallsüchtig, kokett.
zalíč|ení *n* (*3*) Anschlag *m*; **~it** *pf.* *Gewehr* in Anschlag bringen, anlegen.
zalidn|ění *n* (*3*), **~ěnost** *f* (*4*) Bevölkerung(sdichte) *f*; **~it** *pf.*, **~ňovat** (*-ňuji*) besiedeln, bevölkern.
zalichotit *pf.* schmeicheln; **~ se** (*k-u*) sich einschmeicheln (bei *D*).
za|lít *pf.* (*s. lít*) begießen; *Blumen* gießen; überfluten; **~lítat** *s.* zalétat; **~litý** begossen (*s*); überströmt; *Magen:* überfüllt.
záliv *m* (*2a*) Bucht *f*, Meerbusen *m*, Golf *m*.
zalí|vat *s.* zalít; **~zat** *s.* zalézt.
zalk|at *pf.* jammern, wehklagen; **~nout se** *pf.* (*-kl/-knul*) ersticken (*čím* an *D*); **~nutí** *n* (*3*) Ersticken *n*.
záloh|a *f* (*1b*) Rückhalt *m*, Reserve *f*;

Vorschuß *m*, Anzahlung *f*; Hinterhalt *m*; ~**ovat** *(im)pf.* *(-huji)* Vorschuß zahlen; ~**ově** *Adv.* als Vorschuß; ~**ový** Vorschuß-, Anzahlungs-.
záloktí *n* (3) Oberarm *m*.
zalomcovat *pf.* *(-cuji)* *(čím)* rütteln (an *D*), schütteln (*A*).
zalom|it *pf.*, ~**ovat** *(-muji)* anbrechen; einknicken; ~ *rukama* die Hände ringen.
založ|ení *n* (3) Gründung *f*; Veranlagung *f*; Einschlag *m*; ~**it** *pf.* gründen; *Konto* anlegen; verlegen; ablegen; aufbauen, basieren (auf *D*); *Seite* einbiegen; *Stoff* einschlagen; ~ *k-o penězi* Geld vorstrecken (*D*); ~ *co penězi finanzieren* (*A*); ~ *ruce v klín* die Hände in den Schoß legen.
založ|ka *f* (*1c*; *-žek*) Saum *m*, Aufschlag *m*; Lesezeichen *n*; ~**ní** Reserve-; Vorschuß-; ~ *řada Sp.* Läuferreihe *f*; ~**ník** *m* (*1a*) Mil. Reservist *m*; *Sp.* Läufer *m*.
zálud *m* (*2a*) Finte *f*, List *f*, F Kniff *m*, Schlich *m*; ~**ník** *m* (*1a*) Betrüger *m*; ~**nost** *f* (*4*) Hinterhältigkeit *f*, Tücke *f*; ~**ný** tückisch, hinterhältig; ~*ná otázka* verfängliche Frage *f*.
zalupat *s.* zaluskat.
zálusk *m* (*2b*) Begierde *f*, Lust *f*.
zalusk|at *pf.*, ~**nout** *pf.* *(-kl)* knakken; schnalzen.
za|lykat *s.* zalknout; ~**mačkat** *pf.*, ~**máčknout** *pf.* *(-kl; -knut)* erdrücken, zerdrücken; ~**malovat** *pf.* *(-luji)* bemalen; übermalen; ~**manout (se)** *pf.* in den Sinn kommen; P ~ *si co* sich et. einfallen lassen; ~**maskovat** *pf.* *(-kuji)* tarnen; ~**mastit** *pf.* *(-štěn)* fett machen; ~**maštěný** fett(ig), schmierig; ~**mazat** *pf.* *(-žu/-ži)* beschmieren, beschmutzen; *Schrift* übermalen; *Arch.* verputzen; *mit Lehm* verschmieren; ~ *sádrou* vergipsen; ~ se sich schmutzig machen.
zamč|ení *n* (3) Verschließen *n*; Sperre *f*; ~**ený** verschlossen; *s. zamknout.*
zámecký Schloß-.
zámeč|ek *m* (*2b*; *-ček-*) Schlößchen *n*; ~**nický** Schlosser-; ~**nictví** *n* (3) Schlosserei *f*; Schlosserhandwerk *n*; ~**ník** *m* (*1a*) Schlosser *m*.
zámek *m* (*2b*; *-mk-*) Schloß *n*.

záměna *f* (*1*) Tausch *m*, Umtausch *m*; Verwechslung *f*.
změ|nit *pf.*, ~**ňovat** *(-ňuji)* vertauschen, verwechseln; um-, eintauschen (*za co gegen A*); ~**nitelný** vertauschbar, auswechselbar.
zámen|ka *f* (*1c*; *-nek*) Buchstabenrätsel *n*; ~**ný** Tausch-.
záměr *m* (*2a*) Absicht *f*, Vorhaben *n*; Vorsatz *m*; *Mil.* Zielen *n*; *čára* ~*u* Visierlinie *f*; ~**ka** *f* (*1c*; *-rek*) *Mil.* Richtstab *m*, Visierlatte *f*; ~**nost** *f* (*4*) Vorsätzlichkeit *f*; *fig.* Tendenz *f*; ~**ný** absichtlich; zielbewußt; tendenziös; *Mil.* Ziel-.
zaměř|it *pf.* (ab)zielen; *Geschütz* richten; *Schritte* lenken; ~ (ab)messen; *Land* vermessen; ~ *se* sich konzentrieren; ~**ovací** Meß-; ~**ovač** *m* (*4*) Visier(gerät) *n*; Peilgerät *n*; ~**ovat** *(-řuji) s.* zaměřit.
zamést *pf.* *(s. mést)* (aus)kehren.
zaměstn|anec *m* (3; *-nc-*) Angestellte(r) *m*; ~**anecký** Angestellten-; ~**ání** *n* (3) Anstellung *f*, Beschäftigung *f*; ~**ankyně** *f* (*2b*) Angestellte *f*; ~**anost** *f* (*4*) Beschäftigungsgrad *m*; Arbeit(sweise) *f*; ~**aný** angestellt, beschäftigt; ~**(áv)at** beschäftigen, anstellen; ~ *se (čím)* sich beschäftigen *od.* befassen (*mit D*); ~**avatel** *m* (3; *-é*) Arbeitgeber *m*.
zameškk|ání *n* (3) Versäumnis *n*; ~**at** *pf.* versäumen, F verpassen.
zamet|ací Kehr-; ~**áč** *m* (3) Straßenfeger *m*, -kehrer *m*; ~**at** *s.* zamést.
zamezení *n* (3) Verhinderung *f*, Verhütung *f*.
zámezí *n* (3) *Sp.* Out *n*, Aus *n*.
zamez|it *pf.*, ~**ovat** *(-zuji)* verhindern, verhüten; zunichte machen.
za|mhouřit *pf.* *Augen* zumachen, F *fig.* zudrücken; ~**mihat se**, ~**mihnout se** *pf.* *(-hl)* aufblitzen, flimmern; vorüberhuschen; ~**míchat** *pf.* (ver)mischen; *Kochk.* einrühren.
zamilov|anec *m* (3; *-nc-*) Verliebte(r) *m*; ~**aný** verliebt; Liebes-; ~**at** *(-luji)*: ~ *se* sich verlieben; ~ *si* liebgewinnen, F ins Herz schließen.
záminka *f* (*1c*; *-nek*) Vorwand *m*; *fig.* Deckmantel *m*.
za|minovat *pf.* *(-nuji)* verminen; ~**mířit** *pf.* zielen; *s-e* Schritte lenken; ~**mísit** *pf. s.* zamíchat.

zámiš m (4) Sämischleder n; ~ový Sämisch(leder)-.

zamít|at, ~nout pf. (-tl; -tnut) abweisen, zurückweisen; ablehnen; ~nutí n (3) Ablehnung f, Zurückweisung f.

zamknout pf. (-kl; -knut/-čen) (zu)schließen, verschließen; einsperren.

zamlada in der Jugend, in jungen Jahren.

zamlč|ení n (3) Verschweigen n, Verheimlichung f; ~et pf., ~ovat (-čuji) verschweigen, verheimlichen; -et se verstummen.

zamlkl|ost f (4) Verschlossenheit f; ~ý verschlossen, schweigsam.

zaml|ouvat, ~uvit pf. verreden; das Gespräch auf et. anderes lenken; ~ si bestellen, -vat se gefallen, zusagen; -uvit se sich verpflichten; ~uvený (voraus)bestellt, reserviert.

zamlžený nebelig; Stimme: belegt.

zamodr|alý bläulich; ~at se pf. blau werden; blau schimmern; ~chat P pf. verwirren, verfitzen.

zamořený verseucht, P verpestet.

zámoří n (3) Übersee f.

zamoř|it pf., ~ovat (-řuji) verseuchen, P verpesten.

zámořský Übersee-, überseeisch.

zamotat pf. verwickeln.

zámotek m (2b; -tk-) Kokon m, Gespinsthülle f.

zamouč(n)it pf. mit Mehl bestäuben.

zámož|nost f (4) Reichtum m, Wohlstand m; ~ný wohlhabend, vermögend, begütert.

zamrač|ený bewölkt; finster, düster; ~it se pf. sich bewölken, sich bedecken; finster dreinblicken.

zámraz m (2a) erster Frost m.

zamraz|ení n (3) Frösteln n, Schauer m; ~it pf. frösteln, (er)schauern; einfrieren (lassen).

zamrk|at pf., ~nout pf. (-kl/-knul) zwinkern.

zamrz|at pf. gefrieren; Teich: zufrieren; Rohr: einfrieren; ~et pf. verdrießen; ~lý eingefroren, zugefroren; ~nout pf. (-zl) s. zamrzat.

zamřelý abgelegen; mürbe, F leicht angegangen.

zamříž|it pf., ~ovat (-žuji) vergittern, mit e-m Gitter versehen.

zamudrovat si F pf. (-ruji) grübeln, spintisieren.

zámyčka f (1c; -ček) Klappe f, Ventil n; Sperriegel m, Sperre f.

zamykat s. zamknout; ~elný ab-, verschließbar.

zámysl m (2a) Absicht f, Vorhaben n.

zamyslit se pf. (-šlen) nachdenken, in Gedanken versinken.

zamyšl|ení n (3) Nachdenklichkeit f; ~ený nachdenklich; in Gedanken versunken.

zamýšl|ený beabsichtigt, geplant; ~et (3 Pl. -ejí) beabsichtigen, vorhaben, zu tun gedenken; ~ se s. zamyslit se.

zamž|ený in Nebel gehüllt, neb(e)lig; verschleiert; iron. benebelt; ~it pf. (-il; -en) fein regnen; ~ se Fenster: beschlagen; feucht werden.

zaň = za něho, za něj.

zánadří n (3) Busen m, (Kleid-)Ausschnitt m.

zánártí n (3) Anat. Fußwurzel f.

zanáš|et (3 Pl. -ejí) s. zanést; ~ se (čím) sich beschäftigen (mit D); ~ka f (1c; -šek) Schüttboden m; Steiggerüst n; Eintragung f.

zand|(áv)at P hineingeben, -stecken; Loch ver-, zustopfen; mit Brettern zumachen.

zaněcovat (-cuji) s. zanítit.

zanedb|alost, ~anost f(4), ~á(vá)ní n (3) Verwahrlosung f; ~alý, ~aný vernachlässigt, verwahrlost; fig. verwildert; ~(áv)at vernachlässigen, verkommen lassen.

zane|dlouho bald, in kurzer Zeit, binnen kurzem; ~ poté kurze Zeit danach; ~ch(áv)at hinterlassen, zurücklassen; (č-o) sein lassen, aufgeben (A).

zaneprázdn|ění n (3) Beschäftigung f; Inanspruchnahme f; Verhinderung f; ~it pf. beschäftigen, in Anspruch nehmen; verhindern.

zanečistit pf. verunreinigen, P versauen.

zanes|ení n (3) 1. Verstopfung f; Versandung f; 2. Eintragung f; ~ený verstopft; F mit Arbeit überlastet.

zanést pf. (s. nést) (hin)tragen (A); mit Sand verstopfen; ~ k-o čím überschütten (j-n mit D); ~ se sich verstopfen, sich füllen; verschlammen, versanden; verrußen.

zánět m (2a) Med. Entzündung f; ~livý (leicht) entzündlich.

zanevřít pf. (-vřu, -vřel) feindlich gesinnt sein, F böse sein (na k-o/D).

~ **na svět** *Rel.* der Welt entsagen.
zanic um keinen Preis, um nichts in der Welt.
zanícen|ec *m* (3; -*nc*-) Enthusiast *m*, Begeisterte(r) *m*; ~**í** *n* (3) Begeisterung *f*; ~**ý** begeistert; entzückt.
zánik *m* (2b) Untergang *m*; Erlöschen *n*; Niedergang *m*.
zanik|at untergehen, zugrunde gehen; *Firma*: erlöschen; *Zeitung*: eingehen; *Interesse*: schwinden; *Chem.* sich verflüchtigen; ~**lý** untergegangen; erloschen; ~**nout** *pf.* (-*kl*) *s. zanikat*.
za|nítit *pf.* (-*cen*) anzünden, entzünden; *fig.* entflammen, begeistern; ~**notovat** *pf.* (-*tuji*) Lied anstimmen.
zánovní fast neu, wenig gebraucht.
zanožit *pf. Turn.* Fuß rückspreizen.
zánožka *f* (1*c*; -*žek*) *Turn.* Wendung *f*, Wende *f*.
zanýtovat *pf.* (-*tuji*) vernieten.
zaobal|it *pf.*, ~**ovat** (-*luji*) verpacken, einpacken; P *fig.* durch die Blume sagen.
za|oblit *pf.* abrunden; ~**oceánský** Übersee-; ~**okrouhlit** *pf.* abrunden; *Math.* aufrunden.
zaopatř|ení *n* (3) Be-, Versorgung *f*; *Hdl.* Beschaffung *f*; ~**it** *pf.*, ~**ovat** (-*řuji*) besorgen, verschaffen, herbeischaffen; *Rel.* versehen; ~**ovací** Versorgungs-; [pflügen.]
zaor(áv)at (*pf.* -*rám*/-*řu*) unter-
zaostal|ec *m* (3; -*lc*-) rückständiger Mensch *m*; ~**ost** *f* (4) Rückständigkeit *f*; ~**ý** rückständig.
za|ost(áv)at (*pf.* -*stanu*) zurückbleiben; rückständig sein; ~**ostřit** *pf.* schärfen, zuspitzen.
západ *m* (2; 6. -*u*/-*ě*) Westen *m*; (*Sonnen*-)Untergang *m*; *na* ~**ě** im Westen; *na* ~ nach (dem) Westen; *zamknout na dva* ~**y** den Schlüssel zweimal umdrehen.
zapad|ací Fall-, Schnapp-; ~ *závora* Schlagbaum *m*; ~**ající** untergehend; ~**ák** P *m* (2b) üble Kneipe *f*, Kaschemme *f*; ~**ákov** P *m* (2; 2. -*a*) Krähwinkel *m*, Kaff *n*; ~**at** (*im*)*pf. s. zapadnout*.
západka *f* (1*c*; -*dek*) Sperrklinke *f*; Schließhaken *m*.
zapadlý *Ort*: weltabgeschieden; *Augen*: eingefallen; ~ *sněhem* verschneit.

západ|ní westlich, West-; ~**nický** westlich orientiert, mit Vorliebe für den Westen; ~**ník** *m* (1*a*) Westler *m*.
zapadnout *pf.* (-*dl*) (*za co, do č-o*) fallen (hinter *A*, in *A*); einsinken; untergehen (in, hinter *D*); gelangen; einkehren (in, bei *D*); sich verlieren, untertauchen (in, hinter *D*); *Tech.* ineinandergreifen, ein-, zuschnappen; (hinein)passen; *cesta -dla sněhem* der Weg ist zugeschneit.
západo- *in Zssgn* west-, West-.
zápach *m* (2b) (unangenhmer) Geruch *m*, Gestank *m*.
zapách|ající übelriechend, P stinkend; ranzig; ~**at** (übel) riechen, P stinken (*čím* nach *D*); ~**avý** *s. zapáchající*.
zápal *m* (2*a*) *Med.* Entzündung *f*; *fig.* Begeisterung *f*, Inbrunst *f*.
zapál|ení *n* (3) *s. zápal*; ~**ený** entzündet; entflammt; glühend rot; ~**it** *pf.* an-, entzünden; *Mil.* in Brand schießen; ~ *se* sich entzünden, Feuer fangen; *fig.* erröten, erglühen; sich begeistern (*pro für A*).
zápal|ka *f* (1*c*; -*lek*) Streich-, Zündholz *n*; *Tech.* Zündkapsel *f*, Zündhütchen *n*; *Mil.* Zünder *m*; ~**nice** *f* (2*a*) Zündschnur *f*; ~**ník** *m* (2b) Zündstift *m*; ~**ný** leicht entzündlich, feuergefährlich; *Mil.* Zünd-(Nadel); Brand- (*Bombe, Opfer*); -*ná teplota* Verbrennungstemperatur *f*.
zapalov|ací Zünd-, Brenn-; ~**ač** *m* (4) Feuerzeug *n*; ~**ání** *n* (3) Entzünden *n*; *Tech.* Zündung *f*; ~**at** (-*luji*) *s. zapálit*.
zapalubí *n* (3) *Mar.* Achterdeck *n*.
zapamatovat si *pf.* (-*tuji*) sich (*D*) merken.
zaparkovat *pf.* (-*kuji*) *Wagen* parken.
zapař|enina *f* (1) Verbrühung *f*; ~**it** *pf.* einbrühen; ~ *se* sich erhitzen; ~**ovací** Verdampfungs-; Maisch-.
zápas *m* (2; 6. -*e*/-*u*) Ringen *n*; Kampf *m*; *Sp.* Wettkampf *m*; ~**iště** *n* (2*a*) Kampfplatz *m*; ~**it** ringen, kämpfen; ~**nický** Ring(er)-; ~**ník** *m* (1*a*) Kämpfer *m*, Ring(kämpf)er *m*, Athlet *m*; ~**ový** Ringkampf-.
zapaž|ení *n* (3) Verschalung *f*; *Turn.* Rückwärtsstoßen *n* der Arme; ~**it** *pf.* verschalen; Arme rückwärts stoßen.

zapéci *pf.* (*s. péci*; *-pečen*) einbacken; überbacken.

zápecí *n* (3) Platz *m* hinter dem Ofen; P *fig.* Rückständigkeit *f*; ~ní *fig.* P rückständig, beschränkt.

za|pečetit *pf.* versiegeln; ~pěchovat *pf.* (*-chuji*) ein-, feststampfen; ~pékat *s. zapéci*; ~peklitý verstockt, verbissen; P *Situation*: heikel, verfahren.

zápěst|í *n* (3) Handwurzel *f*; ~ní Hand-.

za|pět *pf.* (3 *Pl. -ěji*) *Lied* anstimmen; ~píchnout *pf.* (*s. pichnout*), ~pichovat (*-chuji*) (hin)einstechen; *Dorn* eintreten; erstechen; *Tier* abstechen; ~pijet (3 *Pl. -ejí*) *s. zapít*.

zapín|ací Schnall-, Knöpf-; *El.* Schalt-; ~ *špendlík* Sicherheitsnadel *f*; ~ač *m* (4) Schnalle *f*, Spange *f*, † Schließe *f*; *Tech.* Schalter *m*; Anlasser *m*; ~at *s. zapnout*.

zapírat *v. zapřít v. zaprat*.

zápis *m* (2; 6. *-e/-u*) Eintragung *f*; (*Schule*) Einschreibung *f*; *Hdl.* Buchung *f*; Aufzeichnung *f*; Protokoll *n*; ~ek *m* (2b; *-sk-*) Notiz *f*; *-sky pl. a.* Memoiren *pl.*

zapisk|at *pf.*, ~nout *pf.* (*-kl*) pfeifen; ~nutí *n* (3) Pfiff *m*.

zápis|né (*Adj.* 3) Einschreibgebühr *f*; Aufnahmegebühr *f*; ~ní Notiz-, Einschreibe-; Immatrikulations-; ~ník *m* (2b) Notizbuch *n*.

zapisov|ací Einschreibe-, Registrier-; ~at (*-suji*) *s. zapsat*; ~atel *m* (3; *-é*), ~atelka *f* (1c; *-lek*) Schriftführer(in *f*) *m*, Protokollführer(in *f*) *m*.

za|pít *pf.* (*s. pít*) nachtrinken; P *Ereignis* begießen; *Schmerz* ertränken; ~placení *n* (3) Bezahlung *f*; ~plakat *pf.* (*s. plakat*) (anfangen zu) weinen; ~planout *pf.* (*-nul*), ~plápolat *pf.* aufflammen, auflodern; *fig.* entbrennen, entflammen; ~plašit *pf.* verjagen, verscheuchen.

zaplat|it *pf.* (*-ám|-ají*) *s. zaplanout*.

záplat|a *f* (1) Fleck(en) *m*, Lappen *m*; ~ář *m* (3) *verä.* Flickschneider *m*.

zaplatit *pf.* (*-cen*) bezahlen; *Hdl. Kosten* decken; ~ *předem* vorausbezahlen; ~ *dodatečně* nach(be)zahlen; *zaplať Pánbůh!* vergelt's Gott!; Gott sei Dank!

záplatovat (*-tuji*) flicken.

záplava *f* (1) Überschwemmung *f*; Flut *f*, *verä.* Wust *m*; *fig.* (*Häuser-*, *Lichter-*)Meer *n*; ~ *slov* Wortschwall *m*.

zaplav|at *pf.* (*-u*) *Sp. Strecke* schwimmen; ~it *pf.* überschwemmen, überfluten.

záplav|ní, ~ný Flut-.

zaples|at *pf.* (auf)jauchzen, jubeln; ~kat *pf.*: ~ *rukama* in die Hände klatschen.

zaplé|st *pf.* (*s. plést*), ~tat (ver-) flechten; ~ *se* sich verfangen, sich verwickeln.

zapletený geflochten; verworren.

záplet|ka *f* (1c; *-tek*) Verwicklung *f*, Intrige *f*; *-tky pl. a.* Wirren *pl.*; ~kový Intrigen-.

za|plevelit *pf.* mit Unkraut bewachsen; ~plombovat *pf.* (*-buji*) plombieren.

zaplynovat *pf.* (*-nuji*) vergasen.

zapnout *pf.* (*s. pnout*) zuknöpfen; zuschnallen; *El.* einschalten.

zápočet *m* (2a; *-čt-*) Anrechnung *f*; Zwischenprüfung *f*.

zapo|čínat *s. započít*; ~číst *pf.* (*s. číst*) anrechnen, einrechnen; ~čít *pf.* (*s. počít*) beginnen, anfangen; ~čítat *s. započíst*; ~čitatelný anrechenbar; *Hdl.* verrechenbar; ~čtený ein-, angerechnet; ~jení *n* (3) Anschluß *m*; Eingliederung *f*; ~jit *pf.*, ~jovat (*-juji*) einschalten, eingliedern; ~jovací Anschluß-, Schalt-; *Pol.* Eingliederungs-.

zápolí *n* (3) *Mil.* Hinterland *n*.

zápolit *pf.* (*-cen*) ringen, kämpfen.

zapomen|out *pf.* (*-mněl/-menul*; *-menut*) vergessen (*co, na co od. k-o/ A*); ~utí *n* (3) Vergessenheit *f*; Vergessen *n*; ~utý *Adj.* vergessen.

zapom|ínat *s. zapomenout*; ~nětlivost *f* (4) Vergeßlichkeit *f*; ~nětlivý vergeßlich.

zápor[1] *m* (2a), P ~a *f* (1d) Riegel *m*, Schranke *f*; *Arch.* Strebe *f*, Stütze *f*.

zápor[2] *m* (2a) Verneinung *f*; Mangel *m*; ~ka *f* (1c; *-rek*) *Gr.* Verneinung(swort *n*) *f*; ~ný verneinend; *Antwort*: abschlägig, negativ; ~ový Verneinungs-.

zapo|šít *pf.* (*s. šít*) ver-, ein-, übernähen; ~tácet se *pf.* (3 *Pl. -ejí*) taumeln, ins Wanken geraten; ~tit se *pf.* (*-cen*) schwitzen, in Schweiß geraten; ~třebí *Adv.* nötig, notwendig.

zapouštět (3 *Pl. -ějí*) *s. zapustit*.

zápověď † *f* (4d; *-di*; 7 *Pl. -dmi*, *-dmi*) Verbot *n*, *hist.* Interdikt *n*.

zapovědět pf. (s. vědět; a. -vězen) verbieten.
zápověd|ní, ~ný Verbots-.
za|povídat s. zapovědět; ~pracovat se pf. (-cuji) sich einarbeiten; ~pradávna seit jeher.
zaprask|at pf., ~nout pf. (-kl) knacken, knistern, prasseln.
zapráskat pf., ~nout pf. (-kl) knallen, zuschlagen.
zapráš|ený staubig, verstaubt; ~it pf. staubig machen; P ~ si fig. aufschneiden.
zprašov|ač m (4) Zerstäuber m; ~at (-šuji) s. zaprášit.
zaprat pf. (-peru) Fleck auswaschen, verwaschen.
zaprav|it pf., ~ovat (-vuji) bezahlen, begleichen.
zápraží n (3) Vorflur m, Beischlag m.
žapražit pf. Kochk. einbrennen.
zápražka f (1c; -žek) Einbrenne f.
zaprod|ajný bestechlich, käuflich; ~anec m (3; -nc-) verä. käufliches Subjekt n; ~at pf. verkaufen, verschachern.
záprstí n (3) Anat. Mittelhand f.
záprška P f (1c; -šek) Schauer m.
záprtek m 1. (2b; -tk-) Windei n; 2. (1a; -tk-) P verä. Knirps m, Wicht m.
za|přádat s. zapříst; ~přahat pf., ~přáhnout pf. (-hl; -přažen) anspannen, einspannen, Pferd anschirren; ~přená: na -nou inkognito. [nung f.)
záprěž f (3) Gespann n; Bespan-)
za|přísahat pf. s. přísahat; ~příst pf. (s. příst) einspinnen; Gespräch anknüpfen; ~přít¹ pf. (s. přít) (ab-, ver)leugnen; verneinen; ~přít² pf. stützen; Tür verriegeln; ~psat pf. (s. psát) einschreiben, eintragen; ~ si co sich et. aufschreiben; ~ se sich eintragen, immatrikulieren; ~ se ďáblu sich dem Teufel verschreiben; ~pudit pf. (-zen) verstoßen, verdrängen, verscheuchen; ~půjčit pf. s. půjčit.
zápůjč|ka f (1c; -ček) Darlehen n, Anleihe f; ~ní Darlehens-, Leih-.
za|působit pf. s. působit; ~pustit pf. (-štěn) einlassen, versenken; Wurzeln schlagen; ~puzovat (-zuji) s. zapudit; ~pýřit se pf. erröten; ~rám(c)ovat pf. (-m[c]uji) einrahmen.
zaranžovat pf. (-žuji) arrangieren, einrichten.

záraz m (2a) (Ruder-)Schlag m; Fangstoß m; = ~ák m (2b) Jagdw. Hirschfänger m.
zarazit pf. (-žen) einschlagen, einrammen; aufhalten, zum Stehen bringen; unterbrechen; Wort abschneiden; j-n stutzig machen, verblüffen; ~ se stehenbleiben, halten; Atem: stocken; stutzig werden (čím über A).
záraz|ní, ~ný Brems-; ~ník m (2b) Bremsvorrichtung f.
zarážející befremdend.
zarážen|í n (3), ~ost f (4) Bestürzung f, Ratlosigkeit f; ~ý angehalten; stillgelegt; verhalten; bestürzt, betroffen.
zaráž|et (3 Pl. -ejí) s. zarazit; ~ka f (1c; -žek) Sperre f, Hemmschuh m; (Skalen-)Anschlag m; Typ. Einzug m.
zardě|lost f (4) (Scham-)Röte f; ~lý gerötet, rot; ~nky f/pl. (1; -nek) Med. Röteln pl.
za|rdít se pf. (s. rdít se) erröten, (scham)rot werden; ~rdousit pf. (-šen) erwürgen, erdrosseln; ~rezavělý verrostet.
zarmou|cenost f (4) Trübsal f; ~cený betrübt, niedergeschlagen; ~tit pf. (-cen) betrüben, kränken; ~ se (čím) traurig, betrübt sein (über A).
zármutek m (2b; -tk-) Kummer m, Gram m.
záro|dečný Keim-; rudimentär; Ur-; ~ek m (2b; -dk-) Keim m; Embryo n; fig. Beginn m; ~kový s. zárodečný.
za|rosit pf. mit Tau benetzen; ~ se feucht werden; ~rostlý verwachsen, verwildert; bärtig; Nagel: eingewachsen.
zároveň Adv. gleichzeitig, zugleich.
zarovn(áv)at gerade machen, planieren; (ein)ordnen.
zarputil|ec m (3; -lc-) Dickschädel m; ~ost f (4) Hartnäckigkeit f, P Sturheit f; ~ý hartnäckig, verbissen; verstockt, P stur.
zárub|a f (1) Verhau m; ~eň f (3; -bně, -bni usw.) Türfutter n.
zaruč|ený garantiert, sicher, verbürgt; ~it pf., ~ovat (-čuji) garantieren, verbürgen; beglaubigen.
záruční Garantie-.
zarudlý rötlich, gerötet.

záruka *f (1c)* Garantie *f*, Bürgschaft *f*; *lit.* Unterpfand *n*.

za|růst(a)t *(pf. s. růst²)* bewachsen, verwachsen; **~růžovělý** rosig; **~rý(va)t** *(pf. s. rýt)* graben; ein-, vergraben; **~rytý** vergraben; *fig.* verstockt, eingefleischt.

zář *f (3)* Schein *m*, Glanz *m*; *alpská* ~ Alpenglühen *n*; *severní* ~ Nordlicht *n*.

za|řadit *pf. (-děn/-zen)* einordnen, eingliedern; *Kfz. Gang* schalten; *Mil.* zuteilen; **~řádit (si)** *pf.* wüten, sich austoben.

zařa|ďovač, ~zovač *m (4)* Ordner *m*; **~ďovat** *(-duji)*, **~zovat** *(-zuji) s.* zařadit.

záře *f (2) s. zář.*   [zařadit.

zařeh(o)tat *pf.* wiehern.

zařeknout *pf. s. zaříci.*

záření *n (3)* Leuchten *n*; *Phys.* Strahlung *f*.

zářez *m (2a)* Einschnitt *m*, Kerbe *f*.

zařez|at, ~ávat¹ *s. zaříznout*; **~ávat²** P schuften.

září *n (3)* September *m*.

zaří|ci *pf. (-řeknu, -kl)* beschwören; ~ se beteuern; geloben, sich fest vornehmen; **~dit** *pf. (-zen)* einrichten; veranlassen; ~ se sich einrichten; *s. a. řídit.*

zářijový September-.

zařík|ací Beschwörungs-; **~adlo** *n (1a; -del)* Beschwörungsformel *f*, Zauberspruch *m*; **~(áv)ání** *n (3)* Beschwörung *f*; **~(áv)at** *s. zaříci.*

zařinčet *pf.* rasseln; klirren.

zář|it *‹o-, pro-, vy-, za-›* glänzen, strahlen, schimmern; **~ivka** *f (1c; -vek)* Leuchtröhre *f*; **~ivost** *f (4)* Leuchtkraft *f*; **~ivý** strahlend, leuchtend, glänzend.

zaříz|ení *n (3)* Einrichtung *f*; *Tech.* Vorrichtung *f*, Anlage *f*; Maßnahme *f*; **~nout** *pf. (-zl; -znut)* einschneiden, einkerben; *Tiere* schlachten.

zařizov|ací Einrichtungs-; *El.* Installations-; **~at** *(-zuji) s.* zařídit.

zářný *lit.* strahlend, leuchtend.

zařvat *pf. (-u)* (auf)brüllen; V krepieren.

zas wieder, wiederum; dagegen *(adversativ).*

zásada *f (1)* Grundsatz *m*; *Chem.* Base *f*; *ze -dy, v -dě* grundsätzlich.

zasadit *pf. (-zen)* einsetzen; *Schlag* versetzen; ~ se *(o co)* sich einsetzen für *(A).*

zásad|itý basisch; **~ní** grundsätzlich; **~ový** konsequent, (prinzipien-)treu, charakterfest.

zásah *m (2b) Mil.* Treffer *m*, Einschlag *m*; Eingriff *m*; *Sp.* Schlag *m*.

za|sáhnout *pf. (-sažen)*, **~sahovat** *(-huji)* eingreifen; treffen; reichen bis *(zu);* **~sálat** *pf.* Wärme ausstrahlen, glühen; **~sázet** *(3 Pl. -eji)*, **~sazovat** *(-zuji) s.* zasadit.

zase *s.* zas.

zased|ací Sitz(ungs)-; **~ání** *n (3)* Sitzung *f*, Tagung *f*; **~at, ~nout** *pf. (-dl)* Platz nehmen, sich setzen; tagen, e-e Sitzung abhalten.

zásek *m (2b)* Verhau *m*; Einschnitt *m*; Hieb *m*.

zasek|(áv)at, ~nout *pf. (-kl; -knut)* einschlagen *(v/t);* Weg versperren; ~ se steckenbleiben; *Mil.* einschlagen; F ~ se *do dluhů* sich in Schulden stürzen.

zásev *m (2a)* Anbau *m*, Saat *f*; *obilí na* ~ Saatgut *n*.

zasév|ač *m (3)* Sämann *m*; **~ačka** *f (1c; -ček)* Sämaschine *f*; **~at** *s.* zasít.

zaschlý eingetrocknet; **~nout** *pf. (-chl)* (ein)trocknen, vertrocknen.

zasíl|ací Versand-, Fracht-; **~ání** *n (3)* Versand *m*; **~at** *s.* zaslat; **~atel** *m (3; -é)* Einsender *m*; Spediteur *m*; **~atelství, zasílatelství** *n (3)* Speditionsgeschäft *n*.

zásilka *f (1c; -lek)* Sendung *f*.

zasíp|at *pf.*, **~ět** *pf.* (auf)zischen.

zasít *pf. (s. sít)* (aus)säen.

zaskl|ení *n (3)* Verglasung *f*; **~í(va)t** verglasen.

zaskočit *pf.* (hin)springen, e-n Sprung machen; *Tür:* zufallen; *(k-o)* in den Rücken fallen *(D)*, täuschen *(A);* ~ *k-u cestu* den Weg abschneiden *(D);* ~ *za k-o* einspringen für *(A);* *-čilo mu* er hat sich verschluckt.

záskok *m (2b)* Sprung *m*, F Abstecher *m*; *fig.* Einspringen *n*.

zaskříp|at *pf. (-u/-ám)*, **~ět** *pf.* knarren, ächzen; *Tür:* quietschen; *Finger* einquetschen; *mit den Zähnen* knirschen.

za|skvít se *pf. (s. skvít)* erstrahlen, erglänzen; **~sládlý** süßlich; **~slání** *n (3)* Ein-, Zu-, Übersendung *f*; **~sláno** *n (1)* Leserzuschrift *f*; **~slat** *pf. (-šlu)* senden, ein-, zu-, versenden; **~slechnout** *pf. (-chl; -chnut)* hören, vernehmen.

zaslepen|ec m (3; -nc-) Verblendete(r) m; **~í** n (3), **~ost** f (4) Verblendung f; **~ý** verblendet, unüberlegt.
zaslep|it pf., **~ovat** (-puji) blenden, betören.
záslib m (2a), **zaslíbení** n (3) (feierliches) Versprechen n.
zaslíb|ený versprochen, lit. verheißen; **-ná země** das Gelobte Land; **~it** pf. versprechen; **~ se** sich verloben; sich weihen (D).
zaslin|it pf. mit Speichel benetzen; **~tat** pf. begeifern.
zaslouž|eně Adv. gebührend, verdienterweise; **~ený** verdient; **~ilý** verdienstvoll, verdient; **~it** pf. verdienen; **~ se** (o co) sich verdient machen (um A).
zásluha f (1b) Verdienst n.
zasluhovat (-huji) s. zasloužit.
záslužný verdienstvoll.
zasmát se pf. s. smát se.
zasmažit pf. Kochk. einbrennen.
zásmažka f (1c; -žek) Einbrenne f.
za|smolený mit Pech verschmiert; F fig. vom Pech verfolgt; **~smoudlý** angebrannt, brenzlig; **~smradit** pf. (-ěn) verstänkern.
zasmrád|lý stinkend, verpestet; **~nout** pf. (-dl) zu stinken anfangen, stinkig werden.
zasmuš|ilost f (4) Traurigkeit f, Betrübnis f; **~ilý** betrübt, mißmutig; finster, düster; **~it** pf., **~ovat** (-šuji) verfinstern, verdüstern; j-n traurig stimmen; **~ se** sich verdüstern; in e-e traurige Stimmung verfallen.
zasněn|í n (3) Träumerei f; **~ý** verträumt.
zasněžit pf. verschneien, einschneien.
zasnoub|ení n (3) Verlobung f; **~it se** pf. sich verloben.
zásnubní Verlobungs-.
zasnubovat se (-buji) s. zasnoubit se.
zásnuby f/pl. (1) Verlobung f; oznámení o -bách Verlobungsanzeige f.
zásob|a f (1) Vorrat m; Hdl. Bestand m; **~árna** f (1; -ren) Vorratslager n, Magazin n; **~ení** n (3) Versorgung f; **~iště** n (2a) Versorgungsstelle f; **~it** pf., **~ovat** (-uji) versorgen; **~ se** (čím) sich versorgen, sich eindecken (mit D); **~ní** Vorrats-, Reserve-; **~ník** m (2b) Behälter m; Bunker m; (Brief-)marken-)Steckalbum n; Mil. (Patronen-)Magazin n, Ladestreifen m; **~ovací** Versorgungs-; Mil. Verpflegungs-; **~ovatel** m (3; -é) Beschaffer m; Versorger m.
zasol|it pf., **~ovat** (-luji) einsalzen, (ein)pökeln; F (k-u) fig. einheizen (D).
zasou|t pf. (-suji,-sul; -sut) zuschütten; **~vací** Schiebe-; El. Schalt-; **~vat** s. zasout u. zasunout.
zaspat pf. (s. spát) verschlafen.
zaspořit (si) pf. ersparen.
zasraný V beschissen, Scheiß-.
zastán|ce m (3), **~kyně** f (2b) Fürsprecher(in f) m; fig. Verteidiger(in f) m; **~í** n (3) Vertretung f; Fürsprache f; Verfechtung f, Verteidigung f.
zastar|a einst, vor alten Zeiten; **~alý** veraltet; **~at** pf. veralten; sich überleben.
zastat pf. (-stanu) verrichten, bewältigen; Amt ausüben; Ansicht vertreten; j-n antreffen, (vor)finden; vertreten (v čem in D); **~ se** (č-o) sich annehmen (G), sich einsetzen (für A).
zástava f (1) Pfand n; Hypothek f, Grundschuld f; Verpfändung f; Hindernis n; Stauwerk n; Mil. Stander m; **~ moče** Med. Harnverhaltung f; hra na -vy Pfänderspiel n.
zastavár|enský Pfandleih-; **~na** f (1; -ren) Leihhaus n, Pfandleihe f; **~ní** Pfandleih-.
zastávat s. zastat.
zástavba f (1; -veb) Verbauung f.
zastaven|í n (3) Stehenbleiben n; Tech. Abstellen n; Stillstand m; Einstellung f, Stillegung f; **~íčko** n (1b; -ček) Ständchen n.
zastav|ení n (3) Bebauung f; **~ěný** verbaut; eingebaut; **~ět** pf. (3 Pl. -ěji) verbauen; verstellen; **~it** pf. an-, auf-, zurückhalten; Tech. abstellen; Betrieb stillegen; Mil. Feuer einstellen; Blut stillen; verpfänden, versetzen; Weg versperren; Eingang verstellen; **~ se** stehenbleiben, halten (v/i); einkehren, sich aufhalten (u k-o bei D); innehalten, stocken; **~itelný** bebaubar; verpfändbar.
zastávka f (1c; -vek) Haltestelle f; Aufenthalt m; udělat -ku Halt machen; bez -ky ohne Halt(en), ohne zu halten; ohne Aufenthalt; let bez -ky Direktflug m.

zástavní Pfand-, Hypothekar-.
za|stavovat ⟨po-⟩ (-*vuji*) s. zastavit; **~stehovat** *pf.* (-*huji*) (zu)heften, vernähen.
zástěna *f* (*1*) Schutzwand *f*; spanische Wand *f*, Blende *f*; Ofenschirm *m*; *Thea.* Kulisse *f*.
zasténat *pf.* (auf)seufzen, stöhnen.
zástěr|a *f* (*1d*) Schürze *f*; **~ka** *f* (*1c*; -*rek*) Schürzchen *n*; Vorwand *m*, Deckmantel *m*; F *mluvit bez -ky* kein Blatt vor den Mund nehmen; **~kář** P *m* (*1b*) Schürzenjäger *m*; **~kový** Schürzen-.
za|stesknout *pf.* (-*kl*): ~ *si* (*na co*) klagen (über *A*); (*po čem*) *sich* (zurück)sehnen (nach *D*); -*klo se mu po domově* er hatte Heimweh; **~stihnout** *pf.* (-*hl*;-*žen*) ertappen, erwischen; *j-n* antreffen; *Brief*: *j-n* erreichen; **~stínit** *pf.*, **~stiňovat** (-*ňuji*) beschatten; *fig.* überschatten; *Eindruck* abschwächen; *fig.* in den Schatten stellen; ~ *se* sich verdunkeln.
zastír|ací *Pol.* Verschleierungs-, Tarn-; **~ání** *n* (*3*) Verhüllung *f*, *iron.* Bemäntelung *f*; *Mil.* Tarnung *f*; **~at** *s. zastřít.*
zástoj P *m* (*4*) *s. záležitost.*
zastoup|ení *n* (*3*) Vertretung *f*; **~it** *pf. j-n* vertreten; ~ *za k-o* treten hinter (*A*); ~ *k-u cestu* sich j-m in den Weg stellen.
zastraš|it *pf.* erschrecken (*v/t*); einschüchtern; abschrecken (*od č-o* von *D*); **~ovací** Einschüchterungs-, **~ování** *n* (*3*) Einschüchterung *f*; **~ovat** (-*šuji*) *s. zastrašit.*
zástrč *f* (*3*) *Arch.* (*Fenster-*)Riegel *m.*
zastrč|ený vorgeschoben; entlegen; *fig.* versteckt; **~it** *pf.* (hinein-)stecken, (hinein)schieben; verbergen; zuriegeln; ~ *se* sich einsperren *od.* verstecken.
zástrčka *f* (*1c*; -*ček*) *s. zástrč*; *El.* Stecker *m.*
zastrk|(áv)at, **~ovat** (-*kuji*) *s. zastrčit.*
zastřel|ení *n* (*3*) Erschießung *f*; **~it** *pf.* erschießen; **~ovat se** (-*luji*) *Mil., Sp.* sich einschießen.
zastřený verhüllt; verhängt; *Licht*: abgeblendet.
zástřeš|ek *m* (*2b*; -*šk*-), **~í** *n* (*3*) Vordach *n*; (*Kanzel-*)Dach *n.*
zastřešit *pf.* überdachen.
zastříbřený silberhell (glänzend).

zástřih *m* (*2b*) Schnitt *m*; ~ *vlasů* Haarschnitt.
zastřih|nout *pf.* (-*hl*;-*hnul*; -*žen*), **~ovat** (-*huji*) zuschneiden; (hin-)einschneiden; *Haare* schneiden.
za|střílet se *pf.* (*3 Pl.* -*ejí*) *s. zastřelovat se*; **~střít** *pf.* (-*střu*, -*tři*, -*en*) verhüllen, verdecken; *Mil.* tarnen; *fig.* bemänteln; **~studit** *pf.* (-*zen*) kühlen; *se sich* erkälten.
zástup *m* (*2a*) Haufen *m*, Schar *f*, (*Menschen-*)Menge *f*; *Mil.* Linie *f*; **~ce** *m* (*3*), **~kyně** *f* (*2b*) Vertreter(in *f*) *m*; *Jur.* Anwalt *m*, Anwältin *f*; Geschäftsträger(in *f*) *m.*
zastupitel|ný vertretbar; *Hdl.* auswechselbar; **~ský** Vertretungs-, repräsentativ; **~ství** *n* (*3*) Vertretung *f*; *Jur.* Anwaltschaft *f*; **~stvo** *n* (*1*; -*stev*) *koll.* Vertretung *f.*
zastupovat (-*puji*) *s. zastoupit.*
zastuz|ení *n* (*3*) Erkältung *f*; **~ený** erkältet.
zastyd|ět se *pf.* sich schämen; **~lý** erkältet; ausgekühlt; **~nout se** *pf.* (-*dl*) sich erkälten.
zasun|out *pf.* (hinein)schieben *od.* -stecken; *Riegel* vorschieben; *Schublade* zuschieben; *Kfz. Gang* einschalten; **~ovací** Schiebe-.
zasut|í *n* (*3*) Verschüttung *f*; **~ý** verschüttet.
zásuv|ka *f* (*1c*; -*vek*) Schublade *f*, Schubfach *n*; *El.* Steckdose *f*; **~ný** Schiebe-.
zasvěc|enec *m* (*3*; -*nc*-) Eingeweihte(r) *m*; Vertraute(r) *m*; Kenner *m*; **~ení** *n* (*3*) Einweihung *f*, Weihe *f*; **~enost** *f* (*4*) Kenntnis *f* (*G*), Vertrautheit *f* (mit *D*); **~ený** (*č-u*) geweiht, verfallen (*D*); vertraut, bewandert; **~ovat** (-*cuji*) *s. zasvětit.*
zásvětí *n* (*3*) Jenseits *n*; *fig.* Einsamkeit *f.*
zasvětit *pf.* (-*cen*) weihen; einweihen (in *A*); ~ *se* sich widmen.
zásvětn|í, **~ý** *Rel.* jenseitig; überirdisch.
zasvištět *pf.* pfeifen, sausen; *Pfeil*: schwirren.
zásvit *m* (*2a*) Schimmer *m*, Strahl *m.*
za|svítit *pf.*, **~svitnout** *pf.* (-*tl*) aufleuchten, aufblitzen, funkeln; (hin-)durchschimmern; beleuchten, erhellen.
zasyc|ení *n* (*3*) Sättigung *f*; **~ovat** (-*cuji*) *s. zasytit.*
zasyčet *pf.* (auf)zischen.

zasychat, zasýchat s. zaschnout.
zásyp m (2a) Aufschüttung f; Einpudern n; Med. Puder m; Streupulver n; Streufutter n; Jagdw. Futterplatz m.
za|sypat pf. (-u/-ám), **~sýpat, ~sypávat** verschütten; Grube zuschütten; überhäufen (čím mit D); Agr. (ein)streuen; vorschütten; Mil. mit Bomben belegen; **~sytit** pf. (-cen) sättigen; Hunger, Sehnsucht stillen; **~šantročit** P pf. verschachern; Geld durchbringen; et. verlegen, dial. verkramen, verbuddeln; Mädchen verkuppeln; **~šed(ivě)lý** ein wenig grau, leicht angegraut, ergraut.
zašept|at pf., **~nout** pf. (-tl; -tnut) flüstern; j-m et. zuflüstern.
zášeří n (3) Dämmerschein m, Halbdunkel n.
záší|je m (2b; -jk-) Hinterkopf m, Nacken m; Kopfstück n (Schlag).
za|ší(va)t (pf. s. šít) zu-, ver-, einnähen; Strumpf stopfen; **~škaredit (se)** pf. ein finsteres Gesicht machen; (na k-o j-n) böse anblicken; **~šklebit se** pf. grinsen; den Mund verziehen.
záškod|nický hinterhältig; Pol. Schädlings-, Sabotage-, Diversanten-; **~nictví** n (3) Sabotage(tätigkeit) f; **~ník** m (1a) Pol. Saboteur m, Schädling m; hist. Freibeuter m.
zaškol|it pf., **~ovat** (-luji) (ein)schulen; j-n einarbeiten, anlernen; **~ovací** Schulungs-.
zaškrcení n (3) Erdrosselung f; smrt m Erstickungstod m.
záškrt m (2a) Diphtherie f.
za|škrtit pf. (-cen) erwürgen, erdrosseln; **~škrtnout** pf. (-tl; -tnut) Worte anstreichen; **~šlapat** pf. (-u/-ám), **~šlápnout** (-pl; -pnut) zertreten; lit. fig. mit Füßen treten; Teppich schmutzig machen.
zášleh m (2b) Aufblitzen n, Aufleuchten n.
za|šlý vergangen; Farbe: verblaßt; Mensch: heruntergekommen; Pflanze: eingegangen; **~šněrovat** pf. (-ruji) zu-, verschnüren; **~špendlit** pf. mit Stecknadeln zustecken; **~špičatit** pf. zuspitzen; Bleistift spitzen; **~špinit** pf. (-ěn) beschmutzen; **~šroubovat** pf. (-buji) zuschrauben.
zášť f (4c; -tě) Haß m; Groll m.

zaštěk|at pf., **~nout** pf. (-kl) bellen; anbellen (na k-o/A).
záští n (3) s. zášť.
záštita f (1) fig. Bollwerk n; Schutz m; Schirmherrschaft f.
zášvih m (2b) Turn. Schwung m.
zašvihnout pf. (-hl/-hnul) mit der Peitsche schlagen od. knallen.
zatáč|et (3 Pl. -ejí) s. zatočit; **~ka** f (1c; -ček) Kurve f, Kehre f; Windung f, Krümmung f.
zátah m (2b) Zug m; Tech. Zugkraft f; fig. Jagd f; Razzia f.
zatah|at pf., **~ovat** (-huji), **zatáhnout** pf. (-hl; -tažen) (čím, za co) ziehen (an D); j-n ziehen, zerren; Weg versperren; Vorhang zuziehen; **~ se** sich (mit Wolken) bedecken.
zataj|ení n (3) Verheimlichung f; Geheimhaltung f; **~it** pf., **~ovat** (-juji) verheimlichen, verbergen; Atem anhalten; geheimhalten.
zatan|covat (si) pf. (-cuji), **~čit (si)** tanzen.
za|tápět (3 Pl. -ěji) s. zatopit; **~tarasit** pf. (-sen) versperren, verbarrikadieren; fig. verdecken; **~ťatý** festgeschlagen; Faust: geballt; **~tavit** pf. einschmelzen; **~tažený** bewölkt, bedeckt.
zatčen|í n (3) Verhaftung f, Festnahme f; **~ý** verhaftet.
zaté|ci pf. (s. téci), **~kat** fließen; Med. anschwellen.
zateklý (an)geschwollen.
zatem|nělý dunkel, düster; **~nění** n (3) Verdunk(e)lung f; **~nit** pf., **~ňovat** (-ňuji) verdunkeln; lit. umnachten; **~ se** sich verfinstern, dunkel werden.
zatěsnit pf. abdichten; Spalt verstopfen.
zátěž f (3) Belastung f.
zatěž|k(áv)ací Belastungs-; **~kat** pf. belasten, beschweren; **~ko** Adv. schwer; **~ovací** s. zatěžkací; **~ovat** (-žuji) s. zatěžkat.
zatím inzwischen, einstweilen, vorläufig; **~ co, ~co** während; **~ní** vorläufig, einstweilig, Interims-; **~ most** Notbrücke f; **~nost** f (4) Übergangsstadium n, Provisorium n. [zatřít.]
zatí|nat s. zatít, zatnout; **~rat** s.
zátiší n (3) ruhiger, windstiller Ort m; Mal. Stilleben n; Soldatenheim n; lit. Abgeschiedenheit f.

zatít

zatít *pf.* (*s. tít*) einschlagen, einhauen; *Lippen, Zähne* zusammenbeißen; *Faust* ballen.
zatíž|ení *n* (*3*) Belastung *f*; ~it *pf.* belasten, beschweren.
zátka *f* (*1c; -tek*) Stöpsel *m*, Pfropfen *m*, Korken *m*.
zatknout *pf.* (*-kl; -tčen*) verhaften, festnehmen; (*-tknut*) (hinein)stecken.
zátkov|ací Kork-, Stöpsel-; ~at (*-kuji*) verkorken; ~nice *f* (*2a*) Spundloch *n*.
zatlač|it *pf.*, ~ovat (*-čuji*) hineindrücken; (hinein)schieben; zurück-, verdrängen; P (*k-u*) helfen (*D*), protegieren (*A*).
za|tleskat *pf. in die Hände* klatschen; *mit den Flügeln* schlagen; ~tlouci *pf.* (*s. tlouci*) Nagel einschlagen; (*s. tlouci*) *Fenster* vernageln; *an die Tür* pochen; ~tlučený zugenagelt, vernagelt; *Straße*: verstopft; ~tmelit *pf.* verkitten.
zatmě|lost *f* (*4*) Dunkelheit *f*; *Pol.* Rückständigkeit *f*; ~lý *s.* zatemnělý; ~ní *n* (*3*) *Astr.* (*slunce* Sonnen-) Finsternis *f*; ~t se *pf.* (*3 Pl. -ěji*), **zatmí(va)t se** dunkel werden; sich verfinstern.
zatnout *pf. s.* zatít.
zato dafür; statt dessen; aber, jedoch.
zátoč *m* (*4*) *od. f* (*3*) *Turn.* Wendung *f*, Schwenkung *f*; ~ina *f* (*1*) *s.* zatáčka.
zatočit *pf.* (*co, čím*) umdrehen, schwenken (*A*); *Kfz.* einbiegen; *Turn.* einschwenken; *Gespräch* lenken; ~ se sich (im Kreis) drehen; *Kfz.* wenden; einbiegen; F sich einhüllen (do č-o in *A*).
záto|čka *f* (*1c; -ček*) *s.* zatáčka; (*im Tanz*) Drehung *f*; ~ka *f* (*1c*) Bucht *f*, Golf *m*, Haff *n*; ~mořský *= Meerbusen *m*.
zátoň *f* (*3*) Damm *m*, Sandbank *f*.
zátop *m* (*2a*): *dříví na* ~ Brennholz *n*.
zátopa *f* (*1*) Flut *f*, Hochwasser *n*; P ~ krve Blutbad *n*.
za|topit[1] *pf.* (ein)heizen; ~topit[2] *pf.* überschwemmen, überfluten; *j-n* ertränken; ~toulat se *pf.* sich verirren; *Hund*: sich verlaufen; ~toužit *pf.* sich sehnen (*po čem, kom* nach *D*).
zatra! P verdammt!, verflucht!
zatrac|enec *m* (*3; -nc-*) Verdammte(r) *m*; ~ení *n* (*3*) Verdammung *f*, † *Rel.* Verdammnis *f*; ~ený verdammt.
zatra|covat (*-cuji*), ~tit *pf.* (*-cen*) verdammen.
zatrh|(áv)at, ~nout *pf.* (*-hl; -žen*) (*čím, za co*) reißen, ziehen (an *D*); *mit Bleistift* anstreichen; ~ se sich verfangen; stecken bleiben; ~ovat (*-huji*) stottern, radebrechen.
za|trnout *pf.* erstarren; ~trolený F verdammt, verflixt; ~troubit *pf. Mus.* blasen.
zatrpk|lost *f* (*4*) Verbitterung *f*; ~lý bitter(lich); verbittert; ~nout *pf.* (*-kl/-knul*) e-n bitteren Geschmack bekommen; verbittern.
za|třást *pf.* (*-třesu*) (*čím*) schütteln (*A*); ~ se erbeben, (er)zittern; ~třepat *pf.* (*-u/-ám*) schütteln (*A*); ~ nohama mit den Füßen zappeln; ~třít *pf.* (*s. tříti*) verwischen; *Med.* einreiben; ~třpytit se *pf.* aufleuchten, aufblitzen; *lit.* erstrahlen; ~tuhnout *pf.* (*-hl*) fest (*od.* hart) werden.
zatuch|lý vermodert; muffig, dumpf(ig); ~nout *pf.* (*-chl*) vermodern; dumpfig (*od.* muffig) werden.
za|ťukat *pf.* anklopfen; ~tušovat *pf.* (*-šuji*), ~tutlat P *pf.* vertuschen.
zatvrd|it *pf.* (*-zen*) hart machen; ~ se hart(herzig) werden; ~lina *f* (*1*) *Med.* Verhärtung *f*; ~lý hart (geworden); gefühllos; ~nout *pf.* (*-dl*) hart werden; verstockt werden; *Haut*: rauh werden.
zatvrz|elec *m* (*3; -lc-*) verstockter Mensch *m*; ~elost *f* (*4*) Hartherzigkeit *f*, Verstocktheit *f*; ~elý hartherzig; verstockt; *Widerstand*: hartnäckig; ~ovat (*-zuji*) *s.* zatvrdit.
za|týkací Haft-; ~tykač *m* (*4*) Steckbrief *m*; *stíhán* ~em steckbrieflich verfolgt; ~týkat *s.* zatknout.
zátylek *m* (*2b; -lk-*) Genick *n*; *Zo.* Widerrist *m*, Kamm *m*.
zaučený geübt, geschult.
zaúčtov|aný eingerechnet; verbucht; ~ v ceně *m* Preis inbegriffen; ~at *pf.* (*-tuji*) ver-, berechnen; (ver)buchen.
zaujat|ost *f* (*4*) Voreingenommenheit *f*; Befangenheit *f*; ~ý voreingenommen; *Jur.* befangen.
za|ujetí *n* (*3*) *s.* zaujatost; Einneh-

men *n*; *Mil.* Beziehen *n*; ~ *stanoviska* Stellungnahme *f*; ~**ujímat,** ~**ujmout** *pf.* (*s. jmout*) einnehmen; *Mil.* beziehen; *Amt* bekleiden; *Buch*: *j-n* fesseln; *Zeit* in Anspruch nehmen; ~**úpět** *pf.* (*3 Pl. -ějí/-í*) jammern, stöhnen.

zauzl|ení *n* (*3*), ~**ina** *f* (*1*) Verknotung *f*; *Med.* Verschlingung *f*; *Anat.* Ganglion *n*; *Thea.* Verwicklung *f*; ~**it** *pf.* verknoten, verknüpfen; ~ **se** sich verwickeln.

závada *f* (*1*) Hindernis *m*; Mangel *m*; Mißstand *m*; *bez -dy* anstandslos; *být* (*č-u*) *na -du* hinderlich sein, im Wege stehen (*D*).

za|vadit, ~vaditi *pf.* (*o co*) anstoßen (an *A*); streifen, berühren (*A*).

závadný fehlerhaft; mangelhaft; *fig.* anstößig, bedenklich.

zavalit *pf. Bgb.* verschütten; *Grube* zuschütten; *Weg* versperren; *j-n mit Arbeit* überhäufen; ~**ý** untersetzt, gedrungen.

závan *m* (*2a*) Hauch *m*.

za|vánět (*3 Pl. -ějí*) riechen, duften (*čím* nach *D*); ~**vanout** *pf.* wehen.

závar *m* (*2a*) *Kochk.* Einlage *f*.

zavař|enina *f* (*1*) eingemachte Früchte *f/pl.*, Marmelade *f*; **zavářet** (*3 Pl. -ejí*), ~**it** *pf.* einmachen, F *Obst* einmachen; *Tech.* einschweißen; *-it* se heißlaufen; ~**ovací** Einweck-; ~**ovat** (*-řuji*) *s. zavařit.*

zavát *pf.* (*3. -věje*) wehen; verwehen (*A*).

zavazadlo *n* (*1a*; *-del*) Gepäck (-stück) *n*; *-la pl. koll.* Gepäck *n*; *sít na -la* Gepäcknetz *n*; ~**vý** Gepäck-.

zavazák *m* (*2b*) *Jagdw.* Hirschfänger *m*.

zaváz|án, ~aný ein-, zugebunden; *fig.* verbunden, (zu Dank) verpflichtet; ~**at** *pf.* (*-žu/-ží*) zu-, verfestbinden; zuschnüren; *fig.* verpflichten, binden.

závaz|ek *m* (*2b*; *-zk-*) Verpflichtung *f*; *čestný* ~ Ehrenpflicht *f*; ~ *mlčení* Schweigepflicht *f*; *bez -zku* unverbindlich; *ohne Gewähr*; ~**nost** *f* (*4*) Verbindlichkeit *f*; ~**ný** verbindlich; bindend; obligat(orisch).

za|vazovat (*-zuji*) *s. zavázat*; ~**vážet** (*3 Pl. -eji*) *s. zavézt.*

závaž|í *n* (*3*) Gewicht *n*, Lot *n*; ~**nost** *f* (*4*) Wichtigkeit *f*; Stichhaltigkeit *f von Beweisen*; Ernst *m e-r Lage*; ~**ný** wichtig; schwerwiegend; *Grund*: triftig.

zavčas *Adv.* rechtzeitig, beizeiten.

zavd|aná P *f* (*Adj. 2*) Zutrinken *n*; ~**(áv)at** (*k-u*) zutrinken (*D*); ~ *si s kým* anstoßen mit (*D*).

závdavek *m* (*2b*; *-vk-*) Anzahlung *f*; † Handgeld *n*.

zavděčit se *pf.* (*k-u*) e-n Gefallen tun (*D*); für sich gewinnen (*A*); sich beliebt machen (bei *D*).

zavděk: *vzít* ~ (*čím*) vorliebnehmen (mit *D*); *učinit k-u co* ~ j-m e-n Gefallen tun.

zaveden|í *n* (*3*) Einführung *f*; ~**ý** eingeführt.

závěj *f* (*3*): *mst pl.* ~**e** (Schnee-) Verwehungen *f/pl.*

závěr *m* (*2a*) Schluß *m* (*a. Phil.*); Abschluß *m*; *Tech.* Verschluß *m*; ~**a** *f* (*1d*) Verschluß *m*; Sperre *f*.

zavěrač *m* (*3*) Schließer *m*; ~**ka** *f* (*1c*; *-ček*) Sperrkette *f*; Schließerin *f*.

závěr|ečný Schluß-, Abschluß-; ~**em** zum (Ab-)Schluß, schließlich; ~**ka** *f* (*1c*; *-rek*) Verschluß *m*; Schluß *m*; Abschluß *m*, Finale *n*; ~**ný, ~ový** Verschluß-, Schließ-; Schluß-.

závěs *m* (*2*; *6. -u/-e*) Gehänge *n*; Tür-, Fensterband *n*; Aufhänger *m* (*am Rock*); Gardine *f*; Rolladen *m*; *Mil., Sp.* Hang *m*; ~**ý** *m/pl. Jagdw.* Löffel *m/pl.*; *v ~u Mar.* im Schlepp (-tau); *v těsném ~u Sp.* dicht hintereinander; ~**ek** *m* (*2b*; *-sk-*) Anhängsel *n*; (*Uhr-, Armband-*)Anhänger *m*.

zavěsit *pf.* (*-šen*) (auf)hängen; um-, einhängen; einhaken; *Fenster* verhängen; ~ **se** sich einhängen.

závěs|ka *f* (*1c*; *-sek*) Aufhänger *m*; ~**ník** *m* (*2b*) Aufhängehaken *m*; Seitengewehrtasche *f*; *Arch.* Hängebalken *m*; ~ *u pušky* Gewehrriemen *m*; ~**ný** Hänge-, Aufhänge-; *-né hodiny* Wanduhr *f*; ~ *zámek* Vorhängeschloß *n*; ~ *řemen* Schulterriemen *m*.

zavést *pf.* (*s. vést*) *v/t* (hin)führen; einführen; eröffnen, in die Wege leiten; *Gespräch* anknüpfen; ~ *k-o* j-n irreführen, verleiten, verführen.

závět *f* (*4d*; *-ti*; *7 Pl. -tmi/-tmi*) Testament *n*, letzter Wille *m*.

závětí *n* (*3*) *Gr.* Nachsatz *m*.

závět|ní, ~ný Testaments-.

závětří

závětří *n* (3) windgeschützter Ort *m*; *Mar.* Leeseite *f*; *Arch.* Windfang *m*; *lit.* Geborgenheit *f*.

zavézt *pf.* (*s. vézt*) *v/t* fahren, befördern, bringen; *Grube* zuschütten.

závid|ěníhodný beneidenswert; **~ět** beneiden (k-u co j-n um A).

zavij|eč *m* (3) *Zo.* Wickler *m*; **~et** (3 *Pl.* -*eji*) *s.* zavít.

zavilý verbissen, verstockt; verwickelt.

závin *m* (2a) *Kochk.* Strudel *m*; (*Fleisch*-)Roulade *f*.

zavin|áč *m* (3) Rollmops *m*; **~ění** *n* (3) Verschulden *n*; **~it** *pf. v/t* verschulden; **~out** *pf.*, **~ovat** (-*nuji*) einwickeln, einhüllen.

zavír|ací Schließ-, Sperr-; **~ač** *m* 1. (3) (Tür-)Schließer *m* (*Mann*); 2. (4) Türschließer *m*; **~ák** *m* (2b) Federmesser *n*; **~ání** *n* (3) Schließen *n*; *~ obchodů* Ladenschluß *m*; **~at** *s.* zavřít.

závis|et (3 *Pl.* -*i*/-*eji*) abhängen (*na kom, na čem* von *D*); **~lost** *f* (4) Abhängigkeit *f*; **~lý** abhängig.

závist *f* (4) Neid *m*; **~ivec** *m* (3; -*vc*-) *s.* závistník; **~ivý**, **~ný** neidisch; **~ník** *m* (1a) Neider *m*.

zavít *pf. s.* zavinout.

závit *m* (2; 6. -*u*/-*ě*) Windung *f*; Gewinde *n*; *Anat.* Schnecke *f*; *Arch.* Schnörkel *m*; *Mil.* Drall *m*.

zavítat *pf.* kommen (zu), erscheinen, einkehren (bei).

závit|ek *m* (2b; -*tk*-) *s.* závit; *Kochk.* Roulade *f*; **~kovec** *m* (3; -*vc*-) Schraubenalge *f*; **~kový** gewunden, spiralförmig; schneckenförmig; *Tech.* Spiral-, Schnecken-; **~nice** *f* (2a) Spirale *f*; Schneideisen *n*; **~ník** *m* (2b) Gewindebohrer *m*; **~ový** Gewinde-, Spiral-.

zavláčet *pf.* (3 *Pl.* -*eji*) eineggen.

závlačka *f* (1c; -*ček*) Sperrstift *m*, Splint *m*.

zavlád|at, **~nout** *pf.* (-*dl*) herrschen; um sich greifen.

závlaha *f* (1b) Bewässerung *f*.

zavlaž|ení, **~ování** *n* (3) Bewässerung *f*; **~it** *pf.*, **~ovat** (-*žuji*) bewässern, berieseln.

zavl|éci *pf.* (*s. vléci*), **~ékat**, **~éknout** *pf.* (-*kl*; -*ečen*) (ver)schleppen; *Med.* einschleppen; **~ečení** *n* (3) Verschleppung *f*; **~ečený** verschleppt; eingeschleppt.

zavlh|lý feucht; **~nout** *pf.* (-*hl*) feucht werden.

závod *m* (2; 6. -*u*/-*ě*) Betrieb *m*, Fabrik *f*, Werk *n*; *Hdl.* Firma *f*; Wette *f*; *Sp.* Wettkampf *m*, Wettspiel *n*; cyklistický *~* Radrennen *n*; *~ míru* „Friedensfahrt" *f*; *o ~* um die Wette; **~čí** *m* (*Adj.* 4) *Mil.* Postenführer *m*; **~ění** *n* (3) Wettstreit *m*, Konkurrenzkampf *m*; **~iště** *n* (2a) Rennbahn *f*; **~it** wetteifern, konkurrieren; **~ní** Betriebs-, Werks-; *Sp.* Renn-; **~ník** *m* (1a), **~nice** *f* (2a) Wettläufer(in *f*) *m*; Rennfahrer(in *f*) *m*.

zavodnit *pf.* bewässern.

závoj *m* (4) Schleier *m*; **~natka** *f* (1c; -*tek*) Schleierfisch *m*.

zavol|ání *f*: jako na *~nou* wie gerufen; **~at** *pf. s.* volat.

závor|a *f* (1d) Riegel *m*; Sperre *f*; *Esb.* Schranke *f*; **~ka** *f* (1c; -*rek*) (hranatá, kulatá eckige, runde) Klammer *f*; *dát do -rek* einklammern.

závra|ť *f* (4c) Schwindel *m*, Taumel *m*; **~tný** schwindelerregend, atemberaubend.

zavrávorat *pf.* taumeln, schwanken.

zavražd|ění *n* (3) Ermordung *f*; **~it** *pf.* ermorden.

zavrh|nout *pf.* (-*hl*; -*žen*), **~ovat** (-*huji*) verwerfen, mißbilligen; verschmähen; *Antrag* ablehnen.

zavr|šit *pf.* zu Ende führen; aufhäufen; **~tat** *pf.* einbohren; **~tět** *pf.* (*čím*) drehen (*A*); *den Kopf* schütteln; *mit dem Schwanz* wedeln.

zavrž|enec *m* (3; -*nc*-) Verdammte(r) *m*, Geächtete(r) *m*; **~ení** *n* (3) Verwerfung *f*; Verdammung *f*; Ächtung *f*; **~eníhodný** verabscheuungswürdig, verwerflich.

zavř|ení *n* (3) Schließung *f*; **~enost** *f* (4) Geschlossenheit *f*; **~it** *pf.* (-*vřu*, -*vřel*, -*vřen*) (zu)schließen, absperren; ab-, verschließen; *j-n* einsperren; *~ na závoru* verriegeln.

za|výt *pf.* (*s. výt*) aufheulen; **~zátkovat** *pf.* (-*kuji*) verkorken; *Faß* verspunden; **~zdít** *pf.* (-*zděn*) vermauern; **~zelenat se** *pf.* grün werden, grünen.

zázemí *n* (3) Hinterland *n*.

zazlít *pf.* (-*il*) (k-u co) übelnehmen (j-m A).

záznam *m* (2a) Eintragung *f*, Ver-

merk m, Notiz f; Verzeichnis n; Hdl. Notierung f; Jur. Register n; zvukový ~ Tonaufzeichnung f.

zaznamenat pf. eintragen, vermerken; Hdl. vormerken, notieren; Bild, Ton aufzeichnen.

záznam|né n (Adj. 3) Vormerkgebühr f; **~ní** Notiz-; Registrier-; **~ník** m (2b) Merkheft n.

za|znít pf. (s. znít) erklingen, ertönen; **~zobaný** P steinreich; **~zpívat** pf. (vor)singen; Lied anstimmen.

zázra|čný wunderbar, Wunder-; **~k** m (2b) Wunder n.

zazší weiter hinten befindlich; rückwärtig.

zazvonit pf. läuten, klingeln; er- [klingen.

zázvor m (2a) Ingwer m; **~ka** f (1c; -rek) Ingwergebäck n; **~ový** Ingwer-.

zazvučet pf. ertönen.

zážeh m (2b) Entzündung f; Tech. Zündung f; Schein m.

zažeh(áv)at s. zažehnout.

zažehnat pf. beschwören, bannen.

za|žehnout pf. (-hl; -hnut), **žehovat** (-huji), **žíhat** anzünden; **žírat se** s. zožrat se; **žít** pf. (s. žít¹) erleben; Zeit verbringen; Speise verdauen.

zážitek m (2b; -tk-) Erlebnis n.

zažití n (3): přeji vám dobré(ho) ~! wohl bekomm's!

zaživa zu Lebzeiten.

zažív|ací Verdauungs-; **~ání** n (3) Verdauung f; **~at** s. zažít.

záživný verständlich, leicht faßlich; leicht (od. gut) verdaulich.

zažloutlý gelblich; vergilbt.

zažluk|lý ranzig; **~nout** pf. (-kl) ranzig werden.

zažra|ný eingefleischt, leidenschaftlich; **~t se** pf. (s. žrát) sich einfressen.

zbabělec m (3; -lc-) Feigling m; **~ost** f (4) Feigheit f; **~ý** feige.

zbádat pf. er-, durchforschen.

zbahnelý versumpft.

zbalamutit pf. (-cen) verwirren.

zbankrotělý bankrott.

zbarvit pf. färben.

zbásnit pf. erdichten.

zbav|ení n (3) Befreiung f, Erlösung f (von); Amts-, Dienstenthebung f; Suspendierung f; **~it** pf., **~ovat** (-vuji) (č-o) erlösen, befreien (von D); aberkennen (A); ~ k-o č-o j-n um et. bringen; ~ haraburdí entrümpeln; ~ se (č-o) sich befreien (von D), sich entledigen (G); loswerden (A)

zbědovaný verelendet; erbärmlich.

zběh m (1a; -ové) Überläufer m, Deserteur m; **~at** pf. durchlaufen, **~le** Adv. gewandt, geübt; fließend (lesen); **~lý** entlaufen, entsprungen; Mil. fahnenflüchtig; bewandert, erfahren; **~nout** pf. (-hl) entlaufen; Mil. desertieren; überlaufen; ~ se sich ereignen, geschehen; **~nutí** n (3) Fahnenflucht f.

zbělet pf. (3 Pl. -ejí) weiß werden; verblassen.

zběšil|ec m (3; -lc-) Rasende(r) m; **~ost** f (4) Raserei f, Wüten n; **~ý** wütend, rasend, F toll.

zběžný flüchtig, oberflächlich; geläufig.

zbičovat pf. (-čuji) auspeitschen, † geißeln.

zbídačelý verelendet, bettelarm.

zbít pf. (s. bít) verprügeln.

zbláznit pf. verrückt machen; ~ se wahnsinnig (F verrückt) werden; P ~ se do k-o sich vergaffen (in A).

zblb|lý pf. (3 Pl. -ějí), **~nout** pf. (-bnul/-bl) dumm werden, P verblöden; **~nutí** n (3) Verdummung f.

zblití: V to je k ~ das ist zum Kotzen.

zblízka Adv. aus der Nähe; boj ~ Nahkampf m.

zblo † n (1a): ani -la nicht das geringste, gar nichts.

zbloud|ilec m (3; -lc-) Verirrte(r) m; **~it** pf. sich verirren; sich verfahren.

zbohat|lický iron. neureich; **~lík** m (1a) Neureiche(r) m; **~nout** pf. (-tl) reich werden.

zbojácnět pf. (3 Pl. -ějí) es mit der Angst zu tun bekommen.

zboj|nický Räuber-; **~ník** m (1a) Bandit m, Wegelagerer m; Rebell m.

zbortit se pf. (-cen) einstürzen; Holz: sich verziehen.

zboř|ení n (3) Abriß m; **~enina** f (1) Ruine f; **~eniště** n (2a) Trümmerhaufen m, **~it** pf., **zbourat** pf. nieder-, ab-, einreißen; Stadt zerstören; ~ se einstürzen.

zboží n (3) Ware f; **~znalství**, **~znalectví** n (3) Warenkunde f.

zbož|nit pf., **~ňovat** (-ňuji) vergöttern, anbeten; **~nost** f (4) Frömmigkeit f; **~ňovatel** m (3; -é) Verehrer m; **~ný** fromm.

zbraň *f* (3) Waffe *f*; ~ovat (-ňuji) (k-u v čem) hindern (j-n an *D*); verwehren (j-m *A*).

zbrázdit *pf.* (-zdén) furchen; *fig.* Welt bereisen.

zbrkl|ost *f* (4) Verrücktheit *f*; ~ý närrisch, verrückt.

zbrocený beflecht, besudelt; ~ krví blutbefleckt.

zbroj *f* (3) (Ritter-)Rüstung *f*; ~ař *m* (3) Waffenproduzent *m*; ~ařský Rüstungs-; ~irna *f* (1; -ren) Waffenschmiede *f*; ~íř *m* (3) Waffenschmied *m*; Waffenmeister *m*; ~it ⟨o-, vy-⟩ rüsten, sich bewaffnen; ~mistr *m* (1; -ři) Waffen-, Zeugmeister *m*; ~ní Waffen-, Rüstungs-; ~nice *f* (2a) Waffenkammer *f*, Arsenal *n*; *hist.* Zeughaus *n*; požární ~ Spritzenhaus *n*; ~noš *m* (3) *hist.* Waffenträger *m*; ~ovka *f* (1c; -vek) Waffenfabrik *f*.

zbrotit *pf.* (-cen) besudeln, beflecken.

zbrousit *pf.* (-šen) abschleifen; *lit.* durchwandern; P abgrasen.

zbrunátělý dunkelrot, feuerrot.

zbrusu: ~ nový ganz neu, F funkelnagelneu.

zbřídit *pf.* verderben, F verpfuschen, P verhauen.

zbubř|elý angeschwollen, ~et *pf.* (3 *Pl.* -eji/-i) anschwellen.

zbudovat *pf.* (-duji) erbauen, errichten.

zbůhdarma *Adv.* umsonst, vergebens.

zbuj|elý üppig; ~nělý übermütig; ~nický übermütig, rebellisch; ~ník *m s. bojník;* ~nost *f* (4) Übermut *m*; Rebellion *f*; ~ný übermütig, rebellisch.

zburcovat *pf.* (-cuji) auf-, wachrütteln.

zbylý übriggeblieben, Rest-.

zbyrokratizovat [-tɪ-] *pf.* (-zuji) bürokratisieren.

zbystra *Adv.* rasch, schnell, flink.

zbystřit *pf.* schärfen; *Ohren* spitzen; *Schritte* beschleunigen.

zbýt *pf.* (zbudu, zbyl) übrigbleiben; ~ se (č-o) sich entledigen (*G*), loswerden (*A*).

zbyt|eček *m* (2b; -čk-) kleiner Rest; ~čnost *f* (4) Überflüssigkeit *f*, Nutzlosigkeit *f*; ~čný überflüssig; unnütz; ~ek *m* (2b; -tk-) Rest *m*, Überrest *m*; ~í *n* (3) Ausweg *m*; ~kový Rest-.

zbyt|nění *n* (3) Wucherung *f*, Hypertrophie *f*; ~ět *pf.* (3 *Pl.* -ěji) (über)wuchern; ~ý überschüssig; -ná potřeba Mehrbedarf *m*.

zcela *Adv.* ganz, gänzlich, völlig.

z|cepenět *pf.* (3 *Pl.* -ejí/-i) verenden, V verrecken; ~civilizovat *pf.* (-zuji) zivilisieren; ~cizit *pf. jur.* veräußern; ~cuchat *pf.* durcheinanderbringen; *Haar* zerzausen.

zcukernat|ělý verzuckert; ~ět *pf.* (3 *Pl.* -ěji) verzuckern.

z|části *Adv.* teilweise, zum Teil; ~černalý geschwärzt; *Schrift:* nachgedunkelt; ~čerstva *Adv.* frisch, rasch, flink; ~červenalý gerötet, rot geworden; ~červivělý wurmstichig; ~čeřený gekräuselt; *Meer:* bewegt; ~češtit *pf.* ins Tschechische übertragen; ~ se tschechisch werden; ~čista: ~ jasna plötzlich, F wie ein Blitz aus heiterem Himmel; ~čistit *pf.* (-štěn) reinigen, klären.

zda, ~li ob.

zdaleka *Adv.* von weitem; ~ ne bei weitem nicht.

zdáli *Adv.* weit, fern.

zdali|pak, ~ž *s.* zda.

zdání *n* (3) Schein *m*; Ahnung *f*; Meinung *f*; *podle mého* ~ meines Erachtens; *dobré* ~ Gutachten *n*.

zdanit *pf.* be-, versteuern.

zdánlivý scheinbar.

zdaňova|cí Besteuerungs-, Steuerbemessungs-; ~t (-ňuji) *s.* zdanit.

zdar *m* (2a) Erfolg *m*, Gedeihen *n*, *lit.* Heil *n*; *lovu* ~! Weidmanns Heil!

zdarma *Adv.* umsonst, unentgeltlich.

zdárný erfolgreich, ersprießlich.

zdařbůh! glückauf!

zdař|ilý (gut) gelungen, wohlgeraten; ~it se *pf.* (gut) gelingen, wohlgeraten.

zdát se ⟨u-, za-⟩ scheinen; träumen.

zdatný tüchtig.

zdávna *Adv.* seit jeher, P seit eh und je.

zde hier, da.

zděd|ěný geerbt ,*lit.* ererbt; vererbt; ~it *pf.* (po kom) erben (von *D*).

zdech|lina *f* (1) Aas *n*, Kadaver *m*; ~lý verendet; ~nout *pf.* (-chl) verenden, V verrecken.

zdejší hiesig, von hier.

zdělat pf. verarbeiten; zurichten.
zdéli Adv. lang; der Länge nach.
zděný gemauert.
zděravět pf. (3 Pl. -ějí) Löcher bekommen, löcherig werden.
zděř f (3) Tech. Büchse f, Ring m.
zdesateronásobit pf. verzehnfachen.
zděsit pf. (-šen) j-n erschrecken; ~ se erschrecken (vor D); sich entsetzen (über A).
zděšen|í n (3) Schrecken m, Entsetzen n; ~ý entsetzt.
zdětinšt|ělý kindisch; ~ět pf. (3 Pl. -ějí) kindisch werden.
zdířka (1c; -řek) Rdf. Kontakthülse f, Anschlußbuchse f.
zdít <o-, pře-, za-> (zdil; zděn) mauern. [mäuer n.\
zdivo n (1) Mauerwerk n, Ge-∫
zdivoč|elý, ~ilý verwildert; ~et pf. (3 Pl. -ejí) verwildern.
zdlouh|a Adv. lang; ~avý langsam; langweilig, schleppend.
zdloužit pf. verlängern.
zdob|a f (1) lit. Zierde f, poet. Zier f; ~it pf. schmücken, verzieren; ~ný dekorativ, Schmuck-.
zdokonal|it pf., ~ovat (-luji) vervollkommnen.
zdola Adv. von unten (her).
zdol(áv)at bezwingen, überwältigen; Sache bewältigen.
zdomácn|ělý heimisch geworden; ~ět pf. (3 Pl. -ějí) heimisch werden, sich einbürgern.
zdráh|ání n (3) Weigerung f, Bedenken n; ~at se <za-> sich weigern; zögern; sich zieren; ~avost f (4) Zurückhaltung f; ~avý zurückhaltend, zögernd, F zimperlich.
zdrá|pat pf. (-u/-ám), ~sat pf. zerkratzen; fig. aufwühlen.
zdráv gesund; s. zdravý; buď(te) ~! leb(en Sie) wohl!; ~as m (2a) Ave Maria n.
zdrav|í n (3) Gesundheit f; na ~! zum Wohl!, Prosit!; ~ice f (2a) Trinkspruch m; ~íčko n (1b; -ček) F s. zdraví; ~it <po-> grüßen; ~otní Gesundheits-; ~otnický Sanitäts-, ~otnictví n (3) Gesundheitswesen n; ~ověda f (1) Gesundheitslehre f; ~ý gesund.
zdraž|ení n (3) Verteuerung f; Preisaufschlag m; ~it pf., ~ovat (-žuji) verteuern; Preis erhöhen; ~ovatel m (3; -é) Preistreiber m.

zdrc|ený fig. niedergeschlagen; ~ovat (-cuji) s. zdrtit; ~ující erschütternd; Niederlage: vernichtend; Mehrheit: erdrückend.
zdrh|nout pf. (-hl/-hnul; -hnut) zusammenziehen, -schnüren; P entwischen; ~ovadlo n (1a; -del) Reißverschluß m.
zdrchat pf. verwirren, zerzausen; Kleid zerknittern.
zdrob|nělina f (1) Gr. Diminutiv n; ~nělý verkleinert; Gr. Verkleinerungs-; ~nění n (3) Verkleinerung f; ~nit pf., ~ňovat (-ňuji) verkleinern.
zdroj m (4) Quelle f (a. fig.); poet. Born m.
zdr|sněly rauh, grob; ~tit pf. (-cen) zermalmen, niederschmettern.
združstevnit pf. vergenossenschaften.
zdrž f (3) Staubecken n; brzdová ~ Bremsklotz m; ~e(n)livý enthaltsam; zurückhaltend; ~ení n (3) Esb. Aufenthalt m; ~ se hlasu Stimmenthaltung f; ~et pf., ~ovat <po-> (-žuji) auf-, zurückhalten; (od č-o) abhalten (von D); verzögern; ~ se sich aufhalten; ~ se č-o sich e-r Sache enthalten; ~né n (Adj. 3) Esb. Standgebühr f.
zdřev|ěnělý hölzern; fig. starr; ~ěnět pf. (3 Pl. -ějí) verholzen; erstarren; ~natělý holzig.
zdřímnout (si) pf., po- ein wenig schlafen, F einnicken.
zduchovnělý durchgeistigt.
zdůli s. zdola.
zdupat pf. (-u/-ám) zer-, niedertreten, zerstampfen.
zdůrazn|ění n (3) Hervorhebung f, Nachdruck m; ~it pf. hervorheben, betonen.
zduře|lý aufgedunsen; angeschwollen; ~ní n (3), ~nina f (1) Anschwellung f, Verdickung f; Ödem n.
zdůvodnit pf. begründen.
zdvih m (2b) Tech. Hubhöhe f; Mus. Erhöhung f; pumpa na ~ Saugpumpe f; ~ací Hub-; ~ač m (4) (Wagen)Heber m; ~adlo n (1a; -del) Elevator m, Winde f; ~ák m (2b) Hebebaum m; ~at <vy-}, ~nout pf. (-hl; -žen) (hoch-, auf)heben; ~ se sich erheben.
zdviž f (3) Fahrstuhl m, Lift m.
zdvoj|(násob)it pf., ~ovat (-juji) verdoppeln.

zdvořilost

zdvořil|ost f (4) Höflichkeit f; ~**ostní** Höflichkeits-; ~**ý** höflich.
zdýmací Stau-.
zdýmadlo n (1a; -del) Schleuse f, Stauwerk n.
zdýmat (auf)blähen; *Wasser* stauen.
ze s. z.
zebe s. *zábst*.
zebra f (1d; -ber) Zebra n; F Zebrastreifen m.
zeď f (4 od. 4a; zdi usw.) Mauer f.
zednář m (3) Freimaurer m; ~**ství** n (3) Freimaurerei f, ~**stvo** n (1) koll. Freimaurer m/pl.
zedn|í Maurer-; ~**ický** Maurer-; ~**ictví** n (3), ~**ičina** P f (1) Maurerhandwerk n, -arbeit f; ~**ičit** (za-) Maurer sein; ~**ík** m (1a) Maurer m.
ze|drat pf. (zderu), ~**dřít** pf. (s. dřít) zereißen, zerschinden.
zející klaffend, gähnend.
zejk m (2b) Kerbe f. [lich.}
zejména *Adv.* besonders, nament-}
zejtra F s. zítra.
Zéland m (2; 6. -u/-é): Nový ~ Neuseeland n. [ren.}
zelektrizovat pf. (-zuji) elektrisie-}
zeleň f (3) Grün n.
zelen|á f (*Adj.* 2) Grün n, F Grüne f; *pod -nou* unter freiem Himmel; *svátek pod -nou Rel.* Laubhüttenfest n; ~**áč** m 1. (4) grüner Apfel m; 2. (3) F Grünschnabel m; ~**at se** ⟨pro-, za-⟩ grün werden; grünen; ~**avý** grünlich; ~**ět** pf. (3 Pl. -ěji) s. zelenat; ~**ina** f (1) Gemüse n, F Grünzeug n; ~**ka** f (1c; -nek) Grünling m (Pilz); ~**o** n (1) Grüne n; *do -na* ins Grüne; *zbarvit do -na* grün färben; ~**ožlutý** grüngelb; ~**ý** grün, Grün-.
zelí n (3) Kraut n, Kohl m.
zelinář m (3), ~**ka** f (1c; -řek) Gemüsegärtner(in f) m od. -händler(in f) m; ~**ství** n (3) Gemüse(an)bau m, Gemüsehandlung f.
zeln|ice f (2a) Gemüsegarten m; Kohlsuppe f; ~**iště** n (2a) Krautfeld n; ~**ý** Kohl-, Kraut-.
zem f (3) s. země; ~**ák** P m (2b) Kartoffel f; F s. zeměpis; ~**an** m (1; -é) Landedelmann m; ~**anstvo** n (1) koll. Landadel m.
zemdl|elý, ~**ený** ermüdet, matt; ~**et** (3 Pl. -eji), ~**ít** pf. ermüden.
země f (2b; -í) Erde f; *Agr.* Boden m; Land n; ~**brana** f (1) Landwehr f; ~**dělec** m (3; -lc-) Landwirt m; ~**dělský** landwirtschaftlich; ~**dělství** n (3) Landwirtschaft f; ~**díl** m (2; 6. -e/-u) Erdteil m; ~**koule** f (2) Erdkugel f; ~**měřič** m (3) Landvermesser m; ~**pán** m (1) Landesherr m; ~**pis** m (2a) Geographie f, Erdkunde f; ~**pisec** m (3; -sc-) Geograph m; ~**pisný** geographisch; ~**plaz** m (1) Reptil n, Kriechtier n; ~**středný** geozentrisch; ~**třesení** n (3) Erdbeben n; ~**zrada** f (1) Landesverrat m; ~**zrádce** m (3), ~**zrádkyně** f (2b) Landesverräter(in f) m; ~**zrádný** landesverräterisch; ~**žluč** f (3) Tausendgüldenkraut n.
zem|ina f (1) Erdmasse f; Erdgeruch m; ~**itý** erdig; F urwüchsig; *Ausdruck:* treffend; ~**ní** Erd-.
zemř|elý verstorben, ~**ít** pf. (s. mřít) sterben.
zemský Erd-; irdisch; Land(es)-; *Agr.* Boden-.
zepředu *Adv.* von vorn; *vgl. zpředu*.
zept|ání n (3) An-, Nachfrage f; ~**at se** pf. (k-o, 2. Fall) fragen (A); anfragen (bei D).
zerav m (2a) *Bot.* Thuja f, Lebensbaum m.
zesekat P pf. verprügeln, verdreschen.
zesíl|ení n (3) (Ver-)Stärkung f; Erstarkung f; ~**it** pf. verstärken; (a. ~**et**) stärker werden.
zesilova|č m (4) Verstärker m; ~**t** (-luji) s. zesílit.
zesi(na)vět pf. (3 Pl. -ějí) blaß, bleich werden.
zeslab|ení n (3) Schwächung f; ~**it** pf. schwächen.
zesláb|lost f (4) Schwächezustand m; ~**lý** geschwächt; ~**nout** pf. (-bl) schwach (*od.* schwächer) werden.
zesměšnit pf. lächerlich machen.
zesmutn|ět pf. (3 Pl. -ěji) traurig werden; ~**it** pf. traurig stimmen.
zesn|out pf. (-snul) entschlafen, lit. verscheiden; ~**ulý** verstorben.
zesocializovať pf. (-zuji) sozialisieren.
zespod, ~**a**, ~**u** von unten (herauf).
zespoleč|enštiť pf., ~**nit** pf. vergesellschaften.
zest|arat pf., ~**árnout** pf. (-rnul/-rl) alt werden, altern.
zestátn|ění n (3) Verstaatlichung f; ~**it** pf. verstaatlichen.
ze|surovět pf. (3 Pl. -ějí) verrohen, verwildern; ~**světštělý** verwelt-

zhudebnit

licht; ~šedivělý ergraut, grau geworden; ~seřelý dunkel, düster; ~šikmit *pf.* abschrägen.
zešíl|ení: *to je k ~!* das ist zum Verrücktwerden!; ~et *pf. (3 Pl. -eji)* wahnsinnig (F verrückt) werden.
ze|široka breit, weitschweifig, F lang und breit; ~špatnět *pf. (3 Pl. -ějí)* sich verschlechtern; ~štíhlet *pf. (3 Pl. -ejí)* schlank werden.
zet ⟨roz- se, za-⟩ *(3 Pl. zejí)* klaffen, gähnen.
zeť *m (3a; -tě, -ti/-tovi; -tové)* Schwiegersohn *m.*
zetl|elina *f (1)* Moder *m*; ~elost *f (4)* Morschheit *f*; ~elý vermodert, morsch; ~ení *n (3)* Verwesung(sprozeß *m*) *f*; ~it *pf. (s. tlít)* verwesen, (ver)faulen.
zevl|oun *m (1)* Gaffer *m*; ~ovat ⟨po-, vy-, za-⟩ *(-luji)* gaffen, P glotzen; ~ *na k-o* anstarren *(A).*
zevn|ě *Adv.* außen; *Med.* äußerlich; ~ějšek *m (2b; -šk-; 2. -šku/-ška)* Äußere(s) *n*; Aussehen *n*; *podle -šku* dem Anschein nach; ~ějši äußere, äußerlich, Außen-; ~itř *Adv.* außen, draußen; *(Tür)* von innen.
zevropštit *pf.* europäisieren.
zevrub|nost *f (4)* Ausführlichkeit *f*; ~ný ausführlich, eingehend.
zevšad *Adv.* von überall(her), von allen Seiten.
zevšedn|ělý alltäglich (geworden); ~ět *pf. (3 Pl. -ějí)* alltäglich werden.
ze|všeobecnět *pf.* verallgemeinern; ~vzdáli *Adv.* aus der Ferne; ~zadu *Adv.* von rückwärts, von hinten.
zežlout|lý vergilbt; ~nout *pf. (-tl)* gelb werden; *Papier:* vergilben.
zfamfrn|ělý P vernarrt, verrückt; ~ět *pf.* P verrückt werden; ~it *pf.* verrückt machen.
zfilmovat *pf. (-muji)* verfilmen.
zformovat *pf. (-muji)* formen.
zhan|ět *pf. (3 Pl. -ějí)*, ~it *pf.* beschimpfen, F schlecht machen; ~obit *pf.* entehren, schänden.
zhas|ínat, ~nout *pf. (-sl)* erlöschen, F ausgehen; ~it *pf. (-šen)* (aus)löschen.
zhatit *pf. (-cen/-těn)* verderben, vereiteln; ~ *se* mißlingen.
zheb(oun)ka *Adv.* zart.
zhl|édnout *pf.*, ~ídnout *pf. (-dl; -dnut)* erblicken; ~ *se*, ~ížet *se pf. (3 Pl. -ejí)* sich betrachten.

zhloubi *Adv.* tief, der Tiefe nach.
zhloup|lý verdummt; ~nout *pf. (-pl)* verdummen, dumm werden.
zhlt|at *pf.*, ~it *pf. (-cen)*, ~nout *pf. (-tl/-tnul, -tnut)* verschlingen.
zhluboka *Adv.* aus der Tiefe.
zhmožd|ěnina *f (1)* Quetschung *f*; ~it *pf.* (zer)quetschen.
zhnědlý gebräunt, braun.
zhnisalý vereitert.
zhnus|ený angewidert; ~it *pf.* verekeln; ~ *se k-u* anekeln *(A).*
zhodnotit *pf. (-cen)* (be)werten, einschätzen.
zhojit *pf. v/t* heilen, F (aus)kurieren; ~ *se* heilen *(v/i);* ~elný heilbar.
zhola *Adv.* ganz und gar, durchaus.
zhorš|ení *n (3)* Verschlimmerung *f*, Verschlechterung *f*; ~it *pf.* verschlimmern, verschlechtern.
zhořk|á *Adv.* bitter, voll Bitterkeit; ~nout *pf. (-hl)* bitter werden.
zhospodárnit *pf.* rationalisieren.
zhostit *pf. (-štěn) (č-o)* befreien (von *D);* ~ *se* sich entledigen *(G).*
zhotov|it *pf.*, ~ovat *(-vuji)* herstellen, anfertigen; ~itel *m (3; -é)* Hersteller *m*, Erzeuger *m.*
zhoub|a *f (1)* Verderben *n*, Ruin *m*; ~ce *m (3)* Verderber *m*; ~nost *f (4)* Verderblichkeit *f*; ~ný verderblich; *Med.* bösartig.
zhoustnout *pf. (-tl)* dick werden, sich verdicken; dichter werden.
zhovadil|ost *f (4)* Bestialität *f*; ~ý bestialisch.
zhrbatělý verwachsen, bucklig.
zhrd|(áv)at, ~nout *pf. (-dl/-dnul)* verachten; stolz werden; ~lý hochmütig.
zhrou|cení *n (3)* Zusammenbruch *m*; ~tit *se pf. (-cen)* einstürzen, zusammenbrechen; *fig.* fehlschlagen.
zhrub|a *Adv.* grob, derb; beiläufig, ungefähr; ~(e)lý grob, rauh; ~ět *pf. (3 Pl. -ějí)*, ~nout *pf. (-bl)* grob werden, verrohen.
zhrzený verschmäht.
zhřešit *pf.* sündigen; sich versündigen.
zhřívat *pf.* wärmen.
zhuben|ělý abgemagert; ~ět *pf. (3 Pl. -ějí)* abmagern.
zhu|bičkovat *pf. (-kuji)* abküssen; ~bit *pf.* vernichten, vertilgen; ~bnout *pf. (-bl) s. zhubenět;* ~debnit *pf. Mus.* vertonen.

zhurta *Adv.* ungestüm, frisch; brüsk, barsch.

zhusta *Adv.* oft, des öfteren.

zhustit *pf.* (*-štěn*) verdichten; komprimieren; *Kochk.* eindicken.

zhušťov|ací Kompressions-; ~**ač** *m* (*4*) Kompressor *m*; ~**at** (*-tuji*) *s. zhustit.*

zhýčkat *pf.* verwöhnen, F verhätscheln.

zhynout *pf.* zugrunde gehen, umkommen.

zhýral|ec *m* (*3*; *-lc-*) Wüstling *m*; ~**ý** lasterhaft, P liederlich.

zhyzdit *pf.* (*-žděn*) verunstalten, entstellen.

zchátralý verkommen, heruntergekommen.

zchla|dit *pf.* (*-zen*) (ab)kühlen; ~**dnout** *pf.* (*-dl*) erkalten; ~**zený** abgekühlt; tiefgekühlt; ~**zovat** (*-zuji*) *s. zchladit.*

zchodit *pf.* (*-zen*) ablaufen, abgehen.

zchoulostiv|ělost *f* (*4*), ~**ění** *n* (*3*) Verweichlichung *f*; ~**ý** verweichlicht; ~**it** *pf.* verweichlichen.

zchrom|it *pf.* lähmen; ~**lý** gelähmt; ~**nout** *pf.* (*-ml*) lahm werden, erlahmen.

zchrupnout si F *pf.* ein Schläfchen machen.

zchud|lý verarmt; ~**nout** *pf.* (*-dl*) verarmen; ~**nutí** *n* (*3*) Verarmung *f*.

zchystat *pf.* vorbereiten, herrichten.

zchytr|a *Adv.* schlau, pfiffig; ~**alec** P *m* (*3*; *-lc-*) Schlaumeier *m*; ~**alost** *f* (*4*) Schlauheit *f*; ~**alý** schlau, pfiffig.

zchytřet *pf.* (*3 Pl. -ejí*) klug werden.

zídka *f* (*1c*; *-dek*) kleine Mauer *f*.

zim|a *Adv.* kalt; *Su. f* (*1*) Kälte *f*; Winter *m*; ~**ní** winterlich, Winter-; ~**nice** *f* (*2a*) Schüttelfrost *m*; Fieber *n*; ~**ničný** fieberhaft; ~**ník** *m* (*2b*) Wintermantel *m*.

zimo|lez *m* (*2a*) *Bot.* Geißblatt *n*; ~**mřivý** fröstelnd, kälteempfindlich; ~**stráz** *m* (*2a*) Buchsbaum *m*; ~**tvorný** *Tech.* Kälte-, Kühl-; ~**vat** ⟨*pře-*⟩ (*-muji*) überwintern; ~**vzdorný** winterbeständig.

zin|ečnatý *Chem.* Zink-; ~**ek** *m* (*2b*; *-nk-*) Zink *n*; ~**kovat** ⟨*po-*⟩ (*-kuji*) verzinken; ~**kovna** *f* (*1*; *-ven*) Zinkhütte *f*; ~**kový** Zink-.

zintenzívnit *pf.* intensivieren.

zip *m* (*2a*) Reißverschluß *m*.

zírat ⟨*na-*, *o*(*be*)*-*, *za-*⟩ blicken; starren.

zisk *m* (*2b*) Gewinn *m*, Nutzen *m*; *Hdl.* **na Váš** ~ **a ztrátu** auf Ihre Rechnung und Gefahr.

získat *pf.*, **vy-** gewinnen, erwerben; profitieren; ~ **trhy** Märkte erschließen.

ziskuchtiv|ost *f* (*4*) Gewinnsucht *f*; ~**ý** gewinnsüchtig, habgierig.

zišt|nost, ~**ný** *s.* **ziskuchtiv|ost**, *-ý*.

zít|ra morgen; ~**rejší** morgig; ~**řek** *m* (*2b*; *-řk-*; *2. -řka*) morgige Tag *m*; **do -řka** bis morgen; **od -řka ab** morgen; **za lepší** ~ für e-e bessere Zukunft.

ziv|ání *n* (*3*) Gähnen *n*; ~**at** ⟨*za-*⟩, ~**nout** *pf.* (*-vl*) gähnen.

zjakostnit *pf.* die Qualität verbessern.

zjara im Frühling.

zjasn|ět *pf.* (*3 Pl. -ejí*) sich aufheitern; ~**it** *pf. v/t* erhellen.

zjednat *pf.* verschaffen; **Ordnung** ~ *pf.* schaffen; *j-n* dingen.

zjednoduš|ení *n* (*3*) Vereinfachung *f*; ~**it** *pf.* vereinfachen.

zjemn|ělý verfeinert; ~**ět** *pf.* (*3 Pl. -ejí*) feiner werden; ~**it** *pf.* verfeinern.

zjev *m* (*2a*) Erscheinung *f*; ~**ení** *n* (*3*) *Rel.* Offenbarung *f*; Erscheinung *f* (*6. Jan.*); Vision *f*; ~**it** *pf.* offenbaren, F an den Tag bringen; ~ **se** sichtbar werden, erscheinen; ~**ný** offenkundig, klar (erkennbar).

zjezdit *pf.* bereisen; P *j-n* abkanzeln.

zježit *pf.* sträuben.

zjihlý aufgetaut; *fig.* gerührt, weich.

zjinačit *pf.* (ab)ändern.

zji|stit *pf.* (*-štěn*) feststellen, ermitteln; ~**stitelný** feststellbar; ~**šťovací** Ermittlungs-; Kontroll-; *Gr.* Entscheidungs-; ~**šťovat** (*-tuji*) *s. zjistit.* [frühmorgens.)

zjitra *Adv.* am frühen Morgen,)

zjitř|it *pf.*, ~**ovat** (*-tuji*) auf)reizen, aufwiegeln; ~ **se** eitrig werden; *lit.* sich empören.

zjizvený narbig, voller Narben.

zkadeřený gekräuselt, lockig.

zkal|ení *n* (*3*) Trübung *f*; ~**it** *pf.* trüben; **Stahl** härten.

zkamen|ělina *f* (*1*) Versteinerung *f*, Fossil *n*; ~**ělý** versteinert; ~**ět** *pf.* (*3 Pl. -ejí*) versteinern.

zkapaln|ěný: ~ **vzduch** flüssige Luft; ~**it** *pf.* verflüssigen.

zkáza f (1a) Verderben n; Untergang m.
zkazit pf. (-žen) verderben, vernichten, ruinieren.
zkazka f (1c; -zek) lit. Überlieferung f, Sage f.
zkázonosný verderbenbringend.
zkažen|ost f (4) Verderbtheit f; **~ý** verdorben.
zklam|ání n (3) Enttäuschung f; **~at** pf. (-u) enttäuschen; **~** se sich täuschen.
zkolektivizovat [-tɪ—] pf. (-zuji) kollektivieren.
zkomol|ení n (3), **~enina** f (1) Verstümmelung f, Entstellung f; **~it** pf. abstumpfen; verstümmeln, entstellen.
z|konejšit pf. beruhigen, besänftigen; **~konfiskovat** pf. (-kuji) konfiszieren; **~konkrétnit** pf. konkretisieren; **~koprnělý** P fig. starr, sprachlos.
zkormou|cení n (3) Kummer m; **~cený** betrübt; **~covat** (-cuji), **~tit** pf. (-cen) betrüben.
zkornatě|ní n (3) Med. Verkalkung f; **~lý** verkalkt.
zkosit pf. abschrägen.
zkostnatělý verknöchert.
zkoum|ací Prüfungs-; **~adlo** n (1a; -del) Chem. Reagens n; Med. Sonde f; **~ání** n (3) Forschung f, Untersuchung f; **~at** ⟨pro-, pře-, vy-⟩ (über)prüfen, untersuchen; erörtern; **~atelný** nachweisbar; **~avý** forschend, prüfend.
zkoupat pf. (-u/-ám) eintunken; P **~** se hereinfallen.
zkouš|ecí Prüf-; Versuchs-; **~eč** m (3), **~ející** m (Adj. 4) Prüfer m; **~enec** m (3; -nc-) Prüfling m; **~et** ⟨pro-, pře-⟩ (3 Pl. -ejí) prüfen; s. zkusit; **~ka** f (1c; -šek) Prüfung f; Thea. Probe f; Tech. Erprobung f; Versuch m; (Kleid) Anprobe f; na -ku probe-, versuchsweise; **~kový** Prüfungs-.
zkrác|ení n (3) Verkürzung f; **~ený** ver-, gekürzt; benachteiligt.
zkracovat (-cuji) s. zkrátit.
zkrachovaný F verkracht.
zkrásn|ět pf. (3 Pl. -ějí) schön(er) werden; **~it**, zkrášlit pf. schön machen, verschönern.
zkrat m (2a) El. Kurzschluß m.
zkrátit pf. (-cen) ver-, abkürzen; fig. schmälern; benachteiligen.

zkratka f (1c; -tek) Abkürzung f.
zkrátka Adv. kurz; kurzerhand.
zkreslit pf. entstellen, verzerren.
zkrmit pf. (ver)füttern.
zkroc|ený gezähmt; **~ovat** (-cuji) s. zkrotit.
zkropit pf. besprengen, benetzen.
zkrot|it pf. (-cen) zähmen, bändigen; **~lý** zahm, P kirre; **~nout** pf. (-tl) zahm, P kirre werden; klein beigeben.
zkroucen|í n (3) Verdrehung f; Med. Torsion f; **~ý** verdreht.
zkroušen|ost f (4) Reue f, † Zerknirschung f; **~ý** reumütig.
zkroutit pf. (-cen) drehen, verdrehen; entstellen; **~** se sich verziehen; sich krümmen.
zkrucov|ač m (3), **~atel** m (3; -é): **~** práva Rechtsverdreher m.
zkruš|it pf. zermürben; F j-n kirre machen; **~ující** zermürbend.
zkrut m (2a) s. zkrucení.
zkrv|ácený, **~avený** blutig; **~avět** pf. (3 Pl. -ějí) blutig (od. blutrot) werden; **~avit** pf. mit Blut beflecken.
zkřeh|lý steif, erstarrt; **~nout** pf. (-hl) steif werden, erstarren.
zkřesat pf. (-šu/-sám) abhauen; P verhauen; fig. herunterreißen.
zkřiv|ení n (3) Med. Verkrümmung f; **~it** pf. (ver)krümmen; Gesicht verziehen.
zkřížit pf. kreuzen; Plan durchkreuzen.
zkulatět pf. (3 Pl. -ějí) rund werden.
zkumavka f (1c; -vek) Reagenzglas n, Eprouvette f.
zkus|it pf. (-šen) versuchen; prüfen; erproben; Kleid anprobieren; Kochk. kosten, probieren; erfahren, durchmachen, ausstehen; **~mý** (Adv. -mo) versuchs-, probeweise; **~ný** Probe-.
zkuš|ebna f (1; -ben) Prüfungsraum m; Chem. Labor(atorium) n; Kfz. Prüfstand m; **~ebné** n (Adj. 3) Prüfungsgebühr f; **~ební** Prüfungs-; Probe-; **~ená** f (Adj. 2) Probezeit f; **~enost** f (4) Erfahrung f; **~ený** erfahren.
zkynout pf. Teig: aufgehen.
zkypřit pf. (auf)lockern.
zkys|at pf. (3. -šel/-sá), **~nout** pf. (-sl) sauer werden; **~(a)lý** sauer.
zlacen|í n (3) Vergoldung f; **~ý** vergoldet.

zlacin|ět *pf.* (3 *Pl.* -*ějí*) billiger werden; ~it *pf.* verbilligen.
zlačnět *pf.* (3 *Pl.* -*ějí*) hungrig werden.
zladit *pf. Mus.* stimmen; *Rdf.* abstimmen.
zlajdačelý liederlich; verbummelt.
zlámat *pf.* (-*u*) (zer)brechen (*se v*/*i*).
zlaťák *m* (2*b*) Goldstück *n*; *hist.* Gulden *m*.
zlat|íč *m* (3) Vergolder *m*; ~íčko *n* (1*b*; -*ček*) F Goldkind *n*; ~it ⟨*o*-, *po*-, *za*-⟩ (-*cen*) vergolden; ~ka P ↑ (1*c*; -*tek*) Gulden *m*; ~nický Goldschmiede-; ~nictví *n* (3; -*na k-o*) Goldschmiedekunst *f*; ~ník *m* 1. (1*a*) Goldschmied *m*; 2. (2*b*) Gulden *m*; ~o *n* (1) Gold *n*.
zlato|hlav *m* (2*a*) Goldbrokat *m*; ~hlávek *m* (1; -*vk*-) Goldfink *m*; Gold-, Rosenkäfer *m*; ~hnědý goldbraun; ~kop *m* (1; -*ové*) Goldgräber *m*; ~lesklý goldglänzend; ~nosný goldhaltig; ~plavý goldblond; ~skvoucí goldschimmernd; ~tkaný goldgewirkt.
zlaťou|čký, ~nký F goldig.
zlatoušek F *m* (1*a*; -*šk*-) Goldkind *n*.
zlato|vláska *f* (1*c*; -*sek*): *princezna* ♀ Prinzessin Goldhaar; ~vlasý goldhaarig; ~vý goldfarben; *Kochk.* goldbraun ~žlutý goldgelb.
zlatý 1. *Adj.* golden, Gold-; 2. *m* (*Adj.* 1) Gulden *m*.
zle *s.* zlý.
zlé *n* (*Adj.* 3) Böse(s) *n*, Übel *n*; *mít za* ~ übelnehmen; *po* ~*m* im bösen; *nic ve* ~! nichts für ungut!
zledov(at)ět *pf.* (3 *Pl.* -*ějí*) vereisen.
zlehč|ení *n* (3) Erleichterung *f*; Verringerung *f*; ~it *pf*., ~ovat (-*čuji*) erleichtern; verringern; herabsetzen.
zleh|ka, P ~oučka, ~ounka leicht, sacht; ~komyslnět *pf.* (3 *Pl.* -*ějí*) leichtsinnig werden.
zlen|ivět *pf.* (3 *Pl.* -*ějí*), ~ošit *pf.* faul (*od.* träge) werden.
zlepš|ení *n* (3) Besserung *f*; ~it *pf.* (ver)bessern; ~ovací Verbesserungs-, ~ovák P *m* (2*b*) Verbesserungsvorschlag *m*; ~ovat (-*šuji*) *s.* zlepšit; ~ovatel *m* (3; -*é*) Verbesserer *m*; *Pol.* Neuerer *m*.
zletil|ost *f* (4) Volljährigkeit *f*, Mündigkeit *f*; ~ý voll-, großjährig, mündig.
zlevn|ění *n* (3) Verbilligung *f*, Ermäßigung *f*; ~it *pf.* verbilligen; *Preis* herabsetzen.
zléz(a)t (*pf.* -*lezu*, -*zl*) ersteigen.
zlhostejnělý gleichgültig geworden.
zlíbat *pf.* abküssen.
zlíbit se *pf.* gefallen, belieben.
zlid|ovění *n* (3) *Pol.* Nationalisierung *f*; ~ovět *pf.* (3 *Pl.* -*ějí*) volkstümlich werden; ~štět *pf.* (3 *Pl.* -*ějí*) menschlich(er) werden; ~štít *pf.* vermenschlichen.
zlo *n* (1*a*) Böse *n*, Übel *n*, Unheil *n*.
zlob|a *f* (1) Bosheit *f*; ~it ⟨*na*-, *po*-, *roz*-, *za*-⟩ erzürnen, F ärgern; ~ se (*na k-o*) böse sein (*D*), sich ärgern (über *A*); ~ivý, ~ný böse, verärgert.
zloboh *m* (1*a*) böser Geist *m*, Dämon *m*.
zločin *m* (2*a*) Verbrechen *n*; ~ec *m* (3; -*nc*-), ~kyně *f* (2*b*) Verbrecher (-in *f*) *m*; ~ecký, ~ný verbrecherisch; ~nost *f* (4) Kriminalität *f*.
zloděj *m* (3), ~ka *f* (1*c*; -*jek*) Dieb *m*, Diebin *f*; *nur* -*ka* Lochsäge *f*; *Zo.* Raubbiene *f*; ~na P *f* (1; -*jen*) Gaunerei *f*; Diebesbande *f*; ~ský diebisch; Diebes-; ~ství *n* (3) Diebstahl *m*; F Diebshandwerk *n*.
zlo|duch *m* (1*a*) böser Geist *m*; ~lajník *m* (1*a*) Lästerer *m*; ~lajný Läster-.
zlom *m* (2*a*) Bruch *m*; ~ek *m* (2*b*; -*mk*-) *Math.* Bruch *m*; Bruchstück *n*, Fragment *n*; Bruchteil *m*; ~enina *f* (1) *Med.* Bruch *m*; ~it *pf. v*/*t* (zer)brechen; ~ *si ruku* sich (*D*) den Arm brechen; ~kovitý bruchstückhaft, fragmentarisch; ~kový Bruch-.
zlomysl|ník *m* (1*a*) Bösewicht *m*; ~nost *f* (4) Bosheit *f*; ~ný böswillig, boshaft.
zlo|pověstný berüchtigt; ~řád *m* (2*a*) Mißstand *m*; ~řečení *n* (3) Verwünschung *f*; ~řečit *pf.* (*k-u*, *č*-*u*, *na k-o*) verwünschen, verfluchen (*A*).
zlost *f* (4) Zorn *m*, P Wut *f*; ~ník *m* (1*a*) boshafter Mensch *m*; ~ný zornig.
zlo|syn *m* (1; -*ové*) Verbrecher *m*, Schurke *m*; ~třílý ruchlos; verlottert; ~věstný unheilverkündend; ~volný böswillig; ~zvuk *m* (2*b*) Mißklang *m*; ~zvyk *m* (2*b*) Unsitte *f*.
zlý (*Komp.* horší; *Adv.* zle, *Komp.*

hůř[e]| böse, schlecht; übel, schlimm, arg.
zlynčovat *pf.* (-čuji) lynchen.
zmáčet (3 *Pl.* -ejí) s. zmočit.
zmačkat *pf.*, **zmáčknout** *pf.* (-kl; -knut) zerdrücken; *Papier* zerknittern, zerknüllen.
zmáhat s. zmoci.
zmáchat s. zmočit.
zmalátn|ělost *f.* (4) Abgespanntheit *f*; **~ělý** abgespannt, schlaff, matt; **~ět** *pf.* (3 *Pl.* -ějí) ermatten.
zmalomysln|ět *pf.* (3 *Pl.* -ějí) verzagen; **~it** *pf.* entmutigen.
zmalovat *pf.* (-luji) bemalen; P verdreschen.
zmámit *pf.* betäuben; verblenden, betören. [ren.⟩
zmapovat *pf.* (-puji) kartographie-⟩
zmar *m* (2a) Verderben *n*; **~nit** *pf.* vergeuden, verprassen.
zmařit *pf.* verderben; *Vorhaben* vereiteln, hintertreiben.
zmasovět *pf.* (3 *Pl.* -ějí) weite Verbreitung finden.
zmást *pf.* (zmatu, -tl, -ten) verwirren.
zmat|ečný, **~ečný** *Jur.* ungültig, nichtig; **~ek** *m* (2b; -tk-), **~ení** *n* (3) Verwirrung *f*, F Durcheinander *n*; **~enost** *f* (4) Verwirrung *f*; Verlegenheit *f*; **~ený** verwirrt, wirr; oft P *pf.* matt setzen.
zmazat *pf.* (-žu/-ži) beschmieren; P verprügeln.
změkč|ení *n* (3) Erweichung *f*; **~ilost** *f* (4) Verweichlichung *f*; **~ilý** verweichlicht, weichlich; **~it** *pf.*, **~ovat** (-čuji) aufweichen; *Wasser* enthärten; *Laut* erweichen.
změk|nout *pf.* (-kl) weich werden; aufweichen (v/i); **~nutí** *n* (3) *Med.* Erweichung *f*.
změn|a *f* (1) Änderung *f*, Veränderung *f*; Wechsel *m*; Wandlung *f*; **~it** *pf.* (ver)ändern, ab-, umändern; verwandeln; (um)wechseln; **~itelný** veränderlich.
zmenš|ení *n* (3) Verkleinerung *f*, Verringerung *f*; **~enina** *f* (1) Verkleinerung *f*; **~it** *pf.*, **~ovat** (-šuji) verkleinern; vermindern.
změřit *pf.* (ab-, nach)messen; *fig.* ermessen.
změšk|ání *n* (3) Versäumnis *n*; **~at** *pf.* versäumen, F verpassen.
změšťáčtět *pf.* (3 *Pl.* -ějí) verä. verbürgerlichen, verspießern.

změť *f* (4d; -ti; 7 *Pl.* -tmi) Gewirr *n*.
zmet|at *pf.* *Zo.* e-e Fehlgeburt haben; **~ek** *m* (2b; -tk-) *Tech.* Ausschuß *m*, Fehlproduktion *f*; (1a) Mißgeburt *f*; † Wechselbalg *m*; *fig.* Ausgeburt *f*; **~kov(it)ost** *f* (4) Ausschußquote *f*; **~kový** Ausschuß-.
změtení *n* s. zmatení.
zmezinárod|nit *pf.*, **~ňovat** (-ňuji) internationalisieren.
zmije *f* (2) Kreuzotter *f*, Viper *f*.
zmín|ěný erwähnt; **~it se** *pf.* (o čem) erwähnen (A); **~ka** *f* (1c; -nek) Erwähnung *f*.
zmiňovat se (-ňuji) s. zmínit se.
zmírat *lit.* (čím) (dahin)sterben (an D), verschmachten (vor D).
zmírn|ění *n* (3) Mäßigung *f*, Milderung *f*; **~ napětí** *Pol.* Entspannung *f*; **~it** *pf.* mäßigen, mildern; *Schmerz* lindern.
zmítat ⟨roze-, za-⟩ (čím) schütteln, heftig bewegen (A); **~ se** schwanken.
zmizet (3 *Pl.* -ejí/-í) verschwinden.
zmlad|a *Adv.* von Jugend auf; in *s-r* Jugend; **~it** *pf.* (-zen) verjüngen, jung machen.
zmlád|nout *pf.* (-dl) (wieder) jung werden; **~nutí** *n* (3) Verjüngung *f*.
zmlátit *pf.* (-cen) (aus)dreschen; P verprügeln.
zmlaz|ení, **~ování** *n* (3) Verjüngung *f*; **~ovat** (-zuji) s. zmladit.
zmlk|(áv)at, **~nout** *pf.* (-kl) verstummen.
zmlsaný naschhaft.
zmno|honásobit *pf.* vervielfachen; **~žit** *pf.* vermehren.
zmoci *pf.* (s. moci) vermögen; *Arbeit* bewältigen; überwältigen.
zmoc|něnec *m* (3; -nc-) Bevollmächtigte(r) *m*; **~nění** *n* (3) Ermächtigung *f*; **~nit** *pf.* bevollmächtigen; † stärken; **~ se** (č-o) sich bemächtigen (G); (k-o) befallen, ergreifen (A); **~nitel** *m* (3; -é) Mandant *m*; **~ňovat** (-ňuji) s. zmocnit.
zmo|čit *pf.* naß machen, benetzen; **~dernizovat** [-nɪ-] *pf.* (-zuji) modernisieren; **~drat** *pf.* blau werden, blau anlaufen; **~hutnět** *pf.* (3 *Pl.* -ějí) mächtig (*od.* stark) werden.
zmok|lý naß geworden, durchnäßt; **~nout** *pf.* (-kl) naß werden.
zmořit *pf.* entkräften.
zmotat *pf.* verwirren, F verfitzen.

zmoudřet *pf.* (3 *Pl. -ejí*) vernünftig (*od.* klug) werden.

zmozolnět *pf.* (3 *Pl. -ějí*) schwielig werden.

zmraz|ek *m* (2b; -zk-) gefrorener Erdklumpen *m od.* Schnee *m*; **~ení** *n* (3) Unterkühlung *f*; Tiefkühlung *f*; **~ený** tiefgekühlt, Gefrier-; **~it** *pf.*, **~ovat** (-*zuji*) vereisen; *Med.* unterkühlen; *Tech.* tiefkühlen; **~ovací** Gefrier-; **~ování** *n* (3) *s.* zmrazení; **~ cen** Preisstopp *m*.

zmrhat *pf.* vergeuden; † *Mädchen* schänden.

zmrskat *pf.* auspeitschen.

zmrtv|ět *pf.* (3 *Pl. -ějí*) absterben, erstarren; **~it** *pf.* abtöten; **~ýchvstání** *n* (3) Auferstehung *f*.

zmrzačit *pf.* verstümmeln, zum Krüppel machen.

zmrz|at gefrieren; erfrieren; **~et** *pf.* verdrießen; **~lík** *m* (1a) leicht frierender Mensch *m*; **~lina** *f* (1) (*Speise*-)Eis *n*; **~linář** *m* (3) Eisverkäufer *m*; **~lý** gefroren; erfroren; **~nout** *pf.* (-*zl*) *s.* zmrzat.

zmučit *pf.* (zu Tode) quälen, foltern.

zmuchlat *pf.* zerknittern, zerknüllen.

zmuž|ilost *f* (4) Mannhaftigkeit *f*; **~ilý** mannhaft; **~it se** *pf.* sich aufraffen, (neuen) Mut fassen; **~nět** *pf.* (3 *Pl.-ějí*) zum Mann werden.

zmydlit P *pf.* ordentlich verprügeln.

zmýl|ená *f* (*Adj.* 2) Irrtum *m*; **~it** *pf.* irreführen; **~ se** sich irren; **~ se** při *počítání* sich verrechnen.

znač|it ⟨o-, vy-. za-⟩ markieren, bezeichnen; bedeuten; **~ka** *f* (1c; -ček) Kennzeichen *n*, Zeichen *n*; (*Weg-*)Markierung *n*; *Kfz.* Verkehrszeichen *n*; *Hdl.* (Schutz-)Marke *f*; Warenzeichen *n*; Etikett *n*; (*Buch-*)Signatur *f*; *Chem.*, *Math.* Formel *f*; **~kovací** Signier-; **~kovat** ⟨o-, pře-, vy-⟩ (-*kuji*) bezeichnen, markieren; *Buch* signieren; **~ný** bedeutend, beträchtlich, erheblich.

znak¹ *m* (2b) Wappen *n*; Merkmal *n*, Zeichen *n*, Sinnbild *n*.

znak² *m* (2b) Rücken *m*, Nacken *m*; **~ař** *m* (3), **~ařka** *f* (1c; -řek) *Sp.* Rückenschwimmer(in *f*) *m*.

znako|mluva *f* (1) Zeichensprache *f*; **~plavka** *f* (1c; -vek) Wasserwanze *f*.

znal|ec *m* (3; -lc-), **~kyně** *f* (2b) Kenner(in *f*) *m*; Sachverständige *m od. f*; **~ecký** sachkundig, Fach-; Kenner-; **~ost** *f* (4) Kenntnis *f*; **~ý** (*č*-*o*) kundig, mächtig e-r *Sache*.

znamen|at ⟨po-, za-⟩ bedeuten, heißen, bezeichnen; bemerken, wahrnehmen; **~ si** (*co*) vermerken (*A*); **~ se uteznamenávat**; **~ se křížem** sich bekreuzigen; **~í** *n* (3) Zeichen *n*; Wahrzeichen *n*; Mal *n*; Lesezeichen *n*; **~itost** *f* (4) Vorzüglichkeit *f*; Sehenswürdigkeit *f*; **~itý** bedeutend; vortrefflich, großartig, glänzend.

znam|énko, **~ínko** *n* (1b; -nek) (kleines) Zeichen *n* (*a. Gr., Math.*).

znám|ka *f* (1c; -mek) Marke *f* (*Schul-*)Note *f*; Zeichen *n*; *Med.* Anzeichen *n*; **~kař** *m* (3) Briefmarkensammler *m*; **~kovat** ⟨o-⟩ (-*kuji*) *Brief* frankieren; *Hdl.* (aus-)zeichnen; (*Schule*) benoten, zensieren; **~ost** *f* (4) Bekanntschaft *f* (*a. fig.*); Kenntnis *f*, Vertrautheit *f*; **~ý** *1.* (*Adv. -o*) bekannt; *2. m* (*Adj. I*) Bekannte(r) *m*.

znárod|nění *n* (3) *Pol.* Nationalisierung *f*; **~něný** volkseigen; **~nět** *pf.* (3 *Pl. -ějí*) volkstümlich werden; **~nit** *pf.*, **~ňovat** (-*ňuji*) nationalisieren, in Volkseigentum überführen.

znásil|nit *pf.*, **~ňovat** (-*ňuji*) vergewaltigen.

znásob|it *pf.*, **~ovat** (-*buji*) vervielfachen; *Math.* multiplizieren.

znát (*in Zssgn -znat:* po-, při-) kennen; dát (*co*) ~ erkennen (*od.* sich anmerken) lassen (*A*); ~ se einander kennen; ~ se (k *č-u*) sich bekennen (zu *D*); neznat se (*čím*) außer sich geraten *od.* sein (vor).

znatelný erkennbar, bemerkbar; merklich. [werden.]

znavit *pf. v/t* ermüden; ~ se müdej

znázor|nit *pf.*, **~ňovat** (-*ňuji*) veranschaulichen, darstellen.

zne|ctít *pf.* (*s. ctít*) entehren, schänden; **~čistit** *pf.* (-*štěn*) verunreinigen; **~hodnotit** *pf.* (-*cen*) entwerten.

znechu|cení *n* (3) Überdruß *m*; **~cený** (*čím*) überdrüssig (*G*), angewidert (von *D*); **~covat** (-*cuji*), **~tit** *pf.* (-*cen*) verleiden, F verekeln; ~ si *co* überdrüssig werden (*G*); ~ se (k-*u*) zuwider sein (*D*).

znějící lautend; stejně ~ gleichlautend.

zneklid|nět *pf.* (*3 Pl. -ěji*) unruhig werden; **~nělý** beunruhigt; **~nit** *pf.*, **~ňovat** (*-ňuji*) beunruhigen; **~ňující** beunruhigend, alarmierend.

znělec *m* (*4; -lc-*) *Min.* Phonolith *m.*

znelíbit se *pf.* mißfallen.

zněl|ka *f* (*1c; -lek*) Sonett *n*; *Rdf.* Funksignal *n*; *Sp.* Fanfare *f*; **~ý** *Gr.* stimmhaft.

zněmč|it *pf.*, **~ovat** (*-čuji*) verdeutschen, germanisieren.

znemožnit *pf.* unmöglich machen.

znemravn|ět *pf.* (*3 Pl. -ěji*) moralisch verkommen; **~it** *pf.* demoralisieren.

zne|nadání *Adv.* unverhofft, unerwartet, überraschend; **~náhla** *Adv.* allmählich, langsam.

znění *n* (*3*) Tönen *n*, Klang *m*; Wortlaut *m*, Fassung *f.*

znepokoj|it *pf.*, **~ovat** (*-juji*) beunruhigen; **~ující** besorgniserregend.

zne|přátelit *pf.* verfeinden; **~přijemnit** *pf.* verleiden.

znervózn|ět *pf.* (*3 Pl. -ěji*) nervös werden; **~it** *pf.* nervös machen.

znesnadnit *pf.* erschweren.

znesvě|covat (*-cuji*), **~tit** *pf.* (*-cen*) entweihen.

zne|škodnit *pf.* unschädlich machen; **~švařit** *pf.* verunstalten; Straße verunreinigen.

znetvoř|enina *f* (*1*), **~ení** *n* (*3*) Mißbildung *f*; Entstellung *f*; **~it** *pf.* mißbilden; entstellen.

zneuctí(va)t (*pf. s. ctít*) entweihen; schänden.

zneuzn|á(vá)ní *n* (*3*) Verkennung *f*; **~(áv)at** verkennen.

zneuž|ití *n* (*3*) Mißbrauch *m*; **~ít** *pf.* (*-žiji, -žil, -žit*) mißbrauchen (*č-o/ A*).

znevážit *pf.* geringschätzen, mißachten.

znič|ení *n* (*3*) Vernichtung *f*; **~it** *pf.* vernichten; **~** se sich zugrunde richten; **~ující** vernichtend.

znít ⟨*do-, pro-, roze-, za-*⟩ (*3 Pl. -í/ -ějí, zněl*) klingen, tönen; *Text:* lauten.

znorm|alizovat *pf.* (*-zuji*) normalisieren; **~ovat** *pf.* (*-muji*) normen.

znov|a, ~u *Adv.* von neuem, erneut, wieder(um), nochmals; **~u-** in Zssgn wieder-.

znudit *pf.* (*-ěn*) langweilen.

zob *m* (*2a*) Vogel-, Streufutter *n*; **~ák** *m* (*2b*), *dim.* **~áček** *m* (*2b; -čk-*), **~an** *m* (*2a*), **~ec** *m* (*4; -bc-*) Schnabel *m*; **~at** ⟨*po-, vy-, za-*⟩ (*-u/-ám*)(auf-) picken; **~ovitý** schnabelförmig; **~ový** Schnabel-.

zobecn|ělý allgemein; **~ěný** verallgemeinert; **~ět** *pf.* (*3 Pl. -ěji*) allgemein üblich werden; **~it** *pf.* verallgemeinern.

zobnout *pf.* (*-bl; -bnut*), picken, *mit dem Schnabel* haschen; P *a.* klauen.

zobonoska *f* (*1c; -sek*) Rüsselkäfer *m.*

zobracet *pf.* (*3 Pl. -ejí*) umkehren; durchwühlen; Beet umstehen.

zobraz|ení *n* (*3*) Abbildung *f*; **~it** *pf.* (*-zen*) abbilden, (bildlich) darstellen; **~ovatel** *m* (*3; -é*) Darsteller *m.*

zocel|it *pf.*, **~ovat** (*-luji*) stählen.

zoctovatět *pf.* (*3 Pl. -ěji*) zu Essig werden.

zočit *pf.* erblicken, gewahr werden.

zodbornit *pf.* spezialisieren.

zodpov|ědět, ~ídat *s.* odpovědět.

zohavit *pf.* entstellen; verstümmeln.

zohýbat (*im)pf.* verbiegen.

zohyzdit *pf.* (*-žděn*) entstellen.

zóna *f* (*1*) Zone *f.*

zoo *n* (*1; 6. -u od. indekl.*) Zoo *m*; **~log** *m* (*1a; -ové*) Zoologe *m*; **~logický** zoologisch; **~technik** [-nık] *m* (*1a; -ové*) Zootechniker *m.*

zora *f* (*1d*) *poet.* Morgenröte *f*, Morgenrot *n.*

zorat *pf.* (*-rám/-řu*) ackern, pflügen.

zorni|ce *f* (*2a*), *dim.* **~čka** *f* (*1c; -ček*) Pupille *f*; P † *a.* Morgenstern *m.*

zornit *pf.* urbar machen.

zorný Blick-, Gesichts-, Seh-.

zosnovat *pf.* (*-nuji*) anzetteln, anstiften; Unruhe stiften; **~el** *m* (*3; -é*) Anstifter *m*, Urheber *m*; **~** *války* Kriegsbrandstifter *m.*

zosob|nění *n* (*3*) Verkörperung *f*, Personifizierung *f*; **~nit** *pf.*, **~ňovat** (*-ňuji*) verkörpern, personifizieren.

zostouzet (*im)pf.* (*3 Pl. -ejí*) verunglimpfen, P schlecht machen.

zostra *Adv.* scharf; rasch; streng.

zostř|it *pf.*, **~ovat** (*-řuji*) schärfen; *fig.* verschärfen; **~** sich zuspitzen.

zostudit *pf.* (*-zen/-děn*) verunglimpfen; bloßstellen, blamieren.

zošk|liv|ět *pf.* (*3 Pl. -ěji*) häßlich werden; **~it** *pf.* häßlich machen; verleiden, P verekeln (*k-u co* j-m *A*).

zotav|ená *f* (*Adj. 2*), **~ení** *n* (*3*) Erholung *f*; *na -enou* zur Erholung; **~it se** *pf.*, **~ovat se** (*-vuji*) sich er-

zotavovací

holen; ~ovací Erholungs-; ~ovna f (1; -ven) Erholungsheim n.

zotročit pf. versklaven, knechten.

zoub|ek m (2b; -bk-) Zähnchen n; Tech. Zahn m; Zacken m; ~kovat ⟨o-⟩ ⟨-kuji⟩ zähnen; (aus)zacken.

zouf|alec m (3; -lc-) Verzweifelte m; ~alství n (3), ~alost f (4) Verzweiflung f; ~alý verzweifelt; ~ání n (3) Verzweifeln n; ~at (si) ⟨pro-, za-⟩ ⟨nad čím, na čem⟩ verzweifeln (an D, über A).

zou|t pf., vy- ⟨zuji, zul, zut⟩, ~vat ⟨vy-⟩: ~ boty die Schuhe ausziehen; ~vák m (2b) Stiefelknecht m.

zpáčit se pf. zurücktreten; sein Wort zurücknehmen; F sich weigern.

zpachtovat pf. ⟨-tuji⟩ (ver)pachten.

zpaměti Adv. auswendig.

zpanšt|ělý herrisch; ~ět pf. (3 Pl. -ěji) herrschaftliche Manieren annehmen, F den großen Herrn spielen.

zpátečn|í Rück-; ~ lístek Rückfahrkarte f; ~ický rückschrittlich, reaktionär; ~ictví n (3) Pol. Reaktion f; ~ík m (1a) Reaktionär m.

zpátky Adv. zurück.

zpečetit pf. besiegeln.

zpečovat se pf. ⟨-čuji⟩ sich weigern.

zpeněž|ení n (3) Veräußerung f, Verkauf m; ~it pf. veräußern, F zu Geld machen; ~itelný verkäuflich.

zpěn|ěný schäumend, schaumbedeckt; ~it pf. schäumen lassen; ~ se (auf)schäumen.

zpeřený Bot. gefiedert, federspaltig.

zpestř|ení n (3) Abwechslung f; ~it pf. bunt(er) machen.

zpět Adv. zurück; tam a ~ hin und zurück; pohled ~ Rückblick m; ~ný Rück-, Gegen-; se -nou platností mit Rückwirkung; ~ há(če)k Widerhaken m; -né zrcátko Kfz. Rückspiegel m; -ná voda Stauwasser n.

zpěv m (2a) Gesang m; ~ácký Gesang-; ~ák m (1a), ~áčka f (1c; -ček) Sänger(in f) m; ~avý Sing-; ~ník m (2b) Gesang-, Liederbuch n.

zpevnit pf. festigen; Tech. härten; Normen vorfristig erfüllen; Pol. konsolidieren.

zpěv|ný sangbar, singbar; melodisch; sangesfroh; ~ohra f (1d; -her) Singspiel n.

zpíjet se (3 Pl. -eji), **zpít se** pf. ⟨zpiji, -il⟩ sich betrinken.

zpilý poet. trunken; s. zpitý.

zpitom|ělý betäubt; P blöd; ~ět pf. -ěji) dumm werden.

zpitvořit pf. verzerren, verunstalten.

zpitý betrunken.

zpív|ání n (3) Singen n; ~aný gesungen; -ná mše Rel. Hochamt n; ~at ⟨od-, vy-, za-⟩ singen.

zplakat pf. (zpláču/-či) in Tränen ausbrechen ⟨nad čím über A⟩.

zplanět pf.(3 Pl. -ěji) Bot. unfruchtbar werden, verwildern.

zplan(ýr)ovat pf. (-ruji/-nuji) planieren.

zplesnivět pf. (3 Pl. -ěji) verschimmeln.

zpleštět pf. (3 Pl. -ěji) e-e Glatze bekommen.

zplihlý weich, schlapp.

zplna Adv. voll, ganz.

zplnomoc|něnec m (3; -nc-) Bevollmächtigte(r) m; ~něný bevollmächtigt; ~nit pf., ~ňovat (-ňuji) (k-o) bevollmächtigen (A), Vollmacht erteilen (D); ~nitel m (3; -é) Jur. Auftraggeber m.

zplod|ina f (1) Produkt n; ~it pf. (-zen) (er)zeugen; hervorbringen; ~itel m (3; -é) Jur. Erzeuger m.

zploštělý abgeflacht.

zplozen|ec m (3; -nc-) fig. Sohn m; verä. Ausgeburt f; ~í n (3) Zeugung f; ~ý gezeugt.

zplstěný verfilzt.

zplynovač m (4) Vergaser m.

zpocený durch(ge)schwitzt, verschwitzt.

zpočátku Adv. zu Beginn; anfangs.

zpod Adv. von unten hervor; Prp. (mit 2. Fall) unter (D) hervor.

zpodob|it pf., ~ovat (-buji) abbilden; Mal. darstellen.

zpodstatnělý Gr. substantivisch (gebraucht).

zpohodln|ět pf. (3 Pl. -ěji) bequem(er) werden; ~it pf., ~ňovat (-ňuji) bequem(er) machen, erleichtern.

zpokrokovět pf. (3 Pl. -ěji) fortschrittlich werden.

zpola Adv. halb, zur Hälfte.

zpolehou|čka, ~nka Adv. ganz (od. schön) langsam, leicht.

zpolíčkovat pf. ⟨-kuji⟩ ohrfeigen.

zpolitizovat [-ti-] pf. ⟨-zuji⟩ politisieren, mit Politik verbinden od. erfüllen.

zpolovic(e) *Adv.* zur Hälfte, halb; halbwegs.
zpomal|it *pf.*, **~ovat** (*-luji*) verlangsamen; **~ovač** *m* (4) Zeitlupe *f*.
zponenáhl|a, **~u** *Adv.* allmählich, nach und nach.
zpopeln|ění *n* (3) Einäscherung *f*; **~it** *pf.* einäschern.
zpopul|arizovat *pf.* (*-zuji*), **~árnit** *pf.* popularisieren, populär machen; **~árnět** *pf.* (3 *Pl. -ěji*) populär werden.
zpo|rážet *pf.* (3 *Pl. -ejí*) umwerfen; *Baum* fällen; *Vieh* abschlachten. **~tit** *pf.* (*-cen*) durchwetzen; **~ se** in Schweiß geraten; **~tvořit** *pf.* entstellen.
zpověď *f* (4a; *-di*) Beichte *f*; **~dní** Beicht-; **~dnice** *f* (2a) Beichtstuhl *m*; **~dník** *m* (1a) Beichtvater *m*.
zpovídat die Beichte abnehmen; **~ se** ⟨vy-⟩ beichten.
zpovšech|nit *pf.*, **~ňovat** (*-ňuji*) verallgemeinern.
zpovzdál|(eč)í, **~i** *Adv.* von weitem, aus einiger Entfernung.
zpoza *Prp.* (*mit 2. Fall*) hinter (D) hervor.
zpozdil|ec *m* (3; *-lc-*) Nachzügler *m*; P *a.* Dummkopf *m*, Spätzünder *m*; **~ost** *f* (4) Albernheit *f*; **~ý** albern, töricht.
zpozdit *pf.* (*-žděn*) verzögern; **~ se** sich verspäten. *Uhr*: nachgehen.
zpozorovat *pf.* (*-ruji*) (be)merken, gewahr werden.
zpožděn|í *n* (3) Verspätung *f*; **~ý** verspätet.
zpracov|ání *n* (3) Bearbeitung *f*; *Tech.* Verarbeitung *f*; **~at** *pf.* (*-cuji*), **~ávat** bearbeiten; verarbeiten; **~atel** *m* (3; *-é*) Bearbeiter *m*.
zprahlý verdorrt.
zprachniv|ělý vermodert, morsch; verwest; **~ět** *pf.* (3 *Pl. -ějí*) vermodern; verwesen.
zprava *Adv.* von rechts.
zpráva *f* (1) Nachricht *f*, Bericht *m*; *Jur.* Bescheid *m*; *o činnosti* Tätigkeitsbericht; *předběžná* **~** Vorbericht; *neblahá* **~** Hiobsbotschaft *f*.
zpravidla *Adv.* meist, in der Regel.
zprav|it *pf.*, **~ovat** (*-vuji*) benachrichtigen (*o čem von* D); **~odaj** *m* (3) Berichterstatter *m*; **~odajský** Nachrichten-; **~odajství** *n* (3) Nachrichtendienst *m*; Informa-
tionsbüro *n*; Berichterstattung *f*; *dálkové* **~** Fernmeldewesen *n*.
zpražit *pf.* versengen; P (*k-o*) e-e Abfuhr erteilen (D).
zproduktivnit [-tt-] *pf.* produktiv machen.
zprohýbaný verbogen.
zproněvě|ra *f* (1d), **~ření** *n* (3) Veruntreuung *f*; **~řit** *pf.*, **~řovat** (*-řuji*) veruntreuen, unterschlagen; *e-r Sache* (D) untreu werden.
zpropadený F verdammt, verflixt.
zprostit *pf.* (*-štěn*) befreien, entlasten, entbinden, lossprechen (*k-o č-o* j-n von D).
zprostřed (*mit 2. Fall*) aus der Mitte (G); **~ka** *Adv.* in der Mitte.
zprostředkov|ací Vermittlungs-; **~at** *pf.* (*-kuji*), **~ávat** vermitteln; **~atel** *m* (3; *-é*) Vermittler *m*; *Jur.* Mittelsperson *f*; *Mil.* Unterhändler *m*; **~atelna** *f* (1; *-len*) Vermittlung(sstelle) *f*.
zprotivit *pf.* verleiden; **~ se** zuwider werden; sich widersetzen.
zprudit *pf.* (*-zen*) wund reiben.
zprudka *Adv.* heftig, rasch, stürmisch.
zpruha *f* (1b) *Tech.* (Spann-, Sprung-)Feder *f*.
zprůmysl|nění, **~ovění** *n* (3) Industrialisierung *f*; **~nit** *pf.* industrialisieren.
zpruzenina *f* (1) *Med.* Wolf *m*.
zpruž|ina *f* (1) *Tech.* Feder *f*; **~(n)it** *pf.* elastisch machen.
zprvu *Adv.* anfangs, zuerst, zunächst.
zprznit *pf.* schänden, entehren.
zpředu von vorn; (*zeitlich*) anfangs, zu Beginn; *pohled* **~** Vorderansicht *f*.
zpřeházet *pf.* (3 *Pl. -ejí*) durcheinanderwerfen.
zpře|lámat *pf.* (*-u*), **~rážet** *pf.* (3 *Pl. -ejí*) *v*/*t* zerbrechen, knicken; **~snit** *pf.* präzisieren; **~trhat** *pf.* *v*/*t* zerreißen; **~vracet** (*im*)*pf.* (3 *Pl. -ejí*) umwerfen, umlegen; durcheinanderwerfen.
zpříč|ení *n* (3) Verklemmung *f*; Querlage *f*; **~it** *pf.* querlegen; **~ se** sich verklemmen; *lit.* sich aufbäumen.
zpří|jemnit *pf.* angenehm machen; **~kra** *Adv.* schroff, barsch; **~ma** *Adv.* gerade, aufrecht; *fig.* glattweg, geradeheraus; **~mit** *pf.* gerade machen, begradigen; **~ se** sich auf-

zpřístupnit

richten; ~**stupnit** *pf.* zugänglich machen; ~**tomnit** *pf.* vergegenwärtigen.

zpuch|lina *f (1)* Geschwulst *f*; ~**nout** *pf. (-chl)* anschwellen.

zpuchř|elý morsch; ~**et** *pf. (3 Pl. -ejí/-í)* vermodern.

způli *Adv.* halb, zur Hälfte.

zpup|nost *f (4)* Hochmut *m*, Hoffart *f*; ~**ný** hochmütig, übermütig; *hist.* Allodial-, lehnfrei.

způsob *m (2a)* Art *f*, Weise *f*, Art und Weise *f*; Benehmen *n*, Umgangsform *f*; *Gr.* Form *f*; *tím* ~*em* auf diese Weise; *týmž* ~*em* in gleicher Weise; *žádným* ~*em* keinesfalls; *volný* ~ *Sp.* Freistil *m*; *vhodným* ~*em* in geeigneter Weise; ~**a** *f (1) Rel.* Gestalt *f*; ~**ilost** *f (4)* Befähigung *f*; ~**ilý** befähigt, fähig; ~**it** *pf.*, ~**ovat** *(-buji)* bewirken, verursachen; *Aufsehen* erregen; ~ *si co* sich et. zufügen; ~**nost** *f (4)* Schicklichkeit *f*; ~**ný** artig, anständig; ~**ový** *Gr.* modal.

zpust|lík *m (1a)* Wüstling *m*; ~**lost** *f (4)* Verwüstung *f*; Verwahrlosung *f*; ~**lý** verwildert, verwahrlost, wüst; ~**nout** *pf. (-tl)* veröden; verwildern; verkommen; ~**ošení** *n (3)* Verwüstung *f*; ~**ošit** *pf.* verwüsten, verheeren.

zpuštění *n (3) s.* zpustlost.

zpyšnět *pf. (3 Pl. -ejí)* hochmütig werden.

zpytov|ání *n (3)*: ~ *svědomí Rel.* Gewissenserforschung *f*; ~**at** *pf. (-tuji)* (er)forschen.

zračit se erscheinen, sich zeigen, sichtbar werden.

zráčit se P *pf.* belieben.

zrada *f (1)* Verrat *m*.

zrád|ce *m (3)*, ~**kyně** *f (2b)* Verräter(in *f*) *m*; ~**covský** verräterisch.

zradikalizovat [-dɪ-] *pf. (-zuji)* radikalisieren.

zrádn|ě *Adv.* hinterrücks; *fig.* schmählich; ~**ý** verräterisch, treulos.

zrak *m (2b)* Sehkraft *f*, Gesichtssinn *m*, Augenlicht *n*; *fig.* Auge *n*; Blick *m*; ~**ový** Gesichts-; Seh-; *fig.* optisch.

zral|ost *f (4)* Reife *f*; ~**ý** reif.

zrána *Adv.* früh, morgens, *öst.* in der Frühe; *časně* ~ frühmorgens.

zran|ění *n (3)* Verletzung *f*, Verwundung *f*; ~**it** *pf.* verletzen, verwunden; ~**itelný** verwundbar.

542

zrát ⟨*do-*, *vy-*⟩ (zraji, zrál; *Su.* zrání) reifen.

zrazovat *(-zuji) s.* zradit.

zrcad|élko *n (1b; -lek) s.* zrcátko; ~**lení** *n (3)* Spiegelung *f*; ~**lit se** ⟨*za-*⟩ sich (wider)spiegeln; ~**lo** *n (1a; -del)* Spiegel *m*; ~**lovka** *f (1c; -vek) Fot.* Spiegelreflexkamera *f*; ~**lový** Spiegel-.

zrcátko *n (1b; -tek)* (kapesní Taschen-)Spiegel *m*.

zregulovaný geregelt.

zrez|avělý, ~**ivělý** verrostet, rostig; ~**avět**, ~**ivět** *pf. (3 Pl. -ejí)* (ver-)rosten.

zrn|ečko, ~**éčko**, ~**íčko** *n (1b; -ček)* Körnchen *n*; ~**ění** *n (3)* Granulation *f*; ~**ěný** gekörnt; ~**itý** körnig; ~**ko** *n (1b; -nek)* Korn *n*, Körnchen *n*; (*Kaffee-*)Bohne *f*; ~**ková** ~*vá káva* Bohnenkaffee *m*; ~**o** *n (1; 6. -u)* Korn *n*; *ječné* ~ *Med.* Gerstenkorn.

zrobit *pf.* anfertigen.

zrod *m (2; 6. -u/-ě)* Geburt *f*, Entstehung *f*; ~**it** *pf. (-zen)* gebären, zur Welt bringen; ~ **se** geboren werden, zur Welt kommen.

zro|hovatět *pf. (3 Pl. -ejí)* verhornen; ~**sit** *pf.* mit Tau benetzen; ~ **se** feucht werden; ~**solovatět**, ~**solovatět** *pf. (3 Pl. -ejí)* gelieren; *öst.* sulzig werden.

zrov|na *Adv.*, P ~**(n)inka** gerade, genau.

zrovnopráv|nění *n (3)* Gleichberechtigung *f*; ~**něný** gleichberechtigt; ~**nit** *pf.*, ~**ňovat** *(-ňuji)* gleichberechtigen, -stellen (s kým/D).

zrozen|í *n (3) lit.* Entstehung *f*; ~**ý** entstanden, geboren.

zrozpačitělý in Verlegenheit geraten, verlegen.

zručn|ost *f (4)* Geschicklichkeit *f*; ~ *prstů* Fingerfertigkeit *f*; F *má v tom* ~ er hat es im Griff; ~**ý** geschickt, gewandt.

zrůda *f (1)* Mißgestalt *f*; Mißbildung *f*.

zrudlý errötet; *Med.* gerötet; rot.

zrůdnost *f (4)* Entartung *f*; Ruchlosigkeit *f*.

zrudnout *pf. (-dl)* erröten, rot werden.

zrůdný mißgestaltet, entartet; *Tat*: ruchlos.

zruš|ení *n (3)* Aufhebung *f*, Abschaffung *f*; *Hdl.* Stornierung *f*; ~**it** *pf.* aufheben, abschaffen; *Vertrag* lösen; *Betrieb*, *Ehe* auflösen; *Hdl.*

ztrojnásobit

stornieren; ~ovací Aufhebungs-; ~ovat (-*šuji*) s. zrušit.
zrychl|ení n (3) Beschleunigung f; ~ený beschleunigt; ~ vlak Eilzug m; ~it pf., ~ovat (-*luji*) beschleunigen; ~ovač m (4) Zeitraffer m.
zrychtovat P pf. (-*tuji*) herrichten; P übel zurichten.
zrýmovaný gereimt, Reim-.
zrý|pat pf. (-*ám*/-*u*), ~t pf. (zryji, -yl, -yt), ~vat umgraben.
zrz|avý rotblond; ~ek m (1a; -zk-), ~oun m (1) P Rotkopf m.
zřasit pf. in Falten legen; Kleid plissieren.
zřed|ění n (3) Verdünnung f; ~it pf. verdünnen.
zřejm|ost f (4) Deutlichkeit f; ~ý offenkundig, klar, deutlich.
zřeknout se pf. (-kl) s. zříci se.
zření n (3) Sehen n; lit. Einsicht f; s. zřetel.
zřetel m (4) Rücksicht(nahme) f; Berücksichtigung f; Augenmerk n; Gesichtspunkt m, Standpunkt m; se ~em k č-u, na co mit Rücksicht (od. im Hinblick) auf (A); ~e hodný bemerkenswert; hlavní ~ Hauptaugenmerk n; ~nost f (4) Deutlichkeit f; ~ný rücksichtig; klar.
zřezat P pf. (-*žu*/-*zám*) verprügeln; Arbeit verhauen.
zřícenina f (1) Ruine f; lit. koll. Trümmer m/pl.
zříci se, zřeknout se pf. (zřeknu, -kl) (č-o) verzichten (auf A); lit. entsagen (G).
zřídelní Quell(en)-.
zřídit pf. (-*zen*) errichten; Weg, Verzeichnis anlegen; Geld stiften; Tech. instandsetzen; Regierung bilden; Verbindung herstellen.
zřídka Adv. selten.
zřídlo n (1a; -*del*) Quelle f; poet. Born m.
zříd|lý, zřid|lý verdünnt; ~nout pf. (-*dl*) dünner werden.
zříkat se s. zříci se.
zřít ⟨do-, na-, po-, u-⟩ (zřel) sehen, schauen; ~elnice f (2a) Pupille f; fig. Augapfel m.
zřítit se pf. einstürzen.
zřízen|ec m (3; -nc-), ~kyně f (2b) Bedienstete m od. f; ~ecký Angestellten-; ~í n (3) Errichtung f, Einrichtung f; Pol. Ordnung f.
zřizovat (-*zuji*) s. zřídit.
zsinalý leichenblaß.

zšednout pf. (-*dl*) grau werden; sich grau färben.
zšíři Adv. der Breite nach.
ztaj|it pf., ~ovat (-*juji*) verheimlichen.
zté|ci † pf. (s. téci), ~kat erstürmen.
zteč f (3) Mil. Sturm m; ~ení n (3) Erstürmung f.
ztěles|nění n (3) Verkörperung f; ~nit pf., ~ňovat (-*ňuji*) verkörpern.
ztemnět pf. (3 Pl. -*ějí*) dunkel werden.
zten|čit pf., ~čovat (-*čuji*) verdünnen; verringern; ~ka Adv. dünn.
ztepat pf. (-*u*/-*ám*) schlagen; fig. herunterreißen.
ztepil|ost f (4) Schlankheit f; ~ý schlank, gut gebaut.
ztepl|alý abgestanden; ~at, ~et pf. (3 Pl. -*ejí*) warm werden.
ztěžka Adv. schwer(lich).
ztěžovat (-*žuji*) s. ztížit.
zticha Adv. still, leise, ruhig; ~lý verstummt; ~nout pf. (-*chl*) still (od. ruhig) werden, verstummen.
ztišit pf. besänftigen; ~ se sich beruhigen; Sturm: sich legen.
ztížit pf. erschweren.
ztlouci pf. (s. tlouci) verprügeln.
ztlou|stnout pf. (-*tl*) dick werden; ~šti Adv. dick, stark; ~ prstu fingerdick.
ztlum|ený gedämpft, verhalten; ~it pf. dämpfen; Kfz. Licht abblenden.
ztluštět pf. (3 Pl. -*ějí*) sich verdicken.
ztopit pf. verheizen; P mausen, stibitzen.
ztotož|nit pf., ~ňovat (-*ňuji*) identifizieren.
ztracen|ec m (3; -nc-) Verlorene(r) m; pl. hist. a. Vorhut f, Spähtrupp m; ~ý verloren.
ztrácet (3 Pl. -*ejí*) s. ztratit.
ztrápený abgehärmt, vergrämt.
ztráta f (1) Verlust m.
ztratit pf. (-*cen*) verlieren; ~ se verlorengehen; entschwinden.
ztrémovat pf. (-*muji*) aus der Fassung bringen; P ~ se Lampenfieber bekommen.
ztrestat pf. bestrafen.
ztrh|aný verzerrt; Augen: gebrochen; ~at pf., ~nout pf. (-*hl*; -*žen*) niederreißen; fig. herunterreißen.
ztroj|mocnit pf. zur dritten Potenz erheben, kubieren; ~násobit pf. verdreifachen.

ztropit

ztropit *pf.* anrichten, anstellen.
ztroskot|anec *m* (3; -nc-) Schiffbrüchige(r) *m*; ~ání *n* (3) Schiffbruch *m*; Scheitern *n*; ~at *pf.* scheitern; *Mar.* Schiffbruch erleiden, stranden.
ztrouchnivělý morsch, vermodert.
ztrpč|it *pf.*, ~ovat (-čuji) verbittern.
ztrýznit *pf.* martern, mißhandeln.
ztřeštěný verrückt, P toll.
ztuč|nělost *f* (4) Fettsucht *f*; ~nělý verfettet; ~nění *n* (3) Verfettung *f*; ~nět *pf.* (3 *Pl.* -ějí) fett werden; ~ňovací Mast-.
ztuh|a *Adv.* fest, streng; *Tech.* schwer; ~lost *f* (4) Starre *f*; ~lý erstarrt, starr; ~nout *pf.* (-hl) erstarren; steif werden; ~nutí *n* (3) Versteifung *f*.
ztuch|lina *f* (1) Modergeruch *m*; ~lý muffig; ~nout *pf.* (-chl) muffig werden.
ztup|ělý abgestumpft; stumpfsinnig; ~ět *pf.* (3 *Pl.* -ějí) stumpf werden, abstumpfen; ~it *pf.* stumpf machen; beschimpfen.
ztuž|ení *n* (3) Versteifung *f*; Härtung *f*; ~it *pf.*, ~ovat (-žuji) versteifen; (ver)härten.
ztvárnit *pf.* formen, gestalten.
ztvrd|it *pf.* (-zen) härten; ~lina *f* (1) Verhärtung *f*; ~lý verhärtet; ~ na kámen steinhart; ~nout *pf.* (-dl) hart werden; *fig.* sich verhärten.
ztýrat *pf.* mißhandeln, quälen.
zub *m* (2a) Zahn *m*; Zacke *f*, Zinke *f*; Schlüsselbart *m*; ~ačka P *f* (1c; -ček) Zahnradbahn *f*; ~ař F *m* (3) Zahnarzt *m*; ~atý mit großen Zähnen; zackig, gezahnt; *Su.* -tá P *f* (*Adj.* 2) Sensenmann *m*; ~it se ⟨o-, za-⟩ P die Zähne zeigen; grinsen; ~ní Zahn-; ~nice *f* (2a) *Gr.* Dental *m*, † Zahnlaut *m*; ~oléčba *f* (1; -čeb) Zahnbehandlung *f*; ~olékařský zahnärztlich.
zubov|ačka *f* (1c; -ček) Schränkeisen *n*; ~ina *f* (1) Zahnbein *n*; ~itý zackig; ~ka *f* (1c; -vek) Zahnleiste *f*; ~ý Zahn-; Zahnrad-.
zubožen|í (3) Verarmung *f*, Verelendung *f*; Elend *n*; ~ý verarmt, elend.
zubr *m* (1; -ři) Auerochs *m*.
zúčast|nění *n* (3) Beteiligung *f*, Teilnahme *f*; ~něný beteiligt; ~nit se *pf.*, ~ňovat se (-ňuji) sich beteiligen, teilnehmen (č-o an D).

zúčtov|ací Verrechnungs-, Buchungs-; ~ání *n* (3) Ab-, Verrechnung *f*; ~áv)at (*pf.* -tuji) verrechnen; abrechnen (*a. fig.*).
zuhe|n(at)|ělý verkohlt; ~ět *pf.* (3 *Pl.* -ějí) verkohlen (*v/i*).
zúkolovat *pf.* (-luji) norm(ier)en.
zulíbat *pf.* abküssen.
zúmysl|nost *f* (4) Absicht(lichkeit) *f*; ~ný absichtlich, vorsätzlich.
zunk|at ⟨vy-⟩ P mit Behagen trinken; ~nout (si) F *f* (-kl/-knul) e-n Schluck nehmen.
zúplna *Adv.* ganz, völlig, P ganz und [gar.
zurčivý murmelnd.
zúroč|ení *n* (3) Verzinsung *f*; ~it *pf.*, ~ovat (-čuji) verzinsen; ~itelný verzinsbar, verzinslich.
zúrodnit *pf.* urbar machen; fruchtbar machen; † befruchten.
zúrokovat † *pf.* (-kuji) *s.* zúročit.
zuř|ení *n* (3) Wüten *n*, Toben *n*; Raserei *f*; ~ící wütend, tobend; ~it ⟨roz- se, za-⟩ toben, wüten; ~ivec *m* (3; -vc-) Rasende *m*; ~ivost *f* (4) Wut *f*; *Med.* Tobsucht *f*; ~ivý wütend, rasend.
zúspornit *pf.* rationalisieren.
zůst|at *pf.* (-stanu) bleiben, übrig-, zurückbleiben; wohnen; ~atek *m* (2b; -tk-) Rest(bestand) *m*, Überrest *m*; ~atkový Bestand-; ~ávat *s.* zůstat.
zůstav|it *pf.* hinterlassen, zurücklassen; überlassen, anheimstellen; ~itel *m* (3; -é), ~ilka *f* (1c; -lek) Erblasser(in *f*) *m*; ~itelský testamentarisch; ~ovat (-vuji) *s.* zůstavit.
zušlech|tit *pf.*, ~ťovat (-tuji) veredeln; ~ťovací Veredlungs-.
zutínat *pf.* abhauen.
zúž|ení *n* (3) Verengung *f*; ~it *pf.* verengen, enger machen.
zu|žitkov(áv)at (*pf.* -kuji) *s.* využít; ~žovat (-žuji) *s.* zúžit.
zvábit *pf.* verlocken, anlocken.
zvací Einladungs-.
zvad|lý welk, verwelkt; ~nout *pf.* (-dl) (ver)welken.
zválcovat *pf.* (-cuji) walzen.
zválet *pf.* (3 *Pl.* -ejí) walzen; Bett zerwühlen; Kleid zerknittern.
zvalchovat *pf.* (-chuji) durchwalken.
zvan|í *n* (3) Einladung *f*; ~ý (ein-) geladen; genannt; *jen* pro -né nur für Geladene; *tak* ~ sogenannt.
zvápenat|ění *n* (3) Verkalkung *f*; ~ět *pf.* (3 *Pl.* -ějí) verkalken.

zvát (*in Zssgn* -zvat: *na-, o-, po-*) einladen; auffordern; (be)nennen; ~ *jménem* beim Namen nennen; ~ se heißen.

zvážit *pf.* abwägen; *fig.* ermessen; ~ se sich überschlagen, (um)kippen.

zvážnělý ernst (geworden).

zvečera *Adv.* gegen Abend, abends.

zvěčn|ělý verewigt; *fig.* selig; **~it** *pf.* verewigen.

zvěd *m* (1; *-ové*) Späher *m*, Kundschafter *m*.

zved- *in Zssgn s. zdvih-*.

zvědav|ec *m* (3; *-vc-*) Neugierige *m*; **~ost** *f* (4) Neugier(de) *f*; **~ý** neugierig.

zvědečtit *pf.* auf ~ e wissenschaftliche Grundlage stellen.

zvedený gut erzogen, *lit.* wohlgeraten; *fig.* gehoben; übel zugerichtet.

zvěd|ět *pf.*, *do- se* (*zvím*, 3 *Pl.* zvědí) erfahren; **~ný** Aufklärungs-; **~y** *m/pl.* (2; 6. *-ách*) Mil. Erkundung *f*; Fernaufklärung *f*; P *být na -dách* herumschnüffeln.

zveleb|ení, **~ování** *n* (3) Förderung *f*; *fig.* Aufschwung *m*; **~it** *pf.*, **~ovat** (*-buji*) fördern, F in die Höhe bringen; **~itel**, **~ovatel** *m* (3; -é) Förderer *m*.

zveli{č|ení *n* (3) Vergrößerung *f*; **~it** *pf.* vergrößern; übertreiben.

zven|čí, **~ku** *Adv.* von draußen; von außen, von außerhalb.

zverbovat P *pf.* (*-buji*) (an)werben.

zvěro|kruh *m* (2b) *Astr.* Tierkreis *m*; **~lékař** *m* (3) Tierarzt *m*; **~lékařský** tierärztlich, Veterinär-; **~lékařství** *n* (3) Tierheilkunde *f*.

zvěrstvo *n* (1; *-tev*) Greueltat *f*.

zveršovat *pf.* (*-šuji*) in Verse bringen.

zvěř *f* (3) Wild *n*. [gen.^]

zveřejnit *s. uveřejnit*.

zvěřin|a *f* (1) Wildbret *n*, **~ec** *m* (4; *-nc-*) Menagerie *f*.

zvesela *Adv.* fröhlich, lustig.

zvést *pf.* (*s. vést*) übel zurichten; ~ *se* gut geraten; F ~ *se po kom* j-m nachgeraten.

zvěst *f* (4) *poet.* Botschaft *f*, Kunde *f*; Nachricht *f*; **~ování** *n* (3) Verkündigung *f*; ♀ *Panny Marie Mariä* Verkündigung *f*; **~ovat** (*-tuji*) verkünd(ig)en; **~ovatel** † *m* (3; -é) Herold *m*.

zvětr|alý verwittert; abgestanden; schal; **~(áv)at** *Min.* verwittern; *Bier:* schal werden.

zvětřit *pf.* wittern, aufspüren; ~ se scheu werden.

zvetšelý schäbig, abgenutzt.

zvětš|enina *f* (1) *Fot.* Vergrößerung *f*; **~it** *pf.* vergrößern; *fig.* erweitern, steigern; **~ovací** Vergrößerungs-; **~ovat** (*-šuji*) *s.* zvětšit.

zvíci von der Größe; ~ *pěsti* faustgroß.

zvíd|at ⟨*pře-, vy-, za-*⟩ forschen; nachfragen (bei *D*); ausfragen (*A*); **~avost** *f* (4) Wißbegier *f*; **~avý** wißbegierig; *Blick:* forschend.

zviklat *pf.* erschüttern, ins Wanken bringen; ~ se ins Wanken geraten; *fig.* sich lockern.

zvíř|e *n* (4), *dim.* **~átko** *n* (1b; *-tek*) Tier *n*; **~ecí** Tier-; **~ecký** tierisch; **~ectvo** *n* (1), **~ena** *f* (1) Tierwelt *f*, Tierreich *n*, Fauna *f*; **~etník** *m* (2b) *s. zvěrokruh.*

zvířit *pf.* aufwirbeln.

zvítězit *pf.* siegen; (*nad kým*) besiegen (*A*).

zvlád|at, *pf.* **~nout** (*-dl*) bewältigen; *lit. fig.* meistern; **~nutelný** zu bewältigen.

zvlášť, **~tě** *Adv.* besonders; getrennt, separat; extra; **~tní** Sonder-, speziell, besondere; eigenartig, seltsam, sonderbar; **~tnost** *f* (4) Besonderheit *f*, Eigenart *f*; Absonderlichkeit *f*, Seltsamkeit *f*; Seltenheit *f*; Denkwürdigkeit *f*; *Kochk.* Spezialität *f*; **~tnůstka** *f* (1c; *-tek*) Schrulle *f*.

zvlčelý, **zvlčilý** verwildert.

zvlhčit *pf.* anfeuchten, benetzen.

zvln|ěný *Meer:* bewegt; *Haar:* gewellt; **~it** *pf.* in Bewegung bringen; ~ se sich wellen; Wellen machen.

zvnitřnit *pf.* verinnerlichen.

zvodnatět *pf.* (3 *Pl. -ějí*) wässerig werden.

zvol|ací *Gr.* Ausruf(ungs)-, Ruf-; **~ání** *n* (3) Zwischenruf *m*; **~at** *pf.* ausrufen; *Mil.* (na k-o) anrufen (*A*).

zvol|ení *n* (3) Wahl *f*; **~it** *pf.* (aus)wählen, *lit.* erwählen; **~itelnost** *f* (4) Wählbarkeit *f*; **~itelný** wählbar.

zvol|na *Adv.* langsam, allmählich; **~nit** *pf.*, **~ňovat** (-*ňuji*) verlangsamen; *Druck,* Geschwindigkeit verringern.

zvon *m* (2a) Glocke *f*; **~ař** *m* (3) Glockengießer *m*; **~ařství** *n* (3) Glockengießerei *f*; **~ec** *m* (4; *-nc-*) Glocke *f*, Sturz *m*; **~(eč)ek** *m* (2b;

zvonění

-n[eč|k-) Glöckchen *n*, Klingel *f*; Schelle *f*; Glockenblume *f*; ~ění *n* (3) Läuten *n*; ~ice *f* (2a) Glockenturm *m*; ~ík *m* (1a) Glöckner *m*; ~it ⟨po-, za-⟩ läuten; ~ítko *n* (1b; -tek) Glockenzug *m*; (am Wecker) Läutewerk *n*; ~ivka *f* (1c; -vek) Klinkerziegel *m*; ~ivý glockenrein; *Münze:* klingend; ~kohra *f* (1d; -her) Glockenspiel *n*; ~kový Glocken-, Klingel-; ~ovina *f* (1) Glockenspeise *f*, -metall *n*; ~ový Glocken-.

zvracení *n* (3) Erbrechen *n*; Brechreiz *m*.

zvrácen|ost *f* (4) Verkehrtheit *f*; ~ý umgestürzt; verkehrt.

zvracet (3 *Pl. -ejí*) sich übergeben, (er)brechen.

zvrás|kovatět *pf.* (3 *Pl. -ějí*) Runzeln bekommen; ~nit *pf.* riffeln.

zvrat *m* (2a) Wendung *f*; Rückschlag *m*.

zvrátit *pf.* (-cen) *v/t* umwerfen, umstoßen, umstürzen; *s.* zvracet; ~ se umfallen, umstürzen; kentern.

zvrat|itelný widerlegbar; ~nost *f* (4) *Gr.* Reflexivität *f*; *Med., Jur.* Rückfall *m*; ~ný *Gr.* reflexiv, rückbezüglich; *Med.* Rückfall-; *Jur.* rückfällig; ~ překot Salto *m*; ~ hmat Kammgriff *m*.

zvrh|lík *m* (1a) Entartete(r) *m*; ~lost *f* (4) Entartung *f*; Ruchlosigkeit *f*; ~lý entartet; *Tat:* ruchlos; ~nout *pf.* (-hl; -žen) umwerfen, umstoßen; ~ se umstürzen, umkippen; *Boot:* kentern; entarten; ~ po kom nachgeraten (*D*); ~ v co umschlagen, ausarten in (*A*).

zvroucn|ění *n* (3) Verinnerlichung *f*; ~it *pf.* verinnerlichen.

zvrt|ačelý, ~ačilý verwirrt; ~nout *pf.* (-tl/-tnul; -tnut) umstoßen; ~ se zunichte werden; ~ si ruku sich die Hand verstauchen.

zvuč|et ⟨za-⟩ (er)tönen, (er)schallen; ~nost *f* (4) Klangfülle *f*; ~ný tönend, klangvoll.

zvuk *m* (2b) Schall *m*, Klang *m*, Ton *m*; ~ař *m* (3) Tonmeister *m*; ~omalba *f* (1; -leb) Lautmalerei *f*; ~oměr *m* (2a) Phonometer *n*; ~otěsný schalldicht; ~ovka *f* (1c; -vek) Schalldose *f*; ~ovod *m* (2a) *Anat.* Gehörgang *m*; ~ový Ton-, Schall-, Klang-; -vé *pásmo* Tonband *n*; -vé *písmo* phonetische Umschrift, Lautschrift *f*.

zvůle *f* (2) Willkür *f*; F *ponechat -li j-m s-n* Willen lassen.

zvýhodn|ění *n* (3) Begünstigung *f*; ~it *pf.* begünstigen.

zvyk *m* (2b) Gewohnheit *f*, Angewohnheit *f*, Brauch *m*, Sitte *f*; to je ~em das ist üblich; to není mým ~em das ist nicht meine Art; ~at ⟨si⟩ sich gewöhnen (na, č-u; na k-o, na co an *A*); ~lost *f* (4) *s.* zvyk; ~lý gewöhnt, gewohnt; ~nout ⟨si⟩ *pf.* (-kl) *s.* zvykat; ~ový Gewohnheits-.

zvýraznit *pf. s.* zdůraznit.

zvysoka *Adv. fig.* von oben herab.

zvýš|ení *n* (3) Erhöhung *f*; Steigerung *f*; ~enina *f* (1) Erhöhung *f*; Rampe *f*; ~i *Adv.* hoch, der Höhe nach; ~it *pf.*, ~yšovat (-šuji) erhöhen; *fig.* steigern, verschärfen; ~ se sich erhöhen; *fig.* (an)steigen.

zželet se *pf.* (k-u č-o) Mitleid haben (mit *D*), leid tun (*D*).

zženšt|ění *n* (3) Verweichlichung *f*; ~ilý unmännlich, weibisch; weichlich; ~it *pf. v/t* verweichlichen.

žíhat *pf. lit.* verbrennen (*v/t*).

Ž

žába f (1; žab) Frosch m; F fig. Teenager m, † Backfisch m.
žab|ák m (1a) Frosch m (Männchen); **~árna** f (1; -ren) Froschteich m; fig. verä. Kleinbetrieb m; **~ař** m (3) P Sp. verä. Niete f, Flasche f; **~aření**, **~ařství** n (3) P Pfuscherei f; **~ařit** P patzen; **~ařský** stümperhaft.
žábě n (4) junger Frosch m; P a. kleines Mädchen n, kleine Krabbe f.
žabec P m (3; -bc-) kleiner Fratz m.
žabern|atý, **~í** Kiemen-.
žab|í Frosch-; **~ička** f (1c; -ček) Fröschlein n; **~ikuch** P m (2b) stumpfes Messer n; **~inec** m (3; -nc-) Bot. Fadenalge f; Vogelmiere f; **~ka** f (1c; -bek) Mus. Frosch m; Knallfrosch m.
žábra f (1d; žaber) Kieme f.
žací Mäh-.
žactvo n (1; -tev) Schülerschaft f, Schuljugend f, koll. Schüler pl.
žáček m (1a; -čk-) Schuljunge m, -bub m, F ABC-Schütze m.
žačka f (1c; -ček) Schülerin f.
žád|ací Wunsch-; **~anka** f (1c; -nek) Wunschzettel m; Hdl. Bestellschein m; **~aný** gewünscht, verlangt; **~at** ⟨po-, vy-⟩ verlangen, fordern; ersuchen, ansuchen (o co, za co um A); ~ si sich (D) wünschen; -dá se es wird gebeten; ~ zpět zurückverlangen.
žadatel m (3; -é), **~ka** f (1c; -lek) Antragsteller(in f) m; Bewerber(in) f.
žádný kein. [f)m.⟩
žadonit ⟨za-⟩ (o co) dringend bitten, F betteln (um A).
žádost f (4) Verlangen n, Ersuchen n; Gesuch n; Begierde f; ~ o milost Gnadengesuch; k Vaší ~i auf Ihr Ersuchen; na všeobecnou ~ auf allgemeinen Wunsch; **~ivost** f (4) Begierde f, Gier f; ~ peněz Geldgier; **~ivý** begierig; být -iv (č-o) gierig sein (nach D), F erpicht sein (auf A).
žádoucí (Adv. -cně) ersehnt, wünschens-, erstrebenswert.
žáha f (1b) Sodbrennen n; P chladit si -hu (na čem) sein Mütchen kühlen (an D).
žah|adlo n (1a; -del) Stachel m; Brenneisen n; Tech. Schneidbrenner m; Med. Thermokauter m; **~at** s. žehat; **~avka** f (1c; -vek) Brennnessel f; **~avý** brennend; fig. beißend; ~ chlup Bot. Brennhaar n.
žák m (1a) Schüler m.
žaket m (2; 6. -u/-ě) Jackett n.
žák|ovský Schüler-; **~yně** f (2b) Schülerin f.
žal m (2a) 1. Kummer m, Leid n, (Seelen-)Schmerz m; 2. s. žít².
žalář m (4) Kerker m; **~ní** Kerker-; **~ník** m (1a) Kerkermeister m; **~ovat** (-řuji) einkerkern.
žalm m (2a) Psalm m.
žalný lit. traurig; klagend, kläglich.
žalob|a (1) Klage f; Jur. a. Anklage f (na k-o gegen A; o co wegen G); **~ce** m (3), **~kyně** f (2b) Kläger(in f) m, öffentliche Ankläger(in f) m; **~ní**, **~ný** (An-)Klage-; **~ník** m (1a), **~nice** f (2a) Zuträger(in f) m, P Klatschmaul n, Petze f.
žalost f (4) Kummer m, Leid n, Gram m; k mé ~i zu m-m Bedauern; **~í** vor Kummer; **~ivý**, **~ný** kläglich, traurig; jämmerlich.
žalov|aný m (Adj. 1) Beklagte(r) m; **~at** ⟨ob-, po-, za-⟩ (-luji) klagen (k-u co j-m A); sich beklagen (na k-o über A); ~ k-o o náhradu škody j-n wegen Schadenersatz verklagen; F ~ na spolužáka s-n Mitschüler verpetzen; ~ na sebe fig. sich anklagen; **~atelný** klagbar.
žalozpěv m (2a) Klagelied n; Trauergesang m.
žaltář m (4) Psalter m.
žalud m (2a) Eichel f.
žalud|eční Magen-; **~ek** m (2b; -dk-) Magen m; potíže s -dkem Magenbeschwerden f/pl.; **~kový** Magen-.
žalud|ový Eichel-; **~ský** Eichel-, Treff- (Kartenspiel).
žaluzie f (2) Jalousie f, Rolladen m; Rollo n; ~ chladiče Kühlergrill m.
žampión m (2a) Champignon m.

žandár P † *m* (1; -ři/-rové) Gendarm *m*.
žánr *m* (2a) Genre *n*; **~ový** Genre-.
žár *m* (2a) Glut *f*, Hitze *f*.
žárl|ení *n* (3) Eifersucht *f*; **~it** ⟨roz-, za-⟩ (na k-o) eifersüchtig sein (auf *A*); **~ivec** *m* (3; -vc-) eifersüchtiger Mann *m*; **~ivý** eifersüchtig.
žár|nice *f* (2a) Heizrohr *n*; **~ný** *poet.* glühend, heiß; **~omér** *m* (2a) Pyrometer *n*; **~oviště** *n* (2a) Brandplatz *m*; Feuerstelle *f*; *hist.* Leichenverbrennungsstätte *f*; **~ovka** *f* (1c; -vek) Glühbirne *f*; **~ový** Glut-; **~uvzdorný** hitzebeständig, feuerfest.
žasn|out ⟨u-⟩ (-sl) staunen (nad čím über *A*); **~utí** *n* (3) Verblüffung *f*.
žatva *f* (1; -tev) Ernte *f*; Mahd *f*.
žblunk! *Int.* plumps!; **~at** ⟨za-⟩ plätschern; *Magen:* knurren; F *ins Wasser* plumpsen.
ždát ⟨č-o, po čem⟩ *lit.* ersehen.
ždibec F *m* (4; -bc-) kleines Stück (-chen), Bröckchen *n*.
ždím|ačka *f* (1c; -ček) Wringmaschine *f*; **~at** ⟨pro-, vy-, za-⟩ auswinden, auswringen; *fig.* (k-o) ausnützen (*A*); P *Geld* erpressen.
že *adv.* daß; weil; *fig.* soll; to ~ je káva? das soll Kaffee sein?; ~ *ano?* nicht wahr?; ~ *je ještě ptáš!* wie kannst du noch fragen?
žeb|erní Rippen-; **~írko** *n* (1b; -rek) *Kochk.* Rippchen *n*; Rippenstück *n*, Kotelett *n*.
žebr|ácký Bettel-; **~ák** *m* (1a), **~ačka** *f* (1c; -ček) Bettler(in *f*) *m*; **~ání** *n* (3) Bettelei *f*; **~at** ⟨do-, po-, pro-, vy-, za-⟩ betteln; **~avý** Bettel-.
žebro *n* (1; 6. -u) Rippe *f*.
žebr|onit ⟨na- se, vy-⟩ inständig bitten, F betteln; **~ota** *f* (1) Bettelei *n*, Betteln *n*; P *verb.* Bettelpack *n*; *přijít na -tu* an den Bettelstab kommen.
žebř|ík *m* (2b) Leiter *f*; **~íček** *m* (2b; -čk-) kleine Leiter; *Sp.* Rangliste *f*; **~ina** *f* (1) Sprosse *f*; *Turn. pl. a.* Sprossenwand *f*; **~iňák** *m* (2b) Leiterwagen *m*; **~inový** Leiter-.
žeh *m* (2b) *poet.* Glut *f*, Feuer *n*; *pohřeb* **~em** Einäscherung *f*; Feuerbestattung *f*; **~at** ⟨po-, za-⟩ sengen, brennen.
žehl|icí Bügel-, Plätt-; **~ička** *f* (1c; -ček) Bügel-, Plätteisen *n*; **~írna** *f* (1; -ren) Bügelei *f*, Plättanstalt *f*; **~ířka** *f* (1c; -řek) Plätterin *f*; **~it** ⟨pře-, vy-, za-⟩ bügeln, plätten.
žehnat ⟨po-, za-⟩ (k-u *od.* k-o) segnen (*A*); **~ se** sich bekreuzigen; † *a.* Abschied nehmen.
žehnout ⟨o-, po-, roz-, za-⟩ (-žehl) *s.* žhnout.
žehra|t ⟨za-⟩ (na k-o pro co) eifersüchtig sein (auf *A* wegen *G*); mißgönnen (j-m *A*); **~vost** *f* (4) Eifersucht *f*; **~vý** eifersüchtig, mißgünstig.
žejdlík *m* (2b) Schoppen *m* (*Wein*); † *a.* Seidel *n.* (*Bier*).
žel *s.* žal; ~ *bohu* leider Gottes.
želatina [-tɪ-] *f* (1) Gelatine *f*.
želé *n* (*indekl.*) Gelee *n*.
želet ⟨o-, po-, za-⟩ (3 *Pl.* -ejí/-í) bedauern, bereuen ⟨č-o/*A*⟩.
želez|árenský Eisenhütten-; **~árna** *f* (1; -ren) Eisenhüttenwerk *n*; **~ář** *m* (3) Eisen(waren)händler *m*; **~ářství** *n* (3) Eisenindustrie *f*; Eisenhandlung *f*; **~itý** eisenhaltig, Eisen-; *Chem.* Ferri-; **~ňák** *m* (2b) eiserner Topf *m*; **~natý** eisenhaltig, Eisen-; *Chem.* Ferro-; **~nice** *f* (2a) Eisenbahn *f*; **~ničář** *m* (3) Eisenbahnangestellte(r) *m*, F Eisenbahner *m*; **~niční** Eisenbahn-, Bahn-; **~ník** *m* (1a) Eisenhändler *m*; **~ný** eisern; Eisen-; **~o** *n* (1; 6. -e/-u) Eisen *n*; *pl. a.* Fesseln *pl.*; *Jagdw.* Fangeisen *n*; *stoupací* **~za** Steigeisen *n/pl.*; **~obeton** *m* (2a) Eisenbeton *m*; **~ový** Eisen-.
želízko *n* (1b; -zek) *dim. zu* železo; Klinge *f*; *fig.* Eisen *n*; † *pl. a.* Schlittschuhe *pl.*; *-ka na ruce* Handschellen *pl.*
želv|a *f* (1) Schildkröte *f*, **~ovina** *f* (1) Schildpatt *n*; **~ový** Schildkröten-.
žeml|e *f* (2), *dim.* **~ička** *f* (1c; -ček) Semmel *f*; **~ovka** *f* (1c; -vek) *Kochk. öst.* Semmelschmarren *m*; Scheiterhaufen *m*; **~ový** Semmel; semmelblond. [(-zeit) *f.*)
žeň *f* (3; žně-): *mst pl.* žně Ernte)
žen|a *f* (1) Weib *n*, Frau *f*; **~áč** P *m* (3), **~atec** P *m* (3; -tc-) Verheiratete(r) *m*; **~atý** verheiratet (*Mann*); **~ění** *n* (3) Heirat(en *n*) *f*.
ženevský Genfer (*Adj.*).
ženich *m* (1a) Bräutigam *m*.
žení|jní [-nɪ-] *Mil.* Pionier-; **~sta** *m* (5a) Pionier *m*.

žen|it *Sohn* verheiraten; ~ se ⟨o-⟩ (s kým) *Mann*: heiraten (A), sich verheiraten (mit D); ~**itba** f (1; -teb) Heirat f; ~**ská** P f (Adj. 2) Weib(sbild) n, Frau(ensperson) f; ~**skost** f (4) das Weibliche, Weiblichkeit f; ~**ský** weiblich; Frauen-; ~**ština** f (1) s. ženská; ~**ství** n (3) s. ženskost.

žentour m (2a) *Agr.* Göpel m.

ženuška F f (1c; -šek) Frauchen n, Weibchen n, liebe Gattin f.

žerď f (4d; -di/-dě, -děmi) Fahnenstange f; bradlová ~ *Turn.* Holm m; půl -rdi halbmast.

žernov m (2; 6. -ě/-u) Mühlstein m.

žert m (2a), dim. ~**í**(če)**k** m (2b; -čk-) Scherz m, Spaß m; ~**ovat** ⟨po- (si), za- (si)⟩ (-tuji) scherzen, spaßen; ~**ovný** spaßig, scherzhaft.

žertva f (1; -tev) Brandopfer n.

žeru s. žrát.

žervé n (indekl.) Gervais m (Käse).

žes P = že jsi.

žesť f (4c; -ti), mst pl. -tě *Mus.* Blech n; ~**ový** Blech(blas)-.

žezlo n (1; 6. -u/-e; -zel) Zepter n.

žežul|čí Kuckucks-, ~**ka** f (1c; -lek) Kuckuck m.

žhář m (3), ~**ka** f (1c; -řek) Brandstifter(in f) m; ~**ství** n (3) Brandstiftung f.

žhav|ení n (3) *Rdf.* Heizung f; ~**icí** *Rdf.* Heiz-; ~**it** ⟨pro-, roz-, vy-⟩ glühend machen; *fig.* heizen.

žh|nout ⟨pro-⟩ glühen, brennen; ~**oucí** glühend (heiß).

Žid, *Rel.* Žid m (1; -é) Jude m.

židle f (2) Stuhl m.

židov|ka f (1c; -vek) Jüdin f; ~**ský** jüdisch; ~**ství** n (3) *fig.* Judentum n; ~**stvo** n (1) *koll.* Judentum n, Juden pl.

žíhací Glüh-.

žihadlo n (1a; -del) Stachel m.

žíh|aný gebrannt; gestreift; ~**at** ⟨po-, roz-, za-⟩ glühend machen; brennen (A); mit Streifen versehen; ~**avý** brennend, stechend; ~ *plamen* Stichflamme f.

žíla f (1a; žil; 7 Sg.-, 2, 3, 6, 7 Pl. žil-/žíl-) Ader f; *Jagdw.* Rute f; † a. Ochsenziemer m; *dial.* Sehne f.

žiletka f (1c; -tek) Rasierklinge f.

žilk|a f (1c; -lek) dim. zu žíla; *Bot.* Ader f; ~**ování** n (3) Maserung f; ~**ovat** ⟨od-⟩ (-kuji) ädern, masern; ~**ovaný**, ~**ovatý** geädert.

žil|natina f (1) *Anat.* Adergewebe f; *Bot. koll.* Blattadern f/pl.; ~**ní**, ~**ný**, ~**ový** Venen-, Ader-; venös; ~**obití** n (3) Pulsschlag m.

žíně f (2b; -i) Roßhaar n; ~**nka** f (1c; -nek) Matratze f; *Sp.* Matte f; ~**ný** Roßhaar-; † *lit.* häen.

žínka f (1c; -nek) F Weibchen n; Waschlappen m.

žír m (2a) Mast f, Mästung f.

žirafa f (1) Giraffe f.

žírav|ina f (1) Atzmittel n; Laugensalz n; Alkali n; ~**inný** Alkali-, alkalisch; ~**ý** ätzend, Ätz-.

žírný fett, Mast-.

žiro n (1; 6. -u) Giro m; ~**vý** Giro-.

žít¹ ⟨do-, po-, za-⟩ ⟨žiji, žil⟩ leben; ať žije! es lebe!

žít² ⟨na-, od-, po-, pro-, u-, vy-⟩ ⟨žnu, žal, žat⟩ mähen.

žití n (3) Leben n, Dasein n.

žit|ná f (Adj. 2) Korn(branntwein) m; ~**nice** f (2a) Kornkammer f (a. fig.); ~**niště** n (2a) Korn-, Roggenfeld n; ~**ný** Korn-; ~**o** n (1) Korn n.

živ ⟨~a, ~o⟩ lebendig; být ~ leben; na ~u am Leben; za ~a bei lebendigem Leib, lebend; zu Lebzeiten.

živec m (4; -vc-) Feldspat m.

živel m (2a; -vl-) Element n; ~**ní** Elementar-, elementar; ~ *pohroma* Naturkatastrophe f; ~**ný** spontan; unwiderstehlich.

živ|ice f (2a) Erdpech n; ~**ičn(at)ý** bituminös; ~**ina** f (1) Nährstoff m.

živit ⟨o-, u-, vy-⟩ (er)nähren; ~ se (čím) sich ernähren *od.* leben (von D); ~**el** m (3; -é), ~**elka** f (1c; -lek) Ernährer(in f) m.

živnost f (4) Gewerbe n; ~**enský**, ~**nický** Gewerbe-; gewerblich; ~**nictvo** n (1) *koll.* Gewerbetreibende(n) m/pl.; ~**ník** m (1a), ~**nice** f (2a) Gewerbetreibende m *od.* f.

živný nahrhaft; Nähr-.

živo Adv. lebhaft; ~**bytí** n (3) Lebensunterhalt m; Dasein n, Existenz f; ~**čich** m (1a) Lebewesen n; ~**čišný** tierisch, Tier-; ~**čišstvo** n (1) Tierwelt f; ~**rodý** *Zo.* lebendgebärend.

živoř|ení n (3) Dahinvegetieren n; ~**it** ⟨pro- se⟩ ärmlich leben, F dahinvegetieren. [haftigkeit f.)

život f (4) Lebendigkeit f, Leb-)

život m (2; 2. -a) Leben n; Leib m, Bauch m; Leibchen n; doba ~**a** Lebensdauer f; družka ~**a** Lebens-

životní

gefährtin *f*; *pojištění na* ~ Lebensversicherung *f*; *po celý* ~ zeitlebens; *za* ~*a* zu Lebzeiten; ~**ní** Lebens-, Daseins-; lebenswichtig; ~**nost** *f* (4) Lebenskraft *f*; Lebensdauer *f*; ~**ný** lebendig; *Gr.* belebt.

životo|**pis** *m* (2; 6. -*u*/-*e*) Lebensbeschreibung *f*; ~**pisec** *m* (3; -*sc*-) Biograph *m*; ~**pisný** biographisch; ~**správa** *f* (1) Lebensführung *f*.

živ|**oucí** lebend(ig); ~**ůtek** *m* (2*b*; -*tk*-) Leibchen *n*; ~**ý** lebend, lebendig; lebhaft, rege; Lebe-; P -*vu mocí*, *za* ~ *svět* auf keinen Fall; *nebyla tam -vá duše* dort war keine Seele; *tal do -vého fig.* er hat den Nagel auf den Kopf getroffen.

žízeň *f* (3; -*zně*, -*zni usw.*) Durst *m* (*po čem* nach *D*); *trpět -zní* Durst leiden; *umírat*, *hynout -zní* verdursten, vor Durst umkommen; ~ *po činech* Tatendrang *m*.

žízni|**t** ⟨*za*-⟩ (*po čem*) dürsten, *lit.* lechzen (nach *D*); ~**vý** durstig.

žížala *f* (1*a*) Regenwurm *m*.

žlab *m* (2; 6. -*u*/-*e*) (*Dach*-)Rinne *f*; Viehtrog *m*; Futterkrippe *f*; ~**atka** *f* (1*c*; -*tek*) Gallwespe *f*.

žláb|(**eč**)**ek** *m* (2*b*; -*b*[*eč*]*k*-) Rille *f*, Falz *m*, Fuge *f*; ~**kový** Rillen-, Kehl-, Falz-.

žláz|**a** *f* (1*a*) Drüse *f*; ~**ový** Drüsen-.

žleb *m* (2*a*) Hohlweg *m*; Talmulde *f*.

žlout|**ek** *m* (2*b*; -*tk*;) (Ei-)Dotter *m*, Eigelb *n*; ~**enka** *f* (1*c*; -*nek*) Gelbsucht *f*; ~**kový** Dotter-; dottergelb; ~**nout** ⟨*na*-, *pro*-, *za*-⟩ (-*tl*) gelb werden; vergilben.

žluč *f* (4*b*; -*e*/-*i*) Galle *f*; ~**ník** *m* (2*b*) *Anat.* Gallenblase *f*; *choroba* ~*u* Gallenleiden *n*; ~**ovitý** gallig; ~**ový** Gallen-.

žluk|**lý** ranzig; ~**nout** (*im*)*pf.* ⟨*za*-⟩ (-*kl*) ranzig werden.

žluna *f* (1) Grünspecht *m*.

žluť *f* (4*c*; -*ti*) Gelb *n*, gelbe Farbe *f*; ~**ák** P *m* (2*b*) Dotterblume *f*; ~**ásek** *m* (1*a*; -*sk*-) Zitronenfalter *m*.

žlut|**at se** ⟨*pro*-, *za*-⟩ gelb(lich) schimmern; ~**avý** gelblich; ~**ice** P *f* (2*a*) gelbe Farbe *f*; ~**it** ⟨*na*-, *o*-, *za*-⟩ (-*cen*) gelb färben.

žluťou|**cký**, ~**nký** F schön gelb.

žluto|**vlasý** mit gelbem Haar; ~**zelený** gelbgrün.

žlutý gelb; ~ *filtr Fot.* Gelbfilter *n*; *barvit -tě*, *na -to*, gelb färben.

žluva *f* (1) Goldamsel *f*, Pirol *m*.

žmol|**ek** *m* (2*b*; -*lk*-) Klumpen *n*, Batzen *m*; ~**it** ⟨*roz*-, *u*-, *za*-⟩ zerbröckeln, zerreiben; zerknüllen.

žně *f*/*pl.* (2) Ernte(zeit) *f*.

žne|**c** *m* (3), ~**čka** *f* (1*c*; -*ček*) Schnitter(in *f*) *m*.

žnout *s. žít²*.

žňový Ernte-.

žok *m* (2*b*) (großer) Sack *m*; ~**ovat** (-*kuji*) einsacken.

žold *m* (2*a*) Sold *m*; ~**néř** *m* (3), *verä.* ~**ák** *m* (1*a*) Söldner *m*; ~**néřský**

žráč P *m* (3) Fresser *m*. [Söldner-.]

žrádlo *n* (1*a*; -*del*) Fraß *m*, Fressen *n*.

žral|**očí** Haifisch-; ~**ok** *m* (1*a*) Hai *m*.

žran|**í** *n* (3) Fressen *n*; ~**ice** P *f* (2*a*) Fresserei *f*, Freßgelage *n*.

žrát (*in Zssgn -žrat*: *na*-, *po*-, *se*-, *vy*-) (*žeru*, *žral*) fressen.

žrav|**ost** *f* (4) Gefräßigkeit *f*; ~**ý** gefräßig; V verfressen. [fraß *m.*)

žrout *m* (1) P Fresser *m*, *verä.* Vielf

žudr *m* (2*a*), ~**o** (1; 6. -*u*) *dial.* Vorraum *m*, Türüberdachung *f*.

žul|**a** *f* (1*a*) Granit *m*; ~**ový** Granit-.

žumpa *f* (1) Senk-, Jauchengrube *f*; Kalkgrube *f*; † *iron.* Gefängnis *n*.

žup|**a** *f* (1) Gau *m*; *hist.* (*in Ungarn*) Komitat *n*, Gespanschaft *f*; ~**an¹** *m* (1; -*é*) Gaugraf *m*; † Gespan *m*.

župan² *m* (2; 6. -*u*/-*e*) Schlafrock *m*.

župní Gau-.

žurnál *m* (2; 6. -*u*/-*e*) Journal *n*, *Hdl.* Tagebuch *m*.

žurnalist|**a** *m* (5*a*), ~**ka** *f* (1*c*; -*tek*) Journalist(in *f*) *m*; ~**ický** [-tīts-] journalistisch.

žvachtat P schwatzen, schwätzen.

žvanec P *m* (4; -*nc*-) Bissen *m*; Gekautes *n*.

žvan|**ění** *n* (3) Geschwätz *n*; ~**il** *m* (1; -*ové*), ~**ilka** *f* (1*c*; -*lek*) P *iron.* Schwätzer(in *f*) *m*; ~**it** ⟨*na*-, *vy*-, *za*-⟩ schwatzen, schwätzen, P plappern, quatschen; ~**ivý** P geschwätzig.

žvást, **žvast** P *m* (2*a*) Geschwätz *n*.

žvást|**at** ⟨*pro*-, -*nout*⟩ (-*tl*; -*ové*) P Schwätzer *m*; ~**at** P ⟨*na*-⟩ *s. žvanit.*

žvatlat ⟨*na*-, *po*-, *za*-⟩ *s. žvanit.*

žvatlav|**ost** *f* (4) Schwatzhaftigkeit *f*; ~**ý** schwatzhaft.

žvýk|**ací** Kau-; ~**ačka** *f* (1*c*; -*ček*) Kaugummi *m*; ~**ání** *n* (3) Kauen *n*; ~**at** ⟨*po*-, *pro*-, *za*-⟩ kauen.

žžonka *f* (1*c*; -*nek*) Glühpunsch *m*.

Muster der Deklination und Konjugation
Vzory skloňování a časování

Im Tschechischen unterscheidet man „harte" und „weiche" Konsonanten. Als „weiche" gelten: c, j, č, ď, ň, ř, š, ť, ž. Als strenges Gesetz der Lautfolge gilt, daß nach l, s, z, h, ch, k, g, r, q, x und allen weichen Konsonanten sowie am Anfang eines Wortes oder einer Silbe der Buchstabe ě nicht stehen darf. ě darf deshalb nur nach b, d, f, m, n, p, t, v (und w) geschrieben werden.
Der Buchstabe ů wird als Schreibvariante nur in der Mitte und am Ende eines Wortes verwendet. Am Anfang steht immer ú (für langes u).
Dies bedingt zahlreiche Eigenheiten der Konjugation und Deklination, die als Ausnahmen — besonders beim Imperativ und Präpositiv (6. Fall) — durch einheitliche Musterwörter nicht zu erfassen sind.

I. Deklination der Substantive

a) Reihenfolge der Kasus (Fälle) waagerecht: Nominativ (1. Fall), Genitiv (2. Fall), Dativ (3. Fall), Akkusativ (4. Fall), Vokativ (5. Fall = Ruffall!), Präpositiv (6. Fall, steht immer mit Präposition), Instrumental (7. Fall) im Singular und (darunter) im Plural.

b) Abweichungen sind im Wörterverzeichnis vermerkt.

Maskulina
1. belebte, mit **hartem** Konsonanten im Auslaut

m (1)	1.	2.	3.	4.	5.	6.	7.
m (1)	holub	-a	-u/-ovi	-a	-e!	-u/-ovi	-em
Pl.	holub|i/-ové	-ů	-ům	-y	-i/-ové!	-ech	-y

Zu *m* (1): Im 1. und 5. Fall Pl. bevorzugen einsilbige Mask. oft die Endung **-ové**: pánové, Norové, Rusové. — Im 5. Fall Sg. wird nach Konsonanten **r** zu **ř**e: bratr — bratře!, aber: doktor — doktore!
Im 3. und 6. Fall Sg. wird die Endung **-ovi** von einsilbigen Substantive bei Verwendung von Präpositionen und bei aufeinanderfolgenden Namen, Titeln usw. vom letzten Substantiv bevorzugt, z. B. panu profesoru doktoru Antonínu Kvapilovi.
Fremde Eigennamen auf **-us, -os, -es** verlieren diese Endungen in allen Fällen mit Beugungslaut: Romulus, 2. Fall Romula, 3. u. 6. -ovi usw., Pythagoras, 2. Fall -ra od. -ry.

belebte auf h, ch, k:

	1.	2.	3.	4.	5.	6.	7.
m (1a)	soudruh	-a	-u/-ovi	-a	-u!	-u/-ovi	-em
Pl.	soudru|zi	-hů	-hům	-hy	-zi!	-zích	-hy
	hoch	-a	-u/-ovi	-a	-u!	-u/-ovi	-em
Pl.	ho|ši	-chů	-chům	-chy	-ši!	-ších	-chy
	žák	-a	-u/-ovi	-a	-u!	-u/-ovi	-em
Pl.	žá|ci	-ků	-kům	-ky	-ci!	-cích	-ky

Zu *m* (**1a**): Das bewegliche **-e-** fällt bei den Wörtern auf **-ek** in den Flexionsendungen aus: špaček, 2. Fall Sg. špačka usw.; 1. u. 5. Fall Pl. špačci und špačkové. — Der 5. Fall von člověk lautet člověče! — Wegfall von **-e-** in den Flexionsendungen wird angegeben: -čk-, -lk-, -nk- usw.

2. unbelebte mit **hartem** Konsonanten im Auslaut:

	1.	2.	3.	4.	5.	6.	7.
m (**2**)	hrad	-u	-u	—	-e!	-ě	-em
Pl.	hrad|y	-ů	-ům	-y	-y!	-ech	-y
m (**2a**)	wie *m* (**2**), jedoch im 6. Fall Sg. -u						

Zu *m* (**2**) und (**2a**): Im 2. Fall Sg. haben einige Maskulina die von dem Musterwort abweichende Endung **-a** bzw. **-a** neben **-u**. Dies wird beim Stichwort angegeben. — Nach **l, s, z** steht im 6. Fall Sg. **-e** (s. Einführung zur Deklination S. 551). Die Endung **-u** dringt hier immer stärker vor. Wenn es mehrere Möglichkeiten gibt, werden diese angegeben: 6. -u/-e bzw. -u/-ě. Das **r** wird oft zu **-ře**. — Der Ausfall von beweglichem **-e-** in den Flexionsendungen wird angegeben wie oben -čk-, -lk- usw., ebenso auch Abweichungen wie: stůl, 2. Fall Sg. stolu usw. als Hinweis: stol-.

Fremdwörter auf **-us, -os, -es** verlieren diese Endung in den Fällen mit Beugungslaut. — Die Mask. auf **-ismus** (= 1., 4. und 5. Fall Sg.) haben im 2., 3. und 6. Fall die Endung -ismu, 7. -ismem. Plural ist meist ungebräuchlich.

unbelebte auf **h, ch, k**:

	1.	2.	3.	4.	5.	6.	7.
m (**2b**)	pluh	-u	-u	—	-u!	-u	-em
Pl.	-y	-ů	-ům	-y	-y!	pluzích	-y
	hřích wie pluh, jedoch:					hříších	
	balík wie pluh, jedoch:					balících	

Zu *m* (**2b**): Wo in den Flexionsendungen das bewegliche **-e-** ausfällt, wird dies angegeben: -čk-, -lk-, -mk- usw. — Maskulina auf **-ček, -sek**, auch manche auf **-ák** bilden den 6. Fall Pl. auf -čkách, -skách, -kách; nur selten verwendet man noch -ccích/-scích.

3. belebte, mit **weichem** Konsonanten im Auslaut:

	1.	2.	3.	4.	5.	6.	7.
m (**3**)	muž	-e	-i/-ovi	-e	-i!	-i/-ovi	-em
Pl.	muž|i/-ové	-ů	-ům	-e	-i/-ové!	-ích	-i
m (**3a**)	tule|ň	-ně	-ni/-ňovi	-ně	-ni!	-ni/-ňovi	-něm
Pl.	tule|ni/-ňové	-ňů	-ňům	-ně	-ni/-ňové!	-ních	-ni

Zu *m* (**3**) und (**3a**): Wo das bewegliche **-e-** in den Flexionsendungen ausfällt, wird dies angedeutet. — Maskulina auf **-ec** haben im 5. Fall Sg. die Endung -če!: otec — otče! Die Mask. auf **-ce** bilden den 1. Fall Sg. wie den 5. Fall Sg. auf **-ce**, sonst deklinieren sie wie *m* (**3**). — Maskulina auf **-tel** haben im 1. Fall Pl. die Endung **-é**.

4. unbelebte, mit weichem Konsonanten im Auslaut:

	1.	2.	3.	4.	5.	6.	7
m (4)	stroj	-e	-i	—	-i!	-i	-em
Pl.	stroj|e	-ů	-ům	-e	-e!	-ích	-i
m (4a)	plášť|ť	-tě	-ti	-ť	-ti!	-ti	-těm
Pl.	-tě	-ťů	-ťům	-tě	-tě!	-tích	-ti
	povětro|ň	-ě	-ni	-ň	-ni!	-ni	-něm
Pl.	-ně	-ňů	-ňům	-ně	-ně!	-ních	-ni

Zu m (4) und (4a): Wenn das bewegliche -e- in den Flexionsendungen ausfällt, wird dies angedeutet (s.o.), ebenso die Abweichungen wie nůž, 2. Fall Sg. nože usw.

5. belebte auf -a und auf -ista, -ita:

	1.	2.	3.	4.	5.	6.	7.
m (5)	sluh|a	-y	-ovi	-u	-o!	-ovi	-ou
Pl.	-ové	-ů	-ům	-y	-ové!	sluzích	-y
m (5a)	turist|a	-y	-ovi	-u	-o!	-ovi	-ou
Pl.	-é	-ů	-ům	-y	-é!	-ech	-y

Zu m (5) und (5a): Die Maskulina auf -ha, -cha, -ka erhalten im 6. Fall Pl. die Endungen -zích, -ších, -cích. Einige haben im 1. Fall Pl. auch die Endung -i (nicht nach h, ch, k).

Ausnahmen: **kůň, kněz** (belebt) und **den** (unbelebt):

	1.	2.	3.	4.	5.	6.	7.
	kůň	koně	koni/ koňovi	koně	koni!	koni/ koňovi	koněm
Pl.	koně	koňů/ koní	koňům/ koním	koně	koně!	koních	koni/ koňmi
	kněz	wie m (3)					
Pl.	kněží	kněží	kněžím	kněze	kněží!	kněžích	kněžími
	den	dne	dni	den	dni!	dni	dnem
Pl.	dni/dnové dní/dnů		dnům	dni/dny		dnech	dny

Feminina

1. Feminina auf -a:

	1.	2.	3.	4.	5.	6.	7.
f (1)	ryb|a	-y	-ě	-u	-o!	-ě	-ou
Pl.	-y	—	-ám	-y	-y!	-ách	-ami

Feminina auf **-la, -sa, -za** bilden den 3. und 6. Fall Sg. auf **-e**:

	1.	2.	3.	4.	5.	6.	7.
f (1a)	kobyl|a kos|a bříz|a } Plural wie f (1)	-y	-e	-u	-o!	-e	-ou

Feminina auf **-ha, -cha** bilden den 3. und 6. Fall Sg. auf -ze, -še:

	1.	2.	3.	4.	5.	6.	7.
f (1b)	kni|ha	-hy	-ze	-hu	-ho!	-ze	-hou
	stře|cha	-chy	-še	-chu	-cho!	-še	-chou
	Plural wie f (1)						

Feminina auf **-ka, -ra** bilden den 3. und 6. Fall Sg. auf -ce bzw. -ře:

	1.	2.	3.	4.	5.	6.	7.
f (1c)	ře|ka	-ky	-ce	-ku	-ko!	-ce	-kou
f (1d)	komo|ra	-ry	-ře	-ru	-ro!	-ře	-rou
	Plural wie f (1)						

2. Feminina auf -e:

	1.	2.	3.	4.	5.	6.	7.
f (2)	růž|e	-e	-i	-i	-e!	-i	-i
Pl.	-e	-í	-ím	-e	-e!	-ích	-emi

Feminina auf **-ice, -ile** und **-yně**:

	1.	2.	3.	4.	5.	6.	7.
f (2a)	lavice }	wie f (2), jedoch 2. Fall Pl. (meist ohne Endung):					
	košile }	lavic, košil					
f (2b)	kuchyn|ě	-ě	-i	-i	-ě!	-i	-í
Pl.	kuchy|ně	-ň/(-ní)	-ním	-ně	-ně!	-ních	-němi

3. Feminina mit verschiedenen **Konsonanten** im Auslaut:

	1.	2.	3.	4.	5.	6.	7.
f (3)	daň	daně	dani	daň	dani!	dani	daní
Pl.	dan|ě	-í	-ím	-ě	-ě!	-ích	-ěmi
	věž, postel }	-e	-i	—	-i!	-i	-í
Pl.	wie f (2)						

4. Feminina auf -st und andere **Konsonanten** (-i-Deklination):

	1.	2.	3.	4.	5.	6.	7.
f (4)	kost	-i	-i	—	-i!	-i	-i
Pl.	kost|i	-í	-em	-i	-i!	-ech	-mi

Auf Konsonant, mit Abweichungen in einzelnen Fällen

f (4a)	myš	*Singular* wie f (4) *Plural* wie f (4), jedoch 4. -ím und 6. -ích
f (4b)	mysl	*Singular* wie f (4) *Plural* wie f (4a), jedoch 7. -emi

Auf -ď und -ť

	1.	2.	3.	4.	5.	6.	7.
f (4c)	labu|ť	-ti/tě	-ti	-ť	-ti!	-ti	-tí
	-tě	-tí	-tím	-tě	-tě!	-tích	-těmi
f (4d)	lo|ď	-di/dě	-di	-ď	-di!	-di	-dí
	-di/dě	-dí	-dím	-di/dě	-di/dě!	-dích	-ďmi/děmi

Anmerkungen zur Deklination der Feminina:

1. **paní** bleibt im *Sg.* unverändert, *Pl.* wird dekliniert wie *n* (3).
2. Einige Feminina verlieren das bewegliche **-e-** in allen Fällen mit Beugungslaut: píseň — písně.
3. Bei vielen Feminina (auf **-ba, -árna, -írna, -ovna, -la, -na, -ra** und besonders auf **-ka**) wird im 2. Fall Pl. das bewegliche **-e-** eingeschoben, z. B.: dílna — dílen, matka — matek usw.
4. Viele Feminina kürzen in einigen oder in allen Fällen mit Beugungslaut den langen Stammvokal, z. B.: chvíle — 2. Pl. chvil, hůl — 2. Sg., 1. Pl. hole usw.
5. Die Besonderheiten der Deklination des Duals (oči, uši, 7. -ima), der nach den Deklinationsmustern der fem. Substantive dekliniert wird, stehen im Wörterverzeichnis nach dem Stichwort.

Neutra

1. Auf -o bzw. -lo, -so, -zo

	1.	2.	3.	4.	5.	6.	7.
n (1)	měst|o	-a	-u	-o	-o!	-ě	-em
Pl.	-a	—	-ům	-a	-a!	-ech	-y
n (1a)	kol|o mas|o želez|o	} wie *n* (1), jedoch 6. Sg. -e					

Auf -ho, -cho, -ko

	1.	2.	3.	4.	5.	6.	7.
n (1b)	jh|o	-a	-u	-o	-o!	-u	-em
Pl.	-a	jeh	-ům	-a	-a!	-ách	-y
	rouch|o	-a	-u	-o	-o!	-u	-em
Pl.	-a	—	-ům	-a	-a!	-ách	-y
	jabl|ko	-ka	-ku	-ko	-ko!	-ku	-kem
Pl.	-ka	-ek	-kům	-ka	-ka!	-kách/ (-cích)	-ky

2. Auf -e

	1.	2.	3.	4.	5.	6.	7.
n (2)	moř|e	-e	-i	-e	-e!	-i	-em
Pl.	-e	-í	-ím	-e	-e!	-ích	-i

Auf **-iště**

	1.	2.	3.	4.	5.	6.	7.
n (2a)	hřišt|ě	-ě	-i	-ě	-ě!	-i	-ěm
Pl.	-ě	hřišť/(-i)	-ím	-ě	-ě!	-ích	-i

3. Auf **-í**

	1.	2.	3.	4.	5.	6.	7.
n (3)	psan|í	-í	-í	-í	-í!	-í	-ím
Pl.	-í	-í	-ím	-í	-í!	-ích	-ími

4. Mit **-t-** und **-n-**Stamm

	1.	2.	3.	4.	5.	6.	7.
n (4)	kuře	-te	-ti	—	-!	-ti	-tem
Pl.	kuřat|a	—	-ům	-a	-a!	-ech	-y
n (4a)	štěně	mládě	kotě	} wie n (4)			
Pl.	štěňat|a	mláďat|a	koťat|a				

5. Fremdwörter auf **-eum, -ium, -uum**

	1.	2.	3.	4.	5.	6.	7.
n (5)	muze|um	-a	-u	-um	-um!	-u	-em
Pl.		-a	-í	-ím	-a	-a!	-ích	-i

Anmerkungen zur Deklination der Neutra:

1. Bei vielen Neutra wird im 2. Fall Pl. ein bewegliches **-e-** eingeschoben. Einige Substantive bilden Doppelformen: středisko — středisk und středisek.

2. Neutra auf **-mo, -ro, -ivo, -ctvo, -stvo** bilden den 6. Fall Sg. meist auf **-u**.

3. Einige Formen, z. B. des Duals **oči, uši** und **děti** (Plural von **dítě**) werden nach den Mustern der femininen Deklination gebeugt. Dies wird nach dem Stichwort vermerkt, ebenso wie Abweichungen beim Dual von **rameno, koleno, prsa**.

II. Deklination der Adjektive

(Typ **nový**)

Fall	Adj. 1 (männlich) unbelebt	belebt	Adj. 2 (weiblich)	Adj. 3 (sächlich)
1. Sg.	nový	nový	nová	nové
2.		nového	nové	nového
3.		novému	nové	novému
4.	nový	nového	novou	nové
5.		nový	nová	nové
6.		novém	nové	novém
7.		novým	novou	novým
1. Pl.	nové	noví	nové	nová
2.			nových	
3.			novým	
4.	nové	nové	nové	nová
5.	nové	noví	nové	nová
6.			nových	
7.			novými	

Anmerkung:

Adjektive mit **-r-, -k-, -h-, -ch-** im Stammauslaut sowie auf **-ský** und **-cký** bilden im 1. und 5. Fall Pl. folgende Formen (männlich, unbelebt/belebt): dobré/dob**ří**, drahé/dra**zí**, hluché/hlu**ší**, hezké/hez**cí**, české/češ**tí** und německé/něme**čtí**.

(Typ **cizí**: Adj. 4)

Sg.	männlich unbelebt	belebt	weiblich	sächlich	Plural für m, f und n
1.	cizí	cizí	cizí	cizí	cizí
2.		cizího	cizí	cizího	cizích
3.		cizímu	cizí	cizímu	cizím
4.	cizí	cizího	cizí	cizí	cizí
5.		wie 1. Fall			
6.		cizím	cizí	cizím	cizích
7.		cizím	cizí	cizím	cizími

Possessivadjektive. Zu ihnen gehören die Adjektive des Typs bratr-*ův*, -ova, -ovo (*Pl.* -ovi, -ovy, -ova) *des Bruders* und matč-*in*, -ina, -ino (*Pl.* -ini, -iny, -ina) *der Mutter*.

Deklination:

Typ bratrův (sestřin)

Fall	männlich unbelebt	belebt	sächlich	weiblich
1. Sg.	bratrův	bratrův	bratrovo	bratrova
2.		bratrova		bratrovy
3.		bratrovu		bratrově
4.	bratrův	bratrova	bratrovo	bratrovu
6.	(o) bratrov|ě/-u (sestřin|ě/-u)			(o) bratrově
7.	bratrovým			bratrovou

1. Pl.	bratrovy	bratrovi (sestřini)	bratrova	bratrovy
2.		bratrových		
3.		bratrovým		
4.	bratrovy	bratrovy	bratrova	bratrovy
6.		(o) bratrových		
7.		bratrovými		

III. Adverbien

Das vom Adjektiv abgeleitete Adverb ähnelt meist dem 1. Fall der sächl. Adjektive des Typs **nový**, hat aber in der Endung kurzes **-ě** bzw. **-e**: nově, aber: dobrý — dobře, zlý — zle. Einige Adverbien (bsd. von Adjektiven auf -ký) haben die Endung **-o**: vysoký *hoch* — vysoko, blízký *nah* — blízko. Von Adjektiven auf **-ský, -cký** gebildete Adverbien haben die Endung **-y**: česky, německy usw.

IV. Steigerung der Adjektive und Adverbien

1. Adjektive und Adverbien haben im Komparativ die Suffixe **-ější** bzw. **-ěji** (nach l, s, z: **-ejší/-eji**):

   krut|ý — krutější
   krut|ě — krutěji
   směl|ý — smělejší
   směl|e — smělejí

   Der Superlativ wird gebildet durch Vorsetzen der Vorsilbe **nej-** vor die Komparativform.

2. Vor den Komparativendungen findet Konsonantenwechsel statt: **-k-/-č-**, **-h-/-ž-**, **-ch-/-š-**, bei Adverbien auch **-c-/-č-**, **-z-/-ž-**; **-sk-** wird zu **-šť-** und **-ck-** zu **-čť-**.

   Beispiele: strohý/strožejší — stroze/strožeji; divoký/divočejší — divoce/divočeji; vetchý/vetšejší; lidský/lidštější; dobrácký/dobráčtější.

3. Unregelmäßige oder schwer zu bildende Komparativformen werden beim Stichwort angegeben.

V. Pronomen

1. Personalpronomen

Fall	ich	du	sich	wir	ihr (Sie)
1.	já	ty	—	my	vy
2.	mne, mě	tebe, tě	sebe	nás	vás
3.	mně, mi	tobě, ti	sobě, si	nám	vám
4.	mne, mě	tebe, tě	sebe, se	nás	vás
6.	(o) mně	(o) tobě	(o) sobě	(o) nás	(o) vás
7.	mnou	tebou	sebou	námi	vámi

	er	sie	es	sie Pl.
1.	on	ona	ono	oni, ony, ona
2.	(je)ho	jí	(je)ho	jich
3.	(je)mu	jí	(je)mu	jim
4.	(je)ho, jej	ji	je	je
6.	(o) něm	(o) ní	(o) něm	(o) nich
7.	jím	jí	jím	jimi

1. Der 5. Fall lautet: **ty**! (2. Pers. Sg.), **vy**! (2. Pers. Pl.).
2. Die Höflichkeitsform „Sie" lautet **Vy, Vás, Vám** usw.
3. Nach Präpositionen verwandeln sich in der 3. Pers. Sg. und Pl. **je, ji, jí** in **ně-, ni-, ní-**: od něho *von ihm*, s ním *mit ihm*. Die unbetonten Formen **mi, mě, ti, tě, si, se, mu, ho, jej** sind enklitisch.
4. Das Reflexivpronomen (*sebe, sobě, si* usw.) tritt für alle Personen im Sg. und Pl. ein, wenn sie sich auf das Subjekt desselben Satzes zurückbeziehen. Die Kurzformen **se, si** dienen zur Bildung der reflexiven Verben.

2. Possessivpronomen:

můj *mein* [mého; mému; mého (můj); (o) mém; mým]; **moje, má** *meine* [mé; mé; mou, moji; (o) mé; mou]; **moje, mé** *mein n* [mého; mému; mé, moje; (o) mém; mým]; **moji (mí), mé, má** *meine Pl.* [mých; mým; mé, má; (o) mých; mými].

tvůj *dein* und **svůj** *(reflexiv)* werden wie **můj** dekliniert; **jeho** *sein(e)* und **jejich** *ihr* (Pl.) sind undeklinierbar; **její** *ihr* (Sg. fem.) wird wie **cizí**, **náš** *unser* und **váš** *euer*, *Ihr* (höfl.) werden wie folgt dekliniert: *m* und *n* — 1. náš, naše, *Pl.* naše/naši, naše; 2. našeho, *Pl.* našich; 3. našemu, *Pl.* našim; 4. náš/našeho, naše, *Pl.* naše; 6. našem, *Pl.* našich; 7. naším, *Pl.* našimi, *f* — naše — im 2., 3., 6. *Sg.* naší, im 4. *Sg.* naši, im 1. u. 4. *Pl.* naše, sonst wie *m* u. *n*.

3. Interrogativpronomen kdo, co

Fall	1.	2.	3.	4.	6.	7.
	kdo	koho	komu	koho	(o) kom	kým
	co	čeho	čemu	co (-č)	(o) čem	čím)

Die Form des 4. Falles mit **-č** wird mit Präpositionen **na, o, za** und **v** gebildet: **nač, oč, zač, več**.

Wie **kdo, co** werden auch die Zusammensetzungen **kdopak, copak, někdo, nikdo, něco, nic, kdosi, cosi, kdokoli, cokoli** usw. dekliniert.

4. Demonstrativpronomen: d(ies)er: ten / toho / tomu / toho (ten) / (o) tom / tím; **die(se)**: ta / té / té / tu / (o) té / tou; **das, dieses**: to / toho / tomu / to / (o) tom / tím; **die(se)** *Pl.*: ti (ty), ty, ta / těch / těm / ty, ty, ta / (o) těch / těmi.

Demonstrativpronomen (ten)týž, tatáž, totéž *der-, die-, dasselbe* und Relativpronomen jenž *welcher, der*:

Fall	männlich unbelebt	männlich belebt	sächlich	weiblich
1. Sg.	jenž/(ten)týž	jenž/(ten)týž	jež/totéž	jež/(ta)táž
2.		jehož/téhož		jíž/téže
3.		jemuž/témuž		jíž/téže
4.	jejž/(ten)týž	jehož, jejž/téhož	jež/totéž	již/touž, tutéž
6.		(o) němž/témž, témže		níž/téže
7.		jímž/týmž		jíž/touž, toutéž
1. Pl.	jež/tytéž	již/(titíž)	jež/tatáž	jež/tytéž
2.		jichž, jejichž/týchž		
3.		jimž/týmž		
4.	jež/tytéž	jež/tytéž	jež/tatáž	jež/tytéž
6.		(o) nichž/týchž		
7.		jimiž/týmiž		

VI. Zahlwörter

1. Grundzahlen

1 jeden, jedna, jedno
2 dva *m*, dvě *f, n*
3 tři
4 čtyři
5 pět
6 šest
7 sedm
8 osm
9 devět
10 deset
11 jedenáct
12 dvanáct
13 třináct
14 čtrnáct
15 patnáct
16 šestnáct
17 sedmnáct
18 osmnáct
19 devatenáct
20 dvacet
21 jedenadvacet, dvacet jeden
30 třicet
40 čtyřicet
50 padesát
60 šedesát
70 sedmdesát
80 osmdesát
90 devadesát
100 sto
103 sto tři
125 stopětadvacet, sto dvacet pět
200 dvě stě
300 tři sta
400 čtyři sta
500 pět set
600 šest set

700 sedm set	3 000 tři tisíce
800 osm set	4 000 čtyři tisíce
900 devět set	5 000 pět tisíc
1 000 tisíc	1 000 000 milión
1 592 tisíc pět set devadesát dva	2 000 000 dva milióny
2 000 dva tisíce	5 000 000 pět miliónů

Jeden, jedna, jedno werden wie Demonstrativpronomen ten, ta, to dekliniert. Zahlwörter **dva, dvě** haben folgende Deklinationsformen:

1. und 4. Fall	dva, dvě
2. und 6. Fall	dvou
3. und 7. Fall	dvěma

Nach diesem Muster werden auch die Zahlwörter **oba** und **obě** dekliniert. Die Zahlwörter **tři** und **čtyři** werden wie folgt dekliniert:

1. und 4. Fall	tři	čtyři
2. Fall	tří	čtyř
3. Fall	třem	čtyřem
6. Fall	(o) třech	(o) čtyřech
7. Fall	třemi	čtyřmi

Die Zahlwörter 5 (pět) bis 99 (devětadevadesát) haben nur zwei Formen: im 1., 4. und 5. Fall ohne Endung (pět mužů), in allen anderen Fällen die Endung **-i** (pěti vojáků).

Sto, tisíc und **milión** werden wie Substantive dekliniert: sto wie město (*n* 1), tisíc wie stroj (*m* 4) und milión wie hrad (*m* 2a).

2. Ordnungszahlen

1. první (prvý, -á, -é)
2. druhý, -á, -é
3. třetí
4. čtvrtý, -á, -é
5. pátý, -á, -é
6. šestý, -á, -é
7. sedmý, -á, -é
8. osmý, -á, -é
9. devátý, -á, -é
10. desátý, -á, -é
11. jedenáctý, -á, -é
12. dvanáctý, -á, -é
13. třináctý, -á, -é
14. čtrnáctý, -á, -é
15. patnáctý, -á, -é
16. šestnáctý, -á, -é
17. sedmnáctý, -á, -é
18. osmnáctý, -á, -é
19. devatenáctý, -á, -é
20. dvacátý, -á, -é
21. dvacátý, -á, -é první; jedenadvacátý, -á, -é
30. třicátý, -á, -é
40. čtyřicátý, -á, -é
50. padesátý, -á, -é
60. šedesátý, -á, -é
70. sedmdesátý, -á, -é
80. osmdesátý, -á, -é
90. devadesátý, -á, -é
100. stý, -á, -é
121. stý dvacátý první
200. dvoustý, -á, -é
300. třístý, -á, -é
400. čtyřstý, -á, -é
500. pětistý, -á, -é
600. šestistý, -á, -é
700. sedmistý, -á, -é
800. osmistý, -á, -é
900. devítistý, -á, -é
1 000. tisící
2 000. dvoutisící
10 000. desetitisící
1 000 000. miliónty, -á, -é

Ordnungszahlen werden wie Adjektive dekliniert: první, třetí und tisící wie cizí, alle anderen Zahlen wie nový.

VII. Konjugation der Verben

Die tschechischen Verben werden in 6 Konjugationsklassen eingeteilt. Der Infinitiv (die im Wörterverzeichnis angegebene Form) lautet bei fast allen Verben auf -t, bei einigen auf -ci. Die Konjugationsklasse erkennt man an der Endung des Infinitivs: 2. Kl. -nout; 3. Kl. -ět od. -et; 4. Kl. -it; 5. Kl. -at; 6. Kl. -ovat. Die 1. Kl. hat kein einheitliches Kennzeichen vor dem -t. Zur leichteren Auffindung des Konjugationsmusters kann man — nach den Präsensendungen — die Verben wie folgt einteilen:

I. 1. Pers. Sg. Präsens -u

Infinitiv: nést, minout, brát

Pers.	Singular			Plural		
	a)	b)	c)			
1	nes-u	min-u	ber-u	nes-eme	min-eme	ber-eme
2	nes-eš	min-eš	ber-eš	nes-ete	min-ete	ber-ete
3	nes-e	min-e	ber-e	nes-ou	min-ou	ber-ou

II. 1. Pers. Sg. Präsens -ím/-ám

Infinitiv: umět, prosit, dělat

Pers.	Singular			Plural		
	a)	b)	c)			
1	umí-m	prosí-m	dělá-m	umí-me	prosí-me	dělá-me
2	umí-š	prosí-š	dělá-š	umí-te	prosí-te	dělá-te
3	umí	prosí	dělá	uměj-í*)	prosí	dělaj-í

*) Diese Endung wird beim Verb jeweils angegeben.

III. 1. Pers. Sg. Präsens -i (-u)

Infinitiv: pít, kupovat, mazat

Pers.	Singular			Plural		
	a)	b)	c)			
1	pij-i	kupuj-i	maž-i (-u)	pij-eme	kupuj-eme	maž-eme
2	pij-eš	kupuj-eš	maž-eš	pij-ete	kupuj-ete	maž-ete
3	pij-e	kupuj-e	maž-e	pij-í	kupuj-í	maž-í(-ou)

Zu I. a) nach dem Muster **nést — nesu** werden Verben konjugiert, deren Stamm auf Konsonant endet: **vézt — vezu, vést — vedu, číst — čtu, kvést — kvetu** usw. Die Endung **-u** und evtl. andere abweichende Formen werden im Wörterverzeichnis angegeben;

b) nach dem Muster **minout — minu** werden alle Verben konjugiert, die zwischen Stamm und Endung im Infinitiv die Lautgruppe **-nou-** haben. Die Präsensendung wird im Wörterverzeichnis nicht angegeben;

c) nach dem Muster **brát — beru** werden konjugiert: **cpát — cpu, drát — deru, drápat — drápu, hrabat — hrabu, chápat — chápu, chrápat — chrápu, kašlat — kašlu, klamat — klamu, lámat — lámu, prát — peru, plavat — plavu, rvát — rvu, zvát — zvu, hnát — ženu, řvát — řvu, dlabat — dlabu**.

Anmerkung: Viele Verben, die nach diesem Muster konjugiert werden, weisen im Präsens Doppelformen auf: **dřímat — dřímu — dřímám, kopat — kopu — kopám** (vgl. Tabelle II). Im Wörterverzeichnis wird darauf hingewiesen.

Zu II. a) wie **umět — umím** werden Verben konjugiert, die zwischen Stamm und Endung im Infinitiv den Bindelaut -e- (-ě-) haben. Der Präsensstamm endet auf **-í-**: **sázet — sázím, stavět — stavím** usw. Die Endung der 3. Pers. Pl. **-ejí (-ějí)** wird im Wörterverzeichnis angegeben;

b) wie **prosit — prosím** werden Verben konjugiert, deren Infinitiv- und Präteritumstamm auf **-i-** endet: **lovit — lovím, nosit — nosím** usw.;

c) nach dem Muster **dělat — dělám** wird der größte Teil der Verben konjugiert, deren Infinitiv- und Präteritumstamm auf **-a-** endet: **volat — volám, dávat — dávám** usw.

Zu III. a) nach dem Muster **pít — piji** werden Verben mit einem Vokal im Stammauslaut (Infinitiv- und Präteritumstamm) konjugiert. Präsens = Stammauslaut + j: **bít — biji, mýt — myji** usw. Entsprechende Hinweise im Wörterverzeichnis beim Stichwort;

b) wie **kupovat — kupuji** werden Verben mit der Lautgruppe **-ova-** vor der Infinitiv- und Präteritumendung konjugiert. 1. Pers. Sg. ist beim Verb angegeben;

c) nach dem Muster **mazat — maži/mažu** werden Verben mit Lautveränderung der Konsonanten konjugiert. Der Infinitiv- und Präteritumstamm endet auf **-a-**, der Präsensstamm auf einen Zischlaut. Viele Verben dieses Typs bilden Doppelformen: **česat — češi/češu** und **česám**. Im Wörterverzeichnis finden sich entsprechende Hinweise.

Futur

Die Formen des Futurs der perfektiven Verben sind gleich den Präsensformen der imperfektiven Verben: **nesu** — *pf.* **přinesu, prosím** — *pf.* **poprosím**. Der Futur der imperfektiven Verben wird mit dem Futur des Hilfsverbs **být** + Infinitiv gebildet:

Pers.	Singular	Plural
1	budu psát	budeme psát
2	budeš psát	budete psát
3	bude psát	budou psát

Präteritum

Es gibt nur eine Form der Vergangenheit. Sie besteht aus dem aktiven Partizip des Präteritums des entsprechenden Verbs und in der 1. und 2. Person aus der Präsensform des Hilfsverbs **být**.

Zur Bildung des Partizips werden an den Stamm des Verbs die Endungen **-l** (*m*), **-la** (*f*), **-lo** (*n*) im Sg. und **-li** (*m, belebt, auch Männer und Frauen*), **-ly** (*m, unbelebt* und *f*), **-la** (*n*) im Pl. angehängt:

Pers.	Singular	Plural
1	nesl, -a jsem	nesli, -y jsme
2	nesl, -a jsi	nesli, -y jste
3	nesl, -a, -o	nesli, -y, -a

Die Höflichkeitsformen lauten: nesl jste (*Mann*), nesla jste (*Frau*).

Bei einigen Verben im Wörterverzeichnis wird die zur Bildung des Präteritums notwendige l-Form angegeben. Präteritum der Verben auf **-nout** ist meist -nul, -nula, -nulo.

Konditional

Präsens:

Pers.	Singular	Plural
1	přinesl, -a bych	přinesli, -y bychom
2	přinesl, -a bys	přinesli, -y byste
3	přinesl, -a, -o by	přinesli, -y, -a by

Präteritum:

Pers.	Singular	Plural
1	byl, -a bych přinesl, -a	byli, -y bychom přinesli, -y
2	byl, -a bys přinesl, -a	byli, -y byste přinesli, -y
3	byl, -a, -o by přinesl, -a, -o	byli, -y, -a by přinesli, -y, -a

Passive Partizipien des Präteritums

bildet man vom gekürzten Verbalstamm unter Hinzufügung von **-n** (mask.), **-na** (fem.), **-no** (neutr.) bzw. **-t** (mask.), **-ta** (fem.), **-to** (neutr).

nést — nesen, -a, -o; Pl. -i (*m* belebt), -y (*m* unbelebt u. *f*), -a (*n*)
vést — veden, -a, -o usw.

péci — pečen; tisknout — tištěn; prosit — prošen; brát — brán; dělat — dělán; kupovat — kupován; mazat — mazán; trpět — trpěn; pohnout — pohnut; říznout — říznut; umýt — umyt; vzít — vzat; pít — pit. Oft kommt es zu einem Konsonantenwandel: chytit: chycen; soudit: souzen; zkazit: zkažen. — Passive Partizipien des Präteritums werden meist nur von perfektiven Verben gebildet. — Für zahlreiche Formen gibt es keine feste Regel. Sie sind deshalb beim betreffenden Verb angegeben.

Transgressiv

1. Transgressiv der **Gleichzeitigkeit** wird von der 3. Pers. Plural des Präsens gebildet.

2. Transgressiv der **Vorzeitigkeit** wird vom — manchmal veränderten — Stamm des Präteritums von präfigierten (perfektiven) Verben gebildet.

Die Transgressive werden kaum noch verwendet. Sie gehören ausschließlich der Schriftsprache an und werden heute durch entsprechende Wortfolge ersetzt.

Imperativ

Da die Imperativformen häufig unregelmäßig gebildet werden, kann eine genaue Regel nicht gegeben werden. Der Imperativ wird für eine „du"-, eine „ihr"- oder „Sie"- und eine „wir"-Person verwendet. Die 3. Pers. Pl. Präsens gibt Anhaltspunkte für die Bildung der jeweiligen Form: Verben auf -ejí (-その) bilden den Imperativ auf -ej (-ěj), auf -ají: -ej!, auf -ují: -uj!, die anderen nehmen -i, -ete (-ěte) an oder lassen die Endung weg: mluvit — mluv! (-te!). Wo dies möglich ist, wird der Konsonant erweicht: hodit — hoď! Häufig wird der Stamm gekürzt: hlásit — hlas!, nést — nes!

Infinitiv	3. Pers. Pl. Präsens	„du"-Form	„wir"-, „ihr/Sie"-Form	
nést	nes-ou	nes!	nesme!	neste!
minout	min-ou	miň!	miňme!	miňte!
ukázat	ukáž-ou	ukaž!	ukažme!	ukažte!
umět	uměj-í	uměj!	umějme!	umějte!
dělat	dělaj-í	dělej!	dělejme!	dělejte!
prosit	pros-í	pros!	prosme!	proste!
kupovat!	kupuj-í	kupuj!	kupujme!	kupujte!
pít	pij-í	pij!	pijme!	pijte!
tisknout	tiskn-ou	tiskni!	tiskněme!	tiskněte!
poslat	pošl-ou	pošli!	pošleme!	pošlete!

Liste der unregelmäßigen oder schwer zu bildenden Imperative
Seznam nepravidelných a nesnadno tvořitelných imperativů

bájit: baj!
bát se: boj se!
bavit: bav!
bdít: bdi!, běděte!
beranit: beraň!
bílit: bil!
blít: blij!
blížit: bliž!
bloudit: bluď!
bolet: bol!
boulet: boulí!, -lete! *od*. bul!
bouřit: buř!
bránit: braň!
brát: ber!
brebentit: brebenti!, -těte!
brnět: brň!, -něte!
brodit: broď!
brousit: brus!
bručet: bruč!
břežit: břiď!
bříst: břiď!
budit: buď!
být: buď!

cedit: ceď!
cenit: ceň!

cídit: ciď!
cítit: ciť!
clít: cli!, clete!
cpát: cpi!, cpěte!
ctít: cti!, ctěte!
cvrčet: cvrč!

čadit: čaď!
čakanit: čakaň!
černit: černi!, -něte!
čertit: čerti!, -těte!
červenit: červeň!
číst: čti!, čtěte!
čistit: čisti!, -těte!
č(m)oudit: č(m)uď!, č(m)oudi!, -děte!
čnět, čnít: čněj!
čtveračit: čtveračí!, -č(e)te!
čubrnět: čubrň! čubrněj!

dát: dej!
dávit: dav!
dědit: děď!
dělit: děl!
dít se: děj se!
dlaždit: dlažď!

dlít (*verweilen*): dlej!
dlít (*verzögern*): dli!
dloužit: dluž!
dmout: dmi!, děte!
dohloubit: dohloubi! / dohlub!
dohnat: doženi!
dostat: dostaň!
dout: duj!
dovřít: dovři!, -řete!
drápat: drap! / drápej!
drát: der!
dráždit: dráždi!, -ěte!
drbat: drb(ej)!
drnčet: drnč!
drtit: drť!
držet: drž!
dřít: dři!, dřete!
durdit: durdi!, -děte!
duřet: duř!

fičet: fič!
fučet: fuč!
funět: fuň!

hájit: haj!
hamonit: hamoň!
hladit: hlaď!

hlásit: hlas!
hledět: hleď!, P hele!
hloubit: hloubi!, -ěte! / hlub!
hlučet: hluč!
hnát: žeň!
hnědit: hněď!
hníst: hněť!
hnít: hnij!
hnízdit: hnízdi!, -děte!
hnout: hni!, hněte!
hodit: hoď!
honit: hoň!
horlit: horli!, -lete!
hořet: hoř!
houst: huď!
hovět: hov(ěj)!
hrabat: hrab(ej)!
hránit: hraň!
hrát: hraj!
hrčet: hrč!
hrnout: hrň!
hrýzat: hryž! / hrýzej!
hřát: hřej!
hřížit: hřiž!
hučet: huč!
hustit: husť! / husti!, -těte!
hvozdit: hvozdi!, -děte!
hyzdit: hyzdi!, -děte!

chladit: chlaď!!
chodit: choď!
chránit: chraň!
chrástat: chrasť!
chrlit: chrli!, -ete!
chtít: chtěj!
chválit: chval!
chvět se: chvěj se!
chystat: chysť!

jet: jeď!
jezdit: jezdi!, jezděte!
jíst: jez!
jít: jdi!, jděte!
jmout: jmi!, jměte!

kabonit: kaboň!
kadit: kaď!
kapat: kap(ej)!
kašlat: kašli!, -lete! / kašlej!
kázat: kaž!
klást: klaď!
klátit: klať!
klestit: klesti!, -ěte!
klevětit: klevěť!
klidit: kliď!

klít: klej!
klnout: klň!
klonit: kloň!
kňučet: kňuč!
kohoutit se: kohouti se!, -těte!
konejšit: konejši!, -šete!
kořenit: kořeň!
koupit: kup!
kouřit: kuř!
kout: kuj!
krátit: krať!
kreslit: kresli!, -lete!
krotit: kroť!
kroutit: kruť!
kroužit: krouži!,-žete! / kruž!
krýt: kryj!
křičet: křič!
křísit: křis!
křtít: křti!, -těte!
kutit: kuť!
kvést: kveť!

ladit: laď!
lakotit: lakoť!
lámat: lam! / lámej!
lát: laj!
léčit: leč!
lenit: leň!
letět: leť!
lézt: lez!
ležet: lež!
lhát: lži!, lžete!
líbit se: lib se!
líčit: líč!
lichotit: lichoť!
lít: lej! / lij!
lízat: lízej / (liž!)
loudit: loudi!, -děte!
lpít: lpi!, lpěte!

mást: mať!
mastit: masť! / masti!, -těte!
mátožit: mátož(i)!
mazat: maž!
mečet: meč!
měnit: měň!
mdlít: mdli, mdlete!
mhouřit: mhouři!,-řete! / (mhuř!)
mínit: miň!
mířit: měř! / miř!
mísit: měs! / (mis!)
mít: měj!
mladit: mlaď!
mlátit: mlať!

mlít: mel!
mnout: mni!, mněte!
moci: moz!
modlit se: modli se!, modlete se!
mručet: mruč!
mrzet: mrz!
mřít: mři!, mřete!
mstít: msti!, mstěte!
mýlit: myl!
mýt: myj!
mýtit: myť!

nést: nes!
nítit: niť!
nížit: niž!
nudit: nuď!
nutit: nuť!

obléci: oblec!
obout: obuj!
obránit: obraň!
obrátit: obrať!
odepřít: odepři!, -přete!
opásat: opaš! / opásej!
orat: orej! / († oř!)
osvobodit: osvoboď!
otevřít: otevři!, -řete!
otrávit: otrav!

páčit: pač!
pádit: pádi!, -děte!
pálit: pal!
pářit: páři!, -řete! / pař!
pást: pas!
pečetit: pečeť!
pěstit: pěsti!, -stěte! / pěsť!
pět: pěj!
pít: pij!
plakat: plač!
planit: plaň!
planout: plaň!
platit: plať!
plést: pleť!
plít: plij!
plížit se: pliž se!
plout: pluj!
plovat: plov(ej)!
pnout: pni!, pněte!
pohostit: pohosť! / pohosti!, -těte!
pohroužit: pohruž!
pojít (kommen): pojď!
pojít ∨ (verrecken): pojdi!, -jděte!
poslat: pošli!, -lete!
pospíšit: pospěš!

posvětit: posvěť!
potit se: poť se!
praštit: prašť!
prát: per!
prostřít: prostři!, -řete!
proudit: proudi!, -děte!
pršet: prš!
přát: přej!
přelstít: přelsti!, -lstěte!
přestat: přestaň!
příst: před!
psát: piš!
pustit: pusť!
pýřit se: pyř se!

ráčit: rač!
radit: raď!
rachotit: rachoť!
ranit: raň!
razit: raž!
rdít: rdi!, rděte!
repetit: repeť!
rmoutit: rmuť!
ronit: roň!
růst: rosť!
rvát: rvi!, rvěte!
ryčet: ryč!
rýt: ryj!
rzát: rzi!, rzete!

řádit: řaď!
řezat: řež!
říci: řekni!, -něte! († rci!, rcete)
řídit: řiď!
řít: řij!
řítit se: řiť se!
řvát: řvi!, -ete!

sadit: saď!
sílit: sil!
sít: sej!
sjednotit: sjednoť!
skřípět: skřip!
skvít se: skvěj se!
sladit: slaď!
slíbit: slib!
slídit: sliď!
sloučit: sluč!
slout: sluj!
sloužit: služ!
smát se: směj se!
smět: směj!
smýčit: smyč!
sníst: sněz!
snížit: sniž!

soudit: suď!
soustředit: soustřeď!
spát: spi!, spěte!
srát V: ser!
sršet: srš!
stát: stůj!
stát se: staň se!
stavět: stavěj!
stlát: stel!
stoupit: stup!
stranit: straň!
strmět: strm!
strnout: strň!
studit: stuď!
stydět se: styď se!
svědčit: svědč(i)!
světit: svěť!
svítit: sviť!
svléci: svlec!
svrbět: svrb!
sypat: syp(ej)!

šálit: šal!
šatit: šať!
šinout: šiň!
šířit: šiř!
šít: šij!
škaredit: škareď!
škodit: škoď!
šlapat: šlap(ej)!
špinit: špiň!
šumět: šum(ěj)!
šustět: šusť!

tázat se: taž se!
téci: tec!
tít: tni!, tněte!
tkát: tkej!
tkvít: tkvi!, tkvěte!
tlouci: tluc! / tluč!
tmít se: tměj se!
toužit: tuž!
tratit: trať!
trávit: trav!
trčet: trč!
troubit: trub!
trpět: trp!
trudit: truď!
třít: tři!, třete!
tvářit se: tvař!
tvrdit: tvrď!
týt: tyj!

udit: uď!
uchýlit: uchyl!
ujmout: ujmi!, -měte!

upřít: upři!, upřete!
usmrtit: usmrť!

vanout: vaň!
vát: věj!
vázat: važ!
večeřet: večeř!
vědět: věz!
vedrat se: vedři se!, -řete!
velet: vel!
vést: veď!
věštit: věšti!, -čte!
větřit: větř(i)!, -ete!
vetřít se: vetři se!, -třete!
vézt: vez!
vidět: viz!
vinout: viň!
vířit: viř!
vít: vij!
vklínit: vkliň!
vlát: vlaj!
vléci: vlec! / vleč!
vodit: voď!
vonět: voň! / voněj!
vrátit: vrať!
vraždit: vražď!
vstát: vstaň!
vyloučit: vyluč!
vyšinout: vyšiň!
výt: vyj!
vzdálit: vzdal!
vzít: vezmi!, -měte! (P vem!)
vzkřísit: vzkřis!

zábst: zeb!
začít: začni!, -něte!
zarputit: zarputi!
zaslat: zašli!, -lete!
zavřít: zavři!, -řete!
zlatit: zlať!
zprudit: zpruď!
zradit: zraď!
zrát: zraj!
zřít: zři!, zřete!
zvát: zvi!, zvěte!
zvonit: zvoň!

želet: žel!
ženit: žeň!
žít (leben): žij!
žít (mähen): žni!, žněte!
žnout: žni!, žněte!
žrát: žer!

Die wichtigsten tschechoslowakischen Abkürzungen
Nejdůležitější československé zkratky

aj. *a jiné* und anderes, u. a.

a.j.v. *a jiných více* und andere mehr, u.a.m.

ap., apod. *a podobné* und ähnliches, u. ä.

a. s. *akciová společnost* Aktiengesellschaft, A.G.

a spol. *a společnost* und Kompanie, u. Co.

atd. *a tak dále* und so weiter, usw.

AV *Akademie věd* Akademie der Wissenschaften

AVU *Akademie výtarných umění* Akademie der bildenden Künste

b. m. *bez místa* ohne Ortsangabe, o. O.

b. r. *bez roku* ohne Jahreszahl, o. J.

brož. *brožurovaný* broschiert

bři, bří *bratři, bratří* Brüder, Gebrüder.

býv. *bývalý*, ehemalig, ehem.

CIS *Cestovní informační služba* Reise-Informationsdienst.

CPO *Civilní protiletecká obrana* Ziviler Luftschutz.

CS *celostátní spartakiáda* Gesamtstaatliche Spartakiade.

ct. *ctěný* geehrter.

č. *číslo* Nummer, Ziffer; *český* tschechisch.

ČAZ *Československá akademie zemědělská* Tschechoslowakische landwirtschaftl. Akademie.

ČČH *Český časopis historický* Tschech. histor. Zeitschrift.

ČČM *Časopis Českého muzea* Zeitschrift des Böhm. Museums.

ČEDOK *Československá dopravní kancelář* Tschechoslowakisches (staatl.) Reisebüro.

ČF *Česká filharmonie* Tschechische Philharmonie.

čj. *číslo jednací* laufende Nummer, lfd. Nr.

ČK *Červený kříž* Rotes Kreuz, RK.

čl. *článek* Paragraph, Artikel, Abschnitt.

ČLR *Čínská lidová republika* Volksrepublik China.

č.-m. *česko-moravský* böhmisch-mährisch.

čp. *číslo popisné* Hausnummer.

čs. *československý* tschechoslowakisch.

ČS *Československý spisovatel* Tschechoslowakischer Schriftsteller (*Verlag*); *als Autonummer*: Československo.

ČSA *Československé aerolinie* Tschechoslowakische Fluglinien.

ČSAD *Československá (státní) automobilová doprava* Tschechoslowakischer Autoverkehr.

ČSAV *Československá akademie věd* Tschechoslowakische Akademie der Wissenschaften.

ČSD *Československé státní dráhy* Tschechoslowakische Staatsbahnen.

ČSLA *Československá lidová armáda* Tschechoslowakische Volksarmee.

ČSM *Československý svaz mládeže* Tschechoslowakischer Jugendverband.

ČSP *Československá pošta* Tschechoslowakische Post.

ČSR bis *1960*: *Československá repu-*

blika; seit *1969*: *Česká socialistická republika* Tschechische sozialistische Republik.
ČSSR *Československá socialistická republika* Tschechoslowakische Sozialistische Republik.
ČSSS *Československé státní statky* Tschechoslowakische Staatsgüter.
ČSTV *Československý svaz tělesné výchovy* Tschechoslowakischer Verband für Körperkultur.
ČT *Československá televize* Tschechoslowakisches Fernsehen.
ČTK *Československá tisková kancelář* Tschechoslowakische Presseagentur.
č. v. *čistá váha* Nettogewicht.

DA *Dělnická akademie* Arbeiterakademie.
děl. *dělostřelectvo* Artillerie, Art.
DILIA *Divadelní a literární agentura* Theater- und Literatur-Agentur.
dkg *dekagram* Dekagramm (= 10 Gramm).
DO *dům osvěty* (polit.) Kulturhaus.
doc. *docent* Dozent.
dop. *dopoledne* vormittag(s), vorm.
dř. *dříve* früher.
DS *divadelní soubor* Theater-Ensemble.
důst. *důstojník* Offizier, Offz.
DV *dlouhé vlny* Langwelle, LW.

EHS *Evropské hospodářské společenství* Europäische Wirtschaftsgemeinschaft, E(W)G.
ev.č. *evidenční číslo* eingetragene Nummer.

fa. *firma* Firma, Fa.
fil. *filiálka* Filiale, Fil.
FS *Federální shromáždění* Bundesversammlung.

gen. řed. *generální ředitel* Generaldirektor, Gen.-Dir.
Gšt *generální štáb* Generalstab.

h *haléř(ů)* Heller.
h., hod. *hodina* Stunde, Uhr.
hl. *hlavní* Haupt-; **hl. m.** *hlavní město* Hauptstadt.
HMP *Hlavní město Praha* Hauptstadt Prag.
HS *horská služba* Bergrettungsdienst.
HUKO *Hutní kombinát* Hüttenkombinat.
HV *hlavní velitelství* Oberkommando, OK.
h. v. *hrubá váha* Bruttogewicht.

il. *ilustrace, ilustrovaný* Illustration, illustriert.
inž. *inženýr* Ingenieur, Ing.
IS *informační služba* Informationsdienst.

j. *jih* Süd(en), S; *jižní* Süd-.
jm. *jméno* Name.
JUDr *Juris utriusque doctor* Dr. jur.
jv. *jihovýchod* Südost(en), SO.
jz. *jihozápad* Südwest(en), SW.
JZD *Jednotné zemědělské družstvo* Landwirtschaftliche Einheitsgenossenschaft (LPG).

Kčs *koruna československá* tschechoslowakische Krone.
KČsT *Klub československých turistů* Tschechoslowakischer Touristenklub.
KI *Komunistická internacionála* Kommunistische Internationale (KOMINTERN).
kl. *klapka* Taste.
KNV *krajský národní výbor* Bezirks-Nationalausschuß.
k.p. *komunální podnik* Städt. Betrieb, Stadtwerke.
kř. jm. *křestní jméno* Vorname.
KS *koňská síla* Pferdestärke, P.S.; *Komunistická strana* Kommunistische Partei, KP.
KSČ, KSS *Komunistická strana Československa (Slovenska)* Kommunistische Partei (KP) der Tschechoslowakei (Slowakei).

KU *Karlova universita* (Prager) Karls-Universität.
KV *krátké vlny* Kurzwelle, KW; *krajský výbor* Bezirkskomitee.
KZO *Komise pro zahraniční obchod* Außenhandelskommission.
KŽ *Kultúrny život* (slowakische Literaturzeitschrift).

l. *list* Blatt, Bl.
LD *Lidová demokracie* Volksdemokratie.
let. *letectvo* Luftwaffe, LW.
LF *Listy filologické* (Sprachzeitschrift); *Lékařská fakulta* Medizinische Fakultät; *Léčební fond* Heilfonds.
LK *Lékařská komora* Ärztekammer; *lidová knihovna* Volksbibliothek.
LM *Lidové milice* Volkspolizei.
LR *lidová republika* Volksrepublik, VR.

MBV *Mezinárodní brněnský veletrh* Internationale Messe in Brünn.
mil. *milión* Million, Mill., Mio.
ml. *mladší* der jüngere.
mld. *miliarda* Milliarde, Md., Mrd.
m. m. *minulého měsíce* im vergangenen Monat.
MNO *Ministerstvo národní obrany* Verteidigungsministerium.
MNV *místní národní výbor* Orts-Nationalausschuß.
m. r. *minulého roku* im vergangenen Jahr, v. J.
m. sl. *mimo službu* außer Dienst, a.D.
MUDr. *Medicinae universae doctor* Dr. med.
MV *Ministerstvo vnitra* Innenministerium.
MVDr *Medicinae veterinae doctor* Dr. vet.
MVO *Ministerstvo vnitřního obchodu* Ministerium für Binnenhandel.
MZO *Ministerstvo zahraničního obchodu* Ministerium für Außenhandel.

MZV *Ministerstvo zahraničních věcí* Außenministerium.

n. *nebo* oder, od.
nám. *náměstek* Stellvertreter; *náměstí* (Markt-)Platz.
např. *na příklad* zum Beispiel, z. B.
nar. *narozený* geboren.
nár. *národní* national.
NDR *Německá demokratická republika* Deutsche Demokratische Republik, DDR.
NF *Národní fronta* Nationale Front.
n. l. *našeho letopočtu* unserer Zeitrechnung.
n. L. *nad. Labem* an der Elbe.
n. N. *nad Nisou* an der Neiße.
n. o. *na odpočinku* im Ruhestand, i. R.
n. O. *nad Odrou* an der Oder.
n.p. *národní podnik* volkseigener Betrieb.
NS *Národní shromáždění* Nationalversammlung.
NSR *Německá spolková republika* Bundesrepublik Deutschland, BRD.
NV *Národní výbor* Nationalausschuß.

odd. *oddělení* Abteilung.
odp. *odpoledne* nachmittag(s), nachm.
okr. *okres(ní)* Kreis-, Bezirk(s-).
ONV *obvodní od. okresní národní výbor* Kreis-Nationalausschuß.
OSN *Organizace spojených národů* Vereinte Nationen, UNO.

p. *pan* Herr; *pošta* Post.
pc. *procento* Prozent, %.
Ph. Mr. *Pharmaciae Magister* approbierter Apotheker.
p. m. *příštího měsíce* nächsten Monat.
po Kr. *po Kristu* nach Christus, n. Chr.
pov. *povolání* Beruf.
pp. *pánové* (die) Herren.
př. *před* vor; *příklad* Beispiel.

571

př. Kr. *před Kristem* vor Christus, v. Chr.
PS *pohraniční stráž* Grenzschutz.
PVV *Pražský vzorkový veletrh* Prager (Muster-)Messe.

r. *rok* Jahr, früher: roku im Jahre.
RG *Revoluční garda* Revolutionsgarde *(1945).*
ROH *Revoluční odborové hnutí* (Einheits-)Gewerkschaft.
roz. *rozená* geborene *(Frau).*
RP *Rudé právo Kommunistisches Zentralorgan der ČSSR.*
RVHP *Rada vzájemné hospodářské pomoci* Rat für gegenseitige Wirtschaftshilfe, RGW.

ř. *řada* Reihe.
řed. *ředitel* Direktor, Dir.
římkat. *římskokatolický* römisch-katholisch, röm.-kath.

s. *soudruh* Genosse; *soudružka* Genossin; *sever* Nord(en), N; *severní* Nord-.
SAV *Slovenská akademie věd* Slowakische Akademie der Wissenschaften.
SBČ *Státní banka československá* Tschechoslowakische Staatsbank.
SČSS *Svaz československých spisovatelů* Tschechoslowakischer Schriftstellerverband.
sl. *slečna* Fräulein; *slovenský* slowakisch.
Sl. *Slovensko* Slowakei.
SNB *Sbor národní bezpečnosti* Polizei(truppe).
SNR *Slovenská národní rada* Slowakischer Nationalrat.
sr. *srovnej* vergleiche, vgl.
SRC *Světová rada církevní* Weltkirchenrat.
SRM *Světová rada míru* Weltfriedensrat.
s r. o. *s ručením omezeným* mit beschränkter Haftung, m.b.H.
SSM *Svaz socialistické mládeže* Sozialistischer Jugendverband.

SSR *Slovenská socialistická republika* Slowakische Sozialistische Republik.
SSSR *Svaz sovětských socialistických republik* Sowjetunion, SU, UdSSR.
st. *starší* der Ältere, d.Ä.; *státní* Staats-, staatlich.
stol. *století* Jahrhundert, Jh.
str. *strana* (Buch-)Seite, S.
STS *strojní a traktorová stanice* Maschinen- und Traktorenstation.
sv. *svazek* Band, Bd.; *svatý* heilig, hl.; *severovýchod* Nordost(en), NO.
SV *střední vlny* Mittelwelle, MW.
SVS *Svaz vysokoškolského studenstva* Studentenbund.
sz. *severozápad* Nordwesten, NW.
SZO *Světová zdravotnická organizace* Weltgesundheitsorganisation.

šk. *škola, školní, školský* Schule; Schul-.

t. *tamtéž* ebenda, ebd.; *totéž* dasselbe, dass.
tb. *tabulka* Tabelle, Tafel, Tab.
tc. *tucet* Dutzend, Dtzd.
t. č. *toho času* derzeit, zur Zeit.
tis. *tisíc* tausend.
tj., t. j. *to je* das heißt, d.h.
t.m. *toho(to) měsíce* dieses Monats, laufenden Monats, d.M., lfd. M.
t. r. *toho(to) roku* (des) laufenden Jahres, dieses Jahres, d.J.
tř. *třída* Klasse; Straße, Kl., Str.
tzn. *to znamená* das heißt, das bedeutet.
tzv. *tak zvaný* sogenannt, sog.

ÚA *Ústřední archiv* Zentralarchiv.
ÚČL *Ústav pro českou literaturu* Institut für tschechische Literatur.
ÚD *Úsekový důvěrník* Abschnittsbevollmächtigter.
UK *universitní knihovna* Universitäts-Bibliothek; *Universita Karlova* (Prager) Karls-Universität.
Ú. l. *Úřední list* Amtsblatt.
ul. *ulice* Straße, Str.

ÚNV *Ústřední národní výbor* Zentraler Nationalausschuß.
ÚOP *Úřad ochrany práce* Amt für Arbeitsschutz.
ÚP *Úrazová pojišťovna* Unfallversicherung.
ÚRD *Ústřední rada družstev* Zentralrat der Genossenschaften.
ÚRO *Ústřední rada odborů* Zentralrat der Gewerkschaften.
úř. *úřad, úřední* Amt; amtlich, Amts-.
ÚS *ústřední svaz* Zentralverband, ZV.
ÚSL *Ústav slovenské literatury* Institut für slowakische Literatur.
úv. *úvod* Einführung, Einleitung.
ÚV *Ústřední výbor* Zentralkomitee, ZK.

v. *viz* siehe; *východ* Ost(en), O; *východní* Ost-.
VA *Vojenská akademie* Militärakademie.
váz. *vázaný* gebunden, gebd.
VB *Veřejná bezpečnost* Staatssicherheitsdienst.
ved. *vedoucí* Leiter, Geschäftsführer.
VKV *velmi krátké vlny* Ultrakurzwelle, UKW.
vlkm. *vlakový kilometr* Bahnkilometer.
vl. nař. *vládní nařízení* Regierungsverordnung, RVO.
v. n. *vysoké napětí* Hochspannung.
VOŠ *Vysoká obchodní škola* Handelshochschule.
VP *Velká Praha* Groß-Prag.
VP *Vojenská policie* Militärpolizei, MP.

VPŠ *Vyšší pedagogická škola* Pädagogische Hochschule, PH.
v r. *v roce* im Jahre, i. J.
v. r. *vlastní rukou, vlastnoručně* eigenhändig.
v. ř. *vedoucí ředitel* leitender Direktor.
VŠ *vysoká škola* Hochschule, HS.
VŠE *Vysoká škola ekonomická* Wirtschaftshochschule.
VŠZ *Vysoká škola zemědělská* Landwirtschaftliche Hochschule.
vt. *vteřina* Sekunde, Sek.
v.t. *viz též* siehe auch; *viz tam* siehe dort.
VÚ *výzkumný ústav* Forschungsinstitut.
v. v. *ve výslužbě* im Ruhestand, i. R.
výn. *výnos* Erlaß, Dekret.
v z. *v zastoupení* in Vertretung, i.V.

z. *západ* West(en), W; *západní* West-.
zák. *zákon* Gesetz; *zákonný* gesetzlich.
zást. *zástupce* Vertreter.
zejm. *zejména* besonders, bes.
ZF *základní fond* Stammfonds.
zkr. *zkratka* Abkürzung, Abk.; *zkrácený* abgekürzt.
ZM *závodní milice* Betriebsschutz.
zn. *značka* (Fabrik-)Marke, Zeichen.
ZO *základní organizace* Grundorganisation, primäre (Partei-)Organisation; *závodní organizace* Fabrik-, Werkorganisation.
zř. *zřídka* selten.
z. s. s r.o. *zapsaná společnost s ručením omezeným* Gesellschaft mit beschränkter Haftung, G.m.b.H.
ZV *závodní výbor* Betriebskomitee.
zvl. *zvláště* besonders, bes.

Zusätzliches alphabetisches Verzeichnis geographischer Namen mit vom Deutschen abweichender Schreibung*)

Dodatečný seznam zeměpisných jmen

Alsasko *n* (*1b*) Elsaß *n*
Alžír *m* (*2a*) Algier
Amster(o)dam *m* (*2a*) Amsterdam
Antverpy *f/pl.* (*1*) Antwerpen
Bělák *m* (*2b*) Villach
Bělehrad *m* (*2*) Belgrad
Benátky *f/pl.* (*1*; *-tek*) Venedig
Blatenské jezero *n* (*1*; *6. -ře*) Plattensee *m*
Bohumín *m* (*2*; *2. -a*) Oderberg
Boubín *m* (*2*; *2. -a*) Kubany *m* (*Berg*)
Bratislava *f* (*1*) Preßburg
Brémy *f/pl.* (*1*) Bremen
Brno *n* (*1*) Brünn
Broumov *m* (*2*; *2. -a*) Braunau (*in Böhmen*)
Brunšvík *m* (*2b*) Braunschweig
Brusel *m* (*2a*) Brüssel
Břeh *m* (*2b*) Brieg
Budapešť *f* (*4c*; *-ti*) Budapest
Budějovice *s.* České B.
Budín *m* (*2*; *2. -a*) Ofen (*Stadtteil von Budapest*)
Budyšín *m* (*2*; *2. -a*) Bautzen
Bukurešť *m* (*4c*; *-ti*) Bukarest

Cáchy *f/pl.* (*1*) Aachen
Celovec *m* (*4*; *-vc-*) Klagenfurt
Curych *m* (*2b*) Zürich
Cypr *m* (*2a*) Zypern
Černá Hora *f* (*1d*) Montenegro *n*
České Budějovice *m/pl.* (*2. -ic*) Budweis
Český les *m* (*2*; *-a*) Böhmerwald *m*
Český Těšín *m* (*2*; *2. -a*) Teschen
Čtyřkantonské jezero *n* (*1*; *6. -ře*) Vierwaldstätter See *m*

*) Städtenamen im Deutschen Neutra

Damašek *m* (*2b*; *-šk-*) Damaskus
Děčín *m* (*2*; *2. -a*) Tetschen
Dillí [dɪ-] *n* (*indekl.*) Delhi
Desava *f* (*1*) Dessau
Domažlice *m/pl.* (*4*; *2. -ic*; *7. -emi*) Taus
Doupovské hory *f/pl.* (*1d*) Duppauer Gebirge *n*
Drážďany *m/pl.* (*2*; *2. -an*) Dresden
Dráva *f* (*1*) Drau *f*
Dunaj *m* (*4*) Donau *f*
Durynsko *n* (*1b*) Thüringen *n*
Dvina *f* (*1*) Düna *f*
Dvůr Králové *m* (*2.*, *3. usw. dvor-*; *2. -a*; *6. -ře*) Königinhof
Dyje *f* (*2*) Thaya *f*

Emže *f* (*2*) Ems
Enže *f* (*2*) Enns *f*

Florencie *f* (*2*) Florenz
Františkovy Lázně *f/pl.* (*3*) Franzensbad
Frýdlant *m* (*2*; *6. -ě/-u*) Friedland

Gdaňsk *m* (*2b*), **Gdansko** *n* (*1b*) Danzig

Hamburk *m* (*2b*; *2. -a/-u*) Hamburg
Havola *f* (*1a*) Havel *f*
Hlučín *m* (*2*; *2. -a*) Hultschin
Hnězdno *n* (*1*) Gnesen
Hradčany *m/pl.* (*2*; *2. -an*) Hradschin *n*
Hradec Králové *m* (*4*; *-dc-*) Königgrätz
Hradec Štýrský *m* (*4*; *-dc-*) Graz

Hrob m (2a) Klostergrab
Hron m (2a) Gran m
Hřensko n (1b) Herrnskretschen

Cheb m (2a) Eger
Chotěbuz f (3) Kottbus, Cottbus

Inšpruk m (2b) Innsbruck

Jablonec (nad Nisou) m (4; -nc-) Gablonz (an der Neiße)
Jáchymov m (2; 2. -a) Joachimstal
Janov m (2; 2. -a) Genua
Jeseník m (2b; 2. -u/-a) 1. Freiwaldau †; 2. Altvatergebirge n
Jihlava f (1) Iglau
Jindřichův Hradec m (4; -dc-) Neuhaus
Jizera f (1d) Iser f
Jizerské hory f/pl. (1d) Isergebirge n
Josefov m (2; 2. -a) Josefstadt

Kahýra f (1d) Kairo
Kalkata f (1) Kalkutta
Kamenec m (4; -nc-) Kamenz
Kamenice (Saská) f (2a) Chemnitz
Kapsko n (1b) Kapland n; **Kapské Město** n (1) Kapstadt
Kavkaz m (2; 6. -e/-u) Kaukasus m
Kladsko n (1b) Glatz
Klajpeda f (1) Memel
Klínovec m (4; -vc-) Keilberg m
Kolín nad Rýnem m (2; 2. -a) Köln (am Rhein)
Korutany m/pl. (2; 2. -an) Kärnten n
Kostnice f (2a) Konstanz
Kostřín m (2; 2. -a) Küstrin
Košice m/pl. (4; 2. -ic; 7. -cemi) Kaschau
Královec m (4; -vc-) Königsberg
Krakov m (2; -a) Krakau
Kraňsko n (2b) Krain n
Kras m (2; 6. -u/-e) Karst m (Gebirge)
Kremže f (2) Krems
Kreščak m (2b) Crécy
Krkonoše m/pl. (4; 2. -oš; 7. -šemi/-ši) Riesengebirge n
Krnov m (2; 2. -a) Jägerndorf
Kroměříž f (3) Kremsier

Krušné hory f/pl. (1) Erzgebirge n
Kutná Hora f (1d) Kuttenberg

Lehnice f (2a) Liegnitz
Liberec m (4; -rc-) Reichenberg
Lindava f (1) Lindau
Linec m (4; -nc-) Linz
Lisabon m (2a) Lissabon
Litava f (1) Leitha f
Londýn m (2; 2. -a) London
Lotrinsko n (1b) Lothringen n
Lutych m (2b; 2. -u/-a) Lüttich
Lvov m (2; 2. -a) Lemberg

Mariánské Lázně f/pl. (3) Marienbad
Maribor m (2a) Marburg
Metuje f (2) Mettau f
Mety f/pl. (1) Metz
Mezibor m (2a) Merseburg
Mikulov m (2; 2. -a) Nikolsburg
Milán m (2; 2. -a) Mailand
Míšeň f (3; -šn-) Meißen
Mohan m (2a) Main m
Mohuč f (3) Mainz
Morava f (1) 1. March f (Fluß); 2. Mähren n; na -vě in Mähren
Moravské pole n (2) Marchfeld n
Mosa f (1a) Maas f
Mosela f (1a) Mosel f
Most m (2) Brüx

Neapol f (3) Neapel
Němen m (2a) Memel f (Fluß)
Nisa f (1a) Neiße (Fluß f u. Stadt)
Norimberk m (2b; 2. -a; 6. -rku/-rce) Nürnberg

Ochranov m (2; 2. -a) Herrnhut
Olomouc f (3) Olmütz
Opava f (1) Troppau
Opolí n (3) Oppeln
Orlické hory f/pl. (1d) Adlergebirge n
Ostrava f (1) Ostrau
Ostřihom m (2; 2. -a; 6. -u/-ě) Gran

Pád m (2) Po m (Fluß)
Pasov m (2; 2. -a) Passau
Perno n (1) Pirna

Pětikostelí n (3) Fünfkirchen
Plavno n (1) Plauen
Poznaň f (3) Posen
Praděd m (2a; 2. -u/-a) Altvater m.

Rába f (1) Raab f
Remeš f (3) Reims
Roztoky m/pl. (2b; 2. -ok) Rostock
Řezno n (1) Regensburg

Sála f (1a) Saale f
Sársko n (1b) Saarland n
Sasko n (1b) Sachsen n
Sáva f (1) Save f
Sibiř f (3) Sibirien n
Skotsko n (1b) Schottland n
Slavkov m (2; 2. -a) hist. Austerlitz
Slovinsko n (1b) Slowenien n
Smrčiny f/pl. (1) Fichtelgebirge n
Sněžka f (1c) Schneekoppe f
Sněžník m (2b) Schneeberg m
Soča f (2; 2. -e; 3, 6. -i; 4. -u; 7. -ou) Isonzo m
Solná komora f (1d) Salzkammergut n
Solnohrad m (2; 6. -ě/-u) Salzburg
Soluň f (3) Saloniki
Soproň f (3) Ödenburg
Spišsko n (1b) Zips f
Spréva f (1) Spree f
Srbsko n (1b) Serbien n
Srědec † m (4d; -dc-) Sofia
Stolní hora f (1d) Tafelberg m
Střekov m (2; 2. -a) Schreckenstein
Stříbro n (1; 6. -ře) Mies
Sušice f (2a) Schüttenhofen
Svatý Havel m (1; -vl-) Sankt Gallen
Svatý Hypolit m (1) Sankt Pölten
Svídnice f (2a) Schweidnitz

Špandava f (1) Spandau
Špicberky m/pl. (2b) Spitzbergen
Špičák m (2b) Spitzberg m

Štětín m (2; 2. -a) Stettin
Štýrsko n (1b) Steiermark f
Šumava f (1) Böhmerwald m
Švábsko n (1b) Schwaben n

Temže f (2) Themse f
Teplice f/pl. (2a) Teplitz
Terezín m (2) Theresienstadt
Terst m (2a) Triest
Tisa f (1a) Theiß f
Trevír m (2a; 2. -a) Trier
Tyrolsko m (1b) Tirol n

Ústí nad Labem n (3) Aussig
Uznoj(e)m m (2a; -jm-) Usedom

Váh m (2b) Waag f
Valašsko n (1b) Walachei f
Varšava f (1) Warschau
Velký Zvon m (2a) Großglockner m
Vezera f (1d) Weser f
Vídeň f (3; -dně, -dni usw.) Wien
Vilno n (1) Wilna, Vilnius
Visla f (1a) Weichsel f
Vltava f (1) Moldau f
Volha f (1b) Wolga f
Vratislav f (4a; 2. -i/-ě) Breslau
Výmar m (2a) Weimar

Záhaň f (3) Sagan
Zhořelec m (4; -lc-) Görlitz
Znojmo n (1) Znaim
Zvěřín m (2a; 2. -a) Schwerin
Zvolen m (2a; 2. -a) Altsohl

Žandov m (2; 2. -a) Bad Schandau
Žatec m (4; -tc-) Saaz
Železná Ruda f (1) Eisenstein (Böhmen)
Ženeva f (1) Genf
Žitava f (1) Zittau
Žitný ostrov m (2; 2. -a) Schüttinsel f.

Tschechische Vornamen

Alžběta Elisabeth
Anděla Angel(ik)a
Andulka F Anna, Ännchen
Anežka Agnes
Arnošt Ernst

Barbora (F **Bára**) Barbara
Barnabáš Barnabas
Bedřich (F **Béda**) Friedrich
Běta (F **Bětuška**) Li(e)sbeth
Blažej Blasius
Blažena Beate; Beatrix
Bohumil Gottlieb

Cilka Cäcilie
Čeněk Vinzenz

Děpold Theobald
Dětřich Dietrich
Dorota Dorothea

Eliška Else, Elsa
Evžen Eugen

František Franz(iskus)

Goliáš Goliath

Hana Johanna, Hanna
Hanuš Hans
Háta Agathe
Havel Gallus
Hynek Heinz; Ignaz

Izajáš Jesaja

Jadviga Hedwig
Jáchym Joachim
Jakub Jakob(us)
Jan(a) Johann(a); *f a.* Hanna
Jeno(vé)fa Genoveva
Jeroným Hieronymus
Jiljí Ägidius
Jindřich Heinrich
Jindřiška Henriette
Jiří Georg
Jitka Jutta

Karla Karla, Karoline
Kašpar Kaspar
Kateřina Katharina
Kliment Klemens, Clemens
Kryštof Christoph

Kunhuta Kunigunde
Květa Flora

Lenka F Lenchen
Linhart Leonhard

Madlenka F Magda(lene)
Marek Markus
Markéta Margaret(h)e
Matěj, Matyáš Matthias
Matouš Matthäus
Metoděj Method
Mikuláš Nikolaus
Mojžíš Moses

Oldřich Ulrich
Oldřiška Ulrike
Ondřej Andreas

Pavla Paula, Pauline
Pepík, Pepa F Josef
Petr Peter, *bibl.* Petrus
Pilát Pilatus

Růžena Rosa(lie)

Řehoř Gregor

Stázička F Anastasia

Šebestián Sebastian
Štěpán Stephan(us)

Tadeáš Thaddäus
Tomáš Thomas
Tonda, Toník F Toni

Václav (F **Vašek, Vávra, Váša** *u. a.*) Wenzel
Vavřinec Lorenz; Laurentius
Vilém Wilhelm
Vintíř Günt(h)er
Vítězslav Siegfried
Vojtěch Adalbert
Voršila Ursula

Zachariáš Zacharias
Zdeněk F (Sidonius)
Zdeňka F (Sidonia)
Zikmund Siegmund, Sigismund
Zora F (Aurora)

Žibřid Siegfried; Siegmund
Žofie Sophie